湘潭市志

1986–2005

湘潭市地方志编纂委员会 编

第四册

第四册责任分纂

曹建英　张跃安

第四册编撰人员

第五十六篇　城市规划

主　　编:黄　勇

副 主 编:王先锋　侯　琦

编撰人员:周莉萍　陈剑儒　李新海　黄政球　廖　羽　沈　毅

第五十七篇　城乡建设

主　　编:吴纯杰

副 主 编:蔡俊杰　黄平良　黄岳明　蒋中军

编撰人员:刘云生　周祥林　石　浩

第五十八篇　城市管理

主　　编:胡　辉

副 主 编:左长云

编撰人员:谢芳平　黄建光　谭青松　张　华　黄　庆　梁小平　易伊凡　陈肯堂　许志湘　宋　恺　周明华　刘　涛　李远芳

第五十九篇　房地产

主　　编:黄源华

编撰人员:张跃林　赵赤兵　朱卫红

第六十篇　环境保护

主　　编:苏国军

副 主 编:李　莉

编撰人员:熊振华　丁　华　谭文强　周巨龙　龙　武　陈　慧　刘　潭　李　权

第六十一篇　教育

主　　编:陈利文

副 主 编:郭晓春　曾艳玲　旷裕民

编撰人员:吴介夫　刘兆升　杨家烈　张春明　文建新　莫建军　彭　坚　楚建英　郭惟瑾　彭开发　高　宇　朱　岁　肖松柏

第六十二篇　科学技术

主　　编:陈　准

副 主 编:肖加其

编撰人员:唐　健　杨胜辉　刘亚强

第六十三篇　文化

主　　编:谭自然

编撰人员:谭自然

第六十四篇　卫生

主　　编:李述智

副 主 编:胡振湘

编撰人员:彭开发　肖叔华

第六十五篇　体育

主　　编:袁晓鸣

编撰人员:袁晓鸣　陈曙民

第六十六篇　大众传媒

主　　编:陈　敏

副 主 编:唐自强

编撰人员:唐自强　陈冠军　王　芮　吴宇航

第六十七篇　档案

主　　编:沈友志

副 主 编:王徐球　谢国建

第六十八篇　社会生活

主　　编:黄小平

副 主 编:张跃安

编撰人员:周芳应　王建章　郭兆祥　漆凌云　赵江平

第六十九篇　宗教

主　　编:吴岗山

副 主 编:万培红　葛声进

编撰人员:翟掖湘　向珍珍　丹　霞

第七十篇　县(市、区)概况

主　　编:陈育松

副 主 编:蒋子君

编撰人员:肖　静　徐　蔚　谢自强　颜家友　朱先湘　刘秋林　周寿庚

人物

主　　编:曹建英

副 主 编:蒋子君

目　录

第五十六篇　城市规划 …………… 2221
概　述 …………… 2221
第一章　城市总体规划 …………… 2223
第一节　城市性质 …………… 2223
第二节　城市规模 …………… 2224
第三节　城市空间结构形态与城市总体布局 …………… 2225
第四节　城镇体系规划 …………… 2229
第二章　城市工程专业规划 …………… 2230
第一节　城市防洪工程规划 …… 2230
第二节　城市铁路工程规划 …… 2231
第三节　城市消防工程规划 …… 2232
第四节　城市排水工程规划 …… 2233
第五节　城市公共交通规划 …… 2233
第六节　城市加油站布点规划 … 2234
第七节　城市道路网规划 ……… 2234
第三章　城市详细规划 …………… 2235
第一节　城市居住区规划 ……… 2235
第二节　城市中心区规划 ……… 2236
第三节　城市工业与商贸园区规划 …………… 2236
第四节　城市公共绿地规划 …… 2237
第四章　规划管理 …………… 2240
第一节　建设用地规划管理 …… 2240
第二节　建筑工程规划管理 …… 2241
第三节　城市居民私人住宅建设管理 …………… 2243
第四节　城市违章建筑查处 …… 2244

第五十七篇　城乡建设 …………… 2246
概　述 …………… 2246
第一章　城区道路、桥梁建设 ……… 2249
第一节　道路建设 …………… 2249
第二节　桥梁建设 …………… 2263
第三节　路灯建设 …………… 2264
第二章　供水、排水设施建设 ……… 2266
第一节　供水设施建设 ………… 2266
第二节　排水设施建设 ………… 2268
第三章　燃气设施建设 …………… 2273
第一节　气源建设 …………… 2273
第二节　供气管网建设 ………… 2274
第四章　环卫设施建设 …………… 2275
第一节　垃圾处理设施建设 …… 2275
第二节　公共厕所建设 ………… 2277
第五章　公园与广场建设 …………… 2278
第一节　公园建设 …………… 2278
第二节　广场游园建设 ………… 2280
第六章　重点城镇建设 …………… 2285
第一节　县(市)城区建设 ……… 2285
第二节　重点建制城镇建设 …… 2288

第五十八篇　城市管理 …………… 2291
概　述 …………… 2291
第一章　市政设施维护 …………… 2293
第一节　道路维护 …………… 2294
第二节　桥梁维护 …………… 2296
第三节　排水疏浚 …………… 2297
第四节　城市防洪堤维护 ……… 2299
第五节　路灯管理 …………… 2300

第二章　园林绿化管理 …………………… 2302
第一节　城市绿化管理 ………… 2302
第二节　公园管理 ………………… 2303
第三节　市树、市花 ……………… 2304
第三章　城市客运管理 ………………… 2306
第一节　公共汽车 ………………… 2306
第二节　中巴车 …………………… 2309
第三节　的士车 …………………… 2310
第四章　城市供水管理 ………………… 2312
第一节　供水管网维护 ………… 2312
第二节　供水水质管理 ………… 2313
第三节　供水经营管理 ………… 2314
第四节　自备水管理 …………… 2316
第五章　城市燃气管理 ………………… 2317
第一节　液化气管理 …………… 2317
第二节　管道燃气管理 ………… 2318
第六章　市容管理 ……………………… 2321
第一节　环境卫生管理 ………… 2322
第二节　市容执法 ……………… 2327

第五十九篇　房地产 …………………… 2331

概　述 …………………………………… 2331
第一章　住房制度改革 ………………… 2333
第一节　公房提租 ……………… 2334
第二节　公房出售 ……………… 2334
第三节　职工集资建房 ………… 2335
第四节　住房分配货币化 ……… 2335
第五节　住房公积金 …………… 2336
第六节　居民住房保障 ………… 2337
第二章　房地产企业 …………………… 2339
第一节　国营房地产企业 ……… 2340
第二节　集体房地产企业 ……… 2341
第三节　民营房地产企业 ……… 2342
第四节　港澳台在湘潭房地产企业 ……………………………… 2343
第三章　房屋建设 ……………………… 2345
第一节　住宅 …………………… 2345
第二节　办公用房 ……………… 2346
第三节　工业用房 ……………… 2347
第四节　商业用房 ……………… 2348
第五节　教学文化卫生用房 …… 2349
第四章　各种所有制房产 ……………… 2353
第一节　国有房产 ……………… 2353
第二节　集体房产 ……………… 2354
第三节　私人房产 ……………… 2355
第五章　房地产行业管理 ……………… 2357
第一节　房屋建设管理 ………… 2358
第二节　房产交易管理 ………… 2360
第三节　房产权属管理 ………… 2364
第四节　房屋拆迁管理 ………… 2365
第五节　白蚁防治 ……………… 2367
第六节　物业管理 ……………… 2368

第六十篇　环境保护 …………………… 2370

概　述 …………………………………… 2370
第一章　环境质量 ……………………… 2373
第一节　水环境 ………………… 2373
第二节　城市空气环境 ………… 2381
第三节　声环境 ………………… 2383
第四节　固体废弃物 …………… 2384
第五节　农地化肥、农药污染 … 2385
第二章　环境监测 ……………………… 2387
第一节　监测机构网络 ………… 2387
第二节　监测项目 ……………… 2388
第三章　环境污染治理 ………………… 2391
第一节　水污染治理 …………… 2391
第二节　大气污染治理 ………… 2394
第三节　噪声污染治理 ………… 2397
第四节　固体废弃物治理 ……… 2397
第四章　环保管理与执法 ……………… 2400
第一节　环保政策与法规制定 … 2400
第二节　环保宣传 ……………… 2401
第三节　污染源监管 …………… 2402
第四节　排污费征收管理 ……… 2404

第五节 污染纠纷、事故调处 …… 2405

第六十一篇 教育 …… 2408
概 述 …… 2408
第一章 学前教育 …… 2411
第一节 园、班设置 …… 2413
第二节 保育、教育 …… 2414
第二章 小学、初中教育 …… 2415
第一节 学校设置 …… 2416
第二节 教育教学 …… 2420
第三章 特殊教育 …… 2426
第一节 湘潭市特殊教育学校 …… 2426
第二节 聋哑儿童康复培训机构 …… 2427
第四章 普通高中教育 …… 2428
第一节 学校设置 …… 2429
第二节 教育教学 …… 2431
第五章 中等职业技术教育 …… 2438
第一节 普通中等专业教育 …… 2439
第二节 职业中学(中专)教育 …… 2441
第三节 技工教育 …… 2442
第六章 普通高等教育 …… 2443
第一节 院校设置 …… 2444
第二节 学制与专业 …… 2446
第三节 教学与科研 …… 2448
第四节 毕业生分配与就业 …… 2452
第七章 成人教育 …… 2453
第一节 扫盲教育 …… 2454
第二节 农民教育 …… 2455
第三节 职工教育 …… 2456
第八章 教师 …… 2459
第一节 教师队伍 …… 2459
第二节 教师待遇 …… 2462
第三节 教师培训 …… 2464
第四节 教师聘用 …… 2467
第九章 教育管理 …… 2469
第一节 学校管理 …… 2469
第二节 教育经费管理 …… 2470
第三节 设施设备、图书管理 …… 2473
第四节 教育督导 …… 2474
第五节 中小学教研管理 …… 2475

第六十二篇 科学技术 …… 2477
概 述 …… 2477
第一章 工业科技 …… 2478
第一节 机械科技 …… 2479
第二节 冶金科技 …… 2488
第三节 纺织科技 …… 2490
第四节 化工科技 …… 2490
第五节 建筑材料科技 …… 2492
第六节 轻工科技 …… 2493
第七节 能源科技 …… 2493
第八节 电子信息科技 …… 2494
第二章 农业科技 …… 2496
第一节 种植业科技 …… 2496
第二节 养殖业科技 …… 2498
第三节 林业科技 …… 2499
第四节 水利科技 …… 2500
第三章 社会公用事业科技 …… 2501
第一节 交通科技 …… 2501
第二节 气象、环保科技 …… 2502
第三节 建筑技术 …… 2503
第四节 勘测、地震监测技术 …… 2504
第四章 医卫科技 …… 2505
第一节 临床医疗与卫生防疫科技 …… 2506
第二节 医药科技 …… 2508
第五章 基础科学与软科学 …… 2509
第一节 基础科学 …… 2509
第二节 软科学 …… 2513
第六章 科技信息(情报)与科技交流 …… 2513
第一节 科技信息(情报) …… 2513
第二节 科技交流 …… 2515
第七章 科技管理 …… 2516

第一节 科技管理体制 ………… 2516
第二节 科研机构 ……………… 2517
第三节 科技队伍 ……………… 2519
第四节 科技计划 ……………… 2520
第五节 科技经费管理 ………… 2521
第六节 科技成果管理 ………… 2521
第七节 技术市场管理 ………… 2522
第八章 专利 ……………………… 2522
第一节 专利机构与队伍 ……… 2522
第二节 专利工作 ……………… 2523

第六十三篇 文化 ……………………… 2526
概 述 …………………………………… 2526
第一章 文学创作 ………………… 2528
第一节 小说、儿童文学 ……… 2529
第二节 诗歌、诗词、楹联 ……… 2530
第三节 散文、杂文 …………… 2531
第四节 戏剧文学 ……………… 2531
第五节 广播、电视、电影文学 … 2532
第六节 报告文学、纪实文学 … 2533
第二章 艺术创作 ………………… 2538
第一节 美术 …………………… 2539
第二节 书法、篆刻、刻字 ……… 2541
第三节 摄影 …………………… 2542
第四节 戏剧表演 ……………… 2543
第五节 音乐、舞蹈 …………… 2546
第六节 曲艺、小品 …………… 2547
第三章 群众文化 ………………… 2548
第一节 馆、站建设 …………… 2548
第二节 辅导与培训 …………… 2549
第三节 文艺活动 ……………… 2550
第四章 图书 ……………………… 2552
第一节 馆(室)与藏书 ……… 2552
第二节 公共图书馆服务 ……… 2554
第五章 电影 ……………………… 2556
第一节 电影发行 ……………… 2556
第二节 电影放映 ……………… 2557
第六章 文物 ……………………… 2559
第一节 保护机构与收藏 ……… 2559
第二节 文物保护 ……………… 2561
第三节 纪念建筑 ……………… 2565
第七章 文化市场管理 …………… 2568
第一节 书报刊市场管理 ……… 2568
第二节 音像制品、软件市场管理 ……………………………… 2569
第三节 文化娱乐场所管理 …… 2570
第四节 外来演出及场所管理 … 2572
第五节 互联网经营场所管理 … 2573

第六十四篇 卫生 ……………………… 2574
概 述 …………………………………… 2574
第一章 公共卫生 ………………… 2577
第一节 疾病防控 ……………… 2577
第二节 卫生监测与监督 ……… 2587
第三节 爱国卫生 ……………… 2591
第二章 妇幼保健 ………………… 2594
第一节 妇女保健 ……………… 2594
第二节 儿童保健 ……………… 2599
第三章 医疗 ……………………… 2602
第一节 中医 …………………… 2603
第二节 西医 …………………… 2604
第三节 护理 …………………… 2610
第四章 卫生事业管理 …………… 2611
第一节 卫生事业机构 ………… 2611
第二节 医疗卫生队伍 ………… 2615
第三节 医卫基础设施建设 …… 2616
第四节 医政管理 ……………… 2618
第五节 卫生事业费管理 ……… 2623

第六十五篇 体育 ……………………… 2626
概 述 …………………………………… 2626
第一章 群众体育 ………………… 2628
第一节 职工体育 ……………… 2628
第二节 农民体育 ……………… 2630

第三节　社区体育 …………………… 2631
第二章　学校体育 ……………………… 2634
第三章　业余体校 ……………………… 2634
第一节　湘潭市体育中学 ……… 2636
第二节　基层业余体校 ………… 2638
第四章　体育竞赛 ……………………… 2642
第一节　参加省级运动会 ……… 2642
第二节　市级运动会 …………… 2649
第三节　湘潭市承办国家级、省级大型赛事 …………………………… 2652
第五章　场馆建设 ……………………… 2658
第一节　公共体育场馆建设 …… 2658
第二节　学校体育场馆建设 …… 2659
第三节　企业体育场馆建设 …… 2661

第六十六篇　大众传媒 ……………… 2663
概　述 ………………………………… 2663
第一章　报纸 ………………………… 2666
第一节　共产党机关报 ………… 2667
第二节　都市报 ………………… 2671
第三节　院校报 ………………… 2672
第四节　企业报 ………………… 2674
第五节　其他报 ………………… 2676
第二章　刊物 ………………………… 2676
第一节　公开发行刊物 ………… 2678
第二节　内部刊物 ……………… 2681
第三章　广播 ………………………… 2683
第一节　湘潭人民广播电台 …… 2684
第二节　县(市、区)广播电台 … 2686
第三节　乡镇广播站 …………… 2687
第四章　电视 ………………………… 2688
第一节　湘潭电视台 …………… 2689
第二节　湘潭有线电视台 ……… 2691
第三节　县(市)电视台 ………… 2692
第四节　大型企业有线电视站 … 2693
第五节　乡镇电视站 …………… 2694
第五章　网络媒体 …………………… 2694
第一节　市级网站 ……………… 2695
第二节　县(市、区)网站 ……… 2697
第三节　院校网站 ……………… 2698
第四节　企业网站 ……………… 2699

第六十七篇　档案 …………………… 2700
概　述 ………………………………… 2700
第一章　档案资源建设 ……………… 2702
第一节　档案资源积累 ………… 2702
第二节　档案数量与结构 ……… 2706
第二章　档案保管与保护 …………… 2709
第一节　档案库房设施 ………… 2709
第二节　防霉防虫、防火防盗 … 2710
第三节　档案抢救 ……………… 2711
第三章　档案资源开发利用 ………… 2712
第一节　查阅服务 ……………… 2712
第二节　档案编研 ……………… 2715
第三节　档案展览 ……………… 2716
第四节　档案利用效益 ………… 2717
第四章　档案管理执法 ……………… 2718
第一节　机构与队伍 …………… 2718
第二节　业务管理 ……………… 2719
第三节　执法监督 ……………… 2721

第六十八篇　社会生活 ……………… 2723
第一章　居民生活 …………………… 2723
第一节　农村居民生活 ………… 2723
第二节　城市居民生活 ………… 2730
第二章　民俗 ………………………… 2737
第一节　生产习俗 ……………… 2737
第二节　生活习俗 ……………… 2738
第三节　礼仪习俗 ……………… 2741
第四节　岁时习俗 ……………… 2743
第三章　新词语方言读音 …………… 2745
第一节　工作名称、生活现象 …… 2745
第二节　衣食住行、道路交通 …… 2747
第三节　政治法律、商业经济 …… 2749

第四节　家电电子、技术革新 …… 2751
第五节　学校教育、文体娱乐 …… 2753
第六节　医疗美容、婚姻家庭 …… 2756
第七节　其他 …… 2758

第六十九篇　宗教 …… 2760
概　述 …… 2760
第一章　佛教 …… 2762
第一节　组织 …… 2762
第二节　寺院 …… 2763
第三节　活动 …… 2765
第二章　道教 …… 2766
第一节　组织 …… 2766
第二节　宫观 …… 2767
第三节　活动 …… 2768
第三章　伊斯兰教 …… 2768
第一节　组织 …… 2768
第二节　活动 …… 2769
第四章　天主教 …… 2769
第一节　组织 …… 2769
第二节　活动 …… 2770
第五章　基督教 …… 2771
第一节　组织 …… 2771
第二节　教堂 …… 2772
第三节　活动 …… 2773

第七十篇　县(市、区)概况 …… 2774
湘潭县 …… 2774
湘乡市 …… 2783
韶山市 …… 2789
雨湖区 …… 2797
岳塘区 …… 2803

人物 …… 2815
一、人物传 …… 2815
二、《湘潭市志(1840~1985)》人物传补遗 …… 2878
三、人物名录 …… 2889

附录 …… 2929
一、重要文件辑存 …… 2929
二、《湘潭市志(1840~1985)》勘误 …… 2941

索引 …… 2945

后记 …… 2972

CONTENTS

Part Fifty - Sixth Urban Planning ········ **2221**
Overview ································ 2221
Chapter 1 Overall Urban Plan ··········· 2223
Section 1 City Properties ··········· 2223
Section 2 City Scale ················ 2224
Section 3 Urban Spatial Structure Form and Urban General Distribution ···························· 2225
Section 4 Planning of Urban Systems ···························· 2229
Chapter 2 Urban Engineering Planning ································ 2230
Section 1 Planning of Urban Flood Control Project ········· 2230
Section 2 Planning of Urban Railway Engineering ·············· 2231
Section 3 Planning of Urban Fire Protection Engineering Project ······ 2232
Section 4 Planning of Urban Drainage Project ··················· 2233
Section 5 Urban Public Transport Planning ················· 2233
Section 6 Planning of Urban Gas Station Distribution ·············· 2234
Section 7 Planning of Urban Road Network ················· 2234
Chapter 3 VrBan Detailed Planning ······ 2235
Section 1 Planning of Urban Residential District ················· 2235
Section 2 Planning of Urban Central District ················· 2236
Section 3 Planning of Urban Industrial and Business Parks ······ 2236
Section 4 Planning of Urban Public Green Space ··········· 2237
Chapter 4 Planning Management ······ 2240
Section 1 Construction Land Use Planning and Management ········ 2240
Section 2 Construction Project Planning Management ··········· 2241
Section 3 Construction Management of Citizen`s Private Residence ···························· 2243
Section 4 Investigation and Punishment of Urban Illegal Buildings ···························· 2244

Part Fifty-Seven Urban and Rural Construction ································ **2246**
Overview ································ 2246
Chapter 1 Urban Roads and Bridges Construction ················· 2249
Section 1 Road Construction ······ 2249
Section 2 Bridge Construction ······ 2263
Section 3 Street Lighting Construction ···························· 2264
Chapter 2 Construction of Water Supply and Drainage Facilities ··········· 2266
Section 1 Construction of Water Supply Facilities ················· 2266
Section 2 Drainage Facilities Construction ···························· 2268

Chapter 3 Construction of Gas Facilities ··· 2273
Section 1 Gas Source Construction ··· 2273
Section 2 Gas Supply Network Construction ··· 2274
Chapter 4 Construction of Sanitation Facilities ··· 2275
Section 1 Construction of Garbage Disposal Facilities ··· 2275
Section 2 Public Toilet Construction ··· 2277
Chapter 5 Park and Square Construction ··· 2278
Section 1 Park Construction ··· 2278
Section 2 Garden and Square Construction ··· 2280
Chapter 6 Key Urban Construction ··· 2285
Section 1 Urban Construction of County (City) ··· 2285
Section 2 Key Designated Town Construction ··· 2288

Part Fifty-Eight Urban Management ··· 2291
Overview ··· 2291
Chapter 1 Maintenance of Municipal Facilities ··· 2293
Section 1 Road Maintenance ··· 2294
Section 2 Bridge Maintenance ··· 2296
Section 3 Drainage and Dredging ··· 2297
Section 4 Maintenance of Urban Flood Embankment ··· 2299
Section 5 Street Lighting Management ··· 2300
Chapter 2 Management of Landscaping ··· 2302
Section 1 Administration of Urban Greening ··· 2302
Section 2 Park Management ··· 2303
Section 3 City Trees and Flowers ··· 2304
Chapter 3 Urban Passenger Transport Management ··· 2306
Section 1 Buses ··· 2306
Section 2 Mini Bus ··· 2309
Section 3 Taxi Cars ··· 2310
Chapter 4 Urban Water Supply Management ··· 2312
Section 1 Maintenance of Water Supply Network ··· 2312
Section 2 Water Supply Quality Management ··· 2313
Section 3 Water Supply Operation and Management ··· 2314
Section 4 Self-prepared Water Supply Management ··· 2316
Chapter 5 Urban Gas Management ··· 2317
Section 1 Liquefied Gas Management ··· 2317
Section 2 Pipeline Gas Management ··· 2318
Chapter 6 City Appearance Management ··· 2321
Section 1 Environmental Sanitation Management ··· 2322
Section 2 City Appearance Enforcement ··· 2327

Part Fifty-Nine Real Estate ··· 2331
Overview ··· 2331
Chapter 1 Reform of the Housing System ··· 2333
Section 1 Public Housing Rent Increase ··· 2334
Section 2 Public Housing for Sale ··· 2334

Section 3 Employee Raise Funds for House-building ········· 2335
Section 4 Monetization of Housing Distribution ··············· 2335
Section 5 Housing Provident Fund ······························ 2336
Section 6 Residential Housing Guarantee ······························ 2337
Chapter 2 Real Estate Enterprises ······ 2339
Section 1 State – Owned Real Estate Enterprises ··············· 2340
Section 2 Collective Real Estate Enterprises ··············· 2341
Section 3 Private Real Estate Enterprises ······························ 2342
Section 4 Hong King's, Macao's and Taiwan's real estate enterprises in Xiangtan ··············· 2343
Chapter 3 Housing Construction ········· 2345
Section 1 Residence ················ 2345
Section 2 Office Buildings ········· 2346
Section 3 Industrial Buildings ······ 2347
Section 4 Commercial Buildings ··· 2348
Section 5 Teaching, Cultural and Health Care Buildings ············ 2349
Chapter 4 Properties of Different Ownership ···································· 2353
Section 1 State – Owned Properties ······························ 2353
Section 2 Collective Properties ··· 2354
Section 3 Private Properties ······ 2355
Chapter 5 Management of Real Estate Industry ························ 2357
Section 1 Housing Construction Management ············ 2358
Section 2 Real Estate Transaction Management ············ 2360
Section 3 Property Rights Ownership Management ············ 2364
Section 4 Management of House Demolition and Relocation ······························ 2365
Section 5 Termite Control ········· 2367
Section 6 Property Management ··· 2368

Part Sixty Environmental Protection ······ 2370
Overview ···································· 2370
Chapter 1 Environmental Quality ······ 2373
Section 1 Water Environment ······ 2373
Section 2 Urban Air Environment ··· 2381
Section 3 Acoustic Environment ··· 2383
Section 4 Solid Waste ··············· 2384
Section 5 Pollution of Chemical Fertilizer and Pesticide in Farmland ······························ 2385
Chapter 2 Environmental Monitoring ··· 2387
Section 1 Network of Monitoring Agencies ················· 2387
Section 2 Monitoring Projects ······ 2388
Chapter 3 Environmental Pollution Control ···································· 2391
Section 1 Water Pollution Control ······························ 2391
Section 2 Air Pollution Control ··· 2394
Section 3 Noise Pollution Treatment ······························ 2397
Section 4 Solid Waste Treatment ··· 2397
Chapter 4 Environmental Management and Enforcement ················· 2400
Section 1 Environmental Protection Policies and Regulations ······························ 2400
Section 2 Environmental Publicity ······························ 2401

Section 3 Pollution Source Supervision ······ 2402
Section 4 Administration of Exhaust Pollution Charges ······ 2404
Section 5 Disputes Involving Pollution and Incidents Investigation and Treatment ······ 2405

Part Sixty-One Education ······ 2408
Overview ······ 2408
Chapter 1 Preschool Education ······ 2411
Section 1 Kindergarten and Class Setting ······ 2413
Section 2 Child Care and Education ······ 2414
Chapter 2 Primary and Secondary Education ······ 2415
Section 1 School Setting ······ 2416
Section 2 Education and Teaching ······ 2420
Chapter 3 Special Education ······ 2426
Section 1 Special Education Schools in Xiangtan City ······ 2426
Section 2 Deaf - Mute Child Rehabilitation Training Institutions ······ 2427
Chapter 4 Common High School Education ······ 2428
Section 1 School Setting ······ 2429
Section 2 Education and Teaching ······ 2431
Chapter 5 Secondary Vocational and Technical Education ······ 2438
Section 1 General Secondary Specialized Education ······ 2439
Section 2 Secondary Vocational Schools (Secondary)Education ··· 2441
Section 3 Technical Education ······ 2442
Chapter 6 General Higher Education ··· 2443
Section 1 Institutional Setup ······ 2444
Section 2 Educational System and Major ······ 2446
Section 3 Teaching and Scientific Research ······ 2448
Section 4 Allocation and Employment of Graduates ······ 2452
Chapter 7 Adult Education ······ 2453
Section 1 Illiteracy Education ······ 2454
Section 2 Farmer Education ······ 2455
Section 3 Staff Education ······ 2456
Chapter 8 Teacher ······ 2459
Section 1 Teacher Team ······ 2459
Section 2 Treatment of Teachers ··· 2462
Section 3 Teacher Training ······ 2464
Section 4 Employment of Teachers··· 2467
Chapter 9 Education Management ······ 2469
Section 1 School Management ······ 2469
Section 2 Management of Educational Funds ······ 2470
Section 3 Facilities and Equipment and Library Management ··· 2473
Section 4 Educational Supervision ······ 2474
Section 5 Teaching and Research Management in Primary and Secondary Schools ······ 2475

Part Sixty-Two Science and Technology ··· 2477
Overview ······ 2477
Chapter 1 Industrial Science and Technology ······ 2478
Section 1 Mechanical Technology ··· 2479
Section 2 Metallurgical Technology ······ 2488

Section 3 Textile Science and Technology 2490
Section 4 Chemical Technology ... 2490
Section 5 Building Materials Science And Technology 2492
Section 6 Light Industrial Science and Technology 2493
Section 7 Energy Science and Technology 2493
Section 8 Electronic Information Technology 2494
Chapter 2 Agricultural Science and Technology 2496
Section 1 Planting Technology 2496
Section 2 Breeding Science & Technology 2498
Section 3 Forestry Science & Technology 2499
Section 4 Water Conservancy Science and Technology 2500
Chapter 3 Science and Technology of Public Utilities 2501
Section 1 Transportation Science and Technology 2501
Section 2 Meteorology and Environmental Protection Technology ... 2502
Section 3 Construction Technology 2503
Section 4 Surveying and Seismic Monitoring Technology ... 2504
Chapter 4 Medical Science and Technology 2505
Section 1 Clinical Medicine and Health and Epidemic Prevention Technology 2506
Section 2 Medical Science and Technology 2508
Chapter 5 Basic Science and Soft Science 2509
Section 1 Basic Science 2509
Section 2 Soft Science 2513
Chapter 6 Science and Technology Information (Intelligence)and Technical Exchange 2513
Section 1 Science and Technology Information (Information) 2513
Section 2 Science and Technology Exchange 2515
Chapter 7 Science and Technology Management 2516
Section 1 Science and Technology Management System 2516
Section 2 Scientific Research Institutions 2517
Section 3 Science and Technology Teams 2519
Section 4 Science and Technology Plan 2520
Section 5 Management of Science and Technology Funds 2521
Section 6 Management of Scientific and Technological Achievements 2521
Section 7 Technology Market Management 2522
Chapter 8 Patent 2522
Section 1 Patent Institutions and Teams 2522
Section 2 Patent Work 2523

Part Sixty-Three Culture 2526
Overview 2526
Chapter 1 Literary Creation 2528

Section 1 Novels and Children 's Literature ················· 2529
Section 2 Poetry and Couplets - - - 2530
Section 3 Essay ···················· 2531
Section 4 Drama Literature ········ 2531
Section 5 Radio, Television and Film Literature ················· 2532
Section 6 Reportage and Documentary Literature ················· 2533
Chapter 2 Artistic Creation ·············· 2538
Section 1 Fine Arts ················· 2539
Section 2 Calligraphy, Seal Cutting and Lettering ················· 2541
Section 3 Photography ·············· 2542
Section 4 Theater Performance - - - 2543
Section 5 Music and Dance ········ 2546
Section 6 Folk Art Forms and Short Sketch ···················· 2547
Chapter 3 Mass Culture ················· 2548
Section 1 Building of Cultural Stations ····························· 2548
Section 2 Tutorial and Training ··· 2549
Section 3 Cultural Activities ······ 2550
Chapter 4 Books ························· 2552
Section 1 Hall (Room) and Collections ····························· 2552
Section 2 Public Library Service ··· 2554
Chapter 5 Movie ·························· 2556
Section 1 Film Distribution ········ 2556
Section 2 Film Screenings ········ 2557
Chapter 6 Cultural Relics ··············· 2559
Section 1 Protection Institutions and Collections ··············· 2559
Section 2 Cultural Relics Protection ····························· 2561
Section 3 Memorial Buildings ······ 2565
Chapter 7 Cultural Market Management··· 2568
Section 1 Management of Newspaper, Journal and Magazines Market ···················· 2568
Section 2 Audiovisual Products and Software Market Management ····························· 2569
Section 3 Management of Cultural Places ····························· 2570
Section 4 Performance and Venue Management ············ 2572
Section 5 Internet Site Management ····························· 2573

Part Sixty-Four Health ····················· 2574
Overview ·································· 2574
Chapter 1 Public Health ················· 2577
Section 1 Prevention and Control of Diseases ················· 2577
Section 2 Health Monitoring and Supervision ··············· 2587
Section 3 Patriotic Health ········ 2591
Chapter 2 Maternal and Child Health Care ································· 2594
Section 1 Women 's Health ········ 2594
Section 2 Child Care ··············· 2599
Chapter 3 Medical Treatment ··········· 2602
Section 1 Traditional Chinese Medicine ····························· 2603
Section 2 Western Medicine ······ 2604
Section 3 Nursing ·················· 2610
Chapter 4 Health Service Management··· 2611
Section 1 Health Service Institutions ····························· 2611
Section 2 Medical Health Team - - - 2615
Section 3 Construction of Medical and Health Infrastructure ······ 2616
Section 4 Medical Administration ··· 2618

Section 5 Management of Health Service Charges ········ 2623

Part Sixty-Five Sports ········ 2626

Overview ········ 2626

Chapter 1 Mass Sports ········ 2628

Section 1 Employee Sports ········ 2628

Section 2 Peasant Sports ········ 2630

Section 3 Community Sports ········ 2631

Chapter 2 School Physical Education ··· 2634

Chapter 3 Amateur Sports Schools ······ 2634

Section 1 Xiangtan City Sports Middle School ········ 2636

Section 2 Elementary Amateur Sports Schools ········ 2638

Chapter 4 Sports Competition ········ 2642

Section 1 Participate in Provincial Games ········ 2642

Section 2 Municipal Games ········ 2649

Section 3 Xiangtan City Stages State - Level and Provincial Large - Scale Game ········ 2652

Chapter 5 Venue Construction ········ 2658

Section 1 Construction of Public Stadiums and Gymnasiums ········ 2658

Section 2 Construction of School Sports Facilities ········ 2659

Section 3 Construction of Enterprise Stadiums and Gymnasiums ········ 2661

Part Sixty-Six Mass Media ········ 2663

Overview ········ 2663

Chapter 1 Newspapers ········ 2666

Section 1 Newspaper of the Communist Party ········ 2667

Section 2 City Newspaper ········ 2671

Section 3 College Newspaper ······ 2672

Section 4 Business Report ········ 2674

Section 5 Others ········ 2676

Chapter 2 Publications ········ 2676

Section 1 Public Publications ······ 2678

Section 2 Internal Publications ··· 2681

Chapter 3 Broadcasting ········ 2683

Section 1 Xiangtan People ′s Broadcasting Station ········ 2684

Section 2 County (City, District) Radio Station ········ 2686

Section 3 Township Radio Station ··· 2687

Chapter 4 Television ········ 2688

Section 1 Xiangtan Television Station ········ 2689

Section 2 Xiangtan Cable TV Station ········ 2691

Scction 3 TV Station of County (City) ········ 2692

Section 4 Large - Scale Enterprise Cable TV Stations ········ 2693

Section 5 Township TV Stations ··· 2694

Chapter 5 Network Media ········ 2694

Section 1 Municipal Website ······ 2695

Section 2 County (City, District) Website ········ 2697

Section 3 Website of Institutions ··· 2698

Section 4 Corporate Website ······ 2699

Part Sixty-Seven Archives ········ 2700

Overview ········ 2700

Chapter 1 Construction of Archival Resources ········ 2702

Section 1 Archival Resources Accumulation ········ 2702

Section 2 Quantity and Structure of

Archives ·················· 2706

Chapter 2 File Preservation and Protection ·································· 2709

Section 1 Archival Repository Facilities ···························· 2709

Section 2 Prevention of Mould, Insect, Fire, and Burglary ······ 2710

Section 3 File Rescue ·············· 2711

Chapter 3 Development and Utilization of Archival Resources ········· 2712

Section 1 Review Service ········· 2712

Section 2 Archives Editing and Studying ···························· 2715

Section 3 Archives Exhibition ······ 2716

Section 4 Efficiency of Utilization ··· 2717

Chapter 4 Enforcement of Archival Management ················· 2718

Section 1 Organization and Team ··· 2718

Section 2 Business Management ··· 2719

Section 3 Law Enforcement Supervision ···························· 2721

Part Sixty-Eighth Social Life ··············· 2723

Chapter 1 Residential Life ··············· 2723

Section 1 Rural Resident Life ··· 2723

Section 2 Urban Resident Life ··· 2730

Chapter 2 Folklore ······················· 2737

Section 1 Production Custom ······ 2737

Section 2 Living Conditions ······ 2738

Section 3 Rites and Customs ······ 2741

Section 4 New Year Customs ······ 2743

Chapter 3 New Words Dialect Pronunciation ·································· 2745

Section 1 Job Title and Life Phenomenon ···························· 2745

Section 2 Basic Necessities of Life and Transportation ··········· 2747

Section 3 Politics, Laws, Business and Economy ················· 2749

Section 4 Household Appliances, Electronics and Technological Reform ···················· 2751

Section 5 Schooling and Recreation ······························ 2753

Section 6 Medical Cosmetology Marriage and Family ··············· 2756

Section 7 Others ···················· 2758

Part Sixty-Nine Religion ····················· 2760

Overview ···································· 2760

Chapter 1 Buddhism ······················· 2762

Section 1 Organization ··············· 2762

Section 2 Temple ···················· 2763

Section 3 Activities ················· 2765

Chapter 2 Taoism ························· 2766

Section 1 Organization ··············· 2766

Section 2 Taoism Temple ········ 2767

Section 3 Activities ················· 2768

Chapter 3 Islam ·························· 2768

Section 1 Organization ··············· 2768

Section 2 Activities ················· 2769

Chapter 4 Catholicism ···················· 2769

Section 1 Organization ··············· 2769

Section 2 Activities ················· 2770

Chapter 5 Christianity ··················· 2771

Section 1 Organization ··············· 2771

Section 2 Church ···················· 2772

Section 3 Activities ················· 2773

Part Seventy General Situation of Counties (Districts and Regions) ······················· 2774

Xiangtan County ·························· 2774

Xiangxiang City ·························· 2783

Shaoshan City ···························· 2789

Yuhu District 2797
Yuetang District 2803

Character **2815**
1.Biographies 2815
2.Biographies Supplement of *Local Chronicles of Xiang tan City (1840 ~1985)* 2878
3.The Character List 2889

Appendix **2929**
1.Important Documents Preservation 2929
2. Error Corrections of *Local Chronicles of Xiang tan City (1840 ~1985)* 2941

Index **2945**

Postscript **2972**

第五十六篇　城市规划

概　述

1985年11月5日，湘潭市人民政府发布《湘潭市政府办公室关于编制我市城市总体规划的有关问题的批复》，根据文件精神，市规划办成立总体规划修订办公室，以规划办的技术力量为主，从市建委、环保办、城镇规划设计所及中央驻潭各大厂矿抽调30余人组成工作组。总体规划修订工作实行承包责任制，市建委为委托方，修订办公室为承包方，工作从1985年12月中旬开始，至1986年6月底基本完成。主要成果有：湘潭市第五次城市总体规划修订纲要、规划说明书、规划实施细则、规划建设管理办法、私房建设管理办法、规划总图和其他相关专业图。在第五次总体规划中，提出许多具有战略性的规划：将湘潭县县城从（河西）雨湖区城正街搬迁至易俗河镇；将九华定位为城市大型机械制造业备用地；昭山定位为长、株、潭三市的城郊森林公园及三市隔离"绿心"；美化、绿化湘江流经市区长达42千米的沿江两岸。1986年11月21日，市政府邀请市委、市人大、市政协、军分区领导审查规划成果。1987年5月27日，市人大第27次全体会议审查通过后，上报湖南省人民政府审批。1987年8月，省建设委员会同意《关于湘潭市城市防洪规划工作的报告》；10月6日委托湖南水利电力设计院编制《湘潭市城市防洪规划》，于1988年3月完成。该规划对湘潭城区42千米的湘江段及涟水、涓水两岸的姜畲、郭家桥堤垸内设计洪水位以下的157.3平方千米内的河段进行全面规划；其中对河西、岳塘、板塘三片中的20.66平方千米范围进行重点规划，在专家评审会议上获得通过。同年，为进一步加强城市私房建设管理，市政府颁布《湘潭市城市私房建设管理办法》。

1990年1月，趁铁道部对全国铁路实行电气化改造之机，市政府提出对市区内铁路站场进行规划提级改造。委托铁道部第四设计院编制《湘潭市城区铁路及站场规划》。主要内容包括：规划板易联络线（易家湾火车站至湘潭东站）；扩建火车东站；扩大湘潭火车站客运设施规模；增建湘江铁路、公路两用桥；规划滴水埠和九华水陆联运码头铁路专用线；选址、搬迁杨悦来石油库；规划岳塘工业站；改造城市主城区铁路线与城市主干道路的平交路口。5月，在湘潭市《城区铁路规划》专家评审会上，规划获原则通过。年内，《湘潭县县城搬迁规划》编制。1991年9月，湖南省人民政府下发《关于湘潭市城市总体规划修编方案的批复》。该方案明确湘潭城市性质为长、株、潭经济协作区的重要组成部分，以机构、冶金工业为基础，以发展轻纺、建材、食品工业为重点的工业城市；城市建设用地近期增长到56.52平方千米，远期（2010年）扩大到101.52平方千米，城市规模远期（2010年）可按84.5万人规划，其中城区"三片一中心"的规模控制在55万人以内；人均建设用地指标控制在100平方米以下，人均居住用地不得超过28平方米。方案为此后一段时期内湘潭城市规划区范围一切建设行为的规划实施管理提供法定依据。1992年春，在全国掀起"经济开发区"建设热潮中，中共湘潭市委作出"抓住机遇，加快步伐，将湘潭市的改革开放推上一个新台阶"的决定。市规划办立即组织工程技术人员到城市各区进行规划编制工作。先后完成《雨湖商贸工业特区规划》《湘潭市高新区规划》。并派出工程技术人员参加规划的实施管理工作。9月18日，湘潭县城搬迁建设指挥部在易俗河成立，正式拉开新县城建设序幕。湘潭市颁布《湘潭市开发区土地使用权有偿出售和转让管理办法》。12月，市政府根据《中华人民共和国城市规划法》规定，将"湘潭规划办"改名为"湘潭市城市规划局"，主管湘潭市城市规划区内的规划实施管理工作。是年，湘潭实行城市土地有偿使用制度，并根据建设部要求，实行《建设用地规划许可证和建设工程规划许可证》制度。1993年4月，湖南省人民政府批准开展《长、株、潭区域规划》编制工作，并成立领导小组办公室，统一领导和组织协调工作，湘潭市派建设委员会副主任蒋铁昆和市规划局总工程师胡承兴参加，国家计委正式行文予以指导。这次区域规划编制工作内容虽仅着眼于国土开发利用和整治保护，未取得重要成果，但三市紧密相依的空间资源，优越的区位条件及交通优势，引起国家相关部委的关注。

1995年，建设部将该年定为"全国城市规划年"，市规划局以此为契机，开展宣传活动，以提高市民对《中华人民共和国城市规划法》的认识，自觉遵守和参与城市规划实施管理。1996年4月，市政府为加强城市规划编制的实施工作，将湘潭市第二建筑设计院、市城建科研所、规划局规划事务所合并，组建湘潭市规划建筑设计院。市政府发布《关于调整湘潭市第五次总体规划的决定》，由市规划局负责组织，具体工作由刚刚组建的市规划建筑设计院承担。1997年9月，第五次总体规划调整工作结束。主要成果有：城市中心区选址，从河东三角坪调整至河东大道以南，芙蓉东路以北，丝绸路以西，宝塔路以东，总用地面积4.2平方千米；上瑞高速公路，从易俗河南面的梅林镇调整至易家湾，经荷塘跨湘江向西行进；再一次强调城区内湘江两岸风光带的规划；规划建立城市道路的环线系统。1997年5月，为进一步加强对规划的实施管理力度，组建城市规划监察执法队；10月，雨湖、岳塘规划分局相继成立。

2000年，湘潭市委、市政府面对全国、全省的经济社会发展的新态势，加强城市规划实施管理，提出"城市经营"理念："提升城市形象、提升城市功能、优化城市环境、改善城市公共服务设施、增强城市竞争能力。"10月8日，市政府常务会议研究决定，对城市第六次总体规划进行修编，由市规划局牵头，委托中国城市规划设计研究院承担，湘潭市规划建筑设计院配合。修编的主要内容：从全国、全省的社会、经济发展视角，确定湘潭城市空间形态结构；明确湘潭城市社会、经济发展势态及其定位；确定城市人口及用地发展规模；研究市域城镇体系布局。2001年3月，市委、市政府提出改善城市环境、提升城市品位的要求。12月，第六次总体规划修编工作完成。规划成果有：城市定位为长、株、潭区域的核心城市之一，湖南省的工业、科教、旅游城市；人口发展规模：到2005年主城区55万人，2010年80万人，2020年100至110万人；城市用地规模：到2020年城市建设用地为114.5平方千米。是年为提升城市品位，市委、市政府提出"一化三清"（城市园林化、清理城市违法建筑、清理城市违法占地、清理城市违规施工队伍）工作。市规划局为加强城市规划的实施管理工作力度，相继出台《湘潭市规划管理技术规定（暂行办法）》《湘潭市规划管理细则》《湘潭市规划局实施行政许可规则（暂行）》《城市规划编制管理规定》《违法建设行为处罚裁量》等一批法规。2003年6月30日，湘潭市政府在长沙市长城宾馆召开第六次总体规划成果审查会，出席会议的有省发改委、国土厅、建设厅的负责人等，会议原则通过第六次总体规划成果。总体规划经修改调整后，上报国务院审批。8月，市委、市政府提出发展城市"三个中心"（湖南加工制造业中心，中南现代物流中心，长株潭城市群生态休闲中心)的决定。市规划局组织技术力量对“三个中心”进行选址论证和规划方案比较。后经市政府研究决定:加工制造业中心定点九华,物流中心定点易俗河,生态休闲中心定点昭山。2004年,根据市委、市政府集中精力打造“九华加工制造业中心”的决定,市规划局组织力量对九华新城进行实施性规划的编制工作。随后,江南汽车制造业选址九华建立基地,浙江“吉利汽车集团”、长沙“经阁铝业”等一批技术精良、管理先进、资金实力雄厚的企业先后落户九华,在湘江西岸凸起一座生气蓬勃的九华新城。

2005年,市规划局出台《关于进一步加强建设用地规划管理的有关规定》《关于进一步加强建设工程管理的有关规定》,修改完善《规划管理技术规定(暂行办法)》,进一步加强建设用地、建设工程的规划管理,规范内部管理制度。是年末,湘潭市城市人口发展到71.7万人,建成区面积扩大到76平方千米,城市道路延伸到396千米,道路总面积795万平方米,城市公交车线路增加到28条,市区城市公园发展到6座,城市居民人均居住面积扩大到21.19平方米。作为对城市发展建设的决策起参谋作用的城市规划,在引导城市的社会、经济发展中发挥应有的作用。但仍存在诸多不足:如何充分利用湘江流经城区长达42千米长的岸线的资源,塑造滨江城市的特色;如何凸现伟人故里、名人文化内涵,提升城市的知名度,在历次城市总体规划中,都未能摆在重要位置作为“城市品牌”推出。另外,长、株、潭三市临界的广大农村如何统筹、三市的公共社会资源如何实现整合、优化、共享等,在历次的规划中均涉及不够,影响城市功能的正常发挥,制约着长、株、潭城市群的经济、社会发展。有待在今后的城市总体规划修编中引起关注。

第一章　城市总体规划

第一节　城市性质

1985年11月,进行第五次城市总体规划时,根据城市工业现状和远景设想,定为“以机械、冶金工业为基础,以轻纺,建材、食品加工为发展重点,相应发展化工、电子工业的多功能的开放型、现代型、园林化的工业城市,力争成为湖南省的科研,文教中心之一”。当时的主要动机是将城市性质定得越复杂、内容越丰富,越能引起中央重视,国家会将更多的建设项目定点湘潭,争取更多的建设资金,提供较多的就业岗位,这是当时计划经济时代,城市建设资金的主要来源。

1993年,在省政府组织编制的《长株潭区域规划》中,提出湘潭市以电机、钢铁为特色的工业城市的城市战略定位。1996年6月,第五次总体规划调整时,定位为“湖南省经济优先发展的重点城市之一,集工、商、贸、科教于一体的多功能、开放型、现代化、园林化的综合工业城市”。随着国家经济体制改革的深入,长株潭经济一体化逐步形成及湘潭市内部经济结构的调整,2000年11月,中国城市规划设计院进行第六次城市总体规划修编时,根据城市现有区位、经济特点和中央宣传部将韶山市毛泽东故居定为“红色旅游基地”、中央军委将乌石彭德怀故居定为“全国国防教育基地”的决定,将城市性质确定为“长株潭城市群的中心城市之一,湖南省重要的工业、科教和旅游城市”。

半个多世纪来，湘潭城市性质的确定，虽文字的表述不一，但“工业城市”这一主题定位始终未变。湘潭市城市发展始终将“城市工业”作为城市经济发展主要动力和增加就业岗位的唯一选择。

第二节 城市规模

一、城市人口

20 世纪 90 年代前，国家对城市人口规模的增长，严格执行“控制大城市（城市人口 50 万以上）人口规模，合理发展中等城市（20 万以上不足 50 万），积极地发展小城市（20 万人以下）”的方针。1985 年底，湘潭城市现状人口 38.96 万人，市区人口自然增长率 9.03%，机械增长率为 13.3‰。规划人口时，采用“劳动平衡法”测算出近期（1990 年）为 47.10 万人，远期（2010 年）为 84.50 万人。

2000 年 11 月，中国城市规划设计研究院编制第六次城市总体规划时，1999 年末城市现状人口为 67.13 万人（雨湖区 34.62 万人，岳塘区 32.51 万人）。通过综合平衡分析法、中心城市人口聚集度分析法和人口增长趋势外推法等，测算出湘潭市主城区人口规模：近期（2005 年）74.80 万人；中期（2010 年）80 万人；远期（2020 年），100~110 万人。

湘潭市的城市人口增长缓慢。因国家长期实行计划生育政策，使人口的自然增长率受到制约；受国家“农转非”户籍政策的限制，农村人口转化城市人口非常困难；因城市经济发展缓慢，提供劳动就业岗位有限，每年人口机械增长主要是靠大专院校新生录取、复员转业军人、回城随军家属、投亲、婚迁等。因城市人口管理不力，没有一个较准确的统计数目，仅按公安部门户口管理人数为准，外来的务工、经商等流动人口，没有专职部门来管理，对城市住房、交通、水电、文化教育、医疗卫生及其他设施配置构成极大影响。

2005 年末，湘潭市城市人口 71.78 万人，未达到规划近期 74.80 万人目标。

二、城市用地规模

1985 年底，湘潭市建成区总用地 29.13 平方千米（人均 84.27 平方米），其中工业用地 11.04 平方千米，生活居住用地 10.53 平方千米，而城市市政设施、对外交通、仓储、公共绿地等用地严重不足，仅 7.56 平方千米。到 1985 年第五次城市总体规划编制时，根据湘潭市城市“三片一中心”（河西、岳塘、板塘和城市中心区）的空间结构的特点和城市建设发展的需要，将城市建设用地规模进行扩展，到 1990 年（近期）扩展到 56.52 平方千米，2010 年（远期）101.52 平方千米，着重提高城市公共绿地和城市道路广场等用地面积，并适当降低城市工业用地比例。

1996 年 6 月，第五次城市总体规划调整时，城市现状用地为 44.03 平方千米，人均用地为 96.71 平方米，其中城市公共绿地面积人均提高 1.72 平方米，城市道路广场用地人均提高 4.59 平方米，但城市其他用地比例依旧失衡严重。工业用地依然高居不下，生活居住用地仍然与其他用地混杂。在进行总体规划调整时，结合城市经济结构的调整，以发展科技含量高的产业，建设新型工业园区，降低城市工业用地比重，增加城市其他设施用地指标。2000 年 1 月，中国城市规划设计研究院在对湘潭市第六次城市总体规划编制时，遵循国家关于“节约用地、集约用地、严格保护耕地”的国策，结合城市产业调整和企业改制的机遇，将城市建设总用地确定为：近期（2005年）74.30平方千米，人均建设用地90.30平方米；远期（2010年）109平方千米，人均99.30平方米。主要措施是：调整工业用地，将人均工业用地指标压缩到17.80平方米，着重增加城市公共绿化用地和城市道路广场用地指标，分别提高到人均15.43平方米和18.46平方米。

由于过去城市各项用地指标严重失衡，只能依靠国家政策支撑和严格城市规划实施管理来逐步改变。到2005年底，湘潭市城市建设用地扩展到76.0平方千米，人均建设用地提高到106平方米。

第三节　城市空间结构形态与城市总体布局

一、城市空间结构形态

湘潭城区中间有湘江穿越，湘黔铁路东西横贯，将城市用地划分三大块。20世纪50年代初，“湘潭市初步规划方案图”中，确定“下摄司”和“板塘”两个工业区。由河西、岳塘、板塘“三足鼎立”的城市空间结构形态初具雏形。随着电缆厂、电机厂、发电厂、钢铁厂、纺织印染厂、玻璃厂等一批工矿企业先后在岳塘、板塘新建与扩建，河西政治、文化、商业中心的地位逐步形成，这种“三片区”的空间形态逐渐明显。1985年11月进行第五次城市总体规划编制时，正式提出建立以河西、岳塘、板塘“三片一中心”的城市主体空间结构形态，结合外围的鹤岭、赤马、楠竹山、昭山、荷塘、易家湾、马家河等，形成“一城多点”的城市空间结构形态体系，并采用城市快速道路将其串联起来，并在各片区之间建设城市生态绿地，使城市在发展的各个阶段，都能保持相对独立和良好的生态环境。

20世纪90年代，城市新兴工业园区的建立，各园区的建设用地都采用“外延”和“内扩”的方式；城市道路快速联网建设，原有城市空间结构形态出现变动迹象，趋向整体。1996年6月进行总体规划调整时，仍然保持“三片一中心”和“一城多点”的空间结构形态，并在此基础上进行充实、完善。九华、马家河（双马镇）根据自身特点与具体情况，规划将其形成相对独立的工业片区。此后，随着河西韶山东路、湘江三大桥、丝绸路、河东大道等一大批城市重大基础工程相继建成或完成提质改造，原有城市空间结构形态格局基本破解，整个城市的建设用地基本上联成整体。

2000年11月，中国城市规划院在湘潭市第六次城市总体规划编制时，将城市空间结构形态，确定为一城（城市主城区）三片（昭山片、九华片、易俗河片）的城市空间结构形态，至2005年未变。

二、城市总体布局

（一）工业用地

自20世纪50年代初湘潭市城市性质确定为工业城市后，在历次的城市总体规划时，因工业用地的布局将产生大量的城市客、货流运输量，将带动城市其他用地的布局，决定着城市道路、生活居住、仓库、公共绿地和其他工程设施用地的布局。故都将工业用地的布局作为首先考虑的内容。1985年第五次总体规划修编时，工业用地布局在历次总体规划所确定的原则基础上，进行充实、完善、配套。其中，明确岳塘、下摄司为机电、冶金工业区；板塘为轻纺、建材工业区；河西为食品加工和轻工业、手工业区；荷塘规划为新材料工业区；九华为大型机械制造业的备用地。对地处城市中心区、人口密集区的工业用地，对与周边环境要求极不协调、而自身发展又无余地的工业用地，规划采取外迁或土地置换等调整措施。

1996年6月进行第五次总体规划调整，是在国家经济体制改革进一步深化、各类工业园区纷纷建立、城市规划理念不断更新的形势下进行的。规划对城市工业的布局与城市土地利用效率、工业企业的生产效益、城市环境质量等进行综合考虑：对用地过大、产品负加值低、环境干扰严重的工业企业，结合城市经济结构调整，采取“退二进三”（鼓励第二产业从市区退出，合理利用腾出来的厂房，发展商业、服务业等第三产业）、土地置换的原则进行调整；对科技含量高的电子、信息等新型工业，集中在“高新技术工业园区”内发展；对城市环境有一定影响的食品加工、医药、纺织工业，在原地进行技术改造，但不新增加建设用地；湘钢、湘机等中央大企业因搬迁困难，要求对其生产过程中的水、气、渣污染物进行综合治理，并在其厂区周围建立防护隔离绿化带措施；对竹埠港地区的化工企业，除要求对产生的“三废”进行综合治理外，要求在厂区内的职工住宅一律外迁至附近的城市住宅小区；城郊的乡镇企业，要求提高工业企业的新技术含量，加强环境治理，集中建设“工业园区”。

2000年11月第六次城市总体规划编制时，保留岳塘、下摄司重工业园区，要求对其进行提质改造和环境治理，达到国家二级工业标准。高新技术产业园实行“一区两园”，即高新技术产业园区（一类工业园区）和双马工业园区（二类工业园区）。羊牯—赤马大学城工业园区，规划为学、研、产工业基地。并要求各工业园区应提高工业企业的入园条件，制定准入制度，把好工业企业的入园条件关。至2005年未变。

（二）居住用地

1985年末，全市人均居住面积为6.69平方米。由于欠账太多，城市居民的居住条件亟待改善。在第五次城市总体规划修编中，规划对城市居民的居住用地作重点考虑：近期到1990年，将人均居住面积提高到8平方米以上。在河西规划和平新村、雪园新村等居住小区；将岳塘的霞光新村、板塘的晏家塘作为城市居民居住区的开发建设试点；旧城区内着重改造民主新村、大湖新村和泗洲庵地段，要求达到“建设一条路，改造一大片”的效果。各大厂矿企业的职工住宅建设，采取“拆平房，建楼房”的改造原则。1988年，湘潭市成为全国第一批56个住房制度改革的试点城市之一。1991年，市政府发布《湘潭市城镇住房制度改革第一步实施方案》。城市居民将通过市场购买获得住房，打破传统福利分房模式，采取多种形式建设住房。湘潭市房地产建设开发公司纷纷成立，但由于开发建设公司经济实力不强，经验不足，开发建设理念陈旧，导致建设规模较小，品味不高，见缝插针，无序开发建设的居多。

1996年6月，第五次总体规划调整时，城市居住用地面积达1132公顷，人均用地达到20平方米以上。城市住宅建设用地集中、成片开发建设局面初步形成。先后完成霞光、天鹤、和平、雪园等新村的开发建设，湘机、湘钢等厂矿企业的解放、禾花、新二村、新四村等一大批旧职工宿舍区完成改造。但受限于建设资金、规划理念、建设标准、用地选址等多种原因的制约，大多数居住小区的档次仍然较低，布局不完整，设施不配套，绿地面积少，环境质量差。因此，在总体规划调整时，对居住用地按国家建设部提出的Ⅰ、Ⅱ、Ⅲ类的建设标准实施管理。在城市中心区、高新区、大专院校周边及城市重要地区、地段，按Ⅱ、Ⅲ类标准进行规划实施管理，在昭山、九华等生态环境较好地区适量建设Ⅰ类、低层的高档住宅，以满足不同阶层人群的居住要求。

2000 年 11 月，湘潭市编制第六次城市总体规划时，城市居民的居住质量有较大的发展。在总体规划修编中，提出全市居住用地控制在 2612 公顷，人均居住用地 23.75 平方米，全市新规划 25 个Ⅱ、Ⅲ类居住小区，改造 10 个综合性住宅片区。对城市区内的农村居民点（"城中村"），统一按城市Ⅲ类居住区建设。此后，大同花苑、金源、金侨、新嘉园、新景、百姓家园、九州、盘龙名府等一批环境优美、布局合理、设施齐全的居民住宅小区，按规划建设完毕，投入使用，大大改善城市环境和居民的居住条件。2005 年末，全市居住用地达 2795 公顷，占城市建设总用地的 42.40%。

（三）公共设施用地

1985 年 11 月，第五次城市总体规划修编时，根据上轮总体规划划所确定"全省的科研、文化、教育副中心城市"的目标定位。规划将文化、教育、科研等列为城市公共设施规划的主体内容，将湘潭大学、湘潭师范学院、湖南广播电视大学湘潭分校、湘潭煤炭工业学校所在原羊牯、赤马地区，规划为"城市文化、教育科研区"，并配以知识、技术密集型的高新技术工业园，与长沙市岳麓文教区、大学城采用高速道路连接，将其打造成为全省文教、科研区的副中心；将河东书院路周边规划为中等技术学校区；在城市中心区规划电大、职大与各种短期培训班和教育辅导中心。另外，根据国家经济体制改革的精神和城市公共设施社会化的原则，逐步将城市各厂矿、企业的体育场、馆、俱乐部、职工医院、子弟学校、宾馆、招待所等设施，纳入城市公共设施系统，对外开放，面向社会服务，方便附近居民就近上学、就医、入托、娱乐，减轻企业的经济负担和管理压力，减少城市重复建设，节省土地资源。在河西扩建"布匹市场"、开辟"药材市场"和"稻米市场"。在城区内规划 1~3 处农民街，满足农民进城开店、设铺，以解决农村剩余劳动力就业和满足城市居民生活需要。

1996 年 6 月，第五次总体规划调整时，在中心区内规划大型超市、金融、信息中心、广电、科技大楼、博物馆、图书馆和文化、娱乐设施。在文教区内，新增建筑学院、机电学院、冶金学院、医学院等大专院校，以提高城市文化内涵，为城市未来发展培养高科技人才。

2000 年 11 月，第六次城市总体规划在河西、易家湾规划两个城市副中心，在汽车东站东侧规划用地规模达 51.4 公顷的市级体育中心，在城市各片区规划五个区级体育中心；完善城市医疗卫生设施，新增 500 床位的城市综合医院、450 床位的儿童妇幼保健医院，增设社区医院，使城市病床总数达到 10080 床位。

2002 年，市人民政府成立"城市中心区工程建设指挥部"，着手"城市中心区"工程的规划实施。至 2005 年末，市政府、市委、市人大、市政协、湘潭军分区及大部分的委、办、局办公楼先后建成，东方红广场、湘潭大剧院、广电中心和作为配套设施的湖湘公园、锦源广场、芙蓉路、丝绸路、湖湘南路、湖湘东路等建成，一个新型的城市中心区按规划基本形成。

（四）道路广场用地

城市道路用地的规划，历次总体规划均高度重视。

1985 年 11 月，在第五次总体规划修编时，根据"三片一中心"的城市空间结构形态，确定道路广场用地为"三个层次、五个系统"，即城际之间、组团之间、组团内部三个层次，高速、快速、混合、步行、静态（停车场）五个系统。提高城市道路、广场的用地标准，近期（1990 年）人均 6.30 平方米，远期（2000 年）人均 11.50 平方米；确定道路等级和路幅宽度：主干路 50 米，次干路 30 米，支路 20 米。城市广场规划。在河东三角坪规划城市中心体育广场，在韶山中路与建设北路交叉口规划河西的区级广场，在火车站、长途汽车站和客运轮船码头规划交通集散广场，在建设路口、和平桥、贵阳路、吉安路、湘江大桥两端规划市民休闲广场，易家湾、砂子岭规划城市过境车辆交通广场。在主干路之间的交叉口以及市区内铁路主干线、专用线与城市的主、次干路交叉处，规划或预留分离式立体交叉用地。

1996年6月，第五次总体规划调整时，根据建设部颁布的《城市建设用地分类标准》，将城市道路广场用地从生活居住用地中分离出来，单独列为"城市道路广场用地"。由于过去欠账太多，城市道路广场用地在此次规划调整中成为"调整"的重点：首先提高城市道路用地的标准，将人均道路用地标准提高到12.02平方米；建立城市"环路"系统，采用"内环"与"外环"来组织，疏解城市机动车交通；调整路幅宽度：快速路50米，主干路60米，次干路40米，支路20米。

2000年11月，在第六次城市总体规划编制时，对城市道路采用"五纵五横加两环"的道路布局形式，来组织和分解城市内部机动车的交通；提高人均道路用地标准，城市道路总用地面积规划为2045公顷，人均用地18.59平方米(规划末期)。随着城市机动车数量的逐年增多，机动车的停放成为社会问题，尤其是城市居民的私家车停放，因此，规划将城市停车场用地面积按人均0.8~1.0平方米进行控制。

至2005年末，全市的城市道路总长度达396千米.按城市规划，对河东大道、涟水大道进行改造，延伸韶山路的东段，新建北二环路、富洲路、双拥路、芙蓉路、宝塔北路、迎宾路、建设北路、熙春路、泗洲路等城市主、次干道，城市区内的交通条件大为改观，城市居民的出行条件得到极大改善。

(五)城市公共绿地

1985年11月，第五次城市总体规划修编中，首次提出"园林化城市"的规划目标，将人均城市公共绿地面积提高到10平方米；扩大和平公园、体育公园的建设用地面积，保护好雨湖公园内水面；规划一大桥至大埠桥湘江沿岸的"滨江公园"；新规划白石公园、杨梅洲公园、木鱼湖(今宝塔公园)、菊花塘公园；规划昭山省级风景园区，该园区地处长、株、潭城市几何中心，规划范围北到长沙市的暮云市，东至跳马，西至湘江，境内山地多，森林覆盖率高，是三市人民节假日较理想的郊游地，同时也是三市城市建设发展的屏障，城市的绿心、制氧库。

1996年6月，在第五次城市总体规划调整时，根据建设"园林城市"的规划目标，提出扩大城市公共绿地，突出城市公共绿地特色，提出"湘江风光带"的规划设想，将流经湘潭市区长达42千米的湘江两岸，沿岸各规划出堤岸外各100米的用地，作为城市居民生活的休闲空绿地，修复沿江的毛泽东、彭德怀、齐白石等伟人、名人的故居和历史、文化建筑及景区、景点。这是长株潭三个沿江城市中，第一个在规划中提出建设"湘江风光带"的城市。

2000年11月，在进行第六次城市总体规划修编时，将城市公共绿地扩大到1697.58公顷，人均15.45平方米。规划32个城市公园，其中雨湖区11个，岳塘区13个，易俗河4个，城郊森林公园4个。

到2005年底，杨梅洲公园、菊花塘公园、白石公园、湖湘公园按规划实施，提质改造雨湖公园、和平公园、昭山风景区，新建一批街头绿地、街心花园和广场绿地，第五次总体规划提出的在昭山建立长株潭三市的绿心区变成现实。城市人均公共绿地面积上升到7.97平方米，城市绿化覆盖率44%。

第四节　城镇体系规划

1983年6月，湘潭地市合并，实行以市带县（市）的行政管理体制。湘潭市管辖湘乡县、湘潭县、韶山区，直管16个建制镇，93个集镇，127个乡。既有的镇、乡管理体制不健全、发展建设混乱，缺乏统一的社会、经济发展规划作指导。1985年11月进行的湘潭市第五次城市总体规划编制中，规划建立以湘潭为“中心城市”的多层次的城镇体系，进一步发挥“中心城市”对湘乡县、湘潭县易俗河镇、韶山区清溪镇等副中心的辐射作用，以带动其他建制镇、集镇和乡村的健康发展。规划分两步实施：第一步，帮助、指导湘乡县、湘潭县、韶山区编制好发展建设总体规划；第二步，选择潭市、棋梓桥、中路铺、青山桥、花石、石潭、银田等一批具有一定经济实力、交通和能源等优势较好的建制镇，开拓乡镇企业，让附近农村的剩余劳动力就近打工、开店、办厂，促进城镇社会经济发展，以带动农业人口的转移。充分利用107、320国道和京广、湘黔铁路干线及省、市、县、乡公路网，解决城镇发展的交通问题；建设乡镇的变电站、所；完善能源等基础设施。1987年4月完成韶山清溪镇的总体规划。1990年12月完成湘潭县的《易俗河县城搬迁规划》。1991年11月完成《韶山银田镇总体规划》。1992年6月湘潭县县城搬迁易俗河按规划实施。1995年5月实行撤区并乡、扩镇的行政管理体制改革。湘潭市市域内建制镇增加到31个。1995年9月25日，湘潭县县治按规划迁至易俗河，易俗河镇按规划成为湘潭县县治所在地。

2000年11月，在第六次总体规划修编时，对市域内的城镇作较深入的调查，根据既有城镇的空间布局大部分沿国家铁路、公路主干线布局的特点，在对城镇规模、基础设施条件和城镇化水平的预测后，规划4条城镇发展轴，其中Ⅰ级和Ⅱ级各两条。Ⅰ级城镇发展轴为以107国道和京珠高速公路沿线的易俗河、梅林桥、谭家山、中路铺、白石铺和茶恩寺组成的南北发展轴。以320国道和上瑞高速公路、湘黔铁路沿线的九华、泉塘子、姜畲、云湖桥、潭市、棋梓组成的东西发展轴。两条Ⅱ级发展轴为以潭花公路沿线的河口、射埠、石潭、花石、青山桥、石鼓组成的西南的城镇发展轴。由1823公路沿线的楠竹山、银田、如意组成的西北发展轴。城镇发展职能，以城镇既有特点和今后发展趋势，分为五种类型：综合型——市（县）级的行政中心，如易俗河镇、清溪镇；工矿型——依托当地的地下矿产资源和既有大、中型厂矿企业，如楠竹山镇等；乡镇企业带动型——依据既有乡镇企业规模，发展强度，提升后劲，如中路铺、谭家山；商贸流通型——依靠发达的交通设施和商贸业发展态势，如潭市、花石等；旅游服务型——以城镇范围内的丰富、独特的人文与自然景观资源，发展旅游服务业，如清溪镇、乌石镇、棋梓镇等。城镇规模，依据规划期内城镇化水平发展预测，划分为四个等级：中心城市——湘潭市，城区人口规模100万人以上；次中心城市——湘乡市城区、易俗镇、韶山市城区，城（镇）区人口规模10~30万人；重点中心城镇——九华、花石、青山桥等，人口规模3~10万人；一般建制镇——谭家山、石潭、白石、潭市、银田、如意等，人口规模1~3万人。

2005年末，湘潭市市域内的城镇发展到60个。其中，建制镇35个，集镇25个。城镇人口达115.4万人，城镇化率42.5%。其中，湘潭县城区发展到9.26平方千米；韶山市清溪镇镇区扩展到4.95平方千米，成为韶山的政治、经济、文化、交通中心。

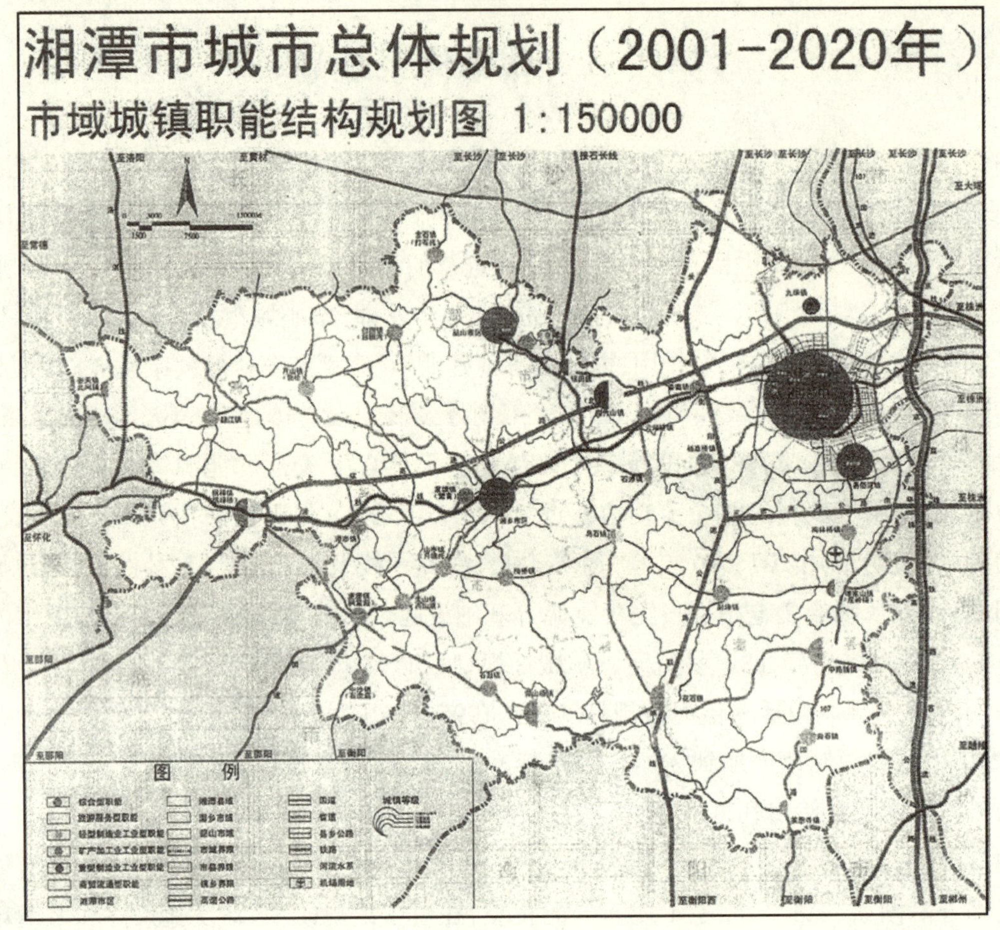

图 56-1-1 湘潭市域城镇职能结构规划图

第二章 城市工程专业规划

第一节 城市防洪工程规划

湘潭市是一个位于湘江下游的滨水城市，湘江流经市区长达 42 千米，将城市建成区分割为东、西两岸，每年洪水季节，严重地威胁着城市的安全。为落实城市总体规划中防洪的内容，1987 年 10 月，湘潭市规划办公室委托湖南省水利水电勘测设计院编制《湘潭市城市防洪工程规划》，于 1988 年 4 月完成。规划对流经城市主城区长达 42 千米的湘江河段，及涟水、涓水两支流沿岸的姜畬、郭家桥等堤垸内设计洪水位以下的 157.3 平方千米范围进行全面规划，其中以市区内的河西、岳塘、板塘三大片 20.06 平方千米为重点。防洪标准：设计频率近期按 5%（即 1/20，防 20 年一遇的洪水），远期 2%（即 1/50，防 50 年一遇的洪水），远景 1%（即 1/100，防 100 年一遇的洪水）的标准规划；城市排渍标准：建成区内按国家城市排水规范，郊区农田按水利部的排水规范，其中近郊区的蔬菜地应高于农田排水标准。防洪堤位置尽可能做到堤与路、堤与码头、防洪与改善城市环境、美化城市相结合。市区防洪大堤，河东向家塘至五里堆，河西的黄土山至罗家围子，设置两条与郊区相分隔的横隔堤。堤顶高程，近期按20年一遇的设计洪水水面线加高1.5米，而城市区在加高1.5米的基础上，再增设0.9米的防浪墙。防洪堤顶宽，农村堤为6米（考虑车辆的通行）；市区堤4米，以形成能防御100年一遇的洪水袭击。城市区沿堤永久建筑物、构筑物也必须按100年一遇的洪水标准设防。洪道内的跨河桥梁和其他构筑物，对行洪影响明显的，均应按300年一遇的防洪标准设计，并尽量减少阻水断面。城市新建港口码头，应从位置的选址、设计、规模、结构形式等方面以不占或少占洪道为原则。防洪大堤内现有的在设计洪水位以下的民房，不但威胁生命、财产的安全，而且还有行洪影响，应按国家有关文件精神和结合沿江堤防建设进行迁移安置。河西窑湾是条历史老街，处于洪道宽阔段域，行洪影响较小，近期限制发展，远期进行搬迁或改造。防浪护岸林的植造，除城市中心区段的向家塘至五里堆、十八总至小东门区段的堤外河滩湿地上，可结合堤路的建设，美化环境，在距堤脚5米以外可疏种防浪林、护堤林带外，其他河段均不得在洪道内造林、植树。另外在可拉直烧窑港弯曲堤段，将缩短堤岸线100多米，增加城市建设用地面积7.14公顷。具有较好的经济价值。

2005年，市人民政府根据与世界银行贷款协议，决定会同长沙市、株洲市将流经三市的湘江两岸，结合城市防洪堤岸与城市生态经济发展进行综合规划，进一步实现“城市道路、城市防洪、城市观光游览”三位一体规划，得到主管部门批准，由世界银行贷款予以实施。

第二节　城市铁路工程规划

20世纪80年代后期，铁道部决定对全国铁路主干线进行提级改造，实行电气化运输，市人民政府抓住机遇，为进一步理顺市区铁路设施与城市建设用地的发展矛盾，提升城市中铁路站场的发展规模，于1990年1月5日委托铁道部第四设计院编制《湘潭市区铁路工程规划》，5月编制完成。规划的主要内容有：规划板易联络线，为促进滴水埠、竹埠港地区的建设发展，规划从易家湾火车站至湘潭东站之间修建一条铁路联络线，将京广铁路与湘黔铁路在湘潭东站交接。并在荷塘张家湾建一小站，为竹埠港水陆联运码头和开发建设九华地区的铁路专用线接轨提供方便。扩建湘潭火车东站为地区性货运列车编组站，并按二级四场规模预留1500米×250米扩建用地，待城市中心区东移后，增建适当规模的客运设施，作为城市主要客运车站。近期结合铁路电气化工程扩建现有货场用地，远期在南侧的赤塘屋场附近，增建散装、粗杂物资的零担新货场用地。河西火车客运站湘黔铁路复线工程和电气化改造。增建站场股道线及新建第二站台。搬迁河西老货场至湘锰支线约2.5千米处。结合复线工程，规划在湘江现有铁路桥下游约40米处新建铁路、公路两用桥梁。根据湘黔铁路横贯城市市区约40千米，与现有城市主、次道路平面交叉达20余处，规划将与城市主次干道平交路口一律规划为分离式立交路口。在板摄铁路支线3千米处规划岳塘工业交接站，按6股道（40米×550米）用地规模控制，用作岳塘地区各大厂矿企业的专列车辆在此编组作业，有利于新电厂专用线的接轨，较好地解决“湘东站”至牌楼山站之间通过能力紧张的矛盾。滴水埠水陆联运码头铁路专用线，码头距湘潭东站2.5千米，预测码头年货运吞吐量为140万吨，按Ⅴ级铁路专用线考虑，从湘潭玻璃厂专用线接轨，向西北延伸，股道有效长度550米规模考虑，站场地面标高为黄海高程50米。规划九华工业园区备用城际地铁路专用线。专用线选线为两个方案：一是由板易联络线上的张家湾车站出线,经荷塘,跨107国道,向西北延伸,跨越湘江进入港区,按Ⅱ级专用线考虑,股道有效长度按850米考虑,站场标高按黄海高程55米考虑。二是从潭锰支线2.5千米处接轨,从桃园路(今北二环路)北面,绕过湘潭师范学院(今湖南科技大学北院),进入九华港区。搬迁城市危险品货场及杨悦来石油库。规划在湘黔铁路线"十里冲"火车站西北面的"泥塘"和"枫树塘"附近山坳中,分别规划石油库和危险品货站,(两地相隔为3千米以上)。

到2005年底,湘黔铁路的电气化工程已按规划实施,湘潭火车站增建二站台及铁路股道,湘江上增加第二铁路桥;城市主、次道路与铁路主、支线路口芙蓉东路、板塘铺、富洲路、北二环、湘大路等平交路口均改建立交,基本上解决城市中心城区平交路口交通拥堵的矛盾。

第三节 城市消防工程规划

1991年2月,湘潭市建设委员会牵头,组织市公安消防支队、市规划办,编制市内首个《湘潭市中心城区消防规划》。规划范围为河西、岳塘、板塘和易俗河在内的50平方千米。规划主要内容:公安消防站(队)的布点:规划五个消防站(队),即建设北路(一中队)、板塘吉安路(二中队)、岳塘书院路(三中队)、河西烟竹塘(四中队)、易俗河(县中队);远期在三角坪建设城市消防指挥中心,为消防调度、指挥、培训及特种车辆装备的直属中队,增加泗洲路的五中队、板竹路的六中队、易家湾的七中队及湘江水上消防站八中队。除其中一中队、五中队、六中队和直属中队为一级消防站外,其余均为二级消防站。每个消防站的责任区范围为8平方千米。另外湘钢、湘机、湘纺、江南、湘锰等大厂矿企业的消防专业队伍,按二级公安消防站标准进行技术装备。在城市外围的森林区,设立防火特种(站)队。全市的公安消防站(队)联成网络,进行统一指挥。消防供电:为保障消防供电的安全性和可靠性,所有的站(队)均采用双回路或三回路供电,在中心城区的高层建筑区、人口密集区、商业中心区、行政办公区,统一建设双回路或三回路的配电间(站)。消防供水:为保障消防供水的安全、可靠性和覆盖面,一、二级防火单位的消防自来水管管径不得小于200毫米,同时必须采用环状供水管网,高层建筑集中区和水压不足地区,规划采取集中、统一建设加压站房,以保障消防用水的安全、可靠性。城市消火栓设施:城市主、次道路两侧,必须按1只/120米设置消火栓,并与所建道路同时设计、同时施工,同时竣工验收。一、二级防火单位,必须按有关法规配置室内外消火栓数量。对城市边缘的无城市自来水管覆盖地区或季节性缺水地区,必须按要求修建消防蓄水池或保留、扩大现有水塘、水渠的自然水体。消防安全通道:近期规划打通人口密集区的平政路、人民路、中山路的南、北两侧的消防通道及城正街、窑湾等人口密集地段的消防通道;在新建区和旧城改造时,必须按规范留足6~8米宽的消防通道。消除城市消防安全隐患:在湘黔铁路"十里冲"火车站的西北面的黄泥塘、枫树塘规划建设城市危险品仓库区,将城市区内的易燃、易爆、剧毒的危险品仓库在此集中建设,采取严格有效防范措施,以确保城市安全。城市安全通道:对于经过城市区内的铁路线(干线与支线)与城市主、次道路的平交路口,一律改建成分离式立交路口,以确保城市防灾特种车辆的快速、安全通行。

2000年3月,为贯彻《中华人民共和国消防法》颁布实施,湘潭市公安消防支队委托湘潭市规划建筑设计院编制《湘潭市第二次城市消防工程规划》。此次规划在1991年规划的基础上进行调整、充实、提高。规划范围:除河西、河东、易俗河外,扩大到鹤岭、楠竹山 93.5 平方千米,人口扩大到 100 万人;消防责任区扩大到 12 个,按责任区内土地使用性质、建筑密度、人口分布等情况,又分成城市中心区、双马大型火电厂区、岳塘重工业区、砂子岭大型商场区,进行重点防范,规划面积 11.42 平方千米;城市易燃、易爆、剧毒的化学品危险库区,从十里冲火车站调整至鹤岭镇境内锰矿的采空区;将新梁街、朝阳街、平政路、杉树巷、古梁巷、窑湾的消防通道列入城市优先改造项目;全市的公安消防(站)队增加到 18 个,其中标准型 11 个,小型 7 个;在湘江沿岸设置马家河、易俗河、铁牛埠、十四总、东湖、竹埠港、易家湾、九华等 8 个消防车取水码头。

经过先后两轮城市消防规划,到 2005 年,城市消防设施得到进一步加强,城市新建和改造的主、次道路两侧按规划配套消火栓;建设北路、板塘、书院路、易俗河消防(站)队先后建成投入使用。城市消防指挥中心在芙蓉东路动工兴建。

第四节　城市排水工程规划

1986 年市区有城市排水管道 197 千米,但主要集中在河西旧城区。岳塘、板塘地区只有零星的排水管道。各大厂矿企业的排水设施自行建设与管理。城市雨水、污水大部分引入就近的明沟、水塘等自然水体后流入湘江。全市每年大部分城市居民生活污水与工业废水,不加处理均直接排入湘江。为彻底改变这种落后状况,1999 年,湘潭市规划局根据市政府的决定,委托湘潭市规划建筑设计院编制《湘潭市城市排水工程规划》。规划排水体制:按雨水、污水分开进行排放,原有的雨水与污水合流的管道,通过逐步改造,达到雨、污分流的目的,新区开发建设的排水管道,严格按照雨、污分流制的原则,进行设计、施工、管理;城市生活污水和工业废水的处理率要求达到 100%;沿湘江两岸设置污水截流干管,将沿江两岸现有的 27 个城市排污口减少到 7 个;排水分区:河西设唐兴桥、十六总、大埠桥、小东门 4 个排水区,河东设社山港、铁牛埠、三号沟、七里冲、五里堆、板塘铺 6 个排水区;城市雨水排放水泵房:河西设唐兴桥、十六总、大埠桥、小东门 4 个,河东设社山港、铁牛埠、木鱼湖、五里堆 4 个;建设城市污水泵房:河西设在唐兴桥、十六总和小东门,河东设在五里堆。在河西的粟山塘、河东的铁牛埠、五里堆和王家塞建设 4 个城市污水处理厂;城市生活污水处理量按生活用水量的 80%计算;雨水的综合径流系数:中心城区按 0.68~0.6 考虑;雨水重现期,中心城区按 P=2,城市其他地区按 P=1 进行规划;城区各工矿企业的工业生产废水,由厂矿企业自行处理,达到国家排放标后,再经城市排水体系排入湘江。

2005 年底,城市排水管道依据城市规划实施建设总长达 329 千米。在新建和改造旧城道路时,排水管道建设与道路建设依据规划基本实现"三同时"(同时设计、同时施工、同时竣工验收),河西粟山塘的污水处理厂按规划建成投入使用。

第五节　城市公共交通规划

2003 年前,湘潭市无专门的城市公共交通规划。

2003 年 4 月,市城市管理局根据市政府"加速城市公共交通企业的发展,扩大城市公交路网的覆盖面,提高城市公共交通的服务质量,开展多家经营,统一管理”的决定,委托湘潭市规划建筑设计院编制《湘潭市城市公共交通规划》,于2004年2月完成。规划根据湘潭空间结构形态的特点,确定以中心城区为主体,兼顾周边城郊的120平方千米范围,形成以地面大公交为主体,出租车为补充的多元化、人性化、智能化、低炭化的城市地面交通体系。近期发展公共交通线路30条,使城市居民出行乘坐公交的比例达30%以上,并在城区内任意点间出发,到达的时间不超过30分钟。水上公交方面,近期保留双马镇、铁牛埠、竹埠港、昭山四个轮渡码头。结合城市旅游业的发展,以河西客运码头为中心,开辟上至株洲、衡阳,下至长沙、岳阳的快艇客运线路,开辟市内至金霞山、昭山的观光游览线路。规划城市公共交通车辆停放场地、换乘枢纽站、保养场、修理厂、加油站、加气站等设施用地42公顷。随着长株潭三市经济一体化进程的加快,三市居民相互出行、交流次数的增多,实现三市公共交通的互通迫在眉睫,规划开通湘潭汽车西站、东站至长沙汽车西站、长沙火车站、株洲火车站直通公交线路。

到2005年底,全市公交线路依据规划发展,参加运营车辆达374台。其中民营中巴车为新型大型大巴客车所取代。城市出租车公司发展到16家,参加营运车辆1159台。城际公交,开通汽车站至长沙火车站、株洲火车站的103、104城际公交线。初步实现长株潭三市公交互通和城市公共交通多家经营、统一管理。城市公共交通成为市民出行的主要选择。

第六节 城市加油站布点规划

2003年,市区共有机动车辆186144辆,年平均增长22%,为其服务的城市机动车加油站无序发展日渐增多。2004年初,市商务局首次委托市规划建筑设计院编制《湘潭市加油站布点规划》,历时一年,对全市5006.46平方千米范围内的加油站进行摸底调查,重点对湘潭市城区109平方千米范围进行规划。规划到2010年中心城区内的加油站总数控制在58座,其中保留38座,新建20座。新建的加油站中:雨湖区7座,分别设在建设北路、赤马、羊牯、南岭南路、湖园路、熙春路等;岳塘区11座,分别设在岚园路、汽贸城、湘荷、双马、铁牛埠、霞光路、岳塘、友谊广场、易家湾、板塘铺等。并在杨梅洲与马家河布置两个水上加油站。每个加油站的服务半径为0.9~1.2千米,分布密度为0.14座/平方千米,加油站的等级与规格一律按二级加油站规划,容量按60<V≤120立方米/个,单个容积≤50立方米。不得在城市主干道的交叉口附近新建加油站,并对现有过分集中的吉安路、芙蓉路上的加油站进行合理调整,以保障城市安全。

到2005年,湘潭市中心城区共有加油站51座,基本上形成国有、集体、个体经营的格局,满足各类机动车的加油服务。同时,在熙春路、板塘铺、吉安路新建3座天然气加气站,为天然气汽车加气服务。总体上,加油站、加气站的布局仍不够合理,标准偏低,有待进一步改进。

第七节 城市道路网规划

1986年,湘潭市建成区城市道路总长127.8千米,其中,主次干道总长度为72.7千米,总面积105.64万平方米,其中水泥路面11.04万平方米,沥青路面84.90万平方米,泥结碎石路面9.70万平

作较大的调整。岳塘、下摄司为机械、冶金工业区，板塘为轻纺、建材工业区，荷塘为化工、新材料工业区，河西为食品加工、手工工业区。20世纪90年代，随着国家经济体制改革的深入，尤其是1992年春全国各地的“工业园区”“经济开发区”纷纷成立。3月，市委作出“抓住机遇，加快步伐，将湘潭市的改革开放推上一个新台阶”的决定。5月27日，市委、市政府举行新闻发布会，拟在河东建设南路、吉安路占地约3平方千米区域建设湘潭高新技术产业开发区；雨湖区在昭潭乡境内建立“湘潭市商贸工业特区”；9月“昭山旅游经济开发区”成立。这些园区成立之初，市规划办都组织技术力量编制《工业区详细规划蓝图》与文件，但随着国家经济的深入发展，入园项目的增多，规划实施管理难度加大。2001年底，市委、市政府作出“加强工业园区管理”的决定，提升园区规划质量，提高产业入园条件。2003年春，岳塘区双马工业园区管委会委托市规划建筑设计院编制《双马工业园区规划》。之后，高新技术园区管委会为引进德国先进的机械制造工业项目，委托上海同济大学规划设计院编制《德国工业园规划蓝图》，以引进生产德国的“无机房电梯”为主的机械制造业。2004年初，雨湖区委托市规划建筑设计院编制《护潭工业园规划蓝图》，园区选址于火车站以北的护潭乡境内，控制面积近5平方千米，定位为“高科技电子、机械制造业为主导产业园”，内部划分四个片区，即中试孵化基地、产品开发基地、制造业和城市大型公共设施用地。2005年7月，昭山旅游商贸区为进一步提升园区的开发建设潜力，委托深圳规划设计院编制《仰天湖及周边凤型山、虎型山地区的控制性详细规划》，欲打造长、株、潭城市群中的旅游商贸园区。

第四节　城市公共绿地规划

一、城市公园规划

1985年前，湘潭城区内只有和平、雨湖两座城市公园和昭山风景区，总面积为63.16公顷。城市人均绿地面积不足1平方米，且分布不均匀。岳塘、板塘两个工业区城市人口近40万人，但境内却没有一个城市公园。

（一）菊花塘公园规划

1987年，市政府决定将菊花塘苗圃改建为城市公园。1988年5月正式立项，并委托北京林业大学进行规划编制。菊花塘公园位于岳塘区东泗路西侧，地处河东岳塘工业园区中心地带，占地14.30公顷，其中陆地12.17公顷，水面1.13公顷。规划根据公园的地形、地貌的特点，规划有百花园、芳草园、儿童游乐园、植培室、展览温室等10个景区、景点。采用以植物造景为主，大小不同、开合交替、虚实对比，构成变化多端的园林空间。公园于1989年按规划开建，1992年5月1日对外开放，是岳塘区第一个城市公园。

（二）杨梅洲公园规划

公园位于湘江窑湾段杨梅洲，四面环水，占地9.2公顷。1990年，市政府决定建立杨梅洲公园，并由市规划部门对园内建设进行规划。园内规划有天然游泳场、跑马场、野炊场、凉亭和其他服务设施，同时在公园的北面规划一处1000平方米建筑面积的山庄。杨梅洲公园于1991年规划实施，1993年6月1日对外开放，是湘潭市第一个水上公园。

(三)白石公园规划

白石公园地处河西人口密集地区,原系湘潭市商业二局肉食水产公司经营的“白马湖渔场”。第五次总体规划修编时,规划将白马湖渔场改建为“大湖公园”。1986年,为纪念湘潭籍世界文化名人、中国画坛一代宗师齐白石,市政府决定改名为“白石公园”。1998年初,原市城市建设局(市城管局前身)向市政府呈请建设“白石公园”。6月,市政府常务会议决定将公园建设成以水体为主的“文化休闲公园”。1999年5月,委托湖南大学设计院编制《白石公园详细规划》。公园占地27.26公顷,其中水面6.67公顷。是一座集文化、艺术、休闲于一体的公园。规划在公园水面有桥、亭、廊、榭等园林小品和休闲设施,有占地1200平方米的“印章园”,园中有38方大型篆刻石雕方印。公园于2002年按规划开建,2003年对外开放。

(四)湖湘公园规划

湖湘公园地处湘潭市行政中心,紧临市委、市人大、市政府、市政协办公院,西依东方红广场,北接梦泽山庄。2002年,在全国范围内进行湖湘公园规划设计方案征集,最后由南京市园林设计院承担实施方案设计。园内规划有历代诗人、名人赞颂湘潭的“诗、词碑林”,“音乐喷泉”,“盆景园”和亭、台、楼、榭等园林建筑及小品设施。经过两年多的规划实施,初步形成园林生态、建筑小品、文化景观相融的城市居民娱乐休闲场所。2005建成开放,深受市民、专家好评。

(五)昭山风景区规划

昭山风景区位于长、株、潭三市的交界处,总面积35公顷,昭山海拔185米。1982年昭山定为市级风景区。1985年,第五次总体规划修编时将其定位为长株潭三市的城郊森林公园。

1986年,市政府设立“昭山风景管理处”。1991年3月,省政府将其列为“省级风景区”。1993年,在昭阳寺主持释超尘的组织下,在原民兴中学遗址规划“昭山观音寺”。该寺占地面积3000余平方米,是一座仿宋建筑,设有“天王殿”“斋堂”“禅房”等。1997年9月,市城建局将其移交给昭山旅游商贸开发区,2001年纳入“湘江经济风光带”规划范围。2004年,市城建局委托湖南大学设计院编制《昭山风景名胜区景点规划设计》,通过国家发改委批复实施。

二、城市广场规划

(一)体育中心规划

体育中心广场位于湘潭市湘江一大桥南端的三角坪,为迎接1986年湖南省第五届全省体育运动会而规划。1984年开始着手规划,1985年动工新建,总面积55000平方米,是一个集体育比赛、休闲运动与绿化广场相结合的城市大型绿化广场。规划设有400米标准的塑胶跑道的田径场和可进行国际比赛的足球场,配备有训练场馆、游泳池、跳水池、体育学校等设施。

(二)芙蓉广场规划

芙蓉广场位于芙蓉路与吉安路(原板摄路)的交叉口。1995年同步规划,同步实施,是一个广场与城市道路同步建设和竣工验收的城市广场。广场规划用地面积3.30公顷,其中绿地面积为2.90公顷。

(三)砂子岭广场规划

砂子岭广场位于河西砂子岭城市西入口。1992年,结合潭邵公路改造时进行统一规划。广场用地面积仅2600平方米,广场中心规划有“海燕”雕塑。1998年,市政府决定对广场进行全面改造与拓展,以提升城市形象。规划拆除县邮电支局等房屋3400平方米,并将广场的用地面积扩大到6000平方米,将中心广场改植乔木、花卉、草皮相间,扩展非机动车道和人行道。广场中央树立寓意湘潭城市经济繁荣与社会稳定的“宝鼎”雕塑。2001年,全市开展“一化三清”(抓好城市绿化,清理违章建筑、违法建设用地、违规房地产开发市场)时,再次对广场进行规划提升,将广场面积扩大到13000平方米,其中绿地面积达近7000平方米。成为“西大门”一个入城的景观广场。

(四)丝绸广场(建鑫广场)规划

丝绸广场地处河东大道与丝绸路(今双拥路)交汇处。是城市中心区一个城市交通枢纽广场。1999年,结合湘江三大桥和丝绸路建设进行综合规划设计,总占地面积8.25公顷。广场中央是城市机动车的交通广场,四角为四个分车岛,每个岛占地1公顷,作为独立的绿地,种植花草和观赏树,并配以多条石凳和景观灯,供游人休息、观赏。广场于2001年4月投入使用。

(五)护潭广场规划

护潭广场位于韶山东路的东端,与丝绸广场隔江相望。广场规划用地面积5.2公顷,其中绿地面积为3.2公顷。2000年与韶山东路、三大桥同步实施,2001年6月竣工并投入使用。2002年市政府对原有绿化进行提质改造。改造后,该广场成为河西三大桥桥头一个集休闲、观赏、交通于一体的绿化广场。

(六)锦源广场规划(原名市政广场)

锦源广场位于城市中心区的芙蓉路以北、丝绸路以西的地域内,为市委、市人大、市政府、市政协四大机关的腹地内,规划占地近5公顷,其中绿化占地近4公顷。规划广场中间是一个占地约6000平方米的下沉式中央广场,可进行文艺表演活动。中央广场上、下部设置无障碍交通设施。广场第一期工程于2001年竣工,并初具规模。2003年广场再次提质规划,2004年8月竣工,总耗资1.1亿元。

(七)雨湖广场规划

雨湖广场地处河西旧城区中心地带,湘江一大桥西端的雨湖路与建设北路交叉口,广场规划用地规模5000平方米。2001年“一化三清”时,对广场进行规划,将原湘潭市邮电局办公楼、市劳动保护用品商店、办公楼、宿舍楼进行拆迁,改建成近6000平方米的绿地广场。市园林处根据市人民政府的要求,规划以热带植物棕榈树为主,配以灌木和花卉为背景点缀建筑小品。与改造后的雨湖公园连成整体。

(八)东方红广场规划

东方红广场位于城市中心区的芙蓉中路北面、湖湘公园南面,规划用地面积5.15公顷,其中绿地面积1.3公顷。2001年初向全国征集规划设计方案,最后由广州市一家园林设计院中标。整个规划设计:从南面入口的台阶开始,广场的中央广场用彩色瓷砖铺砌成一朵盛开的莲花,莲花四周铺设有韶山日出、井岗锋火、遵义城楼、延安宝塔、天安门城楼为主的图案,呈现出中国革命的峥嵘岁月和湘潭“人杰地灵”的红色胜地。广场正北面的中央,塑有高6米“乡情”巨大群塑,展示毛泽东1959年夏回到韶山后与乡亲们亲切交谈的动人情景。广场规划成一个集文艺演出、集会、展览、观赏、休闲娱乐于一体的综合性广场。于2002年开始实施,2005年竣工,广场原名为“湖湘广场”,以弘扬敢为人先的湖湘文化,后由中共湘潭市委根据中共中央宣传部领导的提议,改名为“东方红广场”。

第四章 规划管理

第一节 建设用地规划管理

1986年,划拨土地使用统一规格的红线审批单。并注明附近道路和各类工程管线与城市管网衔接点,房屋建筑组合、层数、间距、建筑造型、外部色彩与装修等规划设计要点,并要求作出相应的控制性详规等内容。1988年4月,根据《中华人民共和国宪法修正案》第十条第四款之规定,城市土地的使用权可以依照法律的规定进行转让。1992年,湘潭市实行城市土地有偿使用制度,并颁布《湘潭市开发区土地使用权有偿出售和转让办法》。从此,城市土地以商品形式进入市场进行交易流通。根据建设部颁布的《城市国有土地使用权出让转让规划管理办法》和《关于统一实行建设用地规划许可证和建设工程规划许可证的通知》,工业建设用地进园区,居住建设用地进小区,禁止分散建设和零星开发。核发《建设用地规划许可证》和《国有土地使用证》,城市建设用地的规划管理工作逐步走上正轨。是年,办理用地红线152项68万平方米,核发建设规划用地许可证152个,建设用地68万平方米。

1993年,围绕毛泽东诞辰100周年纪念工程和省市重点工程建设,市委、市政府作出大力加强城市建设和城市环境整治的决定,城市建设出现有史以来投资最多、规模最大的一年。先后为江滨机器厂至砂子岭沿线的大湖路、民主西路、宝庆路、沿江路等100多个改扩、新建工程和城市基础设施项目进行规划。核发建设用地规划许可证281个,用地面积220万平方米。1994年,城市重点工程建设比较多,用地管理以城市总体规划为依据,发挥规划的"龙头"作用。对湘黔修铁路复线、长潭高速公路、湘江三大桥、湘潭钢铁厂200万吨技改工程、湘潭电厂6万千瓦技改项目和120万千瓦新电厂建设、湘潭化纤厂6万吨聚酯工程建设等项目进行规划。全年审批规划建设用地118项,发放建设用地规划许可证180件,用地面积达48.8万平方米。

1995年起,对城市安居工程布点、九汇沟地区改造、平政路、中山路地段等项目进行规划;根据总体规划及城市行政中心东移的发展规划,对地矿部二三六队、市人事局、检察院、地税局等行政机关进行整体搬迁;对湘黔复线及其配套生活区、河东大道提质改造、107国道的拓宽等项目进行土地规划管理。1998年,根据市委、市政府"打开通道、拓展框架、东建西改"的城市建设思路,着重对城市内部的道路、桥梁和城市防洪堤进行规划。1999年,全市各项建设用地严格执行"一书两证"制度。至1999年5年间,发放建设用地规划许可证453个,用地面积1571.05万平方米。

2000年,依据市委、市政府确定的"改善城市投资环境、提升城市品位"的要求,城市规划工作提出"一年一变化,三年一大步,五年一跨越"的目标。规划部门加强规划管理和规划执法工作。12月,《湘潭市城市规划管理技术规范》定稿,以"规划一张图、审批一支笔、建设一盘棋"为准则,规划区的各类建设用地纳入城市规划管理轨道。2002年,规划管理延伸到各乡、场、镇的所有建设。2005年,出台《关于进一步加强建设用地规划管理的规定》,修改完善《湘潭市规划管理有关规定》和《湘潭市规划局规划管理技术规定(暂行办法)》等法规文件。建立健全市、局两级规划例会审批制度。规范办事程序,缩短项目审批周期,提高审批质量。至2005年6年间,共核发建设用地许可证661个,用地面积2609.93万平方米。

1992~2005年湘潭市建设用地规划许可证审批情况

表56-4-1

时间	建设用地规划许可证(个)	用地面积(万平方米)
1992	152	68
1993	281	220
1994	180	48.8
1995	105	52
1996	85	138.3
1997	94	183.6
1998	68	973.32
1999	101	223.83
2000	162	231
2001	90	255.84
2002	52	75.12
2003	82	619.92
2004	134	534.75
2005	141	893.3

第二节　建筑工程规划管理

1986年,仍执行国务院先前颁布的《城市规划条例》规定,对城市规划区内需要新建、扩建、改建任何建筑物、构筑物,敷设道路和管线的,都必须向城市规划主管部门提出建设申请,经城市规划主管部门确定其建设位置,提出地面控制标高、建筑密度、建筑层数、建筑立面以及与环境协调等设计要求,并审查其有关设计文件和图纸,发给建设许可证后方可施工。

1990年,随着国家经济体制改革推进,《中华人民共和国城市规划法》和建设部下发的《关于统一实行建设用地规范许可证和建设工程规划许可证的通知》要求,"凡在城市规划区内新建、扩建、改建建筑物、构筑物、道路、管线和其他工程建设的单位与个人,必须持有关批准文件向城市规划行政主管部门申请办理《建设工程规划许可证》(副本),并凭此才可向建筑施工管理部门申请施工建设。工程竣工经验收合格后,向城市规划行政主管部门报送竣工资料和合格证书,换取《建设工程规划许可证》(正本),到房产管理部门办理房屋产权证"。

1993年,市规划局为湘潭化纤厂6万吨聚酯工程、湘钢200万吨扩建工程、湘潭电厂120万千瓦新电厂等项目进行规划审批。核发建设工程规划许可证197个,建筑面积64万多平方米。1998年,全市各项建设工程严格实行“一书两证”制度。至1999年7年间,共核发建设工程规划许可证875个,建筑面积747.71万平方米。

2000年,市委、市政府提出“东建西改”的城市发展建设战略目标,市规划局立即组织队伍抓好城市规划编制和规划实施管理工作。并对1998年以来的已建和在建工程项目进行全面清查,发现规划审批手续不齐的有172起,建筑面积522049平方米;处理59起,建筑面积131792平方米。核发建设工程规划许可证121个,建筑面积110多万平方米。2001年,城市规划工作遵照市委、市政府确定的“改善城市环境,提升城市品位”的要求,以“一化三清”为工作重点,全年核发建设工程规划许可证121个,建筑面积达94.27万平方米。2003年,按照市委、市政府“一年一变化,三年一大变,五年一跨越”的总体要求,围绕打造三个中心(中南现代物流中心、长株潭生态休闲中心、湖南汽车制造中心)开展规划编制和管理工作。2005年,市城市规划局开展以“深化改革、创新特色、强化责任、优化环境”为主题的活动,先后出台《关于进一步加强建设工程规划管理的有关规定》等一系列的管理规定。启动报建大厅工作制度、局领导接待日制度、项目督查督办制度等。全年组织召开政府例会三次,审查建设项目423个,其中同意34个;局审查例会30次,审查建设项目532个,其中同意397个,核发建设工程规划许可证141个,建筑面积达181.8万平方米。至2005年6年间,共核发

1993~2005年湘潭市建设工程规划许可证审批情况

表56-4-2

时间	建设工程规划许可证(个)	建筑面积(万平方米)
1993	197	64
1994	220	126.5
1995	103	48
1996	100	20.41
1997	76	19.7
1998	63	362.87
1999	116	106.23
2000	121	110
2001	121	94.27
2002	58	43.37
2003	86	55.63
2004	86	140.79
2005	141	181.8

建设工程规划许可证613个,建筑面积625.86万平方米。

第三节　城市居民私人住宅建设管理

1985年, 进行第五次城市总体规划修编时, 将城市居民私人住宅改建纳入城市总体规划体系内,创造条件开辟城市私房建设区用地,并纳入总体规划的实施管理中,制定《湘潭市私房建设管理办法》,在管理机构内设置"城市私房建设规划管理科"。其管理程序是:由城市各行政区内的建设科审查合格后,上报市规划办审批核准,核发《私房建设规划许可证》。

随着国家经济体制改革的深入,城市房地产政策进一步放开,城镇居民对原有自住房屋进行改造翻建逐年增多,每年新建私房面积达20万平方米以上。1987年,为进一步加强对城市居民私房建设规划管理,市人民政府颁发《湘潭市城市私房建设管理办法》,这是湘潭市第一个城市私房建设管理法规。此法规实施后,在缓解城镇居民住房紧张和改善居民居住条件等方面起到一定积极作用,但其负面作用也明显,因私房建设多属在人口、建筑密集区"见缝插针",很难按城市规划要求进行控制,其结果是环境进一步恶化,邻里纠纷迭起。

1992年,市人民政府对雨湖区高子塘住宅小区、南盘岭建银小区、红旗村、平政路旧城改造和岳塘区三胞新村、葩金花苑、天鹅东村等十几个综合开发小区近20万平方米建筑及湘钢、电机生活小区进行规划改造。批准建设各类临街门面1500多间,计1.6万平方米。1993至1994年,核发私房建设工程许可证150个(项),建筑面积2.06万平方米。

为进一步加大对城市居民私房建设的管理力度,1997年10月,岳塘、雨湖城市规划分局相继成立,其主要职能是负责辖区的非城市主、次干道沿线私人住宅两层以上(含两层)的翻新、改造、修缮的报建、审批、跟踪服务工作;核发私房《建设工程用地规划许可证》和《建设工程规划许可证》。凡经规划分局审批的私人住宅建设工程竣工后,一律由原审批机关(所在规划分局)组织相关部门进行竣工验收,经验收合格者,发给《建设项目竣工验收单》和《建设工程合格证》。凭《建设项目竣工验收单》《建设工程合格证》《建设工程用地规划许可证》《建设工程规划许可证》四证到市房产主管部门办理《房屋产权证》。2000年后,为进一步加强对城市私房的规划管理,市人民政府出台《湘潭市城市私人住宅建设规划管理细则》,将城市居民私房建设纳入法治管理。

至2005年10年间,核发私房建设工程规划许可证1721个,建筑面积153.54万平方米。

1993~2005年湘潭市私房建设工程规划许可证审批情况

表56-4-3

时间	私房用地许可证(个)	私房建设工程规划许可证(个)	用地面积(万平方米)	建筑面积(万平方米)
1993	88	88	—	1.2
1994	—	62	—	0.86
1995	—	—	—	—
1996	50	56	—	—

续表

时间	私房用地许可证（个）	私房建设工程规划许可证(个)	用地面积（万平方米）	建筑面积（万平方米）
1997	353	217	5.028	15.48
1998	350	226	39.26	95.36
1999	391	129	3.97	6.11
2000	403	130	4.00	7.01
2001	173	113	3.6	3.38
2002	—	135	—	3.38
2003	124	342	2.75	3.92
2004	287	277	2.68	16.3
2005	—	96	—	2.6

注：表中"—"处缺相关资料

第四节 城市违章建筑查处

在20世纪80年代前，城市市区乱搭、乱建的现象虽然存在，但不严重。随着国家政策进一步放开、城市第三产业的兴起、城市流动人口的增多，这些现象逐年增多，对城市交通、城市安全、城市环境等构成严重影响。由于这些违章、违法建筑量多面广，查处力量不足，对其查处成为城市规划管理的难题。

1992年，规划部门组织多次查处活动。先后查处各类违法建设360起，5.6万平方米。依法处理违法建设270起，4.23万平方米，其中强制拆除180处，1.2万平方米。1993年，围绕着毛泽东同志诞辰100周年纪念活动，根据市委、市政府市容环境综合整治的决定，开展三次大规模违法、违章建设的清查活动。至1994年3年间，共清查违法违章建设1280起，建筑面积17.3万平方米，处理违法违章建设871起，建筑面积13.82万平方米。

1995年，开展三次清查行动。1997年8月至10月，先后组建高新区规划分局和雨湖规划分局、岳塘规划分局，负责辖区内的区属建设工程的立项受理、私房建设报建及辖区违法、违章建设行为的查处。是年组织三次大规模的违法、违建行为的查处活动。1998年，也组织三次拆除行动。1999年，市政府组织全市依法整治违法建设大行动，并制定《关于依法整治违法建设的工作方案》。建立健全违法建设查处岗位责任制，先后组织27次清查处理违法建设行动。至1999年5年间，共清查违法违章建设1122起，建筑面积82.91万平方米，依法处理违法违章建设961起，建筑面积34.89万平方米。

2000年，组织42次清查行动。2001年，按照市委、市政府确定的"改善城市环境、提升城市品位"的要求，以"一化三清"工作为重点，先后组织四次大规模行动，做到"不留情面、不留死角、不留后患"。通过拆违行动，进一步规划好、建设好城区各主、次干道，真正做到整治一条路，美化一条街，造福一方人。2002年，继续巩固和扩大"一化三清"成果，清查处理违法建筑，同时协助商贸特区金都大市场、江麓机械厂和原湘潭纺织印染厂等单位进行6次较大的违法建设拆除行动，强折违法建筑面积1982平方米；协助湘潭大学、湖南工程学院等大专院校进行3次拆违行动，强折违法建筑面积2122平方米。2004年，市规划局加强依法行政的管理措施，先后出台《湘潭市规划局违法建设行为行政处罚裁量办法》等一批行政法规措施。2005年，市规划局先后组织召开3次法规例会，依法对26起违法、违规建筑（建筑面积30270平方米）进行处理。其中，强制拆除1.25万平方米；河东大道沿线5个餐饮棚，动员自动拆除2000余平方米。支持新景家园、熙春路延长线、南岭路、三和药业等多个重点工作建设。至2005年6年间，全市共清查违法违章建设3175起，建筑面积82.74万平方米，处理违法违章建设2824起，建筑面积52.26万平方米。

1992~2005年湘潭市城区违法建筑查处情况

表56-4-4

时间	清查违法违章起数	建筑面积（万平方米）	处理违法违章起数	建筑面积（万平方米）
1992	360	5.6	270	4.23
1993	764	4.5	480	2.79
1994	156	7.2	121	6.8
1995	286	42.6	172	9.6
1996	179	6	155	4.64
1997	106	13.9	92	11.4
1998	259	8.22	259	8.22
1999	292	12.19	283	1.03
2000	302	13.92	293	1.05
2001	1996	18	1758	9.73
2002	301	25.28	259	18.8
2003	235	19.3	235	19.3
2004	315	3.22	253	0.36
2005	26	3.02	26	3.02

第五十七篇　城乡建设

概　述

1986年，湘潭市城区面积29.13平方千米，道路街巷387条，总长127.8千米。城区有自来水厂3座，供水管网175.29千米，日供水能力23万吨，年供水量4113万吨，用水普及率85%；排水管网97千米；路灯线路127千米，路灯2564盏，照明总功率391.81千瓦；建制镇16个，市镇人口53.52万人，城镇化率21.64%。城市建设始终被禁锢在依赖城市维护费的计划调度和国家贷款、社会集资的模式中，主要是解决道路破损、环卫设施、市政设施完善配套等。1988年起，城市建设着重围绕“五路二水一园一气”①以及32条主次干道进行维护和建设。1989年，改造和拓宽书院路、广云路、韶山西路等主次干道18条；新建桃园路、赤马路干道支线，改造道路总长23.76千米，面积30.25万平方米，新增道路3.4千米，面积14.35万平方米；改造小街小巷189条，长43千米。完成道路新建、改造工程44项，缓解24处“断头”“堵口”。“路烂车难开、人难行”的问题基本得到解决。1990年，维护城市道路主次干道29条，改造道路7条；启动对潭下路、板竹路、东湖路、车站路等道路重点改建。同年，村镇建设试点工作起步。至是年底的5年间，累计完成城市建设投资12333万元。1990年末，湘潭市城区面积39.5平方千米，道路街巷387条，总长147千米；自来水厂3座，供水管网530.31千米，年供水量6163万吨，用水普及率88%；排水管网150千米；燃气、液化气用户达40.1%；路灯线路139千米，路灯2896盏，照明总功率426千瓦；建制镇18个，市镇人口61.74万人，城镇化率23.28%。

1991年，以纪念毛泽东诞辰100周年为契机，市委、市政府提出“一年一变样，三年大变样”的决策，加快城市基础建设步伐，启动城市内环线道路建设，同时对湘江二桥建设的配套道路进行拓宽与改造，使107国道经过市区路段的交通被扩展。投资597万元，维护城市道路主次干道28条。1993年，成立“纪念毛泽东同志诞辰100周年办公室”（简称“毛办”，1994年后改为“湘潭市重点工程管理办公室”），负责工程项目的领导与协调。组织资金4亿元，启动市政、环卫设施、园林绿化、临街门面改造等十大建设。随着主要干道的新建与拓宽改造，新增道路长4.4千米，改善原有车行条件的面积9.64万平方米，完成从君子莲广场至砂子岭广场5.84千米主干线的整治以及10条主要小街小巷的修缮，年度完成大小工程100项，总长度75千米，总面积81万平方米，湘潭旧城区道路的第一轮改造完成。12月，湘潭二桥通车，交通拥挤状况得到一定的缓解。同年，“湘潭市平政路旧城改造办公室”成立，归属市建设委员会领导，旧城改造拉开序幕；《村镇规划选址意见书》在全市推广使用。1994年1月，启动湘潭一大桥河西堤防工程，按“百年一遇的防洪标准和堤、路、街相结合

① 五路：韶山西路、和平路、潭锰路的翻修改造，建设北路延伸和赤马干道新建；二水：和平路至韶山西路的河西排污骨干工程和三水厂的增、扩建工程；一园：菊花塘公园；一气：煤气一期工程。

的原则”进行改造。是年，湘潭市小城镇建设工作全面展开。1995年，煤气二期工程(5万立方米气柜储备站)主体竣工，投资4787万元。新建集装箱式垃圾中转站11座；新、改建水冲式公厕68座；设临街玻璃钢清洁桶651个，张家浸垃圾消纳场一期工程完工，新安装建设北路路灯1224盏及4组高杆灯；河西城市堤防上段建成，长1443米，宽14.4米，标高43.14米(黄海高程)。湘潭市镇区建设进入正规管理轨道。湘潭县治由市区搬迁至易俗河，新县城建设全面展开，建城区面积为5.34平方千米。至1995年的5年间，累计完成城市建设投资8.59亿元。1995年末，城区面积44平方千米，道路街巷387条，总长222千米，人均道路面积3.9平方米；自来水厂3座，供水管网610.94千米，年供水量7100万吨，日供水能力32.5万吨，用水普及率89.5%；排水管网309千米；燃气、液化气用户达70.71%；路灯线路275.7千米，路灯4453盏，照明总功率624千瓦；建制镇31个，市镇人口78.97万人，城镇化率28.79%。

1996年，城市建设围绕“强工富市”的战略目标，采取城市主要设施抵押收费和以地开发的模式，为城市建设开拓新的资金渠道。在政府资金紧缺、市场不完善的情况下，集中财力，突出重点，启动22项新建、续建和改造工程建设。1997年10月20日，湘潭市城市监察大队由市城市管理办公室移交给湘潭市建设委员会，更名为“湘潭市城建监察支队”(1997年10月24日在市房地局授牌)；市建设委员会设城建监察管理科。1998年，在中共十六大“全面繁荣农村经济、加快城镇化进程”的精神要求下，实施中央“小城镇大战略”和省委、省政府“长株潭经济一体化”的政策，市委、市政府确定“规划定位、市场运作、产业兴镇、多元筹资、典型引路”的建设思路，全市小城镇建设呈现新局面。市政府提出“路平、灯亮、水通、草绿、道通、街洁”，拉开城市基础设施提质改造序幕，城市建设的项目主要采取设施抵押收费，湘潭三大桥由此开工。1999年，城市建设贯彻市委、市政府“打开通道，拓展框架，着重新区、东建西改”的指导方针，拉开河东城市基础建设的序幕，运用市场经济新思路解决资金渠道，政府在城市建设资金筹措上出现多种模式与结构；河东大道的建设(原长潭路：板摄路~建设路)，在以地开发的模式基础上，运用“一桥一路一公司”进行建设，成为湘潭有史以来第一条政府不用考虑资金、用时最短的道路建设。同年7月，市委、市政府召开全市小城镇建设工作会议，提出“政府引导、市场运作、突出重点、产业兴镇”的工作要求，全市小城镇建设进入新的快速发展阶段。至2000年5年间，共投入城市建设资金8.56亿元。2000年末，城区面积55平方千米，有道路街巷425条，总长285千米，人均道路面积5.1平方米；自来水厂3座，供水管网728千米，年供水量5232万立方米，用水普及率98.8%；排水管网323千米；燃气、液化气用户达89.03%；路灯线路307千米，路灯18100盏，照明总功率2535千瓦；建制镇35个，市镇人口100.49万人，城镇化率35.94%。

2001年，根据市委、市政府的要求，“湘潭市城建监察支队”由湘潭市建设委员会移交给湘潭市城管局，实行“建、管”分离。齐白石公园建设启动；湘潭三大桥竣工交付使用；护潭广场完成以灯饰为主，辅以部分绿化的提质工程。2002年，湘潭市实行城市规划、建设、管理职能分离的建设行政管理体制。市建设委员会更名为建设局。市建工局撤销改为建筑行业管理办公室，属市建设局领导。开辟以国土出让金和城市综合报建费的部分抵押形式，加速建设城市基础设施。丝绸南路(芙蓉路至书院路)开工，成为一条以国土出让金和城市综合报建费的部分抵押形式，由开发商进行建设的道路，从而使政府在道路建设上逐步规范。2003年，湘潭湘江四大桥建设启动；河西污水处理厂投入使用，日处理污水20万吨，河西排水管网初步形成体系；湘潭新奥燃气公司承接湘潭市煤气公司的全部业务，“川气入湘”使全市燃气实现跨越式发展。随着白石广场、湘潭体育广场、护潭广场10处绿化广场的新建、改造，湘潭市区按照“一路一特色、一街一景观”的要求，道路设计多样化，与路口广场、街边绿化相结合，对路灯也采取“一路一灯型”的举措，使城市变得更亮、更绿、更美。2004年，应“长株潭经济一体化”发展战略的需要，市委、市政府制定出“东扩西改”战略决策，加大城市中心区建设力度。湘潭湘江四大桥破土动工；建设南路、建设中路（雨、污）排水顶管工程开工，河东地区排水系统主体工程启动；湘潭市湘江防洪景观道路工程启动。中心区内，湖湘南路、湖湘东路南段、湖湘西路南段、霞光中路东段和市府路建成；市政府、市委、湘潭军分区先后搬入新办公楼办公；梦泽山庄、锦源广场、锦程大道、东方红广场、湖湘公园等项目建成，报业中心和宝园花苑、湖湘家园、湖湘名都一批高档住宅小区落成。城市中心区成为湘潭城市建设的最大亮点。

至2005年5年间，共投入城市建设资金42.8亿元。2005年末，湘潭市城市建设的取得长足进步：城市宏观布局日趋合理有序和有效控制，对外交通、城市基础设施、公共设施得到综合配套建设，湘江上的二大桥、三大桥、铁路二桥、杨梅洲桥建成通车；新建的韶山东路、芙蓉路、北二环线、河东大道、丝绸路、吉安路、富洲路、宝庆路、大湖路、熙春路、泗洲路与改造的建设路、韶山中路、韶山西路、解放路、车站路等道路，使城市道路网中的主干线系统具雏形。建城区面积76平方千米，道路街巷438条，总长396千米，人均道路面积11.38平方米；桥梁4座，湘潭湘江四大桥两个主塔基本完工，累计完成投资3.65亿元；自来水厂3座，供水管网948千米，日供水能力51万吨，年供水量4555.62万吨，用水普及率99%；排水管道329千米；路灯21688盏，路灯线路380.65千米，路灯照明总功率3039.15千瓦；建成封闭式垃圾中转站23座和垃圾消纳场2个；第一、二期煤气工程建设完工并投入使用，煤气管道207.99千米（不含湘钢），天然气和液化气用户93%。

湘潭市小城镇建设按照市委、市政府的“政府引导、市场运作、突出重点、产业兴镇”的总体要求，各级政府和建设行政主管部门精心部署和开展工作，进入一个“观念更新、要求更高、目标更明、力度更大”的新阶段。湘潭县城的城区面积扩大到9.26平方千米；湘乡市城区面积扩大到20.31平方千米，城区建设与改造共投入资金9.2亿元；韶山市城区面积扩大到4.95平方千米，道路总面积达64000平方米，绿化覆盖率为43.28%。全市有建制镇35个，市镇人口123.51万人，城镇化率42.5%。

湘潭市城市建设中，随着城市建设框架的扩大和城市人口的增加，城市基础设施的数量和质量需求成倍增加，城市各项基础设施建设虽形成规模，仍存在建设资金不足、规划道路断头多、道路破损严重、市政设施存在老化、完善功能不足等现象。

第一章 城区道路、桥梁建设

第一节 道路建设

1986年,湘潭市市区有道路、街道387条,总长127.8千米,面积123万余平方米,其中主次道路46条,长72.7千米,面积105.69万平方米;小街小巷341条,长45.2千米,面积17.94万平方米;道路结构为:城区混凝土路面11.04万平方米,沥青路面84.90万平方米,泥碎(卵)石路面4.31万平方米,其他路面23.37万平方米。但由于107、320国道经由河西老城区道路段,道路不堪重负,年久失修,省内戏称"汽车跳、湘潭到"。对此,市人民政府采取政府拨款、受益单位集资、银行贷款和城建单位自筹等方式,集中一定财力,重点放在河西老城区韶山西路、和平路、潭锰路的翻修改造,建设北路延伸和赤马干道的维护、改造和建设。1987年,完成和平路大修。1989年起,市政府为缓解城市道路的不畅,解决24处"断头""堵口"的道路,在财政十分拮据的状况下,改造和拓宽书院路、广云路、韶山西路等主次干道18条,新建桃园路、赤马路干支线,长23.76千米,总面积30.25万平方米。其中新增道路长3.4千米,面积14.35万平方米。改造小街小巷189条,长43千米。完成道路新建改造工程44项。至1990年5年间,累计完成城区道路街巷建设投资10740万元,新修道路2条,总长23.76千米,新增道路长3.4千米,改造主次干道18条。

1991~1992年,因为湘潭市区交通已不适应于发展的要求,交通压力明显增大。市委、市政府提出"一年一变样,三年大变样"的要求,加大城市道路的建设力度,以缓解市区交通压力。与湘江二桥配套,拓宽与改造吉安路、书院东路,从而打通107国道途经湘潭的这个大"堵口";改建砂子岭广场,新建宝庆路、民主西路,保障320国道经过市区路段的畅通。城市内环线道路建设从此进入攻坚阶段,至1993年,完成民主西路、大湖路、芙蓉路、宝庆路、吉安路(即板摄路)、建设中路、建设北路、书院东路、大同东路等9条主要干道的新建与改造(含续建),总长14.56千米,面积22.54万平方米。其中新增道路面积12.9万平方米。改善原有车行条件的面积9.64万平方米。同时,改造解放路、建设北路、韶山西路、车站路、人民路和雨湖路6条主干道的人行道和下摄司半边街、唐兴街、文运街等10条小街小巷。1994年,主攻芙蓉路、韶山东路、建设北路、宝庆路、大湖路、东泗路、潭锰路、板马路等9条主次干道的新建、续建、提质工程,整修改造小街小巷道路24条。1995年,"堤、路、街相结合"的河西大堤沿江中路、大湖南路、民主西路、解放南路等道路建成。至1995年5年间,累计完成城区道路街巷建设投资8.58795亿元,新建道路6条,总长6.061千米,改造主次干道15条。

1996年,湘潭市城市建设工作围绕"强工富市"的战略目标,采取城市主要设施抵押收费和以地开发的模式;克服资金紧缺、市场不完善等困难,集中财力,突出重点,新、续建和改造22项工程,年度竣工18项,完成投资3042万元,并完成河西大堤沿江路上段的建设。1997年,韶山东路立项并办理手续,年底移交房地局组织开工,成为采取以地开发的模式(征收土地110公顷,道路用地12.87

万平方米，余下的抵作开发商的道路建设费用)的第一例。1998年，市委、市政府提出“路平、灯亮、水通、草绿、道通、街洁”的要求，加大城市道路建设的力度，先后确定以道路建设为主要内容的36项新、改、扩建工程。1999年，完成河东大道改建。至2000年5年间，累计完成城区道路街巷建设投资23500万元，新修建设路、河东大道2条，总长约5千米，改造韶山西路、韶山中路，车站路、雨湖路、潭下路等主次干道10条。小街小巷建设因资金困难未启动。

2001年，市委、市政府着力于“破瓶颈、畅通道、建网络”，实施“畅通工程”，通过“一化三清”(抓好城市绿化建设，清理违章建筑，清理违法建设用地，清理违规房地产开发市场)和经营城市的有机“嫁接”，运用国土出让金，加速建设城市基础设施；市城区内动工兴建20项基础设施工程。2002年，湘潭市基础设施建设严格按照“拓宽框架、完善功能、美化空间、突出中心、提高品位”的决策，城市着重建设丝绸中路、芙蓉路、宝塔路、河东大道为东南西北所围合的地块，面积4.2平方千米。2003年，全市道路提质改造工程全面展开，吉安路、芙蓉路、韶山路、书院路、车站路等道路相继动工，“一桥一路一公司”的运作模式和以开发区整体开发的形式，为城市建设起到积极推动作用。至2005年的5年间，累计完成城区道路街巷建设投资318500万元，投入91公顷多土地作抵开发商建设道路筹集资金，新修道路、改造主次干道13条，总长358千米。经过三轮城市道路的改造和新建，城市的主次道路出现质的飞跃。2005年末，城区有道路街巷438条，总长396千米。其中，主干道35条，长108.6千米；次干道33条，长33.12千米。

一、建设路

建设路是湘潭市贯穿南北的一条主干线，分南、中、北三段：建设南路系君子莲广场至书院路一段，1982年10月1日建成，全长2560米(后延长为2600米)，路幅宽60米，主路宽30米、面积8.51万平方米，投资529万元；建设中路(1980年由韶山路更名为建设路)系君子莲广场至湘潭一桥一段(原长1156米、路幅宽32米)，1993年，投资350万元，拓宽改造为：长1098米，路幅宽51.2米，主路宽21米；建设北路南起一大桥引桥，北抵潭锰路，原长2680米，路幅宽32米，主路宽22米。1994~1995年，投资1300万元，逐段拓宽改造，延长为2933米。2000年起，投资3500万元，对建设路全线作多次提质改造，对主道路铺设沥青、人行道铺设道板，增植绿化隔离带，设置主下水管道，2005年完工。

二、芙蓉路

芙蓉路，西起岳塘路，东抵马家河收费站，为湘潭市河东一条重要的城市主干道。分为芙蓉东路、中路、西路。其中芙蓉中路，设计全长3240米，路幅宽60米，其中主路宽16米，两条绿化分隔带宽各为6米，两条非机动车道宽各为7米，两条人行道各宽9米。工程由中国建筑第五工程局承包，1993年6月8日动工兴建，1994年完成路面、供排水、电信、供电、煤气、绿化等项目，挖填土石方96万立方米，路面混凝土浇筑10万立方米，铺设人行道板3.2万平方米。道路排水首次采用雨污分流，主车道与排水管网耗资3480万元。路灯采用高压钠灯四幅照明。1995年12月全线通车(1996年被评为省优工程)。芙蓉路的建成，让高新区的板块结构得到改变。2004年8~9月，投资3400万元，美化改造3200米，道路宽调为60米，机动车道增至24米；芙蓉西路(建设路—潭下路)全长960

米，路幅60米，其中机动车道14~16米；芙蓉东路(高速公路连接线：吉安路—马家河收费站，由公路部门管辖)全长6900米，道路宽度30米，机动车道20米，道路面积13.8万平方米，为水泥路面。

三、河东大道

河东大道(原长潭公路、107、320城市段的重叠道路)，从建设路口广场至吉安路口，全长4.52千米。长潭公路为二级公路，原道路幅宽21米，最大纵坡4.8%，不利于河东地区日益增长的交通需要，安全无保障。1999年，市委、市政府提出“打开通道、拓展框架、着重新区、东建西改”的指导思想，决定将其改为城市道路，基本设计为路幅宽度60米，机动、非机动车道宽为28米(4板块、6车道)，道路线型以原长潭路中心线为准，两边各拓宽20米。同时，还决定以沿线土地开发获得道路建设资金。6月28日工程开工，9月3日完工，历时68天，是湘潭市用时最短的主干道改造工程，由此河东大道成为湘潭市河东的主要干道，“长潭株”三市一体化的大动脉。

四、韶山路

韶山路系湘潭三桥至砂子岭连接320国道一段。西起砂子岭广场，东至湘潭三桥，由西、中、东三段组成，全长6699米。韶山西路东起建设北路、西至砂子岭广场，全长3625米，路幅宽33~41米。由于此道路为107、302国道通过湘潭市区的并线，在修建时是以公路的标准建设的，路幅仅宽16米，更无排水体系，加上过境车辆成倍地增加，破损严重，被省内戏称“汽车跳、湘潭到”典型道路之一。1990年前，一直是市、区两级人大代表多次提及的议题。1991年10月，市政府作出全线拓宽、改造、维修的决定。由湘潭市市政公司组织施工，重点为南岭南路至砂子岭广场一段，全长834米，路面由一块板改为三块板，路幅由16米拓宽为27.5米，历时两年，投资1554万元(2003年再度改造，主要以人行道为主的提质)。

韶山中路为建设路(湘潭汽车站)至车站路一段，道路长500米，路幅宽50米，机动车道14米，非机动车道11米，路面面积15809.4平方米。由雨湖区建成，为当时河西地区一条标志性道路，投资320万元，1993年纳入城市主干道路。

韶山东路西起车站路与和平路交汇点，东至湘江三桥，是河西地区一条东西主干道。1994年，市委、市政府决定提前为准备建设的湘潭三桥的连通，以减轻湘潭一桥与城市中心区的交通压力，韶山东路工程启动。主要解决车站路与和平路交汇点的交通拥挤状态。10月28日开工。经过3年的努力，完成主体道路200米，挖运土石方28409立方米，铺设水泥混凝土路面面积3857平方米，路基面积4047平方米，挖填土方3710立方米，埋设直径1000毫米排水管272米。1997年，韶山东路由市建设委员会立项并办理手续，年底移交房地局组织建设，成为采取以地开发的模式的第一例。1998年，房地局完成市工程指挥部以及韶山东路建设班子组建，完成地质勘探，主体工程及配套工程的设计、预算、征地手续报批，工程招、投标等前期工作，征地110公顷，道路用地12.87万平方米，其余作抵开发商建设道路筹集资金；完成房屋拆迁及全部2048人的转户工作；完成排水工程1040米，开挖基槽800米。1999年，对韶山中路进行道路、排水、人行道、绿化、灯饰提质改造，投资300万元。2000年，作为湘潭市重点工程的韶山东路全线贯通，全长2574米，道路宽50米，机动车道 16 米，非机动车道 13 米，路面面积 82422 平方米，共投资 1.28 亿元，道路两旁同步建起高标准的园林住宅小区和交通绿化广场。至此，韶山路成为连接三大桥的东西向大动脉。

2003 年，韶山路作为全市重点提质改造道路之一，按照“路畅、灯明、草绿”的原则，进行全线整体提质改造。

五、北二环路

北二环路，东起富洲路，经湖南科技大学，与潭锰路、高岭路、湘大路相交，西至湘潭市羊牯塘与 320 国道相接，全长 10.3 千米。1999 年 12 月，湘潭市规划设计院完成规划设计；市政府和市委同意该路的线型走向。2000 年 3 月进场征地拆迁，6 月破土动工。建桥梁 3 座，铺地下排水管道 1.63 万米，铺沥青路面 19 万平方米，路灯 414 盏，绿化面积 11 万平方米，总投入资金 1.20 亿元。2003 年 10 月 18 日通车。一期工程，东起潭邵高速公路湘潭连接线，西至湘潭大学，道路长 7.84 千米，道路宽 60 米，机动、非机动车道宽 43 米，双向 6 车道，路面面积 337120 平方米。2004 年完成北二环路二期工程（湘大路连接羊牯塘 320 国道），形成环路，缓解了城区交通压力，城区向西北拓宽 2 千米。

六、丝绸北路、丝绸中路和丝绸南路

丝绸北路、丝绸中路位于岳塘区，北起三大桥，交河东大道，止于芙蓉大道，全长 3080 米，路幅宽 60 米，投资 5000 万元。丝绸北路 1998 年 5 月开工，采取以地开发，实行道路项目业主制的运作模式进行建设，克服在城市建设资金不能确保的情况下道路建设不中断，2001 年 9 月竣工；丝绸中路 2001 年 5 月开工，历时 7 个月。

丝绸南路，起于芙蓉路，与晓塘路相交至书院东路，是一条南北干线。2003 年 7 月动工，12 月建成。全长 1630 米，路幅宽 60 米，投资 2350 万元（征拆费 635.4 万元，直接建设费 1714.6 万元）。主车道 16 米，非机动车道 12 米，中间绿化隔离带 8 米，人行道 12 米，两边绿化带 12 米。丝绸南路建设工程坚持“政府组织，一次设计，分步建设，项目招标”的原则，率先实行项目招标制，采取“带资修路、等价抵扣（国土出让金和综合报建费的配套部分）”的投资方式。政府对投资建设者，实行优先供地（在符合城市总体规划的条件下，优先异地提供开发用地），优惠让利（土地出让金抵扣工程款时，按工程总费用优惠 1.5%），这种新的运作模式，有效地保障丝绸南路建设资金需求，缓解政府建设投资的压力，为湘潭市吸纳社会资金参与城市建设作出有益的探索。

七、吉安路

吉安路（原板摄路）系板塘铺吉安塘至易家嘴一段，于 1958 年修建，始称板摄路，全长 4160 米，宽 5.5 米；1980 年改称吉安路，起于长潭路，至书院东路，全长 4286 米，道路宽度 20 米，机动车道宽 12 米，路面面积 53000 平方米，其中水泥路面 50460 平方米，沥青路面 2540 平方米（数据截至 1995 年 12 月）。2003 年 8~12 月，作为湘潭市一条改造道路进行拓宽建设，起于河东大道（原长潭路），经芙蓉路至书院东路，接湘潭二桥，道路长 4089 米，宽度 60 米，机动车道宽 24 米，非机动车道 10 米，路面面积 139026 平方米，水泥路面 139026 平方米，投资 1.3 亿元，按双拥南路模式实行招标建设，成为市内河东一条由北向南接湘潭二桥的主要通道。

八、富洲路（原潭邵高速公路的一段）

原富洲路建于1960年，系市制革厂至湘潭矿业学院一段，长3000米，宽5米，其中市级公路约2000米。新建富洲路时，按规划调整为南起护潭广场交北二环路，连接上瑞高速、长潭西线高速公路，全长2420米，宽24米。原属公路部门建设与管理，2004年移交建设局，市委、市政府决定拓宽富洲路，2005年一期改造，总投资7000万元，幅宽由24米市级公路变更为50米。成为河西地区连接北二环、上瑞和长潭西线高速公路、湘潭四大桥的重要通道。

九、车站路

车站路，由建设北路潭城宾馆路口起，经韶山中路至火车站一段。长1880米，原路幅宽14~21米。由于车站路为湘潭火车站的唯一通道，又是河西商贸的中心干道与城市公交的重要交汇道路，其拥挤严重影响着人民群众的生产、生活。2003年市政府决定对其进行提质改造，7月开工，提质改造道路长2000米，路幅宽18~21米，工程以撤除中间隔离带、改造人行道与扩充道路建设为主。12月竣工，投资1200万元。

十、书院路

书院路系钢城路至易家嘴一段，全长3260米，原路宽7.5~10米。1995年12月，书院西路道路长720米，道路宽30.4米，路面宽19米。书院东路西起友谊广场，经双拥路至吉安路（二大桥），道路长2418米，原道路宽14米，原路面宽10米。湘潭二大桥建成后，书院东路成为岳塘地区的一条主要通道，交通流量增大，道路不堪重负，市民反映强烈。湘潭市于2003年7月开工，对书院路全长3300米进行扩建、改造提质，路幅宽增至30~40米，投资8000万元，2004年10月竣工。

十一、宝庆路

宝庆路，原名潭邵路，1989年9月3日更名为宝庆路。窑湾汽车站至砂子岭，原长1527米，道路幅宽12.1米，机动车道宽7.5米，面积1.15万平方米。1993年，该路按照道路长1406米，道路幅宽33米，机动车、非机动车道宽23米、面积3.11万平方米改建，成为东接新马路，西连砂子岭广场，由西向东进入市区的一条重要通道。

十二、霞光路

霞光路全长2660米，路幅宽46米，分成霞光西路、中路、东路三段。霞光西路，从建设南路至岳塘路，全长860米，道路幅宽28米，主路宽18米；霞光中路，从宝塔中路至建设南路，全长864米，道路幅宽38米、主路宽16米；霞光东路，从丝绸中路至吉安路，全长896米，道路幅宽46米，主路宽16米；2003年7月开工进行提质改造，2004年10月竣工，投资7000万元。

2005 年湘潭市区主要道路

表 57-1-1

道路名称	起止点	道路长度(米)	道路宽度(米)	路面宽度(米)机、非	路面面积(平方米)	路面面积按结构分(平方米)	
						水泥路面	沥青路面
建设北路	雨湖路—桃园路	4224	28. 8	13	81826.4	11572	70254.4
建设中路	建设广场—东湖路	1098	51. 2	21	26768.7	—	26768.7
建设南路	建设广场—友谊广场	2600	60. 4	30	85100.4	—	85100.4
潭锰路	建设北路—锰矿	13000	7. 0	6.0	78000	—	78000
芙蓉西路	建设南路—岳塘路	934	60	16、14	26152	—	26152
芙蓉中路	建设南路—高速公路连接线	4000	60	36、14	112000	112000	—
芙蓉东路(连接线)	芙蓉中路—马家河收费站	6900	30	20	138000	138000	—
河东大道	吉安路—君子莲广场	4500	60	28	12600	12600	—
韶山东路	车站路—三大桥	2574	50	16、13	82422	82422	—
韶山中路	车站路—建设北路	500	50	14、11	15809.4	—	15809.4
韶山西路	建设北路—砂子岭广场	3625	41	14、10	52069.3	—	52069.3
湘衡路	韶山西路—县公安局(老 107 国道)	4700	34	34、28	117800	117800	—
北二环	富洲路—湘大路口	7840	60	43	337120	—	337120
宝庆路	韶山西路—新马路	1412	33	23	31115	31115	—
富洲路	韶山东路—长潭西线高速	5100	25. 5	20	10200	10200	—
丝绸北路丝绸中路	三大桥—芙蓉路口	3080	62	36、14	92240	92240	—
丝绸南路	芙蓉路—书院东路	1360	60	—	—	—	—
吉安路	河东大道—书院东路	4089	60	24、10	139026	—	139026
车站路	建设北路—火车站	1879	32. 06	21、14	36857.3	—	36857.2
书院西路	岳塘广场—友谊广场	938	34	16	18104.9	—	18104.9
书院东路	友谊广场—吉安路	2068	11. 6	7.0	14476	—	14476
人民路	新马路—解放南路	1127	27. 26	11	13127.7	—	13127.7
解放南路	河堤—韶山西路	1315	24. 22	10	13651	—	13651.6
解放北路 1	韶山西路—江麓广场	600	22	11	6600	6600	—
解放北路 2	江麓广场—江麓厂门	600	13. 5	8.0	4800	4800	—
泗洲路(新)	熙春路—韶山东路	832	26	14	11648	—	11648

2005 年湘潭市区次干道路

表 57-1-2

道路名称	起止点	道路长度（米）	道路宽度（米）	路面宽度（米）	路面面积（平方米）	路面面积按结构分（平方米）		
						水泥路面	沥青路面	泥结石路面
市柴油机厂进厂路	泗洲路—厂门口	350	8.0	8.0	2800	2800	—	—
金沙路	畜牧水产局—迎宾路	785	18	12	9420	9420	—	—
宝丰一街	畜牧水产局—迎宾路	785	15	10	7850	7850	—	—
宝丰二街	环形路—迎宾中路	789	9	6	4734	4734	—	—
立竹路	韶山西路—宝丰路	1005	18	12	12060	12060	—	—
富民路	两纵四横	358	10	6	2148	2148	—	—
新马路	宝庆路—唐兴路	562	11.15	8.0	6701	6701	—	—
迎宾西路	南岭南路—宝庆路	1960	27	14	27440	27440	—	—
迎宾东路	大湖路—南岭南路	1100	27	14	15400	15400	—	—
宾馆路	韶山西路—湘潭宾馆	84	13.3	6.3	—	—	347.8	—
南盘岭路	韶山西路—湘运保养场	1360	8.5	7.5	10200	—	10200	—
大湖路	民主西路—韶山西路	611	34	16	9776	9776		—
大湖南路	大湖路—人民路	615	36	16	9840	9840	—	—
大湖街	解放路—人民路	413	11	5.0	3095	—	3095	—
中山路	大同东路—新马路	1500	20	12	18518	—	18518	—
沿江西路	唐兴街—宝庆路	478	11	6.0	2868	—	2868	—
沿江中路	大埠桥—唐兴街（河堤）	2719	14.5、17.5	9	24471	24471	—	—
沿江东路	平政路—三大桥桥头	1532	20.1	9	20470	20470	—	—
金塘路	潭锰路—市精神病院	1200	5.0	5.0	6000	6000	—	—
杨家湾路	车站路—繁湖路	500	18	9	450	450	—	—
繁湖路	湖头岭—柴油机厂	1387	8.0	7.0	9709	—	9709	—
建城路	车站路—新建村 2 号	862	10.7	7.7	4799	4799	—	—
平政路	大同东路—沿江东路	1245	10.4	5.4	6831	6831	—	—
大同东路	平政路—雨湖广场	250	13.7	4.7	1114	1114	—	—
大同西路	中山路—雨湖广场	250	9.0	5.0	1435	1435	—	—
湖园路	大同东路—群艺馆	479.3	18.4	8.8	5766	5766	—	—

续表

道路名称	起止点	道路长度(米)	道路宽度(米)	路面宽度(米)	路面面积(平方米)	路面面积按结构分(平方米)		
						水泥路面	沥青路面	泥结石路面
雨湖路	解放南路沿江东路	1864	25.1	10	23921	23921	—	—
和平路	雨湖路—韶山东路	600	16.6	9.5	7462	7426	—	—
熙春路	雨湖路—韶山东路	2680	30、32	14	37520	—	37520	—
朝阳路	十八总河堤—白马路	483	11.	5.5	2657	26567	—	—
草塘路	车站路—草塘	720	7.0	—	5040	5040	—	—
观湘门直街	沿江东路—县政府	219	16.5	8.2	2225	2225	—	—
富洲路	繁湖路—富强路	1100	8.1	6.5	7150	—	7150	—
泗洲路	繁湖路—环城路	600	11.2	7.0	4200	—	4200	—
民主路	建设北路—解放南路	326	26.13	9.0	5410.3	—	5410.3	—
民主西路	解放南路—大湖路	350	16	6.0	2100	—	2100	—
老火车站路	车站路—繁湖路	745	14.5	8.5	6333	—	6333	—
广云东路 1	建设北路—桔子园	310	32.	16.0	4960	—	4960	—
广云东路 2	桔子园—车站路	500	16	8	4000	4000	—	—
广云西路	江麓广场—建设北路	660	32、42	16	10560	—	10560	—
陵园路	建设北路—烈士陵园	228	10	7.0	1596	1596	—	—
马坡里路	解放北路—市物资局宿舍	300	4.0	4.0	1200	1200	—	—
罗家坡路	南岭路—二商局粉丝仓库	450	4.0	4.0	1800	900	—	900
砂子岭路	宝庆路—汽水厂分厂	284	4.0	4.0	1136	1136	—	—
黄花塘路	韶山路—砂子老干所	1350	6.0	6.0	8100	8100	—	—
高岭路	解放北路—技校	3321	6.0	5.0	16607	16607	—	—
桃园路	北二环—矿院	990	7.0	7.0	57600	57600	—	—
湘大新路	320 国道—湘大	3090	34	9	27810	27810	—	—
羊岭路	羊古塘办事处路	69.4	3.7	3.7	265.78	265.7	—	—
花园路	羊古塘办事处路	1200	4.33	4.33	5200	—	—	5200
赤马路	师范学院—桃园路	1250	7.0	7.0	8750	—	8750	—
老干路	韶山西路—老干所	52	4.0	4.0	208	208	—	—
锰城南路	十亩丘—鹤新三楼	950	7.0	7.0	6650	—	6650	—

续表

道路名称	起止点	道路长度(米)	道路宽度(米)	路面宽度(米)	路面面积(平方米)	路面面积按结构分(平方米)		
						水泥路面	沥青路面	泥结石路面
锰城中路	鹤新三楼—锰矿四楼	340	7.0	7.0	2380	—	2380	—
锰城东路	锰矿四楼—锰矿高炉	560	7.0	7.0	3920	—	3920	—
锰城西路	锰矿四楼—发电厂	760	8.0	8.0	6080	—	6080	—
鹤岭路	中学路—冷水冲车站	2510	7.0	7.0	17570	—	17570	—
青山路	冷水冲路—矿治冻厂	2992	4.0	4.0	11968	—	—	11968
黄峰路	锰矿发电厂—水泥厂	1915	7.0	7.0	13405	—	13405	—
果沙路	鹤新三楼—锰矿仓库	525	4.0	4.0	2100	2100	—	—
站坪路	锰矿水碴池—火车站	380	6.0	6.0	2280	2280	—	—
豹子路	锰矿电车道—火车站	400	3.5	3.5	1400	1400	—	—
中学路	锰矿高炉—中学路	240	7.0	7.0	1680	1680	—	—
小学路	鹤岭镇邮电局—小学	150	3.5	3.5	525	525	—	—
医院路	锰矿文化宫—医院	250	3.5	3.5	875	875	—	—
联合路	蔬菜店—百贷店	250	3.5	3.5	875	875	—	—
自冲路	锰矿球场—自冲四楼	100	3.5	3.5	350	350	—	—
红旗路 1 号	锰城东路—红旗 22 栋	167	3.5	3.5	584.5	584.5	—	—
红旗路 2 号	红旗居委会—锰城西路	210	3.5	3.5	735	735	—	—
矿办路	锰矿四楼—矿办食堂	310	3.5	3.5	1085	1085	—	—
机电路	锰矿西楼—机电分厂	300	7.0	7.0	2100	—	2100	—
锰城北路	锰园村—中学路	510	9.0	9.0	4590	—	4590	—
牡丹路	建设南路—电业局	925	5.0	5.0	4625	4625	—	—
电工路	电机厂北门—书院路	700	27.6	16.3	11410	11410	—	—
钢城路	峨嵋路—湘钢	800	14.6	10.6	8480	8480	—	—
长城路	下摄司街—中洲路	400	6.5	6.5	2600	2600	—	—
峨嵋路	钢城路—中洲路	1550	13	8.0	12400	12400	—	—
晓塘路	建设南路—岳塘路	790	7.3	7.3	5767	5767	—	—
胜利路	峨嵋路—下摄司街	800	7.7	7.7	4560	4560	6225	—
天鹤路	建设南路—松涛里	320	6.0	6.0	1920	1920	—	—

续表

道路名称	起止点	道路长度(米)	道路宽度(米)	路面宽度(米)	路面面积(平方米)	路面面积按结构分(平方米)		
						水泥路面	沥青路面	泥结石路面
铁牛路	峨嵋路—铁牛码头	980	6.0	6.0	5880	—	—	5880
湖湘南路	湖湘西路—湖湘东路	618	36	22	13596	13596	—	—
湖湘西路	河东大道—芙蓉路	1144	36	22	25165	25168	—	—
湖湘东路	河东大道—芙蓉路	1583	36	22	34826	34826	—	—
岚园路	建设广场—东泗路	464	40	14、10	6496	—	6496	—
晓塘路	建设南路—宝塔中路	1040	40	14、10	—	—	—	—
东湖西路	建设中路—东坪镇	1283	13.1	8.0	11106	11106	—	—
书院东路	友谊广场—吉安路	2068	11.6	7.0	14476	—	14476	—
霞光西路	建设南路—岳塘路	860	28	18	15480	—	—	—
霞光中路	建设南路—宝塔路	864	40	16	32867	—	32867	—
霞光东路	丝绸中路—吉安路	896	46	16	41216	—	41216	—
宝塔中路	河东大道—芙蓉东路	1084	32	16	17344	17344	—	—
东泗路	东湖路—泗神庙	1811	19.3	10	20147	5110	15037	—
岳塘路	泗神庙—岳塘广场	1711	25	12	20532	—	20532	—
东湖东路	建设中路—五里堆	3349	11.0	6.0	22555	22555	—	—
福星西路	建设中路—东泗路	395	27.1	12	4740	4740	—	—
板马路	长潭路—马家河	7050	8.4	5.0	35250	35250	—	—
板竹路	长潭路—染化总厂	3326	7.0	6.0	19956	19956	—	—
纱厂直街	长潭路—湘纺	440	13.7	7.5	3300	—	3300	—
中洲路	中洲食品店—峨嵋路	381	20.5	10.5	4000.5	—	4000.5	—
南国路	电机厂南门—下摄司街	1000	4.0	4.0	4000	4000	—	—
板五路	长潭路—五里堆	1576	9.0	6.0	9456	—	9456	—
中洲路	电机厂西门—8790 峨嵋路	455	32	22	10010	—	10010	—

2005年湘潭市区河西主要街、巷

表57-1-3

道路名称	起止点	道路长度(米)	道路宽度(米)	路面宽度(米)	路面面积(平方米)	路面面积按结构分(平方米)		
						水泥路面	沥青路面	泥石路面
古宣化巷	城正街—常平巷	130	4.5	4.5	585	585	—	—
老育婴巷	城正街—沿江东路	160	4.0	4.0	640	640	—	—
红光巷	板石巷侧	68	4.0	4.0	272	272	—	—
井堪巷	板石巷—泗洲庵巷	113	4.7	4.7	531.1	531.1	—	—
槐树巷	板石巷侧	58.9	4.3	4.3	253.27	253.3	—	—
县西巷	观湘门直街—板石巷	188	4.8	4.8	902.4	904.4	—	—
常平巷	古宣化巷—观湘门直街	137	3.6	3.6	493.2	493.2	—	—
南步街	平政路—八仙桥	192	5.0	5.0	960	960	—	—
泗洲庵巷	泗洲路—城正街	527	3.84	3.84	2023.7	2023.7	—	—
小灯笼巷	雨湖路—熙春路	60	4.0	4.0	240	240	—	—
万寿宫巷	平政路—防洪堤	93	4.0	4.0	372	372	—	—
熊家码头	平政路—防洪堤	34	4.0	4.0	136	136	—	—
四新巷	大湖路—丁家巷	82	5.9	4.3	352.6	352.6	—	—
仓门前码头	中山路—河堤	80	10	6.0	480	480	—	—
航运码头	中山路—沿江路	97	8.0	4.0	388	388	—	—
客运码头	中山路—客运码头	81	8.0	5.0	405	405	—	—
雨湖路支线	雨湖路—中心医院	165	5.5	4.0	660	660	—	—
广技巷	江麓广场—铁路技校	1014	5.3	4.1	4158	4158	—	—
解放路支线	解放路—味精厂	232	6.5	4.7	1090	1090	—	—
老学坪里路	城正街—沿江东路	59	7.5	7.5	443	443	—	—
城正街侧巷	进师范路	39	4.0	4.0	108	108	—	—
大桥码头	平政路—防洪堤	91	4.3	4.3	391.3	391.3	—	—
雨湖路支2	雨湖路—雨湖街	20	7.0	5.0	100	100	—	—
水厂路	新马路—正福街	170	4.5	4.5	765	765	—	—
沿江西岸	唐兴街—老汽车站	131	7.0	4.0	524	524	—	—
杨梅洲	码头—船厂	150	4.5	4.5	675	675	—	—

续表

道路名称	起止点	道路长度(米)	道路宽度(米)	路面宽度(米)	路面面积(平方米)	路面面积按结构分(平方米)		
						水泥路面	沥青路面	泥结石路面
杨梅洲	进船厂卫门路 21	70	6.5	5.0	350	350	—	—
古梁巷	雨湖路—立新巷	150	5.0	5.0	750	750	—	—
甘家巷	睦邻新村—甘家巷	117	4.2	4.2	491	491	—	—
肉联村	村路道路	180	5.33	5.33	960	960	—	—
大冲湾路	奕锦塘—大冲湾路口	1115	4.0	4.0	4460	4460	—	—
雨湖管理所	进所道路	140	11.0	11.0	1540	1540	—	—
兴仁街	十五总河堤—人民路	338	9.4	6.0	2028	2028	—	—
新梁街	雨湖路—中山路	245	6.0	4.0	980	980	—	—
南盘岭支道	高岭路—南盘岭路	317	5.0	4.0	1268	1268	—	—
城正街	雨湖路—环城路	1908	10.1	5.4	10596	10596	—	—
唐兴街	朝阳路—新马路	315	8.7	5.0	1517	1517	—	—
金庭街	大湖街—自力街	267	9.6	5.6	1495.2	1495	—	—
换新街	中山路—白马湖	338	6.2	4.0	1292.2	1292	—	—
自力街	仓门前—立新塘	413	6.7	4.2	1692.6	1693	—	—
南步街	平政路—八仙桥	198. 5	7.7	5.8	1152.3	1152	—	—
旭东巷	雨湖路—二院后门	76	7.0	7.0	532	532	—	—
新街口巷	人民路—纺织批发部	85	5.7	4.3	333.4	—	333.4	660
通济门	沿江东路—城正街	169	6.2	5.2	879	879	—	—
文化街	车站路—雨湖路	398. 8	9.0	6.0	2393	2393	—	—

2005年湘潭市区河东主要街、巷

表57-1-4

道路名称	起止点	道路长度(米)	道路宽度(米)	路面宽度(米)	路面面积(平方米)	路面面积按结构分(平方米)		
						水泥路面	沥青路面	泥石路面
大堤指挥部	大堤办公楼—东湖路	43	4.0	4.0	172	172	—	—
烟校	校门—三塘路	90	4.5	4.5	405	405	—	—
丛竹巷	液压件厂门—岚园路	1200	4.0	4.0	4800	4800	—	—
东园村	村内道路	625	3.5	3.5	2187.5	2187.5	—	—
和平东村	村内道路	2235	4.5	4.5	10058	10058	—	—
和平西村	村内道路	2010	3.5	3.5	7.35	7.35	—	—
迎建村	村内道路	405	3.5	3.5	1417.5	1417.5	—	—
市百文站	站门—东泗路	68	4.0	4.0	272	272	—	—
三塘路	桐塘—东泗路	900	5.0	5.0	4500	4500	—	—
湘潭县粮贸	粮贸门口—福星路	180.6	7.98	7.98	1441	1441	—	—
建设村	宿舍—省三附属厂	195	3.5	3.5	682.5	682.5	—	—
下摄司邮局	邮局门口—下摄司路	50	12	12	600	600	—	—
下摄司街	岳塘广场—湘江河	1799	22.3	10	19240	—	19240	—
工人村	工人村—下摄司路	1315.6	5.58	5.58	7341	7341	—	—
市制钉厂	厂门口—峨眉路	75	6.0	6.0	458	458	—	—
职工疗养院	院门口—107国道	242	5.0	5.0	1210	1210	—	—
青少年宫	宫门口—东湖路	159	10.0	10.0	1590	1590	—	—
市电器厂	建设南路—电器厂门	170	4.7	4.7	799	799	—	—
公汽保养场	建设中路—保养厂	106	4.5	4.5	477	477	—	—
纱厂横街	纱厂直街—铁路	500	12.0	7.0	3500	—	3500	—
纱厂正街	长潭路—湘纺	190	17.9	7.0	1330	—	1300	—
东坪横街	东坪路—防洪堤	135	5.5	4.7	632	632	—	—
色织染料厂	厂门口—板竹路	75	7.0	7.0	525	525	—	—
东坪粮店	粮店门口—东湖路	43	3.5	3.5	150.5	150.5	—	—
天鹤新村	村内道路	1306	4.87	4.87	5055	5055	—	—
大庆村	村内道路	270	3.7	3.7	999	999	—	—

续表

道路名称	起止点	道路长度(米)	道路宽度(米)	路面宽度(米)	路面面积(平方米)	路面面积按结构分(平方米)		
						水泥路面	沥青路面	泥结石路面
钢晓村	村内道路	320	3.75	3.75	1200	1200	—	—
麻阴山路	麻阴山—建设南路	90	4.5	4.5	405	—	—	405
公园路	市场路口—三中	262	9.0	9.0	2358	2358	—	—
群芳路	钢城北路—三塘路	1260	5.0	5.0	6300	6300	—	—
市政工程队	工程队—东泗路	120	4.0	4.0	480	480	—	—
易家湾直街	岳公岭—窑子涧子	740	6.0	6.0	4440	4440	—	—
昭峡路	农药厂—昭山湾	500	5.0	5.0	2500	2500	—	—
滴水埠直街	滴水埠	840	5.8	5.8	4872	4872	—	—
团竹路	团山铺—竹埠港	2500	5.0	5.0	12500	—	—	12500
马家河街	建材化工厂—轮渡口	400	3.5	3.5	1400	1400	—	—
解放村路	峨嵋路—下摄司路	700	16.3	16.3	11410	11410	—	—
易家湾直街	建设码头—朝阳街	400	7.5	5.5	2200	2200	—	—
易家湾车站路	向阳街—长潭路	107	5.0	5.0	535	535	—	—
板塘铺横街	107 国道—湘潭东站	94	5.0	4.0	376	376	—	—
向阳街 1	长潭路—易家湾车站路	123	7.0	6.0	738	738	—	—
向阳街 2	易家湾车站路—建设码头	114	7.5	5.5	627	627	—	—
耐火厂前路	耐火厂门口—板摄路	200	4.0	4.0	800	800	—	—
三水厂道路	水厂门口—纱厂横街	300	3.5	3.5	1050	1050	—	—
滴水埠煤库道路	煤库门口—长潭路	450	4.5	4.5	2025	2025	—	—
滴水埠电池厂道路	电池厂门口—长潭路	510	6.0	6.0	3060	3060	—	—
滴水埠路	钻井队—县阀门厂	500	4.5	4.5	2250	2250	—	—
纺配处路	纺配—中试所	650	4.5	4.5	2925	2925	—	—
砂石场路	东湖路—河堤	100	7.0	7.0	700	—	—	700
湘潭东站路	东站—长潭路	300	4.0	4.0	1200	1200	—	—
毛纺厂道路	毛纺厂门口—长潭路	500	5.0	5.0	2500	2500	—	—
汽配厂道路	厂门口—汽配宿舍	350	3.5	3.5	1225	1225	—	—
轻机厂道路	轻机厂门前道路	70	6.0	6.0	420	420	—	—

续表

道路名称	起止点	道路长度（米）	道路宽度（米）	路面宽度（米）	路面面积（平方米）	路面面积按结构分（平方米）		
						水泥路面	沥青路面	泥结石路面
玻璃厂区道	玻璃厂宿舍路	200	3.5	3.5	700	700	—	—
砂石场	交叉口—采石场	210	5.0	5.0	1050	—	—	1050
长岭路	砂石厂路—纱石厂	180	5.0	5.0	900	—	—	900
建设路	直街—河边	60	4.0	4.0	240	240	—	—
立新码头	直街—河边	70	6.0	6.0	420	420	—	—
市场街	107 国道—直街	100	4.0	4.0	400	400	—	—
窑洲路	107 国道—华丰厂	335	4.0	4.0	1340	1340	—	—
昭山路	107 国道—昭山湾	600	6.0	6.0	3600	—	—	3600
火车站路（河东）	107 国道—东站货场	450	6.0	6.0	2700	2700	—	—
健体巷	三角坪仓库—福星路	130	5.0	5.0	650	—	—	650
燕雀巷	电工北路—下摄司街	530	5.0	5.0	2650	2650	—	—

第二节　桥梁建设①

一、杨梅洲桥

杨梅洲桥位于杨梅洲人渡码头上游 80 米处，连接河西十万垄外大堤，桥长 191 米，桥面净宽 7 米+2×0.25 米，洲上引道长 140 米，河西引道长 40 米。该桥于 1999 年 6 月批复立项，12 月颁发施工许可证。总投资 600 万，其中由湖南省路桥公司捐款 321 万元，湘潭三大桥指挥部另筹资 279 万元共同建设。由湘潭市勘测设计院负责测量和地质勘探。湘潭市规划设计院负责设计。省路桥总公司第三分公司负责施工，其中主桥栏杆分包给省建三公司钢结构分公司施工，主桥混凝土桥面工程分包给湘潭市市政维护处施工。湘潭晨辉实业有限公司负责河东引道工程施工。湘潭建设监理公司负责监理。湘潭工学院负责专项检测。市质监站负责质量监督。1999 年 12 月，市雨湖区国土局完成征地拆迁工作，全桥征用土地 0.64 公顷，其中东引线征地 0.42 公顷，西引线征地 0.22 公顷。12 月底，施工队伍进场，大桥开工。桥型为 9 孔 20 米跨径的砼预应力简支梁。2001 年 9 月大桥建成，11 月 5 日正式通车。

二、金塘湾铁路立交桥

1986 年 3 月 22 日，市政府向铁道部呈送《湘潭市金塘湾湘黔线改建平交为立交的报告》，于 5 月获准。由广州铁路局负责设计与施工，概算投资 240 万元，市政府与铁路局各承担 50%。金塘湾铁

① 湘潭湘江二、三、四桥，湘黔铁路复线桥等桥梁的建设详见第三十四篇《交通》。

路立交桥于1987年3月开工,同年9月竣工,长52米,跨度27.5米,三孔五节,整体预浇后,采用顶、推的方法施工,总耗资248万元,湘潭市人民政府承担128万元。金塘湾铁路立交桥建成后,彻底解决建设北路与湘黔线平交道口上的安全隐患。

三、人行天桥

(一)板塘人行天桥

板塘铺是107、320国道重叠的必经之地,该处人车混行,交通拥挤。根据市人大代表的建议,1995年,投资136万元,建设人行横道天桥。该桥是预制钢件拼接而成,由城建科研所设计、省建三公司负责施工,1995年12月下旬竣工并交付使用,是湘潭市第一座人行天桥(2007年改造板塘大道时该桥被拆除)。

(二)"潭城人寿"天桥

位于莲城宾馆前,处于湘江一桥出口与建设北路、民主路、车站路的交叉路口。因该地段为湘潭河西老城区政治、交通、商业中心,成为湘潭过境交通的"肠梗阻"。1996年7月15日,市政府办公会议决定在莲城宾馆前建一座人行天桥。为筹集资金,以市人寿保险公司购买广告权而得名为"人寿天桥"。工程由湘潭市规划设计院设计,1996年11月1日正式开工。结构为金属钢结构桥身,挖孔桩基砼,4个钢筋混凝土圆柱主桥墩(直径为1米),弹性橡胶支座,桥底距地面最低高度为5米,椭圆形状桥中心长为156.4米,桥面宽4米,最大跨度为38.5米。省建三公司捐款80万元和以最低标价498万元中标,承担施工任务。天桥于1997年2月1日竣工投入使用。在车站路全线升级改造后,随着韶山东路与三桥的通车,过境交通的"肠梗阻"问题缓解,该桥不再体现其作用,2003年被拆除。

(三)霖园天桥

位于湘潭市区中心的韶山路与建设北路交叉路口。霖园天桥总投资1200万元,以天桥商铺限期使用产权费用筹集资金;于1999年1月21日正式动工,霖园天桥主桥采用钢结构,工程基础采用桩基础,主桥采用8个钢筋混凝土结构,天桥桥梯采用12根钢筋混凝土,主桥地面均采用防滑地面砖,桥面宽9米,桥体直径62米。霖园天桥设计独特,采用八角形封闭式全明造型,饰全明有色玻璃窗和卡布隆玻璃天棚(具有隔热、防寒之功效)。全桥共设4个梯式入口,天桥共设大小店铺128个(2012年5月,因河西人防工程建设,该天桥拆除)。

第三节 路灯建设

1986年,湘潭市区建成路灯线路(地埋线)127千米,其中地下电缆28千米;有路灯2664盏;路灯照明总功率391.01千瓦。1987年,湘潭市政府为解决城区"黑与暗"的问题,投入经费,延长路灯线路10.17千米。并对原有的大部分路灯进行改造和更新,解决71个地段有灯无光的问题。全市路灯有玉兰灯、海鸥灯、弧型灯、休闲灯、球形装饰灯等十多种灯型,同时由第一代光源——白炽灯向第二、三代汞、钠灯转变。1990年末,全市有路灯供电线路139千米;路灯2896盏;照明总功率426千瓦。

1991年，市政府指定财政拨款6万元，由市政公司负责实施，专题解决旭东巷、古梁巷、杉树巷居民夜间出入摸黑的问题，市政公司架设电线1100米，安装路灯30盏，为三条巷140户居民、530名群众解决夜间出入难的问题。1992年初，湘潭市政府决定，在拓宽、改建南北向主干道的建设北路的同时，对全长840米路灯线路工程进行改造，工程由湘潭市市政工程公司路灯管理所承担设计并施工。39杆蝙蝠式双翼路灯对称排列，每盏灯具离地高度9米，总装灯容量20千瓦，总投资22万元。采用三相四线供电、落地式开箱、光电控制等技术，取代手动大串联控制的落后方式，减少架空线路，节能省电且维修操作方便，同时具有美化市容的功能。其中机动车道采用光线柔和，透雾性强的桔红色灯，为夜间行驶提供安全保障。10月工程全部竣工。拉开全市加快推广与应用现代高杆照明技术的序幕。12月在湘潭一大桥投资13万元，新建湘潭市第一组高杆灯，次年1月竣工亮灯。原广场多盏矮小的路灯，被23米高的高杆灯所代替。该高杆灯采用GD(S)—8909型(喇叭形)升降式高杆灯，灯盘是八角倒锥形的钢结焊接件，灯盘上面安装矩形泛光灯8只，用于近距离照明；灯盘内安装圆形泛光灯8只，用于远距离照明。高杆灯具有集中照明均匀性好和眩光较低等优点，不仅方便市民，亦美化环境。该高杆灯的建成，与湘潭一大桥连为一体，使桥和路与周围建筑环境更为协调，更为壮观。1993年，市人民政府颁布《城市道路照明管理条例》，市政府投资110万元用于路灯的新建与改造，新安装大湖路、民主西路的照明，并分别在一招待所、一中、和平桥、砂子岭、火车站5个大型广场新建4座高25~30米的高杆灯和3座高15米的中高杆灯，均由市政公司自行设计、施工。1995年末，全市有路灯4453盏；路灯供电线路275.7千米；照明总功率为624千瓦。

1996年，投资37万元进行路灯改造，其中由政府组织，交警、受益单位共同筹资的方式集资20万元，新建广云路广场高杆灯(杆高30米)；同期，政府出资36万余元(含后追加的19万元)，新建板塘路段路灯线路，工程线路总长490米，立杆共计22根，安装双挑式钠灯42盏，至1997年8月23日工程竣工。1998年起，全面启动“亮化工程”，先后完成雨湖路、车站路、高速公路连接线和韶山西路的路灯工程新建和改建任务，新装路灯共800余盏；市区建设北路、韶山西路、板塘路等主要街道十字路口架起7组高杆灯。是年末，全市共有高杆灯9组，第三代光源发展为690盏，占整个路灯%总数的22%。第三代光源(钠灯)的推广，改变全市光源的落后面貌。1999年，投入资金190万元，完成韶山西路不锈钢双挑灯142杆、高杆灯1杆和河东大道华灯88杆、高杆灯2杆的建设任务。在岚园路、福星路、东湖西路、东泗路、体育中心绿化广场和青少年宫安装路灯238盏，新配开关箱7个，敷设电缆6664米。2000年末，全市有路灯供电线路307千米；路灯18100盏；照明总功率2535千瓦。

2001年，投资490万元，改造芙蓉路、河东大道、建设南路、书院路、芙蓉中路、丝绸中路、韶山西路、建设北路、人民路、车站路等34条主次干道的路灯设施，改建路灯12940盏，改建线路196.93千米。2003~2005年，共投入资金2047万元，改建街巷28条，安装路灯886盏。改造后的主次干道路灯及小街小巷的路灯全部采用第三代钠灯新光源。2005年末，全市有路灯21688盏；路灯供电线路380.65千米；照明总功率3039.15千瓦。

第二章 供水、排水设施建设

第一节 供水设施建设

一、水厂建设

1987年,湘潭市对河东二水厂进行技术改造。1988年7月,三水厂扩建工程破土动工。1992年,三水厂扩建工程竣工投产。至此,城区三座水厂综合供水达29万吨/日。1995年,市自来水公司在砂子岭羊牯塘建成日取水1.5万吨的地下水装置。至年底,总供水生产能力达32.5万吨/日,年供水量7100万吨。1997年,历时4年投资2600万元的唐兴桥下泵房搬迁工程竣工投产。1999年9月,一水厂扩建工程(二期工程)奠基,2004年10月竣工投产。2005年,城区三座水厂日供水能力为42.5万吨。

(一)二水厂扩建

二水厂位于河东下摄司袁家祠堂,早期占地面积33716.85平方米。1985年底,二水厂几经扩建,将初建时供水量仅为4000~6000吨/日的配套供水能力提升为2万吨/日,但仍然无法解决河东下摄司地区用水日益增长的矛盾。1986年12月,市自来水公司投资127万元,对二水厂进行5万吨/日配套扩建,主要项目包括:建一座3000吨的清水池,新建加压泵房及水泵改造。1989年2月,新设备投入运行。1995年10月,市自来水公司投资15万元,安装内反馈调速电机,降低生产成本。至此,二水厂主要供水设施有3组移动冲罩滤池、容积3000吨的清水池、孔室反应池、平流沉淀池,全工艺配套供水能力达到6万吨/日。

(二)三水厂扩建

三水厂位于河东地区板塘铺,原规模为6万吨/日,供水服务面积42平方千米,为多水源、分区联网供水的中心水厂。随着工业生产的发展和人民生活水平的提高,市区供水日趋紧张。1987年4月,市自来水公司编报三水厂二期工程扩建任务书;10月,省计委、省建委批准扩建,规模为14万吨/日。1988年7月,三水厂第二期扩建工程被市政府列为湘潭市“七五”供水扩建计划的重点项目。9月各项目陆续开工,工程由中南设计院设计,省建三公司和省工业安装公司承担施工和安装工程。主要工程项目有:增加一套日产14万吨的净化系统;更新取水泵房(包括反应池、沉淀池、滤池、清水池等);改造送水泵房及部分设施;新建一条由取水泵房至净化场的源水管(管径1200毫米)和一条横跨湘黔铁路的的输水管(管径1200毫米)。工程于1990年9月完工,10月净化系统投产,1992年各项扫尾工作全面完工,日供水能力达14万吨。工程总概算为1050万元,实际投资1400万元。三水厂主要供水设施有内径17.5米的取水泵房,装有4台机泵;净水设施有6万吨/日回流式变速反应槽、斜管沉淀池与双阀滤池,单池容积3000吨的清水池2座;14万吨/日系统反应池、双阀滤,1.4万吨的清水池,全工艺综合配套供水设计能力为20万吨/日。该水厂扩建后,利用城市形成的管网,实现向北满足荷塘、易家湾工业区的用水需要,往东解决马家河地区的用水困难,向南确保建设南路沿线重点企业用水,往西通过过江管调水过江,缓和河西老城区用水紧张局面。

(三)一水厂易地扩建

一水厂位于河西十八总黄土山,1985年供水能力为4万吨/日，无法满足湘潭市日益增长供水需要。1992年底,投资200万元,启动开发利用砂子岭深井工程,作为城市给水的补充水源,1993年底3口深井投入使用,扩大供水能力1.5万吨/日。1994年,投资150万元,对一水厂净化系统进行2万吨/日的扩建改造,使河西“水荒”得以缓和。因河西地区用水高峰期仍不能完全满足用水需求,一水厂泵房原取水口水质又受唐兴桥排污口污染,市政府决定对一水厂进行易地扩建。自来水公司于1994年申请立项,新建一座26万吨/日的取水泵房,新泵房选址于窑湾,第一期工程为10万吨/日。该工程由中国市政工程中南设计院设计,湖南省第三工程公司承建。1994年11月,经省计委批准一水厂搬迁扩建工程正式开工。1995年1月开始施工水源工程,1997年3月31日竣工投产,完成投资2480万元。1998年9月,完成一水厂搬迁建设二期工程征地,新址定在宝庆路西侧工农湖渔场,面积为109.6亩。1999年9月1日,一水厂扩建工程(二期工程)奠基。2000年,完成净水厂的征拆和土方回填、挡土墙工程;完成净水厂主要构筑物反应池、沉淀池、清水池土建主体;完成水厂自动化控制系统和主要设备招标采购工作。2001年,送水泵钢筋混凝土主体完工,滤池、反应沉淀池外装饰和加氯车间主体工程完工。2002年,完成综合楼主体工程和所有建筑物的外装饰、厂区内工艺管道、下水管道的施工,水泵机组、配电设施安装完毕,完成管径1400毫米的地下输送水管网工程2000多米。2004年10月竣工投产,总投资1.15亿元。

二、供水管网建设

1986年,市区管网长度(直径100毫米以上)175.29千米,总输配水能力(即终端供水能力)23万吨/日。

1987年,投资180万元,铺设东湖路直径800毫米管道620米,使三水厂管道与过江管道连通河西地区供水,一水厂、三水厂并网供水。1990年,投资110万元,铺设东湖路管道配套工程、繁城路直径600毫米给水管，使其连接过江管与河西主干管并网，大幅度提高河西地区供水水量和水压。1991年,自来水公司投资12万元,又在受益单位集资4万元,增铺一条长1429米、管径400毫米的输水管,保证草塘地带消防、仓库、生活用水的需要。1992年,由于三水厂扩建工程投入使用,铺设三水厂至长潭路直径200毫米、长1186米管道,并且与原出厂管道并网,提高安全供水性并增大供水能力;板五路直径1200毫米、长1200米的管道竣工;铺设直径500毫米、长1100米管道,将羊牯塘地下水井与市区给水管道并网,日增给水量1万吨。1994年,配合吉安路改造和新修芙蓉路,铺设直径800毫米管道2569米、直径400毫米管道250米、直径600毫米管道3200米,供水能力得到进一步提高。1995年12月,吉安路直径800毫米、长2600米输水管道工程(板五路口至芙蓉路口)竣工。至此,市区管网长度610.94千米,总输配水能力(即终端供水能力)32.5万吨/日。

1996年1月,吉安路输水管道与芙蓉路管网合拢。1997年,铺设宝塔路直径400毫米、长300米管道;芙蓉路直径600毫米输出管道竣工通水。河东地区环状供水逐步实现。1999年,配合新建迎宾东路、迎宾西路，铺设直径300毫米长3100米管道，河西韶山西路两侧地区环状供水形成。

2003年，为配套新建一水厂的供水，铺设直径400毫米主供水管道1230米、韶山东路直径600毫米管道1870米，充分提高河西地区水量、水压，并且使河西水量、水压长期偏小偏低的区域得到进一步的缓解。新铺设双马工业园直径600毫米管道3400米，从而解决长期以来双马工业园区管道偏小，水压、水量不足的问题，为双马工业园的建设提供有力的保障。2004年，先后铺设霞光东路直径400毫米管道805.5米、霞光中路直径300毫米管道860米、市政中心区直径400毫米管道616米和直径300毫米管道257米。城市供水更加趋于合理化，从而一定程度的解决河东地区供水紧张的局面。2005年，随着九华工业园的建设，先后铺设直径1000毫米管道1705米、直径500毫米管道1000米。至此，全市管网总长948千米，总输配水能力51万吨/日。

1986~2005年部分年份湘潭市供水基本情况

表57-2-1

年份	水厂座数	供水能力(万吨/日)		管网长度（千米）	供水量（万吨）	用水人数（万人）		用水普及率(%)	年平均用水量（升/日·人）
		水厂	管网			合计	其中供水站		
1986	3	13	23	175.29	4113	31.6	1.8	85	194.94
1990	3	19	23	530.31	6163.15	35.25	1.0	88	235.4
1995	3	32.5	32.5	610.94	7100.89	37.3	—	89.5	225.18
2000	3	32.5	32.5	728	5232.94	38	—	98.8	230.43
2001	3	32.5	32.5	760	5255.11	39	—	99	216.25
2002	3	32.5	32.5	785	5283.43	39	—	99	227.98
2003	3	32.5	32.5	846	5186.05	42	—	99	206.78
2004	3	42.5	51	900	4787.40	47	—	99	174.86
2005	3	42.5	51	948	4555.62	52	—	99	142.49

第二节　排水设施建设

一、河西地区排水设施建设

1986年，河西的地表污水和雨水分为11个地段、3个方向排出，工业废水主要依靠就近的农用干渠进行排放，堵塞、外溢、积存严重。面对河西城市道路建设不断西移，随着城郊昭潭乡的逐步城市化，新建的企事业单位对排水均采取自然排放的方法，白马湖湖面水臭和浑浊的问题日益严重。加上中山路与人民路之间6.21平方千米范围内1300个单位和8000多户居民的因暴雨浸家门的“忧虑”，引起政府的高度重视。决定由市政府组织，市环保局实施，采取投资、集资的方法，首先对白马湖进行治理，政府投资53万元，江麓机械厂和沿岸单位集资28万元，总耗资81万元，建成日排污水2.4万立方米的泵站，砌筑片石护坡136平方米，铺设排水管1140米，将原排入白马湖的污水全部接入排污水干管,并入市区管网排出。遇到暴雨,则开泵排水。运行后,彻底解决湖面水臭和浑浊问题。

1988年,对无排水主管,支管堵塞、外溢、积存严重的雨湖路至砂子岭一带进行治理,起历时两年,耗资178万元,采取顶管方式,建成大埠桥至砂子岭的河西排水主管,全长4320米、埋深9米;随后配套建成大埠桥至砂子岭等9条直径1米以上的排水主管、箱涵,总长12760米,在河西初步形成排水体系;并将沿途14条污、雨水支管全部接入主管。此后两年,配套建成雨湖路至砂子岭、韶山西路至白马湖、砂子岭到唐兴桥、桥西广场至大埠桥、城正街至大埠桥等9条直径1米以上排水主管、箱涵,总长12760米。

1995年底,河西地区各种排水设施管道100千米,排水管网服务面积占河西地区的90%。其中,市城建系统直接管理维护的75千米,基本上为雨污混流状况。主要排污口有:大埠桥7.5万立方米/日,唐兴桥1.0万~1.5万立方米/日,市针织厂580立方米/日,大码头570立方米/日,老县政府570立方米/日,共计日排污量9.67万~10万立方米,城市排渍污泵站5座,装机容量800余千瓦。

1999年起,按照湘潭市第五次总体规划和河西地区排水体系的规划和方案河西污水处理工程启动,针对河西城区污水的年排放量为3550万吨,日排放量为9.5万~10万立方米的情况,制定《湘潭市河西污水处理工程可行性研究报告》并通过省计划委员会审批,市政府成立河西城区污水处理工程指挥部。河西污水处理厂选址在河西小东门铁桥下游雨湖区护潭乡湘竹村。河西污水处理工程依照:近期15万吨/日、远期20万吨/日的规模设计;工程主要项目包括:征用基塘用地500亩,新建10万立方米/日提升泵房二座(进出水泵站各一个),扩建污水泵站一座(7.5万立方米/日)。污水截流排渍管道直径300~2000毫米,共计14.8千米,其中重力流钢筋混凝土管11.8千米,直径1000毫米污水压力流铸铁管道3000米,以及基塘建设、格栅间、沉砂池、沉淀池、消毒间、配水井和污泥泵站、集泥池等排泥处理系统。总投资1.735亿元。工程总占地69000平方米,附属建筑面积2000平方米。同年底,完成前期工作和部分管道铺设,韶山东路配套管网和部分提升泵房建设,投入资金1800多万元;韶山西路管完成投资2500多万元;排水泵3处,装机容量780千瓦。

2002年,投资800万元,完善白石公园排水系统工程,北侧箱涵工程采用2次浇灌新办法,确保工程进度;南侧排水工程克服地质条件影响,采用地下爆破、顶管、开挖多种方式,加快工程进度,连通韶山西路与河西主排水管网。2003年底,河西污水处理厂一期工程完成。2004年起,完成平政路至厂区的管道,连通河西市区排水管涵329千米,雨水井、检查井7800个,建成韶山东路污水提升泵站。年排水量5亿立方米以上。

2005年,新建唐兴桥至湘江一大桥段截污干管和唐兴桥、十六总2座污水提升泵房。总投资1600万元。大部分污水通过管网集流,雨水分别从唐兴桥、仓门前、大埠桥三个主排水口排入湘江。至2005年底20年间,河西地区排水管网建设投入12684万元(原值),其中市政府直接投资4379万元,企业自行投入8305万元。河西地区的排水网络基本形成。污水处理厂正式投入运行。

2005年湘潭市河西主要道路排水设施情况

表57-2-2

道路名称	起止点	下水管道长度(米)			雨水井	检查井
		管径小于500毫米	管径大于500毫米管径小于1000毫米	管径大于等于1000毫米		
建设北路	雨湖路—潭锰路	2256	8026	—	218	234
解放南路	中山路—韶山西路	2995	599	—	120	146
解放北路	韶山西路—江麓广场	117	524	—	29	32
雨湖路	解放南路—沿江东路	1173	1907	—	82	95
和平路	雨湖路—韶山东路	730	2581	600	20	20
大同东路	平政路—雨湖路	200	108	—	11	12
宝庆路	砂子岭广场—新马路	726	1369	—	60	41
广云西路	江麓广场—建设北路	415	662	—	28	29
广云东路	建设北路—车站路	224	560	—	14	17
熙春路	和平路—泗洲路	1126	881	—	35	21
大同西路	中山路—雨湖路	293	—	—	18	10
湖园路	市十六中—大同东路	202	1532	—	21	24
民主路	建设北路—解放南路	22	555	—	17	26
民主西路	解放南路—大湖路	544	603	—	23	27
大湖路	韶山西路—民主西路	1309	884	—	27	24
大湖南路	民主西路—人民路	81	434	20	20	13
人民路	新马路—解放南路	458	894	—	40	45
中山路	新马路—平政路	3086	885	1451	67	106
涟水大道	砂子岭广场—县公路局	56	921	—	17	27
新马路	宝庆路—大堤上段	366	217	306	16	15
潭邵路	砂子岭广场—伍家花园	66	8576	—	33	33
泗洲路	熙春路—韶山东路	488	—	—	13	8
韶山东路	三大桥—车站路	1146	140	5191	260	137
韶山中路	车站路—建设北路	259	4236	560	40	40
韶山西路	建设北路—潭韶路	2636	6301	380	131	150
车站路	火车站—建设北路	1050	2737	220	95	90
大堤上、中段	新马路—雨湖路	2954	718	—	177	103
沿江东路	雨湖路—三大桥	149	1119	1532	30	24
富洲路	韶山东路—北二环	1250	500	—	82	82
北二环路	湘潭大学—富洲路	1235	17600	—	360	338

二、河东地区排水设施建设

1986 年，河东地区以城郊属地为主，其中霞城、宝塔、板塘三个乡与原岳塘、板塘区交织在一起，排水主要以爱劳渠（又称爱楼渠）、七里冲排水沟、南洋渠、湘衡渠、阳塘渠、求子坝渠、胡家坝渠、王家晒排水渠、胜利渠、向家坝渠、严家港排水沟等 13 条农村排洪、排涝渠和水塘自然排放，城市排水体系主要是以工（矿区）自我配套，辅以少量市政排水设施，基本无系统的排水网络。1995 年底，河东有管道总长 105.37 千米。其中管径 700 毫米的 23066 米；管径 500~700 毫米的 33693 米；管径 300~500 毫米的 34764 米；管径 150~300 毫米的 183 米；管径 150 毫米以下的 2016 米；其他管径的 11651 米；有检查井 2422 座，进水井 3041 座。内涝成为河东地区重要问题，影响着城市建设。

2002 年，市政府编制《湘潭市河东地区排水规划》；同年在芙蓉路建成河东地区第一条直径 1.8 米排水管道工程，由湘潭市市政工程公司全额带资 400 万元进场施工，工程主体为铺设雨污纵、横管：雨水纵管长 1232.5 米、污水纵管长 1223.7 米；雨水横管长 272 米、污水横管长 236.5 米，纵横总长 2964.7 米。涵管类型分为钢筋砼圆管涵和箱涵。其中，铺设管径 800 毫米砼管 977 米，管径 1000 毫米砼管 326 米，1200 毫米砼管 64.5 米，1500 毫米砼管 979 米，2000 毫米砼管 100 米；砌筑 2×2.8 米箱涵 298 米。

2003 年 5 月后，吉安路、书院东路、书院西路、宝塔中路、丝绸路、城市中心区、湖湘南路、湖湘东路南段、湖湘西路南段、霞光中路东段和市府路的排水网管建设相继开工建成，拉开河东排水的攻坚战，中心区南部区域排水管道成网。建有下水管道长度 17627 米，486 个雨水井，518 个检查井。城市中心区及周边建设项目的雨水、污水都能通过七里冲水渠排出。

2005 年，湘潭市再度投资 4800 万元，建设建设中路、建设南路（雨、污）排水顶管工程，4 月 15 日正式动工，该路（雨、污）排水顶管工程始于湘潭市友谊广场东侧，由南向北途经芙蓉路、建设路口至一大桥收费站西侧的爱劳渠。贯通建设南路、建设中路主干，单向全长 3890 米，全线顶管工程量共 8025 米。排水分雨水、污水分流，两管中心距 3.5 米，建设南路设于东侧非机动车道下，建设中路设于西侧非机动车道下，管底埋深为 4.18~8.13 米。起点标高 46.20 米，终点标高 34.53 米，坡度 3‰。排水管材采用Ⅱ级钢筋砼管，其中，横管直径 1 米的 1300 米，直径 1.2 米的 250 米；污雨管直径 1.5 米的 3585 米；雨水管直径 1.8 米的 1164 米；直径 2 米的 1374 米，直径 2.2 米的 352 米。检查井采用骑马式检查井 136 座。2005 年 12 月 15 日正式竣工验收。至此，河东排水局部成为体系，并为河东的排污奠定基础。

2005年湘潭市河东主要道路排水设施情况

表 57-2-3

道路名称	起止点	下水管道长度(米)		检查井(个)	雨水井(个)
		管径小于等于400毫米	管径大于400毫米		
书院西路	友谊广场—岳塘广场	338	1706	50	60
下摄司路	岳塘广场—南国路口	776	558	42	44
岚园路	君子莲广场—东泗路	178	788	45	34
东湖路	一桥收费站—东泗路	72	235	12	6
福星西路	建设中路—东泗路	109	339	18	10
东泗路	东湖西路—岚园路口	122	808	18	28
岳塘路	岚园路口—岳塘广场	984	2012	74	74
建设北路	一桥收费站—铁路立交桥	176	1937	84	60
建设南路	君子莲广场—友谊广场	3514	2341	253	145
河东大道	吉安路口—君子莲广场	1453	8313	355	205
丝绸北路	三大桥—河东大道	256	2550	128	64
丝绸中路	河东大道—芙蓉路口	628	4600	314	162
芙蓉中路	建设南路—高速公路连接线	2201	12266	258	290
芙蓉西路	岳塘路—建设南路	506	2802	88	44
书院西路	友谊广场—二大桥北	230	950	114	114
吉安路	二大桥—板摄路口	1952	15207	155	306
霞光中路	建设南路—宝塔路	432	3120	48	82
霞光西路	建设南路—岳塘路	506	1720	44	45
霞光东路	吉安路—绸缎中路	416	2156	47	107
宝塔路	芙蓉中路—河东大道	—	2160	54	27
丝绸南路	芙蓉中路—书院东路	250	6128	117	151
湖湘南路	湖湘东路—湖湘西路南段	—	2747	40	30
湖湘南路(南)	芙蓉中路—霞光东路东段	—	3547	50	32
湖湘西路(南)	芙蓉中路—湖湘南路	—	1270	28	15
霞光东路(东)	丝绸路口—湖湘东路南段	—	1130	28	14
市府路	丝绸中路—湖湘东路	—	583	30	15
小计(26)	—	14699	81973	2494	2164

第三章　燃气设施建设

第一节　气源建设

一、煤气气源建设

1986年，湘潭市投资2562万元用于煤气一期工程气源工程，气源厂建有66—Ⅲ型焦炉和2万立方米湿式气柜（配套气源厂）各一座以及净化装置。日产煤气2.3万立方米，供气1.52万户居民；1988年元月8日气源工程竣工，并正式投产送气。1991年1月，湘潭市政府根据煤气公司提出的第二期煤气工程“用以解决《敷设跨江过桥煤气管道与湘钢煤气联网、扩大气源对河东地区供应煤气》的报告”，依照中南设计院对第二期煤气工程5万立方米气柜（市内储、调配装置）选址方案及湘潭市建设银行对“第二期煤气工程可行性研究报告”和项目的评估报告，经市长办公会议审定批准，启动第二期煤气工程。第二期煤气工程总投资4787万元，工程气源部分建设66—Ⅲ型焦炉1座，WG—Φ3M煤气发生炉3座（两开一备）。1996年2月8日，煤气二期工程基本竣工。湘潭市管道煤气供气可达6万户。6月29日，市政府与湘潭钢铁厂签订联网供气协议，湘潭钢铁厂每月向市区供应30万立方米，供气期限为3年。9月28日，湘潭钢铁厂正式供气。3年后续签合同增至每月35万立方米，期限为5年。

1999年初，为确保正常供气，市煤气公司投资40万元，自行设计、施工，建成一套液化气掺混简易装置，将液化气与空气进行一定比例混合后，输入煤气气柜与煤气再混合，以补充煤气气源的不足，2000年春节投入使用。2001年，投资456万元，完成综合楼和厂房主体工程，混气机、汽化器和管道设施安装调试完毕。它的建成为用户提供优质气源，同时也为天然气的入市奠定基础。

二、天然气气源建设

2001年，面对国家“西气东输”的时机，特别是“川气入湘”工程刚刚启动，湘潭市煤气公司立即开展市场调研，委托华北设计院编制《湘潭市天然气利用工程可行性研究报告》，争取中国石油天然气管道局确定管线走向及分输站选址湘潭市，节约10多千米管网建设资金。煤气公司先后与国内外多家专业公司进行洽谈，达成合作意向，并与国家开发银行、中国银行和国家计委联系，多方式多渠道筹措资金。面对3.8亿元的巨额投入，市级财政实难承担，按照市委、市政府经营城市的战略要求，为减轻财政压力，经市政府研究决定，确定与新奥燃气控股有限公司正式合作，为“川气入湘”落户湘潭开辟新模式、新渠道，确保了国家然气在湘潭落户。2005年7月，天然气接入湘潭市区居民用户家。

第二节 供气管网建设

1986年，煤气一期输配工程与气源工程同步进行，1987年12月完工，工程投资1382万元，输配管网部分包括主干管10.10千米，市区中、低压干线管道22千米，调压站9座等。设计供气能力2.3万立方米/日，供气1.52万户居民。由于气源基地建在河西，要解决河东地区的煤气供应，敷设跨江过桥管道势在必行。1991年，市政府投资300万元，建设煤气过江管网工程。11月，工程开工，2个月优质完成工程任务。1992年，投资941.8万元，征地32亩，铺设中低压干管8.9千米及储配站配套系统；建成市区中、低压干线21.7千米，调压站14座，供气能力7.4万立方米/日。1993年，投资571万元，建成河东9.8千米主干道和区域调压站14座，实现市区煤气管网跨越湘江工程。1994年，投资556万元，气柜安装主体竣工，压缩机房、设备安装完成并进入调试阶段。1995年，投资887万元，煤气二期工程安装完成。1996年2月8日，煤气二期工程基本竣工。湘潭市管道煤气供气可达6万户。1996年6月29日召开市长办公会议，决定将市区管道煤气与湘钢联网供气，投资300万元，由市煤气公司完成联网管道和计量、加压站。联网工程于7月5日动工，9月底完成施工和设备的安装调试。至此，湘钢平均向市区供应煤气1万立方米/日，保障全市2万多用户的气源。缓解合成化工厂气源厂因气源供应困难，保证交换时期内的正常供气。

2001年，湘潭市煤气公司开展市场调研，委托华北设计院编制《湘潭市天然气利用工程可行性研究报告》，争取到中国石油天然气管道局确定管线走向及分输站选址湘潭市，从而节约10多千米管网建设资金。煤气公司先后与国内外多家专业公司进行洽谈，达成合作意向，并与国家开发银行、中国银行和国家计委联系，多方式多渠道筹措资金。同年12月26日，煤气公司代表湘潭市政府与中国石油天然气股份公司正式签定《天然气销售和输送合同》。2002年初，完成可行性研究报告和环境评估报告评审。5月27日，湘潭市煤气公司与新奥燃气有限公司在上海签订《合资经营湘潭城市燃气项目框架协议》。8月下旬，省计委批复《湘潭市天然气利用工程可行性研究报告》；天然气站、储配站选址和地形图测绘同时进行，在完善两个设计方案后，华北设计院进行扩大设计。湘潭市成为省内首批利用天然气的城市，实现跨越式发展。但3.8亿元的巨额投入，市级财政实难承担，按照市委、市政府经营城市的战略要求，为减轻财政压力，经市政府研究决定，确定与新奥燃气控股有限公司正式合作，市政府印发《关于推广利用天然气的实施意见》，明确新奥燃气控股有限公司与市煤气公司合资成立湘潭新奥燃气有限公司，负责湘潭市城市规划区内管道燃气（含天然气）项目的投资建设和经营管理，享有独家经营权。合资公司30年经营期，完全市场化运作。经资产评估和前期准备工作，2003年6月27日，湘潭新奥燃气有限公司注册成立，注册资金1亿元。新奥燃气控股有限公司以外汇现金形式出资占85%股份，湘潭市煤气公司以物产形式变价占15%股份。湘潭新奥燃气公司承接湘潭市煤气公司的全部业务，投资2.4亿元建设和经营湘潭市的天然气项目。新公司注册运作后，完成市场开发用户5012户，完成入户安装1417户，完成工程投资近500万元。2004年，完成天然气工程的前期准备工作和部分中压主干管的敷设，完成储配站的规划选址、高压管线走向定位、工程测绘和项目安全评价。城区内芙蓉中路、宝庆路、河东大道中压干管全面开工。2005年7月，天然气接入湘潭市区居民用户家，市区建有煤气管网（不含湘钢管网）207.99

千米，调压站15个。

第四章　环卫设施建设

第一节　垃圾处理设施建设

一、垃圾箱设置

1986年，湘潭市仅在河西主要街道设置铁质果壳筒366个。1991年起，先后在雨湖路、中山路、人民路、韶山西路、建设北路、广云路、解放南路、雨湖路、和平路等11条主干道沿线，采用各单位与店铺自备垃圾容器。1994年底，摆放圆形玻璃钢清洁桶589个。1995年，河西地区主次干道取消金属垃圾箱（桶），使用玻璃钢清洁桶1296只。1996年，岳塘设置玻璃钢清洁桶。至此，全市密闭垃圾容器摆放扩充至21条（段）主次干道，有果壳桶629只，玻璃钢清洁桶2303只。沿线暴露垃圾问题得到解决。1998年，全市玻璃钢清洁桶达3188只，全市金属垃圾桶全部取消。1999年，市环卫处还挤出资金3万元，在韶山路、大湖路、建设北路安装99个新颖别致的果壳筒。至2005年底，在全市28条主次干道的沿街单位、店铺门面前，摆放高0.35米、直径0.3米的清洁桶5400只，解决垃圾处理难的人问题。

二、封闭式垃圾中转站建设

1986年，湘潭市的垃圾中转站多数是简易的垃圾围子，人工装车，污染环境。垃圾站成为新的污染源，影响市容，加上在运输途中抛散造成第二次污染。虽大量拆除垃圾围子，使用金属箱（桶）集纳居民的生活垃圾。但沿街污染严重。为此，市环卫处在学习外地经验后，自行设计封闭式集装箱机械化垃圾中转站，利用集装箱安装提升机械，使垃圾能在封闭的状况中存放、运输。是年市环卫处在市区设10处垃圾中转站，其中机械化转运的有八仙桥、霞光村2处。1990年市政府投入8万元，将车站路露天转运站改造为机械化垃圾转运站。1991年，市环卫处投资80万元，在彭家菜园、车站路、人民路、观湘门4处，新建封闭式集装箱垃圾转运站。另外改造5处垃圾转运站，垃圾裸露问题逐步改善。1996年底，市区建成全封闭式的机械垃圾中转站18座，总耗资288.70万元，其中包括居民小区3座由开发企业投资28万元建设的中转站。投入使用后，效果很好。1999年4月16日，市政府下达专项计划，新（改）建垃圾站、公厕10座，分二期工程进行。第一期工程由市政府投资100万元，市环卫处负责建设5座垃圾站和公厕；其余5处垃圾站和公厕由"三区二指"（雨湖区、岳塘区、高新区、河东大道建设指挥部、韶山东路建设指挥部）负责建成。1999年完成第一期工程，2000年第二期工程完成。其中，市高新技术开发区完成芙蓉路垃圾站的土建工程。2002年起，在护潭广场和峨嵋路新建2座机械化垃圾中转站。发动大型企业自筹资金，新建环卫设施，湘钢新建2座垃圾中转站，电机厂新建2座垃圾中转站，电缆厂新建1座垃圾中转站。2004年至2005年末，新建3座采用压缩式机械化垃圾中转站。2005 年末,全市有机械化垃圾中转站 23 座。

1986~2005 年湘潭市区机械化生活垃圾中转站一览

表 57-4-1

地址	起用时间(年)	面积(平方米)	日转运能力(吨)	转运形式式
八仙桥	1986	319	50	集装箱
霞光村	1986	112	15	集装箱
车站路	1990	225	45	集装箱
下摄司	1991	119	15	集装箱
天鹤村	1991	225	30	集装箱
解放路	1992	119	55	集装箱
措树园	1992	238	50	集装箱
观湘门	1992	532	35	集装箱
人民路	1992	69	45	集装箱
半边街	1992	216	25	集装箱
建设南路	1992	224	25	集装箱
砂子岭	1992	323	30	集装箱
雪园村	1992	194	15	集装箱
建设北路	1993	240	20	集装箱
电工路	1993	199	15	集装箱
大湖路	1995	174	30	压缩式
板塘铺	1999	138	30	集装箱
东湖西路	1999	160	10	集装箱
东泗路	1999	158	15	集装箱
晓塘路	2002	121	10	集装箱
护潭广场	2004	143	20	集装箱
宝丰街	2004	135	30	集装箱
峨嵋路	2004	115	10	集装箱

三、垃圾消纳场建设

1986年，随着城市经济发展和人口增长，市民生活垃圾数量日益增多。为消纳和处理生活垃圾，先后征地3处[雷公塘(4年)、三角坪(2年)、烧窑港(4年)]消纳垃圾，耗资417万元，都未能有效的解决问题。垃圾消纳成为城市建设与管理中的一大难题。为此，市人民政府于1988年决定在市区选择一处消纳周期较长，便于无害化处理的消纳场地。市环卫处经过勘测，选址张家浸。张家浸位于湘潭河东五里堆，是一处四面环山的低谷，距市中心8.5千米。该处附近居民密度小，具有特定的地理、气候与工程、水文、地质、地形等有利条件，改造后可变成使用周期较长的垃圾消纳场。报经市计委批准，工程于1989年立项，1990年开工，第一期工程征地42亩，可消纳生活垃圾4.1年，概算投资197万元。1992年，完成底部箱涵、排水、道路、征地拆迁、铁路路基护坡、污水渗漏和聚集排放处理工艺、管理用房和电力、供水等工程，实际耗资236万元。1994年竣工投入使用。第二期工程于1996年立项，并开始征地75亩，拆迁居民6户，拆除民房1100平方米，投资730万元。

2001年起，在张家浸垃圾场日近封场情况下，新垃圾场的建设迫在眉睫。市人大、市政府高度重视，组织召开现场办公会，选址确定为双马镇豺狗子坡，其环评、可研、初扩和立项以及进场道路设计等前期工作完成，有关部门对垃圾综合处理招商引资进行考察。双马垃圾场建设项目被列入"长株潭经济一体化世行贷款项目"，得到省、市有关部门的重视。2002年上半年，双马垃圾场完成前期准备工作，通过土地置换解决500万元建设资金，开始征地拆迁和进场道路、场内设施施工。2003年8月22日，双马垃圾场正式投入使用。双马消纳场累计完成投资1590万元，征地拆迁120亩，进场道路1.5千米，场内人工衬底、导流坪面积2.0万平方米。片石挡土坝1000立方米，日处理能力为160吨垃圾污水处理站1个；日处理垃圾600吨。2004~2005年，未建新的垃圾消纳场。

第二节 公共厕所建设

1986年初，市政府把公厕建设作为城市文明建设的重要组成部分，认真进行规划和部署。至1990年的5年间，先后投资近500万元，全市新建(改造)水冲式公共厕所41座，90%的旱厕被淘汰，基本实现全市公厕水厕化。根据建设部颁布的公共厕所建筑标准分类要求，新(改)建符合部颁标准的一类厕所5座，达到全国爱卫会对中等城市一类厕所的基本要求。在民主新村东端公厕内，增设无障碍的残疾人专用厕所，开创湘潭市公共设施向残疾人提供方便的先例。

为解决公厕建设资金困难，加快公厕建设进程，市建委在取得市政府同意后，于1991年发动"在全市施工的建工企业每单位捐建水冲式公厕一座"的活动，投资近30万元，在五桂堆、杉树巷、纱厂直街等处捐建公厕10座。雨湖建筑公司捐建的贵阳新村公厕工程被评为"优良工程"，开创湘潭市公厕工程参与评优的先河。湖南省环卫协会、湘潭市环卫处组织编辑的《城市公共厕所设计图集》出版，发行至全国200多个城市的环卫行业。该书详细介绍湘潭公厕建设情况，汇集湘潭市独具特色的公厕设计图15套。它扩大了湘潭市的影响，并为外省市同行业提供参考数据。

1992年，市建委又组织第二批公厕捐建活动，投资22万元，在广大香巷、易家塘、解放巷等处改建水厕7座。

1995 年，再次投资近 100 万元，在长途汽车站、熊家码头、菊花塘公园围墙边等处捐建公厕 11 座，总建筑面积达 561 平方米。

1996 年，在泗洲庵巷、韶山东路西侧、东湖路木渔湖口、长潭路湘钢职工大学侧处建公厕 4 座。至此，湘潭市区建有水冲式公厕 133 座、1540 个蹲位，占公厕总数的 96%。占地面积 1.14 万平方米。新建和改造的这些厕所，使用方便，小、奇、洁溶为一体，独具特色。而且都是布置在主要街道和人流密集地段。按照地形、环境和自然空间设计的每座厕所，设置天窗和花格，所有蹲位、便池分别采用瓷片贴面或水磨石等材料，安有喷嘴和水箱冲洗。外墙普遍采用洗石和贴面或弹涂工艺，色泽淡雅、地域开阔的一类 48 座公厕，占公厕总数的 32%，这类公厕在前面和左右两侧设置花坛、绿带、葡萄廊。建成后的外观、立面具有小品建筑格调和园林风格，环境与空间比较协调。多数地段的公厕，设置管理室，建有 5~8 平方米的工具、材料用房。同年 8 月，建设部在北京举办全国城市公厕文化展览，湘潭市选送的建设南路、宝庆路、杨家湾、建设中路等 7 座公厕照片参展，获得优秀奖。

1999 年，人大代表和政协委员多次要求建设宝丰街、菊花塘和东坪镇“垃圾中转站公厕联建”项目。其中，东坪公厕如期建设并投入使用。此外，还配合一大桥桥头改造，将桥头公厕改建具有园林小品建筑风格水冲式公厕，彻底改变桥头的脏、乱现象。

2000 年起，完成唐兴桥公厕的改建，并新建护潭广场公厕。2005 年改造、新建霞光村等 20 座公厕，其中 5 座外形美观、简洁，并具备环卫、节能等功能的流动环保公厕。至 2005 年底，交付使用的公共厕所 157 座，其中水冲式 137 座，为总数的 88%。

第五章　公园与广场建设

第一节　公园建设

一、菊花塘公园

菊花塘公园位于湘潭市岳塘区泗神庙，占地 13.30 万平方米，其中水面 1.13 万平方米，陆地 12.17 万平方米。该园原系湘潭市菊花塘苗圃，1987 年湘潭市政府决定将菊花塘苗圃改建为公园，1988 年 5 月正式立项，并委托北京林业大学设计。1989 年 5 月市政府批准立项奠基后，投资 201 万元，完成征地 15.549 亩，拆迁 6 户居住园中的村民，并发动机关、学校、工矿企业参加义务劳动，平整场地，人工堆填土山，疏通水道，利用义务工日 80 多万个，工程建围墙 1300 多米，砌护坡 758 立方米，挖填土方 7.4 万立方米。地形地貌改造完成后，以植物为主。经过三年改造，于 1992 年 5 月 1 日正式对外开放。是年，又投资 297 万元，完成儿童乐园和配套工程以及观涛亭、水冲式厕所与环园道路，以扩大功能。1995 年，湘潭市与日本彦根市结为友好城市，在园内刻石铭志，投资 2 万元，建成面积约 300 平方米的樱花园。公园以植物造景、造型为主题，采取大小相同分区，通过流香河与松云涧自北向南把香溢金秋、红叶橙秋等 10 个景区有机地联在一起，形成每个景区均有山坡起伏，一面临水的多样化的园林空间，共有各种植物200余种，珍稀名贵植物30余种，树木总数10万余株，有“生态植物园”之称。1997年该园被评为“湖南省最佳公园”。

二、杨梅洲公园

杨梅洲，位于湘潭市区西面的湘江中，是四面环水的一个江心陆洲。共有陆地、河滩98万平方米，其中陆地78万平方米：除去湘潭船厂生产、生活占地20万平方米。雨湖区窑湾街道居民占地（包括蔬菜队）33万平方米。可供公园开发的用地35万平方米；河滩地约20万平方米。1990年市政府作出开发杨梅洲、建立杨梅洲水上公园的决定，1991年初动工。至1996年5年间，投入义务植树工日83万个。投资328万元，修建公园主干道、改造地形，开发24.6万平方米，其中陆地绿化和整治9.6万平方米，推平河滩15万平方米。建成车道1409米，游览道1041米，安装楠竹围墙480米，砌筑假山5座（1.8万立方米），地形改造完成挖、填土方1.65万立方米，栽植各类树木1.4万株。建成天然游泳场、跑马场、野炊场，供电、供水设施配套。1000平方米的山庄宾馆和游泳更衣室、食品供应店、饮食店、凉亭等设施建成并交付使用。1999年，市政府为方便公众出入杨梅洲，由湘江三大桥指挥部投资279万元，湖南省路桥建设公司捐资321万元，总投资600万元，建设杨梅洲大桥。2000年2月动工，2001年10月竣工通车，从此结束杨梅洲靠渡船出入的历史。2002~2005年，公园未进行大型建设。

三、白石公园

湘潭市第五次修订总体规划：将陶侃墓、何腾蛟墓、望衡亭、钓鱼台和黄上山等景点都划归为白石公园区域，一水厂老厂搬迁，公园范围扩大到湘江沿岸。1986年，经市政府批准，将规划之“大湖公园”更名为“白石公园”，并作出白石公园详细规划，位于湘潭市河西白马湖渔场，东起齐白石纪念馆，西止南岭路，长941米；北靠高岭路，南临中山街道旧城区，宽约358米，白石纪念馆建在公园内。2001年3月10日，市政府常务会议研究决定：以解决城市排水与园林建设相结合的设计，建设白石公园。2001年4月，市建设局组织专门机构，划定规划红线和进行土地征拆，征地拆迁费用1884万元；投资800万元，用以改造公园两侧的水系和广场基础建设、绿化主体工程，年底竣工，为公园内各项设施建设和公园周边开发奠定坚实的基础。2002年，公园建设开工，进行石材采购招投标，完成灯饰、雕塑设计及选样。2003年，投资2006.6万元，完成入口、行道、广场、游览道、和亭、廊、榭、柱、雕塑、绿化与园林小品等28项工程，12月31日公园主入口和白石广场竣工并对外开放。建成的白石公园占地27.26公顷，其中水面6.67公顷。白石公园以齐白石的艺术生涯为主线，围绕老人的“画、印、诗、书”，运用植物、山石、水面、雕刻与构筑园林小品等造园手法，展示齐白石的艺术成就。公园入口设置台阶（高0.8米），东、西两侧布局两组，高2.6米，10幅石雕荷花和32根直立石柱（200毫米×200毫米×2600毫米），以莲城之意雕刻6首七律诗。并在台阶两侧设置两组橘红色塑石，右边为6立方米的方墩，左边为20立方米，错落的大型门墩，上书“白石公园”。进入公园，用雕塑、绿化和树、花、草设置的景区与景观带。并在湖的沿岸构筑桥、亭、廊、榭等园林小品和休闲设施。湖的两岸设置“印章园”：构架38方大型篆刻石雕方印，占地1200平方米，其中10枚2米见方石刻铺地印章及12枚高低错落的立柱石雕印章（高1.2米与1.8米各6枚），充分展示齐白石的篆刻与治印艺术。

四、湖湘公园

湖湘公园位于河东大道西面，原规划为宝塔公园，2001 年进行公园初步设计时，命名为“湖湘公园”，规划占地 53 万平方米，其中水面 12 万平方米。地处湘潭市区行政中心，东临东方红广场，西连梦泽山庄。2001 年初，市政府决定建设湖湘公园，由湘潭市绿化办公室组织初步设计；2002 年报经市政府批准；2003 年由市政中心建设指挥部办理征地和规划手续；2003 年元月开工。至 2005 年，完成地形改造，并建成以古代名家颂扬湘潭的诗、词为主体内容的碑林、音乐喷泉、盆景园等景区和亭、廊、阁、榭等园林设施以及游览道、行道与小桥、风景林带。初步形成生态园林与文化景观相融的公众休闲场地。

第二节 广场游园建设

一、君子莲广场

君子莲广场位于建设路与河东大道交汇处，是以宋代文学家周敦颐《爱莲说》誉莲花为花中君子之意而命名的雕塑成名，于 1985 年 11 月 6 日落成。设计为一朵含苞欲放的莲花，矗立在直径 30.5 米的水池里，雕塑主体高 31.5 米，面积 1.2 万平方米；中心园圈面积为 1962 平方米，其中水体 907 平方米；绿地 900 平方米，分别为 8 只蝴蝶造型，主要植物有小叶女贞、红榿木、美人蕉；水体中除大型“君子莲”雕塑外，另有 4 座少女雕塑。水池周边配有喷泉，雕塑基座配置各色彩灯。1998 年底，市政府投资 500 万元对君子莲广场进行提质改造，扩建君子莲广场，除强化灯饰外，扩大占地 20 亩，建成广场绿地内道路约 1000 平方米，塑石一座高约 2.8 米，绿地中栽种古银杏 3 株，古对节白蜡 1 株，广场外缘以各色板块植物绿地为主，邻近建筑物兼用本土长绿乔木作背景。广场内设花坛两处，面积约 200 平方米。

二、锦源广场

锦源广场位于芙蓉路与丝绸路交汇的西北角，是湘潭市行政中心东移后重要的交通枢纽地段，占地 4.6 万平方米，其中绿化用地 3.46 万平方米。广场中央是一个占地约 6000 平方米的下沉式广场，可进行文艺表演活动。中央广场分为上下两部分，上下两部分之间有交通无障碍设施，极具人性化，是一个集浏览、观赏、休闲、交流、运动于一体的广场。2001 年与丝绸路绿化同时竣工。2003 年市政府决定提质改造，2003 年 12 月开工，2004 年 8 月竣工。以自然山林植被为背景，栽植香樟、玉兰、紫薇等名贵树种 1480 株。用花卉、乔木植物 6.4 万株，构成现代广场新景，用麻石铺就人行道和隔离带，设置大型不锈钢雕塑和花坛，并采用大片鲜花植物构成几何图案，构筑现代化城市新的特色，总耗资 1.1 亿元。

三、芙蓉广场

芙蓉广场(柏丽广场)位于吉安路与芙蓉路交叉处,为湘潭的东大门。1995年开工,首次绿化以行道树为主,辅以灌木隔离带以体现交通功能;1996年8月竣工,总面积3.5万平方米,其中绿化面积为2.88万平米。2002年,绿化投资150万元,进行提质改造,总面积为3.5万平方米,其中绿化总面积3万平方米。栽乔木487株,大灌木190株,小灌木10万株,铺草皮2.1万平方米,移栽乔木30株,移栽小灌木12万株,更换草皮1.6万平方米,更换彩板2100平方米,新铺彩板1000平方米,新铺广砖1700平方米,彩色印石路120平方米。2003年再次改造,投资2362.869万元,以更新道板、提质绿化为主。面积3.5万平方米。

四、体育中心广场

体育中心广场(金侨广场)位于河东三角坪,南靠福星路,北抵东湖路,东起建设中路,西至体育中心场馆,总面积4.2万平方米。1986年体育中心建成时称体育公园,虽谓之"公园"却无公园之实,1999年初改为"体育中心广场";同期,市政府投资400万元,征地3340平方米,移植、砍伐各类乔、灌木和丛生植物2910株,栽植灌木9.1万株、草皮4.8万平方米,改造围栏、彩板行道以及警示标志等48项设施。2003年初,市政府再次对该广场进行扩容改造,邀请南京林业大学的专家对设计方案进行评审,由城建投报市规划局审批通过。9月,根据市政府的指示和市规划局的意见,再次组织市内园林绿化资深专家对设计施工图进行评审。依据评审结论,设计单位调整设计,以绿为主体,用传统的园林风格,辅以现代的造园手法,置景植草,围绕着体育中心,达到广场绿化、亮化上档次,功能齐全,集景观和休闲于一体的效果。年底完工,总面积扩大至5.5万平方米,其中绿地5.14万平方米;栽植各类花卉、灌木、乔木83种,约10万株,绿化覆盖率达90%以上。还设置体能健身设施17件(套)、运动雕塑8组、张拉膜工艺亭6处,配套安装照明设施和自动喷灌装置及环境卫生设施。工程总投资491.82万元。

五、东方红广场

东方红广场位于湖湘东路西侧、芙蓉路北侧、湖湘西路东侧、湖湘南路南侧。呈外方内圆形状,东西长598米,南北宽248米,占地5.15万平方米,工程总投资13200万元。其中绿化面积1.3万平方米。广场以"文脉""休闲""时尚"为概念,由三个部分组成:中部是呈圆形的主广场,直径200多米,地面硬质铺装,在其地下建有商城。广场入口有3组9个直饮水水源,广场东西侧各设有一个移动式环保生态厕所,还有电子显示屏、电子监控头、音乐、小型喷泉、各式各样灯光设备置于广场之中。十多种名贵苗木罗列广场:广场正入口2株红榿木桩分列两旁,6株古银杏树竖立旁边,12株罗汉松分两排列在中轴线两侧,五针松、榆树桩、多头苏铁及新引进品种桃叶珊瑚、八角金盘等苗木分布广场之中。

从芙蓉路由北向南走近广场,以黑金砂底衬托五个金色大字"东方红广场"(齐白石大师集字)的场名,背面铭刻有东方红广场记,叙说广场的渊源;台阶上两排十二座灯柱,广场中心是五幅大型地画浮雕——毛泽东之路(韶峰日出、井冈峰火、遵义城楼、延安宝塔、天安门楼),寓意中国革命走过的辉煌历程;迈过地画,一幅湘潭人文旅游地图的下沉式雕刻;广场中部设有一个以湘潭莲城特征巨型莲花图案的植被造型,莲花中心位置有面积800多平方米的大型永久性露天舞台,舞台北面背景题材为“1959年毛主席回韶山”6米高的主题雕塑——《乡情》群雕(由中国美术学院创作)。广场最北面是84块用玻璃磨砂制作的剪纸艺术长廊——《世界伟人毛泽东》。

六、护潭广场

护潭广场位于韶山东路东端,北靠湘黔铁路,与上瑞高速公路连接线相通,东连湘潭三大桥,与湘黔铁路相连。该广场总占地面积5.2万平方米,其中绿化面积3万平方米,设置各类灯饰86组(杆),总投资2150万元。2001年4月动工,6月竣工并投入使用。2002年又追加投资180万元,对广场进行提质扩容。

七、建鑫广场(丝绸广场)

建鑫广场位于河东大道与丝绸路交汇处。广场占地125亩,总投资3200万元。设计为交通和绿化休闲两大部分,中间由4个交通绿化分隔岛引导交通,广场四角建有4个小型休闲绿化园地组合的广场,分别赋予文化、休闲、娱乐等不同的内涵。广场铺装面积1.68万平方米,混凝土路面1.2万平方米,2000年6月开工建设,2001年4月30日与湘潭湘江三桥同时竣工并交付使用。

八、砂子岭广场

砂子岭广场位于湘潭市区西南,有湘潭“西大门”之称。初建面积为2600平方米。1993年11月,进行首次雕塑,意取高尔基《海燕》之搏击长空,塑海浪与海燕之图。1998年,因该雕塑与广场比例不协调被拆除。重新对砂子岭广场进行全面改造和拓宽,拆除北面残破房屋3400平方米,改建为树、花、草相间的绿地;西南方扩大外径4米,建成非机动车道和广场行道,临街开发为商户;在花岗岩材质铺装相间花草建设的中间转盘上,建成寓意繁荣稳定的“宝鼎”雕塑。广场面积增至6000平方米,投资80万元。2001年,再度进行提质改造,占地面积扩大到13000平方米,其中绿化面积6400平方米。

1998~2005年湘潭市主要新、改建广场一览

表57-5-1

序号	广场名称	面积(平方米)	开工时间	竣工时间	总投资(万元)
1	君子莲广场	12000	1998年底(改)	2002年	500
2	砂子岭广场	13000	1998年7月	1998年9月	85
3	江麓广场	2500	2000年4月	2002年6月	110
4	白石广场	39300	2005年5月	2003年10月	9488
5	建鑫(丝绸)广场	12500	2000年6月	2001年4月	3200
6	护潭广场	52000	2001年4月(改)	2004年8月	2430

续表

序号	广场名称	面积(平方米)	开工时间	竣工时间	总投资(万元)
7	望衡亭广场	1765	2001年4月	2001年9月	250
8	关圣殿广场	5200	2001年4月	2001年9月	300
9	雨湖广场	1800	2001年8月	2002年4月	180
10	芙蓉广场	35000	2002年9月	2004年5月	725
11	金桥广场	42000	2003年9月	2003年10月	360
12	锦源广场	40000	2003年12月(改)	2004年8月	11000
13	板摄路口广场	13580	2005年2月	2006年8月	294
14	东方红广场	51500	2000年5月	2005年10月	13200
总计	—	322145	—	—	42122

九、街边游园

1986年,市区的街边游园开始发展,第一个供市民游览和休闲的游园是和平街心公园。分两年投入43万元,建成占地5980平方米的两个开放式街心游园,共设置金属围栏820米,安装廊架140米,构筑面积为160平方米水池1处,塑石1处,栽植乔木、丛竹1600株。1991年,市政府在岳塘区晓塘路口、君子莲广场南侧等处开辟小型游园和休闲"阁"。

1994年,市政府以"美化城市"为目标,采取发动群众义务植树与政府、单位投入相结合的方法,开发和建设一大桥西头花园,占地1640平方米,植树61株,铺草皮500平方米,构筑廊架2处。1996年,在对河西防洪大堤加高、拓宽时,将大埠桥堤内7200平方米坡地改造为游园,建古亭1处,设置石凳13个,修筑卵石行道600米,植树36株,铺草皮6200平方米。2002年,市政府投入540万元,征拆民房9户2604平方米,拆除摊棚11个680平方米,将关圣殿前残破的旧城区改建为5200平方米的游园。

至2005年,湘潭市区建成各类沿街游园41处,其中面积超过1000平方米的街沿游园有13处,总面积4.73万平方米。

2005年湘潭市区街沿游园一览

表57-5-2

名　　称	面积(平方米)	其中绿化		园林小品(处)
		植树(株)	铺草皮和绿色植被(平方米)	
和平街心公园	5980	208	1240	5
大埠桥游园	7169	45	6200	2
一大桥西花园	1640	48	620	2
市工行门前游园	1488	52	640	1

续表

名　称	面积(平方米)	其中绿化		园林小品(处)
		植树(株)	铺草皮和绿色植被(平方米)	
望衡亭游园	2957	32	1730	2
关圣殿游园	5200	86	1210	2
文化街口游园	2350	58	1826	2
陶侃墓园	1100	53	488	1
广云路口游园	3308	55	2370	1
雨湖广场东游园	6438	87	1640	1
宝塔路口游园	3680	193	2090	—
三大桥西游园	4670	119	3100	—
聚富大厦后游园	1400	60	800	1

附　雕塑

1986年,湘潭市区拥有题材各异的城市雕塑18组(处),其中《君子莲》雕塑成为湘潭市的标志。

1988年,构筑在江麓机械厂俱乐部门前的《旋律》汉白玉雕塑一组(3件),耗资23万元,在湘潭市区公众视频中反响良好。1990年,市政府在雨湖广场和朝阳街等地构建中小型雕塑《求索》《星星》《牧羊》等。

图57-5-1　砂子岭广场《宝鼎》雕塑

图57-5-2　东方红广场《乡情》雕塑

1995年,砂子岭广场中心设置一组雕塑,雕塑主题是1只海燕,以金兰版画为衬托,取名《搏击》,竣工后,公众反应平淡。1996年11月,中国雕塑家协会与湖南雕塑协会的专家视察湘潭市区的城雕,对砂子岭广场雕塑《搏击》用不锈钢片和角钢造型,认为体量太小,广场空间太大,体量与结构不平衡,环境与空间不协调,题材与景观不配套,建议拆除重建一组与之相匹配的雕塑。市政府采纳了专家组的建议,于1999年拆除《搏击》雕塑,批准重建由市美术协会设计和施工的"宝鼎",并命名为《繁荣昌盛》。

2005年,中共湘潭市委报经中共中央宣传部批准,在东方红广场设置大型群雕,以伟人毛泽东1959年回韶山与众多乡亲们亲切交谈所表现的浓浓乡情为题材。湘潭市委、市政府根据中宣部批准的主体内容,委托中国美术学院设计,南京金属铸造厂制作。湘潭市政府组织安装在东方红广场东北面。这座用青铜铸造的大型群雕,以伟人回故里毛泽东接见乡亲的真实形象为主题,展示了伟人与百姓的浓浓乡情。(该大型群雕于2006年被评为全国城市优秀雕塑)。

至2005年,湘潭市区拥有街沿、广场、庭院等大中小型雕塑98组(132件),其中人物23组(28件),其他75组(104件)。《君子莲》《乡情》两组为全国城市优秀雕塑。

第六章　重点城镇建设

第一节　县(市)城区建设

一、湘潭县城建设

1987年,湘潭县人民政府制定县城建设初步规划,决定新建县城于易俗河镇(易俗河镇位于北纬27°46′15″~27°47′40″,东经112°54′20″~112°51′)。该镇位居县境中部偏东,湘江下游南岸,通过湘潭二大桥与湘潭市区连为一体。

1990年4月,成立湘潭县县城规划办公室,着手编制《湘潭县城总体规划》,规划县城总面积54平方千米,近期开发12平方千米。1990年12月27日,县人大常委会原则通过湘潭县县城建设规划。县城规划区范围:北起湘江南岸,南抵李树铺,东起向东渠,西至涓水河东岸,方圆35平方千米。1991年4月,开始按法定程序向市、省人民政府和国务院呈报,办理报批手续。1992年6月18日,湘潭县易俗河经济开发区暨县城建设指挥部挂牌成立。6月25日,经国家民政部批准,同意湘潭县人民政府驻地由湘潭市移至易俗河镇。其搬迁经费由县自行解决。8月,第一批工程动工;组建新县城建设大会战民兵师。完成6条共长11.38千米城区主干道工程,修建涵洞及其附属工程11处。9月8日,新县城在易俗河镇举行奠基典礼。随即,城市给、排水工程、通讯工程、11万千伏供电工程等城市基础设施大型工程动工,年度总计投入资金5800万元。由国家水利部中国灌排技术开发公司与县水利水电局共同投资开发的日供水能力6万吨供水工程建成投产。1993年,新县城建设总计投入资金8300万元,建设工程项目有:总计12千米长的凤凰路、大鹏路、金桂路等6条城市主干道,总长20千米工商小区道路,凤凰路、大鹏路、云龙路立交桥,城内供水工程、邮电程控大楼、城内供电网络、4千米路灯安装等基础设施工程。建筑面积1.1万平方米的易俗河大市场建成开业。8月28日,位于金桂路、大鹏路口西北角新县城县委办公大楼、县人民政府办公大楼及县人大、县政协办公大楼同时开工,次年7月10日竣工验收。1994年,新县城建设投入资金1.15亿元,完成银杏路、凤凰路、云龙路路面硬化,新修13条工商小区砂石路面。1995年,新县城完成金桂路、大鹏路整个路面硬化;县城给水工程管网配套竣工;完成县城区排水、排污管道敷设,敷设管道6841米;县直属机关一、二办公区所有基础设施配套工程基本完成。至此,湘潭县结束长达45年"有县无城"的历史。

1996年,县城建设投入资金2.6亿元,完成城区6条主干道路面硬化,新建富豪阁等4个大市场,新增房屋建筑面积9.45万平方米。1998年9月29日,湘潭县人民代表大会常务委员会审议通过修编的《县城总体规划》。2000年,县城建设投入资金4000万元。完成凤凰中路北1200米下水道敷设及凤凰中路南北侧10500平方米绿化带建设和17500平方米非机动车道建设。云龙东路主干道路面硬化5100平方米。金(桂)大(鹏)路口、银(杏)大(鹏)路口、雪(松)凤(凰)路口、金(桂)凤(凰)路口、银(杏)凤(凰)路口转盘路面硬化。城区7条主干道11350米路段552盏路灯安装,实现城区主干道亮化工程。位于湘潭二大桥南端中南建材大市场第一期工程竣工验收。至年末,城区中心建设面积发展至7平方千米,城区人口为56842人。

2002年,县城建设坚持"以基础设施建设带动招商引资"。全年完成各项基础设施建设投资3600万元,完成道路硬化7.5万平方米。敷设排水管网6500米,新铺人行道彩板工程3.2万平方米。列入县人民政府2001年十大实事之一的上马垃圾填埋场竣工并于6月投入使用。年内完成住宅和非工业建筑20万平方米。城区绿化面积4.5万平方米。凤凰西路、玉兰路全部亮化,县城全面实现"三化"(硬化、绿化、亮化)工程。是年,完成招商引资5.4亿元,当年到位资金1.5亿元,引进项目16个落户县城。2003年,县城完成基础设施工程36个,投入建设资金4200万元。完成银杏北路基础配套设施建设;荷花路、天易路、云龙东路、雪松南路相继完成。

2005年,湘潭县城区面积发展到9.26平方千米。天易生态工业园作为县城最大的工业园区整体转让给湖南思源投资有限公司。按每年开发1平方千米进行建设,该公司投资6000万元进行基础设施建设,园区投资2800万元完成日供水能力6万吨自来水厂扩建工程和园区输水管网工程,引进中石油鸿力有限公司投资6000万元,用于县城1万户天然气管网和供气工程建设。

二、湘乡市城区建设

1986年9月12日,经国务院批准,撤销湘乡县,设立湘乡市。市人民政府研究决定对1981年规划再次进行补充和调整,制订《1987~2000年城市总体规划》。是年,城区面积9.8平方千米,城区道路总长16.27千米,主次干道4条。建成排水管网36.4千米,排水服务范围达16.7平方千米。市政所辖城区道路路灯332盏,路灯线路总长34千米,总功率55.6千瓦。1987~1990年,新建东风农贸市场、南门农贸市场,改建新风街,城区基础设施建设以维护为主。

1991年,湘乡市政府投资2400万元,日产4万立方米的洙津水厂开工,敷设管道36.3千米,1994年竣工投产供水。1994年开始,对桑梅路(种子公司至北门口)、东风路、大正街、新湘路、东山路、健康路、健康西路等城区主要街道进行改造和路面硬化。新建健康南路,改造新湘路西段。1995年,修建青山撇洪渠,解决洪水对城区的困扰。城市路灯建设做到一条路一个灯型,年底,城区面积11.08平方千米,城区道路总长约14千米,主次干道13条。城区路灯571盏,路灯线路总长86.4千米,总功率146千瓦。

1996年,工贸新区建设启动,城区建设步入快速发展阶段。8月,湘乡城市建设史上的最大工程——全长1421.6米的东山北路动工。规划区范围内预计投资2.8亿元。其中基础设施投资8000万元。1997年开始,政府对城区防洪堤武装部至镇湘楼段(滨河北路一期)进行改造。1998年,投资200万元的自来水跨河工程竣工;对扬金段大堤进行改造,铺贴水泥板,彻底改变该地段"金包银"的堤身,对江岸崩塌堤岸进行修复;对城区内最大的排污渠——欧家港河道进行全面清淤并用片石砌筑河岸;引进"地理式无动力生活污水处理装置",在工贸新区进行试点建设,次年5月正式推广使用,城区新建的办公楼、宾馆、酒楼、居民小区的生活污水得到初级净化处理。

2001年起,先后将上河街和下河街(东山大桥至武装部路段)改造建成滨河路。在城区建设和改造中，修建与改造东山北路和桑梅路、桑梅西路。工贸新区基本形成，增加城区面积约1.5平方千米。投资改造学仓街、东风路、解放路、新湘西路，扩建桑梅东路、东山南路、东山中路，新建东山北路、桑梅中路、桑梅西路和两个安置区内的道路及农贸市场道路。进行滨河北路二期、三期建设。至2002年11年间，共投资1.47亿元，建成桑梅路、东风路、解放南路等10多条高标准道路，形成三纵三横城市道路框架。投资5000万元建8万吨/日的自来水二厂，铺设27千米供水管道。改造城区排水、排污管道77千米，排水泵站4座，检查井500多条。

2004年起，城区建设按照“南拓北进”方案，开始东山新城与红仑工业园开发建设。湘乡大道和书院路与上瑞高速公路的连接线建成，东山南路拓宽，城市骨架进一步扩大，功能进一步增强。9月，对健康西路、健康北路、东山南路的路灯进行节能改造。至2005年末，城区建设与改造共投入资金9.2亿元。城区面积由1986年9.8平方千米发展到2005年的16.08平方千米。市区有主次干道32条，总长26.02千米，城市供水12万吨/日；城区内建成排水管网77千米，流泥井、检查井、落水井共1270个，年排放雨、污水7200万吨，排水范围达16.7平方千米（与1986年数据相同）。在城区小街小巷和主要城区出入口处，市政所辖路灯共868杆，路灯3413盏，路灯线路总长105.5千米，安装专变电箱（柜）12台，总功率456.3千瓦。电力局管辖路灯689盏，总功率180.9千瓦。

三、韶山市城区建设

1986年，韶山区政府所在地设清溪镇，清溪镇城区面积为0.8平方千米。1991年12月撤区建县级市，韶山市城区建设自1992年始。韶山市人民政府组织编修城建规划，城市扩容建设明显加快，市政府先后投资1600万元，开发新建日月路、新颜路、井冈路、市府路、农民街、清如路、车站路、延安路、韶河路、朝磨公路，改造英雄路、迎宾路、韶山南、中、北路、车站路。1992年12月，韶山中路粮油贸易大市场开工，投资达200万元，占地5028平方米，次年底竣工并交付使用。1993年12月，经国家民政部、湖南省政府批准，韶山烈士陵园建成，占地9万平方米，投资500万元。同期还在韶峰建立毛泽东诗词碑林，占地2万平方米，投资300万元。至此，韶山城区面积为3.1平方千米，道路总长6.018千米，主要干道3条。1993年基础建设总投资6451万元，比20世纪80年代的总和还要多出3191万元。

1999年，投资4万余元，对农民街进行硬化；配合市政府，对韶山路、迎宾路、日月路、朝磨公路、车站路、英雄路进行硬化美化。2000年，韶山以清溪镇为中心，展开对迎宾路、陵园路的拓宽、改建和硬化，拉通日月路，改造韶山路、英雄路、清溪路、车站路的人行道多项工程。9月，韶山市城市污水处理厂——韶河污水综合治理工程破土动工，总投资2000万元，占地16650平方米，设计日处理污水1.5万吨。2001年6月正式运行，成为全省第一家县级城市污水处理厂。

2001年12月，国家投资4480万元，在银田镇的凤家、杨家交界处兴建一座日供水量达2万吨的自来水厂，铺管道10千米。2002年，韶山市政府南边开发旅游服务中心，占地13.33公顷，商业门面120间（1200平方米）。2004年2月，韶山市所清溪镇被列为全国重点镇。10月，深圳市投资1000万元兴建毛泽东同志青年塑像公园；公园内有雪松、榕树、桂花、松柏、银杏、黑松、水杉、玉兰等乔木8000株，灌木有红桎木、杜鹃等100万株，游道6条，长1200米。2005年5月，韶山市人民政府出资近1亿元，占地6.67公顷的行政中心落成，韶山市委、市人大、市政府、市政协搬迁至此。

2005年底，韶山市城区面积4.95平方千米。有主次街道、过境公路、普通公路以及路幅宽3.5米以下巷道共148条，总长达80千米，道路总面积为64万平方米。城区主要干道、巷道路灯、庭院灯有169盏，路灯控制箱15台，总容量达80千瓦以上；城市供水面积达18平方千米，自来水供水户达3600户，自来水普及率达90%，日平均供水量达8000万吨。新建、改建、扩建下水道20条近2000米，排水管道均采用管径1200~2000毫米的混凝土管道。城市道路绿化面积达4.5万平方米，建城区园林绿地面积160.6公顷，绿化覆盖率43.28%，其中公共绿地47.54公顷，人均公共绿地18.3平方米。全市有综合资质气库1个，燃气(具)经营网点20个。日供气能力达2.5吨，全市城市气化率达95%以上，液化气年营业额达450万元。

第二节 重点建制城镇建设

1986年起，在乡改镇、区镇合一等政策推动下，全市小城镇增加到16个。这一年，湘乡县改市，城区纳入城市管理范围。政府采取小城镇贴息贷款建设的办法，湘潭市政府贷款220万元投入小城镇基础设施建设，取得明显的收效。1988年，市政府依据《中华人民共和国规划法》以及国家城市建设、管理相关法律，制订《湘潭市集镇规划建设管理暂行办法》，使小城镇建设纳入法制化、规范化。至1989年，湘潭市确立村镇建设试点，建制镇发展到18个。1990年起，建制镇设置专职村镇建设助理员工作起步，乡镇开始有专门机构和人员进行村镇建设和管理。同年年底，镇城区常住人口达10.3万人。先后新修街道20条共6500米，新修排水工程29800米；新建自来水厂3个(姜畲、中路铺、潭市)，日供水能力为4500吨；同时开辟11个总面积为26170平方米的农贸市场，新建各类临街建筑40多万平方米；供电、环卫、绿化等基础设施也随之得到配套建设；集镇生产、生活环境逐步得到改善，全市建制镇办工业生产发展较快，棋梓、易俗河等镇迈入全省先进行列。1991年，湘潭市调整集镇建设试点领导小组成员，全市18个建制镇均设置村镇规划管理机构，配备专职建设助理员。通过具体抓棋梓、潭市、易俗河和花石4个镇的试点，以点带面，推动建制镇建设向高水平方向发展。政府投入专项资金，重点帮助棋梓桥修建一条长200米、宽16米的新街，改直1050米供电线路，整修2650米的柏油路，改造1100米的老街，新建一座污水河拱桥。湘乡市月山镇走联户建设道路，统一规划，统一施工，统一装饰标准，建成一条农民街，为改革村镇建设方式走出一条新路。湘潭市政府通过下拨村镇建设规划事业费，对村镇建设给予资金支持。1992年，湘潭市建委依据国家建设部的要求，对专职村镇建设助理员实行岗位培训。湘潭县按照"统一规划、合理布局、综合开发、配套建设"的原则，重点开发建设新县城和石潭、花石、青山桥、中路铺等建制镇，规划城镇市场建设用地617.5亩，开辟药材市场和湘莲市场。韶山市银田镇建成日供水能力1300吨的水厂。1993年，根据省建设厅制定的新型集镇建设达标基本要求，全市大力推进新型集镇建设；《村镇规划选址意见书》在全市开始推广使用。湘潭市建制镇发展到29个。新增雨湖区楠竹山镇、鹤岭镇与湘潭县河口镇、石鼓镇、茶恩寺镇及湘乡市栗山镇、翻江镇、中沙镇、泉塘镇、金石镇、梅桥镇11个建制镇。新、改建镇区道路24条，全长13185米，硬化面积为86955平方米；新修下水道51条，长16378米；棋梓镇水厂建成；开辟棋梓镇、白田镇、月山镇、壶天镇、易俗河镇、谭家山镇、中路铺镇、青山桥镇等8个市场，完成建筑面积40288平方米；新建公共厕所8个，新增垃圾场4个，街道植树5000株，新增路灯179盏。1994年,新增湘潭县射埠镇为建制镇。各建制镇采用国家投资和集体、个人集资及以地生财的办法,加强建制镇的基础设施建设。新、改建镇区道路27条,长27125米,面积184916平方米;新修下水道12051米;安装路灯269盏。城区面积35.50平方千米,镇城区常住人口25万人。

1995年,全市建制镇确定为31个,镇城区面积39.85平方千米,镇区常住人口26万人。全年完成路面硬化12千米,面积97500平方米;完成沥青路面8千米,面积64000平方米;铺装人行道2400平方米;铺设排水管道15000米。栗山镇、河口镇、虞塘镇继姜畲镇、中路铺、潭市等镇之后建立自来水厂,完成山枣、青山桥、茶恩寺、花石、谭家山、石潭镇水厂建设的前期准备工作,建成自来水厂的镇达8个,另有7个镇与厂矿单位共用自来水;安装路灯154盏,植树14万株;建成棋梓、月山、金石、中路铺、茶恩寺等9个综合农贸市场。是年底,全市镇区道路总长152千米,其中水泥路和沥青路71千米;敷设排水管道81千米;建成公共厕所62座;有大小环卫车辆35辆,路灯955盏;有各类市场29个,总面积为88826平方米。1997年,棋梓镇被定为全国试点镇,棋梓镇、易俗河镇、谭家山镇、花石镇进入全省"百强镇"行列。

1998年初,市委、市政府就"如何加快全市小城镇发展步伐"进行广泛的调研,突出以改水、防污染为主要内容,为加快高水平建设小城镇提供了有力的依据。是年,新建2个自来水厂;硬化镇区道路共2.7千米,面积1.62万平方米;铺装人行道3.68万平方米;新建垃圾池71个、垃圾站10座、垃圾消纳厂1个。

1999年7月,湘潭市委、市政府为加快小城镇建设工作,推广棋梓镇"市场运作、突出重点、产业兴镇"的建设经验,在棋梓镇召开全市小城镇建设工作会议。会议重新明确小城镇建设工作组织领导协调机构,确定8个市领导小城镇建设联系点。各联系点从加强规划和基础设施建设入手,小城镇建设水平提高,逐步成为全市小城镇建设示范镇。首次提出"政府引导、市场运作、突出重点、产业兴镇"的工作要求,湘潭市小城镇建设进入一个新的快速发展阶段。是年,全市小城镇共硬化道路11万平方米,敷设排水管道5900米,新建自来水厂3个、垃圾池73个、垃圾站2座、垃圾消纳场2个、桥梁4座;完成建制镇总体规划修编9个、镇城区(或主要街道)详细规划7个。

2000年,中共中央、国务院下发《关于促进小城镇健康发展的若干意见》,成为新时期小城镇发展的纲领性文件,使湘潭市小城镇的发展更加方向明确、健康有序,与全市经济和社会发展形成良性互动、相得益彰。产业兴镇成为小城镇建设的新热点,湘莲、皮鞋、竹制品等特色产业成为有关建制镇的支柱产业。运用招商引资的模式,拉开全市小城镇强势建设的新序幕。是年,全市小城镇建设完成投资4亿元,为上年的3倍。全市城镇化水平提高35.94%,全市建制镇35个,建制镇有水厂18个,日供水能力20.85万吨,供水管道长309千米,用水人口31万人,用水普及率为84%。全市村镇共有宽度在3.5米以上的道路2000千米,路灯1997盏,防洪堤长度165千米,排水管道250千米。建制镇拥有公共绿地面积115万平方米,拥有公园7个,占地面积4541万平方米。2001年,全市投入小城镇建设资金3.9亿元。完成水、电、路等各类基础设施建设项目160余个,小城镇的功能不断完善,人口聚集容量扩大。湘乡市棋梓镇以其雄厚的实力再次被建设部确定为重点示范镇;湘乡棋梓镇、湘潭县花石镇和青山桥镇,以其明晰的产业优势和扎实的基础设施,确定为省级对口扶强镇;棋梓镇、潭市镇、易家湾镇、楠竹山镇、银田镇、花石镇、中路铺镇、石潭镇8个镇以其优良的城镇规模,被确定为市级扶强镇。

2003年,全市小城镇建设启动大小项目260个,完成投资5.1亿元,新增城镇人口3.1万人,城镇化率提高到39.68%。2004年,城镇化率提高到40.9%,文明村镇建设、小康示范村建设成效显著,棋梓镇、易俗河镇、花石镇、清溪镇4镇被列入国家级重点示范镇,小城镇建设成为加速湘潭市城镇化进程的生力军。以"全面繁荣农村经济、加快城镇化进程"为目标,按照"政府引导、市场运作、突出重点、产业兴镇"的总体要求,部署和开展工作。花石、石潭、棋梓、月山、清溪、楠竹山等镇在人口聚集、规划编制、产业兴镇、基础设施、镇容镇貌、综合管理等方面成效明显,走在湘潭市小城镇建设前列。

2005年底,湘潭市共有35个建制镇,城镇人口115.4万人,农村人口近166.6万人,城镇化率为42.5%。在35个建制镇中,镇域人口153万,面积3306平方千米;镇城区人口50.59万人,镇城区面积81.38平方千米。

第五十八篇 城市管理

概 述

1986年,市政府以治理“脏、乱、差”为主体目标,重视和加强城市管理,设立以市长为主任、主管副市长为副主任和城建、规划、工商、公安、卫生等部门领导为成员的城市管理委员会及办公室(后改为城市管理办公室),动员和组织相关部门及专业机构、队伍,维修韶山西路、建设北路、沿江东路、板马路等主次干道,长10.13千米,补修路面4.8万平方米,湘潭市区道路完好率65%。市政府针对雨湖路东段、民主路口、大湖街、岳塘广场、岚园路中段等5处“脏”的地段,拆除违章搭建和占道摊棚86个、340平方米,迁移商业摊主140个,清运垃圾138吨,清理污(雨)水井68口,疏浚排水管网1100米。经过治理的地段,道路差、市容脏的面貌得到初步改观。是年,市政府组织和发动机关工作人员、企事业单位职工和学校师生12万人次,投入义务工日34万个,在城区栽植乔木5.4万株,灌木15.6万株,成活率达到90%,使市区108个厂区、校园、庭院改变面貌。是年10月,建设南路被湖南省绿化委员会命名为“最佳道路”。湘潭电机厂、江麓机械厂、岳塘区政府机关等8个单位被评为“花园式”单位。1987年,在城市管理委员会组织下,由规划、建设、工商、城建等部门参与,会同雨湖、湘江、岳塘、板塘及郊区政府,以城管大队和区工商分局为主联合实施,先后治理八仙桥、车站路(中段)、江麓广场、中州路、下摄司、岚园路等公众反映强烈的9个“脏、乱、差”地段和占道经营,加工、堆物的“马路市场”,拆除占道摊棚674个、2840平方米,新辟蔬菜交易市场5处、1.28万平方米。使市容脏的面貌得到改变。1988年1月8日,市区人工煤气成功点火,首批送气6000户。1989年,市政府针对客运市场“乱”的问题,出台“多家经营,统一管理”的政策,即时颁发《湘潭市城市客运管理暂行办法》,批准设立市客运管理处,专业管理市区中巴、的士车辆的运营,城市客运管理步入规范化的轨道。1990年,市政府投入243万元,改造道路、广场绿化。更新广云路、解放南路等5条主次干道枫杨、刺槐等行道树的树种,栽植樟树1600株。改造砂子岭、火车站广场,新增绿地8400平方米。广场、街沿游园首次铺草皮4100平方米。至年底,湘潭市政府累计投入城市管理(含市政公用设施维护)的各项费用3817万元,治理“脏、乱、差”,市区道路完好率达到80%;路灯明亮率上升至90%;人均公共绿地达到2.4平方米;绿化覆盖率上升至25%;市区万人拥有公共汽车4.3标台,比1986年净增1.96标台。

1991年,湘潭市昭山风景区升格为省级风景名胜区。市政府投入160万元,修复和维护前山磴道,踏步1142米,补植乔木600株。1992年,市政府在总结市自来水公司、市园林管理处,市政工程公司、市环境卫生管理处等城市公用事业单位目标任务管理经验的基础上,实施经济承包责任制,将市区公用事业各项工作任务和经济技术指标按行业、部类分为生产、施工、运营、服务和管理等门类,以定性和定量相结合的方法,分层次、类别进行测算,把任务、指标、效益和收支费用与职工利益结合在一起,初步解决“固定工看,临时工干”“拿铁工资”“吃太平饭”等体制上的弊端。至是年底,湘潭市公用事业设施维护与管理优于上年度,道路完好率达85%;市区绿化覆盖率上升至30%。1993年,国家《城乡建设》杂志第二期载文:《走出困境的抉择——湘潭市改革公用事业经营与管理》。是年,适逢伟人毛泽东诞生100周年,湘潭市政府以“伟人故里、文明湘潭”为目标、投入951万元,大修和扩容市区主次干道18条、长36.4千米,维修路面11.2万平方米,硬化人行道2.1万平方米,首次更换和铺设麻石人行道块1.06万平方米,市区道路完好率比上年度上升5个百分点。维护路灯线路14千米,更换各种照明器具400件,湘潭市区首次实现路平、灯亮。路灯明亮率达到90%。1994年,湘潭市政府决定,市城市管理大队由城市建设局移交市城市管理办公室管辖。以城管大队为主体,联合工商、城建等部门,治理影响市容的违规摊担和非法广告1230处,拆除违章棚亭等构筑物118处。1995年,湘潭市政府颁发《湘潭市城市管理办法》,该办法设有5章67条,以城市为主体,将所有机构、群体和个人的活动过程及其结果,进行规范与管理。是年8月,市政府批准城市管理大队改为“湘潭市城市监察支队”,其职能与管理程序不变。在市政府统一组织下,开展“城管杯”“爱国卫生月”“示范一条街”等竞赛活动,市环卫处、岳塘区城建局获得优胜单位称号。雨湖路、文运街道被命名为文明街道、文明路。是年,在全国城市卫生检查中,湘潭市被国家爱国卫生运动委员会授予“全国卫生城市”称号。

1996年,中共湘潭市委、市政府在市区开展禁止燃放鞭炮的活动,但后来中途变更,未能坚持。是年,市政公司进行改革,将市政设施建设与改造、管理与维护、经营与服务进行分离。新建和承接外埠工程,由新组建的湘潭市市政工程公司承担;原有市政设施和新竣工交付使用的市政设施维护和管理,由新组建的湘潭市市政设施维护管理处承担;并将市区道路占破管理分离,设立湘潭市道路占破管理办公室。新成立的市政公司300多人告别“皇粮”,当年减少财政拨款100多万元;新组建的湘潭市市政设施维护管理处,维修市区主次干道,长21.6千米,面积16.8万平方米,疏浚排水管网24千米,市区道路完好率达到90%,排水管网畅通率达到95%。1998年,湘潭市环境卫生管理实行专业清扫与“门前三包”(包卫生、绿化、治安)相结合,扩大街道清扫面,提高清扫质量,达到“街洁、路净”。市区主次干道清扫面积比上年净增5.4万平方米,垃圾清运增加2.3万吨,市区主次干道和街道实现“三光”——路面扫光、沟槽铲光、垃圾运光。至2000年,市区道路完好率上升到92%,街道清扫面达到90%,市区绿化覆盖率上升至34%。

2001年,中共湘潭市委对城市管理机构体制进行改革和理顺。将城市建设局与城市管理办公室合并为“湘潭市城市管理局”,把街道、社区结合在一起,以“路平、街洁、排水畅通,环境优美”为目标,先后治理16个社区“脏”的环境空间,绿化空坪隙地4700平方米,疏浚小区排水管网28千米,硬化社区路面1.24万平方米。是年,中共湘潭市委、市政府采取市区协力、上下联动、左右协调,领导与公众结合,开展“一化三清”(城市绿化,清理违章建筑、违法建设用地、违规房地产开发市场)运动。先后拆除违章建筑和影响市容的构筑物1996处,面积18万平方米。拆除违章搭建的雨棚、摊亭和户外广告25906处。整治城乡结合部位卫生死角92处,清运废异物等垃圾1860吨,依法取缔和规范“马路市场”与砂石场64处。通过“一化三清”,砂子岭广场、雨湖广场和岚园路、广云路口、吉安路口、文化街口等6个残破、脏乱地段的面貌改变,基本达到“整治一条路,美化一条街,造福一方人”的预期目标。2002年,市政府组织开展“城市管理年”活动。对城区主干道提出“一路一树”“一街一景”的改造目标，市区完成以绿为主体、花为衬托的园林景观大道 6 条，并启动创建国家园林城市机制。是年，市政府对城市公用企业提出改制、引资，重组和改进经营管理等重要措施，改变城市公用企业无力经营的状况。率先将湘潭市煤气公司经营权和现有资产进行出让和重组。市公共汽车首次在 6 路和 15 路线上实行无人售票，开湘潭公交无人售票的先河。2004 年 9 月，市自来水公司与北京中环水务有限公司正式合营，成立湘潭市中环水务公司。经过重组后的湘潭中环水务公司，进行机制调整，运营转换，用现代企业制度规范经营。

2005 年，中共湘潭市委、市政府对城市管理机构和职能进行调整与理顺，批准设置“湘潭市城市管理行政执法局”，将城市管理局的部分职能与所辖城市监察支队移交行政执法局。并将城市管理局改为城市公用事业管理局（随后，市委决定，市行政执法局与市公用事业局合署办公，一套班子，统领城市管理）。将城市管理与行业管理结合在一起，市、区齐抓，街道社区共管。是年市区市政设施完好率达到 95%，煤气、天然气入户率 93%，路灯明亮率在 98%以上。市区每万人拥有客车上升到 7.4 标台，城市客运交通实现方便、快捷。湘潭市公共汽车公司全面实行无人售票和 IC 卡服务。建成区绿地率达到 40%，市区绿化覆盖率上升到 44%，人均公共绿地扩大到 8 平方米；街道卫生清扫面达到 100%，市民生活垃圾无害化处理达到国家标准，无害化处理率为 80%。

湘潭市城市管理还存在一些深层次的矛盾和问题。城市管理职能与责任需要进一步理顺，市、区政府、街道、社区（居委会）对城市管理职能、责任，虽有明确分工，但在实施中，小街小巷道路排水维护与绿化、卫生管理等方面难于落实；在“马路市场”“摩托载客”等方面，城市管理法规滞后，体制不够完善，缺乏常态机制，以致历经多年，难以根治，湘潭在城市形象和市容面貌的管理规章、措施与执法程序等方面，需要进一步加强和重视。

第一章　市政设施维护

1986 年，湘潭市市区运行的主次干道 46 条，总长 72.7 千米，道路完好率为 60%。市区对外交通和区域运行无外环道路，107、320 两条国道集中在闹市区通过。湘江在湘潭市区绕行 42 千米，所有跨越湘江的机动车辆全由湘江一大桥承载。市区建有 4.8 千米的城市防洪堤，防洪标准为 40 年；路灯明亮率为 80%。1988 年，湘潭市政府颁发《湘潭市市政设施管理实施细则》和《湘潭市室外灯饰管理规定》，以推动和规范市政设施管理。1992 年，经省政府批准，湘潭湘江一大桥从 7 月 1 日起收取机动车辆通行费。1993 年 9 月，经湘潭市政府决定，湘江一大桥机动车辆收取通行费与大桥的维护、管理工作由市城市建设局交由湘桥股份公司。1995 年，市政府投入 490 万元用于维护道路、桥梁、排水、路灯和防洪堤等设施。1996 年，市政府招商开通北二环路和吉安路等外环道路 14 千米，将 107、320 两条国道和省道途经湘潭的过境机动车辆全部引向外环，市区交通压力明显缓和。2001 年，湘潭市政府着力打造湘潭市区亮化工程，对市区主次干道路灯实行一路一灯型的提质改造，对湘江一大桥实施美化、亮化。2002 年起，湘潭市政设施维护处、市政工程公司利用罩面新技术对城市主干道进行高标准维护、翻修，成效显著。至 2005 年，湘潭市区拥有主次干道 68 条，长 142 千米。道路完好率 96%；机动车道、非机动车道和人行道硬化率上升到 100%，桥梁、防洪堤完好率96%，路灯明亮率98%。

第一节 道路维护

1986年，市区大部分道路路面残破、陈旧，普遍存在“路烂难行”的状况。市政府为公众全力解决“路烂”的问题，动员和组织专业机构和队伍对市区16条主次干道进行全面维护和修整。投入维护、大修费用47万元，重点对韶山西路、建设北路、雨湖路、板五路、板竹路等5条主次干道进行维修，采用灌注式的方法，维修路面4.76万平方米，加固路肩42处，打通“断头”6个，“堵口”5个，基本改变“湘潭到，汽车跳”、路难行的状况。1987年，地处雨湖路与车站路相连的和平路，由于年久失修，路面破烂不堪。市人大代表提出《和平路“不和平”的建议》，要求整修这条次干道。市、区政府合力，拆迁居民5户住房，面积580平方米，湘潭中心医院拆除围墙540米，让地1100平方米，机动车道由6米拓宽为9米，新开人行道各3米，修补沥青路面7180平方米，硬化人行道3950平方米，一举扭转连线不“连”的境况。至1990年的5年间，市政府先后投入道路维护费用746.92万元，维护和修补主次干道路面45.47万平方米，更换路沿石4650米，加固路肩、护坡74处，硬化人行道16.72万平方米。1990年，市区道路完好率达到80%。

1991~1992年，市政府加大投入，全面提高道路维修质量，分期安排维护和大修费用，由市政公司组成专业队伍，对韶山西路进行全线拓宽、改造和维修，从南盘岭路口至砂子岭广场的834米，全面加固基础和处理排水。韶山西路全长2936米，路面由一块板改为三块板，路幅由16米拓宽为27.5米，其中机动车道拓宽6米，新增非机动车道各3米，新增绿化带各2.5米，全工程耗资1554万元，使市区这条路烂难行的主干道达到规范、平整、畅通。1994年，湘潭市政府投入752万元，修补和维护岳塘路、东湖路、板马路、人民路、雨湖路、富州路、书院路等6条主次干道、长17.3千米，修补机动车道15.04万平方米，铺设人行道块11.36万平方米，其中彩板和麻石占8.56万平方米。新增路沿石3.14万米，更换路沿石2.07万米。1995年，湘潭市政公司面对雨湖路、中山路、人民路、东泗路等主次干道路面破损、龟裂严重的状况，采用油砂配比，砂料大小不同的方式进行小试验，实行罩面处理路面龟裂取得成功。至年底，市区道路完好率达到84%。

1996年，市政府投入217万元，支持市政设施维护处、市政工程公司采用新技术、新工艺，对主次干道基础好的路面，实行罩面处理，即用沥青混凝土按照科学配比，在机动车道和非机动车道表面摊铺沥青油砂，经压实后，路面平整，机动车辆运行振动降低，平稳度提高，车损事故减少，车辆运行效果好。第一次进行大面积推广“罩面技术”的建设南路长2.8千米，在21米宽度的机动车道和非机动车道上完成4.4万平方米的罩面处理。从1997年起，利用这种新技术，市政府先后投入1207万元，对书院路、平政路、解放南路、中山路、晓塘路、民主西路、建设北路、车站路、东泗路、板竹路、芙蓉路、宝庆路、雨湖路、吉安路等15条主次干道，长34千米的机动车道和非机动车道路面，计40.2万平方米实施罩面，市区道路完好率达到90%。2000年，中国市政工程情报网中南站在南宁召开年会，湘潭市市政设施维护处向年会作题为《湘潭市运用罩面技术解决路面龟裂问题》的发言。是年，中国市政工程情报网网刊《市政设施与管理》(第二期)刊发《湘潭市运用罩面技术解决道路龟裂问题获得成功》的经验介绍。

2001年，市政府从“伟人故里，文明湘潭”的高度，提出“路平、道畅”的目标，先后投入道路维护费1230万元，由湘潭市政设施维护管理处依照建设部颁发的《城市道路技术标准》，对市区车站路、沿江东路、韶山中路、岳塘路、中山路、峨嵋路、晓塘路、大同西路、建设中路、广云路、建设北路、解放南路、东泗路、岚园路等14条主次干道，长28.04千米进行高标准的翻修、维护和整治。先后完成路面修补34.96万平方米，更换路沿石（含平石）8.76万米，其中麻石条占8.04万米，修复和硬化人行道块21.47万平方米，其中彩板和麻石块占16.08万平方米，修复“断头”41处，打通“堵口”14个。至2005年，市区道路全面实现路面硬化（水泥路面和沥青路面）。主次干道全部实现人、车分行、机动车与非机动车分流；市区道路完好率96%，市区主次干道全面实现“路平、道畅”。

1986~2005年湘潭市区道路维护、大修情况

表58-1-1

年度	维护面积（万平方米）			投入小计（万元）	其中	
	小计	其中			维修费	大修费
		维护面积	大修面积			
1986	6.94	5.42	1.52	47.4	22	25.4
1987	8.55	5.59	2.96	83.37	29.16	54.21
1988	13.09	5.73	7.36	285.93	58.69	227.24
1989	7.83	6.28	1.55	118.72	92.22	26.5
1990	9.1	5.57	3.53	211.5	103.8	107.7
1991	10.53	6.43	4.1	279.8	103.8	176
1992	12.23	6.13	6.1	323.27	103.8	219.47
1993	31.17	6.97	24.2	951.88	199.88	752
1994	13.9	12.1	1.8	360.44	307.43	53.01
1995	9.9	7.6	2.3	391.08	314.08	77
1996	8.4	6.3	2.1	217.26	157.26	60
1997	7	6.2	0.8	220	200	20
1998	14.8	4.6	10.2	485	185	300
1999	13.1	4.4	8.7	325	50	275
2000	10.1	2.6	7.5	302	50	210
2001	6.49	4.79	1.7	152	92	60
2002	2.45	1.85	0.6	132	102	22
2003	2.26	2.26	—	196.06	196.06	—
2004	2.73	2.73	—	379.63	379.63	—
2005	2.75	2.75	—	379.3	379.3	—

第二节 桥梁维护

1986年,湘潭市区内运行的各类桥梁为9座,总长3271.9米,其中跨越湘江和涟水的大型桥有湘黔铁路桥、湘江一大桥及涟水大桥,长3045米。另有连接国道、省道和城区主次干道的唐兴桥,唐兴寺桥、谈爱桥、八仙桥、易家湾桥、爱国桥等6座,长226.9米。是年,湘潭市政公司利用新工艺,经过反复试验,用橡胶压条处理湘潭市湘江一桥桥面伸缩缝,成功地解决汽车在桥面行驶中的振动,而获得中国市政工程情报网1988年科技成果奖。

1992年2月,经省政府批准,湘潭市湘江一大桥从1992年7月1日起设站收取机动车辆通行费。1993年9月中共湘潭市委、市政府决定,湘江一大桥机动通行费车辆收取与大桥的维护、管理及机构人员、设施(设备)一并移交湘潭市湘桥股份公司。是年12月,新架设的湘江二大桥交付使用,湘桥股份有限公司作为业主单位设收费站收取机动车辆通行费。

1996年,市政府牵头,组织湘桥股份公司投资40万元,在湘江一大桥南引线架设东湖路与建设中路人行天桥,以保障行人横路的安全。

2001年4月, 新架设的湘江三大桥交付使用;9月19日, 新架设的杨梅洲大桥通车。至2005年,湘潭市区承载城市运行的各类桥梁达到24座,总长15131米,其中跨越湘江、涟水、涓水的大型桥及上瑞高速公路易家湾地段高架桥11座,国、省道和城市主次干道连接桥与人行天桥13座。比1986年净增15座,其中跨越湘江的大型桥梁新增5座,总长11868.5米。

一、湘江一大桥维护

湘潭市湘江一大桥,南起三角坪,北抵雨湖广场,是1961年竣工的“千里湘江第一桥”。

1986年,湘潭市政府投入46万元对大桥进行维护,利用新技术处理桥面伸缩缝41条、计656米,修补桥面640平方米和东西引线1320平方米。1988年,湘潭市政府投入35万元,完成主桥与引线的照明线路更新,首次为南北桥头堡安装彩灯。1990年,市政府拨款138万元,大修南北引线路面1.29万平方米,南线护坡加固1100立方米。

1991年,市政府批准,由市政公司实施,完成江中7个主桥墩抛石0.5万立方米,保护桥墩及基础的稳定。1992年5月,省供销社汽车队一台解放牌货车在东引桥桥头堡西侧冲破护栏翻入江中。市政公司即时修复两隔护栏,并加固、维护护栏160米。

1996年,湘桥股份公司根据市政府的要求,安排资金11万元,专题解决湘江一大桥南引线的排水问题,将建设中路与南引线雨水并入东湖路主排水管,保障行人与车辆畅通。1998年10月,根据湘潭市政府的要求, 嘉祥路桥公司确定对一大桥进行首次整体大修, 并委托长沙交通学院检测设计,由湘潭市湘桥股份有限公司主持施工,投入大修费1300万元,(英)处女群岛中强公司承担1000万元,湘桥公司承担300万元,对大桥所有桥墩采用围堰水下混凝土浇筑和抛石加固基础的方法,将全部桥墩进行加固维修,并对桥面、护栏、引桥护坡进行改造和维护。

2001年,市政府投资180万元,嘉祥路桥公司出资100万元,对一桥实施亮化,新安装主桥、引桥悬空灯、地埋灯、荧光灯等2540盏和桥头堡霓虹灯56组。是湖南城市第一座大型桥梁实现美化、亮化的大桥。2003 年,湘潭嘉祥路桥公司决定投资 31 万元,对南、北引线护坡加固,并在南引线增加基础固化项目,即在南引线左侧修补基脚 284 米,注浆 310 立方米,以保障引线承载机动车道运行平衡。至 2005 年,湘潭市湘江一大桥经过多次维护和大修,桥体、桥面完好,整体运行正常。

二、湘江二大桥维护

2001 年,湘潭市湘江二桥经历 8 年的运行,桥面和南、北引线路面出现大面积破损与龟裂。经湘潭市政府批准,越通路桥公司投入 928 万元,对桥面和南、北引线进行大修。其中桥面和南引线由湖南省公路局设计,湘潭县公路局施工,采用换板与压力灌浆的方法,更换南引线砼板 5138 平方米,改造路肩 945 平方米,砼浇注路面 2324 平方米。对主桥路面加铺沥青混凝土 4138 平方米,更换桥面和人行道砼板 4432 平方米,完成南引线和主桥桥面维修与引线加固,南线大修耗费 648 万元。北引线大修由湘潭市规划设计院设计,湘桥公司施工,计更换路面砼板 2620 平方米,加固基础灌浆 684 立方米,对路面加铺沥青混凝土 4180 平方米,完成北引线的路面大修和路肩维修,耗费 280 万元。至 2003 年,历时两年,通过对桥面和南、北引线的大修和维护,有效地保证市区主干道和国道 107 线的畅通。

三、市区小型桥梁维护

1986 年,湘潭市区 6 座小型桥梁由城市主管机构和公路管理机构进行管理与维护。是年,湘潭市城建局对八仙桥进行桥面维护,并更换桥面东西侧护栏和硬化人行道。

1991 年,市政府投入 10 万元,专题维护市区唐兴寺桥、芭金桥、高岭桥等 3 座小型桥梁的加固和修补。1993 年,市政府投入 13 万元,由市城建局对金塘湾铁路立交桥下积水,采取开沟埋管的方法,铺设排水管 610 米,引流支管 160 米,并与车站路排水干管连接,将雨水引入火车站管系,从根本上改变这个地段的水患。

1996 年,湘潭市公路局投入 93 万元,加宽、加固改造谈爱桥、易家湾桥和仰天湖桥,维修爱国桥、涓水桥。

2001 年,湘潭市城市管理部门投入 6 万元,由湘潭市市政设施维护处对市区八仙桥、唐兴桥进行维护。至 2005 年,市区先后对 11 座小型桥梁长 467 米进行维护、改造和加固,耗资 122 万元。

第三节　排水疏浚

1986 年,湘潭市城区内排水管网总长 97 千米,在主次干道、广场和连接线及街巷边沿设置雨水井、留泥井 4168 个,并在主干道和广场等中心地域设置检查井 2084 个。湘潭市区排水设施,包括管网、雨水井、留泥井等由湘潭市政公司承担维护与管理,保障市区居民生活污水和雨水的排放。1987 年,湘潭市政府投入 38 万元,由市政公司采取并管、连接和疏浚等方法,将雨湖、岳塘 16 个管系和 5 个流向,并为 6 个管系 4 个流向,新增 5 处、长 8.6 千米的连接管网,将原排入池塘、农田的污(雨)水排入同向流域。1990 年,市政府投入 68 万元,专题解决市区排水“难”的问题。专业负责排水维护机构的湘潭市政公司,采取疏浚与维护相结合的办法,进行并管、联网和增大出口、延伸联管等措施。解决 14 个地段的积水问题。当时积水严重的泗洲庵巷，全长 1417 米，仅有东巷口 180 米有一根瓦管排水，遇到阵雨，全巷积水。市政公司为此铺管 1400 米，并设置雨水井 18 只，将排水并入城正街主管，彻底解决泗洲庵的“水患”。

1991 年，市政府安排城市维护费 131 万元，专题延伸韶山东路至熙春路两条长 3012 米的排水管，并入雨湖主管。将广云路至建设北路长 836 米联管，与车站路合流，彻底解决建设北路一段的“积水”问题，并顺利实现韶山东路、熙春路、建设北路和广云路西段排水畅通。1994 年，市政府在城市维护费中拨出 14 万元，专题解决岚园路的积水问题，由市政工程公司增铺岚园路至建设中路长 540 米的排水主管，彻底解决岚园路的“内涝”。

1996 年，市政府投资 168 万元，调整河西唐兴桥、大埠桥、针织厂、大码头、老县政府等 5 个排水出口，增加联管和主流管网 1749 米，疏浚排水管 4960 米，新增雨水井、检查井 71 个，封闭针织厂、县政府、大码头等 3 个排水口，一举扭转河西城区街道污（雨）水多处排放、管网不成体系的状况。2000 年，河西污水处理厂竣工后，河西地区污水排放已成网络，从窑湾、砂子岭至小东门外护潭乡顺江村污水处理场的排水干管形成网络顺流，经污水场处理达标后排入湘江。

2001 年，湘潭市政府安排城市维护费 126 万元，着力解决河东建设中路、君子莲广场等地段排水不畅的问题。市政设施维护处在建设中路、河东大道等增铺排水管 2086 米，新增雨水井 148 个，并将原排入体育中心镶涵，再排入湘江的污（雨）水，增设大型砼管并入建设中路主管，将友谊广场至君子莲广场 2909 米排水管改与宝塔路连接，以方便进入东湖路，与河东污水处理厂联网。至 2005 年，湘潭城区内由专业机构管理维护的排水管网达到 357 千米，雨水井、留泥井、检查井增至 13017 个，市区污（雨）水排放畅通、顺流。

1986~2005 年湘潭市区排水管网疏浚情况

表 58-1-2

年份	疏浚管网（千米）	清理留泥井（个）	清理留泥井（个）
1986	19.60	1640	114
1987	17.50	1975	263
1988	19.20	1806	109
1989	22.06	1940	278
1990	20.80	2168	314
1991	24.00	3400	306
1992	52.99	2416	208
1993	38.40	2587	241
1994	41.23	1876	192
1995	39.48	2314	244
1996	12.06	1943	180
1997	43.38	2064	208

续表

年份	疏浚管网(千米)	清理留泥井(个)	清理留泥井(个)
1998	26.80	2431	197
1999	13.10	1980	216
2000	12.60	2073	270
2001	11.90	1897	117
2002	12.90	1684	108
2003	18.74	2097	183
2004	19.60	2044	179
2005	21.59	2108	214

第四节　城市防洪堤维护

1985年,湘潭市区由城市专业机构管理的城市防洪堤,即从石嘴垴至小东门,全长4796米,主体功能是防护保障河西地区5.4平方千米低于湘江湘潭市区段警戒水位及以下的居民、商铺、企事业单位人员生命和财产安全。

1986年,湘潭市政府批准在市政公司内增设河西大堤管理所,由8人组成,其中16总(仓门前)排渍站1人,大埠桥排渍站3人,管理所4人,负责闸门、堤岸维护和泵站管理。1988年,市政府增拨经费24万元,取消15处小闸门,将6处大型闸门进行加固和修补。在仓门前和大埠桥新增2台机泵,更新4台机泵,装机容量由600千瓦增加到800千瓦,日排水量提高到60万立方米,排渍量净增18万立方米,从机械设备上保障河西城区洪水期间渍水排放。

1991年,湘潭市政公司集中力量,对防洪堤外和堤脚渗漏41处进行灌浆式修补,对1460平方米堤岸加固基础,硬化堤面,维护和修补防浪墙18处,耗资32万元。1993年,修补钢闸门4张,油漆闸门7张,维修泵房110平方米。1994年6月16日(18时40~50分),湘潭市区遭遇百年一遇的洪水,湘江湘潭市区段水位为41.96米,超过历史最高水位(1907年41.26米)的0.7米。据此,市政府决策,从1994年10月起,用两年时间,对河西防洪大堤进行加固、拓宽、升高,达到百年一遇的防洪标准。根据湘潭市城建科研所(后组成为市规划设计院)的改造、扩容方案,河西防洪大堤按百年一遇的防洪标准和堤、路、街相结合的原则进行改造。按照扩容方案,上段(石嘴垴至一大桥)长1443米,标高由42米加至43.14米,堤面宽14.5米,其中机动车道9米,人行道临江3米,堤内2.5米。中段(一大桥至大埠桥)长1276米,标高由42米加至42.8米,堤面宽为17.5米,其中机动车道10米,人行道临江为2.5米,堤内5米(因设置铺面而加宽),取消原规划中的沿江西路红线,作堤路结合的布局。中段防洪堤扩容是以堤、路结合,防洪、道路、观光"三位一体"的标准,在车行道北侧设有8个古亭和80个铺面,2座水冲式公厕,并将大埠桥竹木码头出入道路口升高与堤顶相等。经过市政公司和市政设施维护处的共同努力,防洪大堤上、中段扩容于1995年11月30日完成,五年累计耗资4846万元。

1996 年，下段（大埠桥至文昌阁）长 2077 米。利用古城墙作堤基，标高由 41 米加至 42.8 米，堤顶宽 2.8 米，其中包括堤外防浪墙和堤内护坡，行道平面宽度为 1.8 米，堤顶人行道或踏步为 1 米，长 1471 米。从三大桥至宋家桥长 606 米，则为堤、路结合的车行道，堤顶宽 9 米，标高为 42.8 米。下段大堤加固基础 1680 米，修复行道 1270 米，新增踏步 12 处，计 540 米，增设台阶式望江台 13 处，封闭砂石码头 3 处，耗资 2409 万元。由市政设施维护处改造和加固，于是年 10 月完成。

2001 年，湘潭市市政设施维护处组织专业队伍在汛前和汛后，将河西防洪堤脚及踏步进行维护，修补渗漏点 47 处，残破点 36 处。2003 年，将 4 处大型闸门进行修补和油漆，并对启动装置进行检修，以保持设备完好。市政府投入资金 6100 万元，将湘江湘潭段烧窑港瓶颈段拓宽，堤长 2100 米，拓宽洪道 70 米，按一百年一遇的防洪标准设计，降低洪水位 0.174 米，确保湘江汛期畅通，对城区防洪有着较大作用。2004 年 9 月 2 日，湘潭市湘江防洪景观道路工程指挥部成立，正式启动湘江防洪景观道路湘潭工程的建设。根据市政府要求，项目建设实行业主负责制和公司化运作，由市城市建设投资公司设立子公司。11 月 11 日，市政府批复同意设立湘潭湘江防洪景观道路开发建设有限公司。2005 年 9 月 1 日开工，4 个月完成回填土方 12 万立方米，清表清淤工作全部完成，后进行金江涵闸及电排工程施工，累计完成工程投资 6000 万元。至 2005 年底，国有土地签订协议 59 份，拆除房屋 11998.54 平方米；昭山段工程完成全部征拆任务，抓紧做好湘江防洪景观道路工程二期和湘潭河西段工程申贷工作。至 2005 年的 10 年间，湘潭市政府为河西防洪堤全线加高、加宽、加固和维修设施 11 处，更新设备 8 台（套）。湘潭市区河西防洪堤堤身及基础完好，堤脚渗漏率降至 0.74%。特别是经过 4 次警戒水位（38 米）和 2 次抢险水位（40 米）的考验，河西防洪大堤安全完好。在修建河西防洪堤的同时，为整个市区防洪安全，还加固十万垅、姜畲堤、和平堤，形成河西防洪保护圈；加固河东大堤与建设堤，形成河东防洪保护圈；加固仰天湖堤和 107 国道，形成仰天湖防洪保护圈。3 个防洪圈对整个湘潭市区防洪起着关键作用。

第五节　路灯管理

1986 年，市区路灯控制系统，采用串联控制方式，由中心控制室和分控制室来完成串联式控制，中心控制室设在河西和平路。河西分雨湖、南区、北区三个分控制室。河东分岳塘、板塘两个分控制室。中心控制室通过人工操纵断合闸刀开关，按河西、河东五个控制室分路将电送至各线路控制箱，运转正常后，将反馈信号返回中心控制室，如发生故障信号自动消失。这种控制方法优点是投资少，为全国中等城市普遍使用。缺点是只要一个分控制区配电箱发生故障，或该区域内停电，就会造成大面积黑灯，这种监控方法较落后，市区路灯明亮率为 80%。1987 年起，湘潭市政府为解决城区“黑和暗”的问题，每年投入维护经费 40 万元，专业队伍维修路灯线 50 千米，更换灯泡、灯罩等器具 3100 件，解决 71 个路段有灯无“光”的问题，5 年间（1986~1990），市政府共投入路灯维护经费 208 万元，路灯明亮率达到 95%。

1993 年，市政府投入 113 万元，对建设中路、民主路、大湖路的路灯进行改造，将原有水泥灯杆全部换成铸铁钢管，将架空线换成地埋线，将耗电高的白炽灯、汞灯换成钠灯，使路灯标准提高一个档次。至 1995 年，路灯明亮率保持在 95%。

1996年,市政府安排城市维护费10万元,对大湖街、莲花街、换新街、新马路路灯进行维护和改造,更换和延长路灯线1600米,增加路灯35盏,使4条路路灯"稀、少"的问题得到解决。1998年,湘潭市政府以市政设施维护处路灯队为基础,批准成立具有独立法人资格的湘潭市灯饰管理处,为科级事业单位,定编39人,承担市区路灯管理和维护。1999年,市政府投入40万元,由市灯饰处对原路灯控制进行技术改造,将分控制区域改成分路时控开关控制,雨湖、岳塘城区共设控制开关125个,通过时控开关输入开关时间,实行自动开、关。控制电路接线简单,发生故障维修方便,并可以输入开关时间,有利于实行全夜灯,半夜灯的控制,解决过去那种一个分控制箱发生故障黑一大片的问题。2000年,对市区韶山西路、车站路、雨湖路、东泗路、福星路、岚园路、吉安路、富洲路、二环线、丝绸路、书院路、体育中心等主次干道实施半夜灯管理。时间从23时30分开始减半,每晚运行由11小时减为6小时,科学地安排开、关时间。实施半夜灯以来,每年可节约用电70万度,减少电费支出35万元。实施半夜灯管理后,没有给夜间车辆行驶和人员行走造成不良影响。2000年,路灯明亮率97%。

2001年,市政府投入路灯维护改造经费490万元,着力打造湘潭市区"亮化工程",对市区主次干道路灯进行全面提质改造,先后改造建设南路、韶山西路、建设北路、中山路、富州路、人民路、车站路等7条主次干道线路25千米,改型原有路灯1560盏,新增加路灯1050盏。并将过去的一种灯型改为"一路一灯型",有建设南路的双桃灯、芙蓉路的风帆灯、中山路的庭院灯、富洲路的海螺灯等。采用不同的灯型,美观大方,使城市夜间更加亮丽。路灯专业管理机构对灯饰管理,分河西、河东两个区域,设立两支专业队伍,在内部实行定员、定岗、定责的劳动管理制度,并实行分片包干,任务到队,责任到人,每月定期进行检查考核。考核内容,主要是路灯设备完好率、路灯明亮率必须达到98%,(小街小巷明亮率达到96%),考核成绩与经济效益挂钩。2002年,湘潭市区路灯管理实行与公安"110"联动反馈服务,向社会公开承诺服务。紧急维修(110报警),做到及时,一般故障24小时内处理,线路故障48小时内处理。2003年,市区专业管理机构全力维护路灯照明,先后修复和更换各种路灯照明设施,其中更换灯泡3690只,灯头240个,整流器1670个,维修灯箱105个,排除各类故障143起,处理各类投诉106起。2004年,湘潭市行政中心开发建设公司引进、运用风力和太阳能作为城区空间照明新技术,即通过蓄电池利用风能和太阳能蓄电,应用于夜间照明。这项新技术第一次在湘潭市湖湘路试用,效果较好,也符合城区降低热力排放的要求。2005年,市区路灯明亮率98%。

1986~2005年湘潭市区路灯费用安排一览

表58-1-3

年份	合计(万元)	其中				
		维护经费	路灯电费	专项经费	设备购置	其他费用
1986	72.67	40.55	28.09	4.03	—	—
1987	65.02	39.64	25.38	—	—	—
1988	69.07	39.64	26.79	2.64	—	—
1989	75.76	43.29	24.67	7.8	—	—

续表

年份	合计（万元）	其中				
		维护经费	路灯电费	专项经费	设备购置	其他费用
1990	76.74	44.76	24.41	7.57	—	—
1991	86.58	50	25.88	10.7	—	—
1992	94	50	24.9	19.1	—	—
1993	235.789	70	28	113.889	23.9	—
1994	130.75	86.71	38.84	5.2	—	—
1995	131.02	69.92	47	14.1	—	—
1996	155	69	50	36	—	—
1997	144	65	60	19	—	—
1998	236	63	98	75	—	—
1999	222.81	30	120	72.81	0.34	2
2000	404.13	25	150	212.18	6.25	10.7
2001	701.58	30	180	454.28	31.3	6
2002	529.54	50	300	164.64	11.9	3
2003	1010.62	119.82	300.9	545.3	24.6	20
2004	1180.47	230.75	487.9	427.52	—	34.3
2005	1255.14	230.75	781.7	129.79	30.7	82.2

第二章　园林绿化管理

第一节　城市绿化管理

1986年，湘潭市政府根据国家规定的城市园林绿化指标，采取全面发动、加大投入，组织专业队伍与全民义务植树相结合的方法，扩大绿地，提高绿化覆盖率。城区植树21万株，其中乔木5.4万株，成活率90%。城区主、次干道，大多绿树成荫。树种以香樟和广玉兰为主，少数道路以法国梧桐为主。建设南路全长3600米，宽60米，采用乔、灌、花卉相结合的绿化模式，形成一条绿色彩带，被省建委评为“最美一条街”。市区内287个厂矿企业，全面绿化，栽树247万棵，建游园43个，小花圃28个。道路、广场、游园的绿化管理（浇水、施肥、除虫、修枝、补植等）由市园林处负责。湘潭电机厂，湘潭纺织印染厂、江麓机械厂、江南机器厂、湘潭电缆厂、湘潭自来水公司一水厂、湘钢职工医院、岳塘区政府机关等8个单位被评为省级“花园式单位”。至年底，市区公共绿地面积达到67.97公顷，人均绿地1.4平方米，绿地覆盖率达到21%。1987~1991年，新建和扩建公园及广场多处，增加绿地数万平方米，道路行道树进一步增加。1992 年，继续在道路两旁、公园、广场、街区游园和机关、企事业单位庭院栽植树木，种花养草。经过努力，湘潭市区绿化面积扩大，绿地延伸。1996 年 10 月，经湖南省绿化委员会检查和评审，湘潭市成为湖南首家绿化达标城市，是年，城区人均公共绿地 4.65 平方米，城市绿化覆盖率 36.7%。1999 年，湘潭市政府决定对体育中心、君子莲、雨湖、砂子岭广场绿地进行扩容，广场绿化面积净增 2.2 万平方米，绿化树种进一步优化。至 2000 年，市区绿地面积 332.2 公顷，人均绿地 6.04 平方米，绿化覆盖率达到 39%。2001 年 11 月，湘潭市荣获“省级园林城市”称号，并启动创建国家园林城市机制。2005 年，湘潭市绿化覆盖率 45%，公共绿地面积 468.8 公顷，市区人均公共绿地上升到 8 平方米。在湘潭市区初步形成点、线、面相结合的绿化体系和多品种、多层次的绿化网络。

第二节 公园管理

一、公园经营

1986 年，湘潭市区只有雨湖、和平两公园，公园实行封闭式管理，市民均要买票才能入园。公园管理人员（干部和职工）的工资和福利由市财政负担。公园门票收入、园内的一些游乐项目和小卖部商品销售收入用作公园管理的日常开支。1988 年，雨湖公园开始改革经营方式，首次与湘潭市园林管理处签订《目标管理经济承包合同书》，将合同规定的各项任务完成情况与工资、奖金挂钩。并以承包方式，首先将照相项目发包给个人经营，承包者则不领工资，而且每年向公园缴纳一定的管理费，个人收入优于承包前。随后和平公园也与园林处签订承包经营合同，开始改革经营方式。1992、1993 年，菊花塘公园和杨梅洲公园相继开园，经营方式基本与雨湖公园相似。公园管理人员的工资福利由市财政负担，门票及游乐项目收入归公园集体，游乐项目经营由个人承包。1996 年开始，市民早晨可以免票在公园进行晨练。

2000 年公园经营方式进行较大的改革。雨湖公园通过测算，将园内各项游乐设施，包括游船、照相、玩具、小卖部等 20 个项目以竞价的方式全部发包给公园职工或班组承包经营，实行收支包干，定额上缴，公园则不再给承包职工发放工资及劳保福利。至此，长期以来事业单位全民职工的“铁饭碗”彻底打破。其他各公园也采取类似雨湖公园的方式，进行经营改革，公园不再给承包职工发工资和劳保福利，只进行园容管理和资产控制。2004 年 5 月 1 日，根据市政府的指示，各公园全部取消门票，由封闭式管理改为开放式管理，市民游客可以随意进入公园游玩。但公园内的游乐项目还是要收费，公园管理人员的工资福利由财政拨付，公园园容管理、游乐设施管理均为职工个人承包。

二、雨湖公园维护

1986 年，市政府投资 20 万元专项维护公园设施和购置娱乐设备，恢复“双壁坊”，维修“斗老阁”（又称发源殿）。

1996 年，市政府投入 66 万元，在园区七星桥与周家山之间构筑铁索桥，对周家山进行地形改造，并增植珍稀植物 31 种、618 株。

2001 年 7 月，在市政府组织和开展的“一化三清”运动中，将市园林处与湘潭电业局合资建在公园西头上湖占水面 400 平方米的违章建筑“金岛舞厅”拆除，湖面得到恢复。是年，市政府组织对雨湖公园上、中湖进行清淤及湖岸改造和绿化扩容。历时半年，清出污泥 1.40 万立方米，湖岸筑岛 0.62 万平方米，新增绿地 0.57 万平方米，改善园区环境 11 处。改变园区道路（含甬道）2687 米，新增游客晨练场地 2040 平方米。于 2002 年 4 月完成，“五一”节开园，受到公众欢迎。

图 58-2-1　雨湖公园石雕《湘潭古城图》

2005 年 4 月，湘潭市政府关于雨湖公园进行全面改造的方案，提请市人大常委会审议。经市人大审议通过的改造方案，由市公用事业管理局负责实施。依照方案拆除南面和东面围墙 1108 米，构筑亭、廊、榭 11 处，恢复长寿亭、夕照亭等景观（点）4 处，硬化广场、行道（包括甬道 1.14 万平方米），北面增设人行踏步 4 处，并专设残疾人车辆（轮椅）通道，在行道、甬道、景点间安装夜间照明线 4300 米，装灯 604 盏，补植各类景观树、花 6000 株，其中名贵乔、灌木 470 株。并将鲁班殿门楣上的泥塑《湘潭古城图》长 3.2 米，高 0.8 米，放大为长 20 米，高 1.82 米的石雕壁画安装在公园菊花广场内一扇长 21 米，高 3.2 米的照壁上。还将清末《雨湖春记》一诗绘成雨湖景观图，用石板雕刻镶嵌在雨湖路南侧墙上，展示雨湖古代风景与现实新貌。

第三节　市树、市花

1986 年 3 月，湘潭市政府组织和发动市民投票选择市树、市花。由市城市绿化办公室列出松、樟、杨、柳、柏树，作为市树的候选品种；列出梅、兰、菊、桃花和月季花作为市花的候选品种，印刷 6 万张选票，分发给市民公开选择。经过 2 个月收回选票的统计结果，回收 5.64 万张，选樟树者为 5.14 万张，选菊花者为 4.16 万张。是年 5 月，报经市人大审议通过，湘潭以樟树为市树，菊花为市花。

一、市树

樟树，在湘潭有悠久的栽培历史。确定为市树后，于 1987 年，市政府投入 6 万元，专题砍伐广云路、车站路、环湖路等 6 条主次干道的枫杨、刺槐等行道树 1610 株，栽植樟树 1480 株为行道树。1990 年，市政府组织拓宽韶山西路、书院路、宝庆路等主次干道 7847 米，栽樟树 1560 株。

1991 年，湘潭市区主次干道行道树和公园、风景区、风光带选用樟树成为主体，市区成林樟树已达到 5.8 万株。1994 年，市绿化办公室普查市区古树、名木 127 株，其中树龄在 100 年以上的古樟有 74 株，占总量的 66%，生长在长城乡伍家花园的一株古樟超过 200 年，树冠覆盖面达 600 平方米，成为湘潭市最古老的樟树。

1996 年，芙蓉路开通后，全线三板四带中，用樟树作为行道树和隔离带、全路栽植樟树 1420 株，生长良好。至2000年,市区主次干道61条,长487千米,用香樟作行道树的57条,长473千米,占总数88%。

2001年,湘潭市政中心东移后,新开发的市政中心风景林带全部栽植樟树。丝绸、锦源、东方红三个大型绿化广场,栽植成林樟树1.2万株,占3个广场成林树总数的80%。2004年,市区主次干道66条,用樟树作行道树和分车带的59条,占道路总数92%。2005年,湘潭市区道路、广场、庭院和公园、风景区拥有各类成林树10.4万株,其中樟树7.6万株,占成林树木总数75%。

二、市花

湘潭市区机关、厂矿、学校和公众爱花、种花有较长历史,单位空地、居民庭院种植菊花较为普遍,特别喜爱秋菊为市花。1986年10月,中国首届市花展览在深圳举行,湘潭市政府副市长张丽婷首次携市花参展。是年11月,湘潭市政府第一届市花展览在雨湖公园举行,市、区和企业、学校等48个单位参展,展出各类菊花400个品种、2.4万盆。至1990年,湘潭市花得到较快发展,市区机关、学校和工矿企业培植菊等花卉达到40万株(盆)。

1991年10月,中国菊花研究会第一届年会在湘潭举行,来自全国十几个省、市的专家、学者和工程技术人员85名出席。会议以"拓宽视野,交流经验,切磋技艺,推进中国菊花事业的全面发展"为宗旨,进行学术交流和技艺探讨。会议期间,专家们从湘潭市提供的菊花品种中挑选出100种进行定名。是年11月,市政府在雨湖公园举办湘潭市第六届市花展览,市区专业机构和厂矿、学校等186个单位送展菊花10万盆(株),其中造型菊1.04万盆,湘潭电机厂送展的高接菊高达5.40米,创湘潭市区菊花栽培纪录。展览历时24天,接待游人23万人次。1993年,市委、市政府为纪念毛泽东诞辰100周年,发动和组织市区机关、学校与工矿企业等单位,在建设北路、韶山路、广云路、解放路、雨湖路、建设南路、岳塘路等10条主次干道两侧,布置展出以市花为主体的花卉、盆景20万盆,其中人物故事等造型110件。

1996年,市政府在和平公园举办第10届市花展览,专业管理机构和高等院校、大型企业送展市花5万盆(株),其中历史故事等造型48件,从11月10日至12月10日,展出30天,接待观众12万人次。1997年10月,湘潭市政府在雨湖公园主办国庆花卉盆景展览,展出花卉品种36个,送展鲜花11万盆,参展单位110家,历时一个月,接待国内外游客16万人次。

2001年11月,湘潭市绿化办公室组织市区公园和大型企业、高等院校等48个单位参入,在和平公园举行菊花(市花)精品展览,展出149个品种、10.1万盆(株),历时15天,接待公众3万人次。北京出版的《菊花》杂志(2002年第1期)刊发《湘潭市菊花精品培植》的专题文章,介绍湘潭市培植和发展菊花精品的做法。2005年11月,由湘潭市城市管理局、市林业局联合举办,市园林管理处和市城市绿化办公室承办,在菊花塘公园布置的菊花精品展览,展出"帅旗""艳侠""绿松针"等珍稀品种910个。湘潭市持续、稳定地发展和培育菊花,单位、个人在庭院、空地栽植各类菊花蔚然成风,品种由400个上升至900个,单位和个人种植量超过60万株(盆)。

第三章　城市客运管理

1986年，湘潭市城市客运由湘潭市公共汽车公司独家经营，拥有营运车辆101台，每万人拥有标准客车2.34台，营运线路10条，年运载乘客3094万人次。1988年，市区个体中巴车开始参与营运，客运市场出现竞争，中巴车在公交线路上争站抢客，曾一度出现混乱。是年底，湘潭市政府依照建设部、交通部和国家旅游总局联合印发的《城市客运管理条例》，结合湘潭市情，即时颁发《湘潭市城市客运管理暂行办法》。1989年4月，市政府批准设立专业管理机构"湘潭市客运管理处"，并出台"多家经营、统一管理"的措施后，湘潭市区客运市场稳步发展。至1995年，参与市区客运的车辆317台，客运线路增至19条，市区"乘车难"的状况基本解决。1996年，客运中巴车、的士车开始实行公司化运营。组成潭城中巴公司和百信、华凯、通达等3家的士出租车公司。市公共汽车公司客运车辆实行单车承包经营。2002年，湘潭市公共汽车公司在6、15路线的公交车辆开始试行无人票售。2005年市公共汽车公司全面启动IC卡收费系统。至年底，湘潭市城市客运单位达到21家(其中国有公交1家，民营中巴公司4家，民营的士车公司16家)。城市客运车辆达到1638台(其中公交车374台，中巴车155台，的士车1159台)，市区每万人拥有标准客车(不含的士车)7.4台；市区客运线路达到29条(其中公交线路22条，中巴线路7条)；运载乘客达到8344万人次，比1986年增长2.7倍。公众"乘车难"的状况彻底改变。

第一节　公共汽车

1986年，湘潭市公共汽车公司是市区以客运为主体的国有公用企业，依照政府规定的客运票价，群众出行需要的线路运营，设置三个车队和保修厂，有职工730人，营运客车101台，运营线路10条。是年，市政府投入52万元，购置客运车辆10台，投入公交线路运行，以缓解市民"乘车难"的问题。1987年，市政府以"百元营运收入工资含量包干"的形式与公交企业签订经营合同。按合同规定的指标，公司与车队(厂)试行两级核算，并分别签订经济合同，按定人、定收入、定营运里程、定油耗、包服务安全的"四定一包"的方式进行协调与管理。首先在小东门至湘潭大学的6路线推行包收入、包车千米、包油耗、包服务质量、包出勤率、包安全行车的"六包"试点。至年底，6路线运载乘客总量比上年度增长20%，营业收入上升30%，线路由亏损转为盈利。1988年初，根据市场变化，经市物价部门核准，对票价进行调整，由4分起点2分递进改5分起点5分递进，后又调整为一角起点五分递进，以方便乘客。是年，个体中巴车参与客运虽缓解部分地段公众"乘车难"的问题，但也给客运市场带来管理上的难度。市政府采取疏导，分流等方法，将个体中巴车辆纳入客运市场整体，定线参与运营。市政府批准设立专业管理机构进行管理，市区客运进入有序运营。1990年，市客运主管部门对市区公交客运进行调整与组合，将公共汽车公司3个车队，调整为4个车队，新增设的4车队，主要承担河东区域内的7路、8路、10路、15路、19路5条线路的营运与服务。至年底，公交线路达到11条，营运车辆110台，运营收入上升到602.28万元，比上年度增长13%。

1991年,在市政府协调下,市公共汽车公司将2路线终点站由鹤岭延伸至冷水冲,使这一地带职工和居民长期交通不便的困难得到解决。1993年,市政府组织城建等相关单位调整市公共汽车公司经营策略和方式,对所属车队(厂)进行以利润(亏损)包干、定分配的风险抵押承包,将内部用工、奖罚、人事、财务、收益分配权下放,并分别在1路、2路、5路、6路、7路、8路、9路推行单车承包。由于公司对线路基数测算不准,导致承包职工收入与企业利润比例失衡,至年底亏损74.94万元。1994年,市政府根据国务院关于"城市公交优先"的规定,帮助市公共汽车公司总结单车承包经验教训,完善和改进单车承包合同,加强对合同执行中的协调与管理,将车队(厂)和线路、车组的月度指标与服务、安全指数进行调整。对线路、车组服务、安全、票务进行控制和检查,对车辆卫生、站务调度等环节进行协调。当年市公交企业经营走出困境,营业收入和利税突破历史纪录,还清上年挂账和欠税91.94万元外,还自筹资金320万元,新购客车40台。是年,经市物价局批准,对市区公交客运票价进行调整,市区线路实行一元一票制,郊区线路一元起点五角进级、分段递进。1995年5月,新开辟砂子岭至半边街15路线,6月将5路专线由人民路大码头延伸至砂子岭,10路线始发由大桥饭店移至江麓广场,终点站由省城建学校延伸至二桥北。至年底,营运线路发展到12条。营运车辆增至202台,营运收入达到2096.87万元。

1996年,市政府组织和开展以"内强素质、外树形象"为主题的优质服务示范线路竞赛活动。先后有5路线44号车组、1路线132号车组,被共青团湖南省委授予省级"青年文明号"车组。驾驶员谢静芬(女),爱岗敬业,十年如一日,安全行驶30万千米,而被评为湖南省建设系统劳动模范。1997年,开通砂子岭至鹤岭的20路、砂子岭至株洲霞湾的21路。湘潭与株洲城际公交车开通,方便公众往返,实现历史性突破。1998年,湘潭市政府发文规定,从7月1日起,70岁以上老人凭"老年证"免费乘坐公交车,对老年人乘车提供方便。随后,市公共汽车公司将老年人凭证乘车列入公司经营规程,由司乘人员依规遵循运营。1999年2月,在市政府协调下,开通火车站至易俗河的23路公交车。2000年3月,经市政府批准,取消在1路线和5路线上发售乘车月票,仅此一项,市公交企业每年减少亏损50万元。是年,市政府投入60万元,公交企业筹资600万元,新购车辆60台,将9路线和2路线车辆全部更新,并加大9路线的营运密度,由24台车增至40台车。至年底,营运线路达到19条,营运车辆增加到315台,营运收入上升到4722.69万元。

2001年,市政府根据市人大代表建议和市政协委员提案的要求,督促和协调市公共汽车公司开通中心站至农博园、中心站至湖南工程学院专线和24路环线车,方便沿线公众与学校师生的出行。市公共汽车公司针对各条线路的营运车辆在市区站点候车时间过长,开快车和慢游的现象,在各条线路设置打卡机,规定出行营运时间,实行打卡计时,超时进行处罚。2002年,公交企业筹资和贷款1400万元,购置103台高档客车分别投入到3路、15路、19路、23路营运,提高市区公交的运载能力。是年11月,首次在6路和15路线上实行无人售票。2003年,市公交企业为寻求合作伙伴,共同经营湘潭市区公交客运,经过多次协商,将昭山至涟水桥的3路线于6月4日与岳阳市关金霞女士签订6年承包经营合同。因投资方管理不善,承包运营仅进行25天,于7月1日全线停止营运,合同终止,给3路公交线造成直接经济损失35万元。

2005年,在市政府协调下,市公共汽车公司积极调整经营思路,采取职工集资和企业自筹相结合的方法,筹资200万元,在21条(9路线除外)公交线路,323台公交车上安装IC卡收费系统。并在1、5、7、8、10、12、13、14、18、19、24、26路线的公交车全面推行无人售票。是年，经市物价局批准对9路车票价进行调整，全程票价由2元调整至2.5元/人。至年底，市区营运车辆发展到374台，营运线路23条，无人售票线路14条，公交企业职工发展到1436人，全年运营里程2702.59万车千米，运载乘客5844.84万人次，完成营运收入6192.96万元，创利税296.72万元，车厢服务合格率96%。

2005年湘潭市区公交线路一览

表58-3-1

路号	始发与终点站	全程距离（千米）	说明
1	火车站—下摄司	9.00	无人售票
2	中心站—鹤岭镇	14.00	无人售票
3	昭山—涟水桥	29.5	2005年改为103路
5	砂子岭—江滨	13.7	无人售票
6	小东门—湘大	10.25	无人售票
7	板塘铺—马家河	7.5	无人售票
8	板塘铺—半边街	11.00	无人售票
9	中心站—楠竹山	29.00	无人售票
10	电大—二桥北	13.6	无人售票
11	火车站—板塘铺	10.6	—
12	东坪填—建设路口	3.2	无人售票
13	中心站—湘大	16.4	无人售票
14	中心站—科大	8.8	无人售票
15	砂子岭—半边街	12.2	无人售票
17	火车站—砂子岭	5.5	—
18	火车站—湘河寨渔场	9.1	无人售票
19	雪园村—阳塘	10.1	无人售票
20	砂子岭—鹤岭镇	16.1	—
21	砂子岭—株洲霞湾	22.6	—
23	火车站—易俗河	20.1	—
24	板塘铺—砂子岭	14.2	无人售票
26	砂子岭—长株潭大市场	28.1	无人售票

第二节　中巴车

1986年，国有公交企业因运力不足，出现公众“乘车难”的状况。1988年，市区个体中巴车首次参与客运市场营运。因没有营运线路，车主自行参与公共汽车各条线路上混运，在营运过程中，由于没有统一管理和协调，中巴车和公交车争客抢道，时有发生，客运秩序一度出现混乱。是年底，参与营运的中巴车辆35台。1989年，市政府提出“多家经营、统一管理”的方针，并于是年4月批准设立“湘潭市客运管理处”，对参与市区营运的中巴车实施统一管理，首先进行清理、登记，制作专供中巴车停靠的线路牌，票价统一核定为0.5元/人。是年5月，中巴车实行挂牌营运，车主凭市客运管理处核发的线路牌、票价牌和市公安局交警支队核发的准运证方可进行营运。1990年8月，开通第一条专营线，火车站至下摄司的新1路（后改为106路），将中巴车分别排在新1路及各条公交线路营运，营运时间实行每季轮换，以减少营运过程中中巴车主因自身利益与公共汽车发生矛盾。至年底，中巴车发展到70台，参与5条线路营运。

1991年，在市政府协调下，市交警支队与市客运处联合确定中巴车运营线路和站点，并定期对车况进行检查，禁止客车带病上路。在线路安排上，实行以线定车，按季度轮换。市区中巴车营运秩序和服务态度明显好转，安全事故比上年度下降30%。1992年4月开通市二纺厂至湘潭发电厂（老厂）的专营线。1994年8月，市区中巴车开始以公司化的方式运营，以自愿组合的原则成立第一家中巴公司—潭城中巴股份公司。并经市物价局批准，对中巴车票价进行调整，实行市内线路一元一票制。1995年，开通金源小区至铁牛埠的101路，竹埠港至半边街的102路，竹埠港至砂子岭（2000年延伸至伍家花园）的105路等三条中巴车专营线路，车辆发展到115台。

1996年，市道路占破管理办公室在砂子岭广场增设一条长110米，宽20米的港湾式停靠线，对中巴车有偿使用。此后，砂子岭中巴车、公共汽车与长途客车挤、占线路的矛盾得到解决。是年6月，新开通城正街（老县城）至易俗河108路专营线。2000年，湘潭市客运服务公司利用13台中巴车辆，开通汽车西站至湘钢新二村的118路线。至年底，市区营运的中巴车线路增至7条，客运车辆150台。

2001年，市客运管理机构，对定线中巴车辆站务进行整顿，在多条线路主要站点安装电子控时器，实行打卡记时，给违章车辆进行处罚等措施，以促使车辆安全、正点营运。至2005年，湘潭市区有湘潭市潭城中巴公司、湘潭市莲城中巴公司、湘潭市客运服务公司、湘潭县客运公司等4家，营运车辆已发展到155台，运行线路7条，分别是：101路、102路、105路、106路、108路、117路、118路，线路总长116.4千米，2005年完成营运里程480万车千米，运载乘客2500万人次，车箱服务合格率达到90%。

1995~2005 年湘潭市区中巴车营运线路一览

表 58-3-2

线路	经营公司	开通时间	车数(台)	起止站名	运距(千米)	途经站点
101	潭城中巴公司	1995. 7	16	金源小区—铁牛埠	18	砂子岭、湘潭宾馆、二医院、雨湖区政府、体育中心、建设路口、三中、岳塘
102	潭城中巴公司	1995. 7	6	竹埠港—半边街	17. 8	伟鸿食品、步步高物流中心、江滨、板塘铺、河东大道、建设路口、泗神庙、下摄司
105	莲城中巴公司	1995. 7	39	竹埠港—湘潭农校	24. 5	板塘铺、河东大道、建设路口、雨湖路、和平路、长途汽车站、建设北路、江麓广场、芙蓉电影院、汽车西站、砂子岭、羊牯塘
106	潭城中巴公司	1989. 7	35	火车站—下摄司	9. 6	基建营、湘亚宾馆、体育中心、建设路口、建设南路、书院路、岳塘路
	莲城中巴公司					
108	莲城中巴公司	1996. 6	20	老县城—易俗河	21	沿江东路、沿江大道、一大桥、建设中路、建设南路、书院东路、二大桥、易俗河
	湘潭县客运公司		10			
117	湘潭市客运服务公司	1992. 4	16	二纺厂—发电厂	13. 5	和平公园、建设北路、江麓、民主路口、建设路口、三中、下摄司、半边街
118	湘潭市客运服务公司	2000. 1	13	汽车西站—湘钢新二村	12	宝丰街、南岭南路、南岭北路、江麓广场、建设北路、广云东路、车站路、八仙桥、雨湖路、建设中路、建设南路、书院路、钢城路

第三节 的士车

在湘潭市区最早从事出租车(的士车)服务是湘潭市公共汽车公司,1985 年以前曾设立出租车队,有小轿车 7 台,以静待方式,顾客要车,主动联系或电招。1986 年,市区出现个体的士车载客营运,但车辆一般不流动,多数集中在饭店前坪或车站、码头、厂矿、学校附近守点候客。运价为车主与旅客面议,市区一般收取 5~10 元不等。但“宰客”现象不断发生,乘客与车主矛盾日益增多。至 1988 年,市区的士车发展到 40 台。1989 年,市政府对市区的士车营运实行统一管理,在办理的士车开业、车辆标志、运价票证、车辆颜色等项规定手续后,所有的士车实行统一标志、统一票证、统一颜色、统一顶灯的“四统一”管理。1990 年,经市场物价局批准,的士车收费标准起步价(2 千米内)一类车(富康、桑塔纳等)定为 7 元,二类车(夏利、奥拓等)定为 6 元,超过里程,按实际里程计价。每车千米价格按车的类型分别为 1.6 元和 1.8 元。

1991 年,市政府组织城建、公安、城管、工商、物价等部门参与治理湘潭市区的士车辆运营中的“三乱”(乱停车、乱行驶、乱涨价),规范的士车辆安全运营与服务。先后处罚各类违章、违规的士 24 台(次),纠正行驶线路 11 处。1992 年,湘潭市政府委托市交警部门将全部的士车牌照统一换为“X”

牌照,进一步规范的士车的管理。1993 年,由市技术监督局对的士车统一安装里程计费表,开始实行打表计程收费。至年底,市区的士车发展到 93 台。1994 年,湘潭市第一家的士公司——百信出租车公司成立,市区营运的士车开始向公司化管理发展。

1996 年,市政府对市区的士车辆经营权实行有偿使用,委托市公安部门采取公开招标和定项招标等形式,每轮出让期限为 5 年,(经营权以单台车辆为计算单位)其经营权期满后依法收回(2004 年 12 月的士车的经营权从市公安部门移交市公用事业管理局)。1998 年,依照《公司法》的规定,市区组建长城、红叶、旅游、安国 4 家出租(的士)公司,将 264 台个体的士车并入 4 家公司,实行统一管理。1999 年,市物价部门通过召开价格听证会,对的士车起步价进行调整,一类车由 7 元调整为 5 元,二类车由 6 元调整为 4 元(此价格延续至 2005 年)。至年底,市区的士车发展到 722 台。2000 年,市政府按照国家发改委、公安部、交通部、建设部、旅游总局五部委关于清理整顿城市出租汽车的文件精神,由市城市管理局会同市工商、公安、税务等部门查处非法营运的士车辆 210 台,其中暂扣 20 台,并分台进行处罚,市区的士车营运秩序明显好转。

2001 年,市区的士出租车公司利用现代科技手段,全部建立无线电话通讯网络,有的还购置 GPS 卫星定位仪,公司可随时调度和掌握在外营运的士方位和运行状况。公司可随时知晓的士的运行地段、方位与时间。2002 年,按照国家建设部、交通部、旅游总局颁发的《城市出租车管理办法》,市客运主管部门对市区从事出租(的士)车从业人员进行系统的职业培训。是年 4 月,在市客运管理处举办第一期出租车从业人员培训班,经考试合格后发给服务资格证。至 2004 年,已举办出租车从业人员培训班 30 期,培训从业人员 1800 人。2005 年,湘潭市区的士车辆发展到 1159 台,的士出租车经营公司 16 家。随着天然气进入湘潭,国内燃油价格上涨,部分的士车开始改用天然气作为驱动燃料。至年底,改用天然气作为驱动燃料的的士 46 台。

1986~2005 年湘潭市区的士车辆

表 58-3-3　　　　单位:辆

年份	数量	年份	数量
1986	13	1996	345
1987	26	1997	458
1988	37	1998	722
1989	47	1999	942
1990	52	2000	980
1991	83	2001	1150
1992	87	2002	1150
1993	93	2003	913
1994	207	2004	1145
1995	325	2005	1159

2005 年湘潭市区出租车公司情况

表 58-3-4 单位:辆

公司名称	成立时间	的士车	公司名称	成立时间	的士车
通达公司	1994.7	33	宏运公司	1999.1	126
亿达公司	1997.4	58	华鹏公司	1999.9	99
湘宾公司	1997.12	76	希望公司	1999.9	94
莲城公司	1998.1	83	华达公司	1999.9	73
旅游公司	1998.1	75	鸿达公司	1999.10	15
安国公司	1998.1	72	湘铁公司	1999.10	15
长城公司	1998.5	97	三生公司	2001.1	58
红叶公司	1998.8	113	华泰公司	2002.2	72

第四章 城市供水管理

第一节 供水管网维护

1986 年,湘潭市区由自来水公司管理、维护和经营的供水管网(直径 100 毫米以上)191 千米,分别延伸至下摄司、马家河、滴水埠、易俗河、砂子岭、石马头、观湘门等 14 个边沿地段。至 1990 年,供水管网维护上升到 223 千米,5 年中市区共处理管网爆裂事故 296 起,更换各类器材耗资 13.8 万元。

1991 年,河西地区延伸供水管线 23.6 千米,缓解 11 个地段供水困难的状况,其中针对车站路沿线高楼增多,输水压力降低,导致部分居民用水困难的情况。经市政府批准,市自来水公司自筹资金 110 万元扩大车站路(从湘亚宾馆至火车站)长 1860 米的输水管(由 300 毫米改为 800 毫米),彻底解决沿线高楼供水无压力的困难。1993 年,河东地区延伸输水管网 29.3 千米,将输水管延伸至易家湾地带,解决这个地段部分居民饮用水长期困难的问题。至 1995 年供水管网维护上升至 276 千米,5 年中市区共处理管网爆裂事故 317 起,更换各类器材耗资 16.48 万元。

1996 年,在市政府协调下,市供水企业对城区边沿地带输水管线进行扩容,将板塘铺至马家河(即从市玻璃厂侧至硅酸盐厂),长 7420 米,管径由 200 毫米扩大为 400 毫米,输水能力扩大 1 倍。1999 年,依照市政府的要求,市自来水公司自筹资金 60 万元,扩容城正街、沿江路输水管,管径由 200 毫米扩大为 400 毫米、长 1418 米,使这一地带居民用水压力低的问题得到解决。至 2000 年,市区维护供水管网总长 328 千米,5 年中市区共处理管网爆裂事故 369 起,更换各类器材耗资 28.5 万元。

2001 年,市供水企业将输水管网改造与维护结合起来,采取改进操作、改变材质、增加阀门、加强系统控压等措施,有效地保持管网平稳输水。至 2005 年,市区维护供水管网总长达到 410 千米,5 年中市区共处理管网爆裂事故 218 起,更换各类器材耗资 20.73 万元。

第二节 供水水质管理

1986年，湘潭市一、二、三水厂出厂净化水检验，按照国家标准，由自来水公司中心化验室承担检测，符合标准，才能输出。1988年，三个水厂同时增加原水和净化水的初检设备，以保证供水质量，湘潭市区供水质量按国家标准规范的5类、38项指标的综合合格率必须达到96%以上，至1990年，湘潭市区水质经过对水的浑浊度、余氯、细菌总数、大肠菌群等31项指标检验分析，综合合格率最低达到99.2%，最高达到99.9%。

1991年，市政府为改变一水厂取水口与排污口同位的状况，指定市自来水公司委托武汉给排水设计院进行异地重建的可行性研究。1992年，市政府批准武汉设计院提供的一水厂异地重建初步设计方案，市发改委立项，进行异地重建，取水泵房方位改变后，居民饮用水质量和安全得到保障。

1996年，市政府在市自来水公司利润中提取120万元，设置"三遥"（遥测、遥控、遥信）调度中心，对三个水厂的水量、水质、水压、水位等数据进行自动采集、计算和整理。市自来水公司"三遥"调度中心投入使用后，效果很好，水量增加，水质提高。至1997年，水质综合合格率达到99.85%。1998年，经湖南省建设委员会与湘潭市政府协商确定，以湘潭市水质检测设备、技术为基础，设立湖南省城市供水水质监测网湘潭监测站（即湘潭市自来水公司中心化验室，两块牌子一套人马）。湘潭水质监测站于1999年通过水质检测省级计量认证评审。2000年12月通过计量认证的复查评审，都达到国家标准水质监测要求。

2001年，湘潭市区供水质量监测管理措施、检测手段与方法，顺利地通过湖南省技术监督局组织的认证复查和评审。2002年，湘潭市自来水供水质量，经湖南省卫生厅组织的城市供水企业专项检查；水质分析38项指标，检测样品72个，管网水8项指标检测样品1269个，出厂水8项指标检测样品750个，水质综合合格率99.76%，成为湖南城市供水企业质量管理先进单位。2005年，市区水质检测项目，根据《生活饮用水卫生标准》GB-5750-2006进行检测，除常规7项外，能全部检测饮用水35个子项，非常规5项。根据《水处理剂酚聚氯化铝》GB15892-2003，能全部检测净水标准的11项。由于水质检测机构严格按照国家标准进行跟踪检测，保证优质供水，水质综合合格率在99%以上。

1986~2005年湘潭市区公用供水水质情况

表58-4-1　　单位：%

年份	浑浊度	余氯	细菌总数	大肠菌群	全分析31项	综合合格率
1986	99.80	99.60	100	99.20	—	99.70
1987	99.40	99.90	99.90	100	—	99.80
1988	97.90	99.80	100	99.90	—	99.40
1989	97.30	99.60	99.90	99.60	100	99.20
1990	97.10	100	100	99.90	99.60	99.30
1991	98.36	100	99.93	100	99.50	99.56

续表

年份	浑浊度	余氯	细菌总数	大肠菌群	全分析31项	综合合格率
1992	99.29	100	100	100	100	99.86
1993	99.00	100	100	99.93	100	99.79
1994	99.86	100	100	99.93	99.70	99.90
1995	99.93	100	100	99.93	99.01	99.77
1996	99.64	100	100	99.72	99.71	99.81
1997	99.79	100	100	100	99.48	99.85
1998	99.63	100	100	100	100	99.93
1999	99.85	99.78	99.79	99.78	99.53	99.74
2000	99.77	99.92	100	99.92	99.92	99.91
2001	100	99.77	100	100	100	99.95
2002	99.29	99.84	99.84	99.84	100	99.76
2003	99.85	99.85	100	100	100	99.94
2004	99.96	100	100	100	99.80	99.90
2005	99.92	99.53	99.53	99.61	99.77	99.80

第三节 供水经营管理

1986年，湘潭市区居民住宅和单位（含工矿企业、机关、学校与群众组织，只装总表，分表则由各自安装，供水企业只认总表计量收费）在用水表5057块，其中有相当多的单位（包括企业与学校）是采用“包费制”，在单位总表内的用户家庭生活耗水量，均计在总表之内。而有部分单位则将公共用水与生活用水分离，在宿舍单元楼安装用户总表，到户也装分表，但到收费时，单元总表与分表发生误差，其差额则由单位负责。由于总表与分表计量有误差，造成水资源浪费，导致用户与单位及供水企业的矛盾，水费回收率降低。是年，居民生活用水价格为每立方米0.1元。工业用水每立方米为0.15元。至年底、市区供水总量为5162万立方米，供水普及率为85%。

1991年，湘潭市政府提出在城区要切实搞好居民散户的供水。市自来水公司经过调查、勘测，采用设站的方式供应闹市区域散户居民用水，曾在新梁街、旭东巷等居民区设有41个站，供应860户居民散户的用水。这种方式增大供水成本，居民用水不方便，于1995年取消，采取延伸输水管网，分区域、地段和居民庭院改由单元表和分户表计量收费。至1995年，湘潭市区供水量达到8308.46万立方米，总量比1986年增长60.95%。

1996年，市政府提出节约用水，计划用水。供水企业主动承担节水任务，对用户进行宣传，并积极推广节水用具，如阀门、龙头、喷头等。1998年，国家发改委，建设部发布《城市供水价格管理办法》，明文规定“制定城市供水价格，实行听证会制度和公告制度”。1999年10月，湘潭市首次实行水价调整听证会制度，调价充分考虑社会承受能力，听取各方意见，经市物价局审定后，居民生活用水价由每立方米0.72元调至0.82元，工业用水每立方米由0.6元调至0.87元（河东0.83元），经营服务业用水由1.2元调至1.31元（河东1.27元），特种行业用水每立方米2元调至2.41元（河东2.37元）。调整后的水价，在《湘潭日报》上公开刊登，做到透明、公开、公平、公正。至2000年，湘潭市区部分企业停产，市区供水量下降到7405.56万立方米。

2001年，湘潭市政府动员广大市民爱护水资源，节约用水，在市区推行"一户一表"制，由供水企业逐步进行改造，将所有单位和居民住宅楼以户为单位装表计费。这种方式多数消费者拥护，改造速度快，仅用两年时间，市区14万户居民水表进户。2002年，市政府规定对特困户（含五保户），每月免收8立方米水费；低保户，每月免收4立方米水费。其差额由供水企业自行消化。这一举措，使市区7300户困难家庭得到实惠，社会与公众满意。2003年，湘潭市政府全面启动城市公用事业改革、招商引资。市自来水公司主动进行资产评估和职工改制补偿。经与多家企业洽谈，最终与北京中环水务公司签订合资经营供水的框架协议。2004年，经市政府批准，以注册资本2亿元人民币合资组建湘潭市中环水务有限公司，其中湘潭自来水公司以6000万元的实物资产作抵，占30%的股份，中环水务投资有限公司注资1.4亿元，占70%的股份。另有管网资产折合人民币1亿元，由合资公司以30年期限，分期购买。中环水务公司于是年9月15日在香港举行供水特许经营权签约仪式，市政府授予湘潭中环水务有限公司为期30年的供水特许经营权。

1986~2005年湘潭市自来水经营情况

表58-4-2

年份	水厂数（个）	1986供水能力（万立方米/日）	管网长度（千米）	供水量（万立方米）	售水量（万立方米）	用水人数（万人）	供水普及率（%）
1986	3	12	191	5162.59	4695.29	31	85.00
1987	3	15	205	6147.47	5510.87	32	87.00
1988	3	15	214	6340.56	5563.81	32	89.00
1989	3	15	218	6365.89	5782.13	32	87.20
1990	3	15	223	6794.52	6163.15	32	88.00
1991	3	23	246	7094.08	6868.98	34	88.10
1992	3	30	252	7871.66	7200.65	35	88.50
1993	3	30	260.80	7802.47	7304.79	36	88.80
1994	3	30	267.92	8103.37	7312.36	36.8	89.20
1995	3	32.5	275.94	8308.46	7100.89	37.3	89.50
1996	3	32.5	290.8	7944.90	7102.67	37.3	89.50
1997	3	32.5	301.4	7789.28	6205.42	38	89.50
1998	3	32.5	307	8065.78	6004.37	38	98.80
1999	3	32.5	310	7493.71	5652.97	38	98.80
2000	3	32.5	328	7405.56	5232.94	38	98.80

续表

年份	水厂数（个）	1986供水能力（万立方米/日）	管网长度（千米）	供水量（万立方米）	售水量（万立方米）	用水人数（万人）	供水普及率（%）
2001	3	32.5	342	7034.06	5255.11	39	98.80
2002	3	32.5	350	6842.35	5283.43	39	99.00
2003	3	32.5	375	7222.88	5186.05	42	99.00
2004	3	42.5	385	7106.16	4787.40	47	99.00
2005	3	42.5	410	6738.09	4555.62	52	99.00

是年9月30日，湘潭中环水务有限公司注册成立。市自来水公司职工进行置换（一次性买断工龄），全员退出“全民”的身份，大部分成为合资公司劳动合同制员工。2005年6月1日起，湘潭市中环水务公司与中国工商银行湘潭市分行联合建立的水费代收管理系统投入运行，水费缴纳由工商银行50个储蓄网点取代，用户在签订《使用中国工商银行账户结算水费三方协议书》后，就可以在市内工商银行任何储蓄网点存储交纳水费。是年10月，市政府再次组织召开自来水价格调整听证会，经多次听证代表的认可和市物价局核准，对自来水价格进行调整，居民生活用水价格由每立方米1.15元调至1.32元，经营服务用水由每立方米1.85元调至2.16元，特种行业用水由每立方米4.05元调至4.09元。至年底，市区供水量为6738万立方米，供水普及率达到99%。

第四节　自备水管理

湘潭是一个工业城市，工矿企业较多，特别是省、国家部委大中型企业多，这些大中型企业是用水大户。在计划经济时代，市政府由于财力有限，政府所办自来水设施无法满足企业的需求，故这些企业有自备水装置和设施，或取深井水或直接在湘江取水自用。1986年，湘潭市自备设施和装置、自供用水的工矿企业和学校等事业单位共有205家，其中工矿企业156家，高等和中专学校、事业单位49家，取水能力42万立方米/日，实际耗水量为20.6万立方米/日，全年耗水量达到7519万立方米。

1991年，部分企业停产，自备水单位减少41家，总数为164家。1992年，市政府在原水资源管理办公室的“管理”职能上，增加节约用水的职能，并颁发《湘潭市城市节约用水管理办法》。在所有用水单位和公众中实施，强调自备水单位也应节约用水。1993年初，市政府召开全市节水工作会议，部署安排市区工矿企业、机关、学校爱护水资源，节约用水。市政府主管副市长发表电视讲话，动员工矿企业、机关、学校和广大市民积极投入节约用水行动。湘潭钢铁公司响应政府号召，将所耗用水回收重复利用，重复利用率达总耗水的40%。1995年，新增学校和企业自备水单位23家，市区自备水源单位增至187家，年耗水量为9408万立方米。全年水降耗价值586万元。

1996年，市水资源管理办公室会同工业、教育主管部门，对自备水源单位进行检查。总结推广湘潭钢铁公司生产用水“回收复用”达到70%的经验，湘潭市节水工作收到很好的效果。1998年，市政府根据《中华人民共和国水法》和湘潭市社会经济发展的变化，进行补充、修订《湘潭市水资源管理办法》。湘潭市水资源管理办公室和用水企业与学校等单位,根据《管理办法》规定,签订协议,按规定程序办理申报手续和取水许可证手续及其施工手续,并按期缴纳水资源费,按年度审核,定期进行检查、考核和监督,保障规章、措施落实,避免浪费资源,增大成本,以利于管理。至2000年,新增学校和企事业自备水单位31家,自备水单位达到218家,年耗水量8078万立方米,节水效益价值720万元。湘潭市区工矿企业职工生活用水“供给制”全面取消。机关、学校和工矿企业的“长流水”和“跑、冒、滴、漏”等浪费水资源的现象彻底改变。

2001年,湘潭市政府采取多种措施,从机关、企业、学校到广大市民从思想认识上重视和支持管水、用水、节水。湘潭市区计划用水、节约用水机构、制度逐步健全,开发和应用节水新工艺、新技术和节水型新器具,得到68家企业、学校的推广和应用,并取得实效。2005年,湘潭市区自备水源单位达到198家,因市五金厂等20家企业停产、破产,自备水单位比2000年减少20家。取水能力为69.5万立方米/日,年耗水量为1.82亿立方米,其中生产、服务用水占总量的94%。城区工业用水重复利用率由1991年的10%,提高到66%,其中用水大户湘潭钢铁公司重复利用率达到70%,万元工业产值耗水量下降1.4%,节水降耗价值1138万元。湘潭市区地下水资源,在这20年的开采、应用中,没有发生较大地面沉陷,没有出现重大地质裂变,没有造成湖泊、深井干涸。开采的总体控制和局部的技术监督到位,地下水资源利用平稳有序。

第五章　城市燃气管理

1986年,湘潭市政府以城市节能为主体,利用湘潭市合成化工厂的焦炉(由红旗2号改为66-Ⅲ型)煤气作为气源的生产工程基本完成,输配管网进入全面铺设阶段。1988年1月8日向城市6000户居民供气。1993年,湘潭发电厂利用锅炉半水煤气(又称水煤气)为1100户职工家庭输送煤气。1995年设立湘潭市燃气管理办公室,1996年,市区气化率达到68%。2001年,湘潭市政府提出利用天然气。但因自身财力无法一次性投入这么大的额度,需要招商引资。市政府提出,市煤气公司以全部国有资产整体出让或合作经营的方式进行招商引资。2002年,湘潭市煤气公司与新奥燃气集团公司合作经营达成意向协议,而后正式签约,重新组成湘潭新奥燃气有限公司。湘潭市煤气公司原有输配管网、加压站、储气站等设施、设备评估价为6300万元,由新奥公司收购。顺利实施“川气入湘”,引进天然气进入湘潭,从而结束湘潭市区管道煤气生产。至2005年,“三气”(煤制气、液化气、天燃气)经营企业发展到以新奥燃气公司为主体的10余家。湘潭市区居民用气户发展到18.32万户,市区气化率86%。

第一节　液化气管理

1985年9月,湘潭纺织印染厂开始筹建液化气储备站,1986年1月建成湘潭地区第一个液化石油气储备站,储气能力为400立方米,并购置槽车,从岳阳、武汉等地购进液化气供本厂职工使用。至年底,居民用气发展到10049户。

1991年，经营液化石油气的厂矿企业、高等院校有湘潭电机厂、江南机器厂、湘潭大学、湘潭电缆厂、湘潭百江公司、市液化气公司、星火燃气公司等7家，构筑液化气储备站，购进槽车22台，钢瓶15000只，用气户发展到65000户。1994年，市液化石油气公司、百江能源有限公司、星火燃气有限公司，新开辟小区管道液化石油气业务，在熙春路、宝庆路等68个小区（庭院）安装气柜（罐），铺设管网，输气到家庭达7500户。将小区管道液化石油气，经过调压，用管道输送到用户家中，既减轻用户搬运钢瓶的劳动强度，又省时、方便，得到用户好评。但开发小区管道液化气，因成本过高，未能推广。1995年，湘潭市政府依据国家建设部、劳动部、公安部颁发的《城市燃气安全管理规定》，结合湘潭市情，并经市人大审定后，颁发《湘潭市城市燃气管理暂行办法》。市政府同时批准设立湘潭市燃气管理办公室。对湘潭市燃气生产、运输、储存、经营和使用，进行全方位的监督、检查、协调和管理。至年底，湘潭市区用气居民8.76万户。

1996年，市城市建设局会同市工商局对市区所有液化气经营网点进行清理整顿和规范。凡经营场所，对管理制度、人员配备、安全设施等方面进行审核，批准后发给经营网点营业证书。对不符合条件的3家无证经营网点，则予以取缔。1998年，市燃气管理办公室按照国家建设部有关燃气企业资格审查的标准，对湘潭市区液化气站（公司）进行资质审查，从气源运输、储存、经营、安全使用等环节到管理、制度与气站设备、设施及场地等进行检查和考核，对其中制度不够健全的两家，则限时进行整改。1999年，湘潭市区有纺城工贸液化气站、湘潭市电机集团液化气站、湘潭华菱线缆厂液化气站、江南机器集团公司液化气站、湘潭市液化石油气有限公司、百江能源实业有限公司、大鹏液化气站、湘潭大学液化气站等8家单位经审查合格，给予湖南省《城市燃气企业资质证书》。至2000年，居民用气发展到14.5万户。

2001年，市政府组织相关部门对市区液化气经营单位进行安全检查，发现3个门店使用的钢瓶没有按期检验，存在安全隐患，由市技术监督局指定并限期检测。2003年，将市辖县（市）液化气经营站（点）纳入统一管理。湖南科技大学液化气站、新光液化气公司、湘乡铝厂液化气站、湘乡市民政福利工艺厂液化气站、湘乡市石化公司液化气站、湘乡市韶峰集团液化气站、韶山市飞虹公司液化气站、湘钢生活服务中心共9家单位获得城市燃气企业资质证书。2004年，湘潭市区燃气具销售产品多样，有的“三无”产品也进入市场。湘潭市燃气管理办公室配合湘潭市技术监督局，加强对“三无”产品和过期钢瓶的查处，按照《湖南省燃气管理条例》的规定，对外地进入湘潭市区的燃气具产品，做到销售前在《湘潭晚报》上进行产品目录公布。先后有外地12种燃气灶具和10种热水器合格品牌进行了目录公布。并有15种不合格燃气灶和13种不合格热水器被清理出燃气具销售市场，保护消费者的利益。至2005年，湘潭市区液化石油气用户达到12.56万户，年用气量达到1.56万吨。湘潭市区液化气市场，占市区燃气市场总份额67%。从1986至2005年的20年间，在液化气经营和使用的过程中，市政府与主管部门、经营单位与用户做到管理规范，制度健全，措施到位，安全使用，没有发生重大的爆炸和人员伤亡事故。

第二节 管道燃气管理

市内湘钢职工最早使用管道煤气。1986年，湘潭市区管道煤气正处在建设中，市政府批准设立湘潭市煤气公司，并定为城市中型公用事业单位，定编176名(1996年定为正县级全事业单位，人员增至248名)。主体职责是经营市区管道煤气(俗称煤制气)。1987年，煤气管网和输配工程完成主干管(包括支、庭院管)网长18千米，调压站2座。1988年，经过置换管网、调试设备，于1月8日点火送气，首批送气6000户。销售价经市物价部门核准，每立方米为0.2元。由于市合成化工厂焦炉所产生的煤气，生产成本高，导致煤气的出厂价与市场售价倒挂，经市政府核定，每年给予气源厂(市合同化工厂)、经营单位(市煤气公司)财政补贴。是年，煤气经营气价补贴为40万元。至1990年，市区用气户数达到1.48万户，出售煤气474.6万立方米，售气量比1988年扩大6.7倍。

1991年，市区煤气用户发展到1.52万户，售气642.5万立方米。因气源厂产气量不足，出现用气时续不平衡，供气紧张，给用户的生活带来不便。1992年，市政府决定对输配工程进行第二期扩容，敷设跨越湘江的输气管，增设河东5万立方米储气站。1995年，市区煤气用户达到1.99万户，售气量665万立方米，用气户比1990年净增5100户。

1996年，市政府经与湘钢协商，由湘钢向市区提供煤气1万立方米/日，并由市煤气公司在岳塘书院路设立分输站，顺利实施市区煤气管网与湘钢煤气管网对接，于是年9月28日完成联网运行，湘潭钢铁公司焦化分厂每天为市区输送1万立方米煤制气，从而缓解湘潭市区供气紧张的局面。1998年，市煤气公司筹资40万元，自行设计和施工，在东湖储配站新增一套简易液化气掺混装置，将液化气掺入空气后，再与煤气混合，以弥补气源不足，这套装置主要调节节假日用气高峰。

1999年，湘潭市煤气公司以安全供气为重点，建立法人代表、分管领导、部门负责人和当班职工4个层面的安全管理网络，逐层签订安全输配经营责任书，定期进行检查考核，实行"零"差错服务和一票否决制，考核成绩与经济效益挂钩。在外部实行与公安"110"联动反馈服务，并向社会公开承诺，紧急抢修(110报警)做到及时，一般维修4小时内处理。市煤气公司"蓝星服务队"，以快速及时抢修、维护和优质服务得到用户称赞。2000年，被国家建设部授予"全国建设系统文明服务示范窗口"，共青团湖南省委授予省级"青年文明号"。煤气具维修工冯德智以技术熟练，服务热情，维修质量好而荣获全国"五一劳动奖章"。2001年，市政府利用"川气入湘"的机会，决定将天然气引入湘潭，并以市煤气公司的设施、设备进行招商引资。经多方考察，2003年市政府决定以30年独家经营权特许引进新奥燃气公司经营湘潭的煤气和天然气。煤气、天然气的发展规划、管线布局、经营与管理等均由新奥燃气公司负责。市政府相关机构(市燃气管理办公室)负责湘潭市燃气具的规范经营与安全监督及行业管理。到2005年，市区管道煤气用户3.48万户，售气量520万立方米。

1988~2005年湘潭市区煤气经营情况

表58-5-1

年份	外购气量(万立方米)	用气户数(户)	用气人口(万人)	管网长度(千米)	调压站(座)
1988	69. 93	6658	2.15	54. 21	6
1989	315	11992	4.14	88. 32	9
1990	474. 6	14864	5.02	101. 36	9
1991	642. 5	15248	5.09	110. 86	9

续表

年份	外购气量（万立方米）	用气户数(户)	用气人口（万人）	管网长度（千米）	调压站(座)
1992	606.5	16169	5.4	124.76	10
1993	675	17750	5.84	130.29	11
1994	603	18719	6.14	135.52	12
1995	665	19959	6.55	139.96	12
1996	722	20556	6.57	141.18	12
1997	724	20936	6.69	143.19	12
1998	612	21248	6.79	144	12
1999	632	21603	6.91	145.2	12
2000	636.2	21927	7.01	147.42	12
2001	613	22142	7.08	154	12
2002	584	22384	7.16	157	12
2003	612	22655	7.24	165.5	12
2004	630	27134	8.68	188.26	12
2005	520	34772	11.12	207.99	15

1998~2005年湘潭市区部分年份煤气管网输配情况

表58-5-2

项目		计量单位	年份				
			1988年	1990年	1996年	2000年	2005年
售气总量		万立方米	529.3	1129	1248	1251.8	1274.8
储气能力		万立方米/日	3	5	10	10	10
输气管网总长		千米	54.21	101.36	141.18	147.42	278.73
其中	湘钢	千米	25.25	35.81	58.24	61.40	68.68
	湘电	千米	1.77	1.77	1.77	1.77	2.66

1998~2003 年湘潭市区煤气补贴情况

表 58-5-3

年份	补贴金额(万元)	年份	补贴金额(万元)
1988	40	1997	820
1989	160	1998	640
1990	240	1999	580
1991	320	2000	420
1992	310	2001	260
1993	340	2002	260
1994	320	2003	150
1995	350	2004	—
1996	360	2005	—

第六章　市容管理

1986年,湘潭市市容管理主管部门为湘潭市城市建设局,专业管理机构——湘潭市环境卫生管理处,并设有雨湖、湘江、岳塘、板塘 4 个环卫所(1992 年行政区划调整合并为雨湖、岳塘两个所),拥有专业队伍 1154 人,承担湘潭市区主次干道、街巷、广场和居民社区 169.8 万平方米的清扫和生活垃圾清运与公厕粪便处理。1987 年,市政府采取多种措施改变市容面貌,重点治理雨湖路、八仙桥、解放南路、中州路、岚园路、民主路、板塘铺等 9 个地段占道经营的问题,拆除违章搭建棚架和板房 640 处,清除堆积在街沿生活垃圾 850 吨,市容"脏"的状况基本改变。1990 年,市区街道清扫面积达到 189.04 万平方米,比 1986 年增加 19.24 万平方米。1991 年,经市委批准,将市环境卫生管理处升格为副县级事业单位。市政府即时颁发《湘潭市环境卫生管理实施细则》《湘潭市区"门前三包"实施办法》等规章,详细、具体地规范公众、单位和专业机构的行为。并将城市管理与市容管理结合起来,以"人"为本,以劝导为管理主要手段,对违反者从罚款为主改为引导、规劝为主,有效地促进"和谐的市容管理"。1993 年,市环境卫生管理处依照"门前三包"的办法,在市、区采取专业队伍分区段清扫,分级负责,统一管理,将市、区、街道、社区,各自组成专业与民办相结合的清洁卫生队伍,专业清扫各自辖地,市、区统一管理和协调。2001 年,市区街道明确划分清扫区域,确定垃圾清运职责。街道和社区民办清扫人员负责辖区内清洁卫生,并将垃圾收集后送至附近的垃圾中转站。其工资、工具等费用,由社区向居民收取一定的卫生费,差额由街道、社区给予补贴。至 2005 年,由市环卫专业机构和队伍负责清扫的主次干道达到 66 条,清扫街道路面、居民小区与庭院面积 454.64 万平方米(其中市区 240.58 万平方米,街道社区 214.06 万平方米,市区街道路面清扫率 100%,主次干道全面实现"三光"——路面扫光,沟槽铲光,垃圾运光),垃圾清运做到日产日清,年清运和消纳生活垃圾 52.49 万吨,垃圾无害化处理率达到 80%。水冲式公共厕所增至 137 座,垃圾中转站、消纳场和市容管理日趋规范,市容干净整洁。

第一节 环境卫生管理

一、街道清扫

1986年，湘潭市区主次干道、广场、街道、社区从事卫生清扫人员为1154人（其中市区专业队伍580人，街道社区574人），承担市区169.8万平方米的地面清扫（其中市区专业队伍43万平方米，街道、社区清扫队伍承担126.8万平方米）。1987年，市区主次干道和广场清扫分路段由班组负责，早清扫（凌晨4~6时），下午清扫（16~18时），晚上保洁（20~22时）；街道、社区清扫保洁一次完成。处、所负责检查。1990年，市区街道清扫面积达到189.06万平方米，比1986年净增19.26万平方米。

1991年，市政府批准《湘潭市城区道路和公共场所清扫保洁、垃圾收集、清运职责划分实施办法》，市环境卫生管理处依照"办法"规定的任务、责任和要求，按路段、分片包干，即采取划分路段，专业清扫人员与"门前三包"相结合，将目标、任务和岗位责任落实到人，对市区街道和广场进行清扫、保洁。临街单位向市环卫处交纳一定费用，由清扫人员负责各个路段的清扫、保洁，并实行"两扫一保洁"，即早晨（4~6时）第一次清扫；上午（8~11时）第二次清扫；下午（16~18时）保洁，处、所定期检查。1995年，市区所有主次干道、连线和广场实现"三无"——无废弃物堆积，无脏乱地段、无积存垃圾。在湖南省爱国卫生运动检查中，湘潭市区街道卫生多次获得满分。

1996年，市区道路和街巷清扫面积260万平方米，专业队伍和民办清扫人员增至1605人。专业队伍对市区主次干道清扫由"两扫一保洁"，改为两扫和全日制保洁，使街道路面保持清洁。2000年，市区专业队伍达到1706人，清扫面积326.1万平方米。

2001年，由小区物业公司经营与管理的清扫面积达到11万平方米。湘潭市区街道、社区及主次干道清扫面积上升至343万平方米，专业队伍达到1715人。2003年，市区新增主次干道和街道清扫面积91万平方米，清扫面积上升至422.12万平方米，专业队伍达到1932人。2005年，市区从事清扫保洁的专业队伍达到2187人，清扫面积上升至454.64万平方米（其中市区240.58平方米，街道社区214.06万平方米）。有道路机动清扫车2台，对市区32条主干道机动车道实行早（6~8时）、晚（20~21时）机械清扫。建成区主次干道春夏秋冬达到"街洁、路净"。

1986~2005年湘潭市区环境卫生专业人员与清扫面积情况

表58-6-1

年度	从事市容卫生工作人数（人）				路面、街巷清扫面积（万平方米）		
	小计	市区专业	街道民办	居民社区	小计	市区	街道、社区
1986	1154	580	386	188	171.41	43.00	126.8
1987	1201	585	391	225	172.65	42.15	130.50
1988	1253	585	403	265	175.22	43.42	131.80
1989	1365	592	412	361	176.31	43.64	132.67

续表

年度	从事市容卫生工作人数(人)				路面、街巷清扫面积(万平方米)		
	小计	市区专业	街道民办	居民社区	小计	市区	街道、社区
1990	1402	579	410	413	189.06	49.88	139.18
1991	1574	621	523	430	190.95	50.69	140.26
1992	1590	629	520	441	195.24	53.79	141.45
1993	1610	627	548	435	210.05	61.91	148.14
1994	1633	629	540	464	215.76	65.16	150.60
1995	1725	634	538	553	216.74	65.94	150.80
1996	1605	597	450	558	260.37	109.00	151.37
1997	1551	604	383	564	283.18	114.47	168.71
1998	1569	628	273	668	290.90	114.47	176.43
1999	1650	615	314	721	297.21	116.90	180.31
2000	1706	601	328	777	326.10	139.20	186.90
2001	1715	598	331	786	343.34	152.88	190.45
2002	1879	589	510	780	410.05	216.20	194.30
2003	1932	580	577	775	422.12	216.25	195.87
2004	1939	586	510	843	429.81	228.47	201.34
2005	2187	594	487	1106	454.64	240.58	214.06

二、垃圾清运

1986年,湘潭市区垃圾收集实行沿街摆放“箱”“桶”的方式,市区设置金属箱263个、金属(塑料)桶430个,并配置叉车4台,密封汽车10辆,清运沿街和居民小区生活垃圾,年清运垃圾121万吨。1989年,市政府投入11万元,增购3台小型垃圾车(1吨/台),日清运垃圾能力上升至240吨。这种收集和清运垃圾的设备、工具和机械,在运行过程中,完好率较低,达不到“日产日清”的要求,有时形成垃圾“展览”,难以保障市容环境卫生。1990年,市政府投入13万元,增购机动垃圾清运车(2吨/台)3台,清运垃圾280吨/日,市区街道(主次干道)和居民小区垃圾积存的状况初步改变。

1991年,市区街道取消垃圾箱、桶,改为垃圾车,定时向沿街收集。并在部分街沿和居民区设置垃圾收集站,清扫、保洁人员将沿街清扫的垃圾和临街居民家庭的生活垃圾,送至街沿生活垃圾站,清扫人员用胶轮车收集后送到相邻中转站。街道、社区的公共场所和小街小巷及住宅区垃圾则由民办清洁工清扫并收集、零散居民住户生活垃圾自行倒至垃圾点或垃圾车,由清洁工用胶轮车送至相邻中转站,市环卫处用垃圾车运送至消纳场。1995年,专业机构拥有垃圾清运机动车辆14台,各类胶轮车148台,市区生活垃圾清运量达到500吨/日。

1996年,市政府投入47万元,专题解决清运工具,新购垃圾运输车4台(8吨/台),转运市区生活垃圾。1998年，在市区建设北路、韶山路、解放路、人民路、中山路、雨湖路、建设南路等主干道上增设果皮箱1140只，并安排专业队伍30人，斗车15台，对街沿果壳桶(箱)进行收集和管理。至2000年，市区生活垃圾清运量达到550吨/日。

2001年，市政府投入130万元，新购垃圾运输车8台，更新6台，其中新增压缩式封闭垃圾车4台，市区生活垃圾从转运到消纳全部实现机械化。2005年，市政府投入120万元，在雨湖路、车站路、建设南路、芙蓉路、湖湘路、丝绸路等10条主次干道的人行道两侧更换果皮箱860只，其中芙蓉路、湖湘路、丝绸路、雨湖路等4条主次干道上设置精美的分隔式回收箱236只，在箱中设置"可回收""不可回收"和"废电池盒"三隔。至是年底，市区主次干道设置果皮箱(包括单箱、双箱及三隔箱)1840只，市环卫处配备专业队伍40名，机动车2台，专业回收果皮箱中的分类垃圾和果皮箱周围垃圾。湘潭市区生活垃圾年清运量达到52.49万吨，其中专业队伍清运(市环卫处统一处理)31.03万吨。

1986~2005年湘潭市区居民生活垃圾清运处理情况

表58-6-2　　单位:万吨

年份	垃圾总量	市环卫处统一处理量
1986	12.10	6.06
1987	13.32	6.61
1988	15.10	7.33
1989	17.35	8.44
1990	18.74	9.03
1991	21.50	10.19
1992	21.78	13.28
1993	22.54	17.14
1994	23.06	18.96
1995	23.61	18.94
1996	24.70	14.90
1997	22.04	12.18
1998	22.43	12.65
1999	26.60	16.76
2000	28.03	18.98
2001	32.35	22.50
2002	40.08	23.47
2003	46.74	25.30
2004	50.43	27.36
2005	52.49	31.03

三、洒水滞尘

市区用洒水车对主次干道机动车道进行洒水降温、滞尘。　1986年拥有6台洒水车(4吨/台)，车箱容量为24立方米，洒水路面30万平方米。并在市区重要地段设置注水栓3个，洒水时间分为夏秋季(5~10月)，每日(早晨4~6时，下午15~18时)洒水3次。冬春季(11月至次年4月)，每日洒水2次。洒水时不抛洒、不漏洒，做到路面湿遍。在春夏秋冬季节里遇雨、雪天气不出车洒水。至1990年，市政府安排资金，更新2台洒水车(8吨/台)，注水容量由24立方米扩大到32立方米，市区洒水路面扩大到67万平方米，占市区需要洒水面积83万平方米的80%。

1991年，市政府投入20万元，更新2台(8吨/台)洒水车，容量扩大8立方米，达到40立方米。1993年，在市区新增洒水车专用注水栓12个，连同原有3个，达到15个，与消防栓基本相同，但涂有黄色油漆，底部装有水表计量，分布在大湖街、文化宫、熙春路、火车站、三角坪、岚园路、下摄司、板塘铺等15个地段的人行道内侧。1995年，市区洒水路面90万平方米，占需洒水路面的87%。

1996年，湘潭市区机动车道路面洒水车辆增加到7台，容量增至48立方米，洒水机动车道32条，面积扩大到110万平方米，年洒水量达到9.7万立方米。1998年，市区路面洒水面积扩大到130万平方米，占需洒水面积的94%，年洒水量12万立方米。

2001年起，市政府投入55万元，先后更新容量大、压力高的4台洒水车，市区机动车道洒水突破40条，面积170万平方米。2005年，洒水车增至8台，容量达到64立方米。在河东、河西56条主次干道定时洒水滞尘，年洒水量达到19.1万立方米，洒水路面突破205万平方米，主干道机动车道路面洒水100%，并保持市区道路无尘土飞扬。

四、垃圾填埋与无害化处理

1986年1~3月，市区的生活垃圾被清运至三角坪作为建设中的体育中心的基础填土而被填埋。1986年4月开始启用位于岳塘区东坪街道的烧窑港垃圾消纳场，将市区生活垃圾全部运至该消纳场填埋。至1992年5月，该消纳场共填埋生活垃圾40万吨，而后用黏土封场。

同月，位于市区河东五里堆的张家浸垃圾消纳场交付使用，湘潭市环卫处安排管理人员6名及2台压路机进场接收市区生活垃圾消纳。在消纳垃圾过程中，每倾倒一米高度时，则用黄土进行覆盖，用压路机压实后，再行倾倒。至1995年，张家浸已消纳市区生活垃圾34.8万吨，并经湖南省环境卫生协会检查，认定符合国家颁发的《城市生活垃圾填埋技术标准》要求。

1996年，张家浸垃圾消纳场由于覆盖黄土不及时，导致邻近23户居民致信市政府，反映垃圾场的气味浓，影响居民生活。经市城建局、市环卫处采取喷洒农药(杀菌)、覆盖黄土等措施，使消纳场周围环境改变，异味消除，获得居民认可。

2001年，张家浸垃圾消纳场，经市人大代表视察并经湖南省文明卫生检查团检查，认定张家浸垃圾场处理工艺和技术是先进的，无害化处理达到国家规定的标准。张家浸垃圾处理场使用至2003年8月，经历11年，消纳市区生活垃圾126万吨。在消纳和处理过程中，曾先后经湖南省爱国卫生检查团四次现场查看和湘潭市人大代表五次视察，认定符合建设部颁发的《城市生活垃圾填埋技术标准》和环境卫生要求，工艺先进，管理到位，无大气和水体污染。

2003年8月,位于岳塘区双马镇建设村泰山岭的双马垃圾消纳场交付使用,市环卫处安排管理人员14名及8台汽车和机械设备,进场接收市区生活垃圾消纳,是年,消纳处理生活垃圾11万吨。至2005年,已消纳生活垃圾59万吨,全部实行分层压实、覆盖黄土、吸流污水、消毒杀菌处理。在整个消纳处理过程中都是按照国家建设部颁发《城市生活垃圾填埋技术标准》《生活垃圾填埋污染控制标准》和《生活垃圾填埋环境监测技术标准》执行的。运行3年来,尽管经省环境卫生技术协会检查,认定工艺先进,管理科学,但每年仍有600多吨的COD通过渗滤液对外排放进入湘江。

五、公厕管理

1986年,由市环境卫生管理处专业管理街沿公厕144座,其中水冲式公厕27座。占公厕总数的19%,市区街沿旱厕117座,由市环卫处负责收集粪肥。粪肥收集量为2.4万吨/年。水厕由市环卫处安排专人采用每天一扫一保(上午清扫、下午保洁)进行管理。

图58-6-1 建设南路霞光村公厕

1987年起,市政府以每年新增(改造)10座水冲式公厕作为为民办实事项目,平均每年投入资金20万元,新增韶山西路、建设北路、陵园路、城正街、建设中路、建设南路、雨湖路、车站路、民主西路等地段水冲式公厕23座,并对15座旱厕进行维修和安装照明,使公众"方便"难的问题得到初步解决。至1990年,市区沿街公厕增至167座,其中水冲式公厕达到60座,占总数的36%,比1986年上升17个百分点。

1991年,市政府颁发《湘潭市环境卫生有偿服务收费管理实施细则》,市环境卫生专业管理机构依照细则对设置在车站、码头、菜市场等临街公众场所的10座水冲式公厕实行有偿收费管理,首次票价经市物价部门批准,每人次收费为0.2元(后调至0.3元和0.5元)。1992年11月19日,《中国建设报》刊发《市长管公厕》一文,专题介绍湘潭市政府领导重视和关注公厕维护与管理。1994年,湖南省环境卫生协会出版发行《湘潭市区公厕图集》,向全省城市推广湘潭公厕管理的做法。1995年,市环卫处从事掏厕所、收粪肥的队伍及储存、运输、出售的设施(码头、粪库)、设备、工具等历经44年,至此全部退出历史舞台。期间,湘潭市环卫处普通掏粪工人、全国劳动模范赵修琪,在掏粪岗位上工作25年,为1100人(次)解难,其中在厕所粪池中清掏实物(钱包、手表、金戒指等)200余件,归还失主,不计报酬。他两度出席全国劳动模范和先进工作者代表大会。

1996~2000年,市区又有9座水冲式公厕交付使用。2001年,已经改造和新建的水冲式公厕136座,城区中心地带的旱厕全部改造成水冲式公厕,其中一、二类公厕占总数的80%。市环境卫生管理处对市区交付使用的水冲式公厕,设有专人,负责管理,并将地段、名称和保洁时间与范围挂牌公示。至2005年,市区交付使用的公厕157座,其中水冲式137座,水厕占公厕总数的88%。保留在城乡结合部位的20座旱厕,由当地村民收集粪肥,负责保洁和维护。

1986~2005年湘潭市区环卫设施管理投入情况

表58-6-3 单位:万元

年份	投入总额	其中	
		设施维护	设备购置与维修
1986	237	128	109
1987	245	129	116
1988	212	161	51
1989	383	221	162
1990	374	249	125
1991	410	291	119
1992	375	305	70
1993	1118	683	435
1994	593	588	5
1995	713	643	70
1996	647	401	246
1997	552	469	83
1998	759	539	220
1999	730	550	180
2000	810	630	180
2001	860	650	210
2002	974	724	250
2003	1083	552	531
2004	1254	725	529
2005	1254	724	530

第二节 市容执法

一、规范摊担、夜市

(一)规范摊担

从1986年开始,市政府为解决“马路市场”“占道经营”问题,由市城管、城建、规划、工商部门共同实施,建设市场,搬迁摊担,畅通道路。地方财政投入248万元,工商企业筹资800万元,至1990年,先后建成八仙桥、中洲路、晓塘路、车站路(莲城)、民主路、书院路、东泗路、城正街、宝庆路、南岭路、火车站、板塘铺、江麓广场等13个农贸市场和工业品市场,总面积5.40万平方米,先后迁移摊担24260户进入市场经营。

1991~1995年,经市城市管理办公室核准,由各区工商部门管理的绿化村、柴油机厂东侧、朝阳街、中山路(15总码头)、建设北路铁路立交桥以西、桃园路、社建村、吉安路、书院东路、峨嵋路、半边街等11个地段(含街巷)辟为限时段(8~10时)的蔬菜交易市场,方便公众和流动摊担,解决占道叫卖、有碍市容、影响交通的"马路市场"。

1996年,市政府将市场建设列入规划,配套开发。先后由开发商和企业共同投入开发易家湾、金都大市场和莲城汽贸、宝塔商城和砂子岭建材市场等10个专业市场和12个食品蔬菜交易市场。至2000年,经过不间断的整治和劝导,市区主次干道"马路市场"和临街交易的问题初步解决。特别是在市区存在多年的鲜果(如西瓜、甘蔗等)市场临街搭棚,日夜叫卖,果皮、残渣临街堆放的状况得到改变。

2001年,新开发的韶山东路农产品交易市场,使该路段的摊担交易及沿街叫卖得以杜绝,受到公众的称赞。至2005年,市区"马路市场"基本改变,占道经营、加工和堆物等作业行为大幅度减少,主干道和广场人行道的交易行为完全根除。市区主次干道和广场全面实现"街洁、通畅"的目标,闹市区域与热点时段(8~16时),街道无阻塞交通、影响市容的沿街商品交易。

(二)规范夜市

1986年,湘潭市区夜市从萌芽到发展,速度很快。开始在河西雨湖路和河东下摄司、板塘铺出现夜市摊担,叫卖米粉、饺耳、茶鸡蛋等。夜市的发展,给市场管理带来新的挑战,脏、乱、差地段日益增多,不卫生的食品和食具给众多消费者带来危害。

1991年,市政府要求城管、工商、卫生部门共同管理夜市。市城管办采取集中的办法,将夜市摊担引导到熙春路和江麓广场等地。主管部门分路分片将夜市经营就近进行区域划分,指定江麓广场、砂子岭、岚园路、板塘铺、民主路、大湖路、朝阳街、16总码头、半边街、火车站、文西街、环湖路、广云西路、云塘广场等29个地段为夜市经营地段(点),夜市经营秩序明显好转。1994年,湘潭市城市管理办公室会同城建、工商、卫生等部门,成立夜市管理领导小组,对夜市进行规范和管理。将夜市迁至准许的地段经营。雨湖区定江麓广场北、火车站广场西、河西防洪大堤中段、朝阳街、柴油机厂门东侧、云塘地段、熙春路东段、长途汽车站前坪、砂子岭广场南侧、大湖路中段等10个地段为夜市经营点。岳塘区定下摄司、九州市场、峨嵋路、岳塘广场、板摄路口、银都花园、社建村、安乐村、宝塔村、东坪镇、晓塘路、华隆大厦前等12个地段为夜市经营点。夜市经营需卫生防疫机构核发卫生许可证,并定期进行卫生检查监督。

1996年,市城管办提出管理夜市的任务和责任分解到区街相关部门,并由工商、卫生等机构进行监督,从卫生安全着想,禁止在露天经营。市区夜市经营户改露天为店内或购置棚架经营。

2001年,市政府将市区夜市经营,全权委托市城市监察支队进行管理和监督。市城监支队会同卫生防疫机构定期进行检查,发现问题,限时整改,并对不规范的夜市经营点,坚决予以取缔。2002年,市城监支队会同市卫生防疫站取缔不规范、不卫生夜市经营点46个。至2005年,湘潭市区夜市经营管理步入规范,市区定点经营的夜市,夏、秋季为河西防洪大堤中段、熙春路东段、云塘、砂子岭广场南侧、大湖路中段、长途汽车站前坪、江麓广场、广云西路、板塘铺(纱厂街)、下摄司、九州市场、峨嵋路、岳塘广场、板摄路口、银州花园、社建村、晓塘路、华隆大厦前、东坪镇等28处。冬、春季为熙春路、岚园路等10处,常年办理工商营业证、卫生许可证的夜市经营者480人,较好地解决市区主次干道夜市摊担乱摆、垃圾乱丢、污水乱倒的问题。

二、取缔摩托车载客营运

1994年,市区部分本土居民开始利用摩托车载客营运。至1995年,在市区参入营运的机动三轮和两轮摩托车(俗称跑跑车或"摩的")拥有量最多时达到6000台,其中外地人员约有2000台。机动摩托车参入营运,严重影响市容、阻塞交通,先后导致人身安全事故68起,伤者110人。

1996年,湘潭市政府设立临时治理指挥机构,并颁发《全面禁止摩托车在城区载客营运的通告》,由城管、公安与区、街1290名干警联合执法,分布在43个广场与交叉路口布控,收缴非法摩托(无证无照)259台,安置下岗人员440名,市区交通秩序明显改观。

2001年,市城管局会同市公安局,在市区广场和车站、码头前对摩的人员进行动员和劝导,虽有效果,但不能常态化,而且外地来潭经营者更多,达到2600人。2004年市政府重申,在市区全面禁止摩的载客,并再次组织公安、城管上路劝导与制止摩托载客营运。通过较大规模的整治活动,摩的争站抢客、乱停乱靠的行为明显减少,安全事故显著下降。2005年,湘潭市区车站、码头、广场等54个人流密集的地段,机动摩托车乱停、乱靠、争站抢客的混乱状况,基本改变。市区从事摩的经营载客者为1640台,其中外地人员约占50%(800人)。

三、户外广告管理

1986年,市区户外广告开始出现,但对市容管理未造成大的影响。至1990年,市区各类非法广告,特别是"办证""刻章"等电话联系号码作为联络"客户"的广告,在公共场所和居民庭院乱贴、乱画影响市容。

1991年,市人大审议通过《湘潭市城市管理办法》,规定凡在市区设置户外招牌、灯箱、画廊、橱窗等广告,需经城市管理部门会同规划、工商部门审查、批准设置;证照齐全,内容必须符合《广告法》,真实,思想性强;制作规范的单体或综合广告,经工商、城管部门审查、批准的户外广告,可设置在城区主次干道、车站、广场和重要建筑物外墙或群楼侧显目的空间;户外广告限期最长不超过三年。湘潭市城管部门会同规划、工商等部门对户外广告定期进行检查,发现损坏、过期等广告,限期进行修复和拆除。任何单位和个人未经批准,不得在户外乱贴、乱挂。1995年,市政府组织城管、城建、规划、工商、公安部门对户外广告进行清理和整治。拆除过期广告与未经批准所设立的广告134件,限期治理的18件。至1995年,经批准设置的41处大中型广告,符合规定,公众认可。

1996年,在街头巷尾、车站、广场、庭院和居民小区等公共场所与住宅走廊,外墙或桥梁护栏的非法广告,及公园围栏、座椅、亭廊的墙面上乱贴、乱写、乱画的小广告,其内容主要为修理、开锁、疏沟、招聘、家教、租赁与办"证"、刻章、贷款、黑车等,俗称"牛皮癣",是影响市容的顽症之一。因其投入少,风险小,收益好且操作简单,成为城市违规和违法者制作简易广告的首选。1999年,市政府组织市城管、城建、工商、公安等多部门联合整治非法广告和"牛皮癣",先后出动1460人次,治理18个地段,抹洗各类非法小广告6470条,拆除墙面和户外棚架174处。

2001年,市城市管理部门投入大量人力物力和财力,并会同公安、规划、工商、电讯等部门,采取多种措施，进行多次大规模整治，并发动群众清除。先后有46个单位和114个社区组织3万多人(次)清除居民社区等各个角落的“牛皮癣”。公园、车站、码头和名胜地段，则由管辖单位负责，此举收到较好效果。2003年，市城管局会同市公安局不定期地进行夜间突查。实施现场办案，依法对少数破坏市容和公共财物严重者，进行拘留。城管部门先后对制造和雇人张贴、涂画、书写传递非法广告的287人进行处罚。市、区政府组织相关部门工作人员和环境卫生专业人员，对市区街道、广场等地段进行定期清洗。每年春、夏、秋、冬四季约进行5~7次的专业行动，用冲洗、手刷、覆盖等方法，清除城市“牛皮癣”。电讯、移动、网通、铁通等机构，对制造“牛皮癣”的电话座机、手机予以停机，或在城管部门安装语音寻呼系统(俗称“呼死你”)。至2005年，湘潭市区经批准设置的户外广告达到2634处。基本能达到规范、美观、大方、健康与环境空间协调的要求。经过整治，总体效果较好，闹市区域的顽“癣”减少。

四、渣土管理

1986年，市区的渣土管理，主要管理建设、施工和维护的过程中所产生的弃土、弃料、余渣、余泥等弃物，也包括对建设工程所需要的砂砾石运输、堆放和处置的管理。但直到1995年，市区没有专业机构进行管理，所有渣土异动和处理由各单位自行支配。市环卫处市容管理中队曾在一定的期限内，对在运输途中抛撒渣土严重的车辆进行处罚，由于没有机构和规章，管而不死，渣土污染环境影响市容的问题无法根治。

1996年，市城市建设局根据市人大代表建议，将市区渣土管理一事委托市环卫处主持，并由市容监察中队管理市区主次干道渣土运输车辆抛撒问题。到2001年，由于涉及机构、规章与执法依据等多方面的问题，治理效果不明显。

2002年，市政府批准设立“湘潭市渣土管理办公室”，为科级事业机构，属市环卫处管辖。配备25名职工。负责市区渣土运输、消纳和处理，保障市区渣土运输不抛撒，处理“乱倒”和“偷倒”等违章行为。市政府颁布《湘潭市城市建筑垃圾砂砾石运输管理办法》，将渣土运输、消纳、处理等环节的责任、方式、要求，作出详尽规定。是年8月，市政府发布《关于市区部分路段白天(6时至18时)禁止渣土、砂砾石运输车辆通行的公告》。2003年，金侨世纪苑工地、湘潭电业局住宅小区、丝绸路地段按照规定作业，砂砾石材料和余土运输出进做到不超载、不抛撒、不乱倒。2004年，市渣土管理机构进行前置介入，即建设项目开工之前，要求办好渣土运输审批手续，制止源头的“乱”。通过市、区共管、管理机构和执法机构监督与协调，形成联动管理与执法的长效机制。至2005年，先后整治违章工地23处，处罚违章运输车辆418台。渣土管理趋于规范。

第五十九篇　房地产

概　述

1986 年，湘潭市城镇实行住房公有制度，由行政部门、企事业单位经营房地产，统建统分，职工居民租住公房，按月交纳低微房租，房屋财产属公共所有。房地产投资主体单一，全市只有 2 家国有房地产专营企业，职工不到 150 人。历史遗存旧的国有直管房产 152.05 万平方米。全市城镇房产建设新投资 8460 万元，竣工房屋面积 74.54 万平方米。私人建房较少，商品房交易和产权颁证业务尚未开展。住宅面积比较窄小，人均居住面积 9.11 平方米。市区住房拥挤户有 11659 户，无房户 3490 户。房屋拆迁 44 户，4877.37 平方米。白蚁防治面积 3.66 万平方米。其时，农村房屋建设稍有发展，人均居住面积 23.17 平方米。

1988 年，湘潭市被国务院列为全国住房制度改革试点城市。房改工作开始试行，企事业单位采用小步提租、以息代租、超标加租等方式逐步实行房屋的有偿使用。但住房建设尚未进入社会化经营，商品房的建设发展仍然比较缓慢。

1990 年，全市房地产企业 5 家，职工 217 人，企业和职工数量比 1986 年虽然有所增加，但投资主体仍然是单一的国有体制。历史遗存旧的国有直管公房 133.14 万平方米，比 1986 年减少 12.44%。全市城镇房屋建设[①]新投资 9764 万元，竣工房屋面积 83.71 万平方米，比 1986 年仅增长 15.41%、12.3%。市区房屋拆迁 1.88 万平方米，白蚁防治 27.45 万平方米，分别比 1986 年增长 285.45%和 650%。商品房销售 7013.64 平方米，颁发房屋产权证 2136 份。物业管理尚未提上日程。城镇和农村人均居住面积分别为 11 平方米、25.3 平方米，比 1986 年仅增长 20.75%和 9.19%。房地产经济还比较薄弱。

1991 年，湘潭市贯彻实施国务院《关于全面推进城镇住房制度改革的意见》，全面推行住房制度改革，即改革房地产单一公有制度，改革房产单独政府投资体制，改变单纯福利住房的经营形式，推行住房商品化，房地产向市场经济过渡。实行房屋租、售并举，当年仅市区就出售公房 543 套，8.44 万平方米；政府放开房地产建设市场，鼓励各种所有制房产共同发展，加大房产建设。房地产业开始启动产值核算和赋税工作。这年房地产业生产总值为 6231 万元，上缴税金 39 万元。1992 年，湘潭实行城市土地有偿使用制度，城市土地作为商品进入市场交易，成为房地产开发建设的土地资源，房地产经济出现新的生机活力。国家、集体、民营多方投资房地产业，各类房地产企业纷纷建立，房地产的社会化经营逐渐形成，出现多种所有制经济成分共存局面。首家民营房地产企业“汇丰房地产开发公司”成立，台湾客商亦首次在湘潭成立房地产公司，开台资经营房地产业之先河。1993 年，房

① 1992 年起，政府统计部门才将农村房产建设投资和竣工房屋面积列入专项统计。故概述中 1986~1991 年仅记述城镇建房情况。

地产企业发展到22家,职工770人,年内全市城镇和农村房屋建设投资5.61亿元,竣工房屋面积121.81万平方米。湘潭各地出现房地产建设发展的新形势。政府和房地产管理部门转变管理职能,从以前单纯对国有公房的经营管理,转为对房产的生产、流通、消费和权益事务等多方面的管理与服务。计划委员会、建设委员会和国土、规划、工商、物价、金融、公安、政法等相关部门协同参与房地产业的政策指导和管理。

1994年,湘潭市贯彻实施《中华人民共和国城市房地产管理办法》,房地产管理工作走上法制化轨道。政府先后颁布实施《湘潭市国家建设征地拆迁补偿办法》《湘潭市规范房地产市场促进房地产开发的若干规定》等13份房地产经营发展的政策法规,房地产的开发用地、房产建设、房产交易、房产权属管理、法律责任等项实行新的规定。是年开始建立"住房公积金"制度,提高住房资金积累和社会购买力。当年住房公积金归集金额681.52万元,支付和贷款金额34.51万元。1995年,湘潭市贯彻国务院《关于深化城镇住房制度改革的决定》,全面推进房地产各项配套改革,进行房地产投资、信贷、交易和权属管理等项的改革和制度建设,房地产的产业化经营加大发展。是年房地产企业有26家,职工871人。全市城镇和农村房产建设投资10.9亿元,竣工房屋面积384.02万平方米。商品房销售面积18.58万平方米。房地产生产总值达到2.71亿元,上缴税金489.88万元。颁发产权证7824份。在发展房地产市场经济之中,政府建立住房保障制度,对弱势群体实行住房资助。城镇和农村人均居住面积分别为12.81平方米、31.7平方米。1996年,湘潭市开始有物业管理业务。次年,有物业管理公司3家。

1998年房地产业的重点改革基本完成。房地产企业发展到45家,职工1465人。历史遗存旧的国有直管公房96.59万平方米,比1990年减少27.45%。有物业管理公司7家。城镇和农村年内房屋建设投资15.05亿元,竣工房屋面积434.38万平方米。其中城镇房屋建设投资7.37亿元,竣工房屋面积135.52万平方米,比1990年增长654%、61.89%。商品房销售25.1万平方米。其中湘潭市区销售商品房21.5万平方米,比1990年增长2965.46%。房地产生产总值4.75亿元,上缴税金2057万元,比刚启动产值和税金核算工作的1991年分别增长662.32%、5174.36%。颁发产权证22864份。其中湘潭市城区颁证14663份,比1990年增长586.47%。仅市区旧房拆迁就达7.58万平方米,房屋蚁害防治49.94万平方米。全市归集住房公积金4506.62万元,支付和放贷金额3359.16万元,比刚启动住房公积金制度的1994年增长561.26%、9633.87%。农村建房投资7.6亿元,竣工房屋298.86万平方米。城镇和农村人均居住面积分别为14.45平方米、35.1平方米,比1990年增加31.36%和38.74%。居民住房由"谋生住宅"开始向"舒适住宅"转变,宽户型住宅比率增至一两成。约有75%的城镇居民实行住房私有化。是年12月,根据国务院和湖南省政府文件精神,湘潭市城镇停止实行住房实物分配,总体终止40多年来实行的住房福利制度。

1999年始,湘潭市实行城镇住房商品化,房地产业全面进入市场化经营。市房地产管理局下属雨湖、湘江、中山、平政、岳塘、板塘六个房产管理所也以房产实物出资的形式,与湘潭新景集团有限公司实行股份合作经营,完成体制改革。2000年,房地产企业发展到65家,职工2005人,城乡房地产建设单年投资19.86亿元,竣工房屋面积514万平方米。商品房销售45.91万平方米,房地产生产总值达到5.93亿元,上缴税金2307万元。房地产市场交易、权属登记、房产信息化管理水平有较大程度提高。2002年,市政府召开全市房地产工作会议,提出进一步发展房地产业的指导原则:扩大经营规模,优化投资环境,维护市场秩序。2003 年起,随着国民经济的发展,湘潭形成新的城市定位,境外投资纷纷涌入,房地产业进一步繁荣,电梯楼房、高档公寓等多类型、高品位的房产建设与日俱增。

2005 年,房地产企业发展到 116 家,职工 3493 人,比房地产尚未全面实行市场化经营的 1998 年增长 157.78%和 138.43%。物业管理公司有 76 家。历史遗存旧的国有直管公房 60.12 万平方米,比 1998 年减少 37.76%。城镇和农村年内房屋建设投资 39.41 亿元,竣工房屋面积 700.41 万平方米,比 1998 年增长 161.86%和 61.24%。商品房销售 120.93 万平方米,比 1998 年增长 381.79%。是年全市房地产生产总值 11.37 亿元,为国家创造税收 4964 万元,比 1998 年增长 139.37%和 141.32%。房屋产权发证 44905 份,比 1998 年增长 96.4%。城镇颁发单位和私人房产权证累计达到 34.84 万份。市区旧房拆迁 22.05 万平方米,房屋蚁害防治 156 万平方米,比 1998 年增长 190.9%和 121.37%。住房公积金归集 4.01 亿元,支付和放贷金额 3.66 亿元,比 1998 年增长 789.8%、989.56%。城镇和农村人均居住面积分别为 21.19 平方米和 47.58 平方米,比 1998 年增加 46.64%和 35.56%。城镇私人宅屋约占城镇宅屋总量 90%,形成房产建设发展的社会化。

1986~2005 年,湘潭市房地产业出现历史性重大发展。市城区楼房林立,城市面貌发生显著变化。在农村,千百年来农民居住窄小农舍的状况有明显改变。房地产由原来的萧条产业,变成增加就业、积累财富,促进钢铁、轻工、建筑等相关产业发展的产业经济,成为国民经济的支柱产业。房地产业由于它是新兴产业,各方面还需要不断完善发展。城镇房产存在结构性短缺,城乡住房还存在供需不足的情况;民众住房条件贫富不均;房地产业管理还存在薄弱环节。这些都有待于房地产业进一步拓展市场,加强引导,健全法制,发展房地产科学技术,不断提高房地产生产力,更好地发挥房地产在经济社会建设中的基础作用。

第一章　住房制度改革

1986 年,湘潭市城市规划区内的住房,主要是市房地局管理的直管公房,以及各行政机关、事业、企业单位建的自管公房,产权归公,以租赁形式提供居民居住,属于计划经济体制,实行福利型制度。住房建设全由政府部门与企事业单位投资。这种房屋财产的单一公有制和住房全面福利制度,使住房建设不能实现良性循环,住房供需矛盾突出。城市人均居住面积才 9 平方米多一点。

1988 年 2 月,湘潭市成为全国第一批 56 个住房制度改革的试点城市之一。是年 6 月,市人民政府住房制度改革领导小组成立,下设办公室,负责全市住房制度改革(简称房改)工作。

1991 年 9 月,市政府发布《湘潭市城镇住房制度改革第一步实施方案》,房改工作全面铺开,先是提高公房租金,进而出售公房。

1995 年起,市内实施“安居工程”等住房保障措施,配合住房制度改革的进行。

1995 年 4 月,市政府根据国家新的房改政策,发布《湘潭市贯彻国务院〈关于深化城镇住房制度改革的决定〉的实施方案》,提出房改的目标是建立与社会主义市场经济体制相适应的城镇住房制度。

1999 年 7 月 27 日,市政府下发《关于印发〈湘潭市进一步深化城镇住房制度改革加快住房建设的实施方案〉和〈湘潭市职工住房货币分配实施办法〉的通知》,决定从 1999 年起,停止实行住房实物公配,开始实行住房货币化。是年市住房制度改革领导小组办公室更名为住房委员会办公室。

2001 年 1 月,市住房委员会办公室获国家建设部授予"全国房改工作先进单位"荣誉称号,同年 4 月获共青团中央授予"青年文明号"荣誉称号。

2005 年,住房商品率达到 85%,住房商品市场体制基本健全。

第一节 公房提租

1986 年,全民所有制单位的自管公房主要出租给本单位职工,政府直管公房主要出租给社会居民及部分单位职工。住房租金由房屋产权所有者收缴。住宅平均月租金 0.045 元/平方米。所收租金太低,不能满足正常的房屋维修建设需要。

1991 年 10 月,市政府决定以小步提租为主,辅之以息代租和超标加租,公房月租金提高到 0.27元/平方米。

1995 年 4 月,根据国务院决定,实行成本租金制度。市内当年公房平均月租金提高至 0.92 元/平方米。1996 年,城镇住房制度改革进一步深化,为使房租与商品房价格保持合理比例,公房租金提高至 1.10 元/平方米,1997 年提高至 1.60 元/平方米,1999 年提高至 1.85 元/平方米。

2000 年以后,随着公房私有转化率逐年提高,公房提租工作逐渐退出。2005 年,房租仍按 1999 年的租金标准执行。在公房提租之中,租金标准主要在直管公房执行,自管公房没有完全执行。

第二节 公房出售

一、以标准价出售公房

1991 年,湘潭开始改革公有房产的所有制形式,实行公房出售。根据职工经济承受能力,售房的初期,房价较低(以标准价出售),逐步过渡。新房不低于 230 元/平方米,旧房不低于 120 元/平方米。时任市人民政府常务副市长的孔令志于 1993 年底第一个交纳房款,购买公房。至 1994 年底,有 434 个单位、150 万平方米的公房,出售给职工。此阶段出售的住房,职工个人拥有 50.3%的产权,单位拥有 49.7%的产权,即"部分产权"。

二、以成本价出售公房

1995 年,市政府决定按成本价向职工出售公房。在市区,公房出售为 555 元/平方米,1996 年度为 605 元/平方米。1996 年 10 月,市政府发布《关于做好已售公房产权规范的有关规定》,对出售的公房进行产权规范。以标准价购买的公房,都按当年度成本价计算价格或重新计价,补交金额,房屋由半产权转为全产权。对不愿意再计价、补交房款的,在原房屋所有权证注明个人拥有的产权比率。绝大多数职工补交房款、取得全产权。1997 年,公房购买成本价提高到 650 元/平方米。至 1998 年的三年内,全市有 434 个单位,59961 套,146.179 万平方米的部分产权住房规范成个人全部产权。1999

年，公房购买成本价提高到660元/平方米。至2000年3月底止，以标准价（后已重新计价）、成本价出售公房94662套，面积554.77万平方米，购房人数180177人。至此，全市城镇停止按成本价出售公房。

三、以市场价出售公房

从2000年4月1日起，商品住房市场已有较大发展，同时为着配合和促进工业企业的改革，市政府决定，困难破产改制企业的公房出售，实行市场价格，将收回的售房款用于职工安置等，以实行住房商品化，同时兼顾困难企业的职工住房。市染料化工厂、冶金化工厂、有机化工厂等企业，用部分售房款弥补职工安置经费的不足，顺利完成破产改制工作。至2005年的6年时间，以市场价出售公房有3169套，面积17.55万平方米，购房人数41425人。至此，市区累计有约19万职工购买公房，约95%的公房实行私有化。

第三节　职工集资建房

1993年，政府号召职工集资建房，拓宽房屋建设投资渠道，加大房产建设投资，改变单独由政府投资房屋建设的模式。由单位、个人各支付部分建房资金。此时的集资建房，政府控制建房面积，限定为人均20平方米。

1994年，根据国务院有关规定，住房建设投资由国家、单位、个人三者共同负担。由职工所在单位提供土地，个人按成本价全额负担建房资金。房屋建成后，多是按成本价出售给职工，集资房与市场价格差额不大。其时，职工集资建房规模不大，至1997年底的4年内，每年建房面积在10万平方米以内。

1998年，市政府决定加强住房建设，放宽职工集资建房的上限面积，一户一代表，县处级以下干部职工100平方米、地厅级120平方米。政府减免有关规费，个人全额负担建安成本。此规定只执行几个月。是年，职工集资建房增至80万平方米。许多市直机关借此机会完成向河东的搬迁工作。集资房单套建筑面积大多超过100平方米。1999年，湘潭市根据国务院和省政府的指示，规范集资建房制度，对集资房作三种政策规定，即按当年成本价购集资房者，发给产权证；按建安价购买者，超过规定面积部分，按市场价全额计价，不再享受住房货币补贴；已购买公房，又参加集资建房者，其所购集资房视同商品房处置，按市场价全额计价。2000年，住房商品化日臻成熟，这年年初，按国家政策湘潭市停止集资建房。但由于已建“集资房”的量太多，且在办理产权等方面遗留诸多事项，这项工作拖延至2004年才结束。至2004年底，市区共计集资建房16123套、面积1635980平方米。

第四节　住房分配货币化

1999年1月1日起，湘潭市停止实行福利住房和优惠购房，对此前没有享受到改革过渡期间各项优惠政策的部分职工，实行货币补贴（称之为住房公配货币化）。补贴的对象，是未购买公房、安居房、经济适用房，未参加集资建房和住房面积未达到享受标准的职工。补贴住房面积标准，一般干部职工为65平方米，科级干部75平方米，县处级干部85平方米，地厅级110平方米；补贴金额标准为40元/平方米；工龄补贴为5元/年。市区行政单位及市属企业应补贴人数为4815人，补贴面积14.98万平方米，补贴金额2159.57万元。其中离、退休1780人，补贴金额为1062.88万元，在职职工补贴为3035人，补贴金额1096.69万元。由于财政资金不足，市直机关、事业单位住房货币补贴未能完全兑现，只有效益好的企业补贴到位。中国工商银行湘潭市分行第一个实施住房货币补贴，76人获得补贴，兑现金额18.6万元。

货币补贴的工作，主要是在效益较好的大企业和破产改制企业实行。2000年，建立货币补贴资金管理制度。2004年4月，湘潭钢铁集团有限公司拟发放补贴12批次，计划兑现金额1.3亿元(至2005年底尚未发放完)，是湖南省第一个实施住房货币补贴的大型企业。该集团公司住房货币补贴工作，得到省房改和建设管理部门的肯定，将湘潭经验推广全省。至2005年底的7年间，湘潭市实施住房货币补贴的单位有26个，获补贴的总人数为12614人，补贴总金额为4390.98万元。

第五节 住房公积金

一、机构

1993年2月，湘潭市筹备建立住房公积金制度，成立“湘潭市住房公积金管理中心”，1994年5月，更名为“湘潭市住房资金管理中心”。是年底和1995年初，湘潭县、湘乡市、韶山市相继成立住房公积金管理机构，住房公积金制度开始在全市实行。为加强对住房公积金管理工作的领导，1996年5月，湘潭市住房资金管理中心晋升为副县级单位。2000年，市住房资金管理中心被全国妇联授予“巾帼文明示范岗”(单位女员工占多数)称号。2004年4月，“湘潭市住房资金管理中心”复名为“湘潭市住房公积金管理中心”，核定事业编制25人，行政组织归口于市政府办公室。

二、住房公积金归集

1994年4月，湘潭市正式开展住房公积金归集工作。当年全市归集住房公积金681.52万元。

1995年4月，市政府颁发《湘潭市职工住房公积金实施办法》，职工住房公积金缴交比例由原来按基本工资的1%提高到5%，职工所在单位亦按这一比率为职工缴纳住房公积金配额资金。在机关事业单位，首次将住房公积金财政负担部分列入年度财政预算。全市执行公积金制度的单位1125个，职工18余万人，年内归集住房公积金575.61万元，

随着国民经济的发展和居民收入的提高，1997年7月，湘潭市住房公积金缴交比例由5%提高到10%，市区当年归集资金3396万元，比上年增长8.86%。1999年4月以后，湘潭市贯彻国务院《住房公积金管理条例》，将住房公积金制度纳入法制化轨道，进一步加大住房公积金归集力度，完善各项工作制度。2000年，全年公积金归集达9361.94万元，比1995年分别增加1526.44%。

为使职工购房支付能力与住房商品化接轨，2003年，市内部分单位住房公积金缴交比率上调至15%，部分省属驻潭单位提高到20%，其中湘潭钢铁集团公司一年内两次提高缴交比率，月缴存

金额由年初的 191.42 万元增加到 437.79 万元。

2005 年,全市归集住房公积金 4.1 亿元,比 2000 年增加 3379.43%。至是年底的 12 年间,全市累计归集公积金 15.06 亿元。

三、住房公积金管理使用

1994 年 11 月,湘潭市颁布实施《湘潭市住房资金管理中心单位住房抵押贷款暂行办法》。为防止住房公积金还贷出现失责,公积金放贷制度与提取风险公积金制度同时并举。与四家专业银行签订《委托贷款协议》,当年为符合贷款条件的建工局等 2 个单位发放住房公积金贷款 65 万元,职工个人公积金支取数额为 9.51 万元

1995 年,市政府颁发《职工个人住房委托贷款暂行办法》,在全省率先实施住房公积金职工住房委托贷款,帮助居民筹资建房,为实行个人住房抵押贷款进行初步探索。是年职工支取住房公积金 28.78 万元,贷款住房公积金 1500 万元。

1998 年后,住房商品化有较大普及,居民购买商品房增多,职工支取住房公积金和办理个人住房贷款年年翻番。2000 年, 职工支取住房公积金 2714.01 万元, 贷款住房公积金 7245.84 万元,比 1995 年增长 93.3%和 383.06%。仅市区就为 1675 名职工提供住房公积金贷款 6208 万元。

2005 年 9 月,市委、市政府联合下发《关于清收住房公积金不良贷款和规范住房公积金管理的通知》,在全市开展大规模清收不良贷款的行动,资产回拢大幅提高。通过完善制度、规范管理,住房公积金营运良好,走上快速、稳定、健康的发展道路。当年职工支取住房公积金 1.67 亿元,贷款住房公积金 1.99 亿元,比 2000 年增加 515.33%和 174.64%至是年的 12 年中,总共对 1287 个单位开户建立住房公积金制度,参与缴存公积金的职工 20 余万人。累计住房公积金支用额 5.59 亿元,贷款额 8.5 亿元。职工支用和贷款住房公积金而投入房地产市场的总金额累计为 14.53 亿元。

第六节 居民住房保障

一、安居工程

1994 年,市政府制定《湘潭市城镇安居工程实施办法》和“安居工程”计划,即用 5 年时间,投资 6.25 亿元,新建安居住宅 100 万平方米,解决居民住房困难。1995 年,湘潭市被列为全国实施“安居工程”59 个试点城市之一。是年 3 月起,全市贯彻国家建设部颁布《实施国家安居工程的意见》,以及湖南省政府作出的部署,正式实施“安居工程”,由各级政府组织建房,安置居民。湖南省政府办公厅规定,“安居工程”住宅建设,每套房屋建筑面积不超过 60 平方米,价低适用。建成的住宅以成本价向中低收入家庭出售,一般比市场价降低 40%~50%,产权归个人所有。城镇居民家庭人均年收入低于当地人均收入以下,且人均居住面积 6 平方米以下者,为补助对象,优先照顾住房特困户,尤其是离退休职工、教师中的住房困难户。6 月,上级下达湘潭市“安居工程”房屋建设任务 20 万平方米,总投资 1.25 亿元。8 月 11 日,市政府办公室发文成立“湘潭市安居工程指挥部”,在市建设委员会设立办公室,指导此项工作实施。至年底,全市完成该项投资 1.11 亿元,有 16 万平方米主体工程

竣工，其中10万平方米正式交付使用。农历大年三十晚上，中央电视台《新闻联播》报道湘潭钢铁厂职工喜入“安居”住宅的消息。

1996年以后，湘潭市安居工程建设，多照顾大中型国有企业和大专院校住房困难的教师员工，同时用于旧城改造，安置缺房居民。湘潭电机厂的解放村小区，湘潭钢铁厂的寸木塘小区、斑竹塘小区、葩金塘小区，原湘潭纺织印染厂的银海小区，江南机器厂的爱国村小区等，是“安居工程”居民安置点。1999年，市区“安居房”竣工29栋，计11万平方米，为年计划的137.5%。6年间，全市共建“安居房”227.3万平方米。1999年后，按照建设部的布置，“安居工程”转为“经济适用房”的形式，实施优惠政策，而其性质与“安居工程”相似，湘潭市将“经济适用房”与“安居工程”作同样的补助标准。

二、经济适用房

1998年，湘潭市住房困难的家庭有2.2万户，人均居住面积4平方米以下困难户有0.9万户。

2000年起，城镇住宅逐渐形成商品化、高档化，有些居民难以买房。为缩小居民住房条件的差距，政府组织建设经济适用房出售给困难居民。经济适用房的建设用地由政府划拨，酌量减免公共设施配套建设等项缴费，以房屋建筑的成本价格出售给中、低收入家庭(最高限价每平方米不超过790元)。是年，全市经济适用房建设投资1.52亿元。其中，市区1.34亿元，湘潭县144万元，湘乡市1671万元。竣工房屋面积31.13万平方米。其中，市区28.04万平方米，湘潭县0.49万平方米，湘乡市2.6万平方米。

2002年，根据国家计划委员会、建设部颁发《经济适用房价格管理办法》规定，经济适用房的基准价格，由开发成本、税金和利润三部分组成，价格与城镇中低收入家庭经济承受能力相适应。湘潭市的经济适用房实行成本价格。随着经济形势的变化，价格作上下浮动。在实施这项优惠政策的初期，由于把关不严，有些非住房困难户通过不正当关系购买经济适用房，群众对此有意见。政府加强对经济适用房分配的管理，房屋建设的立项、分配、价格，由计划委员会、建设局、物价局、住房委员会办公室核定审批。

2004年，湘潭市贯彻省政府的部署，将建设经济适用房作为“为民办好8件实事”之一。根据省政府下达给湘潭市建设2万平方米经济适用房的任务。是年6月，市住房委员会办公室、建设局向市政府建议，将经济适用房建设重点放在大中型国有企业，给予政策扶持，让企业利用自有土地建职工住房，同时加强对经济适用房建设分配的全程监管。经市政府批准，2万平方米经济适用房建设任务下达给湘潭钢铁集团有限公司、江南机器集团公司。11月下旬，257套、2.05万平方米经济适用房竣工。政府管理部门严格执行各项政策，使入住对象、住房面积基本符合规定，经济适用房不正当分配的现象明显减少。

2005年初，省政府下达指令性计划，湘潭市经济适用房建设任务为3万平方米。当年市内投资2789万元，至12月初，竣工面积3.67万平方米，超额完成任务。

三、廉租房

实行住房商品化之后，城市居民住房条件的差距在扩大。有些居民连经济适用房也买不起，政府实施“廉租住房”的政策，解决最低收入家庭的住房困难。

2004年，湘潭市贯彻国家建设部、财政部等5个部(局)联合颁布《城镇最低收入家庭廉租住房管理办法》。由政府组织进行房屋建设，向具有城镇常住户口的最低收入家庭，提供租金较为低廉的普通住房。是年3月6日，市政府常务会议，就发展廉租住房保障工作，进行专题研究。为完成省政府下达的任务指标，4月7日“湘潭市廉租住房制度实施领导小组”成立，市发展改革委员会、市房产管理局、建设局、财政局、民政局、国土资源局、市住房资金管理中心、雨湖区、岳塘区等13个单位的负责人为领导小组成员。领导小组下设办公室，地点设在市房产管理局。6~8月，市政府颁发《湘潭市城镇最低收入家庭廉租住房管理办法(试行)》《关于实施〈湘潭市城镇最低收入家庭廉租住房管理办法(试行)〉的若干意见》，规定廉租房救济的对象为人均住房8平方米以下的困难户。廉租住房每平方米平均租金标准：砖混结构房屋月租金0.69元，砖木结构房屋月租0.45元，分别比市场上的房屋租金价格降低3.45元、2.25元。廉租住房租金标准，随最低家庭收入水平的提高而提高。廉租住房的分配，实行申请、审核、公示登记、轮候制度。申请廉租住房须提交城镇常住户口簿、《房屋所有权证》、无住房有效证明书、《最低生活保障金领取证》等证件。其措施是发放租金补贴为主，实物配租、租金核减为辅。至2004年底，全市筹集廉租住房资金1402万元(含实物配租、核减租金、租金补贴三项)，安置困难家庭住房433户。

2005年6月24日，市政府和房产管理局召开廉租住房工作会议，布置工作及进行业务培训。全市最低收入家庭有30125户，其中20平方米以下的住房特困户5903户。至年底，安置廉租住房681户，其中给予租金补贴310户，给予核减租金366户，给予房屋配租5户。筹集廉租住房建设资金239万元，在南盘岭11号新建47套廉租住房，建筑面积0.29万平方米，安置47户困难家庭入住。市委书记、市长曾到现场发给困难居民廉租住房证书。全市有29444户最低收入的家庭尚待给予廉租房安置。

图59-1-1　2005年湘潭市房产管理局在南盘岭筹建的廉租房小区

第二章　房地产企业

1986年，湘潭市有2家房地产企业，均是国有企业，有职工121人，技术人员72人，总注册资本4000万元。企业生产设备还较落后，在计划经济指导下运作，没有按市场经济进行经营，企业缺乏活力。在随后的几年，企业稍有发展。1990年，房地产企业仍然是国有性质，全市有5家，职工217人，企业技术人员135人，比1986年增长150%、79.34%、87.5%；累计注册资本1.3亿元，比1986年增长225%。企业进行房地产投资0.21亿元，建房面积2.92万平方米，销售房屋面积3.87万平方米。企业售房金额，其时统计部门未列入专项统计。

1991年起，房地产业向市场化过渡改革，各类房地产企业逐渐增多。至1995年，全市房地产开发企业发展到26家，其中，民营房地产企业发展至9家，香港、澳门、台湾客商在湘潭办房地产企业4家。其时企业职工达到871人，技术人员602人，累计总注册资本4.87亿元，分别比1990年增长

301.38%、345.93%、274.62%。企业进行房地产投资2.55亿元,建房面积29.54万平方米,售房面积18.58万平方米,分别比1990年增长1114.29%、911.64%、380.10%。企业售房金额1.53亿元。

1999年起,房地产业实行市场化经营,政策更加开放,房地产企业加速发展。仅2000年新成立的企业就有17家。是年房地产企业共有65家,在册职工2005人,累计总注册资本8.84亿元,分别比1995年增长150%、130%、81.52%。企业进行房地产投资4.81亿元,建房60.95万平方米,比1995年增长88.63%和106.33%;企业销售房屋45.25万平方米,售房金额3.41亿元,比1995年增长143.54%和122.88%。

2001~2005年的5年,年均新生房地产企业10家。2005年底,全市正式注册登记的房地产企业116家,在册职工3508人,累计总注册资本15.72亿元,分别比2000年增长78.46%、74.21%、77.83%。是年房地产企业进行投资16.73亿元,建房96.43万平方米,比2000年增长247.82%和58.21%;企业销售房屋120.44万平方米,售房金额14.22亿元,比2000年增长166.17%和317.01%。

第一节 国营房地产企业

1986年,国有房地产企业有2家,即“湘潭市城市建设开发公司”和“湘潭市城郊房地产开发公司”,共有职工121人,技术人员72人,2家企业总注册资本4000万元,均为二级资质企业。企业的财产关系、生产经营和劳动用工制度,由政府部门统一管理,统负盈亏,企业缺乏经营自主权。1987年3月,“湘潭市雨湖房屋土地建筑承包公司”成立(后改制更名为“金凯房地产开发公司”)。1989年,市城市建设开发公司在市区兴建“雪园新村小区”,建房面积3.4万平方米,其时是实力较强的房地产开发公司。是年湘潭县、湘乡市各成立1家房地产开发公司,均是三级企业,两家企业共有职工58人,技术人员35人,总注册资本1001万元。企业在创建初期,多是承担旧城改造任务,所建的房屋,基本上是定向开发与销售。

1991年后,国有房地产企业进行制度改革,转换经营机制,自主经营、自负盈亏、自谋发展,企业活力增强,经营规模逐年壮大。1993年3月,由湘潭市房地产管理局、湘潭市房地产开发公司、住宅建筑公司3家单位发起,向社会募集股金3100万元,成立“湘潭彩虹房地产股份有限公司”(后更名为大同世界实业股份有限公司),二级资质企业,是湖南省首家房地产股份制企业。同月,湘潭高新技术产业开发区募集股金1010万元,组建“湘潭高新房地产开发股份有限公司”,二级资质企业。公司在市宝塔路中段进行房地产开发建设,当年竣工商品房8979平方米,并实行15%的利率分红派息。1995年,国有房地产开发企业发展到10家,在册职工408人,专业技术人员266人,累计总注册资本2.28亿元,比1990年增长75.38%。其中二级资质企业4家,三级4家,四级2家。完成房屋竣工面积69.07万平方米,创历史最好水平。其中驻潭省建第三工程公司在国内和泰国、也门、美国的关岛等地,承建厂房、宅屋、宾馆、总统官邸等数百项房屋建设项目。仅1996~1998年,公司仅在湘潭就承建房屋20万平方米。

1999年后,房地产实行市场化经营,原国有房地产开发企业发生变化。技术装备和生产能力较强、发展较好的有7家企业。原“湘潭市房地产开发公司”因负债较多,经营困难而破产;“雨湖区房地产开发公司”因企业缺乏竞争力而转产;“湘潭市房屋土地综合开发公司”,改制转为民营企业。

2000年,国营企业有15家,在册职工572人,技术人员369人;累计总注册资本2.85亿元,比1995年增长25%。其中二级资质企业5家,三级8家,四级2家。企业资产最多的是湘潭大同世界实业股份有限公司,注册资本增加到5100万元,在职职工101人,从业人员248人。公司建房达50231平方米,建成2个住宅小区。当年房屋建设开发量最多的是湘潭城市建设综合开发有限公司,建房76500平方米。大型工业企业(集团)所辖房地产公司,一般发展较好。这类房地产公司,多是由主管单位委派主要管理人员,划拨资金,调配生产设备,实行独立核算、自主经营。这些企业资金雄厚,不只是承担本单位的房屋建设,而是参与市场竞争,实行社会化经营。湘潭钢铁集团有限公司所辖的"建钢房地产开发有限公司",在市吉安路一侧,兴建"馨钢住宅小区";湘潭电机集团有限公司所辖"九州房地产开发有限公司",在河东城市中心区建设"九洲怡景苑"商住小区等,经营实力较强。湖南省第三工程有限公司所辖房地产开发公司,房产建设项目达15万平方米。2002年,在中国房地产品牌企业湖南赛区评选中,城郊房地产开发总公司获"湖南房地产企业十强"之一。

2005年,全市共有国营房地产企业23家,在册职工1027人,技术人员520人。累计总注册资本3.71亿元,比2000年增长30.18%;国营企业数量、职工人数和技术人员,占全市各类房地产企业19.83%、29.4%、24.57%;注册资本占23.63%。有专业高级职称32人,中级职称266人。企业的生产水平普遍较高,一般装备有开挖机、深基坑喷锚支护技术,有垂直悬吊、高处平行吊运等高塔电动吊车,采用自动或半自动化生产施工设备。23家国营企业中,市区部门单位所辖企业11家;大型工业企业(集团)所辖7家;高新开发区1家;湘潭县2家;湘乡市2家。二级资质等级企业有5家,三级13家,四级5家。当年产值和纳税较多的企业:城郊房地产开发总公司产值26000万元,纳税808万元;大同世界实业股分有限公司产值7044万元,纳税690万元;城建开发总公司产值5100万元,纳税357万元;新景集团公司产值6000万元,纳税330万元。

第二节　集体房地产企业

1986年,湘潭市区有10家较大的集体建筑公司,市属单位有一、二、三建筑公司与建筑安装公司;大型企业所辖建筑企业有江南建安公司、江麓建安公司、湘机建安公司、湘锰建筑公司、湘钢修建队、湘纺建筑队。这些建筑公司,负责本单位的房屋维修及部分新建房屋项目,兼以经营路桥工程、安装工程等工程建筑,而非专业房地产开发企业。1987~1991年,湘潭市没有新成立房地产集体企业。

1992年,房地产集体企业开始发展,是年新成立2家企业,即"湘潭市易俗河镇城镇建设开发有限公司""湘潭市金湘房地产开发公司",共有职工55人,技术人员27人,总注册资本630万元,均为四级资质企业。1993年后,湘潭市贯彻建设部文件精神,清理过滥的房地产企业,凡是由企事业单位开办的房地产企业,都要与原单位实行人、财、物脱勾。此时,一些房地产集体企业转为民营。1995年,全市房地产集体企业有3家,职工69人,技术人员41人,累计总注册资本1487万元。其中三级资质企业1家,四级2家。注册资本较多的是"华信房地产开发公司",达857万元。集体企业资产不雄厚,在市场竞争中发展较慢。1996~1999年才新成立1家企业,基本处于停顿状态。

2000年,集体企业数量有所上升,年内新成立3家企业,企业总数7家,职工159人,技术人员

140人。累计总注册资本4087万元,比1995年增加174.85%。其中三级资质企业4家,四级3家。2002~2005年,房地产集体企业出现回落,没有新成立企业。此时的房地产集体企业,一般仍由挂靠单位选派主要负责人,其余一概由企业自主经营,自负盈亏。多数企业的生产设备等方面,规模不大。企业注册资本多在800万元以下,1000万元以上的只有2家。规模较大的房地产集体企业是鑫田房地产开发有限公司,注册资本达到2000万元,二级资质企业。其在湘潭县新城区开发建设普通公寓、办公用房、商业用房、别墅等,建筑面积达16万余平方米。至2005年底,全市集体房地产企业有9家,职工291人,技术人员164人;累计总注册资本7087万元,比2000年增加73.4%。集体企业数量、职工人数、技术人员分别占全市房地产企业总数7.76%、8.33%、7.75%;注册资本占4.51%。其中二级资质企业1家,三级5家,四级3家。多数集体企业只具有中低档的生产设备,有的企业装备还比不上民营企业。

第三节 民营房地产企业

1986年,房地产业主要是实行单一的公有制度,至1990年,湘潭市还没有民营房地产企业。

1992年,湘潭实行城市土地有偿出让制度,民营房地产企业开始发展。是年1月,黎斌成立“汇丰房地产开发公司”,是湘潭市第一家民营房地产企业。企业有职工32人,其中19名技术人员,注册资本2000万元。其在市区河东霞光西路开发建设“欧式一条街”,各类房屋建筑面积达30万平方米,新华社曾作过报导。1993年,在国家政策引导下,民营房地产企业发展迅猛。民营企业增至8家,有职工270人,技术人员188人,累计总注册资本1.89亿元。其中二级资质企业3家,三级4家,四级1家。此时有些民营房地产企业的成立不够规范。1994年起,市政府布置对民营房地产企业进行整顿,规定民营房地产企业的建立,要严格审批程序,加强监督管理,对企业的人员配备、营业资金、技术装备和企业管理都有具体要求,房地产开发公司管理层不得由党政干部兼职,公司必须在核准的范围内从事房地产开发,企业处于整顿调整期。至1995年的两年中,仅新成立1家民营企业。到这年底,全市民营房地产企业有9家,职工300人,技术人员220人,累计总注册资本20852万元。

1998年,实行房地产市场经营,民营企业掀起新的发展高潮,发展速度加快。是年新成立的民营企业就有11家。经营较好的企业有“湘潭市阳光房地产开发有限公司”,注册资本2000万元,其在市区砂子岭兴建“阳光山庄”高档公寓和别墅住宅区;“湘潭市中天房地产开发有限公司”,注册资本达4500万元,资产达1.4亿元。其先后承建湘潭大学“教师公寓”“红旗商贸城”等房屋工程项目。2000年,全市民营房地产企业达到38家,职工1108人,技术人员746人;累计总注册资本50148万元,比1995年增加140.49%。其中二级资质企业8家,三级18家,四级12家。

2002年,湘潭市首家跨行业经营的民营房地产开发企业成立,由母公司湘潭金侨房地产开发集团有限公司,与湘潭市金瀚林教育服务有限公司等7家子公司联营,成立“金侨房地产开发(集团)有限公司”,注册资本8800万元,职工77人,其中专业技术人员52人。公司主营房地产开发,在市河东新城区核心地段进行开发建设。该公司是湘潭市资产最多、规模最大的民营房地产开发企业。

2004年8月,外省民营房地产企业开始入潭投资经营。浙江省“多凌控股集团有限公司”和浙江

"华城实业有限公司",组成"湘潭多凌华城置业有限公司",注册资本达1亿元,为各类房地产企业之首。其在城市中心区兴建80万平方米"东方名苑";"浙江温州海鸥房地产开发总公司"与"湘潭步步高投资集团有限公司"和"汇丰房地产开发有限公司"联营,在市建设南路一侧,建设湘潭第一条商业步行街。民营房地产企业规模较大的有18家,注册资本在2000万元以上、年产值超5000万元的有7家。年纳税超100万元以上的有6家。2005年,民营房地产开发企业有69家,职工1819人,技术人员1198人;累计总注册资本92166万元,比2000年增长83.79%。民营企业中,各企业的生产能力参差不齐,部分企业有预应力管桩锤击机械、大型电动塔吊等生产设备,而少数民营小企业,还沿用肩挑手提的施工方法。民营企业的数量、职工人数、技术人员占全市各类房地产企业59.48%、52.08%、56.62%;注册资本占58.64%。其中二级资质企业8家,三级44家,四级17家。盘龙置业有限公司当年产值7316万元,纳税402.4万元;金侨房地产开发(集团)有限公司产值6595.79万元,纳税637.54万元。

第四节　港澳台在湘潭房地产企业

1986年,国家对港、澳、台客商到内地投资房地产业还没有颁布具体的政策,至1991年,还未有香港、澳门、台湾客商来湘潭开办房地产企业。

1992年,房地产实行市场化改革,政策放开,港澳台房产商开始进入湘潭。是年台湾客商许福源到湘潭,成立"湘潭罗源房地产开发公司",是台湾客商首家入湘潭经营房地产的企业。公司有员工40人,专业技术人员21人,注册资本800万元。在河西人民路口左侧兴建商住综合楼,对于港、澳、台客商了解湘潭的产业政策,引导港、澳、台资本入湘潭开办房地产业,起到开启作用。1994年,香港雄基有限公司与湘潭金太阳股份有限公司合资,经营房地产业。1995年,港、澳、台在湘潭的房地产企业共有4家,职工94人,技术人员75人,累计总注册资本3600万元。其中独资企业3家,合资1家;三级资质企业3家,四级1家。湘潭中澳房地产开发公司,在市区东湖路营建多栋商住楼。1997~1999年,受亚洲金融危机的影响,没有港、澳、台客商到湘潭开办企业。2000年,入湘潭台商房地产企业新增1家,企业总数有5家,职工112人,技术人员85人;累计总注册资本5600万元,比1995年增加55.56%。其中二级资质企业1家,三级3家,四级1家。

2001年后,湘潭市政府加强招商引资,实行政策扶持,投资环境更趋优越,港、澳、台客商到潭兴办房地产企业增加。2005年,港、澳、台在潭房地产企业共有15家,职工259人,技术人员215人;累计总注册资本2.08亿元,比2000年增加2.71倍。港、澳、台在潭房地产企业的数量、职工人数、技术人员分别占全市各类房地产企业12.39%、10.62%、10.16%;注册资本占13.22%。其中二级资质企业1家,三级12家,四级2家。台商独资企业8家,与内地合资的7家。规模较大的有7家,注册资金在2000万元以上有3家。湘潭市湘源实业开发有限公司,注册资金达到4150万元。2005

图59-2-1　2005年,香港客商在芙蓉路投资兴建的商住综合楼"帝景国际"外景

年，该公司在市民主路和建设中路交汇处新建12万平方米高层“湘潭白石商业城”。

1984~2005年湘潭市房地产企业建、售房屋情况

表59-2-1

年 份	完成投资（亿元）	施工面积（万平方米）	竣工面积（万平方米）	销售面积（万平方米）	销售金额（亿元）
84-89年	0.55	62.03	34.35	28.56	—
1990	0.21	7.48	2.92	3.87	—
1991	0.38	12.22	6.12	5.67	—
1992	0.7	16.91	6.58	4.36	—
1993	2.95	57.65	14.52	9.1	—
1994	2.21	77.39	23.56	12.4	0.66
1995	2.55	73.8	29.54	18.58	1.53
1996	1.87	65.82	26.68	22.49	1.65
1997	1.71	57.98	25.05	14.76	1.2
1998	2.65	67.98	28.36	23.2	1.84
1999	3.87	82.44	42.29	31.93	2.37
2000	4.81	99.88	60.95	45.25	3.41
2001	6.22	113.79	59.53	29.56	2.47
2002	8.01	139.51	70.68	46.62	4.1
2003	11.87	180.14	78.12	65.53	6.73
2004	15.54	247.01	103.7	93.83	9.41
2005	16.73	244.84	96.43	120.44	14.22
合 计	82.83	1606.87	709.38	576.15	49.59

注：1986年前后，房地产企业还处于萌芽、探索发展阶段，企业建房和房屋销售，政府部门未作逐年统计，历史资料只有1984至1989年总量的记载

第三章　房屋建设①

第一节　住宅

1986年,城镇住宅主要由政府及企事业单位筹建分配。是年全市城镇住宅建设投资4394.22万元,竣工住宅38.85万平方米,占城镇各类房屋建设投资和竣工总量的51.94%、52.12%。由于投资和分配体制统得过紧,住宅建设虽有所发展,但住房紧张状况仍较突出,人均住房面积9.11平方米。在农村,房屋建设有所发展。是年农村人均住房面积23.17平方米,平均每户住房面积103.34平方米。1988年起,市房地产管理局投资1324万元,在民主新村、工人新村、泗洲庵、白马湖等16个地域,3年之内建成住宅4.49万平方米,缓解部分居民住房困难。1990年,当年城镇住宅建设投资5303.54万元,竣工住宅面积45.09万平方米,占城镇各类房屋建设投资和竣工总量54.32%、53.85%。城镇和农村人均住房面积分别为11平方米和25.3平方米。农村平均每户住房111.19平方米。

1991年,市政府颁发《湘潭市城市文明住宅小区标准评选办法(试行)》,加强对居民住宅建设的规划指导,要求居民住宅须集中连片建设;住宅小区建设服务须达到国家规定标准,水、电、路等设施完善畅通,绿地比率得当;有完整的施工档案。此后,住宅小区建设的档次有明显提高。是年,市区竣工住宅5416套,建有霞光村、蔚霞村、农行中专等8个住宅小区。位于建设南路中段的天鹤新村住宅小区,建有住宅44栋,安置居民4400户,另有居委会办公室、幼儿园、储蓄所等公用房屋,总建筑面积7.89万平方米,是湘潭新建最大的住宅小区。1992年后,居民住宅建设逐渐从城市中心向城郊转移,由过去的"插花式"建房逐步发展为"连片开发"。住宅小区一般在10~40万平方米。房屋多为六七层楼,其间有少量小高层建筑,房屋户型大多成单元结构。1995年,湘潭县新县城迁至易俗河,中共湘潭县委、县政府动员各方面的力量,营建职工住宅,住宅建设约占县城各类房屋建设总量的两三成。此时农村经济发展较好,农民增收,住宅建设也发展起来。是年,全市城镇和农村住宅建设投资8.4亿元,竣工面积312.76万平方米,占各类房屋建设投资和竣工总量76.53%、85.77%。城镇和农村人均住房面积分别为12.81平方米、31.7平方米。城市住宅三室一厅的户型逐渐增多。农村平均每户住宅面积125.2平方米。

1996年后,湘潭市贯彻国家建设部颁布的《城市住房建设"九五"计划与2010年远景目标》,加大投资,住宅建设保持较快的发展势头。1998年,湘乡市实行优惠政策,促进房产开发,3年时间,拆迁民房1380户,对市区四牌楼、南正街、三眼井等区域进行整体开发建设,建成房屋达30万平方米。韶山市制定《城镇集资(合作)建房的规定》,实行统一规划,统一征地,统一设计,先后建起"日月新村"等住宅示范点。各工矿企业积极改善职工居住条件。湘潭钢铁集团有限公司建职工住宅100.8万平方米,入住职工1.5万户,人均住房面积16.64平方米,较好地改善全厂职工住房状况。2000

① 本章记述房屋建设投资和竣工面积的数字,1990年以前不含农村的数字,(那时没有统计资料)。1995年,含城市和农村的数字,因而房屋建设投资和竣工面积1995年比1990年显得增长幅度较大。

年，全市住宅建设投资 15.7 亿元，竣工面积 417.59 万平方米，占各类房屋建设投资和竣工总量 79.12%、81.24%。城镇和农村人均住房面积分别为 15.23 平方米、42.34 平方米，农村平均每户住房面积 154.71 平方米。

2001 年起，政府采取土地让利、加强招商引资等措施，加快住宅建设，并规定不许各机关和事业单位在庭院零散建设住宅；部分企业请专业公司代征代建宅屋，从此，住宅建设呈现新一轮发展，住宅小区逐渐形成花园式建设。在河西地区，湘潭大同世界实业股份有限公司，首建园林式住宅小区“大同花苑”，苑内设“梅”“兰”“竹”“菊”四个组团，总建筑面积 7 万平方米，510 套住房，户面积 80~200 平方米，绿化覆盖率 32.8%，是较好的住宅小区，入住率 100%。随后，其他房地产公司相继建成“百姓家园”“滨湖花园”“新景家园”“怡园花苑”，是湘潭市较优良的住宅小区。在河东地区，住宅建设发展迅速，形成新的造城之势。有 80 万平方米的“东方名苑”小区、31.4 万平方米的“春满江南”、30 万平方米的“盘龙名府”、30 万平方米的商住楼群“锦绣华庭”，有全市第一个带电梯的电业局职工住宅小区“云盘花园”等较著名的住宅小区。在新城区市政府周围，有楼盘 50 多座，多达 14000 余套住房，总面积 150 余万平方米。在湘潭县城东南侧建有 66 幢“乾隆山庄”别墅区。在易俗河经济开发区，建有全市第一个 500 栋独体、联排、双拼式“锦绣湘江”别墅群，配以购物、文化设施，引进意大利的建筑风格，其时是湘潭市较为豪华、气派的别墅区建设。2003 年，房地产业发展更为强劲。市政府制定《城市住宅小区竣工综合验收和移交管理办法》，推行住宅质量保证制度。随着经济的发展，住宅建设大量增加，2005 年，全市住宅建设投资 30.67 亿元，竣工住宅 564.74 万平方米，占各类房屋建设投资和竣工面积总量的 78.41%、80.63%。城市房屋建设日益高档豪华，房屋装饰装修与购买“毛坯房”资金比例，一般为五六成，亦有八九成之多。城市七八成的住宅小区有购物服务、门卫保安等项管理业务；三四成的小区有入学、入托和文化娱乐、体育健身、生养休闲的配套设施；在部分高档公寓和别墅区内，设有红外线电视安全监控。带电梯的多层住宅，渐成居民住房的新选择。5 至 80 万平方米的小区逾 100 个，7 层以上楼房多达 2000 多栋，电梯楼房达 200 栋。城镇和农村人均住房面积分别为 21.19 平方米、48.85 平方米。农村平均每户住房面积 165.14 平方米。农村有的地区，因兴修水利、办工厂、建工业园区，农户的房屋被征用拆迁后，一般不再建单户民宅，大部分是兴建移民新村。湘潭九华工业园区，对拆迁农户集中建房安置，建有 10 万平方米“农民新村”，类似于城市的住宅小区，比自行修建的农户住房优良。但是，城镇约有 10%的住户，农村约有 15%农户，仍居住陈旧简陋的房子。

图 59-3-1　2005 年湘潭新景集团有限公司于市区兴建的“新景家园”一景

第二节　办公用房

1986 年，各单位的办公房屋比较简陋，大多是 20 世纪 60、70 年代的建筑，平房和 3 至 5 层楼房约各占一半。单体办公楼建筑一般是 4~5 层、1 万平方米左右。位于人民路五层、近万平方米的原市政府办公楼，是这一时期最大的办公房屋建筑。有少数单位新建起办公楼，是年全市办公房屋建设投资582.74万元，竣工面积4.84万平方米，占各类房屋建设投资和竣工总量的6.88%、6.49%。1987年后的几年，机关的办公房屋变化仍不很明显，1990年，办公房屋建设投资655.4万元，竣工5.27万平方米，占各类房屋建设投资和竣工总量6.71%、6.3%。此时，各单位的办公楼还比较分散，多以庭院式建筑，配以住宅定居点建设。

1991年，办公楼建设逐渐增加。国土部门在车站路新建办公用房"国土大厦"。1995年，迁至易俗河的湘潭新县城，县领导机关和二级机构都新建起办公楼。是年全市办公房屋建设投资3968.1万元，竣工面积9.84万平方米，占各类房屋建设投资和竣工总量3.64%、2.56%。

1996年后，全市办公用房有较大发展。有部分单位的办公楼移址新建。市财政局办公大楼、中国人民银行湘潭市支行办公大楼等5个单位的办公楼房，规格上一个新档次，一般是七八层至十几层的高楼。1998年后，市人民检察院、市中级人民法院、市人事局、劳动就业局、地税局等单位，在河东亦相继建起新办公大楼，其中海关办公楼建筑面积10000平方米。有的单位办公区建设仍不够规范，插有宿舍建设。2000年，全市办公楼建设投资6585.37万元，竣工房屋14.69万平方米，占各类房屋建设投资和竣工总量3.32%、2.86%。

2001年，随着城市建设的发展，多数行政机关由河西向河东转移，办公用房加速发展。2003年市政府办公楼"人民大厦"建成。办公楼长211米，宽171米，总建筑面积4.73万平方米，总投资9600万元。主楼与附楼连廊，主楼17层，地下室建有车库。办公楼配备消防、给排水、中央空调、通讯系统等现代化设施。2005年，中共湘潭市委办公大楼建成投入使用。市人大、市政协办公大楼亦陆续开建。湘潭军分区在市政府一侧征地39.8亩，建设办公营地，建筑面积1.2万平方米，其中办公大楼(7层)0.58万平方米。此外，市消防指挥中心、市人民防空指挥中心等办公楼相继建起。此时的办公楼房建设，规格比较高，功能齐备，有电梯和中央空调等诸项高档设施。楼房外墙多作银灰色粉刷，安装宽幅或高墙玻璃。办公楼形成连片建设、整体集中的建设格局。有数十家行政机关单位，在河东大道、芙蓉路、宝塔路、丝绸路等多个地域，建有1.5~3万平方米的9~17层办公大楼。2005年，全市办公房屋建设投资1.63亿元，竣工24.03万平方米，占各类房屋建设投资和竣工面积总量3.98%、3.43%。

第三节　工业用房

1986年，全市工业房产建设投资1171.57万元，竣工10.67万平方米，占各类房屋建设投资和竣工总量的13.85%、14.31%。1987~1989年，工业房屋建设有湘潭化纤厂厂房、湘乡水泥厂厂房等4个重点项目。其中江南机器厂新建工业用房项目较大，有2.37万平方米。中小型企业的厂房较少更新。在激烈竞争中，有些困难企业停产，厂房关闭。工业厂房闲置、改作他用和拆迁的有50万平方米。1990年，工业房屋建设投资1282.08万元，竣工11.52万平方米，占各类房屋建设投资和竣工总量的13.13%和13.76%。这一时期的厂房建设，以在原地改建扩建为主，较少辟地新建大厂房。

1992~1994年，湘潭以工业园区的方式进行厂房建设，新建工业房屋14万平方米，其中有湘潭高新技术开发区、商贸工业特区等3个工业园区兴建的厂房。1995年9月，中共湘潭市第八次代表大会确立“强工富市”战略以后，工业房产发展较快，是年全市工业房屋建设投资6763.17万元，竣工面积20.99万平方米，占各类房屋建设投资和竣工总量6.21%、5.47%。

1997年，湘潭的工业用房建设加快。主要有韶峰水泥厂、湖南五菱集团公司、金迪公司、南天公司厂房的新扩建等项目。1998年，规模较大的建设项目是湘潭新电厂建设。这阶段，厂房的采光、通风、防火设备有较大改进。2000年，全市工业房屋建设投资1.17亿元，竣工面积27.87万平方米，占各类房屋建设投资和竣工总量5.92%和5.42%，分别比1995年增长73.5%和32.78%。

2003年，市政府提出“工业兴市、园区兴工、项目兴园”的指导方针，湘潭市工业园区新建一批厂房，主要有汽车生产、钢绞线生产、高塔吊车、电梯等的工业厂房建设。2004年，较大的工业园区有6个，厂房建设成规模发展。其中，较著名的是湘潭钢铁集团有限公司的500万吨钢材生产厂房建设；九华工业基地建成9万平方米汽车制造厂房。全市工业园区容纳入园的工业企业210个，规模企业44家，新建的工业用房以制造业的厂房居多。2005年，全市工业房屋建设投资2.33亿元，竣工面积37.51万平方米，占各类房屋建设投资和竣工总量5.84%、5.36%。

第四节 商业用房

1986年，人们还缺乏对商业投资经营的观念，湘潭市商业房屋建设还不太兴旺。韶山中路、解放路等少数街道商业用房相对较好。而大多数街道是低矮平房，商店后面为生活用房。临街的商业房屋，一般是1~2层为营业用房，3楼以上为住宅，形成楼上住人，楼下经商的房屋结构。坐落市区建设北路四层高的湘潭百货大楼，其时算是档次较高的商业用房。是年商业房屋建设投资923.03万元，竣工面积7.75万平方米，占各类房屋建设投资和竣工总量10.91%、10.4%。1988年以后，城市拓宽扩容，市区主要街道两旁拆除旧房，商业房产建设逐渐发展。临街的住宅，多改为商业门面，民主西路等街道两旁，建有多栋较好的营业房屋。1990年商业房屋建设投资1012.24万元，竣工8.43万平方米，占各类房屋建设和竣工总量10.37%、10.07%。这一时期较大的商业房屋建筑，市区有九汇大厦、供销大厦、民主路2700平方米菜市场等。

1992年起，人们投资商业房屋建设的意识浓烈，形成商业房屋建设投资主体的多元化，湘潭市出现第一波商业房屋建设高潮，商业房产有较快发展。市区各闹市区域，渐有较大型的商业楼房。市基建营、车站路、板塘铺等地域，盖有新的商住楼、宾馆、招待所，开始出现商业批发市场的房屋建设。1995年，全市商业房屋建设投资5429.03万元，竣工面积15.75万平方米，占各类房屋建设投资和竣工总量的4.98%、4.1%，比1990年增长4.36倍和86.83%。此后，在砂子岭区域先后建成汽车配件、建筑材料、大米、药材等十大市场的房屋建设。其中有湘潭第一家大型商场“金都商业城”，占地98亩，房屋总建筑面积14.8万平方米，总投资2亿元，以“金都大厦”“金都大市场”“汽车西站”等，组成连片商业楼群。

1997年，市政府发布《关于加快商品市场建设的意见》，进一步加快商业房屋建设的步伐。一年时间，投资千万元、房屋建筑1万平方米以上的市场11个，随后一批商业超市和连锁商场陆续建成。城市的拓宽建设，基本是“修成一条路，建好商业街”。韶山东路、霞光西路、大湖路、迎宾路、宝塔路、丝绸路、芙蓉路等20多条新修街道两旁，多是连排连栋的多层或小高层楼房，一至三层为商业用房,四层以上多为写字楼和商住楼。在市区,一批较为高档的综合楼、酒店、宾馆相继出现,有“湘亚宾馆”“红叶宾馆”“红月亮大酒店”等。位于河东红旗大道一号的“盘龙山庄大酒店”,共有房屋3.35万平方米,设有游泳池、高级会堂,建筑华丽,其时是湘潭市最豪华的酒店。2000年,全市商业房屋建设投资9033.43万元,竣工面积21.26万平方米,占各类房屋建设投资和竣工总量4.55%、4.14%。

2001年起,湘潭出现第二波商业房屋建设高潮,商业房屋建设趋向大型化。市区河东新建有“华都国际大酒店”等一批酒店。其中1.7万平方米“梦泽山庄”宾馆,是湘潭高档宾馆之一。还建有25.8万平方米房屋的“医药商城”,40万平方米“红旗商贸城”,8.2万平方米“汽车展销基地”等。由中国美林控股集团有限公司和市政府合作,投资4.8亿元,在丝绸路口建有中国第一家大型工业品超市“万博港”。在易家湾,建有60万平方米、12个专业、3500个商业门面的大型“综合批发零售商业城”。这批商业房屋建成后,在河东地区形成新的商业圈。在湘潭县,商业房屋建设与新县城建设同步发展。新辟的8平方千米新城区,建有“金城酒店”等一批商业房产,建成的商业门面、酒店、宾馆、商场、超市等5000余家,约占新县城房屋建筑面积30%。在湘乡市城区,新建的主要街道两旁建有商住楼6500套,商业门面2871个,总投资10亿元,占地837亩,建筑面积达100万平方米。在韶山市,按照“把伟人故里建设得更加美好”的规划发展,建有商住楼、渡假村、大酒店等较大型各类商业房屋,共计10万平方米。五星级的“华龙山庄大酒店”尤具现代特色。该酒店集食宿、会议、公务活动、休闲娱乐于一体,有近1000平方米的大厅及总统套房,共有288间/套,有能够使用4种语言同声传译的国际会议中心、贵宾接见厅。2005年,单年商业房屋建设投资1.94亿元,竣工面积30.18万平方米,占各类房屋建设投资和竣工总量4.92%、4.31%。

第五节　教学文化卫生用房

一、教学用房

1986年,湘潭就比较重视教学房屋设施建设。其时,湘潭普及初级教育;扩充和创办一批高等院校,新建一批学校房产,尤以湘潭大学、湘潭矿业学院、湘潭师范学院、湘潭机电专科学校等单位,改造扩建房屋较多。年内教学房屋建设投资1005.56万元,竣工面积9.1万平方米,占各类房屋建设投资和竣工总量11.89%、12.21%。其中湖南建筑材料工业学校、湖南纺织高等专科学校房屋扩建达2万平方米。

1990年,湘潭市各级各类学校增加对教学房屋建设的投资。教育战线对全市3.11万平方米危房分批进行改造建设。年内教学房屋建设投资1093.58万元,竣工房屋9.8万平方米,占各类房屋建设投资和竣工总量11.2%、11.71%,比1986年增长8.75%、7.69%。1990年后的几年间,全市学校危房改造达64580平方米,市政府拨出20万元资金,奖励学校危房改造好的单位。1995年,全市有268所中小学遭受自然灾害,其中有34所学校校舍倒塌或部分倒塌,政府拨款进行修缮。是年学校房屋建设投资6501.65万元,竣工教学房屋18.12万平方米,占各类房屋建设投资和竣工总量5.97%、4.72%,比1990年增长4.94倍和0.85倍。全市中小学校舍总面积为269.4万平方米,陈旧校舍54万平方米,占20%,危房4.26万平方米,占1.6%。中学生人均校舍7.5平方米,小学生人均校舍4.8平方米。

1997年,全市投入资金1.5亿元改善教学房屋设施。年内对255所学校、10.8万平方米危房进行改造;新建综合楼、教学楼171栋。其中,湘潭县和湘乡市共筹措资金8159.14万元,新扩建196所学校,建房项目236个、20.85万平方米。1998年,全市中小学危房率下降到5%以下,土木结构陈旧校舍不足20%。2000年,全市教学房屋建设投资10313.82万元,竣工面积23.84万平方米,占各类房屋建设投资和竣工总量5.21%、4.64%,比1995年增长58.63%、31.57%。

2001年,中央和地方财政加大教学房屋建设投资。2003年,市区投入教学房屋建设投资3700余万元,开工40个项目、完工8个项目。其中较大的建设项目是驻潭湖南工程学院兴建的教学楼、综合实验楼、图书馆三大主体工程;湘潭职业技术学院校舍扩建。在市高新技术产业开发区,新建3.18万平方米"火炬学校"。市、县财政部门筹集农村教育资金,设立专用账户,是年完成农村小学危房改造9.6万平方米,为危房改造任务265%。其中湘潭县投入危改资金1039.9万元,消除危房6万平方米;湘乡市投入危改资金723万元,消除危房2.76万平方米。2005年,教学房屋建设达到较大规模,投入资金2.08亿元,竣工面积32.16万平方米,占各类房屋建设投资和竣工总量5.14%、4.59%,比2000年增长101.3%、34.9%。是年较大的建设项目有湖南科技大学测试中心、工业实践中心、教学楼、科技大楼等房屋;湘潭大学新建2.3万平方米的化工楼;湖南工程学院建教学、科研用房16.1万平方米;湖南理工职业技术学院建教学用房5万余方米;湘潭县第一中学建教学房屋7万平方米,实现整体搬迁。

二、文化用房

1986年,湘潭的文化房产(含体育、纪念馆房屋设施)逐建起一些新项目。是年文化房屋建设投资211.23万元,竣工房屋1.84万平方米,占各类房屋建设投资和竣工面积总量2.5%、2.47%。1987年,4703平方米的"青少年宫"建成投入使用。但在总体上,各类文化设施还比较陈旧,不很配套。1990年,全市文化房产建设投资228.93万元,竣工面积1.98万平方米,占各类房屋建设投资和竣工总量2.34%、2.37%,分别比1986年增长8.38%、7.61%。

1991年,文化房屋建设有较大增长,是年全市有8个正规体育馆,约6万平方米;齐白石纪念馆建设投资210万元,建筑面积2090平方米,于1993年5月20日对外开放。1995年,文化房屋设施较大的建设项目,有湘潭广播电视传输综合楼及配套用房,动态投资2000万元,总建筑面积1.3万平方米。全年文化房产建设投资1190.52万元,竣工面积3.59万平方米,占各类房屋建设投资和竣工总量1.09%、0.39%,比1990年增长420.04%、81.31%。

1997年,彭德怀纪念馆建成,共计投资3000余万元,有3万平方米的厅展和配套房屋,是较大的文化房产建设项目。1998年在湘乡市沙镇,新建红军将领"黄公略文化中心",是当时湘乡农村建成最大的文化活动场所。2000年,文化房产建设投资为2058.07万元,竣工面积4.8万平方米,占各类房屋建设投资和竣工总量1.05%、0.93%,比1995年增长72.87%、33.7%。

2001年,"湘潭县文化馆"主体工程竣工;"湘乡市博物馆"正式建成开馆。2003年,坐落在市白马湖畔"齐白石纪念馆"1万平方米扩建工程竣工。是年,市政府投资8000万元,在河东区域建设广播电视大楼,总建筑面积21000平方米,楼高15层,集办公、采编、演播多功能服务为一体,是湘潭市标志性文化房屋建筑之一,在全省地州市级市广播电视楼房建设堪称一流。

2005年,大多数文化单位房屋设施得到扩建和修缮。其中,重点项目是红月亮电影院房屋、胜利商业文化广场改造,以及湘潭市报业中心大楼开建。是年文化房屋建设投资4108.2万元,竣工面积6.45万平方米,占各类房屋建设投资和竣工总量1.02%、0.92%,比2000年增长99.61%和34.38%。

三、医疗卫生用房

1986年,湘潭的医疗卫生房屋建设逐有改善。除市区中心医院原有房屋面积过万平方米以外,投资新建一批医疗卫生用房。医疗卫生房屋建设投资171.65万元,竣工房屋面积1.49万平方米,占各类房屋建设投资和竣工总量2.03%、2%。较大的建设项目是湘潭市第二医院整体迁至大湖路,新建1.39万平方米的医疗用房。1990年,城镇医疗卫生房屋建设投资188.23万元,竣工面积1.62万平方米,占各房屋建设投资和竣工总量1.93%、1.94%,比1986年增长9.66%、8.72%。

1991年,市区医疗战线投资196.2万元,开工建设的有第一医院门诊楼、三医院住院大楼等5个主要建设项目。此外,还投入74.2万元进行医疗房屋维修。1993年,各级党委和政府增加农村卫生医疗房屋建设的投入。是年全市投入592万元,对48所乡镇卫生院危房进行改造和扩建,总建筑面积29243平方米。1995年,医疗卫生房屋建设投资1130.29万元,竣工面积2.97万平方米,占各类房屋建设投资和竣工总量1.04%、0.77%,比1990年增长500.48%和83.33%。较大的建设项目是二医院新建门诊和医技大楼,共计1.16万平方米。为改善基层医疗条件,乡镇卫生院共投入35万元资金改造危房,改造的面积占乡镇医疗房屋10%。

1997年4月13日,市委市政府下发《关于加快卫生改革与发展的决定》,此后,医疗卫生房屋建设增加较快。市第一、二医院继续扩建,两医院投资分别为1569万元、150万元,竣工面积分别达到2.03万平方米、2170平方米。较大的建设项目还有湘乡市人民医院新建住院大楼,投资1170万元,竣工1.2万平方米。2000年,医疗卫生房屋建设投资1739.4万元,竣工面积3.95万平方米,占各类房屋建设投资和竣工总量0.88%、0.77%,比1995年增长53.89%、33%。

2001年,湘潭市加快发展高新技术医疗用房的建设。当年投资800~4000万元的项目有5个。其中,市中心医院急救中心门诊大楼,投资4000万元,建房近2万平方米;市中医院的小儿马蹄内翻足全国医疗中心,投资400万元,建房8400平方米;市一医院教学大楼、肿瘤放射治疗中心和配套用房,投资845.08万元,建房6356平方米。2003年,较大的卫生房屋建设项目有4项:市中心医院3万多平方米的住院大楼;市口腔医院近4000平方米的综合大楼;湘乡市人民医院2万平方米的门诊大楼建成使用;市妇幼保健院住院大楼建设的前期准备基本完成。2005年,新建成的重点医疗卫生房屋,有市传染病医院,投资840万元,建筑面积5760平方米;市紧急救援中心,投资860万元,建筑面积6529平方米,以及市精神病医院的建设等。是年,城市医疗卫生房屋建设投资3538.98万元,竣工面积5.34万平方米,占各类房屋建设投资和竣工总量0.87%、0.76%,比2000年增长103.46%、35.19%。

1986~2005 年湘潭市房屋建设情况

表 59-3-1

年份	房屋建设投资（万元）			竣工房屋面积（万平方米）					城乡居民住房（平方米）	
	城镇	农村	合计	城镇	农村	住宅	非住宅	合计	城镇人均	农村人均
1986	8460	—	8460	74.54	—	38.85	35.69	74.54	9.11	21.96
1987	7406	—	7406	81.06	—	40.04	41.02	81.06	9.65	23.17
1988	10570	—	10570	77.36	—	43.68	33.68	77.36	9.72	—
1989	10366	—	10366	60.15	—	34.89	25.26	60.15	10.36	—
1990	9764	—	9764	83.71	—	45.09	38.62	83.71	11	25.3
1991	15439	—	15439	86.05	—	50.58	35.47	86.05	12.58	—
1992	21826	1154.34	22980.3	78.85	4.17	52.03	30.99	83.02	12	—
1993	52831	3229.27	56060.3	97.82	23.99	62.16	59.65	121.81	12.91	—
1994	46365	3396.91	49761.9	108.9	24.8	73.36	60.34	133.7	12	—
1995	58151	50825.72	108977	137.07	246.95	312.76	71.26	384.02	12.81	31.7
1996	56922	79054.25	135976	128.08	263.45	312.88	78.65	391.53	13.68	—
1997	53332	86134.84	139467	124.87	318.55	331.66	111.76	443.42	14.22	—
1998	73745	76709.38	150454	135.52	298.86	334.44	99.94	434.38	14.45	35.7
1999	93503	99720.17	193223	208.44	263.91	368.47	103.88	472.35	14.59	36.72
2000	89715	108835.32	198550	181.53	332.47	417.59	96.41	514	15.23	42.34
2001	105876	122041.59	227918	158.4	360	403.49	114.91	518.4	17.1	41.97
2002	104292	126775.47	231067	189.99	369.8	426.66	133.13	559.79	17.42	43.62
2003	143920	138731.67	282652	187.28	404	505.68	85.6	591.28	17.51	44.5
2004	184941	153957.32	338898	242.2	447	528.2	161	689.2	19.84	44.32
2005	215401	178742.74	394144	227.26	473.15	564.74	135.67	700.41	21.19	48.58
合计	1362825	1229309	2592134	2669.08	3831.1	4947.25	1552.93	6500.18	—	—

注：有些年份缺农村人均住房面积数据

第四章　各种所有制房产①

第一节　国有房产

1986 年，湘潭市有存量直管公房（历史遗留旧的国有直管公房）152.05 万平方米。当时，国有房产是居民住房的主要来源。是年新建国有房产 54.77 万平方米，占新建各种所有制房产 73.48%。1987 年以后，湘潭市贯彻国务院的指示，清理房屋滥建项目，控制楼、堂、馆、所建设。1988 年，湘潭市贯彻国家处置历史遗留房屋政策，将一批国有房产退还私人和单位，市区给 8 个企业退房 51926 平方米。还有的用于无房居民的救济。因此，旧国有房产逐年减少。1990 年，有存量直管公房 133.14 万平方米，比 1986 年减少 18.91 万平方米。新建国有房产 59.06 万平方米，占新建各种有制房产 70.55%，比 1986 年增长 7.83%。新建的国有房产主要是湖南建设陶瓷厂、韶山电视机厂等单位房产。

1991 年起，在住房制度改革中，有部分公房出售给私人，旧公房继续减少。各单位建住宅出租给职工，或组织职工集资建房，单位出资一部分，成为半产权的公房，同时兴建部分生产用房。在市区，新建的国有房产主要有湘潭电信局、湘潭电化厂等单位房产。1995 年，因城市建设需要，市区拆除旧直管公房 72 处，50343 平方米，还房 33373 平方米。尚有存量直管公房 119.44 万平方米，比 1990 年减少 13.7 万平方米。是年新建国有房产 69.07 万平方米，占新建各种所有制房产 17.99%，比 1990 年增长 16.95%。

1997~1998 年，一批直管公房折价出售或划转产权，国有直管公房骤减。仅市区就向粮食系统无偿划拨 1.43 万平方米；向医疗卫生系统无偿划拨 2.1 万平方米；向财贸系统低价划转 7.8 万平方米。新建的国有房产有 6 个重点项目，主要是企事业单位和学校建的房产。其中，湘潭电机厂、湘潭钢铁厂、湖南电线电缆厂、湘潭电化厂、湘潭大学等单位，新增房产较多。2000 年，尚有存量直管公房 96.68 万平方米，比 1995 年减少 22.76 万平方米。新建国有房产 72.17 万平方米，占新建各种所有制房产 14.04%，比 1995 年增长 4.49%。

2001 年后，随着住房商品化的施行，机关及企事业单位的住宅大部分折价出售；有部分厂房在改制中转让；各单位 20 世纪 60、70 年代建的“公共食堂”房屋，多已改作他用；文化房产设施则出租或拍卖给私人。在市区，位于市建设中路的原“地区礼堂”改成“金御食府”。位于中山路的“工人文化宫”改作“星宫电玩城”“起点酒吧”等项经营。“湘潭体育馆”兼作“溜冰场”“足疗室”“信鸽训练基地”。有三个电影院也改作他用。公共房屋设施的转让、出售、承包，有的是用以安排改革中下岗职工

① 本章第一节记述国有存量直管公房（政府直接管理的历史遗留旧房屋）。各全民所有制单位历史遗留“自管公房”的情况，由于每年都发生复杂变化，只有政府部署全社会进行普查才能查清(1985 年国务院布置一次普查，之后未再进行普查)，此项公房没有资料记载，因而未作记述。本节记述新建的国有房产，含政府新建房产和各全民所有制单位新建房产两个部分。

经营,有的是已另有建设。2004年,新建房产增幅加大,是年新建国有房产112.6万平方米,比上年增长21.62%。2005年,尚有存量直管公房60.12万平方米,比2000年减少36.56万平方米。其中市区有52.46万平方米,湘潭县有0.75万平方米,湘乡市有6.91万平方米。新建的国有房产增加较多,是年投资亿元以上的国有房产大型建设项目有5个。新建国有房产119.29万平方米,占新建各种所有制房产17.03%,比2000年增长65.29%。其中,江南机器集团有限公司、江麓机械集团有限公司、湖南工程学院、湖南理工职业技术学院等单位新增的房产较多。

第二节 集体房产①

1986年,湘潭市城镇集体单位的房产建设,规模不太大,是年新建集体房产6.42万平方米,占新建各种所有制房产8.61%。1987年后,市区集体单位新建一些住宅和营业房,部分集体企业亦进行生产厂房的小量扩建,但控制楼、堂、馆、所建设,新建房产每年只有3.5万平方米左右。1990年,城镇集体单位新建房产7.6万平方米,占新建的各种所有制房产9.08%,比1986年增长18.38%。在市区,比较上规模的集体房产有东风大酒家、潭城商业大厦、中山路商住楼等。

1992年,市统计局开始把农村集体房产建设列入专项统计,是年农村集体房产竣工面积4.7万平方米。向市场化过渡以后,集体房产不如国有和私人房产发展快。1993起的3年,城镇集体单位新建房屋年均只有8.45万平方米,年均新增房产只占新建各种所有制房产1.03%。其时,潭城大厦、鸿达酒店是市区品位较高的集体单位房产。1995年,城乡新建集体房产52.53万平方米,占新建各种所有有制房产13.68%。其中,城镇新建集体房产8.17万平方米,占新建各种所有制房产2.13%,比1990年增长7.5%;农村新建集体房产44.36万平方米,占新建各种所有制房产11.55%。

在市场竞争中,部分小型集体企业的厂房停产关闭;在改革中约有80%的商店、20%的厂房承包或拍卖给私人,90%的宅屋折价出售。1998年,集体单位原有的生产营业房大部分出售,集体宅屋则基本没有遗留。1999年,市委、市政府《关于加快小城镇发展的若干政策规定》颁布实施,将小城镇建设作为农村经济社会发展的战略方针。湘乡棋梓镇被定为国家建设部试点单位,并对双马镇等单位进行建设规划。此外其他单位亦新建一批厂房、办公室、会堂、信用合作社等房屋,其中有岳塘区恒辉环保设备有限公司、湘乡建材公司、韶山工业长廊等房产。2000年,全市城乡新建集体房产72.09万平方米,占新建各种所有制房产14.03%,比1995年增长37.24%。其中,城镇新建集体房产8.41万平方米,占新建各种所有制房产1.64%,比1995年增长2.94%;农村新建集体房产63.68万平方米,占新建各种所有制房产12.39%,比1995年增长43.55%。

2002年后,城镇集体单位新建的生产营业房产保持小幅增长,其中有21个镇新建或扩建水厂厂房。而住宅商品化的实行,政府限制各单位优惠购地营建住宅,城镇集体住宅建设减少。2005年,城乡新建集体房产70.8万平方米,占新建的各种所有制房产10.11%,比2000年少1.79%。其中,城镇新建集体房产11.54万平方米,占新建各种所有制房产1.65%,比2000年增长37.22%;农村新建集体房产59.26万平方米,占新建各种所有制房产8.46%,比2000年少6.94%。

---

① 本节记述的"集体房产",是集体单位新建房产数量。集体单位历史遗留房产没有资料记载而没作记述。

第三节　私人房产①

一、城镇私人房产

1986年湘潭市城镇和工矿区私人新建房屋13.35万平方米，占新建各种所有制房产17.91%。1987年，房产部门开始营建少量的计划性商品住宅，实行限价出售，市区私人购买商品住宅1054.09平方米。城市居民除房租开支以外，是年平均每人用于购、建房资金支出0.8元。这个阶段仍以实行福利分房为主，国家且控制基本建设规模，私人建房年均在10万平方米上下。随后的两年房屋建设增幅不大。1990年，城镇和工矿区私人建房14.13万平方米，占新建各种所有制房产16.88%，比1986年增长5.84%。市区私人购买商品住宅7013.64平方米，人均用于购、建房支出7.15元。

1992年，随着住房制度改革的进行，政策放开，城镇居民私人建房数量增多，新建房屋每年逾20万平方米。1995年，城镇和工矿区私人建房30.29万平方米，占新建各种所有制房产7.89%，比1990年增长114.37%。私人购买商品住宅16.47万平方米，人均用于购、建房开支161.28元。其时，私人拥有的生产用房逐年增多，伍尚魁经营的“迅达集团有限公司”房产颇具规模，该公司为全市最大的私营企业。

1996年后，房地产业的市场化改革向纵深发展，私人房产建设进入高潮，每年达30万平方米以上。1998年，城市居民自负住房资金首次超过农村居民，人均用于购、建房开支272.76元。1999年，位于韶山路的昌盛商业大厦私人房产，列入湖南省私营企业百强。2000年，城镇和工矿区私人建房40万平方米，占新建各种所有制房产7.78%，比1995年增长32.06%。私人购买商品住宅43.38万平方米，人均用于购、建房开支205.92元。

2002年，实行土地拍卖出售制度，贯彻中共湖南省委办公厅、省政府办公厅《关于禁止党政机关组织职工新建住房的通知》，单位职工建房不再实行土地优惠政策，从此城镇私人自建住宅减少。而随着经济的发展，私人的工商业房产和居民购买商品住宅迅速增加。2004年12月，浙江省李胥兵在潭合资建有9万平方米工业房产。2005年，私人自建住宅趋少，不再有资料记载。私人购买商品住宅110.11万平方米，人均用于购、建房开支393.63元。工商业的私有房产进一步发展。颇具代表性的私人房产是王填经营的步步高连锁股份有限公司房产，遍及湖南省和江西省的门店达63家，营业面积34.3万平方米。这些房产，有的是租赁经营，有的属私人所有。其以众多的商业房产和显著的经营效益，成为“中国服务企业500强”。张祥林经营的多凌华城置业有限公司房产有80万平方米。此外，张德富经营的湘钢梅塞尔气体产品有限公司的房产，张向成经营的湖南江南汽车制造有限公司的房产，姜影经营的湖南金迪化纤有限公司的房产，王礼平经营的湘潭碱业公司房产等二三十家工商企业私人房产，亦规模较大。

①本节记述的城镇私人房产，是市民自建自用的房屋及私人购买的商品住宅，不含房地产开发商兴建出售的房屋（那部分房屋放在第三章“房屋建设”中记述）。本节选择记述私营企业拥有规模较大的私人房产项目。城镇私人历史遗留房产情况，政府没有作全社会普查，无资料记载而没有记述。

二、农村私人房产

1986年,农村实行家庭联产承包以后,农民得到温饱,农户建房逐渐增多。但现金收入尚不丰厚,农村尚未达到建房最盛时期,是年人均用于建房资金支出仅为82.26元,户均房产价值2762元。多数农民仍居住低矮的房屋。随后的4年,农民住房质量有所提高。1990年农村人均用于建房资金支出103.95元,户均房产价值4755元,比1986年增长26.37%、72.16%。

1991年,农村经济进一步发展,农民收入提高。城市发展加快,上城务工的农民增多,收入回馈农村,农民建房数量增加。1994年户均房产价值首次过万元,达到10871元。1995年始,政府将农村私人建房情况列入统计,是年私人建房202.59万平方米,占新建各种所有制房产52.76%。人均用于建房支出152.88元,户均房产价值11359元,比1990年增长47.07%和138.89%。

1997年起,农村多种经营发展较快,农民增加收入,农户建房档次提高,是年户均房产价值速增到22470元。2000年,农村私人建房268.79万平方米,占新建各种所有制房产52.29%,比1995年增长32.68%。人均建房资金支出260.09元,户均房产价值30400元,比1995年增长70.13%、167.63%。

2001年后,随着农村经济的繁荣发展,农民新建房屋大幅增加,建房总量每年超过300万平方米,住房质量显著提高。2005年,农村私人建房413.89万平方米,占新建各种所有有制房产59.09%,比2000年增长53.98%。人均用于建房资金支出359.61元,户均房产价值83871元,比2000年增长38.26%、175.89%。

三、港、澳、台在湘潭私人房产

1986年,香港、澳门、台湾还未与内地形成广泛的经济交流,国家未完全放开房地产经营政策,其时尚无港、澳、台私人来湘潭投资建房。

1989年4月,台商林周毅来湘潭,以300万元投资,建设天鹤村慈光幼儿园,面积近400平方米。

1992年,私人可在城市购地,进行房地产开发建设,港、澳、台客商陆续来湘潭投资建房。是年台湾客商许福源在市区一大桥西头一侧兴建住宅、购物、娱乐服务房屋,有20778平方米,占新建的各种所有有制房产2.5%,是首例规模较大的台商在湘潭私人房产。1993年,澳门张志雄与珠海杨松林及湘潭县李敦智合资,在易俗河建成“湘潭商业娱乐城”,占地5万平方米,房屋面积8.8万平方米,为澳门在湘潭合资建设较多的私人房产。1994年,香港客商到湘潭合作投资1.5亿元,在市建设路口一侧兴建“国际金融大厦”,主楼32层,高104米,建筑面积4.8万平方米,是港商在湘潭建成最大的合资房产项目。1995年,港、澳、台客商在湘潭投资,共计建房1.63万平方米,占新建各种所有制房产0.42%。

1997年后,亚洲金融危机的冲击较大,港、澳、台的房地产商来湘潭投资出现低潮,两年内没有港、澳、台私人来湘潭投资建房。1998年起的3年,港、澳、台客商年均建房1.11万平方米。2000年,港、澳、台客商在湘潭建房1.12万平方米,占新建各种所有有制房产0.22%,比1995年下降31.29%。

2001年,政策环境愈加宽松融洽,加之“长株潭一体化建设”启动,港、澳、台客商到湘潭投资建房重新兴起。2003年,港、澳、台私人到湘潭投资建房的规模加大,当年竣工房屋达到17.67万平方米。2005年，香港客商在河东芙蓉东路兴建28层商住综合群楼“帝景国际”，总建筑面积8.32万平方米，建筑品位较为高档。香港施朱平在丝绸广场东北角，建有近12万平方米的高层豪华商住楼群，是规模较大的房产开发项目。是年，港、澳、台私人在湘潭投资建房创历史新高，达到38.02万平方米，占新建各种所有有制房产5.43%，比2000年单年建房增加3294.64%。至2005年的16年中，港、澳、台私人在湘潭独资和合资所建的房屋，共有77.71万平方米，占湘潭房屋建设总量的1.2%。

附　落实私房政策

在二十世纪五六十年代的社会主义改造中，针对私人房屋出租存在的问题，即房主只收租，不修房，危旧房倒塌死伤人员时有发生；房主任意提高租金或撵走租户，影响居民的生产生活安定；私房闲置、分散，利用率低，缺乏管理，不利于城市建设。根据中共中央和中共湖南省委文件精神，湘潭市以类似“赎卖”的办法，对市区私人房屋进行社会主义改造，实行“国家经租”，试以消除其混乱和“剥削”性质。对于私人在城区出租住宅达到100平方米以上者(非住宅出租则不受面积限制)，均纳入统租范围。统租方法是既照顾房主的基本生活，又体现政府的私房“赎卖”政策，租息一般为租金的20%~40%。

“私房赎卖”有违于保护私人财产的政策，且在实行中出现未给房主留有足够住房、管理难度大、关系紧张等问题。进入80年代，愈来愈多的人民群众来信来访，要求纠正对其私有房产的不适当处理。

随着形势的发展，中共中央作出政策调整，部署解决私房之历史遗留问题，对1958年私房改造和后来“文化大革命”中的赎买产、挤占产和宗教产，给予清理纠错。

1985年7月起，湘潭市开展私房落实政策工作。市落实政策办公室有62人，负责办理此事。政府对此项工作极为负责，严格审核处置。1986年，落实私房政策1598户，房屋面积17.22万平方米。1987年后，每年仍进行私房落实政策的工作。至1990年底，累计给予私人房产落实政策2740户，房屋面积30.29万平方米。其中，纠正“私房改造”遗留问题，私房落实政策2342户，房屋面积28.35万平方米；纠正“文化大革命”房产遗留问题398户，房屋面积1.94万平方米。

1993年，清退宗教房产1处（沿江东路63号东岳观），清退统管房产6处，退还房屋面积2653.73平方米。在落实政策清退私人房产工作中，有51户自愿将房产交公，面积9885.31平方米。至此，房产落实政策工作全部结束。

第五章　房地产行业管理

1986年，湘潭市房地产行业管理体制：在政府的领导下，市房地产管理局具体履行管理职能，行政组织(干部人事管理例外)隶属于湘潭市建设委员会。其时，房地产行业的管理，主要是经营管理国有公房，实行统包统管的行政管理方式。

1991年，房地产向产业化发展，房地产行业的管理事项，有城市房产开发建设、市场交易、权属登记、直管公房、廉租住房、白蚁防治、房屋拆迁、旧城改造、安全鉴定等项的管理与服务，实行市场经营与政府调控相结合。房地产管理部门履行管理职能，政府各相关部门共同负责，协同管理，贯彻国家的方针政策。是年，市房地产产权监督管理处购置4套计算机设备，房地产管理局聘请湘潭技术专家，研制成功FCCD房地产产权产籍管理信息系统，对房屋产权产籍的数据、房屋平面图、地籍图程序进行自动化处理。1992年6月召开的全国房地产工作会议，湘潭市房地产管理局被国家建设部授予“房地产业管理先进单位”。1993年，湘潭市成立“房地产纠纷仲裁委员会”，由政府各相关部门负责人组成委员会成员，受理仲裁各种房地产纠纷。1994年起，房地产业贯彻实施国家颁布的《城市房地产管理法》，加强法制管理。

1996年后，住宅区大多有物业管理，居民的居住服务质量显著提高。

2000年后，城市建设和房地产业有明显发展，分工门类和管理业务增加。2002年3月21日，湘潭市房地产管理局更名为房产管理局，行政组织不再隶属于市建设委员会，为市政府的直属局。2004年，市产权监督管理处成立“计算机管理中心”，投资700多万元，建立“GIS系统”，该系统可全面掌握全市房屋地理位置及商品房建设、销售情况。市房产局与湖南银河电子技术有限公司合作，建立“湘潭房地产信息网”（网址为WWW.0732FC.COM），网站覆盖房产金融、房产开发、房屋销售、物业管理等领域，内容涉及房产法律法规、房产政务、二手房市场、家居装修、建材行情等方面。

2005年，房地产业的行政、经济、法制管理制度趋于完善，基本形成产业化管理。

第一节 房屋建设管理

1986年，房屋的建设以计划生产为主，房产管理部门制定生产指标，组织实施，由5家国营公司经营生产。日常的生产管理是房屋维修和检查、保障居民的住房安全。1987年，房地产管理局组织人力财力对民主新村、岳塘老半边街等5处1.49万平方米危旧房进行改造。1989年，房地产经营政策放开，有的单位和个人不经报批而从事房产开发建设，无序经营。根据国家建设部《关于加强房地产行业管理的通知》精神，1990年2月13日，湘潭市成立整顿建设市场领导小组，市长孔令志任组长，下设办公室于房地产管理局。在房产建设整顿中，对建设路、大湖路和民主新村89户违章建筑进行查处，拆除违章搭建房屋63间、631.7平方米。

1991年起，房屋生产管理涉及多个部门，规划局负责房屋建设项目规划管理；国土资源局负责房屋建设用地的审批；建设局负责房地产企业的资质审查和房屋建设项目的招标、投标、工程质量和生产安全；房地产管理局负责制定房地产业发展计划、房地产开发项目条件的审批、房屋建设项目和住宅小区综合验收、房屋安全鉴定人员资质认定等管理；计划、政法、金融等部门负责房屋生产法规、投资规模监管。1993年，各类房地产开发公司愈来愈多，出现滥建公司的情形。其中，有行政机关开办的房地产公司，有以国家机关名义经营的“挂靠公司”，个别的是无资质、无正当经营的买空卖空的冒牌公司。房地产的生产经营较为混乱。是年6月，由市建设委员会、计划委员会、房地产管理局、财政局、物价局、建设银行组成房地产开发公司清理工作领导小组，设立工作办公室。政府实行保护合法经营、取缔非法经营的政策，清理无证开发生产的企业。至年底，撤销不合格的房地产公司7家，升级1家，降级1家，定为“项目公司”的4家；拆除乱搭乱建房屋15处，处理违章建筑29

起。1995年，市政府调整房屋生产结构，控制别墅、高档公寓建设，号召企业多建设普通住宅，适应居民一般消费水平；加强房屋安全管理。是年8月9日，市政府颁发《湘潭市城市危险房屋管理规定实施细则》，对危险房屋的鉴定、消危，管理者、房屋所有者和使用人、行为人的法律责任作出规定，保障居民的居住安全。湘潭市区进行房屋安全检查鉴定167栋、250户、71600平方米，鉴定生产用房35300平方米。全市贯彻湖南省建设委员会《城市房地产开发管理暂行办法》，规范企业经营行为，着重查处企业拉关系、揽业务、作转包、赚取利益，扰乱市场等违纪问题，并加强房地产企业的基础建设。是年，全市开展房地产企业资质年检换证工作，作各种处理的企业有22家，其中作降级观察的10家，直接降级5家，取消房地产开发资格的企业7家。

1996年5月16日，市委、市政府召开房屋建设市场专项治理动员大会，随后成立领导小组，市纪律检查委员会下文成立执法监察办公室。市、县全面开展房屋建设项目的专项治理，查出不报建、转包项目、压低造价、粗制滥造、权钱交易等违章违纪的房屋建筑项目213个，涉及房产建筑面积60.6万平方米。依法作补办手续、停工整改、罚款处理的项目76个，涉及房屋面积22.34万平方米。经过治理，边整边改，房屋生产纪律有所加强，是年核定建筑质量项目196项，合格率100%。1998年，房屋生产虽然发展较快，但粗放经营、盲目发展的问题较严重。湘潭市着重贯彻国务院颁布的《城市房地产开发经营管理条例》，督促企业生产遵循“全面规划、合理布局、综合开发、配套建设”的原则，兼顾经济效益、社会效益、环境效益。市建设和房地产部门定期开展检查房屋的生产经营，组织评比优秀企业、优秀住宅区和优秀楼盘工作，奖优罚劣。是年全市受监房屋建筑项目295个，建筑面积99万平方米，工程合格率100%。优良工程43个，优良率27.9%，有3个项目评为湖南省综合考评样板项目。

1999年，继续加大房屋生产的执法力度，房地局法规监察队对湘潭市区340个单位和开发企业进行执法检查，受理房地产经营各种问题137件，立案查处68件，纠正各种违章11起，作行政处罚3起，配合法院强制执行24起，较好地纠正房屋生产经营违法违规行为。

2001年，房地产业贯彻湘潭市委、市政府提出“改善城市环境，提高城市品位”的要求，着重提高房屋建设水平。是年4月5日，市政府颁发实施《湘潭市规范房地产市场促进房地产开发的若干规定》，对房产用地、房屋建设规划、建设质量等方面订立法规。在整顿房屋生产秩序中，市房地局协助市政府进行清理违章建筑等“一化三清”整治，拆除违章房屋建筑1996处，近20万平方米，取缔一些资质不够、扰乱市场的零散房地产企业。为消除“政出多门”，提高行政效能，是年进行行政审批制度改革，房地局审核行政审批项目101项，保留46项，取消55项，减少行政审批事项54.5%。2002年，房地产业实行市场化经营后，房地产无序开发的问题仍较突出，阻碍房产的持续健康发展。根据建设部、国家工商行政管理局、监察部等6个部委的部署，湘潭市重点查处房地产开发中的用地、立项、规划、建设违规行为；企业无证或超范围从事房地产经营等问题，并建立公示制度、投诉举报制度、责任追究制度。2003年，针对房屋建筑和装修中存在的忽视工程质量，而发生矛盾纠纷的情形，房产管理部门着重进行房屋建筑质量检查。湘潭市区培训行政执法人员92人；进行执法检查340起，协助法院进行执法处理272次，办理案件20起，挽回经济损失210万元；查处违章装修98起，拆除违规构筑物4处，督促34家装修公司进行备案登记。是年，湘潭市致力于实施城市拓宽提质，房屋生产在土地、金融等方面进一步得到支持，房屋建设更快发展。2005年，房屋生产达到较大规模，房产管理部门继续规范房地产企业的经营行为，对市区81家开发企业、7家拆迁单位，51家中介单位共82个建设项目进行排查，处理纠正违纪违规行为110起，调处各类纠纷198起。房地产经营的不良行为有较大程度减少，房屋生产继续上升。

第二节 房产交易管理①

一、商品房销售管理

1987年，市房地产管理部门出售商品房1188.78平方米，实行政府指令价格。销售金额37.35万元。从这年起，民间亦有零星房屋交易，但交易市场不够规范，有“场外交易”(非法交易)、有“白契”私交和偷漏税费的现象。1988年12月，湘潭市成立房地产交易管理所，隶属于房地产管理局，负责房屋交易的业务，规范房屋交易行为。

1990年12月10日，市政府下发《关于加强房地产市场管理工作的意见》，规定房地局、工商局等部门的管理职责。此阶段商品房销售管理的重点是制止非法交易。在湘潭市区，成立临时管理机构，由政府分管领导主持，市建委、房地、工商、物价、税务、公安等部门参加，组成“湘潭市房地产市场管理委员会”，对房产的交易条件、交易行为及价格、税收加强管理，以房地产部门为主，工商和物价部门派人参加，统一查处案件，处理房产私下交易、倒买倒卖、非法牟利、瞒价漏税等问题。是年，湘潭市区销售商品房7013.68平方米，销售金额332万元，比1987年增长489.99%、788.89%。房屋最低价格是雨湖区半边街地域住宅，每平方米335元，最高价格是白马湖地域住宅，每平方米538.4元，均价427元。

1991年后，房产交易日益增多。商品房的销售，除经济适用房实行限价以外，有部分房屋实行市场价格。1992年，湘潭市房地产交易所与市房地产产权监督管理处合并，统一管理房产的交易业务。此时政府对商品房交易管理政策，是“促进流通、严格管理，制止违法交易”，对商品房销售进一步加强监管。

1995年1月1日起，湘潭市贯彻国家建设部《城市商品房预售管理办法》。商品房除实行现售外，还实行预售，并实行凭证预售制度。房地产开发企业申请商品房预售，提供完备的证件资料，经房地产管理部门鉴证，方可预售房屋。年内商品房销售达到18.58万平方米，销售金额1.53亿元。其中湘潭市区销售商品房17.19万平方米，销售金额1.41亿元，分别是1990年的24倍和42倍。商品房价格有所上升。市区宅屋均价每平方米为680~750元，营业房屋均价1900~2000元。1997年以后，每年秋季，市区都举行一次大型房产交易展销会。交易会由市政府举办，市房地局和市房地产产业协会承办，市报社、电视台和著名房地产开发企业协助举办。会展一般持续4~7天。日成交额为日常成交额的一二十倍。

1998年9月，商品房开始实行“按揭”销售方式，由开发商为购房者提供贷款担保，形成银行、开发商和购房者三方互动互利的关系，支持居民筹资购房。此后流通交易有较大增幅。商品房售价完

① 房产交易领域中的私房租赁和中介服务，起步较晚，未形成大规模发展，没有连贯完整的资料记载，本节志稿未作记述，而主要记述商品房销售和公房租赁。

全放开，实行市场竞争价格。2000 年，全市商品房销售量达到 45.92 万平方米，销售金额 3.45 亿元，分别比 1995 年增长 147.75%、125.49%。宅屋的均价每平方米 770 至 900 元，营业房屋均价 2100 至 2400 元。

2001 年起，商品房销售增量较大。此后房屋销售管理的重点是对商品房质量的监管，维护消费者的利益。商品住宅销售中，规定企业实行《住宅质量保证书》《住宅使用说明书制度》。2002 年，湘潭贯彻全国整顿房地产市场秩序电话会议精神，查处商品房销售中的各种虚假广告、虚假面积、房屋价质不符等问题。市区作出行政决定 16 起，其中作处理 10 起；调处各类纠纷 84 起。2005 年，随着居民购房支付能力提高，商品房销售额增长。是年商品房销售面积 122.02 万平方米，销售金额 14.26 亿元，比 2000 年增长 165.72%和 313.33%。商品房平均价格：普通住宅每平方米现售价 1042 元，预售价 1112 元；别墅和高档公寓，每平方米现售价 1350 元，预售价 1800 元；办公房屋每平方米现售价 600 元，预售价 1427 元。商业生产房现售价 2466 元，预售价 3167 元。房屋市场价格指数一般比长沙低 35%~45%。

1986~2005 年湘潭市商品房销售情况

表 59-5-1

年份	销售面积（万平方米）						销售金额（万元）					
	高档公寓	普通住宅	办公房屋	商业用房	其他用房	合计	高档公寓	普通住宅	办公房屋	商业用房	其他用房	合计
1986	—	—	—	—	—	—	—	—	—	—	—	—
1987	—	0.11	—	—	0.01	0.12	—	29.72	—	—	7.63	37.35
1988	—	0.58	—	—	0.18	0.76	—	241.82	—	—	19.93	261.77
1989	—	0.46	—	—	—	0.46	—	221.68	—	—	—	221.68
1990	—	0.7	—	—	—	0.7	—	332	—	—	—	332
1991	—	1.83	—	—	—	1.83	—	724.89	—	—	—	724.89
1992	—	1.49	—	0.09	—	1.58	—	708.6	—	66.21	—	774.81
1993	—	0.69	—	1.01	—	1.7	—	534.91	—	1265.07	—	1799.98
1994	—	1.49	—	0.38	—	1.87	—	1295.61	—	412.42	—	1708.03
1995	—	16.47	—	1.81	0.3	18.58	—	12494	—	2517	269	15280
1997	—	13	—	1.4	0.36	14.76	—	9197	—	2163	658	12018
1998	—	23.5	—	1.36	0.24	25.1	—	16021	—	2656	295	18972
1999	0.56	30.82	0.13	1.77	0.05	33.33	552	19953	280	3711	56	24552
2000	0.6	42.77	0.04	2.18	0.02	45.91	900	28687	34	4884	12	34517

续表

年份	销售面积(万平方米)						销售金额(万元)					
	高档公寓	普通住宅	办公房屋	商业用房	其他用房	合计	高档公寓	普通住宅	办公房屋	商业用房	其他用房	合计
2001	1.69	35.31	0.06	7.92	—	44.98	2376	27120	49	13851	—	43396
2002	1.37	39.39	0.37	4.97	0.52	46.62	1677	27986	310	10622	409	41004
2003	—	60.98	0.72	7.1	2.21	71.01	—	52271	812	15038	1854	69975
2004	3.73	83.55	0.37	6.53	1.84	96.02	5599	70949	796	15265	1739	94348
2005	6.93	103.18	1.05	7.79	1.98	120.93	9364	108096	1505	20943	2676	142584
合计	14.88	477.29	2.74	45.71	8.13	548.75	20468	391125.2	3786	95192.7	8442.6	519014.5

注:各地启动房屋商品市场的时间有区别,本表所记1994年以前的数字为市区的数字。1995~1997年为市区和湘乡市的数字。1998~2005年为全市的数字。表中"高档公寓"含别墅数量

二、房屋租赁管理

1986年,房屋租赁业务主要是直管公房出租,此时基本没有私人房屋出租。居民租用公有住宅,中小型的工商企业租用公房设施,交定额租金。湘潭市区由雨湖、湘江、岳塘、板塘4个房地产管理所经营房租,公房租赁面积共计103.47万平方米,其中生产和营业用房49.78万平方米,生活用房53.69万平方米。年租金收入495.99万元。租金的使用,由房产管理部门自收自支,作为旧房改造修缮之费用。其时,房屋租赁制度不够健全,市区平均每平方米月租金:住宅0.045元,生产用房0.81元。租金偏低,以至"租不养房"。更严重的是有的住户不交租金,而私自转租取利;有的单位长期使用国有商业房屋而拒交租金,却承包给私人经营,获取高额利润,是年累计积欠房屋租金74.9万元。有的将租房指标出售牟利。《人民日报》《湖南日报》曾刊登读者来信,披露这些现象。同时,有部分工商企业存在经营困难,影响房租收缴,有81个单位未签订房租合同。政府和房地产部门加强对房屋租赁事务的管理,维护国有公房的出租收益。根据国家房租新政策,1989年8月24日,市政府颁发《湘潭市新建公有住宅抵押出租暂行规定》,每平方米(使用面积)收抵押金40~50元,以息代租。市委机关刚竣工的28套住宅,全部实行以息代租。3个月内,市区共有929套新建公房实行这一政策。1990年,湘潭市区由广窑、中山、雨湖、平政、城正、岳塘、板塘7个房地产管理所经营房租,公房租赁面积88.08万平方米,比1986年减少14.87%。其中出租生产营业房37.14万平方米,生活用房50.94万平方米。租金收入495.95万元,与1986年基本持平。房屋租赁市场仍不够规范,瞒租瞒报、逃避租金、租赁纠纷时有发生。是年,市政府颁发实施《直管公房租赁管理暂行办法》,在整顿房屋租赁市场中,查处转卖公房租赁权180起,转租公房牟利94起,拖欠房租244户,强占公房29户。对90个欠租户追缴租金34.83万元。租赁面积虽然比上年减少9.73万平方米,但租金收入比上年增加0.45%。此后逐渐实行房产市场化经营,渐有私人房屋出租。政府对私房租赁制定政策法规,整顿租赁市场

秩序,引导私房租赁业务健康发展。私房租赁是租赁双方议定,租金随行就市,租赁居住人员变动大,管理难度大,管理机制欠健全。

1991年10月1日起,公房租金作新的调整,平均每平方米月租金:新住宅钢混结构0.4元,砖混结构0.3元,砖木结构0.28元;旧住宅钢混结构0.28元,砖混结构0.19元,砖木结构0.15元;商业服务房2.34元。政府规定,租赁直管公房必须凭身份证、住房困难证、合同书和户口簿,经审核符合条件发给《公房租用证》才获租用,并建立承租户档案。

1992年,房屋租赁业务增多,市区进行公房管理史上第一次租赁年审工作,共审核11334个租房户的房屋使用情况。在调查中,查出违法违纪问题504起,处理252起,追缴欠租29.78万元,收回房屋37套,为30户困难家庭调配住房。同年,雨湖房产管理所首次实行房屋竞标拍租,雨湖路几套商业门面由每平方米40元底价拍到56元成交,仅此项该所每年增收房租3万元。接着湘江房产管理所也实行商业门面拍租,增收房租近20倍。1993年8月1日起,直管商业公房平均每平方米月租金提高到4.59元。此后,商业公房租金实行"随行就市,议价议租"。1995年8月1日起,宅屋每平方米月租金:新住宅钢混结构1.45元,砖混结构1.13元,砖木结构1.08元。旧住宅钢混结构1.08元,砖混结构0.8元,砖木结构0.72元,简易结构0.51元。市区调租9113户,347499平方米,为应调面积的92.3%。房屋租赁市场逐见繁荣的同时,亦出现私下交易租赁,将危房、产权不清房屋出租的现象。根据国家建设部颁发《城镇房屋租赁管理办法》,市政府和房地产部门对房屋租赁条件、租赁合同、当事人的权利和义务、租赁管理和法律责任制定相应的政策法规,监督房屋依法租赁经营,缴纳房租;保障房屋租赁人的合法权益。是年市区公房出租面积76.07万平方米,比1990年减少13.64%。其中出租生产营业房32.21万平方米,生活用房43.86万平方米。租金收入727.51万元,比1990年增长46.69%。

1996年下半年,湘潭市进行房屋租赁市场整顿,对市区营业用房租赁情况逐户调查,共有房屋承租户7011户,多数承租户能守法经营。少数承租户无证经营,私下转租、故意拖欠租金、不服从管理,甚至辱骂殴打管理人员。市房地局法规监察队和市辖区法院执行庭共同调查处理,强制执行300起,扣留10人。当年收缴租金1025.64万元,比上年增收40.98%。因受到市场的冲击,部分中小企业经营不佳,而有欠租情况,欠租5~10万元的企业12个,欠租10万元以上的企业14个。1999年,市政府发文,对城市各地及各种质量房屋租金作新的调整,共分150个等级。主要类型房屋每平方米月租金:新住宅钢混结构2.56元,砖混结构1.68元,砖木结构1.57元,土木结构1.01元,简易结构0.45元;旧住宅钢混结构每平方米2.3元,砖混结构1.61元,砖木结构1.53元,土木结构0.91元,简易结构0.4元。市区由雨湖、湘江、中山、平政、岳塘、板塘6个房地产管理所经营房租。由于部分公房作转让和出售,公房出租继续减少。2000年,市区核发《房屋租赁许可证》798份,公房出租面积61.85万平方米,比1995年减少18.69%。其中出租生产营业房23.81万平方米,生活用房38.04万平方米。租金收入651.85万元,比1995年减少10.4%。

2002年4月19日,市政府颁发《湘潭市城市房屋租赁管理实施办法》,规定城市房屋租赁实行凭证制度、登记备案制度、租赁合同制度,房屋出租须依法经营。5月23日,市政法委员会、市综合治理办公室、市房产局、雨湖区政法委员会在房产管理局召开现场会,部署整顿房屋租赁市场。年内进行执法检查322次,查封房屋102起。房屋市场化经营有较大的发展,商品房出租开始列入政府部门专项统计。是年全市商品房经租面积88599平方米。其中住宅经租10120平方米,办公楼650平方米,营业房46829平方米,其他房屋31000平方米。共计经租金额129万元。2005年,市区直管公房租赁仍由原6个房产管理所经营管理。公房租赁有较大升值。新住宅平均每平方米租金:砖混结构4.14元,砖木结构2.7元。旧住宅仍延续1999年租金标准。直管公房出租共计41.97万平方米,租金收入536.12万元,房屋租赁面积虽比1986年减少59.44%,而租金收入增加8.09%。全市商品房租赁面积10878平方米,其中住宅1178平方米,办公楼950平方米,营业房8750平方米。商品房共计经租金额454万元。房屋租赁市场秩序总体上有较大改善,但仍有一些租房户拖欠公房租金。至2005年10月,市区直管公房累计积欠租金2900万元。解放路风车坪有一套公房开办发廊,租住8年累计欠租4000多元;河西东环小区有一套两室一厅公房,租户积欠租金近万元,房产租赁市场尚待规范。

第三节 房产权属管理

1986年,湘潭历史遗留的房产有接收产、没收产、无主产、统管产等11类,共1678.82万平方米。新中国成立以来,这批房产产权发证工作不够规范,有些房屋产权不清,房产民事关系模糊,不利于房产权益的维护管理。此外,公家和私人新建一批房屋,房产经济成分日益多样化。1987年始,湘潭市贯彻建设部的部署,规范城镇房产权属管理。1988年1月,市房地产管理局先后设立产权监理科、房屋产权监督管理处,负责房产的堪查、测绘、房产归属审核、房产权证的登记和颁证等项管理。是年市政府颁布实施《湘潭市城镇房屋产权管理办法》,规定城镇房屋的所有权人(自然人和法人)必须申请登记,经核查发予证书,房产权属的管理实行证件化、法律化。1989年全市历史遗留和新建房屋累计共有1997.93万平方米,全市累计颁发房产权证51782份,房屋面积1961.86万平方米,发证率为98.19%,高于国家规定80%的标准。市房屋登记发证办公室被评为“全国房屋登记发证先进单位”。1990年,全市单年颁发房屋产权证3074份,房屋面积81.01万平方米。由于房屋使用周期长,为使房屋产权证件资料长期保存,是年房地产管理局设立房产档案科(馆),对房产档案实行专业化管理。

1991年起,随着房地产市场化经营的开展,房产权属登记颁证程序增加多项内容,有房屋初始产权登记发证、房产转移登记发证、房屋变更登记发证、房屋他项权利注明登记、房屋权证注销登记。

1995年,公房出售和商品房交易数量增加。为避免居民“有房无证”或房与证不符,房地产部门进一步加强房产权属管理。是年全市颁发房产权证7824份,房屋面积96.84万平方米,比1990年增加1.55倍和19.54%。1996年,市政府颁布实施《关于做好已出售公有住房产权规范的有关规定》,城镇居民购买的公房,交定额款项,房屋由“半产权”改为全产权,归购房者所有。颁发全国统一制作的产权证书。是年市房地局开展房地产执法大检查,查出市区有200余万平方米房屋未办理产权登记手续,进行补办登记。房地局投资近百万元扩建房产档案馆,提高房产权属的立档、保存和证件查询业务水平。其时馆藏房产档案117697卷,年接待查档1208人次。1998年起,城镇居民的房产权证书,由全国统一制作,政府颁发。1999年,房地产管理局制定岗位责任制,杜绝房产证错发、重发的发生;查处伪造、涂改房产证和通过非法手续取证的案件,吊销违法房产证228份。2000年,全市颁发房产证 28628 份,房屋面积 365.58 万平方米,比 1995 年增加 2.28 倍、2.76 倍。市区依法吊销房产权证 3 份。市区馆藏房产档案达到 262141 卷。

2001~2002 年,房地局开展居民房产证的核查工作。两年间,房产管理局协助法院查封冻结房 102 起,工作取得较好成绩。2003 年,房地产产权监督管理处被国家建设部评为"房地产交易与权属登记规范化管理先进单位"。随着房地产业的发展,房屋产权颁证的数量显著增加。2005 年,全市颁发房产证 44905 份,房屋面积 640.79 万平方米,比 2000 年增加 58.85%、75.28%。到这年底的 18 年间,累计颁发房产证 351994 份,房屋面积 5989.39 万平方米。其中,市区颁证 236268 份,房屋面积 3568.29 万平方米;湘潭县颁证 45292 份,房屋面积 953.99 万平方米;湘乡市颁证 64334 份,房屋面积 1311.39 万平方米;韶山市颁证 6100 份,房屋面积 155.72 万平方米。是年,市房产档案馆扩建,馆房面积达到 1134 平方米,库房面积 648 平方米,有 700 立方米铝合金、半自动多层密集档案柜,馆藏房产档案达到 364759 卷。市民查询档案年达到 2251 人次。房产档案严格规范立档,做到一户一档、一房一档,使用电脑技术管理。房屋财产的交易、转让、遗产继承或司法事务中,有可靠的证据来源,房产当事人可根据需要及时准确地查到房屋财产的证件依据。在房产办证工作中,个人房产执证比单位房产执证比率高。有部分单位的办公楼和生产用房还未办理房产登记证。

第四节 房屋拆迁管理

1986 年,湘潭市设立"征地拆迁办公室",归口市建设委员会领导。此时,房屋拆迁业务尚未完全铺开,未列入政府的专项统计。年内房地局共拆迁房屋 44 户,4877.37 平方米。房屋拆迁没有实行等价补偿,而实行部分补偿,是行政支配与有偿拆迁相结合。1990 年,市房地产管理局拆除危旧住宅 208 户,1.88 万平方米,拆迁面积比 1986 年增加 1.39 万平方米。拆迁房屋之后新建工人新村、和平新村等 7 个住宅小区,安置居民近 4 万人。

1991 年,城市房屋拆迁规模扩大,湘潭市贯彻国家关于房屋拆迁的政策。根据国务院《城市房屋拆迁管理条例》,城市房屋拆迁事务移交市房地产管理局管理。同年 10 月,房地局成立"房屋拆迁办公室",为局机关一个科室。是年起,房屋拆迁补偿政策开始向市场化过渡,按房屋结构、面积、成新等项实行重置价格补偿。1992 年 1 月,"湘潭市城市房屋拆迁事务所"成立,隶属于房地产管理局,履行房屋拆迁管理职责。随后对房屋拆迁人员进行专业培训。1993 年 2 月,市政府颁布实施《湘潭市城市房屋拆迁管理办法》,城市房屋拆迁事务所"成立,隶属于房地产管理局,履行房屋拆迁管理职责。随后对房屋拆迁人员进行专业培训。1993 年 2 月, 市政府颁布实施《湘潭市城市房屋拆迁管理办法》,对房屋拆迁补偿、拆迁户的安置、拆迁单位的资质等级等项作出规定。同年 3 月,湘潭市区实施民主西路扩建工程,作为向毛泽东诞辰 100 周年献礼。市房地局组织进行房屋拆迁,3 个月完成 190 户、22 个商业门面、1 万多平方米的拆迁任务,民主西路按期完成全线改造。湘潭市商贸特区房屋建设,拆除房屋 32 栋、0.54 万平方米,补偿总金额 198.98 万元。湘乡市于是年成立"城市房屋拆迁办公室"。1995 年 5 月 18 日,"湘潭市城市房屋拆迁领导小组"成立,分管副市长任领导小组组长。凡房屋拆迁重大事项,由市政府协调进行,法院、公安及拆迁户当地行政主管部门共同实施。是年,市区专司房屋拆迁的公司有 3 家,房屋拆迁数量有增加。拆迁房屋 1100 户,7.72 万平方米,比 1990 年增加

2倍和3.11倍。拆除房屋的地域主要是平政路301、302地块、大庆新村、金庭街等处,有311户居民作拆迁安置。在房屋拆迁执法工作中,拆迁管理部门处理拆迁纠纷40起,裁决14起,查处违章拆迁10起。

1996年,市拆迁事务所晋升为二级资质城市房屋拆迁单位。1997年,历时3年的河西防洪大堤扩建任务基本完成,共拆迁房屋5.02万平方米,动迁居民669户,是市区最大的一次房屋拆迁项目。此后,还在韶山东路、迎宾东路、迎宾西路、南盘岭等处实施较大的拆迁建设工程。2000年,市区拆迁房屋1205户,8.43万平方米,比1995年增加9.55%、9.2%。

2001年,城市建设发展迅速,房屋拆迁大量增加,情况愈加复杂。有的单位在拆迁中急于求成,工作粗暴,拆迁补偿安置不兑现,拆迁纠纷时有发生,成为社会不稳定的一个因素。湘潭市贯彻国务院305号令《城市房屋拆迁管理条例》和湖南省政府办公厅《关于切实加强城市房屋拆迁管理工作的通知》精神,加强房屋拆迁的管理,进行拆迁条件审核、拆迁公司资格审核、拆迁评估审查三道程序。对拆迁方案不全、手续不齐、拆迁补偿资金不落实者不予发证拆迁;杜绝违法评估、虚假评估。是年11月1日起,房屋拆迁不再实行重置价格,而按市场评估价格进行补偿安置。政府和房地产管理部门、项目建设指挥部不经手拆迁,而是对拆迁事务进行监管。12月21日,市政府颁布《湘潭市房屋拆迁补偿安置资金使用监督暂行办法》,规定各金融机构、房地产开发企业和房屋拆迁单位,须确保城市房屋拆迁补偿安置资金缴存、专项使用和补偿安置工作的落实。2003年,市区查处违法拆迁16起。是年,韶山市成立"城市房屋拆迁办公室"。2004年,根据湖南省政府整治拆迁工作的指示精神,为吸取嘉禾县严重违法拆迁的教训,妥善解决拆迁工作出现的突出问题,湘潭市调整完善"城市房屋拆迁工作领导小组",领导小组办公室设在房产局;成立处理群体事件联席会议办公室。市政府下发《湘潭市城市房屋拆迁管理实施办法》等两份文件,对城市房屋拆迁当事人的权利义务和法律责任作出新的规定。拆迁人凭证拆迁,持证上岗。实行拆迁验收制度,拆迁工作的公示、信访接待和举报制度,严防违法拆迁事情的发生。同时防止被拆迁人无理要求,阻碍合法拆迁。在拆迁工作整顿中,作各类行政决定35起,其中进行行政处理23起,裁决12起,调解各类纠纷90起;检查9家房屋拆迁单位,注销4家不合格单位;查处违法拆迁行为16件,处罚1件。是年全市第二期房屋拆迁人员培训考试,培训合格执证人员139人。市区动迁居民1605户,拆迁房屋22.43万平方米,拆迁补偿资金到位率达到100%,无拆迁纠纷。国家建设部授予湘潭市房产管理局"城市房屋拆迁管理先进会员单位"称号。湘潭县是年成立"城市房屋拆迁办公室"。2005年,市政府颁发《湘潭市房屋行政强制拆迁操作规程》,对适用强制拆迁、保障建设工程顺利进行的拆迁项目,须依照政策和程序合理合法地进行。全市有房屋拆迁单位7家,其中国营5家,民营2家。第三期房屋拆迁人员培训,获合格证书的有116人。市区拆迁房屋2438户,拆迁面积24.12万平方米,比2000年增加102.32%、186.12%。发放拆迁项目补偿安置资金15754.7万元。其中河东城市中心区及九华、易俗河开发区、昭山景区等项建设,拆迁房屋1126户、12.05万平方米。

至2005年的20年,在城市建设中,湘潭市区总计拆迁房屋面积142.33万平方米,安置居民15 338户。

第五节　白蚁防治

湘潭是蚁害高发区。1984年5月，湘潭市白蚁防治管理所成立，隶属于市房地产管理局，担负白蚁防治任务。1986年，市区房屋白蚁防治3.66万平方米，其中预治2.54万平方米，灭治1.12万平方米。随着房屋建设的增加，政府和房地产部门更为重视白蚁防治工作。1987年，湘潭市贯彻国家建设部《关于认真做好新建房屋白蚁预防工作的通知》精神，市政府办公室、市建设委员会下发《湘潭市新建房屋白蚁防治实施细则》，规定所有房屋必须实施白蚁防治，并实行奖罚措施。白蚁防治收费标准为：钢混、砖混结构每平方米1.86元；土木及木结构每平方米3.38元。从此，白蚁防治工作提上重要日程。1990年12月20日，市建设委员会和中国人民银行湘潭市中心支行发文，按湖南省建委和银行单位的通知，将白蚁防治列入工程建设费用范围。湘潭的白蚁防治取得较快进展，市区房屋白蚁防治27.45万平方米，防治面积比1986年增加650%。其中预治面积24.3万平方米，灭治面积3.15万平方米。1992年，中国白蚁防治研究会吸收湘潭市白蚁防治所为会员单位。1994年8月6日，湘潭市按照省政府的通知，将白蚁防治费作为事业行政性收费。其时白蚁防治收费标准：钢筋混凝土结构房屋收费1元/平方米，木结构收费2.5元/平方米。是年，市白蚁防治所参加湖南省房地产成果展览会，参与摄制的白蚁防治科教片“白蚁防治，势在必行”。湘乡市于这年成立“白蚁防治管理所”。1995年，市区防治蚁害房屋面积36.1万平方米，防治面积比1990年增加31.5%。其中预治面积21万平方米，灭治面积15.1万平方米。从是年起，白蚁防治扩大业务范围，由房屋扩展到森林、光缆工程等项目的防治。

1997年11月12日，建设部和全国白蚁防治中心在韶山市召开“全国《城市房屋白蚁防治管理规定》论证会”，建设部、体制改革法规司、全国白蚁防治中心负责人和各省白蚁防治有关专家、学者，以及湖南省9个地（州、市）的白蚁防治所负责人参加会议，专题研讨白蚁防治管理问题。湘潭县于这年成立“白蚁防治管理所”。1999年起，湘潭市贯彻建设部《城市房屋白蚁防治管理规定》，补充蚁害防治的内容，进一步加强白蚁防治工作。2000年，市区防治蚁害房屋达到82.97万平方米，防治面积比1995年增加1.3倍。其中预治面积72.73万平方米，灭治面积10.24万平方米。随着房产业的发展，2002年市政府颁发实施《城镇房屋白蚁防治管理办法》，城镇房屋的新建、改建、扩建、销售和发放产权证，实行白蚁防治合同签证及验收制度，规定管理单位、开发企业各自的责任。此后，白蚁防治的法制化管理日趋加强。韶山市于这年成立“白蚁防治管理所”，白蚁防治得到较广泛普及。是年，白蚁防治增加到107.54万平方米，其中预治面积82.28万平方米，灭治面积25.26万平方米。政府规定，毛坯房每平方米列支白蚁防治费2元，成装房2.7元，由建设和装修单位计入工程概预算。市房产管理局对白蚁防治工作实行绩效考核制度，奖优罚劣。2005年，市区房屋白蚁防治156万平方米，防治面积比2000年增加88.02%。其中预治143.7万平方米，灭治12.3万平方米。白蚁防治技术改进，全面使用机械化施工，并全部使用环保型高效低毒药物，代替过去的低效药物。

第六节 物业管理

1986~1995年,湘潭市尚未形成物业管理行业。

1996年,物业管理起步。是年房地产管理局设立物业管理科。1997年底,全市有物业管理公司3家。1998年3月6日,根据建设部和湖南省建设厅的文件精神,市政府办公室颁发《湘潭市住宅区物业管理实施办法(试行)》,规定物业管理的管理体制、管理内容、管理经费和法律责任,在全市各类居住小区、住宅组团、高层综合楼及便于实行物业管理的成栋住宅楼房,实施物业管理。由房地产管理局主管,市建设委员会指导检查,工商、物价、公安、城管、电力、广播电视、街道办事处、居委会等十余个部门协调配合实施物业管理事务。同年12月,湘乡水泥厂"韶峰集团物业公司"成立,是湘潭市较早开展多项物业管理服务的公司,经营项目为房屋建设、水电安装、家电维修、幼儿托管、信息咨询业务,该公司所管小区是湘潭首个被建设部授予"物业管理优秀住宅小区"的小区。《湖南日报》等省、市报刊和电视媒体对此作过报道。是年,物业管理企业发展到7家。1999年,位于市区芙蓉路口的电厂新村,被建设部授予"物业管理优秀住宅小区"称号。其时,多数物业管理公司还处于工作摸索阶段,其管理项目多停留于门卫值班、卫生保洁、收缴水电费等。服务项目少,管理工作比较单调。2000年,物业管理行业有所壮大,批准新成立物业公司11家。全市具有资质证书的物业公司30家,其中二级资质的6家,占20%;三级的24家,占80%。在资质考核中,依法注销不合格物业公司1家。全市有270万平方米住宅区实行物业管理,有16个住宅区成立业主委员会。但是,此时公司的经营总体上仍不够规范,物业公司大体有三种类型。第一类为个体户组建的公司,完全按市场化经营,收费较高,管理较规范,服务质量较好,管理对象多是新建住宅小区。此类公司有4家,占公司总数的13%。第二类为原企业或单位后勤机构派出设立的公司,依靠单位资助经营,管理本单位职工生活区。此类公司有12家,占40%。第三类为房地产开发企业连带设立物业管理的公司。房屋建成后,其承接住宅区的前期物业管理,兼作公司房屋促销,物业管理收费一般低于市场价格,但此类物业公司是房产开发与物业管理的混合体,服务漏洞多,与住户的利益纠纷时有发生。此类公司有14家,占47%。

2003年,湘潭市贯彻国务院《物业管理条例》,物业管理向市场化、规范化发展。是年,市区批准新成立物业管理公司2家,吊销营业执照2家。新成立业主委员会10家。市房产管理局对物业公司实行目标考核制度,优胜劣汰。"大同世界花苑"住宅小区首例实行招标竞聘物业公司。此后湘潭物业管理服务质量有所提高。一些物业公司有幼儿托管、帮助购物等服务,工作人员统一着装,持证上岗,公开收费标准,有住户投诉、公司回访制度。阳光山庄、锦秀湘江、新景家园、霞光山庄等十余个住宅和别墅区的物业管理达到较高程度,除有购物、文体设施之外,还设有警卫巡更、电视监控、火灾自动报警智能系统监管等。2004年7月16日,市政府颁布《湘潭市物业专项维修资金管理办法》,并于8月成立"湘潭市物业专项维修资金管理中心",编制4人,隶属于房产管理局。物业维修资金从购房款中提取2%(电梯房提取3%),物业管理始有一定的资金保障。随着湘潭房地产业的发展,物业管理市场扩大,"深圳城建""深圳万厦居业""深圳天安"等外地物业管理公司相继到潭置业。市委、市政府办公大楼、电业局办公楼和宿舍区4个物业管理项目,为外地物业公司经营。

2005 年 8 月,湘潭市建立“物业管理招投标专家库”,经考试审核,有 8 人入选物业管理招投标专家库成员。是年,全市有物业管理公司 76 家,比物业管理起步初期的 1997 年增加 24 倍,从业人员 4200 人。其中,三级资质以上公司有 34 家,有 5 家达到 IS09000 国际质量认证标准,有 43 个住宅小区成立业主委员会。全市归集物业专项维修资金 1500 万元。有 29 个新建住宅小区实施物业管理,管及房屋面积 1100 万平方米。全市物业管理程度参差不齐。有的分散居民点没有物业管理;部分物业公司偏于小、弱、散,专业化、规范化的管理程度不高;部分业主不配合物业公司工作,拒交物业服务费;有的住宅小区业主委员会机构不健全,领导不得力。2005 年,全市物业管理覆盖面 30%,低于全国 38%的平均水平。

第六十篇　环境保护

概　述

1986年，湘潭市各级环保机构共14个（不含各行业主管局及企业单位的环保机构，下同），环保系统人员183人，其中科技人员114人，1000元以上的仪器设备129台套。当年，湘江湘潭段水质为Ⅲ类；大气环境质量为二级标准，城市空气污染类型以煤烟型为主，主要污染物为总悬浮颗粒物、二氧化硫、降尘、氮氧化物；噪声污染以交通噪声超标最为突出。由于湘潭市一直是湖南省重要工业基地，建材、黑色金属冶炼、电力、化工和纺织为主要污染行业，主要污染企业为湘乡水泥厂、湘潭电厂、湘潭钢铁厂（以下湘潭钢铁厂和湘潭钢铁公司均简称“湘钢”）、湘潭锰矿、湘潭纺织印染厂（简称湘纺）、湖南农药厂、湖南铁合金厂等15家企业，加上周边城市污染物排放的影响，湘潭市工业“三废”（废气、废水、废渣）问题比较突出，污染治理难度较大。

是年起，湘潭市相继开展两次大型环境污染调查，首次调查641家工矿企业及部分医疗卫生单位，获取占全市污染总负荷85%的15家重点污染单位的基本情况，并建立市、县（市、区）数据库，该项目获全省环保部门唯一特等科技进步奖，国家环保局等五部门联合授予湘潭市“全国工业污染源的调查优秀市”称号。1989年开始的第二次调查历时2年，涉及全市2780家工业企业，获各种调查监测数据近10万个。同时，全市严格实行环境目标责任管理制度，形成上下左右联动的严密管理体系；工业污染防治严格执行“三同时”（建设项目中环境保护设施必须与主体工程同时设计、同时施工、同时投产使用），是年，“三同时”执行率为71.3%。1990年湘潭在8大厂矿建立起监测互检网络，主要对15家重点污染企业进行污染源监测，并在市区创建1个噪声控制区和3个烟尘控制区。在加强调研和监测的基础上严格治理。当年全市投入污染治理资金1827万元，安排环境治理项目150个，当年竣工134个。1990年，湘江湘潭段水质为Ⅲ类；全市废水排放总量约26700多万吨。工业废气排放总量为323.84亿标立方米；工业固体废弃物产生量148.26万吨，综合利用率67.76%；“三废”综合利用产品产值6206万元，是1985年的3倍。湘潭市环保局检查72个项目的“三同时”执行率为73.61%。至1990年的5年中，全市投入污染治理资金6788.3万元，其中废水、废气、固体废弃物、噪声治理资金比例分别占32.1%、45.5%、12.8%、1.3%；市本级共征收排污费4774.12万元；调处污染纠纷179起；88个排污单位建立废水处理设施共236套；全市有292台工业锅炉和223座窑炉得到治理改造，年新增废气净化处理能力24.16亿标立方米。

20世纪90年代初，随着企业纷纷改制或转型，服务业、娱乐业等第三产业发展，新污染源迅速增加；同时，因为国企单位治污经费困难，有的私营企业只讲效益，不讲环境保护，环境污染加剧。市环保部门从加强环保宣传和监测入手，根据国务院要求，将环境保护作为基本国策列入宣传教育计划，宣传深入到各级行政区、厂矿企业和学校；加强监测网络建设和对各项环境指标的监测，市环保监测站由四级升为国家三级监测机构，湘乡市、湘潭县均成立四级监测站，城市两区及韶山市均设专职监测人员。1991 年，湘潭市成为全国环境监理员试点单位之一，对重点污染企业加大环保监管改造力度，特别是大气环境治理力度。完成湘钢平炉烟气改造工程、湖南铁合金厂高炉烟气治理工程等治理项目 85 项，在全市创建 10 个烟控区和 3 个噪声达标区，烟尘控制区建设增加到 14.55 平方千米，是 1988 年 7 倍多。

1993 年，市里成立以市人大、市政府主要负责人为首的“市环保执法检查领导小组”，对城市工矿企业、区县乡镇企业、野生动物保护和群众反映强烈的噪声等问题进行检查，强化老污染源治理，对历年来建设项目“三同时”进行全面清理，对 120 家违反“三同时”和相关环保规定的单位予以警告和处罚。推行环保专业管理工作台账试点，成立市环保法律服务所。市环保局获得国家人事部、国家环保局联合授予的“全国环保系统先进集体”称号，湘潭市被国家环保局评为“全国环境监理员试点工作先进单位”；江麓机械厂和湘潭电机厂被评为全国环境保护先进单位，主持过全国工业污染源调查项目的吴尚德获全国环保先进个人称号。此后，学习贯彻《湖南省环境保护条例》，继续推行全市环境保护目标管理，市政府与县（市、区）长、大中型厂矿及工业专管部门负责人签订目标责任书，层层落实考核。

1995 年，为贯彻落实中共中央制定的跨世纪环境目标，湘潭市制定相应环境目标规划，加强环保机构和队伍建设，在全省率先进行从市到县（市、区）及乡镇的三级环保机构改革，县级环保局由事业改为行政机构。湘潭市成立市环保产业协会，各县（市、区）工业主管局，市内主要工业企业、环保产业单位及外地市部分环保产业单位为会员单位。老污染源治理加强，从严控制新污染源，湘乡市 5 家炼砷厂、6 家土硫磺厂、3 家炼铁厂被强制转产或关闭。当年投入污染治理资金 4004 万元；完成环境治理项目 96 个，建成烟控区 17 个、60.7 平方千米，噪声达标区 3 个、12.24 平方千米。当年，全市废水排放总量 25694 万吨，其中工业废水占 89%以上，万元产值排放量为 376 吨，排放达标率为 58.82%，湘江湘潭段水质为Ⅲ类；工业废气排放总量 456.95 亿标立方米；工业固体废弃物产生量 145.95 万吨，综合利用率为 67.8%，“三废”综合利用产品产值为 13664 万元。至 1995 年的 5 年间，全市各级共投入污染治理资金 1.65 亿元，比前 5 年增长 143.06%，累计完成环境治理项目 550 个；调处污染纠纷 879 起；市本级共征收排污费 3247.1 万元。但污染治理资金的投入仍显不足，仅占工业总产值 0.57%。

1996 年开始，湘潭市贯彻国家和省加强环保工作的文件精神，颁布《湘潭市环境空气质量功能区划》《关于进一步加强机动车辆排气污染监督管理》和《湘潭市环境噪声功能区划适用标准》等文件，把全市环境噪声标准区域划分为四类，功能区域面积达 130.54 平方千米；对全市 4200 多家乡镇企业污染源分布和治理现状进行全面调查，取缔、关停污染严重的小企业，对排放污染物企事业单位分期分批进行排污申报登记与发放排污许可证制度，对全市污染物排放进行总量控制。

1998 年，根据国务院和国家环保总局提出的全国 2000 年实现“环保一控双达标目标”（即污染总量控制，环境功能区达标，污染源排放污染物达标）要求，市环保局制定“湘潭市 2000 年环保行动计划”纲要和《湘潭市 2000 年工业污染源达标排放工作方案》，成立达标领导小组，严格执行环境影响评价和“三同时”制度。加强对污染源特别老污染源的监管治理，确定 32 家重点达标企业并层层签订环保目标责任书；加强对排污费的依法征缴。当年，全市“三同时”执行率为 98.3%，关停重污染企业 213 家，1000 多家企业基本做到主要污染物达标排放，全市减少工业废水排放 5168 万吨，悬浮物、挥发酚、氰化物、二氧化硫等主要污染物排放减少。1999 年，全市征收排污费 1732 万元，达历史最高水平。湘钢完成平炉改转炉工程，解决几十年的“红龙”污染问题。至 2000 年底，市内 1407 家企业完成达标任务，主要污染物实现达标排放；在全市 32 家重点达标企业中，仅湖南铁合金厂未完成达标。建成 23 个烟尘控制区，其覆盖率城区达到 100%。湘潭市 11 项污染物总量指标，全部都在湖南省定的控制指标之内。环境影响评价执行率达 100%。湘潭市通过实现 2000 年达标目标后，全市年节煤 11 万吨，节油 1.3 万吨，年节约新鲜用水量 5626 万吨，年减少废水排放 5000 万吨以上。当年，全市废水排放量为 26160.6 万吨，其中工业废水占 67.8%，万元产值排放量 244 吨，比 1997 年减少 180 多吨；工业废气排放总量 620.66 亿标立方米；工业固体废弃物产生量 225.09 万吨，综合利用率 67.51%，“三废”综合利用产品产值 16417.1 万元。

至 2000 年的 5 年中，全市完成 167 个污染治理项目；市本级征收排污费 3734.4 万元；5 年中调处污染纠纷 1127 起，比前 5 年增加 28.21%。由于一些老污染源难以根治，加上新的工业企业不断增加，新建项目增加，新的污染源不断出现，导致工业“三废”排放量增加，污染事故和纠纷增多，治理无法取得立竿见影的效果。湘江湘潭段污染逐年加重，监测每年均为Ⅳ类水质。

2001 年，湘潭市成为全国首批 100 家环境保护重点城市，建立起大气环境质量日报制度。2 年中，全市结合开展的“一化三清”（城市绿化，清理违章建筑、清理违法建设用地、清理违规房地产开发市场）、“建设文明城市”“城区环境污染整治”等系列活动，进行四次大的现场环境行政执法活动，对锅炉烟尘、餐饮业油烟、娱乐业噪声、机动车尾气、工业废水、固体废弃物等进行重点整治；加强老污染源治理，检查排污企业 410 家，对全市“九五”期间 450 余个新建项目进行全面清理，所有新建项目继续严格执行环境影响评价制度和环保审批制度。完成湘钢污水站处理设施扩容改造、煤气回收，湘潭电化集团的废水治理，湘潭电厂 10 吨锅炉脱硫除尘等 20 多个项目。加大对重点流域、重点污染区域、重点排污企业的整治。将镉污染整治作为污染防治大事，在调查基础上制定全市镉污染整治计划和方案，对沿湘江涉镉企业采取限产、停产等措施。为严格控制新污染源的产生，进行产业政策控制，杜绝国家禁止类和已经淘汰类产业，做好环境保护规划和城市功能区划。

2004 年，贯彻执行省政府《湘江长沙株洲湘潭段生态经济带开发建设总体规划》，开展湘江湘潭段流域水污染综合整治行动，继续大力进行镉污染集中整治。市环保局、市公安局、市工商局、市城管局、市监察局联合执法，对全市镉污染排放企业下发限产停产通知，湘江湘潭段镉污染基本得到控制；开展竹埠港地区污染整治和为期一个月的“高考禁噪”行动；出台湘潭市环境突发事件应急预案，环境突发事件应急体系初步建立。配合文明城市创建，对城区在用的 90 多台锅炉、窑炉、大灶进行整治。

2005 年，城市污水处理率、城市生活垃圾无害化处理率被省定为 8 件实事之一。为落实《湘潭市环境保护三年行动计划》，继续强化对重点流域（湘江湘潭段、涟水流域、涓水流域）、重点排污企业污染治理、重点污染区域的整治，对竹埠港、湘乡皮革工业园、吴家巷 3 个工业园污染的专项整治，园区中 50 多家污染严重企业被关停或停产整顿（其中半数以上为排镉企业）。湘钢、湘潭电厂、湘潭电化集团等企业投入大量资金治理“三废”，湖南铁合金厂的高炉炼铁铬渣综合利用工程实施，湘乡市地下水长期受铬污染困扰的状况得以缓解。当年，全市环保系统机构 13 个，总人数 271 人，其中科研人员 232 人,占总人数的 85.6%。湘江湘潭段水质中的总镉较 2004 年下降 38%,空气中的二氧化硫年均值下降 22.8%,酸雨频率下降 27.6%;城市中的车流量虽然增加,但区域噪声和交通噪声等效声级分别下降 0.3 和 0.7 分贝。河西污水处理厂和双马垃圾场等一批城市环境基础设施项目建成,城市污水实际处理率达到 51.9%,市区大气环境治理得到逐步改善,城市生活垃圾无害化处理率为 95.94%。当年全市废水排放总量 20342.25 万吨,其中工业废水占 54.1%,工业废气排放总量为 780.32 亿标立方米;工业固体废弃物产生量 430 多万吨,综合利用率为 86.22%。虽然工业"三废"产生总量增加,但万元产值排放量不断下降,是年工业废水、废气、固体废弃物万元产值的排放量分别为 1986 年的 4.82%、26.5%、3.18%。

至 2005 年的 5 年中,全市完成 376 个污染治理项目;市本级共征收排污费 8297.45 万元;为国家和地方提供有效监测数据 20 余万个;共审批环保建设项目 560 项,批准 537 项,调处污染纠纷 3600 多起。但湘潭市环境质量还不同程度存在问题。城市环境空气质量达标率低,特别是大气中可吸入颗粒物,无论是各测点或年均值都超过国家二级标准;湘江湘潭段水质 5 年中每年均为Ⅳ类,经常性超标因子有粪大肠菌群、镉、汞、氨氮等;饮用水源、危险废物、医疗废物仍存在安全隐患;企业急功近利,忽视环保行为屡禁不止,污染事故和纠纷难以消减。管理体制尚不完善,环保执法无法完全落实。随着经济增长、城市化进程加快和人口递增,环境污染有趋重之势。

第一章 环境质量

第一节 水环境

一、地表水水质

(一)湘江

20 世纪 80 年代,湘江湘潭段水质污染属有机物、病原体和重金属混合污染类型。主要污染源为工业废水、生活污水以及工业废渣造成的二次污染。其中冶金(1986 年仅湘钢排放的废水即达 10545.9 万吨)、化工、纺织印染等行业 10 多家大中型企业排放大量工业废水;市区年产生尿、粪 24 万多吨,其他生活污水 6.5 万吨;上游特别是株洲霞湾工业区排放的废水仅 5 千米即进入湘江湘潭段。种种原因,使湘江湘潭段水质受到污染,并且,一些污染物还沉入江底淤泥中,长期影响湘潭。有机物中主要污染因子是挥发酚、氰化物、有机磷、石油类等;重金属主要是受汞、镉、铅等的污染。是年湘江湘潭段江左(面对河流下游来分左右)水质符合Ⅲ类标准①,江右则基本达不到要求。水中挥发酚、氨氮等超标,平均值分别为 0.014、0.5 毫克/升(标准值分别为 0.005、0.2 毫克/升)。湘江湘潭段重金属主要是汞超标,达 0.00014 毫克/升,超标 0.4 倍。1990 年,湘江湘潭段所监测的污染物 12 个

① 根据中国环境监测总站《地表水环境质量评价有关问题的技术规定(暂行)》Ⅰ~Ⅱ类水质为优,Ⅲ类水质为良好,Ⅳ类水质为轻度污染,Ⅴ类为中度污染,劣Ⅴ类为重度污染。

项目中8项达到三类水质(GB3838-88)标准,有化学需氧量、氨氮、汞、挥发酚4项超标,主要污染因子及浓度为:化学需氧量20.1毫克/升,氨氮0.69毫克/升,汞0.00025毫克/升,挥发酚0.017毫克/升;主要污染物及分担率为:挥发酚30.04%、氨氮17.90%、汞15.33%、化学耗氧量10.48%、生化需氧量6.25%、砷4.70%、其他15.3%。湘江湘潭段、涟水4个监测断面中,以五星断面污染最为严重;进入长沙段之前的水质,污染相对最轻。

1986~1990年湘江下摄司右断面4项污染物平均值和超标率

表60-1-1

项目	指标＼年份	1986	1987	1988	1989	1990
汞	平均值(毫克/升)	0.00007	0.00016	0.00012	0.00028	0.00023
	超标率(%)	0	50	25	75	80
挥发酚	平均值(毫克/升)	0.014	0.031	0.007	0.019	0.004
	超标率(%)	33	25	75	92	20
氨氮	平均值(毫克/升)	0.52	1.33	0.651	1.19	0.87
	超标率(%)	50	100	50	83	80
镉	平均值(毫克/升)	0.001	0.0014	0.0017	0.0022	0.0011
	超标率(%)	0	0	0	16.7	0

1991后,湘江湘潭段水质随着工业的发展,污染程度加重。1995年,湘江湘潭段所监测的污染物27个项目中18项达到三类水质(GB3838-88)标准,但有汞、锰、总磷、挥发酚、氨氮、非离子氨、石油类、亚硝酸盐氮、大肠菌群9项超标,平均超标率分别为29.8%、14.3%、14.3%、11.9%、27.4%、19%、14.3%、1.2%、9.4%。

1996起,湘潭市强力执行国家“2000年主要污染物达标”的行动。湘钢等单位对污染源强化治理,挥发酚、氰化物的污染程度下降明显,但农村快速发展的养殖业带来的污水和城市发展带来的生活污水等得不到有效治理,石油类、氨氮、大肠菌群污染呈加重趋势。镉总体超标率虽不高,但株洲和湘潭一些涉镉企业逐年发展,含镉废水排放量逐年增加,致使湘江湘潭段总镉浓度呈逐年上升趋势,水质污染逐年加重。2000年,所监测的污染物31个项目中,年均值有总汞、总锰、氨氮、石油类、大肠菌群5项超标。全年共有15个项目的检测值出现超标,其中大肠菌群、非离子氨、总镉、总汞最大值超标分别为22.8倍、10.64倍、6.5倍、5.5倍。三个断面中,马家河污染程度最轻,易家湾次之,五星污染最重;江右测点的污染比江左、江中、江底测点都要严重。至2000年的5年中湘江湘潭段水质每年均为Ⅳ类。

2001年后,由于湘钢的扩产,城市人口不断增加和生活污水处理设施相对滞后,氨氮排放量增大,使氨氮对湘江的污染加重;农村未被农作物充分吸收的化肥和不断增长的生猪养殖业废水经各种渠道排入湘江造成粪大肠菌群、氨氮超标;株洲清水塘工业区和湘潭市含镉原料的生产以及企业的违法排污造成重金属超标。2005年，湘江湘潭段粪大肠菌群年均值为56083个/升，超标4.61倍。另外全年有粪大肠菌群、镉、石油类、氨氮、挥发酚、汞、总磷7个项目的检测值出现不同程度的超标。湘江三个断面中，仍以五星污染最重。至2005年的5年中，湘江湘潭段监测结果每年均为Ⅳ类水质，此5年与前5年比较，有8个项目5年均值下降，其中下降幅度较大的有：铅下降52%、汞30.31%、石油类28.67%、挥发酚20%；而粪大肠菌群、砷、氰化物、镉等8项5年均值有明显上升。其中上升幅度突出的是：粪大肠菌群上升368.49%；砷上升139.25%；镉上升87.91%。砷上升幅度大，超标率5年平均1.12%，镉5年平均超标率26.52%。湘江湘潭段为重金属和有机类混合污染类型。

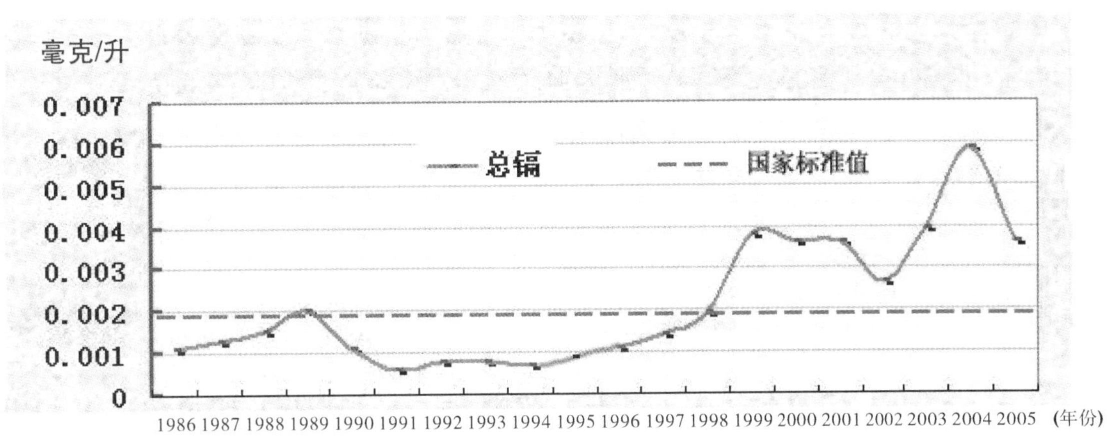

图60-1-1　1986~2005年湘江湘潭段镉污染变化

湘潭市地表水功能区划

表60-1-2

序号	水　域	长度（公米）	功能区类型	现状水质类别	水质目标
1	易俗河水厂取水口上游1000米—易俗河水厂取水口下游200米	1.2	饮用水源保护区	Ⅲ（良）	Ⅱ（优）
2	易俗河水厂取水口下游200米—二水厂取水口上游1000米	3.54	饮用水源保护区	Ⅳ（轻污染）	Ⅲ（良）
3	二水厂取水口上游1000米—二水厂取水口下游200米	1.2	饮用水源保护区	Ⅲ（良）	Ⅱ（优）
4	二水厂取水口下游200米—一水厂取水口上游1000米	6.36	饮用水源保护区	Ⅳ（轻污染）	Ⅲ（良）
5	一水厂取水口上游1000米—一水厂取水口下游200米	1.2	饮用水源保护区	Ⅲ（良）	Ⅱ（优）
6	一水厂取水口下游200米—三水厂取水口上游1000米	4.28	饮用水源保护区	Ⅲ（良）	Ⅲ（良）
7	三水厂取水口上游1000米—三水厂取水口下游200米	1.20	饮用水源保护区	Ⅲ（良）	Ⅱ（优）
8	三水厂取水口下游200米—易家湾	18.46	景观娱乐用水区	Ⅳ（轻污染）	Ⅲ（良）

(二)涟水

涟水是市内湘江最大支流。1986年,除化学耗氧量、生化需氧量与氨氮有超标现象外,其余主要检测项目合格率均为100%。1990年,悬浮物、化学耗氧量、氨氮、挥发酚年均值超标,超标率分别为8.7%、9.0%、45.8%、9.0%,其余各项合格率为100%,涟水支流水质尚可。其时上游湘乡、韶山、湘潭县工业企业还不多,主要是受养殖污水和生活污水影响,属于有机型污染,氨氮为断面首要污染物。1995年,从涟水与湘江交界处断面监测数据看,除氨氮超标38.9%、非离子氨超标11.1%、亚硝酸盐氮超标27.8%、大肠菌群超标11.1%外,大多数被测项目均符合Ⅲ类水质标准。

1996年后,由于上游湘乡、韶山、湘潭县的氮肥、皮革、化工等企业逐步增多,工业排污和生活污水双重影响,涟水水质逐步变差。2000年,涟水水质总体比湘江水质稍好,但氨氮、大肠菌群和石油类超标严重(非离子氨未监测),超标率分别达41.7%、50%、20.8%。至2000年的5年中,每年的水质均为Ⅳ类。与前5年均值相比,有15个项目的5年均值有所提高,氨氮、大肠菌群、细菌总数的5年均值提高50%以上,超标率也有明显上升。5年中有8个项目的检测值出现超标,超标率比较突出的是氨氮、大肠菌群、非离子氨和石油类等项,涟水为有机物污染类型。按污染指数从高到低排列为丰水期、枯水期、平水期,这一情况与湘江湘潭段类似。

2001年,湘江涟水断面氨氮超标率为12.5%。此后,由于涟水上游工业排污和生活污水日渐增加,特别是日均受纳的工业废水总量为涟水本身自然迳流的7.1倍,涟水中氨氮和粪大肠菌群一直呈上升趋势,2003年各项指标达到最高值,氨氮超标率37.50%,2005年为29.17%。涟水水质变差,直接影响湘江湘潭段水质,加剧湘江五星断面的污染。整个"十五"期间,涟水中氨氮和粪大肠菌群污染程度一直呈上升趋势。

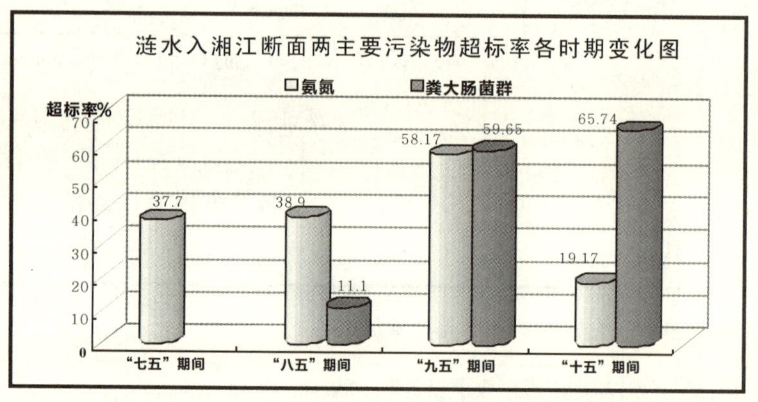

图60-1-2 涟水入湘江断面氨氮和粪大肠菌群各时期变化(缺"七五"期间粪大肠菌群数据)

湘江涟水断面1996~2005年水质类别变化

表60-1-3

年度	1996	1997	1998	1999	2000	2001	2002	2003	2004	2005
类别	Ⅳ轻度污染	Ⅳ轻度污染	Ⅳ轻度污染	Ⅳ轻度污染	Ⅳ轻度污染	Ⅲ良好	Ⅲ良好	Ⅴ中度污染	Ⅳ轻度污染	Ⅲ良好

(三)涓水

涓水为湘潭境内湘江第二大支流,1986年起,涓水入湘江断面的监测由卫生防疫部门改为由湘潭县环保监测站进行监测,直到1989年水质都保持在Ⅱ、Ⅲ类的优、良状态。进入20世纪 90年代,随着涓水沿岸经济的发展,涓水水质受到一定程度的污染,其中主要的污染为石油类污染,其次是生化耗氧和氟化物，3 个污染因子检测值偶有超标现象，但所有项目的年平均值均未超标。2000~2005 年，由市环保监测站对涓水入江断面进行监控。涓水水质经严格监管，基本上还是保持在Ⅱ、Ⅲ类水质的优、良状态。

（四）韶山灌渠

韶山灌渠为湘乡水府庙水库配套水利工程，灌溉省内数县 100 多万亩农田，同时兼具发电、防洪、供水、航运、养殖作用，是境内重要水资源之一。1986 年水质为Ⅰ类。20 世纪 90 年代初，沿岸的棉织厂、兽药厂、冶炼厂、化工厂、肉食加工厂等企业排出的超标废水曾一度影响其水质，个别渠段受到污染。湘乡横洲乡化工厂的废水排到韶山灌渠南干渠内，致使湘潭县白托乡杨林地段河水发黑。经环保部门介入，该厂停产，沿岸污染源也得到整治，灌渠水质得以恢复。此后，环保部门加强对韶山灌渠的水质监控，并与教育部门联合开展环保宣传教育，提高灌区民众的环境保护意识。截至 2005 年，韶山灌渠的水质一直保持在Ⅰ、Ⅱ类标准，两岸还形成以乔木、灌木与草相结合的立体绿化格局，带来良好生态环境效益。

（五）韶河

韶河是韶山市重要水资源。作为重要风景名胜区的河流，水质保持良好。20 世纪 90 年代初，由于韶山当地新增棉织厂、铟银制品公司、炼铅厂等工业企业，排入韶河的废水重金属严重超标，使水质一度变差，而韶山水资源相对紧缺，区域分布不平衡，生活和工业用水有限，水体自净功能低。2000 年起，韶山市政府耗资 1600 万元修建截污工程和城市污水处理厂，将韶河上游韶山冲附近的所有宾馆、旅游点及大部分地面排水沟渠通过管道引入污水处理厂。污水处理厂投入使用后，韶河水质得到改善，环保部门则加强水质监控，2005 年，韶河的水质保持在Ⅰ、Ⅱ类。

（六）湖塘

湘潭市城乡湖塘星罗棋布，主要用于水产养殖和果蔬等作物浇灌，有的农村还作饮用水源。20 世纪 80 年代中期，全市城乡有湖塘 13 万多个，总面积约 22 万多亩，农村湖塘一般水质尚可。当时对市郊 10 个湖塘进行监测（无其他湖塘监测数据），10 个中9 个受到不同程度污染。较严重有白马湖和下摄司、东湖、昭潭、岳塘的 4 个湖塘。城区的白马湖因四周生活污水、生产废水排入，加上生活垃圾、废土倾倒，污水横溢，臭味难闻，被人们称为臭水湖。湖水中大肠菌群超标 126~1321 倍，汞超标 799 倍，镉超标 79 倍，铬超标 7~311 倍。湘潭县白云乡的月塘镉、氨氮、pH 值 3 项超标，韶山氮肥厂旁的贺家塘、茶恩寺的双江塘、云湖桥石湖塘的化学耗氧量超标 4 至 13 倍。大多数湖塘污染与附近的工厂排污有关，特别是一些突发性的污染事故更对湖塘水质造成极大危害。1987 年后，由于乡镇企业的发展、农药化肥的大量使用等原因，城乡少数湖塘受到污染。1988 年长城乡红旗村原作饮用水源的池塘因长期工业废水和生活废水污染，水的浊度、色度、细菌总数、耗氧量、氨氮等卫生指标，分别超过国家标准一至数十倍。

1990 年，湖塘污染有增无减，并呈城郊向农村扩散趋势。1992 年 6 月湘钢制品厂因水泵故障酸性废水污染岳塘村鱼塘，以致鱼塘呈酸性（pH 值 5.4），造成大量死鱼。1995 年，全市城乡被污染的鱼塘为 350 多亩。至 1999 年的 10 年中，全市因各种环境污染事故受到危害的湖塘年均达 200 亩左右。

2000 年，通过治理，一些湖塘水质得到改善，基本达到其功能要求。特别是城区白马湖的治理见成效，在对排污口截污分流综合整治的基础上，2001 年湘潭市出台《白石公园环境整治与改造规划图》,投资9488万元,以现代城市建设模式将白马湖辟为水上与广场相结合的公园,水质得到彻底改善。至2005年,全市城乡湖塘尚未形成专门监测治理机制,除被集中整治的外,因生活垃圾、生活污水及工业"三废"影响,被污染的逐渐增多,一些偏远山区湖塘水质依然保持良好。

(七)水库

20世纪80年代中期,湘潭市城乡有大小水库362个,总面积逾10万亩,大多数水质良好,也有湘潭县柴山水库因受锰矿洗矿废水影响,pH偏酸性超标;跃进水库化学耗氧量超标1.8倍,氨氮超标0.6倍,铅超标0.01倍。此后,由于工业发展和农田大量使用农药化肥,少数水库受到污染。1988年湘乡监测9个水库,有云田、长江、金石3个水库pH偏酸性,分别超标1、1.4、0.5倍,其余指标均未超标。2000年始,湘潭市一些水库加大水质保护力度,其中水府庙水库,在开发旅游资源的同时注重库区的生态环境保护,库区水质一直保持在国家环境质量标准Ⅰ、Ⅱ类水质标准。至2005年,全市水库大部分水质良好,但水源汇入有大量生活污水和企业废水的水库水质有变差趋势。

二、地下水水质

1986年,湘潭市区约有10万人直接或间接使用地下水,作为重要生活饮用水源,其时地下水水质整体情况较好,主要问题是部分地方地下水pH值一直偏低。1989年市卫生防疫站检测,pH值一般为5.4~7.5,低于标准下限值的占38.6%,即有三分之一的地下水偏酸性。对河东地区69口水井进行监测调查,发现河东由于浅井易受地面酸性污水及工矿企业含酸性物质的影响,75.4%的水井偏酸性。是年5月和9月,湘乡市环保监测站对湘乡市城郊红星村井水与市自来水公司井水进行六价铬含量的抽测,发现井水受到六价铬污染。至1990年,全市共检测水井140口,水质为Ⅲ类、符合生活饮用水卫生标准的61口,占43.6%;其中市河东地区89口水井中有52口pH值偏低,占75.4%,由于浅井易受地面酸性污水和工矿企业含酸性物质的影响,pH值偏低的多数为浅井。

1991年,湘潭市各级环保部门加强对地下水的监控。湘乡市内的湖南铁合金厂因堆存的废铬渣影响,附近的井水普遍受到六价铬污染。1992年湘乡市环保局组织"湖南铁合金厂六价铬污染城区地下水专题调查研究"课题,对厂周边500米范围内的60口井进行监测,六价铬超标水井达25口,超标率为41%,最高浓度达8.8毫克/升,超过国家标准175倍。后来又新增40口井取样监测。虽然最高浓度降低到4.68毫克/升,但污染范围范围直径达1.53千米,向东南扩展了0.3千米,对浅层地下水造成难以逆转的污染,严重影响两个村2000多村民的生产生活用水安全(直到2005年才有所缓解)。至1995年,湘潭市城区7口定点井监测结果表明城区地下水水质状况尚可,其中合格井为砂子岭(老干所)、先锋乡(煤炭学校)、易家湾(省建陶瓷厂)、伍家花园(蓄电池厂)4处,不合格为三角坪氧气站(锰、亚硝酸酸盐氮超标,pH值呈酸性)、建设南路弹簧厂(锰、大肠菌群招标,pH值呈弱酸性)、板塘铺耐火材料厂(pH值呈弱酸性)3处。

1996年始,湘潭市环保监测站对地下水水质监测项目扩大到20多项,在全市代表性地段抽样监测。2000年上半年的市合成化工厂测点,氨氮超标数据7个,最大值为0.476毫克/升,超标1.38倍;2001年市殡仪馆测点,锰、挥发酚、亚硝酸盐氮、浊度项目只是偶尔数据超标,2004年该点总大肠菌群和细菌总数出现异常超标情况,随后恢复正常;2004年下半年的机电中专测点,细菌总数超标数据6个,最大值为5000个/毫升,超标49倍。同年湘潭市对地下水水质进行综合评价,认定湘潭市地下水除 pH 值偏低以外，还因生活污水和农业污染而受到氨氮、亚硝酸盐氮、锰等的污染；锰和铁超标则与土壤类型有关。

至 2005 年的 10 年中，从所有的监测数据看，湘潭市地下水整体水质较好，绝大部分项目达到或优于地下水水质标准所规定的Ⅲ类标准，只有 pH 值、大肠菌群等 8 个项目 81 个数据超标，81 个超标数据中 pH 超标数据 22 个，全部呈酸性，超标数据全出现在岳塘区的监测点。大肠菌群超标数据 26 个，最大值为 23800 个/升，超标 349 倍。从 5 年中的变化趋势定量检验分析看，氨氮和亚硝酸盐氮显著下降，其余下降不明显。

1981~1990 年湘潭市工业废水中污染物来源及排放比率

表 60-1-4

<table>
<tr><th colspan="2">污染物</th><th>排序</th><th>企业名称</th><th>排放量(吨)</th><th>占全市比重(%)</th></tr>
<tr><td rowspan="17">第一类污染物</td><td rowspan="4">镉
全市 10 年总量
16.0 吨</td><td>1</td><td>湘潭市化工厂</td><td>6.77</td><td>42.3</td></tr>
<tr><td>2</td><td>湘钢</td><td>4.49</td><td>28.1</td></tr>
<tr><td>3</td><td>湘潭纺织印染厂</td><td>0.16</td><td>1.0</td></tr>
<tr><td colspan="2">合计</td><td>11.26</td><td>70.3</td></tr>
<tr><td rowspan="4">六价铬
全市 10 年总量
126.4 吨</td><td>1</td><td>湖南铁合金厂</td><td>47.37</td><td>37.5</td></tr>
<tr><td>2</td><td>湘钢</td><td>1.28</td><td>1.0</td></tr>
<tr><td>3</td><td>湘潭纺织印染厂</td><td>0.91</td><td>0.1</td></tr>
<tr><td colspan="2">合计</td><td>49.56</td><td>39.2</td></tr>
<tr><td rowspan="5">砷
全市 10 年总量
82.0 吨</td><td>1</td><td>湘潭市化工厂</td><td>45.66</td><td>55.7</td></tr>
<tr><td>2</td><td>湘钢</td><td>15.03</td><td>18.3</td></tr>
<tr><td>3</td><td>湘潭纺织印染厂</td><td>1.22</td><td>1.5</td></tr>
<tr><td>4</td><td>湘乡化工厂</td><td>0.17</td><td>0.2</td></tr>
<tr><td colspan="2">合计</td><td>62.08</td><td>75.7</td></tr>
<tr><td rowspan="5">铅
全市 10 年总量
183.1 吨</td><td>1</td><td>湘钢</td><td>59.24</td><td>32.4</td></tr>
<tr><td>2</td><td>湘潭市化工厂</td><td>57.41</td><td>31.4</td></tr>
<tr><td>3</td><td>湘潭纺织印染厂</td><td>1.41</td><td>0.8</td></tr>
<tr><td>4</td><td>湘乡化工厂</td><td>0.60</td><td>0.3</td></tr>
<tr><td colspan="2">合计</td><td>118.66</td><td>64.9</td></tr>
</table>

续表

<table>
<tr><th colspan="2">污染物</th><th>排序</th><th>企业名称</th><th>排放量(吨)</th><th>占全市比重(%)</th></tr>
<tr><td rowspan="34">第二类
污染物</td><td rowspan="8">化学耗氧量
全市10年总量
165460.3吨</td><td>1</td><td>湘钢</td><td>75693.00</td><td>45.7</td></tr>
<tr><td>2</td><td>湘潭纺织印染厂</td><td>32445.00</td><td>19.6</td></tr>
<tr><td>3</td><td>县造纸厂</td><td>20421.00</td><td>12.3</td></tr>
<tr><td>4</td><td>湖南农药厂</td><td>10620.00</td><td>6.4</td></tr>
<tr><td>5</td><td>湘乡化工厂</td><td>5854.50</td><td>3.5</td></tr>
<tr><td>6</td><td>湖南铁合金厂</td><td>1821.00</td><td>1.1</td></tr>
<tr><td>7</td><td>湘潭市化工厂</td><td>244.50</td><td>0.1</td></tr>
<tr><td colspan="2">合计</td><td>120455.1</td><td>72.8</td></tr>
<tr><td rowspan="7">挥发酚
全市10年总量
814.82吨</td><td>1</td><td>湘钢</td><td>577.96</td><td>70.9</td></tr>
<tr><td>2</td><td>湖南农药厂</td><td>39.93</td><td>4.9</td></tr>
<tr><td>3</td><td>县造纸厂</td><td>31.72</td><td>3.9</td></tr>
<tr><td>4</td><td>湖南铁合金厂</td><td>6.34</td><td>0.8</td></tr>
<tr><td>5</td><td>湘乡化工厂</td><td>3.80</td><td>0.5</td></tr>
<tr><td>6</td><td>湘潭纺织印染厂</td><td>1.80</td><td>0.2</td></tr>
<tr><td colspan="2">合计</td><td>660.82</td><td>81.1</td></tr>
<tr><td rowspan="5">氰化物
全市10年总量
1358吨</td><td>1</td><td>湘钢</td><td>1075.4</td><td>79.2</td></tr>
<tr><td>2</td><td>湘乡化工厂</td><td>182.16</td><td>13.4</td></tr>
<tr><td>3</td><td>湖南铁合金厂</td><td>3.93</td><td>0.3</td></tr>
<tr><td>4</td><td>湘潭纺织印染厂</td><td>2.83</td><td>0.2</td></tr>
<tr><td colspan="2">合计</td><td>1264.31</td><td>93.1</td></tr>
<tr><td rowspan="4">石油类
全市10年总量
3741吨</td><td>1</td><td>湘钢</td><td>2552.1</td><td>68.2</td></tr>
<tr><td>2</td><td>湘乡化工厂</td><td>24.39</td><td>0.7</td></tr>
<tr><td>3</td><td>湘潭纺织印染厂</td><td>3.93</td><td>0.1</td></tr>
<tr><td colspan="2">合计</td><td>2585.01</td><td>69.1</td></tr>
</table>

第二节　城市空气环境

一、总悬浮颗粒物(可吸入颗粒物)

1986年湘潭市城区空气中的总悬浮颗粒物污染状况比较严重，年日均值为0.50毫克/立方米(国家二级标准为0.2毫克/立方米),1987年为0.52毫克/立方米,1988年达到历史最高峰值,为0.751毫克/立方米，超过国家标准2.76倍。1989年后有所下降,1994年又上升到0.50毫克/立方米,超标1.5倍。1995年起经过多年的环境综合整治,大幅度下降,到2000年,基本处于接近或超过国家标准的平稳状态,在0.3毫克/立方米以下。

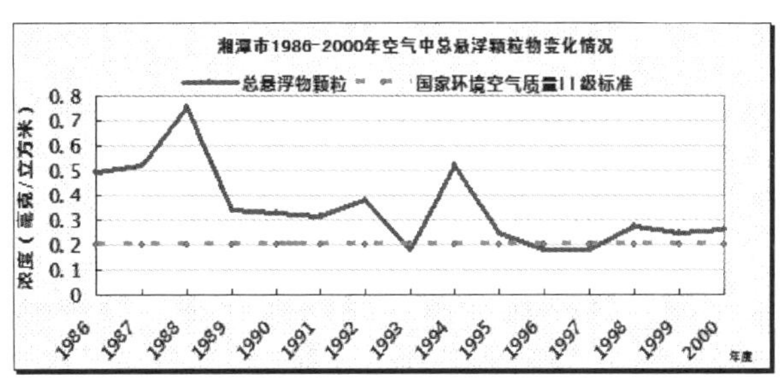

图60-1-3　湘潭市1986~2000年空气中总悬浮颗粒物变化情况

2001年起总悬浮颗粒物的监测改为可吸入颗粒物监测(国家二级标准为0.1毫克/立方米)。此后通过城市环境整治，可吸入颗粒物监测数据呈下降趋势,但含量一直在0.15毫克/立方米左右徘徊。到2005年,全市年日均值为0.127毫克/立方米，各监测点值依然都超过国家环境空气质量Ⅱ级标准,且日均值超标面广,超标率高,污染负荷比一直居全市空气污染物之首。

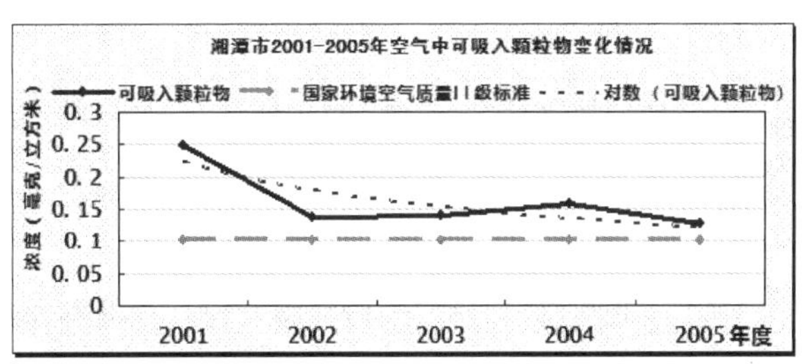

图60-1-4　湘潭市2001~2005年可吸入颗粒物变化情况

二、二氧化硫

1986~1988年，湘潭市空气中的二氧化硫含量未超过0.06毫克/立方米的国家标准,1988年最低,为0.025毫克/立方米。1989年起,由于工业企业的发展，空气中的二氧化硫含量逐年上升,1992达到历史最高峰值0.105毫克/立方米,此后4年中略有下降,但仍一直处于超标状态,1997年又上升到0.1毫克/立方米。1998年开始进行城市综合整治,污染情况得到有效控制,含量开始低于国家标准,2001年降到0.035毫克/立方米。但2002年起又日渐攀升,2005年为0.06毫克/立方米。至2005年的5年中,二氧化硫的监测平均值与前5年相比(括号中为1996~2000年数据),超标率上升到7.7%(4.7%)，最大值上升到0.551毫克/立方米（0.432)，污染负荷所占比例上升到27%(19%)。二氧化硫逐渐成为除可吸入颗粒物外的另一主要污染物。

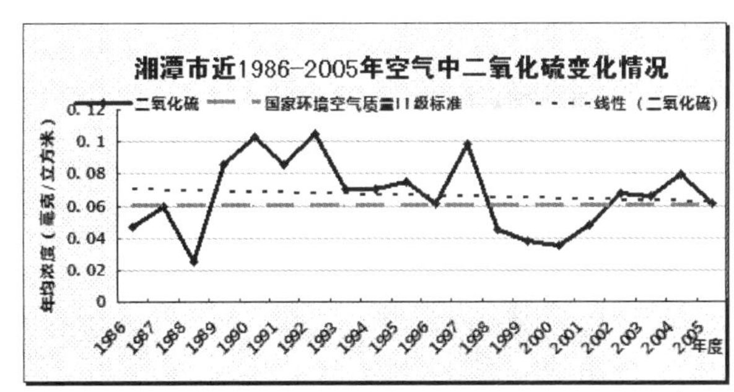

图60-1-5　湘潭市1986~2005年空气中二氧化硫变化情况

三、降尘

1986年开始湘潭市空气中的降尘年月平均值一直超过国家标准9吨/平方千米月,并呈上升趋势。湘潭市降尘主要来源为燃煤烟尘、工业粉尘、建筑施工扬尘及其他二次扬尘、地面裸露几种。1988年达15.6吨/平方千米月。1989起经控制有所下降,但至1995年7年中一直在国家标准线上下徘徊,1996年出现年均值21.76吨/平方千米月的历史最高值。1997年起严格整治工地扬尘、道路扬尘、交通扬尘、工业粉尘,至2000年连续4年没有超过国家标准,2001年超标,2002至2004年的3年中，没有超过或接近国家标准,2005年为9.795吨/平方千米·月。

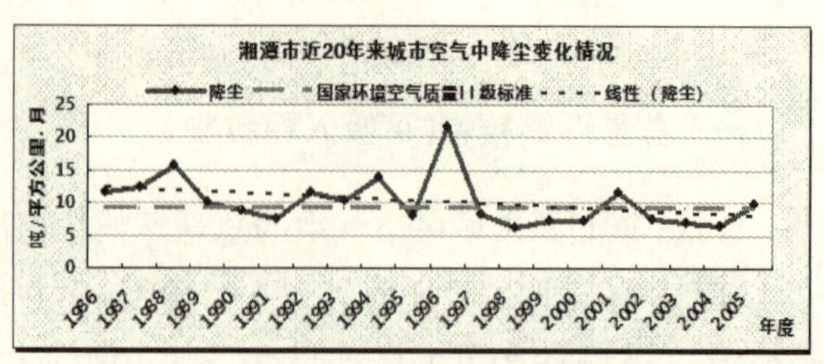

图60-1-6 湘潭市1986~2005年空气中降尘变化情况

四、氮氧化物(二氧化氮)

1986~1993年，湘潭市的大气中氮氧化物稳定在年均每立方米0.03毫克左右,低于国家空气质量Ⅱ级标准0.05毫克/立方米。由于汽车尾气是氮氧化物的主要来源,位于市中心交通主干道旁边的氮氧化物监测点明显高于其他测点。1994~2000年的7年中,有1994、1999、2000年3个年份的年均值超标，其余年份低于国家Ⅱ级标准。

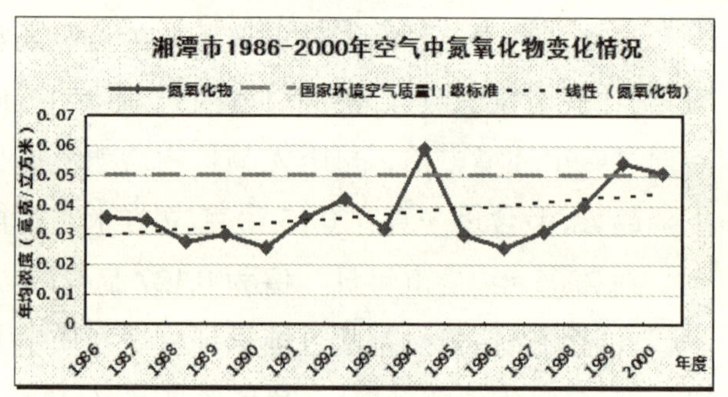

图60-1-7 湘潭市1986~2000年空气中氮氧化物变化情况

2001年,遵照国家要求对氮氧化物的监测改为二氧化氮，当年的年均值为0.042毫克/立方米,超过国家标准。2002年以后,由于加大汽车尾气控制力度,改善城市交通,城市大气中的二氧化氮污染减轻,监测数据明显下降。特别是2003年以后，二氧化氮下降趋势明显,2005年达到自开展对该项目监测以来最低值,为0.037毫克/立方米。

图60-1-8 湘潭市2001~2005年空气中二氧化氮变化情况

五、酸雨

20世纪80年代，湘潭市未对酸雨进行过监测。1990年市环保监测站开始对酸雨进行监测,至1992年未发现酸雨。随着工业化进程的推进,湘潭市和周边城市形成以煤烟型污染为主的空

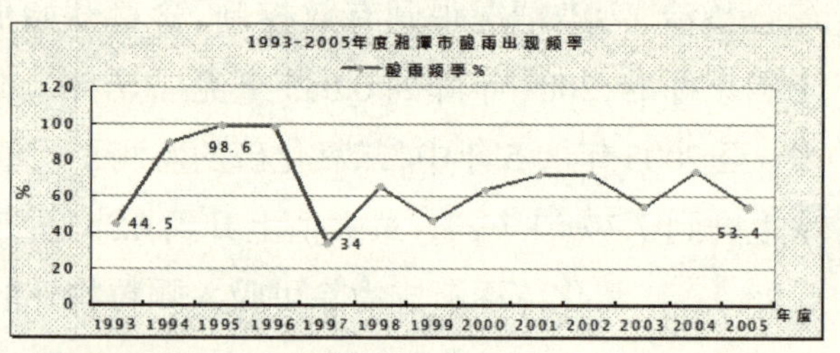

图60-1-9 湘潭市1993-2005年酸雨出现频率

气污染类型,大量二氧化硫的排放致使酸雨现象出现。湘潭市从1993年开始出现酸雨,pH值最低达4.05。此后酸雨出现频率逐年增大,1994年频率为44.5%,到1996年酸雨发生频率高达98.6%,几乎是无雨不酸,秋季酸雨出现频率最高。虽1997年酸雨发生频率降至34%,但1998年又上升到60%以上,当年湘潭市和周边城市均被国家列入酸雨控制区范围。20世纪末21世纪初以来,酸雨现象在湘潭有所控制,但问题仍然严重。2005年的酸雨频率为53.4%,至2005年的5年中酸雨出现频率都在53%以上,pH小于4.5的频率为24.6%,说明湘潭市降水酸度高,出现频率高。

第三节　声环境

1986年,在生活噪声、交通噪声、工业噪声、施工噪声、其他噪声五类噪声中,影响湘潭市声环境的主要噪声源是生活噪声和交通噪声,两项合计在五类噪声源中占80%以上,其中以交通噪声超标问题最突出;而由于部分厂矿企业特别是一些街道小型企业生产工艺、设备落后,以及城市功能分区紊乱等原因,工业噪声也存在污染。

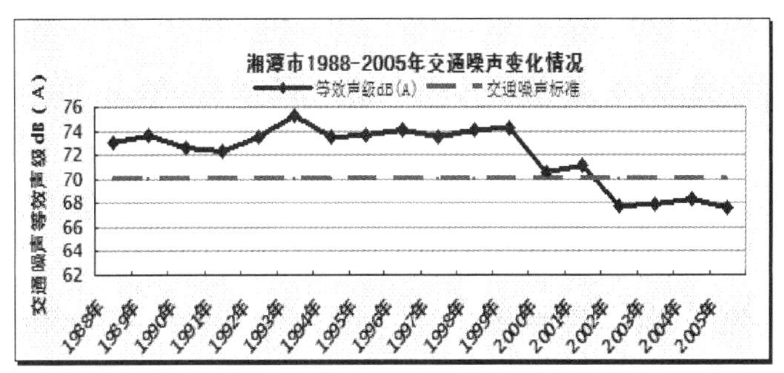

图60-1-10　湘潭市1988~2005年交通噪声变化情况

1989年湘潭市的整体区域环境噪声情况较好,大多数区域(居住、商业、工业混杂区)噪声低于2类(55.7分贝)。1990年,湘潭城区区域环境噪声的平均等效声级为54.3分贝;按其声源构成,生活噪声占45.2%,交通噪声占43.7%,工业噪声占9.5%,其他占1.6%。是年交通噪声污染级超过90分贝的道路有宝庆路、人民路、和平路、长潭路段、建设中路和书院路西段。1995年生活噪声、交通噪声、工业噪声、施工及其他噪声分别占44.9%、30.4%、22.2%、2.5%。此后到2001年,湘潭城区主要交通干线白天的交通噪声一直超出70分贝的国家标准(夜间超过55分贝的国家标准),主干道车流量每小时300辆左右,噪声在73分贝以上。2002年起,随着市区的道路交通环境的改善,加之湘江二桥、三桥的相继建成通车,分流过境车辆,同时严格控制机动车在城市交通干道鸣喇叭。至2005年的4年中,湘潭市道路交通车流量达每小时1300辆以上,噪声一直控制在68.3分贝以下。

图60-1-11　湘潭市1989~2005年区域环境噪声变化情况

城市交通噪声的达标,直接促成区域环境噪声的改善。2005年,区域环境噪声下降到56分贝。湘潭市等效声级小于60分贝的面积占总监测面积的90%以上,即绝大多数区域(居住、商业、工业混杂区)噪声低于2类标准。1、2、3类功能区的环境噪声均未超过国家标准。之前受交通噪声影响超标比较严重的 4 类功能区达到国家 2 类标准以下,实现功能区的全面达标①。

第四节 固体废弃物

一、工业固体废弃物

1986 年,据湘潭市 200 家左右工矿企业的环境统计数据,湘潭市工业固体废弃物②的产生量为 136.82 万吨,排放量为 27.38 万吨。通过环保部门监管和排污单位的综合治理,1987 年以后排放量逐年下降。1989 年、1990 年每年排放量分别为 2.42、1.62 万吨。1991~1995 年,每年的产生量在 130~160 万吨之间;排放量在 0.15~1 万吨之间。

国企改革和三年脱困时期,企业治理经费困难,新污染源不断产生,工业固体废弃物排放量又大幅上升。1996 年固体废弃物排放量为 7.59 万吨,其中固体危险物排放量为 2.54 万吨。1997 年固体废弃物排放量达 23.30 万吨,其中固体危险物排放量为 3.12 万吨。1998、1999 年固体废弃物排放量分别为 13.50、9.09 万吨。

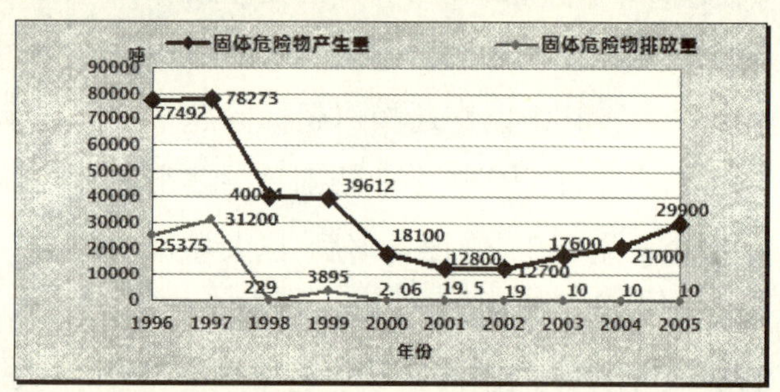

图 60-1-12 湘潭市 1996~2005 年固体危险废物产生量和排放量变化图

2000 年湘潭市开展“主要污染物达标”活动、并对危险废加强监管,至 2005 年的 6 年中,工业固体废弃物排放得到控制,虽年均产生固体废弃物为 339.51 万吨,但排放量一直在 11 万吨左右;其中危险废渣每年产生量为 1~3 万吨,排放量为 10 吨左右,特别是湘乡的湖南铁合金厂每年产生约 1 万吨左右含六价铬 0.3%~0.5%的浸出渣(从 20 世纪 80 年代起历年累计堆存量达 20 万吨以上,占地面积 11.2 万平方米),对地下水造成渗透性污染。

二、城市生活垃圾

20 世纪 80 年代湘潭市城市生活垃圾每年的产生量为 10 万吨左右。随着城市人口的不断增加,虽然因清洁能源煤气的使用减少部分燃烧废物垃圾量,但垃圾产生总量仍逐年递增,1986 年达 12.1 万吨。1991 年湘潭市日产生生活垃圾 500 吨左右,每年超过 20 万吨。至 1999 年的整个 90 年代,每年的产生量在 23 万吨左右,平均每天约 630 余吨。

---

① 0 类声环境功能区指康复疗养区等特别需要安静的区域;1 类声环境功能区指以居民住宅、医疗卫生、文化体育、科研设计、行政办公为主要功能,需要保持安静的区域;2 类声环境功能区指以商业金融、集市贸易为主要功能,或者居住、商业、工业混杂,需要维护住宅安静的区域;3 类声环境功能区指以工业生产、仓储物流为主要功能,需要防止工业噪声对周围环境产生严重影响的区域;4 类声环境功能区指交通干线两侧一定区域之内,需要防止交通噪声对周围环境产生严重影响的区域,包括 4a 类和 4b 类两种类型:4a 类为高速公路、一级公路、二级公路、城市快速路、城市主干路、城市次干路、城市轨道交通(地面段)、内河航道两侧区域;4b 类为铁路干线两侧区域。

② 工业固体废弃物的主要组成为冶炼废渣(高炉渣、钢渣、铁合金渣)、化工废渣(含锰废渣、硫铁矿渣、铁泥、铬浸出渣、氟石膏渣、钡渣、铅锌废渣)、煤矸石、炉渣、粉煤灰、尾矿及其他。

2000年湘潭市城市生活垃圾产生量达28万吨,平均每天760多吨。2002年后张家浸垃圾填埋场基本填满后,双马垃圾场边建设边投入使用。2004年双马垃圾场不到一年时间收纳10多万吨垃圾,但由于选址和管理方面的原因,这些垃圾对湘江和附近农田,形成二次污染的威胁。2005年,湘潭市城市垃圾产生量达到50多万吨,是1986年的4倍多。

三、医疗垃圾

1986~1989年,湘潭市所有医疗垃圾都是各医疗单位自行分散处理,其产生量无专门统计数据。1990~1999年,湘潭市每年产生的医疗垃圾约1200多吨。2000~2005年,湘潭市每年产生医疗垃圾约2000吨。

第五节　农地化肥、农药污染

1986年,湘潭市农地主要受农药、化肥、工厂排污等的污染。施用农药主要有敌敌畏、乐果、甲基托布津、杀虫双大颗剂等。至1988年的3年中,全市年均农药施用总量近2000吨,其中生物农药总量835.25吨;耕地单位面积年均施用量每公顷超过15千克。农药中,有机磷占44%,有机氯占31%,其他占25%。农药一般利用率只10%。全市每年施用化肥20多万吨,化肥的利用率约30%。因土壤受到污染,农作物也受到污染危害。稻谷受污染最重的是湘潭县泉塘乡,早稻六六六超标8.7倍,晚稻超标13.5倍。1990年,湘潭全市化肥施用总量26.34万吨,耕地单位面积施用量每公顷2090千克;生物肥料施用总量84万吨。农药施用总量为2099吨,耕地单位面积施用量每公顷近17千克。以后农药、化肥施用量逐年递增,对土地的影响也逐年加大。

20世纪90年代初,有机氯农药逐步停止生产和使用,避免土壤继续受有机氯农药的污染。1992年,为使农业部门更好地研究病虫害、减少污染、提高产量,市环保局组织用8个月的时间,在全市进行农药、化肥使用量调查。调查显示农药、化肥施用量呈逐年增长趋势,1991年亩均农药施用量比1986年增加17%以上,化肥施用量增加26%以上。

1999年,全市施用农药品种除敌敌畏、乐果、甲基托布津、杀虫双大颗剂外,增加三环唑、多菌灵、代森锰锌、辛硫磷、甲胺磷等,农药施用总量4000吨左右,其中生物农药约占16%,耕地单位面积年均施用量每公顷33千克左右。同时,由于湘潭市水土流失面积进一步扩大,程度亦进一步加剧,致使土壤自然肥力降低,化肥施用量进一步加大。2000年,全市年化肥施用总量33.11万吨,耕地单位面积平均施用量每公顷2737.27千克;生物肥料施用总量80万吨。此后,湘潭市农药化肥的施用量继续增加,而生物肥料施用总量却相对减少。2005年全市农药施用总量为4303吨,耕地单位面积施用量每公顷36.12千克;化肥施用量为38.50万吨,耕地单位面积施用量每公顷3231.76千克。长期过量施用化肥,导致土壤板结,引起土壤中微生物种类和数量发生变化,耕性变差,对土壤生态环境造成不可逆转的影响。

1986~2005 年湘潭市工业“三废”情况一览

表 60-1-5

年份	废水		废气（万标立方米）		固体废弃物		汇总企业(个)
	排放量(万吨)	万元产值排放量(吨)	排放量	万元产值排放量	排放量(万吨)	万元产值排放量(吨)	
1986	22205	938.33	2749250	11.62	27.38	1.57	179
1987	23581	983.78	3095216	12.91	17.54	0.73	244
1988	23832	923.90	3273893	12.69	13.77	0.53	244
1989	24640.9	862.50	3312599	11.60	2.42	0.08	247
1990	23422.7	827.90	3238384	12.07	1.62	0.05	252
1991	23615.54	791.89	3269124	10.96	0.38	0.01	246
1992	23663.00	443.77	4157344	7.80	0.15	0.003	236
1993	21330.94	370.34	4364249	7.58	0.58	0.01	238
1994	22446.04	372.00	4676648	7.75	0.80	0.01	227
1995	22896.40	376.00	4569529	7.50	0.70	0.01	222
1996	24172.55	385.00	4521100	7.20	7.59	0.10	201
1997	29269.60	432.50	4820000	7.12	23.30	0.16	238
1998	24266.35	434.00	4980100	7.22	13.50	0.20	200
1999	19524.52	294.00	6287900	9.45	9.09	0.11	201
2000	17728.60	244.00	6206558	8.55	10.66	0.15	191
2001	15057.50	138.94	6964300	6.43	11.20	0.10	215
2002	14728.03	144.96	7759700	7.64	10.16	0.10	260
2003	14959.84	88.00	7833612	4.61	11.59	0.07	275
2004	13827.34	66.11	7907524	3.78	10.48	0.05	280
2005	11008.49	45.25	7503242	3.08	10.96	0.05	275

第二章　环境监测

第一节　监测机构网络

1986 年，全市已形成以市环境保护监测站为中心、包括县区环境监测站的环境监测网络。环境监测机构主要有市级环境监测站 1 个及湘潭县、湘乡县县级环境监测站 2 个，其主要职责是对全市（主要是市城区）的大气、水体、噪声等各种环境要素的质量状况和各有关单位排放污染物的状况及环境污染事件进行调查，对污染纠纷进行处理。监测工作由湘潭市环保局统一指挥和协调。其时全市监测仪器设备仅 129 台套，均十分简陋，环境监测基本上运用容量分析方法；全市共设有水、大气、降尘等的监测点 18 个；全年监测项目只有 10 多个，取得的数据仅 7000 余个。当年起，环境监测站陆续添置原子吸收、原子荧光、气相色谱、液相色谱、荧光分光、紫外分光、成套低空探空等各种监测仪器，环境监测能力加强。监测方法主要是按"环境监测技术规范"指定的方法统一择取，使用统一分析方法进行测定。1989 年，由于驻湘潭的各大厂矿等企事业单位有较好的监测力量，为整合利用资源，市政府批转市环保局《关于成立湘潭市环境监测网络》的请示，1990 年由市八大厂矿建立起监测互检网络，对全市包括 18 家重点厂矿在内的 50 多家企业实行互检监测。是年，市环境保护监测站有人员 55 人，其中专业技术人员占 81.8%，有中高级职称的占 51.4%，全市 1000 元以上的监测仪器设备 271 台套。当年完成对湘潭县、湘乡市、韶山区、郊区共 115 个乡、16 个镇、2 个场、22 个行业、2780 家工业企业的监测与调查，共获取调查、监测数据近 10 万个。至 1990 年的 5 年中，向各级部门报告有效监测数据 6 万多个。

1991 年，湘潭市重点污染源的监测增加到 50 家。随后，湘潭市环保监测站由四级升为国家三级监测机构，湘乡市、湘潭县均成立四级监测站，城市两区及韶山市均有专职监测人员，全市环境监测仪器设备总价值上升到 158.67 万元，环境监测网络成员单位发展到 26 个。同年湘潭市成为全国环境监理员试点单位之一，以在规范执法、强化现场监督、实施网络化排污监管上进行探索，历时一年多，1993 年，通过国家环保局验收，湘潭市被国家环保局评为"全国环境监理员试点工作先进单位"。1997 年全市共完成监测数据 51600 多个，其中市监测站完成 48400 多个数据和"市区大气监测优化布点""大气中臭氧监测方法"课题，到 2000 年，湘潭市环保监测站有在职职工 57 人，其中专业技术人员 49 人，占 86%，技术人员中有中高级职称的占 47%。

2001 年起，新增大气自动监测仪、大气连续采样仪、降水自动采样仪、机动车尾气测试仪等各种现代监测仪器设备，能满足监测分析和数据处理、传输的需要，所有的环境监测任务改成主要由湘潭市环保系统的监测人员担当。2005 年 6 月 5 日，湘潭继株洲成为湖南省第二个拥有国家级环境监测实验室的地级市，建立起国家标准实验室认可准则要求的质量体系，依据该质量体系的检测结果可得到 35 个国家和地区的认可，无须重复检测。2005 年，湘潭市环境监测机构有市级环境监测站一所，为国家二级环境监测机构；县市级环境监测站三所，即湘潭县、湘乡市、韶山 3 所监测站，为国家三级环境监测站。市监测站在职人员52人,其中专业技术人员42人,占81%,有中高级职称的占45%。在用仪器设备固定资产总值约500万元。至2005年的5年中,湘潭市环境监测站通过现代化的环境监测仪器设备和监测手段,每年完成的监测项目240多个,数据40000多个,5年中累计为国家和地方提供有效监测数据20余万个。

第二节 监测项目

一、水环境监测

1986年,湘潭市地表水监测主要由市环保监测站负责,在湘江流域湘潭段和涟水有4个监测断面:株洲段进入湘潭段地的马家河断面、湘潭段进入长沙段的易家湾断面、市中心一水厂取水口附近的五星断面、涟水进入湘江的涟水断面,每个断面又分左、中、右、底4个监测点。每年3、8、9、12月进行四季监测,每季一期(连续3次取样测试),主要监测分析汞、镉、铬、砷、铅、酚、氰、化学耗氧量、氨氮等18个项目。

对地下水的监测主要由湘潭市卫生防疫站负责。当时,湘潭市区约有地下水井200口左右,若不计私人地下水井数,岳塘区69口,雨湖区71口。市监测站在市区内共设有9个地下水监测点,监测点位相对稳定的是易家湾购粮站、板塘铺湘钢耐火材料厂、砂子岭老干所等6处,监测频次为每年一次,时间不定。1989年市卫生防疫站对河东地区69口水井进行监测调查,湘乡市环保监测站对湘乡市城郊红星村井水与市自来水公司井水的六价铬含量进行抽测。至1990年,市环保监测站还对全市260家工矿企业,实施每年1~2次的水污染物排放的抽检;对重点水污染物排放企业,实施每月一次的抽检。

1993年,地表水中对湘江的监测开始根据湘江的特点,按枯水期(1月份)、丰水期(5月份)、平水期(9月份)三个水期进行监测,主要检测汞、镉、铅、锌等27个项目。对地下水的监测,至1995年,

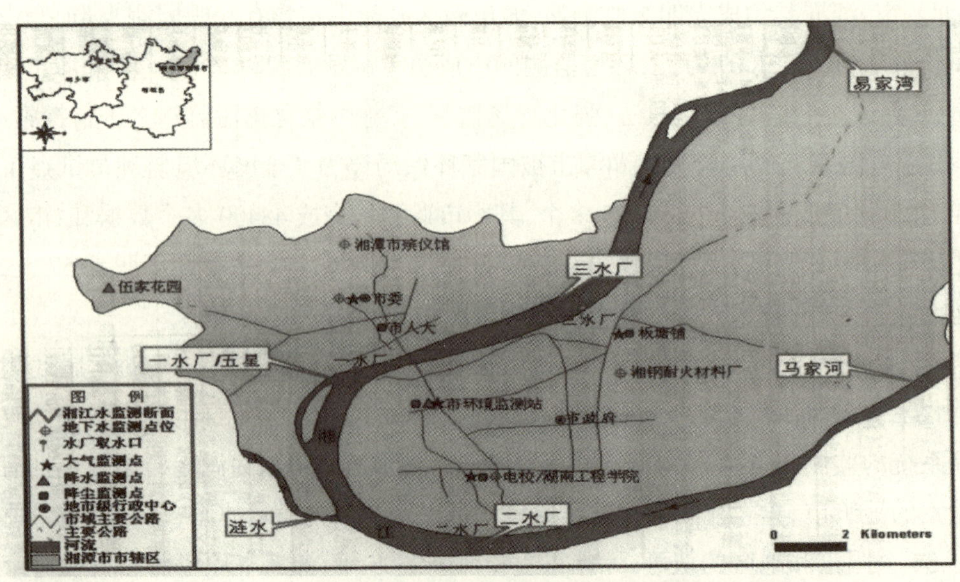

图60-2-1 1986年湘潭市地表水监测点位分布图

在城区三角坪、建设南路、板塘铺、易家湾、砂子岭、伍家花园、先锋乡等地设7个水井监测点,每半年监测一次,主要监测pH值、总硬度、大肠菌群等21项。至1995年,监测项目和频率变化不大。

1996年起,湘潭市加强对水环境的监测,湘江湘潭段的五星断面由原来每年的1、5、9月三个水期监测三个月,改为每月都进行监测,其他断面仍按三个水期监测。同年开始对饮用水源进行全面的监测分析,在市一、二、三水厂泵房后设监测点,逢双月监测,全年6次,监测六价铬、总砷等26个项目。同时,也对地下水进行全面的监测,全市共设湖南工程学院南院、湘钢耐火材料厂、市殡仪馆和市委四个监测点。监测项目有:pH值、总汞、总镉、总铅、六价铬、铜、锌、锰、电导率、高锰酸盐指数、挥发酚、砷、氨氮、硝酸盐氮、亚硝酸盐氮、大肠菌群、细菌总数、硫酸盐、硬度、氟、氰化物、铁计22项;监测频次为每年两次,上、下半年各监测一次。1997年将易家湾断面和涟水断面增加为每月监测点,1998年9月开始对原来4个断面也全部实施每月监测。

2001年水源水质监测项目增加到31个,增加全盐量、透明度、硫酸盐、硬度等项目。2003年,对水源水增加监测频次,三个水厂由逢双月监测增加到每月都进行监测。在枯水期和其他特殊时期增大湘江水质监测频次,增强水质情况的调度与监控,对所有入江排污口和支流进行连续采样监测,以掌握水污染源情况。到2005年的10年中,在4个监测点获取地下水监测数据近2000个,涉及监测项目28个;地表水监测120次,获取数据31000个。

二、大气环境监测

1986年,湘潭市根据国家有关规范化、标准化要求,考虑市内实际情况,在城区设置有8个大气监测点(点位时有变化)和7项城市空气质量监测项目。8个大气监测点在河东、河西分别4个:1、2号点位于城区正南方位的下摄司、电缆厂,其结果可反映工业集中区的污染状况;3号点位于城市东北向的板塘铺,其结果可反映工业、交通、商业混合区的污染状况;4号点位于城市中心地带的建设路口(监测站),其结果可反映交通稠密区的污染状况;5号点位于市河西地区中心地带市政府,其结果可反映居住区的污染状况;6号点位城正街县政府为文化区布点,7号点十八总为居住区布点;8号点湘潭和平公园为清洁区布点(即为对照点)。湘潭市的7项城市空气质量监测项目是二氧化硫、氮氧化物、颗粒物、降尘、一氧化碳、臭氧和降水酸度。当时由于受条件限制,除降尘和降水酸度外,其他项目的监测频率还不能达到《大气监测技术规范》的要求。1995年城市大气监测点减到6个,每年分1、4、7、10月四期进行常规监测,每期采样5天,空气质量监测项目未变,10年中共获取20383个监测数据。

1996年,随着城市的发展变化,大气监测布点调整为5个,除保留下摄司、板塘铺、建设路口(监测站)3个监测点外,撤销市、县政府点,将位于市河西地区中心地带的市人大设为4号点,以反映城区居住区的污染状况。清洁点的设置,改为湘潭矿院(现湖南科技大学南校区)教学楼前坪,该点附近没有大的污染源,没有密集的高层建筑,点位处于市区主导风向的上风向,避开城市主要空气污染源的直接影响。主要监测二氧化硫、氮氧化物、总悬浮物颗粒物、自然降尘等项目。根据《环境监测技术规范》(空气部分)关于数据统计有效性规定,二氧化硫、氮氧化物,每周采样3天,每日采样时间18小时。总悬浮物颗粒物每周采样2天,每日采样时间12小时。降尘监测每季度一次,每次采样时间为季度首月。1997年全市完成"市区大气监测优化布点"和"大气中臭氧监测方法"课题。至

2000年的5年中,共获取监测数据5787个。

2001年,在国家环保总局对环保重点城市和城市群地区的大气污染进行重点综合防治活动中,湘潭市被列入首批全国100家环保重点城市之一。根据国家环保总局实行空气环境质量日报制度的要求,市环保监测站进一步加大对大气自动监控设备的建设。2002年6月,湘潭市实时、动态的环境空气自动监测系统投入运行,该系统使城市空气质量的监测、评价更加科学、合理,并对国家和省级环境监测站传报空气日数据。根据湘潭城市发展的实际情况,是年对监测布点作精简、调整。因建设与发展给湖南科技大学南校区教学楼前坪带来新污染源,清洁对照点改设到韶山蔡家塘。除电校(2005年前称下摄司)和板塘铺不变外,其他监测点也有所调整,将建设中路的市环境监测站作为交通稠密区的测点,地处江麓的市委作为居住、商业混合区的测点,每日通过自动监测系统进行自动监测。至2005年的5年中,共获取监测数据12867个。

三、城市噪声监测

1981年湘潭城区开始进行交通噪声监测。1982年在城区进行区域环境噪声监测,但随后中断。1986年湘潭市开始对噪声影响较大的企业进行厂界噪声监测。1988年,中断6年的区域环境噪声监测正式列入年度监测工作,根据GB3222-82《城市环境测量方法》进行。是年在城区14条主要交通干线上设14个交通噪声监测点,路段总长21.1千米,并选择建设北路和长潭路段2个典型路段每年监测一次,实行昼夜24小时每小时测量一次。1989年,按1至4类划定市区的噪声功能区后,市环保监测站开始每年定期对市区的区域环境噪声进行监测。1990年,湘潭市增加夜间噪声普查。白天设立实测点158个,监测面积39.5平方千米,覆盖人口46.6万人;夜间设实测点140个,监测面积35平方千米;监测布点网格尺寸为500米×500米。至1990年的5年中,对城区环境噪声每年进行一次测定,而区域环境噪声重点是对工业噪声源进行监测,通过摸底调查,找到工业噪声污染源3997个,发现声源强度分布在高声级区(大于90分贝)的比例达69%。

1991~1995年,湘潭市区域环境噪声监测频次、覆盖面积、网格尺寸未变。期间根据城市区域环境噪声调查的技术要求,城市中的空旷区域及工矿企业内部的环境噪声测点予以剔除,其监测结果只作参考,不参与统计评价。交通噪声监布点增加到26条主要干线。

1996~2000年,道路交通噪声监测一直是在城区26条主要干线、共40.58千米路段进行,监测点位60个,每年监测一次。2001~2005年区域环境监测调整为127个测点,调查总面积为42.82平方千米,占城区总面积的74.3%,每年监测一次。道路交通噪声的监测点位和频次没有变化。

四、工业固体废弃物监测

1986年起,湘潭市环保监测站对全市260家工矿企业,实施每年1~2次的抽检;对重点污染物排放企业,每月抽检一次。到1990年的5年中全市累计产生工业固体废物达710.93万吨,经过综合利用和处理,1990年的堆存总量为545万吨,主要集中在湘钢、湘乡铝厂、湘潭电厂、湖南铁合金厂、湘潭锰矿等企业,其中湘钢年产固体废弃物50万吨以上。在冶炼废渣、化工废渣、煤矸石、炉渣、粉煤灰、尾矿等各类固体废弃物中,以冶炼废渣的产出量最大,1990年占固体废弃物产生总量的45.8%。危险废渣主要是指化工废渣,当年占产生总量的14.7%。

1991~1995年，经监测，市内产生废渣较高的单位共计17家，全市累计产生工业固体废物达764.46万吨，其中冶炼废渣占40.04%，炉渣占15.49%，粉煤灰占13.68%，经过综合利用和处理，到1995年，固体废弃物堆存总量为621万吨。

1996~2000年，全市工业固体废弃物年产生量为155~225万吨。各类中仍以冶炼废渣的产生量最大，超过40%，湘钢、湖南铁合金厂、湘潭锰矿3家企业产生量占废渣总产生量的98%以上；危险废渣主要产生在翔鹏精细化工厂、南天股份有限公司、湘钢、湖南铁合金厂等企业。年产固体废弃物量在10万吨以上的企业有湘钢、湘潭电厂、湖南铁合金厂、韶峰水泥集团公司、湘乡铝厂等5家，2000年5家企业固体废弃物产生量达167.88万吨。5年中全市累计产生工业固体废物达982.36万吨，经过综合利用和处理，到2000年，固体废弃物堆存总量为698.54万吨。

2001后，7大类工业固体废弃物仍以冶炼废渣的产生量最大，主要产生在黑色金属冶炼及延压加工，电力、蒸汽、水的生产和供应，烟气生产和供应，化学原料及化学制品制造等行业。2005年，固体废弃物产生量为430多万吨，其中冶铁废渣占53.2%，粉煤灰占10.9%，尾矿占6.7%，炉渣占4.1%，煤矸石占3.7%，其他废物占20.7%。经过综合利用和处理，是年固体废渣堆存量为869.44万吨。到2005年的5年中，累计产生工业固体废物达1813.45万吨，累计存贮量170.9万吨，其中危险废物2.09万吨。

第三章　环境污染治理

第一节　水污染治理

1986年，湘潭市年排废水26732.27万吨，万元产值废水排放量为938.33吨，其中179家主要企业排放工业废水22205万吨，占83.06%，水处理设施160套，排放达标率为63%。湘江作为境内主要纳污水体，加上上游的影响，受到的污染最重。当年，湘潭市针对湘江湘潭段的污染问题，展开调研。市环保局对湘江湘潭段沿岸倾倒固体废弃物情况进行全面调查、对湘江湘潭段水域进行划分水域功能区的调研，确定各功能区相应的水质标准，从1988年4月起，湘潭市与上海、北京、深圳等全国18个城市一道，成为全国率先开展水污染物排放总量控制的城市之一。市里制定水环境质量主要指标，对29项水污染物制定地方水污染物排放标准和排污收费标准，并对市内15家重点排污单位开展水环境污染总量控制，实施排污许可证管理。1989年市政府发布《湘潭市水污染排放申报登记和排污许可证管理暂行办法》，在全省率先实行水污染排放申报登记和发放排污许可证。其时，全市尚无城市废水综合处理厂，湘潭市的雨水、生活污水主要依靠市区内的天然水塘、沟渠进行排放，其中绝大部分汇入湘江；工业废水处理以排污企业为主体。市政府发动排污单位对工业“三废”进行回收和综合利用。1990年全市废水排放总量26159万吨；其中工业废水23422.7万吨，排放达标率为55%，万元产值废水排放量为827.90吨。湘钢、电厂、湘潭锰矿等单位对工业“三废”的综合利用取得较好效益。有88个排污单位建立废水处理设施共236套，年实际处理的工业废水占排放量的

27.46%。是年，湘潭水污染物总量控制试点经验在全国试点工作中推广应用，湘潭市被评为“全国水污染物排污许可证试点工作先进单位”。至1990年的5年中，企业通过基本建设资金、更新改造资金、综合利用留成资金、环保补助资金和贷款等方式，筹措废水处理资金2178.01万元。但此时湘潭市（包括县、市）仍无城市综合污水处理厂（场），城市生活污水，部分工业污水基本还是直排江湖水体。

1991年，湘潭市陆续颁布一系列水环境治理规章制度。当年市政府办批复《关于湘江湘潭段水域功能划分》，次年市政府发布《湘潭市市区饮用水水源保护区管理规定》，强化监督和污染治理。1993年全市污染治理资金使用额为3426.4万元，创历年之最。湘钢投资457万元，建成六水站循环水冷却设施，将过去直排的高温水冷却后回收利用，年回收循环利用水2100万吨，工业重复用水率比往年提高8.7%。1995年全市废水排放量为25694万吨；其中工业废水排放总量为22896.4万吨，排放达标率为58.82%，万元产值废水排放量376吨，为1986年的40%。至1995年的5年中，湘潭市共完成治理废水投资5281.7万元，占治理资金总额32%；年均废水排放量为22790.35万吨，年均实际处理量为5010.2万吨，为年均排放量的21.98%。

1996年，湘潭市全面实行排污许可证制度，当年进行排污申报登记与发放排污许可证的单位达到288家，为全市污染物排放实行总量控制打下基础。企业新增废水处理能力3.6万吨。湘乡宏达制革厂建造铬盐回收工程，从污水中回收铬盐，使制革污水达到排放标准。1997年，国家计委下文，确立“湘潭河西污水处理工程”“湖南铁合金厂铬渣利用工程”“湘钢煤气洗涤水无害化处理工程”“湘潭县纸厂淘汰化学制浆造纸工程”“南天公司农药废水治理工程”5个项目为第四批日本海外协力基金贷款建设湘江污染防治项目。贷款总额为1620万美元。当年，湘潭市工业废水达标排放率为49.58%，万元产值工业废水的排放量为432.5吨。经国务院批准，湘潭市城区河西污水处理工程列入湖南省湘江流域水环境综合整治总体规划，经过可行性研究和环境影响评价，1998年申报列为国债资金建设项目，1999年项目建设正式启动，河西污水处理厂选址在雨湖区护潭乡湘竹村，处理厂占地面积约135亩，工程建设总规模为日处理污水20万吨，其中第一期工程规模日处理污水10万吨，概算总投资17569万元。1998年湘潭市根据国务院要求制定《湘潭市2000年工业污染源达标排放工作方案》，加大人、财、物的投入。在企业经济普遍不景气的情况下，千方百计筹措资金，废水达标率得以上升。2000年，湘潭市的工业废水达标排放率提高到83.61%，废水中有毒污染物的排放量减少56%以上，万元产值工业废水的排放量下降到244吨；经过严格监管和企业对污染源的治理，全市污水处理率达到84.81%，湘江挥发酚、氰化物的污染程度明显下降，湘江湘潭段基本消除酚、氰、有机磷等主要污染物的威胁。当年全市废水排放总量为26160.6万吨；其中工业废水17728.6万吨。至2000年的5年中，湘钢的焦化酚、氰废水治理项目，南天公司的有机磷废水治理项目，竹埠港地区的染料废水治理项目等一批投资大、技术难度高的重点污染治理项目得到实施，实现达标排放。湘潭市年节约新鲜用水量5626万吨，年减少废水排放5000万吨以上，年减少各类污染物排放5.94万吨，其中挥发酚59吨，氰化物70.28吨，化学耗氧量1万吨，悬浮物2万多吨，年创直接经济效益1.15亿元。其中湘钢为实现达标排放，先后完成20余项环保治理、达标整改和清洁生产项目，环境效益和经济效益明显，年减少各类污染物排放3万吨，创经济效益8000多万元。

2001年起，市委、市政府开展“一化三清”城市区的环境污染综合整治工作，将工业废水作为一项重点整治内容,加大城市污水综合处理设施的建设力度,并对湘江湘潭段、涟水流域、涓水流域等重点流域,以及重点排污企业进行整治,综合治理水污染环境,工业废水排放量大幅度减少,当年排放量为15057.5万吨,为1986年以来历史最少年份。湘钢先后实施炼钢、轧制系统、高炉煤气洗涤水改造工程、水资源综合利用工程和干法熄焦等系列污染治理和技术改造工程,其中的焦化废水处理工程和水资源综合利用工程,分别使湘钢焦化口污水及工农闸、炼铁口废水实现全部回用。当年,投资2000多万元、占地25亩的韶山污水处理厂竣工运营,韶山市是全省乃至全国首家拥有生活污水处理厂的县级市。污水处理厂采用以厌氧生物为主、好氧生化为辅的厌氧好氧工艺法新型污水处理系统,即折流淹没式生物膜法工艺,处理效果能满足GB18918-2002一级排放标准,日处理污水5000吨。

2003年,湘潭市遵照省《湖南省湘江流域水污染防治条例》和《湘江水污染防治实施方案》,成立湘江湘潭段水污染整治领导小组和办公室,制定全市镉污染整治计划和方案,对沿江涉镉企业采取限产、停产等措施;并相继出台《湘潭市竹埠港地区环境污染综合治理实施方案》和《湘潭市湘江镉污染整治实施方案》,对整治进行具体部署。在市城区中心区开展环境污染综合治理行动,17家污染严重的企业被责令限期治理,对竹埠港地区不再审批新的建设项目。"非典"期间,增加对8家综合医院病毒废水处理设施检查。2004年,湘潭市在人工放流鱼苗以加强湘江、涟水、涓水渔业生态环境保护的同时,市环保局等5部门联合开展竹埠港地区环境污染整治、镉污染整治、湘江流域湘潭段水污染专项整治行动。组织80多人的执法队伍,对大欣化工厂、健雄冶炼厂、娄底化工有限公司三家企业实施强制停产关闭。当年,全市21家镉污染企业或生产线,关停9家,整治达标验收7家,5家企业在治理之中。11月份湘江流域进入枯水期,对全市镉污染排放企业下发限产或停产通知,并对全市镉污染排放企业实行总体控制,对纳入环保管理的企业视湘江水质变化情况,作出限产停产决定。同年,湘乡市开始在望春门筹建污水处理厂,拟征地74亩,总投资约1.8亿元,建一座日处理5万吨的生活废水和部分工业废水的采用改良型氧化沟工艺的污水处理厂(至2005年尚未建成)。2004年,湘钢年处理4000万吨总排口废水回用工程开始实施,日规模1万吨的竹埠港地区工业污水处理厂进入设计阶段。市城区河西污水处理厂于2004年12月投入试运行,该污水处理厂采用比较成熟的改良型氧化沟工艺,主要设施包括格栅井、沉砂池、氧化沟、二沉池、消毒池等,处理后的水质达到国家城镇污水厂污染物排放标准(一级B)。

2005年初,市政府下发《关于加强湘江流域污染整治的紧急通知》和《湘江湘潭段枯水期间水污染整治实施方案》,明确整治主体和对象,细化整治中政府各部门以及各县(市)区的责任和任务,从机构、机制上强化湘江湘潭段水污染整治工作。由于监测结果表明株洲清水塘的排镉量占监测排污总量的88%,而湘潭市的排镉量又主要集中在易俗河地区,市环保局会请省环保局对湘江镉污染进行全流域的协同治理,省环保局当年起直接负责湘潭境内湘江沿岸20千米范围内可能带来水污染的项目的审批,明确不得审批水污染严重的行业;市环保局重新制定建设项目的审查制度,每个项目都有主审专家和专家组对其环境影响评价文件进行严格的评审,以杜绝新污染的产生。为有效控制镉污染源,当年全市关、停排镉企业5家,限产、停产整顿20多家,对竹埠港新材料工业园、湘乡皮革工业园、湘潭县吴家巷工业区等重点区域进行综合治理,3个园区先后关停10多家污染严重的小企业,另有40家企业责令停产整顿。其中的湘乡皮革工业园自园区设立后有7家制革企业投产，制革废水未经任何处理直排涟水河，该园被列入省、市 2005~2007 年环保 3 年行动计划项目（到 2005 年底，污水问题尚未解决）。湘潭电化集团 2005 年实施含锰废水二期综合治理项目，以实现废水循环利用、减少锰的排放。韶山污水处理厂年处理污水 146 万吨，其中生活污水 141 万吨，工业污水 5 万吨，并拟再投资 1900 万元扩建；湘潭市河西污水处理工程再次列入省、市两级政府为民办实事项目，年底实现与其他管道和泵房一起联动向厂区送水，污水处理能力为每日 3.17 万吨，年处理污水 1150 多万吨；并规划投资 2 亿多在湘潭铁路桥下游东面兴建日处理废水 10 万吨以上的河东污水处理厂。湘潭县县城易俗河选址在县城北边开始筹建日均处理污水能力 5 万吨、占地 100 亩的污水处理厂，工程总投资 3 亿元，采用硅藻精土与生化工艺技术处理城镇生活污水。针对湘潭县个别地区生猪养殖造成污染，市里出台整治方案，督促防治和整改。2005 年，通过整治，湘江湘潭段水质中的总镉下降 38%，因湘潭市而引起的湘江湘潭段镉污染基本得到控制。全市废水排放量为 20342.25 万吨；其中工业废水 11008.49 万吨，万元产值废水排放量减少到 45.25 吨，不及 2000 年的五分之一。经过长株潭三市的协同治理，该年湘潭城市功能区水域水质得到改善。5 年中，全市共投入治理废水资金 1.2 亿多元，使工业废水排放达标率 92.16%；城市污水处理率 51.9%，比 2000 年提高 32 个百分点。

第二节 大气污染治理

湘潭市大气因工业生产过程、民用燃料燃烧、交通运输、基建工程及外地污染物迁移诸因素而受到污染。鉴于大气污染控制受自然环境和社会环境诸多因素影响，孤立的单项治理措施难以取得预期的效果，1986 年，湘潭市对大气治理采取防治结合、以防为主、人工治理和自然净化相结合的措施。是年起，贯彻落实“三同时”制度。同时创建烟控区，促进老污染源综合治理。环保部门对控制区内各种炉灶排放的烟气黑度、烟尘浓度进行定量控制；推广使用节能锅炉，改进燃料燃烧方式，兴建小区连片供热设施，至 1990 年的 5 年中，大气治理投入资金 3090.3 万元，节能总量达 99.38 万吨标准煤，万元产值能耗标准煤 6.85 吨，比 1986 年减少 2.65 吨。

1991 年后，针对总悬浮物颗粒物、降尘、二氧化硫、氮氧化物等主要污染物，市环保部门继续从严控制老污染源、严格限制新污染源，大范围建立烟尘、二氧化硫控制区，加大对冶炼厂、电厂、水泥厂等高污染工业企业环境治理监管和投入，到 1995 年的 5 年中投入废气治理资金 8000 多万元。此后，更注重促进污染综合治理，加强工业锅炉改造，发展城市燃气，调整能源结构，提高能源利用率，减轻大气污染的程度。但由于工业企业量多面广，流动污染源日益增加，加上建筑工地扬尘、机动车尾气以及餐饮业油烟等污染因素加重，大气污染治理难度加大。至 2000 年的 5 年中，全市废气治理资金近 3000 万元。

2001 年后，市里继续采取改善燃料结构，减轻煤烟型污染，巩固扩大烟控区，以及加强机动车尾气和餐饮业油烟治理等治理措施，湘钢、湘潭电厂等大中型企业实施炼钢、轧制系统、干法熄焦等治理工程建设，加强技术改造，大气污染得到缓解。至 2005 年的 5 年中，全市废气治理投入资金近 7000 万元。

一、工业废气治理

湘潭是以冶金、化工、建材、纺织、机械为主体的工业城市，工业废气污染较严重。20世纪80年代，湘潭市有计划有组织地对废气进行治理，以工业锅炉消烟除尘为治理重点。1986年，全市工业废气的排放总量为274.93亿标立方米，万元产值废气排放量11.62万标立方米。当年，市里下达废气限期治理项目，改造老式锅炉，消除烟尘。1987年，根据环保目标管理责任，湘潭市对25家单位锅炉进行限期治理，完成65台锅炉的更新改造，创建三处小区集中供热，创清洁文明工厂3个，至1988年，投入运行的治理工业废气项目20多个，80多台锅炉和窑炉得到治理改造，安装除尘设施91台。湘潭市烟尘控制区建设为2平方千米。各企业将治理废气作为治理重点之一，治理废气投资占污染治理投资总额40%以上。湘潭电厂是湘潭市粉煤灰产生量最大的企业，年产灰量10多万吨。该厂共投资68万元和市电机砖厂联合生产电机砖，年用灰量3万吨，同时该厂投资500万元自建一个综合分厂，生产飘珠、精炭、干灰，年用灰5万吨，产值68万元。湘潭锰矿的高炉煤气也在1990年得到充分利用，年均创利润42.万元。对湘钢2×90米2烧结工程、湘潭纺织厂技改工程等20多项工程进行环境影响评价。1990年，全市工业废气排放总量为323.84亿标立方米，工业粉尘排放量为2.81万吨，万元产值废气排放量12.07万标立方米。至1990年，全市5年中烟尘控制区内共有313台锅炉、175台窑炉经过改造更新治理，烟尘浓度达标率达到80%以上，每年可减少烟气排放量2.3亿标立方米、烟尘1200余吨、二氧化硫900余吨、氮氧化物160余吨。其中湘钢5年中焦炉煤气利用量共9.59亿标立方米，高炉煤气利用量共5.33亿标立方米。

1991年，为改善市区大气环境，市城区设立6个烟控区，其中书院路与钢城路2个烟控区含湘潭钢铁公司、湘潭电机厂、湘潭电缆厂、湘潭化纤厂等大型企业，面积分别为3.4和3平方千米，全市烟控区建设增加到14.55平方千米。一些企业采取集中、联片供热，淘汰小型烟尘污染锅炉，建成湘江区广场、中山路、楠竹山、城正街、岳塘、湘乡大正街、建设路、东山路8个无黑烟街区。对市锅炉厂、压缩机厂、湖南液压件厂等18家企业35台锅炉烟气污染进行第一批限期治理。至年底，46个治理项目竣工，33台锅炉更新，年新增废气处理能力10万标立方米。其中湘纺热电站环保节能工程取代该厂4台大型锅炉，板塘铺地区4千米范围内实现连片供热，该地空气环境质量得以改善。完成湘潭锰矿300立方米高炉煤气发电工程、湖南铁合金厂高炉烟气治理工程、湘钢3号平炉电除尘烟气治理工程等污染治理项目85项。1993年治污力度更加增大，年新增处理能力48万标立方米。湘乡化工厂建成煤灰砖生产线；湘乡水泥厂3#窑尾电收尘改造，总投资220万元，改造后粉尘浓度由原来的690毫克/立方米降至200毫克/立方米，每年可回收水泥1000吨以上。但因为传统的卧窑生产无法马上改为现代化的立窑生产，粉尘污染问题也无法完全解决。1995年，全市工业废气排放量为456.95亿标立方米，工业粉尘排放量为4.91万吨，万元产值废气排放量7.50万标立方米。至1995年，建成烟控区17个、60.7平方千米。期间湘乡水泥厂大力治理粉尘污染，加强企业内部管理，被评为“省级清洁文明工厂”。

1996年初，湘潭市政府与各县(市)区、市城建局、湘乡水泥厂等20多个单位签订环境保护目标管理责任书，落实贯彻《国务院关于环境保护若干问题的决定》，取缔、关停污染企业，当年新增废气处理能力14.4亿标立方米。1997年，全市烟控区覆盖率达到92.8%(市区100%，湘乡95%)，湘潭市被省环保局定为“环境空气质量功能区划”试点市，市政府审批颁布《湘潭市环境空气质量功能区划》，为全市全面贯彻执行《中华人民共和国环境空气质量标准》创造条件。为控制环境质量，以及实现2000年重点污染企业的主要污染物达标排放，湘潭市在治理污染方面加大人、财、物的投入。在企业经济普遍不景气的情况下，千方百计筹措资金治理污染。1998年湘钢开始平炉改转炉，投资1.3亿多元，多年呈现在湘潭市天空、社会反映强烈的“红龙”得以消除，每年减少1万多吨粉尘和近1000吨二氧化硫的排放。至2000年底，湘潭市建成23个烟尘控制区。通过实现达标目标后，全市年节煤11万吨，节油1.3万吨，年减少悬浮物2万多吨，石油类152吨，二氧化硫4429吨，烟尘3312吨，粉尘2.1万吨，年创直接经济效益1.15亿元。当年全市的废气排放总量620.65亿标立方米，工业粉尘排放量3.68万吨，万元产值废气排放量8.55万标立方米。

2001年，全市开展以美化市容为目的的“一化三清”行动，控制废气排放，17个市政府职能部门主要领导组成领导小组，各单位抽调力量，整治锅炉烟尘、餐饮业油烟，取缔小饮食店20余家，对50家有污染的锅炉下达限期治理通知。一些重点排污企业继续进行系列污染治理和技术改造工程。2002年，湘钢完成炼铁2号高炉矿槽大布袋除尘改造工程、煤气发电和煤气回收工程，市风动机械厂完成窑炉改电炉项目，湘潭电厂和南天实业股份有限公司完成锅炉脱硫除尘工程。当年全市新增废气处理能力12.56万标立方米。湘潭电厂首台300MW机组投资20000万元烟气脱硫工程，工程建成后，每年可减少16000吨二氧化硫排放。2003年，在湘潭城市中心区开展以锅炉烟气、餐饮业油烟、机动车尾气、城市环境噪声和医疗“三废”为重点的环境污染综合治理，整治或拆除污染严重的锅炉6台，取缔33家餐饮及烧烤店，关停健雄炼铅厂等2家污染严重的小企业。2004年，为配合文明城市创建，对城区在用的90多台锅炉、窑炉、大灶进行强制整治，市风动机械厂、湘潭宾馆等18家企事业单位的锅(窑)炉得到治理。2005年，尽管因湘潭新建项目增加量大、一些企业新项目投产以及生产不正常等原因，导致工业废气排放总量增加，但万元产值废气排放量减少到3.08万标立方米，为1986年的26.5%。

二、汽车尾气治理

1986~1990年，湘潭市没有进行汽车尾气治理的专项行动。只在机动车年检时对汽车尾气进行年检监测，1990年全市有30%以上的机动车尾气不能达到排放标准。

1992年，湘潭市进行第一次较大规模的汽车尾气治理。市环保局、市公安局、市交通局联合发文，对湘潭市使用的1991年4月前生产的各种汽车安装曲轴箱强制通风装置(PCV阀)以减少废气排放。但是这种曲轴箱强制通风装置技术上还不很成熟，同时又增加车辆的使用成本，驾驶员普遍不愿安装，此次汽车尾气治理无果而终。1997年，检测汽车尾气10080台次，1999~2001年，检测汽车尾气11000多台次，获取机动车尾气监测数据39054个。

2002年，湘潭市区机动车数量达17.88万辆，其中汽油车2.17万辆，柴油车0.71万辆，摩托车13.66万辆，其他类型车1.34万辆。当年全市进行第二次较大规模的汽车尾气治理，市环保局、市交警支队在加强对治理尾气污染宣传的同时，组织上路检查，市交警支队车管所对排污严重又影响安全的181台车辆进行报废处理；对160余台轻微超标车辆作调试处理，强制安装尾气净化装置，使其达标排放；通过新闻媒体公告，对637辆达到或即将达到报废标准的车辆限期报废；加强抽检，对在路检中严重超标的车辆,按《中华人民共和国道路交通管理条例》和市政府相关文件规定,由公安交警部门实施暂扣证件,由环保部门实施限期治理,尾气治理工作取得一定成效。由于周边各城市难于协同一起行动,无法达到预想效果。是年车辆年检数据表明,湘潭市市区机动车尾气排放合格率为82.4%,年排放氮氧化物1957.86吨、一氧化碳26322.34吨、碳氢化合物3480.64吨。机动车污染主要集中在交通干线等人口密集区, 对人体危害更加直接。2004年专业人员对湘潭市电机幼儿园和市直机关第一幼儿园儿童进行血铅抽样调查,有57%的儿童每升血液铅含量超过100微克。汽车尾气治理一直是湘潭市改善大气环境质量的重点。2005年,全市汽车尾气达标率80.32%。

第三节　噪声污染治理

1986年3月,市八届人大常委会第十九次会议为消除环境噪声,审议通过《湘潭市城市噪声管理办法》。1989年,在市环境保护委员会的领导下,市区大力开展创建噪声控制区工作,进行城市环境噪声标准适用区域划分,在全市范围内共划分5类功能区域,当年建立1个噪声控制区。至1990年,5年中全市噪声治理投入资金91.48万元。

1991年开始在湘江区广场地域、岳塘区中洲路、雨湖区学院地区创建噪声达标区。对于交通噪声,通过减少城区车流量、严禁机动车城区交通干线鸣高音喇叭、改善路况等方式进行控制。至1995年的5年中,工业企业噪声治理投资297.56万元,治理噪声源276个;全市建成噪声达标区3个,总面积12.24平方千米。

1996年湘潭市颁布《环境噪声功能区划适用标准》,噪声污染治理更加有规可依。全市环境噪声标准区域划分为四类,功能区域面积达130.54平方千米。2001~2002年,17个市政府职能部门主要领导组成领导小组,进行大规模的环境整治,其中一项就是整治娱乐业噪声,经过多次大的现场环境行政执法活动,87家娱乐业的扰民噪声得以进行限期治理,60家噪声扰民设备被收缴。此后,城区丝绸路、宝塔路开通,芙蓉路、吉安路、书院路等多条道路得到拓宽和改造,加之湘江二桥、三桥相继通车分流大量车辆,交通噪声等效声级下降。2004年,开展为期一个月的“高考禁噪”行动,受理噪声投诉72起,出警200多人次。经过多方面治理,2005年,城市中的车流量虽然增加,但区域噪声和交通噪声等效声级分别下降, 交通噪声降至最低值67.6分贝; 区域环境噪声下降到56分贝,比1997年下降3.45%,湘潭市等效声级小于60分贝的面积占总监测面积的90%以上。

第四节　固体废弃物治理

一、工业固体废弃物

1986年,全市各厂矿企业工业固体废弃物的综合利用量为85.32万吨,综合利用率为62.36%;处置量为19.6万吨,处置率为14.32%①,万元产值固体废弃物排放量为1.57吨。为缓解废渣问题,

① 工业固体废物处置量指将固体废物焚烧或者最终置于符合环境保护规定要求的场所,并不再回取;工业固体废物利用量是综合回收利用了的,二者之间没有直接关系。

企业加大回收利用量。湘钢年产废渣 40~60 万吨，为变废为宝，1990 年回收量提高到 55.55 万吨。是年，全市工业固体废弃物的综合利用量为 100.46 万吨，综合利用率为 67.76%；处置量为 24.70 万吨，处置率为 16.66%，万元产值固体废弃物排放量为 0.05 吨。至 1990 年的 5 年中，全市共投入工业固体废弃物治理资金 869.09 万元，年新增固体废物处理利用能力 7.61 万吨。

1991 年，随着企业改制和工业企业的增加，工业废渣增多，市里治理力度加大，投资增加。1993 年全市新增固体废弃物处理能力 13.3 万吨。湘乡铝厂建成锂渣煤渣砖生产线，年处理废渣 5.7 万吨，年产砖 950 万块，获利 30 多万元；湘乡化工厂投资 30 万元，建成煤灰砖生产线，年处理煤灰渣 1 万多吨，年产砖 150 万块，年获利 10 万余元；湖南铁合金厂投资 20 万元，对铬渣进行综合利用研究，研究成功《铬渣熔剂炼铁控制工艺技术方法》和《铬渣冷压块和烧结熔剂制作技术方法》，两个项目通过省级鉴定当年尚未投入应用。1995 年，全市工业固体废弃物的综合利用量为 98.99 万吨，综合利用率为 67.80%；处置量为 32.55 万吨，处置率为 22.3%，万元产值固体废弃物排放量为 0.01 吨。5 年间，全市共完成污染治理资金 1.65 亿元，其中治理工业固体废弃物为 1996.5 万元，占总额的 12.1%。

1996 年起，市政府强化环境目标管理，通过下达和签订目标责任书、年终考核验收等方式，严格要求企业加大固体废弃物的回收和处理量，当年全市工业固体废弃物综合利用率为 67.47%，次年新增工业固体废弃物处理能力 0.18 万吨。1999 年，为使 2000 年实现达标排放，湘钢、南天、电化等老污染源得到重点治理。当年工业固体废弃物的综合利用量增加到 150.89 万吨，万元产值排放量为 0.11 吨。2000 年，湘钢含酚氰的废渣污染事件发生后，湘潭市及时对全市工业废渣进行整治，当年投入废渣整治资金 330 万元，综合利用废渣 151.95 万吨，占总产生量 225.09 万吨的 67.5%；处理废渣 20.97 万吨，占产生总量的 9.3%，万元产值固体废弃物排放量为 0.15 吨。5 年间，全市共产生工业固体废弃物 982.39 万吨，处置工业固体废弃物 154.97 万吨，处置率为 15.77%；综合利用 629.95 万吨，综合利用率为 64.12%。

图 60-3-1　铁合金厂的铬渣高炉炼铁

2001 年，为实施可持续发展战略，全市严格建设项目的环保审批手续；对南天股份有限公司、翔鹏精细化工有限公司、湖南铁合金厂、万建林锌品有限公司、电化集团有限公司等老污染源进行专项检查整治，当年全市工业固体废弃物的综合利用量为 207.47 万吨，综合利用率 69.8%，万元产值固体废弃物排放量为 0.1 吨。湖南铁合金厂铬渣长期污染湘乡市部分地域的地下水，是湘潭市重点排污企业。该厂日元贷款 4800 美元，建成一座 120 立方米的高炉，2005 年投产运行，每天处理铬渣 30~40 吨(计划在 2008 年前将全部铬渣处理完)。2005 年全市用于治理工业固体废弃物污染资金为 1276 万元；工业固体废弃物产生量 436.6 万吨，其中综合利用量 376.43 万吨，利用率 86.21%；处置量 38.18 万吨，处置率 8.74%。万元产值固体废弃物排放量 0.05 吨。

二、城市生活垃圾处理

(一)湘潭市城区垃圾处理

(见第五十八篇《城市管理》第六章“市容管理”)

(二)县(市)的城市垃圾处理

1986~1998 年,湘潭市所辖县(市)没有大型的城市生活垃圾处理场。城镇生活垃圾都是运到分散的小型的垃圾场进行堆存填埋处理。到 20 世纪 90 年代末,各县、市开始筹建较大规模的城市垃圾处理场。

1999 年,韶山市因为城市发展、城区常住人口及游客增加,垃圾数量不断增多,妥善处理城市垃圾成为当时迫在眉睫的问题。经韶山市人民政府批准,确定在笑天狮建垃圾填埋场,1999 年 12 月动工,次年 7 月 1 日竣工。由于选址不符合国家环保(GB16889-1997《生活垃圾填埋污染控制标准》)规定要求,湘潭市环保局建议尽快另择新址。该垃圾场投入使用三年后仍未建立截流沟、导流渠、导流坝、地下排水等设施。污水的渗滤,严重威胁地下水及青年水库水质。

2003 年,湘乡市开始泉湖垃圾处理场的建设,日处理生活垃圾能力 400 吨,建成后预计能使用 20 年。总投资 5980 万。第一期工程于 2005 年投入使用,完成投资 1100 万元。2005 年韶山计划在如意村投资 600 万元新建垃圾填埋场,当年进行环境影响评价等前期工作。同年,湘潭县计划投资 1884 万元,拟在易俗河镇上马村紫荆组建设县城生活垃圾综合处理场,一期工程日处理垃圾 200 吨,并规划在全县各小城镇建设垃圾填埋场。

三、医疗垃圾处理

1986~2002 年,湘潭市对医疗垃圾无集中专门的处理,所产生的医疗垃圾都是各医疗单位自行分散处理,有的将医疗废物混入生活垃圾堆放或埋入地下,较大的医院自建焚烧炉进行焚烧,其中湘潭市中心医院采取“分类—收集—装箱—送集中焚化”的处理程序。但这些方式都可能存在给水环境、土壤、居民生活环境造成二次污染问题。也有个别医疗单位将使用过的一次性输液器、注射器等卖给不良商贩,不良商贩转卖给个体诊所重复使用,严重影响他人健康。

2003 年全市进行环境污染综合治理,“非典”期间,增加对 8 家综合医院病毒废水处理设施和医疗垃圾设施运行情况的检查,对“非典”防治定点医院——市三医院的医疗垃圾处理设施进行专项检查。为避免医疗垃圾处理过程中发生二次污染,当年,湘潭市拟在湘潭县杨家桥镇投资 1000 万元,筹建日处理 8 吨医疗垃圾的医疗垃圾处理中心,整个工程分为二级燃烧、烟气处理、废渣处理、废水处理、自动控制等系统。该项目 2004 年由市计委立项,但由于选址处周围村民反对和阻工等原因,到 2005 年底尚未建成,医疗垃圾的处理一般还是延续以往的方式。

附　竹埠港地区环境污染整治

竹埠港地区为湘潭老化工基地,始建于 20 世纪 50 年代末,80 年代被国家定为优先发展的 14 个精细化工基地之一。

90年代后期，随着市场经济快速发展，原有的7家国有企业逐渐衰落，部分民营企业依靠该地的人才和场地设备，迅猛无序发展，小化工生产泛滥，最多时企业达39家。由于管理混乱，涉汞、涉镉、涉砷类及苯胺、硝基苯类污染物排放大幅增长，使该地一度成为全省污染重灾区之一。

为彻底改变这一状况，2003年，经市人大提议，市委、市政府决定，由市环保局牵头，湘潭高新区配合，按照“治理环境，整合资源，提升产业，形成特色”的要求，当年9月成立竹埠港新材料工业园，在政府多个职能部门的支持下，建立项目入园专家评审制度，出台《湘潭市竹埠港地区环境污染综合治理实施方案》，加大环保设施建设力度，取缔落后生产企业，严格控制新污染源。2004年，市环保局、公安局、工商局、城管局、监察局等联合组织执法队伍，对竹埠港地区的环境污染特别是镉污染进行专项整治，强制关停高能耗、高污染、低效益企业13家，淘汰落后生产线6条，否决不符合环保条件的拟入园项目10个。至2005年，经过连续3年整治，园区能耗下降19.2%，工业废水排放量减少到7300吨/日，为建园前的30957吨/日的23.6%，各主要污染因子得到有效控制。

第四章 环保管理与执法

第一节 环保政策与法规制定

1986年，湘潭市根据大量的调研结果，依法制定一系列环境保护措施。在对湘江湘潭段水域调查研究后，根据国家制定的标准和本地实际，将其划分为三个水域功能区，确定各功能区相应的水质标准，制定“七五”(1986~1990)期间水环境质量主要指标，对主要水污染物实行总量控制；实行水污染物排污许可证，并对29项水污染物制定地方水污染物排放标准和排污收费标准。与此同时，依法颁布一系列规范性文件。当年湘潭市第八届人大常委会审批《湘潭市环境噪声管理办法(试行)》。1987年市政府颁发《湘潭市环境保护设施管理暂行办法》。1989年市政府发布《湘潭市水污染排放申报登记和排污许可证管理暂行办法》，湘潭市是省内最早实施排污申报登记的城市。

进入20世纪90年代，湘潭市改善城市环境质量，强化环境保护执法，根据现行的法律法规，先后出台一些规范性文件。1991年市政府办批复《关于湘江湘潭段水域功能划分》，同年市政府还颁发《湘潭市城市区域环境噪声适应区划分标准》。1992年市政府发布《湘潭市市区饮用水水源保护区管理规定》。随后市环保局也相继出台《湘潭市污染治理贷款暂行办法》《湘潭市关于收取和使用排污费、环境污染罚款的规定》《环保设施管理办法》《湘潭市清洁文明工厂考核验收标准》《湘潭市建设项目环境影响技术审议制》《三废污染农业生产的赔款暂行规定》等一系列规范性文件。1993年，颁布《湘潭市排烟排尘设施管理办法》和《关于加强建筑施工环境保护管理办法》，在完成国家环保局下达的“排污许可证试点工作”的基础上，又完成国家环保局的“环境监理员制度试点”工作，在环境监督管理和行政执法方面取得成功经验，得到国家环保局表彰。1994年，各行政主管部门加强环保执法监督，工商部门在企业进行工商登记时，将是否存在环境污染问题列为考察要素。

1995年市政府根据市人大十届三次会议议案，经问卷调查和广泛征求意见，11月20日正式颁布《湘潭市人民政府关于在城区禁止燃放烟花爆竹的通告》,决定从 1996 年 3 月 1 日起实施。各新闻媒体和公安、城管、工商、环保等执法部门协同参与监管。

1997 年,市委、市政府出台《关于进一步加强环境保护工作的决定》,强调实行环保部门第一审批权,即所有新建项目(含饮食、文化娱乐、服务行业等),必须先经环保部门按规定审查后,其他部门才能办理有关手续,否则将追究有关审批机关和审批人员的责任。此规定于 1999 年正式执行。当年,还颁布《湘潭市环境空气质量功能区划》和《湘潭市环境噪声功能区划适用标准》,及《关于进一步加强机动车辆排气污染监督管理》,以切实防治大气污染和城市噪声污染。1999 年,市政府批转湘潭市环保局《关于贯彻落实环保第一审批权制度的意见》。

2000 年初,市委书记认为禁放烟花爆竹使湘潭市显得过于冷清,提议放宽,《湘潭市人民政府关于在城区禁止燃放烟花爆竹的通告》逐渐失效。2003 年 6~9 月,湘潭环保世纪行组委会组织记者采访团,针对竹埠港地区污染、小摊贩夜市污染、医疗垃圾处理、公共绿地被破坏等问题,给环保、工商、城管等市政府有关部门发出督查整改交办意见,督促政府有关部门依法行政、严格执法。次年市环保局针对这些问题,制定《湘潭市城区环境污染整治方案》《湘潭市竹埠港地区环境污染综合治理实施方案》《湘潭市镉污染源整治方案》,对违法污染企业采取关、停、并、转等措施,加大现场执法力度。2005 年,湘潭市为依法行政,严格执法程序、规范执法行为,先后制定和规范行政处罚、查处分离、收(罚)缴分离、听证、环保行政处罚案件审议、过错责任追究等程序和制度。市政府与市环保局签订行政执法责任书,市环保局与区、县(市)环保局签订《依法行政责任书》。同时,湘潭市还依法编制和组织实施《湘潭市"十五"酸雨污染防治计划》《2005-2007 年湘潭市环境保护三年行动计划》,并着手进行《湘潭市环境保护十一五规划》的编制。

第二节　环保宣传

1986 年,为提高民众环境意识,湘潭市每年开展环保宣传工作,在世界环境日(6 月 5 日)、地球日(4 月 22 日)组织环保宣传活动;在各主要街头路口、中小学校建立环保宣传专栏;向机关、学校赠送环保专业报刊;电台、报社联合办环保专栏、专刊。在"世界环境日",市党政领导主持或参加"六五世界环境日座谈会""湘潭市环保新闻发布会"等,市领导发表电视、广播讲话。1987 年,全市组织县团级以上领导干部参加环保知识竞赛;组织 17 个单位 20 多人参加"环保知识抢答赛"。1989 年,市环保局与市广播电视台联合举办"环境保护专题节目"。"6·5"世界环境日,全市举行市党政机关干部、企业负责人参加的环保演讲比赛。在各县(市)区、各大厂矿 30 多所学校、幼儿园举行的环境宣传教育试点活动,有 10000 多名青少年、儿童参加,全市有 6000 多名干部参加环境法规考试。环保部门与宣传、教育部门联合,以各种方式有针对性地向全市民众广泛宣传《中华人民共和国环境保护法》及《湘潭市环境保护实施细则》《湘潭市乡镇街道企业环境管理实施办法》等环保法规。1991 年 5 月,湖南省首届环境文学座谈会在湘潭市召开。20 余名作家、艺术家、新闻工作者到湘潭市环保局、湘潭电机厂、湘潭纺织印染厂、江麓机械厂等地实地考察采风。当年,全省唯湘潭市被省政府环境保护委员会授予"环境保护宣传教育先进单位"称号。

1992 年,湘潭市成立以主管市长为组长的"湘潭市纪念人类环境会议 20 周年宣传领导小组",

市委宣传部、市建委、市环保局、市教委、团市委、市公安局等为领导小组成员。组织为期100天的“环保杯”摄影赛。市环境宣教中心与《湘潭日报》副刊部联合举办《环境文化》征文活动。

1993年，为纪念中国开创环保工作20周年，确立环保为基本国策10周年，市委、市政府领导和市民一起在雨湖公园参加大型环保游园会活动。全市共组织50多场(次)的环保演讲、环境知识抢答、环境文艺演出、环境知识报告会等。市有线电视台举办《环保一月纵谈》和《环保娱乐宫》等专题节目。是年，市环保宣教中心在城区开展环境意识问卷调查研究，共收到有效卷7384份。1994年，学习、贯彻《湖南省环境保护条例》，翻印15800册，发放到有关企事业单位，另有部分中小型企业和乡镇企业专职干部120多人集中学习。

1995~1996年的“6·5”世界环境日，湘潭市在各街头路口、乡村集镇设320多处环保宣传点，由20多辆宣传彩车、1000多名学生、老年人表演队、鼓号队组成大规模的队伍进行宣传；各级环保部门组织环保摄影、征文、演讲、宣传画等竞赛活动；全市15万只有线广播定时播送专题节目。

1997年6月，市人大常委会召开“湘潭环保世纪行暨‘六五’世界环境日新闻发布会”，市人大和市政府的主管领导及市林业、水利、国土、矿产等部门领导，省市新闻媒体的记者参加。此后，每年市人大都组织“湘潭环保世纪行”活动，通过媒体表彰环保先进典型，曝光环境违法行为，并及时反馈到有关部门查处、整改。1998~1999年，湘潭市组织全市首届环保文艺调演、“人与自然”环保艺术摄影展、环保书画展等宣传活动。

2000~2001年，市人大城乡委、共青团市委、湘潭工学院联合举办大型环保宣传活动，活动有环保演讲、环保有奖问答、环保大签名、环保文艺节目、版报、咨询、问卷调查等形式。省、市人大组织的“三湘环保世纪行”“湘潭环保世纪行”的成员，省人大常委会相关领导率省执法检查组均到现场参加。大批环保青年志愿者在团市委的组织下，到湘江两岸开展消除白色垃圾污染活动。2002年，湘潭新闻媒体单位采取集中与分散采访结合，围绕“绿化湘潭，保护生态环境”的主题，策划“隐山旅游开发区生态保护等15个问题”和“城区环境综合整治，韶山、湘乡乱采片石和城区机动车尾气治理”两次阶段性集中采访报道。各媒体记者还对“6·5”世界环境日宣传、湘潭大学“倡导环保从身边做起”万人签名活动、“环境污染综合整治”等活动分别进行采访报道，当年共发环境新闻稿件80余篇。2004年，“湘潭市环保世纪行” 活动组委会对各媒体历年来在活动中发表的35篇作品进行评比，其中《湘潭日报》上发表的《母亲河的忧患》、湘潭电视台播出的《500万尾鱼苗今放流湘江》《罗源广场噪声污染连续报道》、湘潭电台播出的《湘潭空气质量提高了吗》等获得一等奖。2005年，在开展建设文明城市活动中，湖南工程学院的学生把保护生态环境与建设文明城市结合起来组织志愿者宣传环保。

第三节 污染源监管

1986年，湘潭市政府成立由市长为首、各政府各部门主要负责人参加的“湘潭市环境保护委员会”，市环保局为该委员会的办事机构。是年起，对全市260多个工矿企业，针对其排放污染物的特征，实施每年1~2次的水污染物排放和锅炉、窑炉外排烟气黑度的抽检，对15家重点水污染物排放企业，实施每月一次的抽检；湘潭市环境保护委员会每年召开一次全市环保工作会议，由主管市长与政府市直有关部门、县(市)、区政府、各大中型企业负责人签定环境保护目标管理责任状,主要落实为环保办实事项目、督促老污染源的限期治理和控制新的污染源,1987年完成为环保办实事40项。此后,建设项目与环境保护同时设计、同时施工、同时验收的“三同时”的执行率也逐年上升,市环保局对“三同时”执行情况进行检查,1988年20个项目全部执行的有10个,部分执行的有4个,未执行的有6个,执行率为70%;1990年,检查72个项目,全部执行的有53个,部分执行的14个,未执行的5个,执行率上升到73.61%。至1990年的5年中,每年完成环保办实事项目40~70个。

1991年,环境保护目标管理初见成效,当年完成办实事项目65个;湘潭市的烟尘控制区建设增加。174个建设项目中,有152个认真执行环保“三同时”,执行率上升到87.36%。此后,环保“三同时”执行率都在90%以上。1992年93%,1993年91.5%,1994年达到95.6%。

1995年起,湘潭市进一步加强环保责任目标的监管,当年完成限期治理项目8个,关停并转企业7个,完成办实事项目42个。其时湘潭市纳入环境统计的企业为219家,其中重点污染企业是湘钢、湘潭电厂、湘乡铝厂、湘乡水泥厂、湘纺、湘潭锰矿、市电化、市合成化、湖南铁合金、湘乡化工厂等18家,年排放工业废气411.8亿标立方米,占全市工业废气总量的90.12%。

1996、1997两年中完成54项环保办实事项目,关停18类197个严重污染的小企业。仅湘潭县就关停160个。1997年起,湘潭市人大常委会每年通过组织“湘潭环保世纪行”执法检查活动,借助媒体舆论监督来督促环保部门依法行政和促进环境污染问题依法解决。活动中提出不少督查整改的地方:湘潭市医疗固体特殊垃圾处理不规范问题;湘潭县320国道泉塘子–姜畲地段上十个无工商、环保手续,土法上马的玻璃厂污染问题;竹埠港地区环境污染问题等。

1998年,根据国务院《关于环境保护若干问题的决定》以及国家环保局提出的2000年全国实现“环保一控双达标目标”,湘潭市政府在继续推行环境保护目标管理责任制的同时,按照全国的统一部署,开展“2000年达标”行动。当年成立以主管市长为组长的达标领导小组,市政府办公室印发《湘潭市2000年工业污染源达标排放工作方案》。通过大量调查研究,全市确定32家重点达标企业,其中省属12家,市属20家。1999年市政府与各重点厂矿,市环保局与县(市)、区环保局签订环保目标责任书,确定20多个限期治理项目。为防治新的污染源产生,市政府批转湘潭市环保局《关于贯彻落实环保第一审批权制度的意见》。在2000年3月的全市达标工作会议上,县市区和重点企业向市政府递交2001年污染物达标排放专项目标责任书。当年,在全市32家重点达标企业中,除驻湘乡市的湖南铁合金厂无法完成达标任务外,其余各重点达标企业均先后实现主要污染物的达标排放,全市共有1407家企业主要污染物均实现达标排放。如期完成达标任务。连续实施工业污染源巩固达标、全面达标和再提高工程,结合湘潭市创建全省文明城市的活动,加强污染源达标后续管理,同时督促污染源的限期治理和城市区的环境整治。至2000年的3年中,共完成治理项目82个,关停并转迁污染企业22个。湘潭市11项污染物总量控制指标,全部都在湖南省给定的控制指标之内。此外,“三同时”的环境影响评价的执行率自1997年市政府强调环保第一审批权制度后,环境影响评价执行率100%,“一控双达标”取得预期效果。

2001年起,根据国家四部委和省环保局的部署,湘潭市开展严肃查处环境违法案件的专项行动,历时3个月,检查排污企业410家,对有违法行为的企业立案查处104家,罚款18.5万元,关停企业1家,要求限期整改的企业8家。是年开始,市委、市政府为创建园林城市、提高城市品位,在全市开展“一化三清”城市区的环境污染综合整治工作，17个市政府职能部门主要领导组成领导小组，各单位抽调力量，联合进行四次大的现场环境行政执法活动，重点整治锅炉烟尘、餐饮业油烟、娱乐业噪声、机动车尾气、工业废水、固体废弃物6个方面。2002年，湘潭市成立放射源调查小组，对全市18家单位放射源情况进行调查。调查发现，湘潭市主要放射源有钴60、铯137和镭266共三种，主要集中在水泥行业和医院，此外分散在高校和地质调查研究单位、压力容器检测单位。虽有专人管理，但缺少专业人员，管理制度不完善，对弃用的放射源处理有难度，暂无专门机构回收处理。2003年，在城区中心区开展以锅炉烟气、餐饮业油烟、机动车尾气、城市环境噪声和医疗“三废”为重点的环境污染综合治理，17家污染严重的企业被责令限期治理，对竹埠港地区不再审批新的建设项目。2004年，湘潭市根据中央人口资源环境工作座谈会精神和省、市人大向政府提出的编制环境保护三年行动计划的建议，在市环资推委会的领导下，编制《湘潭市2005~2007年环境保护三年行动计划》。此计划包括水环境治理、大气环境治理、城市噪声控制、固体废弃物污染防治和环境监察能力建设等5个方面，共安排19个工程项目，总投资22.42亿元。其中，纳入省政府行动计划的8项，投资额10.2亿元。与此同时，湘潭市的环保“三同时”也得到进一步落实，经省、市两级环保部门审批的建设项目，2004年有72个通过环境影响评价，有19个项目因选址不当或污染重，不符合产业政策而被市环保部门拒批。现场查处违法新建项目环境影响评价法3起，对湘潭市中心医院建设项目违法行动责令停止建设，补办环保手续；责令违反环境法律法规的鑫源科技建设项目停建。为配合文明城市创建，对城区在用锅炉、窑炉、大灶进行强制整治，依法查处环境违法案件5起。对湘机力源电镀热处理有限公司违法排放未经处理的电镀废水案件、华程镍钴新材料有限公司未办理环保手续长时间非法生产案件、湘潭市皮革化工厂化工经营部硝酸泄漏造成环境污染事故案件进行行政处罚。2005年，湘潭市对环保“三同时”进行全面调查，得知项目竣工后的环保验收是“三同时”中的一个薄弱环节。在2004~2005年的68个通过环境影响评价且竣工的项目中，2005年有40余个未经环保验收，竣工验收率41.18%。其中有湖南华韧双星钢结构工程公司、湖南华源港口物流公司、湘潭妇幼保健院、湘潭中心医院、湖南九华纸业公司等15个上千万元的项目竣工后未及时进行环保验收；湘潭县8个在2005年前竣工的项目，有5个未验收，其中湖南燕京化工有限公司扩建有污染的回收铟、铅项目，根本未经环保审批，后来虽补办环境影响评价审批手续也未获通过，但该项目一直运行。同年，湘潭市加大对违规违法建设项目进行查处，对42家企业下达限期整改通知书，对5家违反“三同时”的企业进行立案查处。全年有107个项目通过环境影响评价，有6个项目因不符合城市规划和产业政策，选址不当被拒批。2005年底，省、市人大对《湘潭市环境保护三年(2005~2007)行动计划》执行情况进行检查，要求完成的项目中，除湘乡制革(皮革)工业园水污染综合治理和湘潭医疗垃圾集中处置中心项目未能如期按照计划完成外，其他都按计划进行。

第四节 排污费征收管理

1986年，市排污费的征收管理，按排污单位的隶属分省、市、区县(市)三级征管。省属排污企业由湘潭市代征上解，归省里使用管理。所征收排污费上缴国库后，主要可用于排污单位的污染治理和环保部门自身建设。当年，市本级排污缴费单位为381个，排污缴费额度为876万元。市财政给排污单位发放污染治理环保补助资金956万元。1990年,湘潭市排污费征缴额度列全省前茅,占全省排污费征收总额的11%以上。5年中市本级(无全市数据)共征收排污费4774.11万元,其中用于排污单位的污染治理1584万元,占33.2%;用于环保贷款豁免863.1万元,占11.8%;其余用于上缴中央、省国库与相关环保工作的开展,占55%。

1991年,湘潭市环保局正式颁布排污收费标准,市本级排污缴费单位为437个,年征收额为1080.7万元。被征收排污费的单位在进行污染治理时,政府给予一定的环保补助资金贷款,治理工程完成后可申请该项贷款豁免。湘潭纺织印染厂附属织布厂和市塑料四厂利用环保贷款进行搬迁,在搬迁时对设备进行更新改造,投产后企业竞争力得到增强,经济效益和环境效益明显。至1995年的5年中,市本级共征收排污费3247.1万元,其中用于排污单位污染治理456.87万元,占14.1%;用于环保贷款豁免1287.9万元,占39.7%;其余用于上缴中央、省国库与相关环保工作的开展,占46.2%。

1996年,对拖欠排污费的21个企业立案,向法院申请强制追缴,执行额达160万元,当年排污费征缴额上升到1583.20万元。和全国许多城市一样,湘潭市排污费一直不能依法足额征收,实际征收额不到应征额的三分之一。1999年,湘潭市本级的排污缴费单位为517个,征收额1345.5万元。至1999年的4年中,市本级共征收排污费2179.2万元,其中用于排污单位污染治理264.9万元,占12.2%;用于环保贷款豁免为265.8万元,占12.2%;其余用于上缴中央、省国库与相关环保工作的开展,占75.6%。

2000年以后,湘潭市试图依法足额征收排污费。市政府在全市环保工作会上进行动员,此后湘潭市的排污费征收额度大幅上升,至2001年每年征收额2000万元左右,排污缴费单位约623个。由于仍有一些国有大中型企业经济效益差,以往拖欠和不能足额缴费的情况积重难返,无法实行足额征收。2004年湘潭市执行国务院颁布的新《排污收费征收使用管理条例》,由于征收对象、项目更明确,征收范围扩大,执法环境也普遍好转,2004年起,湘潭市本级排污费年收缴额提高到3000余万元,2005年,湘潭市本级的排污缴费单位为727个,实际征收排污费2623.1万元。至2005年的6年中,市本级共征收排污费13160.1万元,其中用于排污单位污染治理1920万元,占14.6%;用于环保贷款豁免2306万元,占17.5%;其余用于上缴中央、省国库与相关环保工作的开展,占67.9%。

第五节　污染纠纷、事故调处

1986年全市,发生环境污染纠纷50起,环境污染事故7起,直接经济损失达50万元。市郊区荷塘乡滴水、双埠两村的202亩橘园受市电化厂的烟尘污染出现黄叶枯枝现象,受害面积达90%,企农纠纷不断。市、区环保部门和当地乡政府多次调处未果,后经区法院多次调解方结案。杨家桥镇漂白粉厂3次发生氨气外泄事故,污染农作物。1987年2月湘乡环保部门受理长期积压的湘乡铝厂、磷肥厂污水污染五里、杨金、铝南三个村的农田纠纷案(该地1980年曾发生污染纠纷,180多名农民到湘乡铝厂强行堵水,造成工厂停产,直接经济损失12万多的群体事件,1981年湘潭中级人民法院以“破坏生产罪”给为头三人以刑事处分,镇党委书记被撤职。村民对判刑和农赔一直不服,多次上访)。1987年2月,湘乡市政府组织环保等部门进行调查后,提出此刑事案法院应重审和考虑解决沿渠农田灌溉问题的建议，被市政府采纳。法院重审后，撤销对当事人的刑事处分，其他问题得到妥善解决。1988 年 1 月，湘钢炼钢分厂重油库职工开错阀门，致使 60 吨以上重油随废水流入湘江，从寒鸡港至湘潭铁路桥的湘江水域沿岸都有漂浮的重油块和析出的轻质油，水面形成大片油膜，经采样监测，被污染区的油含量达每升 1.5 毫克(国家地面水质标准为 0.3 毫克)，直接经济损失约 20 万元。市环保局对该厂作出罚款 8 万元的决定。昭山镀锌管厂电镀废水污染农田、鱼塘 1.67 公顷。至 1990 年的 5 年中，全市处理群众来信来访 1400 多次；发生污染事故 110 起；纠纷 179 起，调处率为 100%；肇事者补偿和赔偿污染损失共计 404.24 万元；对肇事者罚款 38.65 万元；直接经济损失 220.29 万元，年均 40 万元以上。

1991 年，工业企业尤其是化工企业对农地的污染事件，以及由此造成的农企纠纷增多，加之人们的环保意识增强，污染投诉增多，调处难度也增大。当年，昭山乡新民村杨家组因受湖南农药厂的废水、废气污染，致使土壤变质，6.67 公顷耕地无法耕作，要求湖南农药厂赔偿损失 14 万多元，多次发生纠纷，村民多次上访。经市政府、市环保局调处，肇事企业补偿易家湾新民村杨家组经济损失 4.1 万元。1992 年 6 月，湘潭峡山口乡、麦子石乡等地 266.67 公顷早稻受损，大量鱼和种鸽突然死亡，经湘潭、株洲两地环保部门联合调研，确定是因为株洲冶炼厂发生高浓度二氧化硫泄漏事故所致，调处后，该厂赔偿受害者经济损失 4 万余元。1994 年，全市发生环境污染纠纷 400 起，33.33 公顷农作物受害，超过 13 公顷鱼塘受到污染。1995 年 7 月，湘乡铝厂废水超标排放，致使五里、杨金、铝南、江岸四个村 43.33 公顷农田因受污染而减产，引发群体事件。经环保部门调处后，给予铝厂罚款和行政处罚，并根责成铝厂赔偿村民经济损失 24.396 万元。同年，湘潭县乡镇企业三化厂用废渣生产七水硫酸锌，场地设施简陋，酸化时产生大量含砷毒气致 4 人中毒身亡。经调处，以企业向受害者进行赔偿结案。至 1995 年的 5 年中，全市共发生污染事故 100 起，纠纷 879 起，调处率为 100%；肇事者补偿和赔偿污染损失共计 638.05 万元；对肇事者罚款 6.95 万元；直接经济损失 550.1 万元，年均 110 多万元。

1996 年湘钢制品厂制矾工程和酸碱中和设施停运，造成所排废水污染岳塘村鱼塘事故，肇事企业被处以赔偿和罚款。1998 年，发生湘潭锰矿废水污染大量鱼塘事故。鉴于污染事故频发，市相关职能部门相继采取措施，以防患于未然，1999 年湘潭市开展社会 110 联动工作，环保部门作为社会 110 联动的重要成员加入联动工作，2000 年，湘潭市公布环境污染问题投诉电话“12369”后，每年接到的环境污染投诉电话 1000 多个。当年 10 月，湘潭县响水乡的市白蚁防治所生产基地侧村民周汉武一家四口受砷污染中毒，造成一死三伤的特大污染事故，经查，是因周家与市白蚁防治所的原料仓库和生产基地仅一墙之隔，致使周家井水受砷污染。其浓度超标 157~162 倍。经环保部门调处，市白蚁防治所赔偿周家累计 20 多万元，并被罚款 1 万元。此事引发附近村民群体性恐慌，经检测附近水确未受到污染，方得以平息。至 2000 年的 5 年中，全市共发生污染事故 74 起，纠纷 1127 起，调处率为 100%；肇事者补偿和赔偿污染损失共计 1112.45 万元；对肇事者罚款 10.5 万元；直接经济损失年均 140 多万元。

2001 年，湘乡市东山乡猪场排放的污水对张江、塔子等 8 个村 8000 人的生产生活带来污染，群众反映强烈，引发 5 个村的村民拒不完成上交任务的群体事件。湘乡市环保局到现场调解，督促企业治污，纠纷得以化解；对云盘村周边噪声和烟尘严重污染环境的厂矿企业，采取关停迁措施。2002

年6月，株洲冶炼厂、株洲化工厂生产过程中产生的二氧化硫污染湘潭市农田，造成荷塘乡、板塘乡、昭山乡、响水乡660多公顷早稻受害的跨地区环境污染事故。事故发生后，市环保局立即组织相关人员到现场采样分析，在株洲市环保局配合下，污染事故得到妥善处理。同年7月，湘乡的湖南铁合金厂因硫磺库堆放原料过多，硫磺自燃起火并发生剧烈爆炸，库房全部摧毁，大量硫磺四处飘散，湘乡、湘潭县、韶山的5乡11村农田、蔬菜、瓜果、树木受到不同程度污染损害，经调解，企业共赔偿村民损失62.8万元，而实际直接经济损失上千万元，创历史最高纪录。2003年7月，由于连续干旱，湘江流域水位急剧下降，其支流涟水几乎断流，加上工业、生活污水的污染，致使涟水河水质急剧恶化，其流域出现大面积死鱼，最多一次死鱼达10万千克，给依水养鱼的农民造成重大经济损失。事故发生后，市委、市政府组织环保、水利、农业等部门和湘潭县政府、湘乡市政府以及受污染村镇负责人协调处理，经过多次协调，补偿农民损失26万元。当年11月，受上游株洲市工业废水排放的影响，进入湘潭市湘江流域的镉底值较高，加上湘潭市沿江化工厂、冶炼厂、镉系颜料厂等企业排放的含镉污水、含镉废渣，由于枯水期降雨量少，河流流量不大，河流自净能力降低，导致枯水期镉污染加重，湘江湘潭段出现镉污染严重超标，市二、三水厂水源水质镉污染突出，超标率高达41.67%。此事引起国务院副总理曾培炎重视，要求组织对沿江市、县排入湘江的污染源进行一次排查，严肃查处违法排污企业；国家环保总局就湘潭市竹埠港污染问题也作批示，责成严查，并上报查处结果。南天公司氯气泄漏造成环境污染事故，10人中毒，农田被污染。2004年湘潭市开展镉污染整治的专项行动，湘江镉污染情况逐渐好转。该年竹埠港地区30家企业废气污染影响易家坪、竹埠两村农作物，2005年4月湘潭市环保局接到易家坪村民投诉后，与湘潭市农业局一起，对新材料工业园区部分企业的污染情况进行调查，确认新材料工业园区内有关企业在生产过程中排放的二氧化硫、氟化物、溴素、苯系物、酸雾等气体污染易家坪村，是造成该村部分水稻、果蔬等农作物减产或绝收的主要原因。经多次调处，企业补偿易家坪村相关组5.89万元。是年还发生正潭有色金属有限公司、市光华日用化工厂、湘钢、先锋乡7企业、陈氏公司等企业生产和生活废水污染鱼塘的多起事故。至2005年的5年中，全市共发生污染事故84起，纠纷528起，调处率为100%；补偿和赔偿污染损失共计700.5万元；对造成污染的企业罚款17万元；直接经济损失年均超过280万元。

第六十一篇　教育

概　述

1986年，湘潭市共有各级各类学校2164所，其中普通中小学1815所，普通高等学校5所，普通中等专业学校10所，技工学校14所，职业中学12所，各类成人教育学校307所，特殊教育学校1所，全市教育事业单位固定资产128195万元（未含省管高校，下同），教育事业费投入3654.9万元，占全市财政总支出的21.7%，普通中小学、幼儿园、职业学校、特殊教育学校校舍面积335.93万平方米；全市在校学生48.4万人（未含学前教育，下同），其中普通中小学41.32万人；小学适龄儿童入学率97.71%。全市教职员工30415人；其中普通中小学教职员工占72.9%，学历合格率50.5%。中小学、普通中专、技工学校、普通高校大体分别由市及县（市）区教育局①、企事业单位、劳动部门、省教育厅进行管理。普通高校、普通中专、技工学校、职业中学均按计划招生，均统一分配工作。是年全市考取大中专院校的3074人，录取率64.06%②。幼儿园以企事业单位办为主，70所企事业单位办幼儿园占全市在园幼儿数91%。

是年起，为贯彻落实中共中央《关于教育体制改革的决定》，以及《中华人民共和国义务教育法》，多出人才，出好人才，市人民政府下发《湘潭市实施九年义务教育工作的有关规定》，有步骤地实行九年制义务教育，分小学6年、初中3年两个阶段实施，明确适龄少年儿童必须接受九年制义务教育。是年，完成普及初等教育的任务。湘潭市将义务教育工作重点放在普及初级中等教育上，乡镇办好初中，各村办好小学，强化硬件设施建设，逐步改善办学条件。1988年，全市第一所民办中学出现，民办教育渐渐兴起。是年完成中小学和中专学校教师首次职称评审，全市获中、高级职称者3993人，占普通中小学和中专专任教师19.6%。

1989年9月，市九届人大第二十六次常委会议明确全市将用十年时间实现普及九年义务教育（简称“普九”）任务，对小学、初中在人力物力财力上的投入进一步加大。普通高中从是年起取消高考预选实行毕业会考制度。在全省职工教育检查中，湘潭市职工教育被评为全省第一名。1990年，全市继续贯彻落实中共中央“调整中等教育结构，大力发展高中阶段职业技术教育”的政策，部分普通高中被改为职业高中，职业教育和各类成人教育迅速发展。农业、职业中学增加到47所；各类成人教育学校发展到426所，在校学生52386人。湘潭市教育局督导室成立，对全市中小学校教育工作中"两基"（基本普及九年义务教育、基本扫除青壮年文盲）规划的实施情况、《中华人民共和国教师法》的落实情况等进行督导。普通高中开始采取必修课和选修课两种形式。由于公办普通高中被禁止办高考补习班，民办高考补习学校开始形成热潮。是年，全市有各级各类学校2428所，在校

---

① 湘潭市教育局：1986年至1990年12月、2001年9月至2005年称市教育局；1990年12月至2001年8月称市教委。

② 按预考后人数计算，其时实行高考预考制度，没有通过预考的学生不能参加全国高考。

学生 54.06 万人。其中普通中小学 1784 所,高校 5 所;普通中小学在校学生 39.55 万人,小学适龄儿童入学率 99.51%;全市 9265 人参加高考,2360 人被大中专学校录取,录取率 25.47%。全市教职员工 36568 人,其中普通中小学教职员工占 61%。教育行政事业单位共有固定资产 136201 万元,比 1986 年增长 6.25%;教育事业费投入 5348 万元,占全市财政总支出 20%,比 1986 年增加 46.32%。

1991 年,湘乡市、湘潭县先后创办聋儿听力语言训练中心,全市特殊教育机构达到 3 个;企业职工岗位培训形成"政府统筹、教育主管、部门协调、基层落实"的湘潭经验,被国家教委在全国县以上教育行政部门推介。是年,市委、市政府把基本实现 9 年义务教育,高标准扫除青壮年文盲、半文盲放在教育工作首位,以改善办学条件、加强师资队伍建设作为推动"普九"工作的重点。为全面推进素质教育、筹备实施国家教委新的九年义务教育课程计划,1992 年,市里先后制定《湘潭市高中毕业会考质量综合评价方案》和《课堂教学评价方案》,对高中毕业会考和课堂教学采取新的评价方式。全市第一家民办幼儿园和民办小学出现,办学日趋多元化格局。随着职业技术教育日渐受重视,一些普通高中转为职业高中;全市各县(市)区加大对乡镇农校的建设,湘潭县古城乡农校被国家教委授予"全国成人教育先进学校"称号。是年,全市完成 36000 多青壮年文盲的扫盲任务,脱盲率达 99.8%以上,湘潭市提前 10 年完成扫盲任务,被省人民政府认定为全省第一个高标准基本无盲市。此后,鉴于"普九"过程中辍学现象仍然较严重,市政府颁布《关于切实制止中小学生辍学流失的通知》,进一步强化各级政府"普九"工作责任和义务,并全面执行国家教委新的九年义务教育课程计划,调整中小学校布局,部分学校被撤并;教研教改加强,湘纺小学被评为全国教改实验先进单位。1994 年韶山市率先通过国家"两基"验收;成人教育实行"绿色证书"培训农业人才经验在全省推广,湘潭县被省教委认定为全省首批"乡镇农校建设合格县"。

1995 年,办校热潮兴起,小学学校和教学点增加,市人民政府教育督导室对"普九"工作进行督查,对义务教育阶段所流失学生进行补偿教育,适龄儿童入学率和巩固率有所提高。小学毕业升学考试取消,毕业生按户口所在地就近入读初中学校。是年,全市有各级各类学校 3096 所,在校学生 58.98 万人,其中普通中小学 1661 所,在校学生 46.02 万人;小学适龄儿童入学率 99.7%;6693 人参加高考,录取率 42.18%。全市共有教职员工 33651 人,其中普通中小学教职员工占 65.7%。教育行政事业单位共有固定资产 148243 万元,比 1990 年增长 8.8%;教育事业费投入 17717 万元,占财政总支出 26.8%,比 1990 年增加 2.3 倍。

1996 年,"两基"硬件和软件建设全面启动,教育投资加大。全市共筹资 5335 万元用于扩建改造校舍、添置设施设备。是年全市财政教育事业费支出达 2 亿多元,创历史之最。随着义务教育由"应试教育"向"素质教育"转变,各中小学艺术教育逐步加强。中小学德育形成学校、家庭、社会三结合网络,该经验在全国中小学德育工作大会上推介。是年起,市内开始实行教师资格认定,当年认定具备教师资格者 22178 人(未含高校,但含部分即将毕业的师范院校学生)。1997 年,为实现"两基"达标,全市共集中各类资金 1.5 亿元改善中小学办学条件,湘潭与长沙、株洲一道成为湖南省首批实现"两基"达标的地市。民办教师绝大部分转为公办教师,极少数被清退。各层次教育发生较大变革,因受企业经济效益下滑和改制等因素影响,企事业办幼儿园和学校大幅度减少,企事业办在园幼儿不及 1986 年的 1/10,民办幼儿园和学校则发展势头强劲;市内普通高中开始招收"择校生”[①];普通高等教育招生和就业全面实行“并轨”制[②],此举打破五十年来国家统包统分制度,使高校学生就读和就业更加灵活,也使人们传统的考入大学就是“吃皇粮”、拿“铁饭碗”的观念发生巨大改变。

1998年,根据上级文件精神,市内对义务教育阶段部分学科进行降低教学难度、减轻学生负担的调整,同时加速进行以全面素质教育为中心的图书、仪器、电教器材建设,和平小学被国家教育部授予“现代教育技术实验学校”称号。大中专学校并轨后,招生计划和专业设置全面放开。此时,市内各类民办学校加速发展,电脑培训等民办职业教育机构纷纷出现,民办幼儿园发展到小城镇和农村。1999年起,市教委在部分市直属学校开始实行校长选聘制和副校长聘任制,随后在各县(市)区中小学全面推行;普通小学逐步取消学科成绩的百分制,建立综合素质等级评价制度。是年国家实行高校扩招政策,湘潭市提出“适度发展普通高中”,高中办学规模不断扩大,全市在校普高生激增至3.62万人,比1992年增加63.9%。高校规模迅速扩大,全市普通高校在校学生增至2.65万人,是1995年的1.4倍多。至1999年的14年间,全市普通高等教育共培养毕业生16000多名。

2000年,市基础教育教师录用实行招聘制,经考试考核和双向选择后签订聘约。湘潭机电高等专科学校与湖南纺织高等专科学校合并组建为本科院校湖南工程学院,使市内综合性本科院校增加到2所。是年,全市教育行政事业单位有固定资产163865万元,比1995年增加10.54%;普通中小学、幼儿园、职业学校、特殊教育学校校舍面积774.06万平方米;财政教育事业费投入16477万元,占财政总支出的16%。有各级各类学校1347所,在校学生53万多人,其中普通中小学在校学生45万多人;全市学龄人口入学率小学99.5%,初中97.88%,湘潭市被省人民政府授予巩固“普九”成果奖。由于普高规模扩大、高校扩招,市内参加高考者达14445人,8955人被大中专院校录取,录取率61.99%。随着高校毕业生的增加,教师学历水平和职称机构逐年改善,全市共有教职员工33874人,其中普通中、小学教职员工占72.6%。

因为“普九”办学热潮中没有充分预计到适龄入学儿童减少情况,农村中小学普遍出现班额不足问题。2001年起,湘潭市开始启动新一轮农村中小学布局调整,实行撤点并校,学校布局不合理状况有所改变,但大规模的撤并使一些城镇小学生源集中,大班额授课,而一些非“名校”或农村学校生源不足;同时给部分偏远农村儿童带来新的上学远、上学难问题,导致新的辍学现象。为巩固“普九”成果,市内加强落实国家农村义务教育阶段“两免一补”[③]政策,解决贫困家庭上学难问题。市政府颁布《湘潭市基础教育新课程实验推广工作规划》,建立突出素质教育的义务教育的课程体系,健康教育正式列入中小学课程;高中教育在落实《国务院关于基础教育改革与发展的决定》“大力发展高中阶段教育”精神中办学规模进一步扩大,在校普通高中生人数迅速增长;高校科研力量增强,湘潭大学“先进材料及其流变特性试验室”被批准为教育部重点实验室,其毛泽东思想研究中心被批准为教育部部省共建的人文社科重点研究基地,实现湘潭高等院校国家级人文社科重点研究基地“零”的突破。至2004年的4年中,市内职工大学、中专、高等院校出现格局大变化。成人教育削弱;

① 择校生,指初中毕业生未达到学籍所在区域所报志愿的高中录取分数线,通过交纳择校费就读高中的学生。

② 并轨制,取消普通高等教育国家公费生、自费生、定向生的招生计划形式,只有“国家任务”一种形式,按一种分数控制线录取;学生全部缴费上学,建立与收费制度和人才培养计划相配套的奖学金和贷学金制度;改变学生毕业时由国家“包分配”的制度,毕业生面向市场自主择业。

③对农村义务教育阶段贫困家庭学生免杂费、免书本费,逐步补助寄宿生生活费。

湘潭师范学校和湘乡师范学校被撤销，部分中专、职工大学迫于招生就业形势纷纷采取调整专业、合并、升格等方式提高竞争力，谋求新发展。3所高等职业院校由此组建；4所本科院校相继设立公有民办二级学院，随后湘潭工学院和湘潭师范学院合并为湖南科技大学，市内高等综合院校增加到3所。

2005年，湘潭市一方面建立起“双线控流保学”[①]体系，劝回有辍学倾向的学生，一方面全面推行义务教育“一费制”和收费公示制，更深入贯彻“两免一补”政策，建立特困家庭学生资助制度，当年农村义务教育阶段学生逾13万人次受惠。市内所有初中和部分有条件的小学开设信息技术课程，以计算机和多媒体为代表的现代课堂教育技术迅速推广。全市教育行政事业单位共有固定资产181996万元，比2000年增加11.06%；普通中小学、幼儿园、职业学校、特殊教育学校校舍面积976.7万平方米，是1986年的2.9倍；湘潭市教育事业费投入42090万元，比2000年增加1.55倍，占财政总支出13.4%。

是年，全市共有各级各类学校910所，教职工36068人，其中专任教师27996人。全市在校学生49万多人：其中普通高校8.3万多人，是2000年的2.5倍，湘潭高校办学规模居全省14个地州市的第二位；普通中小学在校学生34.9万多人，小学适龄儿童入学率99.96%，义务教育阶段入学率、巩固率和毕业生合格率均居全省14个地、州、市前三位；因适龄学生减少小学、初中比2000年共减少422所，在校学生减少14.1万多人；普通高中则大幅度增加，在校学生7.2万多人，是2000年的2倍，高考录取率73.17%。全市幼儿园186所、学前班560个，在园（班）幼儿4万多人，其中民办幼儿园在园幼儿占全市在园幼儿总数近80%。实行“并轨”后的6年间，全市普通高等教育有20000余名毕业生实现自主就业。20年中，全市普通高中培养毕业生近17万人，各类学校学生和人员参加高考，共有10.11万多人被全国各类大中专院校录取。

湘潭教育事业的发展还存在一些困难与问题：教育投入与需要仍有较大反差；教育资源分配不均衡，特别是城与乡、重点与非重点学校不均衡；非义务教育阶段上学成本攀升，教育商业性成份增加，公益性成分减少，贫富家庭子女受教育机会不均等；应试教育真正转变为素质教育尚须时日。全面改革教育体制、转变教育观念、提高教育质量的任务仍十分繁重。

第一章　学前教育

1986年，市内幼儿园一般实行三年学制，按照入园幼儿年龄分小班、中班和大班，招生年龄分别为3~6周岁。学前班为幼儿园和小学之间的过渡阶段教育，学制为一年，招收6~7周岁幼儿。受限于经费、师资以及父母教育观念、经济条件等因素，学前教育入园率特别是农村儿童的入园率处于较低水平。当年，全市有幼儿园76所，在园幼儿13072人；学前班1137个，在班幼儿29136人，入园（班）率19.52%，教职工2432人。

1989年后，因市内企事业办幼儿园得到企事业大力支持，全市幼儿园、学前班增幅较大。幼儿

①一线为乡镇村根据《中华人民共和国义务教育法》规定，规劝家长送子女入学；一线为班主任、教师走访学生家庭，规劝学生接受九年义务教育。

入园(班)率上升,到1995年,全市拥有幼儿园142所,在园(班)人数达67236人,入园(班)率为35%,高出省平均数5个百分点,在岗教职工2738人。

1996年后,企事业办幼儿园受企业经济效益下滑和改制等因素影响,开始停办、撤并或转型,数量大幅减少;民办幼儿园在相关政策的鼓励下迅速发展,幼儿入园入班也更加便捷。到2000年,全市幼儿园134所,学前班780个,在园在班幼儿分别为8743、16544人,教职工2434人。

进入21世纪,随着社会经济水平的总体提升和父母对子女早期教育的日渐重视,特别是农村儿童"散养散教"为主体的教养模式逐渐改变,幼儿入园(班)率上升。2005年,全市有幼儿园186所,在园幼儿17836人;学前班560个,在班幼儿18396人;学前教育教职工2420人。全市学前儿童入园(班)率在80%以上。

1986~2005年湘潭市幼儿教育基本情况

表61-1-1

年份	幼儿园、学前班数		在园(班)幼儿数(人)		教职工数(人)
	幼儿园(所)	学前班(个)	幼儿园人数	学前班人数	
1986	76	1137	13072	29136	2432
1987	85	1092	7051	43220	1443
1988	71	1117	15460	35285	1644
1989	206	1300	14467	37439	2126
1990	195	1321	12910	41814	2919
1991	89	1430	16323	43308	2921
1992	79	1487	11505	46985	2554
1993	83	1486	12639	50513	2897
1994	112	1515	11265	55814	2781
1995	142	1486	10697	56539	2738
1996	91	1536	8539	47659	2547
1997	89	1229	5887	30227	2196
1998	53	1094	7062	23824	1980
1999	103	1095	8204	24769	2763
2000	134	780	8743	16544	2434
2001	205	899	4300	20232	748
2002	209	730	12813	19432	1579
2003	178	680	13802	19800	1853
2004	181	640	14215	18656	1980
2005	186	560	17836	18396	2420

第一节　园、班设置

一、幼儿园

(一)政府公办幼儿园

1986年,全市有政府公办幼儿园7所,即湘潭市直属机关第一幼儿园、湘潭市直属机关第二幼儿园、湘乡市机关幼儿园、湘潭市郊区昭潭乡幼儿园、湘潭县直属机关幼儿园、湘潭县长安实验幼儿园、韶山市直属机关幼儿园，招生对象主要是针对各政府机关干部的子女。是年有在园幼儿1174人,占全市在园幼儿总数9%;教职工183人。1995年后,政府公办幼儿园逐步面向社会开放,开始招收少数非机关子弟并收取一定的集资费,1997年，政府公办幼儿园增加到9所，在园幼儿2052人,教职工256人。1999年,湘潭县机关幼儿园因县城搬迁停办。2001年起,各级政府将公办幼儿园的全额拨款改为差额拨款,让其逐步走向市场,自收自支、自负盈亏。到2005年,全市政府公办幼儿园只保留3所,即湘潭市直属机关第一、第二幼儿园和湘乡市机关幼儿园,在园幼儿1095人,占全市总数6.14%;教职工139人。

(二)企事业办幼儿园

1986年,因为得到湘潭市八大厂矿(湘潭钢铁厂、湘潭电机厂、湘潭锰矿、江麓机械厂、江滨机器厂、湘潭纺织厂、江南机器厂、湘潭电缆厂)的支持,全市有企事业单位办幼儿园共70所,在园幼儿11898人,占全市在园幼儿总数91%。到1989年,全市企事业单位办幼儿园随厂矿企业的发展扩展到82所,在园幼儿增加到14067人。进入90年代,发展逐渐减缓。1995年后,随着企业经营困难加重及企业逐步实施改制,企业办幼儿园与企业相继脱钩,或公有民办,或改为私办,或自行停办,加上民办幼儿园兴起,企事业办幼儿园数量及在园幼儿数不断下降,2005年,全市企事业单位办幼儿园仅18所,在园幼儿2586人,占全市在园幼儿总数14.5%。

(三)民办幼儿园

1992年，台胞林周毅在湘潭市岳塘区建设南路天鹤村创办湘潭市第一家民办幼儿园即慈光幼稚园,有在园幼儿128人,教职工30人。至1996年,全市民办幼儿园仍只此1所。

1997年起民办幼儿园伴随着经济体制改革的深入而逐渐发展。2002年,在国家对社会力量办学"积极鼓励,大力支持,正确引导,依法管理"方针的指导下,市内民办幼儿园迅速发展,当年民办幼儿园有60所,在园幼儿6555人。2005年,全市民办幼儿园165所,在园幼儿14155人,占全市在园幼儿数的79.36%。

二、学前班

1986年,全市城乡小学普遍办有学前班。农村学前班由过去的"队办队管""队办校管""校办校管"三种办班体制变为"校办校管",纳入教育行政部门统一管理。当年,全市有学前班1137个,在班幼儿29136人。其学制一般为一年,也有学期制或季节制。学前班的教师主要由小学教师担任。1991年起,学前班和在班幼儿逐年增加,1995年学前班增加到1486个,在班幼儿56539人。1996年起,学前班在班幼儿人数随全市适龄入学幼儿人数逐年下降。2001年后，因执行省教育厅市、县（区）关于城镇小学不得办学前班的规定，学前班继续减少。到2005年，全市学前班560个，在班幼儿18396人。

第二节 保育、教育

1986年，湘潭市各幼儿园（班）、学前班遵循“保教结合，保教并重”原则，对幼儿的晨检、进餐、睡眠、盥洗、如厕、活动等日常生活一般都制定并实施相关的保育和管理制度，城市幼儿园（班）都配备有专职保育员，农村幼儿园、学前班基本由教师兼任保育员。教学上，幼儿园多开设语言、计算、常识、美术、体育、音乐6门课程，每周12节，每天2节，每课时约为20~30分钟，艺体课通常和语言、计算、常识搭配，安排在上午进行，下午开展集体与个体相结合的游戏活动，以智力游戏、建构游戏为主，偶尔开展角色游戏。学前班（农村学前班大多等同于幼儿园）作为幼儿园与小学的过渡阶段，教学和幼儿园大体相同，只是语言、计算等课程的课时数较幼儿园稍多，每天约3~4节，每课时稍长，约为30~40分钟。幼儿园教材一般以省编为主，自编为辅；学前班教材多采用人民教育出版社的一年制学前班教材。1988年起，湘潭市直机关第一幼儿园、第二幼儿园和湘潭钢铁公司幼儿园等部分城市幼儿园尝试开展主题综合教学即各科围绕一个主题进行教学。经过一年多的实践，各单位幼儿园逐渐摆脱拼盘式教学。到1989年，全市大多数城市幼儿园、学前班都开展主题综合教学，教学内容和形式也更加契合幼儿的特点和需要。

1990年，湘潭市直机关第一幼儿园、第二幼儿园等城市幼儿园（班）大多建立幼儿健康检查制度和幼儿健康卡（档案），定期对幼儿身体健康发展状况进行检查、分析评价，坚持实施卫生消毒、病儿隔离措施。教学中适当教给幼儿一些日常生活知识和简单卫生常识。全市幼儿园、学前班幼儿基本按规定接种麻疹、甲肝、乙肝、百日咳等疫苗。当年，全市幼儿园（班）、学前班幼儿常规疫苗接种率为95.6%。

1991年，市内幼儿园开始进行从“传统的保护身体发育”扩展到“促进幼儿个性的发展和社会适应能力的提高”的保育、教育改革，逐步将“保”与“教”真正结合起来。当年，市教委组织全市幼儿园园长学习国家教委新颁布的《幼儿园工作规程》和《幼儿园管理条例》，进行“最佳幼儿教育环境”和“幼儿创造性游戏”评选。部分城市幼儿园开始开设各种兴趣班，上午进行常规教育教学，下午则按家长申报项目，集中培训幼儿。其中湘纺幼儿园的键盘教学、市直机关第一幼儿园的美术教学、市直机关第二幼儿园的舞蹈教学特色较突出。1993年，为提高幼儿动手动脑能力，市教委组织市内骨干教师编制教学模具配合幼儿园大、中、小班的幼儿教学，并在全市各幼儿园推广。

1995年，全市贯彻落实国家教委颁发的《关于改进和加强学前班管理的意见》和《学前班工作评估指导要点》文件精神，学前班普遍采用省教育厅组织编写的《学前教育活动设计》（教师用）和《学前儿童入学准备读物》（幼儿用）。1996年，市教委举办全市性“幼儿科学汉字教育”师资培训班，邀请北京国际汉字学会研究员徐素兰授课，市机关第二幼儿园等10余所幼儿园开设“幼儿听读游戏识字”课程。广受幼儿和家长欢迎，并在全市推广。

2001年，根据教育部颁布的《幼儿园教育指导纲要（试行）》的精神，湘潭市开始进行新一轮幼儿保育、教育改革。次年市教育局举办全市幼儿骨干教师培训班，各幼儿园按照《幼儿园教育指导纲要（试行）》精神，将教育内容相对划分为语言、科学、艺术、健康、社会5个领域，将课程设置成语言、数学、科学、健康、社会、音乐、美术等7个科目。每课时为15（小、中班）~30（大班）分钟，集中安排在上午进行；分享阅读、生活数学、美术、音乐等特色课程也在部分幼儿园开设。使用的教材由各园或县（市）区教育局决定。城镇幼儿园更加注重幼儿个性特点和教育环境的创设，逐步加大游戏和自由活动时间比重；同时更加注重幼儿的饮食、就寝、学习活动环境的卫生问题和安全问题，到2005年，在园在班幼儿的常规疫苗接种率100%。但随着幼儿园、学前班适龄儿童减少，农村学前班部分停办或几个村合办，部分幼师下岗或转行，高素质幼师缺乏，农村学前班教学有的又逐步回到小学化模式，课程只涉及识字、算术等科目，游戏与探究性活动很少组织。城乡儿童学前教育仍然存在较大差距。

第二章 小学、初中教育

1986年，湘潭市继续贯彻执行《中华人民共和国义务教育法》，分初等教育（小学）和初级中等教育（初中）两个阶段实行九年制义务教育。政府对这项公益性事业予以保障，要求市内所有适龄儿童、少年必须接受教育。全市实施“分级办学”（县、乡、村三级），“分级管理”（县、乡两级）。农村中小学的教育投入，主要依赖于向农民征收教育附加费和进行教育集资，县乡财政拨款不占主体。湘潭市对农村初级小学实行联村办学（乡与所在村联办中心完全小学，村办村小学和教学点）、隔年招生和推广复式教学等调整措施，完成普及初等教育的任务，获得省政府颁发的普及初等教育合格证书。是年全市小学1556所，在校学生282259人，适龄儿童入学率97.91%；初中（含完全中学）200所，在校学生103843人。

1987年，湘潭市将义务教育工作重点放在普及初级中等教育上，乡镇办好初中，各村办好小学。1989年9月，湘潭市九届人大第二十六次常委会议明确全市将用十年时间实现“普九”。1991年，市委、市政府召开全市教育工作会议，再次把基本实现九年义务教育，高标准扫除青壮年文盲、半文盲放在工作首位，将改善办学条件、加强师资队伍建设作为推动“普九”重点。1993年，针对辍学现象仍蔓延的问题，市人民政府颁布《关于切实制止中小学生辍学流失的通知》，强化各级政府在“普九”工作中的责任和义务。1994年，湘潭市加大“两基”验收资金投入，其中定点支教资金158.5万元，支教物资价值60多万元。全市干部、群众及各界人士为教育捐资2660万元，其中农村集资1030万元，用于改造农村校舍。当年，韶山市通过国家“两基”验收。1995年，湘潭市委、市政府再次发文，对全市实现“普九”目标提出更加明确的要求，办校热潮兴起，村村办小学，村落分散地办教学点。各县（市、区）随之着手提高全市适龄儿童入学率、在校学生巩固率，对全市九年义务教育阶段所流失6000余人进行补偿教育等各项工作，其中中小学保学保健互助会补助1.4万名特困生学杂费75万元，让4000余名学生回到学校继续学习。市人民政府教育督导室对“普九”工作进行每月一次的督查。1996年，湘潭市共集资5335万元投入“两基”建设，用于改造校舍、添置仪器设备和图书，发动社会各界捐赠图书120多万册。湘潭县征地400亩，新扩改建120所校舍8万多平方米，投入3000多万元添置课桌椅、图书仪器等；湘乡市投入1793万元用于“两基”硬件建设，征地260亩，开工新建校舍3万平方米;雨湖区、岳塘区当年通过"两基"验收。

1997年,全面实施素质教育,湘潭市进行招生制度改革。小学毕业生全部按时、免试、就近、对口升入初中。当年,全市共集中资金1.5亿元改善中小学办学条件。其中湘潭县、湘乡市筹措资金8159.14万元,新扩改建196所学校,投入1000多万元添置教学仪器、图书及音、体、卫、美设施。两县(市)年内通过"两基"验收。至此,湘潭市全面完成"两基"达标的历史任务,提前一年实现"普九"规划,与长沙市、株洲市一道成为省内首批教育"两基"达标的地市。

1998年,湘潭市义务教育阶段工作重点放在巩固"普九"成果、规范办学行为、实施素质教育、促进教育公平等方面。市教委在全市普通小学实行综合素质等级评价制度,逐步取消小学学科成绩的百分制,分品德操行、课程、强体健身、心理素质、生活实践五个方面建立综合素质等级评价制度。2000年,湘潭市被省政府授予巩固"普九"成果奖。

2001年,因在"普九"办学热潮中,未充分考虑小学适龄儿童急剧减少、外出务工人员子女异地入学等因素,农村普遍出现中小学班额不足、办学效益低的问题。湘潭市贯彻国务院《关于基础教育改革与发展的决定》中"因地制宜调整农村义务教育学校布局"的精神,启动农村中小学布局新一轮调整,按照小学就近入学、初中相对集中、优化教育资源配置的原则,逐年实施"撤点(教学点)并校(学校)"。2003年,全市共撤并农村初中、小学618所,全市适龄儿童入学率、小学毕业生升学率均保持在99.85%以上,但大规模"撤点并校"使边远农村适龄儿童出现新的上学难、上学成本增加甚至辍学现象;大班额授课和部分教育资源闲置浪费现象并存。

2005年,湘潭市建立"双线控流保学"体系,共劝回缀学学生1038名;并全面推行义务教育"一费制"和收费公示制,深入贯彻国家农村义务教育阶段"两免一补"政策,建立特困家庭学生资助制度,当年共减免农村义务教育阶段学生杂费1.8万余人次、163万元,免课本费11.2人次、756万元。是年,全市有小学620所,在校学生161362人,适龄儿童入学率99.96%,居全省第二;年辍学率0.11%(辍学人数177人),低于年辍学率0.5%的省考核目标。初中177所(含9年一贯制学校25所),在校学生115509人,年辍学率1.02%,低于年辍学率1.5%的省考核标准,居全省第一。全市义务教育阶段入学率、巩固率、毕业生合格率均居全省14个地、州、市前三位。

第一节 学校设置

一、小学

(一)政府公办小学

1986年,湘潭市城市政府公办小学由教育部门举办和主管,农村多为乡(镇)办中心小学、联村办完小、村办小学的格局。当年,全市有政府公办小学1509所,在校学生274129人,教职工11312人。至1990年变化不大。随着"普九"的深入,1991年起,湘潭市一方面通过优化资源配置进一步调整农村学校布局,一方面采取多重措施降低辍学率提升入学率,至1997年,全市政府公办小学减少到1310所,在校学生上升到326982人。1998年后,受出生率影响,适龄入学人口大幅减少,办学规模和在校人数呈下降趋势,2000年全市政府公办小学减少到1001所,在校学生下降到259410人,教职工 11043 人。2001 年,大规模的“撤点并校”开始,公办小学数量进一步减少,一些城镇中心小学和城市规模较大的学校生源集中,实行寄宿制,大班额授课现象普遍。2005 年,政府公办小学减少到 601 所,加上 25 所 9 年一贯制学校,全市政府公办小学共有在校学生 157535 人,教职工 8952 人,在校学生数占全市在校小学生 89.57%。

(二)企事业单位办小学

湘潭国有大中型企业较多,这些企业大都办有子弟中小学,湘潭大学等一些在潭高校也办有子弟学校。1986 年,湘潭市有企事业单位办小学 47 所,有在校小学生 8130 人,教职工 1242 人,随后几年变化不大。1991 年起,随着小学适龄人口的增加,企事业单位办小学在校小学生人数增加。到 1997 年全市有企事业单位办小学 48 所,在校学生 10943 人。

此后,因企业改制等原因,湘潭企事业单位子弟中小学相继剥离企业,交由政府举办或停办。先后有湘纺子弟小学、江麓子弟小学、湘潭电缆厂子弟小学、物探五队子弟学校、省建三公司子弟学校、湘潭船厂子弟小学、湘潭玻璃厂子弟学校从企业剥离出来交地方政府办学;有长沙铁路分局湘潭东站子弟学校、长沙铁路分局湘潭西站职工子弟小学、湘潭电厂职工子弟学校、湘潭风动机厂子弟小学、广铁水泥厂子弟小学、煤炭四处子弟小学、236 队子弟小学、湘潭茶场子弟小学、红旗钢铁厂子弟学校、王家山煤矿子弟学校自行停办;有湘潭钢铁公司职工子弟第四、第五、第六并入第一、二、三子弟小学。湘潭电机厂职工第二子弟小学并入第一小学;湘乡化工厂职工子弟学校改制为民办学校。2005 年,全市企事业单位办小学仅 17 所,在校学生 3763 人,教职工 826 人。

(三)民办小学

1992 年 8 月,湘潭市和平小学退休教师袁朔宁租用湘潭市塑料一厂创办英才实验小学,这是湘潭市第一家由个人投资的民办小学。当年招生 112 人,有教职工 18 人,1994 年因资金短缺和师资不足停办。1995 年,全市共有 2 所民办小学教育机构,即湘潭登峰实验小学(后更名为湘潭希唯实验小学)、慈光幼儿园小学部。1997 年,湘潭希唯实验小学停办。2003 年,香港镇泰集团在韶山创办韶山镇泰小学。2005 年全市有民办小学(教育机构)2 所,即慈光幼儿园小学部和韶山镇泰小学。

1986~2005 年湘潭市小学基本情况

表 61-2-1

年份	学校数(所)	在校学生总人数(人)	年辍学率(%)	毕业生人数(人)	升学人数(人)	毕业生升学率(%)
1986	1556	282259	1. 93	52057	36700	70. 50
1987	1553	275567	1. 51	46069	35104	76. 20
1988	1540	277930	1. 73	38420	29625	77. 11
1989	1532	277671	1. 14	45976	36417	79. 21
1990	1539	279018	1. 05	44698	38543	86. 23
1991	1537	282272	0. 83	42730	35944	84. 12
1992	1514	288305	0. 52	41998	36916	87. 90

续表

年份	学校数(所)	在校学生总人数(人)	年辍学率(%)	毕业生人数(人)	升学人数(人)	毕业生升学率(%)
1993	1478	298276	0.07	39980	34998	87.54
1994	1454	308115	0.03	44613	39487	88.51
1995	1421	320298	0.12	47362	45249	95.54
1996	1413	333977	0.08	47672	46685	97.93
1997	1359	338061	0.05	48341	48152	99.61
1998	1336	321774	0.92	50626	49629	98.03
1999	1124	296827	0.05	53363	52487	98.36
2000	1037	267786	0.04	55387	55012	99.32
2001	961	234662	0.07	59692	58239	97.57
2002	859	201511	0.021	61622	58010	94.14
2003	805	176239	0.057	51105	51028	99.85
2004	722	165124	0.125	37110	36868	99.35
2005	620	161362	0.11	26598	26544	99.80

二、初中

(一)政府公办初中

1986年,湘潭市有政府公办(主要为乡镇办乡镇管)初中(含完全中学,下同)172所,在校学生89451人。1989年,全市有政府公办初中170所,在校初中生80111人,比1986年减少10.4%。1990年后,政府公办初中学校随农村进一步调整义务教育阶段的学校布局开始减少,而在校人数随着初中适龄人口的增加而逐年增加。1997年,全市有政府公办初中147所,在校初中生近11万人。

此后,企业改制,一部分企事业单位子弟学校相继剥离企业交由政府举办,全市进入初中适龄人口高峰,政府公办初中学校数及学生数增长,2002年全市有政府公办初中151所,在校初中生145924人。2003年后,随着初中适龄人口的减少,政府公办初中在校学生数减少。2005年,全市有政府公办初中124所,9年一贯制学校25所,在校初中生共103573人。

(二)企事业单位办初中

1986年,全市有企事业单位办初中28所,在校初中生14392人,教职工734人。1987年后,在校初中生人数随着适龄人口的增加呈上升趋势, 1997年,在校初中生达16779人,教职工949人。此后,因企业改制等原因,企事业单位子校相继与企业剥离,此类学校数和在校初中学生开始逐年减少。到2005年,全市企事业单位办初中减少到15所,在校初中生10385人,教职工607人。

(三)民办初中

1988年,湘乡退休干部李焕黄创办湘潭市第一家民办初中湘乡市云龙实验中学(初中部),当年有在校生116人,教职工22人。1993年~2003年,全市有13所民办(含国有民办)初中相继创办,期间湘乡云龙实验中学、湖南登峰实验中学、希唯实验中学先后停办。2005年,全市有云龙实验中学、益智实验中学、江声实验中学、凤凰中学等13所民办初中,在校学生共18494人,教职工235人。

1986~2005年湘潭市初中基本情况①

表61-2-2

年份	学校数(所)	在校学生总人数(人)	毕业生人数(人)	年辍学率(%)	毕业生合格率(%)	升学人数(人)	毕业生升学率(%)	每万人口中在校初中生人数(人)
1986	200	103843	28168	2.67	78.62	12965	46.03	415
1987	203	102176	27903	4.90	79.35	13798	49.45	406
1988	199	93480	27507	5.31	81.93	13522	49.16	364
1989	198	91728	27262	5.72	80.46	13254	48.62	351
1990	192	93896	25668	4.23	79.34	11994	46.73	354
1991	183	98566	21285	4.26	83	13103	61.56	368
1992	180	99700	25535	3.50	84.13	12037	47.14	369
1993	187	99954	26161	3.48	92.22	14201	54.08	370
1994	196	107331	26947	2.22	92.44	14956	55.50	393
1995	197	116597	28754	3.51	94.58	16712	58.12	425
1996	189	125781	30800	2.72	98.21	18230	59.19	457
1997	175	135386	48632	0.92	96.74	24413	50.21	490
1998	181	137949	40285	4.31	97.13	20602	51.14	496
1999	191	142281	40641	3.90	99.32	22775	56.04	520
2000	182	150668	40743	2.95	94.15	28388	69.67	539
2001	179	162798	44819	1.92	97.64	32332	72.14	582
2002	176	172239	49246	1.39	98.93	39116	79.43	638
2003	232	169104	51793	1.04	98.54	39114	75.52	613
2004	161	147126	56969	1.04	98.46	44954	78.93	525
2005	152	115509	59003	1.02	97.5	52312	88.66	408

① 本表中数据为市统计年鉴数据,因统计年鉴中无分项数据,节、目中分项数据为部门数据,表中年鉴数据与文中部门数据并不完全一致。

第二节 教育教学

一、学制

1986年至2005年,全市义务教育阶段学校小学实行六年制,初中实行三年制。

二、德育

1986年,湘潭市中小学普遍开设思想政治课对学生进行思想品德教育。同时,围绕精神文明建设主线,把宣传“五讲四美三热爱”和培养社会主义“四有”①新人作为德育工作主体内容;深入学习朱伯儒、张海迪等先锋模范优秀事迹。

1987年,中小学德育工作重心转向以班级为单位的德育管理活动。1988年,市里组织15名教研员对全市城乡31所中小学435个教学班级进行德育工作调研,全市开展学习英雄少年赖宁的主题德育活动。1990年,开始把德育内容渗透到各科教学中。在全国德育电教经验成果评选中,湘潭市获中央电教馆所颁三等奖1项、省电教馆所颁一等奖1项,制作的《做诚实的孩子》录像片由省音像出版社出版,全国发行。

1991年,贯彻中共中央《关于改革和加强中小学德育工作的通知》的精神,围绕“五爱”(爱祖国、爱人民、爱劳动、爱科学、爱社会主义)教育,加强学生日常行为管理,实施《学生思想品德评价方案》,从正己律己、待人处事、心理品质三方面对不同阶段学生提出量化标准。中小学相继组织开展“红领巾活动月”“城乡手拉手”“做新时代的雷锋”等德育主题活动。和平小学被团中央、国家教委和全国少工委联合授予“学雷锋先进少先队”称号,成为全省唯一获此荣誉单位;市内中小学生读书心得选辑《乳花集》在全国公开出版发行,教育部推荐该书为全国少年儿童“红领巾读书读报”书目。

1994年起,湘潭市贯彻教育部《小学德育纲要》和《中学德育大纲》,将中小学德育工作的重点转向学校教育、家庭教育和社会教育三结合的探索与实践上,到1996年三结合德育网络基本形成。雨湖区家长委员会创办的《家庭教育通讯》(月刊),被列为全国小公民道德建设实验基地。湘潭市的德育工作经验在全国中小学德育工作会议和《中国教育报》推介。1997年,全市中小学在校学生犯罪率控制在0.04%以内。

1998年,全市开展整治校园“十乱”(乱丢乱扔、乱涂乱画、乱牵乱挂、乱停乱放、乱装乱建)、创建安全文明校园、做“五好”小公民(“小伙伴”“小主人”“小帮手”“小标兵”“小卫士”)等活动,德育评价方式更加多样化。2000年,湘潭县被教育部所属中央教科所评为《中小学班级德育活动的内容和目标体系的研究》先进实验县,湘潭县三中等四所学校被评为先进实验学校。2003年全国少工委、中国残联授予市和平小学少先队“全国红领巾手拉手助残先进集体”称号。市四中被评为全国百所中学生毒品预防教育活动示范学校。

2004年,湘潭市组织中小学生学习教育部新颁布的《中小学生守则》《小学生日常行为规范(修

① “五讲”指讲文明、讲礼貌、讲卫生、讲秩序、讲道德;“四美”指心灵美、语言美、行为美、环境美;“三热爱”指热爱祖国、热爱社会主义、热爱共产党;“四有”指有理想、有道德、有文化、有纪律。

订)》《中学生日常行为规范(修订)》。结合贯彻中共中央国务院《关于进一步加强和改进未成年人思想道德建设的若干意见》精神,充分利用湘潭丰富的德育资源优势(市内有毛泽东故居、彭德怀纪念馆、黄公略故居、东山学校等爱国主义教育基地),对中小学生进行爱国主义教育和革命传统教育。2005年,市内中小学开展向全国道德模范洪战辉、文花枝学习等主题德育活动;有近1000名来自公安、司法部门的人员受聘担任学校法制副校长以加强学生法制教育。市四中被评为全省"青少年法制教育示范基地""湖南省未成年人思想道德建设先进活动基地"。

三、课程与教学

1986年,湘潭市贯彻国家教育部《义务教育全日制小学、初级中学教学计划》,小学阶段开设思想品德、语文、数学、自然、社会、体育、美术和劳动等课程,每周开课6天,星期天休息,课时量为27~30节,每节课课时一般为40分钟;初中阶段开设思想政治、语文、数学、外语、历史、物理、化学、生物、体育、音乐、美术和劳动技术等课程,每周课时量为37节左右,每节课课时一般为40分钟。全市中小学普遍通过期中、期末考试来检测教学和学习效果,有的学校每月进行主要科目月考。1993年起,全面执行国家教委新的九年义务教育课程计划。

1994年国家实行新工时制(大礼拜一周工作6天,小礼拜一周工作5天),1995年正式开始实行双休日,义务教育阶段周课时量相应进行微调,小学由每周27~30节调整为25~28节;初中由37节左右调整为35节左右,但保持1993年课程计划中设置的整体结构不变。同年,市城区全部小学和农村少数具备条件的小学开设英语课,湘潭成为继长沙之后湖南省的第二个进行小学英语教学的城市。小学英语的始学年级为四年级,每周2课时,使用湖南省教育出版社的《Hi,English!》。五、六年级每周3课时,使用人民教育出版社出版的小学英语教科书。小学开始开展"协同教学"(两个以上的教师以及教学助理人员分工合作、共同策划及执行大规模教学活动的一种教学形态)课题研究,在全市部分小学开设"综合课"。

1996年,市教委在全市开展"课程结构与教学模式整体改革实验",以进一步深化教育改革,促进"应试教育"向素质教育的全面转轨。加大小学低、中年级活动课的比例,在高年级开设选修课,实施协同教学;加大初中阶段活动课比例,增开选修课程;打破一成不变的班级设置,贯彻因材施教的原则。建立与"全面发展、学有特长"素质教育相适应的必修课、选修课和活动课三大板块的课程体系。必修课参照国家教委的课程计划开设;选修课各校视具体情况设置,包括兴趣型(电脑、演讲与口才、音乐欣赏、文学欣赏等)和提高型(写作、英语口语、奥数等)两种类型。选修课教材自编或引进。活动课主要类型有体育活动课(体操、田径、球类、棋类等),文娱活动(音乐、美术、舞蹈、戏剧、摄影等),科技活动(无线电、航模、科技小制作等),劳动活动(烹饪、裁剪、刺绣、编织、修理等),社会活动(团队活动、社会调查、社会服务等),管理活动(班级管理、卫生管理等),"三防"(防生物武器、防化学武器、防核武器)教育活动。课程设置上增加活动课和选修课比重:小学1~2年级周活动课时增加到10节;小学3~4年级周活动课时增加到8节;小学5~6年级周活动课时为4节,增设3节选修课。初中1~3年级周活动课时增加到5节,并至少开设2节选修课。

1993 年湘潭市九年义务教育全日制小学、初中课程课时安排

表 61-2-3

课程		学段/年级/课时数	小学						初中		
			一	二	三	四	五	六	一	二	三
国家规定课程	学科类课程	思想品德/政治	1	1	1	1	1	1	2	2	2
		语文	9	9	9	8	7	7	6	6	5
		数学	4	5	5	5	5	5	5	5	5
		外语	—	—	—	—	—	—	4	4	5
		社会	—	—	—	2	2	2	—	—	—
		历史	—	—	—	—	—	—	2	3	3
		地理	—	—	—	—	—	—	3	2	—
		自然	1	1	1	1	2	2	—	—	—
		物理	—	—	—	—	—	—	—	2	3
		化学	—	—	—	—	—	—	—	—	3
		生物	—	—	—	—	—	—	3	2	—
		体育	2	2	3	3	3	3	3	3	3
		音乐	2	2	2	2	2	2	1	1	1
		美术	2	2	2	2	2	2	1	1	1
		劳动	—	—	1	1	1	1	2	1	1
		劳动技术	—	—	—	—	—	—	1	1	1
		周学科课时	21	22	24	25	25	25	35	35	35
	活动类课程	周会、班团活动	1	1	1	1	1	1	2	2	2
		科技文体活动	4	4	3	2	2	2	—	—	—
		周活动课时	5	5	4	3	3	3	—	—	—
地方安排课程		时事教育、专题讲座	1	1	2	2	2	2	—	—	—
周课时总计			27	28	30	30	30	30	37	37	37

注:小学、初中上课总时数按每年 34 周计算,小学为思想品德,初中为政治课

1998 年,湘潭市贯彻省教委《关于调整现行九年义务教育部分学科与教学要求的通知》精神,对九年义务教育部分学科(小学为语文、数学,初中为语文、数学、外语、物理、化学)教学内容与教学要求进行调整,适当删减教学内容,将部分必学内容改为选学内容,降低教学要求层次;缩小考试内容范围,减轻学生负担。为进一步贯彻中共中央、国务院《关于深化教育改革,全面推进素质教育的决定》,加速进行小学、初中的图书、仪器、电教器材建设和教研教改。和平小学被国家教育部授予“现代教育技术实验学校”称号,全市有 14 所小学被认定为省现代教育技术实验学校。

2000年，全市城区小学三年级起开设英语课程，每周4课时，城市初中开设信息技术课，每周1课时；小学英语教材全部采用湘教版的《Hi，English!》，并举行全市首次中小学生英语课余等级考试。2001年，湘潭市以国家教育部《基础教育课程改革纲要（试行）》为指导，突出素质教育的义务教育课程体系基本建立。小学阶段以综合课程为主，低年级开设品德与生活、语文、数学、体育、艺术（或美术、音乐）等课程，中高年级开设品德与社会、语文、数学、科学、外语、综合实践活动、体育、艺术（或音乐、美术）等课程。初中阶段设置分科与综合相结合的课程，主要包括思想品德、语文、数学、外语、科学（或物理、化学、生物）、历史与社会（或历史、地理）、体育与健康、艺术（或音乐、美术）以及综合实验活动。2002年，市人民政府根据教育部《基础教育课程改革纲要（试行）》和《开展基础教育新课程实验推广工作的意见》，《湘潭市基础教育新课程实验推广工作规划》颁布，建立突出素质教育新课程体系的中小学课程改革全面启动，全市农村小学普遍开设英语课程，次年有条件的农村初中开设信息技术课程。2004年起，湘潭市贯彻执行《湖南省义务教育地方课程设置方案（实行）》，在九年义务学校开设湖南历史与地理、心理健康教育、科技活动、知识讲座与专题教育等几门课程。

2005年，湘潭市义务教育学校教育设施设备进一步加强，现代技术教学方法得到普遍运用。全市所有初中和部分有条件的小学开设信息技术课程。2005年，市教科院针对全市中小学新课程改革后的课堂教学、考试方法、考试内容和卷面设计等方面情况，制定市初中毕业生综合素质评价方案，所编《初中毕业新课程学生考试标准及说明》获省审查专家好评。

四、艺术教育

1986-1995年，湘潭市小学、初中一般开设音乐、美术课。小学一到六年级音乐、美术课每周各1节；初中一到三年级音乐、美术各1节，但开课的随意性较大，尤其是初中二年级和三年级受会考和毕业考试影响开课率低，无法保证基本课时。城区小学、初中一般有音乐、美术教学设施设备，配备有专职教师，但农村学校艺术教学设施设备较缺乏，且大多没有配备专职教师，一般由文化课教师兼任。由于参加省级以上艺体比赛获奖在升学中享有优惠，各学校艺术教育侧重于特长生的培养。艺术特长生主要通过课余时间由专业教师指导以提高专业水平。市内中小学生（含普通高中生）参加省级以上艺术比赛、活动，共获奖项200余个。

1996年，全市义务教育由“应试教育”向“素质教育”转变进程中，各中小学艺术教育逐步加强。中小学艺术课时量开始有所增加。小学一至六年级音乐课调整为每周2节，美术一至四年级每周2节，五、六年级1节。初中一至三年级音乐、美术仍为每周各1节。1997年，小学五年级美术调整为每周2节，小学六年级音乐、美术调整为每周各2节。

1998年，湘潭市开始启动每年一次的普通中小学生艺术大赛，比赛分器乐、声乐、舞蹈、书法、美术等不同艺术门类，其中获一等奖的共100名同学将获“艺术百佳”称号。中小学艺术教育得到促进，一批艺术特长生得以发现和培养。2002年湘潭市和平小学王子舞因书法成绩突出获第五届宋庆龄奖学金。2004年湘潭市二中彭婧书法美术作品获第六届宋庆龄奖学金。2005年江声实验中学学生周云雷的美术作品获全国第四届中华海内外少年儿童书画大赛二等奖。到2005年，全市城市初中、小学的音乐、美术开课率达100%。农村学校音乐开课率为98%，美术为95%。湘潭市教育局被评为全国艺术教育先进单位。

五、体育、健康教育

1986年湘潭市义务教育阶段学校均开设体育课。小学、初中各年级体育课每周为2~3节，开课率较高，依体育教学大纲的要求，小学体育课一般安排体育基础知识、队列和体操队形、走和跑、跳跃、基本体操、技巧、游戏(三年级后增加支撑跳跃、低单杠、武术)等8项教学内容；中学时段在小学的基础上提升运动能力和运动技巧要求，增加跳跃、单杠、双杠、球类4项。城市小学、初中虽没有标准田径场，但大多有体育设施设备，配备专职体育教师，大部分学校建立起乒乓球队、篮球队、排球队、田径队等特色体育运动队；多数农村学校体育设施设备不齐全，一般由文化课教师兼任体育教师。当年城镇小学体育达标率为88.2%，农村小学达标率为71.4%。城市初中学生体育达标率为70%，农村约为41%。全市义务教育阶段学校均未单独开设健康教育课程，小学的卫生常识在《自然》课中讲授；初中通过三年级开设的《生理卫生》课程进行，一般每周1课时。大部分学校都组织学生做"眼保健操"和"课间操"。市区中小学和少数县(市)直属中学设有卫生室(医务室)，城市初中和个别小学配备1-2名卫生专业技术人员(校医)，配备常用药品和部分体检器械(如身高座高计、体重秤、血压计等)，为学生提供简单医疗保健服务。当年全市初中生和小学生视力不良率14.7%。为此，严格做好校园"五早"(早发现、早报告、早诊断、早隔离、早治疗)、"三管"(管食品、管粪便、管水)、"两灭"(灭蝇、灭鼠)、"一扫"(大扫除)，防止疾病流行；利用黑板报、讲座等形式，对学生不定期开展健康教育活动，但农村学校的健康教育因条件限制，基本流于形式。1992年，城镇小学体育达标率为92.3%，农村小学为80.5%。城市初中学生体育达标率为83%，农村约为69%。全市初中生和小学生视力不良率达18.6%。

1993年湘潭市执行新的义务教育课程安排，初中体育课设置为每周3节；生理卫生知识融入初中《生物》课中。1994年初中毕业生升学考试体育测试工作在全市全面推行，初中毕业生进行立定跳远、实心球和50米三项测试，成绩计入升学考试的总分，体育考试从此成为一项升学考试内容。此举推动中小学常规体育教学活动的开展，当年体育达标率城镇小学为95.4%，农村小学为89.7%；初中学生体育达标率农村为81.6%，城市为96.3%。

随着"普九"工作开展，市内中小学体育设施有较大改善。1998年全市中小学运动场达省二类标准以上的有125所。因天气原因不能在户外上体育课时，市内部分中小学用湖南省教育厅组织编著发行《体育与健康》教材组织进行健康教育教学。1999年根据省教委文件精神，湘潭市各学校广泛开展大课间体育活动①，让学生接受快乐体育。湘潭市被省教委评为该活动示范区并向全省推介。当年湘潭市在全国城市卫生检查中获学校卫生一等奖。2000年，湘潭市1037所小学，体育场地达省颁标准的213所，占20.5%；器材达标的328所，占31.6%；有150~200米环形跑道田径运动场的128所，占12.5%；有风雨活动室（礼堂)571间，占55%。全市79所初中有250米环形跑道田径运动场，150--200米环形跑道田径运动场的学校33所。103所初中有风雨活动室（礼堂、食堂居多)占52.3%；有119所初中的体育器材达到省颁二类标准，占60.4%。

2001年9月开始全市正式实施国家教育部新制定的全日制中小学《体育与健康教学大纲》，以

① 大课间活动时间为30分钟，除统一做一套规定的广播操外，其他时间以班级或锻炼小组为单位在教师指导下，有组织地进行丰富多彩的课间游戏和多种形式的体育活动。

促进学生身心和谐发展。新大纲设定运动参与和运动技能、身体健康、心理健康、社会适应五个领域目标，根据学生年级、年龄的不同，分六个水平目标，即水平1（一、二年级）、水平2（三、四年级）、水平3（五、六年级）、水平4（初中）、水平5（高中）、水平6（根据学生的发展供选择的目标）。同时体育评价体系变革：小学一、二年级采用评语，不评等级；小学三年级到高中三年级采用优、良、中、及格、不及格五级评分制；中学体育成绩由学生自评、小组互评和老师测评结合而成。2002年，湘潭市贯彻国家教育部、体育总局联合颁布的《学生健康标准》（试行），对学生进行健康综合评价替代学生体育达标测试。全市学生健康标准测试合格率为98%。2003年，市内有少数中小学将健康教育列入课表，每周安排0.5课时。次年健康教育正式列入课程，小学卫生知识融入三至六年级《科学》课，初中纳入《体育与健康》，每周课时1~2节。是年在全国中小学体育教学观摩展示大赛中，湘潭市体育教师李娟、胡学武代表湖南省参赛分别获得特等奖和一等奖。2005年，全市662所小学（含教学点42个），体育场地、器材达省标准的分别为34.2%和52.7%；152所初中，有200米以上的环形跑道田径运动场的115所，占75%，体育器材达省颁二类标准的119所，占78%。全市初中均设立卫生保健室，70%的学校配备专职健康教育教师，60%的学校卫生器材达省颁二类标准。城区小学和农村小学均有卫生室，卫生器材达三类标准。初中、完小建立学生健康档案，定期开展健康监测。是年全市学生健康标准测试合格率97.8%。据卫生防疫部门的学生体质调研，城区初中生和小学生视力不良率无论男女均达30%以上，比1986年增长1倍，其中7~8岁儿童增长2倍。

六、毕业考试

（一）小学毕业升学考试

1986~1994年，湘潭市由县（市）区教育行政部门负责组织小学毕业会考，考试科目为语文和数学两科，会考成绩作为小学毕业生升初中依据。会考成绩合格的学生基本根据户口所在地就近入读初中学校，但湘潭市一中、湘潭市二中、湘潭县一中、湘乡一中、东山学校、韶山学校根据会考成绩择优录取。9年中，全市共有323734名小学毕业生升入初中，年均升学率为82.81%。

1995年，全市取消小学毕业会考，小学毕业生按户口所在地就近入读初中学校。至2005年11年中，全市有527903名小学毕业生升入初中，年均升学率为98.27%。

（二）初中毕业升学考试

1986年，湘潭市初中升学考试主要是初中毕业会考，会考科目为语文、数学、英语、政治、物理、化学、历史、地理、生物9科（其中生物、地理两科的毕业会考在初中二年级第二个学期末进行），会考成绩作为初中毕业生获取毕业资格和升入普通高中、普通中专、职业高中的依据。初中毕业会考的命题、制卷、组考、阅卷由市教委负责组织和管理。至1988年3年中，全市共有40285名初中毕业生升学，年均升学率48.21%。

1989年起，省教育厅负责全省初中毕业会考的组考、命题、制卷、阅卷，各地（市、州）教育行政部门负责各地的组考。至1999年的11年中，全市共有182277名初中毕业生升学，年均升学率53.48%。

2000年，省教育厅将初中毕业会考管理权重新下放到各地（市、州），湘潭市初中毕业会考各项工作全部由市教育行政部门负责管理。至2005年6年中，全市参加初中毕业会考的302513人，其中236216人升学,年均升学率77.39%。

第三章 特殊教育

1986~1990年,全市只有湘潭市聋哑学校1所特殊教育学校,招收聋哑生。1991年,湘乡市聋儿听力语言训练中心和湘潭县聋儿听力语言训练中心先后创办,均为县(市)残联主办和管理,主要进行聋哑儿童听力和语言的康复训练,由教育部门进行教育教学方面的业务指导。1996年,湘潭县聋儿听力语言训练中心更名为湘潭县聋儿听力语言训练部。2000年,湘潭市聋哑学校更名为湘潭市特殊教育学校,除招收聋哑生外,开始招生智障生,2003年开始招收盲生。2005年,湘乡市聋儿听力语言训练中心更名为湘乡市聋儿听力语言训练部。当年,湘潭市3所(个)特殊教育学校(机构)共有在校生220人,其中聋哑生174人,智障生40人,盲生6人;有教职工59人。湘潭市特殊教育学校学生毕业后,绝大多数未能升入高一级学校,直接进入社会,其中75%以上的成为自食其力的劳动者。

第一节 湘潭市特殊教育学校

1972年湘潭市聋哑学校创办,位于板塘铺沙场横街,1984年搬迁至板摄路口,属市岳塘区教育局管辖。1986年,市聋哑学校占地面积10亩,校舍建筑面积4235平方米,有小学教学班7个,在校学生78人,全部为聋哑生;有教职工30人,其中专任教师25人。学校配备有专职校医,建立学生健康档案,定期开展学生身体检查和体质测试。学校还组建乒乓球队、文艺队等学生文体社团,聋哑生体育、艺术教育具有一定特色和优势。湖南省体委将湘潭市聋哑学校确定为湖南省聋哑学生乒乓球训练基地。是年起,湘潭市聋哑学校文化课教学与普通学校接轨,使用普通学校教材,开设语文、数学、科学、美术、历史、思想品德与社会等课程。老师主要通过手语与学生交流,进行课堂教学;针对聋哑学生特点开设律动课,主要通过聋哑儿童的视觉、触觉、振动觉等多种感官以及残存听力和语言的参与,进行形体、韵律以及舞蹈的训练,使其受到美的启迪和教育,身心得到健康发展。在高年级开设缝纫和理发等技能课,由专职教师对学生进行职业技术培训。1987年,学校创办实习工厂(江东电器厂),生产电器和图书书立。学生除学习缝纫、理发外,根据教育和生产业务的情况,机动安排进厂培训,向学生传授冲压、电焊、冷作和组装电器等技术。聋哑学生教学每周总课时为28~30节。

至1990年,全市仍只有1所特殊教育学校,招收聋哑生,担负着全市残疾儿童的学前康复教育、小学教育、就业技能培训的任务。是年,市委、市政府将市聋哑学校升格为市直属学校,归属市教委直接管辖。仍为7个教学班,在校聋哑生86人,教职工38人。学校除进行聋哑生常规教学和职业技能训练及保持体育和艺术教育的传统优势外,开始开展聋哑生语训实验工作。1991年,学校通过中国残疾人联合会、全国残疾人康复工作办公室聋哑生语训工作检查;学校和市残联联合举办"湘潭市首届聋儿语训师资培训班",培训学员20人。

1991年底,湘潭市聋哑学校在原校址周边征地0.64公顷,开始建新校区。1992年,学校再次征地20余亩，扩建新校区。1994年，学校开始开设初中教学班，自此，学校担负着聋哑学生的九年义务教育。当年，全校有小学教学班7个，初中教学班1个，在校聋哑生89人，其中小学78人，初中11人；教职工42人。

1995年，湘潭市聋哑学校迁入新校区办学，学校占地面积达29.6亩，校舍建筑面积达5349平方米。学校确立"低年级抓语训，高年级抓写作，全校抓劳技教育"的教育教学方针。1996年学校"普九"工作通过市教委验收，各项指标合格。1997年、有9个小学班和3个初中班，共有学生207人，残疾儿童入学率82%。1998年市聋哑学校与市教委共同承担"湖南省特殊教育发展与改革研究"的省级课题。同年，初中毕业生谭建新、王桂林、肖柯、武惠群4人被湖南省特教中专录取，成为全省第一批聋人中专生。王旋成为第一位获市"艺术百佳"称号的聋哑学生。

2000年，湘潭市聋哑学校更名为湘潭市特殊教育学校。2001年起，学校增设启智部，招收20名中、重度智障儿童入学，开湖南省聋哑学校办启智班先河。启智部按全国启智学校教学大纲开设实用语文、实用数学、生活技能、感觉统合、行为矫正、体能、音乐、美工8门课程；同时尝试进行擦鞋、编珠、洗车等职业技能培训。启智班教学每周总课时为26~28节。学校还组织教师开展"智力落后儿童感觉统合训练"和"聋儿、弱智儿童混合教育"的课题研究。同年，湘潭市特殊教育学校对硬件设施进行较大规模的建设。2002年，投入资金104万元，新建大礼堂和篮球场，装修律动室。学校硬件设施得到较大改善，当年校舍建筑面积达到6128平方米，比1995年增加799平方米，增幅为14.94%。学校小学教学班11个，初中教学班3个；在校生172人，其中聋哑生144人，智障生28人。2002年，该校《新时期聋生的认知规律及教育对策》被确立为省"十五"规划课题，此为全省特教唯一承担"十五"规划课题的学校。

2003年起，学校开始招收盲生，另设班级。聋哑生和智障生规模逐步扩大。当年全校有小学班11个，初中班3个，共有学生184人，其中聋哑生143人，智障生32人，盲生9人；教职工46人。盲生班开设语文、数学、思想品德、体育、音乐等常规课程，文化课全部采用盲文教学，并开设盲文、体能训练、定向行走能力训练、盲人计算机等课程，还进行盲人保健按摩的职业技能培训。盲生班每周总课时为28~30节。当年该校学生张靓参加全国特奥篮球赛，其队获金牌。

2004年9月，学校首次开办残疾人教育综合高中班，主要负责完成九年义务教育残疾青少年的职业技能培训和高中阶段教育，当年招生14人。2005年，学校投入资金800多万元兴建校门、艺术广场、塑胶跑道、启智楼，改建学生食堂，校舍总建筑面积达到8131平方米。有小学教学班13个，初中教学班3个，共有学生199人，其中聋哑生153人，智障生40人，盲生6人；教职工53人，其中专任教师50人。学校的特奥足球队在上海国际东亚区足球赛中获3枚铜牌。学校特奥地滚球队在黑龙江全国比赛中获1金4银4铜；在全国特奥自行车、高尔夫球和网球邀请赛上夺得3金4银12铜；舞蹈《挣》在第六届全国残疾人艺术汇演中获优胜奖；学校代表湘潭市参加省第五届残疾学生运动会，获3金5银2铜和团体总分第四名。

第二节　聋哑儿童康复培训机构

1991年9月和11月，湘乡市残联和湘潭县残联先后创办湘乡市聋儿听力语言训练中心和湘潭县聋儿听力语言训练中心，均为聋哑儿童听力、语言康复机构，辅以相关聋哑儿童教育，由教育部门指导教育方面的业务，招收2~10岁的聋儿。湘乡市聋儿听力语言训练中心租用湘乡市城内火车站附近民房。湘潭县聋儿听力语言训练中心位于湘潭县易俗河吴家巷工业园107国道旁，占地5亩，建筑面积1100平方米。当年，两个训练中心共招收聋哑儿童13人，共有工作人员5人。康复培训机构根据聋儿的年龄、个性特征、言语基础、听力损失程度等制定个训方案，进行听、辨、说康复训练。教育教学上主要开设语言、计算、律动、体育、美术、游戏、手工劳动等课程，每课时40分钟，每周12~15课时。

1993年下半年，湘乡市聋儿听力语言训练中心曾因经费困难停办半年，1994年上半年恢复。1997年两所培训机构共招收聋哑儿童37人，有工作人员8人。此后，两家机构的招收聋儿数量变化不大。2004年，两所培训机构共有在训聋儿27人，共出训25人。

到2005年的15年中，湘乡市聋儿听力语言训练部和湘潭县聋儿听力语言训练部共对418名聋儿进行康复训练，其中有390名聋儿出训，达到国家听力语言康复评估方案评定标准，达标率93.3%。这两个特殊教育机构的训练、教学及生活设施设备等硬件条件未得到有效改善，尤其是湘乡市聋儿听力语言训练部无固定场所，仍租用民房进行训练和教育教学。

第四章　普通高中教育

1986年，全市有普通高级中学59所（含完全中学38所），在校高中学生28098人。在国家相关政策的鼓励、支持下，1988年市内第一所民办高中湘乡云龙实验中学创办。1992年起，湘潭市继续贯彻中央《关于教育体制改革的决定》中“调整中等教育结构，大力发展高中阶段职业技术教育”的精神，改部分普通高中为职业高中。当年，高中有48所，在校高中学生22061人，基本达到国家和省政府“适度控制普通高中发展”要求。至1996年，普通高中规模和在校人数变化不大。

1997年，为缓和高中适龄学生数量的增长与现有教育资源的矛盾，也为弥补教育经费财政投入的不足，市内普通高中开始招收择校生，省重点中学择校生比例一般为50%，市重点中学为20%，一般普通高中为5%~10%，择校费为1000~15000元不等，普通高中办学规模开始扩大。1998年起，随着一些企业改制或破产，市内先后有8所企业办普通高中停办或与企业剥离。1999年受国家高校扩招政策的影响，湘潭市提出“适度发展普通高中”，高中办学规模不断扩大，至2000年全市高（完）中43所，在校普高生激增至36157人，比1997年增加14054人，每万人拥有普高在校学生比例列全省第一。2002年，湘潭市落实《国务院关于基础教育改革与发展的决定》“大力发展高中阶段教育”的精神，进一步扩大高中办学规模，在校普通高中生人数比2000年增长42.7%。2004年市内省重点高中均改称为省示范性高中。湘潭市规范办学行为，落实教育部《关于进一步做好治理教育乱收费工作的意见》中对高中“择校生”的相关要求，严格规范“择校生”的招生政策，遵守“三限”政策，即限分数（不准违反规定录取低于录取分数线的新生）、限人数（不准超过国家规定的班额，不得挤占招生计划指标而变相扩大择校生人数）、限钱数（“择校生”交费标准，由教育部门提出，经省级人民政府批准后向社会公布），并对全市普通高中招收择校生政策进行调整：省示范性高中择校生比例一般为30%,市示范性高中为8%,一般普通高中为1%~3%,择校费为1000~20000元不等。

2005年,全市有普通高中45所(政府办29所,企事业办4所,民办12所),其中省示范性高中有8所(政府公办6所,企业办2所);在校高中学生72465人。至2005年的20年中,全市普通高中累计培育高中毕业生近17万人。

第一节 学校设置

一、政府办普通高中

1986年,全市政府办普通高中45所(其中完全中学24所),在校普高学生2.3万多人,占全市普高生总数的83%。1994年,湘潭市一中授牌为湖南省重点中学。随后湘乡一中、湘潭市二中相继授牌为湖南省重点中学。1997年全市公办普高26所(完中13所、高中13所),在校学生1.79万人。1999年湘潭县一中授牌为湖南省重点中学。

2000年全市政府办高(完)中27所,在校普高生增至2.9万人。此后因部分企业办高中交政府主办,政府办高中增加;湘潭市通过扩充优质资源,扶助薄弱高中以促进高中教育均衡发展。2003年,湘乡东山学校确认为湖南省重点中学,2004年成为省示范性普通高中。至2005年,政府办普高29所;在校普高学生5万多人,比2000年增长85%。

2005年湘潭市政府办普通高中情况

表61-4-1 单位:人

学校名称	创办年代	校址	在校高中生数	专任教师数	说明
湘潭市一中	1902	雨湖区建设北路	2355	211	省示范性高中
湘潭市二中	1951	雨湖区解放南路	1575	176	省示范性高中
湘潭市三中	1955	岳塘区公园路	1866	154	省示范性高中
湘潭市八中	1954	雨湖区城正街	1109	63	—
湘潭市九中	1957	雨湖区宝庆路	1454	82	—
湘潭市十中	1961	岳塘区荷塘乡	534	101	—
湘潭市十一中	1964	雨湖区人民路	2608	163	—
湘潭县一中	1951	湘潭县易俗河镇	3507	163	省示范性高中
湘潭县二中	1956	湘潭县石潭镇	2616	117	—
湘潭县三中	1958	湘潭县姜畲镇	2204	97	—
湘潭县四中	1958	湘潭县排头乡	1943	94	—
湘潭县五中	1956	湘潭县中路铺	1975	85	—
湘潭县六中	1956	湘潭县石鼓镇	1746	81	—

续表

学校名称	创办年代	校址	在校高中生数	专任教师数	说明
湘潭县七中	1956	湘潭县响塘乡	1675	68	—
湘潭县八中	1956	湘潭县射埠镇	1710	83	—
湘潭县九中	1979	湘潭县易俗河镇	2192	95	—
湘潭县十中	1056	湘潭县杨家桥镇	1865	77	—
湘乡一中	1904	湘乡市城东山路	2534	180	—
湘乡二中	1950	湘乡市城滨河北路	2636	101	—
湘乡三中	1953	湘乡市城学仓街	5282	178	—
湘乡四中	1952	湘乡市泉塘镇	3006	138	—
湘乡五中	1941	湘乡市虞唐镇	270	30	—
湘乡七中	1956	湘乡市白田镇	936	43	—
湘乡八中	1956	湘乡市棋梓镇	540	46	—
湘乡九中	1958	湘乡市壶天镇	567	29	—
湘乡东山学校	1905	湘乡市东山街道	3748	203	省示范性高中
韶山学校	1921	韶山市清溪镇	1416	82	省示范性高中
湘锰中学	1968	雨湖区鹤岭镇	623	87	—
江南中学	1982	雨湖区楠竹山镇	922	76	—

二、企事业单位办普通高中

1986年,全市企事业办普通中学有14所,在校学生3594人,占全市普高在校学生数的15.4%。1994年,湘机中学授牌为湖南省重点中学。1995年随着入学适龄人口的增加,企事业单位办高中在校人数开始增加,到1997年企事业单位办高(完)中12所,在校高中生3815人,占全市普通高中在校学生数的17.26%。是年后,因企业效益和改制等原因,企业自办高中有的自停、有的交由政府主办,到2000年全市企事业办高中减少到8所,在校高中生3400人,占全市普高生总数的10.04%。2001年湘钢一中正式授牌为湖南省重点中学。至2004年,一些企业办高中陆续完成改制,与企业剥离交由政府主办或停办。2005年全市企事业办普通高中只有湘钢一中、湘机中学、湘潭大学子弟中学、湖南科技大学附中4所,在校高中生5000千多人;其中湘钢一中、湘机中学为省示范性高中,分别有学生2936、2081人,专任教师165、197人。

三、民办高中

(一)民办普通高中

1988年7月,李焕黄租用湘乡教师进修学校校舍创办湘乡云龙实验中学(高中部),此为湘潭市第一家民办普通高中。该校当年有在校生98人，教职工14人。直到1992年，湘潭都只有这一家民办高中。1993年起，湘潭市相继成立湖南登峰实验中学、希唯实验中学等4所民办高中，到1998年，湘乡云龙实验中学(高中部)因生源和师资问题停办，湘潭市民办高中仍只有4所，均为租赁校园，在校学生人数613人，专任教师10人(老师以聘任制为主)，教职工21人。1999年，受湘潭市政府“适度发展普通高中”政策的刺激，私人办学开始形成热潮，湘潭凤凰中学、湘乡育才中学、湘乡涟滨实验中学等拥有独立校园的私人办普通高中相继创办，当年湘潭市有民办高中8所，在校生3602人，专任教师94人，教职工149人。到2005年，全市有湘潭凤凰中学、云龙实验中学、湘乡育才中学、涟滨实验中学等12所民办高中，在校生13229人，专任教师473人。其中湘潭县凤凰中学、湘潭县云龙实验中学、湘乡树人中学规模较大，分别有在校普高学生2853、1960、1447人。

(二)民办高考补习学校

1986年，高考录取率较低，而社会对大学非常推崇，为满足大量高考落榜生复读再考大学的需要，市内出现高考补习热潮，当年有民办高考补习学校13所，在校人数2318人，1987年高考录取率23%。1990年后，市教育主管部门逐步出台系列政策法令，普通高中不再开办各类高考补习班，高考补习全部转向民办高考补习学校，当年在教育主管部门备案的有5家，在校人数5152人，1991年录取率达到36%。至2005年，全市先后创办过22所高考补习学校，其中16所自行停办，2005年留存6所，其中湘乡市启智学校、湘潭市英才高考补习学校、湘潭县晨光高考补习学校、湘中高考文化补习学校、湘乡育英高考补习学校是5所规模较大的补习学校。

第二节 教育教学

一、学制

1986~2005年全市普通高中学制均为三年。

二、德育

1986年，市内高中德育工作内容、主题与初中、小学基本一致，并向学生进行“以经济建设为中心，坚持四项基本原则，坚持改革开放”的思想政治教育。组织学生开展“树理想、创三好”活动。共青团组织“做合格团员”教育；加强学生法制教育，学习《中华人民共和国民法》《中华人民共和国刑法》和《治安管理处罚条例》。1989年，各级教育部门及时对学生进行思想教育。

1991年起，全市高中贯彻中共中央《关于改革和加强中小学德育工作的通知》的精神，把加强学生日常行为管理，实施《学生思想品德评价方案》，落实《中学生日常行为规范》作为德育工作的重点，同时开展“两史一情”(中国近代史、现代史和国情)教育。1994年后，湘潭市贯彻教育部的《中学德育大纲》，高中德育工作方式转向学校教育、家庭教育和社会教育三结合的探索与实践上，此做法在《湖南教育》作专题报道。1999年，全市中小学生刑事犯罪率为0.24‰，比1995年下降0.36‰，低于全国、全省平均水平。2001年，湘潭市的德育工作经验在全国德育工作研讨会上被推介。

2002年，湘潭市普通高中以“诚实守信”“理想信念”“创文明新风”等为核心内容，对高中生进行世界观、人生观、价值观教育；组织他们参与社会调查、社区服务、保护母亲河、青年志愿者行动、治理校园乱象、告别陋习宣誓仪式、创建文明城市等系列活动，湘乡市一中被确定为湘潭市第一家网络道德教育试点学校。2004年，湘潭市组织高中生学习新的《中小学生守则》《中学生日常行为规范（修订）》，充分利用市内爱国主义教育基地推进思想道德建设。2005年对高中生进行爱国主义和安全文明教育，市教育局被评为“湖南省未成年人保护工作先进集体”。

三、课程与教学

1986年，全市高中实施1981年教育部颁发的《全日制六年制重点中学教学计划（试行草案）》，高二或高三文、理分科，分科前统一学习政治、语文、数学、英语、物理、化学、历史、地理、生物以及体育、美术、音乐等课程；分科后文科以语文、数学、英语、政治、历史、地理为基本课程，理科以语文、数学、英语、物理、化学、生物、政治为基本课程。一些学校和班级（特别是高三）存在以高考为指挥棒，随意增加课时，减少科目，音乐、美术、体育开课不足现象。教学以课堂教学形式为主，多沿袭教师主讲，学生主听、记、练的传统方式，一般每周上课6天（也有学校周日补课，特别是高三），每天上课6~7节（住校生另有几个小时的早晚自习），每节课45~50分钟。随着教育改革的深入，学生思维和动手主动性日渐得到加强。1987年全市有33个学校的75个班参与由齐碧泉、袁天一主持的中学数学自学辅导法教改实验，学生自学能力、思维能力、解决问题能力得到提高。

1986年湘潭市普通高中课时设置

表61-4-2

科目	高一	高二		高三	
		文科选修	理科选修	文科选修	理科选修
政治	2	2	2	2	2
语文	7	7	4	8	4
数学	3	3	6	3	6
外语	5	5	5	5	4
物理	4	4	4	—	5
化学	3	3	4	—	4
历史	2	2	—	3	—
地理	2	2	2	3	—
生物	2	2	—	—	2
生理卫生	—	—	—	—	—
体育	2	2	2	2	2
音乐	—	—	—	—	—
美术	—	—	—	—	—
劳动技术	4周	4周	4周	4周	—

1990~1995 年，根据国家教委颁布的《现行普通高中教学计划的调整意见》和《湖南省调整后的普通高中教学计划》，湘潭市全面实施普通高中“课堂教学”改革，制定《湘潭市高中毕业会考质量综合评价方案》和《课堂教学评价方案》，推进素质教育。市内普通高中课程结构由学科课程和活动两部分组成。课程分必修课和选修课。必修课含政治、语文、数学、外语、物理、化学、生物、历史、地理、体育和劳动技术计 11 科。其中政治、语文、数学、体育、劳动技术 5 科在高中三个年级均为必修课；外语、物理、化学、生物、历史、地理等科在高一、高二年级为必修课。选修课分两类，一是单课性选修在高一、高二年级开设，高一年级每周 3 课时、高二年级每周 4 课时；二是分科性选修，分文科、理科、外语、艺术、体育、职业技术 6 类课程在高三年级开设，每周课时一般在 2~6 节之间，学校自主权较大。活动包括课外活动（含体育锻炼、知识讲座、科技活动、各类兴趣小组活动、国防教育、环保教育、人口教育、时事教育等）和社会实践活动。但实际上高中的艺术教育更多地是针对音乐、美术特长生的特别培养；非特长生艺术课多数学校未开设。

1996 年，湘潭市制定《课程结构与教学模式整体改革的框架与思路》及实施方案，有 20 多所高中全面实施，掀起新的教改热潮。1997 年，湘潭市二中依照素质教育的理念，从建立科学合理的课程结构（含必修课、选修课及活动课）、实施长短结合、开展分层次教学等几个方面进行研究，探索出区域性推行教育教学改革的途径和方法。1998 年该成果被写入《湘潭市跨世纪教育五年计划》，并由市教委向全市推广。

1999 年，湘潭市落实《关于中小学实施全面素质教育的规定》，以湘潭县、雨湖区创省素质教育实验县为契机，推行区域性素质教育的实验；以名牌学校为重点，抓紧进行素质教育“定位于校、落实到班”的微观试点。雨湖区被列为湖南省素质教育 8 个先进单位之一。是年，湘潭市九中学生张强获“华罗庚数学杯”竞赛全国一等奖。2000 年后，贯彻落实国家教育部重新制订颁布的《全日制普通高级中学课程计划（试验修订稿）》和《普通高中“研究性学习”实施指南（试行）》，湘潭市各高中实行新课程计划，新课程包括语文、英语、数学、思想政治、历史、地理、物理、化学、生物、信息技术、通用技术、艺术、体育与健康、研究性学习、综合实践活动 15 门。高一年级不再分文科、理科组织教学，高二、高三进行文理分科，语文、数学、英语为文理必修学科。

2003~2005 年，为适应新的课程改革，湘潭市各高中进行过大量课堂教学模式的探索，总体上受高考指挥棒和升学率影响，课程和教学方式较以往大同小异，绝大部分学校、教师、学生、家长都以追求良好高考成绩为共同目标。作为课程改革和素质教育重要体现的艺术学科（音乐、美术欣赏），普通高中普遍开课不足，研究性学习课程基本流于形式。至 2005 年的 20 年中，市内高中学生参加全国中学生数学、物理、化学、生物、信息科学等科目的奥林匹克竞赛，共 78 人次获省一等奖，湘乡一中学生周强辉获省特等奖（2000 年化学）。

四、体育、健康教育

（一）体育教育

1986 年，湘潭市城区和厂矿中小学配齐专职体育教师。高中体育每周 2 课时，教学内容仍以体育基础知识、体操、田径、球类、武术（男生）和韵律操（女生）为主体。各高中体育设施简陋，基本没有标准田径场、风雨跑道和室内体育馆。由于是非高考科目（体育专业生除外），片面追求升学率的不良导向，使一些学校特别是农村学校存在挤占体育课的现象，毕业年级更加突出。不过绝大多数学校都能坚持开展早操、课间操、眼保健操。高中各学校还有计划、有组织、有指导地抓好课外体育活动，建立体育运动代表队或课外兴趣小组，对体育专业生和特长生进行针对性地培养。1987年市教育局对21所城市中学和18所农村高中检测，体育达标率分别为87.9%和74.2%。1992年，各高中基本达到《学校卫生工作条例》所列标准。抽查18.25万人，体育达标16.43万人，达标率90%。是年市内高中新生军训工作全面开展，市十中成为空军飞行学院早期培训基地，是全省四个培训基地之一。

1993年，湘潭市认真贯彻《学校体育工作条例》，加强学校体育管理。当年全市高中学生参加体育达标测试，达标率98.95%。湘潭县一中被评为省贯彻《学校体育工作条例》优秀学校，各普通高中加强培养体育特长生。1995年，市二中无线电测向队获全国无线测向比赛银牌；1996年，市一中彭晓燕在湖南省第八届运动会上破三级跳远省记录，认定为国家健将级运动员。

1997年1月，湘潭市承办“全国学校体育卫生科研工作会”，全面展示市内体育卫生科研工作成果。当年有湘潭市一中、湘潭市二中、湘潭市三中、湘乡市一中、湘潭县五中、江南中学、湘机中学、湘钢一中、湘乡三中被评为省贯彻《学校体育工作条例》优秀学校。1998年湘钢一中被评为省艺术教育先进单位和全省群众体育工作先进单位。湘潭市一中贺烨参加湖南省中学生田径锦标赛，获男子组跳远、三级跳远比赛第一名，达国家一级运动员标准。1999年，湘潭市一中被国家教育部、国家体育总局授予“全国学校体育卫生工作先进单位”称号，体卫工作站谭平被教育部、国家体育总局评为“全国学校体育卫生先进工作者”。各中学开展大课间体育活动，湘潭市成为全省大课间体育活动示范区。湘潭县一中学生扶婷在第八届国际“远南”运动会上获游泳类项目金牌1枚、铜牌2枚；湘潭市一中、湘潭市九中无线电测向队在全国无线电测向比赛中分获高中B组团体赛冠军和高中男子组第一名。

2001年，体育课程名称应教育部要求变为“体育与健康”，具体内容分为必修(含体育基础知识与健康基础知识、田径、体操、武术)、限选(含球类、韵律体操、舞蹈、游泳)和任选(含民族民间传统体育、现代科学健身方法、新兴体育项目)，每周2课时。当年湘潭市各普通高中均按新体育教学大纲、新教材满课时开课。2002年，湘乡东山学校被国家教育部授予贯彻《学校体育工作条例》优秀学校。湘潭市一中王星在全国中学生运动会夺得400米栏金牌，并打破全国中学生纪录，达到国家健将运动员水平。

2005年，湘潭市各高中学校体育教学场地和器材逐步得到改善。全市独立设校的45所高(完)中(含企事业单位和民办高〈完〉中)，38所有环形跑道田径场，其中400×8的标准环形跑道田径场有12个(占31.6%)，300×6的环形跑道田径场20个。湘潭县一中、东山学校、湘钢一中、凤凰中学、湘潭市一中、市二中等校的田径场和跑道全铺上塑胶；部分学校建起体育馆、室内运动场、风雨操场。全部高中学校体育器材配备都达省颁二类标准，其中传统项目学校达一类。当年湘潭市一中学生丁小燕在全国中学生运动会上获女子跳远银牌。

(二)健康教育

1986年，落实中央两部一委制定的《中小学卫生工作暂行规定》，进一步推动学校卫生保健，市教育局、卫生局联合制定“学校卫生监督、监测和管理的若干规定”，要求市区中小学校、县(郊)重点学校和厂矿中小学校，必须建立健全学生体质健康测试卡片。1987年，湘潭市各高(完)中逐步建立学校卫生保健室(医务室),形成学生每年定期进行健康检查的制度。部分学校开始建立卫生档案和学生健康卡。各学校不定期举行卫生健康知识讲座,对学生常见病、多发病和传染病进行预防和治疗。

1990 年,湘潭市将学校卫生工作重点转移到检测学生健康状况、进行卫生知识教育、培养良好的卫生习惯、改善学校卫生环境上。市、县教育局与各高(完)中签订食品卫生工作责任状,明确食物中毒责任追究制,各校均建立食品卫生校长责任制,专人负责食品卫生安全工作。各高中健康教育列入计划。1993 年,市内高中学生健康档案建档率超过 95%,全市各普通高中未发生季节性、流行性传染病。由于课业负担过重、不良学习生活习惯等因素,高中学生的近视率居高不下,2000 年,湘乡市一中、二中、三中、四中、东山学校五所城区高中的 8317 名学生进行视力检查,视力不良人数占 55.26%。

2002 年,国家教育部、体育总局联合颁布《学生健康标准(试行)》,对学生健康以综合评价替代学生体育达标测试。湘潭市当年学生健康标准测试合格率达 98%。湘潭市转发教育部、卫生部签发的《学校食堂与学生集体用餐卫生管理规定》,规范和落实学校食堂卫生管理制度。当年市教育局被国家卫生部、教育部评为“全国学生常见病防治先进集体”。次年,市教育局对全市学校严格进行“非典”防治工作,未发现疫情,市教育局被评为省抗击“非典”先进单位。

2004 年,城区部分高中学校开始向学生提供饮用纯净水。至 2005 年,一些乡镇具备条件的学校也开始向学生有偿提供饮用纯净水。市内各普通高中把健康教育与思想道德建设相结合,利用各种形式进行“珍爱生命、健康成长”“环境教育、预防毒品和艾滋病预防”等专题宣传。当年对市三中 16~18 岁的 1391 名高中生接受视力检查,视力不良率达 65%。

五、毕业、升学考试

(一)毕业考试

1986~1988 年,高中毕业考试由各学校自行组织进行,高中毕业证也由各学校发放。3 年中,全市累计有 25000 多人普通高中毕业。

1989 年,湘潭同全省一样,取消高考预考制度,开始推行高中毕业会考制度,即应届高中毕业生统一参加全省高中毕业会考,合格者由湖南省教育厅统一发放高中毕业证。会考由省教育厅统一命题、制卷,市教育行政部门统一组考、评卷,省教育厅派人员监督各地、市的评卷工作。当年有 9342 人参考,7118 人合格,合格率 76.23%。1990 年始,湘潭市各普通高中提升对高中会考重要性的认识,1999 年,会考合格率为 85.4%。至 1999 年 10 年中,全市会考合格率、平均分一直居省教育厅综合评估前三名;69000 多人普通高中毕业。

2000 年,因湖南省高中会考制度改革,市内省重点高中获得省教育厅授予的会考自行命题组考权,是年会考合格率为 89.27%。2001 年,省教育厅进一步改革会考制度,将命题、制卷权全面下放给各市州教育局。会考采取考试和考查两种方式进行:考试科目为语文、数学、外语、政治、物理、化学、生物、历史、地理,命题、制卷、组考、评卷均由各市州教育行政部门统一负责;考查项目为劳动技术和物理、化学、生物的实验操作,原则上由学校自行组考。毕业会考合格率按会考科目及格率计算;考查成绩只分合格、不合格两个等级。2005 年,湘潭市 18462 人参加高中会考,17626 人合格,合格率达 95.47%,高于长株潭平均水平。至 2005 年 6 年中,全市高中毕业生 75000 多人,会考合格率在

85%以上。20 年中,全市普通高中培养毕业生近 17 万人

(二)升学考试

1986~1988 年,市内与全省一样,仍实行高考预考制度,即所有考生必须先通过预考才能获得参加全国高考的资格。湘潭市高考预考分市区(城市 5 区和韶山市)和湘潭县、湘乡市三大考区,由市县教育行政部门分别命题、制卷、组考、评卷。预考和高考均沿用文科、理科分科考试的方式,即文科考查语文、数学、英语、政治、历史、地理共六科,满分 640 分;理科考查语文、数学、英语、物理、化学、生物、政治共七科,满分 740 分。高校招生也沿用国家任务(计划内招生)、委托培养和自费生三种形式。3 年内,全市共有 33000 多人(含普高以外的考生)参加高考预考,其中高考报考者 14718 人,被大中专院校录取的 10402 人,录取率 70.68%。

1989 年,高考预选制度取消,市内所有符合报名规定的考生均可直接参加高考;同时开始推行标准化考试和分卷(人工所阅卷与机器所阅卷分开)考试,采用机器阅卷。当年湘乡一中王芳以 555 分获湖南省文科第一。同年,为提高师范院校的招生质量,湖南省除继续推行"单独填报志愿、面试、推荐、提前录取、扩大保送"等办法外,湖南师范大学在湘潭市进行单独招生试点,共招收新生 100 名。由于投入人力、物力过多,1990 年此种招生方式停止。2 年中全市报名高考的 18275 人,被大中专院校录取 4892 人,录取率 26.77%。

1991 年,因湖南高考科目设置改革正式启动"三南模式"(湖南、海南与云南 3 省),即 4×4 模式,市内考生相应分四个科目组:第一科目组文史类,考政治、语文、历史、外语;第二科目组理工类,考数学、语文、物理、外语;第三科目组生化医农类,考数学、化学、生物、外语;第四科目组地矿经济类,考数学、语文、地理、外语,各科分数值均为 150 分,总分均为 600 分。1992 年,湘潭市在"三南"模式高考中录取人数 2344 人,录取率 24.4%,超出全省平均水平。2 年中全市共有 19065 人报名高考,被大中专院校录取 5291 人。

1993 年,省内高考科目设置再度改革,市内也从四科目组重新调整回文科、理科两大类,每类考五科的"2×5"(二组五科)模式即"3+2"模式("3"指文理两类均考语文、数学、英语三科;"2"是指文科加考历史、政治两科;理科加考物理、化学两科)。各科满分均为 150 分,每类总分均为 750 分。体育考生按文化总分和术科成绩划定本、专科录取控制分数线,艺术考试术科成绩必须合格方能作为艺术考生参加录取。当年湘潭市的高考录取人数 2984 人,录取率 36.76%。1999 年开始,全国实行高等教育(包括大学本科、研究生)扩大招生人数的教育改革政策(简称"扩招"),录取率不断攀升,2000 年高考录取人数增至 4948 人,比扩招前的 1998 年净增 2168 人,录取率达 54.46%。湘潭大学子弟学校的李双志获得当年湖南省文科第一名。至是年的 8 年中,全市共有 25143 人被全国各类大中专院校录取。

2001 年起因省内高考制度又一次进行改革,湘潭市高考科目设置改"3+2"模式为"3+X"方案,仍分文科、理科两类,各类考试具体科目和各科分数值均有变化:文科类考语文、数学、外语+文科综合(政治、历史、地理);理科类考语文、数学、外语+理科综合(物理、化学、生物);语文、数学、外语各科满分均为 150 分,文、理科综合满分各为 300 分,每类总分均为 750 分,英语科目加考英语听力测试。同时高考招生制度进一步变革,中等专业学校招生参加全国统一高考,按成绩和志愿录取,录取方式同时进行改革。

2002年，首创“平行志愿”(在普通类院校各录取批次分别设置一个平行院校志愿和一个征求平行院校志愿，均包含几所院校，有效降低考生志愿填报风险)。当年录取9507人，录取率73.31%。文科人均成绩居全省第二，理科平均分居全省第五，湘乡考生李滨兵以666分的高分获湖南省文科第一。2003年湘潭县一中的黄芳以696分获得省高考文科第一名。2005年，全市有19963人参加高考，录取14606人，录取率73.17%。至是年20年中，全市共有101148人被全国各类大中专院校录取。

1986~2005年湘潭市高考情况

表61-4-3

年份	报名人数(人)	录取人数(人)				录取率(%)	说明
		本科	大专	中专	总数		
1986	4799	743	869	1462	3074	64.06	1988年前的报名人数是指预考上线后的人数
1987	4740	875	889	1656	3420	72.15	
1988	5179	1046	1249	1613	3908	75.46	
1989	9010	661	714	1157	2532	28.1	开始取消预考制度
1990	9265	754	703	903	2360	25.47	高于省平均录取率5.44个百分点
1991	9513	803	819	1325	2947	30.98	试行“二南”模式。1992年4组人均文化成绩、单科平均成绩均超出全省平均数5个百分点以上
1992	9552	938	1194	212	2344	24.4%	
1993	8118	1136	1708	140	2984	36.76	高出全省平均录取率8.46个百分点
1994	6640	931	1520	128	2579	38.84	招飞22人，占全省招飞人数六分之一
1995	6693	1073	1491	139	2703	42.18	高于省平均录取率7.49个百分点
1996	6933	1135	1428	117	2680	39.7	高于省平均录取率5个百分点
1997	6911	1011	1436	109	2556	38.01	高于省平均录取率5个百分点
1998	6465	1297	1407	76	2780	43.00	高于省平均录取率6.7个百分点
1999	6904	1967	1917	29	3913	56.68	高于省平均录取率5.06个百分点
2000	8848	2245	2703	—	4948	54.46	超全省平均上线率3个百分点
2001	10322	3224	3689	—	6916	67.00	本科一次上线率超省平均5.88个百分点
2002	12969	4444	5063	—	9507	73.31	文科平均全省第二，理科平均全省第五
2003	14235	4876	6388	—	11264	79.13	平均成绩高于省平均8.98分，全省第三
2004	16481	5124	8003	—	13127	79.50	文科平均全省第一，理科全省第二
2005	19963	6190	8416	—	14606	73.17	大学毛入学率达27.6%
合计	183540	40473	51606	—	101148	—	—

第五章 中等职业技术教育

1986 年，湘潭市贯彻中共中央颁发的《关于改革中等教育结构，大力发展职业教育的决定》，城乡职业技术教育发展加快，是年普通中等专业学校①、职业中学(中专)、技工学校三类中等职业技术学校共 36 所，在校学生 14693 人。普通中专由其办学的企、事业单位管理，职业中学由市、县教育部门管理，技工学校由市劳动部门或其办学企、事业单位管理。三类中等职业技术学校主要招收应届初中毕业生。普通中专和技工学校全部统一按计划招生，统一分配工作；职业高中有部分计划内招生指标，统一分配工作。1990 年，市教育主管部门根据国家教育部和省教育厅关于调整学校布局的精神，发展民办职业教育，调整三类职校的布局。全市三类职业职校发展到 70 所，在校学生 20337 人。1998 年，普通中专发展达到历史最高峰，在三类中等职校中在校学生占 60%。

1999 年起，中等职业技术学校招生计划全部放开，取消计划内招生，全部实行计划外招生。由学校自主招生，省教育厅考试院不再组织统一命题、统一考试、统一划线、统一录取，将招生权全部下放到学校。由于就业市场对高学历的推崇，中等职业技术学校结构和性质发生很大变化。普通中专逐渐式微，2 所师范学校相继被撤销，不少学校采取调整专业、升格或并入其他高校等方式谋求新形势下的生存和发展；职业中学和技校平稳发展，特别是民办学校比例逐渐增大。2005 年，全市中等职业技术教育学校 43 所，在校学生 47793 人，其中民办职业技术学校 22 所，在校生 14663 万人；普通中专在校学生在 3 类学校中所占比重不足 20%。

1986~2005 年湘潭市三类中等职业技术学校在校生情况

表 61-5-1　　单位：人

年份	普通中专	职业中学	技工学校	小计
1986	7124	3159	4410	14693
1987	6541	4478	3935	14954
1988	7379	5307	4725	17411
1989	7709	5815	4876	18400
1990	7373	7944	5020	20337
1991	8261	6533	5358	20152
1992	9226	8116	6645	23987
1993	11235	10025	6817	28077
1994	13667	11028	6949	31644
1995	16464	11845	7445	35754

① 普通中专属于普通大中专院校，此处放中等职业技术教育一起，不再分开记述。

续表

年份	普通中专	职业中学	技工学校	小计
1996	17942	10125	5256	33323
1997	19837	10310	5810	35957
1998	20501	9105	4561	34167
1999	19722	14919	5480	40121
2000	16451	13385	4175	34011
2001	12412	16221	6741	35374
2002	12668	25356	7088	45112
2003	7991	37651	8827	54470
2004	8906	35758	11214	55878
2005	8727	28875	10191	47793

第一节　普通中等专业教育

一、学校设置

1986 年，市内普通中等专业学校有省建筑学校、省建材工业学校、省煤炭工业学校、湘潭农机学校、湘潭农校、湘潭卫校、湘潭财会学校、湘潭商业学校、湘潭师范学校、湘乡师范学校等 10 所，另省司法学校（1987 年迁至长沙市）、省纺织专科学校、湘潭机电专科学校办有中专班，全市普通中专在校学生共 7124 人，其中 2 所师范学校在校学生 979 人。普通中专在国家计划内招收应届优秀初中毕业生，或与高校招生一道招收高中毕业生，考试严格，录取率低。至 1995 年，期间撤销湘潭商业学校，增加省税务学校、湘潭烟草中专、江南工业学校、省农村金融学校，学校共 13 所，在校学生 16464 人。

2000~2004 年，省税务学校、省农村金融学校、湘潭师范学校、湘乡师范学校等一批学校先后被撤销，铁运部十二工程局湘潭技校经省教育厅批准更名为湘潭铁路工程中专学校，学校几经增减变迁，至 2005 年，全市普通中专有湘潭生物科技学校（原湘潭农校）、湘潭工贸中专学校、江南中专学校、湘潭机械电力学校、湘潭烟草中专、湘潭铁路工程学校 6 所，在校学生 8727 人。期间湘潭生物科技学校、湘潭工贸中专、江南中专、湘潭烟草中专被评为国家级重点中等职业技术学校。

二、学制

1986 年，全市普通中专学制两种：招收的高中毕业生为三年制，初中毕业生为四年制。1990 年起，招生制度改革，普通中专学校一律改为招收应届初中毕业生，学制三年。

三、专业

1986年,全市各普通中专学校的专业设置完全按计划调控,由省、市政府计划部门下达招生计划和专业设置计划。省、市政府计划部门下达专业和招生计划后,与省教育厅计划处、招生处衔接、落实,予以实施。当年,全市普通中等专业学校设置工业、农业、财贸、卫生、建筑等7大类47个专业。1992年,全市普通中专学校自主设置专业,专业设置逐步变理论型为适应型,变单一型为复合型,变传统型为创新型,共设置50余个专业。1998年后,全国大中专实行并轨,不再统包统分,招生计划全面放开,专业设置全面放开,各校享有自主招生权和自主设置专业权。湖南省建筑学校设置的专业有工民建、公路与桥梁工程、建筑工程机械化施工、建筑装饰、城镇规划、乡镇建设、广告装潢与设计、建筑水电设备安装、工业设备安装、电气设备安装、建筑工程造价管理、房地产经济与管理、建筑文秘、建筑企业经济管理等17个专业。2005年,全市普通中专学校共开设的各类专业有70余个。

四、课程教学与实训实习

1986~1990年,全市普通中等专业学校全部实施国家统一的教学计划和教学大纲。教学分课堂讲授和实验、实习。

课程设置一般分为公共课、专业基础课、专业课、实践技能课四类。其中专业基础课、专业课、实践技能课三类课的比重,工科类一般为45:35:20,其他各类专业结合实际情况比重不全相同。教材的选用,各普通中等专业学校按行业部门制定的专业教学计划、教学大纲选用教材。出现跨行业设置的专业,可跨行业订购相关教材。湘潭师范学校、湘乡师范学校各专业教材,一律按教育部、省教育厅统一编写的教材归口使用;湘潭卫生学校各专业按国家卫生部、省卫生厅统一编写的教材归口使用;湖南省建筑学校、湖南省建材工业学校各专业一律按国家建设部、湖南省建委统一编写的教材归口使用。在加强专业理论知识教学的基础上,实施教学实习、生产实习、毕业实习或课程设计,最后一学期一般为顶岗实习期;师范类学生在最后一学年中安排一个月以上的教育教学实习。学校对毕业学生普遍实行“1+X证制”,即毕业生毕业须除获取毕业证外,还须获取职业资格证或技能等级证。

1992年起,全市普通中等专业学校办学开始面向市场、贴近市场。各普通中等专业学校对专业教学进行改革,进一步减少理论知识的比重,加强动手操作能力的培养。学校对课程设置拥有较大的自主权。课程设置一般分为必修课与选修课两大类,并且对技能训练越来越重视。专业基础课、专业课、实践技能课三类课的比重,工科类为25:40:35,其他各类专业的专业课和实践课也得到加强。同时学校组织教师编写校本教材、讲义,鼓励学校骨干教师主编教材。湖南省建筑学校教师谭伟主编的《建筑与阴影透视》《建筑制图与阴影透明习题集》等教材在全国出版发行;湘潭机械电力学校教师舒青根编写的《写作概论》《书法课程》教材由北京师范大学出版社出版发行;湘潭烟草学校编写的《烟草专卖法》《专卖史话》由当代世界出版社出版,《市场经济法学》《新编法律基础》由中国经济出版社出版。专业实习课时间大幅度增加,一年级实习课约30%,二、三年级实习课约占60%,各专业实训实习基础设施建设同时加强。2005年,全市普通中专学校教师先后主编、参编公开发行的教材85册;建有校内实训实习场28个,总投入近2亿元;校外实训基地25个。

第二节 职业中学(中专)教育

一、学校设置

1986年,全市有湘潭市第一职业中专、湘潭市第二职业中专、湘潭市第三职业中专、湘潭市第四职业中专、湘潭县第一职业中专、湘乡市第一职业中专、湖南省煤炭四处职业学校等职业中专(中学)12所,在校学生3159人。

1988年,湘潭市第一、第三职业中专被确定为省重点职业中学。由于贯彻中央发展职业中学教育的政策,部分普通高中改为职业高中,1990年,全市职业中学发展到47所,在校学生增加到7944人。1999年湘潭县第二职业中专、韶山职业中学经评估验收合格,成为省农村示范性职业高中。

2000年,全市有职业中学(中专)39所,在校生增至13385人,2003年职业中学在校学生达历史之最37651人。2005年,全市职业中学(中专)28所,在校生28875人。同年,湘潭县第一职业中专被评为国家级重点职业学校。

二、学制

1986~1998年,全市职业中学(中专)68个专业均为三年制;1999~2005年,全市公办职业中学(中专)52个专业为三年制;民办职业学校72个专业均为二年制。

三、专业

1986年,全市职业中学(中专)以职业岗位或工种为基础设置专业,由有关主管部门和办学单位,按不同行业需要设置,国家无统一的专业目录。当年,全市职业中学(中专)共设置60多个专业(工种),其中第一产业占3.5%,第二产业占55%,第三产业占41.5%。

1990年起,各职业中学(中专)契合市场需求,调整专业设置,涉及第三产业的商业贸易、金融、旅游等行业中新兴的专业(工种)增加。1995年全市职业中学(中专)专业涉及11个行业、92个专业(工种)。到2005年,全市28所职业中学(中专)设有134个专业(工种)。其中第一产业8个占5.9%;第二产业31个占24%;第三产业95个占70.1%。

四、课程教学与实训实习

1986~1989年,全市职业中学(中专)课程由学校主管部门会同联合办学单位根据所设专业(工种)培养目标、职业岗位规范共同设置。受传统教育观念和办学条件制约,教学模式与普通高中类似,教学中重在课堂讲授,实训实习相对较少。

1990年,全市职业中学(中专)修订教学计划趋向统一。职业中学(中专)根据各专业培养目标、知识结构和能力培养的要求,课程一般分为3大板块:政治与文化课、专业课、技能实习实训。其时间分配比例:农林类3:3:4,文科类4:3:3,工科类2.5:2.5:5。教材一般使用教育部和湖南省编职业中学教材和教学大纲,覆盖125个专业。少数采用本行业所编教材或自编教材。随着市场经济的快速发展,为适合市场需求,教学改革逐步推进,技能训练成为教学核心。

1992年后,全市各职业中学(中专)技能训练不断加强,课程设置上技能训练课比重不断增加。同时,各职业中学自主编写校本教材逐步增多。1995~2003年,湘潭市第一职业中专、湘潭县第一职业中专、湘潭县第二职业中专添置教学用电脑各300余台。湘潭市第一职业中专还投入100余万元购置数控车床、数控铣床等实训实习设施。到2005年,全市职业中学工科类专业政治和文化课、专业课、技能实践课的比例一般为1:2:7,其他专业技能实践课比重也有一定程度增加。全市各职业中学编写校本教材21册;校内实训实习设施设备总投入约为2亿元。每所学校都与企业合作,建立校外实训实习基地,全市职业中学(中专)通过校企合作模式建有校外实训实习基地120多个。

第三节 技工教育

一、学校设置

1986年,全市有技工学校14所,在校学生4410人。1990年起,由于社会经济发展的需要及企业改制等原因,有的技工学校被撤销、合并或转轨。1995年,市内有技工学校11所,在校学生7445人。2000年,湘潭市第一技工学校通过国家劳动和社会保障部专家评估批准,晋升为高级技工学校,到是年底,湘潭电缆技工学校、湖南省铁合金厂技工学校、湘乡铝厂技工学校、湖南省有色金属地质技工学校、湘潭锰厂技工学校、湖南省煤机技校先后撤销;江南技工学校、江麓技工学校、湘钢技工学校、湘机技工学校与本厂职工大学、职业高中合并。2002年铁运部十二工程局湘潭技校改为湘潭铁路工程学校,成为普通中专。2005年,市第二技工学校与湘潭高级技工学校合并。当年全市有技工学校8所,在校学生10191人,其中独办的仅市劳动局主管的湘潭高级技工学校和湖南省粮食局主管的湖南省粮食技工学校2所,分别有在校学生1800、1630人。

二、学制

技工学校招收初中毕业生一般为三年制;招收高中毕业生一般为两年制;一年以内为培训班。1986年,全市14所技工学校均设有一年制、二年制和三年制的学制。1987~2005年,全市技工学校招生主要以初中毕业生为主,学制三年,原则上是两年教学,一年实训、实习;也有二年制的,原则上是一年教学,一年实训、实习。

三、专业

1986~2000年,全市技工学校共计设置专业工种98种。其中湘钢技工学校、江麓技工学校、江南技工学校、湘机技工学校、锰矿技工学校、湘缆技工学校属大中型国有企业所办,大多数是招收本企业职工子弟和承担本企业在职职工技术培训、车间主任培训、班组长培训、岗位业务培训等任务。学生毕业后,绝大多数安置在本企业生产岗位上,专业设置比较稳定。湘潭市第一技工学校、第二技工学校主要面向社会招生,专业工种设置主要面向社会第二产业和第三产业。湘潭市第一技工学校升级为高级技工学校后,还设有数控技术、文秘、机修钳工等5个大专专业。2000年,湘潭市高级技工学校增设汽车维修、焊接技术、机电技术等专业。

2001年，全市技工学校逐步淘汰一些传统专业，新增模具设计与制造、数控技术应用、机电一体化、计算机应用与维护、计算机信息管理、数控加工、电脑动画制作、数控加工技术、计算机网络技术等契合市场需求的专业。2005年，全市技工学校设有126个专业（工种），其中第一产业占3.8%，第二产业占64.1%，第三产业占32.1%。

四、课程教学与实训实习

1986年，全市技工学校课程设置一般分为文化课、技术课和生产实习课三类，以培养学生的操作技能和顺利考取技能等级证为教学主要目标。文化课一般开设政治、语文、物理、化学、体育等课程，技术课一般开设制图、机械基础、工程力学基础、机械制造工艺学等课程。当年全市技工学校学生考初、中级技能等级证通过率为42.5%。

1990年，全市中等技工学校都由相关企业提供实习车间，作为教学、实训实习场所。1995年，全市技工学校文化、技术理论课占总课时的38.25%，生产实习课占61.75%。此后生产实习课比重逐步增加。2000年起，各中等技工学校除拥有企业提供的实习车间外，都相继在校内建立实训实习场所。校内实训实习设施设备开出率为75%~95%。当年市高级技工学校数控加工专业（工种）开设有政治、数学、体育、专业英语、计算机基础、机械基础、机械制图、金属材料及热处理、公差与配合、机械制造工艺、电工基础等11门课程，总课时量近1000课时。第一学期全为理论，此后实习时间逐渐增加，到第三学年全部安排为实习和考级。2005年，全市技工学校生产实习课占总课时的72.6%，文化技术理论课占27.4%；技工学校学生考初、中级技能等级证通过率为73.2%。

第六章　普通高等教育

1986年，市内有湘潭大学、湘潭矿业学院（原湘潭煤炭学院）、湘潭师范学院、湘潭机电专科学校和湖南纺织专科学校（1993年起2校改称高等专科学校）5所普通高等院校。湘潭大学为市内唯一省属国家重点本科综合院校，湘潭矿业学院为省属本科工科院校，湘潭师范学院为省属本科师范院校，湘潭机电专科学校为部属专科工科院校，湖南纺织专科学校为省属专科工科院校。加上省煤炭工业学校大专班，全市普通高校在校生10280人，其中本科生6278人、专科生3913人、研究生89人，高校在校生规模居全省14个地州市第二。

1995年，湖南省在湘潭大学率先实行普通高校招生、毕业生分配“并轨”改革试点，1997年，湘潭矿业学院更名为湘潭工学院，是年起市内普通高等教育招生、毕业生分配均实行“并轨”制。

2000年起，湘潭市普通高等院校加快合并、扩建步伐，办学规模扩大。湖南省工业中专学校并入湘潭大学，升格为湘潭大学职业技术学院。因湘潭机电高等专科学校与湖南纺织高等专科学校合并组建成分南、北2校区（南院原湘潭电专校区，北院原湖南纺专校区）的本科院校——湖南工程学院，市内普通高校减为4所。2001年，湘潭大学和湘潭工学院分别设立公有民办二级学院兴湘学院和潇湘科技学院；湘潭市职工大学与湘潭市机电工业中专合并组建湘潭职业技术学院。2002年，湘潭师范学院和湖南工程学院分别设立公有民办二级学院湘江学院和湖南工程学院应用技术学院。2003年,湘潭工学院和湘潭师范学院合并为湖南科技大学,分南、北两院(原师范学院为北校区,原工学院为南校区),两所学院的公有民办二级学院同时合并为新的潇湘科技学院;湖南建筑工业学校与湖南建材工业学校合并组建湖南城建职业技术学院,学校由普通中专升格为高等职业技术专科学院。2004年,湖南工业职工大学由成人高等学校升格为高等职业技术专科学校,更名为湖南理工职业技术学院。

2005年,湘潭卫校并入湘潭职业技术学院。是年,全市有普通高校6所,即湘潭大学、湖南工程学院、湖南科技大学3所综合本科院校,以及湘潭职业技术学院、湖南城建职业技术学院、湖南理工职业技术学院3所专科职业技术学院。全市普通高校在校生83524人,其中研究生2496人,本科生57662人,专科生23366人。湘潭市普通高等学校办学规模居全省14个地州市第二位。

湘潭市部分年份普通高等教育学生基本情况

表61-6-1

年份	学校(所)	本年招生(人)	本年毕业(人)	在校学生(人)
1986	5	3390	1891	10280
1990	5	3421	3624	11450
1995	5	5582	4071	18483
2000	4	12114	5404	33077
2005	6	24674	20848	83524

第一节 院校设置

一、综合院校

1986年,湘潭大学作为市内唯一综合性大学。校园面积1345亩,建筑面积21.25万平方米,馆藏图书72.78万册,仪器设备价值1231万元。在校学生4913人,其中本、专科生4824人,研究生89人;专任教师872人(其中正高职称6人,副高职称37人)。1997年,湘潭大学成立由企业、省直部委和湘潭市政府等部门组成的董事会,湖南省委常委、常务副省长王克英担任董事长。1998年,湘潭大学被国务院学位办批准为博士授予单位,并获得"一般力学与力学基础""高分子化学与物理"两个博士学位授予权。

2000年,湘潭大学开始招收留学生,当年招8人。湖南工程学院组建后,市内综合性大学增加到2所,2所大学共有教职工2693人,其中专任教师1322人;在校学生19095人。湖南工程学院校园面积35.93公顷,建筑面积18.9万平方米,馆藏图书47.88万册,固定资产总值2.47亿元(其中教学科研仪器设备总值1.0079亿元);该校全日制高等教育在校学生6228人,其中本科生1330人,专科生4898人;

2001年9月,湘潭大学的二级学院兴湘学院吸纳社会资金办学,实行董事会领导下的院长负责制,拥有独立的法人、校区和财务核算。二级学院共享湘潭大学有关教学资源,专任教师基本为湘潭大学教师。2002年,湖南工程学院通过扩建,建筑面积增加至23.96万平方米,馆藏图书增加至52万余册,固定资产总值达2.67亿元,其中教学科研仪器设备总值1.45亿元;全日制高等教育在校学生8775人,其中本科生5323人(含公有民办二级学院学生500人)、专科生3452人。2003年,湖南科技大学校为市内第三所综合性大学。该校校园面积207.13公顷,建筑面积64.6万平方米;图书馆建筑面积3.72万平方米,藏书130万册;固定资产总值5.44亿余元,其中仪器设备总值1.12亿元。

2005年,3所综合性大学共有校园面积400公顷,固定资产超过18亿元,建筑面积180多万平方米,实验室(中心)135个,馆藏图书400多万册;在校学生64000多人,其中博士、硕士研究生1623人,本科生57662人,专科生4872人;湘潭大学、湖南科技大学、湖南工程学院分别有在校学生33383、19072、11702人;有专任教师3400人,其中正高职称304人,副高职称998人。湘潭大学、湖南科技大学、湖南工程学院分别有专任教师1327、1446、627人。

二、工科院校

1986年,湘潭市有湘潭矿业学院(处市区石码头)、湘潭机电专科学校(处市区书院路)、湖南纺织专科学校(处市区东湖路)3所工科院校(湘潭矿业学院为本科院校,湘潭机电专科学校和湖南纺织专科学校为专科院校),校园面积分别为39、13.87、13.6公顷;建筑面积分别为7.89、5.59、3.74万平方米。3校共有普通高等教育在校学生3600多人,其中本科生1200多人,专科生2400多人;有专任教师500多人,其中正高职称1人,副高职称8人,讲师120多人。

1997年,湘潭机电高等专科学校成为“全国示范性普通高等工程专科重点建设学校”。是年3所工科院校在校学生增加到8153人。2000年,合并为湖南工程学院前的湘潭机电高等专科学校、湖南纺织高等专科学校分别有在校学生3066、2430人,专任教师分别为212、161人。2003年,湘潭工学院合并为湖南科技大学前有在校学生6000多人,专任教师400多人,其中正高职称40人,副高职称146人,讲师160多人。

三、高等师范院校

1985年，湘潭师范高等专科学校升格组建为湘潭师范学院，是湖南省第二所本科师范院校。1986年,湘潭师范学院在湘潭县九华乡征地,校园总面积扩大到83.6公顷。有全日制普通高等教育在校学生1102人,其中本科生383人,专科生719人;教职工755人,其中专职教师344人(其中正高职称1人,副高23人)。1987年后,专科招生逐渐压缩,到1996年学院普通高等教育不再招收专科生,当年学院有在校生2564人,其中本科生2134人,专科生430人。

2000年,湘潭师范学院通过国家教育部本科院校评估,2002年,湘潭师范学院校园面积84.13公顷，固定资产总值24342.31万元，其中教学、科研仪器设备资产总值4474.55万元；在校学生11000多人;教职工2800多人,其中专任教师1100多人(其中教授102人,副教授291人)。

四、高等职业技术院校

1986~1999年，市内没有高等职业技术院校。

2000年，湖南省工业中等专业学校并入湘潭大学，升格为湘潭大学职业技术学院，当年招收大专学生221人。2001年，湘潭市职工大学与湘潭市机电工业中专合并组建湘潭职业技术学院。学院占地14.47公顷，建筑面积4.85万平方米；招收大专学生556人；有教职工361人，其中专任教师118人，专任教师中有教授1人，副教授43人。

2003年，湖南省建筑学校、湖南省建材工业学校合并组建湖南城建职业技术学院。当年，湖南城建职业技术学院招收大专学生607人；有教职工346人，其中专任教师185人。2004年，湖南工业职工大学（原湖南煤炭职工大学）经省政府批准成为高等职业院校，更名为湖南理工职业技术学院，当年招收高等职业教育学生103人。2005年，湘潭卫生学校并入湘潭职业技术学院。是年，全市高等职业院校（含普通高等院校、普通中专举办的高等职业教育）在校高职大专学生12000多人，其中湘潭职业技术学院、湖南城建职业技术学院、湖南理工职业技术学院3所独立高等职业技术学院在校高职大专学生11000多人；教职工1285人，其中专任教师514人。

第二节　学制与专业

一、学制

1986~2005年，全市普通高等教育专科学制为2年或3年，主要招收应、往届普通高中毕业生，同时招收少量普通中专、职业中学、技工学校毕业生；高等职业院校招收少量应届初中毕业生，学制为5年。本科学制除湖南科技大学建筑专业为5年外，其他均为4年。硕士、博士研究生学制均为3年。

二、专业

（一）综合院校专业

1986年，湘潭大学普通高等教育开设金属材料及热处理、工业自动化、化学工程、环境工程、食品工程、思想政治教育、哲学、政治经济学、工业企业管理、计算数学及其应用软件、法律等33个专业，其中本科专业27个，专科专业6个。1992年开始，湘潭大学确立“重点发展工科、经济、法律类专业，巩固理科和其余文科，促进多专业，多学科协调发展”的专业建设思路。到1994年，新增13个专业。

1995年后，湘潭大学以招生改革“并轨”试点和全面推行学分制为契机，对专业设置进行大幅度调整和规范，拓宽专业口径，丰富专业内涵，增强专业的支撑基础和辐射能力。根据湖南省“九五”期间重点发展新材料、信息技术等高新技术产业，石油化工、冶金、机械制造等传统产业和旅游等第三产业的思路，湘潭大学重点建设与之相应的专业。到1998年，湘潭大学本、专科专业发展到58个。

2000年，湘潭大学普通高等教育本、专科专业发展到69个。同年，湖南工程学院成立。当年，湖南工程学院普通高等教育设有电气工程及其自动化、机械设计制造及自动化、金属材料工程、纺织工程、服装设计与工程、计算机科学与技术、化学工程与工艺、轻化工程、市场营销9个本科专业，其中工学专业8个，管理学专业1个；设有电机制造与运行维护等23个专科专业。全市2所综合院校普通高等教育本、专科共有专业95个。

2001年，湖南工程学院英语、信息与计算科学、建设环境与设备工程、人力资源管理4个本科专业获准招生，本科专业增加到14个，原来专科专业相对减少招生。增加文学和理学专业，相对单一的工科专业结构得以改变。到2002年，湘潭大学形成哲史、经管、法学、中外语言文学、数理、材料、先进制造技术、信息、化学与化工等九大学科专业群体，共有普通高等教育本、专科专业62个。湖南工程学院新增电子信息工程、工业设计、艺术设计、经济学4个本科专业，本科专业达到18个；专科专业8个。当年，全市2所综合院校普通高等教育共有本、专科专业171个。

2003年，湘潭大学增加网络工程、智能建筑与控制工程、编辑出版学、社会学4个新专业；湖南科技大学普通高等教育有经济学、国际经济与贸易、采矿工程、汉语言文学等62个本科专业和商务英语、工艺设计、多媒体技术及应用、电子工程4个专科专业。湘潭大学、湖南工程学院、湖南科技大学3所综合院校普通高等教育共有本、专科专业151个。

2004年，全市3所综合院校普通高等教育新增本科专业较多。湘潭大学新增审计学、建筑设施智能技术、材料科学与工程、艺术设计4个本科专业，湖南工程学院新增电子科学与技术、工业工程、土木工程等3个本科专业，湖南科技大学新增新闻学等4个本科专业。2005年，湘潭大学新增5个本科专业，本科专业达到71个，专科专业有13个；湖南工程学院新增材料成型与控制工程、物流管理、旅游管理、统计学4个本科专业，本科专业达到28个，专科专业8个；湖南科技大学新增社会体育和哲学2个本科专业，本科专业达到68个，专科专业2个。至此，全市3所综合院校普通高等教育共有本、专科专业227个。

（二）工科院校专业

1986年，湘潭矿业学院设有采矿工程、通风与安全、煤田地质与勘查、水文地质与工程地质、矿山机械、工业电气自动化6个本科专业；设有矿山机械、物资供应与管理、井下采矿、分析化学、会计5个专科专业。湘潭机电专科学校设有电器制造、电机电器、电机制造、工业企业电气化、工业电气自动化、机械工程、机械制造、电器工程8个专业，全部为专科专业。湖南纺织专科学校设有机织工程、针织工程、染整工程、纺织工程4个专业，全部为专科专业。

1992年，湘潭矿业学院专业增至14个，其中本科专业10个，专科专业11个(有的专业既有本科，也有专科)。湘潭机电专科学校专业增加到9个，湖南纺织专科学校专业增加到11个。1993年，湘潭矿业学院计算机、电算会计等3个专业升为本科专业，增设城镇建设、贸易经济2个本科专业和中英文文秘等5个专科专业；本科专业增加到12个。

1999年，湘潭机电高等专科学校专业增加到19个，湖南纺织高等专科学校专业增加到16个。2000~2002年，湘潭工学院增设环境工程、工业设计等13个新专业，学院共有本科专业25个，专科专业22个。

（三）高等师范院校专业

1986年，湘潭师范学院普通高等教育有政教、中文、历史、数学、物理、化学、英语、地理、生物9

个专业，所有专业均有专科教育，其中中文、化学和英语 3 个专业有本科教育。此后，本科师范教育专业增多，除了本科师范教育外，还有中文秘书、应用电子技术、精细化工工艺、经贸英语、旅游服务与管理、应用生物技术 6 个非师范专业。1996 年，学院普通高等教育本科专业数量增加到 12 个，专科专业为 8 个。1999 年，学院普通高等教育本科专业增加到 22 个，专科专业减少到 4 个。

2000 年，湘潭师范学院普通高等教育不再设专科专业，当年新增汉语言、应用化学、人力资源管理、应用心理学、体育教育 5 个本科专业，本科专业达到 27 个。

2002 年，湘潭师范学院新增音乐、电子信息科学与技术、对外汉语、生物技术、电子商务、资源环境与城乡规划管理 6 个本科专业，普通高等教育本科专业达到 33 个。

(四)高等职业技术院校专业

1999 年，湖南省建筑学校和湘潭农业学校 2 所中等专业学校开设的高等职业教育大专班，分别设置建筑设计技术、装潢设计、工程预算 3 个专业和果树栽培技术、园林设计 2 个专业。2001 年，湘潭职业技术学院设置有文秘、旅游、酒店管理、计算机应用等 7 个大专专业。全市高等职业院校(含普通中专大专班)共有大专专业 16 个。2003 年，新组建的湖南城建职业技术学院设置有建筑设计、工程预算、装潢设计等 8 个大专专业。2004 年，湖南理工职业技术学院设置有数控技术、计算机应用等 5 个大专专业。至此，全市高等职业院校(含普通中专大专班)共有大专专业 22 个。

到 2005 年，湖南城建职业技术学院大专专业增加到 25 个，湖南理工职业技术学院大专专业增加到 12 个。湘潭卫生学校并入湘潭职业技术学院后，湘潭职业技术学院增设护理、卫生防疫等 9 个大专专业，大专专业增加到 28 个。全市高等职业院校共有大专专业 56 个，涉及制造、冶金、建筑、农林、医卫、服务、旅游等 10 余个行业。

第三节　教学与科研

一、教学

(一)综合院校教学

1. 湘潭大学教学　1986 年，湘潭大学同其他普通高校一样，对不同层次、不同专业的学生在教学方式和教学内容的安排上不尽相同。本、专科学生课堂教学时间较多，分公共课、专业课、技能实践实习几大块构建课程体系，公共课多为大班授课。在选择方式上，各专业一般分选修课和必修课两种。专科第三学年、本科第四学年课堂教学减少，主要用来完成毕业论文，进行技能实践实习。研究生课堂教学相对较少，一半以上的时间用来培养学生学术与科研能力。理工科学生技能实践实习实验的时间多于文科学生。是年起，贯彻《中共中央关于教育体制改革的决定》，转变传统教育思想，贯彻因材施教的原则，加强基础课教学和课程建设，调整专业结构，提高高等教育适应经济建设和社会发展的能力。是年有马克思主义哲学、政治经济学、基础数学和汉语言文学四个学科的硕士学位授予权。1988 年，湘潭大学开始选择并确定覆盖面广、有一定基础、对学生专业培养目标起主要作用的课程作为重点建设课程。

1990 年起，湘潭大学发挥文、理、工、经、管、法等学科门类齐全优势，“厚基础、宽口径、高素质、强能力"的改革思路，逐步深化教学内容、课程体系、教材建设、教学方法的改革，建立教学工作的中心地位、教学改革的核心地位、教学投入的优先地位，提高教育教学质量。1993 年，湘潭大学英语专业 53 名学生参加全国英语专业四级统考，平均成绩次于复旦大学和上海交通大学列全国第三。1995 年，湘潭大学创建专业培养、学生指导、校园文化、学科建设、质量监控以及支持保障等教学工作六大体系。实施学分制和主辅修制，按考查或考试通过门数计算学分，学生修满学分方准许毕业；推行导师制和组建教学改革实验班，实施素质教育工程。

1999 年，湘潭大学根据教育部大幅度精简合并本科专业目录精神，对本科专业教学计划、课程教学大纲和考试大纲进行全面系统的调整修订，优化教学内容和课程体系。2002 年，湘潭大学以"课程建设与教学""重点课程建设""专业综合改革与建设"和"学生综合测评"等为主要内容建立多形式的教学评估体系，2003 年湘潭大学本科教学工作水平评估获教育部"优秀"结论。是年，湘潭大学全面启动校级重点学科，12 个学科获准为校级重点学科。在湖南省重点学科中期检查中，"一般力学与力学基础"被评为一类学科，"先进材料及其流变特性试验室"被批准为教育部重点实验室，"智能制造实验室"被批准为湖南省高校重点实验室。学校新增 6 个博士点、25 个硕士点和公共管理硕士（MPA）专业学位点。当年，全校博士点总数 9 个，硕士点 69 个，硕士专业学位点 3 个。

2004 年，学校"化工过程与模拟优化工程研究中心"通过教育部验收，湖南省"凝固技术与应用"重点实验室和湖南省"科学工程计算与数值仿真"重点实验室分别通过专家评估、论证。部、省级重点研究基地、重点实验室达到 8 个。2005 年，湘潭大学教师周益春负责《材料的宏微观力学性能》、文卫平负责的《综合英语》、廖永安负责的《诉讼证据法学》3 门课程入选 2005 年度国家精品课程，实现学校在国家精品课程方面零的突破。同年，学校硕士一级学科达到 19 个，有 115 个硕士学位授予点和 4 个硕士专业授予点；有 17 个博士点、2 个博士后科研流动站。

2. 湖南工程学院教学 2000 年，湖南工程学院升格为本科院校，以培养学生创新精神与实践能力为重点，全面实施素质教育，推进课程改革和建设，形成以精品课程为龙头的三级课程建设体系。同时，加强实践教学改革与实习基地建设，并在全校开展全开放实验室的教学改革，使学生的动手能力得到锻炼。2001 年，学院制定《湖南工程学院重点课程管理办法》，在全校范围内遴选《邓小平理论概论》等 20 门课程作为院级重点课程进行建设。制定《实验室工作条例》《实验教学管理办法》《毕业设计（论文）工作条例》《学生实验守则》以规范实验教学的过程管理。2002 年，学院示范实验室"机械基础实验中心"和"双基"实验室"大学物理实验室"通过省教育厅专家组中期检查。

2003 年起，湖南工程学院启动迎教育部本科教学工作水平评估工作，建立《湖南工程学院重点课程评估方案》等各项教学管理制度。2005 年，根据"培养应用型高级专门人才"的目标定位和"重基础、宽口径、强实践、擅应用"的教学指导方针，湖南工程学院对课程建设作较大的优化调整。优化课程设置，按照"通识教育、学科基础、专业课模块"设置课程；按文理渗透的思路，增加选修课，特别是增加任选课，在全校广泛开设文化素质教育课；课程教学中突出能力培养，适当减少理论课的课堂教学比例，增加实践周数，按"基本技能培养与综合应用、设计能力培养与工程实践、创新能力培养"三个层次设置实践教学环节，加强学生专业能力培养，增强学生的创新意识和工程实践能力。当年，学院机械基础实验中心建设成为省普通高校基础课实验室。电工电子实习基地、服装实习工场、金工实习基地成为"湖南省优秀实习教学基地"。

3. 湖南科技大学教学　2003年，湖南科技大学全面加强课程内容的研究与改革，强调有关系列课程的优化和组合。学校成立第一届教学督导团，教学督导团专职进行督教、督学、督管，培养良好的教风、学风，加强对教学管理的检查与指导。当年，《高等代数》和《中国古代史》两门省级重点课程顺利通过教育厅的评审验收（湘潭师范学院于1999年立项），并被评为省级优秀课程。学校申报省级重点课程3门，其中，土力学和物理化学两门课程获得批准。在全国学位授予权审核中，学校一次新增11个硕士学位授予点。至此，湖南科技大学硕士点总数达到17个。

2004~2005年，学校继续开展课程体系、教学内容、教学手段和方法、考试方法的改革研究和实践，培育优质课程，设立23门校级重点建设课程，评选出30门校级优秀课程，学校被批准为教育硕士专业学位研究生培养单位。学校有一级学科硕士点1个，二级学科硕士点45个，涵盖哲、经、法、教、文、史、理、工、管9个大门类，形成矿业工程、土木与建筑工程、机电与信息工程、理学、人文、社会科学、经济与管理7个优势学科群。

（二）工科院校教学

1986年，湘潭机电专科学校根据机械工业部要求，全面修订电气化、电机、机制、物资管理4个专业的教学计划，进行高等数学、理论力学、电工基础、企业管理、金属工艺学、制图和无机化学等课程的教学改革，加强启发式、实践性教学，培养学生动手能力和计算机运用能力。湖南纺织专科学校按照湖南纺织工业实际需要制订公共课、基础课教学大纲，增加实践性教学比重，申报染整专业为全国重点专业，染整专业和机电一体化专业为省级重点专业。1988年，湘潭机电专科学校《电气化专业实验改革》获国家教委普通高校优秀教学成果奖、湖南省普通高校优秀教学成果一等奖；《金工实习教学基本建设与改革》获湖南省普通高校优秀教学成果奖一等奖。

1991年，湘潭矿业学院召开第一届教学工作会议确定第一批重点建设课程10门。1993年，又确定10门课程作为第二批重点建设课程，其中《高等数学》《画法几何与机械制图》《微机原理》三门课被评为院优秀课程；《企业管理》《钢筋混凝土》被评为院特色课程。《高等数学》《画法几何与机械制图》被评为省级优秀课程。是年，国家教委全面评估湘潭机电专科学校的金工实习教学，以总评94分位居全国第一。湖南纺织高等专科学校注重加强学生实践环节的教学，在已建立的2个实习工厂、12个实验室的基础上，选定湘潭纺织印染厂、市针织厂、中国第二汽车制造厂发动机厂作为定点实习基地。1995年，湘潭矿业学院投入10万余元确定第三批共13门院级重点建设课程，此后又追加8门。对这些重点建设的课程，学院先后组织评估、验收。2002年，湘潭工学院省级重点建设课程《材料力学》《计算机技术基础》通过省教育厅验收，被评为优秀课程。

（三）高等师范院校教学

1986年，湘潭师范学院基本采取公共课、专业课、教育实习几大块相结合的教育教学模式。学校建立院、系、室三级负责人听课制度；每个学期开展一次期中教学大检查；对学生实行听课考勤；加强考试管理，实行教考分离；严格升留级制度。1988年下期，学院确立配位化学、现代汉语2门省级重点建设课程，并制订《重点建设课程规划》和《重点建设课程基金使用暂行办法》。

1991年，学院加强选修课程和辅修专业建设，当年全院性选修课程12门，辅修专业13个。同年，学院中文、英语、化学、数学、物理、历史6个专业获批学士学位授予专业。1992年，为进一步提升教学质量，湘潭师范学院制定“321工程”计划，并全面实施。“3”是指“三室”（教研室、实验室和资料室),"2"是二"基"(教育实习基地、野外实习与实践教育调查基地),"1"是"一重"(重点课程建设)。历史系创立教育实习、专业调查和社会实践三结合的教育实践新模式。生物系把生物园的建设和生物专业的改造结合起来，实施系—所—园三位一体，教学—科研—生产开发三结合的改革方案。1993年,配位化学成功申报第一门省级重点学科,实现学院省重点学科零的突破。

1999年,学院实践教学加强,开始保证教学大纲规定的专业实验课能全部开出;制订《实验室工作条例》;建立电子线路、配位化学等重点实验室。2000年,学院通过国家教育部本科教学工作合格评估。2002年,全院性选修课程达到22门,辅修专业17个。

(四)高等职业技术院校教学

1999~2001年,湘潭市高等职业技术院校的教学模式与其他普通高等院校基本相同,采用理论与实践相结合的教学方式。但在教学过程中,高职院校以专业岗位能力培养为中心,更注重技能训练。课程设置以"够用""实用"为原则,一般分为四大模块,即公共课模块、专业基础课模块、专业课模块(含专业技能实训课模块)、选修课模块。课程设置侧重于岗位技能训练,专业课占总课程(科目)的60%以上,把实训、实习作为教学的一项重要内容。全市各高等职业院校都建有校内实习、实训场所,并通过与企业合作建立校外实训、实习基地,技能实践课约占总课时的40%。三年制和五年制大专班的最后一学年,学生到企业顶岗实习6~10个月。

2002年起,全市高等职业技术院校课程设置在以专业岗位能力培养为中心的同时,逐步注重综合职业能力的培养。各院校相继开设艺术欣赏、创造研究等选修课程,实践教学比例逐步增加。2005年,全市高等职业院校开设的公共课和选修课达到总课程(科目)的20%~35%。技能实践课占到总课时的50%~60%。部分院校采取到企业顶岗实习与在校学习交替进行的教学方式。

二、科学研究

1986年起,全市普通高等院校逐步加强产、学、研结合,发挥学校综合优势,提升科研能力和科技开发水平,实现教学与科研的良性互动。当年,全市5所高等院校科研立项达87个,立项经费达400多万元;完成科技成果鉴定10余项,获科技成果奖5项;出版专著10余部,在省级以上刊物公开发表论文100余篇。1988年,湘潭大学教授尹世杰专著《中国消费结构研究》获全国高校人文社会科学优秀成果二等奖、湖南省首届社会科学优秀成果一等奖。

1989年,中国毛泽东思想理论与实践研究会在湘潭师范学院成立,湘潭师范学院教育科学研究所为主要筹备单位。1991年,湘潭大学流变力学研究所参与承担的《混凝土断裂力学在柘溪大头坝裂缝研究和加固中的应用》获国家科技进步三等奖。1992年,湘潭机电专科学校机电一体化研究所研制的DJB-IV型电脑计量泵,获湖南省新技术、新产品交易会科技创新金奖;湖南纺织专科学校、湘潭市丝绸厂共同研制开发的真丝砂洗电力纺在湖南省纺织新产品展示展销会上获评一等奖。湘潭大学教师朱启定的《有限元超收敛及高精度算法》获国家科技进步二等奖。1993~1995年,全市5所普通高等院校共出版专著、教材100余部,有3000余篇论文先后在省级以上刊物发表。

1996年,湘潭师范学院参与举办并承办"东西方现代教育思想国际学术研讨会",共收到国内外30多所高校论文40余篇,50多位学者参会。1997年,湘潭大学教师李家骧所著的《吕氏春秋通论》,郑必清、王启云所著的《消费调控论》获省第四届社科成果二等奖。

2000年起，湘潭大学、湘潭工学院、湘潭师范学院、湖南工程学院4所本科院校开始由教学型高校向教学研究型高校转变，科研水平大幅提升。2001年，湘潭大学化学学科设立博士后科研流动站；承办力学与材料工程国际青年学术会，20多个国家和地区的180多名学者参会；建立军事研究生选拔培养基地。2002年，湘潭大学邓小平理论研究中心、法学研究基地、比较文学与世界文学研究基地入选省首批社会科学研究基地；该校高分子化学与物理、计算机科学与技术、计算数学、刑法学、一般力学与力学基础等5个学科获准设立“芙蓉学者计划”特聘教授岗位，岗位数在省内仅次于中南大学；该校教师罗和安主持的《环境友好生产己内酰胺中关键技术创新与基础研究》项目获得国家自然基金委员会与中国石化公司联合资助，总投资410万元，是湖南省普通高等院校获得国家自然科学基金最大资助项目。

2003年，全市本科院校承担国家“863”项目、国家自然科学和国家社会科学基金会项目、国家软科学项目、国家科技攻关和国家“973”子项目等国家计划项目；湘潭大学纵向科研项目立项191项，其中国家级17项，省部级62项；湖南科技大学教师胡燕平主持的《JI桥液阻网络理论与JI桥溢流阀研究》获省科技进步一等奖。2004年，湘潭大学毛泽东思想研究中心被批准为教育部部省共建的人文社科重点研究基地，实现湘潭高等院校国家级人文社科重点研究基地“零”的突破；湖南科技大学教师肖国安的《中国粮食市场研究》获省第七届哲学社会科学研究成果一等奖。至2005年的3年中，全市3所综合大学共有各类科研项目2400多个立项，其中国家级104个，省部级1600多个；在各类刊物公开发表论文4100多篇，其中被SCI、EI、ISTP收录312篇；出版专著85部；科研项目获省部级以上奖励的19项。获专利12个，其中发明专利7个，实用新型专利5个。

第四节 毕业生分配与就业

1986~1999年，全市普通高等教育计划内学生实行统一分配政策，毕业分配的方向主要为两个层次：一个是跨区域跨行业统分，由上级教育行政主管部门和计划调配部门统一划拨分配指标，包括中央在湘单位、省地市直单位、高校和部队，学校按分配程序一次性将毕业生关系分配到派遣单位。另一个是县（市、区）二次分配，学校将分配派遣到生源所在县市区教育行政主管部门，再由教育行政主管部门二次分配到单位。此外，学校招收的少量计划内自费生不包分配，自主择业，落实单位后学校负责办理其相关派遣手续。此14年间，全市普通高等教育共有16000多名毕业生，全部由国家分配到全国各地就业，其中75%以上的毕业生分配在省内。

2000~2005年，全市普通高校毕业生全部实行自主择业，毕业生工作重心由分配派遣转向就业指导。高等院校成立专门的就业指导部门，开展就业指导和岗前培训，组织供需见面会，向省、市外单位发出毕业生就业联系函，派遣工作人员外出联络推介毕业生。6年间，全市普通高等教育20000余名毕业生实现自主就业，年均就业率在90%以上。

第七章　成人教育

1986年,全市有各级各类成人教育学校(机构)300多所,其中成人高校10所,成人中专11所,成人中学75所,农业技术学校69所,成人初等学校142所;在校学生40701人,其中广播电视大学湘潭分校、市职工大学等10所成人高校有在校学生5629人,成人中专和成人中学28199人。是年湘潭市贯彻国家教委《关于改革和发展成人教育的决定》,成人教育的重点逐步由扫盲教育转向岗位技术培训,提高劳动者的本职工作能力和素质。在农村坚持扫除剩余文盲,组织农民参加各类技术培训,在厂矿企业组织职工参加各类专业技术培训和文化学习。1988年,市教育局工农教育科并入市职工教育办公室,成立成人教育办公室。次年,在省经委、省劳动人事厅、省总工会、省成人教育局组织进行的全省职工教育检查中,湘潭市的职工教育以98.64分的总分获全省第一。1990年,湘潭市贯彻国务院《扫除文盲工作条例》,充分发挥各类成人学校作用,开展各种形式的专项扫盲教育。1992年,湘潭市被省人民政府认定为全省第一个高标准基本无盲市。次年,湘潭市开始农民技能"绿色证书"培训工作,经验在全省推广。1995年,市成人教育办公室并入市教委成为成人教育管理科,城乡教育和企业教育的综合改革全面启动。发展社会力量办学和民间办学,开展企业职工岗位培训和农民实用技术培训,成人教育初步形成管理、办学、研究网络三大体系,有各类成人学校402所,在校学生44541人。

1996年,随着企业改制的深入,下岗职工增多,市教委动员各类学校大力开展再就业培训,职工教育针对性增强。2001年后,农民教育开始削弱,各类职业培训教育机构也逐渐精减,辅助的、业余的职业培训教育逐渐被专业的、正规的国家高、中等院校教育所取代。2002年4月,市教育局成人教育管理科更名为职业、成人教育科。次年,市成人教育理论研究室与市教育科学研究所合并成立市教育科学研究院,下设职业成人教育研究室。至此,全市市、县两级成人教育学会自行消亡,县、乡两级成人教育机构被撤销。2005年,除几所普通高校,市属成人高、中等学校和湘潭电大等办有成人教育学院外,其他各类成人教育机构大幅度减少,多数职工学校停办,乡镇农校多自行消亡。当年,全市成人教育学校(机构)有124所,在校学生7835人。

1986~2005年湘潭市成人教育学校(机构)情况

表61-7-1

年份	学校数(所)	学生数(人)	说明
1986	307	40701	教职工情况见第八章
1987	354	37745	
1988	368	38938	
1989	372	44562	
1990	426	52386	

续表

年份	学校数(所)	学生数(人)	说明
1991	411	51132	教职工情况见第八章
1992	413	50140	
1993	413	56119	
1994	420	52793	
1995	402	44541	
1996	389	40445	
1997	370	36184	
1998	346	30165	
1999	313	25408	
2000	249	20237	
2001	218	14463	
2002	203	11334	
2003	175	9053	
2004	150	8439	
2005	124	7835	

第一节 扫盲教育

1986年,市城镇扫盲教育由市职工教育办公室的职工教育管理科负责,农村扫盲教育由市教育局工农教育科负责。全市纳入扫盲对象的15至40周岁年龄阶段的文盲、半文盲约36766人。全市的扫盲教育基本以乡村和车间为基层场所，统一采用人民出版社出版的《工农业余初等教材语文》课本。扫盲学习根据各地具体情况,利用业余时间,尽量做到工作学习两不误,保证每月1至4天，或每周2至3个晚上的学习时间。1987年，湘潭市根据扫盲教育的具体情况和农村工作的需要,编印《扫盲识字课本》和《农村妇女文化技术课本》作为妇女学文化、学科学的教材。到1988年,全市共完成文盲、半文盲27800人的扫盲教育任务,脱盲率75.6%。

1989年,根据全国第四次人口普查和逐户逐人调查统计,全市还有15~40周岁年龄阶段的文盲、半文盲公民共8966人,其中,农村文盲8235人,城镇文盲731人。文盲范围分布较广,妇女文盲和外出打工文盲约占75.3%。针对此情况,全市除统一采用湖南省教育厅编印的《让我们学习》等5本教材外,市、县两级成人教育部门还自编教材共195种,作为省编教材的补充。

1990年,湘潭市成立市扫盲教育工作领导小组,全市所有县(市)区和所属乡(镇)与52个有扫盲教育任务的厂矿企事业单位,相继成立相应的扫盲教育工作领导或办事机构。市人民市政府与各县(市)区人民政府签订《扫除剩余文盲责任书》。市扫盲教育工作领导小组发动乡、村和街道妇女主任1300余人,组织中小学老师8000多人,参与扫盲工作,利用业余时间和暑假,配合专职扫盲干部,采取与扫盲对象包教包学、送教上门、每周上课2至3次、批改作业1次的办法进行义务扫盲教育。全市市、县两级成人教育办公室在一些文盲比较集中的地方共组织开办扫盲班108个,配备扫盲教师1756人,扫盲辅导员936人、包教"小先生"1164人,分别到群众居住特别分散,居民点相隔较远的地方,与扫盲对象包教包学。当年,省人民政府组织检查验收和随机抽考,湘潭市文盲、半文盲的脱盲率达98.4%,次年被省人民政府认定为全省第一个高标准基本无盲市。湘乡市和韶山区永义乡、市郊区霞城乡被评为湖南省扫除文盲先进单位。

1993年,全市各级政府和各级教育行政部门针对全市扫盲工作的具体情况,开始重点抓脱盲和文盲脱盲后的继续教育工作,每年举办脱盲后继续教育班、文化技术班,杜绝新文盲的产生。1994年,全市青壮年脱盲率达到99.8%以上。1998年,全市形成一个文化教育与业务技术教育相结合的、较完整的成人教育网络。是年,湘潭市通过国家教育委员会组织的扫盲工作检查组对青壮年文盲工作检查评估。2000年,湘潭市获省人民政府"两基"教育成果奖,雨湖区获省"两基"教育先进区(县)称号,湘潭县和韶山市均获湖南省巩固扫盲成果先进县(市)称号。岳塘区被评为全国"两基"教育先进区(县)。2001年,全市通过强化政府扫盲职责、强化扫盲工作队伍和网络建设、加强扫盲工作指导、广泛动员等方式,最大限度防止返盲,降低文盲人口。2005年,全市文盲脱盲率99.96%,青壮年非文盲率100%。

第二节　农民教育

1986年,全市有农民中专1所,农民中学3所,农民技术学校44所,农民初等学校39所。市人民政府召开全市农民教育工作会议,创建推广乡镇农民文化技术学校。全市根据农村经济结构和生产技术改革的需要,利用各种可办学资源,采取长期办学与短期培训结合的办学模式,举办各种技术培训班987个,学员2万余人。当年起,全市的乡(镇)各农校根据生产需要设班,定教材,定内容。学制一个月至三年不等,分别培养农业和乡镇企业具有初中级文化和初中级技术的人才。短训班按农事季节分期普及农业科学技术知识。长训班教学一般以湘、鄂、赣三省联合编写的农民业余技术教材为主,结合地方实际,由县(市)区统一考试,发给毕业、结业证书。湘潭市开办的中央农业广播学校湘潭分校和所属各县(市)区分校,学制为3年;先后开设农学、林学、果树栽培管理、农产品加工、畜牧、淡水养鱼、农村经济、乡镇企业等近30个专业。采用中央农业广播学校统一规定的教材。共授课3200课时。教学有广播授课、播放录音录像教学、专题讲座、自学、面授辅导、实验实习等多种形式。学员采用边学边用,学以致用的学习方法。学校还根据各县(市)区和下属乡镇生产实际,引进科技成果举办短期技术培训班,总结先进生产技术、经验,予以示范、推广。湘潭县农民中专的学制为2年;先后开设兽医、水产、果林等20多个专业;每个专业开设20多门课程;各专业课程分为普通课和技术基础课、专业课三类;共计2100多课时。市郊区的乡镇农民文化技术学校所开设的畜牧兽医专业,学制为2年;课程开设17门;共1685课时,讲授与实习实验时间的比例为50:7;其中学员所学《畜牧学各论》要参加全省统一考试。湘乡市的乡镇农民文化技术学校所开设的农学专业,学制为1年。课程开设12门,930课时,讲授与自习时间比例为2:1。另行安排70课时实习实验;教材以省编或省规定的为主,乡土教材为辅。

1988年,全市进入县、乡、村各级农民文化技术学校学习的学员达18万多人次。1990年底,全市乡镇80%的村办有农民文化技术学校或农业科技教育中心,其中108所乡镇农民文化技术学校达到湘潭市的合格标准,占办校总数的79%。湘潭县、湘乡市、韶山区的7个乡镇实施“燎原计划”,共开发技术项目9个。1991年,全市各县、(市)、区加大对乡镇农校建设投入。全市乡镇和村办有137所农民文化技术学校和农业科技教育中心。到1992年,全市乡镇农校文化技术学校无固定场所、无专职教师的状况得以改观,有70所乡镇农民文化技术学校达到“市级示范性乡镇农校”的标准,其中,湘潭县列家桥乡、湘乡市毛田乡等4所乡镇农校经湖南省教育行政部门验收成为全省最早的省级示范性乡镇农校,湘潭县古城乡农校被国家教委授予“全国成人教育先进学校”称号。

1993年,全市进行“绿色证书”培训和“致富工程”培训。教材主要由市、县两级成人教育部门与省、市有关业务主管部门共同组织编印。文化课自学,专业技术课聘请市内外专家面授。自学与面授课时间比例为7:1。在湘潭县列家桥乡等8个乡镇开展“绿色证书”试点。1994年,全市“绿色证书”培训试点经验被省教委在全省推广。全市市级示范性乡镇农校达到81所,省级示范性乡镇农校达到22所。湘潭县列家桥乡农校被国家教委授予“全国农村教育综合改革先进单位”。当年,村级办学面达到86.5%;进入县、乡、村各级农民文化技术学习的学员22.8万多人次。

1995年,全市撤区并乡后,乡镇农校由137所减少到68所,农校趋于少而精。1996年起,市、县两级成人教育部门总结且推广“绿色证书”培训试点工作经验,重点抓示范性乡镇农校建设。1998年,全市68所乡镇农校都有独立的校舍,有教室327间、各种仪器设备价值近20万元,生产基地107.91公顷,培训农民25万多人次。其中全市“绿色证书”培训班共培训回乡应届初、高中毕业生6.3万余人;“致富工程”培训班共培训致富带头人5000余人、致富骨干8000余人、致富能手10000余人。2000年,全市的市级示范性乡镇农校合格率达到100%,湘潭县经湖南省教委验收认定为全省首批“乡镇农校建设合格县”。

2001年后,随着教育体制改革和农村经济结构的变化,市内农民教育不同程度削弱。2005年,全市除市、县(市、区)农业广播电视学校及岳塘区荷塘乡、湘潭县乌石乡、湘乡市东山乡等10所乡(镇)农校保留机构、部分人员与办学场地外,其他大多被撤销。

第三节 职工教育

一、学历教育

1986年,湘潭国有大中型企业集中,职工教育机构较多。市内有省广播电视大学湘潭分校、市职工大学、市教师进修学院以及江南机器厂、江麓机械厂、湘潭钢铁厂、湘潭电机厂等6个厂矿办职工大学,共有职工高等教育学校9所;职工中等教育学校7所,另有湘潭市郊区、湘潭县和湘乡市共3所教师进修学校。是年,全市9所职工(成人)高等院校有在校生5235人,10所职工中等学校有在校生4054人。职工高等院校的毕业生1497人,职工中等学校毕业生488人。在职工教育中,除报考职工教育高、中等院校外，也有职工结合自身的条件和工作特点参加国家承认学历的自学考试，全市参加专科学历自学考试的6531人，参加本科学历考试的2865人。各职工教育高、中等院校从职工特点出发，教学采取课堂讲述、演示实验、现场观摩、课堂讨论相结合的方式，理论联系实际，注重知识的完整性、实践性、适用性；着重加强实践性教学环节，通过生产实习、课堂设计、毕业设计等，培养提高职工的文化技术素质和能力。1988年，市职工教育办公室在湘潭电机厂召开首届职工学历教育管理经验交流会，推广湘潭电机厂职工大学、市职工大学和省广播电视大学湘潭分校的职工学历教育管理经验。1989年，湖南省广播电视大学湘潭分校在省教委和国家教委的办学水平综合评估中获得优秀学校称号。1990年，湘潭市9所职工（成人）高等院校有在校生4063人，毕业1221人；10所职工中等学校有在校生5467人，毕业1196人；参加自学专科学历考试的10223人，参加自学本科学历考试的4380人。

1991年，全市职工教育高、中等院校按照省教委颁发的综合办学要求实施教学和院校管理工作，省广播电视大学湘潭分校再次在省教委和国家教委的办学水平综合评估中获得优秀学校称号。市成教办公室每2年组织教育专家对各职工教育院校进行一次办学水平综合评估。1995年，全市8所（湘潭电缆厂职工大学无统计资料）职工（成人）高等院校有在校生3972人，毕业生1480人；9所（省烟草职工中专学校不在统计资料中）中等专业学校有在校生6510人，毕业生683人；参加自学专科学历考试的10223人，参加自学本科学历考试的4380人。

1996年，由于企业经营状况发生变化、企业改制及普通高校招生就业体制改革，市内职工教育机构逐渐精简。是年起，市职工学历教育试行“注册视听生”教育方式。由湖南省广播电视大学湘潭市分校在全省电大系统首批进行“注册视听生”教育试点。当年开设财会、法律、英语3个专业，招收学员492人。教材、教法和课时，均按湖南省电大的要求进行。学生学习结业后，经全省统考，及格者获湖南省广播电视大学颁发的大专毕业证书。到1999年，全市共有2100余人参加“注册视听生”教育，其中有1952人获得大专毕业文凭。2000年，湘潭市职工教育工作在省教育行政主管部门组织的检查评比中获得先进单位称号。是年，全市8所职工（成人）高等院校有在校生9306人，毕业生1829人；9所职工中等专业学校有在校生3061人，毕业生1392人；参加自学专科学历考试的26529人，参加自学本科学历考试的11370人。

2001年，广播电视大学湘潭市分校根据中央广播电视大学的要求，在全省首批开放教育类本、专科学历的教育试点，学校开设13个本科专业。是年后，市内参与职工教育的人数和参加自学考试的职工均逐步减少，而参加成人高考的有所增加。2005年，全市高等职工教育学校有湘钢培训中心、湖南广播电视大学湘潭分校、江麓职工大学分校、湖南机电职工大学、湖南兵器工业职工大学、湘潭市教育学院6所（因2001年湘潭市职工大学与湘潭卫校合并组建为职业技术学院；2004年湖南工业职工大学成为高职院校，更名为湖南理工职业技术学院。2校数据在此不列），共有在校生8000多人，毕业生2293人。其中电大湘潭分校开设13个本科专业和16个专科专业，6年中培养4200多名本、专科毕业生。另外市内5所职工中专有在校生1800多人，毕业生542人。是年，全市参加自学专科学历考试的5929人，参加自学本科学历考试的4851人。

1998~2005年湘潭市成人高考情况

表61-7-2

年份	参考人数(人)			上线率		
	专科参考人数	本科参考人数	合计	专科上线率	本科上线率	成人高考上线率
1998	5245	1822	7067	45.7%	21.6%	39.5%
1999	3298	1694	4992	84.3%	31.3%	66.3%
2000	7837	4052	11889	66.7%	18.8%	50.4%
2001	7180	3935	11115	84.7%	31.4%	65.8%
2002	6452	3815	10267	90.7%	50.6%	75.8%
2003	6522	4086	10608	82.1%	50.3%	69.8%
2004	4195	2029	6224	91.94%	75.1%	86.44%
2005	5144	1733	6877	93.9%	87.6%	92.3%

1986~2005年湘潭市自学考试情况

表61-7-3

年份	专科参考人数(人)	本科参考人数(人)	合计(人)	本、专科上线率(总计)
1986	6531	2865	9396	47.59%
1987	9063	3882	12945	39.78%
1988	7529	3227	10756	44.11%
1989	7318	3137	10455	43.63%
1990	10223	4380	14603	42.23%
1991	11441	5843	17602	39.6%
1992	13427	5808	19235	46.68%
1993	15839	7117	22956	50.83%
1994	19710	7291	27001	45.08%
1995	22636	8804	31440	45.35%
1996	26529	11370	37899	43.6%
1997	29536	12659	42195	44.65%
1998	31632	14252	45884	42.6%
1999	32271	17378	49649	40.99%
2000	28226	17151	45377	39.46%
2001	21367	15473	36840	44.49%
2002	17478	14301	31779	51.34%
2003	16768	11180	27948	58.47%
2004	10268	10256	20524	46.37%
2005	5929	4851	10780	49.78%

二、技能培训

（见第五十三篇《劳动和社会保障》“职工技能培训”）

第八章　教师

第一节　教师队伍

1986年，湘潭市各级各类学校共有教职工30415人（未含学前教育，下同；含在岗不在编的民办教职工），其中专任教师23236人，占77.08%。随着民办教师通过退休补员、专项指标转正和师范院校专招进修等途径陆续转为公办教师，至1997年，原有的民办教师符合条件的基本均转为公办教师。2005年，全市各级各类在编教职工36068人，其中专任教师27996人，占77.6%。

1986~2005年部分年份湘潭市教职工基本情况

表61-8-1　单位：人

年份	教职工总数	其中专任教师合计	普通中小学				特殊教育	中等职业技术学校（含普通中专）	普通高校	成人教育
			小计	小学	初中	高中				
1986	30415	23236	19301	11807	5723	1771	25	1267	1761	882
1990	36568	23694	19641	11905	5994	1742	26	1671	1815	541*
1995	33651	24683	19641	11212	6986	1443	41	1887	1981	1133
2000	33874	27617	22500	11775	8768	1957	44	2078	2301	694
2005	36068	27996	20860	9520	7964	3376	50	2261	4118	499

注：541人仅为成人高校和成人中专数据。因统计局资料缺，未含成人中学、农民职业技术培训学校、成人初等学校专任教师数据

一、中小学教职工

1986年，湘潭市教育局执行国家加强中小学教师队伍管理的分配政策，将大、中专师范院校毕业生原则上分配到教育战线，不得改行做其他工作；师范院校毕业生分配和中小学教师的管理、调配由湘潭市和各县（市）区教育局负责；公办教师自然减员由教育部门按省教育厅下达的指标从民办教师中择优补充。当年全市普通中小学共有教职工22169人（含来自农村高中、初中毕业生和少量下乡知识青年的民办教师7915人）。其中普通高中专任教师1771人，学历合格率[①]31.96%；初中

① 不少专任教师的合格学历是通过“五大”（函大、自考、电大、职大、夜大）学习取得的；有的教师通过读在职研究生，取得更高一级学历。

专任教师 5723 人,学历合格率为 31.59%;小学专任教师 11807 人,学历合格率为 69.3%。

1990 年,随着中国师范教育事业的迅速发展,越来越多的大、中专院校毕业生进入教师队伍,湘潭市基础教育师资队伍不断得到补充和加强,全市普通中小学共有教职工 22281 人(含民办教师),普通中学(初中和高中,下同)专任教师学历合格率为 62.37%;小学专任教师学历合格率为 78.34%。

1997 年,全市中小学中的民办教师绝大部分转为公办教师,极少数被清退。虽然国家开始实行新的高校招生"并轨"和毕业生不包分配、自主择业的就业政策,但师范院校当年暂未实行"并轨"政策。当年,全市普通中小学共有教职工 23500 人。普通中学专任教师学历合格率为 82.2%;小学专任教师学历合格率为 94.15%。

2000 年始,湘潭市基础教育的教师实行招聘制,经考试考核,双向选择、择优聘任,签订聘约,打破五十年来国家统包统分制度。由于扩招后大学毕业生增加,招聘教师可供选择余地增大,教师队伍整体素质和学历合格率提高。2005 年,全市普通中小学共有教职工 22563 人。普通中学专任教师学历合格率为 95.93%;小学专任教师学历合格率 98.88%。

1986~2005 年部分年份湘潭市小学教职工基本情况

表 61-8-2 单位:人

年份	教职工数			专任教师学历结构					专任教师职称情况					
	合计	专任教师	其他人员	研究生	大学本科毕业	大学专科毕业	中师(高中)毕业	学历合格率%	中学高级	小学高级	小学一级	小学二级	小学三级	未评级
1986	12554	11807	747	—	—	—	8182	69.3	—	—	—	—	—	—
1990	12619	11905	714	—	—	—	9326	78.34	6	1583	5120	3297	125	1774
1997	12559	11859	700	—	43	891	10273	94.5	6	3726	5730	1393	28	976
2000	12343	11775	1168	—	79	1446	10040	98.22	21	4843	4785	1452	20	654
2005	9893	9520	373	5	729	3984	4696	98.88	39	6522	2673	158	3	125

1986~2005 年部分年份湘潭市普通中学教职工基本情况

表 61-8-3 单位:人

年份	教职工数			专任教师学历结构					专任教师职称情况				
	合计	专任教师	其他人员	研究生	大学本科毕业	大学专科毕业	中师(高中)毕业	高中以下	中学高级	中学一级	中学二级	中学三级	未评级
1986	9615	7494	2121	—	743	2552	3865	333	—	—	—	—	—
1990	9585	7736	1849	—	1046	3743	2723	224	349	1977	2972	962	1476
1997	10941	9341	1600	—	1667	6011	1563	100	575	3509	3457	345	1455
2000	12246	10725	1521	—	2377	6703	1274	371	748	4047	3767	597	1566
2005	12670	11340	1330	58	5787	5034	449	12	1473	5138	3958	226	545

注:两表中"其他人员"含行管人员、工勤人员、厂场人员

二、中等职业技术教育教职工

1986年，湘潭市贯彻中共中央颁发的《关于改革中等教育结构，大力发展职业教育的决定》，城乡职业技术教育处于迅速发展阶段，全市中等职业技术类学校共有教职工2760人，其中专任教师1267人（普通中专701人，职业中学212人，技工学校354人）。

1990年，湘潭市教育行政部门根据教育部和省教育厅关于调整教育格局的精神，为加强职业教育，确定职校生与普通高中在校生的比例为48.3:51.7，给职业教育发展带来新契机。当年全市中等职业技术类学校教职工增加到3571人。到1997年，全市职业技术类学校共有教职工3816人，其中专任教师2042人（普通中专829人，职业中学642人，技工学校571人）。

1998年后，随着普通中专和技工学校取消统招统分、高校扩招形成“普高热”、部分中职升格创办高职学院，中等职业技术教育的总体规模同普通高中相比开始缩小，市里对中等职业学校加强检查、督导、评估，教师队伍在总体上稳步发展。2000年，全市中等职业技术类学校共有教职工3562人，其中专任教师2078人（普通中专872人，职业中学731人，技工学校475人）。

2002年后，湘潭市贯彻上级精神，不断调整中等教育结构和职业技术学校布局，鼓励、扶植公民个人办学，民办职业技术学校及教师显著增加。2005年，全市中等职业技术学校共有教职工3337人，其中专任教师2261人（普通中专464人、职业中学948人、技工学校849人），专任教师中民办学校占23.66%。

三、普通高校教职工

1986年，全市普通高校教职工3736人，主要来源于国内各高等学校的博士和硕士研究生、优秀本科毕业生，其次是从其他高校、研究机构、普通中专和中学调入的高学历骨干教师。1990年，全市普通高校共有教职工4585人。

此后，高校教师规模随着高校规模的迅速扩大而扩大，教师的学历水平逐年提高，职称结构日趋完善，专任教师占所有教职工的比例增加。2005年，全市3所综合高等院校和3所高职院校共有教职工6996人。新增部分主要来自国内各高校毕业的本科生、硕士、博士研究生以及部分留学归国人员。

1986~2005年部分年份湘潭市普通高等院校教职工基本情况

表61-8-4　　单位：人

年份	合计	专任教师						聘请外籍教师	其他人员
		小计	教授	副教授	讲师	助教	未评		
1986	3736	1761	7	53	629	915	157	10	1975
1990	4585	1815	35	327	731	692	30	15	2770
1997	5044	2014	123	593	827	345	126	23	3063
2000	5232	2301	212	678	859	417	135	26	2931
2005	6996	4118	403	1305	1582	640	188	32	2878

注：外籍教师未计入专任教师总数；其他人员含行政工勤人员、科研机构人员、校办工厂职工以及其他教辅人员

四、成人教育教职工

1986年，湘潭市成人教育教师队伍共有教职工1719人，专任教师882人(不含兼职教师)。其中，成人高等学校有教职工633人(专任教师308人)；成人中等专业学校有教职工463人(专任教师214人)；成人中小学有教职工623人(专任教师360)。成人高校、成人中专的专任教师主要来源于普通大中专院校毕业生、从基础教育调入的教师、企事业单位的专业技术人员和“五大”(函大、自考、电大、职大、夜大)毕业生；成人中小学专任教师主要由普通中小学教师、成人高校和成人中专的教师以及成人教育管理部门的干部兼任。

1990年，湘潭市为落实扫盲工作的任务和目标，全市成人教育类学校有所增加，当年各类成人教育机构教职工超过5000人。但1995年，湘潭市撤区并乡，乡镇农校大幅度减少，教职工也随之减少。当年，全市成人教育学校有教职工3699人(不包括兼职教师)，专任教师1133人，仅占30.6%。其中，成人高等教育教职工741人（专任教师392人）；成人中专有教职工469人（专任教师255人)；成人中小学有教职工2489人(专任教师486人)。

2000年后，因基础教育普及、职业教育发展更趋规范、高校扩招等因素，成人教育削弱，到2005年，全市成人教育仅有教职工900人，其中，成人高校教职工573人(专任教师365人)；成人中专教职工327人(专任教师134人)。

第二节 教师待遇

一、政治待遇

1986~1998年1月，全市教师中有马杨、刘西克、李曙等9人当选为第七届省人大代表；有万里、王勤、尹世杰等14人当选为第七届省政协委员；有宋世杰、丁则三等5人当选为第八届省人大代表；有徐正龙、唐泽映、余明光等12人当选为第八届省政协委员。

1998年2月~2005年，有赵清秀、邓谦2人当选为第九届省人大代表；有张传升、余明光、吴岳轩等12人当选为第九届省政协委员；有肖国安、邱兴隆2人当选为第十届省人大代表；有杨鹏程、夏国华、刘长庚等8人当选为第十届省政协委员。有92人次当选为市人大代表，其中有11人次担任过市人大党委会委员，有2人担任过市人大副主任；全市教职工中有232人次被推选为湘潭市政协委员，其中有43人次担任过市政协常委，14人次担任过市政协副主席。

二、经济待遇

(一)教师工资

1986年，湘潭市各级各类学校教职工实行以职务等级工资为主的结构工资制和正常的工资增长制度(高校教师则分12级，与中小学教师不同)。全市城市公办中小学教师人均月工资为91.68元，农村中小学教师人均月工资为85.3元，城乡教师工资差别不大。1987年10月起，湘潭市落实国家提高中小学教师工资标准10%的工资政策。1988年湘潭市教育主管部门根据各校具体情况，建立中小学教师超课时酬金制度。1989年,农村中小学教师工资包干到区、乡(镇)财政,部分乡镇因财政困难出现拖欠教师工资情况。1992年,全市中小学在编的教职工人均月工资为175.34元。

1993年9月,全国进行事业单位工作人员工资制度改革。工资套改后,全市教职工人均月工资达到356.85元。大、中、小学教师与国家行政管理人员的工资额度,同级别同档次相比较已无多大差别。1997年10月起,湘潭市市农村中小学教师工资全部收归县(市)统一管理,由银行支付,基本上能按时足额发放。

1999和2001年,湘潭市先后2次调整工资标准和正常晋升工资级别,此后教师工资都执行每2年进行1次正常晋升的政策。2005年,湘潭市城区中小学教师人均月工资1172元,农村中小学教师人均月工资868元(不含生活补贴)。对照城乡消费差别,同级别同档次相比较,城区教师略高于农村教师,大学教师因学校财政经济状况较好及职称普遍高于中小学教师,所以,工资收入比中小学教师略高

(二)奖金、补贴

1986~1993年,按照国家政策和市规定,湘潭市教职工每月发放3元防暑降温费,市区教师居住地距离学校在4千米之外,每月发放交通补贴费5元,中学特级教师津贴为每月30元,小学特级教师津贴为每月20元。班主任津贴也在1988年后落实教育部意见提高,小学每人每月8–12元,中学每人每月10–14元。1994年起,湘潭市执行湖南省财政厅下发的《关于进一步明确机关事业单位发放误餐费有关问题的通知》文件,全市教职工发放误餐费,每人每月60元。1997年起,湘潭市执行湖南省人事厅、财政厅下发的《关于给省直机关、事业单位工作人员适当补贴的通知》文件,全市教职工发放生活补贴费,中学高级教师每人每月165元,中级155元,助理级150元,员级145元。因为地方财政紧张,湘潭市部分农村中小学教师的“两费”(误餐费和生活补贴费)一直未能全部发放到位,截至2005年12月,湘潭县、湘乡市、韶山市的17212名中小学教师的津补贴累计欠发19094万元,人均欠发11093.4元。全市城区中小学教师的“两费”和年终奖金,财政负责拨付一部分,其余靠学校自筹。年终奖金与各校绩效挂钩,拉开档次。自筹部分,学校因效益不同而差距悬殊,效益较好的学校人均年终奖金二三千元不等,效益不好的学校人均只能发放财政拨付的几百元。湘潭市高校大都属于省级财政拨款,办学经费有比较充分的保障;招生并轨、实行收费制度和较大规模扩招后,高校有更好的经济效益和更大的自主权,大学教师经济待遇高于中小学教师。

(三)居住条件

1986年,全国城镇福利分房制度改革进入深化阶段,湘潭市教职工住房依然实行原有的“统一管理,统一分配,以租养房”的公有住房实物分配制度,户均面积不等。1987年,全市公办中小学(含职业中学、特殊学校)、幼儿园教职工住房户均23.37平方米。其中套房892套,成套率仅为4.23%。还有部分教师的宿舍兼作办公室,走廊作厨房,居住条件简陋。

1991年后,湘潭市根据国务院提出的分步提租、交纳租赁保证金、新房新制度、集资合作建房、出售公房等多种形式推进房改的思路,开始在市内进行房改试点,但学校和教职工没有列入房改试点范围,仍然享受福利住房,但房租提高幅度相对较大。1994年,全国进入住房实物分配向住房市场化、商品化、社会化改革的过渡阶段,湘潭市部分学校成为改革单位,部分教师购买按保本微利原则制定的政府指导价出售的公房,或者利用优惠政策集资建房。1995年,全市城镇教职工住房户均

30.85 平方米，住房成套率为 53.7%。其中，湘潭市各高校内均有家属区和教师宿舍楼，有些高校在校外也建有教师楼（包括集资楼），高校教师的居住条件优于中小学教师。

1998 年底，市内全面停止实物分房，实行 40 年的福利分房制度终结。1999 年起，住房全面市场化，住房分配货币化。市内教职工开始购置拥有产权的私有住房。2000 年，全市城镇教职工住房户均 63.28 平方米，住房成套率为 89.1%。随着大量教职工购买商品房等产权房，2005 年，全市城镇中小学教职工住房户均 78.45 平方米，成套率 92.81%。

三、表彰奖励

1986 年 9 月，有 468 名优秀教育工作者获湘潭市第二届教师节暨表彰大会表彰，其中伍志远、李爱南被推选为出席全国优秀教师表彰大会代表。1987 年 9 月，市委、市政府召开优秀教师座谈会，有 465 名优秀教师、教育工作者获表彰。1989 年，湘潭教育学院胡福裕被评为省教育系统劳动模范和全国先进教育工作者。1991 年 9 月，有 430 名优秀教师获全市表彰。1993 年，易季纯、马国强、庞昌述、陈茨衡、韩颂芬、杨丽华、沈朝红、周琦、刘克敏 9 人被评为全国优秀教师；余桐子等 38 人被评为省优秀教师和优秀教育工作者；王水莲、陶敏、杨鹏程、李楚良、杨熙恕、何杰民 6 人获曾宪梓教育基金奖三等奖；湘潭市二中校长周琦被授予省教育系统“劳动模范”称号。1994 年，谢松成获湖南省“徐特立教育奖”。1995 年，市和平小学教师陈荫城获“全国优秀教师”称号，并被省教育厅记一等功。

1996 年，湘潭市评选出 62 名优秀校长、教师，有 3 名民办教师获国家教委“曾宪梓基金奖”。1997 年，湘潭市评选表彰市级师德优秀教师 53 人、优秀青年教师 46 人、优秀班主任 270 人、青年教学标兵 4 人、青年骨干教师 10 人。1998 年，湘潭市评选表彰市级师德优秀教师 2 人、市级优秀教师 423 人、省级优秀教师 36 人、国家级优秀教师 6 人。2000、2002 年，许雪映、肖云辉先后获湖南省“徐特立教育奖”。2005 年，湘潭市评选表彰市级师德优秀教师 4 人、市级优秀教师 162 人，至是年 20 年中，市教育系统有 47 人被评为特级教师，其中，小学特级教师 16 人，中学特级教师 29 人，中师特级教师 2 人。

第三节 教师培训

一、培训基地

1986 年，湘潭市主要由湘潭市教师进修学院、湘潭县和湘乡县教师进修学校、湘潭市郊区教师进修学校分别承担全市初中教师、市辖县（市）小学教师、城市五区小学教师共两万多人的培训工作。市、县教师进修院校设立函授部，县内区镇设函授站，乡镇设函授分站。1990 年，湘潭市教师进修学院更名为湘潭教育学院。1994 年，湘潭市撤区并乡后，乡镇联校（学区）业务辅导专干或人事辅导专干兼管教师培训工作。全市城乡建立一个较为完整的教师进修网络。1998 年，中等师范函授工作全部结束，函授站自行取消。

2000 年后，教育事业的发展对教师队伍的学历层次提出更高要求，新进小学教师要求具有大专以上学历，而高校扩招后，高等师范教育发展迅速，基本能够满足市内对高等师范学历的要求。2002

年，市政府决定将湘潭师范学校并入湘潭教育学院，该院的培训基地扩展，培训条件大为改善。同年，湘潭市教育局将高师函授站挂靠在湘潭教育学院，设立函授部。2005年，湘潭市教育学院正式担负起高师函授本科教学工作，负责市内初、高中教师的进修、培训及学历教育；各县（市）区的教师进修学校也承担区域内部分教师进修和培训的任务。

二、培训种类

（一）合格证培训

1986年，湘潭市教育局贯彻实施国家教委颁布《中小学教师考核合格证书试行办法》，对不具备国家规定合格学历的中小学教师（含农业中专、职业中学文化课教师）实行"教材教法考试合格证书"和"专业合格证书"培训与考核。"专业合格证书"只适用于当年9月1日前任教的、短期内无法取得合格学历的在职中小学教师（1986年9月1日后参加中小学教育工作的教师均须具有国家规定的相应学历）。1987年，湘潭市有4351名中小学教师参加培训与考试并获得教材教法考试合格证书，有7150名中小学教师参加"专业合格证书"培训与考核。至1993年，有4482人获得"专业合格证书"，其中幼儿教师650人，小学教师2445人，初中教师1275人，高中教师112人。因教师队伍的整体素质提升较快，以及大、中专师范院校毕业生加入到教育系统的人数增多，1994年，"教材教法考试合格证书""专业合格证书"的培训与考核制度均被取消。

（二）学历培训

学历培训的对象主要为学历不合格的中小学专任教师。

1986年，湘潭市有小学专任教师11807人，其中学历不合格的占30.7%；初中专任教师5723人，学历不合格的占68.41%；高中专任教师1771人，学历不合格者68.07%。全市教师队伍的学历合格率整体偏低。

1990年，湘潭市教育局采取措施，加快中小学专任教师学历培训步伐。小学教师进修中师学历，放低录取门槛，实行宽进严出；各地开辟高等师范函授教育、卫星电视教育、自学考试相沟通的中学教师培训新模式，为初中教师进修专科、高中教师进修本科提供新途径；实行奖励制度，激发教师参加进修、培训的积极性；建立幼师函授站，为幼师进修搭建平台。期间，学历不合格的小学专任教师在市内各进修学校及其函授站点进行，学历不合格的初中专任教师主要在湘潭教育学院和湘潭电大及其函授站进行，少数在湘潭师范学院或湖南师范大学及其函授站进行，学历不合格的高中专任教师参加进修培训途径与初中教师大致相同。1991年，全市有448名小学教师、256名初中教师、82名高中教师分别获得中师、专科和本科文凭。年底，全市小学专任教师学历不合格率为24.4%；初中专任教师学历不合格率为42.26%；高中专任教师学历不合格率为56.93%。1992年，全市有788人获得合格学历，市内小学、初中、高中专任教师学历不合格率分别为13.4%、34.2%、50.5%。

2000年，全市小学专任教师不合格率为1.79%；初中专任教师不合格率为13.6%；高中专任教师不合格率为38.4%，至是年的10年中，全市学历不合格的小学、初中、高中专任教师陆续参加进修培训的分别有3413、2723、453人，这些教师通过进修培训，基本达到国家要求的相应学历。2005年，全市中小学教师学历合格率居全省第二。市内幼儿园、小学、初中、高中、职业高中专任教师学历不合格率分别为 2.3%、1.2%、5.6%、14%、42.3%。

(三)继续教育

1993 年,湘潭市教委制定《关于全面开展小学教师继续教育实施方案》,全市的小学教师继续教育全面铺开。1995 年,湘潭市教委制定《湘潭市中小学教师继续教育实施办法》,规定所有中小学教师每五年进行一轮继续教育。

1986~2005 年湘潭市中小学教师继续教育类型一览

表 61-8-5

培训项目	培训时间、内容及成果
新教师入门培训	1986 年以来,每年都举办一期新教师入门培训班。1999 年至 2002 年,应培训 3815 人,实培训 3707 人,完成率为 97.17%;2003 年至 2005 年,应培训 2031 人,实培训 2025 人,完成率为 99.7%
岗位培训	通过培训使绝大多数中小学教师既能胜任所任职务岗位的教育教学工作,又基本具备高一级职务岗位的任职条件。1986 年至 2005 年,应培训 7554 人,实培训 6560 人,完成率为 86.8%
中小学校长培训	1986 年至 2005 年,全市有 1337 名中小学校正副校长参加培训(岗位培训 1135 人,提高培训 202 人),其中高(职)中校长 72 人,初中正副校长 231 人,小学正副校长(联校正副校长)1034 人
中小学骨干教师培训	1986 年至 2005 年底,全市有 2045 名中小学教师参加培训,参培率 100%,其中国家级 41 人,省级 198 人,县(市)级 1806 人
小学教师四项基本功训练	1998 年上期,经市、县两级教育行政部门的统一考核,全市小学教师四项基本功训练达合格标准的占应培训小学校教师的 95.4%,其中优秀率为 35.5%
计算机应用水平培 训	至 2000 年底,全市共培训中小学教师 16343 人,有 15550 人参加全省培训考试,其中有 14434 人取得计算机应用水平等级合格证书,占参考人数的 92.82%
新课程师资培训	2003 年,全市中小学新课程改革全面启动。至 2005 年,连续三年举办基础教育新课程师资培训班,市、县级共培训各科教师 20557 人
校本培训	以校为本,学习新课程和新大纲,所有中小学校全面开展,培训普及率达到 100%
普通话培训	1986 年至 2005 年,全市有 20720 名中小学教师参加培训测试。获得普通话水平等级证书且达到所教科目要求的平均合格率为 81.43%

1997 年,湘潭市开展小学教师第二轮和初中教师第一轮继续教育。至 1998 年,具备合格学历的小学教师 11000 多人均参加培训学习,占全市小学教师总数的 96.5%。1999 年,中、小学教师继续教育培训面分别达 30%和 50.5%,校长岗位培训合格率达 97.3%,通过培训,中、小学教师中有 2628 人取得普通话合格证,有 3275 人获计算机应用能力等级证书。

2002 年,实施教师继续教育工程,市、县两级教师进修院校年内培训教师 1 万余人次,培训校长 254 人,信息技术和普通话培训完成率分别达到 95.1%和 96.9%。2003 年,湘潭市教育局组织有市、县两级教育行政干部参加的通识培训和 18 个学科 1700 多名骨干教师参加的学科培训,为提高非英语专业小学英语教师的专业水平,举办两年制专科层次的脱产英语班,当年全市组织 4500 多名在职教师参加函授、远程教育及脱产学习，形成以骨干教师培训为龙头、教师全员培训为重点的教师继续教育格局。2004 年，市教育局将学科知识培训作为教师培训重点，中小学起始年级教师培训面积达 100%。2005 年，湘潭市教师继续教育主要在新课程师资培训、校本培训、计算机应用水平培训、普通话培训 4 项。

第四节　教师聘用

一、资格认定

1994 年国家始开启教师资格认定工作。1996 年 11 月湘潭市开始贯彻落实《中华人民共和国教师法》《教师资格条例》《教师资格认定的过渡办法》等一系律法律法规，进行教师资格认定。认定对象为具备《中华人民共和国教师法》规定学历和《教师资格认定的过渡办法》规定的教师资格过渡范围内的在职教师和其他人员。当年全市共认定 22178 人具备教师资格，其中幼儿园教师 221 人，小学教师 12687 人，初中教师 6707 人，高中教师 1977 人，中等职业学校教师 586 人。

根据 2000 年 9 月下发的《教育部关于印发<关于首次认定教师资格工作若干问题的意见>的通知》，2002 年，湘潭市将认定对象定为 1994 年 1 月 1 日后补充到教师队伍中的在编正式人员和其他符合《教师法》规定学历条件的人员，并开始面向社会的教师资格认定工作，对非师范教育类专业毕业的人员进行教育教学基本素质和能力的测试。当年全市共认定 9597 人具备教师资格，其中，幼儿园、小学、初中、高中、中等职业学校教师分别为 416、1725、2718、4134、604 人。

2005 年，全市共认定 9137 人具备各级各类教师资格并颁发教师资格证书，其中幼儿园教师 237 人，小学教师 1220 人，初中教师 2477 人，高中教师 4574 人，中等职业学校教师 629 人。至此，全市先后三次认定具备各级各类教师资格者 40912 人，其中幼儿园教师 874 人，小学教师 15632 人，初中教师 11902 人，高中教师 10685 人，中等职业学校教师及其实习指导教师 1819 人（在上述获得各级各类教师资格的人员中，包括部分即将毕业的师范院校学生）。

二、职称评审

1987 年 2 月，湘潭市成立教育系统职称改革领导小组，旋即组成中学教师（含职业中学）、小学教师（含幼儿教师）、中等专业学校教师 3 个系列的中级职称评审委员会（普通中学和中专学校的高级职称报送湖南省职称评审委员会评审）。

1987~1988 年 12 月，湘潭市完成首次中小学和中专学校教师职称评审工作，有 12683 人申报参评，评审通过 10683 人。其中，399 人获高级职称（中学高级教师、中专高级讲师），3594 人获中级职称（中学一级教师、小学高级教师、中专学校讲师），6690 人获初级职称（中学二级教师，小学一级教师，中专学校助讲）。

1992 年，教师职称评审开始转入正常化轨道，每年对当年申请晋升专业技术职称的教师进行一次评审。1995 年起，湘潭市教师职称评审工作陆续进行多方面的改革。对教师初级、中级职称评审实行评委会量化评审办法，即先由学科组（3 人以上）对参评人员的材料进行审查，量化评分，然后,由评委会分三个分数段进行评议,投票表决;根据统一下达的岗位职数,公办学校教师高级职称岗位名额按上年结余数申报,企业办学校和民办学校按单位自行控制数额申报,个别教育教学工作特别突出的中青年教师,不受任职年限、其他条件和指标数额限制,可以破格申请高一级职称;湖南省有关部门将中学高级教师职称评审权下放到湘潭市职称评审委员会;中级岗位职数在原有基础上,增加教师总数的2%以解决农村中小学教师中级职称名额较少的问题。2005年,全市中小学教师中共有高级职称1616人(其中小学特评中学高级教师39人),中级职称10899人,初级职称6818人。

三、核编定岗

1986年,市教育局根据教育部颁布的《关于中等师范学校和全日制中小学教职工编制标准的意见》,结合市内实际,开始对中小学教职工进行核编定岗。其时全市有民办教师约8000人。教师的流动性较大,农村学校在校学生人数时多时少,农村学校也时兴时撤,变更频繁,情况复杂,核编定岗工作难度大。2003年底,湘潭市完成全市6个县(市、区)的中小学核编定岗工作,省编办核定湘潭市中小学教职工编制数为21734人,全市超编59人。

2004年,全市由财政支付工资的中小学教职工为20202人,按省颁编制标准核编,全市高中、初中、小学编制数分别为4512人、7482人、7022人。农村民办教师大量转正,在岗人数增加;农村"普九"提前实现,部分学校开设班级的学生数额不足;小学、初中生源大量减少,导致初中超编766人,小学超编1640人。普通高中进入学生入学高峰期,加上教育本身的发展和高校扩招带来"普高热",学生人数大幅度增加,使高中教师缺编1244人。

2005年,全市高中、初中、小学编制数分别为5370人、5768人、6954人,其中高中缺编1700人,初中超编1747人,小学超编1635人,总计超编1732人。各县(市)高中(含乡镇高中)缺编1023人,占高中缺编总数60.12%。初中和小学超编主要在农村和规模较小的学校,农村初中超编1597人,占初中超编总数91.4%;规模较小的小学超编1353人,占小学超编总数82.75%。

四、聘任

1987年,湘潭市开始进行中小学教师职称评审,并按核定的岗位职数实行评聘结合的聘任制。聘任双方在合理和自愿基础上,由学校或教育行政部门根据工作需要设置定额岗位,聘请教师担任教学和管理工作。其时基本上实行全员聘任,被聘者只是岗位不同。至1999年,因聘任造成的中小学机构、教师总数、岗位变化不大。

2000年,高校毕业生自主择业政策出台,湘潭市、县(市、区)两级教育行政部门开始采取公开招聘教师的办法,主要从大学和中专师范类毕业生中招聘,同时也招聘非师范类专业毕业生。根据各学校岗位需要,被聘者自愿申请,经教育行政主管部门考试考核、择优聘任、双向选择、签订聘约,统包统分制度被打破。2001~2003年,湘潭市直属单位相继招聘教师260人,签订聘约,聘任期为一至三年,同时规定新招聘教师试用期为一年,试用期结束并且各方面表现良好者,由学校报教育行政主管部门解决个人编制问题。

至2004年7月底,全市完成第一轮教职工聘任工作,21734名中小学教职工与学校签订聘用合同。2005年底,全市直属学校以及雨湖区、岳塘区、高新区率先全部完成第二轮中小学教职工聘任工作,教师与单位签订聘任(或续聘)合同,当年,全市竞聘上岗的中小学教职工全部实行合同管理,学校对受聘教职工进行考核,考核结果作为个人受聘任职、职称评审、工资晋升、奖励实施的依据。

实行教职工聘任制后,学校组织机构和人员得以精简。全市乡(镇)学区(联校)撤并6个,与中心校合署办公的5个,精简管理者80人;各校清退在编不在岗者378人,稳妥分流落聘教职工1018人。其中,市直学校撤并处室2个,清退临时工20人,清退在编不在岗人员68人,分流教职工90人;雨湖区11人列为编外人员,4人落聘;湘乡市撤校并点54个,清退长期代课教师110人;132人从超编学校流向缺编学校,686人分流并与原单位解除合同关系。

第九章　教育管理

第一节　学校管理

1986年,湘潭市普通中小学、职业教育继续沿袭统一领导、分层管理体制。市教育局设基础教育科和职业教育科,分别管理全市普通中小学教育(含学前教育、特殊教育)和职业中学教育,区县(市)教育局设置相应股室进行具体管理;普通中专、中等职业技术学校和普通高等教育按隶属关系管理。当年,市内各中小学贯彻中共中央《关于教育体制改革的决定》精神,逐步推行校长负责制。学校党组织负责党的建设工作和思想政治工作,领导工会、共青团和其他群众组织,支持校长履行职权;校长根据教育方针和上级教育行政部门的指示,负责全校行政、教育教学工作,全面完成学校的教育教学任务。各中小学设校长1人,负责学校全面行政工作;设党总支(党委)书记1人,负责学校党务工作;设副校长1~3人,分管各中小学的教学、教育、后勤等工作;学校设教导处、总务处,规模较大的学校设办公室。

1987年后,各中小学先后召开教职工代表大会,学校领导管理体制逐步转为校长全面负责、党组织保证监督、教代会参与民主管理,相互协调、相互制约的管理运行机制。城市中小学和农村规模较大的学校将教导处分设为教务处和政教处。一般中小学设有政教处和保卫干事,对学生进行思想教育和管理。随后各中小学逐步设立校长办公室,配主任、副主任,配合校长统筹指挥。随着各中小学对教育科研工作的重视和教育手段的现代化,规模较大的学校设立教科室(或教研室)、电化教育中心,负责学校教育科研和电化教学管理。

1993年,市教委印发《关于在直属学校推行内部管理体制改革的意见》,各中小学按照要求,根据本校实际制定管理制度,实行校长负责制、教职工全员聘任制、岗位责任制和结构工资制。1999年,市教委印发《关于委直属学校实行校长选聘制和副校长聘任制的意见》,先在部分条件成熟的学校推行。随后各县(市、区)中小学全面推行校长竞聘改革。2002年,市教育局印发《湘潭市中小学校长聘任制实施办法》,规定受聘的校长实行任期制和岗位目标制。校长在上级教育行政部门领导下,对学校行政工作负责,学校党组织对学校行政工作起监督保证作用;教职工代表大会参与学校民主管理。

至2005年，各中小学所设主要有校长办公室、教务处、政教处、总务处，部分学校设有教科室、电教中心等；各中小学都建立起校长办公会和行政办公例会制度，讨论贯彻上级党委、教育行政部门精神，研究学校工作计划、课程和人事安排、学校规章制度、经费使用以及教学改革、思想政治工作、体育卫生、总务后勤等问题。一般中小学还建立班主任例会、教研组长例会制度，组建家长委员会。

第二节 教育经费管理

一、经费来源

1986~2005年，全市教育经费的来源主要有政府所拨教育事业费（预算内经费）、学杂费、教育费附加，以及单位捐资、群众集资、勤工俭学、农业税附加等。

（一）财政教育事业费投入

1986年，中小学教育经费纳入国家财政预算，市财政继续在包干基数上按适当比例增长每年拨款数。增人、增规模在增长点内自己调剂。减人不减指标，节余留用，严格执行年初预算。到2005年20年中，政府财政教育事业费总支出为329912.2万元，占20年全市财政总支出的17.99%，年均16495.61万元。

1986~2005年湘潭市教育事业费投入情况

表61-9-1

年份	地方财政总支出（万元）	其中教育事业费（万元）	教育事业费占地方财政支出（%）
1986	16776	3654.9	21.7
1987	18966	3781.9	19.9
1988	22520	4436.5	19.7
1989	23817	4678.0	19.6
1990	26740	5348.0	20.0
1991	33936	6865.2	20.2
1992	30654	8585.0	28.0
1993	40044	11333. 2	28.3
1994	55305	16047.5	29.0
1995	65896	17717.0	26.8
1996	77481	20118	25.9
1997	66982	13974	20.8
1998	80172	14431	18.0
1999	87659	16027	18.3
2000	102981	16477	16.0

续表

年份	地方财政总支出(万元)	其中教育事业费(万元)	教育事业费占地方财政支出(%)
2001	141932	22687	15.9
2002	189788	32264	17.0
2003	194085	33074	17.0
2004	242776	36323	14.9
2005	314876	42090	13.4
合 计	1833386	329912.2	—

(二)教育费附加

1986年,全市收取农村教育费附加和城市教育费附加分别为642、266万元。此后教育费附加逐年增加，农村教育费附加增加尤多。1990年农村教育费附加为1034万元,1995年增加到2574万元,是1986年的4倍多;城市教育费附加626万元,是1986年的2.35倍。至2001年16年中,全市共征收农村教育费附加35322万元。2002年起,农村教育费附加停止征收。至2005年的20年中共征收城市教育费附加23568万元。

(三)学杂费收入

1986年后,学杂费征收标准各个时期有增无减,类型不同,级别不同的学校征收标准不同,同类学校也有区别,农村比城市标准略低。1994年起,全市多数学校除按规定征收学杂费外,还征收择校费和计划外学生的培训费，而民办学校教职工的工资基本上都是从收取学生学杂费解决。至1997年,政府先后4次行文增收学杂费,并规定将征收总额的20%用来减免贫困家庭子女的上学费用。至2005年的20年中,全市中小学共收取学杂费133519.9万元。

(四)勤工俭学收入

1986年后,全市中小学的校办工厂、农场,一般将全年40%左右的纯利润上交学校,各校上交的比例有高有低，视实际情况酌情增减。至2005年的20年间，全市中小学勤工俭学纯收入共45129.8万元,其中上交学校13087.04万元。

1986~2005年湘潭市勤工俭学情况

表61-9-2　　单位:万元

年 限	总产值	纯收入	上交学校
1986~1990	7740.9	2167.5	1127.1
1991~1995	26001.2	5777.4	3139.9
1996~2000	94652	19136.5	4539.48
2001~2005	83242	18045.4	4280.56
合 计	211636.1	45126.8	13087.04

(五)捐资集资

1987年,湘潭县响水乡私营企业主戴绍初捐资5万元改建该村小学,韶山市毛家饭店老板汤瑞仁为教育共捐款10万元。从1989年起的5年中,韶山农民企业家彭福民为教育捐款100多万元,兴建5000多平方米校舍。1991年,解放军总后勤部离休老红军刘荣辉为湘潭县茶恩寺乡教育捐款1万元。侨居新加坡的邹建华为湘潭县石桥小学捐款10万元。1992~1994年,台胞刘建平、王晓林、张尚德为改建乡村小学共捐款5.7万美元和人民币12万元。

1994年12月,市人民政府发文《关于提倡和鼓励捐资助学、集资办学的通知》。1996年,市直机关各单位为雨湖区和岳塘区实现"普九",捐献图书价值120多万元。1997年,香港邵逸夫多次捐款共100万元,助建成雨湖区韶西小学和熙春路小学;国家"希望工程"捐款100万元,新建韶山希望小学。到2005年20年间,全市收到的教育捐、集资款33444万元。

二、预算内经费支出

1986年,教育经费支出包括教职工人员经费和公用经费两大部分,全市预算内经费共3654.9万元,其中人员经费支出占85.6%,公用经费支出占正常经费的14.4%。

1987年起,随着教育改革的不断深入和财政的经济形势变化,全市教育经费支出中,基础教育、职业教育、成人教育和其他教育以及1998年前的民办教育等项支出的比例略有调整,开支的项目略有减少。2000年,全市人员经费11253.79万元,占教育经费总支出68.3%;公用经费5223.21万元,占教育经费总支出31.7%。与1986年相比,人员经费比例减少,公用经费比例增加。

2001~2005年,教育事业费支出的比例虽有提高,但低于全国平均水平,公用经费在全市教育事业费中所占比例小,与全市教育事业发展的需要仍不相适应,特别是一部分农村小学现代教学设施还严重缺乏。

1986~2005年湘潭市中、小学预算人员经费与公用经费开支比例

表61-9-3　　单位:万元

年限	教育事业费5年总支出(预算内)	其中			
		人员经费	占%	公用经费	占%
1986~1990	21897	17511	80%	4386	20%
1991~1995	30499	22874.25	75%	7624.75	25%
1996~2000	81027	73167	90.3%	7860	9.7%
2001~2005	166437	155103	93.2%	11344	6.8%

第三节 设施设备、图书管理

一、校舍

1986年,湘潭市普通中小学、幼儿园、职业学校、特殊教育学校校舍面积335.93万平方米,市重点中学校舍基本达达到教育部规定的标准,其他学校与部颁标准尚有较大差距。1992年,全市投入5108万元改造校舍,370所学校的校舍约35万平方米得到改造,消除危房3.85万平方米,新增校舍24.84万平方米。至1997年全市普及九年义务教育时,校舍总面积增加到617.70万平方米,比1986年增加83.90%,大多数学校建起图书室、阅览室、仪器室、实验室、体育场,教学用房面积大大增加,校舍质量明显提高。

1997~2000年,全市继续改造危旧校舍78.57万平方米,大修校舍91.85平方米,新建扩建校舍162.57万平方米,全市中小学校舍总面积增加到774.06万平方米。2001年,全市改造危旧校舍78.93万平方米,其中拆除10.64万平方米,大修23.02万平方米,改扩建45.27万平方米,总投资2.3亿元。2002年,全市拆除校舍危房173万平方米,新建校舍158万平方米,总投资7.54亿元。到2005年,全市普通中小学、幼儿园、职业学校、特殊教育学校总占地面积4028万平方米,校舍面积976.7万平方米,是1986年的2.9倍。

二、其他设施设备、图书

1986年,全市中小学共有常规教学仪器、设备价值896.6万元,图书馆(室)1409个,图书568.68万册。1989年,全市开始有计划有步骤地建立农村初中实验中心。1994年,全市建有中小学实验室1937个,面积11.80万平方米;仪器室3722个,面积10.34万平方米,仪器价值2946.62万元;音体美专用教室755个,面积4.12万平方米;器材室3469个,面积7.53万平方米,器村价值2321.35万元;图书馆(室)3408个,面积11.06万平方米;阅览室2917个,面积11.34万平方米;图书1186.45万册,价值3359.15万元。1995、1996年两年间,全市又投资添置教学仪器价值1150万元,图书200万册,价值960万元,音体美器材价值620万元。

2000年,全市更新实验室设备、改造新建试验室53个,投入资金727.90万元,图书馆投入1318.11万元,增加图书21.01万册,新增体育设施、器材722.14万元,部分县、校装备薄弱的状况得到改善。2001年,全市教育技术装备总投入3000万元,市区中小学、县(市)直属学校、实验小学、示范初中及大部分乡镇中心小学均按国家教育部新颁国标《中小学教育仪器配备目录》一类配备;图书建设投入956万元,添置新书113万册。

2005年,全市中小学仪器、图书、器材设备总价值44142.06万元,其中图书总量22833万册,仪器设备总价值39215.45万元,实验室317593平方米,图书阅览室210493平方米。全市中小学有计算机50961台,其中小学15623台,普通中学35338台,建立校园网78个;电子图书872862册。微机室149863平方米,其中小学59852平方米,中学90011平方米;语音室42340平方米,小学8977平方米,中学33363平方米。由于各种原因,校际之间、地区之间发展不平衡,仍有一部分学校没有达到国标的要求。全市小学达标率：数学自然实验为48.78%，体育器械为49.22%，美术器材为43.46%，全市中学达标率，理科实验仪器为67.03%，体育器械为67.30%，音乐器材为57.22%，美术器材为58.86%。

1986~2005年部分年份湘潭市教育行政事业单位固定资产情况

表61-9-4　　单位:万元

年 代	教育行政事业单位固定资产			
	全市教育行政单位	全市所有学校(不含省管高校及高职院校)	高职院校	合 计
1986	1825	89985	36385	128195
1990	1873	94586	39742	136201
1995	1918	101763	44562	148243
2000	2098	110982	50785	163865
2005	2345	121388	58263	181996

第四节 教育督导

1986~1989年,市内无专门教育督导机构。

1990年,根据上级文件精神,设立湘潭市教育委员会督导室,对全市中小学校教育工作进行五项督导:督查“两基”规划的实施情况,《中华人民共和国教师法》的落实情况,增加教育投入情况,加强德育工作情况,减轻义务教育阶段学生课业负担情况。1991年始,对部分乡(镇)及学校进行督导评估。1992年,制订湘潭市中小学德育工作评价方案,对全市中小学校德育工作进行督导检查和评价。1993年,对减轻中小学生过重课业负担进行专项督查,并验收全市首批中小学合格学校,有4所中小学认定为合格学校。

1994年,开展全市“两基”工作的自查。1995年,根据国务院、省教育厅要求,教育督导的主要任务是促进“两基”工作如期达标。同年,经市人民政府批准,将“湘潭市教委督导室”更名为“湘潭市人民政府教育督导室”,设正县级督学1名,副县级督学4名,正科级督导室主任1名。

1997年,全市“两基”达标,教育督导工作的主要任务转向“巩固两基成果”和推进实施素质教育。市教育督导室转变工作方式,将全面督导改为重点督查,开展教育经费、教师工资、办学行为、教育发展环境等方面的专项督查。督导室主任文雅根被评为全国教育督导工作先进个人。2005年,湘潭市全面实施县级政府抓教育工作和县级党政主要领导教育工作实绩督导考核制度。通过实施两项制度,依法追回平调、挪用的学杂费和教育专项经费1230万元;财政增加教育投入2400万元;落实教职工各项政策性津补贴和年终奖金570万元,各级党政领导和部门重教兴教意识增强。

第五节　中小学教研管理

一、管理机构

1986 年，全市中小学教研管理直接由市教育科学研究室统一组织和实施。市教育科学研究室设中学文科组、中学理科组、小学组及资料情报组，有专、兼职教研员 22 人。1987 年，各县(市)区教委先后建立起中小学教研室，按语文、数学、外语、物理、化学、政治、历史、地理、生物、体育、音乐、美术、劳动技术等科目设专职教研员，对县(市、区)内教育教学的相应科目进行教学研究和指导。

1991 年，市教育科学研究室更名为市教育科学研究所。2003 年，在推进新一轮基础教育课程改革的背景下，教科所、职业教育研究室和成人教育研究室合并为湘潭市教科院，指导全市教研教改工作。2005 年，大部分完全中学和高级中学设立教科室并按科目分组，一般中小学学校设立教研组。以湘潭市教科院为中心，湘潭市中小学形成市、县(区)、乡镇和学校四级教研网络，有专、兼职教研员 68 人。

二、教研成果

1986 年，湘潭市即以规范常规教研活动来促进教育教学质量的提高。各级教研管理机构对部门、学校、教师采取常规检查、抽查、随机听课、推广示范课、组织开展专题性教研教改实验和教育论文撰写等方式来提升教学质量、推动教育教学的改进和创新性研究。

为全面实施义务教育，市教育科学研究室确定“学校、家庭、社会三结合教育”“中、小学教育衔接问题”等 12 个课题开展研究。湘潭教科室组织小学自然课继续推广“提高起步，进行科学启蒙教育”的课题实验，覆盖湘潭市 10 校 21 个班。1987 年，李华亭组织编写的《汉语本音拼音》教材和教参一套，被中央教科所(教育部下设机构)定为全国选用的实用教材，由人民教育出版社出版发行；他主持的小学语文《注音识字，提高读写》的课题教改实验，在省内全面推广。市教科室小学组组织全市教师 200 余人进行小学数学教学测验科学化、标准化实验研究，论文在《湖南教育》发表。中学理科组与长沙等 4 个地市协作，写成《初中毕业会考物理考试大纲及指导》一书。市教研室周约维主编的《湘潭历史》和董仲文主编的《湘潭生物》被省教科院评为湖南省优秀乡土教材一等奖。1989 年，由齐碧泉、袁天一主持的《中学数学自学辅导法实验》获湖南省首届教研教改成果三等奖。当年省教科所在江南中学召开全省思想政治课改革实验检查评比会议，江南中学被评为教改先进单位，其经验在全省推广。

1992 年，湘潭市为全面推进素质教育，迎接即将实施国家教委新的九年义务教育课程计划，把改变传统教学模式、实施课堂教学改革作为市内中小学教研活动的中心，实行新的课堂教学评价方案。同年黄源芳参加湘版“九年义务教育中小学音乐教材”的编写和修订工作，该教材被评为国家一类教材。1993 年，湘纺小学被评为全国教改实验先进单位。1995 年，由周大明主持的《掌握数学》实验获省第四届基础教育教研教改优秀成果二等奖、市优秀成果一等奖。同年，湘潭市开展小学“协同教学”(两个以上的教师以及教学助理人员分工合作、共同策划及执行大规模教学活动的一种教学形态)课题研究，在全市部分小学开设“综合课”。

1996年,市内首届普通中小学"希望之星"青年教师优质课竞赛举办,当年评出"希望之星"标兵6人。湘钢二中教师游铁石获全国首届中学音乐、美术教师基本功赛一等奖。湘潭市教育科学研究所编写《九年义务教育活动课》指导丛书一套9册,作为全市义务教育的活动课教材,由湖南少儿出版社公开出版发行。是年湘潭市体育教学中的"小群体学习与研究"获中央教科所一等奖。1997年,由市教科室主持的《湘潭市中小学课程结构改革研究》被立为湖南省重点资助性课题;有湘潭教师参与的湖南省"小学协同教学实验"课题研究被评为"全国师范院校基础教育改革试验研究项目优秀成果"一等奖。

1998年湘潭市二中试点的"区域性推行教育教学改革的途径和方法"取得阶段性成果,被写入《湘潭市跨世纪教育五年计划》,并向全市推广。苏沙平、曾葡初共同主持的《"中学英语听读作为输入,促动学生全面发展的理论和实践"系列试验研究》获湖南第五届基础教育教研教改成果二等奖。苏沙平和陈红参与编写的省小学英语教材《Hi,English》在全国范围内发行。纪国英参加编写的《公民》教材被列为省通用政治教材。全市中小学广泛开展"说、授、评"教研活动,是年有80多篇实验报告和研究文章在省级以上刊物发表。湘潭县一中教师倪峰获中国数学教研会第九届年会优质课说课竞赛一等奖;湘潭市获湖南省基础教育教研教改优秀成果一等奖。

1999年,全面实施素质教育取得阶段性成果。市教科室主持的《湘潭市中、小学课程结构改革研究》获湖南省基础教育教研教改成果二等奖。当年雨湖区韶西小学李湘玲、金庭小学尹红获全国第二届中小学音、美教师基本功赛一等奖。2000年,湘潭市承担的《音像教材建设的理论与实践研究》国家级"九五"重要课题的7个子课题均接受省、国家两级验收,其中1项获国家课题组二等奖,6项获三等奖。湘潭教科室被授予"全国教育科学教育部重点课题研究单位"。由唐冬峰、薛剑刚、纪国英主持的《小学多学科协同心理教育的研究》的省级课题获湖南省"九五"教育科学研究课题优秀成果二等奖。由黄建平、周约维、李建新分别参加编写的湖南省九年义务教育思想品德教材(湖南教育出版社)、初中《中国历史》(岳麓出版社)、小学数学实验教材(湖南教育出版社)出版发行。

2001年,湘潭市向省教科院申报的7个课题全部通过省级验收,是全省通过率100%的唯一地州市。2002年,苏沙平、陈红主持的《中小学英语任务型教学模式实验研究》课题通过国家教育部立项,被列入全国"特级教师计划"。2003年,湘潭市普通高中进入新一轮新课程实验,由湘潭市教育科学院牵头,制定《湘潭市中小学优秀教研组评价标准》《湘潭市中小学教育科研工作评价细则》,使中小学教研工作科学化、制度化、精细化。义务教育课程标准实验教科书《品德与生活》与《品德与社会》(中央教科所教育科学出版社),经全国中小学教材审定委员会审查通过,在全国29个省(含自治区、直辖市)使用。2004年,湘潭市教科院中小学教研室推行教研员集体下校视导制度,并与学校建立课题实验联系点,指导课改,当年视导学校达44所。通过视导,湘潭市教师的课改意识提升,当年有27名教师获省级课件制作比赛一等奖,16名教师获省级说课比赛一等奖,71名教师的论文分别获省论文一等奖和二等奖。2005年,市教科院与市教育局一道,制定《湘潭市中小学优秀教研组评价标准》《湘潭市中小学教育科研工作评价细则》。教师集中开展新课程改革等课题研究,共有9项研究成果获省三等以上成果奖。邓宏参与主持省教科院基教所的子课题《现代教育技术环境下的中学美术课学习方式实验研究》获得省一等奖。由邓宏担任《绘画》册执行主编的《普通高中美术课程标准实验教科书》(湘版)在全国半数以上省份使用,成为全国通用的高中美术教材。

第六十二篇　科学技术

概　述

1986年3月，湘潭市委、市政府贯彻《关于科学技术体制改革的决定》，大力推行科技体制改革，进一步放宽放活全市科技人员政策，支持和鼓励科技人员到工农业生产第一线进行技术承包，开展技术服务。1987年，按行业或专业组建“湘潭市工程师技术团”和“湘潭市科技支乡服务团”，开展下乡、下厂技术服务活动，相继促成以大中型厂矿为骨干的冶金、建材、化工、电子、能源等配套生产企业，并形成一批在省内外有竞争能力的名牌产品。1988年，湘潭市开始实施“火炬计划”（高新技术产业指导性计划），同时制定《湘潭市新技术产业开发试验区暂行规定》，重点开展四新（新产品、新技术、新设备、新材料）的推广应用。1990年，全市拥有各类科研机构75家，技术贸易机构149家，各类专业技术人员45500人，其中中级以上专业技术职称15925人，占总数的35%。至1990年5年中，湘潭市实施的科技计划有“星火计划”“科技成果推广计划”“电子信息技术应用计划”“软课题计划”“科技兴农计划”“科技扶贫计划”“科技支乡计划”“火炬计划”等，累计投入科技三项经费392万元，争取省级以上科技经费2400万元，技术贸易合同成交额达5433.59万元。全市安排各类科技计划项目611项，取得各类科技成果445项，其中获省、部级以上科技奖100项，专利申请量和授权量分别为681件和450件。

1991年1月，湘潭市委、市政府提出“科技兴市”发展战略，出台《关于科技兴市的决定》，重点围绕科技兴农、科技兴工、高新技术革新及产业开发三个方面予以扶持引导。1992年，科技兴农以推广优质、高产、高效农产品及种养技术应用，重点发展示点示范。科技兴工、高新技术革新方面，通过鼓励企业开发创新，加大全市科技成果的引进推广，重点开展高新技术应用。8月，成立“湘潭高新技术产业开发区”，区内重点发展机电、冶金、精细化工等支柱产业。至1995年，通过科技兴市，科技工作力度对全市工农业生产作用明显增强，科技进步因素对工、农业生产增长的贡献率分别达到35%和40%。1996年，以“大科技、大联合、抓大项目、作大贡献”的科技工作思路，集中资金、物资、科技力量对成规模效益和区域经济优势的开发项目进行扶持，先后争取湘潭电机厂、湖南电线电缆集团和湖南五菱集团等国有大中型工业企业的主导产品，列入国家和省级重点科技计划。8月16日，《科技日报》以《唱好科技三台戏，下活经济一盘棋，湘潭市大科技大联合形成气候》为标题，报道湘潭科技工作思路。1997年，全市开展“百里农业科技走廊”和实施“百项工业科技开发项目”为重点的“双百工程”。当年，走廊内建成市、县、乡、村、组、示范户6级科技成果推广网络，百项工业科技开发则通过高等院校、科研院所与企业合作，扶持民营科技企业与科技成果重点转化单位，促成一批大中型国有企业及科技型民营企业形成规模效益的主导产品。1998年，全市自然科学独立研究与开发机构发展到83家，技术贸易机构发展到188家。各类专业技术人员总数达到66360人，其中中级以上专业技术职称24553人，占总数的37%。全市科技对经济的贡献率42%。至1998年的8年中,湘潭市共安排各类科技计划767项,取得各类科技成果590项,其中获省、部级以上科技奖199项,专利申请量和授权量分别为1375件和961件,全市技术贸易成交金额达3.2亿元,科技三项费投入1150万元,争取省级以上科技经费19000万元。

1999年,湘潭市委、市政府出台《关于加快科技进步推动产业结构优化升级的决定》,决定以实施十个重点高科技项目,扶持十个科技型龙头企业、十个科技型中小企业和十个民营科技企业为重点,在"三区一园"(高新区、新材料基地示范区、持续高效农业示范区、大学科技园)发展高新技术产业,科技政策集中向高新技术产业、持续高效农业和民营科技企业倾斜。当年,湘潭市被列为"全国首批10个专利试点城市"之一和"全国新材料成果转化及产业化基地"三个示范区之一,新材料和光机电一体化产业成为全市高新技术支柱产业,持续高效农业示范区成为科技兴农样板。至2001年,全市先后建立5家省级企业技术中心、2家工程技术研究中心、1家企业博士后工作站。当年,湘潭高新区创业服务中心被认定为国家级高新技术创业服务中心。2002年,湘潭市被科技部列入全国47个制造业信息化重点城市之一;大学科技园和农业科技园被认定为省级科技园,"专利工作试点城市"通过国家知识产权局验收。2003年,湘潭市正式启动"中小企业大学行"活动,科研机构、高等院校与企业之间的联合促使产学研结合得到进一步深化。当年,"智能化农业信息技术应用工程"通过省级验收,韶山市被确定为国家级可持续发展试验区,并被列入全省专利试点县(市),雨湖区、岳塘区被确定为全国科技进步先进县(市、区)。2004年,湘潭市出台《关于创建全国科技进步先进城市的决定》,科技工作采取以项目带动产业发展,突出扶持优势项目和产业、实施制造业信息化工程、深化产学研结合和推进专利战略,全力推进科技进步与创新。湘乡市被列入"国家粮食丰产科技工程"核心示范区。2005年,湘潭(德国)工业园和九华工业园相继被科技部火炬高技术开发中心、湖南省科技厅认定为国家火炬计划湘潭机电一体化产业基地和湖南湘潭车辆及装备制造产业基地,制造业信息化被作为推进全市新型工业化的第一工程开始全面启动,省级制造业信息化示范企业达到19家。当年,湘潭市科技进步综合排序在省内十四个市州跃居第二位,市制造业信息化工程顺利通过国家科技部验收,湘潭市被正式列为"国家知识产权示范城市创建市",12月15日,湘潭市首次获得"全国科技进步先进城市"荣誉称号。2005年,全市各类科研机构发展到120家,全市技术贸易机构发展到223家,专业技术人员总数达112000人,其中中级以上专业技术职称47376人,占总数的42.3%,全市科技对经济贡献率48%。

至2005年的7年中,湘潭市共完成各类科研攻关、科技计划项目924项,鉴定验收各类科技成果774项。其中获省、部级以上科技奖254项,专利申请量和授权量分别为2985件和1379件,全市技术贸易成交金额达5.3亿元,科技三项经费投入6975万元,争取省级以上科技经费4.2亿元。

第一章 工业科技[①]

1986~1990年,境内工业科学技术主要以开展科研攻关、技术改造和"四新"(新产品、新技术、新设备、新材料)的推广、应用来带动工业科技进步,工业领域注重与高等院校、科研院所合作,共同

①各章科技成果收录标准:湖南省科技进步二等奖以上项目;省星火奖获得项目;产品填补国内空白,达到国内或国际先进水平;在行业或领域内产生较大影响的科技成果。

研制开发规模效益的拳头产品。此期间,湘潭工业行业累计完成各类科研攻关、技术改造和推广应用项目289项,取得各类科研成果223项,其中获省、部级以上奖励39项。1991年开始,湘潭工业开始逐步引进新兴科学技术手段来改造和提升传统制造工艺,同时引导工业企业开始向高新领域和产业园区发展,并初步形成先进制造业、精细化工产业、新材料为主导的高新技术产业集群。至1999年的9年间,湘潭实施工业科技项目321项,取得各类科研成果273项,其中获省、部级以上奖励96项。2000年后,湘潭工业科技通过广泛开展制造业信息化建设,全市工业企业产品开发、自主创新能力得到进一步提高,至2005年的6年间,湘潭工业行业累计承担各类科技攻关、重点基础研究项目329项,取得各类科研成果298项,其中获省、部级以上奖励121项。

第一节　机械科技

一、电机及成套设备

湘潭是全国大型综合性电工成套设备生产基地之一,1986~2005年,全市各类大、中、小型电动机及相关成套设备共获省级以上科技奖励36项。

(一)百吨电动轮自卸车

1986年,湘潭电机厂根据机械工业部和冶金工业部安排,设计出适用于高寒地区的百吨电动轮自卸车——SF—3103型防寒车;1987年,完成具有先进技术水平的108吨C型自卸车试制。当年,湘潭牵引电气设备研究所、湘潭电机厂和机械电子工业部第一装备司标准化研究室陈石勋、余水华等开展“108吨电动轮自卸车技术条件(湘Q/JB1610-87)”研究。在初步确定标准的技术参数的基础上,圆满完成SF3102电动轮自卸车试制工作,成果获1989年机械部科技成果特等奖,1990年获省科技进步二等奖。

2000年以后,随着国民经济的高速发展,湘潭电机股份有限公司(原湘潭电机厂)应用多年积累的科研成果和经验.并借鉴国外最新技术,进一步加快新型108吨电动轮自卸车研制。2002年,湖南工程学院杨跃龙、胡俊达、赵亦军等人为湘潭电机股份有限公司108~154吨电动轮自卸车的动力总成试验研制出百吨车动力总成自动化试验系统,该系统由工业控制计算机与F1—128脉一PLC可编程序控制器组成集中控制中心,控制整个试验系统的电气部分、气路部分、机械部分。应用自行开发研制的PLc与微机控制软件,实现测量参数智能化与故障自诊断,将百吨车动力总成(包括大马力进口内燃机)测控系统以及动力总成性能试验数据自动处理系统有机地结合在一起,测量精度达到0.5极标准,该系统的研制为国内首创,在百吨电动轮自卸车动力总成试验领域达到国内领先水平。

图62-1-1　2003年湘潭电机股份有限公司研制的SF31904型108吨电动轮自卸车

2003年,湘潭电机股份有限公司在原108吨电动轮自卸车的基础上自主研制开发出SF31904型108吨电动轮自卸车,该型车采用精确的PID控制方法,恒功精度和动力性能得到显著提高,同时增加集中智能式监控系统,使该车具有故障自诊断功能和系统主参数监视功能。产品经湖南省大中型电机电控产品质量监督检测站现场测试，综合技术性能达到国际同类型产品的先进水平，产品填补国内空白。

(二)电机

1989年，湘潭电机厂汪开芳、刘鸽鸣等研制出FT-180-4电阻分相起动单互异步电动机，获湖南省科技进步二等奖。1991年，湘潭市调速电机厂Y系列电动机和YCT调速电机通过机电部鉴定，成为国家推广的节能产品，开发的YYT调速电动机荣获全国新产品、新技术博览会金奖。1994年，湘潭电机厂黄弟耀、杨慰怀等在万伏级Y系列三相异步电机研制中，经应用10千伏绝缘结构，径向混合通风系统和端盖式球面轴承，铜条转子连接等新技术，性能指标达到或接近80年代末期国际水平，产品具有高效、节能、体积小、重量轻等特点，研究成果获1996年湖南省科技进步二等奖。当年4月，该厂又成功研制出国内容量最大，能承受63000N双轴向推力，并能正反转运行的凸极型实心磁极同步电机，产品填补国内空白；1997年，ZG200-1500型准轨直流架线式工矿电机获国家级新产品证书，大型单绕组双速异步电动机荣获机械工业部97年度科技进步二等奖；2000年，湘潭电机集团有限公司蒋全荣、颜国荣等，完成新型H级绝缘直流轧钢电动机试制，成果获湖南省科技进步二等奖。

(三)GTO直流斩波调压系统

1991年，湘潭电机厂在承担的"地铁电动客车304KWTGO直流斩波调压系统"研制中，先后完成项目调研、设计、研制、试验等阶段工作，在北京地铁试运行3万千米，该系统具有制动平稳、噪声小、工作可靠、节能效果好等优点。1996年11月，该厂以李根良为首的课题组承担的"GTO直流斩波调压系统"荣获国家"八五"科技攻关A类一等奖，产品达到80年代末国际先进水平，被国家确定为最有显示度的科研项目。2000年，湘机集团承担伊朗地铁工程全部31列共217辆地铁电机电控产品的生产制造任务，集团充分利用原地铁电机电器成套技术，采用直流斩波调压和牵引技术，进一步完善系统配套能力，满足伊方对车辆可靠性及经济技术指标的高要求。是年2月，伊朗德黑兰地铁市区一号线正式投入运行，产品得到伊方的充分肯定，被誉为中国电气产品出口该地区的"示范工程"。

(四)电力机车

1991年，湘潭电机厂许苏琦、张锴等成功研制出ZK10-6.7.9/550-6C直流架线双机牵引电机车。该车与矿车组成一个整体，操作双机中任何一台机车都可以同时控制2台机车，实现装、运、卸一次完成，该车电气系统重联线仅需两根，机械系统采用独特防震设计，是400万吨大型矿井理想的运输设备，当年，整车成果获省科技进步二等奖。1996年，湘潭电机厂试制出ZG200-1500型直流架线式准轨200吨工矿电机车，经过半年工业性运行后，顺利通过国家机械部鉴定。该车在原有150吨电机车的基础上，对转向架结构、力传递形式、制运系统等方面进行重大改进，使整车功率及轮缘牵引力比150吨机车提高30%。可满足国内大型露天矿大功率、大吨位、小曲线半径的矿山深部开采的需要。

2002年，湘潭工学院黄采仑、周少武等根据铁路机车在复杂场合下的旋转机械故障，研制出"机车走行部在线故障诊断系统"，该系统运用现代振动冲击信号提取方法及小波变换、FFT变换等信号处理方法，诊断机车运行过程中轴承和齿轮的滚动工作面故障，实现多参量、多标准的综合精密诊断。当年，该项技术获湖南省科技进步二等奖。

2004 年，湖南科技大学陈安华、高永毅等，运用现代非线性动力学和运动稳定性理论与方法，对旋转机械典型非线性故障行为的动力学机理、机械系统突发性故障的非线性动力学特征及形成机制、等问题进行深入的研究，提出转子系统非线性振动的辨识建模方法及建立状态突变流形和分岔集方程方法，为正确认识旋转机械故障的非线性动力学机理和建立其完备的诊断知识库提供理论支持，并在振动磨机诊断控制、机车走行部在线故障诊断系统、超越离合器故障诊断等方面获得成功的应用，研究成果获 2005 年湖南省科技进步二等奖。

二、电线电缆

(一)CXGJ 钢芯稀土铝绞线

1985 年，湘潭电缆厂张解国、苏华光等开展钢芯稀土铝绞线研制，成功推出 CXGJ 钢芯稀土铝绞线。该线与普通钢芯铝绞线相比，具有优良的导电性能和耐腐蚀性能，是一种高性能的节能产品，每千米 300 平方毫米的导线每年节电 4000~5000 度。1993 年 10 月，国务院稀土办、机电部、电力部等部门下文指定该厂为电力部定点生产这种产品的厂家，产品除用于国内大亚湾核电站、广西天生桥、湖南常德等地 50 万伏输电工程外，还出口孟加拉、尼泊尔、约旦、菲律宾、印尼等国和香港地区。当年产品获湖南省科技进步二等奖。

(二)船用电缆

1991 年 5 月，湘潭电缆厂通过英国劳氏船级社(劳氏船用电缆标准为世界船用电缆通用标准)对该厂生产的船用电缆抽样检查，获得英国劳氏船级社的认可证书，成为国内首家船用电缆全系列通过劳氏认可的生产厂家，产品包括船用力缆、控缆、通讯电缆及阻燃船用力缆 4 大类 157 个系列。

(三)电磁线

1993 年，湘潭电缆厂从奥地利引进电磁线生产设备，对电磁线生产技术进行重大技术改造，产品全部按国际 IEC、JIS 先进标准生产，当年 12 月通过省级验收，产品达到 80 年代末国际先进水平，1994 年，该厂电磁线产品(推广)项目获湖南省科技进步二等奖。1995 年 11 月，电磁线系列被湖南省科委评定为高新技术产品。

三、电器

(一)变频器

1986 年，中南电力变频器厂集中专题攻关改变交流电 50 赫兹频率的变频器，经两个多月试验，首创国内第一台样机，并在河北邯郸矿务局陶二矿成功进行工业性运转试验，该技术填补国内空白并获国家专利。

(二)CJR 型交流接触器

1991 年，韶山杨林电器厂引进先进技术，改进设计、研制成功 CJR 型交流接触器，具有积木式结构、重量轻、体积小、耗能少、噪音低、用料省、工作可靠、寿命长等特点，技术性能达到 80 年代末国际同类产品先进水平。当年，该厂生产的主令控制器获全国科技成果展览交易会金奖，技术达到 80 年代中期国际先进水平。

(三)滤波成套装置

1995年，湘潭开关厂陶学潜、赵斌建等研制成功TJL35型高压滤波成套装置。该装置采用二阶节能型滤波、两级绝缘等技术，并与国外引进的60T高功率电弧炉配套，无功补偿效果、滤波效果和节能效果显著，属当时国内第一套装置，研究成果获1995年湖南省科技进步二等奖。

(四)挖掘机成套电器设备

1999年，湘潭电气设备制造有限责任公司罗庆林、刘杰开发的WD(K)4A(C)—6型系列挖掘机成套电控设备获“中国专利技术博览会金奖”。2000年，该专利获“中国专利十五年成就展最佳项目”。

四、仪器仪表

(一)球化率分选仪

1986年，湘潭仪器仪表厂与沈阳铸造研究所联合研制出XQS球化率分选仪，该仪器主要用于生产球墨铸铁的现场测检和分选球墨铸铁，当年，成果获湖南省优秀新产品奖，并填补国内空白。

(二)强度试验仪

1988年，湘潭仪器仪表厂、中南工业大学杨欣荣、冯署斌等5人在SWX徒刑材料高温性能试验仪的基础上成功研制SQW—4型微电脑控制型砂高温强度试验仪，该机是一种机、电、仪一体化多功能综合测试智能仪器。当年，成果获国家科学技术委员会、经济委员会、机械工业委员会电子仪器优秀新产品奖，产品达到国外同类产品20世纪80年代的先进水平。

(三)智能热量仪

2001年，湘潭工学院成继勋、徐光远等，针对煤炭、电力、冶金、石油等行业工作需要，研制出单片机测控式智能热量仪，该仪器使用动态校准技术，对仪表的非线性环节进行线性化、并对热容量进行温度补偿，精密度和准确度均优于国家标准的要求。当年，智能热量仪获湖南省科技进步二等奖。

(四)机械系统典型非线性故障行为机理研究

2005年，湖南科技大学陈安华、高永毅、刘德顺等，围绕机械系统突发性故障的非线性动力学特征与形成机制，建立一种转子系统非线性振动的辨识建模方法和残余应力评估方法，阐明重合度、支承刚度、啮合阻尼和支承阻尼对齿轮系统动态传递误差和振动稳定性的影响规律，提出状态突变流形和分岔集的导出。当年该成果获湖南省科学技术进步二等奖。

五、通用机械

(一)凿岩机

1986年，湘潭风动机械厂、长沙矿冶研究院罗亮光、赵统武等研制出YT25DY型多用途气腿式凿岩机，该机在进尺速度、减震、降噪等方面实现新突破，产品获1989年湖南省科技进步二等奖。1992年，湘潭市江南矿山机电厂生产的YYT24型支腿式液压凿岩机在国家级“双新”博览会上获金奖，该机采用高压油作工作介质，机重24千克，具有凿岩速度快，性能稳定，操作简单，工作面无钻雾，可见度好等优点，是一种高效节能、噪音小的新一代先进凿岩机械，基本性能达到80年代国际同类产品水平。

(二)离心机

1987年,湘潭市离心机厂研制成功SX—1000型三足式下部卸料离心机,该机结构紧凑,布料均匀,运转平稳,维修方便。产品填补国内空白;1992年,湘潭华盛空调环保工程有限公司研制成功的中高压三元叶片离心式节能风机,填补国内风机专业领域一项空白,产品获当年湖南省新技术新产品金奖。

(三)水泵

2001年,湘潭泵业集团公司花石水泵厂与中国农科院农机研究所合作,成功研制出YQH油气混输泵,并应用于国家"西气东输"工程,当年,该产品被认定为国家级新产品,技术达到国内先进水平。

(四)活塞

1987年,江滨机器厂从德国马勒公司引进具有国际先进水平的内燃机活塞设计与制造技术,研制生产的20个系列36种活塞新产品替代进口产品,并部分出口;1988年,该厂生产的B/FL913、康明斯NH系列活塞,获湖南省优秀新产品奖;1989年,B/FL413活塞,获部优新产品奖;1990年,获"三委一部"联合颁发的军转民高技术产品博览会银奖;1992年10月,该厂"七五"重点技改项目——活塞生产线技改,通过省级验收,产品达到80年代国际先进水平。1999年,江滨机器厂先后从德国、美国、意大利、瑞士等国引进CNC数控椭圆车床,CNC数控金刚镗床、真空直读光谱仪和检测仪器用于新品开发。2001年,该厂的柴油机活塞研制保障条件列入国家"创新工程"、船用发动机活塞项目列入"第二批国家重点技术改造'双高一优'(高新技术产业化、高新技术改造传统产业、优化重点产品和技术结构)项目导向计划"。2002~2005年,江滨机器(集团)有限责任公司先后引进美国UG公司的UGNX软件活塞设计和分析软件,实现发动机模拟仿真及活塞设计数字化,并成功掌握符合欧Ⅱ和欧Ⅲ排放标准的内燃机活塞设计和制造技术,开发出的各型高精度、高性能活塞达到国际先进水平。2005年,公司被省科技厅列为湖南省制造业信息化示范企业。

(五)移动式中压螺杆压缩机

1985年,湘潭市压缩机厂、华中工学院卢汉生、周瑞秋、龚秀云、彭久安等8人,承担的国家"六五"期间科技攻关项目——LGY20—14/10.5型移动式中压螺杆压缩机取得重大突破,经现场运行试验,压缩机的压力比达11.5,使钻井效率大大提高,改变潜孔钻井用风压螺杆压缩机全部依靠进口状况。1986年9月,该项成果通过部级鉴定,单级螺杆系国内首创,填补国内空白。1989年,获湖南省科技进步二等奖。

(六)锅炉

1989年,湘潭锅炉厂以李辉杰为主的研究小组成功研制出快装循环床锅炉,这种高效脱硫低污染沸腾循环床锅炉在结构上采用国外的"平面流分离器、新型布风板和不同结构的新型风帽"等新结构、新技术,使该炉热效率显著提高。1990年,该成果获湖南省科技进步二等奖。1993年9月,该厂研制出循环床沸腾锅炉,产品热效率高,出力足,燃烧稳定,属于90年代高效节能新产品。当年,循环床沸腾锅炉获湖南省星火一等奖,并填补国内该型号产品空白。2002年,湘潭锅炉厂有限公司王成治、戴现初等人设计出一种较小型号的全新燃水煤浆锅炉,该炉单锅纵向型布置,采用压力喷射雾化燃烧，锅炉热效率达到83.26%。经机械工业锅炉及环保产品质量监督检测中心测试，技术达国内领先水平，产品填补国内空白，当年，该成果获湖南省新产品一等奖。

（七）自旋式电火花线切割机机床

1998年8月，市恒心机床有限公司杨新胜研制出具有自主知识产权的高新技术产品——自旋式电火花线切割机机床，在"全国火炬计划10周年成就展暨高新技术产品博览会"上受到时任国务院副总理李岚清的赞扬。产品列入科技部中小型企业创新基金试点重点项目和国家重点新产品试制鉴定计划，当年在美、日、德、意、瑞士五国申请专利，其技术属国内首创，达到国际领先水平。

（八）新型电站汽包炉研究

2003年，湖南省电力试验研究所、武汉大学、湖南省湘潭电厂针对汽包炉还原性水化学工况处理存在的问题和特点，通过理论分析计算，实验室试验验证以及现场应用对比研究，首次提出一种介于氧化性与还原性之间的汽包炉机组局部轻微氧化性无除氧剂水化学工况，解决还原性水工况下系统腐蚀速度快、锅炉酸洗间隔短等问题。当年，该项研究获湖南省科学技术进步二等奖。

（九）溢流阀

1998年，以湖南科技大学胡燕平为主的研究小组在流体传动与控制国家重点实验室开放基金支持下，开展π桥液阻网络理论与π桥溢流阀研究，提出π桥液阻网络新概念和π桥压力控制阀设计理论和方法，并建立π桥液阻网络理论体系，其研制的GYB-10型先导式溢流阀，性能指标优于国内外同类产品的性能指标，并处于国际领先水平，成果获2003年湖南省科技进步一等奖。

（十）空调机组

1995年3月，市顺风空调公司研制出能快速消烟、消味并输送清新、自然空气的中央空调机组和吊顶式空调机组，该"绿色空调"获1995年中国国际新技术、新产品博览会金奖。2003年，湖南凌天科技有限公司与清华大学共同研制开发出"LD系列凌天地温环保空调"，该空调是利用地球表面浅层水源如地下水、河水、湖水、海水以及处理过的工业、生活废水，借助压缩机系统，实现夏季制冷，冬季制热。当年，该成果经湖南省科技厅鉴定，产品整体性能及相关技术指标达到国际先进水平。

六、运输机械

（一）轻轨车

1988年初，湘潭电机厂与长沙重型机器厂联合投标，获得国家"七五"科技攻关重点项目——城市交通客运轻轨车的试制项目。湘潭电机厂负责样车电控系统，电机电器产品及转向架的研制及整车设计和总装，长沙重型机器厂负责车体研制，通过3年的努力。1991年，国内第一台自行设计制造的城市轻轨车，在湘潭电机厂完成样车的总装及厂内型式试验，并通过国家技术鉴定，达到80年代国际先进水平。1999年，湘潭电机集团有限公司启动"城轨设备国产化"项目，2001年11月25日，湘潭电机股份有限公司的第一台具有自主知识产权的国产交流变频调速城市轻轨车成功下线，该车采用交流牵引电动机和应用电流调整系统，非动力转向架的独立车轮转向架以及弹性车轮，盘式制动器和电磁轨道制动器等先进技术，适用于轻轨交通地面、地下和高架线路的各种运行条件，具有安全可靠、性能先进、经济实用、造型美观、乘座舒适、噪音低等特点，达到20世纪90年代中期国际水平。

(二)SF6120 低地板底双电源无轨电动客车

2002 年至 2003 年 3 月,湘潭电机股份有限公司罗百敏、郭东塔等,承担湖南省科技厅重点攻关项目—SF6120 低地板底双电源无轨电动客车研制,通过采用由架线和动力蓄电池组通过能量管理单元控制及管理共同为逆变器供电,逆变器将直流电逆变成电机所需的三相交流电、驱动交流牵引电机,一般情况下,由电网供电,当车辆通过无电网路段时,由车载动力蓄电池供电。2004 年,该成果经省科技厅鉴定,技术达到国际先进、国内领先水平,并获国家实用新型专利。

(三)混合动力电动城市客车

2004 年 9 月 12 日, 湘潭电机集团有限公司与中国人民解放军海军工程大学联合研制生产的 XD6120 混合动力电动城市客车以其造型新颖、环保节能、安全可靠、技术领先等优点通过由湖南省科技厅和中国机械工业联合会组织的专家评审组的鉴定。该车配有柴油机与电机两种动力,可共同驱动,也可单独驱动,比同等吨位的燃油汽车节油 30%,尾气排放达到欧Ⅲ标准。具有节能、环保、续驶里程远无需停车充电以及使用成本低,行驶安全可靠,维修费用少等优点。同期,在北京国际商用汽车展和上海世界客车博览亚洲展览会上,分别获“城市客车最佳科技创新奖”“最佳环保型城市客车奖”“公交客车优胜奖”。

七、重型机械

(一)压路机

1996 年 6 月,江麓机械厂研制的无人驾驶压路机通过国家“863”专家组评审验收。该机兼容无人驾驶和人工驾驶两种功能,转换方便,操作简单,在遥控指令下,能灵活进行起动、变速、前进、后退、左右转向、停车、熄火,性能达到国际先进水平和国内领先水平。1998 年,江麓浩利工程机械有限公司引进德国技术设计,自行试制成功 W1803D 振动式压路机,通过部级和省级鉴定,并获国家重点新产品称号。该机具有稳定性好、通用性强、装拆方便等优点,当年 10 月,国家成果办在湘潭市专门举办其产品应用推广会。2001 年 7 月,江麓工程机械有限公司的“江麓牌高原 2000”型全液压振动压路机,通过青藏铁路沿线海拔 4200 米的西大滩试验点性能测试,成为国内首家制造高原型压实机企业。2002 年,该公司 W1102DZ 高性能无人驾驶大吨位压路机,在中国企业新纪录(第六批)新闻发布会上,荣获中国企业新记录证牌,技术达到世界先进水平。2003 年,江麓集团 W 系列全液压振动式压路机被国家科技部评为“全国重点推荐产品”。

(二)塔式起重机

1985 年,江麓机械厂、长沙建筑机械研究所胡兆林、郎媛等研制出“QT80A 型塔式起重机”,该机具有速度大、自重轻、能耗低等优点,产品获 1986 年湖南省科技进步二等奖。1987 年 9 月,中国第一台 120 吨米塔式起重机在江麓机械厂研制成功。1998 年, 江麓浩利工程机械有限公司自行研制的 QTZ250 塔机通过部级、省级鉴定, 获得国家重点新产品称号, 产品性能达到国内领先水平。当年, 该公司新开发出 QTD160 动臂式塔式起重机一次性成功立塔, 突破动臂式塔

图 62-1-2　2002 年江麓机械厂研制的 QTZ315 塔式起重机

机只能动臂不能水平变幅难题,年内获国家成果奖。1999 年,江麓机械厂自行研制出 QTZ80F 塔式起重机,该机应用变频调速技术,采用恒力矩(恒转矩)和恒功率进行调速,使起升机械的使用频率可从 0-220Hz 范围内任意控制,起升变频调速技术达到国际先进水平,荣获科技部等五部委联合颁布的 1999 年度"国家重点新产品"称号。

2000 年 12 月 29 日,国家"九五"重点攻关项目——QTZ315 塔式起重机在江麓立塔成功,并通过建设部评审验收。该塔机采用节能反馈电网和显示安全监控系统,最大起重量 16 吨,可对起升高度、变幅幅度、起重量、起升力矩进行全程监控,其三大起升、回转、变幅机构均采用可逆变变频调速技术,性能指标达到国际先进水平,产品填补国内空白。2002 年,江麓机械集团有限公司的 QTZ315 巨型塔式起重机在中国企业新纪录(第六批)新闻发布会上,荣获中国企业新纪录证牌,创造国内最高记录,产品技术达到世界先进水平,2003 年,QTZ315 塔机被《人民日报》头版誉为"中国第一塔"。

(三)环卫机械

1991 年 9 月,江麓机械厂研制出国内第一台全液压、微电脑控制的吸扫式 SHZ22 型扫路机。通过部级鉴定,产品居于国内外同类机型的领先地位。2002 年,江麓机械集团有限公司刘清和等研制出 YZLK20 垃圾压实机,该机具有静碾式压实和振动式压实双向选择功能,经在湘潭市张家浸垃圾场进行垃圾压实实验, 城市生活垃圾体积压缩 60%以上, 各项指标均达到国际同类产品税先进水平。当年,项目被列入国家重点技术创新项目计划,并通过湖南省国防科学技术工业办公室组织的专家鉴定;2004 年, 江麓机械集团生产的垃圾压实机被列入国家发改委年度行业标准项目计划,并获 4 项国家专利技术。

八、工艺技术与材料

(一)电化学擦削方法及其阴极擦头装置

1991 年,江麓机械厂向显德、欧迪君等成功发明电化学擦削方法及其阴极擦头装置。该方法能解决钳工中的料硬、孔深、槽窄、面多、高精、高光等"六怕"问题,广泛用于金属零件(包括高硬材料、硬质合金产品)外形和内孔的二维或三维型面的精加工,并能在金属上蚀刻出复杂精美的图案和文字,成果被列入湖南省和中国兵器总公司"八五"重点新技术推广计划,并获 1991 年国家发明三等奖。

(二)新型电焊条

1991 年,湘潭大学张清辉、杨运强等采用正交法等手段选择焊条配方,研制出高硬度不造渣不预热耐磨电焊条。焊条具有药皮中不含矿石粉,堆焊后焊道硬度强,达 HRC65 以上,抗裂性好,并首次实现堆焊焊道上基本无渣,突破机加工领域中的一项关键技术难题。该项目获 1996 年湖南省科技进步二等奖。

(三)切割设备

2001 年,湘潭精锐达数控设备有限责任公司唐永胜、彭志明等,开始试制小车式数控切割机,通过采用数控技术,定位导向分离技术及自动定位的锁扣快速对接装置,成功研制出小车式数控切割机,该机对接直线精度高,使用简便,可切割复杂的平面廓形及大型板件。2003 年,经省科技厅鉴定,小车式数控切割机填补国内空白,整体技术处于国内领先水平,结束国内数控切割机没有小机型(40千克以下)历史。

(四)发动机活塞新材料

2004年12月,湖南江滨机器(集团)有限责任公司自行研制开发的具有自主知识产权的JB—2新材料,可广泛应用于各类发动机活塞制造,当年通过部省级科技成果鉴定,该材料主要指标达到国际同类产品先进水平。

九、轻工机械

(一)陶瓷机械

20世纪80年代末,湖南省轻工机械厂在吸收国外压机先进技术的基础上,开始研制全自动液压压砖机,先后研制开发出400吨、680吨、1000吨、1300吨、1700吨"五菱"系列压机,其中400吨压机被国家经贸委授予"国家级新产品"荣誉称号。1997年,湖南五菱集团(原湖南省轻工机械厂)自行开发研制的液压压砖机系列产品,被列入全省"高科技产业百亿工程"重点项目。同期,该厂完成国家"八五"重点改造项目——瓷盘等静压成型机研制,其自主研发的系列窑炉,喷雾干燥塔等多项新产品获国家专利,成为中国南方最大的生产和出口陶瓷机械基地。

2001年10月,湖南五菱集团完成2100吨全自动液压压砖机研制,产品主要采用高级PLC控制,工作参数及状态可任意调整,可实现故障自动诊断;24小时远程服务,系统内PLC可与五菱服务中心的计算机系统经互联网连接,对压机实行24小时远程监控及诊断、调控,令压机运行的调整、维修更快捷有效,产品性能达到国外进口产品水平。

图62-1-3　2001年湖南五菱集团研制的2100吨全自动液压压砖机

(二)食品机械

1988年,市食品机械总厂参考国外80年代新技术,结合国内水果生产的特点,设计研制出GZV20水果压榨机,该机压榨部分采用锥盘式,每小时最大处理量为2吨,适用于水果压榨取汁,当年,产品通过省级鉴定,达到国内先进水平。

(三)粮食机械

1993年,湘潭市粮油机械厂成功研制开发出"莲花"牌组合米机,该机由除尘、清杂去石、磁选、砻谷、选糙、碾白、抛光、分级等工序组成。加工出的大米精度高、含碎率低,无糠粉、无杂质,米粒表面光泽、出米率比一般黄谷米机提高3%~5%,结构紧凑,占地面积小,操作维修方便,既能加工标米,又能加工优质稻、精洁米,日产量分别为15吨、20吨、30吨。该产品1988年通过国家部级鉴定,并获国家优秀新产品奖;1989年被列为国家星火计划重点推广项目,1990年获国家商业部重大科技成果奖;1991年获全国"七五"星火计划成果博览会金奖,并受到国务院总理李鹏的高度赞扬,1994年3月,产品获国家星火一等奖。

(四)纺织机械

1987年,湘潭市纺织机械厂李湘义与赵德铭研制出的第三代电动落纱机——FU221型电动落纱机,并根据细纱机不同特点,设计不同规格的电动、手推式落纱机,增加自动倒车机构,形成落纱机产品系列，产品填补国内空白。1992年，市纺织机械厂通过市场调查，设计、试制出高水平的AU521F型锭子清洗加油机，该机重点解决机件中爆管、漏油、重心偏高等三大难题，产品填补国内纺机行业空白，并成功出口推向国际市场。

（五）农业机械

1987年8月，湘潭县农机修造厂研制出湘潭-3A型水田耕整机。该机采用动力插秧机行走部件，在侧面加装滑橇作支撑，功率仅为2.2千瓦，1988年，获中华人民共和国颁发《农业机械推广证书》。1991年，"湘潭—3A耕整机"先后获湖南省农业机械化科技进步奖、湖南省农机化科技进步奖和湖南省丰收计划奖。2004年，湘潭县皇马农机科技开发有限公司研制出具有自主知识产权的"皇马牌4Lz-0.5新型水稻联合收割机"，该机谷粒分离由传统横向喂入改为直向喂入。当年，经湖南省农机行业成果鉴定，该机性能达到国际先进水平。

2004年8月，湖南江麓机械集团有限公司成功研制出中国首台多功能沙漠植被建造机，该设备首次采用通过中国科学院科技成果鉴定的人工植被技术（AVT），能在-20~50摄氏度的温度环境下，以每小时3千米的速度，同时完成行驶、喷水、开沟、播种、摊铺保护层、施肥等作业，主要技术指标达到国际先进水平。每台植被建造机每年可完成5400亩沙漠草皮的植被任务，广泛适用于沙漠和其他干旱地区的绿化作业。

第二节 冶金科技

一、黑色冶金

（一）铁合金冶炼

1987年，湖南铁合金厂孙贤林、金建凡等针对优质硅钢生产中需要的高纯度硅原料问题，在冶炼过程中采取辅以炉外精炼，经在1800KVA矿热炉上进行一步法冶炼实验，获得产品要求的特殊硅铁，产品质量达到日本同类产品先进水平，首创国内特殊硅铁新生产工艺，成果获1988年湖南省科技进步二等奖。

（二）烧结

1986年，湘潭钢铁公司烧结厂刘启炎、戴国团等人开展烧结机密封技术研究。对烧结机头尾部采用双层不锈钢板重锤式密封，密封件使用寿命比国内外普遍应用的挠性石棉高3~7倍，并针对台车密封装置改进游板与游板槽的连接，将原大烟道孔和检修门的普通铰链门改为杠杆式密封门，此项技术为国内外首创，成果获1990年湖南省科技进步二等奖。

（三）高炉加焦及其生产实践研究

1993年，湘潭钢铁公司与北京科技大学合作，针对湘钢2#高炉开展高炉中心加焦及其生产实践研究。陈濂、宋建成等按湘钢2#高炉的炉型以1:20的比例制作一个炉顶布料模型，对中心加焦的有关参数进行系统研究，得出高炉中心加焦的最佳工艺参数，成功实现连续加焦和间断加焦等中心加焦方法。研究成果获1997年湖南省科技进步二等奖。

（四）炼钢

1996 年 8 月 31 日，湖南省重点工程湘钢 1 号转炉建成投产，该转炉采用顶底复吹、钢包精炼、计算机控制等新工艺技术，与转炉相配套的连铸机热试车成功，铸机最大拉速实现 4 米/秒，主要用于生产 150×150 毫米、200×200 毫米等规格的碳素结构钢、优质碳素结构钢和低合金钢等，转炉工程及其配套项目完成后，形成转炉—连铸—高线工艺流程，品种结构得到进一步优化，装备达到 90 年代国内先进水平。2000 年，湘潭钢铁公司聂庆信、曹慧泉等，对公司引进的美国摩根高线轧机生产工艺开展研究，实现高线水冷喷嘴研制（国产化）、控冷制度等十多项关键性技术的改进和创新，产品精度达±0.15mm（C 级品率达 95%）；产品质量达国内领先水平，当年公司全自动控制高速线材生产工艺获湖南省科技进步一等奖。

图 62-1-4　湘潭钢铁集团有限公司全自动控制高速线材生产工艺

2001 年，湘钢华光线材有限公司张爱兵、周奇等，对高碳钢系列产品开展研究，各项技术指标达到和优于国家标准规定。产品钢号包括 45#~80#，产品化学成分稳定，索氏体化程度高，通条性能均匀，具有良好的深加工拉拔性能，产品广泛应用于制钉、制绳、生产预应力钢丝及绞线等。当年，转炉—连铸中高碳系列产品的研制与开发获湖南省科技进步二等奖。

（五）预应力钢丝及钢绞线用钢开发

1991 年，湘潭钢铁公司林国庆、张福元、刘水平研制的自攻螺钉用 ML18AL 冷顶锻钢丝获湖南省科技进步二等奖。随后，该公司研发的粗直径钢丝绳（φ40~φ56 毫米）、粗直径钢丝电加热表面处理连续作业线工业研究分获 1995、1996 年度湖南省科技进步二等奖。

（六）电解二氧化锰

1987 年，湘潭市电化厂开发的碱性锌锰电池专用电解二氧化锰和磁性材料专用电解二氧化锰被评为部优产品，1991 年获国优奖，并被国际电池材料协会（IBA）选为国际二氧化锰样品。1996 年，被科技部、省科委列入国家火炬计划，高科技产业“百亿工程”重点项目；1997 年，产品获国家科技部认定，评为国家级重点新产品。1998 年，湘潭电化厂万吨技改项目投产，年产电解二氧化锰的能力由 1.5 万吨提高至 2.5 万吨，由原来世界排名第六位跃居第二位。1999 年，该厂李同庆成功开发出无汞碱锰电池专用电解二氧化锰生产技术，产品填补国内空白，各项质量指标均达到或超过国外同类产品质量水平，居世界领先地位。2001 年，全国最大的无汞碱锰电池专用电解二氧化锰项目在该公司竣工投产。

2004 年，湘潭电化科技股份有限公司李同庆、丁延庚等，采取回转炉连续加热及相关化学、物理方法降低杂质含量技术，获得纯度和性能优越的一次锂锰电池专用电解二氧化锰，当年 7 月，该成果经湖南省科技厅鉴定，生产工艺技术为国内首创，产品填补国内空白，产品性能达到国际先进水平。

（七）高纯低硒电解金属锰

1999 年，湘潭锰矿在原有电解金属锰产品基础上研制出代表中国高新锰业水平和方向的高纯低硒电解金属锰，含锰量由 99.7%提高到 99.9%，含硅量由 300ppm 降至 30ppm，含硒量由 600ppm 降至 200ppm，可替代中国计算芯片、高性能磁体、锂离子电源等尖端工业原料的进口，被国家经贸委评为国家级新产品，各项技术经济指标均达到世界先进水平。

二、有色冶金

1987 年，湘乡铝厂实施干法引进工程，进行万吨电解铝扩建和氧化盐填平补齐三大技术改造，并从德国和瑞士引进设备和技术，建成年产 15 万吨的干法氧化铝生产线，填补国内干法氧化铝生产的空白。1996 年，湘铝完成锂盐新工艺试验的技术论证和工业试验，生产的氟锂系列新产品达到国际先进水平，成为国内首家进入世界氟化盐生产技术和设备先进行列的厂家。

第三节　纺织科技

1986 年开始，湘潭纺织行业大力开展新产品、新工艺研究，并逐步引进一批新设备、新技术来改造传统纺织工艺，先后开发出兔毛混纺技术及兔毛混纺呢料、T/C45s 和 Bos/2 系列提条衬衫布、棉麻平布、C16X14 预缩全棉出口坯布、仿牛仔布等一系列高附加值的新产品，至 1990 年的 5 年间，湘潭纺织行业取得各类科技成果 26 项，其中获省级以上奖励 3 项。1991 年以后，湘潭纺织行业在引进国外先进技术和设备的基础上，坚持消化吸收，大胆改造，形成较强的产品开发能力。1999 年，金迪公司对聚酯装置增容进行改造，所生产的切片及融体的质量，达到并超过改造前的质量，并成为国内 6 套聚酯装置增容改造中达能最快，质量提高最快的成功范例，随后公司引进的海岛丝项目试产一次性成功，产品广泛应用于高档纺织面料，2002 年公司被湖南省科技厅评为高新技术企业。至 2005 年的 15 年间，湘潭纺织行业通过加快高新技术运用，自主创新能力得到明显提高，全行业共取得各类科技成果 41 项，其中获省、部级以上奖励 11 项。

第四节　化工科技

一、农药助剂

1995 年，湖南南天实业股份公司宋智蒲、陈萍等人采用农药助剂亲水基团的酸碱性以平衡由其他因素带来的酸碱性变化，解决 pH 值超标问题，并通过采用几种表面活性剂的优化组合，促使湿润性小于 1 分钟，使湿润性差的问题得到解决；同时研究出一个胶体保护剂，使助剂和药粒间通过多层吸附形成胶体保护膜阻止药粒间凝聚，解决悬浮率不稳定问题。1996 年，研究成果通过省石化局组织的技术鉴定，处国内领先水平。1997 年获省科技进步二等奖，产品经国家农药质检中心确认，质量达到国际先进水平。

二、胡椒基丁醚合成新技术

胡椒基丁醚是国际上公认效果最好的拟除虫菊酯增效剂，是联合国粮农组织唯一批准用在粮食方面的杀虫增效剂。2001 年,湘潭大学申东升、郭卫平等研制出胡椒基丁醚合成新技术,新型农药增效剂胡椒基丁醚填补国内空白,技术指标达到或超过国外同类产品先进水平,同年获湖南省科技进步二等奖。

三、催化剂

2003 年,湘潭大学教育部化工过程模拟与优化工程研究中心罗和安等,通过吡啶与氯气反应,突破五氯吡啶所需性能优良的催化剂、产品收率、产品纯度等技术关键,筛选出性能优良的五氯吡啶合成所需催化剂,合成生产出的五氯吡啶,产品纯度大于 99%,五氯吡啶收率达 95%以上,该技术研究填补国内空白。

四、颜料

(一)“一氰”与喹吖啶酮

1990 年,湘潭市化工研究设计院研究生产的 C161 镉红被评为部优产品;研制的“一氰”获国家科技进步二等奖。1991 年,湘潭市化工研究设计院王庆河、张水生等 7 人开始研制喹吖啶酮系列有机颜料,该项目被列入“八五”国家重点科技攻关计划。1995 年,喹吖淀西酮系列有机颜料的研制(中试)获得成功,并通过国家科委、化工部鉴定,获国家重点新产品证书。该系列有机颜料的研制成功,为中国在世界高档有机颜料领域中赢得一席之地,技术居国际先进水平,产品填补国内空白。1997 年,市化工院与世界精细化工业著名跨国公司——瑞士汽车精化公司合资,建成年产 200 吨喹吖啶酮高档有机颜料装置,成为亚洲最大的高档有机颜料生产基地,并将产品成功推向市场。当年,被列入国家级重点新产品及省高科技产业“百亿工程”项目,2000 年,项目获湖南省科技进步二等奖。

(二)颜料黄 150

1998 年,湘潭华莹精化有限公司王庆河、付华新等,对颜料黄 150 高档有机颜料进行试制,该颜料抗迁移性能强,是国际上公认的一类高档有机颜料,被广泛用于涂料、油墨、塑料、橡胶、化纤等行业。2001 年 5 月,经试投产成功,产品质量经瑞士汽巴精化公司检测和应用,与同类产品相比,达到国际先进水平,2002 年 7 月,通过湖南省科学技术厅鉴定,产品工艺及其技术为国内首创,填补国内空白并达到国际先进水平。

五、染料中间体

1987 年,湘潭市染料化工厂、湘潭市化工研究设计院王庆河、李希云等开展 2—氰基-4-硝基苯胺合成研究,该项工艺以邻氯甲苯为原料,通过氨氧化、硝化、胺化反应合成 2-氰基-4-硝基苯胺,其收率大于 70%。该染料中间体可用来合成分散红玉 SE-GFL、分散大红 S-FL、分散艳紫 S-3RL 等 30 多种高温及中温型分散染料,性能均优于同类分散染料,研究成果获 1987 年国家科技进步二等奖。同期,该厂刘武松、杨嘉俊等成功研制出分散红 SE—6BFL.Gr 染料,建成年产量 200 吨生产线,当年新增产值 600 万元、利税 200 万元,并出口创汇。产品的研制成功和投产,填补国内一项空白,使中国从进口国一跃成为出口国,成果获 1988 年湖南省科技进步二等奖。

1991 年,湘潭大学林原斌、韩胺斌根据国家重点新产品试产计划安排,开展中压液相催化法合成 N-乙基间甲苯胺研究。通过新的合成路线,研制出含有过渡金属的复合催化剂,推出 N-乙基间甲苯胺合成新工艺。采用此种催化剂可使产物单程选择性与转化率达到 85%以上,反应收率达到 70%以上,原料的利用率达 100%。技术达到国际先进水平,产品填补国内空白并完全代替进口。1993 年,该染料中间体,被国家列为重点新产品试产计划,并获湖南省科技进步二等奖。

六、年产 200 吨 N,N'-乙撑双四溴邻苯二甲酰亚胺

N,N'—乙撑双四溴邻苯二甲酰亚胺是应用于高抗冲聚苯乙烯、聚丙烯等化工产品生产的阻燃剂。2001 年,教育部化工过程模拟与优化工程研究中心王良芥、罗和安、罗志强等,组成 N,N'—乙撑双四溴邻苯二甲酰亚胺合成技术课题组,通过大量文献检索及调查,摸清国内外的研究水平和动向,研究确定合成工艺路线;2002 年,中心与湘大比德化工技术有限公司新建一条 200 吨/年 N,N'—乙撑双四溴邻苯二甲酰亚胺中试生产装置;2003 年,在该装置上完成年产 200 吨中试技术,首创“水法缩合一溴化”合成 N,N'—乙撑双四溴邻苯二甲酰亚胺新工艺,产品质量达到美国 Albemarle 公司同类产品标准,收率大于 90%。当年 10 月,经湖南省科技厅鉴定,工艺填补国内空白,技术达到国际先进水平。

七、环境友好生产乙酰甲胺磷新技术

1996 年,湘潭大学教育部化工过程模拟与优化工程研究中心课题组罗和安、王良芥等,开发出一种以酰胺为原料,生产乙酰甲胺磷原粉和乳油的自主知识产权新工艺,后采用廉价高效的新型催化剂,建立反应动力学模型,优化酰胺转位和乙酰化反应过程,并在国内外首创无水体系“气氨中和工艺及醋酸萃取工艺分离制备高纯乙酰甲胺磷原粉”。2005 年,环境友好生产乙酰甲胺磷新技术获湖南省科技进步一等奖。

第五节 建筑材料科技

一、耐火材料

1986~1990 年,中国建筑材料科学研究院耐火所、中国建筑材料科学研究院湘潭中间试验所张晓波、蒋齐安等共同承担国家七五科技攻关项目“熔铸 α-β 氧化铝流槽砖的研制”工作。产品研制成功后,在秦皇岛耀华玻璃厂 300 吨/日浮法玻璃生产线进行测试,其主要理化性能达到法国、日本同类产品水平,产品填补国内空白替代进口。1996 年,该所承担的国家计委、科委攻关项目“大型玻璃窑用优质耐火材料的研制开发”“平板玻璃窑节能技术”“彩电国产化耐火材料配套”等,分别获得国家科委颁发的国际新技术博览会奖及证书,生产锆刚玉系列 A29—30#、33#、36#、41# 和氧化铝系列 α—βAho3、β—Aho3 等玻璃窑用熔铸耐火材料 2 个系列、6 个品种,经国家级技术鉴定,产品质量属国内先进水平,其中氧化熔融 41# 号锆刚玉砖、α—βAho3 流道砖、唇砖及十字形格子砖填补国内空白,达到国际同类产品水平。至 2005 年,湘潭中间试验所成为全国唯一能够生产熔铸耐火材料多种系列多个品种的厂家。

二、水泥

1996年7月，湖南韶峰水泥集团有限公司建成的新型干法窑生产线系湖南第一条新型干法水泥生产线，工艺装备、技术水平、环境保护、节约能源等方面均达到国际先进水平。1997年，韶峰集团开发的掺合料新产品获国家专利，并被国家建材局科技开发中心评为“建材优秀科技成果及推荐产品”。至1998年，韶峰集团开发出以P.O425R水泥、P.C425R水泥和粉煤灰作掺合物的复合水泥，产品扩展到科技含量更高的混凝土延伸产品，并形成12个韶峰系列品种。2000年，韶峰集团公司成立干法、湿法攻关小组，完成干湿两线各品种水泥比面积曲线、混合材掺量等新老标准对比试验，通过攻关，其湿法熟料28天强度创历史最好水平，并具备生产625水泥的能力。

三、粉煤灰复合超细粉开发

2003年，中南大学、湘潭发电有限责任公司、株洲桥梁工厂联合研究超细粉煤灰—水泥—激发剂体系的粉体效应，采用粉体优化组合、活化激发技术，以20%~30%CUFAⅡ等量取代水泥配制的HPRRC，水泥用量减少100~150千克/立方米，产品在快速修补水泥混凝土路面应用中，达到12~48小时内开放交通的要求。当年，该项目获通过湖南省科学技术进步二等奖，产品填补国内空白。

第六节 轻工科技

1986年，湘潭轻工行业在高等院校和科研院所的支持下积极开展新产品、新工艺研究，生产方式从机械化过渡到半自动化、自动化。1988年，湘潭迅达新产品研究所创办人伍尚魁等，首创“缝隙孔旋流燃烧器”“民用炉（灶）节能器”“燃气炉（灶）多用喷嘴”“可调式燃气炉或灶锅支架”等20多项专利技术，产品畅销全国，并出口香港、独联体和东南亚各国。至1990年的5年间，全行业取得各类科研成果19项，其中获省、部级以上奖励4项。1992年，湘潭迅达新产品研究所成功开发旋流自动点火节能燃气灶。该灶具变传统分散式平流燃烧为旋转集中燃烧，使热交换时间延长，燃烧更充分，热效率高达68.48%，与国内同类产品比较，燃烧温度提高200度，节能30%，获湖南省科技进步二等奖。至1998年的8年间，全行业研制、开发新品17种，取得各类科技成果13项，其中获省、部级以上奖励9项。1999年以后，行业采取自主研究与“引进—消化吸收—创新”相结合的手段，加快培育一批支柱产业，并形成恒盾牌竹元素饮品、迅达牌燃气灶等一批主导产品。至2005年的7年间，市轻工行业取得各类科技成果17项，其中获省、部级以上奖励7项。

第七节 能源科技

一、煤炭开采

1986~1990年，湘潭市煤炭工业科学技术形成由勘探、施工、生产、机械制造，教育与科研等部门组成的比较完整的体系，矿山开采设备也相继进行技术改选和更新换代。5年中全行业取得各类科技成果17项,其中获省、部级以上奖励3项。1991年以后,湘潭市煤炭工业加大与高等院校、科研院所合作,行业产学研结合逐步加强,至1998年全市煤炭工业取得各类科技成果19项,其中获省、部级以上奖励4项。1999年以后,煤炭工业科学技术发展迅速,各个生产工序与管理环节逐步引进现代高新信息技术,并逐步摆脱传统制造生产工艺,加快培育一批支柱产业和主导产品。至2005年,湘潭市煤炭工业取得各类科技成果20项,其中获省、部级以上奖励5项。

(一)重力洗煤机控制系统

2002年,湘潭工学院信息系采用微机控制技术,对重力洗煤机械系统进行实时控制,形成一个具有监控、保护、诊断及自复原等多种功能的智能化控制系统,使洗煤技术在可结性、实时性、高效性等方面更灵活稳定。该系统通过鉴定,达国内先进水平。

(二)液压泵站节电微机控制仪

2003年,湖南科技大学徐丽英等综合煤矿井下安全规定以及使用环境,开发出煤矿井下液压泵站节电微机控制仪,产品使用无须任何调试,只需接上电源、控制线路和液压管路即可,而且故障时也不影响原系统的使用。当年,成果经湖南省科技厅鉴定,技术达国内同类产品先进水平。

二、电力

(一)海上石油4500米电驱动钻机电力及控制系统

1994年10月,湘潭电机厂引进英国BRUSH公司和美国GE电驱动技术,经过消化吸收,研制出中国首套国产化海上石油4500米电驱动钻机电力及控制系统,该装置由交流发电机系统、可控硅整流系统、直流传动系统、可控系统、马达控制系统等组成。其主要设备均达到国外同类产品水平,结束国内不能生产海上石油电驱动钻机电力及控制系统的历史。

(二)风力发电机组研制

1997年,湘潭电机集团有限公司承担国家"九五"重大科技攻关项目——315千瓦(300千瓦级)、600/125千瓦风力发电机组变极异步发电机研制任务,公司项目课题组梅柏杉、颜国荣等,成功攻克异步发电机电磁计算程序优化设计、特殊定子绕组的设计、发电机功率因数、效率、转差率三高参数匹配、动态性能测试与动态结构参数优化、发电机温升、发电机制造工艺技术等多种关键技术难题。后315千瓦(300千瓦级)、600/125千瓦国产风力异步发电机装于新疆和营口风电场运行,分别经过6年和2年连续无故障运行,其技术性能满足风力机组的特殊要求,该项目成功研制为国内风电设备国产化作出较大贡献。2002年,经湖南省科学技术厅鉴定,产品电机效率和功率因数均优于国外同类产品,其技术性能指标达到20世纪90年代中期国际同类产品先进水平,可逐步替代国外进口产品。

第八节 电子信息科技

一、管理信息系统应用与开发

1987年,湘潭纺织印染厂开发的"管理信息系统局部网络",以Ethernet网络为基础,结合生产实际,将整个系统分为4个层次,12个分系统,并在系统中运用经济统计方法、数理统计方法、多目标决策分析、模糊聚类分析等多种定量分析方法,实现纺织行业主要管理部门的信息系统化,研究成果达到国内先进水平。

1989年11月,湘潭市信息中心承接国务院立项的"国家固定资金项目管理信息系统VAX版本"开发任务,1990年9月获得成功,项目获1990年湖南省经济信息系统优秀软件应用开发成果奖。当年,中心还研制成功"自动选型多元回归经济预测软件",获省经济信息系统软件应用开发成果奖、国家信息系统VAX应用软件评比二等奖。

二、CIMS应用工程

1996年9月,国家科委对市防爆电器厂实施的"国家863/FB—CIMS应用示范工程"立项,该厂开发出管理信息系统、工程设计系统、制造管理系统和质量管理等一系列规范性软件,并于1998年通过国家级验收和鉴定,成为全国煤机行业唯一实施CIMS工程单位。1999年,获国家科技部1999年度"国家高技术发展计划CIMS应用工程示范企业"的称号。

三、人防工程现代化管理

2002年,湘潭大学、湘潭市应用技术开发公司柳树林、刘任任等,将地下人防工程各类声、像、信号传感数据,通过计算机进行分类汇总处理分析,并视情况进行自动或人工处理,有效地实现全智能化人防工程远程监控报警的现代化管理。当年,该项目经湖南省人防办组织专家验收,属国内首创。

四、回转窑运行状态分析与监测

2003年,中南大学、湖南科技大学刘义伦、李学军等,在共同承担的回转窑运行状态分析与监测研究中,应用动态信号测试分析系统对回转窑支承位置水平方向上筒体两边的位移进行非接触式动态测量和信号分析,得出测量截面的回转中心,当年该项研究获湖南省科学技术进步二等奖。

五、ERP流程的管理模式

2002年,湘潭钢铁集团有限公司开始进行企业信息化建设,通过实施ERP项目,信息技术应用于生产、销售、采购、财务、质量管理等各个环节,实现信息流、物流、资金流的集成统一,企业生产效益显著提高,2003年,湘钢被湖南省科技厅列入首批省级制造业信息化示范企业,其承担的"实施ERP建立面向流程的管理模式"课题获2003年中国冶金企业管理现代化创新成果二等奖。2005年,该公司位居中国企业信息化500强第61位,获国家信息化测评中心"ERP最佳应用奖"。

六、回转窑快速检测与信息管理决策系统

2004年,湖南科技大学李学军、朱萍玉、胡小平等,承担的回转窑健康维护原理及其便携式快速检测与信息管理决策系统研究,通过对回转窑运动、受力、强度、疲劳、健康状态等与轴线的关系以及轴线检测、调整方法进行系统研究,形成回转窑健康维护原理,并研制出便携式快速检测与信息管理决策系统。2005年,成果经湖南省科技厅鉴定,达到国际领先水平。

七、大规模铅、锌烟气治理自动化生产综合与控制技术

2005年，湖南科技大学李学军、曹王剑等，针对铅、锌烟气治理大型复杂生产系统的自动化生产与信息化管理为目标开展研究，开发出混合烟气治理生产智能优化生产调度平台及烟气治理远程网络化管理系统，项目在国内外首次实现铅、锌混合烟气治理自动化生产的综合管理与控制，整个管控系统自控运行率达到98.5%以上，大幅度降低设备故障及安全事故。当年，该项目获中国有色金属工业科学技术二等奖。

第二章 农业科技

1986~1990年，市农业、林业、畜牧水产、水利、农机等部门加快向贫困边远山区推广各类农业科学技术，采取开办科技示范点、示范村、示范片等形式，先后有粮田开发综合配套，粮、果、茶、菜综合增产，瘦肉型猪饲养，网箱养鱼等一批新技术、新成果得到广泛应用。期间，市农、林、水利引进、推广各类新技术39项，完成各类科研项目、课题61项，取得科研成果48项，其中获省、部级以上奖励10项。1991年，全市开始实施“科技兴农”，成立各级农科教结合领导小组，负责协调涉农部门的农业科技工作，市农业、林业、畜牧水产、水利、农机等部门亦相继成立科教科，负责相关行业科技兴农工作，并促成一批新型农业生产基地向区域化、产业化、现代化、高效化发展。至1998年的8年间，全市农、林、水利领域完成科研课题83项，推广各类新技术47项，取得科研成果58项，其中获省、部级以上奖励16项。1999年以后，湘潭市通过重点实施“智能化农业信息技术应用工程”“农民素质培训工程”“科技信息(户)联网工程”，带动全市农业生产向生态农业、持续高效产业化发展，同时创新农业技术服务机制，科技服务“三农”成效显著，有“国家粮食丰产科技工程”，“湘潭市两系杂交稻种业产业化”项目得到国家重点支持。至2005年的7年间，湘潭市农、林、水利累计完成各类科技攻关、研究项目96项，引进、推广各类新技术51项，取得科研成果69项，其中获省、部级以上奖励22项。

第一节 种植业科技

一、水稻

(一)品种选育与推广

1.新品种选育 1990年，湘潭市农科所经过5年试验研究，培育出“湖南丝苗米”“湖南软米”“香梗青”“洞庭区猫牙米”等10多种高档优质米，当年获国家技术进步二等奖。

1997年，市农科所选育出的早稻新品种——潭早籼1号，通过省农作物品种审定委员会审定，被命名为“湘早籼25号”，获省科技进步二等奖。2003年，湖南科技大学教授黄群策，经长期对水稻杂交研究，主持研制成功的“金优402的选育与应用”获2003年度湖南省科学技术进步奖二等奖。

2004年,市农科所选育的"株两优83"两系早杂组合获湘潭市第一个国家品种权保护的植物新品种。

2.新品种推广 1992年,全市推广两系杂交稻种植,省定示范片——湘潭县姜畲镇泉塘子管区所种植的125亩培两优特青(组合)亩均645.6千克,居全省五个高产示范片之首,成为全省示范区样板,先后有7个国家、14个省(市)和省内12个地州市3800多名专家、学者前往考察学习。1998年,湘潭市的两系法杂交水稻及配套技术推广被省科委评定为"创造国内两系法杂交稻持续不间断推广、规模大、大面积平衡高产、辐射效果好的样板"。当年7月,全国"863计划"两系法杂交水稻150名专家考察湘潭县泉塘子棋盘村水稻试验田后,称湘潭市为"中国两系法杂交水稻第一乡"。2001年,全市示范、推广两系法超级杂交晚稻5406.67公顷,单产680千克,在东郊、石潭、泉塘子示范点,通过引进和实施袁隆平院士推介的水稻强化栽培新技术后,产量大幅度提高,经省和市两系办组织有关专家现场测产验收,示范点平均亩产达750千克;其中东郊示范点、石潭示范点和泉塘子示范点亩产均达到800千克以上。当年,东郊示范点荣获湖南省第二届袁隆平农业科技基金二等奖。

图62-2-1 湘潭县泉塘子棋盘村水稻试验田

(二)栽培技术

1.盘育抛秧栽培技术 1991年,湘乡市农技推广中心以高级农艺师赵立武为主的课题组承担的由省科委下达的科研攻关项目——双季稻盘育抛秧栽培技术研究,经过三年的探索与实践,1993年经湖南省科委鉴定,该技术达到省工、省种、省水、省秧田、省成本和增产、增收的效果。经测算,采用此法每亩年可增产稻谷100千克左右,减轻劳动强度显著,该技术为国内首创。1996年8月,湘潭县泉塘子农技站站长李罗斌承担的国家重点农业推广项目——水稻软盘旱育抛秧技术获得成功,抛秧试种的13.87公顷二系杂交早稻,平均亩产491千克。当年,湘潭县泉塘子农技站推广塑料软盘旱育抛秧技术,采用工厂化育秧生产商品秧,由农民购秧自抛,该法融良种推广、种子包衣技术、消毒技术、化学调控技术、育秧技术、配方施肥技术、化学除草技术于一体,使新技术、新成果的推广、应用一步到位。

2.水稻抗涝、节水栽培技术研究 1996年,湘乡市农业局赵立武、陈贤阳、赵志彬等30多名科研人员开展水稻抗涝、节水栽培技术研究,采用盆栽、人工模拟大田试验和室内分析相结合,研究水稻耐涝、节水机理和抗逆指标,为指导抗涝、节水优质生态高效栽培提供理论依据。研究的壮秧、旺根、储糖、控芽、抗涝和节水优质生态高效技术,成为易涝地区水稻生产主要抗涝技术,为发展生态农业,降低农业成本,提高水稻生产效益,找到一条可靠途径。2002年,该成果经湖南省科技厅鉴定,居国内同类项目研究领先水平。

二、经济作物

1992年,湘潭县农业局承担的湘莲杂交选育及高产栽培技术研究项目,通过湘潭市科学技术委员会和湖南省外经贸委组织的科学技术成果鉴定。该项目引进福建建莲与当地主栽品种寸三莲杂交,植株生长健壮,结实率高,单莲籽粒多,经湖南医科大学分析测试中心检测,其主要营养成分均优于双亲。1994年,湘潭县科委组织对湘莲高产栽培技术及其系列食品开发的可行性论证,被纳入国家、省、市三级科委星火计划和湘潭市科技兴农计划,并获湖南省星火计划二等奖。

1997年,由湘潭县科技局组织县农业局、县农场具体实施的湘莲太空育种纳入国家"863"高科技计划中航天部承担的"863—2—7—2"太空育种项目,7月,湘潭县科技局选送"寸三莲""芙蓉莲"两个品种各200粒,搭乘卫星在太空进行宇宙射线强辐射和真空、失重等条件下的诱变育种试验,取得多种科研数据。

第二节 养殖业科技

1986至1990年,湘潭养殖科技推广应用得到进一步规范,湘潭县和湘乡市先后成为国家级与省级杂交商品瘦肉型猪基地。全市养殖业完成各类科研项目19项,引进、推广新技术13项,共取得科技成果19项,其中获得省、部级以上奖励3项。1991年后,市养殖业加快引进新技术、新方法力度,行业涌现出一大批养殖科技成果,先后有以杂交优势利用和浓缩饲料、配合饲料为主的商品瘦肉型猪生产综合技术获湖南省星火二等奖、瘦肉型猪综合技术推广获全国农牧渔业丰收二等奖、韶山市兽药厂研制的"杀螨灵"填补国内兽药业的一项空白。至1999年的9年间,全市养殖业完成各类科研项目27项,引进、推广新技术16项,取得17项科技成果,其中获省、部级以上奖励6项。2000年以后,湘潭市养殖业紧跟国际技术潮流与食品出口标准,重点围绕生猪生产技术标准,建成龙头企业带基地、连市场的安全猪肉产品生产、加工配套的生猪产业化多种模式。至2005年的6年间,湘潭市养殖业完成各类科研项目24项,引进、推广新技术17项,取得17项科技成果,其中获省、部级以上奖励9项。

一、饲料

(一)牛蛙养殖饲料

1990年,湘潭市水产研究所针对国内引进的大型食用蛙—北美洲牛蛙,长期以来因饲料未过关,产品一直未能形成商品,经过三年多的试验,研究出一套应用CN105饲料养殖牛蛙的新技术,并在全市组织推广,12月通过省级技术鉴定。用该技术饲养牛蛙,饵料系数为1.5,每平方米蛙池年产蛙10千克,其综合经济技术指标居国内领先水平。

(二)熟化液体乳猪饲料

1995年,湘潭蒙哥饲料有限公司总结多年来饲料生产经验,深入研究断奶仔猪的生长发育规律,消化系统特点及生理生化特征,经过反复试验,2003年,开发出熟化液体乳猪饲料,该料较好地解决仔猪早期断奶营养问题,能防止饲料对仔猪胃肠道造成损伤,完全代替母乳,产品填补国内熟化液体乳猪饲料生产空白。至2005年,该公司共开发各类发饲料新产品21个,申请专利82项,成为全市首家集饲料生产、科技开发、推广于一体的产业化龙头企业和科技型民营企业。

二、水产

（一）池塘养鱼高产模式

1991年，湘潭市池塘养鱼高产模式被列为科技兴农重点项目。全市通过组织水产技术辅导推广队伍，采取技术培训，现场指导，生产服务等方式，推广池塘养鱼高产水面2509.6公顷，250千克和500千克的模式分别增加48千克和127千克。当年，池塘养鱼高产模式被评为湖南省星火奖。

（二）加州鲈鱼繁育基地建设与推广

1990年，湘潭县引进加州鲈鱼苗，于碧泉潭渔场育成体重平均600克左右的成鱼后，作为亲本分放在县鱼苗鱼种场及古城、响水渔场进行人工和半人工繁殖。1991年，加州鲈鱼繁育基地建设与推广被省科委列为“八五”省科技攻关项目，当年育出30~50毫米长的鱼苗25.8万尾。1993年，项目获省星火奖。

第三节　林业科技

1986~1990年，湘潭市林业部门完成各类科研项目、课题13项，推广各类育林、防治新技术8项，取得各类科技成果7项，其中获省级以上奖励2项。1991年开始，湘潭市大力实施“科教兴林”发展战略，林业科研所、林业站是林业科学技术的主要研究力量。至1998年，全市林业部门完成各类科研项目16项，引进、推广各类新技术9项，取得科技成果11项，其中获省级以上科技奖励3项。1999年起，林业科技主要围绕城市园林绿化、病虫防治、新品种引进、优化栽培开展育林技术优化组合研究，至2005年的6年间，全市林业完成各类科研项目22项，引进、推广各类新技术11项，取得科技成果14项，其中获省级以上科技奖励5项。

一、马尾松毛虫防治研究

1991年，湘乡市山林发生虫害，次年，湘潭市林业部门组织科技人员普查13个树种和9个病虫害检疫对象，摸清泡桐丛枝病、枣疯病、板栗疫病等3个检疫对象的分布范围和危害程度。至1994年，研究出5项林业科技成果，其中由市林业科技站长、高级工程师李伯瑾主持的“马尾松毛虫危害对松树生长量的影响及其经济阈值和防治指标的研究”，获省科技进步二等奖。

二、油茶芽苗根嫁接育苗

1992年，湘潭市林业科技人员蒋勖名、康建兵、汤守信3人，在湘潭县乌石乡双亩村定点试验油茶芽苗根嫁接育苗，至1995年，共嫁接育苗14.7亩，繁苗73.7万株，造林成活率达90.5%，芽和根均可做砧嫁接，一粒种可繁苗2.2株，替代以前的一粒种只繁一株苗。当年，该成果获湖南省科技进步二等奖。

三、火炬松纸浆材优化栽培

2000年，湖南省林科院、湘潭市林业局、湘潭县林业局龙应忠、童方平、吴际友等，根据火炬松样地资料，建立火炬松林分生长模型、结构模型、材种出材量模型等系列定向培育和优化决策模型，并对主要营林技术措施进行优化组合，提出内部收益率达19%以上的最优栽培模式。当年，该项研究获湖南省科技进步二等奖。

第四节 水利科技

境内水利科学技术主要围绕水库建设、农田节水灌溉、水面开发、种养等方面开展系列开发、研究。1986~2005年，湘潭市水利领域完成各类科研项目51项，引进、推广各类新技术22项，取得科技成果17项，其中获省级以上奖励5项。

一、韶山灌区水利水电综合自动化

1987年，韶山灌区通过对电站的各种参数和运行状态的测报，研制出雨量水位无线测报系统、微机远动监控系统、水位数传装置、多功能液压逻辑集成装置等，并按无人值班要求对电站基础自动化进行全面改进，成功实现在局监控中心对洙津渡电站发电机组和渠道闸门等的遥控、遥测和遥信的全自动综合监控。当年，该研究成果获湖南省科技进步二等奖。

二、韶山灌渠渡槽裂缝研究

1991年，韶山灌渠与湖南省水电勘测设计院对灌渠26座渡槽裂缝进行分析研究，得出韶山灌渠钢筋混凝土渡槽裂缝产生的原因，提出裂痕处理和新型渡槽设计方案，并编制计算软件及取值表，对渡槽设计和修订水工钢筋混凝土结构进行规范。科研成果对韶山灌渠渡槽裂缝处理产生直接效果，开展的钢筋混凝土矩形渡槽截面塑性系数研究在国内尚属首次探索。当年，该成果获湖南省水利水电科学技术进步成果一等奖。

附 肥料研制科技

一、环保型高效有机复合肥

2001年，湘潭市先锋企业集团有机复合肥有限公司利用集约化养猪产生的粪便，研制开发环保型高效有机复合肥，该复合肥的生产工艺采用高效率的粪便固液分离技术与连续发酵工艺，实现有机复合肥规模化工业生产。产品施用在水稻、蔬菜、果树等作物上，增产效果明显。当年，该成果获省科技进步二等奖。

二、稻糠生态肥及施用技术研究与示范

稻糠生态肥及施用技术研究是国家“十五”科技攻关重大项目——水稻优质高效生产技术研究与示范课题的研究内容之一，湘乡市农业局赵志彬、陈贤阳、杜永春等从2001年开始进行稻糠生态肥配方和配套施用技术研究和示范，通过对五个不同稻糠生态肥配方试验，筛选出以稻糠、稻壳和畜粪为主要原料，加微生物肥的稻糠生态肥配方，同时研究出一套适合于稻糠生态肥配套技术，对提高水稻对病虫的抗性，改善稻米品质效果显著。2003年，该项目经湖南省科技厅鉴定，研究成果填补国内空白。

第三章　社会公用事业科技

第一节　交通科技

1986年开始，湘潭交通领域科学技术发展迅速，行业新产品、新材料、新工艺、新技术的应用水平得到大幅度提升，湘潭电机厂、江麓机械厂、湘潭工学院、湘潭公路总段等单位是全市交通科技的主要研究力量。至1990年，全市交通领域完成各类科研项目15项，引进、推广新技术7项，取得科技成果11项，其中4项获得省、部级以上科技奖励。1991年以后，湘潭市开始实施“科技兴交”战略，交通科技主要围绕公路网框架建设，开展道路、路面养护施工技术研究。至1998年，全市交通领域完成各类科研项目19项，引进、推广新技术11项，取得科技成果13项，获得省、部级以上奖励5项。1999年以后，引进、应用高新技术，提升全市车辆生产、装备制造总体水平，成为振兴全市交通科技进步的重中之重。至2005年，湘潭交通领域完成各类科研项目22项，引进、推广新技术17项，取得科技成果14项，其中7项获得省、部级以上科技奖励。

一、道路

（一）阴离子乳化沥青

1994年，湘潭公路总段试制成功国家重点推广的科研项目——阴离子乳化沥青，该新型修筑、养护材料具有节省沥青用量、施工方便、减轻环境污染、减轻劳动强度等优点，填补国内在低温和雨季公路的养护、修补空白。

（二）岩溶及采空区路、桥基础施工与质量监控研究

2003年，湖南省潭邵高速公路建设开发有限公司、湖南大学土木工程学院赵明华等通过对岩溶及采空区岩土力学试验研究，首次建立能反映工程实际的岩石损伤软化统计本构模型及损伤统计强度理论、应用模糊数学理论，并针对岩溶及采空区路、桥基础稳定性评价的不同特点，提出合理的处理设计方案与质量监控方案，研究成果达到国际先进水平。其中，在岩石损伤软化统计本构模型及损伤统计强度理论、岩溶及采空区路桥基础稳定性分析的模糊二级评判方面取得国际领先水平。2004年，高速公路岩溶及采空区路、桥基础设计施工与质量监控方法研究项目获湖南省科技进步一等奖。

二、桥梁

2002年，湘潭市湘江三大桥建设指挥部李素平、谭荣鸣等，在承担的湘江三桥主孔斜拉桥关键盘技术研究中采用结构分析理论、现代测试技术及数值仿真技术，对湘潭湘江三桥大跨度结构施工过程进行监测、调整、预测，顺利实现主跨合龙误差仅为5毫米。当年，该技术研究获湖南省科技进步二等奖。

第二节 气象、环保科技

一、气象

1986~1990年,湘潭市气象科技围绕农、林、果、蔬、烟草、畜牧、水产等方面广泛开展应用气象研究,先后完成油菜、棉花的温、光、水效应实验、生猪生长气象条件研究、晒黄烟技术气候条件研究等多项课题。此期间,全市气象部门完成各类科研项目9项,引进、推广新技术4项,取得科技成果8项,获得省、部级以上科技进步奖3项。1991年以后,湘潭市气象科技工作围绕提高境内灾害性天气预报准确率、应用气象研究广泛开展科研攻关,取得多项实用价值成果直接在生产中推广应用。至1999年,全市气象科技完成各类科研项目11项,引进、推广新技术6项,取得科技成果7项,获得省、部级以上科技进步奖2项。2000年以后,全市气象科技工作开始利用计算机处理气象信息,逐步形成集天气预报、农业气象、气候分析、人工影响天气、防雷等多种技术服务手段的现代化气象工作体系。至2005年,湘潭市气象科技完成各类科研项目15项,引进、推广新技术7项,取得科技成果9项,获得省、部级以上科技进步奖3项。

(一)暴雨中尺度分析与预报试验

1986年,湘潭市气象台与湖南省气象台合作开展"暴雨中尺度分析与预报试验"。至1989年,先后组织开展3次学术交流会,收集论文50多篇,时空加密观测20余次暴雨过程,并对暴雨过程进行综合诊断、比较,发现14种物理量场的分布特点与湖南中尺度暴雨有较好的对应关系,在此基础上建立的"物理量诊断预报法"投入业务试用,取得良好的预报服务效果。研究成果获1989年湖南省科技进步二等奖。

(二)气象综合管理系统

2002年,湘潭市气象局研制出一套适用于市一级气象部门的综合管理系统,该系统在建立气象数据库的基础上,利用计算机数据库管理手段,实现气象档案信息的加工、存储和传递规范,当年成果通过湖南省气象局鉴定,项目研究水平达国内先进。

二、环境保护

1986年开始,湘潭市环境保护科技重点围绕污染监测与综合防治开展一系列调查研究,研究成果直接推广应用到环境管理中,并转化为生产力。至1990年,全市完成各类环境保护科研项目17项,引进、推广新技术8项,取得成果13项,其中获省级以上奖励4项。1991年以后,环境保护科技重点对垃圾填埋、工业脱硫、除尘等污染排放源头,开展环保科研,探索研究新工艺、新方法控排控放。至1999年,湘潭市完成环保科研项目、课题21项,引进、推广新技术10项,取得成果21项,其中9项科技成果获得省、部级以上奖励。2000年以后,全市环保技术手段与设备得到进一步提高,高新信息技术广泛应用于各类环保研究,先后有"湘江湘潭段水污染物排放总量控制研究""湘潭市主要工业企业'三废'调查及废物产品开发利用研究"等一批环保研究项取得成果。至2005年的6年间,湘潭环保领域完成各类科研项目27项,引进、推广新技术14项,取得成果23项,其中11项科技成果获得省、部级以上奖励。

(一)工业废水中回收磷酸试验

1997年,湘潭市环保科研所承担湘潭市化工研究设计院大华颜料厂工业废水中回收磷酸的科研课题,经对磷酸回收进行反复试验,采用中和法,经预处理、反应、沉淀、脱水、烘干等工艺流程,从废水中分离出磷酸盐,并以氧化钙为原料,生产不同溶解度的磷酸盐,其含量可达39%,提炼出良好的农用肥料。大华颜料厂采用该技术后,每年可减少向湘江排放563.5吨总磷,同时每年生产高质量磷肥4000吨,实现废物综合利用。当年,该课题经湖南省科委鉴定,技术达到国内领先水平。

(二)高效脱硫除尘新工艺

1994~1997年,湘潭大学童志权、陈昭琼等开展"XP系列高效脱硫除尘新设备新工艺"课题研究,开发出XP型脱硫除尘塔板,具有较高的气固分离及气液传质效果。整体结构设计中集多种净化烟尘和SOz的机理于一体,提高设备的技术经济性能,尤其是对细微烟尘有较高的捕集能力,具有结构紧凑,脱硫、除尘效率高,阻力适中,脱水效果好,维护管理方便等特点,并实现废水循环使用,成果经在国内10多省市推广应用,效益显著。1998年,该成果获湖南省科技进步二等奖。

(三)双循环流程脱硫工艺

1999年,湘潭大学环境工程系就国内脱硫装置易结垢,造成设备堵塞而无法运行情况开展研究,首创国内双循环流程设计工艺,采取用脱硫后浆液返回循环池,用石灰乳反应再生出亚硫酸钙循环脱硫,解决石灰湿法脱硫的设备结垢问题,保证系统连续、高效运行,脱硫率最高达98.3%,并在国内10多省、市40余家企业的50多台锅炉和窑炉上应用,获得成功。2001年1月,该成果经国家环境保护总局科技标准司鉴定,技术达到国际先进水平。

(四)无机膜过滤分离技术

2005年4月,湖南恒辉环保实业有限公司与荷兰科伦美范登布鲁克公司合作,开发出适合中国国情的无机膜过滤分离技术和成套设备,并成功地应用在环保、医药、饮料、石化、粮油加工、饮用净水等众多领域工艺改造和废水处理中,技术处于世界领先水平。

第三节　建筑技术

1986年开始,一批新的建筑、施工技术、工艺、材料、设备被广泛采用,建筑行业科学技术得到快速发展。至1990年的5年间,全市完成建筑技术科研项目21项,引进、推广建筑新技术9项,取得成果17项,其中获省、部以上科技进步奖励4项。1991年后,行业进一步注重与高等院校、科研院所合作,通过引进、推广应用成熟新技术,在生产施工过程中加大开发和研究的力度,建筑技术科技成果向现实生产力的转化得到进一步提高。至1998年的8年间,全市共有27项科研、攻关、技术开发、推广等建筑科技项目列入各级科技计划,引进、推广建筑新技术11项,取得各类成果23项,其中,获省、部以上科技进步奖励6项。1999年后,高新技术手段的运用逐步加快建筑业的技术创新,模型分析、计算理论研究广泛应用到生产与施工中。至2005年的7年间,全市建筑行业共有39项科研、攻关、技术开发、推广等科技项目列入各级科技计划,引进、推广建筑新技术15项,取得各类成果31项,其中,获省、部以上科技进步奖励9项。

一、震冲加固技术

1986年，湘乡地基工程公司从化工部重型机械公司引进“震冲加固技术”，并应用于山东省烟台市的18层大厦地基处理工程，经鉴定，承载能力每平方米达32吨，超过设计要求4吨，成为全国第一家采用震冲技术加固处理地基的施工单位。

二、建筑新技术应用示范工程

1997年，湖南省第三工程公司金宗濂、陈安德等，在承担的“湖南国际贸易金融中心——全国建筑业新技术示范工程”中，自行研究出应用于高层（超高层）建筑升降外脚手架及外爬模与装饰用外爬架、高强泵送混凝土、剪力墙裂缝治理和内爬式塔吊高空拆除等新技术，使施工期提前59天，创经济效益706万元，节省投资467万元，成果获1998年湖南省科技进步一等奖。

三、建筑结构设计新技术研究

1992年，湖南大学、湘潭市建筑设计院施楚贤、张立人等对钢筋混凝土构造柱的网状配筋砖墙结构的静力及抗震性能开展研究。通过有限元分析及试验研究，将钢筋混凝土柱、圈梁与网状配筋砖墙视为一个结构体系，分析出混凝土柱在砖墙中的受压承载力，研究成果获1993年湖南省科技进步二等奖。

四、韶峰集团窑技改工程

1995年，湖南韶峰集团尹述良、褚诗恩等在承担的“韶峰集团1号窑技改工程”项目中，采取粗直钢筋连接、高效钢筋和预应力砼、39米跨度预应力门式钢架制作与吊装等一系列新型建筑技术获成功，成果获1998年湖南省科技进步二等奖。

五、异形钢—混凝土叠合板组合梁的应用研究

2002年，中南大学、湘潭工学院余志武、欧阳政伟等，在混凝土箱梁多向预应力设计理论、抗剪强度研究等方面，建立能反映箱梁结构弯曲、扭转、翘曲、畸变、剪力滞后、横向弯曲、梁段单元与横截面空腹桁架单元相结合的箱梁空间分析模型，其分析、计算理论研究应用于多座混凝土箱梁桥获得成功。当年，该项研究经省科技厅鉴定，获湖南省科技进步一等奖。

第四节　勘测、地震监测技术

一、勘测技术

（一）数字化成图技术

1990年，湘潭市勘察处购置2台座标测量仪，经改装后与super微机联机，并从北京测绘院引进航测软件，采用航测大比例机辅成图技术，1992年，完成市区1:500地形图31:6平方千米及易俗

河区 1:1000 地形图 50 平方千米测绘。当年，此项技术获国家建设部科技成果三等奖。1993 年，湘潭市勘测设计院在航测大比例尺计算机辅助成图获得成功后，通过把地图变成数字信号输入计算机，并经过一年的调试运行，成功开发出数字化成图技术。1994 年，该项目通过省专家鉴定，各项技术指标均达到国家规范要求。

(二)煤田预测和勘探技术

1991 年，湘潭矿业学院和涟邵矿务局卓越、王钟秀等人合作开展涟邵煤田北段金竹山矿区测水组地质特征研究及煤层可采评价。从沉积学、成因地层学、地球化学、构造地质学及煤田地质学等学科角度查清含煤岩系地质特征、地球化学特征，此项研究在湖南首次引用沉积学新理论——成因地层分析的方法，精确而详尽地进行煤层划分和对比，并在此基础上进行精确的储量计算。查明各矿井煤层的稳定性及可采性，并对各矿工层可采性进行综合评价，解决矿区长期悬而未决的煤层对比问题，研究成果获 1994 年湖南省科技进步二等奖。

(三)湘潭市岩溶塌陷物理模拟试验研究报告

1995 年，湖南省地质工程勘察院就湘潭市区岩溶塌陷灾害防治勘查开展“湘潭市岩溶塌陷物理模拟试验研究”。该研究针对湘潭市地形地貌、地层、构造、水文地质条件、岩溶发育特征和人类活动影响等与岩溶塌陷发育有关的基本环境条件进行全面分析，并建立地质模式和进行物理模拟试验，对典型岩溶塌陷的成因机制、发育过程、影响因素进行探讨，提出湘潭市产生岩溶塌陷的判据和塌陷危险性预测。2001 年，该课题经省级专家鉴定，达到国内领先水平。

二、地震监测

2003年，在湘潭四大桥地震安全性评价工作中，探明城区杨梅洲至木鱼湖断层为晚更新世活动断层，具有一定危险性。市地震办组织专家成立课题组，采用天然电场选频法、高密度电阻率法和地质普达等地球物理勘探方法，进行室内外测试和综合分析，准确探明断层方向，该课题经省专家组验收达国内领先水平。

2004 年 8 月，湘乡地震台顺利投入试运行。该台采用国内先进技术，集地下水温、地下水位、气氡、降雨量、气温和气压测试手段于一体，在一孔进行地震前兆现象综合观测，并可将观测结果通过通信网络系统适时传输到省监测中心。至 2005 年，湘潭市境内有湘乡、韶山两个地震台站，共同担负地震监测任务。

第四章　医卫科技

1986~1990 年，全市医药卫生领域科技得到新发展，血液流变指标测定、人体锌含量检测的推广应用等一些新型医疗技术为全市医疗科技水平的提高打下良好基础。期间，湘潭医药卫生领域完成各类科研项目 57 项，发表学术论文 160 余篇，引进、推广新技术 53 项，取得各类科技成果 41 项，获得省级以上奖励奖 13 项。1991 年开始，一些新的思想和理念进入医学界，学术交流更加频繁，一批尖端精密医疗设备及医疗技术被广泛引进，并逐步形成相关领域特色，部分专科在行业迅速处于领先水平，截至1998年，全市医药卫生领域完成各类科研项目73项，引进、推广新技术61项，发表学术论文272篇，取得成果54项，其中获省、部级以上奖励16项。1999年以后，随着高新医疗设备、技术的不继引进，全市医药卫生科学技术发展迅速，学术交流更加频繁，许多新型、实用先进技术被广泛吸收利用，行业领域水平得到进一步提高。截至2005年，全市医药卫生领域完成各类科研项目107项，引进医疗高新设备200余台(件)，引进、推广新技术82项，发表学术论文400余篇，其中国家级刊物67篇、省级刊物113篇，主编、参编医学专著近10部，取得相关科研成果89项，获省、部级以上奖励46项。

第一节 临床医疗与卫生防疫科技

一、临床医疗

1986~1990年，全市临床医疗科技学术交流活动频繁，许多新型、实用先进技术被广泛吸收利用，湘潭临床医疗完成科研项目31项，引进新技术29项，取得科技成果24项，获得省、部级以上奖励8项。1991年开始，随着高新医疗设备、器械、技术的不继引进，一批医疗成果、论著相继问世，并直接应用临床医疗，医疗科技成效显著。至1998年，临床医疗完成科研项目43项，引进新技术33项，取得科技成果31项，获得省、部级以上奖励8项。1999年以后，临床医疗领域加大与专业院校合作，市中心医院肝胆外科先后被中南大学湘雅医学院确定为“博士生培养基地”和“七年制硕士生学习培养基地”，专业技术人才的引进与培养，直接促进湘潭临床医疗科技水平提升。至2005年，全市临床医疗完成科研项目58项，引进新技术47项，取得成果46项，其中获省、部级以上奖励27项。

(一)小儿马蹄内翻足手法治疗

市中医院小儿马蹄内翻足医疗中心是全省唯一国家级地、市重点专科，该院杨素娥开展的“手法治疗小儿马蹄内翻足”技术，对先天马蹄内翻足患儿采取中医手法按摩为主，辅以塑形镀锌夹板固定，剪矫形鞋和进行功能锻炼，治愈率98%，有效率达到100%，其独创的“杨氏手法加塑形镀锌铁夹板外固定治疗小儿先天性马蹄内翻足临床研究”在1992年分获湖南科学技术进步二等奖、湖南省中医药科学进步二等奖。

(二)神经与心血管病治疗

市中心医院心血管病介入中心是湖南省唯一开展干细胞移植治疗冠心病的单位，该院刘平、曾建平等于1990年运用心血管介入技术完成市内第一例VVI永久心脏起搏器植入术。1997年，率先在全省开展生理性以及起搏器(AAI、VDD、DDD)的植入；1998年，开展的经皮Sider′s补片介入治疗先天性心脏病房间隔缺损和动脉导管末闭等疾病，结束省内过去治疗先天性心脏病只能开胸体外循环手术的历史。至2005年，共取得科研成果21项，先后有“腹腔透析技术改进”“如何提高高血压病人的生存质量和两周康复程序在急性心肌梗死早期康复护理的可行性质量控制小组”获省科委、卫生厅科技进步二等奖。

(三)小儿脑瘫治疗

1999年，市一医院成立小儿脑瘫防治中心，对小儿脑瘫开展手术治疗，该中心的“选择性脊神经后根切断术”(简称 SPR 手术),治疗效果达到国内领先进水平,其中 1 岁以内的患者治疗有效率达 100%。

(四)肝胆胰、胃肠治疗

1986 年开始,市中心医院肝胆外科先后承担微创外科腹腔镜胆囊切除、直肠癌根治;下肢静脉瓣膜功能检测、肌瓣成形术等多项科研课题研究,至 2002 年,肝胆外科的无血切肝术、腹腔镜胆囊切除、消化道肿瘤根治术达国内先进水平。2004 年,该科在国内首创腹腔镜直肠癌经肛门外翻切除吻合 Dixon 手术治疗直肠癌,经临床应用疗效显著。

(五)HPG 促进术后伤口愈合的研究

1999 年,湘潭市韶山医院王迪明、胡正光等,通过临床观察、动物实验、细菌学试验和药物毒性实验,对 HPG 保湿敷料术后切口愈合的疗效进行研究,发现 HPG 的抑菌作用明显优于单独的庆大霉素或双氧水,并且对庆大霉素已产生耐药的金葡菌、大肠杆菌、绿脓杆菌仍有极高的敏感性,可作为外科手术切口防护。研究成果获湖南省科技进步二等奖。

(六)乙肝疫苗免疫持久性和预防效果研究

1996 年,市卫生防疫站、湖南省防疫站颜天强、罗述斌等,以 1984 年 10 岁儿童 HBs 舷阳性率作为流行病学本底,对接种的儿童进行观察。结果显示,抗一 HBs 随免疫时间的延长滴度明显下降,但 HBsAg 阳转率并未因抗一 HBsAg 水平及阳性率的下降而升高,证明血源乙型肝炎疫苗的免疫效果可持续 10 年,保护率为 92%,为全国控制乙型肝炎流行提供科学依据,经湖南省卫生厅鉴定,研究结果达国内领先水平,1997 年获湖南省科技进步二等奖。

二、卫生防疫

(一)湖南省食用槟榔地方标准研制

1990 年,市卫生防疫站周雪梅、柳金矿等,通过对食用槟榔进行卫生现状调查和毒理学实验研究,于 1993 年制订《食用槟榔(含卤水)卫生要求》的湖南省地方标准(DB43/079—93)。后经过 5 年实施,并通过反复验证,对水分、糖精钠、细菌总数等检测指标进行进一步补充,修订成《食用槟榔湖南省地方标准(DB43/132—1999)》。修订后的标准,在湘潭、长沙、株洲、衡阳四市应用,总合格率由修订前的 47.36%提高到 76.59%,该标准可作为食用槟榔生产、经销、监督检查和法律仲裁的依据,研究结果填补国内空白。

(二)应用变色酸法快速检测毒鼠强

2002 年,市疾病预防控制中心肖学成、左亮等,率先在省内推广应用变色酸法快速检测毒鼠强,并对原方法进行改进,采取用水煮冰冻挑除法除脂;用丙酮取代苯萃取毒鼠强,减少苯对操作者健康的危害。经湖南省卫生厅鉴定,该检测法达到国际先进水平。

(三)大肠菌群 LTSE 快速检验方法

1990 年,湘潭市泽源生物诊断制品科技有限公司涂楚国、吴焰等,研制出“大肠菌群 TsE 快速检验方法”,该方法不需要添置新仪器设备,广泛应用于食品、水质、药品、化妆品的检测,且优于国内外通用检测方法,在全国 28 个省(直辖市),40 个省、市、县卫生防疫站、医学院校、厂矿推广应用样品 52800 个,经与国际方法、美国标准 A—l 方法进行对照,符合率在 99%以上。1991 年,该项目获卫生部科技成果三等奖；1992~1994 年，获得国际发明博览会银奖和全国发明专利；1996 年获中国“八五”期间优秀科技成果奖，1999 年 1 月 21 日被中华人民共和国卫生部确定为国家卫生行业标准 WS/T116—1999(同年 7 月 1 日实施)。

第二节 医药科技

1986~1990 年，湘潭医药生产通过设备改造、技术引进，行业规模和研究水平得到显著提高，医药企业生产秩序得到进一步规范。全市医药生产完成科研项目 26 项，引进新技术、新工艺 24 项，开发新产品 13 个，取得科技成果 17 项，其中获省、部级以上奖励 5 项。1991~1998 年，湘潭市制药厂生产复方虎耳草素片被国家医药管理局评为部优质产品，龟鹿驴三胶冲剂荣获全国科技创新金奖，“松栀丸”填补国内外用中药治疗丙型肝炎空白。全市医药行业完成科研项目 30 项，引进新技术、新工艺 28 项，取得成果 23 项，其中，获省、部级以上奖励 8 项。1999 年以后，高新技术的应用加快促进全市医药行业自主研发创新能力，全市医药科学技术得到迅速发展，生产能力与规模也得到不断提高，至 2005 年，全市医药生产完成科研项目 49 项，引进新技术、新工艺 35 项，取得成果 43 项。其中，获省、部级以上奖励 19 项。

一、龟鹿驴三胶冲剂

1996 年，市制药厂中医教授欧阳琦光研制出龟鹿驴三胶冲剂，该药主要由龟板胶、鹿角胶、驴胶、枸杞、黄芪、当归等组成，有养阴生精、补血安神等作用。当年，产品代表全国医药系统参加国际质量学术会议，获全国科技创新金奖。

二、松栀丸

1992 年，湘潭市继蒙中草药肝病研究所刘秀英、王豪、刘福春等，在继承和发扬侗族蒙氏中医祖传治疗“高癀”“臌胀”病症经验方的基础上，采用松茯苓、栀子根、太子参等八味中药试制出松栀冲剂，该药在治疗甲型病毒性肝炎、酒精肝、脂肪肝取得显著疗效。1994 年 7 月，该药被列入省中医管理局重大科研课题；1997 年 6 月，又被卫生部新药评审中心和省药政管理局列为治疗丙型肝炎的新药研究开发，1999 年 7 月，“松栀丸”通过国家药品监督管理局组织的新药临床前评审，成功填补国内外用中药治疗丙型肝炎的空白。

2000 年，继蒙中草药肝病研究所在治疗甲型、乙型病毒性肝炎基础上，将现代医学与传统医学理论相结合，研制出治疗丙型肝炎中药三类新药“松栀丸”。该药获得国内第一个治疗丙型肝炎的新药临床批件(2000L135)2001 年 11 月，“松栀丸”列入科技部“十五”重大科技攻关计划项目，2002 年，“松栀冲剂对慢性丙型病毒性肝炎血清学标志物转阴的临床观察”经湖南中医药管理局鉴定，临床总有效率达到 85.5%，项目研究成果填补国内外空白。2005 年，该所完成国家重点科技攻关课题——松栀丸治疗丙肝Ⅲ期临床研究，经科技部组织的专家验收认定“松栀丸临床研究周期长，在中药治疗丙肝的新药开发方向已达到一定的示范性效应”。当年，“松栀丸”列入国家高技术研究发展计划(863 计划)，并获科技部支持。

第五章　基础科学与软科学

第一节　基础科学

1986~1990年，湘潭市基础科学研究发展迅速，科研设备、力量得到进一步增强，大量的基础研究成果和应用性研究成果不断涌现，全市基础科学研究完成各类科研项目、课题142项，发表学术论文132篇，取得成果84项，其中获省、部级以上奖励23项。1991年开始，随着湘潭大学、湖南科技大学、湖南工程学院及市属各类科研院所、技术中心的新生科研力量不断涌现，数学、物理、化学、生命科学等学科上取得的科研理论、实践成果，为全市国民经济建设作出较大贡献。至1998年，全市基础科学研究完成各类科研项目、课题212项，发表学术论文317篇，132篇，取得成果141项，其中获省、部级以上奖励49项。1999年以后，各学科、领域间国内外交流、合作密切，人才梯队初显雏形，学术研究水平更得到不断提高，各类科研成果与生产实践紧密结合。至2005年，全市基础科学研究累计承担国家、省自然科学基金、教育厅重点基金等项目、课题289项，发表学术论文426篇，取得成果241余项。其中获省、部级以上各类奖励35项。

一、数学

(一)李群、李代数

李群、李代数以及相关的李理论是湘潭大学的一个长期稳定的研究方向。1987年，湘潭大学陈仲沪应邀赴日本，与国际数学联合会发展与交流委员会、大阪大学教授村上信吾共同研究连续群理论，先后在大阪大学、北东大学、京都大学作学术报告，并被聘为大阪大学理学部外藉客座研究员。当年，陈仲沪与曹佑安在典型群方面发表《有限交换环上某些典型群的阶》，两人因此被英国伦敦剑桥"国际传记中心"载入，列为知识界国际名人。

(二)马尔可夫过程理论研究

湘潭大学杨向群长期从事概率论中马尔可夫过程的理论研究，其1986年改编再版的专著《可列马尔可夫过程构造论》，总结国内外特别是他本人在马尔可夫过程构造论方面的研究成果，受到国内外专家的高度评价，被认为是"国际上第一部关于马尔可夫过程构造论的专著"。该成果获1987年国家教委科技进步二等奖。当年，该专著获全国优秀科技图书奖。1990年，该专著在英国出版英文版，英国皇家学会会员(院士)、著名概率论专家、剑桥大学教授肯德尔(D.G.Kendall)为英文版作序，著名概率论专家波勒特(P.K.Pollet)在美国杂志《概率论年刊》上撰专文给予很高的评价，认为"本书报告近20年来，中华人民共和国的概率论作出的激动人心的成就"。中国科学院王梓坤院士与他合著的专著《生灭过程与马尔科夫链》也于1992年在德国出英文版。1996年他与学生李应求合写的专著《两参数马尔可夫过程论》，受到国内外学者的高度评价。中国《科学通报》刊专文评价此书，认为本书是国际上第一部论述两参数马尔可夫过程论的专著，在多参数马尔可夫过程的研究领域中，达到国际领先的水平，对本学科的发展具有重要的理论意义，成果获教育部 1998 年科技进步一等奖。

（三）时滞微分方程和差分方程进行定性分析

2000 年，湘潭大学周勇对时滞微分方程和差分方程进行定性分析，其研究成果获得 2000 年度中国高校科学技术奖自然科学二等奖。

（四）计算数学

1986 年，湘潭大学陈传淼和朱起定在进行拱坝应力计算时，发现有限元（解算大型科学与工程问题有效计算方法）在某些点精度特别好（称为超收敛），在坚持深入系统地研究后，陈传淼提出自己的单元正交分析法及单元消除技术，大体建成一套超收敛方法与理论体系并能将超收敛性一直做到边界有效，根本上优于国外同类理论之处，该理论在国际上有较大影响，被称为"中国超收敛学派"。当年，湘潭大学陈传淼以《非线性问题有限元的超收敛性》获国家教育委员会科技进步二等奖。在外推研究方面，降低解的光滑性要求，得到外推新公式。陈传淼和朱启定及他们的梯队，独创有限元超收敛理论研究的"湘大学派"，1987 年，他们被英国伦敦剑桥"国际传记中心"载入知识界国际名人。1992 年，朱启定的《有限元超收敛及高精度算法》获国家教委科技进步二等奖。当年，湘潭大学李寿佛在《一般线性方法的 B—收敛理论》等文中建立新的 B—收敛理论，提出一般原理，B—收敛理论的研究成果，达到国际先进水平。

此外，湘潭大学黄云清在有限元高精度理论、后验估计与自适应计算方面，解决凹角域上的有限元高精度问题，提出 6-PC 剖分及 λ-等级网格等剖分方法和"能量嵌入"的论证方法，由此解决弹性力学方程组、高维问题、高阶展开、抛物问题等一系列困难问题，这些理论成果被成功地应用于"株树桥砼面板堆石坝应力应变分析"，分获 1993 年省教委科技进步一等奖、1997 年国家教委科技进步（甲类）三等奖和 1999 年国家教育部科技进步（专著类）二等奖。并被授予 1999 年度湖南省第二届青年科技奖和 2005 年度第六届"冯康科学计算奖"。此外，该校陈艳萍教授对混合有限元的超收敛理论进行系统的研究，并解决油藏数值模拟中渗流驱动等一系列实际应用问题的超收敛和后验误差估计等，其科研课题《混合有限元高效率算法及其在油藏数值模拟问题中的应用》获 2004 年湖南省科技进步二等奖。

二、物理

（一）计算物理学

1990 年，湘潭大学在利用含时波包法研究量子反应动力学、第一性原理计算、分子结构的三维重构等方面有所进展，该校唐壁玉教授利用三维含时量子波包法对一系列分子化学反应进行研究，通过计算反应几率、反应截面和反应速率常数等，对从原子、分子层次上理解化学反应的进行提供有价值的信息。其主要结果分别于 2000 年、2001 年、2004 年发表在"J.Chem.Phys."上，并被多次引用。尤其在碳纳米管的物性和结构预测、团簇物理方面，通过计算超细碳纳米管形成热，指出超细碳纳米管稳定存在的结构，并首次在密度泛函理论的基础上，采取广义梯度和局域自旋密度等近似措施，详细研究钛铝合金团簇 TiNAl 的平衡几何结构、电子和磁性质。2003 年，颜晓红、丁建文承担的"纳米结构体系的性能模拟"获得年度湖南省科技进步二等奖。同期，湘潭大学博士曹觉先发展 sp3s

杂化模型，指出锯齿型金属单壁碳纳米管实际上存在带隙，为窄隙半导体。此理论结果，随后被Science上的综述文章引用并报道证实;杨奇斌教授利用二十面体球谐函数解析构造分子的电镜图谱的三维重构公式,利用数值方法重构出更接近于真实分子结构的结果,其研究得到国家自然科学基金资助。

(二)凝聚态物理

1992年起,湘潭大学颜晓红、游建强、杨奇斌在"非周期体系的结构特征及物理性质、重正化群和转移矩阵方法"研究中,通过对结构特征的合理分析,系统研究包括准周期结构、分形结构和纳米结构等非周期结构体系的电声子性质，得到一些重要意义的结果。凝聚态理论研究分别于1992、1996、1998年获教育部(自然科学)、中国科学院科技进一步二等奖。随后,该理论先后在固体表面结构形态演化、量子点和量子临界行为与非常规超导电性及纳米线表面掺杂量子工程等领域取得相关成果,发表在"Science""Physical Review Letters"及"Applied Physics Letters"等国际顶尖杂志上的一系列学术论文,取得较大影响。2001年,湘潭大学钟建新受邀在2001年美国物理学会3月年会上做学术报告，阐明量子动力学的两个普适规律并将其应用于无序固体和非周期系统，该工作被"PRL"认为是"对物理基本知识的重大贡献"。2005年,钟建新及其课题组成员在"奇异量子动力学"领域的研究工作达到国际领先水平,研究成果对建立统一的固体电子理论有重要意义,以及对发现新型材料和在纳米和介观尺度下控制量子波包的运动具有非常重要的实际应用价值。当年,由他主持的"奇异量子动力学"研究获得2005年度湖南省科技进步奖二等奖。

(三)应用研究

1986年,由湘潭大学邓楚贤领导的教学仪器研究室研制成功斯特思-盖拉赫实验仪,该仪器属国家"七五物理仪器规划"第一个项目,填补国内高强度非均匀磁场、分子射束炉、热线探测器等实验技术的空白。1990~1995年,湘潭大学周益春及其团队成员,研制成功一套完整的长脉冲激光破坏机理实验系统。利用该装置研究激光对金属材料和金属基复合材料的热—力耦合破坏效应,提出强激光对材料和结构的热—力耦合破坏机制,在国际上首次发现激光诱导的反冲塞效应。该成果获1996年中国科学院科技进步一等奖。2001年,周益春等人研究的"覆镍深冲钢带"项目即"电池壳用镀镍深冲钢带的制备、性能及机理研究"通过专家组的鉴定验收。同期,建立一套具有自主知识产权的完整的中试生产线,产品填补国内空白,所开发的材料在强度、延伸率、耐蚀性等主要指标上达到国际先进水平。2003年,湘潭大学龙士国、周益春等,对两种不同颗粒空间分布的颗粒增强金属基复合材料进行静态拉伸下的激光热冲击实验,用超声方法确定损伤参数,并应用有限元程序对颗粒增强金属基复合材料受激光热-力作用进行宏微观模拟,其开展的"金属材料的热破坏与热流变成形"研究获湖南省科学技术进步二等奖。2005年,湘潭大学、重庆工学院谭援强、黄伟九等,用前线分子轨道理论解释润滑剂作用的微观机理,建立润滑剂分子设计理论和方法,用模式识别、人工神经网络结合基团结构参数方法讨论油性剂结构与摩擦性能之间的定量关系，对其作用机理进行系统的理论研究,其成果获湖南省科技进步二等奖。

(四)流变断裂学

1988年,国内著名流变学专家、湘潭大学袁龙蔚教授为首的科研小组通过十年的努力成功创建一门新的分支学科——流变断裂学。成功解决湖南省柘溪水电站单支墩大头坝水面垂直浅裂纹在水库蓄水 8 年后突然失稳扩展成深裂纹以致危及整个大坝安全的成因及补救措施，当年，获湖南省 1988 年十大科技成果奖。随后，由湘潭大学流变力学研究所承担，袁龙蔚参与研究的《混凝土断裂力学在柘溪大头坝裂缝研究和加固中的应用》科研课题，其成果获 1991 年度水利部科技进步二等奖、能源部和水利部科技进步一等奖。

三、化学

1986 年，湘潭大学童钰、王应玮所撰写的《伯胺 N1923 萃取稀土的研究—1，在硫酸介质中对稀土元素的萃取》《镨（Ⅳ）与钛铁试剂生成的一种新配合物》《用纸层析法研究稀土元素的协萃效应及其萃取机理》《含氯桥的双核配阴离子 Rhclq3-的研究》等论文，分别参加 1987 年第二届 f—过渡元素及其稀有元素的基础理论与应用化学会议和第 25 届国际配位化学会议。分析化学方面，湘潭大学王应玮在稀土分离及分析测试方面先后发表有价值的研究论文 10 篇，其中《反相纸层析法研究有机磷酸及 β—二酮对稀土元素的协萃效用》和《N1923 对稀土萃合物的四分组效应及萃合物组成的递变规律》两篇论文参加 1988 年第 18 届国际稀土研究会议。

1991 年，湖南科技大学以曹晨忠领衔的科研团队在有机化学基础理论方面，围绕取代基极化效应、立体屏蔽效应、基于顶点—边—距离多要素的分子结构特征参数的提取等重要理论问题展开系统研究，构造出一群分子结构拓扑指数，包括分子电负性距离矢量、顶点度—距离指数、奇偶指数等概念及计算方法，为有机物定量构效相关提供一系列新的有效的结构参数。提出拓扑立体效应指数的概念和计算方法，解决有机化学中极化效应的定量问题，该研究提出的概念丰富有机化学基础理论，被广泛用于理解和预测有机物的物理化学性能。1998 年、2001 年、2003 年其研究成果分别在“J. Chem. Inf. Comput. Sci.”“J. Phys. Chem. B”“Talanta”等国内外 SCI 刊物发表论文 80 篇，主要论文被“Chem. Rev.”“J. Am. Chem. Soc.”“J. Phys. Chem. A”等 SCI 期刊引用 560 多次。

四、生命科学

2003 年底，市第二人民医院对一名婴儿患者进行跟踪观察，2004 年 11 月，检查鉴定其核型涉及 7、8、21 号三条染色体畸变，属染色体复杂易位。11 月 24 日，市第二人民医院又从一位患有“猫叫综合征”的男婴身上，检查出其核型 5 号染色体短臂部分缺失。该院向中国医学遗传学国家重点实验室报请复查鉴定，国际人类染色体异常核型登记库顾问夏家辉院士接到报告后，即向世界同行通报这一重大发现。经查，这两例染色体异常核型均为世界首报。这两例染色体异常核型的发现，丰富世界遗传性疾病中异常核型库的内容，为研究这类遗传性疾病的发生、发展、预防和治疗提供极有价值的第一手资料。过去一些不明原因的临床疾病，可以通过此类异常核型染色体找到答案，这一技术与现代分子生物学技术结合后，可为人类基因克隆提供依据，当年湘潭市正式对外公布该项具有最新研究价值的医学成果。

第二节　软科学

一、湘潭市2000年经济、科技、社会发展规划

1988~1989年，湘潭市2000年规划办公室孔令志、向元望等与湖南省社科院社会经济系统工程所承担"湘潭市2000年经济、科技、社会发展规划"研究，该课题具有试行完善国家科委课题"县级综合发展规划规范化研究"成果的任务，并列为国家科委和湖南省首次推广应用区域规划规范化的试点。经过一年半时间，课题组完成"区域综合发展规划规范化"和"湘潭市2000年经济科技社会发展规划"研究，并在规划方法论和具体方法上有较大突破，研究成果获1991年湖南省科技进步二等奖。

二、企业知识产权战略研究

2005年，湘潭大学、中南大学冯晓青、杨利华、张歆等，从知识产权基础理论、制度规范和司法实务等方面，就知识产权与公共利益、著作权保护与信息资源共享的利益冲突与平衡等问题，展开企业知识产权战略研究。研究成果具有开拓性、前瞻性、理论性、实践性，获湖南省科技进步二等奖。

第六章　科技信息（情报）与科技交流

第一节　科技信息（情报）

一、科技信息（情报）机构

1986年，市内各级、各类情报机构迅速发展，市直各业务主管部门均设立情报资料组（室），配备专、兼职情报人员，市建委、环保、电子、标准计量等部门还成立专业科技情报科（站、室），主要开展技术咨询、可行性分析论证、科技情报交流等服务。至1990年，全市建立市、局、厂矿企业科技情报站（室）74家，共有专、兼职科技情报人员400余人。1991~1997年，全市各级各类科技情报机构的主要工作是为本地区、本部门（行业）、本单位搜集整理、研究加工、管理和提供科学技术情报，直接为科学研究和经济、社会发展服务。1998年，全市各级科技情报机构逐步转变为科技信息机构，市直相关单位及厂矿企业的科技情报科（站、室）也随之撤销或相应转为信息科（中心），工作任务亦扩大至行业、部门各类信息的研究与应用。1999年后，湘潭电机股份有限公司、江麓机械厂、湘潭钢铁有限公司等大型企业、厂矿均成立信息技术中心，企业科技（情报）信息工作纳入中心一并开展。至2005年，全市各类大型厂矿科技信息部门、中心发展到126家，共有专业科技信息技术人员1164人，全市科技（情报）信息机构新体系基本形成。

二、科技信息(情报)研究与服务

1986年,市内各级科技情报研究机构积极组织科技情报人员在全市范围内开展巡回下乡服务,在基层(厂矿、农村)广泛开展科技情报、实用技术培训服务。1988年,全市各县、区科委设立科技顾问组,参与开展科技情报、信息研究,为区内企业提供科技情报、信息技术服务。1989年,市科学技术情报研究所引进"全国专利"和"全国科技成果交易"数据库,并对社会开放相关科技信息查询服务。至1990年的5年中,全市各级、各类科技情报(信息)机构发行科技教材、科技信息资料600余期(套),推介实用新技术、新产品130多项,举办各类技术贸易、科技培训200余(项)次,完成各类科技信息研究课题15项,其中获得省部级以上奖励4项。1991年开始,全市各级科技信息(情报)研究机构主要以从事综合性科技信息研究与交流开发,直接服务科研生产企业。1993年5月,湘潭市科技情报研究所更名为湘潭市科技信息研究所。1994年,该所完成全市专利、成果和科技新闻三个数据库建设,并正式与国家科委信息中心网络(ISTIC)联通,能够检索到国内20多个重大的数据库。至1998年的8年中,全市科技信息机构编辑发放科技信息期刊及各类技术资料8万余份,发布各类科技信息18000多条,开展各类科技培训300余(项)次,完成各类科技项目查新、检索课题230项,撰写各类科技论文和行业或产品调研报告38篇,其中获得省部级以上奖励8项。

1999年,市科技信息工作开始运用现代信息技术为市内各企业提供信息化建设支撑服务,市科技信息研究所利用湖南科技文献资源网开辟网上科技信息查新检索。至2005的7年中,市内各级科技信息机构组织企业开展信息化专题技术培训讲座32期(次),为企业提供需求诊断57次,发布各类科技信息、新闻13000多条,编辑发行各类科技刊物400余期(份),完成科技信息查新、检索201项,全市各级信息机构撰写各类科技论文和行业或产品调研报告37篇,其中获得省部级以上奖励24项。

(一)湘潭市科技信息港

1999年,市里出台《湘潭市科技信息化工作发展规划》和《湘潭市科技信息网络建设方案》,湘潭市科技信息研究所成立 "湘潭市科技信息港"(域名 www.xiangtaninfo.ac.cn), 并于当年完成网站建设,网站接入10M网络带宽,建立科技人才、科技项目、科技成果等特色数据库,开辟科技动态、网上申报、高新技术企业等特色栏目,并与国家、省科技信息网和国际互联网(Internet)联通,成为全省第三个开通的市(州)科技信息港。至2002年,全市5个县(市)、区科技信息网络终端通过Internet分别与"湘潭科技信息港"互连,实现科技信息资源共享。

(二)智能化农业技术信息应用工程

2002年9月,市科技信息研究所与农科所共同承担的"智能化农业技术信息应用工程"通过省专家组检查验收,该项目通过农业对信息技术的应用,建立气象、种子和土壤三个本地数据库。其中,气象数据库包含1989~1998年共十年的气象数据,数据资料包括最高气温、最低气温、平均气温、气压、日照时数和平均降水量等主要天气数据,并具体到每一天。种子数据库包含1989~2002年湘潭市主栽品种和主推品种21个,其中早稻品种15个,晚稻品种6个,该库的数据资料详细介绍各个品种的生物学特性、抗性和主要栽培技术等数据。土壤数据库,按土壤质地特点,分七项指标详细地记录市农科所、湘乡山枣等三个示范点土壤成分的实际情况。

(三)湘潭市制造业信息化工程网站

2004年12月,由市科技信息研究所与市制造业信息化专家组共同建设的“湘潭市制造业信息化工程网站”正式开通,站内开辟技术专题、信息化快讯、专家在线答疑等特色栏目,网站成为全市制造业企业实施信息化技术相互交流的平台,年内通过湖南省科技厅验收。

(四)湘潭市中小企业ASP平台

2004年7月,市科技信息研究所与长沙天工远科公司合作,共同承担由省科技厅下达的“面向中小企业的ASP系统”开发、实施工作,当年,市科技信息研究所完成ASP共同服务平台建设,并选择3家中小企业进行试点获得成功。2005年,该课题顺利通过湖南省科技厅验收。

第二节 科技交流

1986年,市内先后成立湘潭市科技咨询服务中心、湘潭市科技开发交流中心等专门科技交流机构,开展各类学术研究、新技术推广、技术攻关会诊等科技交流活动。至1990年,全市组织规模以上的大型企业及高等院校、科研院所开展各类科技交流、考察活动320次,其中国际性的科技交流23次。1991年,随着科技兴市的全面起步,全市各行业、领域间的科技协作、学术交流频繁,国际与区域间的科技合作更是踊跃,先后有湘潭电机厂、江滨机器厂、湘潭化纤厂、江南机器厂等一批省、部属大型企业与美国、德国、意大利、英国等10多个国家的数十家企业建立国际科技交流与合作关系。至1998年的8年中,全市组织高等院校、科研院所和大型企业开展各类专题科技交流、科学考察活动700余次,其中国际性的科技交流近110余次。1999年以后,随着产学研的深入开展,一批具有国际先进水平的高精度自动化设备被引进并应用到生产中,均形成较强的产品开发、制造能力。至2005年,全市共组织各类重大产学研科技交流、科学考察活动1300多次,其中国际性的科技交流近200余次。

一、产学研科技交流合作

1991年,湘潭市开始全面推进全市行业、领域间产学研科技交流合作,由政府组织的产学研科技交流协作活动频繁。1994年,全市企业与高校、科研机构间的交流合作加快,促成科技成果转化为现实生产力。1995年3月,市政府与北京航空航天大学签订科技合作协议,并达成长期产学研战略合作关系。1996~1998年,市化工行业11个产学研合作项目相继实施。其中,湘潭大学与南天公司合作的百菌清项目创销售收入1186万元。1999年,湘潭平安电气集团有限公司与国防科技大学合作,共同承担并完成“国家863/CIMS应用示范工程”;南天实业公司先后与清华大学、北京大学、湖南大学及沈阳化工院、湖南化工学院合作,成功完成10多个新型科研项目。当年,由湖南大学帮助开发的新产品“双乙酸钠”盘活3000万元闲置设备,年创产值5000多万元,被省长杨正午誉为厂校合作的成功范例。2000年以后,产学研科技交流合作注重科技创新和人才引进培育,各类企业主动向外寻求技术依托来提升自主创新能力。2003年9月,湘潭大学举办“湘潭市中小企业大学行”活动,11家中小企业的14个项目与高校签订合作协议,40余家企业与机电及材料、化学及化工、企业管理及信息化建设3个领域的专家教授进行交流座谈。湘潭大学开通“机械设计—分析—制造”

局域网络,为湘潭企业信息化建设提供数字化设计、制造网络平台,全市技术创新源头和技术创新主体得到有效衔接。2005年,市政府先后与湖南大学、清华大学签订全面科技合作协议,高等院校、科研机构与企业的合作及科技成果转化活动蓬勃开展。

至2005年的15年间,全市累计组织近500家企业,20所高校、科研院所举办"科技座谈会""科技活动周""企业大学行",开展各类大型科技交流活动21次/期,先后有15家大型企业与高校联合成立工程技术研究中心和产品开发机构,近100名高级人才与相关单位达成协议,300项高校科研成果得以转化。

二、国际科技合作交流

1986年,随着国家改革开放政策的贯彻实施,湘潭开展国际科技合作与技术引进,有效解决市部分国有大型企业、科研机构的生产关键技术难题。至1990年,全市开展各类国际科技合作交流项目23项,引进国外各类科技先进技术17项,组织赴境外研修培训,开展技贸洽谈、产品参展等的各类科学技术人员近100余人次。

1991年,湘潭与国外科技合作交流逐步发展到技术引进与联合研究开发并重的新阶段,1993年,市无线电五厂在日本花甲协会专家田中良美指导下,掌握高压大电流硅元件生产技术,直接降低生产成本10%~15%。1994年,湘潭电机厂引进英国BRUSH公司和美国GE电驱动技术,成功研制中国首套国产化海上石油4500米电驱动钻机电力及控制系统;1998年,日本海外协理队与市蔬菜科研所合作,选派2名日本蔬菜专家与该所共同攻克技术难题,育成耐寒、耐热、优质高产的两种小白菜系列品种和抗根腐病的豇豆新品种;1999年,澳大利亚蔬菜栽培专家Tim Enning和技术顾问Chris Yuen应省国际经济技术交流中心邀请,来潭开展技术交流,并就两地蔬菜栽培、贮运加工和市场开拓达成长期合作协议。2000年,湖南恒辉环保实业有限公司聘请荷兰、德国环保专家为公司成功解决无机陶瓷膜油水分离和膜生物反应器关键技术难点。2002年,江滨机器厂从德国、美国、意大利、瑞士等国引进先进技术水准的CNC数控椭圆车床,CNC数控金刚镗床、真空直读光谱仪和检测仪器进行新型活塞开发,湖南五菱集团从德国引进的无机房电梯项目成功投产。至2005年的15年中,全市各级部门、企事业单位、科研院所组织参与各类国际科技合作交流活动310次,开展国际科技交流合作项目231项,解决各类生产、科研开发难题163项,组织赴境外研修培训,开展项目产品洽谈达500余人次。

第七章 科技管理

第一节 科技管理体制

1986年,市委、市政府贯彻《中共中央关于科学技术体制改革的决定》,全市科技体制改革按类别分级组织实施。技术开发类型单位,改事业费拨款为技术合同制,逐年减少事业费,同时鼓励这些单位向企业靠拢，采取联合、并入等方式，形成科研生产一体化，通过技术活动多创收入，逐步向经费自立过渡；社会公益事业与技术基础类型单位，仍拨给事业费，采取经费与任务挂钩，包干使用，超支不补，节余留用的办法，在完成任务的前提下，鼓励广开经费渠道创收入，逐步做到不依赖国家的拨款。从事多种类型研究单位，按开发性工作和社会公益性工作，分别核定削减事业费与经费包干比例，进行不同管理。1991 年，各科研单位对外实行有偿合同制，并坚持科研面向经济，主动到生产建设中找课题，靠技术开发和科技成果有偿转让增收。1993 年 10 月，根据科技体制改革精神，科委、科协合署办公，分设九个科、室、部，1996 年 5 月，科委、科协分署办公，科委恢复至合署前各相关职能科室。1996 年，按照“稳住一头，放开一片”的原则，对公益性研究所给予政策扶持，对开发性研究所放开放活，促使他们转轨投入经济建设主战场。1999 年，根据《中共中央、国务院关于加强技术创新，发展高科技，实现产业化的决定》，重新优化科技力量布局和资源配置，科技体制改革围绕加强科技创新、重点发展高新技术产业、优化科技发展环境三大任务，突出技术跨越、新兴产业发展、传统产业提升、龙头企业培育、创新能力建设五大重点展开。加大支持多种形式的民营科技企业，发展科技服务中介机构，促使应用型科研机构和设计单位发展成为技术创新主体。2005 年，湘潭市将原市计划委员会拟定全市科学技术发展中长期规划，编制重大科技攻关计划及相关经费安排的职能，划入市科学技术局，将银行贷款支持的科技开发计划的计划管理和实施工作，移交有关部门和县（市）、区人民政府、事业单位或社会中介组织承担。

第二节　科研机构

1986 年，全市各类科研机构 46 家，其中独立科研院所 15 家，市属独立科研院所全部推行院、所长负责制。1990 年，全市各类科研机构 75 家，其中，民办科研机构 5 家。全市 15 个院所平均分流出 31.6%的人才。1991 年，市委、市政府作出科技兴市的决定，制订相关配套政策促进科技机构自身发展，全市大、中型企业逐步建立厂办科研机构或技术开发机构，1998 年，全市各类科研机构发展到 83 家，其中独立科研院（所）20 个，民营科研机构 21 个，厂办科研机构 42 个。1999 年后，全市科研技术服务机构，日趋活跃，各类科研机构以服务经济建设为中心，技术吸收与开发能力直接促使科研技术成果转化为生产力，2005 年，全市有各类科技机构 120 家，其中独立核算国有自然科学技术研究机构 15 家；国家级企业技术研究中心 2 家，省级企业技术研究中心 9 家，重点实验室 5 家，2 个博士后流动站，1 个博士后工作站。

1986~2005 年湘潭市获省级以上技术研究中心、实验室名单

表 62-7-1

序号	单位名称	级别
1	江南机器（集团）有限公司技术中心	国家级
2	湘潭电机集团有限公司技术中心	国家级
3	湖南省精细化工工程技术研究中心 湖南省南天实业股份有限公司	省级

续表

序号	单位名称	级别
4	湖南省电池材料工程技术研究中心湘潭电化集团公司	省级
5	湖南迅达集团技术中心	省级
6	江麓机械集团有限公司技术中心	省级
7	湘潭平安电气集团有限公司技术中心	省级
8	湖南江滨机器厂技术中心	省级
9	湖南湘铝有限责任公司技术中心	省级
10	湖南韶峰水泥集团有限公司技术中心	省级
11	湘潭钢铁集团有限公司技术中心	省级
12	湖南省机械设备健康维护重点实验室	省级
13	低维材料教育部重点实验室	省级
14	智能制造湖南省普通高等学校重点实验室	省级
15	湖南省科学工程计算与数值仿真重点实验室	省级
16	湖南省凝固技术及应用重点实验室	省级

一、力学博士后科研流动站

湘潭大学“力学”学科博士后科研流动站于2003年获准设立，研究方向主要为材料的力学行为、基础力学、流变学和计算流体力学。该站拥有“一般力学与力学基础”1个二级学科博士点和“材料物理与化学”“凝聚态物理”“计算数学”3个二级学科博士点，同时还拥有“先进材料及其流变特性”教育部重点实验室。该站有博士导师20人，正高职人员27人，副高职人员32人，至2005年。累计承担科研项目共60余项，其中包括国家“863”高技术材料技术领域项目2项、国家自然科学基金重点项目1项和一批国家自然科学基金省、部级重点项目，获省教学成果一等奖、省科技进步奖二等奖10余项，在Science，Phys Rev. Lett，Appl. Phys Lett，Acta Mater.等刊物上发表200余篇SCI学术论文，引用达500余次。

二、化学博士后科研流动站

湘潭大学化学博士后科研流动站于2001年获准设立，有教授24人，副教授及高级工程师28人，博士生导师12人，享受国家特殊津贴的专家教授2人，入选湖南省“121人才工程”3人。站内专业实验室面积1万平方米，拥有万元以上仪器设备270台件，其中大型先进仪器设备有：核磁共振（400MHz）、扫描电镜、X射线衍射仪、原子吸收、红外光谱仪、紫外-可见分光光度计、气相色谱、液相色谱、凝胶色谱、离子色谱、薄层色谱、液质联用仪、DSC热分析系统、热动态机械分析仪、元素分析、电化学分析系统、流动注射等。该站自成立以来，累计完成省部级以上科研项目鉴定10余项，获省、部级科技进步奖8项，其他科技奖12项，获发明专利15项，主持国家、省部级项目11项，其中国家自然科学基金项目2项，出版专著2部，在国内外核心刊物上发表科研论文36篇，其中SCI收录 27 篇、EI 收录 3 篇。

三、湘潭电机集团博士后科研工作站

湘潭电机股份有限公司博士后科研工作站于 2001 年 10 月经人事部、全国博士后管委会批准建立。2002 年 7 月正式成立。该站科研项目(课题)的研究范围为:高压、大容量双馈电机及调速系统、低地板电动共交车辆结构、城市轨道交通车辆模块化车体设计、大容量交流变频电机变频调速控制装置等。

第三节　科技队伍

1986 年,根据党中央提出的"要把培养、吸引和用好人才作为一项重大战略任务,切实抓好,大力开发人才资源,建立一支庞大的高素质人才队伍"的要求,湘潭市采取扩大人才总量和盘活存量相结合、优化人才结构和提高人才素质相结合、自主培养与外部引进相结合的战略措施,在职称评定、专业技术职务聘任、高级科技人才待遇等方面制定一系列政策并付诸实施,全市科技人员队伍稳步发展。至 1990 年，全市有各类科技专业技术人员 45500 万人，其中具有中级职称以上 15925 人,占 35%。

1991 年后,政府建立奖励基金,奖励有突出贡献的科技人员,并允许企业对科技人员实行科技提成奖,对突出贡献的专家的子女就业、夫妻分居问题给予优先解决,鼓励科技人员兴办科技企业,支持科技人员合理流动。通过这些举措,科技人员队伍发展迅速,1998 年,全市有各类科技专业技术人员 66360 人,其中具有中级职称以上人员 24553 人,占总数 37%。

1999 年,市里出台《关于引进和开发科技人才的暂行规定》,通过引才引智,全市科技人员总量逐年增加,知识结构、年龄结构、职称结构、专业结构亦均呈现多层次、多样性。2004 年,市委、市政府印发《市级优秀专家和专业技术骨干人才管理暂行办法》,对人才培养管理、奖励等方面均作出具体规定。2005 年,全市各类科技专业技术人员 112000 人,其中中级职称以上人员 47376 人,占总数的 42.3%。享受国务院、省、市政府特殊津贴(以下简称"特贴")专家 51 人,省级以上科技优秀专家 18 人。

1986~2005 年湘潭市获省以上优秀专家、享受政府特殊津贴人员名单

表 62-7-2

单　位	姓名	性别	专家层次	从事科学
湘潭市化工研究院	王庆河	男	1990 年国家中青年专家、1991 年特贴	化工研究
湘潭电化集团公司	李同庆	男	1992 年特贴、1995 年省青年专家	化工研究
湘潭电机厂	梅柏杉	男	1993 年特贴、1995 年省青年专家	电机、电器
湘潭市中医院	杨寿娥	女	1996 年特贴、1998 年省青年专家	骨伤科
湘潭市林业局	杨柳青	男	2000 年特贴、2001 年省中青年专家	林业工程
湘乡市农业局	赵立武	男	1992 年特贴	农技

续表

单 位	姓名	性别	专家层次	从事科学
湘潭县泉塘子农技站	李罗斌	男	1998 年特贴	农技
湘潭市中心医院	丁应文	男	1998 年特贴	外科
湘潭市中心医院	黄雪梅	女	1999 年特贴	儿科
湘潭市疾病控制中心	肖学成	男	2000 年特贴	卫生检验
湘潭市农科所	黄德宗	男	1999 年特贴	农技
湘潭市畜牧水产局	吴买生	男	2001 年特贴	畜牧育种
湘潭大学	李寿佛	男	1999 年特贴	数学
湘潭钢铁公司	周良墉	男	享受特贴	计算机
湘潭电机股份公司	罗百敏	男	1999 年特贴	电气
江滨机器厂	刘鹏展	男	2001 年特贴	机械制造
湘潭市蔬菜研究所	肖新平	女	2001 年省中青年专家	蔬菜育种
湘潭市锅炉厂	刘定宇	男	2001 年省中青年专家	锅炉开发

第四节 科技计划

1986 年，根据国家科技工作总体发展部署，湘潭市重点实施“重大科学研究、新产品试制、中间试验项目计划”(简称“科技三项计划”)，同时科技管理部门积极实施国家、省确立的各类指导、指令性计划，有星火计划、火炬计划、巨龙计划、科技成果推广计划、软课题计划、科技兴农计划、科技扶贫计划等，各项科技计划在严格参照国家科委及湖南省科学技术委员会发布的科技计划指南的基础上，根据市经济和科技发展规划的需要，经审定立项后由各级主管部门组织付诸实施。截至 1990 年，全市实施的科技计划有科技三项计划、星火计划、火炬计划、巨龙计划、科技成果推广计划、软课题计划、科技兴农计划、科技扶贫计划等九大计划，共安排各类各级科技计划项目 611 项，其中获省、部级以上奖励 100 项。

1991 年以后，各类计划上下对口，左右协调，突出重点，综合集成的同时，采取受理、立项、监督三职分离原则，由各对口部门对项目实施情况进行全程检查、督促、落实。1997~1998 年，简称“科技攻关计划”，计划遵循“上水平、出成果、创效益”原则，把新兴产业、规模经济开发的配套技术研究、科技成果转化作为科技攻关的重点，针对全市经济和社会发展的热点中的重大科学技术问题，以“抓源头，促转化，兴产业，育人才”为工作目标，重点倾向支持高效农业及农副产品的深度加工、国有大中型企业的科技进步，高新技术及其产业发展和科研开发基地建设的重大课题。截至 1998 年，全市实施国家、省级、市级各类科技计划达 767 项，其中获省、部级以上奖励 199 项。

1999 年后，科技计划围绕全市科技持续创新能力建设，重点对全市重大科技项目研究、现代农业、高新技术产业化发展、重大科学研究基地装备与建设工程等一批科技含量高、市场前景好、产业带动力强的项目，采取国家、省、市科技计划配套的方式，从立项和资金等方面给予优先重点支持。

截至 2005 年，全市实施国家、省级、市级各类科技计划达 924 项，其中获省、部级以上奖励 254 项。

第五节　科技经费管理

1986 年，全市科技经费按照科技计划项目的类别和等级由国家、省及市财政安排，并通过统配、划拨和辅以企业自筹、银行贷款等途径投入，支持对象主要是独立科研单位，民间自选项目很难得到政府和社会的支持，截至 1990 年，全市本级科技三项经费投入 392 万元，争取国家、省级科技经费 2400 万元。

1991 年，政府对科技的支持扩大到高等院校、厂矿企业、民营科研机构。市级“科技三项经费”（重大科学研究、新产品试制、中间试验经费）由市财政逐年切块下达，截至 1995 年，全市本级科技三项经费投入 750 万元，同比增长 91.33%。争取国家、省级科技经费 9000 万元，同比增长 275%。1996 年，随着市场经济重新配置科技资源，科技活动日趋繁荣，人们重科技、靠科技的积极性提高，有效地引导社会团体、个体、私人对科技经费和物资的投入，截至 2000 年，市本级科技三项经费投入 1200 万元，同比增长 60%。争取国家、省级科技经费 1.5 亿元，同比增长 66.67%。

2001 年以后，科技经费由项目下达部门统一掌握安排至项目承担单位，并严格按项目指标管理，除坚持预算、决算外，实行按项目进度拨款、项目中止及时清账、定期监督检查和项目经费部分回收等制度。此外，用于独立科研院所等科技事业单位的正常业务活动的科技事业费开支亦由市财政预算拨款。截至 2005 年，市本级共投入各类科技经费 6175 万元，同比增长 414.58%，争取国家、省级科技经费 3.7 亿元，同比增长 146.67%。

第六节　科技成果管理

1986 年，市科委根据《湖南省科技成果管理暂行办法》，相继颁发有关科技成果管理具体实施办法，对科技成果分类、鉴定、评选、奖励、交流、推广等工作作出全面规定。至 1990 年，全市共鉴定、登记科技成果 445 项，推广各类科技成果 115 项，其中 46 项达国内先进水平，100 项科技成果获省级以上科技进步奖。

1991 年，科技成果管理工作得到进一步细化，规定各类科技成果申请鉴定，必须具备技术成熟并有明显的创新性；性能指标在国内同领域中处于领先水平；对本行业或本地区的经济和社会发展以及科技进步具有重大的促进作用。同时对科技成果推广实行目标管理，采取“四定”（定单位、定项目、定人员、定指标）方法，重点促进科技成果转化的渠道和措施。推广的科技成果必须技术先进，性能可靠，工艺可行，效益显著，应用广泛，对环境无严重污染，推广经费，主要靠项目承担单位贷款、自筹及其他渠道解决，国家投入的部分，以有偿使用为主。至 1998 年的 8 年间，全市共鉴定、登记科技成果 590 项，推广各类科技成果 147 项。其中 72 项达国内先进水平，199 项科技成果获省级以上科技进步奖。1999 年后，随着产学研结合的不断深化，各类科技成果得到及时、正确的评价，成果鉴定对加快促进科技成果转化起到良好的指导作用，科技成果转化行为、形式得到有效规范。截至 2005 年，全市共鉴定、登记科技成果 774 项，推广各类科技成果 213 项，其中 114 项达国内先进水平,254项科技成果获省级以上科技进步奖。

第七节 技术市场管理

1986年,《湖南省技术市场管理办法》出台后,湘潭市以市科协所属各学会力量,积极组织开展各类技术贸易活动。1987年,湘潭市技术市场管理办公室成立,主要承担管理全市技术开发、转让、咨询服务等工作,并以组织开展各类科技成果交流会、技术贸易洽谈会、科研产品展览会等形式,促进技术市场发展。1990年,全市各类技术经营贸易机构有149个,从业总人员573人,至1990年的5年中,认定技贸合同1200余项,技术合同成交额5433.59万元,各种技术服务、技术承包、技术贸易活动开展逐渐踊跃,并初步形成一个多专业、多层次、多渠道、多种所有制并存的技术市场经营体系。

1991年,湖南省《技术市场管理条例》《科技经纪人管理办法》《技术合同法》《技术市场行政执法监督办法》等一系列法律、法规相继颁布,市技术市场遵循"放开、搞活、扶植、引导"原则,一大批技术中介、技术服务及民办科研机构得到快速健康发展。至1994年,全市技术贸易机构发展到196家。1995年,因财税体制改革中取消对技术贸易优惠政策,技术市场全面收缩。1997年,技术贸易机构下降到160家。1998年后,随着全市产学研结合的深化,各种自负盈亏、技工贸结合的科技型企业和民办科研机构不断涌现,技术市场各种活动蓬勃开展,市场秩序得到进一步规范。2005年,全市技术贸易机构总数达223家,从业人员达9104人。至2005年的15年中,认定技贸合同11000余项,技术合同成交额近85000万元。

第八章 专利

第一节 专利机构与队伍

1986年8月30日,湘潭市专利管理办公室成立,编制7人,归口市科学技术委员会(简称市科委)领导。1987年3月,湘潭市专利事务所成立,当年,湘江区、雨湖区、岳塘区、板塘区、湘潭县及市内部分单位的专利事务所相继成立,至1990年,全市有148个企事业单位先后建立专利管理部门,各级政府科技管理部门和企事业单位拥有专(兼)职专利管理人员270人,湘潭专利管理网络初步形成。1994年6月,根据市编委《关于成立湘潭市专利管理局的批复》,市专利管理办公室升级为副县级事业单位,正式成立湘潭市专利管理局,编制10人,归口市科委管理。1995年11月,经市委、市政府批准,市专利管理局确定为参照公务员管理的具有行政职能的事业单位,并正式明确职能配置、内设机构及人员编制。2002年4月,湘潭市专利管理局更名为湘潭市知识产权局,编制13人。主要职能是贯彻执行国家和省专利及相关的知识产权法律、法规;制订、实施本市地方性规章和政策措施、专利及相关的知识产权工作规划和计划;统筹、协调地区知识产权工作和专利行政执法工作等。年内,各县(市)、区也相继成立知识产权管理机构,至此,全市知识产权管理机构得到初步完善。

12 月，湘潭市专利事务所正式与知识产权局脱钩，至 2005 年，湘潭市专利管理机构与队伍经过 20 年的发展，专利管理工作体系基本形成。截至 2005 年，全市 167 家企业建立专利管理部门，专利管理人员总数 213 人，专利事务所 2 家。

第二节　专利工作

一、专利知识普及

1986 年，《中华人民共和国专利法》正式实施后，市科委即介入此项新的工作，集中组织科委系统全体科技管理干部学习专利法，在全市各个“科学与技术”宣传窗口展出专利法专版，对专利法知识进行广泛宣传普及。1987 年，市专利管理办公室组织市属各单位及各区、县科技人员、企业科技人员开展专利法、技术合同法知识讲座，培训专利骨干 500 余人。1989 年，市科委、市专利办等单位联合发出《关于加强企业专利工作的通知》，随后，市内各级机构单位及厂矿、企业纷纷自行采取发放专利知识资料、制作宣传图片等形式，开展专利知识普及活动。至 1993 年，全市各级科委和专利管理部门，为宣传普及专利法和专利知识，累计举办各种学习班 40 余期，培训人员近 1 万人，编印发放相关资料 3 万余份/册。

1994 年，市专利局成立后，开始向社会编辑印发《湘潭专利信息》，同时通过报刊、专利信息发布会和技术交易会等形式，向社会宣传发布相关专利知识，在随后的 4 年，通过不定期组织各企事业单位开展各种形式的学习培训，湘潭专利知识宣传普及得到进一步规范。1999 年，湘潭市被国家知识产权局确定为全国首批 10 个专利工作试点城市之一，2000 年，市政府出台《运用专利制度促进城市创新体系建设的实施方案》和《湘潭市专利申请补助资金管理暂行办法》，加大宣传、鼓励技术创新，当年，经全市“社会公众知识产权认知程度”调查结果显示，全市公民知识产权认知程度达到 70%。2001 年，市“专利试点城市”工作顺利通过国家验收。2002 年 6 月，湘潭市被国家确定为新一轮全国专利工作试点城市。2004 年 4 月，湘潭市政府召开“保护知识产权，优化经济环境”新闻发布会，并以中英文发表《2003 年度湘潭市知识产权保护状况》白皮书，当年，步步高商业连锁有限责任公司、湘潭钢铁集团有限公司等 19 家大中型企业发出“尊重知识产权，维护市场秩序”倡议书。2005 年，在市委、市政府组织的赴边远地区“五下乡”活动中，市知识产权局根据农村的特点专门编印农村专利宣传资料，把农民感兴趣的农业专利信息制成小册子，农民踊跃索取资料和进行现场咨询，上千份专利知识资料被索取一空。当年 9 月，国家知识产权局副局长张勤来潭作题为《关于我国知识产权战略思考》的讲座。至 2005 年的 12 年中，全市举办各类专利宣传活动、普及培训 300 余(期)次，接待各类专利知识咨询 7 万人次，编辑发放专利知识资料 12 万份、专利宣传手册 4 万余册，制作大型宣传图片 60 余幅、在省级以上刊物发表相关文章近 200 篇。

二、专利申请、授权与实施

(一)专利申请与授权

1986 年，市专利管理办公室成立，专门负责全市专利工作的组织、实施、管理，同时积极与需求单位和个人联系,调动专利拥有单位(人)申请、实施积极性,当年,韶山节能电器厂孙克恂获国家专利7项。至1988年,全市共有280个单位和个人向国家递交专利申请339件,其中128件被国家授予专利权。1989年,在广州市召开的"第二届国际专利及新技术、新产品展览会"上,湘潭市获奖5项。至1990年5年中,全市专利申请量和授权量分别为681件和450件,居全省第二位。其中,获国家专利博览会金奖5项、银奖11奖,国际发明展奖1项。

1991年,湘钢钢研所工程师黄明光等设计制作的平行双轴螺旋铝丸成型机,获国家专利。该机可将铝条一次性轧制成铝丸结束我国同类机具需经二次成型才能轧出铝丸的历史。1992年,该专利被收入国家专利局主编的《当代中国发明》一书,并以中、英两种文字在国内外发行。1993~1997年,市内部分单位因缺乏《中华人民共和国专利法》知识,有些品种未申报专利,或虽有专利权却未注意维持而终止失效,以至受到巨大损失。湘乡无线电厂曾因生产、销售自行开发的电子秤系列产品而迅速发展,市场几近覆盖全国。但因未即时申报专利,被"跳槽"人员将生产技术带往广东地区,1997年,仿制品全部占领长江以南市场,并逐步向北扩展,致使湘乡无线电厂主导产品市场失去"半壁河山"。1998年后,全市专利申请得到社会普遍重视,专利申报、维权意识逐步增强。至2000年的10年中,全市专利申请量达2175件,专利授权1171件。其中,获国家专利博览会金奖13项、银奖27奖,国际发明展奖3项。全市每10万人拥有专利申请10.3件,名列全省第一,企业专利申请量占全市专利申请量25.6%。

2001年,市政府从科技经费中安排10万元用于择优支持和鼓励专利申请282件,随后,每年投入40万元资金对专利申请给予补助和奖励授权专利,以进一步支持和鼓励专利申请工作。2004年,湘潭市知识产权局根据《关于创建全国科技进步先进城市的决定》,对2004年以后授权的外观设计专利每件奖励200元,实用新型专利每件奖励300元,发明专利每件奖励1000元。当年,全市专利申请量和授权量均比上年增长15%,并涌现迅达集团、平安电气集团等一批运用知识产权制度促进技术创新的高新企业,湘潭铁路电机有限公司研制的首批抗蛇形油压减振器填补中国机械产品一项空白。至2005年5年中,湘潭市专利申请量达2185件,专利授权总量达1169件,农村专利申请量占11%,全市每万人拥有专利申请量为21件,居全省第二位。其中,获国家专利博览会金奖27项、银奖54奖,国际发明展奖7项。

(二)专利实施

1986年,自《中华人民共和国专利法》实施后,市专利管理部门就注重调动专利申请人自身实施专利的积极性,并通过报刊和专利信息发布会、技术交易会等形式,直接或间接地与需求单位联系,引导专利技术转化为生产力,促进专利实施。至1990年的5年中,全市专利实施数191件,占申请量28%。其中,湘潭电机厂的"防爆特殊型电源装置箱"、江南机器厂的"电力引信"、湘潭锅炉厂的"燃多种煤卧式快装链条炉排锅炉"等8项专利获"湖南省专利实施十佳项目"称号。

1991年后,市专利实施取得显著的经济效益和社会效益,并涌现一批依靠专利起家、发家的企业。湖南迅达集团有限公司(原湘潭市新产品开发研究所)就是靠实施专利技术发展壮大起来的一家民营企业。该集团创始人伍尚魁靠"缝隙孔旋流燃烧器"专利技术创业,该所先后研制出"迅达"牌旋流燃气灶、多用汽化煤灶、液体燃料炉和声控自动伴奏机等多种专利产品。1993年,湖南迅达集团成立,累计申报专利项目83项,其中获国家专利权65项。1999年,该集团累计拥有140多项专利和

3大类5大系列近百种专利产品，新开发的农村沼气灶系列专利产品在国内市场占有率在50%以上。至2000年的10年中，全市专利实施数696件，专利实施量占申请量32%。其中，19项专利项目相继获湖南省“专利实施十佳项目”奖。

2001年，专利技术成果转化进一步加快，专利技术的实施、应用，在促进高新技术产业发展上成效显著，全市各类科技计划项目中实施的专利技术占40%。2003年，湘潭市科超工业微波成套设备有限公司实施的“固态干燥灭菌微波炉”和“汽车红外线防雾装置”两个项目被列为“湖南省促进专利技术产业化示范工程”项目。2005年，中国人民银行湘潭中心支行、市科技局、市知识产权局三家单位联合出台《湘潭市专利权质押贷款管理办法(试行)》，加大鼓励专利技术成果转化实施，当年，湘潭市成功设立“湘潭机电专利信息中心”，被国家知识产权局正式列为“全国知识产权试点城市”和“国家知识产权示范城市创建市”。至2005年的5年中，全市专利实施数764件，专利实施量占申请量35%，先后有湘潭钢铁公司的“耐火砖泥浆真空搅拌成型方法”、晨辉化学建材公司的“塑料合金弯头管件”等41个项目获省专利实施优秀奖。

三、专利执法

1986年，市专利管理办公室积极投身于专利法的宣传与专利保护工作，同时，根据《湖南省专利纠纷调解处理暂行办法》协助当事人，维护专利权人或当事人权益，有效地促进全市专利保护活动健康有序开展。至1993年的8年中，市专利管理办公室共协助专利维权活动11次，调解专利纠纷17起。期间，市专利管理办公室没有成立专门的专利执法部门，专利纠纷主要参照《湖南省专利纠纷调解处理暂行办法》进行相关处理，通过广泛宣传专利法来增强全市专利维权意识。

1994年，市专利管理局成立后，专门设立法律事务科，并开始规范商业流通领域的专利产品管理秩序，加大查处专利假冒、侵权等行为的执法力度。1995年，湘乡市专利管理办公室与湘乡市建委、工商局组织对湘潭市银南建筑公司的专利纠纷投诉进行联合调查，随后对侵权生产盲孔小砌块的5家企业及侵权生产成型机械设备的3家企业，分别依法作出罚款和封存设备的处罚。1996年，湘潭市查处市工贸电器厂及湖南三圆医疗保健品有限公司假冒专利产品行为。“远红外线烤火炉”专利权人彭献琪诉湘潭市工贸电器厂侵权一案，专利权人胜诉，并获得经济赔偿。1999年3月，市专利管理局组织对全市各大商场进行假冒专利集中查处行动，查封4种冒充专利商品，向商家发出13种涉嫌冒充专利商品协查通知，处罚两家销售商，年内，查处技贸机构假冒专利行为一起。2002年，湘潭市专利管理局更名为湘潭市知识产权局后，成立执法科，专利执法行为得到进一步规范，全市打击假冒、冒充专利和专利侵权力度加大。2003年4月，市知识产权局联合市版权局、市公安局，对全市各大超市、药品、建材等商业企业，开展打击知识产权违法犯罪集中行动，对6大类60种涉嫌假冒专利商品做出责令下柜的处理决定。9月，市人大常委会组成执法检查组，对全市专利执法情况进行专项检查。2004年4月，湘潭市开展以“保护知识产权，优化经济环境”为主题的“保护知识产权宣传周”活动，知识产权保护意识深入人心，当年，市知识产权局调处专利纠纷10起，查处假冒、冒充专利行为60余起。至2005年的12年中，全市累计查处假冒、冒充专利行为300余起，调处专利纠纷147起，市知识产权局与市公安局就专利执法行为，共同签订《打击经济犯罪优化经济环境办案协作制度》，同时与长沙、株洲建立起专利执法协作机制，全市专利执法环境得到进一步优化。

第六十三篇　文化

概　述

1986年，全市有各类文化机构（单位）1300余个。其中，国有专业剧团5个，民间业余剧团10余个。国有艺术馆1个，文化馆8个，乡镇、街道文化站132个。公共图书馆5个，工矿企业图书馆（室）60余个，学校图书馆（室）100余个，乡镇、街道图书馆（室）7个。电影发行放映公司3个，35毫米电影放映单位42个，16毫米放映单位420个（全为乡镇集体所有）。博物馆2个，纪念馆1个，全国文物保单位1处，省级文物保护单位8处，市级文物保护单位16处。国有新华书店4个（含门市部17个），供销社系统图书发行店、柜510个。社会文化娱乐场所（桌球室、电子游戏室、书报刊发行、音像发行放映、舞厅等），或有一定的规模，或正在发育。文艺创作队伍，有市级各门类文学、艺术工作者协会8个，文学、艺术创作社团70余个，创作人员3000人左右。

农村家庭联产承包责任制及城市经济体制改革，电视文化的迅速普及和社会娱乐文化蓬勃发展，改变人民群众生活节奏和时间观念，也改变人们文化消费的内容和方式。这对计划经济条件下的文化模式产生巨大的冲击与挑战。至20世纪80年代末的几年间，湘潭戏剧创作，虽生产出一批艺术上有强烈改革精神的剧目，并在省内外产生较大影响，但市场演出上座率不断下降。文学创作，面临题材、思想内容、价值观念等新的选择，每年在省级以上各类公开报刊发表的作品在200件左右。此时成为湘潭历史上小说、杂文创作最繁荣时期。美术创作数量大幅增加，尤其是油画，与国画相比，有后来居上趋势。其他艺术创作平稳发展。国有群众文化单位在继续抓好群众文艺辅导的同时，开始有偿文艺培训活动，全市培训人数最多年份达400人左右。电影观众逐年减少，国有图书发行量也逐年下降。二者主要靠提高票价和书价维持正常运转。政府逐年增加的经费赶不上物价的上涨，公共图书馆购书量和读者人数普遍下降。关圣殿等重点文物未能得到应有维修，地下文物被盗掘、被毁坏的现象较为严重。公益文化设施，新建市少儿图书馆、湘乡市图书馆、板塘区文化馆、郊区文化馆，扩建市艺术馆等。社会娱乐文化全面开放，发展到440余家，并逐步纳入以文化行政部门为主体的管理体系。

20世纪90年代，城市经济体制改革进一步深入，社会不同利益格局逐渐显现。文化艺术全面开放，市场化加深，这些因素深刻影响人们日常生活和经济生活，群众尤其是青少年学习和参与文化艺术创作的热情随之高涨。同时，高清电视、家庭影院及多种文艺传媒的普及等，进一步影响国有文化艺术，尤其是国有戏剧、电影、图书发行等经营性文化事业的发展与生存。至1995年的几年间，专业戏剧，一方面创作主要靠党政部门下文要求相关群体公费观看演绎政策、法规或宣传先进典型的剧目；另一方面，走向“堂会”（民间请戏），走向歌舞厅，走向中小学（演出课本剧组织学生包场）等，仍在全省各州市中保持最活跃地位。文学创作总体上出现繁荣，每年在省级以上各类报刊发表的文学作品逐渐升至300件左右;但各体裁作品出现不同发展格局。小说、杂文数量大幅减少,所发表刊物级别也不如前一时期;诗歌、诗词、散文数量大幅增加;电视文学有了零的突破;历史上首部长篇纪实文学出版发行。出版各种体裁的文学长篇作品及结集作品,除少量由文化艺术部门规划组织出版外,均为作者自费出版发行。美术创作,无论是5年一届的全省美术作品展,还是5年一届的全国美术作品展,湘潭入选作品均为全省各州市之首,此时成为湘潭历史上美术创作最繁荣的时期。群众文化,全市有偿培训,年招生人数逐步发展到3000余人,其中,市艺术馆招生人数达到2000余人,成为全省最大的少儿艺术培训中心,但全市无偿的基层文艺辅导未能提到应有位置。农村乡镇及城市街道文化站普及率均达100%。公共图书馆建设,尽管政府不断加大投入,但其增加部分仍不足以抵消物价的上扬,年购书费与常年事业经费之比仍在下降,进而影响图书利用率。电影放映单位下降到269个,而且在映率仅占60%,尤其城区国有电影院,年放映收入仅占全年支出的20%以下,不足部分靠其他产业收入补充,50%的单位难以维持正常运转。国有图书发行,主要靠书价的增长所支撑,发行额虽有2~3倍的增长,但实际发行量并没有增加,甚至减少。文物保护,云门寺、关圣殿等重点单位得到全面维修,但地下文物被盗掘现象没有得到有效遏制。文化设施建设有较大程度的改善,新建齐白石纪念馆、湘乡市文化馆、岳塘区文化馆等。社会娱乐文化场所发展到2200余家。在经济利益驱动下,违规经营不断发生,行政管理难度加大。

1996年,城区经济改革,尤其是国有大中型企业改革步履艰难,地方财政对文化的投入滞后于人民群众对文化的需求,使湘潭文化呈现复杂的局面。至20世纪90年代末的几年,每年在省级以上各类公开报刊发表的文学作品在400件左右。小说创作显著回升,杂文创作明显下降,诗歌诗词保持繁荣。电视文学有较大进展。美术创作数量上仍保持较高水平,入选全国高层级展览的作品减少。专业戏剧所创作的上演剧目,仍靠公费组织观看,实际演出上座率明显下降(许多持票者并不入场)。其他艺术创作,仍保持好的势头。湘乡市、雨湖区先后获全国文化工作先进县(市、区)称号。基层文艺辅导得到普遍加强。电影放映,虽组织多次爱国主义教育题材影片的展映及美国大片的放映,但全市放映场次下降30%,国有影院平均上座率逐年降至10%。农村电影集资规划放映制度被全面取消,其放映经费单靠电影部门自筹解决,虽使放映场次减少,但在全国农村电影很不景气的大环境下,湘潭仍是全省各州市的佼佼者。国有图书发行年发行总额增至7865万元;但其中由国家规定在新华书店发行的中、小学教材及教辅读物发行额占发行总额70%。文物保护,齐白石故居、东山学校等公布为省级保护单位;黄公略故居、望衡亭等单位得到全面维修。地下文物被盗掘的现象得到有效遏制。公共图书馆的购书量及读者人数,一直维持在低位运行。中央投入建设起毛泽东图书馆、彭德怀纪念馆。娱乐文化市场发生新变化。高档舞厅逐渐改为音乐唱盘伴奏的低档舞厅;音像经营仅存发行;软件发行、互联网经营初步形成市场。各类娱乐文化场所减至1900余家。

2000年,政府对文化的投入不断加大,全市文化建设达到历史最好时期。至2005年的几年间,经改革开放多年的历练,一批青年作家逐渐成熟,每年在省级以上各类公开报刊发表的文学作品,逐渐增至500件左右,有一定影响的小说、诗歌、散文作品减少。电视文学未有作品问世;电影文学首次亮相银幕;戏剧跌入新中国成立以来最低谷。美术创作和其他艺术创作,未有明显突破,保持稳步发展。市级文艺家协会发展到15个,文学、艺术社团发展到86个,各协会会员、社团成员增至5000人以上。群众文化,少儿艺术培训年招生逐渐增至6500人,其中市艺术馆招生达到4500人,仍保持全省国有文化单位招生人数最多的地位。群众广场文化活动活跃，成为湘潭文化新亮点。雨湖区被文化部命名为“全国文化先进城区”，岳塘区、湘潭县被省人民政府命名为“湖南省先进文化区（县）”。全市建成国家一级艺术馆1个（市艺术馆），国家一级文化馆1个（岳塘区文化馆），国家二级文化馆2个（雨湖区、湘乡市文化馆）。街道、乡镇文化站80个，建成全省百强文化站或全省百优文化艺术之乡13个，全国百优文化艺术之乡1个。公共图书馆增至7个，其中国家一级图书馆1个，二级图书馆1个，三级图书馆1个。另有乡镇万册图书馆12个，名人图书馆2个。大学图书馆5个。城区公立中小学及农村高级中学普遍建有图书馆（室）。全国文物保护单位升至2处，省级保护单位升至15处，市级保护单位升至17处。新建湘乡市博物馆、湘潭县图书馆、齐白石纪念馆、市群众艺术馆、胜利文化广场、湘潭大剧院等文化设施，全市公共文化设施水平提升至全省各州市前列。全市专业剧团减至3个，各类营业性业余演出团体30余个。6家国有专业电影院（影剧院），5家转产，民营电影院和数字电影院出现，农村电影仍保持着省内较好状况。舞厅、卡拉OK厅显著减少，互联网经营场所迅速发展。全市有各类娱乐文化场所2000余家，市场管理日趋规范化。

第一章 文学创作①

1986年，湘潭有文学社团70余个，各社团办有文学创作园地。全市文学作者2000人左右。市级内部文学刊物有《雨湖》《剧苑》。是年先后举办全市业余创作讲习所，邀请著名作家康濯、古华及《十月》主编张兴春讲课，700余文学创作爱好者参加学习；开展全国退稿诗文征集评奖活动，应征作品2万余件，此为全国首次退稿诗文征集评奖活动。邀请学者张铁夫、《湖南文学》主编潘吉光讲授近几年中国文学创作。1988年，创办公开文学刊物《小小作家》报。1990年，举办湘潭新时期文学成果展览，展出千余名作者著作、集结作品110部及单篇作品1000多件。5年间，全市每年在省级以上各类公开报刊发表各类文学作品200件左右。其中小说、杂文、戏剧文学有史以来最为繁荣。

1991年后，《雨湖》《剧苑》《小小作家》在全国整顿、压缩报刊中停办。1993年，全市纪念毛泽东诞辰100周年征文，应征作品900余件。至1995年的5年间，全市每年在省级以上报刊公开发表各类文学作品300件左右，其中小说作品显著减少，诗歌、诗词作品大量增加；首部电视剧文学和长篇传记文学问世；戏剧文学不如前一时期。

1996年，召开全市繁荣长篇小说座谈会，35位作家出席。1998年，举办首届全市文学作品评奖，评出45件获奖作品。2000年，组织民间文艺家到湘潭县隐山采风，凭吊胡安国、胡宏父子，探寻湖湘文化及湖湘学派起源。5年间，全市每年在省级以上报刊公开发表各类文学作品400件左右。但诗歌、诗词、杂文等有一定影响的作品未增加，甚至减少。戏剧文学登上文化部“文华大奖”奖台。

2001年，市级《楚天文学》（内部交流）及《君子莲》（内部交流）创刊。2002年，举办“诺贝尔文学百年”专题讲座，由湘潭大学文学院院长季水河主讲。先后邀请著名作家彭见明、王跃文、胡启明、阎

① 本章以下各节所记个人作品为1986~2005年在湘潭现域内创作的下列作品：1. 国家级刊物报纸和区域性大型刊物上发表的作品。2. 获省级以上党、政、军、文部门设立的文艺奖的作品。3. 获省级媒体征文、评奖二等奖以上的作品，获全国性媒体征文、评奖优秀奖以上的作品。4. 被省级以上电台、电视台、电影厂采用的作品。

真、何顿、水运宪、王开林等来潭讲学,并与部分作家交流创作经验。2003 年,纪念毛泽东诞辰 110 周年全国散文、诗歌征文大赛,包括刘白羽、魏巍、高玉宝等全国著名作家、诗人的作品在内,1200 件作品应征。2004 年,组织 120 名文艺家,历时 5 个月,分批下农村、厂矿及历史文化故地采风、考察。2005 年,全市文学社团发展到 80 余个、成员 3000 余人。5 年间,全市每年在省级以上各类公开报刊发表各类文学作品逐渐增至 500 件左右。首部电影文学亮相银幕。

第一节　小说、儿童文学

1986 年,国内小说创作掀起一股"意识流""超现实主义"等西方创作方法潮流。但这一潮流对湘潭没有产生实际影响,湘潭文学创作所遵循的仍然是现实主义创作方法。先后发表在中国作家协会《人民文学》上的杨振文短篇《灯光雪亮》、谷静短篇《愤愧》为这方面代表性作品。《灯光雪亮》围绕一贫困山村,面对一个户户都想要的招工指标如何分配的问题展开故事情节,反映改革开放时期中国农村现实生活,提出新形势下如何正确行使民主权利问题。《愤愧》则围绕教育要改革这一敏感话题,批评教育中某些不合时宜的做法。杨振文中篇集《迷人的笑声》、谭元亨中篇《抓来的老师》、杨永安中篇《蛇舅舅和降龙木》、郑飞鹏短篇《倔强的王洪》、徐伯青中篇《屈原的传说》等八十年代前期创作的作品,获首届湖南省儿童文学大奖。谭元亨长篇《拍照风波》《我的女神》、杨振文短篇集《试婚》,陈长工、李薰陶中篇《鸳鸯盒》由湖南文艺出版社出版。张德宁短篇《换了头抑或换了身体》获《铁流文学》二等奖。至 1990 年的 5 年间,全市 30 余篇小说在省级刊物上发表。另有杨振文短篇《福大接亲》(1980 年《人民文学》)、《比》(1980 年《小溪流》),分别入选湖南文艺出版社《湖南新时期 10 年优秀文艺作品选小说卷儿童文学卷》。

1991 年,湘潭小说创作开始大幅度回落。罗未迟中篇《平淡的秋日》在《芙蓉》发表并获该刊优秀作品奖。欧阳伟短篇《金宝》获《四川文学》《星星》诗刊全国征文优秀作品奖。聂鑫汉短篇《宋老师》在《清明》发表,《张德宁微型小说集》在台湾出版,并由台湾教育行政部门指定为教师参考用书。至 1994 年 4 年间,全市还有 10 余篇小说在省级刊物发表。

1995 年,铁马长篇《暴风雨》(上、中、下三部,计 120 万字)由湖南文艺出版社出版。该作品描写第三次国内革命战争期间半镇群众为解放军筹粮与国民党反动派巧妙周旋的故事, 填补叙写湖南和平解放时期长篇文学作品的空白。此后陈鲤江中篇《曲曲奴之死》在《十月》发表,并由《中篇小说》转载,此为湘潭有史以来第一部古代历史题材小说作品。罗未迟中篇《歌谣》在中国作协《中国作家》发表。张德宁短篇《媚术》《弈铁》载于《小说月刊》。至 1999 年的 5 年间,全市还有 10 余篇小说在省级刊物上发表。另有杨振文中篇《芬芬为什么愿意剃光头》(1964 年上海儿童文学出版社出版),由原出版社第七次再版,累计发行 30 万册,此为湘潭有史以来再版次数及发行量最多的文学作品。

进入 21 世纪,湘潭小说首次登上国内主流文学期刊奖台。楚荷长篇《苦楝树》描写一位"抓革命、促生产"时期的工厂主人变为"打工仔"后令人悲悯的故事,呼唤人们对社会底层人群生存状态及多舛命运的人文关怀。该作品在中国作协大型文学期刊《当代》头条发表,并获该刊文学拉力赛第二站"当代最佳文学作品奖"。同时,该作品也成为湘潭第一部在文学期刊发表的长篇小说。杨振文中短篇小说集,入编湖南省文联编辑出版的《文艺湘军百家》文库,为湘潭唯一入编该文库的作家作品。张德宁短篇《石头》获《铁流文学》二等奖。至2005年的6年间,还有数篇小说在省级刊物上发表。

第二节 诗歌、诗词、楹联

1986~1990年,新诗创作成长起一批具有个性特色的“田园诗”“乡土诗”诗人。刘剑桦诗歌《乡俗篇》(组诗6首),在《湖南文学》发表,被该刊誉为“葱管里流出的深沉的乡音”。楚子、湘水、胡勇等相继出版个人新诗集,成为湖南青年乡土诗运动的一部分。曾庆仁诗歌《老搬运工》在中国作协《诗刊》发表。杨振元散文诗《秦陵兵马俑》(三章),入选新加坡热带出版社《中国青年诗人三百家》及广西民族出版社《中国散文诗大系湖南卷》。古典诗词、楹联创作,主要为民间诗社及诗人之间的唱和,在省级以上专业文学刊物发表的不多。老诗人田翠竹《翠竹诗稿》由湖南文艺出版社出版,成为湘潭本土新中国成立以来第一部公开出版发行的古典诗集。

1991~1994年,湘潭古典诗词超过新诗。章镜和五言律诗《老年颂》、周心培散曲《中吕朝天子迎检查》、碧玉箫词《一剪梅》分获中华诗词学会、新华社、中央电视台、《光明日报》等联合举办的首届中华诗词大赛一、二等奖和佳作奖。顾偕抒情哲理诗词《太极》、长诗《人类幻想》分别载于大型文学期刊《芙蓉》《花城》。另有羊春秋、刘季子、李寿岗、寻味、敖普安等17人楹联作品入选中州出版社《古今名联选评》。杨振元散文诗《打捞文物》、楚子长诗《我们共同的粮食》、聂鑫汉叙事抒情诗《老人与小鸡》、龚远生诗《陌上农家》、宋毓培诗《观泰山无字碑》(甘肃出版社《中华诗词佳作选》)等在全国各地刊物上发表或被选入诗集。

1995~1999年,碧玉箫格律诗《岳坟》入选中国矿业大学出版社《现代诗词三百首》,诗评家胡加评该诗“当为传世之句”。李鸣剑词《水调歌头迎香港回归》获全国中华诗词大赛一等奖。李静民诗歌《花季的楚帷》5首,载于《星星》诗刊《中国当代女诗人专号》。陈龙龙抒情诗《逛街的女人》由《人民日报》发表。彭成仁200行长诗《我骄傲,我和新中国同龄》由《羊城晚报》“庆祝中华人民共和国成立50周年珍藏版”诗歌部分头条发表,并由多家媒体转载。曾庆仁诗歌《河流》、龚远生诗词《池荷》在国内省级刊物上发表。另有陈命钦、钟立根、谭自然等4人楹联分获中国楹联学会、新华社、《人民日报》、中国国际广播电台、中央电视台、《中国文化报》等联合举办面向世界华人的国庆50周年征联大赛(征下半联)优秀作品奖。

2000~2005年,邹联安5000行长诗《逃亡者》先后在《汉诗研究》《世界汉诗》《文学界》发表,并获第一届世界汉诗大赛新诗金奖。该作品也为湘潭第一、汉诗界少有的长诗。碧玉箫格律诗《六盘山》,在中国书法艺术家协会、中国诗词协会主办的“首届国家创新优秀成果奖”评奖活动中获银奖。龚远生诗歌《采茶》获中华诗词学会诗歌大赛二等奖。刘多寿七律《庆祝国庆50周年》获广州国庆50周年诗、词、联大赛二等奖。朱立坤诗歌《七朵野百合》获《当代文学》年度金奖。欧阳伟诗歌《题瓷塑“吻”》等4首及殷明诗歌《在城市里的父亲》在中国作协《诗刊》发表。杨振元散文诗《洁白的鸽子花》入选《中国当代散文诗大观》。

第三节　散文、杂文

1986~1990 年，湘潭散文作品不多，仅有李衍湘《难忘的一课》获文化部等 7 部委中国老年人书画诗文大赛佳作奖。欧阳伟《两面镜子》载于《散文》（天津，中国主流散文期刊）等少数几篇。湘潭杂文创作主要有李昶林《有胆无识则妄》、袁应龙《漫说》等共计 10 多篇在《人民日报》（海外版）发表。李昶林《做书呆子也难》、唐普元《关于一个儿子的闲话》分获湖南省新时期 10 年优秀杂文奖。另外，还有 30 余篇杂文在国内省级文学刊物上发表。这一时期是湘潭杂文最繁荣的时期。

1991~1995 年，湘潭散文有谷静《啊，生命的守护神》获《人民日报》等中央八大报纸副刊联合评奖三等奖，其《比钢还强》由《人民日报》发表，并与刘剑桦《江南春》分获全省、全国报纸副刊好作品评奖二、三等奖。李映红《境界》获全国青年散文精品赛二等奖。赵志超《毛泽东和他的三位诗友》，获《当代》《诗刊》等联合举办的纪念毛泽东诞辰 100 周年全国征文大赛二等奖。谭自然《湘潭舞龙人》获文化部《中国文化报》征文二等奖。杂文创作，管仲之《从老何的智慧说开去》在《人民日报海外版》发表。黄俊伟《"大火车"与"水变油"》载于《杂文选刊》。唐普元《怕读孔繁森》获中国报纸副刊年度三等奖，欧阳伟散文《卖花老人》获《人民日报》文学与道德暨创作研讨会优秀作品奖。还有 10 余篇杂文在国内省级刊物上发表。

1996~2000 年，刘剑桦《独坐江亭》和《湖边风景》、邹联安《小村姑》在《散文》发表。刘剑桦散文集《独坐江亭》、赵志超散文集《独步芳躅》入编湖南省文联、湖南毛泽东文学院编辑出版的《新湘军文丛》。赵竹青《打哈欠》获湖南省报纸文艺副刊作品年度金奖。黄俊伟杂文《被遗忘的谎言》，以充分有力的气象资料，驳斥"大跃进"三年经济困难是"天灾"造成的长达 30 余年的集体记忆，指出主要是"人祸"造成的后果。该作品获湖南省年度好新闻一等奖后，入编人民文学出版社《中华杂文百年精华》一书（该书收录鲁迅等多位中国著名杂文家作品在内）；其《守住一条不伤害孩子心灵的底线》《幼儿读物难倒大学教授》在《光明日报》发表。此外，全市还有 10 余篇杂文、散文在国内省级刊物上发表。

2001~2005 年，散文有陈爱民《村野月光》《拾稻》、赵竹青《打喷嚏》在《散文》发表。赵竹青《两件旧事》获全国报纸副刊年度二等奖。邹联安《雪夜》入编中国散文家协会《中国散文精选 100 篇》。陈爱民《听雨的滋味》载于中华书局《中华活页文选》。箫石安《拳拳慈母心》获中宣部等六单位全国农民读书征文三等奖。杨华方《巨鱼村古道》、周克武《洋剃头》、红樱《相守雪域》获全省报纸副刊年度金奖。赵竹青《天下多赋》获全国报纸副刊年度二等奖，冰静杂文《长征精神万岁》获全省广播电视年度一等奖。

第四节　戏剧文学

1986 年，冯柏铭歌剧《深宫欲海》（本节所记作品除注明者外，均为湘潭专业剧团演出）描写春秋时期卫宣公强占儿媳为妻的故事，揭示制造悲剧者最终也毁灭自己的人生哲理。该剧先后参加全国歌剧院（团）交流演出（长沙）和首届中国艺术节（北京）演出。中国文联《文艺报》认为，该剧"是中国歌剧里程碑式的作品"之一。同时该作品也为湘潭首个获中国戏剧家协会优秀剧本奖(后称曹禺戏剧文学奖)的作品。颜梅魁、张建军花鼓戏《破铜烂铁》在湖南舞台上首次批判极左路线对"地主""富农"的不公正待遇,以喜剧样式描写人生悲剧,呼唤人的自我价值与尊严的复归。该剧应中国戏协及北京演出公司邀请晋京演出,并在省内外公演100余场。1987年,颜梅魁、刘星宜湘剧《龙头杖下》描写北魏一老皇帝驾崩后,文武大臣发现太子并非皇帝亲生而不能继位,引发一场其生母被赐死、"太子"被逼亡的大悲剧,获全省"洞庭之秋"艺术节优秀编剧奖。1989年,谭戏山(湘潭三作者集体笔名)以人民解放军战士誓死维护首都社会秩序的英雄事迹创作的《卫士之歌》(湘剧),参加全省戏剧会演并晋京为首都警卫战士演出,在省内演出247场。袁雪飞根据他人小说改编的花鼓戏《风流嫂子》演出超百场,并有湖南、江西等省多家剧团采用该作品。郭月亮京剧《天国梦》在《剧海》发表。

1991~1994年,湘潭戏剧文学由湘潭专业剧团上演的除《筒车谣》外,均为演绎某些政策、法规和宣传先进人物的作品,且由党政部门发文要求相关群体公费组织观看。1993年,颜梅魁、刘星宜花鼓戏《筒车谣》描写一村姑不幸被丈夫遗弃而艰难困苦地抚养丈夫未成年的弟妹,由嫂子变为嫂娘的故事,热情歌颂伟大的母爱与人间真情。该剧晋京演出获文化部文华新剧目奖,并公演(窗口售票演出)30余场。

1995~2000年,颜梅魁《榨油坊风情》(江西萍乡市采茶戏剧团演出),描写山村古老榨油坊的新生,反映改革开放给人们生活带来的巨大变化。文学上"既吸收民间文学、当代民间口头文学的优秀传统","又继承了自《诗经》以来中国文学的优秀传统"。中国戏协《中国戏剧》认为,该作品是"中国戏曲现代戏发展第三阶段的代表作"。先后获文化部文华大奖、中宣部"五个一工程奖"、曹禺戏剧文学奖。袁雪飞《苏武》在《戏剧春秋》发表。另有颜梅魁作品选入编湖南省文联编辑出版的《当代湖南戏剧作家作品选》丛书,为湘潭唯一入编该丛书的作家作品。

2001~2005年,公费组织看戏越来越难,演出效果也明显下降。湘潭戏剧文学走入低谷,仅有颜梅魁《天家孽》(与人合作、湖南省京剧院上演)获第十六届全国田汉戏剧节(南京)剧本一等奖。颜梅魁音乐报道剧《培民书记》参加全省艺术节演出获银奖。郭月亮《红雨伞》获黑龙江《剧作家》全国剧本征文二等奖,并由长沙市歌舞剧院上演。其《慈母泪》获"第四届中国戏剧文学奖"银奖。李立平《窑湾谣》在《戏剧春秋》发表,并获湖南田汉戏剧文学奖。

第五节 广播、电视、电影文学

1983年,祖德润、夏桂生《彭德怀坐轿》,为湘潭第一部广播剧文学。此后至1991年,广播剧文学有谷静《奇特的欠条》《角度》等,前者获湖南广播电视节目二等奖(本节所记广播剧文学,均为省级广播电台播出)。

1992年,祖德润、祖文捷广播剧《元帅树》获湖南省"五个一工程奖"。1993年,谷静任文学编辑的人物纪实电视片《生命的魅力》,获湖南省委组织部电视片二等奖。谷静电视剧文学《亲情无价》在中国作协《当代》发表,并由湖南电视台和湘潭电视台摄制成《亲情》(上、下集)播出,《人民日报》《光明日报》《文艺报》《文学报》等多家媒体评价和报道,并获湖南省"五个一工程奖"一等奖。该作品亦为湘潭第一部电视剧文学作品。此后,至1999年8年间,电视剧文学还有刘星宜《杨柳镇》(20集),

由湖南电视台摄制播出，并获湖南优秀电视剧一等奖。其《红花将》（上、下集），由湖南电视台摄制播出。杨华方《难忘1925》（4集），由潇湘电影制片厂摄制，中央电视台播出。

2001年后，谷静广播剧《高智商》获湖南广播电视二等奖。杨华方广播剧《韶山红杜鹃》（4集），获湖南“五个一工程奖”。颜梅魁电视剧《甘肃米案》由甘肃电视台摄制，在中央电视台播出。另有唐自强任文学编辑的人物纪实片《乐魂》《画魂》获湖南省“五个一工程奖”。颜梅魁电影文学《毛泽东在一九二五》由潇湘电影制片厂摄制，获中宣部“五个一工程奖”、《大众电影》金鸡奖之最佳故事片奖和广电部中国电影华表奖之优秀故事片奖。此为湘潭第一部被搬上银幕的电影文学。2005年，颜梅魁电影文学《毛泽东去安源》由潇湘电影制片厂摄制，获中国电影华表奖之优秀故事片奖。

第六节　报告文学、纪实文学

1986~1989年，湘潭报告文学作品不多。江立仁、吴伟平、李宏伟的《第800个人生》由光明日报出版社《群星璀璨》发表，江立仁《扛大旗的人》由人民日报出版社《激流之舟》发表，谭自然纪实文学《路，在他们脚下延伸》在《剧海》发表。谭元亨《不远就是光泉》《韶山，历史的断层与新绿》，谷静《大腿复活记》在省级刊物发表。全市30多位作者集体采写的报告文学集《欲飞的古城》，由相关被采写企业资助、光明日报出版社出版。

1990年，王孝柏、刘元生长篇人物传记《左权传》，经解放军总政治部批准，人民出版社出版，全国发行7700册。此为湘潭第一部长篇人物传记文学。1991年，谷静报告文学《彩笔》由《人民日报》发表，湖南人民广播电台播出，并获湖南省委宣传部、组织部“在鲜红的党旗下”征文一等奖。欧阳伟报告文学《青春铸警魂》在《人民日报》发表。1993年，赵志超长篇纪实文学《毛泽东和他的父老乡亲》由中央文献出版社出版，被列为全国向毛泽东诞辰100周年献礼的作品第一部。刘星宜报告文学《湘西不会忘记》获湖南省“五个一工程奖”。谭自然纪实文学《湘潭“6·5”演出事件令人深思》在《中国文化报》头版头条发表，并获该报复刊十年首届优秀作品评奖二等奖。

1996~2000年，欧阳伟报告文学《党的好儿子龚赴里》（与人合作）由《新闻人物》头条发表。谷静报告文学《银刀情》获全国记者协会“大地之光”征文一等奖。谷静特写《心心相悦第一潮——韶山数万群众看走台》获全国城市广播电视报优稿一等奖及中国广播电视二等奖。

2001~2005年，欧阳伟长篇人物传记《独臂上将彭绍辉传奇》由解放军总政治部批准、解放军文艺出版社出版发行4000册。该作品真实形象地再现彭绍辉（韶山人）将军光辉的战斗历程和人生传奇，以及在军事上的重大贡献，填补湘潭现域历史人物长篇传记文学的空白。谷静报告文学集《当代湘潭人》由中国文联出版社出版。欧阳伟报告文学《寻找内心的力量》获第四届全国新闻人物征文二等奖。彭成仁报告文学《困龙何日再腾飞》获全国新闻系统“好新闻、好作品、好文章”银奖。

1986~2005年湘潭市入编中国标准书号文学作品

表63-1-1

出版时间	作者	书名	体裁	形式	出版社
1986	谭元亨	拍照风波	长篇小说	单篇	湖南文艺
	谭元亨	我的女神	长篇小说	单篇	湖南文艺
	杨振文	试婚	小说	结集	湖南文艺
	李薰陶、陈长工	鸳鸯盒	戏剧、曲艺	结集	湖南文艺
1987	田翠竹	翠竹诗稿	古典诗词	结集	湖南文艺
1991	王孝柏、刘元生	左权传	纪实文学	单篇	人民文学
	聂鑫汉、宋毓培	中国历代围棋故事	故事	结集	人民体育
	李薰陶	传奇和尚	长篇小说	单篇	湖南文艺
1992	杨华方	松叶和她的女人	长篇小说	单篇	湖南文艺
	刘星宜、颜梅魁	最后一件龙袍(上、下部)	长篇小说	单篇	中央文献
	赵志超	毛泽东和他的父老乡亲	纪实文学	单篇	中央文献
	蒋国平	毛泽东与韶山	纪实文学	单篇	中央文献
1993	刘星宜	移花宫(上、中、下部)	长篇小说	单篇	中国华侨
	江立仁	毛泽东故乡	报告文学	结集	中国广电
	冰静	跪下,谢过母亲	随感	结集	湖南文艺
	江立仁	向着太阳奔跑的人	散文	结集	北京燕山
	龚德明	青春五线谱	散文	结集	春风文艺
1994	罗并乡	泗度月色	诗歌	结集	江苏南京
	王小卉	大鸟	散文、小说	结集	北京广院
	李静民	劈开流向	诗歌	结集	金城
1995	江大平	少年绿林	长篇儿童文学	单篇	黑龙江少儿
	铁马	暴风雨(上、中、下部	长篇小说	单篇	湖南文艺
	夏可可	谁知我心	小说	结集	广西文艺
	周小亚	丑女情结	散文	结集	海南文艺
	周小亚	女人的心事	散文	结集	安徽文艺
	楚子	呻吟	长篇小说	单篇	解放军文艺
1996	徐孔金	今日湘潭县	报告文学	结集	湖南文艺
1997	杨振元	如斯人也	小说	结集	北京艺苑
	杨振元	青春的乐章	抒情诗	结集	云南德宏
	夏可可	梅雨笺	散文	结集	广西民族
	杨华方	撒花人	小说	结集	广西师大

续表

出版时间	作者	书名	体裁	形式	出版社
1998	江立仁、贺一鸣	彭德怀元帅的故事	儿童文学	单篇	湖南少儿
	欧阳伟	橄榄情韵	音乐文学	结集	北京燕山
	胡庆云	忆彭德怀元帅	纪实文学	单篇	湖南文艺
	鄢光润	彭德怀元帅回故乡	纪实文学	结集	湖南文艺
	碧玉箫	碧玉箫诗词	诗词	结集	中州古籍
	赵志超	播种芳菲	散文	结集	湖南文艺
	何歌劲	乌石颂	诗文	结集	解放军文艺
	欧阳伟	本色	散文	结集	辽宁大连
1999	邹联安	乡情悠悠	散文	结集	内蒙人民
	朱建明、唐徽	陷阱	报告文学	结集	辽宁大连
	刘剑桦	独坐江亭	散文	结集	湖南文艺
	刘晓明	欢笑晾在小竹楼	音乐文学	结集	湖南文艺
	邹联安	流浪的情歌	诗歌	结集	中国文联
	杨振文	文艺湘军百家文库·杨振文卷	小说	结集	湖南文艺
2000	谢枚琼	走近秋水	散文	结集	辽宁民族
	鄢德全	元帅故里新崛起	报告文学	结集	人民日报
	赵志超	毛泽东十二次南巡	长篇纪实文学	单篇	中央文献
	赵志超	毛泽东一家人(上、下部)	纪实文学	结集	中央文献
	赵志超	独步芳躅	散文	结集	广东珠海
	谢枚琼	忧郁的猫	散文	结集	中国文史
	楚荷	梦里春秋	长篇小说	单篇	中国三峡
	楚荷	棋王	长篇小说	单篇	中国三峡
	彭成仁	浩瀚文集	散文等	结集	中国作家
	夏可可	南漂女	小说	结集	中国作家
	颜梅魁	当代湖南戏剧家选集·颜梅魁卷	戏剧文学	结集	湖南文艺
2001	周业贵	陋笔履痕	散文	结集	中国作家
	杨振元	浪花集	哲理诗	结集	四川雪莲
	杨振元	跋涉	诗歌	结集	北京国际
	杨振元	百灵鸟	音乐文学	结集	吉林延大
	鄢德全	燃烧的青春	报告文学	结集	中国文联
	王经伟	真善美的赞歌	报告文学	结集	内蒙文化
	王京山	享受痛苦	散文等	结集	人民日报

续表

出版时间	作者	书名	体裁	形式	出版社
2001	鄢德全	这一方水土	纪实文学	结集	中国文联
	陈植源	“微”也足道	随笔等	结集	海南
	袁应龙	袁应龙杂文集	杂文	结集	湖南文艺
	周业贵	逝水情伤	散文等	结集	中国作家
2002	朱立坤	三叶集	诗歌	结集	中国文联
2003	杨华方	杨华方作品选	小说、散文	结集	中国文联
	江立仁	生命之树	散文、小说	结集	中国文联
	唐普元	嚼槟榔	诗词、联语	结集	中国文联
	谷静	当代湘潭人	报告文学	结集	中国文联
	唐亦政	灿烂的泪花	小说	结集	中国文联
	阿良	阿良小说集	小说	结集	中国文联
	吴投文	土地的家谱	诗歌	结集	重庆
	何正国	何正国小说集	小说	结集	中国文联
	周有达	无规则吟唱	诗歌	结集	中国文联
	焦炬	芽芽	小说	结集	中国文联
	胡玉奇	点水集	小说、曲艺	结集	中国文联
	孙南雄	跟着小河走	散文等	结集	青海人民
	赵志超	飞越重霄	散文	结集	青海人民
	邹联安	爱的疼痛	诗歌	结集	青海人民
	曹青	我们这个时代的爱情	诗歌	结集	青海人民
	欧阳伟	世纪之门	诗歌	结集	青海人民
	陈爱民	聆听水声	散文诗	结集	青海人民
	曹振怡	清风集	散文	结集	青海人民
	龚德明	文不如其人	小说、散文等	结集	青海人民
	胡勇	异声	散文	结集	青海人民
	汤子文	官圈	小说	结集	青海人民
	秦小珊	太阳·小雨	散文	结集	青海人民
	王志气	山庄遗梦	小说	单篇	作家
	周诵明	故园神游	诗、文	结集	国际炎黄
	彭宗玉	雨后梨花	诗歌	结集	中国戏剧
	唐绮德	绮霞斋诗联选	诗、联	结集	中国戏剧
	韩白奎	春天的回忆	散文、诗歌	结集	中国戏剧

续表

出版时间	作者	书名	体裁	形式	出版社
2003	朱立坤	逆向的月光	诗歌	结集	中国戏剧
	王念斯	酒神笔记	小说	结集	中国戏剧
	王小卉	花开花落时	散文	结集	中国戏剧
	齐延龄	情如水的故事	小说	结集	中国戏剧
	宾深义	恩怨荷	长篇小说	单篇	中国戏剧
	陈元初	杂俎集	诗、文	结集	中国戏剧
	陈长工	竹韵	诗、文	结集	中国戏剧
	张顺湘	母亲树	散文	结集	中国戏剧
	王任权	云鹤文集	散文	结集	中国戏剧
	朱先丛	朱先丛文学作品集	诗歌、散文等	结集	中国戏剧
	袁雪飞	五彩石	戏剧文学	结集	中国戏剧
	朱立坤	捡拾的花朵或曰我的诗	诗歌	结集	中国戏剧
	鄢德全	辉煌的理由	报告文学	结集	中国戏剧
	冰静	爱情心得	杂感随笔	结集	青海人民
	林曼	苦耕集	杂文等	结集	中国戏剧
	大平、学恭	勾魂草	中篇小说	结集	湖南文艺
2004	大平、学恭	故事选	故事	结集	远方
	大平、学恭	大平、学恭剧作选	戏剧文学	结集	远方
	李平安	独步苍茫	散文、小说等	结集	新疆人民
	胡耀松	下午有约	小说	结集	新疆人民
	陈子赤	星星在动	诗、文	结集	新疆人民
	何正国	七月的彩虹	长篇小说	单篇	敦煌文艺
	李焕黄	乐土集	诗、文	结集	新疆人民
2005	侯广宜	天浴	长篇小说	单篇	北方文艺
	傅志高	悠悠岁月	散文、诗词	结集	中国文史
	欧阳伟	独臂将军彭绍辉传奇	纪实文学	单篇	解放军文艺
	杨孟雄	心的浪花	诗歌	结集	中国文联
	杨孟雄	茉莉花香	诗歌	结集	中国文联
	黄俊伟	书斋里的言论	杂文等	结集	甘肃文化

第二章 艺术创作①

1986年,全市有国有艺术单位(剧团、戏剧工作室、艺术馆、文化馆、纪念馆等)14个,民间艺术社团8个以及营业性民间业余表演团体10余个。有各门类专业和民间创作人员1000余人。1988年,市内有名家美术、书法作品赴广州中国大酒店展出。1989年,全市3件美术作品入选中国美协第七届全国美术作品展(每5年一届,为国内级别最高、影响最大的美展)。

1992年,市里组织创作书法、美术、摄影作品3000余件,选拔其中56件参加湖南纪念毛泽东《在延安文艺座谈会上的讲话》发表50周年(以下简称"讲话"××周年)书法、美术、摄影展,获3金、2银。选送34件作品参加全省新时期(1989~1992)书法美术摄影优秀作品展,其中7件入选全国同主题展(占全省入选该展作品的41%)。1993年,举办纪念毛泽东诞辰100周年全市美术、书法、摄影作品展,共展出作品129件,其中32件入选全省同主题展。1994年,湘潭38件作品入选全省美展,14件作品入选中国美协全国美展,创湘潭入选"两展"作品最高记录,列省内各州市第一。1995年举办全市纪念中国人民抗战胜利50周年暨世界人民反法西战争胜利50周年作品展,共展出作品106件,其中23件入选全省同主题美展,获3金、5银。

1996年,美术、书法创作总体上继续保持繁荣。当年,全市美术、书法、摄影作品展,展出作品300件,其中80件入选全省展,获4金、6银、11铜,入选该展数及获奖数均为全省各州市之最。组织80件书画作品参加联合国教科文组织中国协会举办的纪念联合国成立50周年和平友好国际书画大赛,少儿组获1金、1银、3铜,成人组获1铜,16优。1997年,举办全市"迎香港回归"美术书法摄影根雕作品展,展出作品200件,其中32件入选全省同主题展,获2金、2银、3铜。1999年,市内82件美术、书法、摄影作品参加国庆50周年湖南省艺术作品展,获1金、2银、1铜。全市6件作品入选中国美协第九届全国美术作品展。

2001年,国画创作仍保持良好势头,油画创作达到历史最好时期。当年,《湘潭美术报》创刊。2002年,举办纪念毛泽东"讲话"60周年大型美术、书法、摄影展及文艺成果展,选送其中42件作品参加全省同主题美术作品展,11件作品获奖,获奖数为全省第一。2004年,8件作品入选中国美协全国美术作品展。2005年全市有国有艺术单位(含文化、艺术馆等)11个;民间美术社团10余个;民间演出团体30余个。各门类艺术创作人员共计2100人以上。

① 本章以下各节所记个人作品为1986~2005年在湘潭现域内创作的下列作品:1.入选全国性展览的作品。2.参加非党政、政、军、文部门举办的全国性大赛并获奖的作品。3.被省级以上专业文艺类报刊和省级以上党报、电视台、电台采用的作品。4.获省级以上党、政、军、文化部门设立的文艺奖的作品。5.被省级以上博物馆、美术馆、纪念馆收藏的作品。6.入编出版社组稿出版发行的画集及艺术史类著作的作品。

第一节　美术

一、中国画

国画历为湘潭主要画种。1986 年后，禹海亮《车行》入选中国美协第七届全国美术作品展，黄立勋《淡淡的春阳》获全国农民画大赛一等奖。陈小奇《晨雾》获全国诗书画联展一等奖。至 1990 年的 5 年间，全市还有 20 余件国画作品入选省级展览。

1991年后，陈小奇《苗家铜鼓》、刘新华《秋暝》、王志坚《潮》、唐映南《新苗》、满益国《唢呐班》、杨国平、罗凌芳《山水》、刘坚《戏春图》入选中国美协第八届全国美术作品展。唐映南《老实话》获"讲话"60周年全国美术书法作品展银奖。陈小奇《夏雨》、王志坚《思》分获首届全国花鸟画展铜奖、银奖，后者还由中国美协《美术》发表。至 1995 年的 5 年间，全市还有 30 余件国画作品入选省级展览。另有卢望明禅画在广州展出，共展出《五牛图》等 100 余幅独具特色的作品，《人民日报》(海外版)、中央电视台等 30 余家媒体发表其中部分作品，或报道展览盛况，其 30 余米摺页长卷《五百罗汉图》出版发行 10 万余册。周宗岱个人画展在日本彦根市展出。

1996 年后，禹海亮《山音》，刘新华、刘坚《白云悠悠》入选中国美协第九届全国美术作品展。丁剑虹《山光物态尽朝晖》由《光明日报》《中国书画报》发表和推介。陈小奇《晚钟》等三幅入选中国美协《二十世纪工笔画大辑》画册。陈芳桂《家在千峦万壑中》入选中国美协中国画三百家作品展，《莽山赋》获中国美协迎澳门回归全国书画大展优秀作品奖，王志坚《暖阳》获文化部群星奖银奖。陈石泉《山鬼》、陈芳桂《山寨春晓》分获全国民间工艺美术书法大展金奖。石立安《双骏图》入选文化部纪念毛泽东逝世 20 周年大型画册。至 2000 年的 5 年间，全市还有 20 余件国画作品入选省级展览。

2001~2005 年，刘新华、魏鸿浩《生灵》入选中国美协第十届全国美术作品展。王志坚《夏日》《老耕》分别在中国美协《美术》《人民日报》发表。其《延年》获文化部群星奖。刘坚、刘新华《夏祖》、陈芳桂《山水》、禹海亮《苗女》、刘晓鹏《春风得意》入选中国美协纪念"讲话"60 周年全国书画摄影作品展。陈小奇《一蓑秋雨洗征尘》入选全国花鸟画展暨国际艺术双年展。何怡海《高路入云端》获第四届当代中国山水画展佳作奖。刘坚《风起的日子》入选中国美协中国画展。陈芳桂《韶山晨雾》入选中国美协"抗战 60 周年"全国美术作品展。周宗岱《花鸟画》获《国画家》杂志创作奖及该杂志"艺术研究奖"。

二、油画

1986 年后，油画作者不断增加，逐渐成为湘潭第二大画种。王水清《过道》、李啸军《厨房》入选中国美协第七届全国美术作品展。王立新《鸽子》、张喜林《中国》、唐剑峰《天职》、秦旭峰《我是个兵》、莫鸿勋《祖国与家庭》等七件入选建军 60 周年全国美展。贺仁寰《人与机器》、吴德斌《一个战士的自述》入选首届中国油画展。莫鸿勋《战争之囚》由中国美术馆收藏。至 1990 年的 5 年间，全市还有 20 余件油画作品入选省级展览。

1991 年后，王水清《老宅》、李啸军《红子》《坐在门前的女人》、陈志强《山那边的白云》、李毅松

《工业脊梁》入选中国美协第八届全国美术作品展，其中《老宅》获优秀作品奖。李望农《艰难的旅程》入选中国美协“党庆70周年”全国美展。王水清《家乡的河》、李望农《韶山油灯》、黄文韬《跳》、陈秉耕《何处寻绿洲》入选文化部等部门纪念“讲话”50周年全国美术作品展，前二者获金奖。吴德斌《迷离劫夜》、胡大虎《冬日》、莫鸿勋《封存——无英雄时代》、杨东剑《故园》入选全国油画展。秦卓刚《尖草垛》、胡大虎《秋日》入选中国风情油画展，并随该展赴中国香港、新加坡巡回展。至1995年的5年间，全市还有30余件油画作品入选省级展览。

1996年后，莫鸿勋《团块》、廖跃《正午》入选中国美协第九届美术作品展，莫鸿勋《静夜的晨星》入选中国美协“庆香港回归”当代油画展并获佳作奖。至2000年的5年间，全市还有10余件作品入选省级展览。

2001年后，王水清《天下洞庭》、李毅松《红色脊梁》、廖跃《初犊》入选中国美协第十届全国美术作品展。陈栋《2001作品1号》、胡大虎《秋收》、王水清《没有落叶的冬天》、刘采《舞台——生旦净丑》、李铁军《非典时期》等10件作品入选中国美协全国油画展。陈栋《停立的圣哲》、王铁根《春意》、李海华《有阳光的日子》、黎柯汝《岁月留痕》等5幅，入选纪念“讲话”60周年全国美术作品展。至2005年的5年间，全市还有10余件作品入选省级展览。另有吴德斌《一个战士的自述》（1986年创作），先后入编《中国油画史》《新中国美术史》《中国现代艺术史》《二十世纪中国艺术史》，成为新中国成立后湘潭本土创作的第一幅入编中国艺术史类著作的作品。王孝柏、招炽挺、赵淑钦合作油画《向井冈山进军》二幅（1977年创作），其中一幅入选建军50周年全国美展后运回广州军区被丢失。2005年该画在北京嘉士德拍卖会上出现，以286万元成交，成为湘潭除齐白石画作外拍卖价最高作品；另一幅入编人民美术出版社《中国人民革命军事博物馆馆藏油画作品选》，该画（复制件）至今一直在中国人民革命军事博物馆展出。

三、版画、木刻、漆画

1986年后，黄鸿勋《涅槃》入选第九届全国版画展。至1990年的5年间，全市有数件版画作品入选省级展览。另有涂扬幼水印木刻《声与色》，在西德第三十八届萨尔国际博览会展出。郑书飞版画《长河》技法表演，由湖南电视台制作专题片播出，其作品与文字技法稿入编湖南美术出版社《版画新技法》一书。

1991年后，徐旭版画《秦俑梦》入选中国美协第八届全国美术作品展。涂扬幼水印木刻《蛙戏》入选全国版画展。陶跃明版画《战地记者》入选解放军总参谋部美术作品展，并获优秀作品奖。涂扬幼、殷立新镶嵌装漆画《楚汉流韵》入选文化部群星美术书法作品展。黄立勋版画《淡淡的春阳》参加全国农民书画大赛，获一等奖。徐旭套色木刻《韶山的灯》、王奎永版画《爱情鸟儿》入选国庆50周年全国书画摄影作品展。至2000年的5年间，全市入选省级展览的版画、木刻作品数件。另有刘续明、涂扬幼、徐旭先后获中国版画家协会终身成就奖——鲁迅版画奖。

2001年后，肖力版画《大工业》及刘新华、魏鸿浩版画《生灵》入选中国美协第十届全国美术作品展。王硅永版画《无题》入选纪念“讲话”60周年全国书画摄影作品展。徐旭经网版画《绿色大工业——高炉入云端》入选第十七届全国版画展。至2005年的5年间，全市入选省级展览的版画作品有10余件。

四、雕塑及其他美术品

1986年后，湘潭雕塑作品主要有李思训《敦煌印象》等5件在上海美术馆展出，其中《善与恶》由该馆收藏。张海澄《童心》获全省美术作品展一等奖。至1990年的5年间，全市入选省级展览的雕塑及剪纸作品有10余件。另有邹家政花布设计获第五届中国“上海花布之春”银花奖。张京信歌剧《深宫欲海》服装设计入选欧洲布拉格国际舞台美术作品展（中国55台、湖南唯一）。彭介文漫画《4–1=5》在《人民日报》发表。

1991年后，涂扬幼、徐旭浮雕《钢铁交响曲》、刘坚连环画《戏春图》入选中国美协第八届全国美术作品展。莫鸿勋策划，刘近曙、贺仁寰、李思训创作6尊人物塑像参加“二战”胜利50周年全省美术作品展，其中《斯大林》《丘吉尔》《罗斯福》获一等奖和湖南省“五个一工程奖”二等奖。陈秉耕宣传画《何处寻绿洲》获“党庆70周年”全省书画摄影展金奖，并入选全国同主题展。陶跃明宣传画《草地》入选全军宣传画展并获铜奖。《湘潭县民间剪纸》专辑出版，在京、津、云、贵及台湾等9省市发行，并由日本名古屋绿园图书馆收藏，此为湘潭第一部、湖南第二部剪纸作品集。至1995年的5年间，全市入选省级美展或由出版社出版的作品有连环画、浮雕、宣传画、剪纸、漫画等10余件。另有陈秉耕《五金工具盒》包装设计获中南六省包装设计展金奖。

1996年后，陈志强《西北云》、邹正洪《世纪的勾连——纪念铁路专家詹天佑》入选中国美协第九届全国美术作品展，成为湘潭首次登上中国最高级别美展的水彩画。徐旭、贺仁寰等9人集体创作的大型浮雕《百年警示录》，获“迎国庆”全省艺术大展金奖，并由中央电视台作详细报道。至2000年的5年间，全市入选省级美展或由出版社出版的作品还有雕塑、连环画、水彩创意画漫画等10余件。

2001年后，刘永健水彩画《淌过小清河》、洪正刚水彩画《草原上的人们》，李思训、聂仕华雕塑《烈火铸忠魂》入选中国美协第十届全国美术作品展。左都建漫画《镇长》在《人民日报》发表。张海澄雕塑《生命阳光》、朱福临雕塑《蔡锷将军》入选纪念“讲话”60周年全国书画摄影展。贺仁寰雕塑《齐白石》（组雕，湘潭白石公园内）及其《老长沙》分获第三届全国城市雕塑作品展优秀作品奖。吴升平皮影剪纸《变脸人物》《林则徐》等5幅获全国剪纸艺术邀请赛金、银、优秀作品奖各1件。胡秀英数十件反映农民生活剪纸组成的《农家乐》获中国博物馆“华厦风韵剪纸展”银奖。其剪纸《刘海砍樵》参加全国剪纸艺术邀请赛获特别奖和“全国十把金剪刀”称号。至2005年的5年间，全市入选省级美展的作品有雕塑、速写、剪纸商标设计等10余件。杨永安设计的《白鹤》被第五届全国城市运动会（长沙）采用为吉祥物。

第二节　书法、篆刻、刻字

1986~1990年，湘潭书法篆刻作品有王肅明隶书获首届全国农民书法展一等奖，周梦旭楷书获全国中老年书画大赛一等奖。敖普安书法作品入选全国第二届和第三届中青年书法展，黄苏民书法作品入选全国第三届中青年书法展。杨灿华书法获中国书协、山东书协联合举办的书法大赛三等奖。陶仁贵书法参加全国青年硬笔书法大赛获特别奖。陈乃坚篆刻参加中日职工文化交流赴日本展出。李兴汉书法入选第五届湖南书法篆刻作品展。许忠廉书法参加全国“文明杯”写字段位大赛并获四段级别，10 余件作品入选上海书法展。

1991~1995 年， 30 余件作品在全国性书法篆刻大赛中获奖。主要有王奇志对联书法入选第五届全国书法篆刻展。涂道清、王集、文佳、王徽、谷一峰作品入选全国篆刻艺术展。周平、罗志坚、黄之、李新辉等人书法篆刻作品入选中国书协第三届中国书坛新人新作展。王集篆刻（2 幅）入选第六届全国书法篆刻展等。另有杨向阳《简繁对照字帖》，由中国国际文化出版社出版发行，有多幅书法作品为北京钓鱼台国宾馆、浙江普陀山、香港妙法寺、台湾圣贤宫等著名建筑、名胜采用。尹拥军书法勒石于常德诗墙并入编《中国部分名胜楹联书法作品集》。康博文书法入选日本美术作品展。

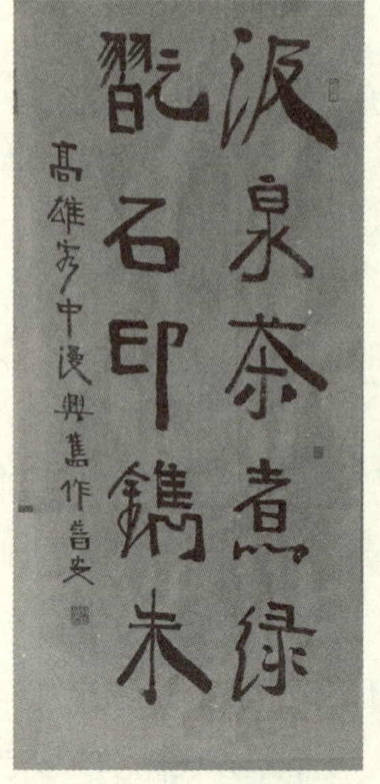

图 63–2–1 敖普安书法图

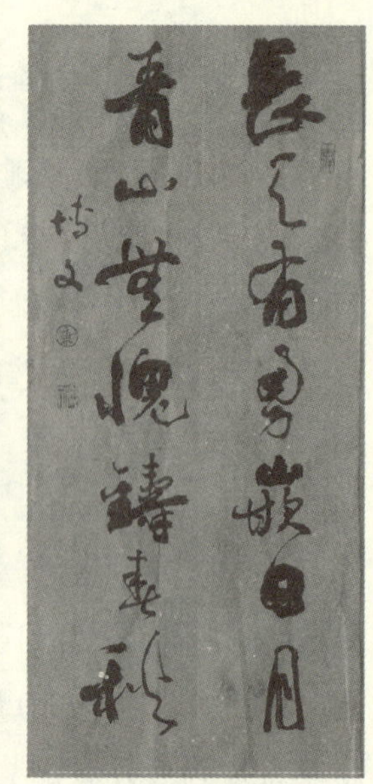

63–2–2 康博文书法

1996 年后，湘潭书法篆刻主要作品有伍剑、唐江、罗志坚作品入选第八届全国书法篆刻作品展。马丹书法获文化部南岳国际篆刻书画大赛三等奖及联合国教科文卫组织中国协会举办的纪念联合国成立 50 周年世界和平友好国际书画艺术大奖赛三等奖。王集书法入选北京第二届国际篆刻作品展。刘自刚书法入选首届中国书艺硬笔书法展及中国、日本、新加坡硬笔书法家作品邀请展。彭宗慧书法入选“建国 50 周年”全国书画名家作品展并获金奖。何宫言书法入选文化部、中国书协、国家教委“中华世纪之光”书法大展等。至 2000 年的 5 年间，全市入选省级展览的书法作品有 10 余件。其中王奇志书法（对联）入选“庆七一迎回归”全省书画摄影展并获金奖。王超群书法获“王子杯”海峡两岸书画大赛银奖。另有敖普安、洛夫（衡阳人）诗书创意联展在加拿大温哥华展出。

2001 年后，陈光华书法获 21 世纪“华夏神州杯”海内外书法篆刻大展一等奖。何宫言书法入选文化部、环保总局“环保世纪行情系中华”美术书法大展。伍剑书法入选第五届全国楹联书法展。施磊草书陆机《文赋》入选中国书协、中央电视台“杏花村杯”全国电视书法大展。韩德钟大型竹刻制品、50 幅镜屏《孙子兵法》，应邀参加中国书法交易博览会，并由组委会和“香港在线”联合评为“中国最有收藏价值 500 强艺术家”。该作品把汉简笔意融于竹刻艺术中，首创现代简书竹刻艺术，并由文化部批准颁发 IS02001 艺术品价值标准认定证书。至 2005 年的 5 年间，还有：敖普安、伍剑、周平篆刻作品在中国书协《中国书法》发表；黄苏民书法作品在《书法》发表；王奇志、王集、王徽作品随湖南省篆刻家代表团赴日本交流展出； 黄宗慧书法作品由中国历史博物馆收藏。刘振涛出版发行有《毛泽东诗词字帖》《毛泽东颂诗字帖》等书法集。

第三节 摄影

1986 年后，刘泽涛《碧浪轻舟》入选国际和平年“生命神圣美”全国摄影艺术展，其《岳屏之秀》赴美、德、法等国展出。至 1990 年的 5 年间，全市在全国性（非中央文化艺术部门主办，下同）摄影展中获奖的作品有谢龙湘《闹春》（银奖）、《声振三湘》（一等奖）、刘泽涛《波的旋律》（一等奖）、《展翅》（一等奖）、齐成林《水泥大窑》（二等奖）等多件。另有赵在和《归》在《国际摄影》发表。

1991 年后，谢龙湘《韶山抒怀》入选文化部中国摄影艺术展。旷惠民《龙的传人》《百年丰碑》入选中国摄影家协会第十届全国摄影艺术展。刘尉恭《新月如弓》入选中国摄影家协会、全国总工会摄影艺术展并获优秀作品奖。萧德湘《山寨人家》获当代妇女风采摄影展优秀作品奖，并入选菲律宾马尼拉国际摄影艺术展。贺秋云《辉映夜天》获"建党 70 周年"湖南摄影展金奖。至 1995 年的 5 年间，全市入选省级摄影展的作品有 10 余件。另有贺秋云《江花》等 41 幅、《君子莲》等 22 幅，先后随市政府代表团赴日本彦根市、比利时萨瓦市展出。谢湘龙《九寨流云》、刘慰恭《山水瑞雪》等在省级以上专业摄影杂志或画报发表。

1996 年后，周山渠《翔》、崔健《春丫》先后入选中国摄影家协会第十七届、第十九届全国摄影艺术展。其中《春丫》及其《亲情》赴德国展出。周立春《舞》《红辣椒》、谢龙湘《红衣少女》《叱咤风云》、萧德湘《纺织女》先后入选美国旧金山、菲律宾马尼拉及中国香港等地摄影艺术展。谢龙湘《红墙》入选日本 58 届国际沙龙艺术展。至 2000 年的 5 年间，全市还有 8 件摄影作品入选湖南省美术（摄影）作品展，另有随建军《荷》、谢龙湘《破晓》等在《大众摄影》发表。

2001 年后，艺术摄影明显减少，几无入选中央艺术部门主办的大展的作品。至 2005 年的 5 年间，全市摄影作品中还有谢龙湘《晚归》获全国性"神威杯"银奖，《万绿丛中》获全国性"神龙杯"一等奖，《红墙》在《摄影世界》发表，齐成林的《诚信大使——汤瑞仁》获全国性"鲁能杯"二等奖。

第四节　戏剧表演

1985 年，市委、市政府决定撤销市京剧团，合并市花鼓戏一团、二团，使全市专业剧团由 7 个减为 5 个。即市花鼓戏剧团（以下简称"市花"）、湘潭市湘剧团（以下简称"市湘"）、湘潭市歌舞剧团（以下简称"市歌"）、湘潭县花鼓戏剧团（以下简称"湘潭县花"）、湘乡县花鼓戏剧团（以下简称"湘乡县花"）。各团在职人员 40~70 人不等，政府补贴占各团基本开支 40%~70%。另有市直戏剧工作室 1 个，工作人员 8 人，负责组织、指导全市戏剧创作及排练上演工作。全市还有农村营业性业余剧团 10 余个。1986 年后，每年举办一次全市专业剧团创作剧目会演。当年会演期间，省委书记刘夫生，文化部副部长高占祥从长沙专程来潭观看市花会演剧目《风流嫂子》（导演肖远扬、主演刘惠）。该作品由湖南电视台录制成戏剧艺术片播出。全年专业剧团共演出 1105 场（市花 263 场、市湘 152 场、市歌 192 场、湘潭县花 205 场、湘乡县花 293 场）。

1987 年，文化部副部长英若诚来潭考察市歌《深宫欲海》（导演胡湘光、主演李元华）。该剧演出形式不受传统歌剧的局限，融"舞台体验""间离效果"等现代手法于一炉，受到英若诚的肯定。不久该剧晋京参加首届中国艺术节演出（本届艺术节共演出中外节目 30 余台，《深宫欲海》为两台地市级剧团节目之一）。湘潭县花《破铜烂铁》（导演张建军，主演董建军）学习外国慌诞剧的某些表演技巧，震动湖南舞台，并引起争议。北京、上海戏剧理论家、评论家李刚等 8 人，专程来潭观看、座谈，肯定该剧题材和表演的成功。随后，该剧应中国戏剧家协会、北京市演出公司邀请晋京演出，并在中南海大礼堂演出一场。1988 年，市湘传统剧目《秦香莲后传》由湖南电视台录制成两集舞台艺术片播出。1989 年，全市专业剧团赴长沙举行（1979~1989）湘潭优秀创作剧目展览演出。期间，出席在长沙召开的第二届全国戏剧现状研讨会的50余名戏剧家、理论家看观、座谈展演剧目。其中,市湘《龙头杖下》(导演徐企平、主演易梦娇等)在"移步不换形"的传统表演基础上,学习歌剧简练、抒情及话剧快节奏的长处,开"湘剧的新生面"。中国戏曲研究所所长苏国荣认为该剧的演出"完全达到了国家级剧团的水平"。

多个创作剧目出台,湘潭戏剧表演达到历史最好水平。在电视及社会多元文化的影响下,市场演出上座率逐年下降。1990年后,湘潭专业剧团除会演、慰问、彩排外,基本不在城区公演(窗口售票演出)。各剧团开始以其他演出形式寻找出路,或者演出"课本剧"(根据中小学语文课本改编成小戏剧),与学校联合组织学生包场演出;或者剧团化整为零为歌舞厅服务,演出流行歌舞、小品等;或者成立小分队(20人左右),下乡为民间"堂会"服务("堂会"即民间婚、丧、寿、庆请戏)等。同时,原为一年一度的全市专业剧团创作剧目会演改为两年一次。创作剧目除个别外,均由党、政部门发文,要求相关群体公费组织观看。

1992年,全市专业剧团共演出922场(市花225,市湘235、市歌152,两县级团310。均含会演、慰问、彩排及上述各种形式的营业演出,下同)。较前一时期演出场次虽无增加,甚至有所减少,但在全省各州市中名列前茅(全省70%的专业剧团无营业性演出)。全市民间业余演出团体发展到100余个,多为流行音舞队和吹奏、打击乐队,能演出戏剧折子戏的约40个,仅有两、三个城市业余团体可演出整台传统剧目。1994年,市花《筒车谣》(导演彭林)获文化部"文华新剧目奖""文华表演奖"(刘惠)、"文华音乐奖"(刘振球)。专业剧团年演出场次团均在200场左右。

1995年,湘乡市花改革内部管理,打破级别工资制度,按贡献大小和劳动强度,分三等六档拿报酬,同时下调演出票价等,2~4月的62天中,在农村公演古装传统戏132场,露天包场演出6场,创造全省专业剧团多年不见的成绩。这种低票价、一天多场的演出,剧团疲于奔命,艺术质量难以保证而未能坚持。傅宝玲京剧《红灯记》选段,郭慧敏京剧《红娘》选段,分获全省戏剧音乐大赛业余组一、二等奖。彭林、刘惠由省人民政府记一等功。市花被评为全国文化系统先进集体。1996年,市戏剧工作室更名为市艺术研究所,其职能不变。

1997年后,全市专业剧团演出场次、演出形式大致保持前一时期的状态。但公费包场演出上座率显著下降(许多持票者不入场)。并不宽裕的经济状况,及外地文艺单位、企业集团较高待遇的吸引等,使剧团人才难以更新,或者流失严重,演出质量显著降低,以至很难排练上演较高水平的创作剧目。因此,自1998年起不再举行全市创作剧目会演。

2001年,省委宣传部、省文化厅、省财政厅配发湘乡市花价值70万元的演出大篷车一台(全省10台)。2002~2003年,对全市专业剧团按照"一团一策"原则进行不同程度的改革。湘乡市政府每年向该市剧团拨事业补贴28万元,其在职、退休人员法定福利及退休金另由财政拨给。湘潭县花在职、退休人员法定福利及退休金,由县财政统拨,在职人员基本工资及其他开支不再享受县财政补贴。市直三团建制全部撤销,然后按照优化组合、竞聘上岗原则,重新组建湘潭市艺术剧院。新成立的艺术剧院,政府每年补贴50万元后,自主经营、自我管理、自我约束、自我发展。2004年,市大众业余京剧团周灿(10岁),参加中央电视台全国京剧票友大赛,其《上天台》选段获少儿组金奖(王义山教唱)。湘潭市萧韶民间艺术团(团长杨承仕)古典韶乐舞剧《再度南风》,应邀参加第五届全国金鹰电视艺术节(长沙湖南大剧院)演出。2005年,全市除3个专业剧团和1个艺术研究所外,能演出折子戏的业余剧团33个,能演出整台传统剧目的2个。3专业剧团年平均演出仍保持在200场左右。年底,湘潭县团由省委宣传部,省文化厅,省财政厅配发演出大篷车一台。

1986~2005年湘潭市戏剧演出剧目基本情况

表63-2-1

时间	剧目名称	演出剧团	参加会演情况		营业演出		获奖情况
			省级会演	晋京演出	售票公演	公费包场	
1986	深宫欲海	湘潭市歌	√	√	—	—	全国(长沙)歌、话剧调演优秀剧目奖、应邀参加首届中国艺术演出(北京,此届艺术节未评奖)
	破铜烂铁	湘潭县花	—	√	√	—	省文化厅演出100场奖
	风流嫂子	湘潭市花	—	—	√	—	省文化厅演出100场奖
	包夫人理案	湘潭县花	—	—	√	—	—
1987	龙头杖下	湘潭市湘	√	—	√	—	湖南“洞庭之伙”艺术节剧目二等奖
	灯笼案	湘乡市花	—	—	√	—	—
1988	野美人	湘潭市花	—	—	√	—	—
	秦香莲后传	湘潭市湘	—	—	√	—	—
1989	程陈起义	湘潭市湘	√	—	—	—	湖南和平解放40周年优秀剧目奖
	明月照山乡	湘潭市歌	√	—	—	—	湖南和平解放40周年优秀剧目奖
	卫士之歌	湘潭市湘	—	√	—	√	(87~89)湖南十大文化成果奖
1990	火海雄鹰	湘潭市花	—	—	—	√	省文化厅演出百场奖
	逃生计	湘潭县花	—	—	—	√	—
1991	蓝衣使者	湘潭市花	—	—	—	√	省文化厅演出100场奖
1992	私房钱	湘潭市花	—	√	—	√	省文化厅演出100场奖
	山上有座山	湘潭市花	—	—	—	√	—
	警坛法情	湘潭市湘	—	—	—	√	省文化厅演出100场奖
1993	真情假货	湘潭市花	—	—	—	√	—
1994	筒车谣	湘潭市花	√	√	√		文化部文华新剧目奖、湖南“五个一工程奖”
	交警颂	湘潭市湘	—	—	—	√	—
1995	孔繁森	湘乡市花	—	—	—	√	—
	许照约	湘潭市湘	—	—	—	√	省文化厅演出100场奖
1997	三个堂客们	湘潭市花	—	—	—	√	省文化厅演出100场奖
	少年赵宁	湘潭市湘	—	—	—	√	省文化厅演出100场奖
	五彩石	湘潭县花	—	—	—	√	—
	蜡染女	湘潭市花	√	—	—		—
1999	平安大道	湘潭市湘	—	—	—	√	—
2000	莲嫂	湘乡市花	√	—	—	√	全省新剧目会演新剧目奖
2001	圆满之梦	湘乡市花	—	—	—	√	—
2003	培民书记	湘潭市艺院	√	—	—	√	湖南艺术节演出银奖
	傻村官	湘乡市花	—	—	—	√	—
2005	风雨兼程	湘潭市艺院	—	—	—	√	—

第五节 音乐、舞蹈

1986年,3首歌曲、2个舞蹈参加全省民间音乐舞蹈会演。其中尹春芳女声独唱《采莲曲》,周淑辉、夏志红、刘艳明舞蹈《红黄蓝》,刘金玉、黄多、陈建安舞蹈《油鼓舞》获二等奖。尹春芳演唱《洗菜心》获全国民族民间音乐舞蹈调演表演二等奖。1987年邹柏林编导、市残疾人艺术团表演的舞蹈《凤展翅》等三个节目,应文化部邀请,参加首届中国艺术节(北京)的演出,并受文化部派遣,赴欧洲参加"布拉格之春"国际民间艺术节演出,归国途中应邀在莫斯科演出一场。此为湘潭歌舞有史以来首次出国演出。文艳平编导、林莉表演舞蹈《葬花吟》获全国聋哑人艺术节表演录像赛一等奖。至1990年的5年间,还有:平文生自编自演舞蹈《青春力量你和我》由湖南电视台播出,刘晓明词曲童声合唱《摇呀摇到外婆桥》获浙江省征歌一等奖,欧阳伟歌词《农家响起电话铃》获海南全国征歌二等奖,易武词曲《山路弯弯有多长》由湖南电台播出。刘家发词、周新球曲《山村美》,易武词曲《江南蜜桔红》,钟立根词、罗俊曲《春光颂》的三件作品在《湘江歌声》发表。刘扬、何艺兵《破镜重圆》在《时代歌声》发表。

1991年后,音乐舞蹈作品质量上新台阶。当年,黄多编导湘钢职工表演群舞《冶炼之歌》、平文生表演《韶山杜鹃红》、郑杰伟表演朝鲜族《长鼓舞》参加文化部、云南省"阿诗玛杯"首届中国民族歌舞周演出,前者获创作一等奖。胡泽民词、张树德曲《五十六个祝福》、欧阳伟词、周新球曲《山沟沟》分获全省群众音乐作品评奖创作一等奖、二等奖,前者另获文化部群星奖铜奖。1992年,黄多编导、学生表演的舞剧《老鼠嫁女》获纪念毛泽东"讲话"50周年中国文联文艺调演二等奖。1994年,胡泽民词、付春祥曲《用歌声挽起明天》获第四届中国艺术节优秀歌曲创作三等奖。至1995年的5年间,还有欧阳伟歌词《光的年轮》《铁锤镰刀永相握》分获湖南征歌一、二等奖;《亲不够爱不够的山沟沟》由中国音协《词刊》发表;胡泽民词、金木春曲《一滴泉》获江西广播新歌征集银奖;刘金玉、平文生编演舞蹈《油鼓声声》,平文生编舞、市少儿艺术团表演的舞蹈《荷塘乐》获全省文艺调演二等奖。

1996年,冯莎玲编导、湘潭电机厂职工艺术团表演柔姿舞《沙家浜智斗》,在文化部除夕文艺晚会演出并由中央电视台录播。钱继明舞蹈《山的语言》获文化部群星奖。1997年,胡泽民词、姜延辉曲《记住这一天》(韦唯演唱)由中央电视台制作成音乐电视播出。1998年胡泽民词、杨干之曲《山里滴哩哩》获全国广播征歌金奖、湖南省"五个一工程奖"及文化部群星奖铜奖。1999年,胡泽民词、刘建辉曲《军中花》获湖南省"五个一工程奖"。欧阳伟词《最爱是中华》获全国10家音乐报刊"迎澳门回归"全国征歌大赛银奖(金奖空缺)。杨华编舞并主演舞蹈《丰收夜》获湖南大学生艺术节演出一等奖,并由中央电视台(三套)播出。至2000年的5年间,还有欧阳伟词、张晓林曲《好警嫂》获全省音乐大赛银奖,陈咏秋词曲《我的阿爸是农民》入选中国音协《新世纪校园新歌作品集》。

2001年,湘潭青山桥唢呐传承人莫柏槐唢呐独奏《祈丰年》等获全省群众文艺邀请赛金奖及中国乡土艺术表演成就奖。钱继明编导古典祭祀乐舞《南风祈福》在湖南省政府公祭舜帝大典上演出,并由中央电视台、香港凤凰电视台直播。2003年,优秀传统民间歌舞《放风筝》经叶舟、谭长庚整理,唐曼君、阳春兰、周淑辉等表演录像,由中央电视台在西部频道《魅力12》栏目播出,并获湖南省三湘群星奖银奖。2005年,钱继明编导、市代表队表演《羊角尖尖》获中国文联、中国舞协第三届全国少儿舞蹈展演“小荷尖尖”奖。唐晓纳编导、少儿表演舞蹈《耍戏》,获第二届全国少年英才推选赛金奖。至 2005 年的 5 年间,还有:胡泽民词、殷景阳曲《苗家跳出幸福来》获全省征歌金奖,杨华编导、湘大学生表演的舞蹈《井》获全省大学生艺术节金奖,《囚歌》获全国中小学生展演银奖。胡泽民词、罗音曲《村干部》获三湘群星奖银奖;胡泽民词、刘晓明曲的《歌儿泡在蜜里头》,刘晓明词曲的《党啊,我向你诉说》获全国冶金职工大赛创作金奖;《金色水滴》获全省大学生艺术节金奖;刘晓明歌词《心里的那句话》载入中国音协《词刊》;欧阳伟歌词《中国大西部》入编《二十一世纪新中国歌词精选》,其歌词《中国新世纪的歌手》获全国歌词征集一等奖。

第六节　曲艺、小品

1986 年,陈元初创作、金曼君表演弹词《初斗高桥》,参加全国曲艺录像大赛,获创作、演出、音乐、伴奏等多项鼓励奖。1987 年,在湖南省中青年曲艺大赛中,陈献民创作表演故事《小大胖》获创作一等奖,并由中央人民广播电台播出,其故事《亲家赛跑》获创作二等奖;何艺兵创作、冯莎玲表演弹词《金猴破案》获演出一等奖;钟立根、陈维昌创作,唐曼君表演弹词《碧血银莲》获表演二等奖;钟立根、陈献民创作,陈献民表演顺口溜《爆炸》获创作二等奖。至 1989 年的 4 年间,还有陈献民创作表演故事《桃林趣事》,获全国性“嵩山泉杯“新故事大赛创作优秀奖,表演铜奖、罗尊柱弹词《齐白石送画赵恒惕》由《茶馆》发表。

1990 年后,罗尊柱词、冯合甫曲、唐曼君表演长沙弹词《元帅树》,参加首届中国曲艺节(天津)演出,并由中央电视台、中央人民广播电台播出。郭月亮、刘文俊小品《换牌》参加河北省“杂文报杯”全国讽刺幽默文学征文大赛,在 1350 件应征作品中,获一等奖之首,后获文化部群星奖。在湖南省首届“笑的艺术”大赛中,陈献民编导、唐明明表演顺口溜《我要睡觉》获一等奖;肖俊钦编导、林莉表演的哑剧小品《女清洁工》,肖俊钦编导,刘国忠、陈光丽表演的哑剧小品《邻居》,陈慧杰编导,陈慧杰、文敏纯表演的小品《应考》等 3 节目获二等奖。至 1995 年 6 年间,还有陈维昌、罗尊柱渔鼓《春风吹暖炭子冲》,江大平故事《三个好朋友》,江立仁鼓词《重访宝珠塞》,刘剑桦鼓词《双合风》,曾献温弹词《新婚得儿》,陈仕斌唱词《农家饭店》,刘一矛渔鼓《头把火》等 7 篇入编湖南文艺出版社《湖南新时期十年优秀文艺作品选》,何艺兵弹词《风流桃花坳》由中国曲艺家协会《曲艺》发表,罗尊柱故事《秋瑾四闯烟花院》由河北《民间故事选刊》发表,郭月亮小品《局长的袜子》获“曹禺戏剧奖”之小戏小品二等奖,殷津海《办班》获全省小品大赛二等奖。

1996 年后,曲艺创作人才青黄不接,作品数量越来越少。陈献民创作表演单口相声《大哥大》获湖南相声小品大赛三等奖。至 2000 年的 5 年间,全市小品文学在省刊发表或获省级奖的还有李立平《跨过去前面是个天》、符一民《小猫还乡》、夏桂生《世纪百态飞碟》、何艺兵《明天会更好》、宋满《献爱心》等。

2001 年起,陈静瑶(以下节目皆为其 6~9 岁表演)相声《聪明堂客》表演,获省曲协、省教育电视台曲艺电视大赛二等奖;其评书《七个梦》获省曲协、省教育电视台“君山杯”全国少儿曲艺选拔赛一等奖;其评书《郑爷爷,你听我说》获文化部、中国曲协首届“侯宝林杯”中华青少年曲艺大赛金奖。2003 年李立平创作、娄向前、王叶松表演小品《模范丈夫》获湘赣两省曲艺、小品邀请赛演出三等奖。至2005年的5年间,还有数篇小品或曲艺作品在省刊发表或获省级奖。

第三章 群众文化

第一节 馆、站建设

1986年,省文艺干校从韶山迁往长沙,利用其房产1553平方米,恢复韶山区文化馆,使全市群众艺术、文化馆增至9个(市艺术馆、两县6区文化馆)。均为国家事业单位。市艺术馆在职人数40余人,活动场地2000平方米;其他各文化馆在职人数10人左右,活动场地500~1000平方米不等。有乡镇文化站113个,占乡镇总数74%;街道文化站19个,占街道总数90%。有1000平方米以上活动场所的厂矿俱乐部29个,其中,湘乡水泥厂、湘潭电缆厂、湘潭钢铁厂、湘潭锰矿、湘潭纺织印染厂活动场地均达到5000平方米以上(含厂矿影剧院)。1987年,市群众艺术馆改扩工程竣工启用,其活动场地扩大1500平方米。1989年,板塘区文化馆新馆及活动大楼竣工启用,面积1925平方米,造价39万元。

随着人们文化需求不断增长,原有文化馆(站)已不适应新的形势,部分文化站出现"一间房子、一块牌子、一颗章子","铁将军"(锁)把门等现象。1990年,市委、市政府下发《关于加强农村文化建设的通知》,对乡镇文化站的体制、性质、任务、编制、经费来源等作出明确规定。全市乡镇文化站普及率达到91%;共配备文化专干33人,合同制辅导员84人,兼职辅导员9人。1991年,湘潭县郭家桥乡文化站被评为全国先进文化站。市郊区文化馆新馆及活动楼建成启用,建筑面积1700平方米,造价76万元。1992年后,城市5区以湘江为界改划为岳塘、雨湖两区后,全市群众艺术(文化)馆减为6个。湘乡市文化馆新办公、活动大楼竣工启用,面积1600平方米,造价125万元。青山桥镇被命名为全省"文化艺术——民乐之乡"。岳塘、雨湖两区文化馆,由文化部授予"全国标准文化馆"称号。

1995年,农村行政区划撤区并乡后,对全市乡镇文化站进行大幅度调整。全市有乡镇(农场)文化站66个,共配备文化专干或辅导员90人,其中国家干部30人,职工21人,临时工39人。市委、市政府决定加大建设农村文化力度,每年安排15名"农转非"名额,解决文化站辅导员城镇户口问题,进一步明确乡镇文化站是国家文化事业单位,3至5年内使各文化站活动场地面积达500平方米以上。青山桥镇被文化部命名为"中国民间艺术——唢呐之乡",壶天镇、中路铺镇文化站被命名为"全省百强文化站",龙洞乡、昭潭乡被命名为"全省文化艺术之乡"。1997年,文化部授予湘乡市"全国文化先进市"称号。1998年,雨湖区文化馆新馆建成启用,建筑面积1000平方米。大坪乡、护潭乡、昭潭乡、韶山乡文化站被命名为"全省百强文化站",白石乡被命名为"全省百优艺术(民间绘画)之乡"。至1999年,全市含高新区及2个农村

图63-3-1 湘潭市群众艺术馆

企业集团、1个商业城,共有城乡文化站80个(湘乡市18个、湘潭县22个、韶山市8个、雨湖区16个、岳塘区16个)。文化站普及率和巩固率均达100%。

2000年,湘乡市中沙镇文化站被命名为“全省百强文化站”,雨湖区由文化部命名为“全国文化先进城区”。2001年,岳塘区由省人民政府命名为“湖南省文化先进城区”。霞城乡、先锋乡文化站被命名为“全省百强文化站”,鹤岭镇被命名为“全省百优群众文化艺术——现代歌舞之乡”。市艺术馆被评为全国文化工作先进集体。湘乡市采取“以奖代投”的方式,加强农村文化建设,文化站活动场地每建设1平方米,由该市政府奖励60~80元。湘潭县文化馆新馆建成启用。其面积3400平方米,造价323.6万元。韶山市文化馆依照城市规划被拆除,待另建。

2004年,市群众艺术馆从湖园路迁入白石公园东北角新馆。新馆投资1300万元,面积7200平方米。文化部评定市艺术馆为国家一级群众艺术馆,岳塘区文化馆为国家一级文化馆,雨湖区、湘乡市文化馆被评定为国家二级文化馆。2005年,湘潭县由省人民政府命名为“湖南省文化先进县”。至年底,全市有艺术(文化)馆6个。市艺术馆在编人数50人,其他各文化馆在编人数10~15人。有乡镇、街道文化站80个,其中全省“百强文化站”9个,每个文化站配备专(兼)职工作人员2~3人。各企业单位俱乐部,随着城市经济体制的深入改革和文化娱乐的社会化,其数量、功能、活动场所、活动方式均有很大程度的改变,全市仅有湘潭电机集公司、湘潭钢铁集团公司、江麓机械集团公司、韶峰水泥集团公司等数家俱乐部存在。

第二节 辅导与培训

1986年,群众文化开始从“小舞台”走向“大舞台”。即由单一的国家、集体办,转向国家、集体、个人一起办;由单纯的服务型,转变为服务与经营相结合型。1987年,市艺术馆群众文艺辅导工作改往年完全无偿辅导为部分有偿培训,面向全社会招生,开办音乐、舞蹈、美术、书法等多个门类,招生10余个班,400余学员。此后,经济改革进一步深入,社会文化进一步发展,青年人参加艺术培训的观念、时间、机会、热情等受到影响,市艺术馆有偿培训招生人数逐年减少。1991年仅招收3个班,100余人。期间,各县市区文化馆有偿培训亦做过一些尝试,均未有明显成效,有的一度停止有偿培训。

1992年后,市艺术馆把招收对象转向初中以下少年儿童,利用课余和节假日,每周2次,每次2小时,学制2年,使年招生人数快速增长。至1995年达40余个班、2000余人,成为全省最大的业余少儿艺术培训中心,并创造出“艺术幼儿园—少儿艺术学校—少儿艺术团”一条龙的办学模式,受到文化部的肯定。《中国文化报》推介他们的经验。四川、江西、河北及本省不少地、市前来参观学习。全市各文化馆参照市艺术馆的做法,艺术培训活动也有起色,多者年招生400人。全市有偿培训招生人数超过3000人。

1996年,各馆在继续办好有偿培训的同时,加强基层无偿文艺辅导:不定期培训乡镇、街道文化站专干、辅导员;结合群星奖、蒲公英奖等竞赛活动,为业余文艺爱好者指导创作;为参加全市性或全县(市、区)性的文化艺术活动的基层单位辅导排练节目;为基层单位或某些行业自行筹办文艺活动,提供业务帮助和指导等。至1997年两年间,市艺术馆辅导群众文化系统和基层文化骨干、文艺积极分子达到1000余人次;全市受无偿辅导者达到3000人次。市艺术馆出席全国部分艺术(文化)

馆理论研讨会，介绍其无偿辅导和有偿培训两不误的经验。1998 年，《人民日报》以《铸造少儿艺术教育的辉煌》为题，介绍市艺术馆少儿艺术培训事迹。

2000 年，市艺术馆少儿艺术培训招生 100 个班 3000 余人，艺术门类达到 15 个，继续保持全省国有文化单位最大的艺术培训中心的地位，全市有偿培训招生人数达到 5000 人。市艺术馆少儿艺术培训班所办少儿艺术团受文化部派遣赴欧洲参加高尔基艺术节、西班牙第四届毕加索艺术节演出。全国器乐、书画两个考级委员会及北京舞蹈学院、广东舞蹈学校，在湘潭设考级（招生）点，市内 1600 多人报名参加，其中 80%为市艺术馆培养。各艺术馆、文化馆，开展“文化进社区、下乡镇”活动，将每年 4 月定为“基层文化活动辅导月”。至 2002 年 3 年间，为全市各馆举办包括文化馆干部综合业务班、社区文艺骨干舞蹈班、群众文化音乐专干基础理论班；为办事处、机关、学校、厂矿乡镇等辅导文艺骨干达 5000 人次。2005 年，市艺术馆派出 150 人次深入乡镇、社区、企业、机关、学校辅导文艺骨干 1000 余人，同时首次举办县、处级以上干部音乐、舞蹈、美术、戏剧作品欣赏基础知识讲座 4 期，800 余人听课。全市辅导基层文艺骨干（积极分子）超过 7000 人次；有偿培训招生人数达 6500 人。其中，市艺术馆少儿艺术培训班招生 4500 人。

第三节 文艺活动

1986 年，全市学生合唱节有 80%的学校 30 万学生参加；第六届全省运动会开幕式在市体育中心举行，7000 余人参加表演，2 万余人观看；“湘潭文化周”有 46000 人参加 56 项文艺表演和作品展览等活动。1987 年，市委、市政府决定，将“湘潭文化周”改称“湘潭文化节”，并决定今后每年举办一届。首届湘潭文化节开展各级各类调演 67 次，音乐、舞蹈比赛 32 场，美术书法摄影展 139 个，游艺活动 144 次，知识竞赛 127 次，共 10 万人参加各类活动。1988 年，第二届湘潭文化节中的歌曲大赛，20 支队伍 2300 人参加；铜管乐大赛，16 个代表队 400 余人参加。1989 年，第三届湘潭文化节，开展各类大型文化艺术活动 17 项。其中革命歌曲大赛，20 个代表队 2500 多人参加。

1990 年，青山桥镇举办民乐队演奏会，100 个民乐队 300 余名乐手采取合奏、齐奏、重奏、独奏、口鼻特技奏等方式演奏 40 支曲目，为湘潭历史上最大的农民民乐演奏会。第四届湘潭文化节，包括学生音乐大合唱、游园文艺演出、交谊舞大赛等 9 项大型活动，5 万人参加。1991 年全市国标舞大赛，300 多人报名参加，其中 9 对被选拔参加全省国标舞大赛，获 1 金 2 银；全市卡拉 OK 歌手赛，500 人参加。第五届湘潭文化节，开展群众歌咏比赛、“61”文艺晚会、电视文艺晚会、征歌作品演唱会等 7 项大型活动，3 万人参加。1992 年，湘乡市《情系乡土》农村文化周，历时 2 天，40 多个乡镇参加，其中农村歌手大赛，3000 名歌手参加。第六届湘潭文化节，举办全市卡拉 OK 歌手赛、群文干部文艺调演、美术书法摄影展等 5 项大型活动，2 万余人参加。此后，由于社会文化娱乐成为人民群众文化艺术活动主要形式，加之组织工作涉及面宽，经费不足等原因，湘潭文化节停办。1994 年，全市逐级举办“爱祖国、爱湖南、爱家乡”群众合唱节，历时月余，12 万人参加。其中 5 个团队参加全省比赛，湘潭电缆集团公司合唱团获一等奖。湘潭钢铁公司由省文化厅授予“企业文化先进单位”称号，其大型舞蹈《日出韶山东方红》《芙蓉潮》等晋京演出，并由中央电视台全场播出；所办《君子兰》报，被评为全国十佳民间收藏报刊之一。首届全市交际舞比赛，300 余选手参赛；首届儿童家庭演唱比赛,18 个家庭 50 名选手参加。

图 63-3-2　市广场文化活动

1995 年后,基层群文艺竞赛和表演活动减少。全市性文艺活动主要围绕重大纪念活动和事件展开。当年,纪念中国人民抗战胜利及世界人民反法西斯战争胜利 50 周年,共举办全市性文艺活动 10 多项,包括大型文艺演出、影片展映、歌曲大赛、故事演讲会、图书展览等,50000 人参加活动。1997 年,迎接香港回归和庆祝党的十五大召开,全市各级开展美展、戏剧会演、歌手大赛、游园等 10 多项活动,历时 2 个月,30 万人次参加。1999 年,庆祝新中国成立 50 周年和澳门回归祖国,举行"祖国颂"群众歌唱大赛、50 周年成就展、电视文艺演出、美术摄影展等。"中国联通之声"交响乐晚会,100 多演奏员演奏 20 余支中外名曲,此为湘潭首次自办大型交响乐晚会。在市体育中心举行的第三届全省青年运动会的开幕式上,演出"伟人故里、湘潭特色、世纪之交"大型团体操和文艺节目,6000 余人同场表演,观众 2 万余人。

2000 年,在体育中心举行"世纪狂欢夜"万人篝火联欢,包括百人龙狮舞、百人秧歌舞、百人花棍舞、百人铜管乐、百人戏剧武打、百人交谊舞、百人青年舞等,28 个团队 1600 人参加表演。首次广场文化节上,基层单位选拔和派出 30 多个文艺代表队在市体育中心广场、金都大市场广场、红旗商贸城广场、韶山毛泽东纪念园、湘乡工贸新区广场等地演出 26 场,观众 10 余万人次。2001 年,建党 80 周年纪念活动中,全市举办"唱响共产党好、社会主义好、改革开放好"为主题的各种文艺活动 35 场次;迎接"八一振邦"足球队(解放军)移师湘潭,举办包括文艺作品大赛、霞光西路"文化一条街"等文化系列活动。湘乡市举办首届文化旅游艺术节,其中表演文艺节目 310 个,观众 10 万人次,其盛况由中央电视台播出。湘潭县文化馆文艺宣传队与企业联姻,开展"实践'三个代表',回报父老乡亲"送文艺下乡活动,巡回于各乡镇,历时一个月,演出 23 场,观众 80000 人次,湖南电视台等六家媒体报道。2002 年,湘潭县中路铺镇举办农民歌手大赛,吸引长沙、株洲、衡山、湘潭市城郊等地 200 余农民参赛,此为该镇第 17 次,亦为全市影响最广泛的一次农民歌手大赛。是年湘乡市开展群众文化活动 200 余次,其中虞塘镇"红五月"文化节、壶天镇火笼灯、孔明灯会等由中央电视台报道。韶山市"蒲公英奖"少儿舞大赛,6 个分赛场,1000 人参赛,为该市规模最大的舞蹈大赛。2004 年,中国文联、湖南省人民政府、中国美术家协会主办,湘潭市人民政府承办首届中国(湘潭)齐白石艺术节举行,包括齐白石纪念馆(新馆)开馆仪式、《天地大写意》中国画艺大型实景文艺演出、《齐白石辞典》首发式,全国中青年中国画作品提名奖颁奖会、余秋雨《齐白石与湖湘文化》报告会等,1500 名外宾、中央及省内外领导、学者、艺术家应邀参加艺术节。2005 年,全省文化馆、站技能竞技赛在湘潭举行,湘潭获团体总分第一名。全市广场文化活动进入第六年。

第四章 图书

第一节 馆(室)与藏书

1986年,省文化干校从韶山迁往长沙,韶山市政府利用其原有房产的一部分,恢复于1981年撤销的韶山图书馆(以下称韶山馆,面积1200平方米、藏书4万册),使全市公共图书馆增至5个。其余4馆是:湘潭市图书馆(下称市馆,面积3000平方米,藏书40.5万册)、湘潭市少年儿童图书馆(下称少儿馆,面积1000余平方米,藏书2万册),湘潭县图书馆(下称湘潭县馆,面积2000平方米,藏书14.5万册),湘乡县图书馆(下称湘乡馆,面积1648平方米、藏书10.2万册)。公共图书馆总面积8848平方米,藏书71.2万册。在编人数:市馆30人,其他各馆7~10人不等。全市有学校图书馆(室)100余个,合计藏书400余万册。其中藏书较多的有湘潭大学(60余万册)、湘潭矿业学院(20余万册)、湘潭师范学院(40万册)、湘潭纺织专科学校(20万册)、湘潭广播电视大学(2.3万册)。各中学(中专)小学图书馆(室)藏书几千至3万册之间。有工矿企业图书馆(室)60家,合计藏书70万册。其中湘潭电机厂、湘潭纺织印染厂、江南机器厂、潭锰矿、湘潭钢铁厂等图书馆藏书较多。有乡镇、街道图书馆(室)7个。当年,市馆购书10353种、18989册:订报刊1600种。常年事业经费12万元,书报刊费占其中的46%,超过省文化厅40%的要求。市少儿馆事业费4万元,其他各馆均为3万元以下,书报刊费占事业费30%左右。

1987年,少儿馆拆除原危房后所建新馆启用。新馆面积1235平方米,为全省第一家新建的少儿公共图书馆;湘乡馆新馆建成启用,其面积1957平方米。1988年,湘潭大学图书馆购买一台计算机,成为湘潭首家开始使用计算机管理的图书馆。湘乡市馆按经、史、子、集分类重新登记、上板、装箱古籍7776册。

1990年,市馆由文化部授予"精神文明建设先进图书馆"称号。市馆和湘潭县馆分别购进《四库全书》一套(1500册)。政府逐年增加对公共图书馆常年经费的投入,但所增加的部分,远远赶不上员工工资和书价的增长,使各馆年购书报刊数一路大幅下滑。当年,市馆购书2295种、3225册(相当于1986年的17%),订报刊1072种(相当于1986年的66%)。书报刊费用27931元,仅占常年事业费的17.8%。市少儿馆由于收入较多,年购书基本保持在2500~3000册之间,购书费占事业费比例保持在40%以上。湘乡馆、湘潭县馆、韶山馆年购书一路下滑至500册左右,报刊100种左右。1993年省文化厅要求各基层公共图书馆将购书费(含报刊费)单列并逐年增加,以保证馆藏的增加。但在保稳定保人员经费基本开支的前提下,其效果有限。当年,各馆实际增加的书报刊数量比前些年并无大的变化。1995年,5个公共图书馆共拨常年事业费77万元,其中购书费20万元,共计购书7400册,订报刊800份。书报刊费占事业费比例25.9%。湘大图书馆在全省各类图书馆中率先建成计算机管理系统。全国政协委员、香港汉荣书局董事长石景宜向市馆捐赠台湾版图书3689册(此为石景宜该年度向大陆60家图书馆捐书50万册中的一部分)。

1996年,中央投资的韶山毛泽东图书馆建成启用。其面积3500平方米,设计藏书50万册,时为国内最大的名人图书馆,馆名由中共中央总书记、国家主席江泽民题写。市少儿馆扩建工程竣工启用,面积增至2129平方米。1997年,中央财政部拨给湘潭县馆扶贫图书700册。全市5公共图书馆共购书3939种、9228册;订报刊966种、1006份。1998年,湘潭县成立彭德怀图书馆,藏书14300册。中国期刊协会选定韶山馆阅览室为首批"全国百家期刊阅览室",此后每年获赠全国各地期刊400种。1999年,市馆建成采编、流通自动化管理系统,完成37149册图书贴条,按CNMAR格式ISBD进行著录,回塑建库10000余条。市馆全年购书费14万元,购新书1268种、1532册,订报刊398种。全市其他各公共图书馆购书不超过500种、1000册,订报刊不超过200种。市政府为市馆拨专款16万元,从扬州广陵古籍刻印社购进线装影印本《毛泽东点评二十四史》一套共850册。是年,湘潭县馆图书被盗3400册。

图63-4-1　韶山毛泽东图书馆

2000年,少儿馆被文化部授予"读者喜爱的图书馆"称号。雨湖区利用古建筑鲁班殿建成区图书馆,面积1100平方米,藏书3万册。湖南建筑学校、湘潭纺织专科学校、湘潭电机学校合并成立湖南工程学院后,该院图书馆藏书47.53万册,采用北京邮电大学图书馆信息网络系统,建成SYBASE大型关系型书目数据库,同时建立局域网。2002年,湘潭县政府将300万元建成的3360平方米的大楼改建成县图书馆并启用,新馆设流通书库、地方文献资料库、线装古籍库、《四库全书》库、《丛书集成初稿》库及期刊室等,开馆之日各界向其捐赠图书1492册,并与彭德怀图书馆合署办公。市馆开通网上联机书目检索系统,建成全省首家市级公共图书馆网站。湘潭县馆、湘乡馆对所藏古籍作防尘、防蛀、防腐、防潮处理。2003年韶山市图书馆因城市规划被拆除待重建。

2004年,市委市政府决定,市馆与少儿馆合署办公。市政府投入24万元,为市馆(少年馆)建成湖南文化信息资源共享工程(湖南公共图书馆图书资料互联网查询系统)湘潭分中心。湘乡馆被盗清版古籍234册。湘大图书馆改扩工程竣工启用,建筑面积增至21663平方米。湘潭矿业学院与湘潭师范学院合并成立湖南科技大学,所新建的图书馆落成,面积34000平方米。2005年,岳塘区图书馆建成启用。湘潭县馆、湘乡市馆、雨湖区馆、岳塘区馆分别建成湖南省文化信息资源共享工程湘潭分中心基层网点。市馆(少儿馆)年购书费33万元,购书2848种、6580册,购影碟456种、4658张;订报刊684种。购书费占事业费之比例达到30%以上。其他各公共图书馆购书费在10万元以下,购书800种、1000册以下;购书费占事业费比例25%左右。至年底,全市有7个公共图书馆,市馆(少儿馆)在编人数50余人,其他各馆在10~15人之间。全市共计馆舍面积11109平方米,较1986年增加2216平方米(不含待重建的韶山馆)。藏书84.6万册,比1986年增加13.4万册。各馆藏书为市馆(少儿馆)43万,湘潭县馆15.5万,湘乡市馆15.8万,雨湖区馆1.3万,岳塘区馆2.5万,韶山市馆6.5万。建成国家一级图书馆一个(市馆)、国家二级馆两个(湘潭县馆、湘乡市馆)。有乡镇万册图书馆12个,其中全省先进万册图书馆3个(云湖桥镇、山枣镇、大坪镇)。有名人图书馆2个:毛泽东图书馆(藏书10万册)、彭德怀图书馆(与湘潭县馆合署)。有大学图书馆5个:湘潭大学馆(藏书222万册)、湖南科技大学馆(藏书135万册)、湖南工程学院馆(建设中的新馆,面积3万平方米,藏书47.6

万册)、湘潭广播电视大学馆(藏书5.5万册)、湘潭职业技术学院馆(新成立不久,新馆舍在筹建中)。全市国有企业经济体制改革变化很大,其图书馆许多已不存在,仅有湘潭电机集团公司、湘潭钢铁集团公司、江麓机械集团公司等几家。城市各公立中学及农村高级中学普遍设有图书馆(室)。湘潭市一中图书馆,面积1540平方米,藏书13.9万册。

1982~2005年湘潭市图书馆专题图书资料查询工具书目录

表63-4-1

出版时间	名 称	编 者
1982	王闿运撰《湘潭县志》人名索引	湘潭市图书馆
1983	湘潭历代风物诗词集	湘潭市图书馆、湘潭市地名办
1983	唐至清代湘潭人士著述目录	湘潭市图书馆
1989	湘潭地方文献研究资料目录	湘潭市图书馆、湘潭市志办
1991	湘潭市自然科学资料目录	湘潭市图书馆、湘潭市科技情报研究所
1991	湘潭市社会科学资料目录	湘潭市图书馆、湘潭市教育学院图书室
1991	1990~1991湘潭市公共图书馆期刊目录	全市五公共图书馆
1992	毛泽东文献综目(1963~1991)	湘潭市图书馆学会
1993	毛泽东生平研究资料目录	市图书馆及湘潭师院、湘潭教育学院图书馆
1994	齐白石研究大全	市图书馆、湘潭齐白石纪会馆等
1997	香港百年专题联合目录	全市多家公共图书馆、大学图书馆
1999	彭德怀研究资料目录	湘潭市图书馆
2001	湘潭图书馆馆藏《黄埔日刊》索引	湘潭市图书馆
2003	齐白石诗词联语篇目索引	湘潭市图书馆
2004	齐白石辞典	中共湘潭市委、市政府组织市文联、市图书馆、齐白石纪馆等单位参与

第二节 公共图书馆服务

1986年,公共图书馆服务方式主要为外借图书和馆内阵地阅览,利用阵地指导读者开展读书活动,送书至基层或单位,指导中小学及农村图书馆(室)工作,为工农业生产和科研提供资料、信息等。市馆阵地接待读者31万人次(借阅16万、阅览15万)。其图书利用率(借阅册次除以藏书量乘以100%)为65%(大致与全省的其他地市级图书馆相当)。市少儿馆正在重建未接待读者。湘乡馆图书全年借阅和阅览3000余人次,韶山馆刚恢复,读者不多。湘潭县馆处地偏僻,主要为送书下乡和为农业经济服务。当年,市馆举办星期系列读书讲座40余次,2000余名读者听课。继续组织全市公共图书馆系统为国家"星火计划"服务(该活动始于1983年),全年为125个乡镇290个单位,无偿提供《潭农信息》25期，农、工、商信息500多条。湘潭县馆，出席全国县级图书馆工作会议，并在会上介绍为农村经济服务经验，获文化部奖金10000元。1988年，全市“星火”信息联系点达到330个，编印下发《潭农信息》24期、7870份，为农民提供信息700余条。市馆出席全国图书馆系统为国家“星火计划”服务经验交流会及全国农业信息座谈会介绍经验。湘潭县馆组织该县15所中学图书管理员，举办业务学习班，时间8天。

1990年，市馆借阅87605人次、90419册次；阅览71250人次、275210册次；其图书利用率下降至20%。少儿图书馆，主要为中小学生服务，其图书利用率仍保持50%以上。其他公共馆均在15%以下。为提高人们利用图书馆意识，增加图书流通量，市馆举办全市“首届图书馆服务宣传周”活动，包括街头宣传、讲座、展览、科技下乡和读者联欢晚会等。少儿馆组织中小学60多个班，开展集体阅览活动，送书到校22246册次，巡回阅览37528人次。同时开展多种读书、辅导、演讲、竞赛，5500多学生参加。1991年，组织全市企业参加首届全国职工书评比赛征文，6人获奖，获奖人数列全国各城市首位。少儿馆组织10万名少儿参加“做党的好孩子”读书活动，开展“学先辈、见行动”征文，为边远学校送书9次，4098册。1992年，市少儿馆馆长段启堂被评为全国少年儿童校外教育先进工作者。1993年，市馆历时七年的群众性书评活动，以及为农村培养科技人才服务等项目，获全省公共图书馆服务成果一等奖。少儿馆被评为全国“红领巾读书活动”先进单位，该馆刘德云被评为该活动全国先进指导工作者。

1995年，市馆借阅84979人次，93407册次，图书利用率为22.2%。少儿馆图书利用率40%，其他各馆仍在15%以下。1996年公共图书馆系统为“星火计划”服务活动结束，开展该活动10年中，共编《潭农信息》200余期、10万余份；传递农业经济信息72种、5万余条。1996年，少儿馆对城区6所学校图书馆(室)进行业务辅导，帮助分类图书3470种、12160册，向乌石、工农、雨湖、风车坪等小学赠书3951册；举办“快乐的图书馆日”活动14次，接待1514人次。1997年，市馆与湘大、师院、市委党校图书馆联合，开展“香港百年”图书、图片巡回展览，展出图书197种、图片109幅，学校、机关、单位10000余人参观。湘乡馆举办“送书节”，发动机关、单位、个人捐书2万册，书款1.5万元(购书5000册)，分送32个村图书室。韶山馆向全国各地出版社和部分韶山籍外地人士募捐新书7500多册(价值5万元)，送到农村图书馆(室)。1998年，市馆举办刘少奇、彭德怀诞辰100周年图书、图片巡回展览8场，展出著作208册，图片64张。

2000年，市馆举办“馆藏精品图书暨本籍作者签名批阅著作展览”，所藏《毛泽东评点二十四史》《四库全书》《北京画院秘藏齐白石精品集》等首次与读者见面。韶山馆将4年来获赠的400种期刊在8个基层阅览室巡回阅览，获中国期刊协会“十佳期刊阅览室”称号。2002年全国图书馆图书利用率计算方法改为外借、阅览之和除以藏书量乘以100%。当年，市馆借阅和阅览共计为15.593万册次，图书利用率为36%。县(市)各馆在20%左右。少儿馆举办全市“新世纪、我能行”作文竞赛，“争做绿色小卫士”读书征文等活动，使全年读者达到5万人次(9.6万册次)，图书利用率达到100%。2003年，第八届“世界图书日”，湘乡馆为泉塘、虞塘等10个乡镇图书馆(室)赠书4000余册。

2005年，市馆(少儿馆)组织本市中小学生参加全省纪念抗日战争胜利60周年少儿读书知识竞赛。市馆(少儿馆)含音像制品服务共接待读者12.55万人次(成人9.97万、少儿2.58万)，流通书刊(碟片)25.56万册(张)次(成人21.72万、少儿3.84万)。图书利用率59.4%，其他各馆35%左右。

第五章 电影

第一节 电影发行

1986年,湘潭市有电影发行放映公司3家(市直、湘潭县、湘乡县),市直辖电影管理站1家(韶山区)。在职人员,市公司30人,县(区)5~10人,均为事业单位、企业管理、自收自支性质。湘潭、湘乡两县所辖各区,设电影管理站,为县公司派出机构。35毫米影片,由省电影发行放映公司向市公司发片,再由市公司统一向全市35毫米放映单位排片放映。16毫米影片,由县公司统一排片。35毫米专业放映单位(国有电影院和国有影剧院),以放映收入的50%,向市公司缴纳发行费(片租)。其他35毫米放映单位,根据其座位数向市公司缴纳4个档次的固定片租。市公司所收片租自留17%作为经营费用,上缴省公司83%。当年,35毫米影片门票0.25元/张(以专业电影院新片票价为准,下同)。16毫米新片,限农村发行放映,包场放映者每场25元左右,其中片租17元;售票放映门票0.15~0.20元/张。全年发行影片150部,发行收入175万元。

1987年,35毫米影片发行,由市公司统一排片,改为按城区及县级单位分时段排片,并对各县级公司实行目标管理责任制,即定年度发行、放映收入基数,超收或少收按超收或少收部分一定比例奖罚。社会文化娱乐的加速发展,电视的迅速普及,对电影的冲击较大,上座率开始下降。1988年,票价提至0.5元/张,发行收入211万元。1989年,电影门票提至1元/张,发行收入仍有所增加。

1991年,电影门票提至2元/张。省公司对市公司实行发行收入承包制。以上年上缴为基数,基数内市、省按3:7分成,超过基数的部分按市7.5省2.5分成。1993年,由省公司牵头,长沙、衡阳、株洲、湘潭4市,组建湖南银华影业联营公司。35毫米影片,除省公司发行经营渠道不变外,市公司从联营公司另行进片放映晚晚场(正常晚场后放映娱乐性强的影片)。联营公司对市公司上缴片租包死基数,基数内按市公司、联营公司按2.7:7.3分成。超过或少收的部分,由市公司全留和承受(这种松散形,民间性质的发行机制运行二年左右,自行解体)。当年门票提至5元/张。16毫米片租提至30元/部,其放映收费提高至50元/场。全年市公司发行收入为243万元。湘乡市农村发行收入46万元,湘潭县略高于湘乡。当年6月起,16毫米影片由县公司直接向省公司购买拷贝,自主经营,自负盈亏。35毫米和16毫米票价及包场放映收费标准全面放开,放映单位可根据影片质量、上映时间、影院等级和服务水准等,自行定价,报文化、物价行政部门备案。

1994年,社会镭射电影、录像放映竞相发展,民间个人包场放映走入低潮。全年,发行收入180万元,同比下降16%。湘乡市公司发行收入降至30万元,全年亏损9.4万元。1995年,美国大片(《红蕃区》,票价10元/张)首次进入湘潭。1997年,全市发行影片226部(新片151、复映片75),发行收入141万元。县(市)公司购买16毫米影片,每部享受省财政补贴400元,实付600元/部,相对降低农村电影收费标准,其放映场次增加。1998年,最高票价15元/张(美国大片《泰坦尼克号》)。此后,社会VCD、DVD盗版电影光盘猖獗,往往赶在电影新片发行之前在市场上流通;互联网营业场所迅速发展,更给电影市场带来不利影响。1999 年,城区发行收入 53 万元;农村发行收入 48 万元。2001 年,发行影片 145 部(新片 76 部,复映片 69 部),全市发行收入 96 万元。2002 年降至 94 万元。

2003 年,电影发行改革,实行“院线”制。进入院线的 35 毫米影院,由湖南潇湘影视传播有限责任公司直接供片,放映收入影院、公司按 4:6 分成。全市仅红月亮电影院与之签约。未签约者停止院线首轮供片。市电影公司接受潇湘公司委托,代办未签约放映单位非院线首轮放映供片,其代办费为片租的 8%。同时 35 毫米影片发行全面放开,各放映单位亦可到全国各地合法发行单位或者制片厂家直接进片放映。市电影公司名存实亡,员工基本工资和其他法定福利难以保障。市人民政府成立市直电影单位改革改制领导小组,着手对市电影公司及国有放映单位改制转体。2005 年,发行影片 101 部(新片 90 部、复映片 11 部),市公司无发行收入。35 毫米由省公司直收,两县级公司 16 毫米发行收入 50 万元左右。最高票价 25 元/张(国产大片《无极》)。

第二节　电影放映

1986 年,全市有电影放映单位 504 个,其中 35 毫米放映单位 42 个(国有电影院、影剧院 12,机关厂矿学校俱乐部 30);16 毫米放映单位 420 个(全为农村影剧院和流动放映队)。全市共放映 85000 场,观众 4953 万人次,放映收入 328 万元。其中市直国有建设电影院、人民电影院、胜利电影院、湘潭影剧院、前进影剧院、芙蓉影剧院 6 单位,共放映 9000 余场,上座率 70%。故事片《少年犯》放映 455 场,创市内 35 毫米国产片放映最高场次。1987 年,建设电影院被评为全国发行放映先进单位。

农村实行联产承包责任制,以村为单位按田亩或人口集资规划放映制度受到削弱,不少地方被自行取消,农村电影收费越来越难。1988 年,开展农村电影“三个过渡”工作,即从露天站着看电影,逐步过渡到室内坐着看电影;从包场放映,逐步过渡到售票放映;从 16 毫米电影,逐步过渡到 35 毫米电影,以解决收费难和放映效果问题。因农村电视逐步普及,人口过于分散,改机型成本过高等原因,“三个过渡”未取得成效。城区电影平均上座率降至 25%~35%之间。市直人民电影院、湘潭影剧院、前进影剧院已不能全靠电影维持运转。建设电影院、芙蓉影剧院、湘潭县百花电影院更新放映、扩音设备,提高服务质量,被评定为全省乙级电影院。1989 年,建设电影院投资 30 万元,建成全市第一家立体声电影院,并恢复“红月亮电影院”名称(曾于“文革”中更名为“建设”)。湘潭电机厂投资 20 万元,建成全省第一家立体声俱乐部电影院。

1990 年后,电影市场进一步滑坡。当年,放映单位减至 348 个,其中国有单位 10 个,厂矿学校俱乐部 28 个,乡镇及个体电影队 310 个。且不少在册单位,因上座率低而无法经营,部分乡镇影剧院被拍卖或转产。农村集体电影队 90%转为个体所有。民间婚、丧、寿、庆活动请放电影的大幅减少。当年,组织城区 11 家国有和俱乐部电影单位开展“三优”(放映质量、服务态度、影片宣传)“两好”(经济效益、社会效益)百日优质服务竞赛活动,期间上座率同比上升 15%。1991 年开展恢复乡镇集体电影队和恢复统筹(集资)规划放映工作,55 个乡镇恢复集体队,使之达到 94 个,恢复统筹(集资)规划放映乡镇 33 个,使之达到 42 个。不久国务院将向农民统筹电影费列为加重农民负担项目之一而被取消,“恢复”工作难以展开,不少已恢复的乡镇再次自行取消。城区放映单位主要靠提高票价维持运转。同时组织城区放映单位开展“党庆70周年”献映活动,由宣传、文化部门发文要求各单位集体公费购票观看《开天辟地》《毛泽东和他的儿子》《焦裕禄》《大决战》(一、二部)、《周恩来》《烈火金刚》等。该7部影片,占城区全年放映片数的4%,其放映收入占城区放映收入的20%。湘潭县在“第二届全国农村科教电影汇映”活动中,被国家农林、文化、广电、科委等六部委评为先进单位。1993年,34%的放映单位停机,市直人民电影院、湘潭影剧院、前进影剧院年放映收入仅为3.14万、12.33万和7.6万,所得仅为全年开支的20%以下。红月亮电影院经改造后升格为全省甲级电影院。

1994年,人民电影院、湘潭影剧院、前进影剧院、基建营俱乐部等一批城区放映单位相继停机转产。农村统筹电影费规划放映制度被全面取消(该制度由湘潭县首创于1956年,并由中国电影发行放映公司推向全国,影响中国农村电影30余年,曾使数亿农民每年每人只交几毛钱,便可看10部以上电影,被业内人士誉为世界农村电影奇迹),农村乡镇集体放映队全面转为个体。组织全市城乡开展“百部爱国主义教育影片展映”活动,城区胜利、芙蓉、红月亮、湘潭大学、师范学院、矿业学院、江南机器厂、湘潭钢铁集团等放映单位,及农村电影队参加,组织城乡学生观看。此活动成为全市本年度电影发行、放映的主体。美国影片《红番区》(限城区)放映310场,创城区外国片场次最高纪录。全年,全市共放映38000场,观众1584万人次,放映收入400万元。

1995年,全市注册放映单位进一步减至269个,其中国有单位10个,厂矿学校俱乐部26个,农村放映队233个。注册单位在映率为60%左右。此后,各放映单位主要靠开展纪念性、专题性放映活动提高上座率。纪念抗战胜利暨世界人民反法西斯战争胜利60周年及纪念电影诞生100周年、中国电影95周年的“世纪之光”展映月等。1997年,城区结合“七一”党庆和纪念红军长征胜利60周年,开展“百部爱国主义影片展映活动”,放映《开国大典》《这方水土》《飞虎队》《张鸣歧》等8部影片611场,观众37万人次。红月亮电影院放映《孔繁森》,由党委部门下文公费组织观看,放映20天,观众7万人次,收入18万元,占该院当年放映收入的25%。城区少数单位放映走私片《十一岁的妈》受到查处。农村电影收费,从乡镇公益金中提出一点,在乡镇企业上缴中留一点,在自愿基础上向社会统筹一点,包括民间请电影等,全市村均放映10.2场,韶山市村均达到12场。胜利电影院、红月亮电影院先后获全省年度“十佳电影院”称号。省委宣传部、省文明办、省文化厅,将湘潭县定为“基层文化扶持工程”重点县,拨给该县放映机1台,资金10万元。

1998年,湘潭县成立联校(相近中小学联合)电影队19个,每学期每生交电影费4元,电影队为学生放电影两晚4部(场),村民均可前往观看。加上其他放映等,全县村均放映达到16场。湘乡市村均达到10.8场。城区放映美国影片《泰坦尼克号》,创12年来单片窗口售票放映场次(382场)和放映收入(100万元)最高纪录。但美国影片不断进入,一定程度影响国产片本来就不高的上座率。1999年,城区放映4986场,观众21万人次,放映收入118万元;农村放映21000场,观众266万人次,放映收入87万元。湘潭县村均放映25场,被评为全省农村电影放映先进单位,中央电视台采访湘潭县农村电影3天,在《农村文化巡礼》栏目中专题播出。城区由宣传部发文公费组织观看《国歌》,占城区全年放映收入的30%。湘乡市电影院放映走私片《绑架大富豪——张子强》被查处。

2000年,全市注册放映单位减少至258个,其中国有单位8个,厂矿学校俱乐部24个,农村放映队226个。城区放映单位开机12个,保持正常放映的8个。城区放映国产反腐倡廉题材影片《生死抉择》,由多部门下文公费组织观看,共放映393场,放映收入60万元,放映场次和放映收入均占全年的50%。根据中央的统一部署，开始在全市农村实施“2131”工程，即在21世纪实现每个村、每个月放1场电影，全市村均达到15.4场。2001年，全市共放映21428场，观众1770万人次，放映收入217万元。城区开机单位10个，正常放映5个，共放映2161场，观众19.2万人次，场均88人，上座率不足10%。其中，多部门发文公费组织各单位集体观看《毛泽东在一九二五》等4部政治类题材影片，其放映收入占全年放映收入的40%。芙蓉影剧院停机转产。

2002年，城区开机单位8个，正常放映5个。红月亮电影院实行全省联网售票，全年放映影片70部1200场，放映收入76万元。全市放映29632场、观众1048万人次，放映收入200万元。2004年，人民电影院、胜利电影院、湘潭影剧院相继与民资合作开发、转产。韶山市电影公司经理庞文斌由广电部、文化部授予全国农村优秀放映员称号。2005年，市艺术馆与红月亮电影院合作，从岳阳引进民资，将艺术馆所属小剧场改造成群艺馆电影院。此为湘潭首家国有文化单位与民资合作开设的电影院，亦为湘潭历史上首家豪华数码立体声多厅电影院。当年城区开机单位5家，其中国有仅红月亮1家，正常放映2家(红月亮、群艺馆)，其他3家均为不定期放映。数字电影《无极》放映120场，观众2万人次，放映收入50万元。至2005年6年间，全市农村电影采取多种形式筹集经费，年年完成或超额完成“2131”工程任务。

第六章　文物

第一节　保护机构与收藏

1986年，全市有历史文物保护机构3个，即筹建中的湘潭市博物馆(下称市博物馆)，馆藏文物2000余件；湘乡县博物馆(下称湘乡博物馆)，馆藏文物3000余件；湘潭县文物管理所(下称湘潭县文管所)，收藏文物400余件；另有湘潭市文物工作队与市博物馆合署办公，负责文物行政管理及发掘、考古工作。市博物馆征集社会流散文物713件，绝大多数为明清瓷器和字画。1987年，市政府决定，市华光电器厂从关圣殿后殿迁出，将其房屋移交市博物馆使用，并着手对后殿进行大修。1990年，市博物馆从省博物馆复制湘潭出土的国宝级文物豕尊、提梁卣到馆收藏。

1991年，市博物馆征集社会流散文物688件。1992年公安机关将历年破案中收缴的90件珍贵文物移交市博物馆收藏。1993年，湘乡市成立文物管理所。市博物馆正式开馆。1994年，市博物馆、湘乡博物馆文物库房分别安装先进的自动报警系统，分别覆盖800平方米范围。经国家文物局专家鉴定，湘乡博物馆国家一级文物7件，二级17件，三级238件；市博物馆一级1件，二级9件，三级109件；湘潭县文管所三级22件。韶山市成立文物管理所。1995年，湘乡博物馆获全省首批“文明博物馆”称号。1996年，省人民政府决定将湘乡市博物馆所在地云门寺，移交宗教部门使用，并决定新建湘乡博物馆。湘潭市文物工作队更名为湘潭市文物管理处，负责全市文物行政管理工作。

1997年，各文物收藏单位进一步完善“三铁两器”(铁门、铁窗、铁柜、报警器、灭火器)防盗、防火设施，湘潭被评为全省馆藏文物安全先进地市。1998年公安机关将破案中收缴的100余件文物移交国有收藏单位收藏。1999年全市开展社会主义革命和建设时期文物征集活动，共征集各种文物1189件，其中市直506件，湘乡市307件，湘潭县170件，韶山市101件，彭德怀纪念馆105件。

图63-6-1 元代青花缠枝牡丹花纹罐

2001年，湘乡博物馆新馆全面建成开馆。该馆总投资500万元，其中省政府拨款400万元，湘乡市自筹100万元；建筑面积2600平方米。时为省内藏品最多，面积最大的县级博物馆。2002年，成立湘潭市文物稽查大队，负责查处全市文物违法行为。2004年，岳塘区文物管理所成立。2005年，市博物馆开始馆藏文物数据化建设。全市有各级各类文物管理、收藏机构10个（含革命文物收藏机构），各级政府年下拨文物事业费112万元。国有文物增至10000余件（不含各纪念馆所收藏文物），其中，市博物馆5000余件，湘乡博物馆3600余件，湘潭县文管所1000余件，韶山文管所300余件。

附 市博物馆1986~2005年新增重要文物

青花缠枝牡丹花纹罐 元至正年间盛器。罐为溜肩、圆腹、平底、青花、瓷质。罐身4层不同纹饰，保存完好。执法机关破案所得。国家一级文物。

云纹玉璧 战国佩饰。白色、环形、器体完整、双面为云纹、周边为炫纹，纹饰清晰，内边刻有“田川”二字。市博物馆征集所得。国家二级文物。

青铜戈 商代兵器。长19.5厘米，宽8厘米。戈身呈三角形，两面饰云雷纹及兽面纹，器形完好。湘潭县茶恩寺出土。国家二级文物。

青铜剑 战国兵器，1985年出土于湘潭县易俗河农机学校楚墓，国家二级文物（上轮志未记入）。全长70厘米，宽4厘米，为战国青铜剑的特长形。内空柄手，素面无纹，呈黑色，完整无缺。

青铜长矛 战国兵器，湘乡市长桥粮库出土。国家二级文物。长25厘米，宽5厘米。全身双线交叉菱形隐花纹饰，矛身与茎交汇处有一小兽形锥饰，造型精美，呈黑色、有光泽、为越式矛。

青铜砝码 战国早期衡器。一套4粒，圆圈状，其中一粒仅为12克，为称量高精度物品如中药配方所用而弥足珍贵。湘潭县易俗河牛头岭出土。级别待定。

图63-6-2 旧石器时代砍砸石器

砍砸石器 原始社会旧石器时代生产工具。石英砂石岩质，尖状。该石器将湘潭人类文明史从原认为的7000年前，至少推至20万年前，且为湘中乃至湘江流域所发现的最早文化遗存。湘乡农机所砖厂出土。级别待定。

玛瑙鼻塞 汉代中医保健用品。玛瑙质地，束腰形，两头有小孔相通，呈深红色，半透明，有光彩。湘乡市枚坪汉墓出土。级别待定。

铜砝码　清康熙衡器。呈长方形，双套合装，内有叁两、贰两、10钱砝码16片。合套外四方刻有铭文，字体工整清晰。民间征集所得。级别待定。

王闿运行书　清末学者、文化名人王闿运83岁时所书纸质九言对联。长134厘米，宽50厘米。字体风格遒劲，保存完好。民间征集所得。级别待定。

第二节　文物保护

一、保护单位与维护

1986年，全市有全国文物保护单位（下称国保单位）1处（毛泽东故居），省级文物保护单位（下称省保单位）8处（云门寺、关圣殿、彭德怀故居、黄公略故居、毛氏宗祠、毛震公祠、毛鉴公祠、东山高等学堂），市级文物保护单位（下称市保单位）16处；[昭山寺（昭阳寺）、湘潭文庙、唐兴桥、万寿宫水阁亭及门楼、鲁班殿、望衡亭、和化坛、东山学校（东山书院）、唐氏义门、抗日阵亡将士纪念碑、刘烈士祠、刘揆一墓、秋瑾故居（义源当）、陶侃墓、李长庚墓、何腾蛟墓]。当年开始，对省保、市保单位进行维修，并有三单位维修竣工。其中，刘烈士祠维修后设陈列室（展室）3间，展品200件，展线23米；其内容包括刘道一塑像，室主生平、名人题词、图片、年谱等，同时举行刘道一烈士就义80周年纪念大会。1987年，开始对省保、市保单位进行“四有”（有必要的保护范围、有标志说明、有科学记录档案、有专门机构或专人管理）工作。1988年，彭德怀故居公布为国保单位。1989年，湘乡市发动群众为维修云门寺捐款。至1990年，全市共维修省保、市保单位17处，拆除保护范围内违章建筑3处。市人民政府划定省保、市保单位的保护范围和建筑控制地带，规定不得在保护范围内建设新的项目；在控制地带新建项目者，必须符合《文物保护法》的规定，并报文物行政部门批准。至1992年，云门寺共募集社会资金28万元，其中王鹤捐2500元，王云先、沈绍林、许新民各捐1000元；自筹2万元，全面完成维修工程。经市人民政府批准，市保单位和化坛（危房）由房地产局拆除后新建民宅，将原建筑相关碑刻嵌于民宅外墙。

1993年，周瑞龙、周瓒合葬墓，齐白石故居，刘琦故居遗址，潭宝公路纪事碑亭，公布为市保单位。湘潭高峰塔重建工程竣工。新塔采用现代材质，基本保持原貌，由高新技术产业开发区农工商开发总公司投资150万元建成。湘潭县群众捐款重建乌石庙。关圣殿中、后殿大修及重塑关公像全面竣工，同时举行新塑关公像揭幕庆典。期间，邀请台湾信奉关公的南天宫大陆寻根团参加，并由该团单独举行祭祀关公典礼。1994年，为给市十二中学建操场让地，周瑞龙、周瓒合葬墓迁至该校园另处。

1996年，齐白石故居、东山学校（东山高等学堂）公布为省保单位。对关圣殿春秋阁，黄公略故居，望衡亭等5单位进行不同程度维修。1998年，韶山市全面整顿革命纪念地旧址周边环境，保护范围和控制地带内的17个违章项目被全面清理，恢复原貌。韶山市一村民，在毛鉴公祠旁擅建钓鱼池，破坏文物保护单位周边环境，文物行政部门责令停建并恢复原貌未果，遂由人民法院强制执行。此为湘潭第一起由人民法院强制执行的文物行政执法案。市政府发出通知，要求各级政府将文物保护工作，纳入当地社会发展规划；纳入城乡建设规划；纳入财政预算；纳入领导责任制；纳入体制改革。彭德怀故居、关圣殿、春秋阁等5处保护单位维修工程竣工。市博物馆、市文物管理处、湘乡市文物管理所被评为全省文保单位“四有”工作先进单位。

2000年,湘乡市佛教界违法擅自大规模维修云门寺,多处改变原貌,并将享誉中外实为999只手的“千手观音”,改为1000只。尤其,换下的原手已灭失,致使文物行政部门介入后而无法弥补。省人大教科文卫委员会对此提出严厉批评,省政府督查此事,依法处理相关责任人。湘潭县左宗棠故居(桂在堂)、周小舟故居、濂溪书院、胡安国墓公布为市保单位。2001年,维修齐白石故居并修建至107国道的1.7千米道路。2002年,韶山管理局对毛泽东故居周边环境进行大规模整顿,征收并拆除故居对面的毛家饭店、毛邻饭店和故居山庄;征收48.48亩土地和3口池塘修路、修田埂;按原貌重建谢家屋场;拆除多处违章建筑等,使故居环境恢复到1959年原貌。韶山滴水洞一号楼、韶山宾馆一号楼、湘乡文庙、鲁班殿、尹氏宗祠公布为省保单位。湘乡南宋古瓷窑址和学宫(文庙)升为省保单位。2004年,市政府投入1000万元,改造关圣殿、鲁班殿、望衡亭周边环境,征收并拆除部分民房,修建绿地等。市博物馆馆长肖迪民文物保护工作成绩突出,由省人民政府记一等功。2005年,市里融资128万元,着手复原重建关圣殿前殿戏楼。抗日阵亡将士纪念碑环境风貌改造工程竣工。至年底,全市有各级文物保护单位55处,其中国保单位2处,省保单位15处,市保单位17处,县(市)保单位21处。

附一 2005年市级以上文物保护单位名单

国保单位:毛泽东故居、彭德怀故居

省保单位:毛氏宗祠、毛震公祠、毛鉴公祠、南岸、韶山宾馆一号楼(松山一号楼)、滴水洞一号楼、黄公略故居、齐白石故居、东山学校(东山书院)、云门寺、湘乡文庙、关圣殿、鲁班殿、尹氏宗祠、湘乡窑址。

市保单位:昭山寺(昭阳寺)、湘潭文庙、望衡亭、潭宝公路纪事碑亭、濂溪书院、刘烈士祠、唐氏义门、万寿宫水阁亭及门楼、抗日阵亡将士纪念碑、唐兴桥、秋瑾故居(义源当)、左宗棠故居(桂在堂)、周小舟故居、陶侃墓、何腾蛟墓、胡安国墓、周瑞龙周瓒合葬墓。

附二 未记入《湘潭市志(1840~1985)·文化篇》“文物”“纪念地”章的市级以上文物保护单位

湘乡窑址 南宋民窑。位于湘乡市棋梓镇向阳村、大富村境内。面积10万平方米,以生产各种民间瓷器为主,部分为唐、宋官用品种。主要有盘、碗、碟、盏、壶、盒、罐、瓶、钵、炉、砚等,其颜色各异。此为省内范围最广、品种最多的古窑址,部分工艺填补省内宋至清时期瓷器烧制技术发现空白。

滴水洞一号楼 毛泽东1966年回韶山住所。现代建筑,位于韶山韶源村吊水洞。砖混结构,建筑面积3638.62平方米(含二、三号楼),一号楼建筑形式与北京中南海毛泽东住所相似,青砖青瓦、古朴自然。楼内设主房、副房、会议室、餐厅、娱乐室等。

尹氏宗祠 清末建筑,尹氏家族祭祀集会场所。位于湘潭县白石铺乡尹家冲村。占地面积600

平方米，砖木结构。前后两栋均面宽5间，进深一间，两栋厢房有廊相连，前栋有戏台，天花有八角藻井。大殿衡梁两木雕(各长1.4米，宽0.5米，厚0.06米)为齐白石早期作品。

图63-6-3 尹氏宗祠

韶山宾馆一号楼 原故园松山一号楼。现代建筑，位于韶山村松山。建筑面积550.5平方米，砖木结构，青砖平瓦，松竹掩映，环境幽静。1957年建成。是刘少奇、周恩来、朱德等党和国家老一辈领导人参观韶山时的住所。

左宗棠故居 清兵部右侍郎、道光帝之师周系英家族住所(时称桂在堂)。位于湘潭县黄荆坪隐山山麓。1644年建成，原有房屋108间，48个天井，砖木结构，规模宏大。晚晴名将、军机大臣左宗棠12岁入赘周氏家族，并在此读书12年。“文化大革命”中，原建筑大部被毁，仅留左宗棠住所5间，约120平方米，至今基本完好。

濂溪书院 位于湘潭县隐山山麓。北宋末年建筑，砖木结构，二进三栋，为北宋哲学家、理学家周敦颐退官“隐居湘潭县黄荆坪之隐山”后授徒讲学之所，因之周敦颐亦名“濂溪先生”。原建筑大部毁于“文化大革命”，仅留前栋。古湖南“潇湘八景”木质浮雕存于大门左右上方，为湖南唯一保存至今的“潇湘八景”全图。2003年，全国佛教协会常务副会长圣辉捐资维修。

二、地下埋藏文物与保护

1985年市里成立100余名文化、文物工作者为成员的文物普查组，开展全市野外文物调查。至1988年，共调查132个乡镇，1622个行政村、近两万个村民小组。共查出古文化遗址98处(湘潭县57，湘乡市38、韶山市2，湘潭市郊1)；重要古墓群(古墓葬)732处(湘潭县212、湘乡市469、湘潭市郊51)；古窑址58处(湘潭县10，湘乡市44，韶山市3，湘潭市郊1)。境内古墓经常被盗掘。至1990年3年间，全市被盗古墓达1000座以上。湘潭县南谷乡一团伙，一年盗墓300余座。姜畲镇16个村中15个村的古墓被盗。市人民政府决定在全市开展严厉打击盗掘古墓及文物走私犯罪活动。共破获盗墓团伙20余个，抓获成员近200人；破获文物走私案8起，收缴走私文物300件，没收违法所得7万余元，40余名文物犯罪人员受到刑罚。

1991年，市人民政府规定，凡在地下文物埋藏区和可能埋藏文物的地区建设工程，应经文物行政部门勘探，如发现藏有文物，必须由工程建设单位依法缴纳发掘费用，并经发掘、清理后方可施工。1994年，市人民政府公布湘潭县老虎坑等28处为全市重点地下文物埋藏区。湘乡市翻江镇文化站辅导员陈德年，连续守候古墓三天三夜，被盗墓者用枪击伤也不放过罪犯，省文化厅、省文物局为其记三等功。刑满释放犯罗德胜为首的团伙携炸药在湘乡岐山乡中山村盗墓，开枪击伤查案民警王今春，王带伤将案犯击伤后抓获，省人民政府为王记二等功。盗掘文物隐蔽、分散，常在深夜发生，打击处理难度较大，一直未能得到有效遏制。易俗河区公所基建取土，未申请文物勘探，毁坏古墓4座，并拒绝承担文物部门依法提出的义务，被罚款10000元。至1995年的5年中，在湘乡铝厂、湘乡冻肉厂、湘潭县易俗河等建设工地抢救性发掘古墓211座，发掘汉代遗址95平方米，清理战国坑15处，共出土文物877件。

1996年，进一步加大地下文物保护力度。湘潭市粤湘房地产开发公司未申请文物勘探，在可能埋藏文物区施工,被文物管理部门查出毁坏战国至西汉墓6座。市、县党委、人大、政府责成相关部门调查处理此事,相关责任人受到行政处分。湘乡市棋梓镇向阳村、大富村境内宋代古窑址被洪水冲刷而暴露于外,当地群众在文物商贩鼓动下纷纷前往挖掘,数千件文物流散于民间。文化、公安机关发动群众及时收回大部分文物,并抓获、逮捕主要犯罪嫌疑人5人。湘潭县石潭镇居民阳光会在挖房基中出土古钱币10多种、14.4千克,其中政和通宝等6种北宋钱币较为珍贵,阳主动将所有钱币上交县文物管理所,受到奖励。至1998年的3年间,破获盗墓团伙50余个,抓获盗墓分子300余人,其中70余人受到刑罚,240人受到行政处罚。盗掘古墓现象基本得到控制。期间市各级文物部门在易俗河开发区、湘耒高速湘潭段、湘潭新电厂、河东大道、湘乡牛形山、湘乡红仑上联砖厂等施工地抢救性发掘古墓115座,出土文物320件。

1999年,文物部门及时发现、制止芙蓉路工地、河东大道改扩工程、湘潭县人事局基建工地、湘乡市牛形山砖厂等地下文物被毁行为,并清理和抢救性发掘古墓80余座,出土文物200余件。湘乡市红仑上联砖厂取土场发现战国墓40座,当地政府和砖厂积极支持文物部门发掘其中30余座,出土玉环、琉璃璧、青铜剑等较珍贵文物100余件。

2000年,湘潭县云湖桥镇建新村一村民取土,发现春秋战国早期越人墓葬,并出土越人青铜器和陶器。易俗河牛头岭战国楚墓出土大量平民随葬品,其中3件铜镜分别代表楚镜3种类型:龙文镜、山字镜、素镜,另有青铜砝码弥足珍贵。2004年,湘乡农机所砖厂出土距今20万年的人类打制石英砂石岩尖状砍砸器。至2005年3年间,全市共抢救性发掘古墓58座,出土文物100余件。

附 湘潭市重点地下文物埋藏区

湘潭市区:雨湖区、岳塘区(含高新技术开发区)所辖范围。

湘潭县:107国道沿线(白云粮库至衡山交界的两侧1000米范围内)、易俗河墓群(县城全境及近郊)、老虎坑遗址(荆州乡金棋村,东至大堤西、北至涟水、南至福星亭)、潭花公路及延长线文物区(蔡家嘴经河口,经花石至石鼓沿公路两侧2000米范围内)、响水乡古墓群(含石码、和平、星沙、雅艾、公塘、红星、郭家等村内古墓)、蔡石线文物区(从峡山口经石潭至黄荆坪沿公路两侧800米范围)。

湘乡市:湘黔线文物区(湘黔线铁路湘乡站至娄底交界处沿线6千米范围内)、石柱遗址群(石柱乡的石柱村、云田村)、岱子坪遗址(龙潭乡童家村)。

韶山市:杨林文物区(从清溪经杨林至湘乡交界处公路两侧800米范围内),球山墓群(以韶山至宁乡公路为轴,南至韶山铁路、北至宁乡交界处东西两侧各1000米范围内)、银竹文物区(从银田至竹鸡塅沿公路两侧各1000米范围内)、清溪古墓群(清溪镇及郊区)、韶山冲文物区(从故居前1000米之滴水洞山脚往外1000米范围内)。

第三节　纪念建筑

一、毛泽东纪念馆

位于韶山市韶山村引凤山下。始建于1964年，时为“毛泽东旧居陈列馆”，辟有4个陈列室。此后，经1965、1969、1982、1990年4次较大的修改，陈列室逐渐增至11个。

1993年，对原建筑进行较大规模的改扩建，并于纪念馆广场建成毛泽东铜像。12月，举行毛泽东诞辰100周年纪念活动，包括毛泽东纪念馆改扩工程揭幕仪式，毛泽东铜像揭幕仪式。铜像揭幕仪式由省委副书记、省长陈邦柱主持，省委书记王茂林讲话。中共中央总书记、中央军委主席、国家主席江泽民出席为铜像揭幕。1999年，中共湖南省委决定改造毛泽东纪念馆。2001年，被中宣部命名为“全国百家爱国主义教育示范基地”。2003年底改造工程全面竣工。土建部分改造，包括扩展门楼、序厅和第一展室，改造文物库房危房及三、五、七展室。陈列改造包括陈列艺术形式更新、相关水电、消防、监控、多媒体、灯光、音响、温湿度控制设备、文物保护技术更新。改造后的陈列布展仍设展室11个。共展出版面386块，实物436件，照片378幅，艺术品22件，置景12个，多媒体展示场景12个，触摸屏5台。

二、彭德怀纪念馆

1994年6月，中共中央宣传部批准建设彭德怀纪念馆和彭德怀铜像，1996年9月奠基，1998年建成对外开放。馆名由全国著名书法家启功题写。

图63-6-4　彭德怀纪念馆

纪念馆位于彭德怀故居西南200米山坡上，占地450亩，由牌楼、德怀大道、门楼、序言广场、百米长梯、铜像广场、纪念馆主体等部分组成。纪念馆主体占地面积3100平方米，一层回廊式建筑，设三个陈列厅，第一陈列厅，系统介绍彭德怀从苦难童年到平江起义到保卫延安，再到统兵抗美援朝的赫赫战功；第二陈列厅介绍新中国成立后，彭德怀建设军队、庐山上书、蒙冤受屈、追求真理、刚正不阿、顾全大局、忍辱负重的高贵品质；第三陈列厅，展现中央为彭德怀平反昭雪、人民群众对彭德怀无限思念和深情歌颂。馆内收藏（展出）彭德怀文物300余件。

1999年，彭德怀纪念馆获国家文物局“1998年度全国十大文物陈列展览精品奖”。2001年，被中宣部命名为“全国百家爱国主义教育示范基地”。2003年，举办“抗美援朝、保家卫国”史实展览，纪念抗美援朝战争胜利50周年，全国人大常委会副委员长李铁映出席纪念大会并参观展览。

三、齐白石纪念馆

1983年，中共中央宣传部批准建设齐白石纪念馆。1987开工，1993年5月建成开放。

该馆位于湘潭市白马湖畔，建筑面积2092平方米。土建工程由天津大学设计。展厅面积1500

平方米。时藏齐白石画作35幅，齐白石其他文物300余件。馆名由中国书法家协会主席沙孟海题写。此为沙翁绝笔。

1996年，对已征集到的名人字画，齐白石原作，齐白石早期木雕作品等各种资料767件，进行全面登记、造册、建立档案。1997年，受文化部委托，承办“中国艺术大展·齐白石回顾展”，共展出齐白石原作67幅及全国书画名家纪念馆藏品联展作品，齐白石弟子、后人，当代名家书画精品188幅。

图63-6-5 齐白石纪念馆

2001年，市委、市政府决定，在原址重新建设齐白石纪念馆。2004年11月建成。新馆建筑面积4130平方米，两层，回楼式江南民族风格。陈列展览面积2600平方米，分齐白石艺术人生，馆藏齐白石木雕作品展，齐白石书画作品展，馆藏齐白石篆刻作品展，齐白石后人、弟子及纪念馆专业画家作品展等五部分。2005年，藏齐白石文物1000余件。其中齐白石画作35件。

四、其他

（一）毛泽东铜像及其广场

1991年10月，中共中央办公厅批复湖南省委、省政府，同意在韶山塑建毛泽东铜像，1993年落成开放。铜像位于韶山毛泽东纪念馆正面80米处。由刘开渠、程允贤设计，南京晨光机器厂铸造。采用C90300优质铜材，重3.7吨，高6米，基座高4.1米，通高10.1米，为毛泽东天安门开国大典形象。基座正面“毛泽东同志”为中共中央总书记、中央军委主席、国家主席江泽民题写。铜像区（铜像广场）占地11200平方米，四周植雪松60株、黄杨木200株，铺草坪4200平方米。地面铺白色花岗岩3836平方米，像台前方踏步两边各设小花坛，中心广场设4个大花坛，种植四季观赏花卉。2003年，对铜像广场周边环境进行整治。拆除原有农贸市场、韶山宾馆四号楼、新华宾馆和全部纪念品商店、餐馆，新建高等级公路及绿地。

（二）毛泽东诗词碑林

1993年建成。位于韶峰山麓，占地2000平方米。碑为大理石、汉白玉、花岗岩等多种石材，共有各类碑刻100块，其中镌刻毛泽东诗词手迹28幅，当代著名书法家手迹28幅。其中《七律到韶山》，长12.26米，高8.3米，厚0.99米，分别寓意毛泽东诞辰、享年和忌日。“韶山毛泽东诗词碑林”由赵朴初题书。

（三）韶山烈士陵园

1993年建成。位于韶山市清溪天峨山，占地160亩，由门楼、泪飞泉、烈士塔、青松亭、五英亭、六英台等部分组成。园内矗立毛泽民、毛泽覃、毛泽键、杨开慧、毛岸英、毛楚雄等6位毛泽东亲属烈士铜像及韶山其他8位烈士石像。陵园整体风格仿南京中山陵。

（四）韶山毛泽东纪念园

位于毛泽东同志故居斜对面约500米的小山坡上，占地20万平方米，其中建筑面积1.8万平方米，于1994年投资兴建，1995年12月26日对外开放。

该园选择毛泽东革命生涯中最典型、最有代表性、最便于造型艺术表达的景点、景物、纪念旧址等，进行仿真复制。它浓缩中国革命的光辉历程，积淀人民领袖毛泽东叱咤风云、波澜壮阔的伟大人生。主要景点有石头干娘、长沙清水塘、湖南一师井亭、武汉农民运动讲习所、南湖游船、井冈山茅坪八角楼、黄洋界纪念碑、瑞金沙洲坝水井、遵义会议会址、泸定桥、枣园窑洞、延安宝塔、西柏坡毛泽东故居、天安门国旗台等15个。除黄洋界纪念碑、泸定桥和延安宝塔按1:2复制外，其余各景点均为1:1原貌复制。

韶山毛泽东纪念堂是景园的主体建筑，位于纪念园中部山坡，与毛泽东故居相对应，是人们悼念毛泽东的场所。纪念堂为典型的韶山特色建筑，白色粉墙，青瓦屋顶，两侧为风火墙，由前后厅、侧厅和敞廊组成内院式结构。前厅入口为门厅，二楼敞开，面向内院。侧厅为展厅，分为生平（简介）厅、悼念厅、纪念厅、珍品厅四大展室。

（五）彭德怀铜像

1998年10月落成。位于彭德怀纪念馆主体前。由陈允贤设计、南京晨光机械厂铸造。铜像身着军装，像高5.1米，基座高3米，通高8.1米，象征彭德怀为中国人民解放军缔造者之一；基座全为花岗岩质地，象征彭德怀与故土相连、与山河同在。

（六）彭德怀骨灰墓

位于湘潭县乌石峰麓。1974年彭德怀逝世于北京，其骨灰存放于四川成都，1978年彭德怀被平反昭雪后，迁往北京八宝山革命公墓，遵其生前遗愿并经中央组织部批准，1999年12月18日迁回乌石安葬。墓区占地400平方米，墓体高5米，宽7.4米，呈棱形；与墓基成76度夹角，象征彭德怀逝世年和享年；墓体与墓基相交底边长1.898米，象征彭德怀生于1898年；墓碑为黑色花岗岩棱形，象征其人格精神。

（七）德怀亭

1988年为纪念彭德怀诞辰90周年，以新加坡华人陈成福为主捐建。始建于乌石峰麓，1998年因此处被选为彭德怀墓地而改建于乌石峰虎形山脊。亭高10.25米，面积49.5平方米，八角围檐，雕龙画菊，钢筋水泥质地。两旁圆柱刻有对联："百战方酬平寇志，万言已尽济民心。"

（八）谭政故居

位于湘乡市龙洞乡楠香村。故居原为有百多间土木结构的青瓦屋，住有谭、张二姓八九户人家。谭政家住东头一侧，中厅大堂屋右边一间，是谭政父亲的药铺、书房兼卧室，左边一间是谭政母亲文氏卧室。1906年（清光绪三十二年），谭政诞生于此。文氏卧房后面过天井有卧房两间，靠西头一间为谭政少年时的卧房兼书房。1927年，谭政在妻兄陈赓引荐下，投笔从戎，离开故里。1944年，故居曾遭到日本飞机轰炸，房屋多被炸毁，后虽经修复，但尚未恢复原貌。1959年2月，谭政曾回故里调查农村工作。

（九）李卓然故居

位于湘乡市山枣镇保元村。故居始建于清光绪年间，原为一栋二横坐西朝东砖木结构建筑，面积约600平方米，小青瓦双坡顶，约25间房屋，有天井三个，风景秀丽。无产阶级革命家李卓然（1899~1989）诞生于此。故居历经沧桑，部分房屋残存。

第七章 文化市场管理

第一节 书报刊市场管理

1986年,全市书报刊市场的管理主要是对印刷行业、书刊发行和经营的管理。有国有新华书店4家(市直、湘潭县、湘乡县、韶山区各一家),共有门市部17个;供销社系统图书发行柜店510家;集体所有书店10家;个体书刊摊点160家。一般图书平均价格0.4元左右。全市新华书店系统发行总额1090万元,利润70万元。其中市直店发行总额565万元,利润42万元。

1987年后,书报刊市场进一步开放,一度出现内部出版物泛滥。为此,出台内部资料出版发行管理办法,规定机关、学校、团体、企业所编内部出版物,必须经县以上文化行政部门批准;收取工本费者,其定价应由物价部门核准,不得征订发行或公开出售。同时规定印刷企业必须申领文化、公安、工商部门颁发的《印刷企业许可证》《特种行业安全许可证》《营业执照》方可生产、经营(此前主要由公安监管)。至1990年,多次清理、整顿书报刊市场,共收缴反动淫秽书刊和其他违法出版物82364册,56种内部刊物被责令停办42种。

1991年,全市有各种所有制印刷企业100余家;包装装潢印刷企业15家;非国有书刊门店186家。供销社系统图书柜店退出市场。一般图书平均价格3元左右, 全市新华书店系统年发行总额1680万元,利润88.98万元。其中,市直店发行总额731.5万元,利润32.9万元。个体书店年销售额一般在5万元左右,多者达到15~20万元。1992年,湘乡市新华书店被评为全国百县农村图书发行先进单位。第五届新华书店南北联合活动中心图书订货会在湘潭召开,137家新华书店、44家出版社,共成交200万册、600余万元。市直店开展纪念毛泽东诞辰100周年优质服务活动,历时5个月,共销售图书554.6万元。个体书商吴湘平与湘潭大学印刷厂李建平、李菊林等3人合伙盗印《雪剑冰心》4.5万套,被分别判处有期徒刑二年和一年六个月(均缓刑二年)。此为湘潭历史上第一起受到刑事处罚的侵犯著作权案。《湘潭广播影视报》,擅自增加4开4版,同时违反内部报刊不得以营利为目的的规定,从事集资赞助和有奖订阅活动,受到停业整顿2个月处罚。至1994年的4年间,对全市112家印刷企业中的86家进行清理,39%存在违法印刷行为, 其中10家被责令整顿,11家被责令停业。清查186家书刊发行点,收缴淫秽书刊及其他非法出版物10万余册(份)。

1995年,全市有书刊印刷企业28家,包装装潢印刷企业120家,其他印刷、打印企业186家;个体书店297家;公开出版发行报纸2种,期刊4种,内部出版物28种。全市13家印刷企业获得《书报刊出版物印刷资格证书》。此后,凡未获得此证书者不得承印书报刊业务。1996年,设立湘潭市新闻出版局和版权局(两块牌子一套人员),书报刊市场由文化行政部门移交该局管理。1998年,市民胡汉平、罗华盗印《新华字典》563册,被分别判处有期徒刑1年(缓刑1年),并处没收违法所得。1999年,全市新华书店系统图书销售总额7865万元(一般图书平均价格10元左右),其中规定由新华书店发行的教材、教辅读物发行额5635.7万元,共计完成利润425万元。市直店发行总额1906万元,利润40万元。个体书店年销售额一般在15万元以下,全市最大的个体书店"湘潭市少儿图书服务部"(业主罗旭)年营业额达150万元。市直新华书店中心门市部举办湘版图书展销3天,日售书2万元,创全市单个门店日销最高纪录。对全市印刷企业进行整顿,查处无证企业81家,证照不齐企业14家;盗印他人作品案8起,收缴违法违禁书刊10万册。湘乡市教育科学研究室与湘乡市教育印刷厂擅自编印《教学目标测验题》汇编本69955册,被处没收非法所得10万元。查缴"法轮功"邪教组织出版物(书籍、音像制品、挂图)10000余件,捣毁发行窝点"吴老师书店"。

2000年,全市有书报刊印刷企业13家,包装装潢印刷企业10家,其他印刷企业136家,打印社157家,公开发行报刊11种,内部报刊22种,书报刊发行门店400家。2001年,湘潭县新华书店获"中国书刊发行双优单位"称号。2003年,开展清查"口袋书"(含违禁内容的小型读物,可放置学生衣服口袋)2.8万册,处罚经营单位28家。2005年,全市有书刊印刷企业19家,包装装潢印刷企业40家,其他印刷企业105家,打字复印社250家,公开出版发行报刊14种,内部报刊32种,书报刊发行门店408家。一般图书平均价格15元左右。全市新华书店系统完成图书销售额8935万元(其中教材教辅读物发行5481万元)。市直店完成销售总额3433万元(教材教辅读物1065万元)。长沙一书商未经行政管理部门批准,在湘潭大学、湖南科技大学举办书展,被依法取缔,并处没收违法展出图书32箱,磁带2箱。市龙潭印刷厂(个体)印制"内容存在问题的政治性非法出版物"1000册,被依法吊销《印刷许可证》,业主被处行政拘留15天。

第二节　音像制品、软件市场管理

1984年,城市彩色电视机大量增加,带动录像放映市场的发育。1986年,全市有音像制品发行点7家、放映点90余家,主要纳入公安机关"特种行业"监管。湘乡县城关镇梅坪村村民陈某,经营放映淫秽录像28场,被劳动教养3年。湘潭城区亦发生多起受到公安机关处罚的放映淫秽录像案。此后,录像带发行放映限于集体单位经营,个人不得进入,并改由广播电视行政部门主管。1989年,全市文化系统各单位所办录像发行放映点,由文化行政机关负责审批管理,其他单位所办仍由广电部门负责。同时由文化、广电、公安、工商等部门为成员,成立湘潭市社会文化管理办公室,负责协调各方关系及开展包括音像制品市场在内的全市性监管行动。

1990~1991年,开展3次全市性突击检查,撤销不合格放映点30家,保留30家(其中14家限期整改)。收缴淫秽录像带122盒。1992年,市新华书店组织发行《红太阳—毛泽东颂歌》音乐磁带3500套(每套30首歌),创湘潭套装磁带发行量最高纪录。1994年,全市音像发行站发展到19家(其中城区7家),录像经营放映点108家(城区76家)。对全市录像发行放映点进行全面清理,主要整顿名为集体实为个人承包、一证多点经营等行为,以及放映点布局不合理等问题,同时对音像发行放映单位重新登记审批。查处严重违法案6起,其中3起移送公安机关处理。

1995年,影碟(VCD光盘)进入湘潭,部分录像磁带放映点开始放映VCD光盘,少数场所经营"镭射"投影,侵权放映电影《红番区》《西楚霸王》《真实的谎言》等,严重冲击电影市场。当年全市共收缴各种侵权电影碟898件,其中"金像"公司生产的达347件。年底,关闭全市所有镭射电影经营场所。1996年音像制品发行全面放开。其复制成本低,隐蔽性强,流通渠道复杂,市场盗版音像制品占总量的90%左右,行政机关查不胜查。行政管理部门对录像放映市场实行总量控制(全市拟控制在39家以内),以便遏制侵权盗版行为。但关闭其他放映点引起的问题较多,"控制"无疾而终。1997年,全市有音像发行点100家以上,发行对象主要为单个家庭。经营性录像放映点减至40家以下。

1998年,全市音像制品,包括有内容的音乐磁带、录像磁带、唱片、激光唱盘(CD)、激光视盘(VCD)的批发、零售、出租、放映的经营活动,全部归口文化行政部门日常管理。计算机大量进入城区家庭,计算机软件市场迅速发展至50家。2000年,全市查处盗版软件案近100起,行政处罚80人,收缴盗版软件3000余张。此后,DVD光盘大举流入湘潭,互联网经营场所迅速发展,家庭上网大量增加,使录像放映市场迅速滑坡。2002年全市仅存放映点8家。2003年,收缴侵权及含有违禁内容的VCD、DVD光盘18000余张。2004年,非法DVD(压缩影碟,每张可录入八部电影故事片)流入市内,严重侵犯他人电影著作权,相关经营点受到严厉查处。2005年,全市有注册音像发行点353家(其中城区150家);注册软件发行点36家(其中城区33家)。录像放映点基本退出市场。

第三节　文化娱乐场所管理

一、舞厅、歌厅、卡拉OK厅管理

改革开放后,公园、街头等公共场所群众自发组织跳舞。1980年,公安机关以诱发不良风气、影响社会治安为由,下文禁止。1985年,开放经营性舞厅。1986年,舞厅主要由文化行政机关管理,重点是整肃舞风,禁止跳贴面舞、贴肚舞等,并规定舞厅只能由集体单位开办。1988年,制定舞厅等娱乐场所规章制度,对其设立的条件、安全措施、消防、卫生等作出规定。经审查合格后,发给其《文化经营许可证》。符合条件的乐手、歌手,发给其《舞厅演奏证》和《舞厅演唱证》。年底,城区有舞厅9家(全为文化、体育、宾馆、企业集体单位所办),每家容量100~200人。湘乡市及城外部分大型企业也有少量舞厅,但基本不对外营业。

1989年,舞厅经营放开,但必须经审核合格,发给《文化经营许可证》《安全许可证》《工商执照》后,方可开业。全市注册舞厅19个。1990年,城区出现卡拉OK厅(几人至10余人小包房,顾客在放映伴奏音乐画面和字幕的电视机前唱歌),行政机关开始对此类歌厅进行登记注册。1992年,全市舞厅达到72家(城区61家),有乐手伴奏的歌厅和卡拉OK厅32家(城区25家)。1993年夏天,全省103个县遭受洪灾,全市组织120家"三厅"(舞厅、歌厅、卡拉OK厅)进行赈灾义演,当晚收入10.51万元全部捐献灾区。当年九汇、霓裳、北极星、粮贸、迪美、玫瑰、彩虹等高档舞厅,每晚营业额达5000~10000元。

1995年,全市舞厅发展到189家,歌厅、卡拉OK厅发展到277家。歌舞娱乐业进入高峰时期。高档舞厅经营额,每家每晚降至3000元以下,不少难以为继。市里对歌舞娱乐场所进行全面整顿,严禁演出格调低下和不健康的节目,禁止为顾客设"三陪"(陪跳、陪聊、陪喝)小姐和跳"息灯舞",禁止在大学周边100米、中小学周边200米范围内设立歌舞娱乐场所,已设立的限期迁出。同时禁止公务员及其他公职人员进入歌舞娱乐场所公款消费。1996年,城区建起大同路、大湖路、湘钢厂区等6条"卡拉OK一条街",每条街设厅10~15个。场地较大、装修豪华、配备乐队和演出队、门票较高的高档舞厅仅留下华都、明月等少数几家，其余均改为音乐磁带配唱的低档舞厅，顾客每人每晚消费5元以下。1997年，全市有舞厅175家（城区90家），歌厅、卡拉OK厅499家（城区275家）。清查湘潭县易俗河地区52家“三厅”场所，查封其中13家，查获色情服务、赌博及吸毒人员26人，其中刑事拘留9人。

2000年，全市高档舞厅全部退出市场。全市48家（城区42家）舞厅，全为音乐磁带、磁盘伴奏的低档舞厅；有歌厅、卡拉OK厅441家（城区189家）。2002年“大世界娱乐城”未办理《文化经营许可证》，擅自经营歌舞娱乐，同时经营色情赌博业务，被依法取缔。2003年，查处歌厅、卡拉OK厅色情表演案6起。2004年，明珠大酒店歌舞厅经营色情表演，被依法吊销许可证。2005年，全市有舞厅20家（城区12家），歌厅、卡拉OK厅230家（城区99家），除少数规模较大者外，大多为薄利经营。

二、桌球、电游、保龄球管理

1980年前后，湘潭恢复桌球市场。1983年，电子游戏进入湘潭。1987年前，桌球、电子游戏市场，主要由公安机关监管。1988年5月成立湘潭市社会文化管理办公室，文化行政机关为组成单位之一，桌球、电子游戏市场日常管理由文化行政机关负责，并实行文化行政许可制度，须同时取得公安机关《安全许可证》和工商机关的《营业执照》方可经营。1990年，城区有桌球室60余家，电子游戏室23家。在城区组织3次大的清查行动，取缔15家无证或证照不齐的电子游戏场所，收缴赌博电游板29块。1991年，城区电子游戏厅发展到127家。其中设立条件不合规定的62家，无证照或证照不齐的74家。通过整顿后，压缩（责令停业）100家，保留27家，新发展3家。

1992年，全市有桌球室40余家（城区28家），电子游戏厅104家（城区35家）。1994年，全市电子游戏厅250余家（城区35家），桌球室150余家（城区110家）。1995年，湘潭夜总会投资200万元建设的全市第一家保龄球馆开业。全市电子游戏厅发展到659家（城区300余家）。桌球室发展到320家（城区160家）。桌球、电游的发展，一定程度影响学生读书和休息。当年开始，禁止在中小学周边200米内，大学周边100米内设立桌球、电子游戏经营场所，已设立的限期退出。同时规定，所有电子游戏场所，除正常节假日外，不得接纳未成年人。

1996年，市场出现电脑游戏厅，且大多经营赌博业务。全年共收缴电脑赌博软件187张，赌博电游板384块，并取缔电脑电游厅20余家，没收用于电游的电脑400多台。1997年，电脑游戏厅合法化，全市有电子游戏厅（含电脑电游厅）372家（城区186家），桌球室47家（城区28家）。取缔违法经营赌博业务的“啤酒乐园”2家。湘潭夜总会保龄球馆停业。1998年，城区聚富保龄球馆开业。1999年，全市桌球室基本退出市场。2000年，全市有电子游戏室354家（城区210家）。2001年，对全市电游厅进行全面整顿治理，凡经营“老虎”“麻将”机，或者面积、场地不符合规定，或者违规接纳未成年人者，一律停业整顿，停业整顿者达200家。至年底，全市电游厅降至128家（城区56家）。一批电脑游戏厅转而经营网吧（互联网经营场所）。2005年，全市有电子游戏厅150家（城区71家），保龄球馆2家。

第四节 外来演出及场所管理

1986年,全市有对外营业的演出场所75家。其中,国有剧院(影剧院)6家(市直3家、湘潭县1家、湘乡县1家、韶山区1家),1000座以上的机关、单位、厂矿大礼堂、俱乐部剧场31家,700座以上乡镇影剧院、礼堂36家,体育场(馆)3家。全年共接待各类外来演出团体53个,共演出1755场。第六届全省运动会在湘潭举行,其闭幕式同时邀请中国电声乐团、东方歌舞团来潭演出。1987年,演出市场滑坡,全年接待外来团体20个,共演出176场。

1990年,全市共接待外来团体11个,其中除海军政治部歌舞团、中国歌剧院、辽宁省歌剧院外,其余均为各地演职员临时组合的团体(俗称"走穴团体"),所演出的节目均为流行音乐、迪斯科、摇滚乐、小品、相声等。60%的场所基本不接待演出活动。1991年,对全市经营性演出场所及演出经纪机构实行登记制度,国内团体进入湘潭演出,须事先申领《临时演出许可证》。国外团体进入湘潭,须出具省文化厅的批准文书。全市仅有几家场所登记注册。1993年,市经济技术开发公司和湘潭华商实业公司,引进(北京)胜利国际广告公司临时组织的"明星"团体在湘潭体育馆主办"经济之声"文艺晚会,所宣传的几位主要歌唱演员没有到场,观众纷纷向场内扔纸团、可乐瓶、易拉罐,砸烂花盒、灯光、音响、会标等物,600余观众拥向表演区闹事。事后,经人民法院审理,由(北京)胜利广告公司赔偿主办者损失16万元。此为全国第一起由人民法院审理的演出合同纠纷案。市人民政府在市体育馆主办纪念毛泽东诞辰100周年文艺晚会,邀请李维康、杨丽萍、李金斗、蔡明、郭达等10余著名艺术家演出3场;同时邀请北京京剧团在工人文化宫剧场演出3场。

1995年,湘潭恒润物资贸易公司(私营企业)与中国唱片公司广州公司签约,在湘潭体育中心举办大型经营性文艺演出,未取得《临时演出许可证》便进行宣传和出售门票,并将本次演出擅自冠以"纪念世界人民反法西斯战争胜利50周年"字样,受到责令取消演出的处罚。事后,主办人提起行政诉讼,被人民法院驳回。1996年,中央心连心艺术团慰问湘潭老区,在韶山毛泽东铜像广场演出,2万人观看;同时,该团派出小分队在彭德怀故居演出约1小时。城区仅有芙蓉影剧院、湘钢俱乐部剧场、江麓俱乐部剧场及湘乡剧院等4家演出场所接待外来演出。外来团体不再去农村演出。1999年,黑龙江鸡西话剧团《少年邓小平的故事》来湘潭演出,由宣传部等部门下文公费组织观看,共演出108场。至2001年的3年间,城区每年引进1~4个售票演出团体。每团演出1~2场。其中唯一的戏曲团体——湖南省京剧院,原计划回顾演出2至3场"革命样板戏",首场演出不足20%的上座率,使其演出1场便罢。深圳一经纪机构组织大型音乐团体来潭演出,提前数天大规模宣传造势,2万余座的体育场,仅售出门票70余张而废场,经纪人损失20余万元。

图63-7-1 湘潭大剧院

2002年,解放军总政部歌舞团为"八一振邦"足球队移师湘潭,在湘潭体育中心举行文艺晚会,市民免费观看。2003年,新建的湘潭大剧院落成开业。该剧院位于河东新区,占地60亩,建筑面积16800平方米。总投资9000万元,其中市人民政府除无偿提供土地外,投入1600万元,香港中华集团投资 7400 万元。此为湘潭首家主要以民资所建的大型剧场。市人民政府邀请国家东方歌舞团在湘潭大剧院演出两场大型亚非拉民族歌舞《蔚蓝色的浪漫》,纪念毛泽东诞辰 110 周年。2004 年,由文化部安排的"湖南非洲艺术节",南非、埃塞俄比亚、刚果(金)三个国家联袂访问演出团在江麓俱乐部剧场免费演出一场。此为国家举办的以非洲为主题的"相约北京"活动的组成部分,亦为湘潭自改革开放以来,首个以市人民政府名义接待的外国艺术团体。2005 年,全市仅有 5 家演出场所接待外来演出,其中城区 4 家(湘潭大剧院及 3 家俱乐部剧场),湘乡市 1 家。共接待 6 个团体,演出 15 场,其中公费包场演出 14 场,访问演出 1 场。

第五节　互联网经营场所管理

1998 年,湘潭始有互联网经营场所(俗称"网吧"),时网上内容不多,上网者寡。1999 年,全市取得《互联网经营许可证》者 2 家(另有少量未办证者)。2000 年,互联网改用"宽带",其速度大为提高,青少年争先恐后进入,至年底经营场所达到 270 家(多为电脑电游厅转而经营网吧)。2002 年,文化部、公安部、工商行政管理总局、信息产业部出台《互联网经营场所管理办法》,明确各级文化行政部门为主管机关。湘潭对全市 420 家互联网经营场所进行全面检查,其中经营淫秽、暴力凶杀、封建迷信、危害国家安全等方面信息的 89 家分别被给予限期整改、罚款、吊销许可证的行政处罚,对无证经营者予以取缔。

2003 年,开展未成年人"告别网吧,走进健康文化"宣传活动,1700 名未成年人,在写有"告别网吧"的 50 米长的红布上签名。2004 年,对违规接纳未成年人、超过零点和提供有害信息经营行为,进行严肃整治。顾客必须凭身份证上网,业主必须逐一登记身份证号码、姓名备查。对首次违规经营者罚款 10000 元,第二次违规经者罚款 15000 元,再次违规经者吊销许可证。全市共查处罚款 10000 元案 30 余起。市场经营秩序得到好转。2005 年全市有网吧 551 家(城区 289,湘潭县 155,湘乡市 90,韶山市 17)。网吧规模 30~200 台计算机不等,每人每小时收费 1~3 元不等。下半年开始,新设立网吧者,须具备 150 台以上计算机、营业面积 300 平方米以上规模方可批准。

第六十四篇　卫生

概　述

1986年,湘潭市有医疗卫生人员1.01万人(不含村卫生室下同),其中,个体开业439人,平均每千人口拥有医疗卫生人员4.12名;卫生事业机构479个,病床6014张,平均每千人口拥有住院病床2.46张;市财政下拨全市卫生事业费933.23万元,扶持卫生事业发展。全市卫生行业继续坚持贯彻“面向工农兵,预防为主,团结中西医,卫生工作与群众运动相结合”的卫生工作方针,开展疾病防控、疾病医治、妇幼保健等医疗卫生工作。湘潭市未发生甲类传染病,发生乙类传染病16种,市疾病预防控制中心(简称市疾控中心,原市卫生防疫站)以市内发病率较高(发病率最高时为233.87/10万·年)的病毒性肝炎为防控重点,开展防控技术研究,参与国家第七个五年计划的攻关课题《乙肝流行规律、流行因素与预防策略研究》。利用参与攻关课题的优势,率先在国内进行乙肝疫苗接种,同时,采用先进检测设备,开展固相放射免疫、斑点杂交、酶联免疫等新的检测手段;参加全省第一条冷链系统建设,解决疫苗运输、储藏过程中环境温度的影响,全市从城镇到农村全部实行冷链运转,使计划免疫由城市推向农村;开展环境卫生、食品卫生、职业卫生和学校卫生监测与监督,重点对全市的自来水厂出厂水、管网水、单位自备水进行采样检测;开展以创建文明卫生单位为基础,以实现卫生城市为目标的爱国卫生运动;开展妇女保健常识以及婴幼儿保健常识宣传,推行使用《孕产妇管理登记卡》,强化新法接生保障产妇的生产安全。农村医疗卫生工作贯彻省委、省政府《关于改革和加强农村卫生工作的决定》精神,乡(镇)卫生院由县(区)卫生局主管移交给当地乡(镇)人民政府主管,全面完成移交工作。城市医院从改善就医环境入手,实施“综合建院,重点建科”的办院思路,逐步完善全市医疗体系,促进诊疗水平提升。全市确定血液科等3个学科为重点建设学科,重点学科所在医院从人才培养、设备引进方面向重点学科倾斜,为重点学科的技术发展提供保障;增设肿瘤专科,使市内绝大多数肿瘤病人再不必赴市外求医。市中医院杨寿娥开展《杨氏手法加塑形镀锌铁夹板外固定治疗小儿先天性马蹄内翻足临床研究》获得成效,小儿马蹄内翻足治疗成为湘潭市内市外最具影响的特色专科。全市医疗行业在加强业务建设的同时加强行业作风建设、医疗市场整顿和医疗安全。全市12所县以上医院按照省卫生厅颁发的创建“文明医院”标准,开展文明杯竞赛;聘请市内社会各界知名人士(35名)担任医院行风监督员,监督各医院医疗作风,反馈病人提出的意见。1990年,全市有医疗卫生人员1.16万人,其中,个体开业891人,平均每千人口拥有医疗卫生人员4.57名;医疗卫生机构507个,开设病床6817张,平均每千人口拥有住院病床2.68张。另农村82%的村委会设有医疗点共1639个,有乡村医生1667人。市财政下拨全市卫生事业费1234.10万元,比1986年增加32.24%。湘潭市未发生甲类传染病,发生乙类传染病14种;新法接生率达到61.10%,比1986年提高14.75%,孕产妇死亡率52.00/10万,比1986年下降20.93/10万;县级及以上医院共投资 604 万元,新建医疗用房 2.42 万平方米;创建省级文明卫生单位 237 个,市级文明卫生单位 446 个;3 家医院评为省级“文明医院”,湘潭市荣获“全省灭鼠先进市”称号,并评为省级卫生城市。此时,全市卫生行业中的政府办医疗机构处于体制改革的探索中,改革中主要学习企业运作模式,经济上采用自负盈亏,政府对其虽有一些投入,但除去物价、人员工资上涨等因素后则相对减少,卫生事业机构基本上依靠自身能力自我生存,自我发展;医疗机构的领导者在考虑解决人民群众健康问题的同时还必须考虑单位自身的生存、发展和职工的劳务收入,因而一切医疗活动隐含着追求经济利益最大化,医患矛盾开始显现。

1991 年起,全市卫生行业贯彻“预防为主,依靠科技进步,动员全社会参与,中西医并重,为人民健康服务”的卫生工作方针,以“依靠科技进步”为主线,加大新技术、新项目研发力度。市疾控中心正式立项参加国家“八五”肝病防控攻关课题,强化疫苗接种,阻断乙肝母婴传播、水平传播等措施降低疾病的发生。全国乙肝疫苗接种工作现场会在湘潭市召开,国家卫生部部长陈敏章对湘潭的乙肝防控给予充分肯定,市疾控中心被评为全国乙肝防治先进单位。健全饮用水水质监测监督制度,开始把水源水水质纳入监测范围。妇幼保健工作坚持宣传保健常识,宣传新法接生,提高新法接生率,降低产妇死亡率,按照世界卫生组织和联合国儿童基金会发出创建爱婴医院的号召,市妇幼保健院和 8 家县级以上综合医院开始创建“爱婴医院”;贯彻实施《中华人民共和国母婴保健法》,全市 88 个乡镇、街道办事处共配备妇幼专干 127 名,负责指导母婴保健。全市以纪念毛泽东诞辰 100 周年为契机,开展爱国卫生运动。1994 年,在贯彻新时期卫生工作方针中,湘潭医疗工作提出“科技兴院”,重点学科建设由原定的 3 个增加到 8 个,引入新技术,开展心血管介入技术,这项技术使双腔起搏器植入、先天性心脏病封堵、经冠状动脉骨髓干细胞移植、主动脉内气囊反搏泵应用于临床,与传统手术术式比较,病人创伤小,术后恢复快,费用少,随后开始引进腹腔镜技术;贯彻卫生部《医院分级管理办法》,全市县及县以上医院开始按照省卫生厅颁发的《湖南省二级医院分级管理标准》开展达标活动,市中心医院经湖南省医院达标评审组验收,成为全省首批“二级甲等医院”之一,随后又有 6 家医院成为二级甲等医院,4 所医院为二级乙等医院。湘潭县中医院成为“二级甲等中医院”,同时获得“全国百家示范中医院”称号。“动员全社会参与”的卫生工作方针给卫生行业带来活力,个体行医者得到政策性保障,但也存在非法融资和非法行医现象。全市卫生行业学习《湖南省医务人员职业道德规范》《医务人员医德规范及实施办法》等文件,针对行业中少数医务人员索要、收受“红包”等不正之风开展行业作风整顿,同时开展“湘潭市医德医风高尚奖”评选活动;按照市卫生局制定的《湘潭市个体开业行医暂行规定》,对个体诊所进行全面审查,不合格的停业整顿,属非法诊所的坚决予以取缔。1996 年,全市有医疗卫生人员 1.31 万人,其中,个体开业 530 人,平均每千人口有医疗卫生人员 4.91 人;医疗卫生机构 400 个,开设病床 7786 张,平均每千人口拥有病床 2.95 张。农村 88%的村设有医疗点共 1745 个,有乡村医生 1743 人。市财政下拨全市卫生事业费 2868.34 万元,比 1990 年增加 134.42%;湘潭市未发生甲类传染病,发生乙类传染病 14 种;新法接生率 97.15%,比 1990 年提高 36.05%,孕产妇死亡率 47.00/10 万,比 1990 年下降 5.00/10 万;县及以上医院投资 1147.85 万元,新建医疗业务用房 1.94 万平方米;创建省级文明卫生单位 321 个,市级文明卫生单位 669 个;国家爱国卫生运动委员会授予湘潭市“全国卫生城市”称号,9 家医院获“爱婴医院”称号。

1997年起，全市卫生行业贯彻中共中央、国务院《关于卫生改革与发展的决定》精神，落实“以农村为重点，预防为主，中西医并重，依靠科技与教育，动员全社会参与，为人民健康服务，为社会主义现代化建设服务”的卫生工作方针。市疾控中心继续参加乙肝“九五”国家重点攻关项目，正式启动世界银行贷款免费治疗传染性肺结核病人。定期对全市饮用水进行监督监测。爱国卫生运动以《湘潭市市民文明公约》和《湘潭市市民十不行为规范》为标准，开展文明市民、文明家庭活动。继续推动新法接生，使孕妇在分娩过程中得到有效的医疗保障；贯彻市政府提出创建“爱婴市”的要求，强化“爱婴医院”的创建。各医院继续开展达标上等级活动，市中心医院经评审升为“三级甲等医院”；继续引入新的诊治项目，开展的介入诊治技术日趋成熟，诊治病种不断增加，同时对腔镜技术代替传统手术术式的认知不断加深；小儿马蹄内翻足专科经卫生部、国家计委确定为全国小儿马蹄内翻足防治中心，同时被列为“九五”期间国家级科技成果重点推广计划指导项目。继续开展医德医风、医疗安全教育，市卫生局统一聘请40名行风监督员，对各医疗卫生机构的工作作风、服务态度、医疗收费等方面实施监督；强化安全意识，从卫生局至医疗卫生机构、科室、医师层层签订《医疗安全责任状》。贯彻卫生工作“以农村为重点”和“2000年人人享有初级卫生保健”为目标，省、市、县三级筹措资金1227万元，对乡镇卫生院的危房进行全面改造，促进农村卫生事业的发展，市直及厂矿医院无偿对口支援农村乡(镇)卫生院建设，湘乡市被评为全省农村卫生院建设先进单位。继而湘潭市成为农村初级卫生保健市。贯彻国家卫生部等10部委《关于发展城市社区卫生服务的若干意见》，湘潭市采用先试点后推广的办法建立社区卫生服务中心，形成预防、医疗、保健、康复、健康教育、计划生育技术指导“六位一体”的全方位服务，网络覆盖率100%。市疾病防控部门对发生甲类传染病霍乱(1997~1999年共报告25例)疫区及时控制，扑灭疫源，无二代病例发生。2000年，全市有医疗卫生人员1.36万人，其中，个体开业784人，平均每千人口有医疗卫生人员4.77人；医疗卫生机构905个，开设病床7558张，平均每千人口有病床2.66张。农村93%的村设有村医疗点共1808个，有乡村医生1695人。市财政下拨全市卫生事业费2882.87万元，比1996年增加0.51%；湘潭市未再发生甲类传染病，发生乙类传染病11种，新法接生率97.65%，比1996年提高0.5%，孕产妇死亡率为26.01/10万，比1996年下降8.49/10万；市一医院等4家医院共投资3782.01万元，新建业务用房4.15万平方米；省级文明卫生单位381个，市级文明卫生单位789个；全省8城市爱国卫生检查中荣获第三名；“爱婴医院”增加到14家，后经省检查组验收，确认湘潭市为“爱婴市”。

2001年，全市卫生行业继续贯彻国家卫生工作方针，以预防为主，防治结合，依靠科技进步化解诊治难题。2002年为防止非典型肺炎传入湘潭境内，全市紧急动员，昼夜严格疫情监测以及补强防治设备设施等措施，湘潭市未出现非典型肺炎确诊病例。是年起，按照市卫生局《关于进一步依法规范全市母婴保健技术服务的规定》和《湘潭市孕产妇保健管理办法的通知》等文件精神，开展孕期建册、产期新法接生、产后访视等保健服务。继续推进医院重点学科建设，全市重点学科达到11个，不同专业重点学科的建成使全市形成一个较为完整的医疗体系。全市筹集资金1800万元，用于乡(镇)卫生院建设，市本级财政每年安排100万元用于农村卫生事业；乡(镇)卫生院基本实现人员、设备、技术三配套。2005年，湘潭县射埠镇发生1例人感染高致病禽流感，是国内报告的首例，经送省级医院治疗后痊愈出院，境内未发生二代病例。贯彻省政府部署的第二批新型农村合作医疗试点工作，湘潭县为试点县。全市共有医疗卫生人员1.25万人，其中，个体开业886人，平均每千人口有医疗卫生人员 4.39 人；医疗机构 818 个，开设病床 8620 张，平均每千人口有病床 3.03 张。另 1630 个村设有村医疗点共 1350 个，有乡村医生 1386 人。市财政下拨卫生事业费 7057.11 万元，比 2000 年增加 144.79%；湘潭市未发生甲类传染病，乙类传染病发生 13 种；新法接生率 99.66%，比 2000 年提高 2.01%，孕产妇死亡率为 24.95/10 万，比 2000 年下降 1.06/10 万；市、县级医院共投资 2.81 亿元，新建医疗业务用房 18.29 万平方米；创建省级文明卫生单位 229 个，市级文明卫生单位 851 个；湘潭县参加新型农村合作医疗 41.8 万人，参合率占农村人口 46.35%，共筹集合作医疗基金 1254 万元，有 2 万多名农民因病获得医疗补助金 808 万元。湘潭市医疗卫生行业医用设施和技术水平明显改善与提高，为促进湘潭人民的医疗保健发挥作用，但医疗卫生体制改革并不成功，收效也不明显；改革中医疗卫生行业的公益性日趋淡化，企业化意识日益浓烈，政府投入（仅占人员工资 10%以下）无法达到医疗卫生事业机构生存与发展的需要，行业内为生存与发展而追求利润最大化，诊治活动中重复检查、"大处方"等现象时有存在，患者医疗费用不断增长，看病贵而引发的看病难情况甚为明显，医患之间出现信任危机，医患矛盾、"医闹"现象时有发生。

第一章　公共卫生

第一节　疾病防控

一、法定传染病防控

（一）甲类传染病

1986 年，全市各级疾病防控部门坚持采取预防性措施，年发放甲类传染病预防知识宣传资料 3 千余份，发放漂白粉、漂白片、消毒液等消毒剂；各医院实施"逢泻必检"，对传染病门诊的就诊病人、疑似霍乱病人进行肠道传染病搜索性的疫源检索，以免发生漏诊，年均检索样品约 3 千余份。至 1993 年，湘潭市境内没有发生《中华人民共和国传染病防治法》规定的鼠疫、霍乱、天花 3 种甲类传染病。

1994 年 9 月，湘潭县古城乡发生霍乱疫情，报告霍乱病例 4 例，均为感染性小川型病例。湘潭市成立霍乱防治工作领导小组，对霍乱病防控工作进行部署，市财政拨款 5 万元用于甲类传染病防控；全市各级卫生行政主管部门按照市霍乱防治工作领导小组的部署，组织霍乱防治，市疾病控制预防中心组建霍乱防控队进入疫区实施消毒灭菌，扑灭疫源，疫情得到控制，同时，组建 3 支疾病防控机动队，做好应对突发情况；各医疗机构完善肠道门诊建设，配备人员、装备和药品，同时，加强肠道门诊病人疫源检索，对腹泻病人坚决执行"逢泻必检"，无二代病例出现。

1995~1996 年，湘潭市境内未发生鼠疫、霍乱、天花甲类传染病疫情。

1997~1999 年，先后在湘乡市城区内的湖南铁合金厂生活区、湘乡市城区内龙城宾馆、湘乡市郊壕塘村 1 组和东郊乡新村 3 组以及城西林梓桥砖厂等发生霍乱疫情，3 年中共报告霍乱病例 25 例。

疫情发生后，卫生防疫人员进入疫区，开展流行病学调查，发放消毒杀虫药品，年均投放漂白粉20–30吨、漂白片20–30万片、消毒液20~30箱；霍乱和肠道传染病流行年疫源检索样品达1.4万余份，使疫情得到控制，无二代病例发生。

2000~2005年，市内没有发生鼠疫、霍乱、天花疫情。

（二）乙类传染病

1986年，湘潭市内发现过乙类传染病有病毒性肝炎、痢疾、白喉、流行性乙型脑炎、麻疹、伤寒、肺结核、新生儿破伤风、梅毒、猩红热、流行性出血热、狂犬病、钩端螺旋体病、疟疾、百日咳、血吸虫病等16种；其中报告病例较多且发病率较高的病种有病毒性肝炎、肺结核、痢疾、疟疾、百日咳等。是年起，市疾病控制中心针对肝炎发病率较高的现状，开展病毒性肝炎预防策略研究；全市各级卫生防控机构坚持强化计划免疫，儿童普遍接种麻疹疫苗、白百破疫苗、卡介苗，口服脊髓灰质炎糖丸，防控肺结核、麻疹、白喉、百日咳等乙类传染病；利用世界卫生组织、联合国儿童基金会无偿援助和各级政府配套资金，全市建设冷链运转系统。1993年，市内乙类传染病共发生14种，较1986年减少猩红热、血吸虫病等2种。

1994年，市境内乙类传染病报告中出现猩红热病例，病种比1993年增加1种，共发生15种。1996年，境内乙类传染病中没有白喉病例报告，病种由15种减到14种。1997年起，全市各疾病防控部门继续强化计划免疫，接种疫苗和乙肝防控研究。2001年，全市正式启动英国赠款结核病防控项目（简称卫X项目），加上政府和世界银行资金累计投入233.76万元，开展结核病防治；市疾控中心参与国家重点科技攻关项目“乙肝流行规律、流行因素与预防策略”的研究；全市乙类传染病报告减少流脑，共发生14种。

2002年，广东省报告中国境内首例非典，为防止疫情流入湘潭境内，全市各疾病防控和医疗机构成立应急机动队对境外流入人员进行检疫等措施，非典疫情没有流入湘潭。2004年，全市各医疗卫生机构按照市卫生局编印的《突发公共卫生事件/常见传染病诊断报告处置工作手册》规定诊断、报告、处置突发公共卫生事件和常见传染病。2005年10月，市境内报告首例人感染禽流感病例，市疾病防控人员对疫区（湘潭县射埠镇湾塘村和平组）进行消毒灭菌，接触人员预防服药、接种流感疫苗，没有发生二代病例；是年，全市没有百日咳和流行性出血热病例报告；无非典型性肺炎病例报告；发生人禽流感1例，报告的乙类传染病13种。

1.病毒性肝炎病毒性肝炎　中包含病毒性甲型肝炎（以下简称甲肝）、病毒性乙型肝炎（以下简称乙肝）、病毒性丙型肝炎（以下简称丙肝）、病毒性戊型肝炎（以下简称戊肝）。1986年，全市病毒性肝炎发病人数为1692人，发病率为69.29/10万。是年起，全市推广普及新生儿接种乙肝疫苗，市疾控中心参与国家“七五”（1986~1990年）攻关课题《乙肝流行规律、流行因素与预防策略研究》，采用固相放射免疫、斑点杂交、酶联免疫、生物探针等新的技术检测手段进行乙肝检测，对及早发现肝炎病人起到积极作用。1990年，正式立项参加国家“八五”（1991~1995年）攻关课题，继续进行新生儿乙肝疫苗普种，阻断乙肝的母婴传播和水平传播、减少乙肝病毒携带者（HBsAg阳性持续6个月以上）和慢性乙肝病人；是年，病毒性肝炎发病6140例，发病率233.87/10万，与1986年比较，检测手段更新后病毒性肝炎发病人数增加，发病率上升164.58/10万。

1991年，卫生部在湘潭市召开全国乙肝疫苗接种工作现场会，推广湘潭市在新生儿乙肝疫苗接种方面的经验；国家卫生部长陈敏章到会并到基层进行视察，同时为市疾控中心题词“强化防保意识，为保障人民健康作不懈的努力”；市疾控中心被评为全国地级市乙肝防治先进单位。是年起，市疾控中心实施国家“八五”攻关课题，按照攻关课题要求，开展乙肝流行规律、流行因素与预防策略的研究；1993年，开始对病毒性肝炎中的甲肝、乙肝实行分型统计，当年，乙肝发病499例，发病率18.27/10万。1994年，开始实施丙肝检测项目，发现丙肝11例，发病率0.40/10万。1995年，全市病毒性肝炎发病1286人，发病率为46.76/10万，比1990年下降187.11/10万；其中，乙肝发病658例，丙肝54例。

1996年，市疾控中心经卫生部和省卫生厅考核验收为全国地级市一等卫生防疫站；继续参加国家乙肝“九五”（1996~2000年）重点科技攻关项目。1998年，新开展戊肝检测项目，发现戊肝病人5例，发病率0.18/10万。2000年，病毒性肝炎发病1386人，发病率49.63/10万，比1995年上升2.87/10万，其中，乙肝1145例，丙肝23例，戊肝9例。

2001年起，市疾控部门继续开展病毒性肝炎防控，同时在全市展开实施新生儿接种乙肝疫苗免疫方案以来的效果随访观察，5年共随访9000余人，≤15岁人群中乙肝疫苗接种率90%~100%，新生儿接种小剂量乙肝血源疫苗长期保护效果持续15年为90%，可有效阻断乙肝病毒感染，不需加强免疫。2005年，全市病毒性肝炎发病人数741例，发病率为26.14/10万，比2000年下降23.49/10万；其中，乙肝518例，丙肝43例，戊肝16例。

2.肺结核　1985年起，市疾控中心开展对全市肺结核病发病情况进行抽样调查和肺结核病人痰涂片结核菌素阳性检查（以下简称涂阳）。1987年，湘潭市接受世界卫生组织、联合国儿童基金会无偿援助以及各级政府配套资金投入，开始参加全省第一条冷链系统（疫苗冷藏贮存和冷藏运输的设备及其保障体系）建设，配备冷链车2台、低温冷库3个、冰排运动器30台、冰排7820块，年底全市全面实行冷链运转；冷链系统运转后，预防结核病的疫苗及时在全市乡村人群中接种，从而扩大免疫人群。1990年，湘潭市根据省结核病防控项目覆盖计划，开展肺结核疫情调查，活动性肺结核患病率为891/10万、涂阳患病率194/10万，略高于全省平均（764/10万、179/10万）水平，湘潭属于省内结核病的重点防控区域之一。1992年8月，湘潭成为世界银行贷款免费治疗传染性肺结核病人的区域；至年底，全市8年对肺结核病抽样调查，累计检出6856人，年均检出肺结核病857人，检出率为305.50/10万；年均新发现涂阳病人325人，涂阳检出率38.21%。

1993年，继续开展肺结核病的调查，同时，湘潭正式启动世界银行贷款免费治疗传染性肺结核病人项目，因配套资金、人员、技术和防控网络跟不上，该项目仅在韶山市实施。1994年，湘潭县和岳塘区加入免费治疗传染性肺结核项目。1995年起，肺结核病免费治疗在全市全面铺开。至2000年，8年时间共检出4384人，年均检出548人，检出率为196.70/10万，年均新发涂阳病人203人，涂阳检出率25.86%。

2001年，湘潭市正式启动英国赠款结核病防控项目，英国赠款和政府配套资金以及世界银行资金共233.76万元；湘潭市成立结核病防控项目领导指挥组织，完善市县乡三级防控网络，结核病防控工作在全市范围全面铺开；省结核病防控项目办下达肺结核检测任务，涂阳检测4566例，其中新发涂阳病人3420例；是年起，全市共涂阳检测9095例，新发涂阳病人3520例，实际完成省结核病防控项目办下达新发涂阳病人数的102.92%；由于大量农村人口频繁进出城市，人员流动频率增高,人口相对集中,使感染概率增加,加之检测手段提高,检诊意识增强等因素,肺结核病发病人数处于上升趋势。至2005年,全市累计检出9095人,年均检出1819人,年均检出率545.00/10万,与2000年比较年均检出率上升348.30/10万;年均新发涂阳病人704人,年均新发涂阳率46.35%,比2000年上升20.49%。

3.狂犬病 1986年,市内狂犬病发病人数为66例,发病率为2.70/10万,死亡率是发病人数的100%。狂犬病一般是因狗咬伤后所致,发病呈分散性、无规律性,防控难度很大,市疾控部门主要利用媒体和协助督促单位自设墙报宣传狂犬病预防常识,普及伤口处理知识,增强人们防患意识,及时进行狂犬疫苗注射。1987~1994年共有153人患狂犬病,年均发病19.13人,年均发病率0.75/10万,死亡率为发病人数的100%。1995~2000年,境内对狂犬病没有统计。

2001年,湘潭市发生狂犬病1例。城市养狗家庭不断增加,放养狗和流浪狗越来越多,狗咬伤人的情况也随之增多。2004年市政府作出规定:城区养狗(包括宠物狗)必须圈养和注射防疫疫苗等;市疾控中心预防医学狂犬咬伤诊治门诊部对狗咬伤人进行统计,全年被狗咬伤2600人,发生狂犬病29例,发病人数占被狗咬伤人数的1.12%;至2005年,全市5年共发生狂犬病92例,年均发病22.75例,年均发病率0.81/10万,比上阶段(1987~1994年)年均上升0.06/10万;狂犬病死亡率仍是发病人数的100%

4.艾滋病 1986~1995年,湘潭市未开展艾滋病疫情的调查、监测和统计工作。1996年起,湘潭市开始实施艾滋病疫情监测,针对艾滋病是以性接触、血液和母婴三种途径传播,重点对娱乐场所、监管犯人、吸毒人群等高危人群和自愿咨询检测人群开展检测、复查;同时,市政府以第1号令发布《湘潭市公民献血管理办法》,市中心血站贯彻落实市政府的要求,严格执行采血供血的各项标准和操作规程,加强血液质量管理,保证用血安全,阻断艾滋病的血液传播途径;市爱国卫生运动委员会办公室(简称爱卫办)、市预防医学会、市艾滋病防治工作委员会办公室联合编印的《预防控制艾滋病基本知识》的小册子向社会发放,增强人们对艾滋病的防控意识。至2005年,全市共检测、复查艾滋病高发人群以及自愿要求检测的人员6万多人次,查出艾滋病病毒(HIV)携带者20例;患艾滋病4例,其中死亡2例;湘潭市不属艾滋病高发地区。

5.疟疾 1986年,湘潭市疟疾发病48例,发病率为1.97/10万。全市针对疟疾病是由蚊虫叮咬所传播的疾病这一特性,继续坚持开展春夏季节消除蚊虫滋生地,消灭蚊虫的全民爱国卫生运动,切断传播途径。至1990年,全市共发病75例,年均发病率为0.6/10万,与1986年比较发病率下降1.37/10万;经省卫生厅考核,确认湘潭市达到卫生部"基本消灭疟疾"标准。

1991年起,全市继续坚持春夏季节的灭蚊活动,同时,市爱国卫生运动委员会(简称市爱卫会)向全市各单位发出《湘潭市创建灭蚊先进市达标自查考核方案》,各单位按照方案的要求,清理蚊蝇滋生死角,彻底铲除蚊蝇孳生场所。至2005年,全市累计发生疟疾病142例,年均发病率为0.34/10万,比上期年均发病率下降0.26/10万,其中,2005年全市疟疾发病率为0.04/10万。

6.非典型肺炎 2002年11月,广东省发现并报告内地首例非典型肺炎(以下简称"非典"),随后,北京、香港等地也有非典病例报告。为防止非典疫情传入湘潭,2003年1月,市卫生局成立非典防治领导小组和专家小组,担负指挥协调、疫情信息、面上督导工作,市、县(市)乡、村(居委会)均建立联系点;市县两级建立19支现场处置快速反应机动队,卫生行政部门和疾病预防控制机构实行

24 小时值班制，建立严格的疫情监测和报告制度，从 3 月 13 日起，规定对非典疫情比照甲类传染病疫情实行报告，对可疑和疑似病人同样要及时报告。确定市一医院、韶山医院，湘潭县人民医院，湘乡市人民医院为疑似非典型肺炎病例隔离观察点，市三医院南院为疑似病例观察和确诊病例救治点；市财政拨款 100 万元，以市六医院为重点补强防治非典所需的设备设施。市疾控中心由 42 名高中级专业技术人员组建 8 个救灾防病、疫情调查、消毒杀虫队和应急处置机动队；由 6 名流行病学专家组成疾病排查组。各医疗机构派员蹲守交通口岸，检疫由市外流向市内的 6.3 万余人，检疫后有 145 人分别进入各医疗隔离观察点进行医疗观察，对来自北京、广东等疫区的 161 人进行居家 1 周隔离观察，每天测量体温，体温正常者解除隔离；各医院发热门诊接诊发热病人 1.32 万余人，排查疑似病例 279 人。快速反应机动队出动 665 次，预防性消毒场所面积 56.1 万平方米。至 2005 年全市无非典临床诊断病例。

7.人感染高致病性禽流感　2005 年 9 月前，湘潭市从未发生人感染高致病性禽流感；是年 10 月 18 日，市妇幼保健院接诊湘潭县射埠镇湾塘村和平组（系鹤霞小学四年级学生）贺某某，来院时患有发热、肺炎等临床表现，疑为人禽流感病例。市妇幼保健院报告市卫生部门后，市卫生局分别向省卫生行政部门和省疾病预防控制中心报告，同时启动应急预案，速派防控机动队前往疫区进行流行病学调查、严密观察密切接触者、采样监测、内外环境消毒、接种流感疫苗、人群预防服药、发热病人监护排查等防控措施。并及时向市、县农业、畜牧部门通报情况。患者经卫生部专家组和世界卫生组织专家组根据流行病学史、临床表现和实验室结果，判定为人感染高致病性禽流感 H5N1 确诊病例。10 月 19~25 日湾塘村和平组分别被省农业厅和国家农业部禽流感参考实验室确定为 H5N1 型高致病性禽流感疫点。人禽流感患者贺某某于 11 月 12 日痊愈出院，至年底，境内没有发生二代病例。

1986~2005 年湘潭市乙类传染病发病情况一览

表 64-1-1

年份	病毒性肝炎		痢疾						白喉	
			细菌性痢疾		阿米巴性痢疾		合计			
	发病数（人）	发病率（0/10 万）	发病数（人）	发病率（0/10 万）	发病数（人）	发病率（0/10 万）	发病数（人）	发病率（0/10 万）	发病数（人）	发病率（0/10 万）
1986	1692	69.29	—	—	—	—	2745	112.41	1	0.04
1987	2307	94.47	—	—	—	—	1977	80.96	1	0.04
1988	2675	105.26	—	—	—	—	1884	47.13	1	0.04
1989	3112	121.24	—	—	—	—	1693	65.96	0	0
1990	6140	233.87	—	—	—	—	1884	71.76	0	0
1991	4949	186.56	—	—	—	—	1670	62.95	0	0
1992	2290	84.46	—	—	—	—	1305	38.17	0	0
1993	2291	83.87	575	21.05	16	0.59	591	21.64	1	0.04
1994	2637	96.59	776	28.42	5	0.19	781	28.61	1	0.04
1995	1286	46.76	670	24.36	2	0.08	672	24.44	1	0.04
1996	1602	57.46	629	22.56	2	0.08	631	22.63	0	0
1997	1305	48.85	493	17.64	2	0.07	495	17.72	0	0
1998	1136	40.63	486	17.38	0	0	486	17.38	0	0
1999	1062	38.20	442	15.90	1	0.04	443	15.94	0	0
2000	1386	49.63	389	13.93	0	0	389	13.93	0	0
2001	1354	48.38	266	9.58	0	0	268	9.58	0	0
2002	1289	45.96	308	10.98	4	0.14	312	11.12	0	0
2003	1040	36.88	325	11.52	0	0	325	11.52	0	0
2004	666	23.57	264	9.34	2	0.07	266	9.11	0	0
2005	741	26.14	283	9.98	1	0.03	284	10.02	0	0

注：表格中“—”表示未统计年；表格中“0”表示未发生年

续表

年份	流脑		麻疹		伤寒副伤寒		肺结核		新生儿破伤风	
	发病数（人）	发病率（0/10万）	发病数（人）	发病率（0/10万）	发病数（人）	发病率（0/10万）	发病数（人）	发病率（0/10万）	发病数（人）	发病率（0/10万）
1986	136	5.57	104	4.26	22	0.90	—	—	—	—
1987	56	2.29	36	1.47	23	0.94	—	—	—	—
1988	45	1.77	12	0.47	9	0.35	—	—	—	—
1989	31	1.21	6	0.23	19	0.74	—	—	—	—
1990	22	0.84	0	0	32	1.22	—	—	—	—
1991	12	0.45	20	0.75	19	0.72	—	—	—	—
1992	24	0.89	19	0.70	13	0.48	—	—	—	—
1993	6	0.22	25	0.92	52	1.90	—	—	—	—
1994	9	0.33	154	5.64	77	2.82	—	—	—	—
1995	6	0.24	50	1.82	30	1.09	—	—	—	—
1996	6	0.22	19	0.68	28	1.00	1134	40.56	21	0.75
1997	8	0.29	26	0.93	51	1.83	972	34.79	22	0.79
1998	3	0.11	25	0.89	35	1.25	1134	40.56	2	0.07
1999	1	0.04	62	2.23	34	1.22	1070	38.49	4	0.14
2000	2	0.07	46	1.65	23	0.82	932	33.37	0	0
2001	0	0	136	4.86	10	0.36	733	26.19	2	0.07
2002	0	0	51	1.82	20	0.71	1041	37.12	0	0
2003	4	0.14	157	5.57	4	0.14	1360	48.23	1	0.02
2004	2	0.07	167	5.91	21	0.74	863	30.54	1	0.03
2005	2	0.07	328	11.57	13	0.05	1993	70.31	1	0.03

续表

年份	梅毒		猩红热		流行性出血热		狂犬病		钩体病	
	发病数（人）	发病率（0/10万）	发病数（人）	发病率（0/10万）	发病数（人）	发病率（0/10万）	发病数（人）	发病率（0/10万）	发病数（0人）	发病率（0/10万）
1986	—	—	—	—	—	—	66	2.70	28	1.15
1987	—	—	—	—	72	2.95	35	1.43	8	0.33
1988	—	—	1	0.04	103	4.05	29	1.14	4	0.16
1989	—	—	0	0	37	1.44	33	1.29	28	1.09
1990	—	—	5	0.18	74	2.82	23	0.88	11	0.42
1991	—	—	3	0.11	67	2.53	10	0.38	71	2.68
1992	—	—	0	0	42	1.55	13	0.48	58	2.14
1993	—	—	0	0	83	3.04	6	0.22	100	3.66
1994	2	0.07	3	0.11	469	17.18	4	0.15	1145	41.94
1995	5	0.11	1	0.04	227	8.25	—	—	382	13.89
1996	6	0.22	1	0.04	234	8.39	—	—	481	17.25
1997	9	0.32	1	0.04	224	8.02	—	—	484	17.32
1998	15	0.54	0	0	249	8.91	—	—	386	13.81
1999	21	0.76	0	0	183	6.58	—	—	345	12.41
2000	60	2.15	0	0	147	5.26	—	—	99	3.55
2001	41	1.47	3	0.11	114	4.07	1	0.04	93	3.32
2002	57	2.03	16	0.57	143	5.10	16	0.57	69	2.46
2003	70	2.51	1	0.04	95	3.37	25	0.89	20	0.71
2004	57	2.02	2	0.07	21	0.74	29	1.03	10	0.35
2005	97	3.42	2	0.07	0	0	21	0.74	12	0.42

续表

年份	炭疽(肺)		疟疾		百日咳		传染性非典		人禽流感	
	发病数（人）	发病率（0/10 万）	发病数（人）	发病率（0/10 万）	发病数（人）	发病率（0/10 万）	发病数（人）	发病率（0/10 万）	发病数（人）	发病率（0/10 万）
1986	—	—	48	1.97	155	6.35	0	0	0	0
1987	—	—	11	0.45	111	4.55	0	0	0	0
1988	—	—	8	0.31	46	1.80	0	0	0	0
1989	—	—	1	0.04	14	0.55	0	0	0	0
1990	—	—	7	0.27	4	0.15	0	0	0	0
1991	—	—	28	1.06	4	0.15	0	0	0	0
1992	—	—	16	0.59	3	0.11	0	0	0	0
1993	—	—	26	0.95	5	0.18	0	0	0	0
1994	—	—	38	1.39	3	0.11	0	0	0	0
1995	—	—	8	0.29	2	0.08	0	0	0	0
1996	—	—	10	0.36	1	0.04	0	0	0	0
1997	—	—	5	0.18	6	0.21	0	0	0	0
1998	—	—	1	0.04	8	0.29	0	0	0	0
1999	—	—	1	0.04	11	0.40	0	0	0	0
2000	—	—	0	0	4	0.14	0	0	0	0
2001	—	—	1	0.04	6	0.21	0	0	0	0
2002	—	—	3	0.11	5	0.21	0	0	0	0
2003	—	—	2	0.07	6	0.21	0	0	0	0
2004	—	—	2	0.07	0	0	0	0	0	0
2005	—	—	1	0.04	0	0	0	0	1	0.04

（三）丙类传染病

流行性感冒（简称流感）、流行性腮腺炎、风疹、急性出血性结膜炎、麻风病、流行性和地方性斑疹伤寒、黑热病、包虫病、丝虫病，除霍乱、细菌性和阿米巴性痢疾、伤寒和副伤寒以外的感染性腹泻病均属《中华人民共和国传染病防治法》中规定的丙类传染病。1986年，市内发生的丙类传染病有流行性感冒、流行性腮腺炎、急性出血性结膜炎和感染性腹泻等；流感防控主要是接种流感疫苗，其他丙类传染病的防控主要是宣传预防知识，指导人们注意日常卫生。至1998年，丙类传染病疫情未实行报告、统计制度，无丙类传染病统计资料。

1999年起，湘潭市对域内常见的丙类传染病开始建立报告统计制度，根据市传染病疫情与突发公共卫生事件监测年报；当年，报告丙类传染病有流行性感冒、流行性腮腺炎、风疹、感染性腹泻和急性出血性结膜炎5种，患病共计1041例，发病率为37.45/10万，无死亡病例。至2005年，报告丙类传染病5种，共计1190例，发病率为41.98/10万，发病率呈下降趋势；报告发病数最多的病种为感染性腹泻（603例），其次为流行性腮腺炎（524例），发病率分别为21.27/10万和18.49/10万。

二、地方病防控

（一）血吸虫病

1986年，湘潭县响水乡富家村2位村民感染血吸虫，市疾控中心以湘潭县响水乡富家村为中心展开自然疫源地调查，没有发现钉螺（血吸虫中间宿主）。再经调查，被感染的2位村民均有市外血吸虫疫区劳作经历；此后市内没有报告血吸虫病例。1990年起，市县两级疾控部门先后对湘江湘潭段、涟水、涓水和韶山干渠4条水系两岸以普查钉螺为主的拉网式调查，先后三次调查均未发现钉螺，市内不存在血吸虫病的自然疫源地。市疾控部门坚持汛期过后对这些水系监测，并告诫当地村民进入疫区要尽可能地避免下水作业或穿着长雨鞋等防患措施，防止血吸虫感染。至2005年，市内没有报告新发血吸虫病例。

（二）碘缺乏病

碘缺乏病又称地方性甲状腺肿大（以下简称地甲病）。1986~1994年，境域对地甲病进行调查，调查统计资料未存档保存。1995年，市疾控部门利用各种宣传形式要求市民食用加碘盐，配合相关部门查处非加碘盐的销售等综合防控措施。同时，对域内8~10岁儿童抽样调查，至2000年，5年共抽查4482人，存在不同程度甲状腺肿大的2011人，甲状腺肿大率占被调查人数的44.88%；是年，国家对湘潭市碘缺乏病的防控情况验收考核，并进行阶段性目标评估，验收考核时儿童甲状腺肿大率，采用B超法检测儿童甲状腺肿大率占2.79%，触诊法占4.62%；居民食用的碘盐合格率96.63%。组织领导、碘盐管理和健康监测与教育总评分96.4分。2001年后，全市继续加强食用盐的管理，市疾控中心配合工商、盐业部门对非法销售食用盐查处，2005年，全市儿童甲状腺肿大率低于5%，达到国家消除碘缺乏病标准，实现消除碘缺乏病阶段性目标。

第二节 卫生监测与监督

一、公共场所卫生

1986年,湘潭市贯彻实施国务院发布的《公共场所卫生管理条例》,开展对全市饮用水水体质量和各类公共场所的环境卫生进行监测监督。市政府召开全市环境卫生、食品卫生专项会议,部署实施《公共场所卫生管理条例》的具体意见,决定先在解放路的公共场所实施卫生许可证管理试点。随后,市疾控中心组织这条街道94家公共场所经营户学习《公共场所卫生管理条例》,提高经营户注重环境卫生的意识;采取逐户下达整改通知书,促使其按照要求进行整改。经整改后58家达到卫生要求,准予发放《卫生许可证》,对不符合卫生要求的36家经营户继续进行整改督查。在各类公共场所监测督查中,主要对用具、空气质量、噪声、照度、微小气候(气温、气湿、气流)及二氧化碳等指标进行监测。对制水行业中的3家自来水厂、8家单位集中供水的水井和高层楼二次供水的水池,桶装水经营户以及宾馆、招待所、旅店、超市商场、火车、汽车候车室等公共场所的饮用水水质进行定期监测,定期监测以细菌总数、大肠菌群、粪大肠菌群、余氯、浊度、色度、肉眼可见物等七项指标进行取样检测。至1990年,全市共抽样检测公共场所用具125件,卫生指标合格103件,合格率为83.0%;公共场所空气质量抽样调查209次,合格131次,合格率为62.6%;饮用水供水重点单位水质检测,自来水厂出厂水水质合格率96.8%,管网水合格率96%,单位自备水合格率50.0%。

1991年起,全市逐步实施公共场所卫生许可管理,市疾控中心与县(市)区按照所辖区域对公共场所经营户的卫生状况检查,逐一指导整改,对整改到位的公共场所经营户检查评估,发放卫生许可证;在实施饮用水水质检测中开始把水源水纳入监测范围。至1995年,全市共抽样监测公共场所用具127件,卫生指标合格94件,合格率为74.0%;空气质量抽样监测202次,合格160次,合格率为79.2%;检测自来水厂出厂水水质合格率95.4%,管网水合格率98.3%,单位自备水合格率77.2%,水源水的水质合格率为33.3%。

1996年,继续对经营户卫生许可状况监测,同时对流动摊贩和夜宵市场的卫生状况进行巡查;饮用水检测中增加对单位二次供水水质的监测。至2000年,全市共抽样监测公共场所用具342件,卫生指标合格283件,合格率为64.1%,空气质量抽样214次,合格147次,合格率68.5%;检测自来水厂出厂水水质合格率为96.3%,管网水合格率96.0%,单位自备水合格率79.8%,水源水的水质合格率75.7%,较前阶段提高42.4%,单位二次供水水质合格率为84.0%。

2001年起,市疾控中心先后编写《公共场所卫生》《环境卫生》《化妆品卫生》等教材,按照教材内容举办各种形式学习班、短训班达40余期,对公共场所经营者和从业人员进行培训,累计培训从业人员2万人次。对44家超市的化妆品专柜、187家美容美发店及12家旅店、5家公共浴室、56家药店进行监督检查,发现未经卫生部颁发进口化妆品许可批件的有61种,无卫生部特殊用途化妆品许可批件的有22种,伪造或者套用卫生部特殊用途化妆品批件的3件,产品包装及产品说明书夸大宣传和使用医学术语75种,均立案查处。至2005年,全市共抽样监测公共场所用具379件,卫生指标合格349件,合格率为92.2%,合格率比上阶段提高28.1个百分点;空气质量抽样267次,合格

236次,合格率为92.2%,比上阶段提高23.7个百分点;自来水厂出厂水水质检测合格率96.5%,管网水合格率96.4%,单位自备水合格率93.3%,水源水的水质合格率为94.2%,较上阶段提高18.5%,单位二次供水水质合格率92.6%。

二、食品卫生

1986年,湘潭市为贯彻实施《中华人民共和国食品卫生法》,市疾控中心按照食品类别区分不同卫生评价指标,对冷饮料、凉拌食品以及餐饮用具等食品和用具的细菌总数、大肠菌数和针对性致病菌进行监测;对直接入口副食品除微生物、理化指标外还包含金属毒物和非金属毒物等卫生评价指标进行监测监督,但由于全市食品卫生监测监督的人力、技术、设备和群众对食品卫生的意识跟不上快速发展的食品业,监测监督工作是顾此失彼,监测结果统计也不健全。1988年,成立以市领导为组长的市食品卫生执法领导小组,市政府制定《湘潭市饮食行业卫生管理暂行办法》,明确规定把宣传普及食品卫生法作为普法工作的主要内容和任务之一,进行布置和检查考核;是年起,开展夏季冷饮市场整治,各冷饮生产单位必须具备“三有四一”(有必要的完善的生产设施,有食品自检能力,有三天以上的贮水设备;生产一批,检验一批,合格一批,销售一批)才能开业。凡不具备生产开业的坚决关闭,全市冷饮生产基本形成集中生产和分散经营局面。市疾控中心编写《食品卫生基本知识》一书,并翻印《食品卫生法规汇编》等发到基层单位作为上岗前培训教材,加大食品卫生法宣传力度。市疾控中心开展《甲胺磷农药中毒的快速检验实验研究》,这项研究成果可对甲胺磷农药污染食品的程度实施快速检测,被市科委评为科技进步二等奖;配合相关部门调查处理5起食品霉烂变质、污染违法事件,及时处理2起共45人食物中毒和6起疑似食物中毒。1990年,全市召开各层次的宣传贯彻食品卫生法会议3765场次,编印各种宣传资料10.56万份,举办各种培训班257期,培训从业人员2.57万人;按照卫生指标检测餐具、冷饮,餐具年均合格率为38.2%,冷饮年均合格率为79.6%,其他食品合格率为82.7%;同时,湘潭市在全省城市食品行业卫生达标检查中,抽样检查食品1330件,合格1115件,合格率84%,居全省城市食品卫生达标检查第二名。

1991年,湘潭市继续加强食品卫生的检测督查,在全市食品生产经营行业广泛开展卫生法律知识教育和卫生达标活动。市疾控部门先后接受省卫生厅和市卫生局的拨款150余万元,统一用于引进先进检测设备和新技术,其中大肠菌群检验方法由传统GB方法改为LTSE快速检测法,LTSE快速检测法只需15~18小时即可报告检测结果,较传统GB法缩短报告时间54小时,检测符合率高达98.65~99.3%,该方法经国家食品卫生标准委员会第八次会议评审通过,正式纳入GB4789《食品微生物学检验》中。至1995年,抽样监测餐具年均合格率为87.0%,冷饮平均合格率为81.2%,其他食品合格率为84.1%。

1996年,韶山市如意镇83人(学生75人,教师1人,村民7人)发生中毒症状,防疫人员及时对剩余食品进行检测,为食品中含残留农药所致。是年起,除继续开展公共场所餐具,冷饮等食品的卫生指标监测监督外,重点对湘潭人传统嚼食的槟榔(干果)纳入食品监测监督范围。经槟榔卫生现状调查,发现槟榔食品及其添加剂(卤水)污染严重,细菌总数超标率达82.7%,大肠菌群达15.8%,并发现槟榔行业中少数不法分子在槟榔加工时添加麻黄等中药材,市疾控中心与市公安部门、市槟榔协会联合行动,检查槟榔加工户70余家,采样110余件,查封添加麻黄的槟榔加工经营户,取缔非法槟榔加工户3家。至2000年,全市餐饮具监测年均合格率87.0%,冷饮年均合格率87.0%,其他食品合格率87.4%。

2001年起,在继续加强食品的卫生监测监督的同时,对湘潭市槟榔食品污染问题以及社会上流传嚼食槟榔易导致癌症的问题进行监测和研究。市疾控中心开始对槟榔食品(含卤水)的卫生、毒性状况开展调查分析,立项研究,经过实验研究证实,139名长期嚼食槟榔与62名完全不嚼槟榔者进行淋巴细胞微核试验,结果对比分析,二者间无明显差异,表明槟榔食品嚼食者无细胞致突变效应,研究成果先后获市科委、省标准局科技成果奖。2003年8月3日,湘电大酒店就餐人员中80余人发生食物中毒,市卫生监督所组成专门调查组进行调查检测为细菌性食物中毒,依法对酒店进行处罚。2004年5月1日,在湘潭大酒店就餐人员中60余人发生中毒,经查为细菌性食物中毒,依法对酒店进行处罚。至2005年,全市餐具监测年均合格率90.0%,冷饮平均合格率为86.4%,其他食品合格率88.2%。

三、职业卫生

1986年,湘潭市有产业工人27万余人,接触职业性有毒有害物质的工人5.4万余人,半数以上人员分布在冶金、煤炭和建材行业;职业危害以粉尘为主,粉尘危害较重的Ⅱ级企业占78.7%,粉尘浓度超标最高时达292倍,其次是化学毒物危害较重的Ⅱ级企业占35.5%,化学毒物浓度超标最高达41倍,噪声强度超标最高达108dB(A);省劳动卫生监督所在湘潭市进行医用X线机射线防护工作试点,全市开始对医用X线机进行X射线防护设施改造更新。1987年,市职业卫生监测监督人员到有毒有害性生产单位设立监测点,进行职业病危害的告知,建立有毒有害从业人员健康档案,指导职业病防护设施和用品的使用,在监测中发现危害职工身心健康的因素及时向企业提出改进措施;完成157台旧式X线机射线防护改造,改造率、合格率、从业人员健康档案及个人剂量档案建档率均为100%。1988年,省卫生厅在湘潭市召开全省X线防护经验交流会和全省医用X线机卫生防护研究成果推广研讨会。1989年,继续推行医用X线机卫生防护研究成果,同时,对工业探伤、同位素建材行业的X射线强度监测以及粉尘、毒物、噪声的监测,至2000年的15年间,对146家企业2422个监测点进行监测,合格点1449个,合格率为61.9%;其中粉尘、毒物、噪声、放射线的年平均合格率分别为36.4%、48.2%、37.0%、95.1%;累计职业病人数2256人,约占产业工人的0.84%;抢救急性职业中毒病人52人。

2001年,市疾控部门继续对有毒有害性生产企业设点监测监督,完善有毒有害工种从业人员健康档案等。2002年,湘潭市贯彻实施新颁布的《中华人民共和国职业病防治法》,确定每年4月份最后一周为《中华人民共和国职业病防治法》宣传周;市疾控中心利用宣传周采取普法教育形式宣传《中华人民共和国职业病防治法》,进行劳动防护培训学习;同时,开始实施职业卫生监测评价,对境内的湖南惠天燃气有限公司新建项目进行职业卫生监测评价,将新建项目设计方案中未考虑粉尘、噪音、铅、硫酸、氢氟化钠、一氧化碳、二氧化硫、热辐射等危害因素提出补充方案,降低危害因素;对中外合资泗水花岗石扩建工程项目、湘潭纺织印染厂3060生产技术改造项目和江滨机器厂技术改造工程等3个项目进行监测监督并展开职业卫生预评价和竣工验收评价,3个项目竣工监测评价均为合格。是年11月21日,岳塘区可欣精细化工厂在试产双硫胺过程中因操作人员操作失误,硫化氢气体泄漏，造成5人中毒，其中1人抢救无效死亡。2003年，湘潭电机集团有限责任公司电机股份公司质控部探伤班4名探伤工作人员在未放任何警示标志、中文警示说明，未派人警戒的情况下开展探伤工作，2名职工误入车间遭受约3分钟的意外照射，被立案查处。2004年，市疾控中心对工业企业职业危害的基本情况进行摸底调查，调查工商注册工业企业743家，其中171家上规模企业基本掌握职业病危害因素及防护措施；对10余家乡镇民办企业的职业危害调查，其作业环境差、尘毒危害十分严重，基本无防护设备，加上农民工职业卫生防护知识贫乏，领导层也无职业卫生防控观念；5月26日，市郊一私营化工企业发生一起急性二氧化硒气体污染周围环境，致28名居民急性中毒，经及时处置、救治，全部中毒居民转危为安；在职业危害监测评价中，全市同意接受监测评价的企业108家，覆盖率43.2%，其中，市高新区工业园区企业监测评价覆盖率22.2%。2005年，市疾控中心依照《中华人民共和国职业病防治法》进行执法检查，发出警告和责令改进的文书430余份，立案查处职业危害、放射线危害案件9件，新改扩建项目100余家，愿意接受进行职业卫生监测预评价的10家，接受职业卫生监测监督的这10家企业改扩建竣工后均达到合格；市疾控中心职业监测评价资质通过省卫生厅评定并正式挂牌。是年底，监测单位数94个，监测点1989个，合格点1557个，合格率78.3%，其中粉尘、毒物、噪声、放射线的合格率分别为75.0%、91.2%、69.8%、95.0%。5年累计职业病人数532人，约占产业工人0.18%；急性职业中毒33人，其中急性中毒死亡1人。

四、学校卫生

1986年，市卫生局、市教委联合签发《湘潭市学校卫生监督监测和管理的若干规定》，明确全市城区各中学都建立医务室、配备校医，有条件的小学也要配备校医，条件不成熟的要明确兼职保健教师，做好学校卫生保健工作；是年起，市教委成立体育卫生工作站，卫生部门密切配合，将体育卫生工作纳入各级学校的达标内容；市疾控中心指派专家组织编写学校卫生保健丛书，其中，《小学保健工作手册》出版后受到全国读者的普遍欢迎，两度加印仍难满足读者的需求。市疾控中心印发《少儿卫生知识问答》1.4万多份，发放到中小学生手中；协助湘潭县、湘乡县、韶山区的11所乡村学校建立学生卫生档案；定期到各级学校指导开展多发病、常见病预防；定期开展对学校的教学、生活场地的卫生监督监测及常见病监测，同时对中学生沙眼、营养不良、龋齿、贫血和肠道蛔虫感染的5种常见病症进行过监测监督，监测结果未建档保存。

1991年，贯彻落实国家教委、卫生部联合发布《学校卫生工作条例》，市卫生局组织市疾控中心专家与省内外专家，共同将原出版的《小学卫生保健手册》一书进行全面修订，定名为《小学卫生保健》，随后，相继编写出版《中学卫生保健》《大学卫生保健》《托幼卫生保健》系列丛书，并将系列丛书作为湘潭市各级学校开展学校卫生的指导用书。市疾控中心开展对市场销售的眼镜抽查，抽查样品798付，合格率为60.7%；对4所在校学生327人所配戴眼镜进行检验，没有一副眼镜达到屈光度要求；开展市城区中小学生沙眼、营养不良、龋齿、贫血和肠道蛔虫感染5种常见病症监测。至1995年，5种常见病症的年均发生率分别为11.66%、31.81%、24.10%、37.85%、36.62%。

1996年，市疾控中心又在原系列丛书的基础上，集约出版《中国学校卫生保健》，由北京科学普及出版社出版，发行全国。市疾控中心在此期间重点开展学校教学环境监测，监测的项目主要包括教室采光、黑板、课桌、饮用水、厕所等，按照监测项目对市直8所学校教学环境监测，合格率达

75%,上述学校教学环境达到省、市级考核评审指标的占50%;对市城区学校中小学生常见病症沙眼、营养不良、龋齿、贫血、蛔虫病进行监测。至2000年,市城区学校中小学生5种常见病症年均患病率分别为3.37%、16.93%、11.54%、17.55%、4.56%;湘潭市城区中小学生常见病防控达到国家提出的"学生常见病综合防治"目标。

2001~2005年,湘潭市学校卫生监测监督的重点放在学校食堂,检查食堂《卫生许可证》、从业人员健康证明;检测食品保存期限、食品质量和食品加工生产、经营过程中的卫生状况等。对于过期变质食品予以销毁,卫生问题严重的坚决立案查处。开始推行学校食品卫生监督量化分级管理,对现有大中专院校、中小学进行监督管理评分,推动学校加大对学校食堂卫生工件的投入,增添卫生设施,加强自身管理,在一定程度上预防食物中毒事件发生,在监督管理评分中,评出湖南科技大学四食堂等5家食品信誉度等级为A级单位。监督检查中,5年共立案90余起,罚款24万余元。全市中小学生5种常见病症的发生率在前期已达到国家提出的防控目标,继续对营养不良、贫血两项进行监测,年均患病率分别为8.45%、10.2%,其中营养不良患病率较上阶段下降8.48个百分点。

第三节 爱国卫生

一、创建卫生城市

1986年,湘潭市的爱国卫生运动紧紧围绕创建卫生城市而展开,在创建卫生城市中,抓住创建文明卫生单位这个基础。是年起,各单位根据自身的具体条件,申报创建省级、市级、县区级文明卫生单位。对申报单位采取逐年逐级签订责任状,按责任落实情况实施奖罚。市政府相继制定《湘潭市市民文明守则》《湘潭市环境卫生管理细则》《冷饮卫生管理办法》和《门前三包管理实施细则》等地方性法规。市财政投入资金395万元,购置10.5吨高压洒水车、密封垃圾车,征购土地建垃圾场、水冲式厕所。1990年,全市有237个单位评定为省级文明卫生单位,446个单位评定为市级文明卫生单位,超额完成预期目标;省爱国卫生工作检查团在全市抽查15个单位进行卫生检查,获全省总分最高分,被评为省级卫生城市。

1991年,市政府先后制定和颁发《城市文明卫生管理办法》《湘潭市公共场所管理规定》《湘潭市城区范围"门前三包"管理办法》《湘潭市城市生活垃圾管理实施细则》,对城区内的单位和居民在日常生活、生产中产生的废弃物以及建筑施工中产生的垃圾的处置作出要求,对不按要求处置的酌情作出相应处罚,违反治安管理处罚规定的,由公安机关依法处理。以纪念毛泽东诞辰100周年为契机,市政府投入大量人力物力,改善市容市貌。1995年,市政府颁发《湘潭市爱国卫生管理试行办法》,促进爱国卫生运动按章管理。至年末,全市有321个单位被评为省级文明卫生单位,有669个单位被评为市级文明卫生单位。湘潭市在三年一次的全国卫生检查评比中,顺利通过国检,被国家爱国卫生运动委员会授予"全国卫生城市"称号。

1996年,巩固创建"全国卫生城市"取得的成果,市爱卫办将卫生城市评分标准中的12个项目分成173个小项,用下达目标责任书的形式,再一次明确到各级领导和46个部门。1999年第四次国家卫生城市检查,检查团12人抵达湘潭,对全市138个单位,24条主次干道进行全方位、系统化、专业化检查,在对全省8个省级卫生城市检查中,湘潭市的综合卫生状况名列第三。至2000年,全市共发放爱国卫生条例1.5万余份,各类宣传资料5.8万余份;有省级文明卫生单位381个,市级文明卫生单位789个。

2001年,根据全国爱国卫生运动委员会的规定:原已取得的"全国卫生城市"称号一律降为"省级卫生城市",今后只设"国家卫生城市",国家卫生城市采取自愿申报,由全国爱国卫生运动委员会组织考核验收。原已授予湘潭市的"全国卫生城市"降为"省级卫生城市",此后,湘潭市为创建"国家卫生城市",市爱卫办配合市政府法制办公室,全面清理历年来十多个爱国卫生工作方面的文件,并重新修订《湘潭市爱国卫生管理试行办法》和《湘潭市除四害管理办法》两个文件,经市人民政府常务会议审议通过颁发。2003年,市政府印发《湘潭市爱国卫生管理办法的通知》,对爱国卫生运动的开展、管理、监督、奖励与处罚作出明确的规定。至2005年,市爱卫办编印《湘潭市爱国卫生运动委员会文件汇编》的小册子共2万余份,发放到各单位、各社区进行宣传学习。市委、市政府作出创建国家卫生城市的决定,成立市创建国家卫生城市工作领导小组,制定《湘潭市创建国家卫生城市实施方案》,开展创建"国家卫生城市"活动。全市有省级文明卫生单位229个,市级文明卫生单位851个。

二、除"四害"

1986年,全市除"四害"(鼠、蚊、苍蝇、蟑螂)以消灭老鼠清除鼠害为重点,当年调查鼠密度(粉迹法,下同)为29.2%。是年起,全市开展常年性与春、秋两季突击性相结合的灭鼠活动,市爱卫办出面组织筹集资金,每年从市财政等多渠道筹集资金约20万元,统一部署、统一准备毒饵、统一投放毒饵时间的三统一灭鼠活动,入户投放率达95%以上;并定期抽样检查灭鼠效果。按照市爱国卫生运动委员会《关于全市开展突击与常年性相结合的灭鼠活动的意见》的要求,市爱卫办制定"实现无鼠害城市,巩固灭鼠成果"的方案,与各县(市)区签订灭鼠责任状;各区街组织民办杀虫队33个,培训并参与灭鼠人员1764名;至1990年,全市5年春季共投放毒饵110吨,灭鼠近300万只,秋季灭鼠行动中投放毒饵80吨,投药10天后进行鼠密度测点调查,布粉块1.27万块,阳性(有鼠迹)37块;在灭鼠取得成效的同时灭蟑螂,全市共发灭蟑药笔13.75万盒、灭蟑药水2240千克;鼠密度为0.29%,比1986年下降28.91%,达到无鼠害规定标准;湘潭市荣获全省灭鼠先进市称号。

1991年,除"四害"转入以消灭蟑螂为重点。市政府发出文件,批转市爱卫办制定的灭蟑螂方案,此后,市爱卫办、市疾控中心联合编印灭蟑螂宣传资料6万多份,湘潭大学、湘潭钢铁厂等单位均编制录像带进行宣传。在连续5年省市联合检查中,蟑螂侵害率、有卵荚房间率、蟑螂密度、卵荚密度四项指标均达到全国爱国卫生运动委员会限定的标准。1993年,湘潭市被评为省灭蟑螂先进市。1994年市政府颁发《湘潭市除四害管理办法》,规范除"四害"管理工作,巩固除"四害"成果。

1996年,全市继续按照市政府颁发的文件要求开展灭鼠灭蟑,市爱卫办组织指导全市各单位开展除"四害"活动,筹集除"四害"经费40余万元,年均投放灭鼠毒饵10万多斤。1999~2000年,市爱卫办连续2年对城区进行鼠、蟑密度调查,密度均保持在全国爱国卫生运动委员会规定的标准以内。

2001年,除"四害"工作重点向灭蚊转移,市爱卫办与市疾控中心联合开展蚊种监测,湘潭市存在的蚊虫种类主要为致倦库蚊、白纹伊蚊和中华按蚊3种,分别占44.04%、41.74%、5.42%。2005年市爱卫会印发《湘潭市创建灭蚊先进市达标自查考核方案》的通知，全市自查显示，居民住宅、单位内外环境里的各种存水容器和积水中蚊幼及蛹的阳性率不超过3%，城区大中型水体中用500毫升收集勺收集的蚊幼及蛹的阳性率（勺内幼虫及蛹的平均数超过5只为阳性）不超过3%；特殊场所白天人诱蚊30分钟，平均每人次诱获成蚊数不超过1只。据此，市爱卫会向省爱卫办提交《关于申请创建省级灭蚊先进市的请示》。

三、两管五改

1986年起，湘潭市继续开展“两管五改”（管水、管粪，改良水井、改良厕所、改良畜厩、改良炉灶、改良环境）工作，以改水井、改炉灶为重点，召开全市农村改水改灶工作会，与各县（市）区签订改水改灶合同。至1990年，全市通过市财政拨款、部门出资、居民自筹和省财政拨款等渠道筹集资金30多万元，湘潭钢铁公司拨钢材47吨；全市改炉灶3.61万户，挖水井4.28万口，安装手动泵井4.85万口，新建自来水941处；全市累计完成改善饮用水人数14.36万人，占农村应改善饮用水总人数的78.14%。

1991年，全市按85%以上农村人口饮用水符合卫生要求为目标，以合同形式签订责任状，按合同中的任务派分争取到的专项资金，年底实现86%的农村人口饮用水符合卫生要求。1992年，在实现省里规定的农村人口饮用水近期目标后，继续抓紧改水工作。1995年，湘潭市顺利通过全省农村“八五”期间改水检查验收。在改水的同时，有计划地开展改灶、改畜圈、改环境、改厕所的试点工作。至1998年的4年间，全市共筹集资金728.46万元，兴建集中式供水工程109处、手动泵井1万余口、大口井7268口，是年全市农村饮用清洁卫生水人数196.06万人，占农村人口的94.94%，其中，饮用自来水的55.69万人，占农村人口26.97%；全市改造沼气池、改蓄粪池，改厕所共计达到5613个，水冲式厕所4121个；韶山市因成绩突出，被评为省“两管五改”先进市。

1999年，联合国儿童基金会拨给湘潭市30万元，此款项全部分别下拨到湘潭县中路铺水厂和湘乡的栗山、山枣3个水厂，用于解决受灾区群众饮水卫生项目工程；9月27日，省改水办对饮水工程进行检查验收，确认受灾区群众饮水卫生符合标准。2000年起，湘潭市在湘潭县石潭镇推广沼气，在建造沼气池的同时改造厕所，将人畜粪全部纳入沼气池，达到灭害、增肥、改善农村环境的目的，得到省“九五”农村改水改厕检查组的好评；湘乡市虞塘镇的尼山村，全村152户592人，自筹资金、自己设计、自己施工，将高山中的泉水引流到各家各户，实现全村饮用自来水，改变千百年来饮用塘、河、坝不卫生水的面貌；市雨湖区荣获全国改水改厕两项先进集体光荣称号；湘潭县和湘乡市水利部门利用世界银行贷款开展“人畜饮水工程”。至2005年的6年间，全市共筹集资金64万元用于农村“两管五改”，是年农村饮用清洁水人数97.69%，新建改建卫生厕所41.03万户，占农村户数77.58%。

第二章 妇幼保健

第一节 妇女保健

一、青春期保健

1986年起，湘潭市妇幼保健部门针对青少年发育提前，女性10~20岁期间青春期身体、心理变化，以及学习压力增大和工作节奏加快等因素所造成的女青年不同程度痛经、闭经和月经失调等病症开展女性青春期保健。全市女性青春期保健实施以自我保健为主，与保健部门提供的青春期保健常识和保健门诊咨询服务相结合。青春期保健常识宣传以广播、电视、报刊等媒体与到学校集中开展讲座相结合，集中讲座的对象是中小学生.市妇幼保健院起初以市区部分中小学为重点，先后在市第一中学、第二中学、大桥小学等6所中小学学生中举办讲座；在《湘潭日报》上发表青春期女性生理、经期保健等内容的文章。全市青春期保健门诊咨询服务由市妇幼保健院率先开展，根据青春期女性特有的心理、生理变化提供保健服务，为咨询者提供心理和膳食营养指导。至1995年，全市共举办青春期保健常识讲座12期，听讲人数1千多人；在《湘潭日报》上发表青春期保健常识文章16篇；青春期保健门诊咨询服务年均近600人次。

1996年起，继续在中小学校开展青春期保健知识宣传，同时在湘潭大学、湖南工程学院等4所大中专院校举办女性性生理、避孕和预防性病等知识讲座，听讲人员中除学生外还有老师。至2000年，全市共举办讲座19期，听讲人数达0.32万人；市妇幼保健院在湘潭日报上发表青春期保健常识文章100余篇；青春期保健门诊咨询服务年均600余人次。

2001年，市卫生局根据市政府要求，制定《湘潭市妇女发展规划和湘潭市儿童发展规划实施方案》。此后，女性青春期保健工作开始在县区实施，湘潭县、湘乡市和城市两区制定女青年青春保健劳动保护制度；市妇幼保健院也派出专家开始到县（市）指导开展青春期保健，并在县中学举办讲座，其中，湘潭县凤凰中学的一期讲座中参加听讲的师生达400多人。随着社会上患性病人数的增多，市妇幼保健院以中学、大学学生为主要宣教对象，开展性病预防知识讲座，在湘潭大学举办女性性生理、避孕与性病预防讲座，听课学生140多人。利用平面媒体发表青春期女性发生感染性疾病和意外怀孕防治、避孕和避孕失败的挽救方法等知识。至2005年，全市共举办青春期保健和性病预防知识讲座15期，听课1千多人；市妇幼保健院在湘潭日报、晚报上发表青春期保健知识的文章14篇；咨询服务年均接诊200多人次。

二、婚前保健

1986年，按照市卫生局、市民政局、市总工会、市妇联、团市委联合对婚姻保健工作作出的规定，在城区开展婚前卫生指导、婚前卫生咨询、婚前医学检查（以下简称婚检）、婚前营养咨询等；同时还规定全市婚检除湘钢、电机、湘纺、江麓、湘锰、江南六大厂矿职工医院可对本厂职工实施婚前检查外，其余人员均由市妇幼保健院承担，婚前检查的医疗机构须承担医学检查的责任。市妇幼保健院选派一名医师参加在上海举办的全国婚姻保健学习班，学习掌握婚检专业知识。当年，全市婚前应检11.86万人，实检5930人，占应检人数的5%。是年后，湘潭市婚前保健主要是利用婚检的机会，向参加婚前医学检查人群推介婚前需注意的方面，向检出患有疾病者做心理疏导和配合治疗的工作。市妇幼保健院开设婚检门诊，接诊保健咨询、服务，并对在婚前医学检查中发现的患病或有影响婚育疾病的患者进行卫生指导，对有直系血亲和生理缺陷以及患精神失常、分裂症未经治愈或者医学上认为不能结婚的作禁止结婚的医学讲解。

1990年，全市应检5.23万人，实检0.76万人，检查率14.56%，比1986年提高9.56%；检出影响婚、育的577人，占受检人数的7.58%，其中，根据《中华人民共和国婚姻法》的规定，不许结婚2人，包括双方是直系血亲或三代以内的旁系血亲的，双方均为重症智力低下者；暂缓结婚的427人，包括患性病、麻风病未治愈、精神分裂症、狂躁忧郁症和其他精神病在发病期间者，传染病在隔离期间的；可以结婚但不许生育的4人，包括男女任何一方患有严重染色体显性遗传病，双方均患有相同的严重染色体隐性遗传病，婚配的任何一方患有精神分裂症、狂躁忧郁症和其他精神病病情稳定者，先天性心脏病患者；可以结婚但限制生育性别144人，包括严重的性链锁隐性遗传病，如血友病、进行性肌营养不良的女性携带者与正常的男性可以结婚，但限制生育性别，只保留女性胎儿。

1991年起，除湘潭县未开设婚前医学检查门诊外，雨湖区、岳塘区、湘乡市、韶山市妇幼保健(院)所均相继开设婚前体检门诊，各妇幼保健(院)所指定专人负责，逐项进行检查，婚检合格者方可发放合格证明，婚检医疗保健单位承担规定的医学检查责任。市妇幼保健院派员进行婚前保健业务指导。1997年，全市应检1.71万人，实检1.34万人，检查率78.33%，比1990年提高63.77%；检出影响婚、育的60人，占受检人数的0.45%，其中，检出暂缓结婚的25人，不许生育的11人，限制生育性别的24人。

1998年起，市卫生局贯彻省卫生厅下发的《婚前保健工作规范》和《婚前保健工作规范实施细则》，举办婚检医师培训班，全市共有30多名婚检医师参加培训，经过培训学习，各婚检医疗单位按照《婚前保健工作规范实施细则》，进一步落实规范婚前保健工作。市妇幼保健院、县妇幼保健院派医师参加省妇幼保健院举办的《世界银行贷款卫生项目》婚前保健培训。2003年，全市应检2.69万人，实检1.39万人，检查率为54.18%，比1997年下降24.15%；检出影响婚、育的29人，占被检人数的0.21%，其中暂缓结婚的17人，不许生育的9人，限制生育性别的3人。2004年，湘潭市实施国家颁布的新《婚姻管理条例》，婚前医学检查项目不再是强制必检项目，接受婚检的人越来越少，因此直接面对面进行婚前卫生指导的人也随之减少。全市应检人数2.69万人，实检42人，检查率为0.16%。2005年，全市应检3.08万人，实检119人，检查率0.38%。

1986~2005 年湘潭市适龄人群婚前医学检查一览

表 64-2-1 单位:人

年份	应检人数	实检人数	检查率(%)	患病人数	患病率(%)	对影响婚育疾病患者的指导人数				
						合计	不许结婚	暂缓结婚	不许生育	限制生育性别
1986	118600	5930	5.00	1253	21.11	128	3	121	0	4
1987	116365	8302	7.13	1826	21.99	130	3	124	1	2
1988	96112	6887	7.17	1691	24.55	189	7	110	0	72
1989	81120	8013	9.88	2140	26.71	544	2	350	2	190
1990	52275	7613	14.56	1681	22.08	577	2	427	4	144
1991	29493	9837	33.35	2039	20.73	446	4	114	7	321
1992	11011	9887	89.79	1255	12.69	259	0	131	6	122
1993	19650	9354	47.60	1093	11.68	143	0	106	7	30
1994	15233	13495	88.59	1899	14.07	450	0	403	11	36
1995	17318	16154	93.28	3456	21.39	179	0	134	11	36
1996	22038	20282	92.03	314	1.55	86	0	71	9	6
1997	17076	13375	78.33	1529	11.43	60	0	25	11	24
1998	31973	16331	51.08	1774	10.82	87	0	22	9	56
1999	32860	20348	61.92	1461	7.18	31	0	18	4	9
2000	40416	21578	53.39	1792	8.30	42	0	29	9	4
2001	40610	21268	52.37	1470	6.91	50	0	31	19	0
2002	32220	19192	59.57	2240	11.67	56	0	42	10	4
2003	25661	13902	54.18	1509	10.85	29	0	17	9	3
2004	26936	42	0.16	4	9.52	0	0	0	0	0
2005	30760	119	0.39	15	12.61	0	0	0	0	0

三、孕产期保健

(一)孕期保健

1986 年,全市在市围产期协作组的参与指导下重点推行使用《孕产妇管理登记卡》制度,建卡的同时向孕妇讲解孕期应该注意事项,做好孕期保健宣传;全市有孕产妇约 4.02 万人,建立孕产妇管理登记卡 3.79 万人,建卡率 94.19%。此后,在继续实施《孕产妇管理登记卡》同时组织妇产科专业人员对 26 个乡的孕妇开展高危孕产妇(在妊娠期有某种病理因素或致病因素可能危害孕妇本人、胎儿或新生儿及导致难产,称为高危妊娠)筛查,对查出患有高血压综合征、贫血、糖尿病、肝脏病等病症的高危孕妇进行登记,并逐一做好心理疏导,督促孕妇按时去医院进行检查,主动配合治疗。市妇幼保健院和各综合医院妇产科学习苏州、无锡等地经验后,开设高危门诊,建立高危妊娠管理工作制度，并设置《湘潭市高危孕产妇信息报告表》，由各医院填写报告，市妇幼保健院汇总。1994年，全市有孕妇3.21万人，建卡3.19万人，建卡率99.39%，比1986年上升5.2%；高危孕妇筛查1.76万人，查出高危孕妇1635人，约占孕妇的9.28%；市妇幼保健院开展的《农村围产保健—高危妊娠筛选法的推广应用》获省科技进步四等奖。

1995年，全市贯彻实施《中华人民共和国母婴保健法》，乡镇、街道办事处配备妇幼专干共127名，确保每个管辖区有一名妇幼专干，同时对全市乡镇卫生院、基层妇幼专干进行培训，帮助基层妇幼专干提高专业素质。1996年，湘潭市被列为省妇幼卫生项目工作重点市，省人民政府投入资金50万元人民币用于妇幼卫生项目。1998年，湘潭县列为"世界银行贷款第九个卫生项目(妇幼卫生)县"，获准贷款32万美元，利用这些资金的投入，开展妇幼卫生，完善妇幼保健，湘潭县成立围产期协作组，其他县(市)区相继成立高危抢救小组。市卫生局下发《湘潭市孕产妇医疗保健管理办法》，印发《孕产妇管理程序与管理程序图》，完善孕产妇系统管理。1999年，全市有孕妇2.68万人，建卡2.67万人，建卡率99.49%；高危孕妇筛查1.94万人，查出高危孕妇2507人，占孕妇12.87%，比1994年上升3.59个百分点。

2000年起，全市开始由《孕产妇管理登记卡》改为统一使用《孕产妇保健手册》。从怀孕开始每人一册《孕产妇保健手册》，全程记录孕期医学检查情况。高危孕妇筛查采取集中式，每年开展三次。同时，开展孕妇产前复查、妊娠期糖尿病复查、母婴乙肝传播预防等项目。2005年，全市有孕妇人数2.58万人，建卡人数2.56万人，建卡率99.42%，与1999年相近。高危孕妇筛查2.12万人，筛查出高危孕妇3612人，占孕妇17.03%，比1999年上升4.16%。

(二)产期保健

1986年，全市产妇总数约4.02万人，其中，实施新法接生1.86万人，新法接生率为产妇总数46.27%，住院分娩1.34万人，住院分娩率为产妇总数的33.33%，孕产妇死亡29人，死亡率为产妇总数72.93/10万。此后，全市产期保健由市妇幼保健院牵头、市各综合医院妇产科配合参与，推介住院分娩，实施新法接生等，对孕妇从进入临产状态到分娩结束实施全程保健。新法接生是帮助孕妇做好产前检查，产妇会阴保护，严格与正确的消毒、断脐；围产期保健及对产妇产后的观察，也包括对难产的正确处理。新法接生主张尽可能把孕妇于临产前送到医院妇产科，对因交通不便难以送到医院分娩的农村或山区孕妇也必须请会接生的乡村医生或专职助产士或训练过的接生员等用卫生部门统一配备的新法接生包在严格消毒后接生。继续加强高危孕妇筛查并对高危产妇开展随访，关注她们的身心变化。1993年，全市有产妇2.54万人，实施新法接生2.13万人，新法接生率83.80%，比1986年提高45.51个百分点；住院分娩1.46万人，住院分娩率57.35%，比1986年提高24.11个百分点，孕产妇死亡11人，死亡率为49.39/10万，比1986年下降23.54/10万。

1994年起，市妇幼保健院、市中心医院、市一医院、市二医院、湘乡市人民医院等陆续在医院内开设家庭式病床、温馨病房，实施母婴同室，导乐助产等突出人性化保健服务；开展无痛分娩、剖腹产美容缝合等新技术，使产妇更乐意接受住院分娩，住院分娩率也随之攀升。1998年，市卫生局以潭卫发(1998)29号下发《湘潭市孕产妇医疗保健管理办法》，建立孕产妇死亡责任追究制度。1999年，全市有产妇2.68万人，新法接生2.67万人，新法接生率99.07%，比1993年提高15.27个百分点；住院分娩2.09万人，住院分娩率77.99%，比1993年提高20.64个百分点，孕产妇死亡6人，死亡率22.34/10万,比1993年下降27.05/10万。

2000年,市卫生局下发《关于湘潭市农村乡(镇)卫生院产科建设标准的通知》,要求各乡镇卫生院改善产房条件,严格产程中的消毒措施。乡镇卫生院产科服务质量明显提高。市妇幼保健院开始实施远程胎儿监护,该系统可以使孕妇在家中进行自我监护,对不具备住院条件又需要得到监护的部分孕产妇得到同样的有效监护,缓解孕产妇的经济压力。应用远程胎儿监护作为产前胎儿健康评估手段,可早期发现胎儿潜在的危险,有利于获得良好妊娠结局,是提高产科服务质量的可行方法,确保产期正确处置;开通全天候服务专线电话,监护中发现异常,进行及时处置。市中心医院开展笑气无痛分娩技术,减轻产妇生产痛苦。2005年,全市孕产妇2.58万人,新法接生2.58万人,新法接生率99.66%,比1999年提高0.59个百分点;住院分娩2.49万人,住院分娩率96.31%,比1999年提高18.32个百分点;孕产妇死亡7人,死亡率为24.95/10万,比1999年上升0.61/10万。

(三)产后保健

1986年起,湘潭市各妇幼保健机构和医院对住院分娩的产妇产后42天之内的出血、运动、饮食、生理变化等诸多方面的观察、处置和保养纳入保健范畴,在产妇出院时叮嘱产妇按照医嘱进行自我保健;开展电话征询,了解产妇出院后的现状,同时对了解到的现状进行保健方面指导。1990年,全市产妇4.55万人,产后访视2.91万人,访视率为63.82%。

1991年起,产后保健开始逐步完善,产后随访和母婴保健由经过专业培训的医务人员承担,采取上门访视、电话回访与热线电话咨询等方式进行,上门访视中开展产妇、婴儿体检,母乳喂养宣教,产后康复训练,婴儿护理指导及新生儿沐浴、游泳、抚触等。还设有产后42天检查门诊,对产妇的恢复情况进行检查并指导避孕、传授育儿的科学知识。1997年,市卫生局为推动《中华人民共和国母婴保健法》的进一步贯彻落实,与各县(市)区保健机构签定母婴保健工作目标责任状,明晰县(市)区、乡、村三级保健机构的责任和任务,以确保母婴安全健康,全市2.50万产妇,产后访视2.43万人,访视率为97.19%,比1990年提高33.37%。

1998年,市卫生局下发《湘潭市孕产妇医疗保健管理办法》。是年起,市卫生局继续与各县(市)区保健机构签定母婴保健工作目标责任状,全市各医疗保健单位按照"谁建册,谁访视"的原则(农村人口由户口所在地乡镇卫生院建册,城市人口由所辖县区妇幼保健所建册),产后3、7、14、28、42天分别进行访视,使产后访视的任务责任得到明晰。2005年,全市有产妇2.58万人,产后访视2.56万人,访视率99.07%,比1997年提高1.88%。

1986~2005年湘潭市孕产妇保健一览

表64-2-2 单位:人

数目 项目 年份	产妇总人数	建卡人数	产后访视人数	活产人数	新法接生人数	新法接生率(%)	住院分娩人数	住院分娩率(%)	新生儿破伤风人数	孕产妇死亡人数	死亡率(0/10万)
1986	40263	37923	16356	39763	18663	46.35	13383	33.24	23	29	72.93
1987	38342	32188	18854	40393	19654	48.66	13364	34.85	13	32	78.15
1988	43109	35328	24561	43744	22531	51.58	14342	33.27	8	31	72.52
1989	42992	33524	24789	43500	25032	57.54	15443	35.50	12	35	80.46

续表

项目 数目 年份	产妇总人数	建卡人数	产后访视人数	活产人数	新法接生人数	新法接生率(%)	住院分娩人数	住院分娩率(%)	新生儿破伤风人数	孕产妇死亡人数	死亡率(0/10万)
1990	45562	36002	29081	46154	28201	61.10	17445	37.80	11	24	52.00
1991	35170	32364	30229	34949	23898	68.37	14196	40.36	13	16	45.78
1992	35098	28183	27695	34924	21346	71.12	16656	47.47	3	18	51.54
1993	25482	24803	23950	25387	21354	83.80	14615	57.35	0	11	49.39
1994	32128	31935	30332	32000	30204	94.39	15199	47.31	1	15	46.90
1995	23331	23159	23092	23221	22561	97.15	16784	71.94	2	11	47.00
1996	23946	23814	23634	23888	23890	99.76	14910	92.27	9	8	34.50
1997	25032	24850	24329	25049	24855	97.96	16352	92.28	13	11	43.91
1998	27374	27198	26729	27382	27278	98.89	18732	98.41	2	11	40.17
1999	26872	26735	26621	26855	26699	99.07	20957	78.04	3	6	22.34
2000	30775	30474	30417	30763	30658	97.65	25803	83.88	0	8	26.01
2001	21462	31353	31276	31493	30398	96.52	28771	91.45	3	9	41.2
2002	26983	36936	26748	27068	26753	99.36	24322	89.86	0	7	25.86
2003	25840	25676	25561	25877	25812	99.75	23287	89.99	0	10	38.64
2004	27605	27516	27369	27788	27598	99.32	25348	91.22	2	8	28.79
2005	25814	25665	25574	25903	25814	99.66	24946	96.31	0	7	24.95

第二节　儿童保健

一、母乳喂养

1986年,湘潭市妇幼保健机构以及人们对母乳喂养的认识均不高,忽视母乳喂养对婴儿心身健康的重要性,倡导婴儿母乳喂养的力度也不够。至1990年,根据产后访视和婴幼儿体检中的信息,全市以米乳、牛奶、羊奶及各种复制品等替代品喂养婴幼儿的现象较为普遍。

1991年,世界卫生组织和联合国儿童基金会发出创建爱婴医院的号召,人们对母乳喂养开始有所重视,此后,湘潭市开始启动创建爱婴医院。创建爱婴医院的关键任务之一就是推动母乳喂养,达到“婴幼儿优生优育”。市妇幼保健院在湘潭市率先取消新生儿室,建立母婴同室的家庭化病房,妇产科要求做到新生儿早吸吮,婴儿按需哺乳,母婴同室,取消奶瓶和奶嘴。开办孕妇学校,加强宣传,编写出《母乳喂养好》等数十种宣传资料,张贴宣传画、标语等,开办宣传栏,举办母乳喂养知识抢答赛,并于“六一”国际儿童节和世界母乳喂养周上街宣传。市妇幼保健院和市中心医院严格按照国际爱婴医院的标准,开展“爱婴医院”创建。两家医院分别于1993年8月和9月通过省和国家验收，荣获“爱婴医院”称号。1995年，全市“爱婴医院”上升到9家。

1996年，全市有5家县级以上综合医院申报“爱婴医院”并经省和国家验收，获得“爱婴医院”称号，至此，全市共有“爱婴医院”14家，同时，湘潭市提出创建“爱婴市”。1997年，全市妇幼保健机构和各医院继续宣传母乳喂养的好处，同时对母乳喂养情况进行统计，当年，母乳喂养率达96.63%，其中纯母乳喂养达到88.76%；创建“爱婴市”通过省检查组验收，湘潭市获得“爱婴市”称号。

1998年起，为巩固“爱婴医院”“爱婴市”取得的成果，市卫生局举办爱婴医院师资强化培训班，同时继续开展母乳喂养的宣传。2005年，省里组织对“爱婴医院”复查，全市抽查8家“爱婴医院”，考核全部合格；全市母乳喂养率96.71%，与1997年基本持平；纯母乳喂养率91.01%，比1997年上升2.25个百分点。

二、新生儿疾病筛查

1986年起，湘潭市新生儿疾病筛查是由市妇幼保健院开设的遗传咨询门诊和细胞遗传学实验室来实施，新生儿疾病筛查是采用孕妇或监护人自愿的原则进行，接受筛查的孕妇和新生儿不多，开展筛查的项目只有新生儿先天性甲状腺功能减退症、苯丙酮尿症。1996年后，市妇幼保健院、市中心医院、市一医院等10家医院按照《中国出生缺陷监测工作方案》的要求，进行新生儿出生缺陷检测。市中心医院购置新生儿治疗仪，开始新生儿缺陷监测和新生儿缺血缺氧性脑病的研究；市妇幼保健院开展“湘潭市围产儿出生缺陷调查研究”。至2000年，5年共监测2.96万围产儿，出生缺陷268人，年均缺陷发生率为监测人数的90.60/万。

2001年起，市妇幼保健院、市一医院成为省级出生缺陷监测单位。开展新生儿听力筛查和《早产儿黄疸与听力损伤关系的研究》，这项研究获市科学技术进步奖三等奖。2005年，市新生儿疾病筛查中心通过省级评估验收，正式成立。全市5年共检测围产儿6.91万人，发现新生儿缺陷546例，年均新生儿缺陷率为78.94/万，比上期年均降低11.66/万；其中，新生儿听力共筛查2439人，筛查出可疑病例后经进一步确诊为听力损伤者有8例。

湘潭市1996~2005年新生儿缺陷筛查一览

表64-2-3

年份	检测围产儿人数(人)	出生缺陷人数(人)	发生率(0/万)
1996-2000	29582	268	90.60
2001	7294	65	89.24
2002	5909	39	66.00
2003	4681	36	76.91
2004	8406	56	59.54
2005	13291	82	61.70

注:1996年前虽有零星检测但未作统计

三、7岁以下儿童保健管理

1986年起，全市以市妇幼保健院为网络指导中心，开始建立“村—乡(镇)—县”三级儿童保健管理网络。三级网络分工明确，村卫生保健人员负责登记、填写、上报《7岁以下儿童保健管理登记册》《5岁以下儿童死亡登记册》，乡级卫生保健专业人员对村级进行指导，协助原始资料的收集和汇总，县级卫生保健机构指导乡(镇)、村，汇总全县儿童保健情况并报网络指导中心。同时在网络中心的统一指导下开展儿童保健服务，进行群体幼儿眼保健、口腔保健、心理卫生指导、常见病预防等。定期对新入园儿童和新进托幼行业人员进行健康检查。市妇幼保健院设立儿童保健门诊，开展的业务也由儿童体检、预防接种扩展到高危儿早期医学干预、小儿脑损伤康复、儿童营养评价等项目；设备上先后添置高压氧舱、经络导频治疗仪、儿童感觉综合功能训练设备、听力筛查仪、同视机等。全市把降低5岁以下儿童及婴儿死亡率为工作重点，开展7岁以下儿童保健管理。1997年，7岁以下儿童保健工作逐步完善，同时开始对各项管理指标进行统计；当年，7岁以下儿童系统管理率为81.81%，3岁以下儿童系统管理率为83.76%，5岁以下儿童死亡率为2.31%，婴儿死亡率为1.74%。1999年，7岁以下儿童系统管理率87.04%；3岁以下儿童系统管理率为78.74%；5岁以下儿童死亡率为1.92%；婴儿死亡率为1.53%。

2000年起，全市继续加强7岁以下儿童保健管理网络建设。县级保健机构每季度随机抽查25%的乡(镇)统计报表，核实原始资料的可靠程度；网络中心每半年随机抽查25%的乡统计报表。开展城区幼儿园营养评估及指导，在湘潭大学等7所市直管幼儿园开展儿童眼保健工作，检查儿童视力及发育情况。在岳塘区、湘乡市、湘潭县开展5岁以下儿童中重度营养不良调查，为15所幼儿园的儿童进行营养评估。为做好儿童保健宣传，市妇幼保健院协助市电视台开设“健康成长”栏目；举办关于儿童心理、眼保健、口腔保健、生长发育、脑损伤等为主题的电视讲座。2005年，7岁以下儿童保健系统管理率为88.01%；3岁以下儿童系统管理率为87.56%；5岁以下儿童死亡率为1.17%；婴儿死亡率为0.99%。

1997~2005年湘潭市7岁以下儿童系统管理指标情况

表64-2-4

项目	1997	1998	1999	2000	2001	2002	2003	2004	2005
5岁以下儿童死亡率(‰)	23.07	20.89	19.21	19.37	18.04	16.40	16.23	13.85	11.69
婴儿死亡率(‰)	17.41	16.91	15.27	15.93	13.78	12.04	11.36	9.72	9.98
7岁以下儿童系统管理率(%)	81.81	82.52	87.04	76.27	86.34	88.00	88.87	88.36	88.01
3岁以下儿童系统管理率(%)	83.76	80.25	78.74	76.27	85.84	84.41	79.42	86.74	87.56

注：1996年前虽有零星检测但未作统计

第三章　医疗

1986年，全市医疗机构接诊患者625.79万人次，其中，城市医院接诊336.11万人次，农村卫生院接诊289.68万人次。是年起，全市医疗行业为满足湘潭人们不断提高的医疗需求，开始注重引进高学历医学人才，以新的思想、新的理念开展新技术、新项目；为满足新技术、新项目开展的需要补充添置新的医疗设备；同时，各综合医院按照综合办院，重点建科的思路着手建设重点学科、特色专科，重点学科建设起动较早的有市中心医院血液科、市二医院神经内科。市中心医院血液科开展的《胎肝、胸腺、脾细胞混悬液输注治疗再生障碍性贫血》、市一医院妇产科开展的放射免疫法正常孕妇妊娠期随意尿β-hcG水平测定等是市内较为领先的科研课题。1990年，全市医疗机构接诊患者605.33万人次，比1986年减少20.46万人次，其中，城市医院接诊320.13万人次，比1986年减少15.98万人次，农村卫生院接诊285.20万人次，比1986年减少4.48万人次。

1991年起，继续加速重点学科、特色专科建设，以重点学科的发展推动全市整体诊疗水平的提升。根据学科人员、设施和医疗技术水平等因素，全市在原已拟定的血液科、神经内科的基础上，新增市一医院肿瘤科、市中医院骨伤科，湘乡市中医院眼科，市中心医院心血管介入科、肝胆外科、内分泌代谢科、市口腔医院口腔内科，市妇幼保健院遗传与优生科等8个学科为市重点建设学科；市中医院的小儿马蹄内翻足防治为特色专科。市卫生局制定重点学科人员结构、技术水平、设备条件等考核评审要素。各医院重点学科从人才培养，设施添置，技术创新入手进行全方位打造。1995年，重点学科的评审由建设单位申报，省市专家组评审，市中心医院血液科、市一医院肿瘤科、市二医院神经内科等3个学科评为市重点学科，建设中的重点学科7个，特色专科1个；全市接诊患者508.31万人次，比1990年减少97.02万人次，其中，城市医院接诊259.89万人次，比1990年减少42.24万人次，农村卫生院接诊248.42万人次，比1990年减少36.78万人次。

1996年起，全市医疗行业继续推进重点学科、特色专科建设。市中医院被国家计划发展委员会、国家卫生部确定为全国小儿马蹄内翻足防治中心，接诊全国各地小儿马蹄内翻足患儿。拟定的市重点学科中，医疗技术在市内属领先的有：市中心医院肝胆外科开展经腹常温下改良式全肝血流阻断无血切肝术，市一医院肿瘤科开展的CHEP和CHOP方案治疗非霍奇金淋巴瘤和参麦注射液防治胸部肿瘤放射治疗所致心脏早期损伤等。全市开展的介入诊治技术、显微外科技术基本成熟，微创外科技术也不断开展。2000年，市重点学科3个，建设中的7个重点学科因未达到标准而未组织评审；全市医疗机构接诊患者425.48万人次，比1995年减少82.83万人次，其中，城市医院接诊234.99万人次，比1995年减少24.90万人次，农村卫生院接诊190.49万人次，比1995年减少57.93万人次。

2001年起，市医疗行业继续拓展介入技术诊治、显微外科手术的业务范围；引进微创外科技术，减少手术患者的痛苦，加速手术伤口愈合，缩短患者术后恢复期。2005年，经省市两级专家实地考核评审，市中心医院的心血管介入科、肝胆外科、内分泌代谢科、市一医院泌尿外科，市妇幼保健院遗传与优生科，市口腔医院口腔内科，市中医院骨伤科，湘乡市中医院眼科等8个学科评定为市重点学科,全市重点学科达到 11 个;市中医院的特色专科“小儿马蹄内翻足”被卫生部、国家计划发展委员会列为“九五”期间国家级科技成果重点推广计划指导项目。全市医疗机构接诊患者 374.16 万人次,比 2000 年减少 51.32 万人次,其中,城市医院接诊 222.97 万人次,比 2000 年减少 12.02 万人次,农村卫生院接诊 151.19 万人次,比 2000 年减少 39.30 万人次。

第一节　中医

1986 年,湘潭市有市中医院、湘乡市中医院、湘潭县中医院 3 所市县级中医院,开设病床 482 张;全市共有中医师 454 人,其中,3 所市县级中医院有中医师 104 人,占全市中医师的 22.91%。1987 年,市政府决定,全市 3 所中医院均由集体所有制单位转为全民所有制单位。是年后,3 所中医院新进入人员由财政差额拨款;市卫生局增设中医科,专职管理全市中医工作。采取传统的师承方式培养中医药人才,继承名老中医师的学术经验,培养提高新一代中医师。湘潭市中医内科医师程仲凯采用中药疏导情结,调理脾胃,畅达气血,同时在治疗冠心病、高血压、脑动脉硬化中风后遗症中,使用自拟方剂畅活益心汤益气活血。市中医院主任医师杨韵琴继续开展骨伤治疗的研究,独创“杨氏骨伤平稳调理疗法”,采用稳、准、轻、巧的手法进行检查,复位、固定、理筋治疗各种高难骨折、脱位、陈伤痼疾,使患者在一瞬间解除病苦而免受手术之折磨;其组方有:三七胶囊、伤痛胶囊、桃红合剂、活血盯涂擦剂等。韶山医院熊德坤医师用接骨散验方治疗各类软组织挫伤、骨折、关节脱位和肿痛收到见效快、疗效好之功效。市二医院从南京引进强刺激埋线治疗坐骨神经痛技术,并由此治疗颈、肩、腰、腿痛病。

1989 年,市中医院主任医师杨寿娥开始对小儿马蹄内翻足的治疗进行研究,随后,以《杨氏手法加塑形镀锌铁夹板外固定治疗小儿先天性马蹄内翻足临床研究》为科研课题立项,经潜心钻研,艰苦探索,开创出一整套小儿马蹄内翻足治疗技术。在中医理论(包括中医哲学思想)指导下,结合现代医学知识,对先天马蹄内翻足患儿采用中医手法按摩为主,辅以塑形镀锌夹板固定,剪矫形鞋和进行功能锻炼,整套治疗方案处于全国领先地位。随后,逐步扩展到对外翻足、“O”型腿、“X”型腿、脚瘫等治疗,为无创矫形开辟新的途径。

1990 年,全市有市县级中医院 3 所,开设病床 494 张,比 1986 年增加 12 张;全市共有中医师 771 人,其中,3 所市县级中医院有中医师 126 人,占全市中医师 16.34%。

1991 年起,市卫生局根据市内中医人才的分布、设备和环境情况,确定市中医院骨伤科、湘乡中医院眼科为重点建设学科。2 个重点建设的学科按照要求增补医疗设施,改善医疗环境;湘潭县、湘乡市中医院实行名老医师带徒,以拯救中医后继乏人的现象。1993 年,市二医院开展的强刺激埋线治疗坐骨神经痛技术获市科技进步三等奖。

1995 年,全市有市县级中医医院 3 所,病床 483 张,比 1990 年减少 11 张;全市共有中医师 740 人,其中,3 所市县级中医院有中医师 155 人,占全市中医师 20.95%。

1996 年,市中医院开设的小儿马蹄内翻足医疗中心被国家计划发展委员会、国家卫生部确定为“全国小儿马蹄内翻足防治中心”。收治的病人遍及 23 个省市。1997 年市中医院、湘潭县中医院分别通过二级甲等医院的评审验收,湘乡市中医院批准为二级乙等医院;湘潭县中医院评为“全国百家示范中医医院”。至1998年,《中医诊断规范化客观化研究》《银杏舒通口服液治疗肝肾阴虚症及脑动脉硬化症的实验与临床研究》均获省科技进步三等奖;朱湘生研制的“腺部疼痛测量器”与周泽泉、高明亮共同研制的“溃疡灵”均获国家专利。

1999年市中医院药房由省中医药管理局命名为“放心药房”。2000年,全市有市县级中医医院3所,病床483张,比1990年减少11张;全市共有中医师715人,其中,3所市县级中医院有中医师183人,占全市中医师25.59%;全市有2项科研课题获省科技进步三等奖。

2001年起,全市中医医院把中医传统诊治技法与西医结合,开展技术创新,加速中医重点学科的建设;市中医院骨伤科、湘乡市中医院眼科经省市两级专家评审获市重点学科。市韶山医院中医师张兰生自创“复位五运体操”结合中药治疗,使大多数不能自理的腰椎间盘突出症患者得到改善,用此法共治疗腰椎间盘突出症200多例,好转率达到95%,其中一例教师患者住省级医院治疗4个月生活仍不能自理,经该法治疗得以康复,追踪观察5年未复发。文莉主持研究的“方便艾灸架”治疗腰椎间盘突出症获国家专利。市二医院与上海乔邦公司合作,引进胶原酶溶解术、臭氧分子消容术,配以传统针灸、火罐、局部封闭、埋线强刺激等综合手段治疗腰椎间盘突出症。湘潭县中医院正骨疗伤以手法为主,达到生理复位与功能复位的全面效果,自行研制“骨伤Ⅰ号”“骨伤Ⅱ号”制剂,广泛用于骨伤临床。

2005年,全市有中医院3所,重点学科2个,开设病床585张;全市共有执业中医师(原中医师中取得执业资格者为执业中医师,名称的改变统计范围随之改变)513人,其中,3所市县级中医院有执业中医师227人,占全市执业中医师的44.25%。市中医院开展的《应用超时关节夹板固定前臂旋后外展位预防小儿肱骨髁上骨折伸直型并发肘内翻畸形发生的研究》获国家定点投资科研课题;“方便艾炙架”治疗腰椎间盘突出症获国家专利。湘潭县中医师任开益用祖传秘方辨证施治中风偏瘫取得明显疗效,推动响塘乡中心卫生院中医的发展,使其成为湖南省农村中医兴院示范单位。市二医院引进山西太原类风湿医院的“侯氏疗法”和自制“除痹膏”外敷、内服“痹症1号”煎剂,以治疗风湿疾病。市中医院17年中治疗小儿马蹄内翻足矫正科患儿5000余例,治愈率98%,有效率100%;同时,先后获湘潭市科学技术进步一等奖、湖南科学技术进步二等奖、湖南省中医药科学进步二等奖。

第二节 西医

一、急诊科

1986年,湘潭市中心医院开始设置独立的急诊科,接诊的急诊病人由急诊科组织救治,其他各医院接诊的急诊病人的抢救是按病种由相应科室进行救治;全市接诊急诊病人15.42万人次,其中68人抢救无效死亡,死亡率为4.41/万。1988年,市一医院设立急诊科,下设急诊内科、外科、妇科、儿科等诊室,市中心医院急诊科还设立重症监护室(以下简称ICU),配置急诊诊治设施,安装中央监护系统等;开展心电监护、无创心功能检测和体外膈肌起搏技术,为急诊病人的诊治提供良好的条件。1993年,市二医院开设急诊科。1994年,韶山医院、湘潭县人民医院、湘乡市人民医院和市三医院先后成立急诊科。1995年，全市县级以上各医院均设有急诊科，完成急救设施设备配置补充，能解决急救中的需要，实现现场急救、途中监护、转送，达到院前、院内、ICU(重症监护室)救治一体化；全市接诊急诊病人19.24万人次，其中98人抢救无效死亡，死亡率为5.09/万。

1996年起，各医院对急诊科医师进行严格筛选，并不断开展专业培训，形成一支具有急救知识和急救经验的医师队伍。韶山医院在处治韶山市如意镇以学生为主的83人集体农药中毒事件中采用洗胃、解毒等措施，病情得到及时控制，11天后全部康复出院。市中心医院在抢救一位突然昏倒不省人事的学生中，准确及时行"双侧脑室穿刺引流术"，术后病人转危为安。2000年，全市接诊急诊病人20.25万人次，其中167人抢救无效死亡，死亡率为8.24/万。

2001年起，全市各医院继续补充、更新急救设备，提高抢救危重病人和处置突发卫生事件的效力，其中，市中心医院新配置美国产HP720中央监护系统、美国产鸟牌呼吸机系列(共4台)和具有自动体外心脏除颤(AED)功能的除颤监护仪；市中心医院在救治双扶煤矿矿难伤员、湘潭大酒店60余人食物中毒和湘潭县化工厂(响水乡)30人氧化硒中毒中处治得当，使伤病员全部脱险；新疆吐鲁番地区在潭挂职干部任某因患先天性主动脉瓣缺损合并重症肺炎，突发心衰、呼吸衰竭症状，生命垂危，经市中心医院急诊科人员奋力抢救，任某获救。在处置湘潭市高新区新造村一废品收购站发生氯气泄漏造成100多人中毒事件中，就近几家医院联动，对中毒人员进行抢救，其中，市一医院收治的中毒较重患者经过2个小时救治，全部脱离生命危险。2005年，全市接诊急诊病人20.73万人次，其中134人抢救无效死亡，死亡率为6.46/万。

二、内科

1986年，湘潭市各医院内科除市中心医院按相近的病种分有4个病室实行粗略分类收治外，其他医院是以大内科统一收治。此后，为提高诊治效果，市内县级以上综合医院先后对住院病人实行分科收治，传统综合大内科逐步细化为心血管内科、呼吸内科、消化内科、肾内科、神经内科、内分泌内科、血液内科等。市内开始引入透析技术，对肾内科病人开展血液透析、腹膜透析、血液过滤、血液灌流、结肠机透析等，为治疗急、慢性肾功能衰竭、中毒、多脏器功能衰竭、急性炎症反应综合征、重症胰腺炎、顽固性心衰、低钠血症、顽固性水肿等危重病人辟出新途径；市中心医院开展的《腹膜透析技术改进》科研课题获省科技进步二等奖。神经内科开展"健康人血液流变学正常值及临床应用的研究"。引进心血管介入诊治技术，同时成为全市重点建设学科。至1990年获省级科技进步奖1项，市级科技进步奖2项。

1991年起，全市多家医院基本熟练掌握透析技术，成为肾内科疾病治疗的常用手段；介入技术日趋成熟，疾病诊治范围不断扩大。市中心医院开展双腔起搏器技术、先心病介入封堵术、经冠状动脉骨髓干细胞移植、主动脉内气囊反搏泵的应用等，成功完成市内第一例VVI永久心脏起搏器植入术。开展"偏瘫治疗仪的临床应用"和"光量子血疗法治疗急性脑梗塞临床推广应用"技术。引进TCD(彩色多普勒)技术，开展"经颅多普勒技术在缺血性脑血管病的临床应用"。至1995年获省级科技进步奖3项，市级科技进步奖7项。

1996年起，全市县以上综合医院均能开展透析技术；市中心医院继续开展介入治疗，治疗技术提高，治疗的病种增多，业务量不断增加，正式设立心血管介入科；市一医院等规模较大的综合医院也相继运用此治疗手段。引进根治快速心律失常的射频消融术、经皮球囊瓣膜成形术、冠状动脉造影术等介入技术；开展"微循环监测对脑中风预测"的临床应用。市中心医院开展经皮球瓣膜成形术等介入技术外，率先在湖南开展生理性心脏起搏器(AAI、VDD、DDD)的植入；开展经皮冠状动脉球囊成形术(PTCA)、Swan-Ganz 漂浮导管有创血流动力学监测危重病人等介入技术；进行"骶管注药疗法治疗中风瘫痪引起的肢体疼痛"研究。开展经皮 Sider's 补片介入治疗先天性心脏病房间隔缺损和动脉导管未闭等疾病(该技术当时在全国仅数家医院能够开展)；开展"CT 简易定向椎颅血肿碎吸术治疗高血压脑出血临床推广应用""双侧脑室穿刺加腰穿三管引流治疗重病脑出血引起的脑室铸型"新技术，成功抢救多例重病脑出血患者；运用神经促通术治疗脑卒中偏瘫。至 2000 年获省级科技进步奖 1 项，市科技进步奖 12 项。

2001 年起，市内各大综合医院继不断巩固透析技术、介入技术外，同时开展高血压脑出血型施治临床推广应用、甲状腺动脉栓塞治疗、甲亢和甲状腺细针穿刺细胞学检查的应用、电刺激小脑 T3 核治疗脑血管病临床应用、干细胞移植治疗重症系统性红斑狼疮和冠心病、骨髓干细胞移植治疗心肌梗死和缺血型心肌病以及主动脉内气囊反搏抢救心源性休克、心房震颤的射频消融治疗、脑血管介入弹簧圈栓塞加支架成形术等新技术。至 2005 年获市级科技进步奖 9 项。

三、外科

1986 年起，为推动病员分科收治，市内各综合医院临床外科由传统综合大外科逐步细化分科，先后开设普外科、骨外科、泌尿外科、神经外科、脑外科和心胸外科等科室。在诊治手段上开展脾切除脾片移植术、膀胱切除术(以可控性盲肠替代膀胱)、上段食管癌根治术(以结肠替代食管)、颅骨缺损修补术、脑膨出切除修补术等新技术。开展《显微外科技术应用和推广》《联合手术治疗肝内胆管结石并狭窄》等项目的应用与科学研究，至 1990 年获市级科技进步奖 7 项。

1991 年起，市内外科在继续巩固提高显微外科的同时，开展脊椎侧弯矫形术、人工髋关节置换术、髋臼加盖术治疗先天性髋关节脱位、脊柱结核前脑病灶清除加植骨术、断腕再植、体外循环房间隔缺损直视修补术、三尖瓣关闭不全修补术等高难度手术。开展《心内直视手术技术推广应用》《带血管蒂皮瓣、肌皮瓣移植技术的推广应用》《电视腹腔镜胆囊切除成果推广应用》《经脾切除贲门周围血管离断及胃底黏膜下血管结扎治疗门静脉高压症》《甲状腺切除术视野显露喉返神经 188 例临床研究》等项目的应用与研究，至 1995 年获市、厅级科技进步奖 13 项。

1996 年起，市内临床外科继续拓宽诊疗技术，采用体外循环开展法鲁氏四联病根治术、心脏不停跳直视矫形房缺修补术，开展乙状窦与横窦旁脑膜瘤切除术、高位复发性椎管内肿瘤切除术、先天性漏斗胸矫治术、肾脏移植术等方法医治患者，同时开始引入手术创口小、患者恢复快的腔镜技术和前列腺汽化电切术等新手术方式。开展《经腹常温下改良式全肝血流阻断无血切肝术》《浮动颅骨瓣在外伤性颅内血肿手术减压的应用研究》《下肢深静脉瓣膜功能监测和肌袢形成术》《经皮二尖瓣狭窄球囊形成术的推广应用》《指固有动脉皮瓣加肌腱移位再造及修复手指缺损与功能重建》等项目的应用与研究，至 2000 年获省级科技进步奖 2 项，市级科技进步奖 13 项。

2001 年起，市中心医院及市三医院开展同种异体肾移植手术、背驮式肝移植手术、双袖式肺叶切除术等手术，均获得成功。引入微创外科技术后，手术得到广泛应用，技术也不断提升，腔镜下肝叶切除,胆总管切开取石术、子宫切除术、微小切口甲状腺切除术、肾囊肿去位减压、精索静脉高位结扎等方法为患者治疗;市一医院承办第七届全国腹腔镜学术大会,有来自全国各地的腔镜手术专家100多名参加学术交流大会,会上交流学术成果,电视转播现场手术演示,使湘潭的外科医生观摩手术全程,对提高湘潭的腔镜技术起到积极的推动作用。开展《胰腺良恶性疾病血管生成因子及受体的表达与意义研究》《心形吻合术治疗先天性巨结肠症的推广应用》《改良 Madigan 前列腺切除术》等项目的应用与研究,至2005年,全市开展同种异体肾移植手术54例,获市级科技进步奖8项。

四、儿科

1986~1993年,湘潭市除市中心医院设有独立的儿科住院科室外,其他医院将住院的儿科患者收到大内科治疗,专业的混杂制约着市内儿科诊治技术水平的发展与提高。

1994年起,继市中心医院后,市二医院、市一医院等也设置独立的儿科住院科室,促进全市儿科的诊治技能不断提高,市中心医院儿科采用大黄灌肠治疗肾炎、肾功能衰竭、高热、脑水肿和鱼胆中毒;应用单味大黄保留灌肠治疗急性肾炎;应用药物尿激酶配合强的松或磷酸胺冲击疗法治疗难治性肾炎,应用药物纳络酮治疗新生儿缺血缺氧性脑病。市一医院派员赴山西省阳泉妇幼保健院学习小儿脑瘫的治疗、康复与护理,学习回院后开展小儿脑瘫的诊治。后经省残疾人联合会、市卫生局、市残疾人联合会批准成立湘潭市小儿脑瘫防治中心,填补湘潭地区小儿脑瘫防治工作的空白。开展《冻干低 pH 值静脉用丙种球蛋白在儿科的推广应用》《儿童哮喘早期诊断与综合治疗的推广应用》等科研课题的研究,至2000年获省级科技进步奖1项,市级科技进步奖3项。

2001年起,市中心医院将静脉营养液应用于儿科临床,经周围动、静脉同步换血疗法治疗新生儿溶血病、高胆红素血症、败血症共36例均获得成功;应用肺部表面活性物质(固尔苏)治疗新生儿的呼吸窘迫综合症,该技术达到省内领先水平。市一医院在治疗小儿脑瘫方面不仅采用保守疗法,而且开展外科手术治疗,与全国著名小儿脑瘫治疗专家、北京大学教授徐林共同开展《选择性脊神经后根切断术(简称 SPR 手术)》,以解决中南地区患儿赴北京治病的不便,为小儿脑瘫患者施行手术100多例,治疗效果令人满意,1岁以内患儿有效率达到100%,全省100多名康复专家和残联专干来到小儿脑瘫防治中心学习。开展《婴幼儿感染性疾病微量快速血液同步培养在儿科的推广应用》《婴儿高压氧技术治疗小儿急性脑损伤近期疗效观察》《小儿脑瘫系统治疗研究》《选择性脊神经后根切断术治疗痉挛性脑瘫的应用》《外部性脑积水临床分度及中药熏灸治疗研究》等课题研究,至2005年获市级科技进步奖8项。

五、妇产科

1986~1990年,湘潭市中心医院、市一医院、市妇幼保健院、韶山医院等医院妇产科推出新的诊治技术:开展黏膜下肌瘤环扎术、显微输卵管吻合术,使输卵管复通术跨入显微外科领域;低位小水囊引产术,应用结晶氧治疗胎儿宫内窘迫,应用催产素脐静脉推注预防产后出血等。其中,市中心医院为抢救一血压、脉搏均为零的重症产妇施行子宫全切术获得成功。开展《β-hcG 放射免疫法测定正常孕妇妊娠期随意尿 hcG 水平》等课题研究获省级四等科技进步奖、市级科技进步奖1项。

1991 年起，全市妇科产科诊治技术继续更新，在市内开展的新技术中有腹部横切口子宫全切术、同体人工受精术，用于晚期妊娠促宫颈成熟和促进产程进展的蓖麻油引产餐，采用米非司酮加米索前列醇中晚期妊娠引产技术等。韶山医院在中南大学湘雅医院专家的现场指导下开展阴道路径下子宫全切术，3 例均获成功，后又相继开展阴道直视下行子宫脱垂根治术和宫颈癌根治术。市中心医院采用电视妇科腹腔镜、开展孕卵摘除、卵巢囊肿切除、盆腔粘连分离、子宫内膜异位症病灶清除等微创手术。开展《妇女更年期体内激素变化和症状发生因素的探讨》《“母乳乐”增乳冲剂的临床推广应用》《米非司酮配伍米索前列腺醇中止早孕的临床推广应用》等科研课题的研究，至 1995 年获市级科技进步奖 4 项。

1996 年起，全市各家医院妇产科根据自身的设备和技术条件开展新的诊疗技术。其中，市中心医院开展对年轻宫颈癌患者施行卵巢带蒂移位术，晚期卵巢癌阴道直肠转移患者实施阴道部分切除加直肠切除加乙状结肠造瘘术。市一医院依托放射治疗设备的优势，开展妇科癌症、肿瘤手术后的放射治疗。市二医院开展输卵管阻塞性不孕症介入治疗技术，为一例先天性无阴道患者施行以乙状结肠代替人工阴道成形术。开展《输卵管阻塞性不孕症介入技术临床推广应用》科研课题研究，至 2000 年获市级科技进步奖 1 项。

2001 年起，开展笑气无痛分娩技术，引进宫腔电切镜、腹腔镜联合手术，成功地开展子宫切除、筋膜内子宫全切、子宫肌瘤剔除术，使妇产科的手术水平提高；引进高频电波刀，为部分宫颈内瘤样病变患者进行病灶切除，同时保留子宫。采用手术、放疗、化疗、介入、生物免疫疗法等治疗妇科恶性肿瘤，使妇科癌瘤患者的治疗状况分别达到治愈、缓解或延长生命。利用引进的腹腔镜、宫腔镜、电子阴道镜、输卵管显微吻合镜、高频电波刀、力普刀等新设备发展新的治疗手段。至 2005 年，获市级科技进步奖 1 项。

六、口腔科

1986 年，湘潭市只有 1 个口腔专科医院，即湘潭市口腔医院，而且基础设施和专业设备都很陈旧，诊疗工作也是在一栋狭小的楼房里开展。湘潭市口腔学科的工作人员主要是以师徒传承培养出来的，全日制院校毕业生不多。此后，湘潭卫生学校招收的首届口腔医（技）士专业学生毕业，这批毕业生补充到工作岗位上，口腔专业人员短缺现象得到缓解。市口腔医院开始引进可见光治疗技术，开展烤瓷牙、隐形义齿、种植牙、无痛拔牙、直丝弓矫治等新技术的应用。1989 年，湘潭市成立市牙病防治指导组，每年以“9·20”世界爱牙日为契机开展多种多样预防保健活动，并深入学校农村工厂机关开展普查普治。1990 年，市口腔医院开展对《口腔黏膜下纤维性变的研究》，研究成果获省科学技术进步三等奖。1991 年，开展牙槽截骨正牙手术，获得成功，该手术是市内、省内首例，于 1995 年获省科学技术进步四等奖，后多次对该病例随访，效果满意。2001 年，市口腔医院引进现代根管治疗技术，冷光漂白仪，进口数码牙片 X 光机及全景机等国内外先进设备技术。2003 年，湘潭市被卫生部授予全国牙病防治先进市。2004 年市口腔医院新大楼落成，使口腔病人的就医环境得到彻底改善；通过中南大学湘雅口腔医学院考察评估，成为其教学医院。至 2005 年获省级科技进步奖 2 项。

七、五官科

1986年，市内各医院没有设置独立的五官科，均是与其他专业合为一个科室，五官科患者是由综合医院中的五官科专科医生负责收治。1988年，市中心医院设立五官科，添置新设备，开展眼科显微手术、白内障囊外摘除显微手术；在治疗青光眼时以小梁切除术代替巩膜深层咬切术，提高青光眼手术治疗效果。1994年，市一医院设立五官科。1996年，开展视网膜母细胞瘤细胞株的建立及治疗。1997年，开展经颞侧角膜缘切口行滤过术后白内障囊外摘除术。1998年，采用硅胶、硅海绵做填充材料行巩膜外加压和环扎。开展《经颞侧角膜缘切口行滤过术后白内障囊外摘除术的临床应用研究》《内固定直接对人法治疗泪小管断裂的临床应用研究》《微波治疗眼部浅层病变的临床应用》《无结膜切口术小梁切除术临床研究》等项目的研究与应用，至2000年获市、厅级科技进步奖8项。

2001年起，湘潭市参加“视觉第一中国行动”(即白内障复明手术)活动，活动经费由政府承担，完成省残联下达的120例白内障复明手术。开展眼眶骨折整形术、眼球内陷复位术、准分子激光治疗近视术、全喉切除与发音重建术、喉癌联合根治术等新的手术方法治疗疾病。开展《自体角膜缘干细胞移植治疗眼表疾病推广应用》《两种不同方法保存的羊膜移植治疗严重眼表疾病的临床对比研究》等课题研究与应用，至2005年获市级科技进步奖8项。

八、肿瘤科

1986年，市内肿瘤、癌症患者绝大部分转诊省级医院，偶有收治也是在混合学科进行治疗，因而肿瘤病人看病非常不方便。1989年，市一医院设立肿瘤、癌症专科，对肿瘤病人实行分科收治。同时，加大对肿瘤科的投入，购置钴60治疗机、深部X线治疗机、近距离腔内放疗机和高能直线加速器。1991年，市内肿瘤病人就近医治的越来越多，为满足医疗需求，市一医院增至2个肿瘤科室，即肿瘤内科、肿瘤外科，解决肿瘤病人住院难的问题。开展恶性肿瘤放疗、化疗、热疗、电化学治疗、介入治疗、免疫治疗、中医药治疗等；应用WR-2型微波治癌机治疗恶性肿瘤；开展乳腺、前列腺癌插植治疗；开展自体骨髓移植治疗白血病和晚期实体恶性肿瘤；开展LAK细胞的培养及输注治疗晚期恶性肿瘤；开展经皮细针肝穿刺技术、脊髓腔碘油造影技术诊断脊髓肿瘤。市一医院肿瘤外科接诊从醴陵市孙家湾乡孙家湾村来的肿瘤患儿胡志满，患儿出生不足20天，左侧颈部长着一个长13厘米、宽10厘米的巨型肿瘤，住院治疗15天后对患儿施行肿瘤摘除术，术后18天，胡志满痊愈出院。开展《应用钴60γ射线远距离体外照射治疗恶性肿瘤》《介入、放疗、中药综合治疗晚期原发性肝癌的研究》等课题研究与应用，至1995年获市级科技进步奖8项。

1996年起，市中心医院设立肿瘤内科，开展血液病理成分去除置换、外周造血干细胞移植治疗血液病及恶性肿瘤(如肺癌、前列腺癌、乳腺癌等)；利用新购置的BJ-6B医用加速器和模拟定位机等先进设备提升手术、放射、化学治疗等三大肿瘤治疗手段；开展外周干细胞移植技术和成分脐血(获得国家“八五”攻关项目资助)的应用研究；开展肿瘤特异生长因子(TSGF)测定，应用于肿瘤的普查和早期诊断；开展外周造血干细胞支持下大剂量化疗治疗肿瘤。市一医院开展中心静脉置管、锁骨下静脉置管化疗术及应用大剂量MTX治疗恶性肿瘤等。开展《SPW-1A型白细胞增长仪临床应用》《岛状斜方肌肌皮瓣在头颈肿瘤外科中的应用研究》《CHEP与CHOP方案治疗非霍奇金淋巴瘤疗效比较的临床研究》《参麦注射液防治胸部肿瘤放疗所致心脏早期损伤的临床研究》《平消胶囊与化疗联合对晚期乳腺癌 CEA 和 SA 影响的研究》等课题的研究与应用，至 2000 年，获省级科技进步奖 1 项，市级科技进步奖 6 项。

2001 年起，市内继续拓展肿瘤病症的诊治手段，引进美国 BARD 全自动活检枪，开展肿瘤微创穿刺活检技术；引进美国"冷循环肿瘤射频消融治疗仪"，开展肿瘤"射频消融"治疗，填补省、市空白；引进 14MV 高档加速器、近距离铱 192 后装治疗机、微波热疗机、一套放射治疗计划系统（TPS 系统）等，以确保放射治疗的精确度和疗效；开展食管支架置入技术，提高食管癌病人的生活质量。开展《DMSO 提高化疗药物疗效的临床应用研究（获省科委立项资助）》《采用面罩固定、低熔点铅挡块、同体位等中心放疗技术治疗头颈部恶性肿瘤的推广》《大肠癌术中动脉灌注美兰标记淋巴结的临床应用及改进》等课题的研究与应用，至 2005 年获市级科技进步奖 4 项。

第三节 护理

1986 年，湘潭市有护理人员 1641 人，其中，具有护师职称的 208 人，占护理人员总数的 12.68%；护士 1433 人，占护理人员总数的 87.32%。全市护理模式有"功能性护理"和"责任制护理"两种模式。市中心医院、市一医院等医院实行"责任制护理"模式，即护士对病人实行 8 小时在岗、24 小时负责的责任制护理，把护理工作职责和护理工作任务落实到人，对病人的护理实行全程负责，包括帮助危重病人饮食起居和对病人进行心理上的沟通。此后，有韶山医院等医院也尝试进行"责任制护理"模式试点，因工作量明显增加，护理人员不足而重新回到传统的"功能性护理"。1989 年再次启动"责任制护理"。全市护理工作按照"责任制护理"的要求组织学习省卫生厅颁发的《护理技术操作规程》，制订《护理质量检查考核标准》，开展技术操作竞赛，其中，由市中心医院派出的 5 名护士代表湘潭市参加全省护理技术操作竞赛获团体第二名。中医护理人员学习《中医护理 600 例》，掌握痹症、喘症等病症的辨证施护原则，开展情志护理；掌握针灸、按摩、敷药、穴位注射等中医护理操作技术。至 1990 年，全市有护理人员 2318 人，比 1986 年增加 677 人。其中，主管护师 254 人，占护理人员总数 10.96%；护师 1014 人，占护理人员总数 43.74%；护士1050 人，占护理人员总数 45.30%。

1991 年，省卫生厅发文要求对医院实行分级管理，全市医疗行业按照文件要求创建等级医院，在创建等级医院中，对护理人员的基本理论、基本知识、基本技能（即"三基"）情况进行考试考核。全市 8 家申报创建二级甲等医院均举办各种形式的"三基"培训班，全面提升护理人员的护理技术。1994 年，湘潭开始实施护士注册工作，对原已取得护理专业技职称人员实行统一办理注册手续，并规定以后进入护理队伍的人员须按要求注册后方可执业。至 1995 年，经省卫生厅指派专家对申报等级医院的护理人员进行"三基"考试考核，8 家申报创建二级甲等医院的护理"三基"考试考核均达到要求。全市有护理人员 2795 人，比 1990 年增加 477 人。其中，副主任护师 1 人，占护理人员总数的 0.04%；主管护师 493 人，占护理人员总数 17.64%；护师 1127 人，占护理人员总数 40.32%；护士 1174 人，占护理人员总数 42.00%。

1996 年，市中心医院派员赴北京等地参观学习后开始引进"整体护理"模式，并经省卫生厅批准,确定十六、十九病室为整体护理模式病房,开始由责任制护理模式向整体护理模式转换,并加入全国整体护理协作网。整体护理模式的优势是以病人为中心,以现代护理观为指导,以护理程序为基础框架,并且把护理程序系统化地用于临床护理和护理管理的工作模式。开展的《经皮股静脉穿刺置管术在临床护理中的推广应用》获市科技进步三等奖。1997年,市一医院、市二医院派员参加省卫生厅整体护理模式学习班,随后两院分别进行动员培训,并成立医院整体护理领导小组。市中心医院开展的《现代护理模式—整体护理推广应用》获市科技成果二等奖。1998年,市一医院开始"整体护理"模式试点;中心医院作为湖南省整体护理试点单位代表出席全国整体护理试点阶段总结会,在大会作经验介绍,十六病室被评为"全国青年文明号",十一病室被评为全国优秀质量管理小组,省级青年文明号。对开展整体护理中的市中心医院整体护理满意度调查,病人的满意度由原来的50%上升到98%,护士对本职工作的满意度从60%上升到95%,医师对护理工作的满意度由70%上升到98%。同时,整体护理的工作成效受到卫生部、省卫生厅领导的充分肯定。市一医院的住院病人满意度也从85%上升到98%。至2000年,全市有护理人员3073人,比1995年增加278人。其中,副主任护师2人,占护理人员总数的0.07%;主管护师737人,占护理人员总数的23.98%;护师1390人,占护理人员总数45.23%;护士944人,占护理人员总数30.72%。

2001年起,全市护理专业继续推广整体护理,倡导护理技术创新,开展《如何提高高血压病人的生存质量和两周康复程序在急性心肌梗死早期康复护理的可行性质量控制研究》,该研究成果获省卫生厅二等奖;开展《气管套管处置在临床护理中的应用》《氧驱动雾化吸入补钾纠正低钾血症的临床研究》《大口径硅橡胶胃管洗胃抢救经口服中毒患者的推广应用》《慢性盆腔疼痛综合征经直肠红外线治疗温度的研究》等科研课题均获市科技进步奖。至2005年,全市县以上医院,包括湘潭县中医院均实行整体护理模式;全市有注册护士(国家卫生统计年报由原按职称分等级统计变更为按注册人数统计)2995人。

第四章 卫生事业管理

第一节 卫生事业机构

一、市、县(市、区)医院

1986年,市直属医院9家,包括卫生部门所属市中心医院、市一医院、市二医院、市三医院、市韶山医院、市妇幼保健院(市四医院)、市中医院、市口腔医院,以及民政部门所属市精神病院,共有病床1774张;县(市)医院(湘乡县人民医院、湘潭县人民医院)2家,共有病床441张;县(市)中医院(湘乡县中医院、湘潭县中医院)2家,共有病床281张;城市区医院(郊区医院、岳塘区医院、雨湖区医院)3家,病床88张。1987年,湘潭市、湘乡市、湘潭县3家中医医院经市政府批准,由集体所有制改为全民所有制;经湘乡市政府批准湘乡市城关医院改名为市第二人民医院。至1990年,市直属医院9家,病床1793家;县(市)综合医院3家,病床506张;县(市)级中医院2家,病床293张;城市区医院3家,病床85张。

1991年后,原郊区医院经市卫生局批准更名为岳塘区中西结合医院;雨湖、岳塘区医院分别更名为雨湖、岳塘区中医院;韶山市在原韶山乡卫生院的基础上,成立韶山市中医院。2000年,市直属医院仍为9家,病床2704张。湘潭县、湘乡市3所综合医院共有病床807张。湘乡市、湘潭县两家中医院共有病床400张。区级医院4家,病床195张。

2002年,市三医院与湘潭职工疗养院(属省总工会管理)合并,仍称市三医院。2004年,市精神病院由民政部门划归市卫生局主管,更名为湘潭市第五医院。2005年,原省总工会湘潭职工疗养院又从市三医院分出,成为湘潭市第六医院。2005年,市直属医院增至10家,病床增至3376张。县(市)级医院3家,病床增至989张。区级医院有岳塘中西结合医院、雨湖、岳塘中医院共3家,病床145张。韶山市中医院与市韶山医院合并,联合办院,称韶山医院南院。

二、市、县(区)其他卫生事业机构

1986年,全市有卫生防疫站9个,其中:市卫生防疫站1个,湘潭县、湘乡县、韶山区、雨湖、湘江、板塘、岳塘、郊区等县(市)区各设卫生防疫站1个,共8个;市劳动卫生职业病防治所1个;全市共有妇幼保健院、站9个,其中:市妇幼保健院1家,湘潭县、湘乡县、韶山区、郊区、雨湖区、湘江区、板塘区、岳塘区各设妇幼保健站1个,共计8个。至1990年,市县(区)其他卫生事业机构未发生变化。

1992年,市区行政区域变更,原城市5区卫生防疫站、妇幼保健站合并为雨湖、岳塘两个预防保健中心。1995年,全市共有卫生防疫站4个(湘潭市、湘乡市、湘潭县、韶山市各1家),市劳动卫生职业病防治所1个,预防保健中心2个,全市共有妇幼保健院(所)4个(湘潭市、湘乡市、湘潭县、韶山市各一个);新增机构1个(湘潭市中心血站)。

1996~2000年,全市卫生防疫、妇幼保健机构无变化,湘潭市卫生防疫站经卫生部和省卫生厅考核验收,成为全国一等卫生防疫站。

2001年后,贯彻市政府决定,撤销市卫生防疫和市劳动卫生职业病防治所,分别成立湘潭市疾病预防控制中心和湘潭市卫生监督所;湘潭县、湘乡市、韶山市亦相继撤销县(市)卫生防疫站,分别成立疾病预防控制中心和卫生监督所。2005年,全市共有疾病预防控制中心4个,卫生监督所4个,其中:市直属疾病预防控制中心和卫生监督所各1个,湘潭县、湘乡市、韶山市疾病预防控制中心和卫生监督所各1个,城区预防保健中心2个;全市共有妇幼保健机构4个。

三、企业与学校卫生机构

1986年,全市有厂矿企业、学校等部门办的医疗卫生机构293个、病床2156张。其中,规模较大的8家厂矿职工医院(湘潭钢铁公司职工医院病床238张,江南机器厂职工医院病床196张,湘潭电机厂职工医院病床214张,湘潭锰矿职工医院病床133张,湘麓机械厂职工医院病床147张,湘潭纺织印染厂职工医院病床151张,湘潭电缆厂职工医院病床60张,省建筑三公司职工医院病床90张)开设病床1229张,占总数的57%;学校医院2个,开设病床60张。1990年,全市各厂矿企业、学校等

部门办的医疗卫生机构共有311个，病床2550张。其中，8大厂矿职工医院病床1384张，占总病床数的54.27%；学校医院2个，开设病床60张。

1991年后，市内经营效益不善的厂矿企业实施改制，在改制过程中所举办的医院也随之撤销或停办，厂矿企业的医疗卫生机构相应减少。1995年，全市厂矿企业、学校等部门办的医疗卫生机构共有251个，比1990年减少60个，开设病床2857张。2000年，全市厂矿企业、学校等部门办医疗卫生机构共有223个，比1995年减少28个，病床2673张。2005年，由于有的厂矿企业经济运行困难，厂矿企业、学校等部门办的医疗卫生机构减少到79个，比2000年减少144个；病床1844张。8大厂矿医院病床1298张，占厂矿企业、学校等部门医院病床总数的67.7%。其中，湘潭钢铁厂职工医院病床350张，江南职工医院病床200张，湘潭电机厂职工医院（更名为湘潭力源医院）病床110张，湘潭锰矿职工医院病床137张，江麓机械厂职工医院病床200张，湘潭纺织印染厂职工医院病床151张，湘潭电缆厂职工医院，同时挂牌为湘潭市书院路社区卫生服务中心，病床50张，省建筑三公司职工医院病床50张。另有湖南科技大学附属医院，病床50张，湘潭大学附属医院病床40张。

四、农村乡（镇）卫生院

1986年，全市农村共有中心卫生院12个，其中：湘潭县7个，湘乡市5个。农村乡（镇）卫生院128个，其中：市郊区11个，湘潭县60个，湘乡县51个，韶山区6个，共有病床1083张。1990年，全市共有农村中心卫生院11个，其中：湘潭县6个，湘乡市5个；农村乡（镇）卫生院108个，其中：市郊区5个，湘潭县50个，湘乡市46个，韶山市7个，共有病床1087张。1995年，全市农村共有中心卫生院10个，其中：湘潭县6个、湘乡市4个；因撤区并乡，乡（镇）卫生院减少至55个，其中：湘潭县22个，湘乡市21个，湘潭市区6个，韶山市6个；共有病床1517张。2000年，全市农村中心卫生院10个，乡（镇）卫生院55个，共有病床1344张。2005年，农村乡（镇）卫生院55个，其中：湘潭县22个，湘乡市21个，韶山市6个，市区6个，病床1531张。

五、城市社区医疗卫生机构

1986年，湘潭市市区有街道卫生院8家，即雨湖区平政路卫生院，城正街卫生院，雨湖街道卫生院，云塘街道卫生院，鹤岭卫生院，中山街道卫生院，窑湾街道卫生院，楠竹山街道卫生院，均属集体所有制，担负市区居民的疾病防治工作。至1995年，市区街道卫生院8个。

1996年，根据卫生部等10部委《关于发展城市社区卫生服务的若干意见》，湘潭城区开始建立完善社区医疗卫生服务体系，全市17个街道办事处，建立社区卫生服务中心（站）25个，社区卫生服务机构覆盖率达100%。此后，开始建立并不断完善家庭健康档案，为社区居民提供医疗、预防、保健、康复、健康教育、计划生育技术指导“六位一体”的全方位服务。2005年，全市建立家庭健康档案9.4万余户，签订家庭保健服务合同1.99万户，覆盖人数38万人；市雨湖区被卫生部、民政部、国家中医药管理局评为“全国社区卫生服务示范区”；经省社区卫生服务考评组考核，湘潭市被评为社区卫生服务工作一类市。

2005年湘潭市卫生部门所属主要医院基本情况一览

表64-4-1

单位	医院等级	编制床位数(张)	科室(个)			职工人数(人)																	房屋总面积(平方米)	固定资产总额(万元)	本年业务收入(万元)	累计负债总额(万元)
			合计	其中		总计	技术人员													行政管理人员	后勤服务人员					
				行政科室	临床科室		合计	医师				护士				其他技术人员										
								小计	高级	中级	初级	小计	高级	中级	初级	小计	高级	中级	初级							
市中心医院	三级甲等	600	44	20	24	1094	941	328	110	89	129	314	22	76	216	299	25	93	181	38	115	54073	24491	20234	8529
市一医院	二级甲等	451	57	32	25	687	538	177	45	51	81	256	5	128	123	105	5	25	75	51	98	87736	12215	7194	5416
市二医院	二级甲等	508	22	10	12	529	470	162	57	33	72	205	10	96	99	103	9	49	45	10	49	27857	5548	4403	3446
市三医院	二级甲等	220	27	13	14	251	200	79	19	25	35	80	0	39	41	41	1	18	22	26	25	14545	3270	1757	2692
市妇幼保健院	二级甲等	152	30	13	17	279	249	121	19	43	59	77	2	39	36	51	3	15	33	15	15	16082	2530	3184	1627
市五医院	未定	360	26	12	14	204	151	43	5	21	17	75	0	29	46	33	1	4	28	7	46	20500	1827	941	243
市六医院	未定	300	17	8	9	203	165	50	10	19	21	68	0	20	48	47	1	14	32	20	18	24570	1312	250	200
市韶山医院	二级甲等	200	25	9	16	333	287	97	13	36	48	107	1	51	55	83	3	32	48	8	38	28144	2249	1482	1861
市中医院	二级甲等	205	38	11	27	318	281	111	18	44	49	87	0	45	42	83	3	27	53	11	26	27053	2934	2750	2150
市口腔医院	未定	20	17	7	10	97	88	45	3	14	28	26	0	11	15	17	0	3	14	5	4	4200	872	718	802
湘乡市人民医院	二级甲等	528	30	8	22	671	574	212	50	67	95	218	4	112	102	144	4	58	82	5	92	70000	12800	8500	2000
湘乡市中医院	二级乙等	200	32	12	20	217	161	89	0	26	63	66	0	26	40	6	0	0	6	16	40	19360	2461	1545	2005
湘潭县人民医院	未定	245	15	5	10	363	282	173	11	71	91	81	0	41	40	28	2	9	17	45	36	46278	5482	4239	1254
湘潭县中医院	二级甲等	240	12	4	8	331	272	113	13	40	60	103	0	22	81	56	0	5	51	44	15	24000	3802	3402	3451
总计	—	4229	392	164	228	5577	4659	1800	373	579	848	1763	44	735	984	1096	57	352	687	301	617	464398	81793	60599	35676

第二节　医疗卫生队伍

1986年，全市医疗卫生行业工作人员（含卫生部门，厂矿企业、学校、集体所有制卫生单位及私人诊所等，不含村卫生室的乡村医生，下同）10056人，其中：卫生部门3501人，工业及其他部门3293人，集体所有制人员2823人，个体开业医生439人。工作人员总数中有卫生技术人员8144人，占总人数的80.9%，其中：高级职称（包括主任、副主任医师，主任、副主任护师，主任、副主任技师等，下同）6人，占卫生技术人员的0.07%；中级职称（包括主治医师、主管护师、主管技师等，下同）225人，占卫生技术人员的2.76%。非医疗卫生专业的技术人员139人，占1.4%；行政管理647人，占6.43%；工勤人员1126人，占11.20%。

1990年，全市医疗卫生行业完成首次职称改革后，多年沉积的职称问题基本得到解决，医疗卫生技术人员职称结构也发生明显变化，中、高级职称比例明显提高；全市医疗卫生行业工作人员11624人。其中：卫生部门4797人，工业及其他部门3568人，集体所有制人员2368人，个体开业医生891人。工作人员总数中有卫生技术人员9749人，占总人数的83.9%，其中高级职称178人，占卫技人员的1.83%；中级职称2297人，占卫技人员23.56%。非医疗卫生专业的技术人员313人，占2.7%；行政管理人员532人，占4.58%；工勤人员1030人，占8.86%。

1995年，全市医疗卫生行业的工作人员队伍在扩大，但很多老员工在首次职称改革后接近或达到退休年龄，在晋升职称后办理退休，因而在岗人员中中级职称人数明显减少。全市医疗卫生行业工作人员12975人，其中：卫生部门6356人，工业及其他部门3817人，集体所有制人员2081人，个体开业医生721人。工作人员总数中有卫生技术人员10679人，占总人数的82.3%，其中：高级职称343人，占卫技人员3.21%；中级职称2103人，占卫技人员19.69%。非医疗卫生专业的技术人员482人，占总人数3.71%；行政管理人员698人，占5.38%；工勤人员1116人，占8.60%。

2000年，全市医疗卫生行业共有工作人员13564人，其中：卫生部门8009人，工业及其他部门3333人，集体所有制人员1438人，个体开业医师784人。工作人员总数中有卫生技术人员11214人，占总人数的82.7%，其中：高级职称381人，占卫技人员3.40%；中级职称2326人，占卫技人员的20.74%。非医疗卫生专业的技术人员528人，占总人数3.9%；行政管理人员754人，占5.56%；工勤人员1068人，占7.87%。是年按照国家卫生部对医疗卫生人员的学历纳入年度统计报表的要求进行统计，全市有硕士研究生8人，大学本科毕业938人，大专毕业2286人，中专毕业5210人。

2005年，全市医疗卫生行业有工作人员12474人，其中：卫生部门9411人，工矿企业在关、停、并、转的改制过程中医疗机构由2000年的223家减少至79家，因而工业及其他部门的医疗卫生工作人员也减少至1764人，集体所有制人员769人，个体开业医师530人。医疗卫生工作人员总数中有卫生技术人员10436人，占总人数83.7%，其中高级职称424人，占卫技人员4.06%；中级职称2212人，占卫技人员21.20%。非医疗卫生专业的技术人员484人，占总人数3.9%；行政管理人员818人，占6.56%；工勤人员736人，占5.90%。全市有博士毕业生2人，硕士毕业生44人，本科毕业生1223人，大专毕业生2795人，中专毕业生3750人。

第三节 医卫基础设施建设

一、城市医院

(一)城市医院业务用房建设

1986年起,湘潭市城市医院以自筹、贷款等办法解决业务用房建设资金。市二医院投资250万元,由老县城沿江路整体搬迁至雨湖区大湖路坝子塘,新建综合大楼及附楼等共13900平方米;市一医院投入资金54万元,新建中医病房、老干病房两栋,新建房屋面积1880平方米;市三医院投资250万元,新建住院大楼5200平方米;湘潭县中医院投资50万元新建五层门诊大楼,面积3200平方米。至1990年,全市城市医院共投入资金604万元,新建业务用房2.42万平方米。

1991年起,城市医院根据业务工作的需要,继续采用自筹、贷款等方法筹集资金新建业务用房。市二医院投资759万元,新建门诊大楼、医技大楼共11573平方米;市妇幼保健院(市四医院)投资64万元,新建综合大楼1800平方米;市一医院投资324.85万元,新建门诊大楼6563平方米。至1995年,全市城市医院共投资1147.85万元,新建业务用房1.94万平方米。

1996年起,市韶山医院支付280万元,购买原省政法干部学院房屋2.49万平方米,实施全院整体搬迁;市一医院投资1569万元,新建外科大楼、办公综合楼、内科大楼2.03万平方米;市二医院投资150万元,新建药剂大楼2170平方米,与市众一房产开发公司合作投资800万元,兴建迎街综合楼4775平方米;湘乡市人民医院投资1170万元,新建七层住院大楼面积1.2万平方米;湘乡市妇幼保健院投资183万元,新建保健大楼2262平方米。至2000年,全市城市医院共投资4152.01万元,新建、购买业务用房6.65万平方米。

2001年起,市中心医院投资9600万元新建门诊大楼(湘潭市急救中心)、住院大楼共4.48万平方米;市一医院投资845.08万元,新建教学大楼、肿瘤放射治疗中心、食堂共6356平方米;市六医院投资164万元,改造"非典"(SARS)病区1200平方米;市中医院投资1400万元,新建"小儿马蹄内翻足治疗中心"8400平方米;市口腔医院投资1300万元,新建门诊大楼4500平方米;市韶山医院投资331万元,新建制剂大楼、传染病住院楼共4513平方米;市四医院投资4000万元,新建住院大楼1.35万平方米;市五医院投资840万元,新建传染病房5670平方米;市二医院投资250万元,改造病房726平方米;市疾病预防控制中心投资550万元,新建实验大楼3640平方米;市中心血站投资1800万元,新建业务用房6000平方米,投资1800万元,新建湘潭市紧急救援中心6529平方米;湘乡市人民医院投资3420万元,新建制剂大楼、供应室、办公楼,门诊大楼和传染病隔离区共2.95万平方米,投资330万元,新建湘乡市紧急救援中心3400平方米;湘潭县人民医院投资1700万元,在新县城建业务用房3.4万平方米。至2005年,全市城市医院共投资2.81亿元,新建、改造业务、工作用房18.29万平方米。

(二)城市医院大型医疗设备建设

1986~1995年,湘潭市城市医院的医疗设备未纳入年度报表统计范畴,没有统计资料。

1996年,开始对县及县以上医院大型医疗设备进行统计,当年,有800毫安以上X光机4台,X

线电子计算机断层扫描仪(CT)4台，钴60治疗机2台,心脏监护仪51台,肾透析机3台，超速离心机6台，彩色多普勒超声仪5台,自动生化仪24台,超声心动图机4台，救护车40辆。至2000年,全市县及县以上医院,共有800毫安以上X光机4台,X线电子计算机断层扫描仪(CT)11台,模拟定位机2台,钴60治疗仪2台，心脏监护仪102台，肾透析机10台,超速离心机10台，医用电子加速器1台,彩色多普勒超声仪16台，自动生化分析仪32台，超声心动图机3台,救护车54辆。

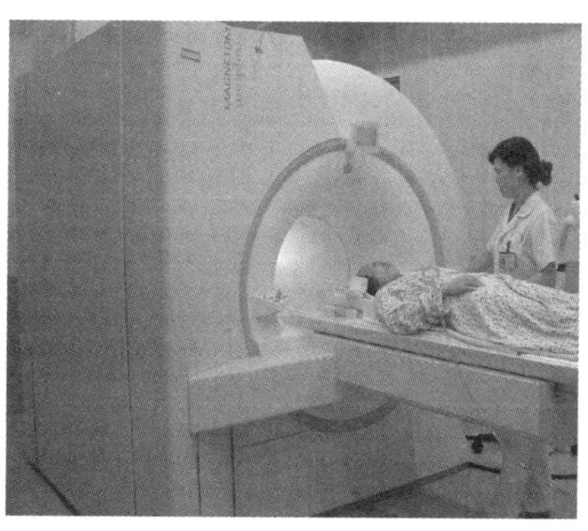

图64-4-1　2001年,市中心医院投资400多万元购置的单光子发射计算机

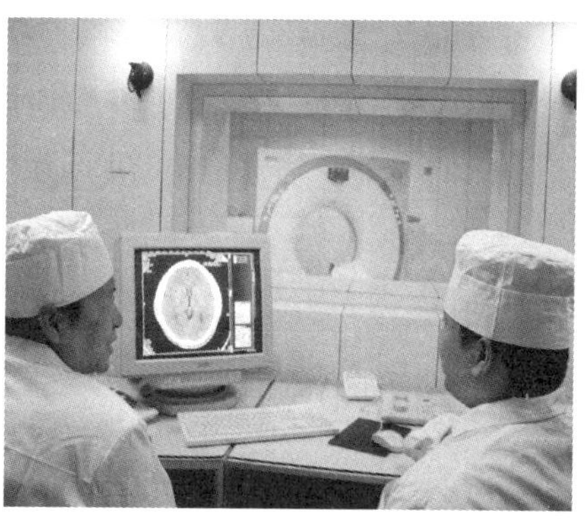

图64-4-2　2004年,市一医院投资315万元购置的西门子多层螺旋CT

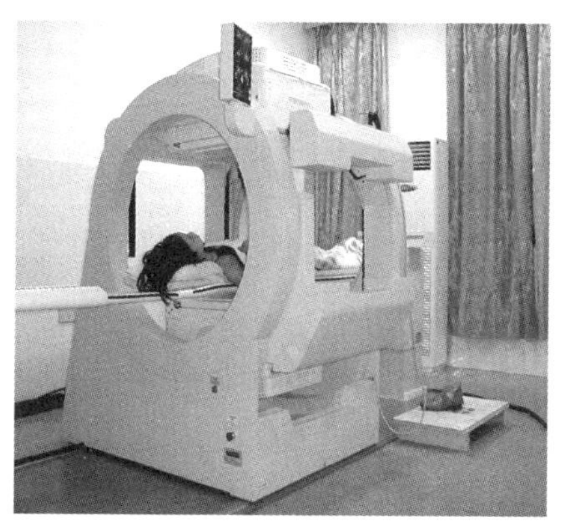

图64-4-3　2005年,市中心医院投资1000多万元购置的核磁共振仪

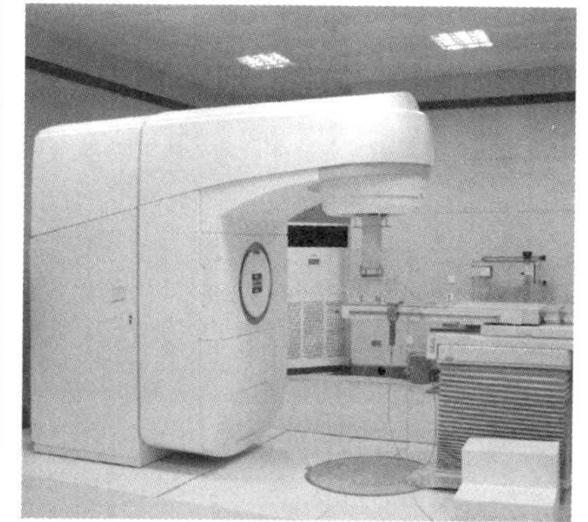

图64-4-4　2005年，市一医院投资520万元购置的肿瘤放射治疗直线加速器

2001年起,各医疗机构倾其所能更新、补充医疗设备,至2005年,全市县及县以上医院共有1~50万元的医疗设备2447台(件),50~100万元87台(件),100万元以上58台(件)。其中,800毫安以上X光机11台,500~750毫安X光机25台,X线电子计算机断层扫描装置(CT)15台,超高速计算机断层扫描装置8台,钴60治疗机5台,心脏监护仪208台,人工肾透析装置15台,彩色多普勒超声诊断仪20台,超声心动图仪4台,医用电子直线加速器4台,自动生化分析仪25台。医用核磁共振成像设备4台,B型超声诊断仪55台,X线立体定位治疗系统8台，单光子发射型电子计算机扫描断层仪2台，正电子发射型电子计算机扫描断层仪1台，伽马射线立体定向头部治疗系统1台,伽马照相机4台,高压氧窗15台,电子内窥镜46台,救护车54辆。

二、乡(镇)卫生院

1986年,全市农村乡镇卫生院处于经济困难当中,政府仅提供少量的房屋维修经费,因而基础设施建设缓慢;全市(含湘潭县、湘乡县、韶山区、市郊区)乡(镇)卫生院共有房屋20.35万平方米,医疗设备有:500毫安X光机1台,200毫安X光机1台,50毫安X光机5台,心电图机4台,B超机1台,光电比色计、冰箱、烤箱各一台,一些简单的下腹部手术器械。是年后,贯彻省委、省政府《关于改革和加强农村卫生工作的决定》,全市乡卫生院的医疗设施略有改善。至1990年,有9个乡卫生院自筹资金36.12万元,共新建筑房屋3903平方米。

1991年起,贯彻卫生部《2000年人人享有初级卫生保健》的目标和落实《湖南省农村初级卫生保健条例》,实现“三管”(管医疗、管防疫、管农村卫生)“三有”(有房屋、有人员、有基本医疗设备),省、市财政补助5.5万元,市政府组织26家市直和厂矿医院,对口支援26个乡(镇)卫生院,支援医疗设备价值7.7万元。至1995年,有18个卫生院自筹资金107.48万元,新建房屋面积8205平方米。

1996年起,继续贯彻落实《湖南省农村初级卫生保健条例》,省、市、县(区)三级财政组织资金1227万元,对乡(镇)卫生院的2.40万平方米危房进行全面改造完毕。至2000年,全市乡(镇)卫生院房屋建筑面积达到21.56万平方米。

2001年起,全市各级政府继续加大对乡(镇)卫生院的资金投入,市财政拨专款100万元,用于房屋改建和医疗设备购置。至2005年,全市乡(镇)卫生院共有房屋建筑面积33.94万平方米,医疗设备总价值约为159万元,其中,有800毫安X光机1台,800毫安以下X光机65台,超速离心机2台,彩色多普勒超声仪1台,自动生化仪4台,B超55台,纤维镜4台,产程监护仪1台,心电图机52台,激光治疗机1台,手术显微镜9台,高液象色谱仪2台,1/万分析天平11台,分光光度计12台,血氧分析仪4台,救护车6辆;按照《湖南省农村初级卫生保健条例》的要求,湘潭市实现农村初级卫生保健达标。

第四节 医政管理

一、医院行政管理

1986年,湘潭市各级医院仍按其隶属关系和规模分别进行管理。市直医院由市卫生局直接管理,县(市)区医院及农村乡(镇)卫生院由县(市)区卫生局管理。厂矿及学校等部门医院由主办单位管理,市、县(区)卫生局进行业务指导。在县及县以上医院管理中,实行党组织领导下的院长负责制,院长、副院长、职能科室负责人,按管理权限由上级任命。普遍执行科室技术经济责任制,定床位、定人员、定任务、定质量、定经济收支,层层签订责任状,定期考核,实行奖罚,同时明确规定,必须把医疗质量放在首位,严禁单纯追求经济效益,严禁开单提成、开大处方、乱收费等行为。突出县及县以上医院的重点学科建设,以带动医院业务技术的综合发展。开展医德医风教育,在13所县及县以上医院中开展文明杯(金、银、铜三种)竞赛,创建“文明岗位”、省“文明医院”活动。医务人员一律佩戴胸章上班,为加强社会监督,聘请社会各界知名人士35名担任医院监督员,不定期检查督促。贯彻湖南省病案评分标准、护理质量评分标准以及省物价局、卫生厅颁发的收费标准,按照评分标准对各级医院进行评分考核;市卫生局发出《关于认真开展学习白求恩,创医疗质量、医疗收费信得过活动的通知》并把活动内容纳入年度评比,实行奖罚。1990年,市中心医院、市一医院、湘潭钢铁公司职工医院经省卫生厅检查验收,评为省“文明医院”。

1991年起,全市县及县级以上医院开始实施院长负责制,副院长由院长提名,卫生局考察任命;职能科室负责人,由院长考察提名报卫生局任命。市直属医院年初制定责任目标,年末由卫生局考核,按任务完成情况,决定正、副院长的年终奖金额度,医院业务科室在继续推行技术经济责任制的基础上,推行全员目标责任管理,把职工的工作质量、服务水平与工资、奖金紧密挂钩;组织全市县及县以上医院的医务人员学习《湖南省医务人员职业道德规范》《医务人员医德规范及实施办法》

等，开展“医德医风高尚奖”评选活动，全市有4位医师获得“湘潭市医德医风高尚奖”。贯彻卫生部颁发的《医院分级管理办法(试行稿)》《湖南省二级医院分级管理标准评审细则》和国家中医药管理局颁发的《中医医院分级管理标准及细则》，全市组织市、县11家医院，创“二级甲等医院”(以下简称“二甲”)。湘潭县中路铺、湘乡市棋梓桥两家中心卫生院等创“一级甲等医院”活动；在创建等级医院活动中对医务人员进行“三基”(基本理论、基本操作、基本技能)的训练和考核，加强急诊室和供应室的建设。市中心医院率先成为全市第一家“二级甲等医院”，也是全省首批“二甲”医院。随后，经省卫生厅考核验收的“二级甲等医院”有7家，即：市一医院、市三医院、市韶山医院、市妇幼保健院、湘潭钢铁公司职工医院、湘潭电机厂职工医院、湘潭县中医院。湘潭县中医院成为全省3家县级“二甲”中医院之一，并荣获“全国百家示范中医院”称号。评为“二级乙等医院”(以下简称“二乙”)的有湘乡市中医院、湘潭纺织印染厂职工医院、江南机器厂职工医院、江麓机械厂职工医院4家。湘潭县中路铺、湘乡市棋梓桥中心卫生院评为“一级甲等医院”(以下简称“一甲”)。至1995年，全市有“二甲”医院8家，“二乙”医院4家，“一甲”医院2家。

1996年起，全市进一步完善院长目标管理制，医院内部实行优化组合，把职工的工作责任、服务质量等要素与奖金挂钩；开始实施医疗收入与药品收入分开核算的财务管理制度，从而控制药品收入的过度增长，以致降低病人的医药费用支出；成立湘潭市卫生系统药品采购中心，对医院用药实行集中招标采购；农村乡(镇)卫生院普遍推行“五定一奖”(定任务、定质量、定精神文明建设、定经济收支、定管理、实行奖罚)的综合目标管理责任制，实行“独立核算、民主管理、按劳分配、自负盈亏”的管理办法。市卫生局统一聘请40名“行风”监督员，监督医疗行业的服务行为，开展行风评议，推广医疗服务的典型事例，以市中心医院16病室(全国青年文明号)为典型，倡导各医院以病人为中心，开展优质服务，进一步端正行业作风。市中心医院经省三级医院评审组验收，批准为“三级甲等医院”，成为全市第一家、全省地(市)级首批“三甲”医院，市二医院、市中医院、湘乡市人民医院经验收为“二级甲等医院”，湘乡市白田、湘潭县花石等9所农村中心卫生院评为“一级甲等医院”。至2000年，全市有“三甲”医院1家，“二甲”医院10家，“二乙”医院4家，“一甲”医院11家。

2001年，市卫生局与市委组织部、宣传部、市人事局、财政局等联合制订《湘潭市卫生系统人事制度改革实施方案》，此后，市一医院经市委、市政府批准实施干部人事制度改革，实行全员聘任制，市直其他医院院长、副院长竞聘上岗，实行聘任制和任期制相结合，职能科室负责人实行选聘，工人签订聘用合同，医疗技术人员职称评聘分开，改革工资分配制度，实行绩效工资。市卫生局对市直各医院的管理继续实行目标责任制管理，与各医院签订目标责任状。全市14家县及县以上医院开展创“百姓放心医院”“百姓满意医院”的活动。经省卫生厅考核，市中心医院、湘乡市人民医院获全国首批“百姓放心医院”称号。国家人事部、卫生部、中医药管理局联合授予市中心医院“全国卫生系统先进集体”称号。至2005年，全市共有“三甲”医院1个，“二甲”医院10个，“二乙”医院7个，“一甲”医院6个。

二、医院业务管理

1986年起，湘潭市对医院的业务管理，坚持以医疗质量和医疗安全为核心。实行急诊首诊负责制(即对急诊病人，首次接诊的医院、科室及医师，必须负责到底，不得外推，转院须经医院领导批准，并由医师护送)。对急诊危重病人，不管是否已缴费，一律先行抢救，以挽救生命为原则。贯彻省卫生厅颁发的《病历书写规范》，抓好住院病人病历书写质量，市卫生局组织病历书写质量检查组随机抽查住院病历，召开院长会议通报住院病历中存在的缺陷；制定三级医师(科主任、责任主治医师、经治医师)的岗位职责，坚持病室三级医师负责制，院长定期查房。对市直5所综合医院检查，共抽查住院病历692份，落实三级医师查房的病人573例，占82.8%；8所厂矿医院，抽查病历688份，落实三级医师查房病人366例，占53.2%；2所县级综合医院抽查住院病历200份，落实三级医师查房153例，占76.5%。严格执行手术病人术前讨论和死亡病例死亡后讨论制度，经检查5所市直综合医院，术前讨论率87%，死亡病人讨论率93.4%，8大厂矿职工医院手术前讨论率53.2%，死亡病人讨论率72.5%，2所县级综合医院，手术前讨论率68.9%，死亡病人讨论85.5%。实施责任制护理模式，先在湘潭市中心医院四病室作试点，然后在17所县及县以上医院的22个病室推行，随后各医院全面实行，实行护理部主任、总护士长行政查房制度。市组建护理人员代表队参加全省护理操作竞赛中获团体总分第二名，静脉输液单项第二名。贯彻《湖南省医院消毒、供应室验收评定标准》，全市18家县及县以上医院(含厂矿医院)对供应室进行改建房屋、更新设备、培训人员、健全制度，经验收市中心医院、湘纺职工医院率先达标。随后，各医院也相继达标。市卫生局编印《医院供应室工作手册》，统一全市供应室工作流程和规章制度。1990年，全市县及县以上医院(含厂矿医院)，共计诊疗病人320.13万人次，住院病人7.29万人次，病床使用率86.1%，住院病人治愈率68.3%，好转率26.7%，病死率1.6%；农村乡(镇)卫生院诊疗285.20万人次，住院病人4.46万人次，病床使用率46.7%，治愈率71.1%，好转率21.8%，病死率0.3%。

1991年起，全市强化急诊医师的抢救技能，改善急诊室的条件，市一医院、市二医院、市三医院，湘潭县人民医院、湘乡市人民医院均改造房屋，增添设备，为抢救急诊病人提供条件；各医院安排二线急诊抢救人员应对紧急情况；全市组织急诊抢救演习，救护车能在15分钟以内迅速出诊。全市继续贯彻《湖南省病历质量管理标准》，市卫生局对市直8家医院、8大厂矿医院、4所县级医院的住院病历质量检查，抽查内、外科病历及6种单病种病历780份，优良率在90%以上。开展医疗安全教育，强化首诊负责制、三级医师查房制、术前讨论和死亡讨论制及疑难危重病人会诊制等诊疗程序。加强护理人员的“三基”训练，对14所县及县以上医院(含厂矿医院)96名病室护士长进行25项基本操作技能的考核，根据《湖南省护理质量百日竞赛活动》的部署，对全市1100多名护士进行“三基”考核，平均得分超过省规定的合格标准。1995年，全市县及县以上医院(含厂矿医院)共计诊疗病人259.89万人次，比1990年减少60.24万人次；住院病人8.84万人次，比1990年增加1.19万人次，病床使用率62%，治愈率64%，好转率32%，病死率1.00%。农村乡(镇)卫生院共诊疗271.32万人次，比1990年减少13.88万人次；住院病人5.90万人次，比1990年增加1.44万人次；病床使用率37%，治愈率85%，好转率13%，死亡率为零。

1996年起，市卫生局与市直8家医院和8家厂矿医院签订《医疗安全责任状》，各医院内部建立健全院部、科室、医师三级安全责任制；建立医疗安全奖励制，市卫生局每年从各医院医疗业务收入中提取1/万的经费，作为医疗安全基金，年终给予医疗质量高、医疗安全工作突出的单位奖励。市卫生局对湘潭钢铁公司职工医院发生一起医疗技术事故，致一名病人死亡，湘潭县石鼓镇一名乡村医生因注射青霉素未作过敏试验致一名患者死亡的医疗责任事故进行分析讨论并对责任人按程序给予处理。市卫生局组织专家对市14家县及县以上医院的住院病历抽查，病历质量优良率达92%，同时每年两次检查各医院三级医师查房、手术前讨论和死亡病例讨论的落实情况，先后对10家医院突击检查夜间医师值班和急诊值班情况。全市在责任制护理的基础上，开始以湘潭市中心医院16病室开展的整体护理模式病房为样板，推行"整体护理制"。2000年，全市县及县以上医院(含厂矿医院)共计诊疗病人234.99万人次，比1995年减少24.90万人次；住院病人10.44万人次，比1995年增加1.96万人次。病床使用率55.58%，治愈率50.06%，好转率45.96%，病死率0.7%；农村乡(镇)卫生院总共诊疗190.49万人次，比1995年减少80.83万人次；住院病人3.03万人次，比1995年减少2.87万人次；病床使用率37.7%，治愈率76.5%，好转率20.2%，病死率0.18%。

2001年起，全市先后4次召开医疗质量和医疗安全会议，市卫生局与17家县及县以上医院签订《医疗安全目标责任书》，组织全市医务人员学习国务院新颁发的《医疗事故处理条例》，并对《医疗事故处理条例》涉及的内容进行考试。成立市医疗事故鉴定办公室，负责受理病人申诉和组织医疗事故鉴定。对江南机器厂职工医院发生的一起医疗技术事故致一名病人死亡进行鉴定处理。举办急诊学习班、新技术推广学习班、预防护理差错事故学习班、护士长管理知识培训班、安全用血及血液制品暨临床输血技术规范培训班、消毒技术培训班等业务技术培训，参加培训的医护人员410多人。2005年，全市县及县以上医院(含厂矿医院)共计诊疗病人222.97万人次，比2000年减少12.02万人次；住院病人12.78万人次，比2000年增加2.34万人次。病床使用率70.07%，治愈率42.85%，好转率52.25%，病死率0.87%。农村乡(镇)卫生院诊疗151.19万人次，比2000年减少39.30万人次，住院病人5.27万人次，比2000年增加2.24万人次，病床使用率44.17%，治愈率78.93%，好转率20.2%，病死率0.08%。

三、医疗市场管理

1986~1990年，市、县(区)卫生局根据国家的政策、法规，对全市各级医疗机构，包括公办、民营、集体所有制医院、个体诊所、街道和村卫生室进行审核、批准、发证和管理，合理布局医疗网点，整顿医疗秩序，取缔非法行医，以保证人民医疗安全。全市医疗市场的管理，重点抓个体行医，即私人诊所的审查、登记和执业执照的发放工作。全市组织成立"湘潭市个体医生协会"，制订《湘潭市个体医生协会章程》。对个体诊所，审查、清理、整顿20余次，共考试考核1510多人。市卫生局对410名个体开业人员进行考试考核，及格人数176人，占参考人数42.9%。湘乡市审查个体开业人员247人，有执照者只有71人。对考试考核合格者，发给执业执照，准许行医；对不合格者一律禁止行医。对全市全民、集体所有制医疗机构，重新进行一次审查登记，换发《医疗执业许可证》450家。

1991~1995年，市卫生局制定《湘潭市个体开业行医暂行规定》，举办短期业务培训班，训练个体开业人员130多名。先后对个体诊所，检查、整顿38次，取缔不合格诊所58所，停业整顿9所，取缔、驱赶游医药贩38人。对208家厂矿、企事业单位主办的医务室(所)，进行一次全面审查、登记，注销12家，其余的重新发给执照。贯彻国务院颁发的《医疗机构管理条例》，对全市各级各部门举办的医疗机构，以及民营医院、个体诊所、农村村卫生室等进行审查，发放国家统一制定的《医疗机构执业许可证》才允许开业行医。全市县及县以上医院和规模较大的厂矿企业事业单位举办的医疗机构，由市卫生局审核发证，其他医疗机构由所在地县(市)区卫生局发证。全市共发放《医疗机构执业许可证》910多家,取缔无证行医和不合格的诊所。

1996~2000年,全市清理整顿医疗市场53次,取缔不合格诊所5个和“医疗中心”13个,处罚诊所17个,取缔、驱赶游医药贩53起。同时,根据《湘潭市个体开业行医暂行规定》开展“合格规范化诊所”的评定工作,全市共评出“规范化诊所”21个。

2001~2005年,全市根据医疗市场整顿后又出现的一些反弹现象,继续进行治理整顿,先后共检查整顿医疗机构(含个体诊所)2806家次。对性病诊所进行突击整治,全市性病诊所160家,取缔、停业151家,仅保留9家。市卫生局对全市个体诊所设施与条件,提出统一要求。各诊所改造医疗用房,添置医疗设备,增加消毒设施,平均每所约投资5200多元,使诊所的工作条件得到很大改善。全市诊所实行统一悬挂由市(县)区卫生局制定的招牌、统一必备的医疗设备、统一门诊登记簿、统一处方本、统一佩戴胸章上岗等“五统一”管理。对全市医疗机构按照国家的规定分为非营利性和营利性两大类重新注册登记,换发《医疗机构执业许可证》。卫生部门、厂矿、机关、事业单位举办的医疗机构,集体所有制医院、乡(镇)卫生院,农村村卫生室等属非营利性;民办医院、私人诊所等属营利性。湘潭县、湘乡市共注册发放《医疗机构执业许可证》1732家,其中非营利性1637家,营利性95家。根据市人大、人大代表对医疗市场检查意见,以及中央电视台《焦点访谈》栏目记者,报道岳塘区所属市中西结合医院医疗科室对外承包谋取收入问题后,市卫生局发出《关于立即取缔非营利性医疗机构违规开办营利性医疗科目的通知》,制定8项整顿措施,开展新一轮整顿工作。全市组织20余名执法人员,检查各类医疗机构的执业范围、从业人员的执业资格和医疗广告,并采取措施全部取消非营利性医疗机构与外单位合营、承包项目。全市经市卫生局审查、考核、注册、发放《医疗机构执业许可证》8家,即:湘潭市仁和医院、湘潭市湘仁不孕症医院、湘潭市建春肿瘤医院、湘潭市继蒙肝炎研究所、湘潭市协和医院、湘潭市科林医院、湘潭市林敏医院、湘潭市联合保健医院。

四、采血用血管理

1986~1994年,医院临床用血都由各医院自行采血、供血。市中心医院、市一医院、市二医院、市妇幼保健院、市韶山医院、湘乡市人民医院等6所医院,都设有各自的血库,实行有偿采血和有偿输血。供血人员由各医院自行联系,大多来自农村,亦曾有来自浙江等地的专业卖血人员,长期驻医院供血,需用血时随时传呼供血人员。对供血人员,医院作一般体格检查和血常规、血型、肝功能化验外,还做乙肝病毒抗原检验。发现有6名病人输血后检测出丙型肝炎,市卫生局随即对供血来源进行调查,召开市(县)各医院院长会议,强调各医院对供血人员必须做丙肝病毒检测。期末,市中心医院、湘乡人民医院开始对供血人员进行梅毒血清检测和艾滋病血清检测,以保证用血安全。全市每年采血、用血量在200万毫升左右。

1995年,湘潭市开始成立中心血站,负责全市的采血与医疗供血。1998年,湘潭市贯彻实施《中华人民共和国无偿献血法》,市政府发布《湘潭市献血管理办法》,对全市人民的献血义务、用血权利、奖励制度等作出明确规定和具体要求。1999年,全市实行医疗用血“三统一”管理,即统一设置血库,统一采血和供血,统一管理临床用血。原各医院设立的血库,一律取消,自行采血供血一律停止。市中心血站配备三台采血车,在市区、湘潭县、湘乡市建立无偿献血流动采血点10个,并在市中心医院大门侧建立第一个“爱心献血库”,开展无偿献血;配备送血专用车,及时送血,送血半径达100多千米，覆盖全市医疗用血单位。为确保血液质量万无一失，市中心血站添置价值100多万元的自动酶标仪等先进检测仪器设备，对献血者除作一般体格检查外，还必须作多项检验，包括血型、血红蛋白、转氨酶、乙肝表面抗原、丙肝病毒抗体、梅毒抗体、艾滋病毒抗体检测。未发现因输血而引起的交叉感染病例。至2000年，全市每年采血用血量300万毫升左右。

2001年起，市中心血站采取"以献血者、用血者为中心，以质量为核心"的管理模式，为解决血源紧张时的血液供应，在全市各大专院校、卫生系统建立"爱心血库"，大专院校学生无偿献血人次约占全市无偿献血人次的30%，湘潭大学学生龙源参加全国无偿献血表彰大会，受到国家领导人的接见。2003年，湘潭市开始开展"中华骨髓库湖南分库"造血干细胞的捐献工作，先在市卫生系统启动造血干细胞志愿者行动，接着在湘潭县、湘乡市、韶山市、岳塘区卫生局、湘潭大学、湖南工程学院等组织6次大型的无偿献血宣传和造血干细胞捐献活动，全市有2000余人加入造血干细胞资料库，有7人配型成功。湘潭市二医院副主任医师许文湘捐献造血干细胞266毫升，为全省医务人员的首例。全市开始逐步推行成分输血，控制输全血，各医院规定输全血要经院医务科批准，全市成分输血率占输血人数的95.6%，同时还开始使用滤白细胞血及血制品。2005年，全市采血、用血约500万毫升，未发生任何采血供血纠纷。

第五节　卫生事业费管理

1986年，湘潭市卫生事业费的拨付，市直医院（差额拨款单位）按床位实行定额补助，每张编制病床补助2000元；卫生防疫站、职业病防治所、药品检验所、湘潭卫生学校等（全额拨款单位）按职工的基本工资、公务费和小量的业务费拨付；湘潭县、湘乡县、韶山区、雨湖区（包括原湘江区、郊区）、岳塘区（包括原板塘区）由县（市）、区卫生局根据具体情况对所属单位安排经费，对乡（镇）卫生院，安排一定数量的民办事业费予以支持，主要是用于防疫、妇幼专干的工资补助，小量的房屋维修费。全市卫生事业费，只能全部用于职工的工资补助，差额单位约占人员经费的10%，全额单位约占人员经费70%，其余所需经费（包括工资不足部分、业务费、基本建设、购买医疗仪器设备等）由各单位从业务收入中或贷款、集资等办法解决。至1990年，市财政5年共投入卫生事业费5395.42万元，其中市直属卫生系统2384.34万元，占总额44.19%；县（市）区3011.08万元，占总额的55.81%；另外，市政府投资120万元，其中，用于市二医院搬迁100万元，市三医院兴建住院大楼20万元。

1991年起，湘潭市卫生事业费的拨付，沿用上年度拨款数额，逐年略有增加，但由于物价不断上涨，人们对医疗服务需求的提高，卫生行业职工队伍不断扩大，人员经费开支增长等原因致医疗成本相应增加；各单位经济状况却无明显改善。卫生事业单位以加强财务管理，厉行增收节支来改善医疗条件，开展技术创新，扩大服务项目等措施增加收入，弥补财政预算的不足。至1995年，全市5年共投入卫生事业费9447.08万元，比上阶段增加4051.66万元，增长75.09%；其中市直属卫生系统4682.68万元，占卫生事业费总额的49.6%，县（市）区共计4764.4万元，占总额50.4%。

1996年起，上述医疗成本增加的因素仍然存在，财政拨款无明显增加，各单位经济状况改善甚慢。至2000年，全市卫生事业费总投入为14235.77万元，比前5年增加4788.69万元，增长50.7%；其中市直卫生系统7147.36万元，占卫生事业费总额50.2%，湘潭县、湘乡市、韶山市、雨湖区、岳塘区共计7088.41万元，占事业费总额49.8%，期末年，全市9所综合医院，6所中医院，总收入为2.81亿元，总支出为2.8亿元，结余仅0.01亿元。

2001~2005年，全市卫生事业费总投入为22 869万元，比前5年增加8633.23万元，增长60.6%。其中，市直卫生系统10974.94万元，占卫生事业费总额47.8%，湘潭县、湘乡市、韶山市、雨湖区、岳塘区共计11894.06万元，占总额52.2%。由于抗击"非典"等突发公共卫生事件，市本级及各县(市)区共投资5311万元(含国债资金2500万元)，建设5个疾病预防控制机构，4个传染病房；同时，投资1千万元添置仪器设备，全面提高全市预防控制疾病的能力和应对突发性传染性疾病的防控。全市卫生事业费增幅较大，但除去处置突发公共卫生事件的投入后增幅仍不明显，各单位为满足人们日益增长的医疗需求，以贷款来不断更新医用设备、业务用房等，资产在不断增长，负债也在同步增长。2005年，全市卫生系统总资产13亿元，总负债4.7亿元，其中，市直卫生系统总资产5.7亿元，总负债3.4亿元。

1986~2005年湘潭市卫生事业费一览

表64-4-2 单位:万元

年份	市直	湘潭县	湘乡市	韶山市	雨湖区	岳塘区	合计
1986	466.76	199.30	188.97	21.27	42.71	14.22	933.23
1987	502.18	202.70	195.40	22.00	51.13	16.48	989.89
1988	207.50	298.50	201.90	24.00	69.30	18.50	1029.70
1989	611.90	227.30	239.60	25.70	80.50	23.50	1208.50
1990	596.00	242.40	253.20	29.50	81.80	31.90	1234.10
1991	640.60	247.10	256.10	57.40	78.20	24.70	1304.10
1992	718.37	270.08	263.26	41.00	49.86	62.30	1404.87
1993	759.69	309.34	307.89	87.44	65.18	61.93	1591.47
1994	1214.35	358.99	623.86	69.77	77.50	115.40	2459.87
1995	1349.27	435.58	599.85	99.33	90.19	112.55	2686.77
1996	1448.96	528.97	575.50	95.30	129.42	90.19	2868.34
1997	1520.76	461.12	610.00	97.30	97.43	123.48	2910.59
1998	1568.58	363.58	620.78	102.95	106.93	126.37	2889.23
1999	1268.20	478.53	576.00	114.72	113.29	134.00	2684.74
2000	1340.86	580.93	566.83	108.57	138.56	147.12	2882.87
2001	1511.34	540.87	615.45	122.13	158.41	208.22	3156.45
2002	1681.94	605.87	613.53	138.73	216.17	232.01	3487.61
2003	2301.25	658.10	740.52	141.72	264.65	256.49	4362.73
2004	2252.51	755.03	851.81	194.29	470.94	280.52	4805.10
2005	3227.90	1581.73	1160.23	262.48	470.81	353.96	7057.11

注:表中雨湖区包括原郊区、湘江区;岳塘区包括原板塘区

附　农村新型合作医疗

1986年，全市农村农民全部为自费医疗，至2004年，全市农村农民仍为自费医疗。2005年，省人民政府将湘潭县列为全省第二批农村新型合作医疗（简称“新农合”）试点县，开始实施新型农村合作医疗制度。县委、县政府组织“送亲友一份健康、献农民一份爱心”主题教育活动，动员全县党政机关、事业单位干部职工、民营企业、外来投资企业积极参与县新型农村合作医疗工作，活动当场有9家民营企业、10家县直属机关单位捐款2.45万元，为五保户、特困户等家庭参加新型农村合作医疗献上爱心。通过广泛宣传和认真组织，当年全县参加新农合的农民有41.83万人，参加新型合作医疗率（简称参合率）为46.35%。共筹集新型农村合作医疗基金1254.9万元（中央财政投入每位参合农民10元，省、市、县三级共对每名参合农民投资10元，参加新农合的人自身出资10元）。其中：中央财政418.3万元，省政府167.3万元，湘潭市政府125.5万元，湘潭县政府125.5万元。全年共对2086名门诊或住院农民按比例（在乡镇一级医院就医者自负200元后补助35%，县一级就医者自负500元后补助30%，县级以上医院就医者自负1000元后补助20%；妇女分娩、重症疾病另按相关标准补助；每人全年累计最高额为5000元）实施补助，共计补助金额808万元。新农合为农民就医减轻负担，使因病致贫现象得到缓解，民间对新农合制度归纳为：“政府出大头，个人出小头，农民看病不用愁。”

第六十五篇　体育

概　述

1986 年，湖南省第六届运动会在湘潭市举行，这是首次在省会长沙以外城市举行的省运会。市政府投资 1057 万元，所建能容纳二万多名观众的看台、一个标准足球场和塑胶跑道的现代化体育场——湘潭市体育中心投入使用。它是湖南省第一座功能齐全的现代化体育场，当时为全国十大体育场馆之一。湘潭市代表团在本届运动会上获金牌 42 枚、总分 1026.5 分，夺得奖牌第三名，团体总分第二名。是年，湘潭群众体育以大型活动为主，全市组织大型活动 40 次，参加人次达 5 万。是年，湘潭拥有体育场馆总面积达 142.3 万平方米，全市城市人均拥有体育场地面积 0.21 平方米。1987 年，湘潭市确定以“一长二龙四百”（“一长”即全市迎春万人长跑赛，“二龙”指元宵节龙狮赛和端午节龙舟赛，“四百”即全市百队篮球赛、百队门球赛以及百日游泳、百日长跑等群众体育活动）的大型活动带动全市群众体育运动的工作思路。同年 5 月至 8 月举行湘潭市第五届运动会，比赛项目设篮球、乒乓球、田径、游泳、潜水、举重、射击等 11 项。由省运会和市运会带动，市内企业、学校先后建设一批体育场馆。到 1988 年，湘潭拥有体育场馆总面积达 157.5 万平方米，全市城市人均拥有体育场地面积 0.23 平方米。

1990年以迎接北京亚运会为契机，湘潭市积极探索社会办体育的办法，提出“花钱买健康”的新理念，在继续开展“一长二龙四百”活动的同时，开展形式多样的活动吸引广大群众参加体育锻炼。全市参加各类群体活动的人数大增，参加人次达 34 万。省六运会后，湘潭市因运动员退役等原因，竞技体育出现暂时滑坡。1990 年，湘潭代表团参加湖南省第七届运动会，获金牌 30 枚、总分 948.5 分，奖牌数和总分均列全省第八位。

1991 年，湘潭市对竞技体育训练和管理进行改革，调整项目布局，专职教练员由行政指派改为合同聘用制，以输送指标、参赛成绩为合同主要内容，实行奖罚制度；在湘潭市体育中学集中物力、财力、人力抓好田径、游泳、羽毛球、摔跤、举重、体操、射击等 7 个重点项目，将乒乓球等八个项目布点到各县（市）区和大厂矿企业，调动基层办竞技体育的积极性。同年 5 月至 8 月举行湘潭市第六届运动会，并改革市运会设项，取消成年组别，所设的项目、年龄组别均对接湖南省第八届运动会，通过比赛选出运动员组团参加省八运会。1992 年，中国代表团中有 4 名湘潭运动员参加奥运会，湘潭市实现奥运资格“零”的突破。湘潭运动员于文革在全国田径锦标赛中获男子铁饼第一名，实现湘潭市运动员参加全国比赛金牌“零”的突破。由于国有大型企业改制，按传统模式组织全市大型活动难度加大。湘潭市在坚持开展大型群体活动的基础上，继续深化群众体育改革，成立湘潭市体育总会，会员单位涵盖全市各行业、系统体育协会和老年体育协会以及各单项运动协会。1993 年，湘潭市制定“双百工程”计划（即在县、市两级业余体校中培养 100 名能在省重大比赛中取得前六名的优秀青少年运动员,在全市中、小学校7-14岁年龄组中培养100名达到湖南省体委制定的各项标准的优秀运动员苗子,计划简称“0714工程”)。是年,湖南省代表团中有24名湘潭运动员参加第七届全国运动会,夺得3金、3银、3铜,总分58分,湘潭运动员成绩居全省第二名。湘潭市获湖南省政府颁发的“突出贡献”奖杯一座。1995年,为贯彻国务院《全民健身计划纲要》,湘潭市群众体育活动注重发挥各级各类体协和社区体育辅导站的作用,形式更加多样化,体育场馆也逐步走向市场化,吸引更多的群众参与,经常参加体育锻炼的人口增加。同年5月至8月举行湘潭市第七届运动会,比赛项目设田径、游泳、网球、举重、射击等16项。

1996年,湘潭市体育工作以“奥运争光计划”和全民健身为重点,成立市体育科学研究所,指导选才和训练工作。湘潭市代表团在湖南省第八届运动会获金牌60枚、团体总分1803.5分,奖牌和团体总分双双名列全省第四,此后湘潭竞技体育一直位居全省靠前位置。市体委按照国家全民健身工程的要求,投入50多万元,在市体育中心、湘乡市碧州公园分别建成两个全民健身示范基地。至1998年,湘潭市投入160万元,建设社区全民健身工程点,开展全民健身活动,进行成年体质测试,共开展大型全民健身活动180余次,参加人数11万余人,对2000余人进行体质测试。从此,湘潭市群众体育由组织动员群众参加各类大型运动会为主转向引导群众自觉参加身边的全民健身活动为主,体育人口①每年以3.5%递增。1999年,湖南省第三届青少年运动会、第二届省农民运动会、第五届省残疾人运动会在湘潭市举行。市政府投资400多万元拆除体育中心周边违章建筑,修建4个比赛网球场,翻新市体育中心塑胶跑道,完善游泳池赛场的配套设施、添置体育器材等,使体育中心的各种设备设施达到正规大型比赛标准。是年,湘潭市颁布《湘潭市体育市场管理暂行规定》,体育场馆继续对外经营;体育彩票开始发行,全年销售即开型彩票600万元。2000年,湘潭市体委直属单位年创收入60多万元。群众体育日趋活跃,经常参加体育锻炼人数占全市总人口的30%。同年5月至8月举行湘潭市第八届运动会,比赛项目设篮球、足球、乒乓球、田径、游泳、举重、象棋等15项。

2001年,湘潭市实行机构改革,湘潭市体育运动委员会更名为湘潭市体育局,改革后共设科室4个、定编23人,比改革前精简科室1个、减少编制2人。在这次机构改革中,各县(市)区除湘乡市保留体育局外,其他县(市)区体育机构均与文化、广电合并为雨湖区文化体育局、岳塘区文化广播电视局、湘潭县文化体育旅游局、韶山市文化体育新闻出版版权局。是年开始,湘潭体育以参加湖南省第九届运动会,经营全国足球甲A联赛“八一”男子足球队主场,承办全国第五届城市运动会男子足球赛和推动全民健身活动为重点。2002年,湘潭市代表团参赛湖南省第九届运动会,获团体总分2662分,名列全省第三,夺得金牌69.5枚,名列全省第四。是年,中国人民解放军八一足球队落户湘潭,湘潭市体育中心成为八一足球队的主场、全国足球甲A联赛的一个赛区。市政府投入资金1000万元改造湘潭市体育中心。2002年,湘潭赛区共举办全国足球联赛14场,吸引观众约45余万人次;2003年湘潭赛区共举办全国足球联赛14场,吸引观众约25余万人次,被中国足协评为全国文明赛区。是年全国第五届城市运动会男子足球赛在湘潭举行,湘潭赛区被评为全国五城会最佳赛区。

2004年,市第九届运动会改往届以青少年竞技比赛为主变为以成年人群体健身为主,并增加老年人的比赛项目,共设篮球、田径、游泳、举重、象棋、健身秧歌等15项。市九运会成年人参赛比例达到70%,参赛人数3000多人。开展体育科技下社区活动,委派体育专家进行健身指导和讲座30多

① 体育人口,按《全民健身纲要实施细则》规定,每天坚持锻炼一小时以上者即算一名体育人口。

场,听众6000多人次。全市完成国民体质监测7400例。

2005年,湘潭市群众体育网络进一步健全,各大企业、高校均成立体育工作部门,各乡镇、街道均有分管领导和体育专干,有402个社区健身辅导站(仅2005年就建成210个)。全市75%以上城区街道有健身指导中心(站),85%以上社区建有体育活动骨干队伍,经常参加体育锻炼人数占全市总人口的35%。体育场馆建成场地面积192万平方米,人均拥有体育场地为0.69平方米。湘潭市体育局先后被评为湖南省群众体育先进单位和全国群众体育先进单位及全国全民健身周活动先进单位。同年,湖南代表团有22名湘潭市运动员参加全国第十届运动会,获得金牌2枚、银牌2枚、铜牌2枚和17个有奖名次,杨炼获得女子举重48kg级冠军,超二项世界纪录;在东亚运动会上,杨炼和田径运动员王星为中国夺得2枚金牌,湘潭市体育局被湖南省政府授予"突出贡献奖"称号。是年,湘潭市发行体育彩票3961万元。

湘潭体育受制于经济发展,市级财政对体育的投入不足,全市公共体育场馆偏少,除湘乡市外,其他县(市)都没有自己的公共体育场馆。群众体育在城乡之间,国企与民(私)企职工之间发展不够平衡。

第一章 群众体育

第一节 职工体育

1986年,湘潭有国有大中型企业821家,全市职工(含机关干部)27.5万人。是年,湘潭市体委、湘潭市总工会组织全市第二届"新春杯"环城长跑比赛,市内大厂矿企业3000多人参赛;端午节组织市龙舟表演赛,市内大小企业几十条龙舟参赛;市直机关党委、市体委和市总工会联合主办市直机关首届篮球赛。比赛有48支机关、事业单位代表队1000余名运动员参赛,分男子甲、乙组,女子甲、乙组进行。此后,篮球赛成为市直机关的传统体育项目。1987年,湘潭市提出以"一长二龙四百"的大型活动带动全市群众体育运动的工作思路。市直机关工委成立,机关体育活动日趋活跃,成为职工体育的一个重要组成部分。1989年,全市迎春长跑赛制改革,由集中比赛改为分地域比赛,让偏远单位就近参赛,降低单位的经济负担,当年参加长跑赛的人数就由往年的3000人左右增加到1.2万人。1990年,以迎接北京亚运会为契机,市直机关工会与市体委联合组织"迎亚运市直机关运动会",设篮球、乒乓球、门球、游泳、拔河、中国象棋等项目,参赛运动员达3000多人次。至1990年的5年间,全市共组织大型职工群体活动472次,参加活动职工达25.7万余人次。迎春长跑、龙舟赛和"百队"篮球赛成为湘潭职工体育的传统特色项目。

1991年,湘潭市职工体育以承办和参加全省职工体育赛事以及争创职工体育先进单位为重点。是年,湘潭市承办湖南省大企业健身操比赛,湘潭代表团取得团体一等奖;承办湖南省大企业篮球赛,湘潭钢铁公司男子代表队获第一名。在全国大企业龙舟邀请赛中,湘潭钢铁公司代表队取得600米和800米比赛第二名。1992年,以纪念毛泽东主席"发展体育运动,增强人民体质"的题词发

表40周年为契机，全市职工体育活动除“一长二龙四百”外，还组织市中小型企业乒乓球赛、拔河比赛、呼啦圈电视赛、市直机关篮球赛、市直机关田径赛、市直机关拔河赛。同年，湖南省职工体育工作现场会在湘潭电机厂召开，来自全省13个地市职工体育工作者代表与会。湘潭市体委、湘潭钢铁公司、湘潭电机厂分别在会上介绍职工体育工作经验。湘潭电机厂、湘潭钢铁公司、江南机器厂、湖南铁合金厂被评为全国职工体育先进单位。随着建设市场经济体制和国有企业改革、改制，湘潭市职工体育也逐步发生演变，组织全市大型活动难度加大，“一长二龙四百”活动时有分散，或分年举办，职工体育活动逐步以企业和协会组织小型或单项活动为主。1994年，湘潭市总工会、湘潭市体委联合开展“湘潭市庆五一体育活动周”，以长跑、球类、棋类、登山、春游、自行车、武术、健身操、秧歌等为活动内容，参与者达16万人次，湘潭钢铁公司、江南机器厂、湘潭电机厂被评为“五一”体育活动周省级先进单位。1995年，贯彻国务院《全民健身计划纲要》，湘潭市职工体育活动形式更加多样化，由组织动员职工参加各类大型活动为主转向引导职工自觉参加身边每天开展的全民健身活动为主，以增加经常参加体育锻炼的人口。湘潭市组队参加湖南省第三届工人运动会，运动会分别在湘潭、株洲、岳阳、衡阳、益阳、长沙等地分项举行。湘潭市派出116人的大型职工体育代表团，参加田径、篮球、游泳、桥牌、象棋、健美操等项目，获金牌11枚、银牌3枚、铜牌4枚，以总分152分的成绩名列全省第5名。至1995年的5年间，全市共组织各类职工群体活动700余次，参加活动职工达43.9万余人次。

1996年，职工体育以参加全民健身活动为主，重在提高全市经常参加体育锻炼的人口比例。当年7月，湘潭市举行全民健身日活动，在市区三大公园、大企业的操场、建设南路广场、韶山中路广场举办大型健身表演活动。2万多名企业职工和机关干部群众参加健身操、广播操、气功、木兰拳、双扇舞、羽毛球、篮球、秧歌、腰鼓等文体节目。1997年，中国银行湘潭分行被评为“第八届全国运动会群众体育工作先进单位”。1998年，湖南省首届大众体育运动会在长沙召开，湘潭市组成110名企业职工的体育代表团，参加健身操、舞龙、舞狮、台球、保龄球、体育舞蹈、太极拳、趣味体育、拔河、飞镖等全部项目的比赛，获得金牌2枚、银牌2枚、铜牌3枚，以总分245.5分名列全省第10名，获三等奖。同年，市体委投入5万余元购置国民体质测试仪器，对1000余名机关干部进行成年人体质测试。2000年，湘潭市举办第八届全市运动会，湘潭钢铁厂、湘潭电机厂、江南机器厂、江麓机械厂等大型企业组队参赛。至2000年，全市职工体育活动频繁，规模较大的有湘潭钢铁公司第九届运动会，市个体劳动者协会首届运动会，市直机关“共和国同龄人”长跑赛，第八套广播体操比赛，迎香港回归火炬接力赛，市金融系统首届田径运动会等，全市经常参加体育锻炼的职工，达到职工总数的35%。

2001年起，湘潭市群众体育以推动全民健身活动，不断提高经常参加体育锻炼人口比例为重要内容。湘潭市加强企业体育网络建设，抓紧大企业体协换届，培训体育专干。是年，共有湘潭钢铁公司、湘潭电机集团、江南机器厂等11家体协完成换届，全市共培训体育专干210人。2004年，湘潭市第九届运动会尝试改革，一改往年以青少年为主的市运动会变革为以职工为主的成年人运动会，往届青少年70%、成年人30%，市九运会则改为成年人70%、青少年30%，市九运会有26个大企业，3000多名职工参加。赛前，各参赛企业进行选拔、培训等活动，使当年参与体育锻炼的职工比例达45%。湘潭市被评为“湖南省2000年~2004年度群众体育先进单位”。2005年，湘潭市组团参加湖南省第四届工人运动会,共获金牌10枚,银牌13枚,铜牌7枚,取得金牌、奖牌总数和团体总分三项第一名,并获最佳赛区奖和优秀组织奖;湘潭市组队参加全国群体健身比赛获一个一等奖、三个三等奖。是年,职工参与全民健身的意识增强,全市经常参加体育锻炼的人口比例达35%,其中经常参加体育锻炼的职工人数比例达50%。市体育局对企事业、机关单位职工2782人进行体质测试。湘潭市被评为“全国群众体育先进单位”。5年间,全市开展各类体育活动引导职工参加锻炼,市直机关首届运动会,全市“迎新春,迎八一足球队入湘”万人长跑赛,湘潭电机集团公司第二届运动会、湘潭钢铁公司第十届运动会、江南机器厂大众文体活动等影响较大。与国有企业相比,民营企业职工体育活动偏少。

第二节 农民体育

1986年,湘潭市农民体育以创建农村体育先进县、乡(镇)活动和农民自发习武、自发组织端午赛龙舟等传统项目为主要内容。是年,湘乡市山枣镇成立湘潭市首个“农民体育协会”,由镇党委书记担任体协主任,镇长和副镇长担任协会副主任。山枣镇“农民体协”成立后,以两个村为试点,由农民自筹资金,出工出力,修建水泥灯光篮球场,开展农民体育活动。

1987年,湘乡开始在双江、湖山、东郊等乡办农村体育试点,在农村推广篮球、排球、田径等现代体育项目。湘潭全市农民体育运动经常以乡、镇、村为单位举办小型体育比赛,项目有乒乓球、拔河、篮球、棋类、扭扁担等,农民自发组织的元宵节舞龙舞狮、端午划龙舟等传统活动也十分活跃。但这些活动分散、自发组织的多,影响力有限。至1991年,全市未组织县(区)级以上农民体育比赛活动。

1992年,湘潭市农民体育逐步改变分散自发的状态,各级行政部门开始组织农民体育活动,并组团参加省级以上农民体育赛事。同年,湘潭市农经委、市农业局、市体委联合组织举办湘潭市第一届农民运动会,全市5个县(市)区400多名农民运动员参赛。1994年,湘潭市举行首届“小康杯”农民运动会,全市5个县(市)区相应举办运动会选拔运动员,参赛的农民达8000人次,选拔出近400名运动员参加全市农运会田径、游泳、武术、篮球、乒乓球、象棋、射击等7个项目的比赛。经过5天的角逐获团体总分前三名分别为湘乡市、湘潭县、岳塘区。

1995年,为贯彻国务院颁布的《全民健身计划纲要》,湘潭市农民体育开始注重开展具有农民特点的活动,组织大型体育赛事引导农民群众参加健身活动,依托乡镇文化站开展农民健身活动,全市乡村体育活动继续活跃,全年组织各类农民健身比赛21次,参加人员达8000余人次。

1996年,湖南省第一届农民运动会在长沙举行,市体委、市农委联合牵头,通过层层选拔组成40人的湘潭市农民体育代表团,参加武术、自行车、象棋、舞龙等项目的比赛,获银牌3枚、铜牌1枚,以总分34.5分名列全省第八名。1999年10月,湖南省第二届农民运动会在湘潭市举行,湘潭市组成129人的农民体育代表团参加田径、舞龙、舞狮、武术、乒乓球、自行车、象棋等项目的比赛,获金牌9枚、银牌11枚、铜牌19枚,以团体总分493分的高水平成绩名列全省第一名。至2000年5年间,全市举行各类农民运动会(比赛)80次,参加者达10万余人次。

2001年,湘潭农民体育以配齐乡镇体育专干、健全活动网络、建立全民健身工程点、引导农民自觉参加体育锻炼为主。当年,机构改革中,全市107个乡镇配备体育专干或文体专干,设立健身辅导站。是年，市体育局、市门球协会举办湘潭市农民门球赛，1000余名农民参赛。各县（市）区继续组织农民参与各种喜闻乐见的体育活动，市体育局投资在乡村兴建全民健身工程点，引导群众参加体育锻炼。2004年，为落实国家体育总局《关于在全国开展体育三下乡活动的通知》（体育三下乡：体育场地设施下乡，体育健身指导下乡，体育科普知识下乡），湘潭市5个县（市）区成立“体育三下乡”领导小组，有计划地组织农民体育活动。同年，湘潭市举行“体育三下乡”活动启动仪式。各县（市）区组织一系列的农民体育活动，市体育局向护潭乡赠送一套价值6万元的健身器材，从此加大对农村全民健身工程点的投入。至2005年的5年中，市体育局用体彩受益金投入60多万元，在30个乡镇建成全民健身工程点40多处，培训农村体育专干、辅导员200余人次，其中荷塘乡金湖村，双马镇国强村，白石乡严家村等21个村为“国家农村体育健身工程点”；全市共举办县（市）区、乡镇农民运动会（比赛）170多场次，共计6万余名农民参加。

第三节　社区体育

1986年，为创建体育先进社区，湘潭市体委在市区逐步设立社区体育辅导站，配备体育指导员，组织辅导社区群众进行体育活动。各体育辅导站在社区开展健身秧歌、腰鼓、太极拳、门球等活动，多以娱乐健身为主，社区之间没有开展大型比赛活动。此外，市区有部分社区群众自发习练巫家拳。1993年，市体委、市总工会、市老年人体育协会举办全市健身秧歌、健身腰鼓、太极拳、门球比赛，推动社区群众体育活动。1994年，湘潭市雨湖区平政路办事处体育设施齐全，社区体育活动较多，被评为湖南省群众体育先进单位。至1994年，全市社区体育辅导站点有十余处，全民健身工程点23处，湘潭市社区体育仍停留在群众自发活动阶段。

1995年，贯彻国务院《全民健身计划纲要》，湘潭市把社区体育作为全民健身的一项重点工作，在有条件的地方完善体育组织，建立全民健身工程点。1997年雨湖区平政路办事处成立全民健身指导委员会，所管辖的五个社区都成立文化体育室和全民健身辅导站，配备体育指导员，组织开展门球、腰鼓、武术等体育活动。1998年，湘潭市从体育彩票公益金中拨出专款购置各种健身器材，修建各种健身场所和大型全民健身工程点，在湘乡市碧洲公园建全民健身工程点；雨湖区平政路办事处被评为湖南省群众体育先进单位。2000年，落实中央文明办《关于开展“科技、文体、法律、卫生四进社区”》文件精神，湘潭市加强社区体育网络建设。岳塘区中州路街道成立全民健身指导委员会，并制定《岳塘区中洲路街道全民健身实施方案》。该办事处管辖13个社区，3万多居民，内有游泳池一个、足球场一个、400米跑道田径场一个、250米田径场两个、门球场6个、篮球场14个、灯光球场1个、文化楼1栋、棋牌室5个、练功房一个、室外练功、健身场所6个，经常组织社区开展象棋、太极拳等全民健身活动。当年，岳塘区中洲路街道办事处、社建村街道办事处、雨湖区平政路办事处被评为全国体育先进集体。至2000年的6年中，湘潭市在和平公园、体育中心、岳塘中州路社区、江南机器厂社区建全民健身工程点20余处。

2001年，湘潭市为方便市民参加全民健身活动，加大社区辅导站和全民健身工程点的建设力度，以提高经常参加体育锻炼的人口比例。2002年，湘潭市精神文明建设指导委员会办公室、湘潭市体育局联合下达《湘潭市“体育进社区”活动工作方案》的文件，成立湘潭市“体育进社区活动”领导小组,并于5月正式启动"体育进社区"活动,在雨湖区中山街道办事处迎宾社区、白石广场同时举行盛大的文体表演。湘潭市雨湖区平政路街道办事处被评为湖南省城市体育工作先进社区。2003年,市体育局组织体育专家下到岳塘区江滨社区、霞光社区、雨湖区迎宾社区、鹤岭镇五个社区,护潭乡、湘钢金耐社区进行科学运动讲座,共授课120课时,听众达6000余人,共组织活动200余次,参与群众达8万余人。雨湖区繁城社区、百姓家园社区、湘钢金耐社区、韶山市、电厂新村等先后建立全民健身工程点。此后,全市社区全民健身工程点建设进度加快。2005年,湘潭市雨湖区路中山街道迎宾社区、岳塘区滴水埠街道江滨社区、湘潭易俗河镇城塘社区被评为第四批湖南省城市体育工作先进社区;全市共有402个社区健身辅导站,141个社区健身全民工程点(其中湘潭市区45个,厂矿企业61个,湘潭县6个,湘乡市24,韶山市5个)。

附一　老年体育

1986年,全市各县(市)区、大厂矿企业、大专院校、军分区和一些乡镇、街道办事处、居委会相继成立老年体协,共建立老年人体协78个,发展会员5247人;建立各种运动队和锻炼小组208个。湘潭市老年体育以组织和参加各种老年体育活动(比赛)为重点,是年,市老年人体育协会和基层老年人体育协会举办老年体育活动241次,参加活动达36000人次。同年,湖南省老年人体育协会在湘潭纺织印染厂召开全省大型厂矿老年人体育工作座谈会,湘潭钢铁厂在会上作经验交流发言,并向全省推广。1987年,湘潭市举办第五届市运动会,1000多位老年人参赛。赛后,市老年人体协组织湘潭市老年人体育代表团赴长沙参加湖南省第二届老年人运动会。1989年,湘潭市举办第二届老年人运动会,2000余名老年人参赛。1990年,门球运动在市内老年人中迅速展开,湘潭市老年人体协抓住机会,成立湘潭市门球协会,组织开展门球运动。1994年,湘潭市举办全市第三届老年人运动会,全市21个单位1000余名运动员参加门球、乒乓球、钓鱼、地掷球、象棋、围棋、健身操等项目的比赛。1995年,湘潭市组队参加湖南省第四届老年人运动会,获得金牌1枚、银牌3枚、铜牌2枚,总分71分,名列全省第五。至1995年的10年间,湘潭市共组队参加全国、全省老年人体育运动会和各类比赛25次,共有320人参赛,获得金牌1枚、银牌4枚、铜牌3枚,投入经费近30万元;湘潭市共举办老年人体育活动900余次,参加者达17万余人。期间,湘潭纺织印染厂老年体协、湘潭钢铁厂老年体协、江南机器厂老年体协等荣获"湖南省先进老年人体协"称号。

1996年,全市建设各类老年人体育锻炼场地1000多处,市体委在全市建立144个老年人健身辅导站,每站有1-2名体育指导员,指导老年人开展太极拳系列、木兰拳系列、健身操、健身秧歌、体育舞蹈、老年迪斯科、腰鼓、健身球、威风锣鼓等运动,引导老年人参与全民健身活动。是年,雨湖区白石健身辅导站被湖南省体委推荐为全国全民健身宣传月(周)先进单位。2002年,湘潭市老龄工作委员会撤销,老年人体协机构编制和工作人员并入市体育局归口管理。是年始,老年体育以加强辅导站建设,普及老年健身项目和创品牌赛事带动全民健身为重点。市委机关大院等社区建立老年健身辅导站。湘潭市举办首届"伟人故里行"门球邀请赛,全国各省市14个代表队600余人参赛。至2002年的7年中,湘潭市老年人体育协会联合市老干局、市妇联、市门球协会以及基层老年人体育协会等单位开展门球、地掷球、乒乓球、棋类、钓鱼、健身操、武术等老年人活动400余次,参加活动达 80000 余人次。

2003 年,湖南省第四届省直、市州老年人门球邀请赛在湘潭举行,全省 15 个代表队 300 余人参赛,其中有原省级老领导和厅级干部 107 人。为扩大湘潭影响,把门球比赛办成知名全国的品牌赛事,湘潭市在 2003 年、2004 年连续举行第二届和第三届全国“伟人故里行”门球邀请赛,各省市 135 支代表队 2200 余人参赛。此后,湘潭“伟人故里行”门球赛成为全国性的品牌赛事,每年都吸引数千名老年运动员参赛、观赛。2004 年,湘潭市举办第九届运动会,恢复设置老年人参赛项目,共有 530 余名老年运动员参赛,组织 150 名老年人参加湖南省第六届老年人运动会,参加 11 个项目的比赛,太极拳、柔力球获一等奖,女子门球、乒乓球获团体第二名,总成绩名列全省第四。2005 年,湘潭市举行第四届老年人运动会,设置气排球、登山、乒乓球、门球、太极拳、健身球等 12 个项目比赛,各县(市)区、大厂矿企业、高校和市直单位共 28 支代表队 6000 人参赛。至 2005 年的 3 年中,湘潭市共计 12000 余名老年人参加市以上运动会和门球等单项比赛,湘潭市基层老年人体育协会发展到 300 多个,会员达 2 万余人;湘潭市不断加大投入,增建老年人体育活动场所,市体育局为主投入 30 余万元在红叶宾馆修建市老年门球场,当时为全省最好的门球场之一。湘潭电机厂、江南机器厂、湘潭大学、湖南科技大学、地质勘查局二总队等单位也先后新建或改建老年人活动室、健身房、室外健身场。2005 年,全市共有各类老年人体育锻炼场地 1500 多处。老年人健身辅导深入各社区,老年人成为社区群众健身和经常参加体育锻炼人群的一个重要部分。

附二 体育协会

1986 年全市唯一有人员编制、有经费的体育社团组织是市老年人体育协会,归口市老龄人工作委员会管理。

1987 年,由湘潭市体委、老龄工作委员会、科学技术协会、市委老干部工作局、科学技术委员会、总工会、卫生局、教委联合成立“湘潭市气功协会”。此后,市女子体育协会以及一些单项体育协会陆续成立。1992 年,湘潭市体育总会成立,对各体育协会实行统一管理,会员单位包括全市各行业体育协会和各单项体育协会。至 1992 年,全市共成立老年人体协、女子体协以及篮球、排球、足球、田径、射击、体操、举重、摔跤柔道、水上和航模、武术、气功、钓鱼、信鸽、棋牌、门球等单项运动协会 18 个。1993 年起,全市各体育协会逐步稳固,市体育科学学会、银鹰体协、残疾人体协、农民体协、网球、羽毛球、健美操协会等也相继成立。2000 年,全市体育协会达 25 个。各协会每年组织会员和群众参加体育活动,参与或主办各类比赛活动。

2001 年,针对一些协会机构涣散、负责人工作不力等问题,市体育总会整顿部分体协机构,调整负责人。2004 年,湘潭市门球、足球、钓鱼、桥牌、棋类、信鸽、网球、羽毛球、健美操、女子体协、农民体协、残疾人体协、老年人体协进行换届。至 2005 年,湘潭市 24 个市级体育协会(不包括系统行业体育协会和基层单位体育协会)全部完成换届,协会工作走上正轨。

附三 巫家拳

巫家拳由巫必达于清乾隆年间在湘潭创立。

巫必达,生于1751年,福建连城人,1812年病逝于湘潭高家冲(现湘潭市东郊),葬于湘潭昭山之下。他自幼习武,年轻时外出求访名师,足迹遍及山东、河南、河北、湖南、湖北等地,曾在湖北学习武当拳法,学成后落户湘潭。在湘潭,巫必达用毕生精力将福建南少林拳法和武当拳法有机结合,形成一种不同于南少林拳法,又不同于其他内家拳的独特拳种。其拳法以养精蓄气,固本培元,强身健体达延年益寿之效;以圆活快捷、闪展腾挪、方圆偏侧致接招轻松灵活,进击犀利猛烈,可守可攻。它既有少林拳术的各种攻防手法,又有武当内家拳法的特点。拳架紧凑,刚劲不外露,势势相连,环环相扣,无明显停顿;套路多直线往返,无跌扑、翻滚和跳跃动作。巫家拳拳理为交手不离七孔,手打三分,脚追七分,乘空而进,见隙必攻,手进身进脚相随,意动气动劲亦动。巫家弟子为纪念巫必达,将他所传授的各种拳械总称为"巫家拳",称他为巫家拳始祖。

在授徒时,巫必达注重因材施教,历代门人沿袭始祖宗旨,世代相传。后人在演练教习过程中,又进一步充实巫家拳理和拳法。第二代门人贺辅堂、大一师傅、冯照庭、冯霞斌等名师,共同创立麒麟六肘拳一路。第三代门人孙明亮与第四代门人马岳霖师徒多年研究,将原掐吊六肘拳套路改编为掐吊六肘五桩(按水、火、金、木、土五行分为五路拳)。后来马岳霖又增编六桩神拳一路(又称三十六擂拳),使巫家拳更加完善。据史料记载,辛亥革命领导人之一的黄兴、"鉴湖女侠"秋瑾等曾习练该拳。

巫家拳尚存完整拳法十五路,器械五路。1986年,在北京召开的全国第二次民间武术挖掘整理成果汇报会上,经专家教授认真审定,确认湘潭地方拳种"巫家拳"为南少林内家拳,列入中华武术优秀拳种。巫家拳在湘潭传承200余年,门徒数以万计,遍布于湖南、湖北等地。2005年,巫家拳在湘潭有武馆数家,民间习拳者数千人,是湘潭群众体育一个组成部分。

第二章 学校体育

(见第六十一篇《教育》第二章、第四章的"教育教学")

第三章 业余体校

按照国家与省体委相关要求,湘潭市内开办业余体校。业余体校担负着发现和培养体育苗子、代表当地参加上一级竞技体育比赛,以及向上级专业院校和优秀运动队输送后备人才的任务。湘潭市业余体校分为市级体校和基层业余体校两级训练模式。市级体校实行"三集中"(集中文化学习、集中体育训练、集中食宿)培养模式,基层业余体校以课余训练为主,两级体校构成湘潭市竞技体育业余训练体系。湘潭市人口少,管辖县区少,但国有大企业多,企业子弟学校的业余体校曾是湘潭基层业余体校的一个重要组成部分。

1986年，湘潭市有市级体校1所（即湘潭市体育中学），是当时湖南省唯一一所“三集中”市级体校；基层业余体校17所，共有专兼职教职员工186名，开设田径、游泳、球类等20个训练项目，在训学生1200余人。湘潭市体育中学由市体委主管，基层业余体校由开办单位主管，市体委进行业务指导。1988年，湘潭市体委组织全市县（市）区、企业业余体校的短跑、跳远比赛，取得团体总分前三名依次为：湘潭县业余体校、湘江区业余体校、湘潭钢铁厂业余体校。

1991年，湘潭市体委举办湘潭市基层业余体校羽毛球、乒乓球、田径比赛，各县（市）区、企业业余体校和市体育中学400余学生参赛，这些比赛调动起学校业余训练的积极性。1993年，湘潭市基层业余体校增至45所，有专、兼职教员200余人，在训学生达3000余人。是年，江麓机械厂业余体校在全国“萌芽杯”女子垒球赛中取得第三名；湘潭市一中学生曾志军在全国业余体校田径赛中获银牌1枚、铜牌1枚；湘潭电机厂业余体校航海模型队参加全国青少年海模赛中获帆船F5级第4名；县、区、企业业余体校、市属传统体育项目学校的运动员共30人，代表湘潭市参加湖南省业余体校田径、羽毛球比赛，获金牌3枚、银牌6枚、铜枚6枚、第四名5个、第五名2个、第六名5个。湘钢业余体校网球队向湖南省网球队输送3人，江南机器厂业余体校向湖南省体工队输送1人，向省体校输送1人。同年，湘钢业余体校等4所业余体校被评为湘潭市级先进体校，湘潭市一中等6所学校被评为湘潭市优秀传统体育项目学校。1994年，江麓机械厂业余体校女子垒球队参加全国少儿女子垒球比赛中获得第三名，有2人选进八一队；雨湖区窑湾小学获湖南省儿童足球比赛冠军；湘乡市一中获湖南省重点中学学生篮球赛女子比赛冠军；江南机器厂子弟中学、湘乡铁合金厂子弟小学、湘潭钢铁公司第二中学参加湖南省企业中、小学田径运动会，分别获得团体总分2个第二名，1个第四名。1996年在湖南省第八届运动会上，市一中学生彭晓燕以13.63米的成绩，夺得女子甲组三级跳远冠军，打破该项目的省纪录，达到国家运动健将标准；省建筑学校学生钟建国在参加男子甲组1500米和800米的比赛中获两枚金牌，湘潭市一中和省建筑学校被市委、市政府授予突出贡献奖。至1996年11年间，各基层业余体校，共向湘潭市体育中学输送1600余名少儿运动员，直接向湖南省优秀运动队输送6名运动员，向中国人民解放军“八一”体工队输送2名运动员，在参加全国比赛中获金牌10枚。

1997年起，随着国企和教育体制改革，除湘潭钢铁公司、江南机器厂的业余体校长期坚持办学外，其他企业的业余体校则时断时续甚至自然消失；中、小学校业余体校并入“0714”工程训练点和省、市传统体育项目学校的体育特长班。各县区的业余体校主要依托辖区内各中小学，由于管理体制和招生难等原因，县区业余体校也一直处于时断时续的状态。在此情况下，市体育中学成为湘潭竞技体育的主体，承担湘潭90%以上竞技体育比赛任务，夺得80%以上比赛成绩，完成90%以上的输送成绩。招生难也困扰着市级体校，至2002年，市体育中学“三集中”在校学生一直维持在350名左右，此后有下降趋势。2005年，湘潭市体育中学“三集中”在校学生215名。

第一节 湘潭市体育中学

湘潭市体育中学位于市体育中心内,是一所“三集中”的九年制义务教学业余体校,主要任务是为国家输送优秀体育人才,代表湘潭市参加省级以上的各项比赛。在校学生实行半专业性运动训练,半天学习文化,半天体育训练。1986年,市体育中学教职工72人,有小学、中学12个文化班级,学生300余名,开设与普通小学、中学相同的文化科目和课程。学校建有400m塑胶跑道标准田径场、足球场、室内外游泳池、举重馆、羽毛球馆、柔道摔跤馆、篮球场、排球场、射击场、体操馆等体育场馆和比较完备的教学、食宿设施。训练项目设田径、体操、羽毛球、技巧、游泳、蹼泳、排球、足球、举重、摔跤、柔道等11个项目。是年,湘潭市在湖南省第六届运动会上跃居金牌、团体总分全省第二名,市体育中学有63名学生参赛,共获金牌11枚,总分550分,获市政府嘉奖;2名学生参加第二届全国学生运动会,杨红打破一项全国中学生女子跳高纪录,受到湖南省教委、湖南省体委嘉奖;于文革在参加长沙地区田径邀请赛中,以57.42米的成绩取得成年男子铁饼第一名,并达到国家健将标准,这是新中国成立以来除湖南省体工队外,省内市级基层业余训练第一例达到国家健将标准的运动员。1988年,市体育中学运动项目在原有的基础上调整为田径、游泳、射击、摔跤、柔道、体操、羽毛球、武术、技巧、举重、排球、足球、皮划艇13个项目。是年,市体育中学有19人参加全国少年儿童比赛,62人次取得好名次,12人破湖南省同年龄组纪录,15人次破全国同年龄组纪录,有4人达一级运动员标准,3人达运动健将标准。于文革,四次打破亚洲男子铁饼记录,并入选参加第25届奥运会。欧阳向阳,打破航海模型F3—V级世界纪录。至1988年的3年间,湘潭市体育中学向湖南省优秀运动队输送35人,向湖南省体校、省体操学校输送39人,向北京体院、上海体院、武汉体院输送5人,向省内定向高水平运动队和高校输送17人,向外省、市和全国行业系统专业队输送15人。

1990年,黄郁林获布拉格国际举重比赛54公斤级挺举和总成绩两项冠军。蒋曙冬在四大洲艺术体操比赛中获团体冠军。彭新勇获世界青少年羽毛球赛混双第一名、女双第二名。市体校51名学生参加湖南省第七届运动会,获金牌17枚,总分528分。1991年,湘潭市体育中学加挂“湘潭市莲城学校”的牌子,列入湘潭市教委直属学校序列,由市教委与市体委双重领导,日常管理市体委为主。1993年,市体育中学对训练机制进行改革,教练员实行合同聘用制。至此5年间,市体校向省优秀运动队输送运动员108名,向省体校输送学生130名,在湖南省运动员输送排名中名列第二。

1994年,女子举重运动员周美红,在世界女子锦标赛中,获70公斤级总成绩世界冠军和挺举金牌、抓举第三名。同年,经过湖南省体育运动委员会的检查验收,湘潭市体育中学被命名为“湖南省重点体校”并挂牌。1996年,市体育中学200余名学生参加湖南省第八届运动会,共夺金牌45枚,总分1188.5分,被湘潭市委、湘潭市政府评为“为湘潭市参加省八运做出重大贡献先进单位”;在湖南省市州级体校综合评估中市体校排在首位,并被评为“全国业余训练先进集体”。是年,湘潭市体育中学向省体工队输送运动员36名。

1997年开始,市体育中学为备战湖南省第三届青少年运动会,更新设备、调整项目和教练员,加大选材和训练力度,重点挑选、培养参加省第三届青少年运动会的运动员。1999年,市体育中学有教职员工55人,增设中专班,有小学部、中学部、中专部,共12个文化班级,学生200余名,设举重、柔道、摔跤、体操、跳水、羽毛球、网球、武术、田径、游泳、射击等 11 个项目。市体校运动员在省第三届青少年运动会上获金牌 51.5 枚,银牌 48.5 枚,铜牌 37 枚;总分 1401.5 分,在全省排名第二,其中摔跤、柔道、羽毛球、网球四个项目在比赛中名列全省第一。2000 年,湖南师范大学体育学院在市体育中学开办体育大专函授点。是年,由市体育中学输送的运动员楚希望在当年全国青年举重锦标赛中获 3 枚金牌,并打破该项世界纪录;吴剑在全国举重锦标赛中获挺举、总成绩两项冠军;杨炼在全国女子举重冠军赛 48 公斤级抓举 92.5 公斤,打破全国纪录,并超世界纪录 5 公斤,同时获抓举、挺举、总成绩三项冠军;赵伟获第十一届残奥会 SB8 级 100 米蛙泳银牌;楚希望在第二十六届世界青少年举重比赛中获抓举、总成绩两枚金牌,并以 130 公斤的总成绩打破世界纪录。

2001 年,市体育中学以建设湖南省后备人才基地、培养尖子运动员和备战省运会为重点,进行教学和训练体制改革。由于场馆年久失修,部分馆舍被有关部门鉴定为危房。是年,在湖南省体育局市州体校检查评比中,湘潭市体育中学被评为全省优秀单位。2002 年,市体育中学有小学部、中学部、中专部、大专函授部共计 13 个教学班级,学生 200 余名,开设举重、柔道、摔跤、体操、跳水、蹦床、羽毛球、网球、田径、游泳、射击共计 11 个运动项目。运动员董乐安在第 14 届亚运会中获得现代五项女子团体第二名;曹晨在第六届世界羽毛球青年锦标赛中获男双第二名、混双第三名;李应龙在第 74 届世界举重锦标赛中获 62 公斤级亚军;在湖南省市州体校检查评比中,湘潭市体育中学被评为全省优秀单位。市体育中学 209 名学生参加湖南省第九届运动会,获金牌 25.5 枚、银牌 31 枚、铜牌 44.5 枚,总分 1202.5 分,该成绩占湘潭市整个代表团的 82%。至 2002 年的 6 年间,市体育中学向湖南省优秀运动队输送运动员 96 名,在湖南省运动员输送排名中名列第二。

2003 年,湘潭市体育中学中专部、函授部自然停办,学校更名为湘潭市体育运动学校(加挂湘潭市莲城学校牌子),设小学部、初中部 9 个教学班级,办有举重、摔跤、柔道、体操、跳水、蹦床、羽毛球、网球、田径、游泳、射击等 11 个项目,撤销湘潭市少儿体校,在市体校设举重、跳水、羽毛球三个训练中心(副科级单位)。湘潭市体育局投入二十余万元修缮举重、体操、摔柔、羽毛球馆。当年,跳水、羽毛球中心被评为省级“后备人才”基地。在湖南省体育局市州体校检查评比中,湘潭市体校被评为优秀单位。2004 年,运动员杨炼在全国奥运选拔赛中,以抓举 97 公斤、挺举 115 公斤、总成绩 212 公斤夺得女子 48 公斤级三项冠军。2005 年,第五届东亚运动会,杨炼以 117 公斤的成绩打破女子举重 48 公斤级挺举世界纪录,并获冠军,田径运动员王星获 400 米栏冠军、400 米亚军。在第十届全国运动会上,杨炼获女子举重 48 公斤级冠军,石晓倩、陈妮获女子羽毛球团体冠军,王星、董乐安获得 2 个第二名、2 个第三名。在湖南省体育局对全省地市级体校和省后备人才基地的检查评估中,湘潭市体育运动学校总分评估名列全省第一名,羽毛球基地被评为优秀省体育后备人才基地,跳水基地被评为合格湖南省体育后备人才基地。是年,湘潭市体育中学除对训练场馆和校舍进行几次局部维修,面积和建筑均无变化。至 2005 年 3 年间,湘潭市体育中学向湖南省运动队输送 25 名运动员,在省运动员输送中排名第三。

第二节　基层业余体校

一、湘潭县业余体校

1986年，湘潭县业余体校在湘潭县一中（江声中学）挂牌成立，当年招生40余人，开展田径业余训练。此后，又在湘潭县姜畲乡和青山桥乡创办县业余体校分校，但因种种原因，体校时办时停。1993年湘潭县恢复少年儿童业余体校，所设的项目主要是田径，初步尝试进行三集中业余训练形式，在校学生28人，专职教练1人，湘潭县体委在经费困难的情况下挤出1.8万元用于业余体校开支，并抽调一名副主任主管业余体校。一年后，三集中模式体校由于经费等方面的原因，自然停办。1995年12月，湘潭县乒乓球业余训练学校在韶山氮肥厂成立。同年，湘潭县业余体校田径班被任命为省级重点田径班。1996年，湘潭县编委同意设立少年儿童业余体校，定事业编制2人。同年，湘潭县体委将乒乓球定为重点运动项目，湘潭县乒乓球业余训练学校迁至湘潭县百花小学，并成立湘潭县乒乓球培训中心，湘潭县一中、二中、三中、五中、青山桥区作为训练学校，参训学生100余人。至1996年的11年间，县体校向湘潭市体育中学输送学生150余人。

1997年，湘潭县体校田径队参加湖南省青少年比赛，获青少年田径赛县级组团体总分第6名。1998年，湘潭县体校参加省小学乒乓球赛，获女子双打第二名、第四名。1999年，湘潭县业余体校被湖南省体委评为先进业余体校。2002年机构改革，湘潭县体委与文化局合并，由于人手少，教练员回局机关上班，县业余体校委托江声中学代管。2003年参加湖南省青少年田径赛，获全省县级业余体校团体总分第六名；2004年参加省业余乒乓球赛，获男子团体第二名。2005年，湘潭县业余体校有专职教练1人，兼职教练4人，所设项目有田径、篮球、武术、游泳、乒乓球，参训人数601人。是年，在参加省青少年乒乓球比赛中，湘潭县江声中学、百花小学参赛，江声中学获男子丙组团体第三名。至2005年的9年间，县体校共向市体校输送学生80余人。

二、湘乡市业余体校

湘乡市业余体校由湘乡市体委创办于1991年，开设篮球、田径、乒乓球三个班，招生85人，湘乡市体委专职教练和中学体育教师共5名教练执教。此后，湘乡业余体校，依托湘乡体育馆同时在湘乡市直、城区学校定点布局，开展业余训练。1995年，湘乡市体委确立柔道、田径为重点项目，市业余体校有学生65人（柔道35人、田径30人），有专职教练4人，兼职教练2人，湘潭市派教练1名指导柔道训练。柔道班定为湖南省重点业余体校（班），当年被评为全省县级业余体校先进班。1996年，柔道班并入湘潭市体校柔道队。2001年，湘乡市体校有教练6人，招生80人，开设田径、乒乓球、篮球等项目。2002年，湘乡市体育局将跆拳道和射击定为重点项目，这两个项目当年招生90人，加上田径等项目体校共有学生120余人，专兼职教练8人。是年，湘乡一中在参加湖南省“和平杯”中学生田径锦标赛中，获团体总分第一名。2003年，湘乡体育局将射击和跆拳道分别落户到东山学校和湘乡一中，采取体教结合的办法进一步扩大业余训练范围，市体校参训学生150余人，专兼职教练15人。是年，在参加湖南省青少年田径运动会中，湘乡一中获县级团体总分第一名；在湖南省青少年跆拳道比赛中获金牌2枚、银牌1枚、铜牌3枚。2004年,在参加湖南省青少年田径运动会中,湘乡一中业余田径训练班获县级团体总分第三名。在参加省青少年跆拳道比赛中,获金牌3枚、银牌3枚。2005年,湘乡市体校有专兼职教练15人,参训学生200余人,开设田径、跆拳道、射击等项目。是年,参加湖南省青少年田径运动会,湘乡一中获县级团体部第二名,在省青少年跆拳道比赛中,湘乡体校运动员获金牌2枚、银牌3枚。

三、雨湖区业余体校

1986年,雨湖区、湘江区、郊区各有一所业余体校,所设项目有田径、游泳、举重、武术。每所业余体校参加训练的学生在100人左右,教练员均为兼职。至1992年,共向湘潭市体育运动学校输送运动员29名,向省运动队输送运动员3名。1992年,雨湖、湘江两区及郊区部分乡镇组成雨湖区,新成立的雨湖区没有组建业余体校。2001年11月,雨湖区恢复成立业余体校,定点韶西逸夫学校,并在全区68所中小学建立1~2个运动项目,由区文体局派人指导学校开展业余训练,每年参训学生200余人。2002年,雨湖区输送的运动员李应龙在第74届世界举重锦标赛中获62公斤级亚军。2002年后,该校停止招生。

四、湘潭钢铁厂业余体校

1986年,湘潭钢铁厂业余体校成立,有专兼职教练20人,归口厂工会管理,开设网球、足球、篮球、乒乓球等项目,招生150人。网球是湘钢业余体校的传统特色项目。1986年,湘钢体校学生李芳参加全国青少年比赛获冠军,同年调入国家网球队。1987年,张帆、赵志强参加全国网球赛,获男子双打第三名,团体第二名;1998年,李芳、陈莉参加第十三届亚运会,获女子双打第一名,女子团体第二名,李芳获女子单打第二名。至该年,在国内外大赛中,李芳共获冠军20余项,陈莉共获冠军10余项。此外,著名网球运动员彭帅、袁梦都是湘钢业余体校对外输送的运动员。企业体制改革和子弟学校交政府主管后,湘钢业余体校仍然面向社会招生,2001年被湖南省体育局定点为省级青少年网球训练基地,同年被国家体育总局命名为国家级重点网球训练基地。2002年,湘钢业余体校运动员参加湖南省第九届运动会获网球少儿组金牌3枚、银牌2枚。2005年,湘钢业余体校有专、兼职教练29人,拥有塑胶网球场4片,篮球场4个,标准田径场2个,室内体育馆一个,开设田径、网球、足球、篮球、乒乓球等项目,招生120余人。

五、江南机器厂业余体校

1985年,江南机器厂创建业余体校。学校隶属厂工会,有专、兼职教练17人,面向厂子弟学校招生,依托厂体育场馆开展业余训练,设有田径、足球、羽毛球、乒乓球、武术、体育舞蹈等项目,常年招生人数180余人。田径和乒乓球是江南业余体校的传统项目。1987年,江南体校参加全国厂矿体校田径赛获女子团体第三名,1988年,参加湖南省厂矿体校乒乓球比赛获男子团体和女子团体第三名,男子单打、女子单打第三名。1992年,乒乓球队代表湘潭参加湖南省第二届青年运动会,获女子团体第三名。1999年,乒乓球队参加湖南省第三届青年运动会为湘潭代表团夺得2个团体第二名,2个单项第三名。企业体制改革和子弟学校交政府主管后,江南业余体校仍然面向社会招生,2001

年被湖南省体育局定点为省级青少年乒乓球训练基地。2002年,乒乓球队参加湖南省第九届运动会,为湘潭代表团夺得5个有奖名次。2005年,江南业余体校有专、兼职教练18人,拥有室内体育馆1个,乒乓球馆1个,室外篮球场6个,标准田径场1个,健身房1个,舞蹈训练馆1个,开设田径、乒乓球、足球、篮球等项目,招生180余人。至2005年的20年间,江南业余体校向省体校和省体工大队输送运动员14名,有13人考取体育院校。

附一 湘潭市传统体育项目

1986年,为调动全市中小学校开展业余训练的积极性,湘潭市教委和市体委在一些场地器材、师资生源条件较好的学校开展田径、游泳、排球、乒乓球、射击、篮球等业余训练,从中评选体育传统项目学校。同时,推荐获市级传统项目的中学申报省级传统项目学校。当年确定传统项目小学35所,中学9所,有兼职教练84人,在训学生300余人。田径作为体育基础项目,各学校均设为重点,参训学生人数最多。湘潭市体委和教委每年都举行传统项目田径比赛。

1988年湘潭市体育传统项目布局

表65-3-1

项目	所布小学	所布中学
田径	和平、云塘、雨湖、风车坪 金庭、人民、唐兴寺、窑湾 曙光、工农、东方红、文西街 岳塘区各小学 板塘区各小学 郊区各小学 韶山市各小学 湘乡市各小学 湘潭县各小学 各大厂矿小学 各大学附小	湘潭市一中、二中、四中、七中、十中 岳塘中学 护潭中学 韶山学校 湘乡市一、二、三中 湘潭县一中 大厂矿子弟中学 各大学附中
游泳	湘江区、雨湖区各小学 岳塘区各小学 大厂矿各小学 湘潭县、湘乡市的小学	湘潭市九中 岳塘中学 大厂矿中学 湘乡市一中、湘潭县一中
女排	各区小学 湘钢各小学	湘潭市十二中 湘钢二中
乒乓球	湘钢各小学 岳塘区一完小、雨湖区工农小学 柴油机厂子校 湘锰小学	湘钢二中 湘潭市三中 柴油机厂中学 湘锰中学
射击	雨湖区各小学 岳塘区各小学 湘江区各小学 江麓、电机小学	湘潭市一、三中、四中、十五中 江麓中学、电机中学
篮球	市区各小学 男篮 市区各小学 女篮	湘潭市一中 湘潭市二中

1989年,由湘潭市体委和湘潭市教委所确认的传统项目小学为131个,中学为27个,有兼职教练183人,在训学生2160人;经湖南省体委与省教委联合考核,湘潭市被确定为湖南省传统项目的学校有:湘潭市一中、湘潭市二中、湘乡一中、湘机中学、湘潭县一中、江南中学、湘钢二中等七所中学,有教练15人,在训学生180余人。

1991年,由湘潭市体委和湘潭市教委对湘潭市体育传统项目学校进行检查验收,经过综合评定,湘潭市一中等11所学校为1991年度湘潭市先进体育传统项目学校;新批准湘钢三校、湘乡东方红小学、湖南铁合金厂小学、湘锰小学为湘潭市体育传统项目学校。同年,湘钢一中被湖南省体委、湖南省教委批准为湖南省传统项目学校,至此湘潭市省级传统项目学校增至8所中学,教练17名,在训学生200余人。

随着教育和体育训练的体制改革,中小学校的体育传统项目逐步以培养体育特长生为重点。2005年,湘潭市小学传统项目学校为146个,中学传统项目学校为32个,有兼职教练员200多人,在训学生达2800人;湘潭市省级传统项目学校有:湘乡东山学校、湘钢一中、湘潭市二中、湘乡一中、湘机中学、湘潭县一中、江南中学、湘钢二中八所中学,有兼职教练18人、在训学生人数210余人。所设项目有田径、篮球、羽毛球、射击、乒乓球、游泳、排球、足球等。

2005年湘潭市体育传统项目布局

表65-3-2

项目	所布小学	所布中学
田径	和平、风车坪、曙光、金庭、云塘、韶西逸夫、人民、唐兴寺、窑湾、广场、各县(市)区属小学	湘潭市一中、二中、三中、四中、十一中,湘钢一中、二中,湘潭县一中、二中、四中,湘乡一中、二中、三中,韶山学校
篮球	市区各小学,县(市)城关各小学	湘潭市一中、二中、三中、十一中,湘钢一中,湘潭县一中、二中,江声中学,湘乡一中、二中、东山学校,韶山学校
羽毛球	和平、风车坪、江南、大桥小学	湘潭市益智中学、一中、二中,湘钢一中
足球	和平、风车坪、江南、江麓、湘钢小学	湘潭市一中,湘钢一中、湘机中学、江南中学
乒乓球	和平、大桥、云塘、江南,湘潭县百花小学	湘机中学、江南中学,湘潭县一中,江声中学
游泳	湘钢三校	湘钢中学、湘机中学
射击	大桥小学	湘乡东山学校

附二 "0714"工程

1993年,湘潭市体委制定"双百工程"计划,即在市、县两级业余体校中培养100名能在省重大比赛中取得前六名的优秀少年运动员,在全市中、小学校7~14岁年龄组中培养100名达到湖南省体委各项标准的优秀运动员苗子,这个计划简称"0714工程",该项工程由湘潭市体委和湘潭市教委联合实施。湘潭市体委对县、市两级体委进行目标管理,在基层中、小学校业余训练具体实施,每年由湘潭市体委、市教委组织人员进行达标测试，对达到标准的运动员和教练员实施奖励。

至2005年13年间，参加“双百工程”测试的学生达3928人，达湖南省制定的体育之星标准为332人，体育优秀苗子为198人，共计530人达到“双百工程”标准。其中一部分人被输送到湖南省优秀运动队，一部分人被输送到国内各高等院校、高水平运动队和各体育院校。

历届“双百工程”(“0714”工程)实施情况

表65-3-3

年份	参赛学校数	参赛人数	达省体育希望之星标准人数	达省优秀体育苗子人数	说明
1993	15所	328人	30人	—	—
1994	45所	355人	92人	—	—
1995	39所	300人	83人	—	—
1996	20所	342人	31人	38人	—
1997	21所	345人	45人	—	—
1998	41所	484人	20人	39人	—
1999	20所	219人	2人	16人	—
2000	20所	500人	—	24人	—
2001	15所	245人	8人	—	—
2002	10所	222人	4人	—	—
2003	—	—	—	—	因故未举行
2004	14所	300人	9人	31人	—
2005	15所	288人	8人	50人	—

第四章 体育竞赛①

第一节 参加省级运动会

一、参加湖南省运动会

(一)参加湖南省第六届运动会

湖南省第六届运动会，于1986年9月19日至9月27日在湘潭市举行。湘潭市作为承办城市，

① 体育竞赛可分竞技体育和群众体育竞赛，本章所指参加省级运动会均为竞技体育竞赛。体育竞赛按层次分为国家级、省级和市级体育比赛。省专业运动队参加国家级以上竞技体育比赛，各市州向省队输送运动员参加国家级以上比赛所取得的成绩记入市州。

组成332人的体育代表团参加篮球、排球、足球、乒乓球、羽毛球、田径、游泳、潜水、射击、举重、武术、技巧、航空模型、航海模型、体操、象棋、无线电测向、男子摔跤、女子柔道等19个项目的比赛，获得金牌42枚、银牌48枚、铜牌35枚、第四名29个、第五名26个、第六名12个，1人打破1项全国少年分龄组纪录，5人次破省纪录，以总分1026.5分的成绩，名列全省第二名。

(二)参加湖南省第七届运动会

湖南省第七届运动会1990年7月15日至9月4日在邵阳、长沙等城市举行，湘潭市组成305人的代表团参加田径、游泳、射击、男子自由式摔跤、古典男子摔跤、柔道、举重、体操、乒乓球、皮划艇、蹼泳、技巧、武术、篮球、排球、足球、航海模型、门球等18个项目的比赛。由于运动员退役出现断层等原因，这届运动会湘潭市只获得金牌30枚、银牌25枚、铜牌25枚，总分948.5分，金牌数和总分排名列全省第八名。

(三)参加湖南省第八届运动会

1996年8月6日至9月7日，湖南省第八届运动会分别在常德和永州举行，湘潭市组成407人的代表团参加田径、游泳、武术、排球、网球、跳水、体操、举重、射击、柔道、摔跤、羽毛球、蹦床、足球、花样游泳、蹼泳、乒乓球等17个项目的比赛，获金牌60枚、银牌51.5枚、铜牌34枚，团体总分1803.5分的成绩，双双名列全省第四名。其中田径、篮球、网球、跳水四个项目的金牌数全省第一，田径的总分由原来的第六名跃居全省第二名。本届运动会上，湘潭市1人2次破省纪录、4人4次破省少年纪录，80人达到国家二级运动员标准，8人达到国家一级运动员标准，2人达到国家运动健将标准。

(四)参加湖南省第九届运动会

湖南省第九届运动会2002年9月8日至9月15日在益阳市举行，湘潭市组成438人的体育代表团，参加田径、游泳、武术、排球、网球、跳水、体操、举重、射击、柔道、摔跤、羽毛球、蹦床、足球、花样游泳、乒乓球等16个项目的比赛。湘潭代表团获团体总分2662分，名列全省第三，夺得金牌69.5枚，名列全省第四名，向省体工队输送53名运动员，名列全省第二。

二、参加湖南省青少年运动会

(一)参加湖南省首届青少年运动会暨湖南省第三届中学生运动会

湖南省首届青少年运动会暨第三届中学生运动会于1988年7月15日至7月21日在衡阳举行，湘潭市组成180人的代表团参加射击、摔跤、柔道、体操、举重、游泳、篮球、田径等8个项目的比赛，获金牌17枚、银牌8枚、铜牌17枚，总分329分，名列全省第九名。

(二)参加湖南省第二届青少年运动会

湖南省第二届青少年运动会于1992年7月15日至9月7日分别在冷水滩、岳阳、益阳、长沙等地举行，湘潭市组成285人的代表团参加田径、游泳、射击、羽毛球、摔跤、柔道等11个项目的比赛，获金牌24枚、银牌13枚、铜牌13枚，金牌全省排名第六，总分584分，全省排名第九；5人打破11项湖南省青少年纪录，2人达一级运动员标准，11人被选入湖南省体校，2人进入湖南体工队。

(三)参加湖南省第三届青少年运动会

湖南省第三届青少年运动会于1999年8月28日至9月4日在湘潭市举行，湘潭市组成219

人的代表团参加田径、游泳、射击、举重、摔跤、柔道、体操、网球、羽毛球、武术等10个项目的比赛，湘潭市代表团共获金牌61.5枚、银牌59枚、铜牌43枚，获总分1656分，金牌总数和团体总分全省排名第二；囊括网球项目所设的全部10枚金牌，网球、摔跤、柔道、羽毛球总分位居全省第一，田径、游泳位居全省第二，射击、体操位居全省第三；有7人8次达到国家一级运动员标准，31人65次达到国家二级运动员标准。

三、参加湖南省青少年儿童体育比赛(常规赛)

为检验全省体育业余训练成果，湖南省体育局在非省运会之年每年都举办全省青少年儿童体育比赛，比赛地点按项目分设在全省各地(州)市。比赛因年年举办(举办省运会和青运会等综合性运动会的年份除外)，行内称之为“省青少年常规赛”。1986~2005年间湘潭市组队参加十届省青少年儿童体育比赛(成绩见表65-4-1)。

1991~2005年湘潭市参加湖南省青少年儿童比赛成绩

表65-4-1

年份	人数	项目数	金牌(枚)	银牌(枚)	铜牌(枚)	总分	全省排名	达一级	说明
1991	241人	11项	105	107	92	1139分	5	1人	—
1994	210人	9项	36	22	31	1219分	5	6人	2人5次打破湖南省青少年举重记录
1995	214人	11项	42	39	30	1056.5分	3	1人	1人1次打破湖南省青少年田径记录
1997	304人	13项	82	57	40	1498分	1	2人	6人8次打破省青少年纪录
1998	216人	12项	68	60	50	1208分	3	—	—
2000	273人	12项	52	48	39	913分	4	—	—
2001	349人	15项	46	56	50	1152.5分	3	—	—
2003	262人	12项	69	67	58	1765.5分	3	—	—
2004	353人	12项	47	52	55	2080.5分	3	—	—
2005	305人	12项	41	35	46	2216.5分	4	—	—

1986~2005 年湘潭籍运动员参加国内外比赛成绩

表 65–4–2

姓名	年份	运动会名称	项目	成绩	名次	说明
杨　红	1986	全国第三届中学生运动会	田径跳高	—	5	破纪录
杨　红	1986	全国田径分龄赛	田径跳高	—	3	—
章春玲	1986	全国田径分龄赛	田径跳远	—	4	—
章春玲	1987	全国第六届运动会	田径跳远	—	3	全国第六届运动会，湖南省排名由全国第 25 名上升到第 12 名，其中湘潭运动员参赛的总分居全省第三名，是年，湘潭市荣获湖南省政府颁发的“突出贡献”奖杯
张　帆 赵志强	1987	全国网球赛	男双	—	3	—
张　帆 赵志强	1987	全国网球赛	团体	—	2	—
张　帆	1987	亚洲网球锦标赛	单打	—	3	—
李　芳	1987	国际少年网球邀请赛	单打	—	1	—
李　芳	1987	国际少年网球邀请赛	双打	—	1	—
唐　辉	1987	全国“登喜路”羽毛球公开赛	男双打	—	2	—
高　勇	1987	世界摩托艇锦标赛	—	2		达国际健将
张文革	1987	全国射击冠军赛	—	—		平国家和世界纪录
唐　敏	1988	全国网球单项赛	女单	—	1	—
喻梦安	1988	全国网球单项赛	男单	—	1	
周　蓓 陈京京	1988	全国网球单项赛	女双	—	3	—
李　芳	1988	全国网球赛	女团	—	1	—
周　蓓	1988	全国网球赛	女团	—	1	—
陈京京	1988	全国网球赛	女团	—	1	—
刘　蓉	1988	全国网球赛	女团	—	1	—
贺　拾	1988	全国青少年航海模型比赛	F1—E	—	1	——
贺　拾	1988	全国青少年航海模型比赛	F3—V	—	2	—
黄郁林	1988	全国举重比赛	56 千克抓举	—	1	—
黄郁林	1989	全国举重比赛	60 千克抓举	—	2	—
彭新勇	1990	世界青少年羽毛球赛	混双	—	1	—
周志清	1990	全国举重冠军赛	抓举	—	1	—

续表

姓名	年份	运动会名称	项目	成绩	名次	说明
黄郁林	1990	全国举重锦标赛	抓举	—	1	—
胡桂村	1990	全国举重锦标赛	总成绩	—	1	—
欧阳向阳	1990	世界航海模型锦标赛	—	—	3	—
欧阳向阳	1990	全国航海模型比赛	—	—	1	—
黄郁林	1990	布拉格国际举重赛	60千克抓举	—	1	—
黄郁林	1990	布拉格国际举重赛	60千克挺举	—	1	—
黄郁林	1990	布拉格国际举重赛	60千克总成绩	—	1	达国际运动健将标准
欧阳向阳	1991	世界航海模型比赛	F3—V	15秒	1	打破世界纪录
陈 莉	1992	第25届奥运会	网球	—	—	—
李 芳	1992	第25届奥运会	网球	—	—	—
唐 敏	1992	第25届奥运会	网球	—	—	—
于文革	1992	第25届奥运会	田径	—	—	—
于文革	1992	北京地区邀请赛	田径铁饼	64.22米	1	打破亚洲和全国纪录
于文革	1992	全国田径锦标赛	田径铁饼	65.02米	1	打破亚洲和全国纪录
于文革	1992	第六届世界杯田径赛	田径铁饼	63.06米	3	—
张文革	1992	全国射击冠军赛	60发卧射	692环	1	—
张文革	1992	全国射击冠军赛	步枪3×40立射	369环	1	—
张 华	1992	全国滑水锦标赛	男子跳板	—	1	—
欧阳向阳	1992	全国航海模型锦标赛	F3—E	—	1	—
刘 勇	1992	全国青少年网球赛	男单	—	1	—
易小红	1992	全国青年赛艇锦标赛	2000×4	—	1	—
周 铁	1992	全国少年古典摔跤赛	55千克	—	3	—
李大龙	1992	全国少年自由式摔跤赛	76千克	—	2	—
李大龙	1993	全国第七届运动会自由式摔跤比赛	76千克	—	3	24名湘潭运动员参加全国七运会，获金牌3枚，银牌3枚，铜牌1枚
周美红	1994	世界女子举重锦标赛	70千克	总成绩128.5千克	1	破世界纪录
周美红	1994	世界女子举重锦标赛	70千克挺举	—	1	—
周美红	1994	世界女子举重锦标赛	70千克抓举	—	1	—
韩 文	1994	远南残疾人运动会	F11铁饼	—	1	破世界纪录
王晓春	1995	全国青少年比赛	田径	—	1	—
谭 健	1995	全国青少年比赛	田径	—	1	—

续表

姓名	年份	运动会名称	项目	成绩	名次	说明
官　丽	1995	全国青少年比赛	田径	—	1	—
刘　畅	1995	全国青少年比赛	羽毛球	—	1	—
彭　静	1995	全国青少年比赛	羽毛球	—	1	—
曹　晨	1995	全国青少年比赛	羽毛球	—	1	—
陈　雪	1995	全国青少年比赛	羽毛球	—	1	—
陈　梅	1995	全国少年比赛	羽毛球	—	1	—
李　霄	1995	全国少年比赛	羽毛球	—	1	—
李文静	1996	亚太地区跳水锦标赛	1 米板	—	1	—
李文静	1996	亚太地区跳水锦标赛	3 米板	—	1	—
李玉林	1996	全国青年锦标赛	皮划艇、四人艇	—	1	—
李玉林	1996	全国青年锦标赛	双人艇	—	2	—
崔　恒	1996	全国射击锦标赛	多向飞碟	—	2	—
—	1997	全国第八届运动会	—	—	第一名 4 个	20 名湘潭运动员参加全国第八届运动会，获金牌 4 枚，银牌 1 枚，铜牌 1 枚
楚希望	1998	全国青年男子举重锦标赛	56 千克抓举	—	4	—
杨　炼	1998	全国青年女子举重锦标赛	53 千克抓举	—	2	—
李　芳	1998	第十三届亚运会	网球女双打	—	1	—
李　芳	1998	第十三届亚运会	女单打	—	2	—
李　芳	1998	第十三届亚运会	混双	—	3	—
李　芳	1998	第十三届亚运会	女团	—	2	—
陈　莉	1998	第十三届亚运会	女双	—	1	—
陈　莉	1998	第十三届亚运会	网球女团	—	2	—
楚希望	1999	全国青年举重锦标赛	—	3 枚金牌	—	破世界青年纪录
吴　剑	1999	全国举重锦标赛	挺举	—	1	—
吴　剑	1999	全国举重锦标赛	总成绩	—	1	—
杨　炼	2000	全国女子举重冠军赛	47 千克抓举	92.5 千克	1	破全国和世界纪录
杨　炼	2000	全国女子举重冠军赛	挺举	—	1	—
杨　炼	2000	全国女子举重冠军赛	总成绩	—	1	—
赵　伟	2000	第十一届残奥会	SB8100 米蛙泳	—	2	—
楚希望	2000	第 26 届世界青年举重赛	抓举	—	1	—
楚希望	2000	第 26 届世界青年举重赛	总成绩	—	1	破世界青年纪录

续表

姓名	年份	运动会名称	项目	成绩	名次	说明
吴 剑	2001	东亚运动会	62 千克	—	1	—
唐 智	2001	全国青少年射击比赛	手抢速射	—	1	—
旷 美	2001	全国青年女子柔道锦标赛	63 千克	—	1	—
丁国勇	2001	全国皮划艇锦标赛	500m/c4	—	1	—
王 星	2001	全国中学生田径运动会	田径	—	1	—
楚希望	2001	全国第九届运动会	56 千克	—	4	—
李应龙	2001	世界举重锦标赛	总成绩	—	1	—
王 健	2001	全国第九届运动会	羽毛球团体	—	2	—
曹 晨	2001	全国第九届运动会	羽毛球团体	—	2	—
董乐安	2002	第 14 届亚运会	现代五项女子团体	—	2	—
曹 晨	2002	第六届世界羽毛球锦标赛	男双	—	2	—
曹 晨	2002	第六届世界羽毛球锦标赛	混双	—	3	—
李应龙	2002	第 74 届世界举重锦标赛	62 千克	—	2	—
李应龙	2002	第 74 届世界举重锦标赛	团体	—	1	—
楚希望	2003	全国男子举重冠军赛	56 千克	—	1	—
楚希望	2003	世界举重锦标赛	56 千克	—	1	—
龚 剑	2003	第三届亚洲激流回旋锦标赛	男子双划	—	1	—
龚 剑	2003	全国第五届城市运动会	男子双划	—	1	—
王 星	2003	全国第五届城市运动会	400 米栏	—	2	—
王星、官丽、阮卓芬	2003	全国第五届城市运动会	4×400	—	2	—
曹 晨	2003	全国羽毛球锦标赛	男子双打	—	2	—
曹 晨	2003	全国羽毛球冠军赛	混双	—	3	—
毛 角	2003	全国第五届城市运动会	56 千克总成绩	—	2	—
扶 婷	2003	湖南省第六届残疾人运动会	5B8 女子 200 米蛙泳	—	—	破世界纪录
杨 炼	2004	全国女子举重冠军赛	48 千克	—	2 枚金牌	—
郭 佳	2004	第 28 届奥运会	垒球	—	4	—
王 星	2004	亚洲青年田径锦标赛	400 米栏	—	1	—
王 星	2004	亚洲青年田径锦标赛	4×400 米	—	1	—
王 星	2004	全国田径锦标赛	400 米栏	—	3	—
王 星	2004	全国田径冠军赛暨大奖赛	400 米栏	—	2	—
丁 坚	2004	全国春节赛艇锦标赛	男子轻双单 2000 米	—	2	—

续表

姓名	年份	运动会名称	项目	成绩	名次	说明
龚 剑	2004	全国春节皮划艇激流回旋冠军赛	双划	—	3	—
龚 剑	2004	全国春节皮划艇激流回旋冠军赛	双划艇	—	2	—
杨 炼	2005	全国女子举重比赛	48 千克	—	1	—
石晓倩	2005	全国羽毛球比赛	团体	—	1	—
陈 妮	2005	全国羽毛球比赛	团体	—	1	—
毛 角	2005	全国男子举重锦标赛	62 千克挺举	—	3	—
王 露	2005	第七届亚洲跳水锦标赛	男子 10 米跳台	—	2	—
杨 炼	2005	第五届东亚运动会	举重 48 千克	—	1	破世界纪录
王 星	2005	第五届东亚运动会	400 米栏	—	1	—
王 星	2005	第五届东亚运动会	400 米	—	2	—

第二节 市级运动会

一、湘潭市运动会

湘潭市运动会每四年举办一届，由市人民政府举办，市体委(体育局)承办，比赛项目齐，参赛单位多，是全市大型综合性运动会。湘潭市第五届至第八届运动会均以青少年儿童为重点，运动员以体校学生为主体，按学生户籍地代表县(市)区参赛，主要目的是选拔和发现参加省运会的运动员和优秀竞技体育苗子，项目设置对接省运会，以竞技体育为主。为推动全民健身活动，湘潭市从第九届市运会开始实行改革尝试，参赛运动员以成年人为主体，项目设置大幅度增加群体和趣味竞赛项目，将全市运动会由青少年竞技体育为主变为成年人群众体育为主。

(一)湘潭市第五届运动会

湘潭市第五届运动会于 1987 年 5 月至 8 月举行，比赛项目有篮球(老年、成年、少年)、排球(成年、少年)、足球(成年男子足球、少年)、门球、乒乓球(老年、成年、少年)、羽毛球、田径、游泳、潜水、举重、射击共 11 项。各县(市)区、大厂矿企业、大专院校共 19 个单位，2000 余人参赛。获团体总分和奖牌数前六名的单位是：湘潭钢铁公司、湘乡市、湘潭电机厂、雨湖区、岳塘区、湘江区。

(二)湘潭市第六届运动会

湘潭市第六届运动会于 1991 年 5 月至 8 月举行，比赛设田径、游泳、射击、体操等 17 个项目，各县(市)区、大厂矿企业、大专院校共 21 个体育代表团 2080 名运动员、教练员参加比赛。获团体总分和奖牌数前六名的单位是：湘乡市、湘潭县、雨湖区、湘潭电机厂、岳塘区、板塘区。

(三)湘潭市第七届运动会

湘潭市第七届运动会于 1995 年 5 月至 8 月举行，比赛设田径、游泳、射击、摔跤、乒乓球、体操、举重、足球、网球、羽毛球、跳水、柔道、武术、桥牌、象棋、围棋等 16 个项目。各县(市)区、大厂矿企业、大专院校共15个单位,2000多名运动员、裁判员参加这次运动会。获得团体总分和奖牌数前六名的单位是:雨湖区、岳塘区、湘潭县、湘乡市、江南机器厂、湘潭钢铁公司。

(四)湘潭市第八届运动会

湘潭市第八届运动会于2000年5至8月举行,比赛设田径、游泳、射击、体操、武术、跳水、摔跤、柔道、举重、乒乓球、羽毛球、网球、篮球、排球、足球等15个项目,分青少年儿童组和成年组进行。各县(市)区、大厂矿企业、大专院校共13个单位,3000余名运动员、教练员、裁判员参加这届运动会。团体总分和奖牌数县(市)区组前五名是:雨湖区、岳塘区、湘潭县、湘乡市、韶山市;团体总分和奖牌数企业组前八名是:湘潭钢铁公司、江南机器厂、湘潭电机厂、湘潭电缆厂、江麓机械厂、湘潭锰矿、湘潭纺织印染厂、韶峰水泥集团。

(五)湘潭市第九届运动会

湘潭市九届运动会于2004年7月至9月举行,比赛设田径、游泳、篮球、足球、羽毛球、网球、乒乓球、射击、象棋、围棋、桥牌、门球、健身秧歌(第二套)、大众健美操(第二套)、拔河共15项。湘潭县、湘乡市、韶山市、雨湖区、湘潭钢铁集团公司、湘潭电机集团有限公司、江南机器集团有限公司、江麓机械集团有限公司、湘潭锰业集团有限公司、湖南韶峰水泥集团有限公司、湖南铁合金集团有限公司、湖南湘铝有限责任公司、湘潭发电有限责任公司、湘潭大学、湖南科技大学、湖南工程学院、市直机关等单位组团,共计5000多人次参加比赛。此届市运会在赛制和项目设置上作重大改革,由青少年竞技体育为主改变为成年人群众体育为主, 运动员以18-55周岁的成年人作为主要参赛对象;在项目设置上增设群体活动的比赛,健身秧歌、健美操、拔河、门球、袋鼠跳、2人3足跑比赛,增强比赛的趣味性;为副县级以上领导干部设置射击、网球等六项目的比赛,以此推动湘潭市的全民健身运动。获比赛一等奖单位是:雨湖区、岳塘区、湘乡市,获比赛二等奖单位是:湘潭县、湘潭钢铁集团有限公司、湘潭电机集团有限公司、湖南铁合金集团有限公司,获比赛三等奖单位是:江麓机械集团有限公司、江南机器集团有限公司、湘潭锰业集团有限公司、湘潭发电有限责任公司。

二、湘潭市中学生田径运动会

湘潭市中学生田径运动会用以检验全市中学课外活动和体育业余训练成果、选拔和发现优秀体育苗子的常规运动会,由市教委和市体委每年联合举办一次,参赛对象为全市各中学,计分和分组办法按当年参赛单位和人数设定。中学生田径运动会曾为湘潭竞技体育选送一批体育后备人才。随着教育体制改革,90年代中期,市职业高中也参赛中学生田径运动会。同时,受高考的加分政策引导,市中学生田径运动会逐渐演变为各学校选拔体育特长生的运动会。

1986~2005年湘潭市中学生田径运动会基本情况

表65-4-3

时间	参赛学校数(所)	参赛人数(人)	比赛地点	第一名单位
1986	43	800	市体育中心	男子团体:湘潭市一中 女子团体:湘潭市一中
1987	41	700	湘潭市二中	男子团体:湘潭县一中 女子团体:湘潭市一中
1988	42	900	市体育中心	男子甲组:湘钢二中 女子甲组:湘潭县一中 男子乙组:湘乡市一中 女子乙组:江南中学
1989	40	800	市体育中心	团体甲组:湘潭市一中 团体甲组:湘潭市一中 湘潭电机中学 团体丙组:湘潭十六中
1990	40	800	市体育中心	团体甲组:湘乡市一中 团体乙组:湘潭电机中学 团体丙组:湘潭市宝塔中学
1991	38	700	市体育中心	团体甲组:湘潭县一中 团体乙组:湘乡东山学校
1992	48	900	市体育中心	团体甲组:湘潭县一中 乙组高中:湘潭县五中 乙组初中:湘潭县十中
1993	39	1000	市体育中心	团体甲组:湘潭市一中 乙组高中:湘乡东山学校 乙组初中男:雨湖荷塘中学 乙组初中女:湘乡洪塘中学
1994	34	800	市体育中心	高中甲组:湘潭市一中 初中甲组:湘潭市一中 高中乙组:湘乡东山学校 初中乙组:湘潭县十中
1995	25	600	市体育中心	团体总分:湘潭县一中
1996	48	900	市体育中心	职校男子:湘钢职业中学 职校女子:湘潭市一职 初中男子:湘乡树人中学 初中女子:湘潭县十中 完全高中组:湘潭市一中 完全初中组:湘潭市一中
1997	36	600	市体育中心	职业中学:湘钢职业中学 普通初中:湘乡树人中学 完全高中组:湘潭市一中 完全初中组:湘潭市一中
1998	36	700	市体育中心	完全高中组:湘潭县一中 完全初中组:湘潭市一中 职业中学:湘潭市一职 普通初中:湘潭十六中

续表

时间	参赛学校数(所)	参赛人数(人)	比赛地点	第一名单位
1999	40	800	市体育中心	完全高中组:湘潭县一中 完全初中组:湘潭市一中 职业中学:湘潭市一职 普通初中:湘乡市树人中学
2000	39	800	市体育中心	完全高中组:湘潭县一中 完全初中组:湘潭市一中 职业中学:湘潭市一职 普通中学:湘乡市树人中学
2001	40	700	市体育中心	完全高中组:湘潭市一中 完全初中组:湘乡市一中 职业中学:湘潭机电职中 普通中学:湘潭县中路铺中学
2002	41	800	市体育中心	完全高中组:湘潭市一中 完全初中组:湘潭市一中 普通初中:湘乡市涟滨中学
2003	41	700	市体育中心	完全高中组:湘乡市一中 完全初中组:湘潭益智中学 普通中学:湘乡涟滨中学
2004	43	900	市体育中心	完全高中组:湘潭县一中 完全初中组:湘乡名民中学 普通初中:湘潭县中路铺中学
2005	29	600	市体育中心	高中甲组:湘潭市一中 初中甲组:湘乡市一中 高中乙组:湘乡市三中 初中乙组:湘乡涟滨中学

第三节　湘潭市承办国家级、省级大型赛事

一、湖南省第六届运动会

1986年9月19~27日,湖南省第六届运动会在湘潭市举行,此届省运会由湖南省人民政府主办,湖南省体育局和湘潭市人民政府承办。这是省运会首次放在省会长沙以外的城市举办。为此,湘潭市经过两年多的准备,投资1000多万元新建湘潭市体育中心,整治建设中路和部分企业与高校的体育场馆,兴建和改建一批宾馆饭店;动员全市10000多人参与省运会开幕式演出和运动会服务工作。7000多人参加大型团体操“芙蓉国里”表演。第六届省运会竞赛项目有21项:篮球、排球、足球、乒乓球、羽毛球、田径、体操、技巧、游泳、水球、潜水、举重、摔跤、柔道、武术、象棋、围棋、射击、航空模型、航海模型、无线电测向,比第五届省运会增加项目8项。13个地州市及火车头体协共14个代表团和19个产业系统运动队参加比赛，参赛运动员、教练员、裁判员和赛事工作人员共

6000多人。

二、"金利来杯"全国足球甲级联赛

1987年5月9~19日,"金利来杯"全国足球比赛(三、四组)在湘潭市体育中心举行。天津东亚足球队、河南平原制药厂足球队、四川足球队、江苏海鸥足球队、沈阳部队(白山)足球队、湖南电力足球队等6支球队,共计150名教练员、运动员参加比赛,经过角逐,沈阳部队足球队获最高积分。

三、第四届"贺龙杯"足球赛

1987年4月3~9日,第四届"贺龙杯"全国足球比赛在湘潭市体育中心举行,香港荃湾足球队、四川省足球队、国家足球队、国家足球二队、湖南电力足球队、北京足球队等6支球队,共计158名运动员、教练员、参赛,吸引观众万余人。

四、全国业余体校举重分龄赛

1988年8月15~22日全国业余体校举重分龄赛在湘潭市体校举行,北京、天津、河北、内蒙古、辽宁、吉林、黑龙江、陕西、甘肃、宁夏、四川、云南、广东、广西、湖南、湖北、河南、上海、江苏、浙江、安徽、福建、江西、山东、山西、贵州等26个省市500多教练员、运动员参赛,湘潭市业余体校也组队参加比赛。经过8天的角逐,湖南队获得团体第五名,湘潭队获团体总分第十七名。

五、全国第二十一届青年篮球协作区赛

1988年5月,全国第二十一届青年篮球协作区赛在湘潭市体育馆举行,来自北京、天津、山东、河北、湖北、湖南和湘潭钢铁厂男子篮球队等19个代表队300多名男女运动员参赛。经过近10天的角逐,女子前三名是山东队、湖南一队、天津队。男子前三名是山东队、湘潭钢铁厂队、河北队。

六、全国春季竞走比赛

全国春季竞走比赛于1989年2月26~28日在湘潭市举行。全国各省、市、自治区、解放军、各行业体协、体育院校及日本竞走队共24支队伍200余人参赛,湘潭市派出4名选手参加。这次比赛的项目有男子20000米、50千米,女子5000米、10000米;男子50千米竞走为公路场地比赛,路线设在长潭公路。获得男子20000米(田径场)前三名为陈和体(云南)、陈保文(云南)、冯军(解放军),获得男子50千米赛前三名的为李宝进(陕西)、徐万波(辽宁)、王立成(吉林),获得女子5000米(田径场)前三名为陈跃玲(辽宁)、熊岩(云南)、阎红(辽宁),获得女子10000米(田径场)前三名为陈跃玲(辽宁)、熊岩(云南)、阎红(辽宁)。

七、全国摩托艇锦标赛

全国摩托艇锦标赛于1989年7月在湘潭市湘潭一桥至铁路桥段的湘江中举行。来自江西、浙江、湖北、湖南、山东、上海、江苏、安徽、福建、辽宁等11个省代表队的100多名教练员、运动员参加比赛,湖南省代表队获得团体第一名。

八、全国田径冠军赛

1989 年 8 月，全国田径冠军赛在湘潭市体育中心举行，全国各省、市、自治区 28 支代表队 765 名教练员、运动员参赛。比赛设青年组和少年组进行。广东队、辽宁队、河北队进入团体总分前三名。

九、全国厂矿企业"湘钢杯"篮球赛

1989 年 5 月，由国家体委、全国厂矿企业运动联合会主办，湘潭钢铁公司承办的全国厂矿企业"湘钢杯"篮球赛在湘潭市体育馆和湘钢体育馆举行。胜利油田等 10 支女子队和首都钢铁公司等 8 支男队近 400 名教练员、运动员展开角逐，夺得女子组前三名的是黑龙江物贸中心、湘潭钢铁公司、上海永生金笔厂的代表队；男子组前四名为首都钢铁公司、山东临沂汽车运输公司、吉林碳素厂、湘潭钢铁公司的代表队。

十、全国公安系统篮球联赛

1990 年 5 月 16~25 日，全国公安系统篮球联赛第一阶段比赛在湘潭市体育馆举行，来自黑龙江、北京、吉林、四川、新疆、重庆、安徽、陕西、河南、青海、西藏、大连、湖南、云南、广西 15 个省市 500 余名运动员、裁判员参加比赛，晋级前三名的是北京、陕西、四川代表队。

十一、"活力 28 杯"全国女子篮球联赛

1991 年，"活力 28 杯"全国女子篮球联赛（第二阶段）在湖南省举行，来自辽宁、河北、北京军区、江苏、上海、空军、广州军区、浙江、广东、沈阳军区、福建、四川、湖南、天津、云南、济南军区、前卫、新疆、河南、湖南、山东、南京军区、兰州军区、陕西等 25 个省（市）及解放军部队代表队共 500 多名教练员、运动员云集长沙。湘潭市作为湖南省赛区的一赛点承接此次比赛的 A 组、C 组预赛，A 组为辽宁、河北、江苏、四川，C 组为广州军区、上海、浙江、广东，分别在湘潭市体育馆和湘乡市体育馆举行。

十二、全国军队离退休干部"韶峰杯"门球赛

1991 年 10 月，受民政部委托，湘潭市举办全国军队离退休干部"韶峰杯"门球邀请赛，比赛由湘潭市民政局、湘潭市体委承办。来自全国 28 个省、市代表队 300 多人来潭参加比赛。

十三、全国足球乙级联赛

全国足球乙级联赛于 1992 年 6 月 2~14 日在湘潭市体育中心举行。参赛单位有湖南队、北京部队队、云南队、大连火车头队、沈阳二队、新疆队、煤矿体协队共 7 支足球队，200 多名裁判员、教练员、运动员参加比赛。经过 7 轮 21 场的争夺，湖南队和北京部队队分获一、二名，双双取得当年下半年参加决赛的资格。

十四、全国残疾人“天赐杯”田径、游泳、射击分区赛

1993 年 6 月，全国残疾人“天赐杯”田径、游泳、射击分区赛在湘潭市体育中心举行，来自广东、海南、上海、安徽、云南、湖北、广西、江西、浙江、江苏、贵州、福建、湖南等 14 个代表队，397 名运动员、教练员参加比赛。湘潭市残疾人运动员岳光辉以 553 环的成绩获得 SH1 站姿气手枪 60 发第二名，郭异和刘立新分别夺得女子气步枪（站姿）40 发和 SH2 男子气步枪（站姿）60 发第一名。湘潭市 5 名运动员代表湖南参加这次比赛，并被选拔为中国代表团集训队员，备战远南残疾人运动会。

十五、全国男子篮球甲 B 联赛

1997 年 7 月 10~16 日，“龙城杯” 全国男子篮球甲 B 联赛第一阶段在湘潭市湘乡体育馆举行，参赛单位有浙江中欣队、济南军区队、南京军区黄山俱乐部队、湖北天府俱乐部队、黑龙江队、北京奥胜俱乐部队等 6 支代表队，共 200 余名运动员、教练员、裁判员参赛。

十六、湖南省第三届青少年运动会

1999 年 8 月 22 日至 9 月 4 日，湖南省第三届青少年运动会在湘潭举行。运动会由湖南省体育运动委员会主办，湘潭市人民政府承办，全省 14 个地（州）市代表团，2764 名运动员、教练员参加田径、游泳、体操、射击、举重、国际摔跤、柔道、跳水、网球、羽毛球、皮划艇、赛艇、武术（含散打）等 13 个项目的比赛。除皮划艇和赛艇水上比赛在常德市举行外，其他项目都在湘潭市体育中心举行。经过 14 天的角逐，衡阳市、湘潭市、长沙市代表团获团体总分和奖牌总数的前三名。

十七、湖南省第五届残疾人运动会

1999 年 9 月 8~12 日，湖南省第五届残疾人运动会在湘潭市体育中心举行。运动会由湖南省残疾人联合会、湖南省体育运动委员会联合主办，湘潭市人民政府承办。全省 13 个地、州、市代表团，500 多名运动员、教练员、裁判员参加田径、游泳、乒乓球、射击、举重、盲人柔道、羽毛球等 7 个项目的比赛。

湘潭男子 SB8 级运动员赵伟在游泳 200 米蛙泳比赛中以 2:59.26 的成绩打破同级别 3:11.67 的世界纪录。郴州市女子 T46 级运动员宁赛礼、益阳市女子 T46 级运动员刘昌敏、长沙市女子 T46 级运动员蔺桂平在田径 800 米比赛中分别以 2:51.0、2:54、3:03.90 的成绩打破同级别 3:04.32 的世界纪录。邵阳女子 F45 级运动员刘金鹏在田径跳远比赛中以 4.03 米的成绩，打破田径级别 3.85 米的世界纪录。湘潭市代表团以总分 301 分获团体总分第一名，并打破一项世界纪录。

十八、湖南省第二届农民运动会

1999 年 10 月 8~11 日，“湘雅金胆杯”湖南省第二届农民运动会在湘潭举行。运动会由湖南省人民政府农村工作办公室、湖南省农业厅、湖南省体育运动委员会、湖南省农民协会主办，湘潭市人民政府承办。全省各地、州、市 13 个代表团 800 余名运动员参加田径、舞龙、舞狮、武术、乒乓球、自行车载重、象棋等项目的竞赛。经过四天角逐，湘潭代表团以 493 分名列总分第一名，获一等奖。

十九、全国足球甲A联赛

2002年元月11日，湘潭市人民政府与解放军八一体工大队签定八一振邦落户湘潭的协议，湘潭市成为全国足球甲A联赛一个赛区、八一足球队的主场。3月17日举行全国足球甲A联赛湘潭赛区首场比赛。当年，湘潭赛区共举办甲A比赛14场，吸引观众40多万人次。

二十、中国“足协杯”足球赛

2002年3月，中国足协将“足协杯”八一振邦队与厦门红狮队的比赛放在湘潭市体育中心举行，比赛按甲A联赛标准程序和要求进行，以检测湘潭比赛场地和其他软硬件环境设施，为甲A联赛作最后准备。

二十一、中超足球联赛

2003年，中国足协决定将全国足球甲A联赛升格为中国足球超级联赛。2月28日，湘潭市政府与八一体工大队举行“八一湘潭”足球队冠名签约仪式，解放军八一足球队冠名为“八一湘潭”足球队，参加2003年中国足球超级联赛，湘潭体育中心为“八一湘潭”足球队主场。湘潭市当年承办主场比赛14场，观众达20多万人次。

图65-4-1 八一队在湘潭主场迎战重庆队

二十二、湖南省第一届“韶山杯”大学生足球赛

2003年12月3~7日，由湘潭市人民政府主办第一届“韶山杯”湖南省大学生男子足球赛。比赛分别在湘潭市体育中心、湘潭大学体育场举行，湖南大学、湖南师范大学、湘潭大学、湖南商学院、湖南涉外经济学院、株洲师范高等专科学校、湖南经济管理干部学院、湖南铁道职业技术学院等8支代表队，200多名运动员、教练员参赛。湘潭大学、湖南师范大学、湖南商学院夺得比赛前三名。

二十三、湖南省第二届“韶山杯”大学生足球联赛暨2004–2005年全国大学生“飞利浦”足球联赛

2004年10月12~18日，第二届“韶山杯”大学生足球比赛暨2004~2005年全国大学生“飞利浦”足球联赛（湖南赛区）在湘潭市举行。比赛由湖南省教育厅、湖南省体育局、湘潭市人民政府主办，湘潭市体育局、湖南省高教学会体育专业委员会承办。解放军国防科学技术大学、湖南工程学院、湖南大学、长沙理工大学、湖南师范大学、湖南商学院、湘潭大学、湖南科技大学；湖南涉外经济学院、湖南民族职业学院、长沙学院、长沙航空职业技术学院、湖南财经高等专科学校、湖南城建职业技术学院、湖南工学院、湖南工程职业技术学院等22支代表队，400多名运动员、教练员参加比赛，比赛分成本科组和专科组，在市体育中心、湘潭大学体育场、湖南工程学院田径场展开角逐，国防科技大学足球队获本科组冠军，并获得代表湖南省参加2004~2005年全国大学生“飞利浦”足球联赛资格；湖南涉外经济学院获专科组冠军。

二十四、全国第五届城市运动会男子足球赛

2003年12月16~26日全国第五届城市运动会男子足球赛在湘潭市举行。全国各大城市的11支队伍约300余名运动员、教练员、裁判员参加比赛。赛场分别设在湘潭市体育中心和湘潭大学足球场，共进行23场比赛。湖南工程学院也斥资对足球场进行改造作为五城会训练场地。吉林延边队夺得冠军，湘潭赛区被组委会评为优秀赛区。

二十五、全国后备力量U15足球赛

2004年，全国后备力量U15足球赛在湘潭市体育中心举行，来自全国7支足球队200多名教练员、运动员参赛，经过7轮21场的角逐，湖北天龙队夺得冠军、上海根宝队获亚军、广东足协队获季军。

二十六、中国足球甲级联赛

2004年，中国足协在湘潭举办中国足球甲级联赛，湖南湘军—陕西国力队、湖南湘军—武汉天龙黄鹤楼队、湖南湘军—湖南建业队三场比赛安排在市体育中心举行。

二十七、全国第十届运动会女子足球附加赛

2005年4月13-20日，中国第十届运动会女子足球附加赛，在湘潭市体育中心进行。参加附加赛的队是贵阳赛区、宜兴赛区、南昌赛区三个预选赛的第四名，即湖北队、天津队、安徽队共3支队参赛，取得前2名者进入全国十运会决赛。经过角逐，湖北队取得附加赛第一名、天津队第二名。

二十八、“绿化江河”中国足球义赛

2005年3月，中国足协主办“绿化江河”中国足球义赛，上海申花队对湖南湘军队义赛在湘潭市体育中心举行，上海申花胜湖南湘军，比赛门票收入2万余元用于环保事业。

二十九、全国象棋甲级联赛

2005年6月，全国象棋甲级联赛湖南队主场对江苏队的比赛在湘潭市盘龙山庄进行，比赛由中国棋类协会主办，湘潭市体育局承办。

三十、全国特殊人奥林匹克比赛

2005年12月，全国特殊人(智障人)奥林匹克比赛在湘潭市体育中心举行，比赛由中国残联主办，湘潭市人民政府承办，全国16个省、市300多名特奥选手参加角逐。湖南的马翔、广西的罗恒等21名运动员获高尔夫项目金牌；江西的梅正露、安徽的马幸素等57名运动员获自行车项目金牌；北京的陈聪、吉林的姜乐等18名运动员获得网球项目的金牌。

第五章　场馆建设

1986年，全市有体育馆6座，体育场5处，各类体育场地861处，体育场馆总面积达142.3万平方米，市城区人均拥有体育场地面积0.21平方米。为承办湖南省第六届运动会，市政府投资1057万元，在河东原三角坪田径场的基础上，建成占地157亩的综合性运动场，这是湖南省第一座功能齐全的现代化体育运动场，也是当年全国十大体育场馆之一。同年，江南机器厂和湘潭纺织印染厂分别投资220万元和60多万元新建现代化体育馆各一座，承接省六运会的篮球、排球、乒乓球等比赛。湖南铁合金厂、湘潭大学等单位也分别建起一批体育馆、场。1986~1988年，全市共新增体育馆9个、田径场6个、篮球场15个、小型运动场17个。1988年，市体育馆总面积达157.5万平方米，全市城区人均拥有体育场地面积0.23平方米。

1989~1995年，全市新建体育场30个、篮球场40个、游泳池3个。这一时期场馆建设主要集中在效益较好的国有企业和大专院校和机关事业单位，由于受场地限制，这一时期的场馆技术参数达国家标准的不多。此后，由于企业改制等原因企业的场馆建设出现一个短暂的停顿。

1996~2000年，学校体育设施建设加快，全市新增体育场6处、游泳池2个，体育馆2座，除企业新增足球场一个外，其他均为学校所建。

2001~2005年，湘潭体育场馆建设全面提速，教育系统加大对场馆建设的投入，“八一足球队”落户湘潭拉动学校、企业建设新的足球场，全民健身工程点的建设投入加大。5年间，全市改造体育场一座，新建体育场馆135处，场馆建设标准和质量明显提升。湘潭大学、湘潭电机厂各新建现代化体育馆一座，这几座新建体育综合场馆都能接办省级以上比赛。湘乡洋潭国家水上运动训练基地是国内唯一达到国际比赛标准的激流回旋的训练基地。市一中、市二中，湘潭县一中、湘潭县凤凰中学、湘乡东山学校、湘潭大学(两个)、湘钢一中的塑胶400米跑道标准田径场，均可承接大型田径比赛。市金都经贸公司投资7950万元新建1座10片羽毛球场地羽毛球馆和一个游泳池，并建有健身房等配套设施，这是湘潭民营资本投入建设的较大场馆之一。2005年，湘潭市总人口278万，体育场地1126处，占地面积252.5万平方米，场地面积192万平方米，全市人均拥有体育场地为0.69平方米。

第一节　公共体育场馆建设①

一、湘潭市体育中心

湘潭市体育中心建成于1986年，为承办湖南省第六届运动会由市政府投资1057万元兴建，拥有400米塑胶跑道标准田径场、标准草地足球场和可容纳2万多名观众的看台、室内冬季游泳训练池，配套有室外游泳池，10米跳台的跳水比赛池，4片标准网球比赛场，占地面积157亩。1999年，为承办湖南省第三届青少年运动会，市政府投资400多万元拆除周边违章建筑，修缮4片比赛网球

① 全国体育场地普查大型场馆只录标准场馆，非标准场馆不记在内。

场，翻新场内塑胶跑道，完善游泳池赛场的配套设施、添置体育器材等。2002年，八一足球队落户湘潭，市政府投资1000万元对市体育中心进行大规模维修改造，重新铺设球场草皮，安装全新座椅、音响，更新场内灯光，增加彩色电子显示屏，修缮功能房，增设新闻发布厅，粉饰建筑外墙。改造后的体育中心各项技术标准达到承办国家级大型赛事的要求。建成20年间，湘潭市体育中心承办省级以上赛事80余场，市级赛事50多场。

图65-5-1　建成于1986年的湘潭市体育中心

二、湘乡洋潭国家水上基地

2004年，省体育局投资600多万元，在湘乡市洋潭水库建设水上运动训练基地。当年完成第一期工程，利用水库充沛的水源和堤坝泄洪渠道，建设成长310米、宽14米、水底宽10.1米，水流量可达每秒18立方米以上的S型赛道，赛道由不规则的人造异形障碍物构成，整个赛道由典型的连续变换的漫流、蜿蜒急缓的剪切流、左右回旋的涡流等构成，是国内当时唯一达到国际标准的激流回旋训练基地。建成后，参加2008年北京奥运会的省内水上运动队在此训练。

第二节　学校体育场馆建设

1986年，湘潭市学校体育场馆主要是以简易场馆为主，标准场馆主要集中在高校和市内几所重点中学，数量较少，全市学校拥有体育馆一座（湘潭大学训练馆），标准田径场（足球场）7个（分布在湘潭大学，湘潭市一中等院校和重点中学内）。1992年起，学校体育场馆建设由简陋场地开始向标准化、现代化场馆转变。2000~2005年，由于学校达标和各级政府对教育投入的加大，学校体育场馆建设明显加快，而且标准高，设施好，功能全。根据全国体育场地普查结果，湘潭市学校标准体育场馆建设情况详见以下表：

2005年湘潭市学校体育场

表65-5-1

单位	建成时间	规格	质地	投资金额（万元）	观众席（个）
湖南科大体育场	1992	400米塑胶田径场	沙土足球场	182	—
湘潭县凤凰中学体育场	2001	400米塑胶田径场	沙土足球场	150	3000
湘钢一中体育场	2001	400米塑胶田径场	沙土足球场	58	—
湘潭大学第二体育场	2001	400米塑胶田径场	草地足球场	800	25000
湘乡东山学校体育场	2001	400米塑胶田径场	沙土足球场	260	3000
湘潭大学第三体育场	2002	400米塑胶田径场	草地足球场	290	8000
湖南工程学院体育场	2003	400米塑胶田径场	草地足球场	80	—
湘潭县一中体育场	2003	400米塑胶田径场	人造草足球场	1200	—

2005 年湘潭市学校游泳池

表 65-5-2

单位	建成时间	占地面积(平方米)	场地面积(平方米)	投资金额(万元)	规格(米)
湖南科技大学游泳池	1995	6905	1674	125	—
湖南纺织职工大学游泳池	1998	1674	1674	80	50×25
易俗河镇百花小学室内游泳池	2000	1750	375	30	—
湘乡东山学校游泳池	2001	1784	1674	38	50×25

2005 年湘潭市学校足球场

表 65-5-3

单位	建成时间	规格	质地	观众席(个)
湘潭市二中足球场	1992	标准	沙土	—
湘潭市三中足球场	1996	标准	沙土	—
湘潭市职业技术学院足球场	1996	标准	沙土	—
湘潭机械电力学院足球场	1999	标准	沙土	—
湘乡东山学校足球场	2001	标准	草地	3000
湘潭县凤凰中学足球场	2001	标准	人造草地	—
湘钢一中足球场	2001	标准	沙土	—
韶山学校足球场	2001	标准	沙土	—
湘潭大学第二足球场	2001	标准	草地	—
湘潭大学第三足球场	2002	标准	草地	—
湖南工程学院足球场	2002	标准	沙地	—
湘潭县一中足球场	2003	标准	人造草地	5000
湘钢二中足球场	2003	标准	人造草地	—

2005 年湘潭市学校体育馆

表 65-5-4

单位	建成时间	功能	观众席(个)	投资(万元)
湖南城建职技术学院体育馆	1999	篮球、排球等	无	400
湖南科技大学体育馆	2000	篮球、排球等	无	1200
湘潭市一中体育馆	2003	篮球、排球等	2000	2000
湘潭大学体育馆	2005	篮球、排球等	3000	6000

第三节 企业体育场馆建设

1986 年,湘潭市国有大企业有体育馆 5 座。2001 年起,民营资本进入场馆建设,对市民商业性开放,但规模小,项目单一,发展缓慢。根据全国体育场地普查结果,湘潭市企业标准体育场馆建设(1986~2005)情况详见以下表:

2005 年湘潭市企业游泳池

表 65-5-5

名称	建成时间	占地面积(平方米)	场地面积(平方米)	投资金额(万元)	规格(米)
湘潭钢铁厂游泳池	1994	6000	3300	150	50×25
湘潭电缆厂游泳池	1994	1800	1674	70	50×25
湘潭市奥林游泳馆	2001	2500	1600	89	—
湘潭市银海水上乐园	2002	2405	1674	30	50×25

2005 年湘潭市企业足球场

表 65-5-6

单位	建成时间	规格	地质	看台
韶山水泥集团公司足球场	1999	标准	沙土	无
湘潭电机厂足球场	2000	标准	沙土	无
江麓机械厂足球场	2003	标准	沙土	无
湘潭纺织印染厂足球场	2003	标准	沙土	无

2005 年湘潭市企业体育馆

表 65-5-7

单位	建成时间	功能	观众席(个)	投资(万元)
江南机器厂体育馆	1986	篮球等	2700	270
湖南铁合金厂体育馆	1986	篮球等	1300	125
湘潭纺织印染厂体育馆	1986	篮球	3000	160
湘潭电机集团公司体育馆	2005	篮球等	5000	4000

附一　湘潭市体育彩票发行

1997年，湘潭市首次在市体育中心举行即开型大奖体育彩票发行活动，销售体育彩票600万元。1999年，湘潭市在县市区组织发行体育彩票，并试发行电脑体育彩票，当年全市发行体育彩票220万元，电脑体育彩票4.5万元。

2000年6月13日，经市政府和省体育局批准，正式成立湘潭市电脑体育彩票发行站。2000年7月30日，省体育局正式批准设立湖南省电脑体育彩票湘潭市管理站。2000年湘潭市销售电脑体育彩票82万元，传统彩票237万元；2001年销售电脑体育彩票18万元，传统体育彩票304万元；2002年销售电脑体育彩票44万元，传统体彩770万元；2003年传统体育彩票退出市场，体彩全部实现电脑销售，当年销售1127万元；2004年销售1012万元；2005年销售3691万元。

发行体育彩票为体育事业的发展筹集资金是政府对发展体育事业的一项优惠政策，它所筹集的公益金主要是用于全民健身计划和奥运争光计划。至2005年的9年间，体育彩票为湘潭市体育事业共筹集体彩公益金900多万元。

附二　“八一”足球队落户湘潭

2001年底，全国职业足球甲A联赛“八一振邦”足球队派人来潭，商谈移师湘潭事宜。通过多次协调，2002年元月9日湘潭人民政府与“八一”体工队正式谈判，元月11日双方签约，中国人民解放军“八一振邦”足球队落户湘潭，湘潭市体育中心成为全国足球甲A联赛2002年赛季“八一振邦”足球队主场。市政府投资1000万元按承办全国大型比赛的技术标准对市体育中心进行大规模维修改造。

2002年1月28日湘潭市举办“迎八一足球入湘”万人长跑活动。3月15日欢迎“八一”足球队落户湘潭大型文艺晚会在市体育中心举行。3月17日举行全国足球甲A联赛湘潭赛区首场比赛。为经营足球市场，市政府成立体育文化发展有限公司，以激活体育产业，探索体育产业化。湘潭赛区全年共举办甲A比赛14场，吸引观众40多万人次。长沙、株洲、衡阳、岳阳以及武汉、南宁等省内外观众都蜂拥湘潭看球。作为全国最小的甲A赛区，湘潭现场看球人数居全国第八，上座率居全国第一，年均上座率达70%以上，赛场秩序井然，没有发生一起安全事故，被中国足协评为全国文明赛区。与此同时，湘潭市抓住机遇，结合新闻媒体做了大量宣传。共有中央和省内外140家新闻单位来潭采访报道，发专稿1840条(篇)，市内几家主要媒体分别开设专栏、专题、专版；中央电视台五频道《五环夜话》栏目还制作一期湘潭的专题节目。

2003年全国职业足球甲A联赛升级为中国职业足球超级联赛，湘潭足球热持续高涨。2月28日，湘潭市人民政府与中国人民解放军“八一”体工大队正式签约，湘潭市人民政府以1200万元买断中国职业足球超级联赛2003年赛季“八一”足球队的主场经营权和球队冠名权。“八一”足球队冠名为“八一湘潭”足球队，参加2003年中国职业足球超级联赛，主场设湘潭市体育中心。是年，中超足球联赛“八一湘潭”队在市体育中心进行14场比赛，共吸引观众、球迷现场观球20万余人次。5月，由于军队体制改革，“八一”体工大队足球队建制被撤销。11月30日，“八一湘潭”足球队参加中国职业足球超级联赛最后一场比赛。12月1日，中共湘潭市委、市人民政府、湘潭军分区举行热烈的欢送仪式，“八一”足球队离潭返京。

第六十六篇 大众传媒

概 述

1986年,市内大众传媒主要有报纸、刊物、广播、电视4种。有经省新闻出版局批准的报纸12家,总发行量33500份(其中仅共产党机关报《湘潭日报》拥有全国统一刊号,发行量19000份,占56%)。有传播功能的刊物15种,总发行量17200份,其中,拥有国内统一刊号的4种,内部刊物11种。有无线广播电台1座,即湘潭人民广播电台,覆盖人口240万,县(市)广播站4座,大型企业、高校、乡镇广播站147个。有无线电视台1座,即湘潭电视台,覆盖人口70万,有厂矿有线电视台4座。全市报纸、刊物、广播、电视总从业人员735人。此外,湖南日报社和湖南广播电视厅在湘潭均设有记者站,分别有采编人员2人和3人。全市所有媒体,依然由各级党委宣传部管舆论导向,新闻出版部门监管资质;广电媒体另由各级广播电视局主管人事和事业发展。全市报纸、广播、电视三大媒体运营经费基本上由财政拨给,当年财政拨给三大媒体运营经费约80万元,经营创收83万元,其中广告收入35万元,占全部收入的42%。

当年起,湘潭传媒继续进行改革的宣传和宣传的改革。在做好舆论导向的前提下,注重发挥传播文化知识和娱乐休闲的功能,文艺类节目比重日渐加大;强化新闻的短、新、快、真的特点,报纸倡导现场短新闻,广播倡导录音报道,电视强调声画一致。在内容上较以前更集中体现为经济建设服务的功能。在报道农村经济体制改革的同时,加强对城市经济改革大潮中新人新事的报道,湘潭锅炉厂、江南机器厂青年工人锐意改革的先进事迹一度成为报道重点;对妨碍改革的人和事进行舆论监督,特别对乱收费、乱摊派、乱收税引起三千个体户关门歇业的现象予以批评。同时,反对资产阶级自由化思潮,坚持媒体正确的政治方向,成为各级党委对媒体的第一要求。媒体管理改革继续深化。职称改革在湘潭日报社试点后,在电台、电视台全面铺开,并实行评聘结合。1988年,《湘乡报》复刊,全市共产党机关报增至2种,随着报刊的增加,为加强媒体及从业人员的自我管理和自律,湘潭市新闻工作者协会成立;同时,全市乡镇广播开展"四有"(有办公场所、采编人员、线务员、经费)达标活动,韶山区韶山乡、湘乡市横铺乡、湘潭县良湖乡在全省广播电视先进乡镇表彰会上获奖。电视事业迅速发展,县(市)电视差转台和企业有线电视台纷纷建立,湘潭钢铁厂等10家企业经湖南省广播电视厅批准建立起有线电视台。各县(市)电视差转台在转播好上级台节目的同时,开始自制新闻和文艺节目,向电视台演变。

1989年春夏之交北京发生政治风波,全市各大媒体纷纷发表社论、评论,旗帜鲜明地反对动乱,反对全盘西化和资产阶级自由化,同时媒体内部组织学习整顿,加强队伍建设,传媒在整顿规范中继续发展。至1989年底,全市有报纸18家,总发行量88000份(其中《湘潭日报》发行量34500份,占38%);有传播功能的刊物15种,总发行量4500份;湘潭电台2个频率发射,中波、调频传送

1套节目，覆盖人口240万；县市广播站、大型企业及高校广播站数目未变；全市电视台4座，其中湘潭电视台1个频道发射，覆盖人口70万。全市报纸、刊物、广播、电视总从业人员908人，其中主任记者8人。当年，市级三大媒体财政拨款运营经费120万元；经营创收315万，其中广告收入225万元，占总收入71%。

1990年，市内各大媒体着力加大设施设备的改进，改善传播条件和方式。湘潭日报社添置卫星信号接收设备，提高刊登新华社消息的时效性；湘潭电台改造录播机房，开设主持人直播的大板块节目；湘潭电视台新发射塔建成并投入使用，使覆盖人口增至140万。同年，经湖南省新闻出版局批准，《湘潭广播电视报》创刊，使全市报纸增至19家。中共湘潭市委宣传部通过新闻例会和新闻通气会、阅评制度，加强对舆论导向的调控。经济体制改革中城市企业改制、股份制的推行和用工分配制度改革成为新闻宣传报道的重点，既报道改革中涌现出的先进模范人物，也对社会无良行为展开舆论监督。传媒在丰富新闻传播内容的同时，经营体制改革不断深化，硬件设施建设继续加强。1991年，湘潭日报社由差额拨款单位改为自收自支单位，次年添置激光照排设备。有线电视高速发展，湘潭有线电视台成立后，各县(市)陆续建立有线电视台，使电视接收频道大幅度增加，节目接收质量得到提升；湘潭电视台、湘潭有线电视台相继改革用人机制，开始向社会公开招聘采编人员；全市乡镇广播发展进入鼎盛时期，1992年全市农村喇叭达32.1万只，入户率达64%，韶山市、湘乡市先后实现农村有线广播网达标，受到省广播电视厅奖励。1993年，全市传媒隆重报道纪念毛泽东诞辰100周年，湘潭电视台拍摄的《韶山冲里的九阿公》获湖南省新闻一等奖，《韶山报》经省新闻出版局批准试刊。1994年，《湘潭日报》由4开4版扩版为对开4版，在全省地市报中率先由小报改大报，并实行自办发行。湘潭电台建成中波发射中心，覆盖人口增至260万，并成立经济台；湘潭电视台的覆盖人口增至200万，县(市)和乡镇广播受电视冲击，开始滑坡，农村有线电视迅速发展。全市刊物发展迅速，达到鼎盛，刊物种类达37种，专、兼职人员310多人，总发行量达141000份。1995年，全市报纸进行整顿，党报更加规范和关注民生，《湘潭日报》推出“周末版”，并开辟“农民之友”专版；《湘缆报》等5家国营企业报因效益不佳停办，《步步高人》等民营企业报先后出现。湘潭广播电视局与湖南电视台合作拍摄的电视剧《亲情》，在中央电视台播出并获湖南“五个一”工程奖。湘潭电视台报道的《湖北汉川骗买骗卖案》在中央电视台滚动播出并获中国电视二等奖。

1996年，互联网开始进入湘潭，供网民浏览新闻、收发邮件。互联网分流相当数量的受众和广告，打破大众传播的传统格局，迎来传媒发展的新时代。是年起，全市各媒体相互呼应，先后重点报道获全国公安战线一级英模的市公安局干警龚赴里、邓小平逝世、香港回归和中共十五大召开等人物和重大事件。传媒在深化改革中迅速发展，湘潭电台成立交通台，取代原经济电台；各县(市)电视台和有线电视台、电台整合为广播电视台，局台合一；各企业有线广播电视台改为有线广播电视站；湘潭有线电视台开始网络升级改造，63千米的主干线全部改电缆为光缆；湘潭市政府公众信息网建立。1998年，湘潭有线电视图文信息频道成立。根据国家新闻出版总署整顿报刊的要求，湘潭市除7种公开发行的高校学报和《湘潭通讯》《湘潭人大工作》《湘潭经济》《湘潭政协》4种内刊外，其他刊物停办。是年底，湘潭有各种报纸20家，总发行量103300份(其中《湘潭日报》30100份，占总发行量的30%)，拥有国内统一刊号的报纸2家。有新闻传播功能的刊物11种，总发行量10500份。全市广播电台6座，传送8套节目，其中湘潭电台传送节目2套，覆盖人口260万。大型企业、高校、乡镇广播站 76 个，乡镇喇叭减至 15.42 万只，入户率下降至 31%。全市有无线电视台 4 座，其中湘潭电视台传送 1 套节目；全市有有线电视台 5 座，其中湘潭有线电视台传送 61 套节目。全市报刊、广播、电视总从业人员 845 人，其中高级编辑 1 人、主任记者 10 人。湖南日报社和湖南广播电视局驻湘潭记者站由宣传事业型向宣传经营型转变，全市所有市级媒体全部由差额拨款事业单位向自收自支事业单位转变，经营创收力度加大，市级三大媒体经营创收 2198 万元，其中广告收入 1428 万元，占总收入的 65%。

1999 年起，湘潭传媒加快进行管理体制改革、人事制度改革和分配制度改革，强化事业建设，提升新闻宣传质量。湘潭日报社实行定编、定岗、定责、定人的“四定”机制；湘潭广电实行局台合一体制，湘潭电视台和有线电视台合并为湘潭电视台，下设新闻、都市两个频道，各频道、各单位实行目标管理责任制，频道总监、部室负责人员竞聘上岗，人员优化组合；互联网迅速发展成强势的第四媒体，影响日益扩大，传统媒体纷纷进入互联网，并实行报网、台网互动。是年，全市传媒重点报道国庆 50 周年、批判邪教“法轮功”和湘潭市禁止“三轮车”载客营运等事件。湘潭市第 1 家商业网站——“湘潭信息港”开通，随后各种网站纷纷建立。2000 年，《湘潭日报》子报《湘潭晚报》创刊，《湘潭日报》实现彩色印刷，全市行政村“村村通”广播电视目标任务实现。此后，湘潭传媒加速发展，管理力度也加大。2001 年《韶山报》获全国统一刊号，《湘潭县报》创刊，中国湘乡网站正式开通，乡镇电视快速发展。在内容上，重点宣传迎接新世纪、中共建党 80 周年和北京申奥成功、中国加入 WTO 等。2003 年，由于中央再次加大报刊治理力度，湘潭报界根据国家新闻出版总署的要求，全面整顿报刊市场，县级机关报均于 2003 年底停刊，转为内部资料；刊物中除保留高校学报外，《湘潭通讯》《湘潭人大工作》《湘潭经济》《湘潭政协》全部停刊整合为《今日湘潭》。全市企业有线电视站根据省《关于进一步加强湖南省企事业有线电视站管理的通知》进行规范。湘潭市互联网宣传管理中心《湘潭在线》新闻网站成立，由市委宣传部主管，并正式开通新闻网站“湘潭在线”。2004 年，全市启动 20 户以上通电自然村“村村通”和“户户通”广播电视工作。2005 年，全市传媒重点报道开展共产党员先进性教育活动，纪念抗日战争胜利 60 周年，德国工业园、九华汽车城重点工程建设等重大事件。媒体设施设备进一步改进，管理上更趋完善。湘潭电视台图文信息频道改为法制频道，投入资金 9000 万元建成湘潭广播电视中心并更新设备，采编播设备全部实现数字化。全市企业有线电视站开始陆续并入市网，做到一城一网，是年，有湘潭锰矿、江麓机械厂、江南机器厂的有线电视网并入市网。湘潭新闻网站连续第四年获得全省十佳优秀新闻网站和全省十佳优秀网络编辑奖，来自全球的日点击量达 2.2 万余次。

截至 2005 年底，全市共有各种报纸 23 家，总发行量 106600 份(其中《湘潭日报》发行量 27700 份，占总发行量的 26%)，有全国统一刊号的增至 3 家；有传播功能的刊物 15 种，其中拥有全国统一刊号的 9 种，内部刊物 6 种，总发行量 13000 份。有无线广播电台 1 座，即湘潭人民广播电台，2 个频率传送 2 套节目，覆盖人口 260 万，县市广播停播。全市有电视台 4 座，传送 10 套节目，其中湘潭电视台新闻、都市、法制 3 个频道传送 3 套节目，市有线电视网络用户达 16 万户。县市有线电视站、企业有线电视站，乡镇电视站共有用户 335916 户。全市报刊、广播、电视从业人员 1016 人，其中新闻系列有高级编辑 3 人，主任记者 10 人；湖南日报湘潭记者站 2 人，湖南广播电视湘潭记者站 3 人。《人民日报》《光明日报》《湖南日报》等党报在湘潭发行 16060 份，《求是》和《新湘评论》等党刊发行

7800份。互联网《湘潭在线》新闻网站从业人员27人。市,县政府网站5个。各大媒体继续由各级宣传部管舆论导向,湘潭日报社实行社长负责制,广播电视局实行局长负责制。全市新闻媒体开展多渠道经营创收,除广告外,合办栏目、举办活动创收比例增大,报纸、广播、电视三大媒体该年共创收7631万元,其中广告收入4213万元,占总收入的55.2%。至2005年的7年中,湘潭电台制作的广播剧《家乡有棵元帅树》和《韶山红杜鹃》,均获省"五个一"工程奖。湘潭电视台新闻频道新闻《一个农民的两封信》获湖南新闻奖一等奖;都市频道纪录片《乐魂》《画魂》《诗魂》均获省"五个一"工程奖,纪录片《韶峰作证》获湖南省电视一等奖,新闻《我是导游,先救旅客》获湖南电视一等奖。

湘潭大众传媒20年中发展迅速,但传统媒体创收任务重,压力大,相当大精力花在经营创收上,新闻宣传质量提升较慢,舆论监督力度不够,不能完全适应人民大众日益增长的需求,传统媒体的社会作用难以充分发挥。互联网发展迅猛,作为社会媒体发挥的作用愈来愈大,是未来大众传播中一支重要生力军。

第一章 报纸

1985年,全市共有报纸13种(家),从业人员160多人。其中拥有国内统一刊号的报纸仅《湘潭日报》1种;经湖南省新闻出版局批准的报纸有12家,其中院校报3家,即《湘潭大学报》《湘潭师院报》和《湘潭矿院报》,专职采编人员16人;企业报9家,为《湘钢报》《湘机报》《湘锰报》《湘缆报》《江麓报》《湘纺报》《湘铝报》《湘乡水泥报》《湖铁工人报》等,专职采编人员35人。1986年开始,在百花齐放、百家争鸣方针的指导下,全市报纸媒体从封闭中走出,逐步树立开门办报的理念,改革报纸的版式和内容。为满足更多读者群的要求,1987年,《湘潭日报》创办《星期刊》专刊,使报纸内容更广泛、形式更活泼、风格更清新。1988年5月1日,经湖南省新闻出版局批准,停刊达27年之久的《湘乡报》正式复刊,使全市党报增至2家。至1989年底,全市办有报纸18种(家),从业人员180多人。其中公开发行的报纸仍只有《湘潭日报》;内部发行的报纸17家,其中党委机关报1家、院校报3家、企业报13家,总发行量56000份,从业人员73人。

1990年开始,全市报纸快速发展。湘潭市广播电视局创办拥有国内统一刊号的《湘潭广播影视报》;湘潭柴油机厂创办内部报纸《湘柴报》。《湘潭日报》也于是年实现对新华社消息的地面卫星接收。1991年,江南机器厂创办《江南报》。1992年,《湘潭日报》和《湘乡报》均上马激光照排设备,由铅字印刷升级为激光照排印刷,实现报纸印刷的一大飞跃。从1993年元月1日开始,《湘潭日报》《星期刊》由四开四版扩为四开八版。这年12月,中共韶山市委机关报《韶山报》试发一期,1994年作为周报正式出版发行。1994年6月,经湖南省新闻出版局批准,湘潭市公安局交通警察支队创办内部报纸《湘潭交通安全报》,成为全省公安系统首家全部彩印的报纸。至年底,全市公开发行的报纸有《湘潭日报》和《湘潭广播影视报》2家,总发行量约46000份,从业人员127人;内部发行的报纸21家,其中党委机关报2家、都市报1家、院校报3家、企业报15家,总发行量约91000份,从业人员91名。

1995年开始, 由于一批大中型企业效益急剧滑坡和企业改制,《湘缆报》《湘柴报》《湘纺报》《湘铝报》《湘锰报》等许多企业的内部报纸陆续停办。同时，随着民营企业的蓬勃兴起，一些民营企业报纸也相继问世。步步高连锁公司创办的内部报纸《步步高人》、湖南东信集团创办的企业内部报纸《银海潮》等报纸先后出现。2000 年，湘潭日报社接管原《湖南人口报》的国内统一刊号，创刊出版《湘潭晚报》。至年底，全市国内公开发行的报纸 5 家，总发行量 97000 份，从业人员 191 人；内部发行的报纸 15 家，其中院校报 3 家、企业报 12 家，总发行量 6300 份，从业人员 67 人。

从 2001 年开始，全市报纸发展出现党委机关报先张后缩、院校报纸格局调整的新变化。《韶山报》被国家新闻出版总署批准公开发行；经省新闻出版局批准，中共湘潭县委创办机关报《湘潭县报》。同时，由于市内大学、中专等院校的整合与升格，院校报纸格局随之调整。湖南纺织高等专科学校和湘潭机电高等专科学校合并为湖南工程学院后，中共湖南工程学院委员会于 2001 年 3 月创办《湖南工程学院报》。湘潭师范学院与湘潭矿业学院合并为湖南科技大学后，原有的《湘潭师院报》和《湘潭矿院报》自行停办，中共湖南科技大学党委于 2002 年 10 月创办《湖南科大报》。中共湘潭职业技术学院党委也于 2003 年 4 月创办《湘潭职院报》。此后，全市报纸在加快发展速度的同时更加注重发展质量。根据国家新闻出版署关于全面整顿报刊市场的要求，《湘潭县报》《湘乡报》和《韶山报》均于 2003 年 12 月 31 日停刊，全部转为内部资料。同时，中共湘潭市委经济工作会议强调加快发展文化和体育事业发展，明确要求筹备建设新闻大厦。2004 年，湘潭日报社开始在河东筹建报业中心。2005 年 4 月，中共湖南城建职院党委创办《湖南城建职院》。至年底，全市公开发行的报纸有 6 家，总发行量 98000 份，从业人员 217 人，其中党报 1 家、院校报 3 家、都市报 2 家；内部发行的报纸 17 家，其中党委机关报 3 家、院校报 3 家、企业报 10 家，总发行量 8600 份，从业人员 73 人。

第一节　共产党机关报

一、《湘潭日报》

《湘潭日报》是中共湘潭市委机关报，创办于 1958 年，国内统一刊号为 CN43-0006，是覆盖全市、面向全国公开发行的地方性党报。到 1985 年底，《湘潭日报》的出版频率为每周六期，报纸样式为四开四版。主要内容为：第一版时政要闻，第二版经济生活，第三版社会生活和理论探讨，第四版文艺、民生和国际时事。黑白印刷，通过邮局发行，年定价 9 元，发行量 1.9 万份。湘潭日报社为财政差额拨款的事业单位，实行总编辑负责制，内部管理为采编合一，共有员工 110 人，固定资产 116 万元，当年总收入 63 万元，其中广告收入 15 万元，占总收入的 23.8%。

1986年元旦，《湘潭日报》由周六刊的四开报改为周七刊，并确立"宣传政策，提供信息，反映舆论，传播知识，服务群众，把《湘潭日报》办成多功能、开放型的党委机关报"的办报指导思想，报纸定位于"立足城市，兼顾农村，面向基层，深入家庭，尽可能满足各层次读者多方面的需要，体现城市小报特色和地方特色"。同时，报社引进竞争机制，实行版面责任制，给部室以更多的发稿权和版面处理权，使记者、编辑能更加灵活地编发稿件。在此机制下，《湘潭日报》创办《星期刊》专刊，分社会、综合、文化、生活四个版面，以"传播信息、谈天说地、活跃生活、亦庄亦谐"为宗旨。由于报纸的内容更加贴近生活，同时各级党委对党报发行工作更加重视，所以报纸的发行量逐年递增，1987 年达到 2.5 万份,1988年突破3万份。1989年春夏之交,北京发生政治风波,湘潭日报社自觉与党中央保持一致,在《湘潭日报》开辟学习表态专栏,刊发与党中央保持一致的表态文章。到这年底,《湘潭日报》的报纸内容基本没有大的变化,周七刊,年定价27元,发行量34500份。报社共有员工117人,固定资产234万元,当年总收入183万元,其中广告收入93万元,占总收入的50.8%。

1990年起,报社的内部管理体制由采编合一调整为采编基本分家;总编辑办公室明确为总编办公会议的日常办事机构;经营部门由一揽子承包改为分部门实行目标责任制。是年,自筹资金13.5万元添置卫星信号接收设备,实现对新华社消息的地面卫星接收。由于自身快速发展,1991年,报社由差额拨款变为自收自支。1992年,湘潭日报社上马激光照排设备,实现报纸出版由"铅与火"向"光与电"的技术革命。这年10月,省新闻出版局同意《湘潭日报星期刊》扩版试刊。1993年,《湘潭日报星期刊》由四开四版扩为四开八版。是年,《湘潭日报》以纪念毛泽东诞辰100周年为契机,主办全国地市报毛泽东新闻思想学术研讨会,全国20多个省市的64家地市报代表参加。1994年,经省新闻出版出批复同意,《湘潭日报》由四开四版扩为对开四版,在全省地市报中,率先改小报为大报,并开始实行自办发行。这一年,报社投资110万元,购置安装JJ204卷筒纸胶印机,结束报社单机运行的历史,同时新添置5辆报刊发行车。1995年,《湘潭日报》开辟《农民之友》的农村专版;为配合全市的"强工富市"发展战略,日报把工业宣传列为全年报道重点,开辟"'强工富市'发展战略笔谈"专栏,同时报道一批加强企业管理、挖掘内部潜力、加大技术改造,实现扭亏增盈的典型企业,在社会上产生很大影响。这一年,《湘潭日报》重点报道出"立足本职、辛勤奉献"的湘潭市人民保险公司运工部原副经理许照约这个先进典型,推动全国人保系统开展"远学孔繁森,近学许照约"的活动。至是年底,《湘潭日报》发行量增至35200份,仍为周七刊,年定72元。报社共有员工117人,固定资产847万元,当年的总收入639万元,其中广告收入348万元,占总收入的54.5%。

1996年,《湘潭日报》对湘潭市公安局民警龚赴里的先进事迹进行系列报道,先后发表《生命的绝唱》《党的好儿子——龚赴里》等各类稿件50余篇。1997年,《湘潭日报》集中全力做好邓小平逝世、香港回归和中共十五大召开3件大事的报道。1998年,报社改革用人机制,向社会公开招聘4名采编人员,新进人员全部废除终身制,签订为期2年的聘用合同,待遇按其在报社的岗位及所从事的工作确定,比同级同类人员提高15%,在全市机关事业单位人事制度改革中开先河。受全球性厄尔尼诺现象的影响,湘潭暴雨成灾,抗洪抢险的报道成为当年《湘潭日报》的一个重点。报社还加强舆论监督,开通"舆论监督热线电话",通过群众举报获悉市汽水冰棒厂主要负责人有重大受贿嫌疑,即派记者深入调查采访,并编发《一封群众举报信触目惊心,吁请市领导引起高度重视》的内部参考资料送呈市委和市纪委主要领导参阅,引起有关部门的重视,继而破获当时湘潭市历史上最大的贪污案。是年报社尝试创办《湘潭日报晚·报版》,12月5日,首期《湘潭日报晚报版》与读者见面。此后,《湘潭日报晚报版》作为《湘潭日报》的一个民生类专刊,随主报发行。1999年,报社实行定编、定岗、定责、定人的"四定"机制。在报道内容上,重点策划并组织抗议以美国为首的北约轰炸南联盟和中国驻南联盟使馆、批判邪教"法轮功"、抗洪抢险、50周年国庆、城区禁止"跑跑车"营运等内容的报道。2000年,报社创办子报《湘潭晚报》,湘潭日报社参照内设部室的规格对晚报进行管理,实行总编辑负责制。同年,《湘潭日报》改版,新增《教育周刊》《企业天地》《农民之友》3个专版,开设《湘江周末》(星期五出版,对开八版)、《经济周刊》(星期一出版,对开四版)和《教育周刊》(星期三出版，对开四版）。是年，为贯彻落实中共湘潭市委“强工富市”战略，《湘潭日报》重点策划“打好国企整体扭亏为盈总体战”的专栏报道。年底，《湘潭日报》每份年定价 126 元，年发行量 30100 份，自办发行。报社共有员工 121 人，固定资产 1299 万元，当年总收入为 1014 万元，其中广告收入 604 万元，占总收入的 59.6%。

2001 年，报社投资 345 万元订购的彩色卷筒纸印报机正式投入使用，《湘潭日报》实现彩色印刷，迎接新世纪、建党 80 周年、北京申奥成功、中国加入 WTO 均成为《湘潭日报》的报道重点。《湘潭日报》还在正常出刊的同时，增加以《百年湘潭》的人物、事件、变迁诸篇为内容的《世纪珍藏版》。这年 10 月，经市委批准，湘潭日报社进行体制改革，报社党组改为社委会，社长与总编辑分设，报社的管理体制由总编辑负责制改为社长负责制。2002 年，《湘潭日报》开辟“市府与市民”的舆论监督栏目，《湘潭日报一周文萃》也正式出刊。中国人民解放军八一振邦足球队移师湘潭、湘潭首次举办全国男子足球甲 A 联赛、湘潭先后 6 次迎战湘江洪峰等，均成为《湘潭日报》的主要报道内容。2003 年，日报和晚报的广告部合并，两报的发行部合二为一，成立湘潭日报社发行中心，并在湘乡市、易俗河镇、楠竹山镇等农村订户较集中的地方设置发行站。2004 年，《湘潭日报》进行版面调整：取消《湘江周末》周刊，改为正刊；原每周 4 期正刊改为 5 期；原每星期一、三、四综合新闻改为每星期一、三、五；原每周一期的文体娱乐新闻取消，社会经纬专版由整版调整为半版。《湘潭日报》围绕湘潭举办首届中德环境管理与企业合作大会、首届齐白石国际（湘潭）文化艺术节等全市性的中心工作，策划相关重点宣传。是年，湘潭日报社在河东的湖湘南路与湖湘西路交汇处划定红线范围面积 15.58 亩，筹建报业中心。投资 50 万元，购买彩色打样机、激光照排机和冲片机，更新印前设备，实现报社印刷史上第三次技术革命。2005 年，《湘潭日报》对“全市保持共产党员先进性教育”“重点工程纪行”“第二届中德环保论坛”等重大题材进行重点报道，并组织记者赴长沙、郴州、衡阳等市进行异地采访，推出“十五变化看湘潭”“民营经济”“园区经济”和“一点一线”等城市特刊。2005 年底，《湘潭日报》年定价 146 元，发行量 27700 份，自办发行。报社共有员工 141 人（其中晚报 27 人），固定资产 1854 万元，当年总收入 2131 万元，其中广告收入 1414 万元，占总收入的 66.4%。

二、《湘乡报》

《湘乡报》于 1956 年 5 月 1 日创刊，1961 年起停刊。1987 年 5 月，中共湘乡市委决定以内部的报型资料《湘乡农科报》为基础，复刊《湘乡报》。1988 年 3 月，湖南省新闻出版局批准同意《湘乡报》正式复刊。4 月，湘乡市编委发文成立湘乡报社，为局级事业单位，财政拨款，定编 11 人。社长与总编分设，实行社长负责制。内设总编室、政文组、经济组，租用湘乡市人民武装部房子办公，中共中央宣传部秘书长沈一之为《湘乡报》复刊题词。7 月 1 日，《湘乡报》正式复刊，每周一期，四开四版，第一版为时政要闻，第二版为经济新闻，第三版为社会新闻和理论，第四版为副刊和科普知识。当年，《湘乡报》共出刊 27 期，每期发行量 5000 份，每份定价 8.1 元，邮局发行。报社共有从业人员 8 人。1990 年，《湘乡报》发行价格调整为每年 9.72 元，从业人员和发行量保持不变，当年实现广告收入 1 万元。

1992 年 8 月 25 日，从第 189 期起，《湘乡报》由铅印改为激光照排。是年，湘乡报结束借房办公的历史，搬迁至湘乡市委机关大院办公。1995 年 8 月 18 日，经国家新闻出版总署批准，《湘乡报》启用国内统一刊号,刊号为CW43－0062,邮发代号为41－32。是年,《湘乡报》由周一刊改为周二刊,期期套红。当年,《湘乡报》的发行量达到12000份,年发行价格27元,从业人员增至16人,当年广告收入10多万元。1996年,湘乡报社投资32万元购置当时省内最为先进的两套电子出版系统。成立印务部,为隶属报社的全民企业单位,定编6人。2000年,经湖南省新闻出版局批准,《湘乡报》将周二刊改为周三刊。同时,报社打破采编合一的传统做法,实行采访、编辑、校对人员专业化。至是年底,报社从业人员扩至24人,发行量增至15000份,价格则调整为48元/年,当年广告收入31万元。

2001年开始,《湘乡报》对版面格式再次进行调整,加大新闻报道的策划力度,增设"记者与读者"的对话栏目,组织采编人员深入农村体验生活。到2003年,《湘乡报》的报纸栏目和发行频率、发行价格均无变化,从业人员增至26人,发行量增加至17000份,固定资产120多万元,当年广告收入增至48万元。200312月31日,根据中央报刊治理办关于《湖南省报刊治理工作方案的批复》的规定,《湘乡报》取消刊号,转为免费赠阅的内部资料。湘乡报社机构撤除,人员分流。

三、《韶山报》

1993年,为纪念毛泽东100周年诞辰,中共韶山市委以原来内部报型资料《滴水洞》为基础,创办《韶山报》,成为中共韶山市委机关报,隶属中共韶山市委宣传部管辖。韶山报社为局级事业单位,定编8人,财政拨款,实行总编辑负责制,办公地点为韶山市委机关院内。12月8日,《韶山报》试刊出版。1994年,《韶山报》经湖南省新闻出版局批准正式发行,每周一期,四开四版,以介绍韶山本地新闻和新风新貌为主,第一版为要闻,第二版为综合,第三版为理论和科普,第四版为副刊。《韶山报》由邮局发行,每份全年定价28元,发行量为3500份。2001年,韶山被国家新闻出版总署批准公开发行,国内统一刊号为CN43-0065,发行量4000份。2002起,韶山报改为每周两期,采用邮局发行和自办发行相结合的方式发行到全国各地,年发行量5000份,每份的年定价调为35元。2003年12月31日,根据中央治理报刊领导小组的规定,《韶山报》取消国内统一刊号,正式停刊。此后,韶山市委将《韶山报》改为内部资料,免费赠阅,韶山报社机构撤除,人员另行安置。

四、《湘潭县报》

《湘潭县报》于2001年11月创刊,是经湖南省新闻出版局批准发行的内部报纸,由中共湘潭县委主办,县委宣传部部主管,委托湘潭县广播电视局承办。湘潭县报社与县广播电视局两块牌子,一套人马,局长兼任总编辑,办公地址在湘潭县易俗河镇凤凰路489号。2002年正式出版发行,每周星期四出版,四开四版,主要介绍湘潭县的本地新闻和工作动态,第一版为要闻,第二版为综合,第三版为专刊,第四版为副刊。发行范围为全县,每份每年23元,每期发行量18000份左右。2003年12月31日,根据中央治理报刊领导小组规定,《湘潭县报》停办。

第二节　都市报

一、《湘潭广播电视报》

原名《湘潭广播影视报》，1990年10月30日创刊，社址位于湘潭市韶山西路9号原广播电视局内，由湘潭市广播电视局主管，属正科级事业单位。年内试刊7期。1991年1月1日正式出版，湖南省内部报刊准印证012号，4开4版周报，铅字黑白印刷。期发行量2.2万份，每份售价0.15元，星期二出版，市内发行。报社从业人员6人。主要栏目有莲城揽胜、视听信息、今夜星辰、月下茶座、涉笔成趣、下周银幕、影视大观、广播电视新闻精选、录像厅、服务台，副刊《碧荷》，刊登全市各影院一周影片与市音像管理发行站的音像发行信息，介绍电视剧的故事梗概，以报纸之长补声屏之短。从1991年9月27日起，改用电脑排版，套红胶印，成为湘潭市第一家电脑排版和套红胶印的报纸。1995年该报更名为《湘潭视听报》。到1998年，《湘潭视听报》的出刊频率、发行价格和栏目设置均无变化，发行量2.5万份，从业人员8人。

1999年8月，该报获全国统一刊号CN43—004308，更名为《湘潭广播电视报》，四开八版，周三报，栏目略有调整。每期发行量3.5万份，每份售价0.5元。从业人员10人。进入二十一世纪，整个报业进入低谷，《湘潭广播电视报》也处境困难，报纸艰难地维持和发展。2005年10月，报社迁入市芙蓉路湘潭广播电视中心。至是年底，报纸为四开十二版，周二报，期发行量3万份，每份售价0.5元，从业人员10人。

二、《湘潭晚报》

1998年，湘潭日报社探索报刊发展的新领域，尝试创办民生类子报《湘潭晚报》。12月5日，正式推出《湘潭日报·晚报版》，此后，《湘潭日报·晚报版》成为《湘潭日报》的民生类专刊，随主报发行。

2000年2月17日，国家新闻出版署批复将国内统一刊号CN43－0019（原属于《湖南人口报》）交由湘潭日报社接管，主办《湘潭晚报》。经过3个月的筹备，5月27日，《湘潭晚报》试刊。9月，《湘潭晚报》编委会正式成立，设新闻部、专刊部、广告部和总编办4个工作部门，共有员工56人，其中采编人员23人。10月21日，《湘潭晚报》正式创刊出版，四开八版，周二刊，每周星期六、星期天出版，由湘潭日报社印务中心统一印刷，黑白版面，面向全国公开发行，实际发行范围主要在湘潭市内，自办发行，每份全年订价98元。当年，《湘潭晚报》期发行量19783份，广告收入248万元。

2001年元月1日起，《湘潭晚报》实行独立运作的新体制，湘潭日报社对晚报人员实行全员聘任、按效益分成的目标管理：晚报总编辑竞争上岗，员工双向选择，分配体制进行改革，多劳多得。这年7月，湘潭日报社投资345万元购置彩色轮转胶印机，《湘潭晚报》实现彩色印刷。年末《湘潭晚报》的员工62人。发行量超过2万份，当年广告收入307万元。

2002年开始，《湘潭晚报》年订价提高至每份108元。当年的发行量稳定在2万份。广告收入上升到386万元。是年，中国人民解放军八一振邦足球队移师湘潭，湘潭首次举办全国男子足球甲A联赛，《湘潭晚报》开设了甲A足球专版予以重点报道。2003年，《湘潭晚报》广告部与日报广告部合并,晚报当年广告收入443万元;晚报发行部也与日报发行部合二为一,成立发行中心,并在湘乡市、易俗河镇、楠竹山镇等农村订户较集中的地方设置发行站,晚报的年发行量依然保持2万份。

2004年5月起,《湘潭晚报》进行全面改版。在版面构成上,由原来的12个版扩至16个版,分ABCD四叠,其中A版为主报头,B、C、D版增设3个小报头。在版块设置上,A叠为湘潭本地新闻;B叠(地球村)为世界新闻、中国新闻、体育新闻、娱乐新闻;C叠为周刊,"新经济""文化""新闻档案""教育"和"家"5个周刊轮流出版;D叠(信息服务)为广告专版。在版式设计上,包括报头、标题、字体、照片等都进行创新式的改版。是年,《湘潭晚报》围绕首届中德环境管理与企业合作大会、首届齐白石国际(湘潭)文化艺术节、省级文明城市创建活动三大主题,深入开展宣传报道。晚报还为一名身患白血病的优秀大学生张爽开展社会救助行动,指派记者陪同张爽赴上海进行骨髓移植,为其募捐款项13万多元,并全程报道张爽治病过程和感恩心态,在社会上形成较大影响。是年,《湘潭晚报》的年发行量达到21346份,广告收入为485万元。2005年,《湘潭晚报》从民生报纸的视角对宋楚瑜回乡祭祖进行深入报道。是年,《湘潭晚报》共有员工76人,其中27人为报社编制,其余为编外人员;每份年订价120元;年发行量21400份;广告收入511万元。

第三节 院校报

一、《湘潭大学报》

1980年元月创刊,系湘潭大学党委机关报,由湖南省新闻出版局批准,湘潭大学党委宣传部主办。1986年,《湘潭大学报》为旬刊,四开四版,黑白印刷,后一直沿袭,免费赠阅,送发对象为学校本部下属单位和机构及相关高校,当年印数5000份。主要栏目为:要闻、教研视野、校园广角、韶风副刊等。1996年改为对开四版的彩报。1998年9月取得国内统一刊号,刊号为CN43-0805/(G),仍为旬刊,自办发行,每期发行量7000份。报社有编辑人员4名。2005年,发行量增至8500份,其余均无变化。

二、《湘潭矿院报》

湘潭矿业学院主办,经湖南省新闻出版局批准的内部报刊资料,创办于1984年。1986年,《湘潭矿院报》为半月刊,四开四版,面向全院免费发送,每期印数3500份。有编辑人员2名。主要栏目有:院内新闻、教学研讨、校园生活、副刊等。1999年,湘潭矿业学院更名为湘潭工学院,《湘潭矿院报》也更名为《湘潭工学院报》,印数增至4000份,编辑人数、主要栏目不变。2002年,除印数增加至5000份外,其他指标均无明显变化。由于湘潭矿业学院与湘潭师范学院合并为湖南科技大学,2002年底,《湘潭工学院报》停办。

三、《湘潭师院报》

湘潭师范学院主办,经湖南省新闻出版局批准的内部报刊资料,创办于1985年。1986年,《湘潭师院报》为半月刊,四开四版,面向全院免费发送,每期印数4000份。主要栏目有:学院快讯、校园内外、师生习作等。有编辑人员2名。2002年,除印数增加至5000份外,其余指标均无变化。由于湘潭师范学院与湘潭矿业学院合并为湖南科技大学,2002年底,《湘潭师院报》停办。

四、《湘潭市一中》

湘潭市第一中学于1996年2月创办的校园报纸,四开四版,彩色印刷,不定期出版,面向全校师生免费赠阅,每期印数3500份。报纸以介绍学校工作动态、刊发学生习作为主,主要栏目有新闻快递、校园万象、教育天地、学校生活、教改天地、异域风情等。报社的编辑均为学校师生兼任。2002年1月,《湘潭市一中》获得湖南省报型内部资料准印证,设专职编辑2人,兼职编辑4人。至2005年底,上述情况均无变化。

五、《湖南工程学院报》

2001年3月创办,国内统一刊号CN43-0837/(G),由中共湖南工程学院委员会主办,隶属学院党委宣传部。《湖南工程学院报》为四开四版,黑白印刷。半月一期,面向全院师生、学生家长、校友、兄弟院校及省内中学免费发送,每期印数15000份左右。主要栏目有:校内新闻、教学科研、校园生活、文艺副刊。有专职编辑2人,兼职编辑4人。至2005年底,上述内容均无变化。

六、《湖南科大报》

2002年10月创办,国内统一刊号为CN43-0820/(G),为湖南科技大学党委机关报,由湖南省新闻出版局批准,湖南科技大学党委宣传部主办。以"为高等教育改革发展服务、为培养人才服务"为宗旨,四开四版,黑白印刷,面向全校师生和兄弟院校及相关单位免费赠阅,每期印数9000份左右,每月5号、20号出版。主要栏目为:科大要闻、综合新闻、理论教学科研、文艺副刊。共有专职编辑2人,兼职编辑2人。至2005年底,报纸的版式、栏目、出刊频率、印数等均无变化。

七、《湘潭职院报》

创刊于2003年4月28日,是中共湘潭职业技术学院党委机关报,由湖南省新闻出版局批准印刷,院党委宣传部主管。每年出版10期,每月21日出版发行,四开四版,黑白印刷。每期印数2500份,面向校内师生和国内相关院校免费赠阅。院报开设栏目有:科研苑、学科带头人、作家专栏、特约专栏、青春节拍、成长天空、人间真情、人生感悟。有专职编辑2人,兼职编辑3人。2005年底,上述情况均无变化。

八、《湖南城建职院》

2005年4月创刊,由中共湖南城建职院党委宣传部主办,批准文号:湖南省报型内部资料准印证号C26。每月一期,四开四版,黑白印刷,编辑部设在院党委宣传部。面向校内师生、兄弟院校免费赠阅,每期印数1500份。院报主要栏目有:时政新闻、党团建设、师德建设、教研教改、学科建设、科研成果、管理动态、校园文化、学习园地、文学副刊等。有专职编辑3人。

第四节　企业报

一、《湘潭电机报》

湘潭电机厂党委宣传部、新闻中心主办的内部报型资料。创刊于1954年,20世纪60年代中期停刊。1983年由湖南省新闻出版局批准复刊,四开四版,每周一期,厂内免费赠阅,1986年,每期印数4000份,黑白印刷,重要节日和喜庆事件则为套红。报社共有编辑人员5名。以介绍厂内生产重大事件、生产经营动态、管理措施、典型经验、员工的工作体会为主。1995年印数增至6000份,其他情况没有变化。2005年,《湘潭电机报》发表的“总理来到我们中间”一文,被国家、省、市多家媒体转发,并获得多项国家、省级奖励。当年,湘潭电机报社被省新闻记协评为湖南省首届企业报“十佳报社”。2005年底,印数为8000份,其他情况未变。

二、《湘钢报》

创办于1958年,属湘潭钢铁厂的企业内部报型资料,准印证号041。创刊时为周刊。四开四版,黑白印刷,厂内免费赠阅,发行对象为全厂员工。1986年,《湘钢报》印数为10000份。1994年,《湘钢报》改为周三刊,印数12000份。1998为又改为周二刊,印数不变。2000年以后,《湘钢报》尝试着由“以报道新闻为主”向“以理念引导、舆论引导为主”转型,主要采用典型案例的形式,反映公司生产经营、管理改革、建设发展过程中发生的具有代表性的热点难点问题,阐释、宣传、灌输优钢文化的理念,营造优钢文化氛围。2002年、2003年连续两次荣获中国企业报协会“先进企业报”称号。2005年元月开始,《湘钢报》免费发行到全厂员工和家庭,印数为2.3万份。是年底,《湘钢报》共有专职编辑人员10名,其他情况维持不变。

三、《韶峰水泥报》

原为《湘泥工人报》,创办于1971年,湖南省新闻出版局批准印刷的湘乡水泥厂内部报型资料。1986年,该报为四开四版,每旬一期,厂内免费赠阅,每期印数1000份,黑白印刷。以介绍公司的重要事件、生产经营和管理动态、先进典型与经验等内容为主。1992年,由旬刊改为周刊。1996年,湘乡水泥厂改制成湖南韶峰集团,企业报名更名为《韶峰水泥报》,印数减少为800份。2005年,报纸印数升至1000份,报社有编辑人员4名,其他情况无变化。

四、《湖南铁合金厂报》

创办于1981年,是中共湖南铁合金厂委员会主办的企业报,湖南省新闻出版局批准的内部报型资料。四开四版,旬刊,黑白印刷,免费赠阅,发行范围系本公司生产区及生活区,每期印数1000份,主要栏目有“时话时说”“一线风彩”“文化制胜”“人生感悟”等。1992年时,印数一度增至3000份。1995年开始,由于企业效益滑坡,印数减至800份。2005年,印数回升为1200份,有编辑人员4人。

五、《江麓报》

由江麓机械厂党委宣传部主办，湖南省新闻出版局批准的内部报纸。1984年1月复刊，1985年改为四开四版的周报，黑白印刷，印数1200份，免费发至班组。主要栏目为：要闻，生产，综合，副刊。1988年12月22日，工厂正式成立江麓报社，有编辑人员4名。2001年1月，江麓报告别铅字排版，采用电脑激光照排技术。2005年底，印数增至1500份，其他均无明显变化。

六、《江滨报》

1989年5月1日，江滨机器厂创办企业内部刊物《江滨简报》，直属公司党委管辖。经省新闻出版局同意，1996年7月1日正式改名为《江滨报》，每月2期，四开四版，黑白印刷，每期印数4000份，分发到各车间、班组、家属区。主要设置栏有：企业新闻、基层动态、学习交流、生活副刊等。有编辑2人。至2005年底，上述情况均无变化。

七、《江南报》

创办于1991年，由江南机器厂党委宣传部主办、湖南省新闻出版局批准的内部资料。四开八版，彩印周报，发行范围系公司班组和家庭，份数6000份。主要栏目有“要闻”“行业新闻”“江南大讲堂”“综合”“生产经营”“副刊”等。江南机器（集团）党委宣传部设有新闻中心，定员10人，共同负责《江南报》和江南广播电视台的相关工作，其中偏重于《江南报》编辑的有4人。2005年，印数增加至8000份，其他情况均无明显变化。

八、《步步高人》

由湖南步步高商业连锁有限公司新闻中心、企业文化推进部主办的内部报型资料。1997年7月创刊，四开四版，彩色印刷，每月一期，发行范围系职工内部，每期印数1000份。2003年，印数增至2000份。2004年，《步步高人》被评为当年度中国民营企业优秀报刊。2005年6月，更名为《知行》，半月一期。有编辑3人。是年底，印数增加至3000份，其他情况无变化。

九、《银海潮》

由湖南东信集团主办的企业内部报刊，创刊于2000年5月31日，由湘潭市新闻出版局批准发行。四开四版，旬刊，彩色印刷，每期印量5500份，发行范围系集团公司所属各分公司（分厂）。主要栏目有：言论平台、老睢新传、银海语丝、爱在身边、亲情故事、人生感悟、快乐生活、如烟往事、美丽家乡等。有编辑2人。2005年底，编辑人员、发行量等情况均无变化。

十、《建安雄风》

二十三冶集团第一工程有限公司主办，2004年创办，内部资料，不定期出版，四开四版，黑白印刷，公司内部免费发送，每期印数1000份。设有求是窗、热点新闻、企业快讯、技术前线、学习沿地、湘江文苑等栏目。有编辑人员2名。2005年，上述情况均无明显变化。

第五节 其他报

一、《湘潭个体私营经济》

1990年元月，经湘潭市文化（新闻出版）局批准，湘潭市个体劳动者协会创办内部报纸《湘潭个协》，八开二版，一版为政策信息和时事新闻，二版为经济信息和人物通讯。每月一期，铅字黑白印刷，湘潭市个体劳动者协会免费赠阅，印数8000份。

1994年3月，湘潭市个体劳动者协会与私营企业协会合并为湘潭市个体劳动者私营企业协会，《湘潭个协》也随之更名为《湘潭个协私协》，半月一期，四开四版，开设有政策信息、经济信息、新闻通讯、人物特写、理论探讨、文学作品和摄影等栏目，激光排版，黑白印刷，节日和重大活动时为彩印。有正式编辑2人，兼职编辑2人。由湘潭市个体劳动者私营企业协会自办发行，每份全年定价10元，发行量10000份。1996年，发行量达到19000份。1997年，又更名为《湘潭个体私营经济》。

1998年，由于全国报刊市场全面整顿，《湘潭个体私营经济》改为不定期出版的内部资料，免费赠阅，赠阅对象为全市的私营企业主、上规模的个体工商户、相关单位和部门，印数6000份，邮局寄发。2002年起，《湘潭个体私营经济》更名为《致富之窗》。到2005年，其出刊频率、发行范围、发行渠道、报纸印数、编辑人数等情况均无变化。

二、《湘潭交通安全报》

1994年6月创刊，湘潭市公安局交通警察支队主办，湖南省新闻出版局批准印刷出版。每月一期，四开四版，一至四版全部彩印，为湖南省首张全部彩印的报纸。免费赠阅，每期赠阅量18000份。1997年开始自办发行，物价部门批准其每年订价18元，每期发行量达到46500份。开设栏目为：一版“时政要闻”，二版“交警在线”，三版“驾驶园地”，四版“综艺世界”。《湘潭交通安全报》共有工作人员5人，其中正式编辑3人。根据国家新闻出版总署的要求，《湘潭交通安全报》于1998年12月31日停止发行，转为内部资料，不定期出版，每期均为配合市里的重大活动而推出，免费赠阅，赠阅对象和报纸印数均视情而定。至2005年，上述情况底均无明显变化。

第二章 刊物

20世纪80年代中期开始，由于文学创作对普通民众的影响日益增大，加之各个行业和部门的自我推介的意识越来越强，自办刊物之风也逐渐盛行，其中不少刊物还承担传播本地、本单位（部门、行业、学校、团体）新闻动态和市场信息的功能。1986年初，湘潭市带有大众传播功能的刊物有15种，专职与兼职的从业人员有125人。其中，拥有国内统一刊号的刊物有《湘潭大学学报》（自然科学版）、《湘潭大学学报》（社会科学版）、《湘潭矿业学院学报》和《湘潭师范学院学报》，总发行量4200份左右；其余11种均为内部刊物，总发行量为13000份左右。是年11月，湘潭市地方志编纂办公室创办内部刊物《湘潭市志通讯》。1987年,由中国韵文学会和湘潭大学共同主办杂志《中国韵文学刊》在湘潭创刊。1989年,《湘潭市志通讯》更名为《湘潭史志》,当年共出四期。年底,《湘潭史志》停刊。当年,湘乡县志办还出版了《史志之友》,在国内有一定影响,上海图书馆专门订购收藏。1991年,湖南纺织专科学校和湘潭机电专科学校分别创办公开发行的学报。此时,全市内部刊物增加迅速。1993年,因经费困难,《史志之友》停刊。1994年,全市刊物数量达到鼎盛,刊物种类达37种,专、兼职采编人员达310多人。其中,有国内统一刊号的刊物有《湘潭大学学报》(自然科学版)、《湘潭大学学报》(社会科学版)、《湘潭矿业学院学报》《湘潭师范学院学报》《中国韵文学刊》《湖南纺织高等专科学校学报》《湘潭机电高等专科学校学报》,总发行量为6000份左右;其他均为内部刊物,总发行量达135000份。除了市委政研室的《湘潭通讯》、市政府经研室的《湘潭经济》和驻潭高等院校的学报以外,许多部门、单位、学校和行业协会都有自己的内部刊物,其刊发内容大多为内部的工作动态和行业信息,办刊质量参差不齐。其发行范围一般是本地和本行业、本部门及基层单位,或为自己的服务对象,发行量较大的有税务、工商、物价、供销等部门的刊物,期发数均在万份以上,其他刊物的发行量一般在2000~6000份不等。出版频率一般为月刊,但物价商业、供销等部门价格信息则为半月刊。发行价格一般全年9~12元。

1995年,随着国有企业改制的逐步深入,先是供销商贸系统因为基层单位的改制,其内部刊物发行量迅速萎缩并终归停办。由于中央加大对基层负担的治理,执法部门的自办刊物也被纳入治理范围。经过治理,1997年,全市的刊物总数只保留13种,专职从业人员也不足50人。其中,有国内统一刊号的刊物依然只有《湘潭大学学报》(自然科学版)、《湘潭大学学报》(社会科学版)、《湘潭矿业学院学报》《湘潭师范学院学报》《中国韵文学刊》《湖南纺织高等专科学校学报》《湘潭机电高等专科学校学报》,总发行量为6000份左右;其他均为内部刊物,总发行量骤降至2000份左右。1998年,根据国家新闻出版总署要求,除了公开出版发行的7种刊物和《湘潭通讯》《湘潭人大工作》《湘潭经济》和《湘潭政协》4种内部刊物外,《湘潭宣传》等其他刊物全部停办。全市刊物的专职从业人员只有41人。期间,湘潭矿业学院改名为湘潭工学院,《湘潭矿业学院学报》因此停办,《湘潭工学院学报》则随之面世。2000年,湘潭日报社创办业务性内部刊物《采编之友》。同年,湖南纺织高等专科学校和湘潭机电高等专科学校合并,这两所学校主办的学报也随之停刊,2001年公开出版发行《湖南工程学院学报》(自然科学版)和《湖南工程学院学报》(社会科学版)。2003年,中央再次加大报刊治理的力度,《湘潭通讯》《湘潭人大工作》《湘潭经济》和《湘潭政协》全部停刊。2004年,这4种刊物整合为《今日湘潭》。同年,湘潭师范学院和湘潭工学院合并为湖南科技大学,《湘潭工学院学报》停办,《湖南科技大学学报》(自然科学版)和《湖南科技大学学报》(社会科学版)创刊。到2005年底,全市的刊物种类为15种,正式从业人员45人,发行量13000份左右。其中,拥有国家统一刊号的刊物为《湘潭大学学报》(自然科学版)、《湘潭大学学报》(社会科学版)、《湖南科技大学学报》(自然科学版)、《湖南科技大学学报》(社会科学版)、《湖南工程学院学报》(自然科学版)、《湖南工程学院学报》(社会科学版)、《湘潭师范学院学报》(自然科学版)、《湘潭师范学院学报》(社会科学版)和《中国韵文学刊》9种,总发行量为7000份左右,有专职编辑34人,兼职编辑12人;湖南省新闻出版局批准的内部刊物有《湘潭研究》《湖南职业技术学院学报》《湖南城建职院学报》《今日湘潭》《莲城电业》《采编之友》共6种,总印数6000份左右,专职编辑11人,兼职编辑27人。

第一节 公开发行刊物

一、《湘潭大学学报》(哲学和社会科学版)

由湖南省教育厅主管,湘潭大学主办,国内外公开发行。创刊于1977年,双月刊,国际标准刊号为ISSN1001-5981,国内统一刊号为CN43-1164/N。1986年,该刊为大16开版,由邮局发行,期发行量均在1200份左右,每份年订价为2.4元,后来发行价格屡有调整。《湘潭大学学报》(哲学和社会科学版)主要栏目有毛泽东思想研究、经济学、法学、公共管理、文学、历史、哲学等。2005年,该刊的期发行量均为2000份左右,为国家核心期刊,全国百强社会科学报,每份年定价60元。《湘潭大学学报》(哲学和社会科学版)编辑部与《湘潭大学学报》(自然科学版)统称为《湘潭大学学报》编辑部,两刊共有正式编辑人员10名,兼职编辑6人。

二、《湘潭大学学报》(自然科学版)

由湖南省教育厅主管,湘潭大学主办,国内外公开发行,创刊于1978年,季刊,国际标准刊号为ISSN1000-5900,国内统一刊号为CN43-1066/C。到1986年,该刊为大16开版,由邮局发行,期发行量在1200份左右,每份年订价2.4元,后来发行价格屡有调整。《湘潭大学学报》(自然科学版)主要栏目有数学、物理与力学、化学化工、机械电子、管理工程等。2005年,该刊的期发行量为2000份左右,为国家核心期刊,每份年定价32元。《湘潭大学学报》的自然科学版和社会科学版的编辑工作统一由《湘潭大学学报》编辑部负责。

三、《湘潭矿业学院学报》

创刊于1983年,湖南省教育厅(原为湖南省教委)主管,湘潭矿业学院主办。1986年,《湘潭矿业学院学报》为国内外公开发行,国际标准刊号为ISSN1009-5357,国内统一刊号为CN43-1321/C,季刊,大16开版,邮局发行,期发量800份左右,每份年订价2.4元,后来发行价格屡有调整。主要栏目有矿山开采、资源勘查与开发、煤田地质与工程地质、电气与自动化工程、计算机应用、机械工程、安全工程、煤炭加工等。学报编辑部有编辑人员4名。1998年,由于湘潭矿业学院更名为湘潭工学院,该刊停办。停办时,每份年订价24元,期发量1000份左右,有编辑人员6名,其他情况没有变化。

四、《湘潭师范学院学报》(社会科学版)

《湘潭师范学院学报》创刊于1986年。湖南省教育厅主管,湘潭师范学院主办,国内外公开发行。双月刊,大16开版,黑白印刷,邮局发行,发行量1000份左右,每份年订价格2.4元。此后,发行价格后来屡有调整。2001年实现文理分刊,分为社会科学版和自然科学两个版本。《湘潭师范学院学报》社会科学版的国际标准刊号为ISSN1005-1287,国内刊号为CN43-1075/C。主要栏目有哲学研究、教育纵横、史学研究、语言文学研究、心理学研究、热点问题研究等。2003年底,由于湘潭师范学院合与湘潭工学院合并为湖南科技大学,《湘潭师范学院学报》改为湖南科技大学主办。《湘潭师范学院学报》(社会科学版)与《湘潭师范学院学报》(自然科学版)编辑部统称为《湘潭师范学院学报》编辑部,共有专职编辑8人,兼职编辑7人。2005年,《湘潭师范学院学报》(社会科学版)的发行量为1000份左右,每份年订价为32元,社会科学版属于中国人文社科学报核心期刊、全国百强社科学报,其他情况没有变化。

五、《湘潭师范学院学报》(自然科学版)

2001年,《湘潭师范学院学报》分为社会科学和自然科学两个版本。《湘潭师范学院学报》自然科学版的国际校准刊号为ISSN1671-0231,国内刊号:CN43-1377/N。主要栏目有基础理论研究、应用技术研究、学术动态等。2003年底,由于湘潭师范学院合与湘潭工学院合并为湖南科技大学,《湘潭师范学院学报》改为湖南科技大学主办。2005年,《湘潭师范学院学报》自然科学版的发行量为1000份左右,每份年订价24元,其他情况没有变化。

六、《中国韵文学刊》

1987年创刊,由中国韵文学会和湘潭大学共同主办,是全国古代韵文研究团体中国韵文学会的会刊。半年刊,大16开,每期定价4元。8个印张,刊号为ISSN1006-2491,CN43-1014/H。每期发行数300本。研究对象是中国韵文,涵盖中华古文明中一切以音乐性语言写作的文学作品。2003年改为季刊,每期定价8元。2005年,每期发行量为1000份左右,有从业人员5人。辟有清词研究、现代旧体诗词研究、湖湘诗词与文化、问题讨论、接受阐释、专题考辨、诗学专题、词学专题、曲学专题、赋学专题、时代新声、耆旧遗音等栏目。其他情况没有明显变化。

七、《湘潭机电高等专科学校学报》

1991年创办,湘潭机电高等专科学校主办。创刊时为内部刊物,半年刊,免费赠阅,每期印数300份。主要栏目有学术交流、高教研究、其他。学报编辑部有正式编辑人员1名。1999年,该刊取得公开发行的国内统一刊号,刊号为CN43-5045/TB,半年刊,免费赠阅。学报未分具体栏目。编辑部有正式编辑1名。2000年,湘潭机电高等专科学校与湖南纺织高等专科学校合并,该刊终止。

八、《湖南纺织高等专科学校学报》

创刊于1991年,湖南纺织高等专科学校主办。创刊时为内部刊物,季刊,免费赠阅,每期印数300份。学报未分具体栏目,编辑部有正式编辑1名。1999年,该刊取得公开发行的国际国内统一刊号,国际刊号为ISSN1008-8482,国内刊号为CN43-5048/TS,季刊,免费赠阅。学报依旧未分具体栏目,有正式编辑1名。2000年,湖南纺织高等专科学校与湘潭机电高等专科学校与合并,该刊终止。

九、《湘潭工学院学报》

1999年创刊,湖南省教育厅主管,湘潭工学院主办,国内外公开发行,季刊,大16开版,黑白印刷,自办发行,分社会科学与自然科学两个版本。社会科学版国际标准刊号为ISSN1009-5357,国内统一刊号为CN43-1321/C,主要栏目有经济与管理、历史研究、语言文字、思想政治工作研究等。自然科学版国际标准刊号为ISSN1672-9102,国内统一刊号为CN43-1443/N,主要栏目有矿山开采、资源勘查与开发、煤田地质与工程地质、电气与自动化、计算机应用、机械工程、建筑工程、安全工程等。两刊的期发行量1200份左右,每份年订价为24元。学报编辑部共有编辑8人。2003年,湘潭工学院与湘潭师范学院合并,《湘潭工学院学报》停刊。停刊时,刊物的主要情况均无变化。

十、《湖南工程学院学报》(社会科学版)

2001年创刊,由湖南省新闻出版局主管,湖南工程学院主办,面向国内外公开发行,季刊,国际标准刊号为ISSN1671-1181,国内统一刊号为CN43-1355/C,大16开版,邮局发行,每份年定价32元,发行量500份左右。该刊设有经济管理、语言文学、法律政治、历史哲学以及(高校)教育教学研究等栏目。《湖南工程学院学报》(社会科学版)编辑部与《湖南工程学院学报》(自然科学版)编辑部统称为《湖南工程学院学报》编辑部,共有专职编辑5人,兼职编辑2人。2005年,《湖南工程学院学报》社会科学版的发行量增至1000份,其他情况没有变化。

十一、《湖南工程学院学报》(自然科学版)

2001年创刊,由湖南省新闻出版局主管,湖南工程学院主办,面向国内外公开发行,季刊,国际标准刊号为ISSN1671-119X,国内统一刊号为/CN43-1356/N,大16开版,邮局发行,年定价40元,发行量500份左右。该刊设有电气工程、机械工程、化学工程、数理科学、计算机科学与应用、建筑工程、纺织工程等栏目。2005年,《湖南工程学院学报》(自然科学版)的发行量800份,其他情况无变化。

十二、《湖南科技大学学报》(社会科学版)

2004年创办,湖南省教育厅主管,湖南科技大学主办。面向国内外公开发行,双月刊,国际标准刊号为ISSN1672-7835,国内统一刊号为CN43-1436/C,大16开版,黑白印刷,邮局发行,每份年定价60元,每期发行量1000份左右。该刊主要栏目有毛泽东研究、逻辑今探、经济研究、法学研究、政治研究、文学研究、语言文化、教育研究。学报编辑部有专职编辑6人。2005年底,上述情况均没有明显变化。

十三、《湖南科技大学学报》(自然科学版)

2004年创办,湖南省教育厅主管,湖南科技大学主办。面向国内外公开发行,季刊,刊号为接管原《湘潭工学院学报(自然科学版)》刊号,国际标准刊号为ISSN1672-9102,国内统一刊号为CN43-1443/N,大16开版,黑白印刷,邮局发行,每份年定价48元,每期发行量1000份左右。主要栏目有采矿地质、机电工程、土木工程、住处与控制工程、化学与化工工程、自然环境。学报编辑部共有编辑4人。2005年底,上述情况均无明显变化。

第二节 内部刊物

一、《湘潭研究》

由中共湘潭市委宣传部主管，市社科联主办的哲学与社会科学的机关刊物。湖南省刊型内部资料准印证号C005。1979年创刊，当时刊物名称为《学习与研究资料》，不定期出版。发行范围至全市科级局以上单位，并与全省各地、市、州社科联交流，各地、市、州的党委宣传部和高校，全国著名的图书馆也在交流之中。每期1500册，均为赠送。1983年改刊名为《湘潭学刊》，季刊。1990年改为《湘潭社会科学》。2000年改为《湘潭研究》，季刊。有专、兼职编辑人员7人。主要栏目有领导讲坛、工作研究、管理思维、经济广角、院校天地、史海纵横、文化沙龙、莲城先锋、热点透视，其中领导讲坛、热点透视、院校天地、文化沙龙为知名栏目。2005年，上述情况没有变化。

二、《湘潭通讯》

中共湘潭市委机关内部刊物，由市委政研室主编。1986年，市委政研室在承担为市委科学决策和领导工作服务的同时，编发内部刊物《湘潭工作》，16开版，全年出版12期，发送对象为各县（区）委、市直机关党委（党组）和驻潭高校及大中型企业党委，印数1000份，通过邮局寄发。此后不断完善并和全国103个地、州、市建立资料交流交换渠道关系。1991年，中共湘潭市委决定，将《湘潭工作》定为市委机关刊物，是年，出刊12期，开辟栏目33个，面向全市各级党委（党组）免费发送，每期发送2.1万份。1994年，《湘潭工作》改刊名为《湘潭通讯》，面向全市发行，每年12期，开始订阅发行，每份定价27元，每期发行量为3000份，编辑部有工作人员3名。1995年，《湘潭通讯》发行量超过4000份。1997年起，《湘潭通讯》在原有四个彩色封页的基础上，增加彩色插页。2001年，《湘潭通讯》按照国际标准改版为大16开本。2002年，随着国家对内部刊物整顿力度的加大，《湘潭通讯》停刊。停刊时，发行量为5000份，有编辑人员4名。

三、《湘潭市志通讯》

1986年11月创刊，湘潭市地方志编纂办公室主办，修志工作者和史志爱好者用于学习交流的内部刊物，不定期出刊，免费赠阅，每期印数约100份。湖南省报刊登记证164号批准。共有编辑人员5人。1989年更名为《湘潭史志》，当年共出4期。是年底停刊。停刊时共有兼职编辑人员7人，其他情况没有变化。

四、《湘潭经济》

1989年创刊，湘潭市政府经济研究室主办，湖南省新闻出版局批准印刷，为湘潭市人民政府机关刊物。月刊，8开版。面向全市自办发行，每份全年定价9元，每期发行量为2000份。刊物栏目根据市政府在各个时期的中心工作而设置。2000年，发行量曾一度增至4000份左右，后逐渐回落。2003年，随着国家对内部刊物整顿力度的加大，《湘潭经济》被停刊。停刊时，发行定价为27元，印数为3000份左右,有编辑人员4名。

五、《湘潭宣传》

1990年元月创刊,湖南省新闻出版局批准印刷,中共湘潭市委宣传部主办,市委宣传部研究室主编(1991年后改为宣传科主编)。月刊,32开版。面向全市发行,并与全国各地市州进行刊物交流。每期印数3000份,自办发行,每份年定价12元。主要栏目有:领导论坛、宣传工作提示、党建工作、先导工程、经验交流、通讯、乡镇街道之窗、知识窗、广角镜等。1994年定价调整为24元,1995年成为"全国十佳地市宣传刊物",其他情况一直到1998年没有发生变化。1998年底,根据中央治理报刊的要求,《湘潭宣传》停办。

六、《采编之友》

湘潭日报社于2000年元月创办,经湖南省新闻出版局批准印刷,为全市第一份新闻期刊,旨在为搭建采编人员钻研新闻业务、探讨新闻理论的平台。每季一期,大16开版。免费赠阅,发送对象为报社采编人员和优秀通讯员。每期印数500份左右。4名编辑人员为报社编辑兼职。每季出版,主要介绍新闻采编的经验、技巧和体会。主要栏目有:业务探讨、采编心得、优稿点评、通讯员之友等。2005年,刊物栏目、出刊频率、印数、编辑人数等均无变化。

七、《莲城电业》

2000年5月,湖南省新闻出版局批准创刊。湘潭电业局主办,湘潭电业局党群工作部主编。月刊,大16开版,实行免费赠阅,赠阅范围为湘潭电业局内部单位、湘潭市主管部门及相关业务部门、国内电力系统相关单位与上级主管部门,每期赠阅数为600本。共有兼职编辑7人。《莲城电业》的稿件均来源于全局各级员工。主要栏目有专题策划、优质服务、电网先锋、党建天地、企业文化、莲城书房等。2005年,上述情况基本未变。

八、《今日湘潭》

2004年,根据中共湘潭市委、湘潭市人民政府、湘潭市人大常委和政协湘潭市委的要求,经湖南省文化厅批准,湘潭原有的《湘潭经济》《湘潭通讯》《湘潭人大工作》《湘潭政协》等机关刊物全部撤销,合并更名为《今日湘潭》。市委政策研究室与市政府经济研究室联合主办,市委常委、市委秘书长担任编委会主任,编制4人。《今日湘潭》每月出版一期,8开版,免费赠阅,通过邮局寄发,发送范围为全市及5个县(市)区的行政、事业单位,各大中型企业、厂矿,各大中(专)院校,各大私营企业。同时,与全国200余家省、市级党刊进行交流。每期发送1200余份。市委政策研究室负责出版发行单月刊,市政府经济研究室负责出版发行双月刊。主要栏目有:卷首语、领导论坛、党建工作、工作研究、经验交流、调查与研究、文苑采英、大事记等。2005年,上述情况均无变化。

九、《湖南城建职业技术学院学报》

2005年1月,经湖南省新闻出版局批准创刊。湖南城建职业技术学院主办,学报编辑部主编。季刊,16开版。学院内部免费赠阅,发送对象为本院教职员工,并与国内同类院校进行资料交流,期发行量1500份,有编辑人员3名。主要栏目有:特约专稿、高职教育、管理探索、学科教学研究、实习实训、专业与学科建设、工程应用技术、校园文化建设、就业心理与择业等。优先刊用建设行业的管理、工程技术规划设计、建筑设计与装饰技术、工程造价、机电维修、环境监测与治理技术等领域有独到见解的学术论文、调查报告或争鸣之作。

十、《湘潭职业技术学院学报》

2005年6月,经湖南省新闻出版局批准创刊。湘潭职业技术学院主办,学院党委宣传部主编,学校内部刊物,半年刊,16开版。学院内部免费赠阅,发送对象为本院教职员工,并与国内同类院校进行资料交流,期发量1000份。编辑部有专职编辑3人,兼职编辑1人。学报以本院现有专业学科为基础,主要栏目有:文史哲学园、经济与管理、政法论坛、机电与信息、医学研究、外语教学、教育教改园地等。

第三章　广播

1986年,全市有湘潭市人民广播电台(无线)1座,县(市)广播站4个,大型企业广播站10个,高校广播站4个,乡镇广播站133个,全市广播从业人员492人。台站一般设总编室、新闻部、专题部。是年起,各级广播台站进一步解放思想。突出新闻实务的改革和广播的特点,改进新闻写作,提高广播质量,特别是改善农村广播状况。播出节目以新闻节目为主,辅以专题节目和文艺节目。新闻节目一般为全市(县)新闻联播,以当地时政新闻为主,专题节目主要以报道当地先进典型,并开设有家庭生活类节目,文艺节目则以长篇评书和音乐节目为主。高校、企业、乡镇节目则以校园生活和厂矿特色,乡镇特色为主。各级广播台站均系事业单位,开支经费由地方财政全额拨付,市县有少量广告收入。1989年北京政治风波期间,各台站紧跟中共中央,坚持正面宣传,反对动乱。该年末,全市有市属无线广播电台1座,县(市)广播站4个,大型企业广播站10个,高校广播站4个,乡镇广播站133个,全市广播从业人员512人。

1990年起,湘潭广播坚持正面宣传为主的基本方针,继续深化改革,由新闻实务改革向新闻观念改革转变,广播传播理念更新为坚持党性和人民性的统一,坚持广播的互动交流,坚持指导性与服务性相结合。由此促进传播方式的更新,各级广播台、站除原有的新闻、专题、文艺节目外,主持人直播的大板块节目迅速兴起。文艺节目则大量增加通俗歌曲、流行音乐量。由于政府减少补贴,广播台站普遍加强经营创收。创收方式以广告和出资单位合办节目为主,广告播出时间约占整个播出时间的10%~15%。高校、厂矿、乡镇广播站纷纷办起有线电视,改名为有线广播电视台站。农村广播网建设在20世纪90年代初达到鼎盛时期,1992年,湘潭全市农村广播喇叭达32.1万只。韶山市、湘乡市先后实现全市有线广播网达标,受到湖南省广播电视厅奖励。1993年,湘潭电台完成中波发射塔搬迁。随后几年中,由于设备和线路老化,无资金更新,加上电视比广播更具优势,各级领导重电视轻广播,90年代后期,农村广播网滑坡,乡站减少,部分广播人员流向电视,加之撤区并乡,到

1998年,全市农村广播喇叭15.42万只,市(县)广播电台5个,6套节目,大型企业广播站11个,高校广播站4个,乡镇广播站61个,全市广播从业人员260人。至1998年9年间重点报道毛泽东诞生100周年、先进典型许照约、李罗斌、龚赴里等,录音通讯《爱国曲》《他心里装着农民》获省广播奖二等奖。

1999~2005年的7年中,湘潭广播加快改革步伐,并由新闻宣传改革向体制和机制改革推进。新闻宣传以推进品牌战略、提高质量和收听率为关键。随着党和政府以人为本的亲民政策的实施,广播台站普遍办起民生新闻栏目和为百姓帮忙解难的栏目。同时,把网络新闻作为新闻源之一,有选择性的进行一些网络新闻的报道。重点报道的有国庆50周年,批判邪教"法轮功"、建党80周年和北京申奥成功、八一振邦足球队移师湘潭、首届齐白石国际(湘潭)文化艺术节、"十五"成就回顾等。此外,回应听众娱乐和参与的要求,各台站普遍开办益智类知识竞赛栏目和参与性娱乐选秀节目。《家乡有棵元帅树》《韶山红杜鹃》获省五个一工程奖。这阶段市、县广播台、站经营创收有所增长,主要通过广告、合办节目和举办社会活动创收。乡镇广播电视站重点转移到电视,由于广播是一种单一的声音媒体,加之先是受到电视后又受到互联网等新媒体的冲击受众大量流失,处境日益艰难。湘潭农村广播逐渐消亡,市县广播电视台、乡镇广播电视站的广播名存实亡。湘潭锰矿、电缆厂破产改制,广播电视站撤销。2005年,全市大型企业有线广播电视站剩下9个,高校广播站4个,乡镇广播电视站61个,全市广播从业人员223人。为摆脱这种弱势媒体困境,湘潭广播媒体开始走与电视、网络融合发展道路。

第一节 湘潭人民广播电台

湘潭人民广播电台位于韶山西路09号。1986年,由广播电视局主管,局台一体,为市财政全额拨款的副县级事业单位。电台有1个频率,功率1千瓦,覆盖人口240万,从业人员55人,其中行管人员2人,编辑记者44人,技术人员9人,全天播音10小时。在坚持四项基本原则的同时,努力讴歌改革大潮中的先进人物和先进事物。发挥广播"快"的优势和有录音的特点,新闻写作由沿袭报纸特点的"新华体"向具有录音特点的"广播体"转变,大力强化新闻时效性,当天新闻当天播,每天三次播放新闻。为加强录音报道,台里为每位记者配备一台采访录音机。1988年底,市委任命湘潭电台台长,局台分立,台由局主管。节目设置以新闻节目为主,以专题、文艺节目为辅。新闻节目有时政新闻为主的《湘潭新闻》,以社会新闻为主的《午间新闻》和《晚间新闻》;专题节目有展示先进事物和典型风采的《今日湘潭》,有表现湘潭人文历史的《潭城春秋》,有反映青年生活的《青年知音》等;文艺节目有《湘潭文艺》《长篇评书》等。自制特色文艺作品长篇小说连播《春姑》和《大刀王五闯浏阳》,参加全国广播文艺作品交流会,受到各台欢迎。在1989年春夏之交北京的政治风波中,湘潭电台严守宣传纪律,坚持正面宣传。并于5月下旬,在市政府大楼架设临时广播站,向静坐的学生和围观的群众进行党的政策宣传与劝导。湘潭电台属市全额拨款事业单位,也播出少量广告和少数出资单位合办节目。因中波发射塔地网受附近基建破坏,影响发射效果,新增一个100瓦调频台,通过调辐、调频两种方式传播,提高收听效果。至1989年底,电台有两个频率,输送1套节目,中波功率1千瓦,调频100瓦,覆盖人口240万,从业人员57人,其中行政管理人员4人,编辑、记者、技术人员人数未变。全天播音10小时。

1990年起,湘潭电台进一步深化改革,重点是新闻宣传的改革。改革旧有的广播传播理念:变单一的宣传功能为提供新闻、信息、娱乐、服务的多功能;变单向流动为双向流动。传播方式也随之改变,由播音员录播为主持人演播室直播,节目形成大时段板块,引进热线电话与听众交流。节目设置以主持人直播节目为骨干,《午间两小时》《留住好时光》《周日新节奏》等节目,融新闻、信息、娱乐、服务等内容于一炉,并设有听众点播歌曲、热线电话环节,听众有了参与、说话、反映疾苦的机会,颇受欢迎。新闻频道整体质量提升,1992年,湘潭电台获"全国日常宣传质量抽查评比优胜奖"。广播剧创作十分活跃,有歌颂彭德怀反对砍树炼钢铁的《家乡有棵元帅树》,此剧获湖南省"五个一"工程奖。1993年,文艺科科长朱用休因广播文艺工作成绩突出,被评为全国广播电视系统先进工作者。由于湘潭电台一直由市政府全额拨款,数额有限,经费未增加但开支增加,自身受制于媒体局限,经营能力较差,广告收入一直徘徊不前,广告播出时间占整个播出时间15%左右。是年,由市政府拨款189万元,将中波发射塔由韶山西路9号,搬迁至市郊长城乡湘源村,并新添10千瓦发射机,建成中波发射中心,扩大市电台的覆盖范围和收听效果。同年,湘潭电台经济电台成立,由调频传送节目。调频104.2兆赫。至1998年的9年中突出的报道有:关于全国劳动模范湘钢烧焊工艾爱国先进事迹的报道《爱国曲》和《我把我的工人当好》;关于改革先进韶山乡企业干部彭福民的报道《韶山有个彭福民》,关于公安一级英模市公安局干警龚赴里的报道《龚赴里的追求》;关于全国劳动模范湘潭县农技站站长李罗斌的报道《他心里装着农民》。此外重大的报道活动有建党70周年的征文《党旗在我心中》;关于毛泽东诞生100周年的活动报道;关于庆祝香港回归的报道;关于建设"经济强市"的报道等。1999年,湘潭电台有2个频率输送2套节目,发射功率10千瓦,覆盖人口300万,从业人员50人,行政管理人员2人,记者、编辑40人,技术人员8人,全天播音10小时30分钟。

至2005年的7年中,湘潭电台新闻改革的重点是民生新闻的兴起,受众的深度参与和节目的娱乐化。体制和机制改革则是局台合一,人、财、物统一由局管理,各频道总监竞聘上岗,局对频道实行目标责任管理,确定创收和创优任务,有奖有罚,由于电台创收能力不及电视,局对电台给予优惠政策,前3年无上交任务,创收全部返回,且给予一定补贴,但逐年递减。第4年起开始上交并逐年增加。湘潭电台下分新闻频道和交通频道两个频率。内部管理实行负责人竞聘上岗,人员双向选择优化组合。取消原固定工资,实行底薪加稿酬及广告提成,台创收任务分解到个人,有奖有罚。湘潭电台两个频道的节目设置各有偏重,新闻频道以新闻节目为骨干,重点节目有《今日播报》,参与性综艺类节目有《短信音乐卡》,该节目为听众参与的节目。交通频道重点节目有《交广新闻快报》以社会民生新闻为主,反映民生冷暖。《交通直播室》及时报道路况信息,《相约有情人》为天下有缘人牵线搭桥。《办村干部丁新民》《百姓心中的好书记——郑培民》《公安干警陈秋明》获省广播一等奖。在中国共产党建党80周年之际,与湖南省广播电台、韶山台联合开展有大型报道《韶山一日》。广播评论《抓大莫凑大》,批评企业兼并中只求贪大不求经济效益的现象。歌颂毛泽东领导韶山农民闹革命的广播剧《韶山红杜鹃》,获湖南省"五个一"工程奖。湘潭电台加大创收力度,广告、合办节目、举办社会活动等三管齐下,2005年广告时间占整个时间的15%左右。当年,位于湘潭市芙蓉路的湘潭市广电中心落成,湘潭电台迁入此处。至2005年底,湘潭电台有两个频道,全部由调频发射,中波停止发射,调频发射功率10千瓦覆盖人口100万,播音时间10小时。广播从业人员流向电视,从业人员减少为22人,其中行管人员2人,记者、编辑人员15人,技术人员5人。

第二节 县(市、区)广播电台

一、湘潭县广播电台

湘潭县广播电台前身湘潭县广播站,位于湘潭市城正街原湘潭县政府大门口旁,由县广播电视局主管,为县财政全额拨款的副科级事业单位。1986年,有从业人员12人,有线传输,发射功率50瓦,覆盖湘潭县全县乡镇,每天播音380分钟,1987年,县无线调频台开播,功率100瓦,覆盖全县乡镇。1988年县至乡、镇广播专线停止使用。1990年迁入市砂子岭新址。1993年,经省广播电视厅批准,县广播站改为县广播电台。1996年县广播电台迁入易俗河镇凤凰路489号,由县广播电视局主管,从业人员10人,调频发射功率100瓦,因撤区并乡,广播线路老化无力更新只能覆盖部分乡镇,主要栏目有《全县联播》《新闻与综合》《为您服务》《乡间漫步》等。1997年,县广播电台、电视台、有线电视台3台合为县广播电视台,因广播收听率低,县广播电台停播,人员改为从事电视工作。

二、湘乡市广播电台

湘乡市广播电台前身湘乡县广播站,位于湘乡市东风路76号,由市广播电视局主管。为县财政全额拨款事业单位,局站分立,1986年,站有从业人员19人,有线传输扩音机1千瓦,覆盖全县乡镇,每天播音330分钟。1989年7月,站改台。功率覆盖面积和播出时间未变。1993年11月,调频台开播,功率100兆。1996年,调频广播发射机扩大功率为300兆,形成有线和无线两个渠道传送节目新格局。主要栏目有《新闻联播》《一周要闻》《周末文艺》《可爱的湘乡》等。湘乡电台的广播评论很有影响,得到省广播电视厅肯定。1997年,湘乡市广播电台与湘乡市电视转播台、湖南省有线电视台湘乡分台合并为湘乡市广播电视台。2000年底,因广播收听率低停播。

三、韶山市广播电台

1984年5月,韶山区设广播站,位于韶山区韶山村张学冲。1986年,广播站由韶山区广播电视局主管,为区财政全额拨款的副科级事业单位,局站分设,站有从业人员8人,有线传输,扩音机1千瓦,覆盖全区乡镇,每日播音320分钟。1991年韶山广播站改台,有线传输,扩音机1千瓦,每日播音时间320分钟,主要栏目有《道德与法制》《家庭内外》《改革中的韶山》等。

1995年,迁入韶山市英雄路323号,1997年,与韶山有线电视台、韶山电视转播台合并为韶山广播电视台,统一采访,分别编播。2002年底,因广播收听率低停播。

四、雨湖区广播电台

雨湖区广播电台前身湘潭市郊区广播站,位于市建设北路郊区政府院内,由郊区广播电视局主管,为市郊区财政全额拨款的副科级事业单位,局站分立。1986年,站从业人员10人,有线传输,每日播音300分钟。1987年站改台。1989年,用无线调频播出,发射机50瓦,覆盖原郊区农村,频率97.8兆赫。1992年撤郊区并为雨湖区,易名为雨湖区广播电台。2005年,从业人员7人,每天播音315分钟。主要栏目有《雨湖新闻》《农业与科技》《雨湖时政》等。

第三节　乡镇广播站

1986年,湘潭市有乡镇广播站133个,从业人员390人。当年贯彻省委、省政府“将广播电视工作的重点转移到农村”的文件精神。贯彻湖南省广播电视厅全省乡镇广播工作会议提出的要求,在努力提高喇叭入户率和音响率的基础上,达到“四有”标准:有固定的节目及播出时间、有专职的编播人员,有一批通讯员、有一定的事业经费。同时要求乡镇站要努力办好自办节目,将乡镇站节目纳入全省广播电视节目评奖范围。在是年召开的全省乡镇广播工作经验交流会上,省厅表彰乡镇自办节目开展得好的4个地市,湘潭市以自办节目的乡镇数为全市乡镇数的76%,列全省第一而受表彰;湘潭县塔岭乡广播站播出的《黄利飞接受银夹绝育手术,胆战心惊进,满面笑容出》获省广播奖二等奖。湘潭市在乡镇广播站中广泛开展“四有”达标活动,取得明显成效。1988年3月,在全省先进乡镇广播电视表彰会上,湘潭市的湘乡市横铺乡、湘潭县良湖乡、韶山区韶山乡3个乡镇获得表彰。横铺乡喇叭入户率达95%,4393只喇叭全部安上“五有”设备(有喇叭箱、开关、限流电阻、避雷器、地线保护套);良湖乡实现全乡广播线杆水泥杆化,并给全乡广播杆全部涂上水柏油;韶山乡广播站,事业建设发展快,广播宣传质量高。湘乡市仁厚乡广播站机线员肖蒲芝被授予省劳动模范光荣称号。各乡镇站自办节目健康发展,紧密配合当地“三农”工作,表彰改革开放中涌现出的先进事物,节目内容和播音效果普遍提高。1988年11月湘乡仁厚乡的节目组合,韶山区如意乡播出的《当尿素落水的时候》都获得省广播三等奖。1990年,全市除郊区外,123个乡镇站中有114个站办有自办节目,为乡镇总数的92.6%。乡镇站的节目日益规范,节目质量提高很快。

湘潭市农村广播网建设在20世纪90年代初达到鼎盛,《中国广播电视学刊》刊登《广播战线一杆旗》,高度评价湘乡市农村广播取得的成绩。湘潭全市农村广播喇叭达32.1万只,韶山市、湘乡市先后于1992年、1993年实现农村有线广播网达标,受到湖南省广播厅奖励。这一时期,乡镇广播站的经费:乡镇拨一点,农民出一点,乡镇站创收一点。创收主要靠开办录像放映点,实行有偿服务等。湘乡市涧山、大乐乡和湘潭县茶恩寺乡、明道乡创收增加,自己办起乡镇调频广播。

90年代中期,电视在农村迅速发展,乡镇广播站纷纷办起电视,乡站也改名为乡镇广播电视站,乡镇站的工作重点开始由广播向电视转移。由于广播设备和线路老化,无资金更新,加上农村电视发展很快,电视比广播更具优势,领导重电视轻广播,加之1995年撤区并乡,并乡联站经费缺乏,部分广播人员流向电视,农村广播网滑坡。至1998年,全市农村广播喇叭15.42万只,乡镇广播站61个,从业人员183人。1999年起,乡镇广播电视站偏重电视,逐渐放弃对广播设备和线路的更新与维修,听其自生自灭。1999年5月,湘潭市委、市政府召开会议,要求实现全市农村广播电视村村通。“村村通”虽然包括广播,但实际上只是将中央、省、几套广播节目通过光缆和电缆传送到村和农户,农户使用广播信号的极少,基本上只使用电视信号。所以,乡镇广播电视站工作基本上只管电视。2005年,为建立突发灾难事件广播应急机制,省抗震救灾办和省广播电视局在韶山市试点,在每个村安装无线广播应急系统,以代替原来的有线广播。韶山市7个乡镇61个村全部安装。其他县市待试点成功后再铺开。

第四章 电视

1986年,依照全国第11次广播电视会议发展四级(中央、省、市、县)电视要求,湘潭电视开始发展。各台解放思想,以新闻立台,坚持正确的舆论导向,播出节目以新闻节目为主,以文艺和专题节目为辅,新闻以本地新闻为主,专题节目以先进典型报道为主,并开设有编辑性文艺节目栏目和播出电视剧。知名节目有《五彩缤纷》。经营创收手段主要是播出广告和点播歌曲,其广告播出时间约占整个播出时间的5%左右。是年末,湘潭全市有湘潭电视台(无线)1座,湘乡水泥厂、湖南铁合金厂、湘潭电缆厂、江南机器厂企业有线电视台4座,全市电视从业人员82人,各台一般设办公室、总编室、新闻部、文艺部、技术制作部。1987年,县市电视差转台和企业有线电视台开始崛起。湘潭市电视差转台、湘潭县、湘乡市、韶山区电视差转台相继成立。1988年,湖南省广播电视厅正式批准湘潭钢铁厂等10家企业建立有线电视台。除湘潭市电视差转台外,各县(市)差转台在转播中央和省、市台节目同时,开始自制新闻和文艺节目,向电视台演变。1989年底,全市有市、县、电视台4个,企业有线电视台10个,从业人员208人。湘潭市电视差转台,因中央和省台覆盖扩大无需再由地面差转而撤销。

1990年,湘潭电视进入快速发展时期,事业和队伍建设加快发展。电视台完善机构配置,原有部室基础上新增专题部、播出部、广告部。自办节目增加,除地方时政新闻节目外,还开办有新闻类,科技类、生活类专题节目。知名的节目有《新闻点阵》《城管热线》等。文艺节目也由外台素材编辑节目,向自制文艺晚会、电视剧节目转变。1992年2月,筹备一年多的湘潭有线广播电视台成立并正式开播。除台里频道自办节目外,另传送中央和各省卫视30多套节目。1996年起,湘潭县、湘乡市、韶山市有线广播电视台相继建立,乡镇广播站陆续将重点转向办电视,纷纷建立起乡镇广播电视站。1998年5月1日,湘潭市图文信息台成立。市、县、无线电视台创收以广告、点播歌曲和点播电视剧为主,有线电视台除上述创收外,还有用户缴纳的收视维护费,用户开通费。广告约占播出时间的10%左右。1998年底,全市共有无线电视台4个,有线电视台5个,从业人员306人。

1999至2005年7年间,湘潭电视进入整合发展时期。湘潭市广电局台合一,湘潭电视台和湘潭有线电视台合并为湘潭电视台,下设新闻频道、都市频道和图文信息频道。各县(市)广电局也局台合一,无线电视台、有线电视台、广播电台合并为广播电视台。各台负责人竞聘上岗,人员优化组合,取消原有固定工资,改为底薪加稿酬。各台深化改革,由新闻改革、节目改革向体制改革、机制改革深入。新闻报道坚持"三贴近"(贴近工作、实际、生活)原则,增加民生新闻,节目改革在受众参与和娱乐性上下功夫,节目形态更生动活泼,选秀、选美节目频频出现。重点报道有国庆50周年、建党80周年、批判邪教"法轮功"、北京申奥成功、中国加入WTO等。湘潭市启动"村村通"广播电视工程,全市91个广电盲村全部通广播电视。2005年12月1日,图文信息频道改为法制频道并正式开播。是年,全市有市、县电视频道6个,因湘潭锰矿和湘潭电缆厂破产改制,原企业台撤销,全市企业台剩下

9个，乡镇广播电视站61个。随着互联网手机等新兴媒体的崛起，分流电视部分受众，特别是年轻受众，电视开始走一条与网络电视、手机电视等新媒体相融合之路。

第一节 湘潭电视台

1985年，湘潭电视台成立，同年7月1日正式播出。由市广播电视局主管，为市财政差额拨款的副县级事业单位。成立之初，其发射塔、机房寄居于建设北路原市轻工大楼楼顶，后期制作和办公在车站路51号原地区广播局几间平房内。该台发射功率1千瓦，6频道传输和接收，覆盖人口70万，从业人员25人（其中行管人员5人，编辑记者13人，技术人员7人）。1986年，湘潭电视台继续坚持党性原则，坚持新闻宣传的主功能，新闻立台，坚持新闻节目和文艺节目正确的舆论导向，在事业建设上坚持艰苦创业。新闻节目数量增加，有《湘潭见闻》《潭州新风》和《晚间新闻》等栏目，播出次数每周3次，专题节目无固定栏目，采取灵活播出办法。文艺节目则以中央台和外省素材编辑节目为主。该年9月，自制第一个少儿文艺专题《桃李的歌》。有影响的新闻报道《老山行》连续报道，有重大影响的栏目有《五彩缤纷》和《荧屏歌声》。有“万人空巷看《五彩缤纷》”的热闹情景。1987年8月，市政府决定筹资180万元，选择东湖路作为新台址，兴建电视台。1988年，台里对广告部实行目标管理责任制后，广告量增加，广告时间占整个播出时间5%左右，除点歌和广告外，点播电视剧也是重要的创收手段。至1989年底，有播出频道一个，节目覆盖人口70万，从业人员达56人，其中副高职称3人，中级28人，初级15人。

1990年，湘潭电视台新发射台落成，位于市东湖路28号，这是一栋下有4层楼房，上有167.3米发射塔的塔楼一体建筑，楼房建筑面积2900平方米，楼房、铁塔总造价216.4万元。节目覆盖人口增加至140万，扩大一倍。湘潭电视台进一步加强社会责任感，加强舆论监督，批评不良现象，帮民众排忧解难。除继续办好新闻节目外，专题节目也栏目化，知名栏目有《城管热线》和《新闻点阵》。《湘潭县注水猪肉问题连续报道》《湖北汉川骗买骗卖事件连续报道》在中央电视台播出，后者在中央电视台滚动播出20多次，获湖南电视一等奖。此外，《湘潭普九备忘录》也获湖南电视一等奖。文艺节目也发展较快，湘潭电视台与潇湘电影厂联合摄制《两份合同》《何处不风流》《被拷问的灵魂》三个电视剧。文艺晚会在节目数量和质量方面都大有提高。《情系中华》文艺晚会获省电视文艺奖一等奖。湘潭电视台被湖南省委宣传部评为湖南省优秀新闻集体。1993年，台里试行部室负责人竞聘制，有5名记者竞聘为部室正副主任。台里向社会公开招聘采编人员，6名人员被录用。王玲被全国城市台协作体评为十佳主持人，唐晓叶被评为全省广播电视十佳节目主持人。新闻报道《韶山冲里的“九阿公”》获湖南省新闻奖一等奖，展示毛泽东和他的堂弟毛泽连的故事。同年12月，该台启用10千瓦发射机，发射功率增大，节目覆盖人口由140万增加到150万。广告创收增长较快，广告播出时间占整个播出时间10%左右。1998年底，播出频道1个，节目人口覆盖150万，从业人员65人。其中副高级4人，中级32人，初级10人。

1999年，湘潭电视台和湘潭有线台合并为湘潭电视台。下设新闻频道和都市频道。频道负责人竞聘上岗，原两台人员自由组合，频道实行目标任务负责制。两台分工：新闻频道面向城市和农村，以时政新闻为主，兼顾民生新闻；都市频道面向城区市民，以民生新闻为主，兼顾重大时政新闻。是年起，湘潭电视深化改革，坚持“三贴近”原则(贴近实际、群众、生活)。搞好舆论的正确引导。加大民生新闻的报道力度；改革节目形态，加强节目参与的广泛性和娱乐性，丰富节目内容。知名的栏目有新闻频道的《新城市观点》和都市频道的《都市日记》。创收力度加大，两个频道创收按年增长10%~15%递增。广告、举办各种社会性参与竞技活动，依然是主要创收手段，广告时间占播出时间的15%左右。2005年9月，湘潭电视台由东湖路迁入位于芙蓉路的广电中心，该中心办公、制作、演播、播出功能齐全。2005年底，湘潭电视台有3个频道，通过无线与有线传输，无线发射功率10千瓦，节目覆盖人口250万，有线电视用户16万户；从业人员173人，其中正高1人，副高级6人，中级85人，初级55人。是年，市广电总收入5500万元，其中广告收入2800万元，占总收入的50.1%。其他2700万元系有线电视网络收入。至2005年的7年中，获奖新闻作品增多，新闻频道的《一个农民的两封信》反映领导干部转变作风，获湖南新闻奖一等奖；都市频道的《乐魂》《画魂》《诗魂》分别记录湘潭籍人民音乐家吕骥、世界文化名人画家齐白石以及革命诗人萧三的生平事迹，三片均获得省“五个一工程奖”。都市频道制作的《韶峰作证》(节目内容为韶山党支部76年的历史)，新闻频道、都市频道联合制作的《真情永远》(节目内容为1959年韶山学校为毛泽东献红领巾的一对少年男女人生历程)、电视评论《发酵》、报道《我是导游，先救游客》均获得湖南电视一等奖。

1986~2005年湘潭电视台获省“五个一工程奖”和湖南新闻奖作品

表66-4-1

年份	作品名	体裁	奖名	主创人员
1993	韶山冲里九阿公	电视专题	湖南新闻奖一等奖	蒋希前、罗喜兰
1995	亲情	电视剧	省“五个一工程奖”	谷静、焦炽、王映玲、陈建成、王炎冰、周清桂等
1995	汉川骗买骗卖案	电视新闻	中国电视二等奖	王承永、唐晓叶、何可佳、曾湘
1999	一个农民的两封信	电视新闻	湖南新闻奖一等奖	杨维、蒋希前、杨继光、黄科辉
2000	乐魂	电视纪录片	省“五个一工程奖”	刘路然、唐弦、何纯、陈敏
2001	家乡有棵元帅树	广播剧	省“五个一工程奖”	祖文婕、祖德润
2003	韶山红杜鹃	广播剧	省“五个一工程奖”	杨华方、夏桂生、谭香香、周诗统、刘石泉、罗音
2003	画魂	电视纪录片	省“五个一工程奖”	刘路然、唐弦、李冰、何可佳、金倩
2005	诗魂	电视纪录片	省“五个一工程奖”	刘路然、唐弦、陈章华、林杰峰、陈乐、唐晖

第二节　湘潭有线电视台

1991年,经湘潭市政府批准,筹建湘潭有线电视台，1992年2月3日,湘潭有线电视台正式开播,由市广播电视局主管。台设车站路51号原地区广电局。使用德国进口的300兆“富巴”前端机,传送节目16套,以中央电视台和省卫星电视为主,自办节目频道1个,用户3000户。同年8月,湘潭市编委办发文,批准湘潭有线电视台为副县级自收自支单位。是年,有从业人员32人,其中中级职称14人,初级10人。湘潭有线电视台加强文艺节目特别是境外电视剧的管理,做好文艺节目的导向工作,坚决防止把有线电视台办成一个录像放映的娱乐单位,积极发展用户,完善用户的服务体系。年底,开办《湘潭信息》等新闻资讯节目和《午间风》编辑性文艺节目,其他时间大多播出电视剧和其他文艺节目,由湖南省电视节目中心统一供片,少量节目来源于与兄弟台交换。有线网络发展很快,至1996年底,架设主干线62千米,支干线500多千米,形成一个布满城区大街小巷并向城郊农村辐射的网络,用户发展到7万多户;300兆前端机更新为传送信号更好、更多频道的“巴可”750兆前端机,传送节目100多套;开通MMDS多路多向微波,方园40千米范围内均可接收微波信号传送的5套节目,解决电缆一时覆盖不到的边远农村的收视问题。有线电视台创收主要靠收取收视维护费,再适当做些广告,广告约占整个播出时间的5%左右,控制广告,保证用户收看节目。从业人员66人,其中正高职称1人,副高职称2人,中级职称22人,初级13人;节目设有《莲城新闻》《社会广角》《市场红绿兰》《新华纵横》《英语天地》《青春节拍》《午间风》等。其中《社会广角》被省评为优秀栏目，该栏目展示湘潭社会生活中的热点和闪光点。播出的文艺节目严格按有关规定规范,外国片与港台片严格按比例和时间播出,每晚黄金时段19~21点播出国产片,国产片播出量占总播出量的60%。该台连续4年被省广播电视厅评为新闻宣传管理先进单位。

1997年起,湘潭有线电视台进一步提升质量。湘潭有线电视网络升级改造正式启动。重点是线路传输由同轴电缆改光缆。光缆信号损失小,只有电缆的1%,所以光缆传输达到高指标参数,高可靠质量和高稳定图像;同时光缆传输放大器级数少,上游停电造成下游信号中断情况不再发生,光缆抗雷电,抗电磁干扰,线路的故障率减少。至该年年底,架设光缆主干线65千米,设主干线光节点24个,设支干线光节点52个。用户管理微机化,用户从开户、收费到查询全部用微机管理。1998年5月,成立图文信息台,为用户随时提供股票信息和市场行情。1998年10月,台网剥离,有线电视网络发展与维护部分从有线电视台分割出去,单独成立湘潭有线电视网络中心,湘潭有线电视台只承担新闻宣传任务。至年底,局台合并,该台发展自管用户和联网用户12万户,传送节目36套。用户收视费为主要收入,广告增长不快,约占播出时间的8%左右;从业人员70人,其中正高职称1人,副高2人,中级21人,初级18人。每年有120多件作品在中央和省级台播出。新开办《法制经纬》节目,以案说法,普及法律知识,设有“警视追踪”“大案纪实”“情、理、法”小栏目,以本地案例为素材,贴近性强,深受观众欢迎,被省评为优秀栏目。拍摄的纪录片有《毛泽东与韶山学校》《湘潭布市启示录》《大山情结》《小岛人家》。1999年,无线电视台和有线电视台人员重组,成立电视新闻中心、社教中心、技术发射中心,对外呼号仍为湘潭电视台和湘潭有线电视台。2000年,无线电视和有线电视合并成立湘潭电视台。

第三节 县(市)电视台

一、湘乡市电视台

1986年,在湘乡市大正街7号楼顶,湘乡市电视差转台建立,由湘乡市广播电视局管辖。1986年差转台50W,覆盖人口10万,转播中央和省台两套节目,从业人员10人。1988年,湘乡市在城区电视差转台的基础上添置设备,建立卫星地面接收站,由湘乡市广电局管辖,发射功率1千瓦,覆盖人口25万,中央和省台两套节目的收视效果改善,从业人员12人。1992年1月,湖南省有线电视台湘乡分台建立开播,称湘乡有线电视台,位于东风路24号,由市广播电视局主管,为自收自支事业单位,从业人员12人。1995年,湘乡电视转播台建立开播,位于湘乡市褒忠山,转播中央台和省1套节目,并设有自办节目,主管单位、级别、单位性质同湘乡有线电视台,从业人员7人。1997年7月,湘乡市电台、有线电视台、电视转播台三台合一为湘乡市广播电视台,同时局台合一,局长兼台长,广播电视台为科级事业单位。是年底,电视开办有综合频道、图文电视和点播频道3个频道,传送节目42套,覆盖人口100万,有线电视用户32000户,从业人员54人,采编设备全部数字化。2005年12月,湘乡市有线电视台与湖南铁合金厂、湘乡铝厂、湘乡水泥厂有线台实现整合联网。

湘乡电视台知名栏目有《湘乡新闻》《今日龙城》《农业园地》等。《农业园地》节目中"农业专家谈农业",《人民日报》曾予以报道。新闻报道《这辈子,我就是你的双手》记录无臂英雄谭长桥妻子几十年如一日帮扶丈夫的动人事迹,获湖南电视一等奖和湖南新闻一等奖。

二、湘潭县电视台

1986年,湖南电视台南岳转播台建成,覆盖湘潭县90%的地区,后电视频道增多,光转播一个湖南台不能满足观众需要,急需建一个县转播台,转播多台节目。1994年4月,湘潭县电视(转播)台在易俗河镇凤凰中路489号建立,由县广播电视局主管。为县财政差额拨款副科级事业单位。转播中央、省、市节目3套,从业人员10人,覆盖半径30千米,覆盖人口90万人。1995年,县有线电视台建成开播,主管单位、级别、地址同电视(转播)台,传送节目14套,发展用户200多户,从业人员15人。1997年,广播电台、电视转播台,有线电视台合并为湘潭县广播电视台。1998年,县有线电视台与湘潭市有线电视台联网,使用有线电视节目由原来20套增加到32套,2004年,湘潭县图文信息频道开播。2005年底,湘潭县电视传送40套节目有两个频道自办节目,从业人员65人,用户32621户,实现采、编、播设备全部数字化。知名栏目有《湘潭县新闻》《记者视线》《万花筒》和《莲乡播报》等。

三、韶山电视台

1985年,位于韶山市马颈坳的韶山电视转播台建立播出,由韶山市广播电视局主管,为县财政差额拨款副科级事业单位,转播中央和省台节目,从业人员7人,发射功率1千瓦,覆盖人口20万。

1992年,韶山有线电视台建立播出,位于韶山市英雄路32号。由韶山市广播电视局主管,为自收自支事业单位。未定级别。从业人员10人,传送节目24套,用户200户。1994年,广播电台、电视转播台、有线电视台三台合一为韶山市广播电视台,同时局台合一,局长兼台长,广播电视台为科级事业单位。位于韶山市英雄路32号。1995年,电视转播台迁往韶山市仙顶山。2005年底,韶山市电视开办有两个频道:综合频道与红色影视频道。有线电视传送节目42套,覆盖人口100万,有线电视用户8000户。从业人员32人,采编设备全部数字化。知名栏目有《韶山新闻》《兴农园地》《每周财经》等。

第四节 大型企业有线电视站

湘潭市的大型企业有线电视站，由企业广播站于20世纪80年代初兴建的共用天线系统发展而来，最初的共用天线是为克服接收中央和省台无线电视信号受地形和高大建筑的阻挡而产生的屏蔽现象,以保证图像清晰、稳定。

1986年，市里有条件的大型企业开始自办电视节目。最早办自办节目的是湘乡水泥厂台和湖南铁合金厂台。这些企业有较完善的节目制作和播出控制中心及专职的记者、编辑、播音、技术人员。1988年,湖南省广播电视厅批准一批条件较完备的企业正式成立有线广播电视台。湘潭市一共批准10家:湘潭钢铁公司、湘潭电机厂、江麓机械厂、湘潭锰矿、湘潭电缆厂、江南机器厂、湘潭纺织印染厂、湘乡水泥厂、湖南铁合金厂、湘乡铝厂。1992年,省广电厅批准江滨机器厂成立企业台,全市企业台增至11家,这些电视台是闭路型传播工具。贯彻湖南省广播电视厅颁布的《关于湖南省企业有线广播电视台的管理规定》,是企业内的新闻宣传舆论机构,是企业党政的喉舌,也发挥着丰富职工文化生活的作用。其业务管理与指导以省广电厅为主,地市广电局为辅。既转播好中央、省、市台的新闻节目,有企业特色的新闻节目有《湘机新闻》《江麓新闻》《湘铝新闻》等,有特色的专题节目和文艺节目有《韶峰人》《周末同乐》《周末放送》等。在1994年底湖南省广播电视厅举办的广播、电视播音作品评选中,湘钢台、江南台有3名播音员获奖。

1997年企业有线广播电视台根据广播电视总局文件精神实行台改站。1998年,韶峰集团站、湘乡铝厂站获省企业有线电视宣传管理先进单位称号。至1998年底,全市企业有线电视站共11家,有线电视用户共计46000户,从业人员121人,每天播出时间3至16小时,自办节目时间20分钟至240分钟。

2003年,湘潭市大型企业有线电视站贯彻湖南省广电局《关于进一步加强湖南省企事业单位有线广播电视站管理的通知》,做到播出节目规范管理,不播放无播映权、无版权,特别是盗版的VCD、DVD电视节目,播出节目一律由省电视节目中心供片。同时各企业台加快与当地行政区域有线广播电视台联网步伐,逐步实现整合。2005年,湘锰站、江麓站、江南站分别整合进湘潭市有线电视网络。湘乡铝厂站、韶峰集团站、湖铁集团站分别整合进湘乡市有线电视网络。至2005年底,湘潭市企业有线广播电视站中,湘潭电缆厂站、湘潭锰矿站、因破产转制撤销,其用户并入湘潭市网,市内企业广播电视站剩下9家,从业人员101人,安装用户45000户左右。经费来源主要靠有线电视收视维护费,设备更新由企业拨付开支、另有少量广告、点歌收入。

第五节　乡镇电视站

20世纪90年代初期,湘潭市辖区内乡镇广播逐渐式微,乡镇广播电视站逐渐将主要精力投入电视,电视首先在人口比较密集的集镇发展起来。1992年,湘潭县青山桥镇转播台建立播出,成为市内第一家农村电视站,发射机50瓦,覆盖人口10万,从业人员7人。1999年5月,湘潭市委、市政府贯彻省委省政府召开的湖南省广播电视工作会议精神,提出到2000年实现全市行政村"村村通"广播电视的目标任务。各县(市)全面布置立即行动。2000年9月,全市91个"广电盲村"全部接通广播电视,全市1532个行政村全部实现"村村通"。"村村通"一般采用光缆电缆传输,信号源一部分直接采用县(市)有线电视台信号,一部分通过数字微波站中转县(市)台信号,还有部分乡镇通过卫星电视地面接收设施接收信号。

2002年,全市乡镇电视严格遵照湖南省广电局印发的《湖南省乡镇广播电视站管理暂行办法》的相关规定,进行规范运行。严格审批制度,一乡镇一站,由乡镇人民政府开办,县(市)广电局审批;有专职的机房工作人员和技术维修人员,有固定的办公场所,有符合国家规定要求的传输设备;不设播出前端,没有自办节目,没有广告、点播等业务。乡镇电视的主要收入靠收取有线电视安装费、收视维护费。

是年7月,湘潭市广播电视"户户通"会议在湘乡召开,湘乡架通以城区为中心的辐射形光纤网350千米,会议现场考察先进单位湘乡棋梓镇广电站"户户通"工作情况,湘潭县姜畲镇广电站代表也在会上介绍"户户通"先进作法。2003年湘乡市棋梓镇广电站站长万祥庚,因发展农村广播电视成绩突出,被评为全国广播影视系统劳动模范;湘潭县姜畲镇广电站因广播电视"户户通"工作成绩显著,被评为全国广播影视系统先进集体。

2004年4月,湘潭市贯彻省广电局会议精神,当年启动20户以上已通电自然村"村村通"广播电视工作,作为"户户通"的第一步。至2005年年底,全市共有农村用户218295户,入户率43.32%。乡镇广播电视站61个,从业人员235人左右。

第五章　网络媒体

1996年末,互联网开始进入湘潭,最初主要是供使用者用于浏览新闻、收发邮件、观看电影、欣赏音乐等。随着国家信息化战略的实施,电子政务的逐步开展,以及湘潭本地信息化建设项目的落实,加上互联网所独具的传播性、储存性、开放性、互动性、多媒体和无国界等特点,使其成为继报纸、广播、电视之后的"第四媒体",转变了人的思想观念,改变了人们的生活方式,通过互联网搜索各类信息,下载和二次传播信息渐渐成为人们日常生活中不可缺少的事情,互联网发展趋势强劲,湘潭市内国际互联网站呼之欲出。

1997年,由湖南省电信有限公司湘潭分公司全额投资,由湖南电信互增部运营,建立起全市第一家商业网站–《湘潭信息港》(域名为 http://xt.2118.com.cn)。随后各种网站开始在湘潭建立,比较有影响的有湘潭市信息化办公室主办的《湘潭市政府公众信息网》(域名 http://www.xiangtan.gov.cn)由湖南省委宣传部统一注册后下发各市州委外宣办，湘潭全拼的域名由时任湘潭市委外宣办负责人赠送给湘潭市信息化办公室;个人网站有《湘潭商务网》(域名 http://www.xtsw.com)、湘潭大学学生会托管,学生自办的校园网站——《青韶校园》(域名 http://www.my73.com)、《湘潭信息网》(域名 http://www.my0732.com),但大部分商业网站主要以社会力量建设为主,基本上没有履行审核报批程序,绝大多数为未经批准的网站,运作经营极不稳定,有的上线不久就停办,大部分网站存活期只有一年左右。截至 2002 年全市约有本地互联网站(页)57 个、论坛 27 个,单位用户约 850 个。此后,在潭的各院校、企事业单位纷纷建立起各类国际互联网站。

2003 年 7 月,市内第一家新闻网站《湘潭在线》新闻网站(红网湘潭分站)点击开通;到 2003 年 12 月底,全市共有 ISP、ICP 互联网数据中心 11 个,重点互联网应用单位 50 多家,托管电信级主机 67 个,虚拟空间服务单位 6 个,互联网宽带用户约 2 万。

2004 年 8 月 20 日,湘潭市正式成立互联网舆论引导和新闻宣传机构——湘潭市互联网宣传管理中心(加挂《湘潭在线》新闻网站的牌子),为归口市委宣传部直接隶属的具有部分行政管理职能的正科级事业单位;负责规划、组织实施全市互联网宣传事业的总体布局工作,承办有关单位开办宣传网站或栏目的审核报批工作,负责全市互联网有关宣传业务工作的具体管理和实施、组织开展互联网上重大宣传活动和对外交流与合作,研究舆情动态,加强对互联网宣传的监控和舆论引导。该年,全市经过审批的网站为 3 家,分别为《湘潭市政府公众信息网》《湘潭信息港》和《湘潭在线》新闻网站。

2005 年末,全市经过批准的网站依旧为 3 家,从业人员 20 余人。此外,还有院校网站 4 家,从业人员 30 余人;其他企事业单位网站 70 余家,从业人员 300 余人。

第一节　市级网站

一、新闻网站——《湘潭在线》

《湘潭在线》新闻网站(域名 http://www.xtol.cn),由中共湘潭市委宣传部 2002 年 12 月 22 日投资 5 万元(设备)启动前期筹备工作;市委宣传部主管主办,2003 年 5 月 6 日《湘潭在线》新闻网站数据库成功试运行;2003 年 7 月 1 日正式点击开通,网站分为总编室、新闻部、技术部、设计部、公共事务部等部门,定编 4 名,在岗员工 27 人。湘潭在线以新闻为主,结合湘潭实际,开办新闻、人物、IT、房产、旅游、汽车、招聘、美食、收藏、精神文明建设、域名、直播、视频、社区、商城、全景等 16 个本地资讯频道和多个本地新闻专题。

由于受客观环境限制，加上市内互联网起步早期从业人员网络法规意识淡薄，到 2005 年底，《湘潭在线》新闻网站依然是全市唯一的通过审批的新闻网站。网站当年新闻发稿总量 489000 多条，每日更新量超过 110 条。《湘潭在线》新闻网站连续 107 周在湖南网络新闻总站排名全省第 2 名,连续三年获得全省十佳优秀新闻网站和全省十佳优秀网络编辑奖。来自全球的日点击量达 2.2 万余次,累计点击量超过 2000 万次。在全球最权威的搜索引擎 GOOGLE、中文搜索引擎百度、世界网站排名ALEXA的排位全部在全省区域第一名和前三名。

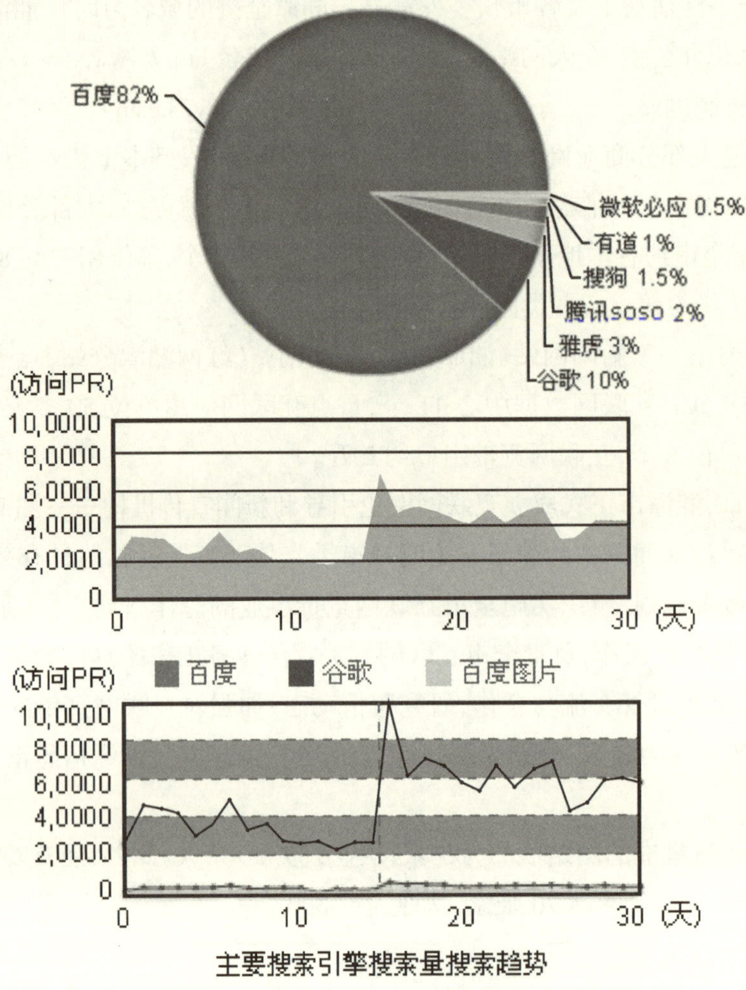

图66-5-1 2005年12月《湘潭在线》访问流量示意图

二、《湘潭市政府公众信息网》

《湘潭市政府公众信息网》是湘潭市政府门户网站,(域名www.xiangtan.gov.cn),中文域名为“中国湘潭”。是中共湘潭市委、市政府各党政部门共同建设和发展起来的公众门户网站,1997年启动建设,由湘潭市信息化办公室负责具体的建设管理工作。《湘潭市政府公众信息网》始终坚持以发布政府信息、加强政民互动、提供便民服务和拓展网上业务为主要内容。主要有走进湘潭、政务公开、在线办事、政民互动、招商引资、工业园区、湘潭旅游、电子地图等栏目。湘潭市政府网着力打造阳光透明的服务型政府,体现“公开透明”和“服务便民”的特色:政务公开、服务领域、互动交流、走进湘潭等栏目提供历史文化、民风民俗、名优特产、旅游风光、革命史述等方面信息,完整地展示湘潭市的经济社会发展、民情风俗、社会人文。

到2005年底,湘潭市政府网共设有130多个一级栏目,设计制作各类模板400多个。主要的特色栏目有:今日要闻、信息公开目录、政府文件、网上信访、行政投诉、对话民生、政风行风热线、行政许可网上办理、热点专题、湘潭年鉴等。

第二节　县(市、区)网站

一、《中国湘潭县网》

2004年初,中共湘潭县委宣传部筹建《中国湘潭县网》,由中共湘潭县委、县人民政府主办,县委宣传部归口管理,县新闻中心承办。《中国湘潭县网》(域名 http://www.xiangtan.cn),作为湘潭县唯一集新闻报道、政策宣传、资料收集、信息传播于一体的综合门户网站,《中国湘潭县网》于6月28日正式开通,设有新闻中心、政务中心、经济中心等17个栏目,反映县委、县政府的工作动态,成为继湘潭县报、湘潭县电视台之后的第三个重要的新闻媒体。当年,《中国湘潭县网》访问流量突破3万人次,发布稿件500多条,其中新闻360条。制作县治移址10周年专题网页,组织对庆祝大会的同步直播,发布县内大型人才招聘会信息,报道工业经济集中服务月、文代会等重要活动。创办湖湘源论坛,并加强管理。

2005年,中共湘潭县委宣传部对《中国湘潭县网》实行责任目标管理,实行内部竞聘上岗,重新确定网站执行总监。面向社会公开选拔聘用2名电脑技术人员和1名新闻采编人员。全年编发县内新闻1000条,其中自采稿件500条。围绕县域内重大新闻主题开设专题、专栏,对湘潭县第十次党代会开幕式、湘潭县一中建校60周年庆典大会进行全球网络同步直播。全面加强政府部门的子站建设和政务信息的网上发布。建设排头、乌石、花石、射埠、石鼓、石潭、易俗河、潭家山、茶恩寺等9个乡镇的门户网站,为纪委、机关工委、卫生、畜牧、劳动、房委办等近10个部门建立业务网站,推动该县党务公开和政务公开。是年,县网的总访问量达到120万次,日均访问量达到3000人次,成为全省县级综合门户网站中功能最强、内容最丰富的网站。同年10月,《中国湘潭县网》(湘潭县互联网宣传管理中心)被定为隶属县委宣传部管理的全额预算副科级事业机构。

二、《湘乡之窗》

《湘乡之窗》(域名 http://www.xiangxiang.gov.cn),是湘乡市委、市政府的综合门户网站、由湘乡市委宣传部承办,2001年6月正式开通,设编制2人,是湘潭市县(市)区建站最早的网站之一。

《湘乡之窗》设有走进湘乡、新闻频道、政务公开、便民服务、企业频道、招商引资、文明建设、文化艺术、党员教育、龙城讲坛、爱心之窗、龙城社区12个一级栏目。至2005年的5年间,《湘乡之窗》平均每年上传信息12000余条,网站总访问量突破500万人次,总发帖量30万。

三、《数字雨湖》

《数字雨湖》网站(域名 http://www.xtyh.gov.cn),湘潭市雨湖区委、区政府于2005年创办,为雨湖区的门户网站,由雨湖区委办公室主管,负责网络维护、管理及信息采编,定员1人。该网站从新闻、雨湖概貌、党建、经济、社会事务、招商投资、旅游、便民生活、机构简介等几个板块对雨湖的各个方面进行全方位介绍。

四、高新区网站

湘潭高新技术产业开发区2000年6月建立中文网站(域名 http://www.xtctp.com),采用购置专用网站服务器自行管理方式,由管工委办公室统一进行管理。网站设有高新简介、组织机构、优惠政策等栏目。2003年,为推进招商引资,网站移至区招商局管理,增设英文、德文两个版本,并对原网站进行改版,设置区情概况、园区建设、招商引资、投资环境、政策动态、科技孵化器、创新动态、信息中心、职能机构、联系我们等十大栏目,子页面68个,信息量进一步扩大。重新注册一级国际域名(xtctp.com)并将网站服务器进行托管,减少相应维护量。至2005年,网站共更新网页1581篇、上传图片230张、发布各类政务公告、通知等86个。其中2005年网站制作的中德企业合作大会专题页面(中英德3种版本),设有湘潭高新区、中德大会项目、会务指南、合作项目、联系方式等5个栏目,页面52个。

第三节 院校网站

一、《湖南科大网》

《湖南科大网》创办于2003年,为学校党委和行政的门户网(域名 http://www.hnust.edu.cn),主要栏目有新闻头条、校园新闻、理论学习、专题科大、学院新闻、媒体聚焦、科大学人、文学乐园。网站归属中共湖南科技大学委员会,办公地址设湖南科技大学北校区,有相对独立的办公室,电脑3台,定员6人,网络覆盖湖南科技大学全校。2005年访问流量约3万人次。

二、《湖南理工职业技术学院网》

《湖南理工职业技术学院网》(域名 http://www.xlgy.com),前身为湖南理工职业技术学院校园网,2002年投入使用,属高等院校校园网。旨在服务教学和精神文明建设,利用现代信息技术手段,提高办公效率,展示学院风采。网站开设学院简介、系部建设、教育科研、招生就业、思政建设、实习实训等栏目。

2003年,学院完成校园网站的基本建设,当年12月份运行,覆盖全院。2005年10月,由实训中心制作更新了招生就业与实习实训版面,采用动态ASP网页技术,实现网上招生。

三、《湖南城建职业技术学院网》

《湖南城建职业技术学院网》建立于2001年初,旨在为学院的教学、科研和管理提供网络信息服务与技术支持,创建数字化校园环境(域名 http://www.hnucc.com)。校园网主干实现千兆以太网高速全交换,在全省高职院校中领先。网络覆盖各系部的办公室和实验室、行政办公区、教师宿舍区、学生宿舍区等主要建筑物,校园网提供WWW、FTP、电子邮件、个人存储、宽带视频点播、个人主页以及办公信息系统等多种类型的信息服务。建立起教务综合管理系统、ATA考试平台、OA办公自动化系统、学生成绩查询系统、网上选课、精品课程信息中心。

2005年,校园网用户数达到1000户,联网计算机超过1500台。为建设、管理、维护好校园网,学院设立网络中心,以制订校园网建设和发展规划,负责校园网建设、运行、管理和维护。

第四节　企业网站

一、湘潭信息港

1997年由湖南省电信有限公司湘潭分公司全额投资,由湖南电信互增部运营,建立起全市第一家商业网站——《湘潭信息港》(域名为http://xt.2118.com.cn)。是市内最早的门户网站,为市民提供资讯类服务。主要登载家政、人才招聘,房屋装修,团购购物、美食、汽车、健康、教育、旅游、亲子等信息。2003年网站升级改版,2004年开始对社会网站提供网站数据、服务器、网站托管、二级解析等互联网服务。

二、湘潭电机网

《湘潭电机网》始建于20世纪90年代,最初仅用于企业商品推介,制作单个的网页,租赁服务器。随着现代企业制度的建立和21世纪互联网经济时代的到来,2000年, 公司董事会开始规划建设湘潭电机集团(股份)有限公司网站,最终确定与长沙万维网络服务有限公司签定合作合同。2001年5月初双方开始紧密合作,对网站进行规划和创意,当年,湘潭电机集团(股份)有限公司网站(域名www.xemw.com)建成。设立栏目设有供应信息、求购信息、设备图库、设备品牌、企业库、宣传手册等。

2002年湘电股份上市后,信息量迅猛增长,网站经过三次改版建设,经历静态网升级为动态网、动态网升级为专业商务网、单一网站扩展到集团网站群的过程。2004年起,由党委宣传部负责管理。2005年,网站登陆总流量为15万人。湘电公司网站的基本结构分为湘潭电机集团公司、湘潭电机股份公司两部分。2005年,网站地址改为:www.xemc.com.cn,主要栏目有行业动态、合作交流、网络营销、商业动态等。

第六十七篇 档案

概 述

1986年，湘潭市档案工作继续贯彻“恢复、整顿、总结、提高”方针，在全面清理全市各单位会计档案，接收原地区机关、人民公社档案和市直机关第三个十年（1983年前形成）档案的同时，开始对档案馆（室）实行规范化管理。1987年，根据国家和省档案局统一部署，采取制订下发各级各类档案馆（室）工作标准、大张旗鼓宣传贯彻《中华人民共和国档案法》、组织培训、办示范点等措施，在全市铺开档案馆（室）上等级活动。1989年，湖南省经委、省档案局在湘潭纺织印染厂（以下简称湘纺）召开全省企业档案工作现场会，推广其“强化档案管理，促进企业升级”的经验。通过《中华人民共和国档案法》的贯彻实施和定级升级活动的开展，档案事业得到较快发展。至1990年5年间，市县两级共投入档案事业经费154万元；新建和扩建档案工作用房3826平方米，比1985年增加49.3%；市县两级国家综合档案馆接收档案6.6万卷（册），馆藏达21.7万卷（册），比1985年增长44.3%，其中湘潭县档案馆近10万卷（册），馆藏在全省同级同类馆中名列前茅；全市累计有3个档案馆、159个机关单位、64个企业档案室定级升级；各级各类档案馆（室）依法开放档案资料1.86万卷（册），接待查档人员19.85万人次，提供档案资料60.86万卷（册）。档案工作为社会发展和经济建设服务取得间接和直接效益1.4亿元。

1991年，企业档案馆（室）上等级活动暂停，全市档案工作突出开发利用档案资源和服务基层两个重点。市县两级档案部门深入农村开展业务指导。湘潭县71个乡镇档案室达到省级标准，他们的经验在全省乡镇档案工作会议上被推广。因工作成效突出，湘潭县档案局局长、副研究馆员王功臣被人事部、国家档案局授予全国档案系统先进工作者称号。1994年以市房地局为现场，召开全市档案资源开发利用经验交流会。市档案局被评为全省档案信息开发利用工作先进单位。1995年召开全市村级档案规范化管理现场会，制发《湘潭市行政村档案管理办法》，加强行政村档案管理。因工作成效显著，湘潭市档案局副局长冯先觉被人事部、国家档案局授予全国档案系统先进工作者称号，出席全国档案工作暨表彰先进大会，受到胡锦涛等党和国家领导人的接见。至1995年5年间，市县两级共拨档案事业经费507.12万元，比上一个五年增加354.12万元，增长229.3%；国家综合档案馆、部门档案馆工作用房总面积为12143平方米，比1990年增加6301平方米，增长107.8%。有3个县市区设立档案局；有500多个档案馆（室）达省级以上标准，比1990年增加一倍多；市、县两级档案馆馆藏达29.4万余卷（册），比1990年增长7.7万余卷，增长36%。各级各类档案馆开放档案5万余卷（册），接待查档人员15.95万人次，提供档案资料27.05万卷（册）。档案工作为社会发展和经济建设服务取得间接和直接效益2.7亿余元。

1996年，根据国家、湖南省档案局统一部署，制定下发《1996年全市档案工作目标管理办法》，对县市区、机关、企业、事业单位档案工作实行年度目标考核。1997年，43家企业档案工作通过考评达到目标管理标准，扭转企业档案工作滑坡的局面。2000年，各单位认真贯彻市委办、市政府办《关于进一步推动档案工作建设与发展的意见》，普遍成立档案工作领导小组，建立、完善和落实档案接收、年度档案立卷归档报审、档案安全保管保护检查等制度，加大投入，加强档案工作基础设施设备建设。至2000年5年间，市县两级共拨档案事业经费545.94万元，比上一个五年增加38.82万元，增长7.7%；全市档案馆（室）整体水平大幅提升。部分档案馆（室）尝试计算机管理档案，安装防火、防盗自动报警和温湿度自动控制装置，档案管理开始向现代化方向发展；154个机关单位档案管理达到或晋升等级标准，其中68个达省一级标准；69家国营大中型企业通过档案管理等级重新认证；82个乡镇全部建立综合档案室，78个达省级标准，达标率为95%；307个行政村、399个乡镇企业建立档案，农村档案工作进入全省先进行列；因市5区合并为2区，国家综合档案馆、专业（部门）档案馆工作用房总面积减少为9463平方米。市、县两级档案馆馆藏总数为30.35万余卷（册），比1995年增加9000余卷（册），增长3%；档案开发利用成效显著，各级档案馆和大中型企业档案机构接待查档者6.8万人次，提供档案资料9万余卷（册），利用档案挽回损失、节省投资或新增效益2.8亿余元。

2001年，全市在继续推行档案工作目标管理的同时，加大档案行政执法和档案信息化建设力度，对科技事业单位和市属二级机构、108家企业实施执法检查，向34家存在问题的单位分别下达限期整改通知书；成立"湘潭市档案信息化建设工作领导小组"，制定湘潭市档案信息化建设实施意见，建成市档案局局域网和湘潭市档案信息网站，完成明清、民国和革命历史档案目录数据采集，并全部录入计算机。为适应城市社区快速发展的需要，制订《湘潭市城市社区档案管理暂行办法》，在先行试点后全面铺开社区建档工作，全市55个社区建档。2003年，湖南省档案局对湘潭市档案工作进行目标管理全面考评，确认湘潭市村级建档、信息化建设、社区建档、名人档案的收集与整理、档案工作"创新创效"主题活动五个单项工作在全省领先。2004年，根据湖南省档案局暂停地、州、市目标管理考评，对市州档案工作实行行政执法检查的工作部署，制订下发《2004～2005年县市区档案行政执法检查办法》，将行政执法目标任务层层分解落实。市成立由一名市委副书记任组长的档案工作领导小组；市县两级开展档案行政执法专项检查11次；市第一、二馆将馆藏近10万卷案卷目录、2万份文件目录录入计算机，市直机关普遍建立档案目录数据库，县（市）区也加紧档案目录数据库建设，全市档案数字化建设取得实质性进展；建立现行文件服务中心6个，对社会开展现行文件查阅服务；全市172个社区全部建档，2004年，全省社区档案工作经验交流会在湘潭召开，总结推广湘潭市社区档案工作经验，湘潭市档案局被评为湖南省2004年度档案工作先进单位。至2005年5年间，市、县两级共拨档案事业经费1420.68万元，比上一个五年增加874.74万元，增长160.2%；市县国家综合档案馆、专业（部门）档案馆工作用房总面积为11085平方米，比2000年增加1622平方米，增长17.1%；市县两级档案馆完成机关第四个十年（1984～1993年）、开始第五个十年（1994～2003年）档案接收工作，馆藏总数增至387598卷（册），比2000年增长84017卷（册），增长28%。全市各级各类档案馆和大型企业档案机构接待查档者9.84万人次，提供档案资料23.42万卷（册）。档案工作为社会发展和经济建设服务取得间接和直接效益3.4亿余元。市档案局被评为湖南省2005年度档案工作先进单位。

随着档案资料迅速增长，开发利用工作拓展，全市档案基础设施建设相对滞后，部分档案馆室库容不足，业务技术用房缺乏。市档案馆库房建设虽然列入多个五年计划，却一直未立项动工，成为制约档案事业发展的一个瓶颈。

第一章 档案资源建设

第一节 档案资源积累

一、接收与征集

（一）档案接收

根据《档案法》《中华人民共和国档案馆工作通则》的规定，市、县两级国家综合档案馆只接收本级机关、团体及其所属单位具有永久保存价值的档案以及应接收的撤销机关、团体的档案。1986年开始，市第一、二档案馆先后接收原地区机关档案3319卷，市直单位档案11891卷，市委整党办等4个临时机构的档案396卷，市落实政策办等5个撤销机构的档案1270多卷；市生产资料服务公司、市机电设备公司、市自来水公司等30个单位从成立到1983年的档案资料共计2584卷。接收市属一、二级机构（包括原湘潭地委、行署直属一、二级机构）1949年至1983年永久保存的会计报表和涉及外事、对资改造的会计凭证826卷；为丰富馆藏，接收有代表性单位（湘潭市一中、湘潭市二中、湘潭医院、湘潭市二医院、湘潭百货大楼、湘潭市酱油工业公司等不在接收范围但有特色）的档案809卷；接收死亡干部档案438卷，共计接收各类档案21533卷（册）。县市区档案馆接收档案4.46万余卷（册）。其中湘潭县、湘乡市档案馆接收人民公社档案4.3万余卷（册）。韶山区档案馆接收区直机关档案1499卷，地方图1249张。至1990年，市县两级档案馆接收本级机关团体及所属单位档案6.6万余卷（册）。

1991～1995年，市县两级档案馆共接收本级机关团体及所属单位档案76126卷（册）。其中市第二档案馆补充接收市属一级机构第三个十年档案2645卷，接收地方志档案1046卷；湘潭县档案馆接收区、乡、镇档案41162卷，县直机关档案14038卷；湘乡市档案馆接收区、乡、镇档案8553卷；韶山区档案馆接收区直机关和乡镇（1984年前形成）档案3214卷；雨湖区档案馆接收原郊区、原湘江区、原雨湖区党委、人大、政府、政协、纪委档案4508卷，接收乡镇、街道、农场（1983年底前形成）档案960卷。

1996～2000年，市县两级档案馆共接收本级机关团体及所属单位档案7.2万余卷（册）。其中市第二档案馆开始接收市直单位第四个十年（1993年底前形成）档案，共30589卷，接收市直机关33个单位过期会计档案27318卷，会同财政、审计部门审查鉴定后销毁；湘潭县、湘乡市档案馆接收直属机关团体单位档案9187卷。雨湖区、岳塘区档案馆接收区属乡镇、街道档案5832卷。

2001～2005年，市县两级档案馆共接收本级机关团体及所属单位档案11.1万余卷（册）。其中市第二档案馆完成市直机关第四个十年档案接收工作,共接收96个全宗30826卷,启动市直机关第五个十年档案接收工作,接收44个单位档案11181卷(册)。湘潭县档案馆接收县直单位档案38484卷(册);湘乡市档案馆接收市直机关(1984~2001年)、乡镇办(1984~2001年)档案30360卷;岳塘区档案馆接收乡镇档案406卷。

(二)档案史料征集

1. 征集新中国成立前档案史料　1986年,市第一、第二档案馆开始向社会征集新中国成立前档案史料。当年,荷塘乡罗凤祺向第二档案馆捐赠一套《古磉洲罗氏族谱》,结束市档案馆没有家族谱的历史。一年内征集家谱7套155册,清朝至民国的契约87件,清代版本的《史记》《前汉书》《后汉书》各一套,共55册。1989年湘乡市档案馆征集曾国藩家书、年代久远的珍贵史料37本。

1990年雨湖区档案馆征集到老干部林斌收藏几十年的《中国名将传》,书中记载隋朝到清朝包括曾国藩、左宗棠等著名将领的生平事迹。至1990年,全市国家综合档案馆共征集清代至民国修纂的家族谱30多套700余卷,民间契据百余种、古籍史志数百册和5种30年代出版的抗日救国报刊。1991~1995年,市、县两级档案馆征集史志谱牒、历史文献200多册(件),古籍10册、家谱14册。1999年接收史志鉴册等与档案史料密切相关的编研资料520册;2002~2003年征集史志谱牒23册。至2005年20年间,市县国家综合档案馆共收藏历史资料11496册。其中有毛泽东的早期书信手稿;有湘军创始人曾国藩、著名清朝外交官曾纪泽、国史馆馆长王壬秋、岳麓书院主讲罗典、民主革命家秋瑾等历史名人的文集、日记、书札、大事记、家族谱等多种史料。

2. 征集新中国成立后著名人物档案　湘潭市第一、第二档案馆1989年开始征集知名人物档案,建立人物全宗。年初拟定《征集知名人物档案工作方案》,征集的范围有8类:历届中共湘潭市委、市政府、市人大、市政协的主要领导,湘潭籍的党和国家领导人,民主党派杰出领导者;专家学者、名老艺人;知名企业家、专业户主、典型个体户主;名优产品发明者、生产者、卓越经营者;市内荣获全国荣誉称号的英雄模范人物;革命烈士;市内历史上其他有重大影响的正反两方面人物;著名家庭。征集的档案内容:有书表、证件、自传材料、传记、通讯、论著、手稿、作品、评介、声像等16类。当年征集郑培民、谭景阳、李连成、任清淮、王宋大等5人的档案199件。1990年5月,时任市委书记郑培民调任湘西自治州委书记前夕,向市第二档案馆移交他在湘潭担任市委书记期间的所有工作笔记、岗位责任制手册、珍贵照片、证件以及报刊发表的文章等档案材料共58件。1992年,接收名人档案资料169件。1995年接收和补充接收名人档案资料160件和照片54张。1997年,各县(市)区档案馆征集名人档案32卷,散件138件。

1998年市第二档案馆接收整理蒋建国、张汉良、于殿武、王金轩、赵冰岩等5位市党政主要领导档案254卷;补充接收张耀民、谭景阳等老领导的档案材料100多件。接收"全国公安系统一级英模"龚赴里、"党的好干部"许照约的档案材料500余件,整理成41卷(盒)。岳塘区档案馆征集名人档案138件。2000~2001年市县两级国家综合档案馆征集名人档案141卷;2002~2003年市第二档案馆补充征集名人档案27卷;雨湖区档案馆征集名人档案5卷。2004~2005年市第二档案馆征集湘潭市委、市人大、市政府、市政协、湘潭军分区新老领导档案1550件;湘潭县档案馆为县委、县人大、县政府、县政协主要领导建立个人档案22卷,照片档案5卷,接收台湾亲民党主席宋楚瑜回乡探亲等活动的文书、照片档案各1卷;雨湖区档案馆征集名人档案7盒;岳塘区档案馆收集整理名人档案44卷。至2005年8年间,市县两级国家综合档案馆征集名人档案877卷,其中市一、二档案馆共接收整理59位名人档案776卷,照片79盒(本),光盘(磁带)3张(盒),实物34件。

3. 采集接收重大活动档案　2004年,档案部门开始收集重大活动档案,当年市第一档案馆收集中德(湘潭)环保与企业合作大会、中国湘潭齐白石国际文化艺术节、湘潭市创建省级文明城市重大活动档案;湘乡市档案馆接收李卓然、陈赓诞辰百周年活动的档案资料;韶山市档案馆接收毛泽东诞辰110周年纪念活动文件资料252件;雨湖区档案馆接收防治高致病禽流感档案4卷;岳塘区档案馆接受潭邵高速公路建设档案5卷,101件;接收防治高致病禽流感档案2卷,49件。2005年市档案局、馆收集整理湖南省招商引资及长株潭一体化会议、保持共产党员先进性教育活动等6个重大活动的档案资料共计129卷2639件;湘潭县档案馆接收县治移址十周年庆典档案15卷,照片档案1卷。至2005年底,市县两级档案馆共收集市、县重大活动档案资料156卷、4140余件。

(三)改制企业档案处置

20世纪90年代中期,全市企业改制步伐加快,1995年实行股份制和股份合作制企业38户,兼并破产企业达25户。为使改制企业档案资源不流失,全市档案行政管理部门从1997年开始改制企业档案处置工作。湘潭县档案馆最早接收破产企业档案,1997年接收3家破产企业档案1733卷。1998年,市档案局、市经济体制改革委员会、市经济委员会、市国有资产管理局联合转发国家档案局、国家经济体制改革委员会、国家经济贸易委员会、国家国有资产管理局《关于印发〈国有企业资产与产权变动档案处置暂行办法〉的通知》,对改制企业档案处置做出安排部署。1999年,湘潭县档案馆接收3家破产企业文书档案475卷、会计档案1258卷,2002年接收9家改制企业、破产单位文书档案1388卷、会计档案4726卷。同年,湘乡市档案馆指导经济局接收机械厂等3家破产与改制企业的档案。2003年,韶山市档案馆接收破产企业档案570卷。2004年,市档案局与市改制办开展全市国有改制企业档案数量的调查与统计,制发《关于加强改制企业档案处置工作的意见》,提出实行档案处置申报制度,明确档案归属和流向,加强安全保管保护等六条处置意见;制订《湘潭市国有企业资产与产权变动档案整理标准》,规范改制企业档案整理工作。同年,接收1家改制企业档案1447卷。鉴于市档案馆库容有限,省船厂等5家改制企业档案按规范整理完毕后,移交行业主管部门保管。湘潭县档案馆接收4家改制企业档案资料24700卷(册)。2005年市档案局指导13家改制企业进行档案处置,5000多卷档案寄存到市第二档案馆。至2005年底,市、县两级档案部门共处置65家国有改制企业档案,占国有改制企业总数的66%。其中,21家移交档案馆,22家移交行业办或上属主管单位,22家存放本企业。

二、整理与归档

1986年,市财政局和档案局共同组织对新中国成立以来积存的会计档案进行清理。全市机关、团体、企事业1280多个单位将1985年前的会计档案全面清理后,根据国家财政部、国家档案局1984年颁发的《会计档案管理办法》和《湘潭市会计档案管理实施办法》,按年度——形式分类,报表按年报、季报、月报分别组卷,账簿按总账、明细账、银行账、现金账组卷,凭证按时间和原始凭证号顺序组卷的方法,整理成91.6万卷册(含县市区),向本单位文书档案室移交或明确专人管理。1966年前没有保存价值的按规定手续进行销毁。结合清理,建立立卷、归档、保管、利用、销毁等规章制度。1986～1988年湘乡市档案局抽调人员帮助118个乡镇、厂矿、机关团体和事业单位整理档案13909卷；韶山区档案科帮助区落实政策办整理档案400多卷；湘潭县档案馆对历史档案进行全面清理，整理民国档案（散件）500卷，组合案卷150个；编制开放目录15本，卡片3940张。1989年，市第一、二档案馆对馆藏120个全宗29000卷档案进行整理，理顺档号，重新装订装盒3275卷。至1990年市、县两级档案馆共整理档案4.38万卷（册）。

1991～1995年，市、县两级档案馆共整理档案4万余卷。其中市第一、二档案馆对馆藏全面清理，鉴定会计档案6848卷（册），整理各类档案12826卷（册）；湘潭县档案馆对库藏档案178个全宗重新定位，编制全宗一览表；对37个单位1949～1979年的零散文件进行清理鉴定，立卷586卷，补卷821卷，补件1924件；对"文化大革命"时期的文件材料进行全面清理，立卷570卷；对全部实物档案进行整理归类。湘乡市整理乡镇档案3600卷，完成进馆零散文件补充插卷700余件。韶山市档案馆对馆藏进行全面整理编目，完成全宗定位，理顺档号，共整理文书档案2382卷，科技档案62卷。雨湖区档案馆整理档案5900余卷，图书资料400余卷（册），湘乡市、雨湖区档案馆帮助基层单位整理档案3400余卷。全市清理"文化大革命"期间的会计档案，对1966～1976年形成的会计档案，除涉及外事和对私改造的会计凭证、会计账簿、现金和银行存款日记账、会计档案保管清册、会计档案销毁清册以外，均列入清理销毁范围。销毁时，由档案部门和财务部门派员进行审查、监销。

1996～2000年，市、县两级档案馆共整理档案10万余卷（册）。其中市第一、二档案馆鉴定开放满30年的档案7709卷（册），湘潭县档案馆对29个单位的档案进行调整鉴定，整理档案4376卷，对2万多册资料、4000多件实物档案进行系统分类、编目编号、装袋装卷，鉴定销毁无保存价值的档案3000多卷，鉴定整理1949～1965年县委、县革委档案911卷，整理1949年以来县委、县政府档案670卷。湘乡市档案馆理顺208个全宗档号，将2万余份零散文件进行插卷处理，整理撤并区乡镇档案8000余卷。岳塘区档案馆系统整理馆藏目录并录入电脑管理，对满30年的档案鉴定开放84卷。市县两级档案馆帮助基层单位整理档案32000余卷（册）。全市各单位组成鉴定小组，对1970年底以前的现金和银行存款日记账，1980年底以前的会计凭证、总账、明细账、辅助账簿，1990年底以前的会计月（季）报表（代替年报作永久保存的除外），银行余额调节表、银行对账单等进行鉴定，无保存价值的会计档案，经本单位领导签字同意后，统一送交市、县、区档案局，由档案部门会同财政、审计部门共同审查，监督销毁。

2001～2005年，市、县两级档案馆共整理档案4.2万余卷（册）。其中湘潭县档案馆整理各类档案4099卷；湘乡市档案馆对馆藏2万余份零散文件进行插卷处理，整理图书资料652册。韶山市档案馆整理农业科技档案86卷。为推行文书档案整理新规则，市、县两级档案行政管理部门加大对基层档案整理归档工作力度，克服困难，抽调人力，深入100多个单位，指导和帮助整理档案17642卷。

第二节 档案数量与结构

一、档案数量

(一)国家综合档案馆馆藏

1986年,市县两级6个国家综合档案馆馆藏档案共计150337卷。1990年底,全市6个国家综合档案馆的馆藏增至21.7万余卷(册),比1986年增加6.6万余卷,增长44.3%。1991年起,市、县两级档案馆先后接收直属机关第三个十年档案,湘潭县、湘乡市大批接收区乡镇档案,雨湖区、岳塘区档案馆于1993年成立后,接收撤区前5个区直机关的档案,市县两级国家档案馆馆藏大增,到1995年底,档案总数达29.4万余卷(册),比1990年增长7.7万余卷,增长36%。2000年,市县两级档案馆馆藏总数为30.35万余卷(册),比1995年增加9000余卷(册)。2001~2005年,市县两级档案馆完成直属机关、团体第四个十年档案接收工作,开始第五个十年的接收,馆藏总数增至38.76万余卷(册),比2000年增长8.4万余卷(册),增长28%。

(二)专业、部门档案馆馆藏

1986年市城建档案馆共有档案7812卷。随着城市建设的迅速发展, 城建档案急剧增加,1990年达21050卷,比1986年增加13238卷,增长169%。1993年,市公安档案馆成立,管理全市公安系统档案68600卷。1995年市城建档案馆档案为52000卷,比1990年增加30496卷,增长142%。1996年市房产档案馆成立,时有档案70912卷(不含产权产籍档案)。2000年,市城建档案馆馆藏56642卷,比1995年增加4642卷,增长8.9%;2001年市房产档案馆档案为75473卷,比1996年增加4561卷,增长6.4%。2005年,市城建档案馆共有档案60217卷。比2000年增加3575卷,增长6%;市房产档案馆档案因将公房档案和产权处档案并入,档案增至370965卷,比2001年增加295492卷,增长391.5%;市公安档案馆档案增至93777卷,比成立时增加25177卷,增长36.7%。

(三)大型工业企业档案馆(室)藏

1986年,江南机器厂、江麓机械厂、湖南铁合金厂、湘潭电机厂、湘潭纺织印染厂、湘潭锰矿、湘潭市化纤厂、湘潭市玻璃厂八家大型工业企业档案馆(室)共有档案175484卷。1990年,全市大型工业企业档案增加到204923卷,比1986年净增29439卷,增长16.8%。1995年馆(室)档案达316548卷,比1900年净增111625卷,增长54.5%。2000年全市大型工业企业档案增至441633卷,比1995年净增125085卷,增长39.5%。进入21世纪,企业改制进程加快,一部分企业破产倒闭,档案增速减缓。2005年全市大型工业企业档案总数为458371卷,比2000年增加16738卷,增长3.8%。

(四)大专院校档案馆(室)藏

1986年,据湘潭市内5所普通高校(湘潭大学、湘潭师范学院、湘潭矿业学院、湘潭机电专科学校、湖南纺织专科学校),2所成人大学(湘潭电大、湘潭教育学院)统计,共有档案4153卷。1995年,市内5所普通高校、2所成人大学档案馆(室)共有档案11717卷,比1986年增加7564卷,增长182.1%;2000年,湘潭机电专科学校与湖南纺织专科学校合并为湖南工程学院。境内4所普通高校、2所成人大学档案馆(室),共有档案23220卷,比1995年增加11503卷,增长98.1%;2001年,湘潭职工大学与市第三职业学校合并成立湘潭职业技术学院，为全日制高职院校。2003年，湘潭师范学院与湘潭工学院合并成立湖南科技大学；湖南省建材工业学校与湖南省建筑学校合并成立湖南省城建职业技术学院。2005年，境内5所普通高校、2所成人大学档案馆（室），共有档案47546卷，比2000年增加24326卷，增长104.76%；

二、档案结构

（一）分布结构

1986年，全市国家综合档案馆、部门档案馆、大型工业企业和高校档案馆（室）共有档案321033卷。其中市第一、二档案馆馆藏占总数21.58%；县（市、区）档案馆馆藏占总数25.24%；部门档案馆馆藏占总数2.46%；大型工业企业馆（室）藏占总数49.42%；高校馆（室）藏占总数1.3%。1990年全市国家综合档案馆、部门档案馆、大型工业企业和高校档案馆（室）共有档案459914卷。其中市第一、二档案馆馆藏占总数19.26%；县（市、区）档案馆馆藏占总数27.93%；部门档案馆馆藏占总数6.86%；大型工业企业馆（室）藏占总数44.56%；高校馆（室）藏占总数1.39%。1995年全市国家综合档案馆、部门档案馆、大型工业企业和高校档案馆（室）共有档案726815卷。其中市第一、二档案馆馆藏占总数9.63%；县（市、区）档案馆馆藏占总数30.90%；部门档案馆馆藏占总数14.31%；大型工业企业馆（室）藏占总数43.55%；高校馆（室）藏占总数1.61%。2000年全市国家综合档案馆、部门档案馆、大型工业企业和高校档案馆（室）共有档案943147卷。其中市第一、二档案馆馆藏占总数10.48%；县（市、区）档案馆馆藏占总数21.7%；专业、部门档案馆馆藏占总数18.52%；大型工业企业馆（室）藏占总数46.83%；高校馆（室）藏占总数2.47%。2005年全市国家综合档案馆、部门档案馆、大型工业企业和高校档案馆（室）共有档案1361881卷。其中市第一、二档案馆馆藏占总数9.2%；县（市、区）档案馆馆藏占总数19.25%；专业、部门档案馆馆藏占总数34.39%；大型工业企业馆（室）藏占总数33.66%；高校馆（室）藏占总数3.5%。

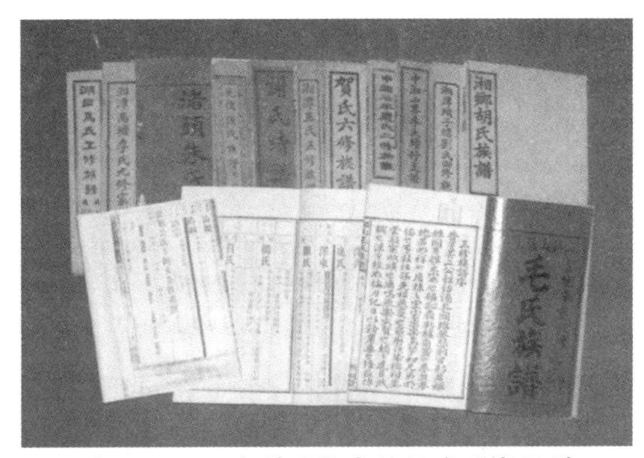

图67-1-1 湘潭县档案馆保存的家族谱

图67-1-2 湘潭县档案馆保存的清朝时期档案

（二）载体结构

档案馆（室）除纸质档案外，还藏有大量音像、照片、底图档案和各种资料。全市国家综合档案馆、部门档案馆、大型工业企业和高校档案馆（室），1986年共有音像档案114盒（张），照片档案820张，底图1799780张，图书资料123717册。1990年共有音像档案156盒（张），照片档案5896张，底图2065874张，图书资料95658册。1995年共有音像档案829盒（张），照片档案46949张，底图2234389张，图书资料131483册。2000年共有音像档案2547盒（张），照片档案42456张，底图

2419210张，图书资料145822册。2005年共有音像档案5647盒（张），照片档案72151张，底图2675618张,图书资料160103册。

(三)分期结构

档案馆(室)档案按其形成时间可分为新中国成立前档案和新中国成立后档案。1986年,全市国家综合档案馆、部门档案馆、大型工业企业和高校档案馆(室)共有新中国成立前档案26997卷,占总数8.4%。其中明清时期、民国时期档案26890卷,占总数8.37%,革命历史档案107卷,占总数0.03%。新中国成立后档案294036卷,占总数91.6%。1990年,全市国家综合档案馆、部门档案馆、大型工业企业和高校档案馆（室）共有新中国成立前档案27979卷,占总数6.08%。其中明清时期、民国时期档案27882卷,占总数6.06%,革命历史档案97卷,占总数0.02%。新中国成立后档案431935卷，占总数93.92%。1995年,全市国家综合档案馆、部门档案馆、大型工业企业和高校档案馆(室)共有新中国成立前档案28797卷,占总数3.96%。其中明清时期、民国时期档案28738卷，占总数3.95%，革命历史档案59卷,占总数0.01%。新中国成立后档案698018卷,占总数96.04%。2000年,全市国家综合档案馆、部门档案馆、大型工业企业和高校档案馆(室)共有新中国成立前档案28169卷,占总数2.98%。其中明清时期、民国时期档案27844卷,占总数2.95%,革命历史档案325卷,占总数0.03%。新中国成立后档案914978卷,占总数97.01%。2005年,全市国家综合档案馆、部门档案馆、大型工业企业和高校档案馆(室)共有新中国成立前档案36821卷,占总数2.7%。其中明清时期、民国时期档案36642卷,占总数2.69%,革命历史档案151卷,占总数0.01%。新中国成立后档案1325060卷,占总数97.3%。

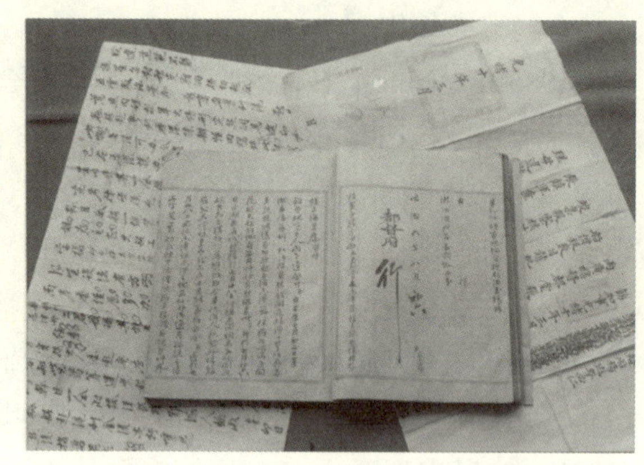
图67-1-3 湘乡市档案馆保存的曾国藩史料

1986~2005年部分年份湘潭市档案馆(室)藏档案资料情况

表67-1-1

年份	纸质档案						音像档案(底图)			图书资料(册)
	案卷总数	新中国成立前档案(卷)				新中国成立后档案(卷)	音像档案(盒、张)	照片档案(张)	底图(张)	
		小计	明清档案	民国档案	革命历史档案					
1986年	321033	26997	26066		931	294036	114	820	1799780	123717
1990年	459914	27979	27135		844	431935	156	5896	2065874	95658
1995年	726815	28797	270	28468	59	698018	829	46949	2234389	131483
2000年	943147	28169	178	27666	325	914978	2457	42456	2419210	145822
2005年	1361881	36821	620	36022	151	1325060	5647	72151	2675618	160103

注:湘潭市档案馆(室)包括市第一、二档案馆,县(市、区)档案馆,市专业、部门档案馆,大型工业企业档案馆(室),高校档案馆(室)

第二章　档案保管与保护

第一节　档案库房设施

一、档案库房

1986年，全市国家综合档案馆、市部门专业档案馆、大型企业和高校档案馆（室），共有档案工作用房12516平方米。其中市第一、二档案馆为1355平方米，占总数10.83%；市部门专业档案馆3025平方米，占总数24.17%；县（市、区）档案馆3922平方米，占总数31.3%；大型企业档案馆（室）3753平方米，占总数30%；高校档案馆（室）461平方米，占总数3.68%。1987年开始，市档案局在全市开展档案馆（室）上等级活动中，把档案库房建设作为一项重要内容进行考核。各级党委政府和档案行政管理机构认真贯彻国家档案局1985年印发的《档案馆内各类用房面积规定》和1986年城乡建设环境保护部、国家档案局颁发的《档案馆建筑设计规范》，不断加大投入，加强各级各类档案馆（室）库房建设。1990年，全市国家综合档案馆、市部门（专业）档案馆、大型企业和高校档案馆（室），共有档案工作用房14662平方米，比1986年增加2146平方米，增长17.05%。其中市第一、二档案馆1355平方米，占总数9.24%；市部门（专业）档案馆3025平方米，占总数20.63%；县（市、区）档案馆3967平方米，占总数27.06%，大型企业档案馆（室）5806平方米，占总数39.59%，高校档案馆（室）509平方米，占总数3.47%。1995年，全市国家综合档案馆、市部门（专业）档案馆、大型企业和高校档案馆（室），共有档案工作用房21064平方米，比1990年增加1146平方米，增长17.05%。其中市第一、二档案馆1355平方米，占总数6.43%，市部门（专业）档案馆3936平方米，占总数18.69%；县（市、区）档案馆5852平方米，占总数27.78%；大型企业档案馆（室）9306平方米，占总数44.18%；高校档案馆（室）615平方米，占总数2.91%。2000年，全市国家综合档案馆、市部门（专业）档案馆、大型企业和高校档案馆（室），共有档案工作用房21439平方米，比1995年增加376平方米，增长1.79%。其中市第一、二档案馆为1355平方米，占总数6.3%；市部门（专业）档案馆3948平方米，占总数18.42%；县（市、区）档案馆4316平方米，占总数20.13%；大型企业档案馆（室）11076平方米，占总数51.66%；高校档案馆（室）744平方米，占总数3.47%。

图67-2-1　1986年10月，湘潭县档案馆库落成，该馆建筑面积2160平方米，投资42万元

图67-2-2　市政府投资190多万元，1991年4月建成市城建档案馆

2002年,市房产局档案馆与产权处档案科合并,档案馆迁至产权交易大楼,工作用房增加220平方米;公安档案馆整体搬迁至市公安局新办公大楼,库房面积为933平方米,办公室面积为159平方米,其它业务用房134平方米。2005年市产权处投资400余万元,购买原住宅建筑公司办公楼,改造装修成档案馆馆库,共有办公用房400多平方米,库房800多平方米;韶山市档案局搬迁至韶山市行政中心,总面积410平方米,其中库房151平方米;雨湖区档案馆搬迁至区新办公大楼,总面积200平方米,其中库房2间80平方米,技术用房3间90平方米。全市国家综合档案馆、市部门(专业)档案馆、大型企业和高校档案馆(室),共有档案工作用房24344平方米,比2000年增加2905平方米,增长13.55%。其中市第一、二档案馆为1355平方米,占总数5.57%;市部门(专业)档案馆4191平方米,占总数17.22%;县(市、区)档案馆4026平方米,占总数16.54%;大型企业档案馆(室)13507平方米,占总数55.48%;高校档案馆(室)1265平方米,占总数5.20%。

二、设施设备

1986年,全市档案工作设施设备比较简陋,市县两级档案馆(室)和部门、专业档案馆共有复印机3台、空调4台、去湿机8台,主要档案装具是木质档案柜。1986~1990年,市县两级政府加大投入,为9个档案馆(室)添置档案柜、去湿机、录像机、灭火器等设施设备66件(台)。据统计,1990年,市县两级综合档案馆、市部门(专业)档案馆、大型工业企业档案馆共有计算机2台、复印机24台、空调24台、去湿机46台。1995年增加计算机3台、空调22台、去湿机37台。2000年,市县两级综合档案馆、市部门(专业)档案馆、大型工业企业档案馆共有计算机34台、复印机16台、空调54台、去湿机92台。2004年市产权处投资120万元,为档案馆引进一套“GIS”设备及技术,该设备录入相关数据后,能迅速调出全市任意一栋房屋外观图、各套户型平面图、面积数量、结构布局及产权人的基本信息。2005年,市县两级综合档案馆、市部门(专业)档案馆、大型工业企业档案馆共有计算机80台,比2000年增加46台;复印机30台、比2000年增加14台;空调185台,比2000年增加131台;去湿机131台,比2000年增加39台。共有金属活动密集架1400余平方米,大大扩展档案库房库容量。全市银行、税务、电力、气象、烟草等部门和湘乡市、韶山市、岳塘区档案馆分别安装防火、防盗自动报警装置。市直机关有30%、大型工业企业有80%、县市区有20%的档案馆(室)运用计算机管理软件管理档案。

第二节 防霉防虫、防火防盗

一、防霉与防虫

1986年开始,全市各级各类档案馆普遍采用进馆档案资料入库前消毒灭菌,定期放置和更换防虫防霉药品,及时倒架,发现和处理霉变档案等措施防虫防霉。80年代末,全市各级各类档案馆主要采取厚窗帘遮光、凌晨开窗通风、高温低湿季节喷淋库房外表等物理控制的办法调控档案库房温湿度,努力使库房温湿度达到国家档案局发布的《档案馆温湿度管理暂行规定》的标准,即温度控制在14-24℃,相对湿度控制在45~60%。普遍使用卫生球、樟脑丸防虫。1988年市第一、二档案馆开始试用中央档案馆、北京中医学院、北京轻工业学院联合研制，荣获部级科研成果进步奖的长效抗霉驱虫灵。该产品系中草药提炼精制，防霉驱虫效果好，对人体毒副作用小，适合各种载体档案的防虫防霉。后在全市档案馆(室)推广应用，深受欢迎。1994 年，市第一档案馆在湖南省档案局召开的“库房改造和温湿度管理现场经验交流会”上介绍该馆调控库房温湿度，做好档案安全保管工作的做法和经验。

20 世纪 90 年代中后期，各级各类档案馆先后购置一批冷冻式去湿机、空调，现代化设备结合物理办法，全市档案库房温湿度调控效果更好。2000 ~ 2005 年，全市银行、税务、电力、气象等部门根据国家和省档案局的要求，相继建立档案库房温湿度自动调节系统，初步实现档案库房温湿度调控自动化。

二、防火与防盗

1986 ~ 1995 年，全市各级各类档案馆普遍采用安装防盗门窗，购置和及时更换消防栓、灭火器等防火设备，及时维修电路、电器故障，建立消防组织，进行消防训练，严格落实禁止在库房内吸烟、生火和将易燃、易爆物品带进库房；禁止在库房周围堆放易燃、易爆物品和有害杂物，下班时人离关电、关水、关门落锁，坚持晚上和节假日值班等制度，保证库房安全。1996 年开始，韶山市、岳塘区档案馆和电业、税务、银行等系统档案库房都安装防盗、防火自动监控报警装置，有的还安装自动喷水灭火装置，初步实现防火防盗的自动化。其余档案馆(室)继续沿用老办法防火防盗。至 2005 年 20 年间，全市各级各类档案馆没有发生火灾事故。

第三节　档案抢救

一、重点档案抢救

1986 年，根据国家档案局规定，需抢救的重点档案，主要是明清及明清以前的档案。重点档案抢救的经费来源，除当地政府拨付外，国家设立重点档案抢救资助经费。全市有重点档案约 1 万卷，主要是明清时期的文书、契据、族谱、外国在华机构档案等。这些档案年代久远，价值珍贵，但纸质差，利用频繁，多数破损、褪变。全市这类档案共约 7300 卷册。其中湘潭县档案馆约 5300 卷(册)，湘乡市档案馆约 1200 卷(册)，湘潭市第一、二档案馆约 800 卷(册)。市、县两级档案馆安排专人，采用静电复印、打印、裱糊、人工抄写等形式抢救重点档案。湘乡市档案馆民国时期的历史档案没有内目，整理不符合规范。1987 年该馆组织专门力量，进行鉴定，重新组卷，编写内目，改换卷皮，共整理完成 5 个全宗，594 卷，次年全面完成重新整理工作。至 1990 年，中央财政下拨湘潭市重点档案抢救经费 2.9 万元，市一、二档案馆、湘潭县、湘乡市档案馆共抢救重点档案 1000 余卷(册)，近 1000 万字，占全市需抢救总数的 13.69%。此后，此项工作持续开展，中央财政下拨资金增多，至 2005 年，20 年中中央财政下拨湘潭市重点档案抢救经费 26.8 万元，市一、二档案馆、湘潭县、湘乡市档案馆共抢救重点档案 5487 卷(册)，占全市需抢救总数的 75.16%。其中市一、二档案馆抢救整理 600 卷(册)，占全市需抢救总数的 8.22%，占该馆需抢救总数的 75%，湘潭县档案馆抢救整理 3687 卷

(册),占全市需抢救总数的50.5%,占该馆需抢救总数的69.57%;湘乡市档案馆抢救整理1200卷(册);占全市需抢救总数的16.44%,占该馆需抢救总数的100%。

二、一般褪变档案的复制

全市各级各类档案馆馆藏中,20世纪70年代以前形成的档案,近三分之一是用圆珠笔、复写纸书写的,属于不耐久字迹材料,大多数纸张老化,油墨扩散,字迹不清,急需复制抢救。

1986年,市档案局制定《关于复制褪变档案的意见》,明确各单位档案资料中用圆珠笔、铅笔、复写纸制成的或已破损的,需要长久保存的文件材料,均应修补、复制。市第一、第二档案馆采用干抹布、毛刷拭除霉斑,用复印和手工抄写的方法进行复制,一馆共复制档案3180卷31200份。二馆共复制档案3504件、24528页。其中手抄复制1886件,13202页;打印机复制1618件,11326页。事后,继续大规模复制档案,全市综合、部门、专业档案馆和大中型企业档案馆(室)至1995年10年间,共复制档案635731页。1996~2000年,复制3582958页;2001~2005年复制9563077页。至2005年止,复制褪变档案占应抢救档案的60%。

三、汛期档案保护与抢救

1991年5月18日19时许,一场大风大雨袭击湘潭市委机关大院。坐落在市委大院东北角的湘潭市第一档案馆,因地势高,房屋年久失修,屋顶材料和供电线路老化,受灾严重。大风将库房屋顶的南面吹开6处共计109平方米,整个屋脊被掀掉,将北面屋顶打烂,避雷设施全部毁坏。雨水透过天花板供电线路、电灯、电扇往下流,二楼库房、保管室、过道多处漏雨,4号库房漏水最为严重,雨水淋湿一组档案柜中4个小柜。灾情发生后,市档案局、馆领导当即赶赴现场,组织力量,采取抢救。移开遭漏的档案柜,将7间库房的数百个档案柜箱盖上塑料薄膜。除60多卷档案被打湿外,其它档案基本未受到影响。市财政拨出专款,由市委机关安排,对屋面进行全面翻修。

1994年6月中旬,湘江流域普降暴雨,湘潭出现百年不遇的特大洪灾。为防止档案受损,市档案局组织召开县市区档案部门负责人会议,专题研究布置洪灾中档案安全保护工作。派人深入受灾现场了解情况。具体帮助湘潭市港航监督所、马家河街道办事处及公安派出所、板塘乡水泥厂等重灾单位,制订预案、抢救办法与措施。岳塘区地势低洼,区档案馆相关人员在受灾最重的马家河街道现场指挥,组织抢救档案90多卷。

第三章　档案资源开发利用

第一节　查阅服务

一、日常查阅服务

1986年,市、县两级档案馆主要为整党核查、编史修志、落实政策查阅利用档案。1987年,编史修志工作全面展开，档案馆查阅利用出现高峰，仅市一、二两个档案馆1至9月就接待查阅利用者8944人次，调阅档案56044卷，查阅档案的人次是上年同期的4倍。1989年，第一轮修志工作查档告一段落，来档案馆查阅档案的人数有所减少，但档案馆的服务手段进一步改善。市第一档案馆按照国家标准，理顺146个全宗4.1万卷档案的档号，编制库房存放示意图、1960至1962年精简下放人员名册索引，市二档案馆编制文件目录、人名目录、报刊资料目录310本，查阅档案资料更为方便。至1990年的5年间，全市各级各类档案馆和大型企业档案机构接待查阅者19.85万人次，调阅档案资料60.86万卷(册)。

从1991年开始，全市档案部门的工作重点转移到为经济建设服务。1992年，市档案局组织全市开展“档案资源开发利用年”活动，于1994年在市房地产管理局召开“全市档案资源开发利用经验交流会”。至1995年的5年间，全市各级各类档案馆和大型企业档案部门接待查阅者15.95万人次，调阅档案资料27.05万卷(册)。1995年湖南省档案局授予湘潭市档案局“档案资源开发利用先进单位”。

1996年起，市档案局先后组织“档案优质高效服务”、“档案工作创新创效”活动，全市档案工作者实行跟踪服务、超前服务、全方位服务。湘潭电厂跟踪节能技改工程进度，在施工现场设立档案室，工程设计、施工、安装、投产、维护各环节所需的档案资料随要随调，实现同年安装、同年发电。在湘钢一号高炉技改工程中，公司档案馆跟踪施工进度，将所需的技术资料送到工地，加快工程进度。至2000年的5年间，全市各级各类档案馆和大型企业档案机构接待查阅者10.47万人次，调阅档案资料18.68万余卷(册)。

2001～2005年，全市各级档案机构创新服务机制，服务质量进一步提高。在服务范围上，由过去主要为机关内部服务转变为内外结合；在服务方式上，由过去封闭半封闭转变为开放式；在服务手段上，由手工检索逐步向计算机检索过渡。服务设施齐全完备，档案查阅利用率大大提高，但由于企业改制，大批企业破产关闭，全市查阅档案的人数进一步减少，全市各级各类档案馆和大型企业档案机构接待查档者9.84万人次，调阅档案资料23.42万卷(册)。

1986~2005年湘潭市各级各类档案馆查阅利用档案情况

表67-3-1

档案馆类别		利用人次	利用档案总数合计(卷、册)	查阅利用档案目的			
				经济建设(卷、册)	工作考查(卷、册)	编史修志(卷、册)	学术研究(卷、册)
国家综合档案馆	地、市	56827	245295	14000	30906	198801	1588
	县、市、区	73839	155008	21923	35127	93348	4610
专业部门档案馆	部门档案馆	22331	49362	31559	14013	3549	241
	专业档案馆	5223	9000	2803	5595	259	343
大型企业	企业档案馆	130516	126309	66941	52196	6048	1124
合 计		288736	584974	137226	137837	302005	7906

二、档案开放服务

(一)开放历史档案

1986年,市县两级档案馆依据《中华人民共和国档案法》的有关规定,继续开放满30年的档案。1988年,市档案局两次召开县(市、区)档案局、馆长及有关人员会议,就开放历史档案进行专题研究,决定边整理边开放。会后,各单位着手对历史档案开展鉴定、划控、解密、整理、编目工作。市一、二档案馆拟定开放历史档案方案,成立档案鉴定小组,对1956年前的3000多卷档案进行鉴定,确定开放档案范围。市委、市政府批准档案馆《开放历史档案方案》,档案馆投入主要力量开展档案开放的准备工作,编制《档案馆介绍》《全宗一览表》《全宗历史考证》,对档案和历史报刊进行编目,编制6万余张卡片,90余册开放目录。同年开放第一批档案,市一、二档案馆开放档案2000余卷,资料8000余册,其中包括毛泽东书信34件,革命历史档案630件,原长沙地委机关报《建设报》2806期。湘乡市档案馆开放中华人民共和国成立前的历史档案741卷,《湘乡民报》741册。湘潭县档案馆开放档案资料1657卷(册),包括清代档案、民国报刊、明清县志、历代史书、地方史料、教会外文档案及部分革命历史档案。至1990年止,全市共有1.3万卷历史档案、5600册资料向社会开放供查阅。

1991年以后,市、县档案馆继续开展历史档案的整理、鉴定、编目、开放工作。湘潭县档案馆历史档案最多,1994年,该馆投入1万元资金对清代档案、民国报刊、湘潭县志、族谱、齐白石手稿等重要档案资料进行裱糊复制,1999年开放第二批历史档案共161个全宗44062卷(册);市一、二档案馆继续开放2950卷(册)。至2005年止,全市开放的历史档案有11.05万卷(册),全市应开放的历史档案全部开放。至2005年的20年间,全市各档案馆接待历史档案查阅者12.18万人次,调阅历史档案23.95万卷次,

(二)开放现行文件

2004年5月,湖南省档案局下发《关于认真做好现行文件服务工作的通知》,根据通知精神,市档案局拟定《现行文件服务中心筹备方案》,成立筹备领导小组,向市委、市政府报送《关于开展现行文件服务的请示》。12月,市编委办发文,同意在市第二档案馆加挂现行文件服务中心牌子,明确其职责。2005年8月9日,市委办、市政府办联合发出《关于向湘潭市现行文件服务中心报送文件资料的通知》,对市直各单位报送文件资料的范围、时间、方法和要求作出明确规定。8月29日,已公开现行文件利用工作暨第五个十年档案移交工作会议在市政府召开,安排部署全市现行文件利用工作。其后县(市)区相继成立现行文件服务中心,至2005年,173个单位向文件中心报送现行文件8958份,文件中心接待查阅911人次,查阅利用文件1874件。

三、编制检索工具

1986~1995年,全市国家综合档案馆、市部门专业档案馆和企业档案馆编制案卷目录4059本,全引目录827本,专题目录86本、卡片1121张,重要文件目录86本,卡片5236张。随着计算机的普及和档案管理软件的引入,档案部门编制大量的机读目录。1996年市档案馆将馆藏1.1万册图书资料的目录录入计算机。至2000年,全市档案馆编制手工检索案卷目录2548本,全引目录2176

本，专题目录312本、卡片173752张，重要文件目录184本，卡片40474张。编制机读案卷目录1.24万条，文件目录11.71万条。

2002～2003年，市县两级档案馆完成明清档案、民国档案、革命历史档案目录数据的采集，将1989条目录输入计算机。2004年市档案馆购进计算机5台，档案管理软件1套，投入主要力量，对馆藏近10万卷案卷目录进行全面审核、修改后，录入计算机，完成馆藏案卷目录数字化工作。市直机关普遍建立档案目录数据库。至2005年20年间，全市国家综合、部门（专业）和企业档案馆编制手工检索案卷目录3494本，全引目录2809本，专题目录512本、卡片451560张，重要文件目录331本，卡片81326张；编制机读案卷目录12.89万条，文件目录14.7万条，档案检索查阅更加方便快捷。

第二节　档案编研

一、编写参考资料

1986年开始，郊区各乡镇及所属企业，普遍开展编写《档案资料汇编》，将本单位建制以来各方面情况和数据汇集起来，每五年续编一次，被称为乡镇的“百科全书”。市第一档案馆与市委组织部汇编《组织史料汇编》《湘北建设学院史料汇编》，1988年，湘乡市档案馆编写《湘乡年鉴》、市第一档案馆编写《湘潭地区南下人员名录》。至1990年的5年间，全市汇编档案参考资料52种、97万字。

1991年，市第二档案馆编写《重大洪灾情况介绍》《湘潭市防洪大堤建筑情况》《湘潭市历年机构设置和人员编制情况》为全市防汛和机构改革工作提供重要的参考资料。市政府办汇编《湘潭市行政机关公文处理手册》，市妇联汇编《维护妇女权益政策文件汇编》，市侨办汇编《归侨归眷权益保护法律法规汇编》。至1995年的5年间，全市汇编档案参考资料78种，共148万字。

1996年，湘乡市档案馆汇编《水库移民政策法律法规汇编》，市环保局汇编《环境保护法律法规汇编》。市农业局收集有推广价值的52个水稻品种资料，汇编《湘潭市优秀水稻品种简介》，被市档案局评为优秀编研成果。1997年，湘乡市档案馆编写的《湘乡历史上的自然灾害》，获湘乡市科技成果二等奖。至2000年的5年间，全市汇编档案参考资料38种，共86万字。

2001年，市档案局与市建设局合编《小城镇春秋》，湘纺编写《产品介绍》《历年主要经济指标完成情况》《历年技术革新成果汇编》等参考资料，市第一档案馆与市委党史办合编《中国共产党湘潭历史图志》，市就业服务局汇编《进城务工人员合法权益资料》《失业保险手册》。至2005年的5年间，全市汇编档案参考资料78种，共152万字。

二、制作电视片

1986年，市城建档案馆添置录像机、摄像机、放像机和彩电等设备，拍摄首届“市花展览”，录制雨湖路、韶山路煤气管理录像片，这是市档案部门第一次拍摄专题录像片。1990年，为纪念《中华人民共和国档案法》颁布两周年，全市档案系统开展“档案法和档案知识竞赛”，在各单位进行50场初赛后，于8月26日在湘潭电机厂举行决赛，市领导和市直机关、企事业单位300人观看，市档案局与湘潭电视台联合摄制长达1小时专题片，在湘潭电视台播放。至1995年，全市摄制档案电视片5部。

2001年，湘潭电视台利用市城建档案馆保存的湘潭市区老街旧路、文化古迹的老照片与文字记载，摄制《老街情怀》《湘潭道路变迁》《拯救遗产》电视专题节目20多集，播出后，深受全市人民喜爱。同年11月，中共湖南省委副书记、省人大常委会副主任郑培民去世，市档案局与湘潭电视台联合制作《为民书记——郑培民》系列报道第9辑，在湘潭电视台新闻栏目中两次播出。2002年，市档案局与湘潭电视台联合制作电视片《记忆永恒》，系统介绍全市珍贵档案和档案利用成就，该片获湖南省"东方红杯档案优秀文化成果"二等奖。2003年，市城建档案馆制定《湘潭市城市建设拍摄方案》，并摄制《城市绿化广场建设》《芙蓉路提质工程纪录》两部专题片。2004年，市第一、第二档案馆利用保存的反映城市历史面貌的珍贵照片，邀请电视台拍摄《档案见证湘潭城市变迁》。至2005年，全市档案部门共摄制电视专题片10部。

第三节 档案展览

一、专题展览

1987年开始举办档案展览，为纪念《中华人民共和国档案法》颁布实施，市档案局组织县（市、区）和大型企业的档案部门，举办以宣传《中华人民共和国档案法》和档案工作为主题的大型展览，制作68块长达78米的宣传板，在市中心街道、市委、市政府、人大机关大院、大型企业巡回展出10多场，上万人观看展览。1995年，以弘扬湘潭的灿烂历史文化为主题，市档案局从市、县两级档案馆选择珍品325件，制作45块展板，于6月在韶山烈士陵园举办《毛泽东故乡史志谱牒展》，向社会展出毛泽东、谭政、周小舟、秋瑾等名人的家族谱。同年10月，又在韶山诗词碑林举行《民国报刊展》，系统展出民国报刊60多种，到年底，参观两个展览的人数达8万多人。至1995年，市、县两级档案部门举办展览14次，制作展板251块，展室面积976平方米，接待参观者21.3万人次。

1996年，第十三届国际档案大会在北京召开，市档案局以宣传档案和档案工作为主题，举办《湘潭市档案事业发展成就展》，在市区和各县（市、区）巡回展出，参观人数1.6万人次。1999年，以展示湘潭解放50年的发展轨迹、辉煌成就和历史巨变为主题，市档案局举办《纪念湘潭解放50周年档案史料展》，8月11日在齐白石纪念馆开幕，市委、市人大、市政府、市政协和省档案局的领导为开幕式剪彩，部分档案工作者及老干部300多人参加开幕式。展览汇集800余件历史文献和图片，制作78块展板，分潭城史迹、三年恢复、一五奠基、全面建设、文革十年、拨乱反正、改革开放、名人荟萃8个部分，当天2000余人观看展览。市委宣传部授予市第一档案馆"爱国主义教育基地"。同年，湘乡市档案局也举办《庆祝建国50周年暨改革开放20周年湘乡成就展》。2001年，市档案局与市委宣传部、组织部、党史办和文化局联合举办《纪念中国共产党成立80周年湘潭图片展》，6月18日在市博物馆开展，展览以反映毛泽东、彭德怀等24位湘潭籍著名人物的生平业绩和历史功勋为主题，展出珍贵历史文献和照片350件，仅一个月就有3000余人观看展览，至2005年，全市各级档案部门举办展览10次，制作展板233块，展室面积785平方米，接待参观者17.4万人次。

二、档案陈列

1986年,湘潭县泉塘子乡农技站将站里的农科档案、照片、荣誉档案布设成陈列室,每年接待参观学习的4000多人次。1993年,国务院副总理朱镕基到该站视察,观看陈列室后对他们的工作大加赞赏。1994年,江南机器厂将本厂生产的军品、民品实物、各种奖牌、奖杯、奖励证书、中央领导来厂视察、厂领导与外商谈判的照片共316件布设成陈列室,成为企业形象的一个窗口,许多客商参观陈列室、了解该厂的人才和技术实力后,很快达成联合开发新产品或购销协议。至1995年,市电业局、市交通局、市建筑学校等34个单位开设档案陈列室,展室面积1020平方米。

1996年,市烟草局、中国人民银行湘潭市支行将本单位的奖牌、奖杯、奖励证书、党和国家领导人视察工作等照片、实物布设成荣誉室陈列出来。1998年,为打造名牌、扩大商品销路,湘潭钢铁公司、湘乡啤酒厂等企业将本厂历年的荣誉档案布设成陈列室。至2005年,全市开设档案陈列室51个,展室面积1500平方米。

第四节 档案利用效益

一、社会效益

1996年,全市档案部门大力储备优质档案资源,加强业务管理,提供优质服务,档案利用的社会效益不断提高。岳塘区昭山乡昭山与金田两村交界处有口水面25亩的盐井湖塘,因权属不清,两村为争用水和放养权经常争吵,1997年2月差点发生一场大械斗,关键时刻,档案部门找到土改时的原始记录,载明“塘属昭山村,注荫金田村良田”。乡干部将这一原始记录示之于众,两村村民心服口服,矛盾迎刃而解。

1997年3月,湘潭县谭家山镇一村民被一伙歹徒抢走现金1.6万元,湘潭县公安局从业务档案中提供同类案犯照片给被害人辨认,确认照片中一人是作案人之一,该罪犯抓获后供认不讳,并交代同伙5人,这伙作案6起、抢劫金额6万多元的害群之马很快落入法网。

1998年,在纪念彭德怀诞辰一百周年活动中,为宣传彭德怀密切联系人民群众、实事求是的优良作风,湘潭县档案馆为省内外15家新闻媒体提供彭德怀两次回故乡的原始记录、与家乡人民的书信、彭氏族谱。2005年9月,台湾亲民党主席宋楚瑜回家乡湘潭,拜访母校昭潭小学(现曙光小学),该校将湘潭县档案馆保存的宋楚瑜先生60年前在昭潭私立小学读书时的成绩册、学生一览表、学校概况复制成精美的纪念册送给宋楚瑜先生,当宋楚瑜先生接过这份珍贵的礼物时,对母校感激不尽。

二、经济效益

1986年,湘乡市根据档案馆珍藏的1932年《湘乡县志》记载的:“芗泉井水质特好,酿酒殊胜,清时以之充贡”,建立湘乡啤酒厂。在产品供不应求的情况下,1991年,该厂又以县志这些内容广泛宣传,很快在全国各地筹集到资金1000多万元,实现扩大再生产。1992年,湘潭市煤气管道过江,当时有两个方案:从江底打隧道或在一大桥旁架设简易桥。市城建档案馆通过查阅一大桥全套图纸,发现桥面预留的煤气管道位置,为煤气管道过江提供最佳方案,大大缩短工期,节省投资360万元。岳塘区霞城乡下摄司村有多年种植韭菜的经验,一年四季可上市,每亩收入上万元。1995年,乡档案馆调出全乡土壤普查档案,证实3个村为砂性土质,适宜种韭菜。据此,乡政府组织村民建设千亩韭菜园,实行产供销一体化,年增产值200万元。至1995年的5年间,全市利用档案增加收入、避免减少损失、节约生产费用,取得经济效益4.1亿元。

图67-3-1 1992年在湘潭一大桥预留位置铺设的过江煤气管道

1996年,全市各级档案部门努力创新档案管理方式,开发档案信息资源,档案利用的经济效益进一步提高。中国工商银行湘潭市分行利用经济合同,收回在大亚湾3万平方米土地的权属,避免1000多万元的经济损失。2000年,韶峰水泥集团对水泥包装进行技术改型。工程技术人员利用120份设备档案,改装包装生产线,由原来的单一包装袋改变为多品种覆膜编织袋,使每吨水泥降低包装成本9元,全年降低包装成本500万元。至2005年,全市利用档案开展科研技改、提高生产率、维护法人合法权益取得直接和间接经济效益6.2亿元。

第四章 档案管理执法

第一节 机构与队伍

一、档案管理机构

(一)市、县两级档案局(馆)

1986年,湘潭市档案局、馆沿用地市合并时的管理模式,局下设市第一档案馆、市第二档案馆。8个县(市、区)中有4个设有档案局、科(馆),其中湘潭县、湘乡县设档案局(馆),市郊区设档案科(馆),韶山区设档案馆。城市4区没有设立档案局(科)、馆,档案行政管理职能由区委办公室行使。随着县改市,1987年湘乡县档案局(馆)改为湘乡市档案局(馆)。1988年韶山区档案馆加挂档案科的牌子。1990年有市、县两级行政区档案局(馆)5个。1993年城市4区、郊区合并为雨湖、岳塘两个新区,两区先后设立档案科(馆),1995年3月升格为档案局(馆)。同年韶山市档案科(馆)升为档案局(馆)。从这年开始,市和5个县(市、区)都设立档案局(馆),一直到2005年没有变化。

(二)专业、部门档案馆

1986年,全市只有一个专业档案馆,即湘潭市城建档案馆,负责湘潭市城市基本建设档案资料的收集、整理、提供利用。1993年2月,市编委批准设立湘潭市第一个部门档案馆,即公安局档案科

(馆),对内称档案科,对外称公安档案馆,两块牌子一套人马。到1995年,全市拥有专业、部门档案馆各1个。1996年市房地局撤销档案科,成立湘潭市房产局档案馆,同时行使对全局及下属单位档案工作进行管理、监督和指导的职责。从这年起直到2005年,全市拥有1个专业档案馆、2个部门档案馆。

(三)院校档案机构

从1986年到2001年,湘潭各高校均设立综合档案室,统一管理全校各类档案。适应档案门类与数量快速增长、档案利用频繁的新情况,2002年湘潭大学综合档案室升格为档案馆,2003年湘潭工学院和湘潭师范学院合并组建湖南科技大学后,成立档案管理中心。到2005年,湘潭境内有2所院校设立档案馆(中心),其他院校均设置综合档案室。

(四)大型企业档案机构

1986年湘潭各大型企业没有一家设立档案馆。为适应各类档案集中统一管理的需要,从1988年开始,湘潭纺织印染厂、湘潭锰矿、湘潭电机厂、江麓机械厂、湘潭钢铁公司、江南机器厂、湘潭电缆厂先后设立档案馆(档案管理中心),到1990年,湘潭各大型企业中有7家设立档案馆。1999年韶峰水泥集团有限公司设立档案馆,企业档案馆增加到8个。2001年以后,湘潭纺织印染厂、湘潭锰矿、湘潭电缆厂相继改制,其档案馆随之撤销。到2005年,全市大型企业设立档案馆(中心)5个,其他企业均设有档案室。

二、档案工作队伍

1986年,市县两级档案局馆、专业部门档案馆、大型企业大都配备专职档案人员224人,其中大学毕业或肄业27人,占总数的12.1%;高、中级职称7人,占3.1%。1990年,档案人员增加到361人,比1986年增加61.2%,主要是企业设置档案馆,档案人员大增。361人中大学毕业或肄业84人,占总数23.3%;高、中级职称49人,占总数13.6%。1995年,有档案人员357人,大专以上学历125人,占总数35%;高、中级职称51人,占总数14.3%。由于大型企业实行减人增效,削减各分厂、公司档案人员,到2000年,上述范围档案人员减少到223人,其中大专以上学历99人,占总数44.4%;高、中级职称46人,占总数20.6%。2005年,有档案人员260人,大专以上学历154人,占总数59.2%;高、中级职称74人,占总数28.5%。

第二节 业务管理

1986年市档案局对六好企业的档案工作进行全面调查,制定《湘潭市创六好企业档案工作标准》,在此基础上,制定《湘潭市企业档案工作升级标准》,得到省档案局的肯定和推广。1987年全市启动档案馆、室定级升级活动,先在市卫生局、市硅酸盐厂试点,其后在市卫生局召开现场会推广。1987年依据《中华人民共和国档案法》及其实施办法,制定《机关档案室职责》《档案库房管理制度》《档案资料查、借阅规定》《保密守则》等4个通用制度,发到各机关档案室,统一全市各机关团体企事业单位档案管理制度。1988年市档案局制定市第一档案馆、第二档案馆《开放档案实施方案(试行)》,启动档案馆开放历史档案工作。这年底市第一档案馆、第二档案馆通过省档案局组织的考评,认定为四级档案馆,次年晋升为三级。1988 年湘潭纺织印染厂率先建立档案馆,实行各类档案的集中统一管理,探索出企业档案分类编号方法,次年全省企业档案工作现场会在该厂召开。1989 年市档案局制定著名人物档案征集方案,在全市开征名人档案。1990 年市档案局在湘潭县试验的基础上,组织研制《湘潭市县(市)、区二级机构档案管理等级标准(试行)》,填补基层单位档案管理标准的空白,省档案局在《湘档动态》全文转发这个标准,向全省各市州推介。到 1990 年底,全市有 3 个档案馆、159 个机关单位、64 家企业的档案管理达到省级以上标准。市法院全系统 9 个档案室全部达到省二级,受到省高院嘉奖。

1991 年,全市施行《文书档案案卷格式》《科学技术档案案卷构成的一般要求》两个国家标准,文书档案、科技档案的整理开始步入标准化。配合标准的实施,市、县两级机关单位先后推行案卷质量竞赛,对上年度形成的文件材料按国家标准进行归档与整理,按标准进行评价与验收,促进文件材料及时归档与整理质量提高。案卷质量竞赛活动在市县两级机关延续 11 年。1992 年市档案局联合税务局,在中路铺税务所开展二级机构建档试点,该所档案室在全省基层税务所中,第一个达到省二级标准。同年召开全市科技事业单位档案工作会议,对全市科技档案工作上等达标作出动员和部署,其后档案馆、室上等级活动在科技事业单位中铺开。是年湘潭县 77 个区镇乡,有 73 个档案室达到省三级标准,在全省乡镇档案工作现场经验交流暨学术研讨会上,该县以《真抓实干,全面实现区镇乡档案室上等达标》为题,介绍经验。1993 年岳塘区 11 个街道中有 7 个档案室上等级。1994 年,湘潭县档案馆达到省三级标准。1995 年,高新区农工商贸总公司(即原宝塔乡)所属 11 个分公司(村)推行村级建档,其中 10 个村达到省级标准,年底在该公司召开全市村级档案规范化管理现场经验交流会,会上印发《湘潭市行政村档案管理办法》。湘潭市高新技术开发区等 4 个开发区全部建档。到是年底,全市 500 多个档案馆室达到省级以上标准。市直 89 个县处级以上机构有 45 个定级升级,21 个县处级以上科技事业单位,档案室定级升级的 8 个。市县两级 8 个综合、部门档案馆,除新成立的雨湖、岳塘区档案馆外,全部达到省级标准。

1996 年开始,全市档案馆室上等级活动改为档案工作目标管理。按照目标管理办法,各档案馆室已经定级的,按照目标管理相应等级重新认定。1997 年底,韶山市实现村村建档。1999 年韶山市 72 所中小学全面建档。2000 年 3 月推行市直机关、市属企事业单位立卷归档报审制度,要求各单位在规定的时间内完成上年度文件材料立卷归档,将归档文件目录、立卷说明报市档案局审查。其后立卷归档报审制度在县市区全面推行。到 2000 年,市县两级 7 个综合档案馆和市城建档案馆分别达到省级标准,全市有 154 个机关档案管理达到或晋升目标管理标准,其中市政府办公室、市纪委、市审计局等 68 个机关晋升为省一级标准,市国税、地税两个系统从市局到县局、各征收分局全部达到省一级。有 78 个乡镇档案管理达到省级,其中达省二级的 15 个。有 69 家国营大中型企业档案管理达到等级标准,其中湘钢的档案管理第一个达到国家一级。有 26 家乡镇企业达到省级先进标准。

2001 年开始,建档工作向行政村和社区扩展。雨湖区长城乡砂子村档案室在全市行政村中率先达到省一级。2003 年底,雨湖区、岳塘区实现村村建档。2004 年 6 月,在全市已建成的 172 个社区居委会中,有 104 个社区建档,占总数的 60.4%,全省社区档案工作现场经验交流会在湘潭召开。2005 年底,全市社区全部建档,均有兼职档案员、有管理制度、有档案柜箱、有整理规范的档案。2005 年 7 月开始,停止实行档案工作目标管理办法,统一执行由省档案局制定、省质量技术监督局发布的《档案馆室定级升级标准》,以创高标准档案室为载体,组织全市各级机关企事业单位开展档案工作规范化管理。到年底,全市有12个机关档案工作达到省级标准,其中地税系统有4个档案室达到省特级。

第三节 执法监督

一、执法检查

1988年1月《中华人民共和国档案法》实施后,湘潭市开始档案法律法规执行情况检查,成为推动档案事业发展的主要手段。人大每隔几年组织一次档案执法检查,县市区党委、政府办公室联合组织档案执法检查,成为执法检查的主要形式。湘潭县人大常委会在组织全县执法检查时,把实施《档案法》列为检查的主要内容。韶山区委办、政府办、财政局与区档案科组成检查小组,对全区80个单位进行全面检查。湘乡市党群战线人大代表视察该市档案局馆。1994年湘潭市人大首次组织全市档案执法检查,由市人大常委会副主任带队,组织部分省市人大代表与档案执法员,先后抽查19个单位,《湖南档案》杂志作专题报道。1995年,湘乡市、岳塘区人大也先后组织《档案法》执法检查。从《档案法》颁布到1995年,全市组织档案执法检查32次,受检单位2000多个。

1996年,档案行政执法检查形式走向多样化。1997年市人大组织档案执法情况抽查,重点抽查10个单位,市人大通报检查情况,提出整改意见。1998年《湖南省档案管理条例》在全市实施,韶山市开展"依法治档"检查,并与评比表彰结合起来;雨湖区由区委办、政府办、普法办、档案局联合组织的档案执法检查与档案安全检查结合进行。1999年,市人大组织部分委员和人大代表,对全市《档案法》《湖南省档案管理条例》的贯彻实施情况进行检查。检查组重点抽查市第一、第二档案馆、市中级人民法院、湘潭大学等32个单位。检查结束后,形成《关于对〈中华人民共和国档案法〉执法检查的情况及意见》。市政府召开常务会议,听取档案部门汇报,研究解决馆库建设、档案安全保护经费等具体问题,市政府拨款40万元,为市档案馆库房安装密集架。

2002年开始,档案执法检查走向职能化。根据市机构编制委员会印发的《湘潭市档案局职能配置、内设机构和人员编制规定》,市档案局业务指导科加挂法规宣传科的牌子,档案法规的宣传贯彻有了常设机构。县市区档案局也先后配备档案法规宣传专职人员。行政执法立案、回避、听证、复议、执法过错追究等制度相继制定,档案行政执法工作步入规范化。全市性的档案行政执法检查每年选择一个层面,联合有关部门一起进行。至2005年的5年间,市档案局先后会同市教委、经委、发改委、商贸局、外贸局、建设局等部门,对30多所学校、108家市属企业、104个市直机关单位的档案保管保护情况和80多个重点建设项目档案管理情况进行执法检查,对存在问题的单位发出整改通知书共计50多份,并督促整改到位。

二、违法案件查处

1991年,市内发现首例违反档案法律法规事件:雨湖区委组织部一名领导干部抽取一名干部的处分材料不归还。市档案局与市纪委联合进行查处。到1995年的5年间,全市发现和查处档案违法案件3起，除上述利用职务之便借阅档案不归还外，另外两起是库房条件差、管理不到位、造成档案受损。

1996年上半年，韶山市农村社会养老办李某利用调资接触人事档案的机会，擅自涂改、伪造本人档案中的出生年月、文化程度、履历等达38处。韶山市档案局会同劳动局查实后，责令当事人写出检讨，给予行政警告处分。湘潭县荷塘电焊条辅料公司车间主任马某利用职务之便，掌握全套水玻璃生产技术资料，于1997年4月将其生产配方、工艺流程等核心技术私自卖给江西某厂，从中牟利4000元，使公司蒙受重大经济损失。查清事实后给予马某撤销职务、没收非法所得的处理。1997年，湘潭县经委1988~1990年会计档案被盗，县档案局依法进行查处，对有关责任人给予行政处分。1998年6月，湘潭县法院档案被盗，成为一起惊动最高人民法院的大案。各级法院和档案部门马上组织侦查，找回950卷，尚有部分档案无法追回。纪检部门查清事实征求档案行政管理部门意见后，给予分管档案工作的副院长党内严重警告、办公室主任行政记大过处分，两个档案员作为直接责任人，分别受到党内严重警告、行政降级处分。2000年10月，江滨机器厂一退休技术骨干窃取企业机密图纸复制后出卖给山东某公司，谋取不义之财，查实后，给予当事人开除党籍、没收非法所得的处分。至是年底的5年间，全市发现和查处违法案件8起，其中涂改伪造档案1起，出卖档案牟利4起，档案被盗3起。

2001年，随着档案法律法规的宣传普及，社会档案法律意识不断增强，违法案件减少。2003年8月，湘潭县乌石镇党政办公室因电源线路起火，致使放在办公室资料柜中的2001、2002年文书档案部分受损。县档案局派员调查处理，对档案员进行严肃批评教育，并责令档案员收集补充相关文件。至2005年未发生其他违法案件。

第六十八篇　社会生活

第一章　居民生活

第一节　农村居民生活

一、农村居民收入

1985年农民人均纯收入475元，主要来源是家庭经营收入，家庭经营收入人均401元，占人均纯收入的84.42%，劳务收入人均41元，只占人均纯收入8.63%。其他收入33元，占人均纯收入6.95%。农民除生活开支外，年末人均存款66.47元。

1986年以后，国家取消统派购制度，商品生产迅速发展，农产品产量、质量提高，价格上升，农民收入增加；农业科技水平的提高，农民家庭经营收入不断增加；农民科技文化素质提高，务工能力增强，农民劳务收入增多。1990年全市农民人均纯收入688元，比1985年增长44.84%，年均增长8.97%，高于全省人均纯收入26.08%；家庭经营收入人均572元，比1985年增长42.64%，占人均纯收入83.14%；劳务收入人均71元，增长73.17%，占人均纯收入的10.32%；其他收入人均45元，占人均纯收入6.54%。家庭经营收入中，第一产业收入占90.92%，第二产业收入占5.32%，第三产业收入占3.76%；年末人均存款余额171.9元，比1985年增长1.59倍。全市7个贫困乡、168个贫困村，人均纯收入348元，比1985年增长45%。

1991年以后，全市调整农村产业结构，发展高效农业，农业增产增收，农民收入大幅度提高。1995年全市农民人均纯收入1711元，比1990年增长1.49倍，年均增长29.74%。高于全省人均纯收入20.07%，高于全国8.45%，居全省第二位。家庭经营收入人均1194元，增长69.38%，占农民人均纯收入的69.78%，下降13.36个百分点。劳务收入人均439元，增长5.18倍，占人均纯收入25.66%；其他收入人均78元，占人均纯收入4.56%。经营收入中第一产业收入占94.49%，第二产业收入占1.36%，第三产业收入占4.15%；年末人均存款余额353.31元，增长2.2倍。市政府继续进行扶贫，贫困乡（镇）农民收入有较大增长。人均纯收入520元，比1990年增长49.43%，年均增长8.89%。

1996年农产品价格持续上涨，农民生产积极性高，全市农村掀起“议小康，干小康，奔小康”热潮。1997年全市农民人均纯收入2532元，根据省小康建设办公室制定的标准，具体指标达到或基本达到小康标准，全市农村提前三年在全省率先基本建成小康市。

湘潭市农村小康实现程度情况

表 68-1-1

指 标		单 位	数 量	实现程度（%）	得 分
收入分配	人均纯收入	元	2532.00	93.80	28.13
	基尼系数	—	0.28	80.00	4.00
物质生活	恩格尔系数	%	54.31	56.90	3.41
	每日每人蛋白质摄入量	克	79.00	100.00	9.00
	衣着消费支出	元 / 人	95.00	37.20	1.13
	钢木结构住房比重	%	89.08	100.00	7.00
精神生活	电视机普及率	台 / 百户	96.00	100.00	6.00
	服务消费支出比重	%	15.84	100.00	6.00
人口素质	劳动力平均受教育年限	年	8.20	100.00	5.00
	农村人口平均预期寿命	岁	72.00	100.00	4.00
生活环境	安全卫生水普及率	%	99.00	100.00	3.00
	用电户比重	%	99.00	100.00	3.00
	已通公路的行政村比重	%	99.80	100.00	3.00
	已通电话的行政村比重	%	77.00	100.00	2.00
社会保障与社会安定	五保人口生活有保障比重	%	100.00	100.00	4.00
	万人刑事案件立案件数	件	13.27	100.00	4.00
综 合 分 值		分	—	—	92.67

注：此表数据为 1997 年验收时数据

是年，全市 23 个贫困村、224 个村民小组、19187 人，人均纯收入达到 650 元，高于全省贫困地区人均 30%。绝大多数贫困户摘掉贫困帽子，解决温饱问题。2000 年全市农民人均纯收入 2652 元，比 1995 年增长 54.99%，年均增长 11%。高于全省人均纯收入 20.70%，高于全国人均纯收入 17.69%。家庭经营收入人均 1597.36 元，增长 33.78%，占农民人均纯收入 60.23%。劳务收入人均 964.59 元，增长119.72%，占人均纯收入 36.37%。其他收入人均 90.05 元，增长 18%，占人均纯收入的 3.40%。家庭经营收入结构有较大变化，一产业收入比重下降，二、三产业收入比重提高。第一产业收入占 77.94%，第二产业收入占 3.14%，第三产业收入占 18.92%。

2001 年起，全市粮食生产增产增效，生猪饲养量持续增长，龙头企业迅速发展，带动农业产业化经营，农产品加工增殖；农民综合素质提高，农村劳动力从种养业转移到非农产业，农民增收门路拓宽，劳务收入增加；国家“三补”和减免农业税等政策的贯彻落实，调动农民生产积极性，全市农业经济向深度和广度发展，农民收入明显增加。2005 年全市农民人均纯收入 4177 元，比 2000 年增长 54%，年均增长 11%。高于全省 31.02%，高于全国 25.47%。家庭经营收入人均 2340.2 元，增长 46.50%，占农民人均纯收入 56.02%；劳务收入明显增加，比重提高，人均 1569.79 元，增长 62.74%，占人均纯收入 37.58%,其他收入人均 174.01 元,增长 94%,占人均纯收入 6.40%;家庭经营收入中,第一产业收入占 78.11%, 第二产业收入占 4.22%, 第三产业收入占 17.67%。年末人均存款余额 2721.34 元,比 1985 年增长 39.94 倍,年均增长近 2 倍。

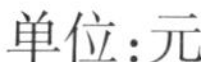

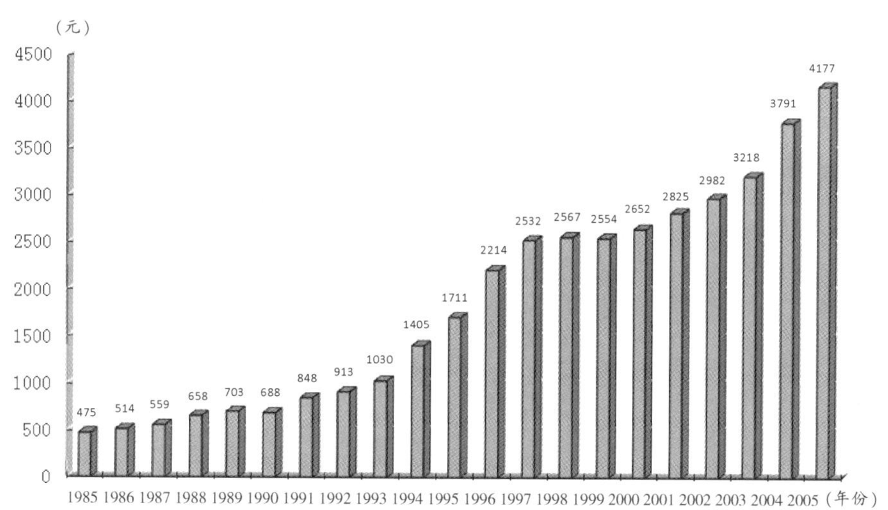

图 68-1-1　1985~2005 年湘潭市农村居民人均纯收入

二、农村居民消费

(一)衣着

1985 年农村人均衣着支出 36.8 元,占生活消费支出的 8.8%。

1986 年以后农村居民衣着质量提高,以棉布为主逐步转向化纤、毛绒、丝、麻等高级布料,经久耐用;服装向城市化、商品化方向发展,自制衣服减少,购成衣增多,款式新颖,美观大方。1990 年人均衣着支出 44.01 元,比 1985 年增长 19.59%,占生活消费支出的 7.21%,比重下降 1.59 个百分点。1991 年以后农村居民衣着支出增加幅度比较大。1995 年人均衣着支出 82.98 元, 比 1990 年增长 88.55%,年均增长 17.7%,占生活消费支出的 4.75%,比重下降 2.46 个百分点。1996 年以后人均衣着支出稳步增长。2000 年人均衣着支出 93.30 元,比 1995 年增长 12.44%,年均增长 2.49%,占生活消费支出的 6.25%,比重增长 1.5 个百分点。2001 年以后农村经济发展比较快,农村居民衣着开支增大。2005 年人均衣着支出 139.82 元, 比 2000 年增长 49.86%, 年均增长 9.98%, 占生活消费支出 4.42%,比重下降 1.83 个百分点。

(二)食物

1985 年人均食物消费支出 239.31 元,占生活消费支出的 57.22%。

1986 年以后,农民饮食质量普遍提高。吃的讲营养,讲品种,主食降低,副食增加,粮食降低,豆制品、奶制品和水果等产品增加。1990 年人均食物消费支出 353.13 元,比 1985 年增长 47.56%,年均增长 9.51%,占生活消费支出的 57.82%,比重提高 0.6 个百分点,恩格尔系数 60.88%(人均食品消费和燃料费占全部生活费的比例),下降 1.34 个百分点。主要食物消费量中,全年人均粮食消费量由 1985 年的 366.82 千克下降至 317.12 千克,油脂类由 7.50 千克下降到 7.27 千克,糖类由 1.77 千克下降至 1.43 千克，肉禽及其制品由 16.76 千克下降至 16.19 千克，蔬菜由 184.06 千克增至 191 千克，蛋类及蛋制品由 2.78 千克增至 3.45 千克，水产类由 3.21 千克增至 3.75 千克，酒类及饮料类由 5.12 千克增至 5.77 千克，干鲜果类由 1.96 千克增至 2.30 千克，糕点由 1.89 千克增至 2.13 千克。

1991 年以后生活物资涨价，农民生活水平逐步提高，食物消费支出大幅增加。1995 年人均食物消费支出 910.90 元，比 1990 年增长 1.58 倍，年均增长 31.95%，占生活消费支出 52.13%，比重下降 5.69 个百分点，恩格尔系数 54.55%，下降 6.33 个百分点。全年人均粮食消费量由 1990 年的 317.12 千克增至 322.88 千克，蔬菜由 191.00 千克下降至 183.16 千克，豆类及豆制品、奶及奶制品由少数人饮用分别增加到人均 2.52 千克和 0.1 千克，油脂类由 7.27 千克增至 10.47 千克，水产品由 3.75 千克增至 7.17 千克，糖类由 1.34 千克增至 1.64 千克，肉类及其制品由 16.19 千克下降至 13.59 千克，干鲜果类由 2.3 千克增至 9.98 千克，酒及饮料类由 5.77 千克增至 11.09 千克，蛋品及蛋制品由 3.45 千克下降至 3.15 千克，糕点由 2.13 千克下降至 1.44 千克。

1996～2000 年，人均食物消费支出 5217 元，年均支出 1043.4 元，比 1995 年增长 14.55%。2000 年物价下降，物资便宜，食物消费支出明显减少，人均 595.14 元，比 1995 年下降 34.66%。占生活消费支出 40.87%，比重下降 11.26 个百分点。恩格尔系数为 42.25%，下降 12.3 个百分点。全年人均粮食消费量由 1995 年的 322.88 千克增至 343.30 千克，蔬菜由 183.16 千克下降至 182.38 千克，油脂类由 10.47 千克增至 11.85 千克，肉禽及其制品由 13.59 千克增至 16.35 千克，蛋类及蛋制品由 3.15 千克增至 4.88 千克，水产品由 7.17 千克下降至 6.48 千克，豆类及豆制品由 2.52 千克下降至 1.93 千克，食糖由 1.64 千克下降至 1.35 千克，调味类由 6.64 千克增至 9.87 千克，奶和奶制品由 0.10 千克增至 0.11 千克，水果由 9.98 千克增至 10.33 千克，酒类及饮料由 11.09 千克下降至 5.28 千克。

2001 年以后农村居民收入大幅度增长，食物消费支出逐年增加。2005 年人均食物消费支出 1563.92 元，比 2000 年增长 1.2 倍，占生活消费支出 41.37%，比重增长 1.49 个百分点。恩格尔系数 48%，增长 5.75 个百分点。主要食物量中营养成分高、能量高的食物增加。全年人均粮食消费量由 2000 年的 343.30 千克下降至 306.83 千克，油脂类由 11.85 千克增至 13.36 千克，豆类及豆制品由 1.93 千克增至 2.75 千克，水产品由 6.48 千克增至 10.38 千克，奶和奶制品由 0.11 千克增至 0.58 千克，糖类由 1.35 千克下降至 1.17 千克，肉类及其制品由 16.35 千克增至 25.03 千克，蔬菜由 182.38 千克下降至 176.57 千克，水果由 10.35 千克下降至 9.66 千克，酒类及饮料类由 5.28 千克增至 5.58 千克。

（三）住房

1985 年农村人均住房支出 71.97 元，占生活消费支出的 17.21%，户均住房面积 97.84 平方米，居住条件虽然有较大的改变，但房屋质量绝大多数是土砖房砖木结构。

1986 年起，农村居民解决穿衣、吃饭问题以后，逐步提高住房质量，改善居住条件。1990 年人均住房支出 562.65 元，比 1985 年增长 6.82 倍，占生活消费支出 14.48%，比重下降 2.73 个百分点，户均住房面积 112.00 平方米，户均年末住房价值 4755 元，分别增长 14.47%和 1.31 倍。1995 年人均居住支出 416.21 元，比 1990 年减少 26.03%，占生活消费支出 23.82%，比重增加 9.34 个百分点，户均住房面积 125.20 平方米，户均年末住房价值 11359 元，分别增长 11.79%和 1.39 倍，74%的面积是钢筋混凝土和砖木结构房。2000 年农民住房支出 491.4 元，比 1995 年增长 18.07%，占生活消费支出的17.22%，比重下降6.6个百分点，住房面积增加，户均164.71平方米，年末住房价值30400元，分别增长31.56%和1.68倍，98.3%为钢筋混凝土和砖木结构房。

2001年以后农民居住问题基本解决，居住支出略有下降。2005年人均住房支出361.89元，比2000年减少26.36%，占生活消费支出10%，户均住房面积165.14平方米，增长0.3%。

图68-1-2　雨湖区响水乡雅爱村农村居民住宅

(四)家庭用品

1985年人均家庭设备及用品支出37.37元，占生活消费支出的8.93%。

1986年以后农村居民家庭用品及其设备逐步改善和增加。1990年人均家庭设备及用品支出45.16元，比1985年增长20.85%，占生活消费支出7.39%，比重下降1.54个百分点。每百户拥有缝纫机由1985年38架增加到57架，钟由13面增加到37面，手表由40块增加到193块，电风扇由32台增加到138台，大型家具由553件增加到556件，黑白电视机由13台增加到55台，彩色电视机由1台增加到3台，收录机由2台增加到11台，洗衣机、电冰箱由极少数户拥有，分别增加到8台和1台。1995年人均家庭设备及其用品支出115.67元，比1990年增长1.56倍，占生活消费支出6.62%，比重下降0.77个百分点。每百户拥有缝纫机由57架增加到58架，钟由37面增加到61面，手表由193块下降到176块，电风扇由138台增加到217台，收录机由11台增加到18台，大型家具由556件增加到797件，洗衣机由8台增加到13台。黑白电视机由55台增加到71台，彩色电视机由3台增加到12台，电冰箱由1台增加到5台。照相机由1架增加到2架。1997年境内农村基本达到小康标准，低档耐用品逐年开始下降，高档日用品进入农家。2000年人均家庭设备及其用品支出89.68元，比1995年下降22.67%，占生活消费支出的6.01%，比重下降0.61个百分点。每百户拥有彩色电视机由1995年12台增加到43台，黑白电视机由71台下降到70台，电冰箱由5台增加到17台，电风扇由217台增加到296台，洗衣机由13台增加到39台，收录机由18台增加到21台，有录放像机4台、影碟机1台、组合音响8台。

2001年以后农村居民家庭设备及用品开支增加，电脑等高档耐用品进入农村居民家里。2005年人均家庭设备及用品支出151.53元，比2000年增长68.97%，占生活消费支出的4.78%，比重下降1.23个百分点。每百户拥有电风扇由2000年的217台增加到332台，彩色电视机由43台增加到59台，黑白电视机由71台下降到29台，收录机由18台下降到14台，电冰箱由17台增加到29台，空调机、抽油烟机、热水器分别达到2台、1台和8台。影碟机由1台增加到24台，组合音响由8台增加到16台，录放像机保持到4台。照相机、家用计算机进入少数农户家。

(五)交通通讯

1985年人均交通通讯支出仅3.00元，占生活消费支出0.72%。农村居民交通工具每百户只有87辆自行车，主要靠步行，通讯靠书信往来，没有一户农村居民有电话机。

1986年以后交通工具、通讯条件逐步改善。1990年人均交通通讯支出4.58元，比1985年增长52.67%，占生活消费支出0.75%，比重增加0.3个百分点。每百户拥有自行车由1985年87辆增加到

167 辆，通讯仍然没有多大变化。1991 年以后农村居民交通工具得到改善。1995 年人均交通通讯支出 23.63 元，比 1990 年增长 4.16 倍，占生活消费支出 1.35%，比重增加 0.6 个百分点。每百户有自行车由 167 辆增加到 174 辆，摩托车每百户达到 5 辆。

1996 年以后，农村经济全面发展，农村居民收入增加。境内交通、通讯设施不断改善，村村通公路、通电、通电话，农村居民添置交通和通讯工具迅速增加。2000 年人均交通通讯支出 110.71 元，比 1995 年增长 3.69 倍，占生活消费支出 7.42%，比重增加 6.07 个百分点。每百户有自行车由 1995 年 174 辆下降到 149 辆，摩托车由 5 辆增加到 27 辆；通讯工具从无到有，每百户电话机 36 部，移动电话 4 部，寻呼机 17 台。

2001 年以后农村居民外出办事，不仅乘车方便，而且购买东西、办事情可以通过电话联系。2005 年人均交通通讯支出 273.96 元，比 2000 年增长 1.48 倍，占生活消费支出 8.64%，比重增加 1.22 个百分点。每百户拥有自行车由 2000 年 149 辆下降到 145 辆，摩托车由 27 辆增加到 43 辆，电话机由 36 部增加到 53 部，移动电话由 4 部增加到 35 部，家用汽车也进入个别农户家里。

(六)医疗保健

1985 年农村居民人均医疗保健支出仅 10.05 元，占生活消费支出 2.4%。

1986 年起，医疗保健费用逐年增加，农村医疗卫生条件逐步得到改善，农村居民有病能及时治疗。1990 年，人均医疗保健支出 25.60 元，比 1985 年增长 1.55 倍，占生活消费支出 4.19%，比重增加 1.79 个百分点。1995 年人均医疗保健支出 40.82 元，比 1990 年增长 59.45%，占生活消费支出 2.34%，比重下降 1.85 个百分点。

1996 年以后，医疗保险事业不断发展，村建起卫生站，农村居民有点小病小痛能及时治疗。2000 年，人均医疗保健支出 111.72 元，比 1995 年增长 1.74 倍。占生活消费支出的 7.49%，比重增加 5.15 个百分点。2005 年人均医疗保健支出 185.78 元，比 2000 年增长 66.29%，占生活消费支出 6.36%，比重下降 1.13 个百分点。

(七)文教娱乐

1985 年人均文教娱乐支出 15.96 元，其中学杂费支出 5.06 元，占生活消费支出的 3.81%。

1986 年以后，农村居民物质生活水平逐步提高，不断增加精神文明投入，发展文化教育事业，送子女读书，开展文化娱乐活动，农民除了看电视、录像、听收音机外，还请剧团和电影队到家演出和放映，有的农民办家庭图书室，学文化学科技。1990 年人均文教娱乐支出 41.95 元，比 1985 年增长 1.63 倍，占生活消费支出 6.8%，比重增加 3.06 个百分点。其中学杂费支出 19.84 元，增长 2.92 倍。1995 年人均文教娱乐支出 140.05 元，比 1990 年增长 2.34 倍，占生活消费支出 8.01%，增加 1.14 个百分点，其中学杂费支出 107.48 元，增长 4.42 倍。

1996 年以后，文化娱乐事业迅速发展，乡镇有卡拉 OK 厅、电游厅、网吧、电影队、图书馆，促进农村居民文化娱乐消费。2000 年人均文教娱乐支出 216.13 元，比 1995 年增长 54.32%，占生活消费支出 14.48%，其中学杂费支出 166.64 元，增长 55.04%，2005 年人均文教娱乐支出 412.80 元，比 2000 年增长 90.99%，占生活消费支出 13.42%，比重降低 1.06 个百分点，其中学杂费支出 294.04 元，增长 76.45%。

(八)其他

1985年人均其他支出3.78元,占生活消费支出的0.91%。1986年以后农村居民生活水平提高,购买香烟、香肥皂、牙膏、牙刷、洗发精、洗发液等日用品由低档次逐步向高档次发展。其他消费支出也不断增加。1990年人均其他支出7.88元,比1985年增长1.08倍,占生活消费支出1.29%,比重增加0.38个百分点。1995年人均其他支出17.11元,比1990年增长1.17倍,占生活消费支出0.98%,比重减少0.31个百分点。2000年人均其他支出85.17元,比1995年增长3.98倍,占生活消费支出5.71%,比重增长4.73个百分点。2005年人均其他支出81.19元,比2000年人均其他支出下降5%,占生活消费支出2.56%,比重下降2.17个百分点。

部分年份湘潭市农村居民人均生活消费支出构成

表68-1-2　　单位:%

年份	1985	1990	1995	2000	2005
生活消费	100	100	100	100	100
衣 着	8.80	7.21	4.75	6.25	4.42
食 物	57.22	57.82	52.13	39.88	49.32
居 住	17.21	14.48	23.82	12.77	10.00
家庭用品	8.93	7.39	6.62	6.01	4.78
医疗保健	2.40	4.19	2.34	7.49	6.36
交通通讯	0.72	0.75	1.35	7.42	8.64
文化教育	3.81	6.87	8.01	14.48	13.42
其 他	0.91	1.29	0.98	5.70	3.06

农村居民不仅消费水平提高,而且消费结构不断优化。2005年农村居民衣着、食物、居住、家庭用品支出占生活消费支出68.52%,比1985年下降23.64个百分点。医疗保健、交通和通讯、文化教育和其他占生活消费支出31.48%,比1985年提高23.64个百分点。但生活水平不平衡;消费结构不够科学;生活环境比较差。2005年全市各级共产党组织和政府组织广大农民开始社会主义新农村建设,全面提高农民生活质量,从根本上改变农村居民生活环境。

附　双托村农民生活调查

2005年,全国农村固定观察点湘乡市泉塘镇双托村全村有水田68.89公顷,旱土2.86公顷,总户数251户,总人口835人,记账户50户。全村人均纯收入4556元,比1985年增长15倍,人均生活消费支出2797.93元,比1985年增长9.7倍。食品支出1263.36元,比1985年增长5.77倍。其中主食增长2.26倍,副食增长8.3倍。衣着支出102.46元,文化教育娱乐及服务支出357.90元,比1985年分别增长4.14倍、60.28倍。户均住房面积214.98平方米,价值28394.98元,比1985年分别增长1.21和17.46倍。80%是钢筋混凝土楼房。(1985年基本上是砖木结构平房多数为土砖、少数为红砖)。耐用物品普遍增加,与1985年比,每百户自行车由78辆增加到240辆,缝纫机由19架增加到60架,黑白电视机由7台增加到80台,录音机由7台增加到12台,电风扇由46台增加到434台,大型家具由430件增加到832件。高档耐用品普遍进入农村居民家里,每百户有彩色电视机48台,固定电话56部,移动电话66部,音响14套,洗衣机36台,电冰箱24台,摩托车58辆,空调8台,热水器6台,影碟机12台。个别户还有生活用小汽车。生活用水普遍得到改善,全村2%的户饮自来水,66%的户饮深井水,32%的户饮浅井水(1985年个别户饮用浅井水,绝大多数户饮用塘水),全村结束饮山塘水的历史。

因经济条件和劳动者素质不同,农民收入不平衡。2005年全村人均纯收入超过平均水平的18户,比1995年减少2户,平均水平以下的32户,比1995年增加2户,最高收入户人均纯收入13692元,比1995年最高收入户人均纯收入增长1.4倍,最低收入户人均纯收入907元,比1995年最低收入户人均纯收入增长3.42个百分点。最高户与最低户人均纯收入之比为15.1:1,比1995年的6.5:1拉大差距1.32倍。

单位:元

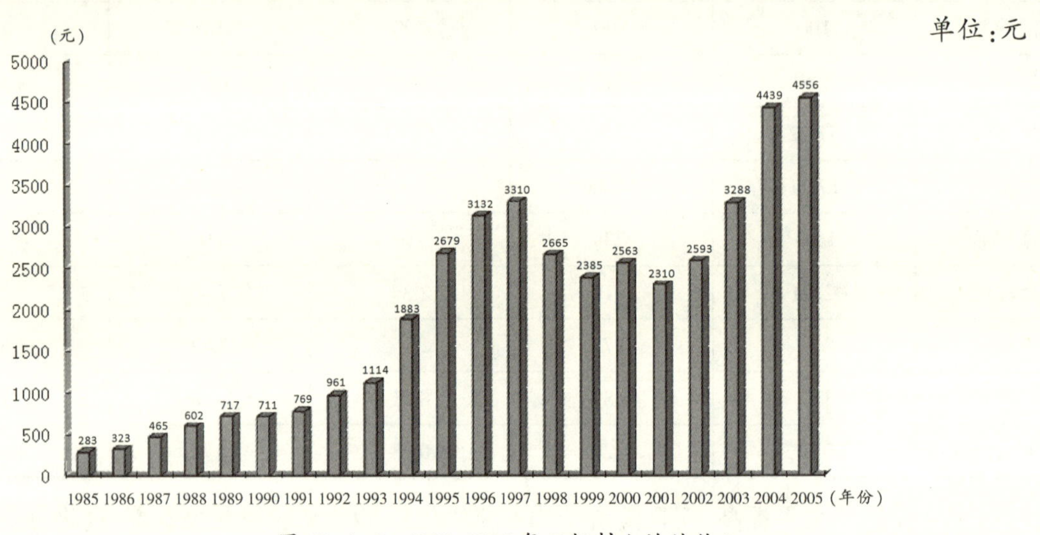

图68-1-3 1985~2005年双托村人均纯收入

第二节 城市居民生活

一、城市居民收入

1986年,城市居民人均可支配收入885.13元。“七五”时期,随着经济的发展,国家多次调整职工工资;企业进行改革,实行浮动工资,增加奖金,发放补贴,城市居民收入逐年增加。1990年,城市居民人均可支配收入1729.87元,比1986年增长95.47%。其中工资性收入占63.15%,转移性收入占17.44%,财产收入占1.21%,经营收入占0.49%,其他收入占17.71%。居民收入普遍增加,低收入户逐步减少,高收入户逐年增多。根据百户城市居民家庭抽样调查,城市居民月人均收入100元以下户数占3%,100~400元户数占90%,400~500元户数占4%,500~800元户数占3%。

1991年以后,国家对行政事业单位、企业单位实行工资升级及套改,下岗职工纷纷从事第三产业，城市居民收入大幅度增长。1995 年，城市居民人均可支配收入 4317.6 元，比 1990 年增长 149.59%。其中工资性收入占 52.61%，转移性收入占 30.91%，财产收入占 2.45%，经营收入占 0.62%,其他收入占 13.41%。根据百户城市居民家庭抽样调查,城市居民月人均收入 100 元以下户数占 2%,100~400 元的户数占 76%,400~500 元的户数占 11%,500~800 元的户数占 9%,800 元以上户数占 2%。

1996 年起,国家对行政、事业单位职工和离退休人员不断增加工资和养老金,企业进行改革,政府采取各种措施,拓宽就业渠道,安置下岗工人再就业,鼓励艰苦创业,城市居民收入不断增加。2000 年,城市居民人均可支配收入 6049.08 元,比 1995 年增长 40.10%。其中工资性收入占 53.59%,转移性收入占 31.14%,财产收入占 1.86%,经营收入占 3.93%,其他收入占 9.48%。根据百户城市居民家庭抽样调查,城市居民月人均收入 100~400 元户数占 40%,400~500 元户数占 15%,500~800 元户数占 30%,800~1200 元户数占 14%,1200 元以上户数占 1%。

2001 年以后,行政事业单位工资稳步增长,企业全面进行改制,职工工资不断提升,政府不断提高低保人员的低保金，城市居民收入继续增加。2005 年，城市居民人均可支配收入 9685.1 元,比 2000 年增长 60.11%。其中工资性收入占 58.29%,转移性收入占 30.52%,财产性收入占 2.39%,经营性收入占 8.8%。根据百户城市居民家庭抽样调查，城市居民月人均收入 100~400 元收入户数占 13.5%,400~500 元户数占 11.5%,500~800 元户数占 34%,800~1200 元户数占 25.5%,1200 元以上户数占 15.5%。

单位:元

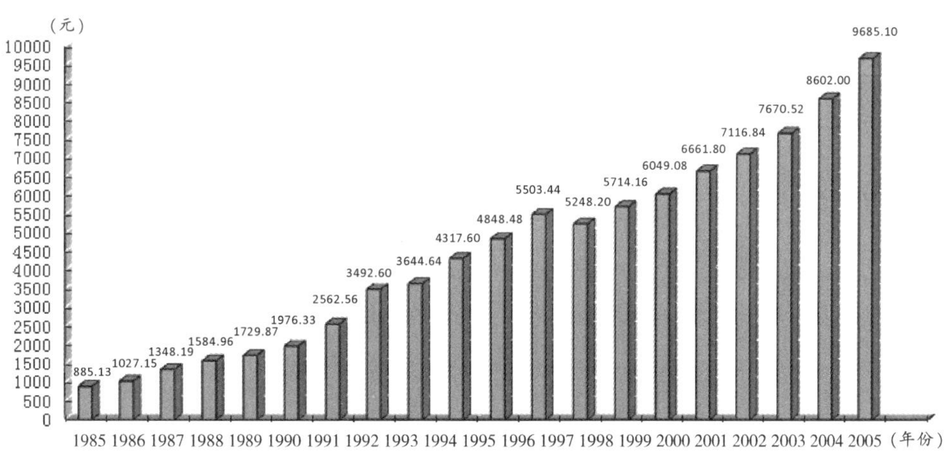

图 68-1-4　1986~2005 年湘潭市城市居民人均可支配收入

二、城市居民消费

1986 年,城市居民人均消费支出 828.48 元,随着城市居民生活水平不断提高,城市居民消费水平相应提高。2005 年,人均消费支出 6927.98 元,比 1986 年增长 7.4 倍。

单位:元

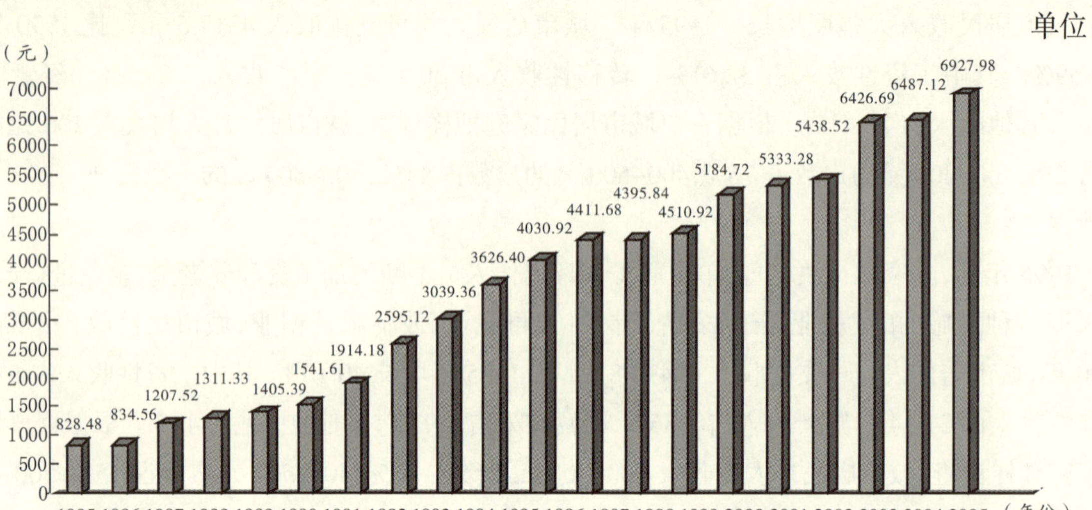

图 68-1-5 1986~2005 年湘潭市城市居民人均消费支出

(一)食物

1986 年,城市居民食物消费支出 445.64 元,占生活消费支出 54%(恩格尔系数)。其中粮食消费支出 11%,肉蛋禽水产品等副食支出 59%,烟酒茶支出 9%,其他消费支出 21%。随着收入水平的提高,居民对食物的需求愈加讲究质量和营养,消费观念不断改变,由吃饱转向吃好(注重营养),高蛋白、高脂肪食品消费量不断增长。1990 年,城市居民食物消费支出 796.76 元,比 1986 年增长 78.79%,占生活消费支出 57%,由于粮食、肉禽蛋等农产品价格上升,食物消费占生活消费的比重增加恩格尔系数比 1986 年增加 3 个百分点。其中人均粮食消费支出 9%,肉蛋禽水产品等副食支出 65%,烟酒茶支出 12%,其他食物消费支出 14%。1991 年以后,物价上涨,城市居民生活水平逐步提高,食物消费支出增加。1995 年,食物消费支出 1925.76 元,比 1990 年增长 141.69%,占生活消费支出 53%,恩格尔系数比 1990 年下降 4 个百分点。其中粮食消费支出 13%,油脂支出 6%,肉蛋禽及水产品支出 31%,蔬菜支出13%,烟酒茶支出 7%,水果、糕点、奶制品等其他食物消费及饮食服务支出 30%。

1996 年以后,居民食物消费稳步增长。2000 年,居民食物消费 2007.72 元,比 1995 年增长 4.26%;由于生活质量提高,食物消费支出只占生活消费支出 39%,恩格尔系数比 1995 年下降 14 个百分点。其中人均粮食支出占 7%,油脂类支出占 5%,肉禽蛋及水产品支出占 27%,蔬菜类支出占 10%,烟酒茶支出占 13%,水果、糖、糕点、奶及奶制品等其他食物消费及饮食服务支出占 38%。2001 年起,城市居民食物消费大幅度提高。2005 年,居民人均食物消费支出 2580.72 元,比 2000 年增长 41.99%,占生活消费支出 37%,恩格尔系数比 2000 年下降 2 个百分点。其中人均粮食支出占 8%,油脂类支出占 5%,肉禽蛋水产品类支出占 25%,蔬菜类占 18%,烟酒茶支出占 12%,水果、糖、糕点、奶及奶制品等其他食物消费及饮食服务占 32%。

(二)衣着

1986 年,居民穿着比较单一,一般都是兰衣兰裤、黑棉袄、黄军装、橡胶鞋。是年,人均衣着支出 102.34 元,占生活消费支出 12%,随着居民收入的增加,居民衣着消费逐步由低档单一化向高档多样化、成衣化转变。各种西装、衬衣、裙服、呢大衣、皮夹克、羽绒衣大量上市，不仅款式新颖，而且色调质地都比较时尚，夹克衫、运动服、休闲服等女性服装男性化，男性服装色彩多样，过去男性服装一般黑色深蓝色和灰色为主。现在红、绿、蓝、黄等颜色的服装或有花纹图案的服装也被男人们所穿用。居民家庭拥有的高档服装日益增多。1990 年，人均衣着支出 139.36 元，比 1986 年增长 36.17%，占生活消费支出的 10%。1991 年起，城市居民衣着支出逐年增加，1995 年，城市居民衣着支出 342.48 元，比 1990 年增长 145.75%，占生活消费支出 9%。

1996 年以后，城市居民衣着支出增速逐步放慢，2000 年，城市居民衣着支出 426.00 元，比 1995 年增长 24.39%。占生活消费支出 8%。2001 年起，城市居民收入增加，衣着支出相应提高，2005 年，居民衣着支出 632 元，比 2000 年增长 48.36%，占生活消费支出 9%。

(三)住房

党的十一届三中全会以后，党和政府对城市居民的住房问题极为重视，出台一系列房改政策，鼓励个人集资建房，改善居民的居住条件。1986 年城市居民人均用于住房支出 25.78 元，占生活消费支出的 3%，人均居住面积 9.11 平方米。但住房仍不宽敞，房屋设施及质量都比较低档。到 1990 年，城市居民人均住房支出 50.48 元，比 1986 年增长 95.81%，占生活消费支出 4%；人均住房面积 11.00 平方米，比 1986 年增长 20.75%，居住条件有所改善。1991 年以后，随着房地产事业发展和居民收入的增加，居民购房积极性提高。1995 年，人均住房支出 324.00 元，比 1990 年增长 5.42 倍，占生活消费支出 9%。人均居住面积 12.81 个平方米，比 1990 年增长 16.46%。

1996 年以后，居民居住条件不断改善，不仅房屋设计科学，而且配套，有洗漱间和卫生间，厨房、餐厅俱全，装修也很好。2000 年，人均住房支出 741 元，比 1995 年增长 128.7%，占生活消费支出 14%；人均居住面积 15.23 平方米，比 1995 年增长 18.89%。2001 年以后，居民居住条件进一步改善，2005 年，人均住房支出 846.41 元，比 2000 年增长 14.22%，占生活消费支出 12%；人均居住面积 21.19 平方米，比 2000 年增长 39.13%。

(四)家庭用品

1986 年，城市居民人均家庭用品支出 118.20 元，占生活消费支出 14%。根据城市居民抽样调查，每百户家庭耐用消费品拥有沙发 109 个，写字台 147 个，组合家具 5 套，沙发床 7 个，自行车 180 辆，缝纫机 75 架，电风扇 147 台，洗衣机 62 台，电冰箱 10 台，摩托车 2 辆，黑白电视机 84 台，彩色电视机 13 台，录音机 25 台，照相机 16 架。1990 年，人均家庭设备及用品支出 171.78 元，比 1986 年增长 45.33%，占生活消费支出的 12%；家庭耐用消费品拥有沙发 131 个，组合家具 16 套，沙发床 19 个，自行车 219 辆，缝纫机 82 架，电风扇 251 台，洗衣机 90 台，电冰箱 50 台，摩托车 1 辆，收音机 44 台，彩色电视机 60 台，黑白电视机 68 台，立体声录音机 42 台，照相机 24 架，家用冰柜 2 台。1991 年以后，城市居民家庭用品及服务支出不断上升，设备用品档次不断提高。1995 年，家庭设备用品及服务支出 326.40 元，比 1990 年增长 90%，占生活消费支出 10%。每百户家庭耐用消费品拥有大衣柜 110 个，沙发 178 个，组合家具 49 套，沙发床 41 个，自行车 210 辆，缝纫机 69 架，电风扇 295 台，洗衣机 87 台，电冰箱 70 台，摩托车 4 辆，黑白电视机 31 台，彩色电视机 90 台，收音机 49 台，照相机 23 架，热水器 31 台，抽油烟机 21 台，吸尘器 2 台，电话机 25 台，冰柜 1 台。城市居民收入增加，彩色电视机、录音机、热水器、电冰箱、摩托车、电话机等中高档商品上升。

1996年以后，居民消费需求品位逐步提高，彩电、冰箱、洗衣机、空调器、家用电脑逐步被广大居民所享用。2000年家庭设备用品及服务支出387.96元，比1995年增长18.86%，占生活消费支出8%。每百户家庭拥有沙发150个，组合家具73套，自行车183辆，缝纫机73架，电风扇268台，洗衣机97台，电冰箱94台，摩托车18辆，冰柜11台，彩色电视机114台，影碟机30台，录放机23台，立体声收录机64台，摄像机3台，照相机49架，钢琴5架，微波炉9台，空调器45台，热水器79台，抽油烟机48台，吸尘器5台，移动电话31台，电话89台。健身器材2件，高中档乐器12件。2001年以后，居民家庭设备用品档次不断提高，支出不断增加。2005年，家庭设备用品及服务支出523.93元，比2000年增长35.05%，占生活消费支出8%。每百户家庭拥有成套家具76套，自行车85辆，电风扇231台，洗衣机98台，电冰箱86台，摩托车21辆，彩色电视机126台，照相机33架，高中档乐器7件，电吹具56个，影碟机54台，录放机11台，组合音响31台，热水器71台，抽油烟机76台，冰柜6台，移动电话131台，固定电话86台，健身器材4件，摄像机6台，微波炉35台，家用电脑35台，家用汽车7辆，钢琴3架，空调器94台，消毒碗柜10台，饮水机26台，吸尘器4台。摩托车、高中档乐器、影碟机、移动电话、摄像机、钢琴、空调器、消毒柜、家用电脑、家用汽车等高中档耐用品进入城市居民家，生活水平明显提高。

（五）交通通讯

1986年，城市居民人均交通通讯支出8.16元，占生活消费支出1%，居民交通主要靠自行车和城市公交车，通讯主要是信件来往，没有1户有电话机。1990年人均交通通讯支出18.20元，比1986年增长111.63%，占生活消费支出1%。摩托车、电话机开始进入城市居民家。1991年以后，城市居民交通通讯逐步改善，居民投入也不断增加。1995年人均交通通讯支出158.76元，比1990年增长7.72倍，占生活消费支出4%。

1996年以后，居民交通通讯条件迅速改善，居民投入大量增加，城市居民家中手机、固定电话、摩托车等现代交通通讯工具不断增多。2000年，人均交通通讯支出422.52元，比1995年增长166.14%，占生活消费支出8%。2001年以后，居民对交通通讯的投入稳步增加，居民交通通讯十分方便，手机、固定电话、摩托车普遍进入居民家，少数居民还购买了家用汽车。2005年，人均交通通讯支出653.27元，比2000年增长54.61%，占生活消费支出9%。

（六）医疗保健

1986年，城市居民医疗卫生条件得到改善，居民有病能及时治疗。人均医疗保健支出9.5元，占生活消费支出1%。1990年，人均医疗保健支出19.59元，比1986年增长3倍，占生活消费支出的1%。1991年起，城市居民医疗条件不断改善，居民用于医疗保健费用不断增加。1995年，人均医疗保健支出149.52元，比1990年增长8.6倍，占生活消费支出4%。

1996年以后，居民对医疗保健的投入稳步增加。2000年，人均医疗保健支出259.92元，比1995年增长73.84%，占生活消费支出5%。2001年以后，政府不断改善城市居民医疗条件，居民医疗保健支出不断增加。2005年，人均医疗保健支出521.57元，比2000年增长97.20%，占生活消费支出8%。

（七）文教娱乐支出

1986年，城市居民生活水平得到提高，用于文化教育娱乐方面的投入增加，人均文教娱乐支出81.1元，占生活消费支出10%。1990年，人均文教娱乐支出134.07元，比1986年增长65.31%，占生活消费支出 10%。1991 年以后,居民在物质生活得到满足的同时,精神生活也不断充实,城市居民为适应形势的需要,在抓好子女教育的同时,也不放松自己的学习,订阅报刊、杂志的居民增多,学习新知识,掌握新技能。1995 年,人均文教娱乐支出 286.32 元,比 1990 年增长 113.56%,占生活消费支出 8%。

1996 年以后,居民精神生活更加丰富,在多方增长子女知识的同时,还利用节假日出外旅游,以及购买各种健身器材开展健身活动,文教娱乐支出大幅上升。2000 年,人均文教娱乐支出 713.40 元,比1995 年增长 149.16%,占生活消费支出 14%。2001 年以后,城市居民用于文教娱乐支出稳步增加。2005 年,人均文教娱乐支出 980.15 元,比 2000 年增长 37.39%,占生活消费支出的 14%。

(八)其他支出

1986 年,城市居民人均其他支出 37.32 元,占生活消费支出 5%。随着居民生活水平提高,居民购买香烟、槟榔、牙刷、牙膏、洗发液等日用品由低档次逐步向高档次发展,其他消费支出不断增加。1990 年人均其他支出 75.35 元,比 1986 年增长 1 倍,占生活消费支出 5%。1991 年后,城市居民生活水平不断提高,洗发液、牙膏、牙刷等日用消费品开支大幅增加。1995 年人均其他支出 113.16 元,比 1990 年增长 50.18%,占生活消费支出 3%。

1996 年起,居民其他消费支出稳步增加。2000 年,人均其他支出 226.20 元,比 1995 年增长 99.89%,占生活消费支出 4%。2001 年以后,城市居民用于牙膏、牙刷、洗发液、清洁液等日常消费品支出继续增加。2005 年,人均其他消费支出 189.93 元,比 2000 年下降 16.04%,占生活消费支出 3%。

1986~2005 年湘潭市城市居民人均消费支出金额

表 68-1-3　　单位:元

年份	食品	衣着	家庭用品及服务	医疗保健	交通通讯	文化教育娱乐服务	居住	其他商品及服务
1986	445.64	102.34	118.20	9.5	8.6	81.10	25.78	37.32
1987	495.66	99.11	83.85	13.44	10.04	74.55	26.48	31.43
1988	651.17	132.64	200.94	16.57	12.97	111.92	40.62	40.69
1989	731.22	133.76	191.05	30.14	15.30	121.21	41.21	47.44
1990	796.76	139.36	171.78	19.59	18.20	134.07	50.48	75.35
1991	865.73	175.59	188.68	34.90	22.61	103.92	108.36	41.82
1992	1022.43	231.55	171.05	51.24	46.50	171.23	105.25	114.93
1993	1235.88	343.80	334.20	80.04	129.48	203.16	138.48	130.08
1994	1574.88	331.56	288.84	76.08	148.80	227.64	247.32	144.24
1995	1925.76	342.48	326.40	149.52	158.76	286.32	324.00	113.16
1996	2046.84	374.64	429.00	172.44	125.28	342.72	413.40	126.60
1997	1992.84	510.96	294.36	156.96	299.88	615.00	300.24	241.44

续表

年份	食品	衣着	家庭用品及服务	医疗保健	交通通讯	文化教育娱乐服务	居住	其他商品及服务
1998	1771.68	421.92	371.04	219.74	311.08	678.28	452.24	235.32
1999	1837.80	429.48	450.00	208.68	307.44	691.68	335.04	251.52
2000	2007.72	426.00	387.96	259.92	422.52	713.40	741.00	226.20
2001	1922.40	456.00	378.60	378.24	593.40	724.08	600.72	279.60
2002	2004.36	493.92	394.92	515.88	615.24	900.72	385.08	128.40
2003	2251.55	471.32	548.73	424.62	632.65	830.05	1073.51	194.26
2004	2562.27	518.43	564.61	361.02	644.76	915.84	766.81	153.38
2005	2850.72	632.00	523.93	521.57	653.27	980.15	846.41	189.93

1986~2005年湘潭市城市居民人均消费支出构成

表68-1-4　　单位:%

年份	食物	衣着	家庭设备用品及服务	医疗保健	交通通讯	文化教育娱乐服务	居住	其他商品及服务
1986	54	12	14	1	1	10	3	5
1987	59	12	10	2	1	9	4	4
1988	54	11	17	2	1	9	3	3
1989	56	10	15	2	1	9	3	4
1990	57	10	12	1	1	10	4	5
1991	56	11	12	2	1	7	7	4
1992	53	12	9	3	2	9	6	6
1993	48	13	13	3	5	8	5	5
1994	52	11	10	3	5	7	8	4
1995	53	9	10	4	4	8	9	3
1996	51	9	11	4	3	9	10	3
1997	45	12	7	4	7	14	7	4
1998	40	10	8	5	7	15	10	5
1999	41	10	10	5	7	15	7	5
2000	39	8	8	5	8	14	14	4
2001	36	9	7	7	11	14	11	5
2002	37	9	7	9	11	17	8	2
2003	35	7	9	7	10	13	16	3
2004	39	8	9	6	10	14	12	2
2005	37	9	8	8	9	14	12	3

第二章　民俗

第一节　生产习俗

一、农业生产习俗

种植　湘潭四季分明，农业种植季节性强。农谚云："清明下种，谷雨下泥"，"二月清明迟下种，三月清明早插秧"。耕田多用牛耕，播、插、收多凭人力。早稻一般谷雨前下种，立夏前插秧，"春田日插日，夏田时插时"。20世纪80年代，种双季稻且推行杂交水稻，时令性要求更强。早稻多采用早熟品种，以确保杂交晚稻的生长时间。晚稻在立秋之前插下，小暑到立秋是农事最忙时期，抢收抢插，争分夺秒，俗称"双抢"。晚稻收割一般在寒露前后，收完晚稻要接着收获油茶、红薯等作物。20世纪90年代后期开始，农村大量青壮年劳动力外出务工，机耕广泛取代牛耕，一季稻因节省劳力产量高被迅速推广。一季稻一般在芒种下种，小满前插秧，处暑前后收割。为减少插秧劳动量，当时一度兴起"抛秧"，以塑料软盘育秧，将带泥秧苗直接抛到整理好的水田里，任其生长。21世纪初，又兴起散播，将插秧、抛秧的程序都省了，直接将稻种稀疏点播到稻田里长成禾苗。牛耕更加稀少，机耕日趋普遍，耕、收都开始走向"集约化"。政府大力推广农机，购置耕田机、联合收割机以营利的农机专业户越来越多，他们劳作于各乡村，农业劳动强度大大降低，生产效率显著提高，使更多农民从土地上解放出来，农村留守的多为老弱妇孺，老年人种田现象十分普遍。

养猪　20世纪80年代，境内人选购小猪颇为讲究，均喜欢头小、颈长、嘴短、背宽、耳薄、肚垂、脚直的猪苗，这样的猪长得快。大头猪叫"木脑壳猪"长得慢；白猪头上一线黑毛或黑猪头上一线白毛的叫"破头猪"，黑猪白头的叫"带孝猪"，以及猪头上生旋、耳小、嘴尖的猪都不肯长不能选。当时养猪主要靠草食和熟食，一头猪从仔猪到出栏要一年，有"年猪月菜"之说。杀过年猪要一刀杀死，否则很不吉利；杀猪时忌猪跑向邻家，俗称"猪来穷，狗来富，猫来背麻布"；杀猪后兴以纸钱蘸猪血贴猪栏上并将猪血分送给邻居；杀了猪请人吃饭叫"吃心肺汤"。90年代后期，农户养猪自给的减少，大规模养殖户增多，很多养猪习俗消失。养殖者多喂养生食，采用各种速生速长饲料，一般5–6个月左右就可以出栏；大量引进外来品种，以"瘦肉型"居多。进入21世纪，工业饲料喂养的生猪生长时间进一步缩短，一般3–4个月就可以出栏。不过，以原始办法喂养的本土品种因其肉质鲜美非常走俏。

养狗养猫　养狗是市内农家的传统习惯，20世纪80年代，养狗多用来看家护院，只有少数人食用狗肉，而且认为狗肉秽气重，不能入席。养猫用来捉老鼠，猫肉无人食用，猫死后，要用绳子系好挂到树上。选猫仔以"独生子女"而又四足皆白的为最好，有"一龙二虎三猫四老鼠"之说，一窝猫仔数量越多捉老鼠的本领越差。农家养狗以本地土狗居多，一般尾向左盘的为好，有"狗尾巴向左，仓门不用锁"的说法。到别人家要猫仔狗仔主人不要钱，但须需求者自己去捉，不能送上门。90年代以来，养猫、狗当宠物(宠物狗多非本土狗)的也越来越多。人们的饮食观念发生大变化，狗肉被视为美味登堂入席，农历六月湘潭吃“伏狗”已很流行；但吃猫肉者依然极少，少数不良商贩将猫偷偷贩运广东供人食用。

养鸡养鸭 湘潭农户养鸡者多，养鸭者相对要少(但专门的养鸭户动辄养上百只，甚至数千只，日日赶鸭子放养于田野河滩，以之为主业，则不在此列)。20世纪80年代，鸡鸭苗多为农户自孵，因此一般是本土品种，鸭婆不会孵蛋，由鸡婆代孵，谚云“痴鸡婆抱鸭崽，痴外婆带外孙”，意即鸭崽孵出后就下水，不会再回到鸡婆身边。养鸡鸭主要为卖蛋补贴家用，只有逢年过节或来贵客才杀鸡宰鸭。进入21世纪，农民收入增多，养鸡鸭产的蛋和肉供自己使用成为常事，但同时养鸡鸭的农户因为各种原因而有所减少。城里人不喜欢吃工业饲料饲养产出的禽和蛋，农家散养的土鸡鸭和土鸡蛋鸭蛋备受亲睐，几乎供不应求。

二、其他行业习俗

市内泥木匠均奉鲁班为祖师，过去每年的五月初三鲁班生日这天，建于乾隆初年、位于十六总自力街的鲁班殿都有泥木匠焚香祭拜。现在，这一习俗淡化，但学艺依然要奉进师包封，逢春节、端午、中秋节及师父、母生日要送礼拜望。学徒期木工为3年、泥工为1年。农村建房在开工、墙过大门、完垛(上大梁)时要办3次酒席，以完垛最为隆重，此时，掌本的泥工或木工要“赞梁”，极力说一些客套吉祥赞语，祝贺主家平安吉祥如意。城镇店铺开张，或者建房开工、封顶时都要放鞭炮、烟花图吉庆；一些大型工程开工时都要选择吉日，杀猪宰牛以祈求工程顺利平安，建房封顶时一些友情单位和个人往往赠送巨型条幅、花篮并放鞭炮祝贺。

第二节 生活习俗

一、穿戴

衣服 20世纪80年代市民的穿着还很传统，要求不高，衣服重在耐穿和得体，多是请裁缝量身定做；式样和颜色都比较单一朴素，较为流行长袖、长裤、长裙、中山装，女性基本上是以不露臂为基准；衣服质地以尼龙、腈纶、涤纶等化纤料为高档时髦。随着人们生活水平的提高，加上外来因素的影响，进入90年代，半袖、膝裤、膝裙、西装开始普遍，色泽和款式更加多样化，传统单调的蓝、青、黄、黑被更鲜艳、靓丽的花色替代，人们更注重衣服的审美效果；同时请裁缝制作衣服的越来越少，更多的人到服装店购买成衣。自制的土布衣服、大小襟父母装、男性扎头裤、布扣对开衣服渐渐消失。90年代后期大量外出打工人员将沿海地区的穿戴新潮带入市内，市内流行短袖、短裤、短裙、夹克。年轻人的衣服更求美观和时髦，尤其是年轻女性导引服装新潮流。其时，裙子以膝盖为基线，膝盖以下，算大众化；膝盖以上，一般为新潮时髦。

21世纪初，不论城乡，衣服基本上是购买，本土裁缝因业务剧减而大幅度减少。体现休闲舒适和现代人(特别是年轻人)无拘无束的个性的休闲装大量出现。年轻女性衣服流行无袖、吊带裙、吊带衣、短裤、超短裙；春秋流行半截罩衣，露脐装、露背装在青年乃至中年女性之间风行，以现女性的曲线、性感与风情。年轻小伙喜穿T恤、夹克、牛仔,男性背心套衬衣者城镇已很少见。笔挺的体西装、传统的旗袍多在庄重的场合出现。中老年人服饰虽然更注重舒适、保暖和得体,但布料种类、花色样式增多。衣服质地不再以化纤料为时髦,“回归”到重棉制品时代,崇尚舒适休闲,棉麻混合型或纯棉型非常走俏,苎麻、丝绸则被称为高档。

佩戴　饰物即随身点缀的装饰物。佩戴贵重首饰是市民千百年来的传统,新中国成立后特别是“文化大革命”时期一度中断。20世纪80、90年代,由于政策放开,人们收入增加、消费观念的变化,加上不少港澳台同胞纷纷返回家乡寻根问祖,他们携带有不少金、银、玉、珍珠首饰,这些都使得佩戴首饰的市民逐步增多,人们只要有条件都争相购买戴上,引为时尚。男性着西装、打领带领结时以领带夹作饰物,少女则喜戴别致多样的蝴蝶夹(卡)作头饰。

进入21世纪,首饰更加多样化,玉器、铂金等在贵重首饰中所占比重增加,造型更加精巧美观。20世纪80、90年代流行的手表在手机和首饰的冲击下除非高档名表几乎难见踪影。追求时尚的女性随身携带手机,喜好配以精致小巧的饰物挂在胸前,有的还带上MP3、MP4等,可点缀可欣赏音乐,也有的女性随身佩戴绒布小兔、小狗、老鼠等装饰物显得可爱和更具活力。耳环不再是女性的专属品,少数追求时髦或表示叛逆的青少年男性也有佩戴。

二、饮食

主食　20世纪80年代湘潭人的主食,开始打破一天三餐大米饭的传统格局,逐渐转变为两餐米饭一餐面食。早餐式样更丰富,操作更简单,主要有稀饭、面条、包子、油条、馒头、米粉、米线等。90年代,牛奶、豆浆、面包从城市餐桌走向农村并逐渐普及,城乡居民的饮食结构大为改观。进入21世纪,主食也出现返璞归真现象,杂粮、粗粮广受欢迎。为赶时间,城镇居民在餐饮店吃早餐的越来越多,许多家庭只在自家吃晚餐,有的甚至一日三餐都在店里消费。有特色的餐馆日增,具有乡土气息和家庭氛围的“农家乐”吸引了大量客人。

菜肴　20世纪80年代中期,人们将肉、鱼、蛋作为招待客人、改善家庭生活的主菜,虽然随着生活水平的提高,吃荤菜不再是奢望却还是被视为一种享受。甲鱼曾风靡一时,成为席上珍。90年代,人们对吃日渐讲究,甲鱼、狗肉、青蛙(政府一再禁止)、羊肉、蛇都很风行。并流行起伏天“伏叫鸡炖伏狗”、“六月六,水鱼炖羊肉”,以之为时鲜美味。进入21世纪,人们对吃更加注重营养、保健和口味,“吃四脚的不如吃两脚的,吃两脚的不如吃冇脚的”。多吃蔬菜,少吃肉类成为许多人的养生信条,食用动物内脏的人减少。由于害怕化肥、农药、工业速生饲料对食物的污染,农村家庭种养的、无污染的蔬菜、土鸡、土鸡蛋、土鸭、土猪肉、山塘鱼等倍受欢迎,正宗的“绿色食品”和“乡野菜”供不应求,许多珍稀野生动物也不幸成为一些贪婪食客的盘中物,影响到自然生态。

油盐　过去普通农家多食用自家产的茶油、菜油、猪油;城镇居民食用购买的猪油;食盐多是未经深加工的矿井粒盐。自20世纪90年代以来,城镇食用植物油逐年增加。农村因大量劳务输出,留守的多非老即小,无力种田喂猪,能自产食用油的家庭有所减少,食用商品油的不断增加。一些唯利是图的黑心商贩将“地沟油”(泛指加工过的回收于城市下水道、餐馆潲水等处的各类劣质油)贩卖到城镇餐馆和农村。食盐改进,人们普遍食用经过加工的细盐,到90年代末,对现代人不同身体状况能起食疗作用的加碘、加铁、加锌、低钠的各种“营养盐”出现。在城镇,为防止肥胖和心脑血管疾病,食用植物油的占绝大多数。

饮品及其他 80年代起,喝啤酒日益风行,夏季尤甚。湘潭人好吃“夜宵”。傍晚开始,亲朋好友聚集一起,三五成群,或餐馆内,或树下,或江边路边,摆桌开怀畅饮,佐以龙虾、臭豆腐、嗦螺、鱼肉等各类下酒口味菜,以为快事,直至深夜不绝。至于白酒,农村流行喝自酿谷酒、米酒,有的泡上各类药材兼治病或养生;瓶装品牌酒主要在城镇较有市场。90年代,消退多年的茶楼和咖啡馆复兴,品茶和咖啡成为一种休闲时尚。茶品种繁多,适合各类人群的需要。随着人们对“乡土”物产的青睐,家酿谷酒、米酒也广为城镇居民喜爱,甚至酒店餐馆也多备有这类“泡酒”供顾客选择。同时,桶装、瓶装矿泉水迅速走进机关、企事业单位和城镇居民家中,成为部分人群的主要饮用水。湘潭人历来有嚼槟榔的习惯,随着食品加工业的发展,湘潭槟榔品种增加,口味各异,男女老少都有嗜食者,见到客人,即以槟榔相递,槟榔如烟酒一样成为待客、交际不可或缺之物。口味浓烈的槟榔使食者面孔涨红,冷汗直冒,如酒醉之状,但不文明食客乱吐槟榔渣则严重影响公共环境卫生。进入21世纪,有的小区、公共场所、机关和企事业单位开始安装直饮水,以其卫生方便得以迅速推广。

三、居住

改革开放使得农村富裕起来,农民将建房当成置业头等要事。房屋结构上,传统的“一担柴”、“一把锁”式房屋逐渐退出,新建房屋多为红砖、水泥砌成的二层或三层楼房,以前的土筑墙、土砖墙被淘汰,粉刷和装修都相当讲究,有的内外都贴上瓷砖,装修豪华,如同别墅。开建要看风水,“左青龙,右白虎”,房屋左边山势挺拔巍峨,右边一坦平川,前迎流水,背靠大山,坐北朝南,这样的地方建房最为看好;上梁要选日期、时辰,非吉日良辰不可。随着市场经济的发展,农村建房不再有很多方位讲究,只求交通便利、环境大体舒适即可。90年代起,许多农居仿照城市建成“套间”,卧室、客厅、厨房、厕所配套,一户视人口多少有两套或多套。厅堂内专门建神龛的很少,从事商业经营的人家多供奉财神,燃香点烛希望财源广进;有的在堂屋正面墙张贴毛泽东画像求顺利平安,在韶山市尤甚;有的悬挂先人遗像或吉庆图画。从此时起到21世纪初,一些城镇居民家庭装修也讲风水,搬家时也要选日子看时辰以图吉利。

四、出行

20世纪80年代,市民出行长途坐客车、火车或乘船,因费用相对昂贵坐飞机者寥寥无几,几里、十多里路之内多步行或骑自行车,每到上班高峰期,湘潭大桥两侧都形成滚滚自行车流,蔚为壮观。“出门看天色,进门看脸色”,老辈人讲究“晴带雨伞,饱带干粮”以未雨绸缪。有的人家(特别是生意人)出门要看“黄历”,如果黄历上此日“不宜出行”则改日出行。但年轻人对这些传统规矩多不以为然。90年代,湘潭交通飞速发展,农村摩托车剧增,城市出租车繁荣,“摩的”(非法出租的摩托车)出现,私人小轿车增加,自行车急剧减少,有条件的远行选择由长沙坐飞机。大量外出务工人员成为年终岁末出行的主流,为祈求打工顺利,很多人遵循“七不出,八不归,初九初十空手回”的旧训,即农历初七、初九、初十不宜出门,正月初六、初八出门大吉,故这两天车站往往人满为患。到

21世纪,各类交通工具充斥城乡,人们出门则车,乡村公路四通八达,超过一千米就不想步行;私家轿车增加,城市自行车基本成为健身和休闲工具;市内除了几处过江轮渡,远航客轮完全退出历史舞台;因民众收入提高、飞机票价相对降低,飞机日渐成为大众化的交通工具,寻常百姓常有坐飞机出行者。

五、其他

20世纪80年代,中青年女性染发、烫发者不多,城市居民偶有养宠物者。进入90年代,染发、烫发渐成女性时尚;生活水平提高,千方百计减肥的爱美女性日渐增多;染发、烫发不止在女性中流行,将头发染成黄色、栗色、红色或杂色的男青年城乡都可见。"休闲"一词广泛流行,成为人们业余生活方式的一种,旅游则成为部分家庭一种重要休闲方式。洗脚(足浴)店、按摩店以休闲为名纷纷出现,长沙被戏称为"脚都",湘潭也毫不逊色,个别经营场所涉及色情,被严格查处。舞厅、歌厅生意一度红火。进入21世纪,舞厅衰落,歌厅从"卡拉OK"转名为"KTV",有的生意依旧兴隆。公园、广场,多有中老年"票友"唱戏自娱,俗话说"长沙里手湘潭票,湘乡印顽做牛叫"(意为长沙人喜欢吹牛什么都自以为能干;湘潭票友多,好表现;而湘乡人鼻音重,如同牛叫,简直无法听懂)。生活水平提高,为追求美和健康,女士减肥成风,男士也有不少减肥者,减肥几成"时代潮流"。养宠物则更加普遍,各个年龄阶段的人都有,以中青年人居多,常见的有猫、狗、兔、鸟、龟等动物,其中以狗最多。狗的品种多样,价格各异,名贵品种则相当昂贵。有的还给狗穿上衣服,如影相随,动辄以"宝贝""崽崽"等呼之,亲昵之状如呼儿女。

第三节　礼仪习俗

一、婚嫁

20世纪80年代,男女有部分通过自由恋爱结婚,有很大一部分通过媒人介绍相恋结婚;男方送给女方的订婚"彩礼"主要是鸡鸭鱼肉酒,有的也送首饰和现金;俗称的嫁妆"三大件"为手表、单车、缝纫机;结婚照也主要是可以贴到结婚证上的黑白照。婚礼都要请人看日子以选良辰吉日,或者在"五一"、"十一"、元旦等节假日举行,湘潭县女方"送亲"者多为兄弟嫂子姊妹,人数多不超过两桌,叫"高亲",父母一般不送,韶山市的则可。结婚日当晚兴"闹房",闹房时新郎、新娘,新郎父亲、兄弟都是取笑和恶作剧对象,俗称"三日不分大小"。婚后三日新郎随妻子回娘家称"回门",女方举办"回门酒"宴请女方宾客。进入90年代以后,真正通过媒人介绍撮合的越来越少,自由恋爱结婚的越来越多,很多本来是自由恋爱到结婚时也临时请媒人走程序,男女通过"打工"认识结婚的占有相当比例,因此跨省婚姻常见。订婚"彩礼"(湘潭县叫"送打发")更加"货币化"(也有双方能协商一致不用过彩礼的),鸡鸭鱼肉酒逐渐淡出,主要是首饰和现金,现金几千到上万元不等,特别在农村较为普遍,且有水涨船高之势。女方一般用部分彩礼购买各种陪嫁用品,陪嫁的多为电视机、冰箱、洗衣机、被褥、家具等,女方条件好又慷慨大方的嫁妆物值甚至超过彩礼。除结婚证彩照外,婚礼前流行起在影楼照婚纱照和写真集,摆出各种姿势各处化妆拍摄,大幅照片作为新房装饰物的一部分，影集和电子照片光盘用以存放。专门的婚庆礼仪服务队出现，他们多能提供歌舞节目演出、司仪、操办酒席、婚礼摄像等全方位的服务，将婚庆过程摄像制成光盘迅速普及。男方租车组成车队“接亲”。不管城乡都大摆筵席，收取礼金，城镇一般在酒店举行，农村也多聘请司仪、乐队、小剧团，越热闹越风光。到21世纪初，结婚费用上升到几万甚至上十万，各式生活用品、电脑、摩托车，乃至汽车、房子都在嫁妆之列，城镇有的女方要求男方有房有车成为结婚新现象。

二、生日

湘潭原有“生日不请，拜年不邀”的习俗，生日和拜年凭客人自来不能邀请，但是20世纪80年代以来“做生”习俗有所变化。有的老人60岁以上的整生（10岁的倍数），其子孙为之做寿，发请帖，邀亲友。有经济条件的兴做36、48岁（俗称“本命年”）生日，但不收贺礼，请人白吃白喝一顿据说可以消减厄运，除此之外做寿收贺礼一般是做整生。做生日有很多讲究，俗称“男做逢女做满”，女子满整岁做生日，男子则做虚岁，59岁做60岁，69岁做70岁，依此类推；湘潭又有“男不做三，女不做四”的习俗，男子三十岁、女子四十岁不做寿。过去小孩生日除庆“三朝”、周岁外其他一般不大张旗鼓庆贺，现在有些家庭视子女如掌上明珠，小孩逢5岁倍数的生日也大庆。也有庆贺18岁的，因为标志着成年了。

三、生育

小孩出生后，孩子父亲要去岳家报喜，报喜要放鞭炮，过去生男生女放鞭炮有区别，现在已消失；过去有埋胞衣（胎盘）的习俗，现在婴儿出生后，医院生的胞衣多留在医院任医生处理，乡村出生的有的送给亲友作补品食用；发奶时，吃甜酒包子和叫鸡（公鸡）、猪脚炖黄豆以及鲫鱼、鲤鱼等发的食物；小孩出生一个月后，多做满月酒，也有为方便产妇休养身体而改做百日酒的。

四、丧葬

新中国成立前湘潭丧葬讲究相当繁琐，新中国成立后的数十年中曾一度简化，但20世纪80年代起一些旧习俗逐渐恢复，在城乡都很普遍。人死后烧倒头纸，抹尸、亡者穿寿衣（一般为单数，3–9层）装殓入棺。亡者亲属中的晚辈必须戴孝，穿白色孝服；亡者子女孙儿等直系后人叫“正孝”，须头顶白帽，背披麻布，腰系草绳，脚蹬草鞋（或者赤脚），丧主手持孝棍，一般于“发引”（出殡）前1天或几天“开堂作悼”，请道士做道场，鼓乐齐开，鞭炮火药铳时不时响起。逢人来吊唁不管老幼与否“正孝”的必须下跪迎接。死者在家停留时间视亲属安排和等待吉日良辰出殡所需时间而定，少则3~5天，多则半个月。这几天中，对死者一日早中晚三奠。除了做道场超度亡魂，死的如果是年迈老人，谓之“白喜事”，有的请西式乐队吹吹打打，或者演出小型悲情花鼓戏，也有的请人专门哭灵，哭得声情并茂催人泪下，还有“拜桥”等，但总的说来悲怆气氛要少；如果是白发人送黑发人则不然。

出殡有八人抬和十六人抬，丧主富裕而又讲究排场的多选择后者。穿孝服的走在队伍前面，孝子捧灵位或死者遗像走在抬棺者前面，“正孝”听司仪口令不时跪下“拜路”和“祭路”。沿途放鞭炮鸣火铳撒纸钱,队伍所经之处的人家也放鞭炮或设路祭。农村多是土葬,土葬的对墓地选择十分认真,都要请风水先生反复选择以埋入吉地。棺材入穴之前要杀雄鸡烧纸钱祭奠,司仪(有的是风水先生)赞地,多为发子发孙、子孙富贵之语。城镇多是火葬,出殡用车拉到殡仪馆,然后普遍的是开追悼会,追悼死者一生辛劳和业绩,殡仪馆演奏哀乐。

湘潭管去别人家吊唁死者叫"吃烂肉坨"。邻里亲朋吊唁亡者,过去兴送花圈、挽联、挽幛,90年代起渐渐演变为送钱,一则简单,二则对帮助生者起实际作用。回礼者多为"发白"(白毛巾、烟、槟榔),也有回小额礼金的。丧事处理不同乡镇都有诸多差别,越是偏僻地方,越是繁琐,但中西结合、传统与现代杂糅已成为共同现象。

第四节　岁时习俗

一、传统节日

过年　湘潭把除夕与春节统称过年,过年的一些传统习俗总的来说越来越少,但还有一些在流传。过年之前多贴上自写或购买的春联和"福"字,增加喜庆气氛,"福"字倒贴寓含"福到"。除夕这天要去先人坟前点香烛祭拜。除夕不能打破碗具器皿,否则预示凶兆,"三十打煞,初一打发"。晚上一家人吃团圆饭,外出打工的除非特殊情况,不管千里万里都要尽量在除夕前赶回,与家里留守的欢聚一堂,其小孩因一年难得与父母见面,过年成为他们最快乐的时光。除夕"年夜饭"非常讲究,经济拮据人家也想方设法做几道好菜,一家人慢吃慢饮,鱼是年夜饭必不可少的一道菜,预示"年年有余(鱼)"。年夜饭以前都是在家做,90年代末开始,有的经济宽裕人家流行在饭店酒楼预订年夜饭。过去,除夕夜把火塘烧得旺旺的,边烤火边"守岁",现在一般是看中央电视台春节联欢晚会。除夕夜与正月初一凌晨交接时辰燃放鞭炮,有的还燃放花炮焰火,同时大开正门迎接财神,祈求人寿年丰,鞭炮越响预示着一年运气越好。

正月初一　一大早要先去给先人祭拜,祈求祖宗荫庇保佑,叫"拜年"。过去人们一般初一不出门,只给父母、祖父母拜年,小孩给长辈拜年能得"压岁钱"。初二是女婿给岳父母拜年,初三开始给邻居、朋友、亲戚拜年,俗称"初一崽、初二郎(婿),初三初四拜街坊",现在,这些讲究已打破,可随意行动,一些开办企业和做生意的商人,大年初一就往南岳或昭山等地拜菩萨,以求财运亨通。过去过年一直要出了正月十五才算过完,开始忙正事;现在因为许多外出务工的多初四起就动身赶赴外地务工,机关、企事业职工也多在初七、初八上班,使"年味"提前消减。打工者来去匆匆,只为过年与家人一聚,随后就是留守家人的翘首以待,多要到年终才能再团圆,这成为20年中农村出现的普遍而无奈的现象。

立春　立春为二十四节气之首,过去有立春蛋的习俗,摆香案,击土鼓;现在湘潭市区、湘潭县一般是放鞭炮迎接,俗称"接春",而在湘乡则流行"躲春",在立春的时刻躲在家里不出门。80~90年代,在春节与立春之间,民间还有打春、送春牛习俗,打春的人说一些赞美、吉利话语,被送者给个小红包;现在这一习俗在一些地方已经消失。

元宵　正月十五,也称上元节。流行放礼花、观灯、猜谜语、舞狮舞龙、赞狮等活动。公园等一些公共场所多悬挂各式各样的彩灯。部分农村有点烛亮灯驱虫的习俗，认为正月十五晚上如果在田土、家中到处点烛亮灯,则田地风调雨顺少虫害,家中清净无污秽。

三月三 这天城乡都盛行吃地菜(荠菜)煮鸡蛋,可去湿解热祛风,据说还可以强身健体,有“三月三吃了地菜蛋,青石板都踩烂”之说。

清明 为先人扫墓祭拜的重要节日，清明节当日及前后三天都可扫墓。坟墓平时不得砍伐动土,但清明时可以为祖坟培土清理整治,清扫后坟头插上四季常青的树枝再挂上纸钱、纸花叫“挂山”,并点香烛,摆祭品,磕头,放鞭炮。此习俗长盛不衰。一些机关单位和学校在清明节组织人员给革命烈士扫墓、献花篮。有的人家多趁清明时修坟立碑。

四月八 是农村预测一年天气的重要时节,农谚云:四月八,滴一滴,洞庭湖里开大坼。这天,农村多吃麸子肉(炒米粉与肉拌匀蒸熟称麸子肉)。

端午(端阳节) 传统三大节日之一,据说为纪念屈原而起。湘潭流行划龙舟,吃包子、粽子,门扉插葛藤水菖蒲,并用艾叶煎水洗澡以防疫病,几乎年年如此。20年中湘潭多次举行大型龙舟竞渡比赛,每次观者如潮。

立夏 一作夏节,过去有吃热鱼、皮蛋、笋子和“立夏称人”习俗,认为立夏给小孩称重量很吉利。现在许多乡村还有吃“光团子”(立夏羹)习俗,采佛耳草(鼠尼子)洗净剁碎和米一起擂烂做成团,煮熟或蒸熟吃,可以益身健体。

中元节 农历七月十五,俗称“鬼节”,也名盂兰会(节)。实际上多从七月初一即开始迎接先祖灵魂,一年之前亡故的称“老客”,一年之内亡故的称“新客”,先接“新客”再接“老客”,摆出亡者灵位隆重祭奠,祭奠几天后“烧包”,用多个纸袋写上各亡者名字和虔诚语言,内装纸钱(冥币),有的还用黄纸折成各式衣帽鞋袜,择日一起焚化。烧包一般在十四之前完成,以便亡灵带着冷却了的钱物上路,而且七月十五“关鬼门”。烧包这天忌客来访,故这段时间多不随意串门。湘潭历来对此事甚为看重,但在现在年轻人的心目中有所淡化,有的对”烧包”程序一无所知。

中秋节 三大传统节日之一。湘潭流行在这天赏月,吃月饼、药糖、藕和芋头,中路铺药糖曾远近闻名。过去市区有白天游宝塔习俗,是日河东宝塔(高峰塔)岭上游人如织,游塔归来,小孩以青瓦砌成一米多高的瓦塔并淋油烧红,作为娱乐。“文化大革命”中高峰塔被红卫兵炸成一堆碎砖,1992年虽以水泥、钢筋等重修,但中秋节游宝塔者极少,烧瓦活动则完全消失。

重阳节 农历九月初九,旧俗重阳登高,20世纪80年代开始被称为老人节,这天许多单位和地方组织老人旅游观光、钓鱼、聚会等各种活动表示对老年人的尊敬。湘潭以菊花为市花,重阳前后一些公共场所举办菊展,各种菊花迎着秋风争妍斗艳,甚为美观。

过小年 农历腊月二十四称过小年。传说腊月二十四灶王爷(司命菩萨)要上天奏言人间善恶,因此二十三日晚民间有祭灶的习俗,以果品香烛祭祀灶王爷,请他替自家多言善处,锅里还要点上锅灯,光明一片。由于灶王爷平时都把善恶记录在墙壁屋瓦间,腊月二十三必须扫“扬尘”以消其记录,将房梁屋角各处沉积的烟灰扫干净。现在城市祭祀的完全绝迹,在乡村只有年长者才偶尔为之;洒扫屋角庭院则出于卫生和准备过春节的需要,且不限在二十三这天。

二、现代节日

湘潭现代节日同全国一样,20世纪80年代主要有元旦(1月1日)、妇女节(3月8日)、劳动节(5月1日)、青年节(5月4日)、儿童节(6月1日)、建党节(7月1日)、建军节(8月1日)、教师节(9月10日)、国庆节(10月1日)、圣诞节(10月25日)等。90年代,又传入西方情人节(2月14日)、母亲节(5月的第二个星期日)、父亲节(6月的第三个星期日)等节日。这些现代节日一部分由西方传入或受西方文化影响而形成,一部分由国家设定,有着很大政治或思想教育意义;庆祝方式与全国各地大体一致,尚未形成多少本土特色,但已与民众息息相关,大大丰富了湘潭市民的节日文化生活。

第三章 新词语方言读音

第一节 工作名称、生活现象

公务员[kən˧u˥yən˩˧]政府部门的工作人员。

工薪族[kən˧ɕin˧ts'əu˨˦]依靠工资维持生活的人员。

双休日[sɑŋ˧xiəu˧i˨˦]指一般都是在星期六以及星期天放假休息的时间。

派对[p'ai˥təi˥]即“宴会、聚会”的意思,Party音译。

倒爷[tɑo˦˨ie˩˧]倒买倒卖东西已获取利润的人。

万元户[uan˩yən˩˧fu˩]20世纪80年代指年收入万元以上的富裕户。

个体户[ko˥t'i˦˨fu˩]个体经营的农民或工商业者。

私人企业[sɿ˧in˩˧tɕ'i˥niə˨˦]有自己的生产资料,可以雇佣工人独立进行经营生产的、一般不受国家支配的企业。

农民企业家[nən˩˧min˩˧tɕ'i˥niə˨˦tɕia˧]出身农民在农村发家办企业的企业家。

Aa制[AAtʂʅ˥]付账时平均分摊,各自出一份。

小康[siɑo˦˨k'ɑŋ˧]指中国到20世纪末要实现的奋斗目标。

军嫂[tɕyn˧sɑo˦˨]部队指战员的妻子。

空姐[k'əŋ˧tsiə˦˨]飞机上的女乘务员。

董事长[tən˦˨sɿ˩tʂɑŋ˦˨]是股东利益的最高代表。

总经理[tsən˦˨tɕiŋ˧li˦˨]总经理是公司的业务执行的最高负责人。

下岗[ɕia˩kaŋ˧]失去了原有的工作岗位。

待业[tai˥niə˨˦]等待上岗,即临时下岗。

打工仔[ta˦˨kən˧tsai˦˨]在各大中城市打工的年轻男子。

打工妹[ta˦˨kən˧məi˥]在各大中城市打工的年轻女子。

跳槽[t'iɑo˥tsɑo˩˧]主动离开原来的职位或岗位,变更工作处所。

炒鱿鱼[ts'ɑo˦˨iəu˩˧y˩˧]解雇、开除、主动辞职。

停薪留职[tiŋ˨sin˧ləu˨tʂʅ˨]指单位里停发其工资，却保留其岗位。

白领[pai˦liŋ˥]指从事脑力劳动的职员、管理人员、技术人员、政府公务员。

蓝领[lan˨lin˥]指从事一定体力劳动的技术工人。

变性人[piẽ˥sin˥in˨]原本为男性或女性，经手术改变性别的人。

老好人[lɑo˥xɑo˥in˨]脾气随和，待人厚道，缺乏原则性的人。

保安员[pɑo˥ŋan˧yən˨]通过对进出人员、车辆、物资的控制，确保所辖项目安全的。

家政服务员[tɕiɑ˧tʂəŋ˥fu˨u˥yən˨]从事家务一类服务的人员。

钟点工[tʂəŋ˧tiẽ˥kən˧]按小时计算工资的工作人员。

黑客[xəi˦k‘əi˨]一些入侵别人网站系统并大肆捣乱的人。

筑巢引凤[tʂəu˨tsɑo˨in˥fəŋ˥]创造条件引进人才和资金。

网民[uɑŋ˥min˨]经常上网的人。

网虫[uɑŋ˥tʂən˨]整天沉湎于电脑前上网的人。

网友[uɑŋ˥iəu˥]在互联网上有来往的朋友。

三农[san˧nəŋ˨]指农业、农村、农民。

人造美女[in˨ts‘ɑo˥məi˥ny˥]通过整容而美丽的女子。

铁饭碗[t‘iə˦fan˥uan˥]比喻有稳定收入的职业、岗位。

关系户[kuan˧ɕi˥fu˩]指那些与自己利害相关而必须予以特殊照顾的对象。

特快专递[t‘əi˦k‘uai˥tɕyən˧t‘i˥]邮政开办的一项特殊邮政服务业务，优先处理，快速到达。

开拓[k‘ai˧t‘o˦]泛指扩大、扩充。

回扣[ɸəi˨k‘əu˥]经手采购或代卖主招揽顾客的人向卖主索取佣钱。

打假[tɑ˥tɕiɑ˥]打击假冒伪劣商品、产品、作品等。

扶贫[fu˨pin˨]扶持帮助贫困地区或人民解决就业门路和发展生产。

反腐倡廉[fan˥fu˥tʂ‘ɑŋ˧liẽ˨]反对腐败，提倡廉洁。

捐资办学[tʂyən˧tsʅ˧pan˥ɕio˦]捐助钱财办教育。

公费旅游[kən˧fəi˥li˥iəu˨]用公家的钱外出游玩。

黄金周[xoŋ˨tɕin˧tʂəu˧]指我国春节和国庆节的连续七天休假。

傍大款[pɑŋ˥tai˩koŋ˥]崇拜、追随并依赖有钱人。

社会效益[ʂə˥fəi˥ɕiɑo˥i˦]一项工作对就业、增加收入、提高生活水平等社会福利方面所作各种贡献的总称。

灰色收入[fəi˧səi˦ʂəu˧y˦]指在工资以外的其他收入。

打白条[tɑ˥pai˦tiɑo˨]指某些政府部门开出的可以用于抵押的有价字条。

刷卡[sɑ˦k‘ɑ˥]在购物、乘车等消费时，将含有存款的磁卡在付款机上一刷来付款。

高新区[kɑo˧sin˧tɕ‘y˧]高新科学技术开发区。

策[ts‘əi˥]现在常有开善意的玩笑的意思，即“开涮”。

策神[ts‘əi˦ʂən˨]很会开玩笑的人。

触电[tʂ‘əu˨tiẽ˥]常被引申为第一次在一部影片中扮演角色。

第二节　衣食住行、道路交通

休闲装[siəu˧xan˨˦tsɑŋ˧]适合休息时穿着的服装。

唐装[tɑŋ˨˦tsɑŋ˧]现泛指具有中国风格的服饰。

牛仔服[ȵiəu˨˦tsai˥˧ɸu˦]为日常生活穿的坚固耐磨、休闲粗犷特点的服装。

彩棉 [ts‘ai˥˧miẽ˨˦]一种具有天然色彩的新型纺织原料。

竹炭tʂəu˦t‘an˥]是以毛竹为原料，采用新工艺和新技术制造出来的产品。

保暖内衣[pɑo˥˧ŋən˥˧nei˩i˧]保暖性能好的内衣。

羊绒[ian˨˦in˨˦]山羊粗毛根部薄薄的细绒，因其珍贵被称为“软黄金”。

披风[p‘i˧fəŋ˧]披用的外衣。

靴裤[ɕyə˧k‘u˥]配合靴子穿的裤。

裙裤[tɕyn˨˦k‘u˥]现代裤类名称，是裤子与裙子的结合体

文胸[uən˨˦ɕin˧]保护乳房、美化乳房的女性物品。

T恤衫[t‘i˧ɕiə˦san˧]一种简洁经济适用的针织衫。

自助餐[tsɿ˥ts‘əu˥ts‘an˧]由就餐者在用餐时自行选择食物、饮料的就餐方式。

快餐[k‘uai˥ts‘an˧]能够迅速提供顾客食用的饭食。

肯德基[k‘ən˥˧təi˦tɕi˧]来自美国的著名连锁快餐集团。

麦当劳[məi˦tɑŋ˧lɑo˨˦]来自美国的大型连锁快餐集团。

八宝粥[pɑ˦pɑo˥˧tʂəu˦]由多种五谷杂粮熬制成的粥。

方便面[fɑŋ˧piẽ˥miẽ˩]又称泡面、快熟面、速食面。

神仙钵饭[ʂən˨˦siẽ˧po˦fan˩]用小陶瓷钵蒸熟的饭。

鸡精[tɕi˧tsin˧]一种复合鲜味剂，是日常使用的调味品。

茶道[tsɑ˨˦tɑo˥]烹茶饮茶的艺术。

茶楼 [tsɑ˨˦ləu˨˦]喝茶、休闲交际之所。

茶馆[tsɑ˨˦koŋ˥˧]爱茶者的乐园，也是人们休息、消遣和交际的场所。

软饮料[yən˥˧in˥˧liɑo˩]一种酒精含量低的饮料。

纯净水[ɕyn˨˦tsiŋ˥ɕyəi˥˧]不含杂质的水。

矿泉水[k‘uɑŋ˥tsiẽ˨˦ɕyəi˥˧]]是从地下深处自然涌出的、未受污染的地下矿水。

醋酸饮料[ts‘əu˥soŋ˧in˥˧liɑo˩]一种新兴的保健饮料。

菜篮子工程[ts‘ai˥lan˨˦tsɿ˨koŋ˧tʂəŋ˨˦]农业部为了缓解我国副食品供应偏紧的矛盾提出一项惠民举措。

臭豆腐[tʂ‘əu˥təu˨fu˨]一种小吃，流传于中国很多地方的豆腐发酵食品。

煤气[məi˨˦tɕ‘i˥]以煤为原料制取的气体燃料或气体原料。

天然气[t‘iẽ˧iẽ˨˦tɕ‘i˥]主要由甲烷组成的气态化燃料。

煤气灶[məi˨˦tɕ‘i˥tsɑo˥]以煤气为燃料的灶。

一次性杯子[i˧ts‘ɿ˥s‘in˥pəi˧tsɿ˩]用后便扔掉的杯子。

一次性筷子[i˧ts‘ɿ˥s‘in˥k‘uai˥tsɿ˩]用后便扔掉的筷子。

一次性饭盒子[i˧ts‘ɿ˥s‘in˥fan˩xo˥tsɿ˩]用后便扔掉的塑料或纸做的饭盒。

弹簧秤[tan˩xɑŋ˩tʂ‘ən˥]通过一组弹性物体的形状或线度的改变以指示重量的秤。

尿不湿[niɑo˩pu˧ʂʅ˧]接大小便用的纸巾，裹于婴幼儿下体或垫在臀下。一些生活难自理的成人也使用。

净菜[tɕiŋ˩ts‘ai˥]商店出售的择洗干净可直接下锅的菜。

洋鸡蛋[ian˩tɕi˧tan˩]养鸡场里的用合成饲料养的鸡下的蛋。

麸子肉[fu˧tsɿ˩iəu˧]即粉蒸肉。

绿色食品[ləu˧sə˧ʂʅ˧p‘iŋ˧]在无污染的生态环境中种植生产或加工的农产品。

不沾锅产品[pu˧tʂyən˧ko˧ts‘an˧p‘in˧]一种新工艺制造的锅具产品。

出炉[tɕ‘y˧ləu˩]原指烤制的食品制作完成，现用来比喻把事物公布出来，与世人见面。多指新的作品，理论被创造出来了。

危房[uəi˩xoŋ˩]危险房屋。

烂尾楼[lan˩uəi˧ləu˩]指已办理用地、规划手续，项目开工后，停工一年以上的房地产项目。

豆腐渣工程[tiə˧fu˧tsɑ˧kən˧tʂən˩]指那些由于偷工减料等原因造成不坚固的危险容易毁坏的工程。

老板桌[lɑo˧pan˧tso˧]比较宽大豪华的办公桌。

席梦思床[si˧məŋ˥sɿ˧tsoŋ˧]泛指装有弹簧软床垫的床。

别墅[p‘iə˧ɕy˥]高级、独立的庄园式居所。

高层建筑[kɑo˧tsən˩tɕiẽ˥tʂəu˧]10层及以上的建筑。

小高层[siɑo˧kɑo˧tsən˩] 7～9层的建筑。

多层[to˧tsən˩] 4～6层的建筑。

套间[tɑo˥kan˧]两间以上带有独立卫生间的房子。

豪宅[xɑo˩ts‘ai˧]豪华住宅。

跃式住房[io˧ʂʅ˥tɕy˩xoŋ˧]一套住宅占两个楼层，上下层相隔几十厘米，有内部楼梯联系。

复式住房[ɸu˧ʂʅ˥ɕy˩xoŋ˧]指有套间和上下层的住房。

写字间[ɕiə˧tsɿ˩kan˧]开发商用来供给一些企业或个人用来办公,休息的场所。

公寓[kən˧y˥]集合式住宅的一种。

安居工程[ŋan˧tɕy˧kən˧tʂən˩]指面向普通市民的中低档商品住宅的建设规划。

架空层[tɕiɑ˥kən˧tsən˩]建筑物架空部位不回填土石方形成的建筑空间。

浴室[iəu˧ʂʅ˧]专供洗浴的房子。

浴缸[iəu˧koŋ˧]安装在家居浴室内供沐浴用的容器。

浴罩[iəu˧tsɑo˥]沐浴时保温用的装置。

浴霸[iəu˧pɑ˥]装在浴室的取暖小家电产品。

便缸[pien˩koŋ˧]装在厕所的大小便装置。

抽水马桶[tʂ‘əu˧ɕyəi˦˨ma˦˨t‘ən˦˨]有储水箱的坐便器。

桑拿[soŋ˧la˧˦]即蒸汽浴。

打的[ta˦˨ti˧˦]乘坐出租车。

的士[ti˧˦sɿ˥˧]出租车。

跑跑[p‘ao˦˨p‘ao˦˨]用其行走时的声音代指载人赚钱的摩托车。

国道[kuəi˧˦tao˥˧]是指具有全国性政治、经济意义的主要干线公路。

省道[sən˦˨tao˥˧]省级干线公路。

村道[ts‘ən˧tao˥˧]连结乡村的干道。

机耕道[tɕi˧kəŋ˧tao˥˧]乡以下可通行机动车辆和农业机械的农村道路。

盲道[moŋ˨˦tao˥˧]为盲人提供行路方便和安全的道路设施。

高速公路[kao˧so˧˦kən˧ləu˨˩]专供汽车分道高速行驶、并全部控制出入的公路。

等级公路[tən˦˨tɕ‘i˧˦kən˧ləu˨˩]技术条件和设施符合国家标准或部标准的公路。

第三节　政治法律、商业经济

改革开放[kai˦˨kə˧˦k‘ai˧xoŋ˥˧]对内改革和对外开放。

政治体制改革[tʂəŋ˥˧tʂʅ˥˧t‘i˦˨tʂʅ˥˧kai˦˨ke˧˦]以不改变国家的根本政治制度为前提的政治管理体制的改革。

两型社会[lian˦˨ɕin˨˦ʂə˥˧fəi˥˧] 指的是“资源节约型、环境友好型社会”。

房改[foŋ˨˦kai˦˨]住房制度改革。

房地产[foŋ˨˦ti˨˩ts‘an˦˨]指土地、建筑物及固着在土地、建筑物上不可分离的不动产。

住房公积金[tɕy˨˩foŋ˨˦kəŋ˧tsi˧˦tɕin˧]单位及其在职职工缴存的长期住房储金。

调资[tiao˨˦tsɿ˧]调整工资数额,多用于长工资。

个人所得税[ko˥˧in˨˦so˦˨təi˧˦ɕyə]向个人取得的各项所得征收的一种税种。

经济特区[tɕiŋ˧tsi˥˧t‘ai˨˦tɕ‘y˧]实行特殊经济管理体制和特殊政策的地区。

下海[ɕia˦˨xai˦˨]主要指政府机关人员、企事业单位工作人员等放弃在传统体制内的位置转而经商的行为。

一国两制[[i˧˦kuəi˧˦lian˦˨ʂʅ˥˧]即“一个国家，两种制度”。

入世[y˧˦ʂʅ˥˧]]加入世界贸易组织。

三通[san˧t‘əŋ˧]指大陆和台湾两岸通邮、通航、通商。

八荣八耻[pa˧˦yn˨˦pa˧˦tʂ‘ʅ˦˨] “社会主义荣辱观”的简称。

国税[kuəi˧˦ɕyəi˥˧]国家税务系统。

地税[ti˨˩ɕyəi˥˧]由一个国家的地方政府征收、管理和支配的一类税收。

法盲[fa˧˦moŋ˨˦]指缺乏法律知识或没有法律意识的成年人。

普法[pu˦˨fa˧˦]普及法律知识。

严打[niẽ˨˦ta˦˨]是依法从重从快，严厉打击刑事犯罪分子活动的简略表述。

打黑[tɑ˥˧xəi˦˨]打击黑社会性质的犯罪团伙。

扫黄打非[sɑo˥˧xoŋ˩˧tɑ˥˧fəi]扫除淫秽色情、封建迷信等危害人们身心健康、污染社会文化环境的文化垃圾。

法制[fɑ˦˨tsɿ˥]它不仅包括法律制度，而且包括法律实施和法律监督等一系列活动和过程。

法人[fɑ˦˨in˩˧]法定代表人。

以权谋私[i˥˧tʂyən˩˧məu˩˧sɿ˧]凭借手中的权力牟取私利。

双轨制教育[soŋ˧kuəi˥˧tʂɿ˥tɕiɑo˥iəu˦˨]现代学制的一种类型。

套牢[t‘ɑo˥lɑo˩˧]进行股票交易时所遭遇的一种交易风险。

牛市[niəu˩˧tʂɿ˨˩]指证券市场行情普遍看涨，延续时间较长的大升市。

熊市[ɕin˩˧tʂɿ˨˩]指股市行情萎靡不振，交易萎缩，指数一路下跌的态势。

拳头产品[tʂyən˩˧təu˩˧ts‘an˥˧p‘in˥˧]比喻企业特有的、别人难以胜过的看家产品。

品牌[p‘in˥˧pai˩˧]用于识别产品的代码、记号。

融资[in˩˧tsɿ˧]广义的融资是指资金在持有者之间流动以余补缺的一种经济行为。

融城[in˩˧tʂən˩˧]此处特指长沙株洲湘潭三城市政治经济等实行大融合。

长株潭经济一体化[tʂoŋ˩˧tɕy˧tan˩˧tɕin˧tsi˥i˦˨t‘i˥˧fɑ]长沙、株洲和湘潭城市群的经济发展与城市发展所提出的宏观规划。

外企[uai˥˧tɕ‘i˥]外资企业。

按揭[ŋan˥tɕiə˦˨]一种先从银行贷款然后分期付款的购房或购物的方式。

物业[u˩˧niə˦˨]指商品房小区的售后服务，包括治安、卫生、水电等。

社保[ʂe˥pɑo˥˧]社会保险。

医保[i˧pɑo˥˧]医疗保险。

收银台[ʂəu˧nin˩˧tai˩˧]收款台。

大甩卖[tai˨˩ɕyai˥˧mai˥˧]廉价处理卖出商品。

第三产业[ti˨˩san˧ts‘an˥˧nie˦˨]在再生产过程中为生产和消费提供各种服务的部门。

星级宾馆[sin˧tɕ‘i˦˨pin˧koŋ]在设施、服务质量及管理标准等方面上等级的宾馆。

行货[xoŋ˩˧xo˥]经过合法的正规渠道进入国内市场的境外商品。

水货[ɕyəi˥˧xo˥]某国家或地区没有经过原生产厂家所指定的销售代理而进行销售的产品。

精品屋[tsiŋ˧p‘iŋ˥˧u˦˨]专门出售各种精美服饰商品的小型商店。

大路货[tai˨˩ləu˨˩xo˥]普通的、价格低廉的销售好的货物。

落脚货[lo˥tɕio˦˨xo˥]卖剩的、无人要的次品货物。

搬家公司[poŋ˧kɑ˧kəŋ˧sɿ˧]专门为别人提供搬家服务的企业。

跳楼价[tiɑo˥ləu˩˧tɕiɑ˥]现在市场上销售用的形容降价的广告语。

大出血[tai˨˩tɕy˩˧ɕiə˦˨]降价广告语，比喻大降价，血本无归。

美容院[məi˥˧in˩˧yən˥]为人们提供美容护理、皮肤保健、水疗等内容的美容服务场所。

健身房[tɕiẽ˥tʂən˧xoŋ˩˧]健身场所，有齐全的器械设备及健身娱乐项目。

瑜伽[y˩˧tɕiɑ˧]一种包含伸展、力量、耐力，达到身体、心灵与精神和谐统一的运动形式。

洗脚城[siʏtɕioʌtʂəŋ˧]专门洗脚及进行脚部按摩保健的场所。

促销[tsʻəuʌsiɑo˧]说服或吸引消费者购买其产品的活动。

直销[tʂʻʅʎsiɑo˧]商家以面对面方式将产品销售给消费者。

传销[tɕyənʎsiɑo˧]一种牟取非法利益，扰乱经济秩序，影响社会稳定的行为。

专卖店[tʂyən˧maiʏtiẽ˥] 是专门经营或授权经营某一主要品牌商品零售的商店。

连锁店[liẽʎsoʏtiẽ˥]众多小规模的、分散的、经营同类商品和服务的同一品牌的零售店。

超市[tʂʻɑo˧ʂʅ˩]以顾客自选方式经营的大型综合性零售商场。

买单[maiʏtan˧]付账。

带笼子[tai˥lənʎtsʅ˩]卖主设圈引诱顾客上当。

宰一刀[tsanʏi˩tɑo˧]比喻用坑蒙拐骗的手段对消费者狠狠地敲了一“竹杠”。

盗版[tɑo˩panʏ]在未经版权所有人同意或授权情况下对其拥有著作权的作品、出版物等进行复制、再分发的违法行为。

第四节　家电电子、技术革新

电冰箱[tiẽ˥piŋ˧ɕian˧]带有制冷装置的储藏箱。

电饭煲[tiẽ˥fan˩pɑoʏ]利用电能转变为内能的炊具。

电风扇[tiẽ˥fən˧ɕyən˥]家用电器。

电视机[tiẽ˥ʂʅ˥tɕi˧]家用电器。

电磁炉[tiẽ˥tsʅʎləuʎ]利用电磁感应加热原理制成的电气烹任器具。

电脑[tiẽ˥lɑoʏ]利用电子学原理根据一系列指令来对数据进行处理的机器。

笔记本[piʌtɕi˥pənʏ]便携式电脑。

手提[ʂəuʏtiʎ]手提电脑，是便携电脑的一种。

蓝牙[lanʎiɑʎ]一种支持短距离通信的无线电技术设备。

漫游[man˥iəuʎ]用户离开本地网络而进入他地网络上仍可以享受通信服务的特性。

兼容[tɕʻiẽ˧inʎ]是指几个硬件、软件或是软硬件之间的相互配合的程度。

格式化[kəiʌʂʅ˥fɑ˥]对磁盘或磁盘中的分区进行初始化的一种操作。

因特网[in˧tʻəiʌuoŋʏ]计算机网络。

互联网[fu˥liẽʎuoŋʏ]多个计算机网络相互连接。

物联网[[uʌliẽʎuoŋʏ]全球物品信息实时共享的实物互联网。

伊妹儿[i˧mai˥ə˩]电子邮件的音译。

入网[yʌuoŋʏ]指手机、寻呼机等加入某个通信网，也指电子计算机加入某个网络。

上网[ʂoŋ˩uoŋʏ]操作电子计算机进入互联网。

网络[uoŋʏlo˩]计算机领域中用物理链路将各个孤立的工作站或主机相连在一起，组成数据链路。

网址[uoŋ˥tʂʅ˥]一台计算机在网络中的地址。

网页[uoŋ˥iə]电脑上的一个界面。

硬件[ŋən˩tɕiẽ˩]主要指构成计算机的各个元件，部件和装置。

硬盘[ŋən˩poŋ˩]指固定在电子计算机内的磁盘。

软件[yən˥tɕiẽ˩]主要指计算机使用的所有程序和有关资料。

优盘[iəu˧poŋ˩] 有USB接口的无需物理驱动器的微型高容量移动存储产品

菜单[ts'ai˥tan˧]电脑中引申为展示操作系统的命令的目录。

程序[tʂən˩ɕy˥]为使电子计算机执行一个或多个操作，或执行某一任务，按序设计的计算机指令的集合。

千年虫[tɕiẽ˧niẽtʂən˩]2000年计算机病毒。

电脑病毒[tiẽ˥lɑo˥pin˩təu˩]破坏计算机功能或数据，影响计算机使用的计算机指令或者程序代码。

人工智能[in˩kən˧tʂʅ˥nəŋ˩]能以与人类智能相似的方式做出反应的智能机器。

光盘[kuaŋ˧poŋ˩]以光信息作为存储物的载体用来存储数据的一种物品。

神州五号[ʂən˩tʂəu˧u˥xɑo˩]载人宇宙飞船。

神州六号[ʂən˩tʂəu˧ləu˩xɑo˩]载人宇宙飞船。

克隆技术[k'əi˩lən˩tɕi˥ɕy˥]无性繁殖技术。

钠米技术[lɑ˩mi˥tɕi˥ɕy˥]能操作细小到0.1～100纳米物件的高新技术。

镭射[ləi˩ʂəi˥]激光。

空调[kəŋ˧tiɑo˩]空气调节器。

洗衣机[si˥i˧tɕi˧]是利用电能产生机械作用来洗涤衣物的清洁电器。

傻瓜机[sɑ˥kuɑtɕi˧]操作非常简单的袖珍相机。

小金库[siɑo˥tɕin˧k'u˥]违反国家财经法规及有关规定，侵占、截留单位收入和应上缴收入，私存私放的各项资金。

遥控器[iɑo˩kən˥tɕ'i˥]用来远控机械的装置。

大哥大[tɑ˥ko˧tɑ˥]手提电话的俗称。

扩机[k'o˩tɕi˧]寻呼机，也叫BB机。

移动电话[i˩təŋ˥tiẽ˥fɑ˩]手机。

手机[ʂəu˥tɕi˧]握在手上的移动电话机。

手机卡[ʂəu˥tɕi˧k'ɑ˥]置于手机内储存有电话客户信息的芯片。

微波炉[uəi˩po˧ləu˩]一种以电磁波为能源的新型炊具。

CD 激光唱碟。

VCD激光影碟。

DVD数字影碟机。

Mp3一种利用高质量、低数据率的声音编码音频压缩国际技术标准制作的商品。

Mp4一种集音频、视频、图片浏览、电子书、收音机等于一体的多功能播放器。

音箱[in˧sian˧]指将音频信号变换为声音的一种设备。

影碟机[iin˦˥t‘iə˧˦tɕi˧]是播放光盘中声音画面的设备。

随身听[səi˨˦ʂən˧tin˥]携带型袖珍播放机。

复读机[fu˧˦təu˧˦tɕi˧]可以把声音存储下来并重复播放的一种机器。

电热毯[tiẽ˥ə˧˦t‘an˦˥]电褥子。

豆浆机[təu˨˩tsian˧tɕi˧]打制豆浆的机器。

抽油烟机[tʂ‘əu˧iəu˨˦iẽ˧tɕi˧]净化厨房空气的电器。

热水器[yə˧˦ɕyəi˦˥tɕ‘i˥]使冷水温度升高变成热水的一种装置。

消毒柜[siɑo˧təu˧˦kuəi˨˩]通过紫外线、远红外线、高温、臭氧等方式给物品杀菌消毒的电器。

饮水机[in˦˥ɕyəi˦˥tɕi˧]将桶装纯净水（或矿泉水）升温或降温并方便人们饮用的装置。

组合家具[tsəu˦˥xo˧˦tɕiɑ˧tɕy˥]各种占地面积小、功能多、造型简洁新颖、一物多用的家具。

卫生巾[uəi˥sən˧tɕin˧]主要材质为棉状纸浆和高分子吸收体，女性月经来潮时用物品。

餐巾纸[ts‘an˧tɕin˧tʂʅ˦˥]就餐时使用的面巾纸。

卷筒纸[ɕyən˦˥tən˨˦tʂʅ˦˥]卷成筒状的日常用纸。

充电电池[tʂ‘ən˧tiẽ˥tien˥tʂʅ˨˦]可反复充电的电池。

银行卡[nin˨˦xɑŋ˨˦k‘ɑ˦˥]由银行发行、供客户办理存取款业务的新型服务工具的总称。

热得快[ə˧˦tə˨˦kuai˥]一种利用电能产生热量使液体加热的电器。

取款机[tɕ‘i˦˥k‘oŋ˦˥tɕi˧]是一种新型的银行电脑终端，具有存款、取款等功能。

厄尔尼诺[ŋai˧˦ə˦˥ni˨˦io˧˦]是太平洋赤道带大范围内海洋和大气相互作用后失去平衡而产生的一种气候现象。

抛秧[p‘ɑo˧ian˧]一种新的农业生产技术。

卫视[uəi˥tʂʅ˥]卫星电视的缩略词。

第五节　学校教育、文体娱乐

私立学校[sʅ˧li˨˦ɕio˧˦ɕiɑo˥]由私人或私立机构投资，由当地政府和教育部门批准的学校。

民办学校[min˨˦pan˨˩ɕio˧˦ɕiɑo˥]指国家机构以外的社会组织或者个人面向社会依法举办的学校或其他教育机构。

国有民办学校[kuəi˧˦iəu˦˥min˨˦pan˦˥ɕio˧˦ɕiɑo˥]主权为国家，非国家财政性经费举办的学校。

贵族学校[kuəi˥ts‘əu˨˦ɕio˧˦ɕiɑo˥]指国家机构以外的社会组织或者个人举办的设施高档、学费高昂的学校。

实验班[tʂʅ˥niẽ˥pan˧]进行创新后培养试点的班级。

兴趣班[ɕin˥ts‘i˥pan˧]培养学生各种文体兴趣的班级。

特长班[t‘əi˧˦tʂɑŋ˨˦pan˧]培养学生各种文体特长的班级。

自费生[tsi˥fəi˥sən˧]因考试分数未达到计划内招生标准而扩招的、需要自己交缴学杂费的学生。

自考[tsi˥k‘ɑo˦˥]国家对自学者学历进行检验的一种考试制度。

充电[tʂ‘ən˧tiẽ˥]比喻通过学习增加知识。

三下乡[san˧ɕiɑ˩ɕian˧]指把文化、科技、卫生知识送到农村。

贷学金制度[tai˥ɕio˦tɕin˧tʂi˥təu˥]高等学校中实行的一种帮助贫困学生的贷款制度。

客座教授[k‘əi˦tso˩tɕiɑo˥tʂəu˥]或与某大学有合作研究项目，或经常聘请其去作报告的教授被授予的名誉称号。

博导[po˦tɑo˦˥]博士生导师。

教学名师[tɕiɑo˥ɕio˦min˨˩si˧]各级表彰的学术造诣深厚、教书育人、为人师表、教学业绩突出，教学水平高的优秀教师。

211工程[211kəŋ˧tʂən˨˩]国家正式立项在高等教育领域进行的规模最大的重点建设工程。

并轨招生[pin˥kuəi˦˥tʂɑo˧sən˧]指实行一种计划，一个收费标准，一个控制分数线招生形式。

特困生[t‘əi˦k‘uən˥sən˧]经济上特别困难的学生。

特招生 [t‘əi˦tʂɑo˧sən˧]因有文体等特长而被破格录取的学生。

多媒体[to˧məi˨˩ti˦˥]也称“超文本”，是文字、图形、声音和影像的混合体。

三+X[san˧tɕiɑ˧X] 普通高等学校招生统一考试的科目设置。

远程教育[yən˦˥tʂəŋ˨˩tɕiɑo˥iəu˦]通过互联网进行教学。

义务教育[ni˥u˥tɕiɑo˥iəu˦]根据法律规定，适龄儿童和青少年都必须接受的国家、社会、家庭必须予以保证的国民教育。

应试教育[iŋ˥ʂʅ˥tɕiɑo˥iəu˦]以考试为目的的教育，它以升学率的高低来检验学校的教育质量、教师的工作成绩以及学生学业水平。

硕士生[ʂo˦sʅ˥səŋ˧]拿硕士学位的研究生。.

博士生[po˦sʅ˥səŋ˧]拿博士学位的研究生。

博士后[po˦sʅ˥xəu˥]指获准进入博士后科研流动站从事科学研究工作的博士学位获得者。

传媒[tɕyən˨˩məi˨˩]传播媒介。

三栖明星[san˧ts‘i˧miŋ˨˩siŋ˧]指影视歌都有成绩的艺人。

作秀[tsəu˥ɕiəu˥]表演。

MTV：音乐电视。

卡拉OK：无人伴奏乐队。

KTV就是Karaok Tv，即卡拉ok。

假唱[tɕiɑ˦˥tʂ‘ɑŋ˥]放录音对口型的演唱。

音乐茶座[in˧io˦tsa˨˩tʂo˩]一种以品茗为引子的文化娱乐场所。

萨克斯[sɑ˦k‘əi˨˩sʅ˧]一种音色介于木管乐器和铜管乐器之间的乐器。

葫芦丝[fu˨˩ləu˨˩sʅ˧]是一种云南少数民族乐器。

原生态唱法[yən˨˩səŋ˧t‘ai˥tʂ‘ɑŋ˥fɑ˦] “原汁原味”的民间歌唱音乐形式。

网络歌曲[uɑŋ˦˥lo˦ko˧tɕ‘iəu˦]在互联网上发表的歌曲。

网络歌手[uɑŋ˦˥lo˦ko˧ʂəu˦˥]在互联网上唱歌的歌手。

超女[tʂ'ɑo˧ny˥]超级女声。

快男[k'uai˥lan˩]快乐男声。

粉丝[fən˥sɿ˧]追星族。

追星族[tɕyəi˧siŋ˧ts'əu˩]影迷。

现代舞[ɕiẽ˩tai˥u˥]与古典芭蕾相对立的舞蹈派别。

国标舞[kuəi˩piɑo˧u˥]国际标准舞。

霹雳舞[p'i˩li˩u˥]动感和节奏感非常强烈的舞蹈。

街舞[kai˧u˥]动作由各种走、跑、跳组合而成的舞蹈。

氧吧[ian˥pɑ˧]备有输氧装置专供人吸氧气的营业性场所。

陶吧[tɑo˩pɑ˧]捏制陶制品坯胎的休闲场所。

奥运会[ŋɑo˥yn˥fəi˩]奥林匹克运动会。

五环旗[u˥fan˩tɕi˩]奥运会的会旗。

申奥[ʂən˧ŋɑo˥]申办奥运会。

保龄球[pɑo˥lin˩tɕiəu˩]是在木板道上滚球击柱的一种室内运动。

高尔夫球[kɑo˧ə˥fu˧tɕiəu˩]在绿地和新鲜氧气中以棒击球入穴的球类运动。

网球[uɑŋ˥tɕiəu˩]一项优美而激烈的球类运动。

桌球[tso˩tɕiəu˩]即台球。

斯诺克[sɿ˧lo˩kəi˩]台球的一种。

选秀[ɕiẽ˥tɕiəu˥]选拔出在某方面表现优秀的人的一种活动。

模特[mo˩t'əi˩]担任展示艺术、时尚产品、广告等媒体的人。

大腕[tai˩uan˥]在某领域非常出色的或者有话语权的人。

国脚[kuəi˩tɕio˩]对国家足球队运动员通俗的称谓。

乌龙球[u˧lən˩tɕiəu˩]自进本方球门的球。

摆乌龙[pai˥u˧lən˩]指本方球员误打误撞，将球弄入自家大门，不仅不得分，反而失分。

蹦迪[pəŋ˥ti˩]到舞厅去跳迪斯科。

蹦极[pən˥tɕ'i˩]一项户外休闲活动。

三连冠[san˧liẽ˩koŋ˥]一个队或一个人在同一种竞赛项目的连续三次大赛中获得冠军。

木兰拳[mo˩lan˩tɕyən˩]适合中老年妇女体形健美和锻炼的武术运动。

溜旱冰[liəu˧xan˥pin˧]穿着带滚轮的特制鞋在坚硬的场地上滑行的运动。

麻将机[mɑ˩tsian˥tɕi˧]由人操纵操作盘上的升降按钮，自动叠好麻将的机器。

三打哈[san˧tɑ˩xɑ˥]一种很流行的扑克玩法。

三吃一[san˧tɕ'iɑ˩i˩]打扑克时，三家赢一家输。

斗地主[təu˥ti˥tɕy˥]一种扑克游戏。

跑得快[p'ɑo˥təi˩k'uai˥]一种扑克游戏。

拖拉机[t'o˧lɑ˧tɕi˧]一种扑克游戏。

炒地皮[ts'ɑo˥ti˩pi˩]一种扑克玩法，类似双升级。

扳坨子[pan˧to˨˦ts˩˨˩]猜单双的赌博。

醒门子[ɕiŋ˥˩mən˨˦tsi]源于麻将，意思是暴露目标或底牌。

文化广场[uən˨˦xua˥kuaŋ˥˩tʂaŋ˨˦]向大众开放的免费露天文化活动场所。如东方红广场 、白石广场。

第六节 医疗美容、婚姻家庭

医改[i˧kai˥˩]医疗福利制度的改革。

医疗保险[i˧liao˨ bao˥˩ɕiẽ˥˩]为补偿疾病所带来的医疗费用的一种保险。

家庭病房[tɕia˧tiŋ˨pin˩xaŋ˨˦]病房设在家里，医生上门服务的医疗形式。

频谱仪[pin˨p'u˥˩ni˨˦]依波长把光散开以形成光谱的仪器。

减肥茶[kan˥˩fəi˨˦tsa˨˦]用来消减肥胖的茶剂。

癌症[ŋai˨˦tʂəŋ˥]各种恶性肿瘤的统称。

艾滋病[ŋai˥tʂʅ˧pin˩]即获得性免疫缺陷综合征。

非典[fəi˧tiẽ˥˩]严重急性呼吸道综合征，又称SARS。

禽流感[tɕin˨˦liəu˨˦kan˥˩]鸟禽类流行性感冒。

植物人[tʂ'ʅ˨˦u˦in˨˦]指大脑皮层功能严重损害，处于不可逆的深昏迷状态，丧失意识活动，但皮质下中枢可维持自主呼吸运动和心跳的患者。

Ct扫描[CTsao˥˩miao˨˦]电子计算机X线断层扫描技术的简称。

脑死亡[lao˥˩sʅ˥˩uaŋ˨˦]是指包括脑干在内的全脑功能丧失的不可逆转的状态。

安乐死[ŋan˧lo˨sʅ˥˩]通过药物，使垂危而又被不治的疾病折磨得十分痛苦的人安静地死去

试婚[ʂʅ˥fən˧]男女双方在正式步入婚姻殿堂前的一次实验婚姻。

婚外恋[fən˧uai˩liẽ˥]与配偶之外的人的不合法的恋情。

黄昏恋[xoŋ˨˦fən˧liẽ˥]指独身老人的恋爱。

涉外婚姻[ʂəi˦uai˩fən˧in˧]指一国公民同外国人（含无国籍人)的婚姻。

跨国婚姻[kua˥kuəi˦fən˧in˧]超越了国界的婚姻。

离异[li˨˦i˥]离婚。

单亲家庭[tan˧tsin˧tɕia˧tiŋ˨˦]离异后的一方尚未再婚，与孩子一起生活的家庭。

试管婴儿[ʂʅ˥kuaŋ˥˩in˧ə˨˦]用人工方法体外受精，并进行早期胚胎发育，然后移植到母体子宫内发育而诞生的婴儿。

小皇帝[ɕiao˥˩xoŋ˨˦ti˥]专指在家娇宠惯溺、随心所欲的独生子女。

安全套[ŋan˧tɕiẽ˨˦t'ao˥]即避孕套。

伟哥[uəi˥˩ko˧]美国制造用于治疗阴茎勃起功能障碍的药品。

洗面[ɕi˥˩miẽ˥]特指洁净面部的美容护理。

修眉[siəu˧məi˨˦]为了面部更好看，借助修眉刀，眉钳等工具来对眉毛进行打理。

纹眉[uən˨˦məi˨˦]将植物颜料通过刺破皮肤来渗透入真皮层下，然后永久保持眉毛的形状的美容外

科方法。

文身[uən˧˨ʂən˦]将颜料刺入身体皮肤底层而在皮肤上制造一些图案或字迹的行为。

文唇[uən˧˨ʂən˧˨]对嘴唇进行纹刺的活动。

挑眉[t'iɑo˦məi˧˨]眉毛美容的一种小手术。

隆胸[lən˧˨ɕin˦]通过植入乳房假体以增加乳房体积，改善乳房外形和对称性而改善手感的方法。

隆鼻子[lən˧˨p'i˥tsɿ˩]指通过垫高外鼻，达到改善鼻部形状的手术。

减肥[kan˩fəi˧˨]减少人体过度的脂肪、体重的行为方式。

抽脂[tʂ'əu˦tʂʅ˥˧]一种抽调多余脂肪的美体塑形外科方法。

卵巢保养[lo˥˧tsɑo˧˨pɑo˥˧ian˥˧]延缓卵巢功能早衰，调整月经周期的方法。

排毒养颜[pai˧˨təu˧˨ian˥˧ŋan˧˨]排除毒素，保养容颜。

香熏[ɕian˦ɕyn˦]就是利用芳香植物的纯净精油来辅助医疗工作的另类疗法。

发廊[fɑ˧˨lɑŋ˧˨] 洗发、理发、美发的屋子。

染发[iẽ˥˧fɑ˧˨]给头发染色。

烫发[t'ɑŋ˥fɑ˧˨]一种美发方法。

玉米烫[y˥mi˥˧t'ɑŋ˥]国际上新流行的一种发型技术。

拉直发[lɑ˦tʂʅ˧˨fɑ˧˨]通过药水夹板等把头发拉直。

烫睫毛[t'ɑŋts'iə˧˨mɑo˧˨]把睫毛烫成上翘的形状。

假发[tɕiɑ˥˧fɑ˧˨]非由人自然生长出来的人造仿真头发。

唇膏[ʂən˧˨kɑo˦]口红。

唇笔[ʂən˧˨pi˧˨]笔状口红。

唇彩[ʂən˧˨ts'ai˥˧]黏稠液体或薄体膏状富含各类高度滋润油脂和闪光因子，所含蜡质及色彩颜料少。

眼影[iẽ˥˧iŋ˥˧]用于对眼部周围的化妆，以色与影使之具有立体感。

眼线笔[iẽ˥˧siẽ˥pi˧˨]外形类似铅笔，用来加深和突出眼部的彩妆效果，使眼睛看上去大而有神。

润肤露[yn˥fu˦ləu˥]乳液的一种，能深入滋润干燥肌肤，补充肌肤每天流失的水分。

爽肤水[sɑŋ˥˧fu˦ɕyəi˥˧]洗完脸之后使用，可以迅速补充水分的皮肤保养品。

保湿水[pɑo˥˧ʂʅ˧˨ɕyəi˥˧]能积蓄清新滋润活力，使肌肤持续保湿的护肤品。

隔离霜[kəi˧˨li˧˨sɑŋ˦]隔离紫外线的护肤品。

粉底霜[fən˥˧ti˥˧sɑŋ˦]进行化妆走前打的一层粉状霜。

粉饼[fən˥˧piŋ˥˧]由多种粉体原料及黏合剂经混合、压制而成的饼状固体美容制品。

睫毛膏[ts'iə˧˨mɑo˧˨kɑo˦]涂抹于睫毛可使睫毛浓密，纤长，卷翘的化妆品。

防晒膏[fɑŋ˧˨sai˥kɑo˦预防黑色素的产生，晒不黑、晒不伤的护肤品。

隐形眼镜[in˥˧ɕin˧˨ŋan˥˧tɕin˥]戴在眼球角膜上，用以矫正视力或保护眼睛的镜片。

第七节 其他

拍板[p'əi˩pan˥]本指商行拍卖货物，现在常常比喻主事人对某件事情做出决定。

毛片[mɑo˩piẽ˥]即黄色淫秽录像片。

黄带[xoŋ˩tai˥]黄色录像带。

三级片[san˧tɕ'i˩p'iẽ˩]黄色录像片或电影。

前卫[tiẽ˩uəi˥]现常用来形容领先于当时的或另类的现象、行为。

绿色通道[ləu˩sai˩tən˧tɑo˥]也称“无申报”通道或“免验”通道。

疯牛病[fəŋ˧niəu˩pin˥]即牛脑海绵状病。

块方[k'uai˥fɑŋ˧]有能力谋私利的权势。

绊哒脑壳[pan˥tɑ˩lɑo˩k'o˩]骂人懵懂、反应迟钝。

搞定[kɑo˥tiŋ˩]事情办妥。

入围[y˩uəi˩]指参加竞赛类活动成功晋级下一个环节。

海归[xai˥kuəi˧]海外留学回国人员。

瓶颈[pin˩tɕin˥]比喻问题的关键或形成障碍的地方。

空头路[k'əŋ˥təu˩ləu˩]毫无意义的事，或指婚外恋。

筐瓢[k'uɑŋ˧pɑo˩]比喻做事或说话搞砸了、不成功。

刮胡子[kuɑ˩fu˩tsɿ˧]批评。

捡篓子[tɕiẽ˥ləu˥tsɿ˧]得便宜。

画胡子[fuɑ˩fu˩tsɿ˧]]办事不成功或关系不正当的人。

打窝子[tɑ˥o˧tsɿ˧]下诱饵。

带笼子[tai˥lən˩tsi]设圈套。

调口味[tiɑo˩k'əu˥uəi˩]调情；愚弄人。

蛤蜊油[xɑ˥li˥iəu˩]反应不灵活、说话不精明的人。

蕻子菜[xəŋ˩tsi·t'ai˥]恭维、奉承话。

化孙子[fɑ˥sən˧tsi˧]败家子；顽皮鬼。

捉丁[tso˩tin˧]成心让人落入圈套。

吵棚[ts'ɑo˥pəŋ˩]捣蛋，让事情搞不成。

扮势样[pan˥ʂɿ˥ian˥]现丑，出洋相。

大锅饭[tai˩ko˧fan˩]比喻分配方面的平均主义现象。

窝里斗[ko˧li·təu˥]指本单位、本系统、本地领导之间的互相拆台、争权夺利。

踩一脚[tsai˥i˩tɕio˩]停一下车。

撮一餐[ts'o˧i˩ts'an˧]吃一顿。

吃软饭[tɕ'ia˩yən˥fan˩]喻男子依赖女子为生的贬讽语。

人造美女[in˩ts'ɑo˥məi˥ny˥]指经过整形手术的女性。

红眼病[xəŋʎŋanɥpinɹ]看见别人有名利或有好的东西时非常羡慕而忌妒的毛病。

暗箱操作[ŋan˥ɕian˧ts'ɑo˧tso˦]不公开地、暗地里不公平地做某事。

客流量[k'əi˦liəuʎlian˥]一定时间内，沿一个方向通过线路某断面的乘客数。

专利[tɕyən˧li˥]一种享受法律保护的发明创造的权利。

走穴[tsəuɥtɕ'yai˦]由"穴头"牵线，到处演出挣钱并逃税的行为。

曝光[p˥ɑokuɑŋ˧]本指使照相底片、感光纸感光，再加处理，显出影像，现在常常比喻把隐蔽的、见不得人的事公开出来，让群众知道真相。

助听器[ts'əu˥t'in˥tɕ'i˥]有助于听力残疾者改善听觉障碍，提高与他人会话交际能力的工具、设备、装置和仪器等。

盲杖[mɑŋʎtʂɑŋ˥] 盲人用的拐杖。

摇头丸[iɑoʎtəuʎyənʎ] 一种犯罪分子吸食的毒品。

开绿灯[kai˧ləuʎtən˧]本来是表示可以通行的交通信号，现在常用于表示允许、放行做某事。

亮黄牌[lianɥxoŋʎpaiʎ]本来是足球场上用于警示犯规球员的，现在也用于表示禁止做某事，不允许做某事。

性骚扰[sin˥sɑo˧iɑoɥ]对异性进行色情骚扰。

第三者[tiɹsan˧tʂəɥ]指跟有夫之妇或有妇之夫有不正当关系的人。

包二奶[pɑo˧əɥlaiɥ]包养小老婆。

腿子[t'əiɥtsɿ˧]相好的。

小姐[siɑoɥtsiəɥ]现在常含有贬义，多指从事不正当职业的女性。

三陪女[san˧pəiʎnyɥ]指在酒店陪喝酒、陪唱歌、陪跳舞，有的还从事卖淫的年轻女性。

做鸡[tsəu˥tɕi˧]当妓女。

做鸭[tsəu˥ŋɑ˦]当妓男。

第六十九篇 宗教

概 述

1986年，湘潭市有佛教、道教、伊斯兰教、天主教、基督教五大宗教，有湘潭市基督教三自爱国会、湘潭市穆斯林事务管理小组、湘乡市基督教三自爱国会等宗教团体组织。市内开放各类宗教活动场所21处，其中佛教3处，道教1处，伊斯兰教1处，天主教1处，基督教15处(教堂2处，其余为简易场所，有的设在信徒家里)。宗教从业人员约200人，信徒约8000人。是年，中共湘潭市委、市政府继续贯彻中共中央《关于我国社会主义时期宗教问题的基本观点和基本政策的通知》精神，重点落实宗教信仰自由和宗教教产政策。市政府从此开始每年安排12000元作为民族宗教界人士生活补助费，并帮助解决部分人员的城市户口等问题，使宗教界人士基本生活得到保障。

1988年，市委、市政府继续贯彻落实宗教教产政策，根据“原房存在的退还原房，原房不存在的作价补偿”和“谁占用，谁负责退还”的原则，宗教界配合政府工作，采取先易后难，分步解决的办法，到1989年，累计落实宗教教产30处，退还教产土地面积28505.6平方米，建筑面积11418.13平方米。海会寺等一批有影响的宗教场所退还给宗教界，受到信教群众拥护和社会好评。宗教界将退还的教产进行维修，经批准作为宗教活动场所重新开放。

1991年，湘潭市贯彻中共中央、国务院印发《关于进一步做好宗教工作若干问题的通知》，全面正确地贯彻执行宗教信仰自由政策；依法对宗教事务进行管理；充分发挥宗教团体的作用；坚决打击利用宗教进行的犯罪活动。1992年，执行中共湖南省委、省政府《关于进一步做好宗教工作的通知》。中共湘潭市委、市政府召开全市宗教工作会议，认真贯彻两个《通知》精神，加强对宗教事务的领导、管理力度。根据国务院宗教事务局和民政部《关于宗教社会团体登记管理实施办法》，湘潭市政府宗教事务处与市民政局对宗教团体进行重新认定登记。湘潭市佛教协会、道教协会、伊斯兰教协会(市穆斯林事务领导小组终止)、基督教三自爱国运动委员会、天主教爱国会获准登记，湘乡市基督教三自爱国运动委员会也在当地获准登记。宗教团体组织进一步健全和加强，不仅发挥起联系党、政府和信教群众的桥梁纽带作用，而且发挥起对外交往的窗口作用。1994年起，湘潭市宗教界代表开始有计划的走出去参观访问，进行宗教信仰交流，详实地介绍湘潭社会经济发展情况。市佛协会长渊博，副会长彼岸等8人次先后出访尼泊尔、巴基斯坦、印度、泰国、菲律宾、韩国、中国香港等国家和地区；湘潭市基督教三自爱国会与来访的德国阿尔伯特·雷希克默尔牧师率领的旅行参观团及德国里本猜协会亚洲干事克劳斯先生进行了交流。湘潭市佛教界与中国台湾佛教界也开始友好交往。台湾佛教界还为湘潭寺院捐款、捐赠佛教经典，增进两岸人民的相互了解和感情。

1995年，湘潭市宗教界在政府宗教事务部门组织领导下，贯彻国务院《宗教活动场所管理条例》和《湖南省实施〈宗教活动场所管理条例〉办法》，对74处宗教活动场所准予登记领证；有26处因条件不完全具备作临时登记;60 处因条件完全不具备没有登记。没有登记的场所不能开展宗教活动,已登记的场所每年接受主管部门一次年度检查。通过登记、发证和年检,宗教活动场所普遍建立了财务、治安、消防以及宗教仪律生活等内部管理制度,管理工作跃上新台阶。当年,湘潭市海会寺、基督教堂、天主教堂、清真寺及湘乡市基督教堂被省宗教局重新认定为省重点宗教活动场所并授牌。由于中国共产党的宗教信仰自由政策的持续落实,境内信仰宗教的公民逐渐增多,宗教信徒达到 2 万人。其中,佛教、道教、基督教信徒占总数的 90%。又以基督教发展最快,地域以湘乡市为甚。为解决宗教队伍因"文化大革命"造成的断层问题,各宗教场所还积极选派年轻信徒参加宗教团体举办的培训班,或到宗教院校学习深造。

1998 年,根据国务院办公厅转发《中央统战部、国务院宗教局关于制止乱建庙宇和露天佛像的通知》精神,各宗教团体配合市政府开展专项治理工作,清查出乱建庙宇 17 处。并区分不同情况对其分别处理:对建设规模较大、群众强烈要求保留的则补办登记手续;对在兴建之中或已建成但存在问题较多,群众意见很大的则强制拆除或改作他用,不得作为宗教活动场所开放;对露天佛像则一律拆除,湘乡市碧洲公园的露天弥勒佛像、韶峰(湘乡市龙洞乡石湾村侧)露天弥勒大佛等先后被拆除,使社会上"宗教搭台、经济唱戏"的错误思想和"乱建"、"乱塑"行为受到批评和遏制。落实教产政策也取得新进展。是年,被湘乡市博物馆长期占用的湘乡云门寺移交佛教界管理,湘潭市宗教教产政策落实的任务基本完成。

2000 年,结合贯彻《湖南省宗教事务管理条例》,全市组织开展一系列宣传学习活动;各宗教团体组织开展揭批"法轮功"邪教组织活动,引导信众划清邪教与宗教的界限,走爱国爱教道路,推动宗教界为社会主义两个文明建设服务。湖南省宗教局召开全省先进集体和个人表彰大会,湘潭海会寺、天主教麦子石敬老院、湘乡基督教北门教堂和渊博、冯国香、傅永生等受到表彰。

2001 年,以纪念中共中央、国务院《关于进一步做好宗教工作若干问题的通知》发布 10 周年为契机,湘潭市组织宗教界开展创五好宗教场所(爱国爱教好、民主管理好、遵纪守法好、服务社会好、环境美化好)和五好个人(爱国爱教好、品质修养好、工作作风好、遵纪守法好、团结互助好)活动。市内海会寺、大杰寺等 14 个宗教活动场所和文爱平、来无、孙燕新等 14 位个人受到湖南省政府宗教局召开的"双五好"表彰大会的表彰。2003 年,市委、市政府针对社会上部分人员受经济利益驱动,再次兴起乱建庙宇和私设聚会点、借庙敛财的歪风,开展新一轮专项治理活动,共排查出 249 个场所并分别作出处理。其中允许开放 92 处(基本符合条件),取缔和改作他用的 100 处,对 57 处建筑面积在 30 平方米以下的民间信仰场所未作处理。治理取得一定成果,乱建之风得到制止,宗教界合法权益得到维护。2005 年,全市正式登记的宗教活动场所 159 处(其中,佛教 53 处,道教 35 处,天主教 2 处、基督教 69 处)。其中省级宗教活动场所由 5 处增加至 8 处(云门寺被重新认定,新增天师宫、大杰寺)。宗教教职人员近 200 人(不含未认定道士),宗教信徒达 5 万人。至当年的 15 年间,宗教界共捐款、捐物(折款)引资助学累计达 240 万元。

第一章 佛教

第一节 组织

1986年市内还没有统一的佛教组织。

1987年11月6日,湘潭市佛教协会经湘潭市政府宗教事务处批准、市民政局登记成立,并在海会寺召开第一次代表会议,100多名佛教徒中推选出席会议的代表11人。会议民主选举绍宗为会长,运藏为副会长,礼聘觉慧为名誉会长。第一次代表会议提出佛教界要认真贯彻全国佛协第五次代表会议精神;协助各级政府落实好宗教政策,恢复宗教活动场所;积极选拔推荐年轻僧尼到佛教学院学习,培养佛教界后继人才。1990年增补渊博为副会长兼秘书长。1995年6月,湘潭县成立佛教协会,彼岸任会长。

1996年7月3日至4日,湘潭市佛教协会第二次代表会在湘潭宾馆召开。5000多名佛教徒中推选出会议正式代表39人,特邀代表20人。中国佛教协会副会长、湖南省佛教协会会长圣辉大和尚到会指导。会议民主选举渊博为会长,彼岸、超尘为副会长,礼请宝昙、绍宗为名誉会长。会议要求全市各寺院认真学习贯彻国务院颁布的《宗教活动场所管理条例》和全国佛教协会颁发的《全国汉传佛教寺院管理办法》《全国汉传佛教寺院共住规约通则》,进一步加强佛教界的自身建设,严肃道风和学风,管好寺庙,弘法利生;协助政府继续落实好宗教房地产政策。1998年市佛协成立居士学修组,温景霖任组长。是年,有条件的寺院开设起念佛堂,组织居士和信众诵经念佛,收听、收看大师讲经说法录音录像(以净土宗资料为主)。

2000年10月25日,湘潭市佛教协会第三次代表会议在海会寺召开。8000多名佛教徒中推选出会议代表45人,其中居士占三分之一。经民主选举,渊博继续为会长,彼岸、果景为副会长,礼请宝昙为名誉会长。会议强调高举爱国爱教旗帜,认真学习《中华人民共和国宪法》和有关宗教方面的法律、法规,增强爱国守法观念;正信正行,抵制邪教,为维护社会稳定,促进两个文明建设作出贡献。

2005年1月7日,湘潭市佛协第四次代表会议在海会寺召开。12000多名佛教徒中推选出会议代表65人。会议民主选举渊博为会长,彼岸、果景为副会长,礼请宝昙大和尚为名誉会长。会议提出要认真学习贯彻中国佛协第七次代表会议和省佛协第四次代表会议精神,带领信众高举爱国爱教旗帜,积极走与社会主义社会相适应的道路;进一步建立健全寺院各项规章制度,在修行、财务、人事管理等方面做到如法如律;加强信仰、道风、人才、教制、组织建设;积极参与社会公益、慈善事业活动。年底,市境内有佛教教职人员84人,居士约5000人。除湘潭县外,其他县(市)、区没有建立佛协组织。全市有依法登记管理的寺庙53处。

第二节　寺院

一、省重点寺院

(一)云门寺

云门寺位于湘乡市城区，始建于北宋。寺院主要殿堂面积2000平方米,另有附属房屋700平方米。1995年起省佛协副会长宝昙兼任云门寺方丈。1999-2005年,宝昙大和尚主持对寺院进行维修,采用优质材料对观音神像内外骨架、底座进行加固,对已腐朽的1000根手臂和370只手掌进行更换,神像修复后重装金身(因在拆除旧手臂时,未严格编号作业,致使千手未全部复原),并在观音殿两侧塑大悲咒84像。寺院有常住僧人15人,其他常住人员3人。

图69-1-1　云门寺

(二)海会寺

图69-1-2　海会寺

海会寺位于雨湖区大湖街26号，始建于元末明初。1989-2005年经绍宗、渊博主持,先后建起天王殿、围墙、素食馆、大雄宝殿、客堂、斋堂,并从毗邻(大湖剧院)购得房屋一栋,辟为观音殿。寺院主要殿堂面积1281.34平方米，另附属房屋2922.66平方米,放生池及空坪1286平方米。期间完成内部神像的塑建,先后从缅甸请来汉白玉质的释伽牟尼卧佛、净瓶观音、文殊、普贤、地藏等菩萨雕像,其中净瓶观音雕像高9米,重30吨。寺院有常住尼僧14人,其他常住人员4人。为湘潭市佛教协会所在地。寺监院渊博(兼)。

(三)大杰寺

大杰寺位于湘潭县中路铺镇五龙山。始建于明崇祯年间。世界文化名人齐白石等人所组成的龙山诗社,常在此山开展琴棋书画、儒僧经禅活动。后寺庙荒毁,1958年时改为林场。1994年开始重建。初时由尼僧纯蓉领着两位僧人和居士拥挤在一间破烂的房子里,日以粗饭为食,夜以竹凳当床,四处筹集资金。尼僧慈悯法师捐资23万元人民币,作为启动资金。后湘潭县籍尼僧晓忏回山,自1996年秋季后相继建起大雄宝殿、念佛堂、寮房等设施。2003年晓忏主动将寺务全权交与毕业于闽南佛学院的唯静,在当地政府重视和信众资助下又建成天王殿、钟鼓楼、水井等设施。寺院主要殿堂面积1042平方米,附属房屋2040平方米,园林面积80亩。2005年认定为湖南省重点寺院。寺院有常住尼僧12人,其他常住人员18人。寺监院唯静。

图69-1-3　大杰寺

二、市重点寺院

(一)龙兴寺

龙兴寺位于湘潭县易俗河金霞山。始建于东晋咸康年间(335 ~ 342 年)。后寺毁。1992 年僧法亮获得湘潭市政府宗教事务处批准,于金霞山关公坡重建龙兴寺,是年 11 月奠基。1993 年 4 月,法亮亡于车祸,彼岸掌管寺务,经过数年艰辛努力,筹集资金 600 多万元,先后建起大雄宝殿、钟楼、客堂、法堂、藏经楼、千佛塔、放生池、化身窑等,并修成一条 1.5 千米上山水泥道路,寺院占地面积 25480 平方米。到 2005 年,寺院有常住僧人 17 人,其他常住人员 3 人。为县佛协所在地。寺监院彼岸(兼)。

(二)昭山寺

昭山寺位于岳塘区昭山风景区。该寺矗立于湘江之边,昭山之巅,环寺山峦起伏,苍翠欲滴。登寺可望远,临江宜抒怀,是佛门圣地,亦是旅游胜境。寺内设有卧佛殿、大雄宝殿、天王殿等,供奉释迦牟尼佛、弥勒佛、药师佛、玄帝、关圣帝(1992 年神像被盗)等神像。1995 年遭遇大雨,庙基三处地方塌方,临江一面被洗空,临江牌楼顶端被雷劈去一角,墙体开裂。在政府帮助下,1996 ~ 2005 年,寺庙自筹部分资金修复,并解决水电供应问题。寺院有常住僧人 8 人,其他常住人员 2 人。寺监院行变。

(三)云居寺

云居寺位于雨湖区广云路银家围子 10 号,始创建于 1943 年。1990 年,在寺监院德生主持下建起观音殿,1992 至 1997 年塑成带座高 14.7 米的千手千眼四面观音神像及释迦牟尼佛、弥勒佛、四大天王、韦陀、地藏、文殊、普贤菩萨、观音 32 应身、十八罗汉等。佛像材质考究、造型生动,有较高艺术水平。2001 年建起天王殿。2002 年建起大雄宝殿。2003 年德生圆寂后,月明接手寺院。以后相继建起药师殿、地藏殿、三圣殿、祖师殿、圣帝殿、念佛堂、藏经阁、斋堂和寮房,占地 2584.7 平方米。寺庙香火颇旺,每年观音菩萨“三节”逾万信众到寺上香,是湘潭市影响较大的寺院之一。2005 年,寺院常住尼僧 6 人,寺监院月明。

(四)昭山观音寺

昭山观音寺位于岳塘区昭山风景区。1993 年开始兴建,2005 年落成。先后建起大雄宝殿、观音殿、天王殿、圣帝殿、龙王殿、地藏殿、祖师殿、药师殿。主要殿堂面积 1456.41 平方米,附属房屋面积 1257 平方米,占地面积 9333.3 平方米。寺监院超尘年高八十有余,始操持于昭山寺,后为僧尼分寺倡建昭山千手观音寺,节衣缩食,自筹资金,终成夙愿。寺院有常住尼僧 6 人,其他常住人员 5 人。

(五)报恩寺

报恩寺位于韶山市杨林乡云源村,是 1984 年释梵纯在长沙六合寺僧大庆资助下,在原报恩寺附近购地重建,有前后殿各一栋,主要殿堂面积 150 平方米,附属房屋面积 800 平方米。1984–2005 年,寺内有梵纯师徒 3 人居住,寺监院怀一。

第三节　活动

一、宗教活动

1986年，境内仅有20多名佛教徒能够住庙开展朝暮课诵，俗称上殿的日常宗教活动，由于寺庙较少，其余教徒只能在家打坐、吃斋、诵经。是年，为响应世界和平大会号召，根据省佛协安排，湘潭佛教界人士在海会寺举办祈祷世界和平法会，表达中国人民维护世界和平的愿望。1990年后，寺庙增多，佛教徒一般都住庙开展宗教活动。佛协和各主要寺院对佛教徒订有各项管理制度，要求其遵纪守法、“六和”（又称“六和敬”。佛教规仪，指教团生活的六项准则：身和同住，语和无净，意和同悦，戒和同修，利和同均，见和同解）相处，从仪律生活中培养僧人形象，从禅定修行中增强信心道德，从闻思经教中树立正知正见。寺庙每年于农历二月十九、六月十九、九月十九日观音菩萨诞日、成道日、出家日都举行各项纪念活动；每年的七月举办盂兰法会等。

1997年7月1日，香港回归祖国，各寺院隆重举办庆祝法会；1998年12月，各寺院隆重举办迎澳门回归祖国庆祝法会，以表达对盛世中华的热爱，对澳门回归祖国的期盼。

2000年5月，海会寺、龙兴寺等寺院响应中国佛协号召，开展揭批“法轮功”邪教组织活动，增强信徒爱国守法观念。11月30日，湘乡云门寺举行千手千眼观音佛像重装金身开光法会，本地及中南数省约20万信众参加。

2004年，湘潭市佛协组织一百余名居士到南岳参加万寿寺开光大典。2005年组织居士到长沙麓山寺参加受持五戒活动。是年，各主要寺院举行“息灾祈福法会”，为印尼、印度、泰国等8国的海啸遇难者超度亡灵，为伤者祈愿消灾免难；举办世界反法西斯战争和中国抗日战争胜利六十周年庆祝法会，祈祷世界和平。

二、公益慈善活动

1990~1995年，随着社会经济进步与发展，湘潭市佛教界自身条件逐步改善，开始参与支灾、扶贫、济困等社会公益慈善活动。1996年夏，为帮助湘北灾区群众减轻困苦，海会寺捐款2000元，衣服510件转送灾区；湘潭县佛协捐献人民币3万元，大米4700斤，衣服9380件直送岳阳灾区。1998年夏，长江流域又发生特大洪灾，湘潭市宗教界募捐5.7万元，衣服5180件支援灾区。1999～2005年，龙兴寺资助32名特困学生上学，资助款12万元。湘乡云门寺为希望工程捐款3万元；大杰寺出资2万元，对16名特困学生进行资助，并为当地修路捐资150万元；湘潭市佛协响应政府号召，发扬“慈悲济世”的人间佛教精神，为印度尼西亚、泰国等海啸灾区募集善款57000元，其中海会寺组织捐款34000元；湘潭市佛协还发展100名社会各界人士加入湖南省佛教慈善基金会，每人每年为慈善业捐助人民币120元。到2005年的5年中，湘潭市佛教界为社会公益慈善事业组织捐款捐物累计达220万元。湘潭市佛教界的公益慈善事业活动，得到上级的充分肯定和大力支持。此外，市佛协还引荐圣辉大和尚先后为湘潭基础教育、湖南科技大学贫困生、湘潭市关心下一代基金会和湘潭救灾捐资、引资40万元人民币，捐赠衣物7000余件，大米5000千克。

三、涉外活动和两岸交流

为增进湘潭与中国台湾地区佛教界的相互了解与友谊，应海会寺监院绍宗和渊博邀请，台湾湘籍光中法师于1989年、唯一法师于1994年、法成法师于1995年来湘潭参访。以后三位法师多次往返台湾与湘潭之间。法成法师捐赠人民币3万元供海会寺塑佛像。唯一法师捐赠海会寺四万美元修建寺院。经光中法师引缘，台湾佛教团体两次向海会寺捐赠《大藏经》及其他佛学典籍。

1995年11月27日，为加强中外佛教界的友好交流，湖南省佛协副会长、湘潭市佛协会长兼海会寺监院渊博，参加中国佛教代表团赴尼泊尔参观访问。在尼泊尔期间，出席“中华寺院奠基仪式”和“阿育王石柱再现一百周年”纪念活动。途经巴基斯坦、泰国时还参观考察当地寺院。

1999年4月，大杰寺监院唯静应台湾弥勒内院宽裕老和尚邀请参访台湾各大寺院。5月，湘潭市佛协副会长、湘潭县佛协会长彼岸出访泰国、印度、马来西亚及香港地区。

2000年，渊博又应新加坡净宗学会邀请参加宗教界大型联谊会。同年，应菲律宾宿务普贤寺住持唯慈法师邀请，唯静赴菲出席该寺举办的“佛教妇女祝福法会”。

2001年9月，渊博应台湾中台禅寺邀请，赴台参加该寺传授如来三坛大戒法会，并被礼请为尊证阿阇梨。

2003年8月，为促进海峡两岸佛学的研究，渊博应台湾民间组织“中华佛学研究所”邀请，赴台参加“两岸佛教学术现状与教育发展研讨会”并进行学术交流。同年9月，湘潭市佛协副会长兼湘潭县佛协会长彼岸，湘潭市佛协副秘书长、海会寺知客昌雪，作为中国佛教协会体验修行团成员赴韩国参观访问。2005年8月，海会寺维那修悟随中国佛协代表团去韩国参访。

第二章　道教

第一节　组织

1986~1989年9月市内无道教统一组织。

1989年10月初，经湘潭市政府宗教事务处批准，湘潭老道长向理安会集万绍煌、喻正云、董淑和、彭秀英等人组成市道教协会筹备小组，向理安任组长。后增补颜六秩、胡雨初、万伦基为筹备组成员。筹备组在雨湖区人民路天主教堂借房办公，经一年筹备于1990年10月5日在福佑宫召开第一次代表会议，民主选举向理安为会长，胡雨初为副会长兼秘书长。会议通过章程和工作报告，提出认真学习党的宗教政策，积极协助政府落实收回道教教产政策，解决好道教活动场所问题，开展道教经学研究及传承工作，培养道界青年人才，为社会主义两个文明建设作贡献。

1991年，湘潭市有从事道教活动的道士2300多人。为了规范道教管理，市道协在开展调查研究基础上提出道士五条标准：爱国爱教，遵纪守法；皈依“三宝”（道、经、师）；能背诵“祖师宝诰”和早晚功课经；能从事日常坛醮仪典，会做法事；能守道门规诫。是年，市道协经市政府宗教事务处同意，对符合道士五条标准的382人进行登记发证(从教证、应教证),并向道协交纳少量管理费用(1995年再次登记发证43个,合计发证425个)。

1993年,市道协被全国道协定为联络点。道协办公地点移至东岳观,并召开第二次代表会议,参加人员30人。经民主选举,胡雨初当选为会长,颜六秩为副会长,宋军艺为秘书长。

1995年5月,市道协增补沈永中(俗名沈岳武)为副会长。8月,市道协在东岳观召开第三次代表会议,40人到会。经民主选举,胡雨初继续当选为会长,黄应钧为副会长兼秘书长。10月,市道协成立道教活动督查组,胡雨初任组长,成员9人。其任务是宣传党和国家的宗教政策,检查、督促正一派道士遵守中国道协关于散居正一派道士管理试行办法和执行市道协关于散居正一派道士全面整顿的决定。1997年,市道协增补张月华为副会长。

2001年,根据省宗教局《关于宗教教职人员管理办法》规定,湘潭市各宗教团体开展宗教人员身份认定、登记工作。道教界因正一派道士分布在农村,农村信众雇请道士开展法事活动不讲究其应教身份,造成真假道士难辨。道士身份认定登记工作没有继续坚持下来,正一派道士约计2300人。全真派道士人数很少,蔡崇元道长逝世后,其传人刘尚实于2002年病故,彭秀英(女)年过70,住湘潭县花石农村家中。林海在中国道教学院学习后外出云游。境内有全真派道士张月华等4人。2003年增补张子龙为道协秘书长,黄应均不再兼任。2005年全市道士约为2300人,市道协主要工作是筹备换届工作。

第二节　宫观

1986年,湘潭市道教能祀神开展道教活动的场所只有先锋宫。1990年,市道协借用佛教福佑庵,将其改名福佑宫作为道教场所开放(后归还佛教,更名为崇佛寺)。1993年,市道协将教产东岳观作为市道协所在地和道教活动场所重新开放。东岳观是市重点宫观,位于雨湖区沿江东路63号。该观坐北朝南,紧邻市三大桥。主要殿堂面积532.53平方米,附属房屋106.38平方米,土地使用面积638.91平方米。1993年落实政策退还教产后,市道协两次争取全国道协资助人民币共计12万元,并自筹部分资金对其修缮。观内供奉三清大帝、东岳圣帝、药王慈航道人、六十甲子神等神像。天师宫位于岳塘区东湖路264号(宝塔公园内)。古天师宫建于明成化十四年(1478年),后几经毁、建。1993年,市道教协会经市政府宗教事务处批准,在宝塔乡江边村熊家坡重建天师宫。1995年动工,在当地乡村支持下先后建起中殿、寮房及附属房屋计368平方米,占地使用面积4.627亩。天师宫现保存有清朝年间制作的“天师宫”匾额一块,铁铸四脚兽古香炉一鼎。宫内供奉天师等圣像。2000–2005年以后又相继重建和新建湘潭县的云泉宫、白马观、法海庙等。2005年依法登记并能正式开展道教活动的宫观达到35处(雨湖区4处、岳塘区5处、湘潭县19处、湘乡市6处、韶山市1处)。其中,天师宫为省重点宫观,东岳观为市重点宫观,且为市道协所在地。其中,东岳观有常住道士2人,张子龙任住持;天师宫有常住道士3人,全真龙门派道长张月华任住持。

图69-2-1　天师宫

第三节　活动

境内道教全真派与正一派道士信仰基本相同,但宗教活动方式不同。全真派的宗教活动主要是早晚功课和焚香打坐。早晚功课指卯时早课,酉时晚课,诵《三官经》《玉皇经》《北斗经》等。如逢诸圣诞日(正月初九玉皇诞日,二月十五太上老君诞日等)要举行庆祝道场。正一派的宗教活动主要是应信众邀请为亡者做道场,念经拜忏,超度亡灵;为兴工动土安龙辅土,除邪辅正;中元追思先亡,奏表申文,为亡者亲友表思念之情,以期庇佑后人、兴隆家道等。如逢诸圣诞日,主持斋醮庆典。

1995 年 9 月,市道协召开座谈会,纪念抗日战争胜利 50 周年,激发信众的爱国主义热情。是年 11 月 28 日至 30 日,市道协在湘潭县中路铺镇中云村云泉宫举办平安法会,附近约 200 户人家向法会递交“奏章”。12 月,湘潭市道协会长胡雨初,正一派老道士董淑和,参加全国道协在江西省龙虎山天师府举行的正一派道士授□法会。1997 年 7 月,为庆祝香港回归祖国,举行祈祷和平法会,祝愿祖国更加强盛。2000 年 5 月,响应中国道协号召,组织开展对“法轮功”邪教组织批判活动,引导道众爱国守法。2004 年 5 月,市道协举办为期 3 天的庙会,传承道教文化。2005 年,市道协主要筹备换届工作。

第三章　伊斯兰教

第一节　组织

1986 年,湘潭市有穆斯林事务管理小组(信仰伊斯兰教的信徒统称穆斯林),办公地点在雨湖区解放路莲花街清真寺。组长李明德,副组长(省伊协委员)李长庆、杨杰,秘书长徐善骏。是年,境内有信仰伊斯兰教信众(主要是回族、维吾尔族群众)约 400 人,阿訇张腾芳 1 人。1988 年张阿訇走后,从邵阳请来马文龙阿訇主持教务。1990 年,李长庆、杨杰、李明德出席省伊协第二次代表会议,杨杰当选为省伊协委员、常委。1992 年经市政府宗教事务处批准,市民政局同意,穆斯林事务管理小组登记为市伊斯兰教协会(未召开代表会),法人代表李长庆。1994 年、1999 年省伊协召开第三、四次代表会议,杨杰、李明德、马文龙出席,杨杰连续当选为省伊协委员、常委。

2000 年 4 月,经湘潭市政府批准组成市伊斯兰教协会代表会筹备委员会。筹委会主任回秉跃,副主任金汉春、马文龙。是年,因湘潭经济建设和教育事业的发展,都市化进程加快,外地来潭工作、经商、求学人口增多,信仰伊斯兰教的民族增至 5 个,即回族、维吾尔族、塔塔尔族、塔吉克族、撒拉族,穆斯林信众增至 932 人,主要分布在大型厂矿、大专院校。

2004 年,省伊协召开第五次代表会,马文龙、杨杰、蔡长庆、李进回出席,马文龙当选为省伊协委员、常委。因多方面原因,到 2005 年底市伊协未召开代表会。是年,穆斯林信众达到 1200 人。

第二节　活动

伊斯兰教的宗教活动主要是五功，即：念、礼、斋、课、朝。节日主要有开斋节、古尔邦节、圣纪节。节日期间伊斯兰教安排有庆典活动。伊斯兰教信众的五功一般在大型活动场所进行，没有条件的也可在家自行修炼。而伊斯兰教的主要节日则必须在大型活动场所进行，由阿訇主持。

湘潭伊斯兰教集体活动场所只有位于莲花巷十二号的老清真寺，始建于清道光年间。抗日战争时期曾遭日机轰炸而受损，后又有国民党军队驻扎，故清真寺受损严重，新中国成立时期已被房管部门定为危房。

1981 年根据中央有关落实宗教房产的政策，老清真寺移交伊斯兰教使用。1985 年清真寺住寺阿訇为张腮芳，每逢主麻日（星期五）穆斯林群众就到清真寺进行聚礼宗教活动，人数一般为 20 人左右。先期在清真寺二楼举行聚礼，后因楼板腐朽严重无法承重而改在清真寺后厅开展活动。每逢古尔邦节及开斋节便借用清真寺右邻的民革礼堂举行节日庆祝活动，到场穆斯林群众约 500 人。

1988 年马文龙来清真寺任阿訇，但因清真寺已更加破旧又无法维修便停止开展宗教活动。穆斯林群众只能在家中礼拜，逢古尔邦节和开斋节重大节日则去长沙清真寺参加活动。到 2005 年底此情况无变化。

第四章　天主教

第一节　组织

1986 年，湘潭市天主教有神甫 1 人，受洗信徒约 200 人，主要分布在湘潭市区、湘潭县的易俗河、梅林、锦石、花石、茶园铺、中路铺以及湘乡市石湾渡等地。是年，郑化民神甫负责筹备成立市天主教爱国会和教务委员会（简称“两会”），筹备小组成员：郑化民、刘定华、韩纯洁、肖天爵。1991 年 11 月 23 日增补冯国香为筹备小组成员。1992 年筹备小组改为“两会”，郑化民任主任，韩纯洁为副主任。1996 年，因郑化民神甫年高体弱，省天主教“两会”派刘永昌神甫来潭主持教务，任市天主教堂堂管组组长。1998 年刘永昌离堂，省天主教“两会”派胡祖新神甫来潭主持教务。8 月，经市政府宗教事务处同意，胡祖新神甫任天主教“两会”主任兼天主教堂堂管组长，为法人代表；免去郑化民天主教“两会”主任职务。是年底胡祖新神甫离开湘潭。1999 年 1 月 28 日，市政府宗教事务处同意信徒刘志高任市天主教爱国会主任兼天主教堂堂管组长，为法人代表；肖天爵任副主任。是年底，天主教徒发展到约 400 人（湘潭市区约 150 人，湘潭县约 200 人，湘乡市约 50 人），慕道友约 50 人。2000 年 6 月湖南省天主教“两会”派孙燕新神甫来潭主持教务。

2001 年 7 月 18 日，湘潭市天主教“两会”在潭城宾馆召开第一次代表大会，与会代表 24 人。经民主选举，孙燕新任主任兼天主教堂堂管组组长，为法人代表；韩纯洁、肖天爵为副主任。因老年信徒相继故去等原因,信徒人数逐年下降,2005年,境内天主教信徒约300人。

第二节 活动

一、宗教活动

1986~1990年,湘潭市天主教由神甫郑化民主持宗教活动。但因此时无教堂,宗教活动不甚正常。1991年4月,湘潭天主教堂复堂,宗教活动逐步转入正常。教堂每天早晨6:30做弥撒,由神甫主持,附近信徒参加。主日弥撒和四大瞻礼(耶稣圣诞节、耶稣复活节、圣神降临节、圣母升天节)是天主教信徒主要活动,全体信徒参加。此外天主教还有洗礼等七件事。1997年,刘永昌神甫主持教务,改由拉丁弥撒为中文弥撒,同时要求信徒由望弥撒为参与弥撒,以后一直延续下来。

图69-4-1 湘潭市天主教堂

2000年,湘潭天主教爱国会针对梵蒂冈举行所谓"封圣"的闹剧,组织教友座谈会,坚决拥护中国政府和中国天主教会政治主张,反对罗马教廷借"封圣"之名歪曲历史,利用宗教问题干涉中国内政,表示坚定自觉地走爱国爱教的道路。

2004年,孙燕新神甫主持修复"耶稣圣心堂天主堂"(此天主堂坐落在湘潭市雨湖区人民路326号,教堂和附属用房建筑面积1800平方米。原教堂是1904年意大利波伦尼亚佳索理主教修建),修复后的教堂配有现代音响、空调等设施,能容纳500名信徒活动。此外,天主教湘潭县麦子石敬老院(属省天主教"两会"下属慈善机构)可开展宗教活动。2005年,境内天主教活动场所只有上述两处。

二、公益活动

市天主教主要靠房租收入、教友奉献及自养企业利润维持日常开销。郑化民神甫1989年在教会创建东风汽车配件公司,到1993年,盈利20万元,因无力经营转让。

1993年,由天主教信徒冯国香(株洲人)等人发起,在省天主教屈天锡主教的支持下,于1995年在湘潭县梅林镇麦子石管区安营村立新组建起天主教敬老院。该院占地3亩,盖有建筑面积达1200平方米的爱心楼,能容纳40人居住。1997年,湖南省宗教局下文,明确天主教麦子石敬老院为省天主教"两会"下属慈善机构,属集体性质,经济独立核算,自负盈亏。敬老院接受湘潭县政府宗教事务部门行政领导,接受市天主教"两会"指导。至2005年,敬老院先后收住天主教主教、神甫、修生、修女及老年信徒和社会其他人员达60人。他们自己动手,种菜,养猪,酿酒,除自食部分外,对外销售所获收入作为自养资金,资产累计达60万元。

第五章　基督教

第一节　组织

1986年，湘潭市有基督教三自爱国会和基督教教务委员会（以下简称基督教“两会”）组织，张绍云为名誉主席，徐灵石为主席，张全恩、赵启先为副主席；有基督徒约60人（传教师1人）。是年8月，湘乡县基督教三自爱国运动委员会和基督教协会召开第二次代表会，徐灵石当选为“两会”主席，王迪凡为秘书长。此时，全市有教堂2处，聚会点13处。

1987年后，张绍云、徐灵石、赵启先因年老先后辞世。基督教内有牧师、教师资格的人员不多，因此基督教“两会”尚不具备召开新代表会和组成新班子的条件。1994年10月，经市政府宗教事务处同意，市基督教“两会”对原领导班子进行调整，成立“两会”领导小组。副主席、牧师张全恩兼任组长，宋翠娥、李淑珍任副组长。1995年8月增补邓秀兰为副组长。因为党的宗教信仰自由政策的持续落实，基督教活动比较贴近生活与实际，入教手续简单，教徒发展较快。1996年发展到3500人，其中神职人员6人（牧师1人、教师5人）。1998年10月，湘乡市基督教“两会”召开县改市后第一次代表会议，成保罗当选为主席，王共良、刘加才、李海清为副主席，秘书长蒋昌银。

1999年9月22日至23日，湘潭市基督教三自爱国运动委员会第三次、基督教教务委员会第二次代表会议在湘潭宾馆召开，53名代表出席。会议引导信徒坚定不移地走爱国爱教道路，积极投身社会主义两个文明建设；正确理解、传讲圣经、教训，坚决抵制邪教；加强堂、点建设，为维护社会稳定，促进经济社会发展做出贡献。经民主选举，李淑珍为“两会”常务副主席并主持工作（主席缺）；成保罗为“两会”副主席；王水清为三自爱国会副主席；聘请张全恩牧师为“两会”名誉主席。2003年1月，经市政府宗教事务处同意，湘潭市基督教教务委员会更名为湘潭市基督教协会。11月，湘乡市基督教“两会”召开第四次代表会议（县改市后的第二次会议）。文爱平当选为“两会”主席，王共良、闵秋良为副主席，李玲为秘书长。聘请成保罗为基督教“两会”名誉主席。

2005年3月28日，湘潭市基督教三自爱国运动委员会第四次、基督教协会第三次代表会议在市基督教堂召开，71名代表出席。会议提出走“三自”（自治、自养、自传）爱国道路，响应全国基督教“两会”提出的由“三自”走向“三好”（自治好、自养好、自传好）号召，在实践中拓展爱国运动新的内涵；加强法律法规学习，贯彻落实《宗教事务条例》；继续加强自身建设，增进内部团结；加强神学思想建设，自觉抵制“异端邪说”。会议民主选举李淑珍为“两会”主席，文爱平为副主席兼秘书长，胡爱平、闵秋良为副主席；聘请张全恩牧师为“两会”名誉主席。2005年有信徒27000人，其中神职人员32人（牧师3人，教师17人，长老12人）。基督教信徒主要分布在湘乡市、湘潭市城区、湘潭县，韶山市最少（约100人）。境内除湘乡市外，其他县、区没有建立基督教“两会”组织。全市有教堂6处，聚会点63处。

第二节 教堂

一、省重点教堂

(一)湘潭市基督教堂

湘潭市基督教堂 位于雨湖区城正街 383 号，占地面积 1467 平方米,建筑面积 673 平方米。1994 年自筹资金 14 万元维修，可供 500 人活动。1995 年被认定为省重点宗教活动场所。为湘潭市基督教三自爱国会和基督教协会所在地。2005 年,教堂有牧师 2 名,教师 4 名,传道员 4 名。堂管会主任李淑珍牧师(兼)。

图 69-5-1 湘潭市基督教堂

(二)湘乡市北门基督教堂

湘乡市北门基督教堂 位于湘乡市北正街 71 号，现存面积 340 平方米,有附属房屋面积 80 平方米。1992 年,湘乡市政府补助 2 万元,教会自筹资金 2 万元对教堂进行维修。1994 年再次维修,1995 年被认定为省重点宗教活动场所。2005 年,教堂自筹资金 6 万元进行装修后,可容纳 500 人活动。教堂有牧师 1 名、长老 2 名。堂管组长王共良。

图 69-5-2 湘乡市北门基督教堂

二、市重点教堂

(一)湘乡市务门前教堂

湘乡市务门前教堂 位于湘乡市务门前公馆弄 1 号。1991 年 6 月，湘乡市政府拨给经费 2 万元,省宗教局拨给经费 2 万元,教堂自筹 12 万元资金进行改建。改建后的教堂面积 218 平方米,设施齐全。2005 年,教堂有教师 1 名,传道员 2 名,信徒 100 人。堂管组长成保罗。

(二)湘潭县射埠教堂

湘潭县射埠教堂 位于湘潭县射埠镇老街。1998 年,射埠教堂自筹资金 7 万元在原址建起新教堂。教堂面积 210 平方米,附属房屋 360 平方米。2005 年,教堂有教师 1 人,信徒约 80 人。堂管组长张慧。

(三)韶山市大坪教堂

韶山市大坪教堂 位于韶山市大坪乡新联村。1996 年动工兴建,1997 年竣工。教堂面积 140 平方米,附属房屋面积 280 平方米。2005 年,教堂有教师 1 名,传道员 2 名,信徒约 50 人。堂管组长王红。

(四)岳塘教堂

岳塘教堂 位于岳塘区岳塘路散户 7 号。1993 年,信徒自筹资金兴建,1995 年竣工。教堂面积 183.4 平方米。2005 年,教堂有教师 1 名,信徒约 400 人。堂管组长沈从英。

第三节　活动

一、宗教活动

1986年，湘潭基督教的宗教活动一般在教堂和聚会点进行，为每星期日上午的主日崇拜和星期五的学道礼拜。这些常会活动按程式祈祷、唱诗、讲经，有时还有圣礼活动。每逢基督教重要节日（圣诞节、复活节），基督教各教堂和聚会点都安排有隆重的庆祝活动。1990年，基督教聚会点增多，应信众要求，基督教“两会”每年举办10－15天的义工培训班，组织教牧小组成员深入堂点讲经传道，提高信徒信仰素质和堂点管理水平。

1997年，迎接香港回归祖国，教会组织开展庆祝活动，激发信众爱国热情。

2001年5月，纪念中国基督教三自爱国会成立50周年，组织召开座谈会，引导信徒回顾历史，展望未来，坚定不移走爱国爱教道路。

2005年9月，纪念世界反法西斯战争和中国抗日战争胜利60周年，开展为死难烈士和世界永久和平祈祷活动，增强居安思危、建设强大祖国的意识。

二、慈善活动

基督教奉行“神爱世人”“荣神益人”教旨精神，积极开展献爱心活动。市基督教“两会”发动信徒为曙光学校一名患白血病的学生彭梅捐资2000元；为社会孤寡老人送菜、送米，拆衣洗被，帮助打扫卫生；组织信徒到湘潭市福利院、雨湖区敬老院慰问老人、孤儿，送去慰问品和慰问金；每遇救灾活动，发动信徒捐款捐物，2005年为印尼等东南亚8国海啸灾区捐款1.5万元，至2005年的20年间累计捐助善款12万元。湘乡市基督徒付永生年过七十，数十年如一日为当地修桥修路做好事，用自己上山砍柴、担磨刀石卖，以及子女孝敬自己的钱救助周围群众。他的善举获得教内和社会的称颂，先后被评为“湖南省宗教界为社会主义两个文明建设服务”先进个人，湘潭市宗教界“五好”个人。

三、涉外活动

1993年10月25日，接待德国旅游团阿尔伯特·雷希克默尔牧师率领的一行42人，参与接待和座谈的有市政协、市委统战部、市政府宗教事务处、市外事办负责人。这次参访与座谈活动，德国朋友对中国实行宗教信仰自由和基督教“三自”方针有了进一步了解。

2001年5月，市基督教“两会”主席李淑珍接待德国里本猜协会亚洲干事克劳思来湘考察了解社会福利工作。

第七十篇　县(市、区)概况

湘潭县

位于湘中偏东、湘江下游西岸,地跨涓水、涟水、靳江流域,处北纬 27°20′~28°05′,东经 112°25′~113°03′。东连湘潭市岳塘区、湘潭市雨湖区、株洲市天元区、株洲县,东北邻长沙县,东南接衡东县,南临衡山县,西连湘乡市,西北接韶山市,西南邻双峰县,北界宁乡县、望城县。

地势西北、西南、东南三面高,中部和东北部低。海拔最高处为西南昌山(755.1 米),最低处为涟水下游峡山口万家晒(33.6 米)。境内平原、岗地、丘陵、山地四种地貌俱全,以平原、岗地为主。属亚热带季风气候,年平均气温 16.7℃~18.3℃,最低温度-2℃~-8℃,最高温度 39℃~40℃。年平均降水量 1300 毫米。春夏秋冬,四季分明,雨量充沛,土地温润,日照充足,适宜农作物成长。

境内湘江常年可通航 1000 吨级以下船只,涟水、涓水和靳江可季节性通航。G107 和 G320 国道、京珠高速、上瑞高速、湘黔铁路以及 S208、S313 省道纵横交错,县、乡公路通达,大部分地区车辆可进村入户。县城距长沙市五一广场 65 千米,距株洲市政府 21 千米。因区位优越,2002 年被列为长株潭城市群和湘江生态经济带核心区。

全县总面积 2512.98 平方千米。1986 年,有耕地 69337 公顷,山地 122520 公顷,水面 20074 公顷,森林覆盖率 34.5%,地表水资源总量 603.75 亿立方米。2005 年,有耕地 67550 公顷,山地 122501 公顷,水面 20074 公顷,森林覆盖率 47.8%,地表水资源总量 589 亿立方米。境内已探明矿藏主要有煤、锰、磷、石膏、海泡石、硅石、矽砂、石灰石、耐火黏土、铁等 31 种,其中锰、海泡石、煤储量丰富。境内动、植物资源丰富。有植物 300 多科,1000 多种。其中,木本植物 65 科 340 种,药用植物 73 科 516 种。有野生动物 180 余种,但因环境破坏,部分野生动物如虎、豹、豺、狼、獐等已绝迹,鸳鸯、喜鹊、乌鸦、鹞等鸟类也频临绝迹。县内盛产稻谷、生猪、鲜鱼、禽蛋、蔬菜、茶叶、水果、湘莲,其中粮食、生猪、湘莲生产闻名全国,地方特产九华红菜薹、石潭香菇、羊鹿毛尖茶、茶恩寺竹木、芙蓉牌酱油、红燕立德粉、宏兴隆湘莲食品、胖哥槟榔、花石水泵等畅销各地。

1986 年, 全县设 9 个区、1 个办事处、2 个区级镇、7 个乡级镇、59 个乡、757 个村民委员会、23 个居民委员会。总人口 103.95 万人,其中男性 54.09 万人,女性 49.86 万人。1995 年,撤区并乡,设 8 乡 14 镇。总人口 112.27万人,其中男性 57.96 万人,女性 54.31 万人。2005 年,全县辖 7 乡 15 镇、757 个村民委员会、35 个社区(居民)委员会。总人口 112.8 万人,其中农业人口 103.83 万人,非农业人口 8.97 万人,男性 58.33 万人,女性 54.47 万人。人口性别比为 107.1∶100,人口自然增长率为 3.15‰。人口以汉族为主,26 个少数民族人口占 0.17%。

境内风景名胜众多,有昌山、隐山、乌石峰、晓霞山、仙女山等自然景观,还有全国重点文物保护单位彭德怀故居、全国百家红色旅游经典景区彭德怀纪念馆、省级文物保护单位齐白石故居和尹氏宗祠、国家AAA级旅游景区湘潭农博园以及周小舟故居、胡安国墓、黎氏八骏故居等人文景观。2005年,全县旅游综合收入5600万元,接待游客108万人。

1986年,县内生产总值56599万元,财政收入3316万元,完成固定资产投资11376万元。其时,县委、县政府贯彻改革开放方针,大力探索发展之路。1988年,县第六次党代会提出"以改革总揽全局,最大限度地调动人民群众的积极性和创造性,确保全县经济建设更加协调稳定地向前发展"的工作思路。次年起,在巩固农业的同时,千方百计抓工业和乡镇企业发展。1990年,县内生产总值增至97293万元,财政收入6153万元,完成固定资产投资23933万元。与1986年比,分别增长71.90%、85.55%、110.38%。1992年,县委、县政府确立"以县治移址促经济发展"的发展战略,建设新县城,开发小城镇,以城镇发展带动经济发展。1994年,又实施"科技兴农"举措,调整农业产业结构,提高农业效益。1995年,县内生产总值295487万元,财政收入12217万元,完成固定资产投资65438万元。与1990年比,分别增长203.71%、98.55%,173.42%。1996年起,开展流通领域体制改革,突出开放带动战略,放手发展市场建设,拉长第三产业链条。同时,进一步完善农村土地承包关系,稳定农业发展。至2000年,全县经济保持稳定增长状况。是年,县内生产总值411278万元,财政收入15078万元,完成固定资产投资104219万元。与1995年比,分别增长39.19%、23.42%,59.26%。2002年,县委提出"主攻工业,提升农业,大力发展第三产业"的经济工作思路,狠抓工业园区建设、招商引资、粮食提产提质、生猪品改以及流通市场建设,全县经济规模迅速扩张。2005年,县内生产总值达到751608万元,财政收入35168万元,完成固定资产投资267780万元。与2000年比分别增长82.75%、133.24%、156.94%。县域经济综合实力跻身全省第13位。

一、农业

1986年,湘潭县被定为全国商品粮生产基地县、湖南省吨粮田开发试点县和优质稻米生产基地县,农业经济在县域经济中占突出地位。主要农业产品有粮食、生猪、湘莲、禽蛋、茶叶、木材、竹材、茶油等。是年,全县农林牧渔业总产值49703万元,粮食总产70.95万吨,出栏肉猪55.93万头,湘莲总产量1730吨,水产品总量6750吨。1987年,因吨粮田开发试点成效显著,湘潭县被省政府授予基地吨粮开发"金杯奖"。1989年,湘潭县被林业部定为瘦肉型商品猪生产基地县,大力养殖瘦肉型商品猪。同时,实施"商品鱼基地建设"项目,推广成鱼高产技术,发展水产养殖业。1990年,全县农林牧渔业总产值87558万元,粮食总产73.59万吨,出栏肉猪84.04万头,湘莲总产量877吨,水产品总量10655吨。是年,湘潭县被授予"全国杂交商品瘦肉型猪基地建设先进单位",并跨入"全国养猪百强县"和"全国渔业生产先进县"行列。

1994年,县政府提出"科技兴农"方针,调整农业产业结构,启动成建制亩产过吨粮开发工程,发展经济作物,大力扶持畜牧水产养殖。1995年,全县农林牧渔业总产值增至223311万元,粮食总产量80.89万吨,实现亩产过吨粮目标。出栏肉猪144.11万头,湘莲总产量2446吨,水产品总产量21000吨。是年,湘潭县被首批百家中国特产之乡命名委员会授予"中国湘莲之乡"称号。1996年起,农业发展主要目标转向调优农产品结构,提高农产品质量,提高农业效益。重点发展优质杂交水稻,推广瘦肉型良种猪和高产养鱼技术,培育林产品加工业。同时加大对农业基础设施建设投入,改善农业生产条件,推广新型农业机械,提高农业生产效率。1997年,全县双季稻平均亩产1012千克,实现连续3年亩产过吨粮目标,成为湖南省粮食总产第二县。生猪生产跃居全省第一县。1999年,县委、县人民政府引导农民种植优质稻,发展经济作物,提高经济效益。2000年,全县农林牧渔业总产值271256万元,粮食总产量76.63万吨,出栏肉猪187.77万头,湘莲总产量2526吨,水产品总产量28495吨。

2001年,县委、县政府提出"提升农业"的发展思路,调整农业产业结构,大力发展规模养殖、种植业和经济林。2002年,湘潭县被全国绿化委员会、林业部授予"全国经济林建设先进县"称号。2003~2004年,粮食连年高产,湘潭县连续两年被农业部评为"全国粮食生产先进县"。至2005年,全县初步形成以高产高效的优质杂交稻为主的粮食主导产业,以瘦肉型商品猪为主的生猪主导产业,以湘莲生产与加工为主的湘莲产业,以优质商品鱼为主的水产产业。一批农业农村合作组织相继建立(响水青竹村生产模式得到时任省委书记杨正午充分肯定,并在全省推广),湖南宏兴隆湘莲食品有限公司、新皇粮米业有限公司等一批农产品深加工企业不断发展壮大;花石湘莲大市场、茶恩寺竹木品市场等形成集约加工加批量销售的特色市场。是年,全县农林牧渔业总产值480074万元,粮食总产量88.99万吨,荣膺"全国粮食生产先进县标兵"称号。出栏肉猪235.6万头,在全国养猪百强县中名列前茅。水产品总量35100吨,湘莲总产量5267吨。

二、工业

1986年,湘潭县工业基础薄弱,县域工业行业以采矿、建材、化工、造纸、湘绣、文化用品、皮革制品业为主,全县工业企业普遍规模小、经济效益不高。是年,共有工业企业4651个,其中国营企业36个,集体企业337个,村办、城乡合作经营企业以及个体工业企业4278家。全部工业总产值22509万元,占县内生产总值的39.77%。其中国营、集体以及村办、合营、个体工业企业所占份额分别为28%、39.3%、32.7%。其时,全县工业企业普遍实行以经济承包制、厂长负责制为主要内容的经营体制改革。1989年,县委、县政府实行"横向四套班子,纵向四级领导"抓工业和乡镇企业的工作举措,并制订发展乡镇企业的十条政策,促使乡镇企业迅速发展。1990年,全县工业企业4941个,其中国营企业37个,集体企业367个,村办、城乡合作经营企业以及个体工业企业4537个。是年,创工业总产值55398万元,比1986年增长146.11%,其中国营、集体以及村办、合营、个体工业企业所占份额分别为27.5%、36.4%、36.1%。

1992年,县委、县政府出台《关于加速乡镇企业发展的若干规定》,投入上亿元资金,发展乡镇企业。同年,成立易俗河经济开发区,建成荷塘工业小区。是年,湘潭县首次跨入全省乡镇企业十强县行列。1993年,全县工业总产值首次超过农业总产值,在县内生产总值中所占比例上升至52.2%。随着经济体制的转轨,国营、集体企业的经营管理逐渐不适应市场环境,效益滑坡,而乡镇企业和私营、个体企业发展势头日益强劲。到1995年,全县工业企业发展至6293个,其中国营12个,乡镇集体983个,私营、个体工业企业5298个。是年,全县完成工业总产值169301万元,其中国营占11.9%,集体占31.4%,私营、个体占56.7%。

1996年,县委、县政府作出《关于加快乡镇企业发展的决定》,加强对企业的指导,并在企业内部推行联产、联质、联效、联耗、联安全的"五联"责任制。同年,实施"开放带动"战略,制定《关于湘潭县易俗河经济开发区招商引资优惠政策及奖励暂行办法》,以新县城作为招商引资的主要窗口,引进外资企业。1997 年，县委、县人民政府围绕“兴工强农”战略，放手发展非公有制经济，同时着力推进乡镇集体企业体制改革。年内，出台《关于深化乡镇企业股份合作制改革的若干规定》，制订《湘潭县全面深化企业改革的总体方案》。1999 年，县政府批准建立吴家巷工贸区。同年，省委、省政府评定湘潭县为“发展乡镇企业先进县”。2000 年，县委、县人民政府出台《关于加快乡镇企业改革发展的决定》和《关于切实整治经济环境维护企业合法权益的通告》，建立县级领导联系企业工作责任制和公安民警联系乡镇企业制度，狠抓经济环境的整治工作，切实维护企业合法权益。是年，全县乡镇企业改制完成 97%，县属企业改制完成 92%。全县工业企业有 8501 个，完成工业总产值 376170 万元，其中私营、个体企业产值占 72.8%，非公有制经济成为县内工业经济的主体。

2001 年起，县政府贯彻 2000 年底县委八届七次会议提出的“主攻工业”的经济工作方针，进一步深化国有、集体企业产权制度改革，出台《关于鼓励外商投资的若干规定》和《关于鼓励外来投资的若干规定》，加大招商力度，吸引外资兴办企业。相继启动天易生态工业园、湘潭九华经济区建设，加快发展吴家巷工贸区。实施园区带动经济战略，走“工业兴县、园区兴工、项目兴园”之路，主攻园区经济、民营经济、规模经济，给全县工业经济注入巨大活力。至 2005 年的 5 年间，先后引进振云塑胶、一笑堂制药、五洲通药业、胖哥槟榔厂等一批骨干企业进驻园区。全县规模以上工业企业达到 142 家，总产值 312314 万元。涌现湘潭矿业有限公司、株潭洗煤厂、宏兴隆食杂有限公司、胖哥槟榔厂等产值过亿元企业，并打造振云塑胶、金驰电缆、胖哥槟榔、宏兴隆湘莲食品等众多名牌产品。天易工业园初步形成以采掘、机电、建材、医药、食品加工为主导产业的格局，入园企业达 136 家。采掘业、化工业、湘莲加工业、皮革制品业、竹木加工业、玻璃制造业发展势头良好，效益逐步提高。全县工业企业呈现多轮驱动、多轨运行、多元投入、多业并举的新局面。2005 年，全县工业总产值达到 527364 万元，比 1986 年增长 22.43 倍。

三、商贸

湘潭县历来商贸繁荣，县城为湘江流域重要商埠。1986 年，县内商业国有、集体和个体经济成分并存，国有、集体商业居主导地位，个体商业为重要补充。商品供应以计划供应为主，市场调节为辅。国营商业有县商业局、粮食局、物资局、烟草专卖局、对外贸易公司和药材公司所属企业，集体商业有县供销合作总社所属企业。时城区内商贸市场归属湘潭市雨湖区，县内有各类农村市场 53 处，其中易俗河、石潭、姜畲、花石四大市场为农村重要的商品集散地。是年，全县有商业零售机构 7433 个，从业人员 20997 个。社会消费品零售总额 23872 万元，其中国营经济占 19%，集体经济占 63%，个体经济占 18%。

1990 年，县供销系统实行企业经营体制改革，各公司和区镇供销社均实行经济大承包责任制。同时，县政府鼓励扶持个体经济。是年，完成社会消费品零售总额 46228 万元。1992 年，县商业、粮食系统也开始改革，县内推行国有和合作商业经营、价格、用工、分配“四放开”政策。至 1994 年，计划供应的商品渐次放开经营，国营、集体商业企业被逐步推向市场，个体商业企业迅速发展。同时，县内商品市场增容增量，改、扩建农贸市场 10 处，新建五交化商场、华天大厦两个国有商业批零商场以及牛头岭农贸市场、花果山农贸市场等农村市场 8 处。是年，全县共有 15831 个商业零售机构，商业从业人员35456 人，完成社会消费品零售总额 69117 万元，其中国营经济占 19%，集体经济占

45%,个体私营经济占36%。

1995年,新县城建成,县政府实行招商引资和农民进城落户优惠政策,吸引一大批农民和实业家进城经商、兴办企业,同时大兴小城镇开发。城镇建设的热潮促进了商品零售业、餐饮服务业、金融业、通讯业等行业快速发展。商品市场建设也得到加强,建成富豪阁农贸市场、易俗河农贸市场,裕隆大厦、金牛大厦、金湘大市场等批发零售市场以及金鹏路口湘莲大市场,并规划建设和完善青山桥皮革、花石湘莲、茶恩寺竹木制品3个专业市场,扩建乡镇中心市场。至1998年末,全县共有9457个零售机构,从业人员23350人。社会消费品零售总额118270万元,其中国有经济占16%,集体经济占36%,个体私营经济占48%。2000年,湖南万客源(后改名万凯源)商贸连锁有限公司落户县城。是年,完成社会消费品零售总额137630万元,其中国营经济占11.45%,集体经济占29.25%,私营个体经济占59.3%。

2001年,商业系统开始实行产权制度改革。2002年起,县委、县政府"大力发展第三产业"的发展思路,进一步深化流通体制改革,推动县域商业快速发展。各类商业零售机构不断增加,经营网点不断完善。知名大型零售企业步步高超市进驻县城,以裕丰宾馆、长江宾馆、五洲通宾馆为代表的餐饮业渐成规模,农贸市场增容增量,金融、保险、房产、职介、美容、美发、茶楼、足浴、汽车维修等百业兴旺,基本能满足城乡居民购物、餐饮、休闲娱乐等生活需求。

2005年,县内商业系统改制基本结束,国营、集体商业所占市场份额减少,私营个体商业成为流通领域的主体。除烟草、石油、民爆器材、食盐、烟花鞭炮等仍实行专卖(专营)外,其余商品全部放开经营,价格随行就市。全县基本形成以县城为龙头、22个乡镇为支撑的商贸流通网络,各类商业零售网点覆盖城乡。农贸市场交易活跃,专业市场如花石湘莲市场、青山桥皮革市场、茶恩寺竹木制品市场驰名三湘。是年,全县共有11885个商业零售机构,从业人员38279人。社会消费品零售总额达到209329万元,比1986年增长776.88%。其中国营经济占7.92%,集体经济占11.05%,私营个体经济占81.03%。

四、城镇建设

1986年,县委、县政府为解决县治不在县境的窘况,多方谋划建设新县城。1987年,县政府制定县城建设初步规划,确定新县城选址易俗河镇。次年起,展开县城建设的规划和报批等系列工作。1992年6月,国务院批准同意湘潭县政府驻地迁移易俗河镇之后,县委、县政府动员全县人民筹资筹劳兴建新县城。通过三年的艰苦奋斗,投入资金5亿元,至1995年,新县城初具规模,建筑面积60多万平方米,城区道路、通讯、供电、供水、排污等基础设施建设基本完成,城市生产、生活设施一应俱全。9月,县治迁移易俗河镇,从而结束湘潭县45年有县无城的历史。在建设新县城的同时,全县贯彻"小城镇建设、工业小区建设、市场建设于一体"的方针,坚持以镇为单位、五"统一"(统一规划,统一征用,统一设计,统一建设、坚持基础设施配套)的原则,投入1.9亿元,对石潭镇、青山桥镇、中路铺镇、石鼓镇、云湖桥镇等小城镇进行建设和综合开发,新建一批工业小区、市场、街道和商铺,完善水、电、路、通信等基础设施,使小城镇的功能不断增强。

1996年,县委、县政府把城镇建设作为新的经济增长点,通过制定招商引资优惠政策,实施"产业兴镇、招商兴城"发展战略,增加城镇建设投资,完善城镇管理,推动城镇建设进程。1996~2005

年的10年中，共投入城镇建设资金23.35亿元。2005年，县城形成六纵(玉兰路、金桂路、雪松路、海棠路、荷花路、杨柳路)四横(凤凰路、大鹏 / 天易路、云龙路、天马路)路网框架和“一园两区”(即天易生态工业园、金霞文化旅游区和商贸区)的发展格局，城区面积达12平方千米，城镇化率23%。县城达到设施齐全、功能完备的新兴城市水平。15个建制镇城区面积达37平方千米，初步形成基础设施完备、特色明显的城镇网络，吸引35万农民进城入镇经商办厂，城镇化率达30.1%。易俗河镇、花石镇被列入国家级重点镇，中路铺镇、石潭镇、谭家山镇成为省级经济百强镇(或示范镇)，青山桥镇誉为“湘中鞋都”。

五、教育

1986年，全县有中小学校836所，在校学生160852人，教职员工7990人，适龄儿童入学率99.76%。有幼儿园1所、学前班533个，入学人数12926人，教职员工543人。有农村职业中学2所，入学人数292人，教职员工38人。是年，全县校舍面积51万平方米。1988年，县政府推进教育体制改革，坚持普通教育和职业教育同步发展的办学方针。实行中学毕业会考制度和中学教育质量综合评价制度，建立和实行法制教育制度。1989年起，湘潭县实施“科教兴县”战略，开始普及九年制义务教育，按照“立足长远，统一规划，分步实施，量力而行”的原则，逐年投入资金，改造校舍和改善办学条件。1992年，经省督导团验收，湘潭县被评为全省教育工作先进县。1995年，又被评为全省普及实验教学先进县、艺术教育先进县，并被确定为湖南省农村教育改革试点县。是年8月，按中央、省的要求，启动“在本世纪末基本普及九年制义务教育，基本扫除青壮年文盲”(简称“两基”)的达标建设。1997年，全县“两基”工作经省验收达标。全县教育教学水平显著提高，教育条件大为改善。1998年，全县取消小学升初中的升学考试，小学毕业生全部就近升学。是年起，县内办学体制开始改革，先后创办湘潭江声实验学校、湘潭县云龙实验中学、晨光电脑学校、科旺电脑学校等国有民办学校、民办职业学校以及一批民办幼儿园。2000年，又创立民办学校湘潭县凤凰中学。2002年，县委、县政府作出《关于教育改革与发展的决定》。之后，把教育作为“科教兴县”战略的基础工程来抓，继续巩固“普九”和“两基”成果，大力发展高中阶段教育，改革教育管理体制和办学体制，健全教育经费投入保障机制，狠抓素质教育，推动教育事业可持续发展。2005年，全县共有中小学校395所，职业高中9所，特教1所。在校学生153923人，教职工人数9533人。有幼教机构99个，在园人数7000名，幼师和保育员510人。适龄儿童入学率为100%，初中毕业升学率63.56%。全县校舍面积137万平方米。全县基本普及九年义务教育，基本扫除青壮年文盲。高中会考合格率为97.55%，高考上线率(本一、本二)28.97%，分别高出全省和全市平均水平10%和5%，第七次蝉联湘潭市冠军。县一中、县五中、县凤凰中学先后成为湖南省示范性普通高级中学，县百花学校办学规模在全市名列前茅，县二职、县一职被评为国家级重点中等职业学校，22所乡镇农校成为市级示范农校。

六、科技

1986年，科技工作被纳入县政府工作的重要内容。全县有农林业科研所、厂办研究所5所科研机构，有区、乡(镇)农技站76个，进行科技研发和推广。有专业技术人员5000余人。县政府采取技术报告会、科普集市等形式宣传普及科学技术。是年，开始实施“星火计划”。至1988年，共下达“星火计划”项目32个。1989年,县政府提出“科技兴农”工作思路,把科学技术作为推进农业发展的第一推动力。1991年,又提出“科技兴工”工作思路,引进推广新工艺、新技术,开展新、扩、改项目建设,把科学技术纳入全县工业和乡镇企业发展的重要内容。1993年,正式提出“科技兴县”战略,把“科技兴农”和“科技兴工”作为“科技兴县”的重要措施。先后实施“火炬计划”、“星火计划”、“科技兴农”、“科技振湘”、“科技兴工”和“科技兴县”等措施和计划,“星火计划”突出湘莲高产栽培技术和名优茶的研制开发,“火炬计划”重在推广应用新技术、新工艺,2003~2004年,被科技部评定为“通过全国科技进步考核”,湘潭县被国家科技部认定为“全国科技进步县”。1986~2005年的20年间,全县累计实施科技项目588个,累计投入科技经费20亿元;有135项科技成果获市以上科技奖;累计申请专利422件。新大粉末冶金设备制造有限公司研发的真空烧结脱蜡一体炉、县湘帅滤板制品有限公司研制的耐压新型塑料压滤板、县化工厂研发的防晒立德粉、皇马农机有限公司研发的4LZ-0.5型水稻联合收割机等产品,经省科技成果鉴定委员会鉴定,产品性能居国内领先水平,产品畅销。县内主要制造业企业依靠科技,进行信息化改造,全部实行信息化管理,经济效益大增。2005年,全县有科技协会、学会、研究会16个,农技协50个,乡镇科普协会22个。有专业技术人员1.1万余人,另有农民专业技术人员和民营企业专业技术人员1.5万余人,分布在工业、农业和其他行业。是年,县域科技创新能力排名全省第二位,湘潭县被科技部评为“全国科技进步先进县”。

七、文体

1986年,湘潭县有图书馆、文化馆、花鼓戏剧团、电影公司、文物管理所、新华书店等文化基础设施,有乡镇文化站40个。有线广播基本普及,村通广播率96%,有21600户家庭拥有电视机。群众文化活动形式多样,有歌咏比赛、花鼓戏表演、龙舟赛、观看电影等。文艺创作队伍壮大,县文联下设文学、戏剧曲艺、音乐舞蹈、美术、书法、摄影和民间文艺7个协会,会员达205人,创作的各类文艺作品在全国、省市刊物上发表。是年,县政府贯彻“发展体育运动,增强人民体质”的方针,学校普遍施行《国家体育锻炼标准》,篮球、乒乓球、羽毛球、田径、游泳、棋类等体育活动广为普及。通过训练,培养了二、三级运动员116人。

1987年以后,随着经济的发展和社会的进步,县政府根据县情,稳妥推进文化体育事业发展,以满足群众的精神需求。

2005年,县城建成“三馆两中心一广场”[即文化馆、图书馆、彭德怀纪念馆,青少年校外活动中心、白石演艺中心(瑞鸿山庄),白石文化广场]。乡镇、村级文化设施健全,22个乡镇均成立宣传文化站,拥有乡镇万册图书馆4个,图书室283个,部分村建起文化室。全县基本形成以县文化馆为龙头、以乡镇宣传文化站为纽带、以村文化室和乡镇文艺团队为基础,以文化经营户为补充的农村基层文化网络。有文化经营户586户,农村涌现出王自强(云湖桥镇王家湾村)等一大批自编自演的专业、业余农民文化骨干,农民自发组织的业余文艺演出团队181支,各类文化从业人员近5000人,文化产业创产值10063万元。体育设施也不断完善,建有体育场地326个,其中运动场65个。邮政业务网络覆盖到村,固定电话用户达到155324户,移动通信网络覆盖全县,用户数达到13万余户;电脑逐渐普及,宽带上网用户达到10299户。广播电视实现“户户通”,有线电视进入农村,数字电视在城镇普及。是年,湘潭县被评为全省文化先进县。至2005年的20年间,公共文化基础设施不断完善,文学艺术、广播影视等事业蓬勃发展,群众文化活动丰富多彩。唢呐演奏、花鼓戏、皮影戏、武术、剪纸、竹木工艺等历史悠久的民俗民间艺术,文艺汇演、卡拉OK电视大赛、龙舟赛、腰鼓赛、电影等形式多样的文化活动,为广大人民群众提供丰富的精神食粮。在文学、美术、舞蹈、音乐、摄影等方面有80多件作品在省级以上发表、展览、表演并获奖。其中莫柏槐创作的唢呐演奏曲《春风吹拂青山桥》、胡泽民的歌曲《山里的哩哩》等、吴升平的皮影戏和剪纸作品、叶舟和谭长庚合作搜集整理的民歌《放风筝》获国家级大奖,齐金平的国画《虾》获国际展览特殊荣誉奖。竞技体育水平大幅提升,县内各年龄组运动员参加全国以上的体育赛事,共夺得金牌15枚,银牌10枚,铜牌4枚,涌现出杨炼、扶婷等世界冠军。

八、医卫

1986年,全县有医疗机构100个,其中县级医院3个,乡卫生院60个。县内形成县、区、乡(镇)、村四级医疗网。有病床987张,卫生技术人员2017人。是年起,继续深化医疗卫生体制改革,改善医疗条件,提高医疗技术,强化医政管理,加强公共卫生和预防保健。1989年,成立湘潭县红十字会。1992年,医疗机构增至117个,床位数增至1329张,卫生技术人员达到3051人。1993年,贯彻湖南省《关于加强和加快农村卫生工作改革的决定》精神,对乡镇卫生院进行体制改革,全县68个乡镇卫生院,由县卫生局统管改为县乡两级共管。

1994年起,实行医疗机构许可制度。1995年撤区并乡,全县设22所乡镇中心卫生院、551所村卫生室和个体诊所。是年,全面实施中央提出的“人人享有卫生保健目标”,开展农村初级卫生保健建设。全县有89%的人口饮上清洁卫生水,卫生厕所普及率为78.6%。1996年,湘潭县农村初级卫生保健经省级初检基本达标,1998年实现超前达标,被评为湖南省达标示范县。2001年起,对医疗机构实行分类注册,是年注册803家,其中非营利性医疗机构752家,营利性医疗机构51家。2002年,投资8000万元,先后完成县人民医院、县卫生防疫站、县妇幼保健院的整体搬迁;新建县疾病预防控制中心、县人民医院传染病区、县妇幼保健大楼、青山桥中心卫生院大楼和花石中心卫生院住院大楼,对除谭家山镇、石鼓镇卫生院外的20个乡镇(中心)卫生院进行提质改造,新、改、扩面积近40000平方米。是年,湘潭县被评为全省农村中医工作先进县。2003年,在抗“非典”和人禽流感中及时启动应急预案,措施得力,工作成绩突出,县卫生局被评为全省抗击“非典”先进集体。2004年,进行农村卫生体制改革,县委、县人民政府作出《关于加快农村卫生改革和发展的决定》,全县设立政府举办的县直医疗卫生单位5个、中心卫生院8所、乡镇卫生院14所,乡镇(中心)卫生院人、财、物、事上划归县卫生局管理,乡镇(中心)卫生院院长、防疫妇幼专干全面实行公开竞聘上岗。

2005年,启动新型农村合作医疗制度,参合率46.53%。是年,人禽流感防治取得成功,实现“人员不感染,疫情不扩散”的目标,世界卫生组织先后两次到湘潭县考察,香港、澳门、台湾的医疗防疫专家到县参观学习。98%的居民饮上清洁卫生水,无害化厕所普及率87%,传染病的发病率和死亡率低,婴幼儿死亡率10.2‰,孕产妇死亡率10万分之17.62。全县有医疗机构27家,村卫生室510个,个体诊所51家,民营医院1家,厂矿职工医院2家。有卫生工作人员数2457人,床位数1414张。县、乡、村三级医疗预防保健网络健全,群众就近就医的格局基本形成。

九、人民生活

1986年,农村居民人均纯收入522元,人均生活消费支出462元,城镇职工人均工资1184元。农村和城镇居民人均住房面积分别为22.61平方米、15平方米。居民消费结构开始由自给性消费向商品性消费转变,由以食品为主的消费向消费多样化转变。1987~1989年,随着收入的增长,人民生活水平逐渐提高。饮食开始讲究营养和花样品种,衣着开始讲究质地和款式。住房条件改善,部分居民开始建楼房。家用几大件由单车、手表、缝纫机、收音机发展为电视机、录影机、洗衣机、电风扇。城镇居民收入和消费水平比农村居民高,部分人出现超前消费现象。

1990年,农民人均纯收入为821元,人均生活消费支出690元,城镇职工人平工资2080元。农村和城镇居民人均住房面积分别为31.49平方米、17.9平方米。1992年以后,由于农村劳动力外出务工增加和县内城镇开发热潮,促进农民收入的快速增长。消费结构向衣、食、住、行、通讯、文教、娱乐等方面发展,洗衣机、电冰箱、彩电、摩托车等高档消费品逐渐普及。1997年末,农民人均纯收入2856元,人均生活消费支出1985元,人均住房面积37平方米。电视机普及率每百户92台,安全卫生水普及率98%,用电户比重100%,村电话覆盖率82%,"五保"户人口生活保障比重98%。城镇职工人均工资4665元,人均住房面积22.6平方米。1998~1999年,受国家经济政策紧缩的影响,农民人均纯收入分别为2534元、2543元,城镇职工人均工资分别为5840元、5759元。2001年后,由于国家实行宏观经济调整成效明显和中央实施惠农政策,城乡居民增收幅度加大。

2005年,农民人均纯收入增至4045元,人均生活消费支出2860元,人均住房面积46.1平方米,楼房率达99%。农民户均拥有彩电0.75台、洗衣机0.63台、电风扇3.5台、电冰箱0.17台、热水器0.05台、摩托车0.43台,电话0.68台、移动电话0.59台、大型家具7.67件。汽车、电脑进入居民家庭。城镇居民生活质量普遍提高,职工人均工资13031元,居民人均消费支出6765元,人均住房39.34平方米。日用品消费向高档、环保方向发展,空调、液晶彩电、私家摩托车、小汽车、全自动洗衣机、家用电脑等高档电器和用具消费增多,移动电话在城镇居民家庭中普及。居民文化、保健、美容、休闲、旅游消费逐渐上升。城乡居民贫富差距拉大,有资产亿元的富裕户,也有靠低保救济维持生活的贫困户。是年,全县建立城市居民最低生活保障、职工养老保险、农村养老保险、职工医疗保险、农村医疗保险、失业保险等社会保障机制,人民生活得到普遍有效的保障。

1986~2005 年湘潭县委书记、县长

表 70-1

县委书记		县长	
姓 名	任职时间	姓 名	任职时间
伍克文	1985.4 ~ 1988.3	伍绍斌	1983.12 ~ 1988.5
伍绍斌	1988.3 ~ 1991.11	谭养吾	1988.5 ~ 1990.2
卢东南	1991.11 ~ 1994.12	卢东南	1990.2 ~ 1991.11
殷正海	1994.12 ~ 1996.2	殷正海	1991.12 ~ 1994.12
何坤布	1996.2 ~ 1998.12	何坤布	1994.12 ~ 1996.2
宋厚源	1998.12 ~ 2002.10	杨世同	1996.3 ~ 1997.2
刘清林	2002.10 ~	宋厚源	1997.3 ~ 1998.12
—	—	彭鉴萱	1998.12 ~ 2000.12
—	—	肖克和	2000.12 ~ 2002.11
—	—	朱少中	2002.12 ~

湘乡市

湘乡市居湘中偏东,位于北纬 27°29′2″ ~ 28°3′45″和东经 111°59′40″ ~ 112°38′55″之间。东临韶山市和湘潭县,南接双峰县,西与娄底市区毗邻,北界宁乡市,市城区距湘潭市中心 45 千米。全市总面积 2003.64 平方千米。湘黔、向韶、洛湛铁路在境内通过。境内公路总长 3496.24 千米,公路密度为 35 千米 / 百平方千米,交通方便。

湘乡地属华南丘陵区,西、南部较高峻,东、北部较平缓。最高点为褒忠山的三尖峰,海拔 807 米;最低处东郊乡文佳滩附近涟水出境处,海拔 41 米。境内河流密布,水资源较丰富,地表水、地下水及涟水是主要的水资源。涟水横贯市境,16 条一级支流直接汇入, 纳入湘乡集雨面积 1784 平方千米,占全市总面积的 89%。另有乌江、靳水经市境流入宁乡市。湘乡全市农用地 15.72 万公顷,占全市总面积的 78.45%,建设用地 1.85 万公顷,占总面积的 9.22%。未利用土地 2.5 万公顷,占总面积的 12.33%。人均土地资源 0.22 公顷。境内有水泥灰岩、冶金白云岩和建筑用花岗岩等 32 个矿种,分布在 169 处。植物资源 1000 余种,可分为山林、农作、药用、观赏 4 类,重点保护的野生植物有水杉、樟等 20 多种。境内动物资源可分为野生动物和饲养动物两大类近 200 种。属省二级保护的有穿山甲、水獭、果子狸等 9 种。

境内有国家、省、县(市)级重点文物保护单位 20 处。东山书院(东山学校)系国家重点文物保护单位。省级重点文物保护单位有云门寺、黄公略故居、孔庙(县学宫)、宋窑遗址 4 处。县(市)级文物保护单位有:岱子坪、状元洲、团鱼山等文化遗址及革命纪念地陈赓、谭政、李卓然故居等。旅游资源有水府旅游区、大东山旅游区等 5 大景区 100 多个景点。

1986 年, 湘乡县人民政府辖 8 个区、3 个区级镇、41 个乡和 3 个乡级镇、712 个行政村、23 个居

民委员会。1987年建市后,调整为8个区级办事处、3个街道办事处、41个乡、2个区级镇、3个乡级镇。1989年,撤区并乡建镇,撤销8个区级办事处,保留了3个街道办事处,乡镇合并为18个。2005年,全市13个镇、5个乡、4个城区街道办事处,710个村,42个居民委员会,其中18个社区委员会。

1986年,境内共有人口817273人,其中男性420946人,女性396327人。1990年,总人口增至870915人,其中男性448504人,女性422411人,人口自然增长率为12.35‰,计划生育节育率86.7%;1990年后,贯彻《湖南省计划生育条例》,人口增速得到控制。自然增长率逐年降底,节育率不断提高。2000年,全市人口893557人,其中男性461552人,女性432005人。人口自然增长率为3.42‰,节育率为92.42%;2005年,全市总人口893182人,男性459428人,女性433754人,人口自然增长率为3.30‰,节育率为92.97%。

1986年,全市国内生产总产值3.47亿元,财政收入4585万人。经济逐渐发展,财政收入逐年增长。1990年,全市国内生产总值增至6.70亿元,财政收入6275万元。1992年后,加快改革开放步伐,加快村级经济发展,工业企业挖掘增产潜力,经济发展增速。1995年,全市国内生产总值增至22.72亿元,财政收入增至1.27亿元。1996年后,工商、财政开展体制改革,大力发展民营经济。2000年,全市国内生产总值增至34.51亿元,财政收入增至2.07亿元。2001年起,产权制度改革加快,经济持续发展。2005年,全市国内生产总值增至67.15亿元,财政收入增至3.45亿元。

一、农业

湘乡经济以农业为主,农产品以粮食和生猪为主。1986年,粮食总产45.50万吨,生猪饲养量139.82万头,出栏肉猪61.86万头,是全国100个杂交型生猪重点养殖县(市)之一。森林覆盖率为29.8%。活立木蓄积66.91万立方米,立竹773.9万根。农业总产值2.82亿元。1989年,湘乡被国务院批准为全国商品粮基地和全国100个杂交瘦肉型生猪养殖县(市)之一。1990年,全市粮食总产50.01万吨,生猪饲养量161.63万头,出栏肉猪80.3万头,居全省第一。森林覆盖率36.7%,农业总产值4.25亿元。1993年,湘乡市被国家农业综合开发办公室列为新增规模开发区。1994年,省农业厅认定湘乡为"双季稻过吨粮市"。1995年,全市粮食总产53.10万吨,生猪饲养量233万头,出栏肉猪128.5万头,猪牛肉总产量名列全国百强县(市)第25位。森林覆盖率达到44.1%,活立木蓄积162.42万立方米,立竹585.56万根,农业总产值10.47亿元。1996年,"九五"国家重点科技攻关项目"国家水稻工程"湘乡基地涞津村双季稻面积63.93公顷,亩产1077千克。1997年,湘乡市获平均亩产过吨粮县(市)称号及全国500强产粮大县之一,跻身全国生猪百强县(市)行列。2000年,全市粮食总产50.49万吨,生猪饲养量249.57万头,出栏肉猪146.5万头,农业总产值12.38亿元。2001年,全市人工造林8994公顷,获全国造林绿化百佳县(市)称号。2005年,国家粮食丰产科技工程湘乡核心试验示范区主持的"水稻隔层定距无盘抛植技术研究与应用"项目通过省级鉴定。当年,全市粮食总产量56.21万吨,生猪饲养量303.1万头,出栏肉猪198.62万头,森林覆盖率达到46.33%,活立木蓄积339.64万立方米,立竹1443.49万根。农业总产值21.00亿元。

二、工业

1986年,湘乡境内冶金、建材、轻纺、化工、机电、饮料食品等工业已具有一定规模。全市有各种经济类型的工业企业1957家,工业总产值4.73亿元。国营36家,其中部、省、地属工业企业8家,县属企业28家。国营企业总产值3.6亿元,占全市工业总产值的76.4%。集体工业企业713家,产值1.03亿元,占全市工业总产值21.82%;民营工业企业1208家,产值1014万元,仅占全市工业总产值的2.14%。1987年后,国营、集体工业企业进行体制改革,大力发展民营经济。1992年,全市各类经济类型的工业企业共3493家,工业总产值12.46亿元。其中国营34家(市属企业减少4家),工业产值8.39亿元,占全市工业总产值的67.34%;集体786家(乡办、村办企业增加102家),产值3.30亿元,占全市工业总产值26.4%;民营企业猛增至2673家,工业产值7808万元,占全市工业总产值的6.26%。1993年后,随着市场经济的发展,国有和集体工业企业走入困境。1994年起,进行破产、重组、股份合作、兼并、拍卖、转让等方面的产权制度改革。1998年,全市工业企业5098家,工业总产值53.93亿元。国有工业企业　减少至18家,工业总产值12.75亿元,占全市工业总产值的比例减少至23.64%。集体工业企业　减少至297家,工业总产值15.03亿元,占全市工业总产值的27.87%;民营工业企业发展到4783家,涉及各个门类,皮革工业成为境内的一大产业。民营工业企业总产值达到26.15亿元,占全市工业企业总产值的比例上升到48.49%。1999年,市委、市政府贯彻中共中央《关于国有企业改革和发展若干重大问题的决定》,相继出台《关于深化国有集体企业改革的若干问题的规定》等文件,在国有集体企业中实行以"两个置换"(企业置换产权、职工置换身份)为主的产权制度改革。2005年,全市各种经济类型的工业企业4560家,工业总产值69.58亿元。其中国有6家,产值13.29亿元;集体67家,产值3.58亿元;民营(个体)4486家,产值51.74亿元;外资1家,产值9700万元。国有、集体、民营、外资的产值分别占总产值19.10%、5.15%、74.36%、1.39%。工业经济由国营、集体企业为主,转向以非公有制经济为主,形成国有、集体、私营、外资等多种经济类型并存的多元化结局。

三、商贸

1986年,境内有国营、集体商店290家,从业人员3774人;个体工商户6210家,从业人员9312人;城乡集市贸易市场31个。社会商品零售总额2.41亿元。1987年起,国营集体商贸企业进行经营模式改革,实行以目标管理为主要内容的承包责任制。1990年起,国家取消对国营集体商贸的优惠政策和财政补贴,个体经济迅速发展。当年,全市国营集体商店为280家,从业人员3680人;个体工商户6268家,从业人员10083人。社会商品零售总额为6.8亿元。其中国营商业占20.1%,集体商业占63.1%,个体工商户占16.8%。1991年,采用兼并、关闭、置换、重组等形式进行国营集体商贸企业的产权制度改革。1995年,在农村新建4个集贸市场。1997年,在城区东山路新建营业面积6200平方米的集贸大市场,农村8个新市场投入使用,潭市蛋品市场被评为省和全国文明集市。1998年,湘潭步步高超市入驻湘乡,湘乡振兴超市开业。1999年,营业面积5500平方米的钢材大市场建成开业。2000年,建成营业面积5000平方米的建材大市场。全市国营、集体商店195家,从业人员2300人;个体工商户10915家,从业人员23012人。社会商品零售总额15.2亿元。国营商店所占比重下降至2.8%,集体商店占40.8%,个体工商户上升至56.4%。2001年起,在国营集体商贸企业中,实行以"两个置换"(企业置换产权、职工置换身份)为主,同时通过公开拍卖、处置资产进行企业改制。2002年,建成营业面积1.4万平方米的服饰大市场。2003年,在城区梅坪新建1.45万平方米的农贸大市场。在桑梅中路新建1.2万平方米的副食大市场。2004年，完成国营集体商贸企业改制，企业和职工全面走向市场。2005年，全市有个体工商户12457家，从业人员26946人。市城区有步步高、振兴、新华联3个规模较大的超市，有5个专业大市场和5个大型农贸市场，市场营业面积共85500平方米。农村有43个集贸市场。社会商品零售总额为22.05亿元，其中国营商店7868万元，占3.6%，个体工商店21.26亿元，占96.4%。国营商贸主导地位在市场经济中逐渐退出。

四、教育

1986年，全县有小学614所，在校学生102027人，适龄儿童入学率97.7%；初中102所，在校学生43828人；普通高中18所，在校学生8392人。全县每万人中有高中学生110人。全县教职工8286人，其中民办教师2712人，占教师总数的33.93%。1990年，全力扫除剩余文盲。1991年，湘乡市被评为全省扫除文盲先进单位。1996年，市政府决定，在1997年全市实现党中央、国务院提出的“基本普及九年义务教育，基本扫除青壮年文盲”（简称“两基”）。1996～1997年，全市投入资金8508万元，消除学校危房2.29万平方米，新建、扩建学校92所，建筑面积为14万多平方米。1997年，全市有小学485所，在校学生118823人，小学适龄儿童入学率100%，小学生毕业率97.2%，毕业生升学率99.3%；初中85所，在校学生43866人，初中合格率98%；初级中等教育完成率88.3%；全市青壮年中非文盲率99.94%。省政府教育督导团检查评估认定湘乡市实现“基本普及小学义务教育、基本扫除青壮年文盲”。1998年，进行“普九”复查，巩固和发展“普九”成果，绝大多数民办教师转为公办教师。2000年，全市有小学342所，在校学生80558人，正常适龄儿童入学率99.25%；初中92所，在校学生57088人；普通高中10所，在校学生11821人；中等职业技术学校14所，在校学生4071人，每万人中有高中（中职）学生178人。教师8554人（含民办学校教师）。2005年，全市接受一年制学前班教育儿童比例为80%，达到国务院规定指标。有小学207所，在校学生52715人，小学适龄儿童入学率100%；初中73所，在校学生38706人；高中15所（两所省级示范性高中），在校学生26569人；中等职业技术学校11所，在校学生7246人。每万人中有在校高中（中职高）学生380人，高于全国平均水平。在职教职员工7801人。至2005年的20年间，全市有31325人参加高考，大学本科录取13699人，专科录取15559人，中专录取1146人，升学率为49.58%。另招收飞行学员57人。通过高等教育自学考试，获大学毕业文凭2300人，成人高校招生录取11042人。

五、科技

1986年，全县有科学技术研究机构3个，县级科学技术学会（协会）23个，会员2598人，科技管理人员1798人，专业技术人员1181人，其中具有工程师职称83人，助理工程师390人，技术员级708人。1991年，市委、市政府作出“科技兴市”决策，加大科技投入。当年市畜牧服务中心陈德祥等的“杂交商品瘦肉型综合技术开发”获国家科技成果三等奖。从2002年起，市委、市政府两年召开一次全市科技工作大会，表彰和奖励作出贡献的科技人员及优秀科技项目。2004年，市农业局赵立武等的“水稻大面积高产配套技术研究开发与示范”获国家科技成果二等奖。当年，国家科技部宣布湘乡市通过2001～2002年度全国科技进步考核。2005年，全市有科技专业学会28个，会员3000多人，科技管理人员1813人，专业技术员10480人（其中授予高级职称450人，中级职称4149人）。当年，被国家科技部评为全国科技先进县(市)。至2005年的20年间,全市共获奖的科技成果249项,其中国家级2项,省级30项,湘潭市级91项。专利申请584件,专利授权73件。

六、卫生

1986年,全市有卫生医疗单位106个(不含民办街道诊所和村卫生室,下同),在职卫生工作人员2142人,平均每万人中有26人。其中卫生技术人员1880人,主治(主管)医师30人,医师、护师、药师451人,医士、护士654人。另有个体医生147人,共设病床1506张,平均每万人18张。1989年,医疗卫生单位调整为68个,其中市直属8个,9个区卫生所,5个农村医院,46个乡镇卫生院。在职卫生工作人员2423人,平均每万人中有27人,其中卫生技术人员2294人,获高级职称15人,中级职称41人,初级职称1640人。个体医生增至328人。设病床1544张,平均每万人仍为18张。1993年,实施消灭"脊髓灰质炎"强化免疫,投服率为99.9%,被评为省强化免疫先进单位。1995年,在撤区并乡建镇时,撤销9个区卫生所,46个乡镇卫生院合并为19个,全市医疗卫生单位为34个。1998年,撤销湘乡卫校,2001年撤销市药检所,成立湘潭市药品监督管理局湘乡分局。2005年,全市医疗单位为32个,共设病床1840张,平均每万人20张。在职卫生工作人员2662人,平均每万人中有30人。其中卫生技术人员2400人,具有高级专业技术职称的91人,中级职称441人。另有个体医生712人,村接生员39人。全市62.5万人饮用清洁卫生水,占农村人口78.6%。湘乡平均期望寿命达到73.17岁,比全国平均期望寿命高2.31岁。100岁以上老人13人,最高年龄为103岁。

七、文化

1986年,城区大型文化基础设施有文化馆、图书馆、博物馆、剧院、电影院,农村有19个影剧院、5座文化楼、35个图书馆(室)。专业艺术表演团体1个(湘乡剧团),297个电影放映单位(其中个体队251个),全年放映电影29012场。有1个广播站(1989年升格为广播电台)和1个电视差转台。1993年投资70万元用于农村广播网建设。当年,乡镇村通播率100%,喇叭入户率80.6%,成为省有线广播达标县(市)。1995年在褒忠山建电视转播台。群众文化活动丰富,以歌舞为主的文艺演出较多,如歌咏比赛、文艺调演。1997年,市图书馆新馆舍建成开馆,湘乡市被文化部评为全国文化工作先进县(市)。1998年,育塅乡建成湘乡市第一个乡镇万册图书馆,以后陆续建成9个。电影事业逐年滑坡,当年,个体放映队基本消失,乡镇影剧院停映。1999年,市图书馆被文化部评为"国家二级图书馆"。市文化馆新馆舍投入使用,当年被评为"国家二级文化馆"。2000年底,湘乡市广播站关闭,广播被电视取代。市博物馆新馆舍建成开放。2001年10月,举办首届文化旅游艺术节。2004年9月,举办第二届文化旅游艺术节,同时举办全国第三届演讲比赛和全国漫画大赛。湘乡剧团在戏剧处于不景气的阶段中,长年坚持下乡演出,第三次被省文化厅授予"湖南省好剧团"荣誉称号。2005年,电视台开通39个转播频道。城区有线电视用户32000多户。农村有谷水、虞塘、白田、潭市、山枣、东山等乡镇建差转台,有线电视用户17000多户。厂矿有湖铁、湘铝、韶峰集团台,用户6600多户,电视普及城乡。农村19个文化站,文化活动场地1.21万平方米,藏书17.54万册,固定资产342.73万元。20年中,全市在省级以上报刊发表、电视台(电台)播映(播放)或获奖的各类文化作品3800多件,有30多位作者出版专著。

八、体育

1986 年,全市有体育馆 1 个、篮球场 197 个、排球场 13 个、乒乓球房 16 个等较大型体育设施。群众体育活动以篮球、乒乓球、羽毛球、门球(老年)、象棋为主,每逢节假日,组织比赛。全民健身活动经常持久。学校中小学坚持每周“两课、两操、两活动”(2 节体育课、早操和课间操、2 节课外体育活动)。2002 年,学校实施《国家体育锻炼标准》,参加测试的学生 100%达标。2005 年,全市有体育馆 5 个,室内外篮球场 80 个,游泳池 2 个,田径场 10 个,射击馆 1 个,激流回旋运动基地 1 个,门球场 20 多个。至 2005 年的 20 年间,湘乡运动员在省级运动会上的田径、举重、柔道、跆拳、摔跤等项目比赛中有 20 人次(项)获得第一名。杨红在全国中学生运动会上获女子跳高第一名,破全国少年纪录,张凌志在全国无线电测向比赛中获无线电测向 2 米段小团体第 1 名。黄文武在全国六运会上获男子撑竿跳高第三名。

九、人民生活

1986 年,湘乡县农民人均纯收入为 482 元,人均生活消费 385 元,食品消费支出占 59.48%,主要是大米,人均 318 千克,人均居住面积 29.21 平方米,城镇职工人平年工资为 1217 元,而居民人均消费 1250 元,不足部分,靠居民经商及经营性服务收入予以补充。食品消费占 38.6%,粮食由国家定量供应,每月每人 10~20 千克不等。人均居住面积为 10.96 平方米。城乡居民穿戴多为色彩单调、价格低廉的布质服装,家用的高档设施为单车、手表、缝纫机“老三件”。极少家庭有固定电话,文化娱乐消费不多。1991 年后,国家多次提高农产品收购价格,农村劳动力流动就业快速发展,农业产值增加。1996 年,农村居民纯收入达到 2077 元,生活消费支出 2051 元,人均住房面积 32.96 平方米。城镇居民工资 6168 元,人均住房面积 16.6 平方米。此时,人们对吃喝比较讲究,注重营养。农民穿戴由购买布料自己缝制转为购买成衣,注意美观大方。城镇居民注意品牌、讲究款式。家用设施由“老三件”转为电视机、摩托车、洗衣机“新三件”,电话机、手机逐渐增多。人们重视医疗保健,健身器材、保健药品逐渐进入居民家庭。1999 年 1 月起,部分“三无”人员(无生活来源、无劳动能力、无赡养人或无抚养人)享受低保待遇。2001 年,国家采取一系列支持农民增收的政策。全市企业、机关、事业单位参保者进行社会养老保险统筹。2002 年,增加低保人数,提高低保标准,取消乡镇统筹、村提留等摊派。2003 年,国家实行粮食直补和良种补贴、农机补贴。2005 年,取消几千年以来的农业税,农民收入大增长。当年农村居民人均纯收入达到 3751 元,生活消费支出 3460 元,住房 50.2 平方米,农户楼房普及率达 93%。城镇居民工资 13883 元,住房面积 33.43 平方米。摩托车、电话机、手机普及,空调、冰箱、彩电进入千家万户。

1986~2005 年湘乡市委书记、市长

表 70-2

市委书记		市长	
姓 名	任职时间	姓 名	任职时间
周则科	1984.12 ~ 1987.1	廖六如	1987.3 ~ 1990.1
王林森	1987.11 ~ 1989.4	伍守成	1990.1 ~ 1992.10
刘光辉	1989.1 ~ 1991.12	李云德	1992.10 ~ 1994.9
钟子才	1991.12 ~ 1995.2	阳祖耀	1994.9 ~ 1997.8
杨慕如	1995.2 ~ 1997.8	李江南	1997.8 ~ 1999.12
阳祖耀	1997.8 ~ 2000.12	张泽静	1999.12 ~ 2000.10
胡友建	2000.12 ~ 2003.5	廖继良	2000.10 ~ 2002.10
谭文生	2003.8 ~	黄赞佳	2002.10 ~

韶山市

韶山，相传舜帝南巡至此，命奏韶乐而得名。韶山，因诞生了中华人民共和国主要缔造者毛泽东、创建了中国农村最早的共产党支部之一——韶山特别支部而成为与井冈山、遵义、延安齐名的中国革命纪念地。新中国成立以来，韶山先后建置为湘潭县辖科级区、湖南省辖地级区；1981 年 2 月，复为湘潭县辖科级区；1984 年 12 月升格为县级区，由湘潭市管辖；1990 年 12 月 26 日，经国务院批准，韶山成为湖南省辖、湘潭市代管的县级市。市(区)党政机关驻清溪镇。

韶山市地处湖南省中部偏东、湘潭市区以西，周边与湘潭县、湘乡市和宁乡县接壤。总面积 210.38 平方千米，占全省总面积 0.1%，占湘潭市总面积 4.2%。韶山铁路同湘黔线接轨，从境内穿过的 208 省道与 319、320 国道相通，连接上瑞高速的韶山高速公路正在兴建中，交通十分便利。地貌以韶峰山脉和韶河、石狮江两水为骨架，西部隆起，东及东南部低平，最高点韶峰海拔 518.5 米，最低点六亩洲海拔 48 米。

韶山市属中亚热带湿润气候区，四季分明，冬冷夏热，暑热期长，严寒期短，阳光充足，雨量充沛，适宜动植物生长。年平均气温 16.9℃，日照 1501.5 小时，降水 1458.7 毫米，风速 2.4 米 / 秒，无霜期 265 天。

市域内已发现矿产 12 种，储量较大的有煤炭、水泥灰岩、海泡石、矿泉水等 7 种，均属小型矿床或矿点。土壤以红壤为主。自然植被以常绿阔叶林为主，其中林木有杉树、马尾松等 65 科 280 多种，属国家一、二级保护植物 20 种，古树名木有光叶白兰、银杏、柏树等 14 种 243 株，其中毛泽东故居对面山上的一棵古松被列为“中华 100 棵名树之一”。境内野生动物资源有野兔、黄鼠狼、野猪、穿山甲、长尾山雀、猫头鹰、啄木鸟、竹鸡、野鸡等 200 多个品种。

韶山市旅游资源丰富，不仅有旖旎的自然风光，更有丰富的人文景观。自然景观有俏丽挺拔的

韶峰，神秘迷人的滴水洞，八仙吹箫的虎歇坪，林茂岩奇的黑石寨，威武雄壮的狮子山……人文景观有毛泽东同志故居、南岸私塾、毛氏宗祠、毛震公祠、毛鉴公祠等毛泽东少年时代生活、学习和早期从事革命活动的旧址，有全面展示毛泽东生平和中国革命风云的毛泽东同志纪念馆；有毛泽东回乡住过的松山一号楼和滴水洞一号楼；有纪念毛泽东诞辰百周年前后兴建的一批永久性纪念工程：再现伟人开国大典风采的毛泽东铜像，荟萃毛泽东文学艺术精华的毛泽东诗词碑林，“浓缩历史名胜、再现伟人足迹”的毛泽东纪念园，古朴典雅的毛泽东图书馆，矗立着毛泽东六位亲人铜像的韶山烈士陵园……1986～2005年，韶山先后被定为省级风景名胜区、全国青少年革命传统教育基地、全国重点风景名胜区、中国首批优秀旅游城市、全国爱国主义教育示范基地、全国红色旅游精品景区。

1986年初，全区辖2镇6乡61个村92665人，其中，农业人口占87.4%；男性人口占50.9%；汉族人口占99.9%，13个少数民族105人散居全区各地。年末，全区人口自然增长率10.22‰。1987年起，健全区、乡、村三级网络，加大计划生育工作力度，严格控制人口增长。1999～2002年，韶山市连续4年人口自然增长率控制在3‰左右，被省委、省政府授予“计划生育模范市”称号。2005年，全市人口自然增长率4.88‰。全市辖3镇4乡61个村5个居委会，102101人，其中，农业人口占84.64%，男性人口占50.6%，汉族人口占99.65%，有16个少数民族共357人散居在全市各地。

1986年，韶山升格为县级区，开始执行第七个五年计划。是年末，实现地区生产总值5782万元，其中第一、二、三产业增加值分别为2739万元、1588万元和1455万元，三大产业结构之比为47.4∶27.5∶25.1。区级财政收入495.4万元。此后，各个行业实行经济体制改革，建立和完善各种形式的生产经营承包责任制。1990年，地区生产总值11065万元，增长91.4%，年递增17.6%。其中第一、二、三产业增加值分别为4637万元、3628万元和2800万元，比1986年分别增长69.2%、128.5%和92.4%。三大产业结构之比为41.9∶32.8∶25.3。区级财政收入826.3万元，比1986年增长66.8%，年递增13.6%。

1991年，韶山撤区建市，开始执行第八个五年计划。全市依托革命纪念地和乡镇企业这两大支柱，实施综合农业、市镇工业和旅游业的开发，力促“强工兴市，主攻经济增长点”。1995年，地区生产总值达48772万元，比1990年增长3.4倍，年递增17.2%；其中第一、二、三产业增加值分别为12492万元、20363万元和15917万元，比1990年分别增长1.7倍、4.6倍和4.7倍。三大产业结构之比为25.6∶41.8∶32.6。市级财政收入2127万元，增长1.6倍，年递增20.8%。

1996年起，执行第九个五年计划，实施市委确立的“旅游带动、兴工强农”、“建设和实现小康农村”的发展战略，深化各项改革。2000年，地区生产总值达73838万元，比1995年增长51.4%，年递增8.6%；其中第一、二、三产业增加值分别为11895万元、26318万元和35625万元，分别增长-5%（因省统计局对2000年数据进行了调整）、29.2%和123.8%。三大产业结构之比为16.1∶35.6∶48.3。市级财政收入3002万元，增长42%，年递增7.1%。

2001年开始，执行第十个五年计划，继续实施“旅游带动、兴工强农”战略，加大“三农”投入，加快工业、商贸企业改革的步伐，促进市域经济的发展。2005年，全市地区生产总值115960万元，比2000年增长57%，年递增11.7%；其中第一、二、三产业增加值分别为11565万元、42734万元、57661万元，分别增长97.2%、62.4%、61.8%。三大产业结构之比调整为13.4∶36.8∶49.8。市级财政收入7068.8万元，增长135.5%，年递增18.7%。是年，全市人均GDP11357元，比全省人均值多931

元,比1985年人均值538.4元增加20倍。

一、农业

1986年,农村继续实行土地集体所有制,完善家庭经营为主、集体经营为辅的双层经营体制。至年末,全市生产粮食5.65万吨,出栏生猪6.19万头,水产品产量363吨;森林覆盖率41%,立木蓄积量6.4万立方米。实现农业总产值4052万元。此后,加大农田水利基本建设力度,促进农业发展。1994年,市政府作出《加快小康农村和农产品生产基地建设的决定》,畜牧水产业规模养殖户不断增多。1995年,韶山通过国家无公害养猪产地认证,被省绿化委员会授予"实现全面绿化市"称号。全市粮食总产6.61万吨,出栏生猪11.85万头,收获水产品1418吨,比1986年分别增长91.4%、90.6%、17%。森林覆盖率43.8%,立木蓄积量22.68万立方米,分别增长2.8%和2.5倍。实现农业总产值18689万元,增长3.6倍,年递增18.5%。

1996年,韶山被定为省级吨粮田开发(县)市,被列为国家农业综合开发规模开发区。市委、市政府作出《关于在农村实现"过吨粮、达小康"》的决定,并成立农业综合开发领导小组及其办公室,领导和组织市内以土地集中连片治理和扶助多种经营为主要项目的农业综合开发工作。1997年6月,经省委工作组验收,韶山成为全省第一个"农村基本小康(县)市"。1998年,市委、市政府制定《关于延长土地承包期工作的若干规定》,土地承包经营期再延长30年。2005年,全市粮食总产7.12万吨,比1995年增长7.7%;出栏生猪22.71万头,水产品产量2550吨,分别增长91.6%和79.8%;森林覆盖率44%,立木总蓄积36.15万立方米,分别增长0.2%和59.4%。是年农业总产值35779万元,增长91.4%,年递增6.7%。

二、工业

1986年,继续贯彻中共中央《关于经济体制改革的决定》,扩大企业自主权,增进企业活力。年末,全区实现工业总产值5674万元。此后,区内工交建筑企业完善厂长(经理)负责制,实行工资总额与上缴利税挂钩和职工浮动工资制。1991年后,进一步完善和发展以承包、租赁为主要形式的经营机制,深化企业内部改革。1994年,区内工业企业940家,从业11020人,创产值39204万元,比1986年增长5.9倍,年递增27.3%。

1995年,按照中央"抓大放小"的方针和湖南省人民政府《关于深化国有企业改革有关问题的通知》,市政府颁发《关于改革企业机制中若干问题的规定》,推动企业实行以破产重组、破产拍卖、产权转让等形式为主的产权制度变革。2001年6月8日,市人民政府召开工交系统"两个置换"(置换企业产权与职工身份)大会,加快企业产权制度变革步伐。此后4年,非垄断性企业和职工大部分完成"两个置换",代之而起的是民有民营个体与股份制企业的发展和壮大。2005年,全市基本形成以肉食加工、金属冶炼铸造、建筑材料生产和动物药剂制造为支柱产业的工业生产体系;有大北农、环球铸造厂等24家规模工业企业和三旺、港越等5家湘潭市或湖南省农业产业化龙头企业。全市工业企业1116家,从业9704人,实现总产值175953万元,比1994年增长3.5倍,年递增16.2%。

三、商贸业

1986年,商业部门积极发展横向联营,扩大城乡交流。年末,全区国营集体个体商业网点740个,从业1920人,社会消费品零售总额4037万元。此后,继续全面推行各种形式的承包经营责任制和目标管理,逐步形成多渠道、少环节、开放式的商品流通体制。1990年后,商业企业推行“四放开”(放开经营范围、放开分配、放开价格、放开用工制度)和“四自一包”(自主经营、自筹资金、自负盈亏、自保工资福利,包上缴利润和税费),采取“改、转、租、承包、联合、兼并、股份”等方式运营。1994年,贯彻湘潭市政府《关于加快发展个体私营经济的决定》,市委、市政府把发展个体私营经济作为全市六个经济增长点之一,为个体私营经济发展大开绿灯。1995年,全市有贸易市场5个,各类经营网点970个,从业3540人;完成社会消费品零售总额16524万元,为1986年的4.1倍,年递增17%。

1996~1999年,百纺、肉食、糖酒副食等5个公司的门市部全部采取承包、租赁的方式实行国有民营。2000~2004年,部分国有、集体企业通过“两个置换”而实现产权制度变革,市内形成国有、集体、个体等多种经济成分并存、民有民营经济唱主角的局面,商业网点遍布城乡,并涌现“新世纪”、“大热门”等多家颇具规模和特色的超市和天骄大酒店、华龙山庄等一批中高档次宾馆。2005年,市域内有较大规模的贸易市场11个,各类经营网点2350个,从业7990人;全市社会消费品零售总额37834万元,为1995年2.3倍,年递增8.6%。

四、旅游业

1986年,韶山滴水洞正式对外开放。是年,来韶观瞻者86.1万人次。1991年3月,中共中央总书记、中央军委主席江泽民视察韶山,对韶山纪念毛泽东诞辰百周年活动作出重要指示,并亲笔题词——“发扬为有牺牲多壮志,敢叫日月换新天的革命精神”。此后,韶山新建成和开放毛泽东铜像广场、毛泽东诗词碑林、毛泽东纪念园等一批永久性纪念设施,完善和开放毛泽东故居景区、滴水洞景区等4大景区51个景点。1993年,中共中央政治局常委、中央书记处书记胡锦涛视察韶山;江泽民总书记再次来到韶山,为毛泽东铜像揭幕。以江泽民为首的党和国家众多领导人亲临韶山,带动新一轮国内外人士参观韶山、缅怀毛主席的热潮。1995年,来韶客人105万人次,比1986年增加22%;门票收入1670万元。

1996年起,实施市委、市政府确立的“旅游活市”战略,全面加强旅游业管理。1997年,成立韶山市旅游领导小组和韶山创建中国优秀旅游城市领导小组,加大景区设施建设和旅游环境整治的力度。1998年12月,韶山荣获“中国优秀旅游城市”匾牌。2003年前后,完成毛泽东同志故居和毛泽东铜像广场周边环境的净化绿化亮化工程、毛泽东同志故居全面整修工程、毛泽东纪念馆陈列布展改造工程、南北环线公路拓宽改造工程,并对纪念品市场、导游市场、餐饮服务业进行多次整治和规范。

2004年,中共中央决定把韶山作为全国爱国主义教育基地“一号工程”来建设。2005年,中共湖南省委、省政府作出在韶山建设“五个示范工程”(爱国主义教育基地、率先实现全面小康、建设社会主义新农村、旅游产业发展、城乡人民率先致富)的决定,中共湘潭市委提出《关于全面建设和率先实现小康韶山的指导意见》,将“缅怀毛主席、共建新韶山”活动推向新阶段。韶山庆祝毛泽东亲手创建中共韶山特别支部成立80周年活动期间,全国15个副省级城市的领导和全国部分知名企业、乡镇、村负责人,聚集韶山,缅怀领袖,共商韶山发展大计;结合保持共产党员先进性教育活动,中共湖南省委发出“百万共产党员韶山行”倡议,促进韶山旅游业步入前所未有的兴旺阶段。2005年,接待游客305万人次,门票收入5133万元,分别为1995年2.9倍和3.1倍。

五、城乡建设

1986年,设置清溪镇;市政府编制《韶山区经济社会科技发展规划》和《韶山区风景名胜轮廓规划和清溪镇总体规划》,确定清溪镇是“韶山区的政治经济文化中心、风景名胜区旅游集散地、休闲疗养地、会议和科教中心”。供水公司新建南塘水泵房,以解决青年水厂、球山泵房供水不足的问题。1991年起,依据新编制的《韶山市城市总体规划》,不断增加财政投入,加快城市建设的步伐。1992年,银田镇自来水厂建成供水;市委、市政府组织机关单位干部职工义务修路,拓宽省道208线韶山段。1993年,改造车站路,建成英雄路和韶山烈士陵园;首次开通移动电话。1995年,市政府出台《关于建设用地实行“五统一”管理暂行规定》,加强城市建设用地的管理。电力部门改造增容35千伏的银田变电站和韶山变电站;年末,通过整改低压网络,消灭无电村、组、户,韶山实现“农村电气化(县)市”。1996年,作出《关于加强城市工作的规定》。1998年,110千伏变电站第一期工程竣工,为市域发展提供充足的电力保障。同年,市政府作出改造农村电网的重大决策。次年开始,改造农村电网和城区供电线路。2000年,全市7个乡镇开通光缆,实现村村通电话。2001年6月,建成日处理能力达5000立方米的污水处理厂,解决清溪城区和韶山冲的污水净化问题。2003年,完成引水工程,建起竹鸡塅水厂。全市自来水日供总量达33000立方米,为1986年的10倍。2004年,再次编制《韶山市城乡一体化建设规划》,明确“东城西景”的空间布局和“净化景区、发展城区”的建设思路;拓宽改造英雄路。2005年,清溪城区有英雄路、韶山路、迎宾路等6条主街道和枣园路、延安路等7条次街道,有人民银行大楼、银峰宾馆、市行政中心等20多座宏伟建筑和日月新村、金海商业城、工贸市场等5个居民住宅小区和商贸区。城区面积由1986年的0.5平方千米扩大到2平方千米,主要街道由2千米增至8千米。城区园林绿化覆盖率43.3%。一个以清溪镇为基础、以英雄路和韶山路为骨架的新城市基本形成。

2005年,市域内省、县、乡道共155.31千米,比1986年增加40千米;水泥和炒沙油路占比由1986年的40%增加到90%。固定电话、宽带网、小灵通三类用户总数达20341户,比1986年电话用户数增加48倍;移动电话用户总数达31634户。韶山供电区售电量达7264.3万千瓦时,为1986年3倍。

六、文化

1986年,区内有区文化馆,乡镇均有文化站,12个村有文化室;区、乡两级广播站8个;区乡、厂矿学校图书馆、室16个,藏书10余万册;电影放映单位13个;文化艺术团体10个,文化经营户45家。1987年1月,大土毛湾山顶50瓦电视差转台建成,开始转播电视节目。1990年底,建起卫星地面接收站和有线电视台。1993年7月,市政府组织编纂的《韶山志(1840~1990年)》出版发行;同年，市委机关报《韶山报》第一期与读者见面。1995年，全市有文化馆、站、室68个；图书馆、室106个，藏书量26万册；区、乡两级广播站9个，电影放映单位26个，有线电视用户3000户；各类文化艺术团体30个，文化经营户191家。

1996年，中共中央总书记江泽民题写馆名的韶山毛泽东图书馆建成，收藏各种版本、各种文字的毛泽东著作2000多种，计1万余册。1998年，各乡镇建起万册图书室。1999年加快中小学校图书馆、室建设，韶山成为中小学图书馆、室建设达标(县)市。2000年12月，由于电视普及，乡镇广播站停办。2002年，通过光缆，有线、无线电视节目实现同步播出。2004年，《韶山报》停止公开发行，改为免费赠阅。2005年，第二轮修志工作全面启动。是年，全市有文化馆、站和活动中心21个；图书馆、室152个，藏书量达50万册；电影放映单位9个；有线电视用户发展到6000户；有韶乐演奏团、市诗联学会、书法美术家协会、摄影协会等文化艺术团体40个；有歌舞厅、电脑复印、书籍课本等文化经营户220家。

七、教育

1986年，全区有幼儿园9所，学前班58个，学前一年制教育率90.6%；有普高3所，初中12所，小学57所；小学适龄儿童入学率、巩固率、合格率为98%、97.5%、95%，初中生巩固率和毕业合格率为94%和92%。1988年，韶山二中改办职业高中。1989年，韶山医院办起韶山药剂学校，面向省内外招收初中以上的毕业生。此后，教育部门坚持普教、职教、成教三教统筹，不断完善办学体制、管理体制和投入体制。1990年，全区有在校中小学生15357人，教职工942人。1993年，市委、市政府作出《关于实施＜中国教育改革和发展纲要＞，全面普及九年义务教育的决定》，市、乡、村三级办学热情高涨。1994年，全市有幼儿园3所，学前班61个，学前一年制教育率95%；有普高2所、职高2所、初中10所、小学57所，小学适龄儿童入学率100%，巩固率和合格率均达99%；初中生巩固率98.8%，合格率94.5%。是年，韶山成为全国首批基本普及九年义务教育、基本扫除青壮年文盲合格县市。

1995年，市委、市政府召开全市教育工作大会，提出“巩固‘两基’成果，提高教育发展整体水平”的新目标。1998年，撤掉韶山三中，开始调整学校布局。1999年，韶山被评为湘潭市普及九年义务教育先进县市；市职业中专被省教委认定为“湖南省示范性中等职业技术学校”。2000年，推广韶山学校《小学生综合素质评价方案》，素质教育得到全面推广。2002年，市政府颁发《韶山市调整中小学布局实施方案》，加大学校布局调整的力度，全市撤并小学14所；韶山学校荣膺“湖南省重点中学”称号。2004年，韶山药剂学校停办。2005年，市域有幼儿园10所，学前班37个。有普高1所，职高1所，初中8所，小学及小学教学点26所，在校中小学生12682人，专任教师862人。全市学前一年制教育率99.9%，三年制教育率38.1%；小学适龄儿童入学率、巩固率、合格率均达100%；初中生毕业合格率、升学率为95.2%和60%；普高毕业合格率93%，职高毕业安置率98%。

八、科技

1986年，《韶山区1986～2000年经济、社会、科技发展规划系统工程研究》课题通过省级鉴定。年末，全区有各类科技人员1058人。科技进步对工农业总产值贡献率为31.5%。1987年，韶山玛钢总厂研制成功并投入生产的可锻铸铁热处理新工艺获湖南省科技进步三等奖。1991 年,市政府配备科技副市长,加强对全市科技工作的领导;各乡镇设立农业技术推广站、林业技术推广站和农业机械管理站。1992 年,市委、市政府作出《关于科技兴市的决定》,提出“依靠人才和科技发展韶山经济”的战略思想;全市大面积推广杂交水稻栽培技术和地膜育秧技术。1994 年,经全国水稻专家团评审认定,韶山市“两系法”杂交稻生产技术居全国领先水平。1995 年,建立乡镇动物防疫站,负责动物疫情信息预报和防治,向养殖专业户传授防疫技术。省科技厅授予韶山市为湖南省青少年科普教育基地。至是年,全市有各类科技人员 1492 人,有市教育学会等科技团体 22 个。全市 10 年累计取得科技成果 154 项,获地市级以上奖励 37 项;专利申请 168 件,国家授权 88 件。科技进步对工农业总产值贡献率为 50.1%,比1986 年提高 18.6%。

1996 年,全市双季杂交水稻种植面积占全部种植面积 82.5%。1998 年,引进中型联合收割机进行示范推广,获得成功。2000 年,市内开始推广太阳能热水器。2004 年,韶山市被批准为国家科技部科技工作试点市;韶山市科技网开通。2005 年,全市各类专业技术人员 2343 人,有市老年科协等各类科技团体 25 个,有 11 家地市级以上高新科技企业。韶山市成为全省农村能源生态建设重点市。全市 10 年共取得科技成果 109 项,获地市级以上奖励 73 项;专利申请 246 件,国家授权 152 件。科技对工农业生产总产值贡献率 57.5%,比 1995 年增长 7.4 个百分点。

九、医卫

1986 年,区内有韶山医院、卫生防疫站和妇幼保健站;药材公司下设中西药批发部、医药商场、银田购销站和 5 个零售药店。卫生局下辖 7 个乡镇卫生院。全区共有医药卫生工作人员 474 人。1990 年,全区 11 所初级中学都配备兼职保健教师。1992 年,韶山乡卫生院升格为市中医院。1993 年,对 4 岁以下儿童开展脊髓灰质炎糖丸强化免疫活动,服丸儿童 8495 人,服丸率 100%。1994 年,市政府启动农村卫生室建设。1995 年,市域内有市、乡镇、村和企业医疗防疫机构 29 个,个体诊所 62 家,共有医药卫生工作人员 566 人。年末韶山市成为湖南省首批农村初级卫生保健达标县市。

1996 年,韶山医院、韶山市中医院被分别认定为二级甲等医院和二级乙等医院。1998 年,大坪乡卫生院被认定为一级甲等乡镇卫生院。2001 年,贯彻市政府《关于加强和改革医疗卫生工作的决定》,韶山市中医院与韶山医院合并,各乡镇均设防疫、妇幼专干。2003 年,成功地抵御“非典”入侵,确保市域无一例非典型性肺炎的发生。2004 年,市食品药品监督管理局成立,加大市域食品药品的安全监管力度。2005 年,市内有市、乡、村和企业三级医疗保健机构 67 所,个体诊所 7 家,药品批发零售店 45 家,医卫人员 578 人。

十、体育

1986 年,选派运动员参加全省第六届运动会。年末,在韶山冲举行第二次“1226”长跑赛;全区有武术、龙灯等体育团体 8 个,有篮球场 20 个,第二中学有 400 米环形跑道运动场。1987 年和 1989 年,先后组团参加湘潭市第五届运动会和首届青少年运动会。1990 年 9 月 8 日,第十一届亚运会“亚运之光”火炬到达清溪镇,韶山举行盛大的火炬传递活动。同年,全区 14 所中小学执行国家制定的学生体育合格标准,“达标”学生 1.29 万人,达标率 84.3%。1994 年,市委、市政府作出《加强体育工作,提高全民健康水平的决定》;举办全市首届残疾人运动会,有64名运动员参赛;组团参加湘潭市首届农民运动会,获得3金7银8铜。1995年,韶山学校建成400米环形跑道田径场;全市乡镇中小学建成110米、60米直跑道。市域内有篮、排球场36个,门球场1个,有武术院、区老年人体育协会等体育团体12个。

2000年7月,市政府在韶山学校成功承办湘潭市第八届运动会开幕式和部分比赛项目。年内,学生体育达标率100%。2003年12月,全国第五届城市运动会圣火采集仪式和火炬传递仪式在韶山冲举行;一年一度的"1226"长跑赛首次由湘潭市人民政府主办,韶山市政府承办。2004年,韶山市成功举办湘潭市小学生乒乓球赛。2005年,全市有6所中小学建成环形跑道场,韶山学校体育馆建成使用。全市中小学体质健康达标率98%。全市有篮排球场65个,门球场4个,健身房2家,有腰鼓、舞剑、球类协会等体育团体21个。至是年的20年间,韶山运动员参加省级以上竞赛活动,有14人次省坛夺冠,8人次摘取国家级和世界级金牌。

十一、人民生活

1986年,区内城镇职工人均年工资1293元,城镇居民人均住房面积14.7平方米;农民人均年收入655元,人均住房面积28平方米。全区居民储蓄存款余额2069万元。1987年,启动职工养老保险工作。1992年,市政府成立农村社会养老保险工作办公室,在杨林乡开展试点。1994,贯彻《湖南省农村五保供养条例》,加强市内敬老院基础设施建设。1995年,全市有1505人参加失业保险,4808人参加养老保险。全市居民储蓄存款21679万元,比1986年增长9.5倍。城镇职工全年人均工资3734元,农村人均年收入1758元,比1986年分别增长1.9倍和1.7倍,城镇、农村居民住房面积分别达22.5平方米、31.5平方米,分别增长53%和12.5%。

1997年,制定和实施《韶山市机关事业单位养老保险制度改革实施细则》和《韶山市农村最低生活保障制度实施办法》。同年,韶山率先成为全省的"农村基本小康市"。1998年,制定和实施《韶山市城镇居民最低生活保障制度实施办法》。2002年,城镇职工养老保险、失业保险、基本医疗保险和大病互助保险制度得到完善和发展。2003年,出台《韶山市农村五保供养工作条例》,补助经费直接送达敬老院和散居五保户手中。2005年,启动农村新型合作医疗工作。全市有6300人参加失业保险,9054人参加养老保险,5300人参加基本医疗保险,4388人参加大病互助保险,1472个城乡低保户领到最低生活保障金。全年在岗职工人均工资12483元,农村居民人均可支配收入5150元,分别比1995年增长2.3倍、1.9倍。全市居民储蓄存款余额79119万元,增长2.6倍。城镇、农村居民人均住房面积分别达到35平方米、46平方米,分别增长55.5%和46%。市民平均寿命由1989年的54.7岁提高到73岁。

1986~2005 年韶山市(区)委书记、市(区)长

表 70-3

市(区)委书记	任职时间	市(区)长	任职时间
毛远达	1984.12 ~ 1988.06	陈　坤	1984.12 ~ 1989.03
陈　坤	1988.06 ~ 1989.12	尹定国	1989.03 ~ 1990.02
尹定国	1989.12 ~ 1991.06	毛世文	1990.02 ~ 1992.09
罗德文	1991.06 ~ 1992.09	颜向阳	1992.09 ~ 1993.01(代市长)
毛世文	1992.09 ~ 1994.11		1993.01 ~ 1994.12
颜向阳	1994.11 ~ 1995.08	彭楚乔	1994.12 ~ 1995.03(代市长)
张理生	1995.08 ~ 1997.08		1995.03 ~ 1997.08
刘清林	1997.08 ~ 2002.10	杨雄赳	1997.08 ~ 1997.12
刘建业	2002.10 ~		1997.12 ~ 2000.01
—	—	张义昌	2000.01 ~ 2000.02(代市长)
—	—		2000.02 ~ 2000.12
—	—	刘森甲	2000.12 ~ 2001.02(代市长)
—	—		2001.02 ~ 2002.10
—	—	彭子玉	2002.10 ~ 2002.12(代市长)
—	—		2002.12 ~

雨湖区

雨湖区位于湘潭市西北部,因境内有名胜“雨湖”而得名。东面隔湘江与岳塘区相望,南、西、北面为湘潭县夹裹,最南端犁头嘴处于涟水与湘江的交汇处,全区总面积 78.92 平方千米。320 国道、上瑞高速公路、湘黔铁路在境内通过;境内坐落有湘潭火车站、湘潭长途汽车站、湘潭汽车西站及湘潭公交中心站,有十四总千吨级的集装箱码头;区中心到长沙黄花国际机场仅一小时路程,水、陆、空交通便捷。

雨湖区地貌以平原为主,间有丘陵,地势为西北高,东南低。一般海拔 40 ~ 65 米之间,最高峰鹤岭海拔 164 米。鹤岭地区有丰富的锰矿资源,长城乡地下蕴藏矽砂、楠竹山镇地下蕴藏煤矿资源。雨湖区属中亚热带季风气候区,雨量充沛;又属白垩系地层,地下水较丰富。湘江水 \ 地下水是主要的水资源。境内有植物资源 1000 余种,大致可分为食用、药用、观赏和林木四类。林地面积占全区土地面积的 10.65%,境内树种资源有 41 科 192 种,国家一级保护树种银杏、红豆杉 2 种。野生动物资源约 330 余种,其中陆生动物资源 150 种,水生动物资源 180 余种。

境内人文资源丰富。护潭乡曾出土过战国时期的“石斧”(俗称雷公钻)。现有建于唐朝的望衡亭,宋朝的夕照亭、文庙,元朝的海会寺,建于明朝的关圣殿、唐氏义门,建于清朝的鲁班殿、刘烈士祠,以及1938年建于学坪的“抗日阵亡将士纪念碑”等文物、景点56处,其中省、市重点文物保护单位16处。1983年 9月,境内湘潭市烈士墓扩建为烈士陵园,1993年 5月,齐白石纪念馆落成开馆。

1986年,雨湖区政府机关驻雨湖路188号。1992年 6月,经国务院批准,湘潭市原雨湖区、湘江区及郊区的河西部分组建成新的雨湖区。区政府机关驻建设北路224号,2005年 6月迁至雨湖路292号新一院即湘潭市原市政府一院。2005年全区辖长城、昭潭、先锋、护潭 4个乡,鹤岭、楠竹山 2镇,雨湖路、平政路、城正街、云塘、中山路、窑湾、广场、羊牯塘 8个街道办事处及先锋企业集团,下有行政村37个,社区居委会76个。

1986年,境内共有73671户,265458人,其中男140565人,女124893人,非农人口217876人;计划生育率98.78%,人口出生率12.86‰,人口自然增长率7.96‰。区委、区政府坚持“计划生育”的基本国策,人口增长得到控制。1992年,雨湖区共有91169户,296839人,其中男155773人,女141066人,非农业人口244050人;计划生育率98.17%,人口出生率9.66‰,人口自然增长率4.38‰。2005年,有112208户,375048人,其中男193940人,女181108人,非农业人口319599人;计划生育率99.72%,人口出生率10.36‰,人口自然增长率3.6‰。

1986年,境内地区生产总值1.08亿元,区属财政收入894万元。由于区属经济发展,财政收入逐年增长。雨湖区1993年、2005年地区生产总值分别为4.66亿元、23.9亿元,区属财政收入3430万元、21080万元。

一、农业

1986年,境内共有耕地3277.2公顷,放养水面275.7公顷,林地465.2公顷,粮食总产1.9万吨,上市蔬菜3.66万吨,出栏生猪8.44万头,上市水产品895吨,出笼家禽7.86万羽,农业总产值4375万元。随着城市的拓展,耕地逐年减少。合区后,农业产业结构调整力度加大。1993年,雨湖区按照优质、高产、高效政策发展农业,粮食总产1.26万吨,蔬菜生产4.66万吨,出栏生猪14.03万头,水产品1222吨,出笼家禽15.80万羽,农业总产值8552万元。1995年,全区农村铺开第二轮土地承包,允许土地合理流转,土地承包期顺延30年不变,增强农村发展活力。是年,雨湖区共有耕地1453.33公顷,放养水面263.47公顷,林地531.87公顷。粮食总产1.37万吨,生产蔬菜4.98万吨,出栏牲猪17.76万头,水产品1507吨,出笼家禽24万羽。农业总产值14904万元,比1986年增长241%。2000年,雨湖区制定《万元亩、十万元农户工程意见》,城郊农业经济得到迅速发展。湘竹村为主的1000个蔬菜大棚生产基地被定为全省十大设施栽培基地之一,长城乡、护潭乡成为菜、猪、鱼的重要生产基地。犁头村的萝卜、大头莴笋,羊牯塘的辣椒,红星村的红菜薹,金塘村的大蒜成批量运销外地,并小有名气,达到农业增效、农民增收的目标。2005年,全区有耕地1320公顷,放养水面260.8公顷,林地785.4公顷。粮食总产1.3万吨,上市蔬菜6.66万吨,出栏生猪39.89万头,上市水产品2253吨,出笼家禽71.4万羽。农业总产值4.19亿元,比1995年增长181%。

二、工业

1986年,境内有部、省、市属工业企业67家。江麓、江南、湘锰等国有大型企业是境内工业发展的坚实基础。有区街及乡镇企业464家,产品涵盖机械制造、冶金、化工、建材、医药、食品、饲料、印刷等门类。其中私营企业119家。企业职工共10204人,工业总产值1.02亿元,上缴税金489万元。1992年,中共雨湖区委提出在继续狠抓区街乡镇企业发展的同时,突出发展非公有制经济。1993年,雨湖区与外商落实外资项目5个,引进外资1500多万元。是年,全区有湘潭淀粉厂等区街乡镇企业150家,职工6375人,固定资产5597万元,总产值17658万元,上缴税金1130万元。随着市场经济的发展,集体企业走入困境。1994年,中共雨湖区委颁发《关于进一步深化企业产权制度改革的几点意见》。1996年,全区共引进国内资金4亿元,协议引进国外资金70余万美元。1997年,区委、区政府制定《雨湖区企业体制改革攻坚方案》,企业通过破产、拍卖、重组等形式,建立股份制,区街乡镇集体企业逐渐变为区属民营企业。1999年,全区引进国外到位资金258万美元,引进国内到位资金2亿元。2000年,雨湖区有湘潭市恒安牵引电机电器有限公司等民营企业121家,职工2150人,固定资产15960万元,总产值41475万元,上缴税金2056万元。2001年,全区引进内资项目30个,引进资金1.8亿元,新办外商独资企业6家,直接利用外资820万美元。2002年,区委、区政府颁发《关于加快先锋工业经济园建设的意见》,《意见》中对发展民营经济、园区经济制定一系列优惠政策措施。2004年,全区引进内资到位2.5亿元。2005年,雨湖区集体所有制工业企业基本完成改制任务。是年,全区工业缴纳税金1.92亿元。规模企业55家,完成工业总产值15.5亿元,占全区工业总产值49.5%;先锋工业园完成工业总产值5.2亿元,占全区工业总产值16.6%,上缴税金1778万元。全区有16家年纳税过百万元的企业,其中平安电气为区首家纳税过千万元的工业企业。平安电气集团生产的大型矿用风机、丹祥公司生产的硝酸钾,恒盾公司生产的竹砧板、竹汁饮料,凌天科技公司生产的地温空调,碧松纸业公司生产的机制纸板、竹胶纸均受到客户的欢迎。

区内国有大中型企业通过深化改革,焕发出新的生机与活力。2005年,湖南江麓机械集团有限公司完成工业总产值10.2亿元,销售收入10.8亿元。生产、销售、利润、员工人均收入均创历史最好水平。"江麓"牌塔吊和施工电梯出口到印度、印度尼西亚、阿联酋、卡塔尔等国家。是年,江南汽车公司推出的首款经济型两厢半轿车——1.51"江南传奇"下线。

三、商贸

1986年,境内有国有、集体商店共241家,从业人员4238人;个体工商户3431户,从业人员4960人;农贸市场6个,其中最大的是民主路农贸市场,营业面积6965平方米,设有门面、摊位800余个。驻建设北路的湘潭布市,建筑面积3万平方米,拥有741个摊位,成为中南三大布市之一。集体商店南北特食品公司一度颇有名气。是年,境内社会消费品零售总额4498万元。1987~1991年,境内投资20多万元,对所辖农贸市场进行全面翻修,并新建库房和营业间,使市场环境大为改观。1992年,雨湖区委、区政府贯彻邓小平南方谈话精神,以商贸为龙头,强商促工,全区商业从业人员21078人,完成社会消费品总额7.21亿元。1993年,区委、区政府提出"突出发展非公有制经济、第三产业、外向型经济"的奋斗目标。年内,湘潭市经济开发区与台湾汉鼎股份有限公司签订合作经营合同,共同开发宝庆路西侧2.67公顷土地建商业一条街。是年,全区有集体商店186家,从业人员5298人;个体工商户8419户,从业人员16838人。位于市区西大门的湘潭金都有限公司建立。1995年,湘潭市步步高食品有限公司在区境内成立。第一家连锁店步步高湘潭市解放路店开业。建金都大市场,平政路聚富商场 2 个专业品市场。农贸市场发展到 11 个。是年,区内国有、集体商店 172 家,从业人员 3526 人;个体商店 172 家,从业人员 3526 人;个体工商户 9080 户,从业人员 18160 人。1996～1999 年,区委、区政府作出《关于加快第三产业发展,促进市场繁荣的若干意见》的决定,区内逐步形成“二城”“三街”“十市”市场群。市场群体总面积 7.2 万平方米,建筑面积 6.7 万平方米,门面摊位 4700 多个。其中,砂子岭大市场群,投入建设资金 3000 多万元,新增营业面积 1.8 万平方米,新增门面摊位 700 多个。2000 年,雨湖区有集体商店 105 家,从业人员 2956 人;个体工商户 11900 户,从业人员 32885 人;社会消费品零售总额13.93 亿元。2005 年,中共雨湖区委三届八次和区政府三届六次全体(扩大)会议召开,会议关于突出抓好财源建设的精神,促进区内商业发展。集体商店 73 家,从业人员 2050 人;个体工商户 11433 户,从业人员 22866 人。社会消费品零售总额 27.24 亿元,比 1995 年增长 6 倍。

四、教育

1986 年,境内区属小学共 38 所,学生 25011 人,教职工 767 人。区属中学 5 所(包括鹤岭附中),学生 1277 人,教职工 108 人。驻区普通中学 24 所,学生 15614 人,教职工 1100 人;中专、中职学校 8 所,学生 4339 人,教职工 406 人;高等学校 7 所(包括江南、江麓职大),在校学生 13192 人,教职工 1747 人。1992 年,雨湖区投资 90 万元,重点改造唐兴寺、雨湖小学校,增加校舍面积 2400 平方米。1993～1996 年,区委、区政府作出《关于加快普及九年义务教育的决定》,并与乡党委、乡政府签订责任书。共投入 805.9 万元,使学校危房得到改造,硬件软件建设得到加强。小学、初中入学率 100%,巩固率 100%。小学毕业合格率 99.8%,初中毕业合格率 97%。经省人民政府验收,区“两基”(基本普及九年制义务教育、基本扫除青壮年文盲)达标。被省评为省“两基”先进县市(区)。1998 年,区内湘潭市一中的初中部改制,由公办改为民办,取名“益智中学”。2000 年,区属小学 36 所,学生 17783 人,教职工 978 人;区属中学 5 所,学生 2698 人,教职工 175 人。2001 年以后,生源逐渐减少,学校合并。2005 年,区内厂矿体制改革,“主辅分离”,江南小学、中学剥离到雨湖区。是年区属小学 30 所,学生 13540 人,教职工 824 人;区属中学 5 所,学生 1629 人,教职工 240 人。驻区普通中学 18 所,学生 20578 人,教职工 1526 人;中专、中职学校 9 所,学生 6740 人,教职工 1055 人;高等学校 6 所(包括湘潭大学、湖南科技大学、广播电视大学湘潭分校、江南兵器工业职工大学、湖南兵器工业职工大学江麓分校),学生 56766 人,教职工 23305 人。

五、科学技术

1986～1992 年,中共雨湖区委作出《关于科技兴区的决定》,雨湖区、湘江区、郊区先后成立科学技术委员会,至 1992 年的近 5 年中,共研发新产品 18 项,其中获国家级“双新”(新产品、新技术)金奖 12 项。引进科技成果 14 项,投入技改资金 500 多万元。1993 年,雨湖区科学技术局成立。区委、区政府召开首届科学技术大会,对取得优秀科技成果的市电热材料厂等 7 个单位和 10 位先进个人进行表彰奖励。1995 年,区政府出台“科技引进奖”、“科技开发奖”等优惠政策。建立“雨湖区科技信息协作网”,入网单位 32 个。1997 年,雨湖区召开第二次科技大会。区政府出台《关于加速科技进步的决定》。区政府总结开发、推广省、市级科技成果 62 个项目的成绩。对取得科技工作显著成绩的平安电气等7家单位和9位先进个人进行表彰奖励。是年,雨湖区获国家科委授予的“全国科技工作先进城区”称号。1998年,雨湖区成为省级“星火计划”推广密集区,推广抛秧333.33公顷,两系杂交稻500公顷,新建蔬菜大棚500个。2002年,雨湖区召开第三次科技大会,对湘潭市精正设备制造有限公司等13家科技创新、科技进步先进单位及10名先进个人进行表彰奖励。同年,经省科技部门认定的高新技术企业10家。2003年,全区无公害蔬菜扩至533.33公顷。2004年,三高农业开发公司的淡水软体动物繁养列入国家星火计划。2005年,平安电气DBKI多极多速对旋式局部通风机被列入科技部国家重点新产品计划。江麓机械集团有限公司自主研制的QTZ400塔机被国家科技部列为“国家级科技重点火炬计划项目”。区科技型企业拥有各类专业技术人才1476人,占企业职工总数的31.50%。雨湖区再次被国家科委授予“全国科技工作先进城区”称号。至是年止20年,雨湖区获科研成果(包括新产品开发)奖,共761项,其中国家级17项、省级32项,市级712项。

六、文化

1986年,境内有区属文化馆 2 个,乡(街)文化站14个。1987年,雨湖区组建一支15个成员的文艺队伍,编排曲艺、音乐、舞蹈等节目20多个,先后到青山桥乡、石鼓乡、霞岭乡、韶山杨林乡等贫困地区的农民进行慰问演出 9 个月。郊区画家丁剑虹、谢国安在雨湖公园旁的香花园成功举办个人画展。1988年,境内湘江区与江麓、潭州书画院共同举办“湘江区首届美术、书画展览”,黄苏民、涂道一各一幅作品入选“全国首届篆刻艺术展”。同年,郊区耗资10万元在政府 7 层办公楼顶上竖立58米高的调频发射塔,于1989年 7 月 1 日正式开始无线广播。至1989年的两年间,境内“湘潭市振兴京剧团”(业余)坚持周末晚上在鲁班殿演出,共65场,节目40多个,观众共计4370人。1992～1997年,雨湖区成功举办毛泽东同志诞辰一百周年文艺汇演,举办首届文化艺术节,区干部卡拉OK大赛,成立由39个单位组成的区企业文化联谊会。开展大型文化活动34次,16个演出队下基层为工人、农民演出文艺节目1000多场。雨湖区被省政府授予“全省文化先进县(区)”奖牌。2000年,雨湖区被评为“全国文化先进城区”。2001年,雨湖区组织一支25人的民乐队,排练节目20个,演出10场。2004年,雨湖区在白石公园举办国庆55周年广场文艺演出。首届中国(湘潭)齐白石国际文化艺术节在区内举办,白石公园广场与齐白石纪念馆为主要活动场地。至2005年的17年中,雨湖区共举办四届文化艺术节,小品、作曲、篆刻、美术、书法、演唱等获国级奖共18人次。其中,昭潭乡刘文俊等创作、区文化馆改编辅导的小品《换牌》参加文化部举办的“群星奖”评选活动,获创作一等奖。驻区文化设施有市图书馆、群众艺术馆,区内的大型厂矿、学校均有自己的图书馆(室)。

七、体育

1986年,境内中小学生体育达标率为85.3%。参加全市小学生田径运动会,雨湖区获男女乙组第一名。1987～1991年,境内各乡参加省、市各种比赛共获1444个名次,其中获金牌356块。1993年,雨湖区举办青年环城长跑赛。1995年,参加市第七届运动会,获团体总分第一名。是年,雨湖区群众体育工作被评为省先进单位。至1997年止的 5 年中,全区举办群众性体育活动513场次,有3.01万人次参加。2000年,中小学生体育达标率为95.2%。参加市第八届运动会,获团体总分第一名。2004年,参加市第九届运动会,再获团体总分第一。2005年,全区中小学生体育达标率为

95.6%。中山路街道迎宾社区、护潭乡被国家体育总局评为“全国群众体育先进单位”。区属各校都建设有运动场，风雨操场。驻区体育设施有市体育馆，江麓、江南等大型企业和湘大、科大均有自己的运动场。

八、卫生

1986 年，境内市(县、区)级医疗机构 6 所，厂矿职工医院 4 所。街道、乡(镇)都有卫生院。区属医疗单位共 12 个，医卫人员 218 人。是年检查妇女 31725 人，检查率 82%；儿童体检 12184 人，受检率92%。1988 年，依据《中华人民共和国食品卫生法》的规定，着重抓从业人员培训、体检、监督、监测工作。是年境内雨湖区计划免疫工作在全省 124 个县(区)中排第 7 名。1992 年，雨湖区计划生育和卫生医疗事业得到区委、区政府重视，计划生育工作被全国、省评为先进单位。1993 年，全区建立预防保健中心，区属医疗单位共 13 个，医卫人员 230 人。1994 年，湘江发生特大洪水，区卫生局抽调 42 名医务人员组成 6 支救灾防治小分队，奔赴灾区奋战一个多月，发放各种药品价值 4.8 万元。1996 年，长城乡钩端螺旋体病流行，区、乡、村三级总投入 20 万元，经过十多天奋战，将疫情迅速遏制。为消除碘缺乏病，对全区 23240 名 6 ~ 14 岁儿童进行碘丸投服。1998 年，全区 4 万多人普服防治“霍乱”药品，接种钩端螺旋体病疫苗 9000 人次。至 1999 年的 7 年中，全区投入医疗事业经费 1436 万元，年均 205.14 万元。2001 年，区内有 6 个街道卫生院开展以“预防、保健、医疗、健教、康复、计划生育六位一体的社会效益为主”的社区卫生服务。建立健全档案 11177 份，签订保健合同 5934 份，为特困病人减免或援助款物总价值 5 万元。2003 年，严防“非典型肺炎”(以后简称“非典”)期间，实行 24 小时值班制度，共测量体温 18196 人次，消毒 3.7 万平方米，发放宣传资料 15 万余份。2005 年，雨湖区成立区卫生监督所，区属医疗及医卫监督单位共 14 个，医卫人员 244 人，其中具有高级技术职称的 8 人。区卫生局成立突发公共卫生事件领导小组，制订《雨湖区救灾防病工作预案》，成立两支应急处置机动队。卫生事业在改革中发展，区内个体诊所发展到 188 家，雨湖区被评为“全国社区卫生服务示范区”。至是年止，全区近 6 年投入医疗事业费 3269 万元，年均 544.83 万元。驻区医疗机构主要有湘潭市中心医院、湘潭市第二人民医院、第五人民医院、市中医院、市法检医院、湘潭县人民医院、仁和医院及江麓、江南、省建三公司职工医院。湘潭市中心医院规模最大，有床位 699 张，职工 1100 人，其中具有高级技术职称的 151 人；其次是市第二人民医院，有床位 402 张，职工 540 人，其中具有高级技术职称的 60 人。

九、人民生活

1986 年，境内农民年人均可支配收入 723 元，人均居住面积 24.18 平方米；城镇居民年人均可支配收入 1003 元，人均居住面积 7 平方米。人们普遍使用的是黑白电视机，居民中几乎没有装电话的。随着改革开放的深入、社会经济持续发展，城乡居民收入不断提高。1992 年，雨湖区深化改革，鼓励农民发展优质、高产、高效农业，推进城区发展第三产业。是年，农民人均纯收入 1222 元，城镇居民人均可支配收入 2563 元。1995 年，雨湖区农民年人均可支配收入 2324 元，人均居住面积 36.68 平方米，比 1986 年分别增长 221%、52%。城镇居民年人均可支配收入 4317 元，人均居住面积 12.28 平方米，比 1986 年分别增长 330%、75%。1996 ~ 1997 年，雨湖区加快小康建设步伐，农村小康达标建设由省验收。农民人均纯收入2963元,人均居住面积38.74平方米,城镇居民人均可支配收入4029元,人均居住面积14.32平方米。使用彩电、空调,安装固定电话的家庭越来越多。城市建立居民最低生活保障做到应保尽保,为了适应市场经济的发展,从1998年起对区辖企业、机关事业单位实行社会统筹养老保险制度,并要求用人单位为职工购买个人养老保险。1999~2004年,雨湖区农民人均纯收入共37429元,年均6238元。这期间,农村楼房率达99%,昔日的土砖、青瓦旧式平房被砖混结构楼房代替。电灯入户率达100%。农村经济的发展促进城镇居民生活改善,购买农产品讲究营养、质量和安全。2005年,雨湖区农村经济进一步发展,居民低保制度进一步完善,实现应保尽保。是年,农民年人均可支配收入6698元,人均居住面积48.11平方米,比1995年分别增长188%、31%;城镇居民年人均可支配收入9688元,人均居住面积21.28平方米,比1995年分别增长124%、73%。人们普遍使用冰箱、彩电、洗衣机、空调、热水器、手机。在成片住宅区,天燃气取代液化气。富裕家庭开始购买私家车。

1986~2005年雨湖区委书记、区长

表70-4

区委书记		区长	
姓 名	任职时间	姓 名	任职时间
张永德	1985.04~1986.03	谭世民	1984.05~1990.02
肖克华	1986.03~1989.08	陈述钦	1990.02~1992.06
陈显良	1989.12~1992.06	劳动	1992.07~1993.07
闵应章	1992.08~1993.07	粟汉云	1994.03~1997.08
劳动	1993.07~1995.07	周放良(女)	1997.12~2002.10
颜向阳	1995.08~1997.08	陈忠红	2002.12~
周巧艺	1997.08~2002.10	—	—
周放良(女)	2002.10~2003.05	—	—
梁志峰	2003.05~	—	—

岳塘区

岳塘区位于湘潭市东北部。辖湘潭市城区河东全部。辖区北邻长沙县暮云镇,东邻株洲市白马垅、霞湾,南与湘潭县易俗河隔江相望,西与雨湖区跨桥相连,是湘潭市新的行政中心所在地,也是长、株、潭“金三角”及经济一体化核心区。全区总面积206平方千米,区内京广铁路、湘黔铁路和武广高速铁路纵横贯穿;107、320国道和京珠、上瑞高速公路在境内纵横通过交汇于易家湾殷家坳;境内湘江段可通航1000吨级船舶,上通潇湘,下入洞庭。区中心距离长沙黄花国际机场67千米,具有良好的交通优势。

岳塘区地处慕阜山—零陵大断裂中段凹陷地带，北部、东部多山丘，高度均在海拔200米以下，地势自东北向西南倾斜。水径流自北向南、自中向西方向汇入湘江。山丘占全区总面积约60%，耕地面积占10%，城市居住用地和工矿交通用地约占总面积30%。区域内最高点为双马镇境内的法华山，海拔299.1米，最低点为易家湾镇境内的吴家港，海拔29.6米，两地高差270米，地势比降为33.7%。区域内属中亚热带季风湿润气候，四季分明：春多阴雨、气温低、湿度大；夏多阵雨、气温高、湿度低、天气炎热；秋季气温由高到低、时凉时热、变化不稳定，少雨高温；冬季少雨、寒冷干燥。境内有植物资源1500余种，大致可分为食用、药用、观赏和林木四类。有动物资源共360余种，其中家畜、家禽28种，野生动物近150种，水产资源近180余种；而矿产资源相对贫乏，少量铅锌矿、硫铁矿储藏均不具备开采价值；膏盐、石灰石、沙砾、黏土是开采量较大的非金属矿产。

区内人文资源引人入胜。古潇湘八景之一的昭山，历为山水胜境，有山市晴岚之称。峰顶始建于唐代的昭山古寺乃佛教重地，游人、香客长年络绎不绝。东方红广场是一个融纪念、集会与休闲功能于一体的文化广场，2005年冬建成。占地15公顷，“东方红广场”五个金色大字，缘自世界文化名人齐白石先生墨迹。群雕《乡情》定格毛泽东与家乡人民的浓浓深情，再现毛泽东1959年重回故里畅叙乡情的千古佳话。

1961年，岳塘区人民政府在下摄司区人民委员会基础上调整建立，区治设中州路栗塘村，1982年迁至晓塘路。至1992年历经九届政府机构。管辖岳塘、下摄司、中洲路、书院路、东坪5个街道办事处。1992年6月经国务院批准，湘潭市进行区划调整，把境内板塘区辖管的易家湾、滴水埠、社建村、五里堆、建设路、马家河6个街道办事处和原郊区在河东的昭山乡、荷塘乡、板塘乡、宝塔乡、霞城乡、仰天湖农场、红旗农场划归岳塘区管辖。区划调整后的岳塘区第一届人民代表大会第一次会议于1992年11月17～19日召开，大会依法选举和组成首届岳塘区政府机构，区政府办公地点设板塘铺(原板塘区政府机关)。1992年8月，增设昭山旅游经贸开发区。1993年1月，宝塔乡划归高新技术开发区管辖，改称宝塔办事处。1998年撤销仰天湖农场和易家湾、马家河街道办事处，分别组建易家湾镇和双马镇。2003年设立双马工业园，昭山旅游经贸开发区由市、区共同管理，以市管为主。至2005年底，全区辖昭山、荷塘、板塘、霞城4乡，双马、易家湾2镇，滴水埠、社建村、五里堆、建设路、书院路、岳塘、东坪、下摄司、中洲路9个街道和红旗农场、双马工业园、昭山旅游经贸开发总公司，下有57个行政村，74个社区居委会。

1986年，境内总人口为257729人，其中，男136062人，女121667人；非农业人口173243人。1992年岳塘区总人口为297132人(男155560人，女141572人)，其中非农业人口207019人。2000年岳塘区总人口为325133人(男168252人，女156881人)，其中非农业人口240150人。2005年总人口为342728人(男176635人，女166093人)，其中非农业人口256800人。

岳塘区经济发展迅速。1986年境内经济总量仅15917万元，财政收入952.23万元。1993年全区经济总量为22129万元，财政收入3071万元，分别是1986年的1.4倍和3.2倍。2000年经济总量增至12.7亿元，财政收入增至8498万元，分别是1993年的5.7倍和2.8倍。2005年经济总量达到25.04亿元，财政收入达到2.08亿元，分别是2000年的1.97倍和2.45倍。

一、工业

1986年,境内有部、省、市属工业企业45家,湘钢、电机、湘纺等国营大型企业是岳塘工业发展的坚实基础。全区有区、乡(街道)、村(居委会)工业企业401家,共有固定资产原值4952万元,从业人员9094人,工业总产值1.11亿元,实现利税1194万元,其中税金373万元。区街集体工业企业、乡镇集体工业企业、联户个体工业企业分别占全区工业总产值32.8%、57.2%、10%。全区年产值百万元以上的集体工业企业仅19家。1993年岳塘区开始实施工业强区战略,确定工业生产以调整经济结构为重点,大力发展乡镇企业、个体私营企业、第三产业和外向型经济的发展思路,制定《关于加速乡镇企业发展的若干规定》《关于加快发展区街经济的若干规定》《关于发展乡镇企业的若干规定》,推动企业发展。是年,全区工业总产值增至5.03亿元,比1986年增长3.5倍。板塘乡、霞城乡成为乡镇企业总产值过亿元的乡。1997年9月,岳塘区提出"三区、三线、三业"(昭山旅游经贸开发区、红旗商贸区、双马民营工业区;高速公路沿线、107国道沿线、湘江沿线;旅游休闲业、商贸流通业、农副产品加工业)的发展思路,引导工业企业向乡镇工业小区、工业园区发展。双马民营工业区、霞城工业小区、荷塘工业小区相继应运而生。1999年8月岳塘区作出《关于加快乡镇企业改革和发展的决定》,到2000年末,全区215家乡镇、村办工业企业,分别采用破产重组、股份制、产权出让、兼并、租赁等形式全面完成改制任务。是年全区工业总产值达27.5亿元,比1993年增长4.47倍,年均增长63.8%,全区年产值500万元以上规模企业37家。2003年,岳塘区出台《关于加快发展民营经济的意见》《关于进一步支持双马工业园加快发展的规定》等文件,2003~2005年全区新增规模企业40家。完成技改项目62个,其中千万元以上项目23个,全区拥有民营科技示范企业14家,省级高新技术企业10家,有30家企业通过ISO9000国际质量体系认证,4项产品通过国家3C认证。2005年,全区实现工业总产值32.89亿元,是2000年的1.2倍。其中规模工业企业达77家,从业人员7442人,规模工业总产值23.59亿元。企业拥有固定资产6.6亿元,实现利税总额3.7亿元,区域规模工业总产值在全省34个城区中名列第二。是年7月,中共湖南省委、湖南省人民政府授予岳塘区"发展非公有制经济先进县(市、区)"称号。

驻区国有大中型企业通过深化改革,焕发出新的生机与活力。"湘钢"发展成湖南华菱湘潭钢铁集团有限公司,具有年产钢600万吨的综合生产能力,被国务院确定为国家重点办好的300家大型企业之一。2005年,湘钢实现销售收入141亿元,利税总额突破15亿元,进出口总额双项位居全省第一,线材出口量全国第一,成为湖南工业发展重要的领军者。"湘机"发展为湘潭电机集团有限公司,成为国内电工行业的骨干企业。2005年企业资产总额达43亿元,拥有全资子公司9个,控股公司10个。"电化"发展为湖南湘潭电化集团有限公司,成为全国电池行业有名的大型企业,主产的"潭州"牌电解二氧化锰产量全国第一。"湘纺"改制为民营东信棉业公司,2005年拥有员工1.45万人,纱锭50万,年产坯布1.2亿米,跻身于国家级农业产业化龙头企业行列。

二、农业

1986年,原郊区政府在完善农村土地承包责任制基础上大力推广杂交水稻生产。是年农业总产值3803万元。1987年,在昭山乡幸福村、荷塘乡荷塘村试点双季杂交配套种植,当年晚稻杂交产量亩产超过520千克，实现晚稻超早稻。是年，政府投资18万元，由农林局牵头成立杂交稻制种队，在昭山乡玉屏村连片30公顷春季杂交稻制种获得成功，最高亩产250千克。1992年根据中央提出发展“一优两高”（即优质、高产、高效）农业的方针，规划实施100亩以上连片吨粮田生产计划。1993年提出农业富区目标，区政府向省、市申请吨粮田开发项目，此后3年优质杂交稻种植面积稳定在380公顷以上，连续3年双季亩产过吨粮，通过省农业厅验收成为全省第二个成建制亩产过吨粮县（市、区）。1993年农业总产值达0.82亿元，农村居民人均可支配收入达1335元，分别是1986年的2.1倍和3.6倍。1994年岳塘区作出《关于农村奔小康的五项决定》。提出调整农业产业结构，加快农业产业化进程，由单一粮食生产向粮食、蔬菜、养殖、农业企业等多元经济结构转变。当年农业总产值中，林、畜、渔业收入占57%，首次超过种植业。1997年农业总产值2.12亿元，是1986年的5.6倍。在农村奔小康考核的16项指标中，有13项达到或超过小康指标要求。1997年8月，中共湖南省委、湖南省人民政府授予岳塘区“湖南小康区”称号并颁发奖牌。1999年4月，岳塘区启动“万元亩”工程（1亩地产值1万元），提出由吨粮田向万元亩转变的战略，政府重点支持昭山乡花卉苗木、板塘乡观赏金鱼和大棚蔬菜，荷塘乡法国番鸭，易家湾镇罗氏沼虾养殖等五个项目。2000年岳塘区向国家申请无公害蔬菜示范项目，推广无公害蔬菜生产技术。2002年，岳塘区提出用5年时间实现万元亩，基本实现农业产业化的战略目标。当年调减水稻种植面积667公顷，确定牲猪、奶牛、蔬菜、花卉苗木、休闲农业为区内农业产业化发展重点项目。2003年，农业产业结构调整步伐加快，各乡镇先后将近300公顷稻田改制为8个蔬菜基地，蔬菜种植面积2450公顷。其中霞城乡下摄司村韭菜基地和荷塘乡正江白菜基地评为省级“放心蔬菜基地”，2005年，岳塘区被国家农业部确认为全国100个无公害蔬菜示范县、区之一。当年农业总产值达3.4亿元，是1997年的1.6倍。

三、商业

1986～1990年，岳塘区第三产业主要以国营和集体的商业零售业、餐饮业、服务业为主体，个体商业处于初始发展阶段。五年中，从事第三产业年均人数约2560人，年均增加值420万元，仅占全区国内生产总值的24%。1993年，岳塘区加大招商引资和建设专业市场的力度。是年，全区社会消费品零售总额达2.33亿元。1994年，采取政府引导，社会筹资的方式，加快商品市场建设，大力发展专业市场。当年建成板塘专业布市场和九洲大市场。1996年10月，岳塘区作为东道主，筹办1996年湘潭秋季商品交易会暨十二届七省九地市经济技术协作会，会议期间邀请客户152个，完成国内贸易额7亿元人民币，引进外资项目12项，引进外资180万美元，获得大会招商引资项目数、引进外资总额和国内贸易成交总额三个第一。1998年10月，在中国长沙经洽会上，岳塘区发布项目48个，引进外资510万美元，引进内资2.06亿元。在双马镇新建金马水果市场，在昭山新建北大门市场。2000年红旗商贸城建成开业，2001年长株潭综合大市场建成开业，商品市场向专业化、规模化发展。2002年全市第一家五星级酒店——盘龙山庄大酒店建成营业。2003年岳塘区在盘龙山庄成功举办“湘潭市重点项目签约仪式及新闻发布会岳塘专场”活动，区政府出台《关于开展政务公开全程代理工作的规定》，实行“一个窗口”对外，全程代办外商所需各项手续，引进外资1900万美元，引进内资4.19亿元，是年岳塘区荣获湖南省利用外资工作先进单位称号。2004年省农资大市场建成开业。岳塘区抓住市委、市政府打造“湘中南物流基地”的机遇，以其独特的交通区位优势，大力发展物流业。湘潭市首批确定十大重点物流项目,岳塘区占7家。步步高生活物流、大汉钢材物流、和顺石油物流、民生药业物流等大中型物流园、物流中心相继建成投入使用。现代物流业成为岳塘区新兴的朝阳产业。2005年,岳塘区再次荣获湖南省利用外资工作先进单位称号,利用外资总量进入全省县、市、区十强。十年中共引进外资2.09亿美元,引进内资102亿元。到2005年末,岳塘区建有各类专业市场15个,累计投入建设资金23.9亿元,市场建筑面积达125.17万平方米,年成交额达35.8亿元。是年,全区社会消费品零售总额达16.2亿元,是1993年的6.9倍。

四、教育

1986~1991年,域内有中学6所、小学57所,在校学生15010人,教职工994人,其中民办教师136人。实现村有小学,乡有中学,区有专科培训学校。学龄儿童入学率在95%以上。基本形成九年义务教育规模。1993年10月,岳塘区作出《关于加快普级九年义务教育的决定》。1995年岳塘区又作出《关于确保全区1996年实现"普九"》的决定。同年岳塘区财政投入429万元用于教育两基达标工作,四乡两场和开发区共支出教育经费1263万元。区乡两级三年内共投入资金6581.4万元。在区属51所学校中迁址新建12所,扩建改建37所,规范道路和运动场,添置图书、仪器和教学设备,与此同时,加大力度抓学校软件建设和教学管理,1996年顺利通过省教育"两基"工作验收和省"普实"验收,全区实现普及九年制义务教育,小学,初中入学率达100%,巩固率达99%,毕业生合格率达98%以上,教育工作跃上一个新台阶。1997年1月24日,中共湖南省委、湖南省人民政府授予岳塘区"湖南省普及九年义务教育和扫除青壮年文盲先进县(市、区、场)"奖牌。2002年岳塘区在全市率先进入省级新课程改革实验区。形成综合实践活动与学校课程开发两大特色。突显《品德与生活》课改实验亮点。2000~2002年岳塘区先后获全国教育科学"十五"规划课题成果评比一等奖2个,二等奖3个。在全市五个县市区中名列第一。2005年岳塘区小学入学率、巩固率、小学毕业升学率、初中入学率均达100%,中小学教育教学质量综合评价指标保持全市先进行列。区内有高等院校3所,普通高级中学2所,特殊教育学校1所。九年一贯制学校5所,初级中学4所,小学31所,大专院校在读生2.6万人,中小学在校学生2.1万人,社会办学63所(其中幼儿园35所),在职教职工总计近3000人。是年企校分离工作基本完成,共接受22家企业学校和教职工1557人。

五、文体

1986~1992年,区内有市级文体活动场所2处,区级文化馆2个,乡(街)文化室8个,各类大小文化活动场所31处。1993年后,市、区、乡(街)三级以市政中心东移为契机,加大文体活动基础设施建设,市青少年宫、市广电中心、湘潭大剧院、金侨体育中心等一批大型文化、体育基础设施的先后建成,为岳塘区开展群众文化活动提供了场地。广场文化、企业文化、民俗文化、农村文化、社区文化、校园文化蓬勃发展,群众文化活动红红火火,丰富多彩。正月十五闹元宵活动、庆七一、庆国庆文艺演出及"送文化下乡"活动,每两年举行一次全区文化艺术节、职工运动会、职工篮球赛、门球赛等,成为岳塘区群众文化体育活动的特色。1987年,岳塘区残联选送运动人员参加市残疾人运动会,获得男子团体总分第一名,女子团体总分第三名。1995年岳塘区对96所各类学校的17054名学生进行体育达标测试,合格率为91.3%,良好率为27.1%,优秀率为13.8%。2000年9月岳塘区在红旗商贸城举行首届文化艺术节,以“创建全国文明城市,构建和谐岳塘”为主题;2003 年 5 月,在中天家居广场举行第二届文化艺术节,以“繁荣岳塘,建设小康”为主题;2005 年 6 月在湘潭大剧院举行第三届文化艺术节,以“打造新三区,建设新岳塘”为主题。东方红广场、体育中心广场、丝绸路广场等地,广场文化活动遍地开花。区内建有文化馆 1 个,基层文化站 17 个,社区(村)文化活动室 106 个,公共图书馆 7 个,大中型企业文化活动中心、俱乐部 6 个,有电影放映队 10 支,业余演出队 126 支,改建、维修和新建文化站(室)面积 4409 平方米,活动场地达 7530 平方米。20 年中岳塘区共创作文艺作品 1000 多件,获国家、省、市各级奖作品 600 多件。

六、卫生

1986～1991 年,区内有市级医疗机构 3 所,区级医疗保健机构 5 所,乡镇卫生院 5 所,全区投入医疗事业经费 158.27 万元,年均 26.38 万元,建成区级医疗保健机构 5 所。1992～1999 年共投入医疗事业 679.36 万元,年均 84.92 万元,主要用于区级医疗保健机构的扩建和设施更新。2000～2005 年共投入医疗事业 1564.38 万元,年均 260.73 万元,主要用于改善医疗环境和青少年、老年、妇女儿童疾病的免费普查普治。在农村,区乡村三级基本医疗、预防保健网已构建。4 乡 2 镇 1 场均建立起公共卫生管理办公室,57 个行政村都配备有乡村医生,基本实现小病不出村,大病不出区的医疗服务体系。在城市,本着卫生资源共享的原则,建立起 10 个社区卫生服务中心,基本医疗、预防、保健、健康教育、康复、计划生育指导“六位一体”的功能,在各社区服务中心得以体现。2005 年 7 月岳塘区作出《关于推进农村医疗救助工作的实施意见》,提出医疗救助遵循实事求是、因地制宜、属地管理,公开、公平、公正原则,明确救助对象、救助病种、救助条件、救助标准、申报审批程序及资金筹措,资金管理使用等方面的问题。至 2005 年底全区有各级各类专业卫生医疗机构 317 家,其中市级机构 4 家,区级机构 4 家,厂矿医院(卫生所、室)33 所,乡卫生院 5 所,村卫生室 67 个,个体诊所 204 个,共设病床 1808 张,各级医疗机构共有医务人员 1956 人,其中执业医师 1172 人,护士 784 人(2006 年 10 月城市居民合作医疗启动)。

七、人民生活

1986 年岳塘区农村居民人均总收入 685 元,农民人均可支配收入 374 元。全年人均生活消费支出 320.8 元,人均住房面积 21.98 平方米。是年城镇居民人均总收入 885 元,人均可支配收入为 563 元,全年人均生活消费支出 828.5 元,人均住房面积 9.11 平方米。1997 年,农村居民人均总收入 4245 元,是 1986 年的 6.2 倍,农民人均可支配收入 3258 元,是 1986 年的 8.7 倍,人均住房面积 38.2 平方米,人均比 1986 年增加 7 平方米。是年城镇居民人均收入 7812 元,比 1986 年增加 7.8 倍,人均可支配收入 5503 元,比 1986 增加 8.77 倍,人均住房面积 14.28 平方米,比 1986 年增加 5.17 平方米。2005 年农村居民人均收入达 6850 元,全年可支配收入 6282 元,人均住房面积为 56.55 平方米。基本实现居住与生活分离,部分农户建起小洋楼。用电照明率达 100%,饮用自来水 20%,饮用井水 80%,液化气使用率为 14%,煤使用率为 76%,柴使用率仅为 10%。村村通工程基本实现,家家出行方便,电话、电视 100%普及。城镇居民全年人均收入达 12047.8 元,人均可支配收入为 10854 元,人均住房面积 21.19 平方米,生活条件明显改善。

1986~2005年岳塘区委书记、区长

表70-5

区委书记		区长	
姓　名	任职时间	姓　名	任职时间
郭果夫	1985.4 ~ 1990.11	张　佐	1985.4 ~ 1987.2
彭宪法	1990.11 ~ 1992.6	张自涛	1987.2 ~ 1989.3
廖玉林	1992.8 ~ 1995.8	王先吉	1989.3 ~ 1990.11
唐云景	1995.8 ~ 2002.10	劳　动	1990.11 ~ 1992.6
廖国锋	2002.10 ~ 2004.11	彭宪法	1992.11 ~ 1995.3
刘叙元	2004.11 ~	宋厚源	1995.3 ~ 1997.2
—	—	廖国锋	1997.3 ~ 2002.10
—	—	刘叙元	2002.10 ~ 2004.11
—	—	杨真平	2004.11 ~

附　湘潭高新技术产业开发区

湘潭高新技术产业开发区(以下简称湘潭高新区),位于湘潭市岳塘区。区域交通便捷,湘江干流航道穿境而过。距长沙国际黄花机场仅72千米,湘潭湘江一大桥、二大桥、三大桥、莲城大桥将湘潭高新区与河东、河西连成一体。

1992年6月30日,湘潭高新区经湖南省人民政府批准成立,初步设定开发范围为3平方千米。同年10月,规划用地由湘潭市九届人大第32次会议通过调整为25平方千米(其中近期开发用地16平方千米);是年11月19日,湖南省人民政府下发《关于同意调整湘潭高新技术产业开发区用地范围批复》,同意湘潭高新区用地调整方案(即总面积由原3平方千米调整为25平方千米,其中含荷塘机电小区1平方千米)。同月,市委、市政府决定将板塘区霞城乡的葩金村、新造村调整由宝塔乡管辖,并成建制划归湘潭高新区;同时,湘潭高新区宝塔农工商经济开发总公司成立,各村(场)设立分公司,对辖区内10个村(场)进行统一管理,过渡时期仍保留宝塔乡政府职能,直至街道办事处设立。1993年4月,湘潭市人民政府下发《关于设立湘潭高新技术产业开发区宝塔街道办事处的通知》,决定撤销宝塔乡,成立宝塔街道办事处,与宝塔农工商经济开发总公司合署办公,下辖10个村(场),行政辖区面积达38.1平方千米。

1997年,宝塔街道办事处下设宝塔、长虹里、新塘里、吉安路、葩金5个社区居委会。市政府批准设立高新科技园。根据《湘潭市第五次城市总体规划调整方案》精神,湘潭高新区用地再次调整。原规划的25平方千米用地范围中,取消荷塘机电小区1平方千米用地,并将芙蓉路以北、丝绸路以西、宝塔路以东3.72平方千米调整为城市中心区用地;芙蓉路以南、书院路以北、丝绸路以东、茶园路以西的土地作为湘潭高新区的起步区和科技园发展用地;将湘机铁路专用线以东6.9平方千米用地调整为生态隔离带,其远景规划为高新区工业园的备用地。根据高新区的需求增加河东大道以北、建设中路以东、湘江以南、湘黔铁路以西的区划范围,规划总面积仍为25平方千米。1999年,撤销下辖10个村(场)的农工商经济开发分公司,恢复建立村民委员会,宝塔农工商经济开发总公司作为经济实体仍然保留。2001年,区域内居民委员会进行重新划分和新设,共有宝塔、云盘、吉安路、葩金、电厂、新塘里、福星、东湖路等8个社区。

2002年5月,根据湘潭市委第8次常委会会议决定,湘潭大学科技园归属高新区管理。2003年,高新区设立湘潭留学回国人员创业园。同年10月,湘潭市委、市政府在竹埠港工业区整治建设专题会议上,同意该工业区总体控制的1.74平方千米范围内为高新区新材料工业基地(园),由高新区负责管理。2004年,湘潭市人民政府批准高新区在原高新科技工业园内设立湘潭(德国)工业园,将其定位为中德中小企业合作基地,重点发展机电、建材、环保三大高科技产业。2005年,湘潭高新区接管湘潭大学科技园。至此,湘潭高新区形成一区三园格局,下辖1个街道办事处、8个社区(居民委员会)、9个村民委员会,行政区划为38.1平方千米。

湘潭高新区1992年总人口为12887人,农业人口11448人,非农业人口1439人。1999年底,高新区开展第五次人口普查,核定区内总人口29911人(含流动人口3921人),其中,男性15253人,女性14658人。2005年底,总人口49872人,其中农业人口7114人,非农业人口42758人;初、高中、中等专业文化程度人口占77.04%,大学以上文化程度人口占8.9%,其他占14.06%。

一、基础设施建设

高新区位于河东腹地,建区之初大部分为农田、村庄、丘陵、山冈,有107、320国道贯穿其间,长潭高速公路与之毗邻。自1993年起至1996年底,高新区向省政府借款600万元作为启动资金设立湘潭高新房地产开发股份有限公司,采取面向内部职工股权募集方式募集股本金2682.35万元,从中提取1400万元并辅以土地开发折抵工程价款的办法开始大规模的基础设施建设。先后新修芙蓉路、建校路(后改名莱茵路)、科技一条街,改造、硬化东湖路、福星路,拓宽、改造吉安路、书院路,完成河东排污顶管工程和芙蓉路改造工程,架设供电线路125000米,安装程控电话15000门,区内主干道自来水管铺设完毕,煤气管道接通进区。其间,国际金融大厦、华隆大厦、潭水大厦、迅达工业园、新塘住宅小区、福星花苑、大阳新村安居小区、明珠花园、高峰塔等相继建成,房屋竣工面积达337370平方米,基建总投资达70505万元。其中,芙蓉路顶管工程系河东地区排污总枢纽,全长900米,管径2米,单管净重6吨,埋深最深处达13米。全线贯通后,建设南路乃至河东地区下雨积水困扰从根本上得到解决,当时为湖南省内管径最大、距离最长、填埋最深、地质条件最复杂的顶管工程。芙蓉路经改造后,其主车道为双向车道,沿线自来水、雨水、排污、通信、电缆、煤气、集中供热等管网工程均一次到位,是湘潭市设计合理、质量优良、设施齐全、开发潜力大的高标准城市大道。

1997年,市委、市政府颁发《关于进一步加快开发区建设的意见》。根据"东建西改"市政中心东移的重大决策,高新区适时修订全区规划。此后,以"拓建框架,建设新城"为指导思想,拟订新建丝绸南路和霞光西路、霞光中路的可行性研究报告和基建计划,经市政府批准后进行前期勘测设计工作,并对建设南路、芙蓉路实施繁荣改造方案。至2001年的5年。高新区通过多渠道的筹融资,改善区内的硬件环境,宝塔中路、丝绸中路、高管所路(又名野芙路)全面竣工;拓宽改造吉安路北段;动工建设河东大道。全区形成"四纵五横"的道路交通网络。同时,建成芙蓉广场,完成七里冲水渠改造工程、芙蓉路段电网调整改造工程、河东排污工程,合计投入资金3.8亿余元,建筑总面积达37.8万平方米。其中,房屋竣工面积33.7万平方米。其间,湘潭电厂生活区、高新科技大厦、地税培训中心、韶山海关、芙蓉路综合市场、华丰建材市场、宝塔商住城等先后竣工、开业或投入使用。

2002年后,高新区以园区建设为重点,按照“优化环境、整合资源、主攻产业、建设新园”的开发思路,编制科技工业园投资计划书和项目可行性研究报告的编制。规划其为德国工业园后,在市政府支持下,拉通对园区建设至关重要的丝绸南路,解决新材料基地和科技园南北向二级路的给水、绿化,修建晓塘路、科东1号、科东2号、科南1号四条园区道路,拉通科东1号路的1万伏高压走廊,建设其他相配套的电力网、电讯网络、煤气管道以及依科路220米排水、沥青砼路面硬化工程、芙蓉路和丝绸路人行道绿化工程。竹埠港新材料工业园利用市染料化工总厂和市有机化工厂的闲置资产,高新区投入50万元对厂区水、电、路等设施进行改造,制定新材料工业园整治建设总体规划方案,修建园区主干道团竹路及沃土东路,拓宽改造竹埠大道北段。高新区内以湘潭(德国)工业园和竹埠港新材料工业园为核心圈的2个产业园区基本形成“四纵五横”和“三纵四横”的路网格局。水、电、气、通讯等配套设施基本完善。其间,长塘、茶园、云峰三个安置区先后建成。

2002~2005年底,高新区累计开发土地总面积5.7平方千米,竣工道路面积98.8万平方米,总长19.99千米,铺设供水管线38.6千米,排水管线80.54千米,通信管线59.54千米,建筑KVA(千伏安)变电站2座,完成房屋总建筑面积115万平方米(其中工业70万平方米,办公及辅助设施45万平方米);累计固定资产投资50.02亿元,其中基础设施投入8亿多元。

二、招商引资

1992年建区后,高新区把招商引资工作作为重中之重,在努力创建良好的投资硬环境的基础上,制定“高新区全员招商”的工作方针,采取“以会招商,以项目招商”的招商方式,先后组织企业参加在香港、澳门、韩国等地举行的招商洽谈会、商品展销会等各类活动。同时,建立“三资企业”审批工作程序和工作规章。至1995年底4年间,高新区共审批“三资”企业47家,投资总额17.1024亿元,吸引外资额8829.66万美元。

1996年,由于全球经济滑坡及东南亚金融危机,国内大中型企业大多数亏损或不景气,国内消费低靡,招商引资工作难度加大。鉴此,高新区推出新举措,在市政府驻上海、海口等办事处设立招商引资工作站,充分发挥招商工作站的信息渠道作用,拓展招商引资领域。并建设高新区计算机招商网络,建立外商信息、外资项目、“三资”企业数据库,多方位掌握项目信息。此外,还组织参加欧洲、香港、海口、厦门、上海、北京、泉州等地的招商活动,进一步扩大对外的联络和交流。在土地招商的过程中,以优质服务和优惠政策吸引投资者,到1997年底的2年间,引进土地招商项目16个,国土收入4752万元,合同利用外资75936万元,涉及项目158个。

2000年,高新区陆续出台《湘潭高新区招商引资奖励实施办法》《湘潭高新区引进专业技术和管理人才的管理办法》《关于加强财源建设的决定》等政策性文件。《加强财源建设的决定》对企业扶持办法有:区内年缴税30万元以上的企业均按当年入库税额的1%奖励企业法人代表,税收比上年超收10%以内的奖励超收额的1%,超收11−20%奖励超收额的20%,超收20%以上的奖励超收额的38%,奖金由财政拨付。这些政策,既让投资者得到实惠,缓解投资者在创业初期所面临的压力,也有利于高新区经济发展。制定切实可行的招商引资目标,将招商引资目标任务分解到管委会各部门,财政每年拨付专款用于招商引资奖励。运用会议招商、项目招商等形式,吸引企业前来参与高新区的建设。到2001年底的2年间,引进长沙矿冶研究院湘潭“863”计划项目电池级硫酸镍钴及其配套产品、南方高新技术研究院开发的“NFT系列湿式高效脱硫除尘装置”等国际国内水平的高新技术项目,引进内资3.6亿元。

2002年以后,高新区调整招商引资思路,加快招商引资步伐,积极探索招商引资新方式,建立委托招商机制,成立合资的湘潭市国润招商投资有限公司,利用该公司优秀团队为园区招商,聘请17位外籍专家、学者作为德国工业园友好使者。同时,走中介招商、以商招商的招商之路,将市场法则引入招商引资工作中,在德国设立招商代理机构,聘请德国HTM公司董事长Kline为特别经济顾问。第二届中德大会期间,与德国威哈公司签订委托招商协议,聘请德国人引进德国企业来区投资。采取走出去、请进来的办法,接待德国客商来区考察洽谈,在德国举行4次湘潭(德国)工业园投资环境推介会。为了加大对外开放步伐,提升招商引资水平,先后筹办第一、二届中德湘潭企业合作大会。据统计,两次大会共签约92项,投资和贸易总额达260亿元人民币,其中德国工业园签约25项,合同总投资29亿元人民币。形成全方位、多层次的招商引资新格局。2005年内,招商引资成效显著,合同利用外资4889万美元,实际利用外资3062万美元,威斯特、海诺电梯、雷地科技、深圳一电、碧绿环保、远通泵业等一批优势、重点企业相继入园发展。

三、产业开发

1993年,高新区成立高新技术创业服务中心。1994年,自筹资金560万元,建成7000平方米的建设中路科技一条街,作为中小高新技术企业孵化场地。同时,积极开发利用高新技术成果,发展高新技术产业。1997年,湘潭高新区根据市人民政府《关于同意设立湘潭高新区高新科技园的批复》成立高新科技园,园区东起湘机铁路专用线,南抵书院路,西至丝绸路和月华南路,北至板五路,规划面积7.2平方千米,实行开放式运行、封闭式管理,园区突出发展机电一体化、新材料、新能源与环保产业。经过5年的发展。至年底,孵化场地内有14家高新技术企业入驻,有孵化项目17个。是年,高新区工业总产值9.3亿元,技工贸总收入8.9亿元,利税1.5亿元,财政收入2950万元。1998年,高新区贯彻市委、市政府“强工富市”发展战略,围绕产业进区任务,采取得力措施,实施“亿元工程”重点项目扶持计划,发展产业。每年拿出200万元财政扶植资金专项支持“亿元工程”企业;帮助企业争取国家、省、市各类计划支持,并对重点企业在土地出让优惠、建设收费减免、税收返还等方面优先给予考虑。通过实施培育计划,立发、华莹、双马金属、万容、中试所等企业开始发展。1998年11月,经市政府批准,高新区在总规划面积不变的前提下设立高新科技工业园。2000年,入园企业13家。同年,科技部向高新区正式授牌成立国家新材料成果转化及产业化示范基地,新材料基地开始建设。同年,科技大厦建成投入使用,管委会将科技大厦6~15楼提供给创业服务中心作为孵化场地,创业服务中心孵化面积达15460平方米。2001年,高新技术企业年总产值17.9亿元,技工贸总收入17.4亿元,利税总额1.75亿元,财政收入4770万元。

2002年,市委、市政府把高新区作为高新技术产业发展的重要基地、深化改革的先行区、对外开放的重要窗口,给予极大的重视和支持,在职能、机构、人员等方面进行调整。6月,市委下发第9号市委常委会议纪要,明确规定高新区工委、管委会作为市委、市政府的派出机构,代表市委、市政府在辖区内行使市一级综合经济管理权及行政管理权限,机构由原来的10个调整为5个,主要职能是抓产业发展。据此,高新区工委、管委会转而围绕建园区、兴产业开展工作。2002年,建立重点项目目标责任制,对重点企业(项目)督查、跟踪服务,科技工业园双马、聚龙、兆基、南方等10多家企业发展壮大,是年实现工业总产值1.07亿元。新材料工业园长沙矿冶院湘潭电源材料分部、立发、金科、冠宇、科旺等重点企业完成工业总产值6100万元,园区逐步成为高新区新的经济增长点。2003年起,高新科技园范围调整,主园区东起向阳林场、西至建设南路、北至河东大道、南至书院路,规划面积5平方千米。是年,竹埠港工业区被科技部批准为国家新材料成果转化及产业化基地示范区。2002年10月,根据市委、市政府调整高新区发展定位的要求,湘潭高新区提出"打造精品园区,发展特色产业"的发展思路,着力工业园区建设,推动主导产业发展。2003年,根据市委、市政府"整治环境,提升产业,形成特色"的指示精神,编制竹埠港新材料工业园发展规划,制定产业整治目标,对技术含量低、污染严重的生产装置和企业予以关停,对工艺先进、污染轻、市场前景好的产业和企业加以扶植,重点发展以长沙矿冶研究院的球型氢氧化镍、钴酸锂和金科实业的锂电池为主体的电池新材料,以立发颜料的特种搪瓷预磨粉为主体的精细化工材料,以北京瑞泰高温材料科技股份公司的锆刚玉为主体的耐火材料等三大产业。2003年起,高新区按照市委、市政府"打造三个中心"的要求,推进技术创新,优化发展环境,产业规模和区域创新能力大幅度提升。工园区建设方面,新材料工业园管理体制得到进一步理顺,市政府正式明确竹埠港工业区为高新区新材料工业基地。同时,根据德国制造业向中国转移的趋势,立足湘潭制造业优势,积极创建湘潭(德国)工业园。2005年,湘潭(德国)工业园入园企业达22家,其中在建的德资项目11个,形成以机电制造、环保为特色的企业群。新材料工业园聚集企业26个,基本形成机械化工、高效电池材料、高分子材料、耐高温材料等4个主导产业。在科技创新方面,实现历史性跨越。2005年,经省人事厅批准成立湘潭留学人员创业园。高新区正式接管湘潭大学科技园,创新创业孵化体系进一步完善。是年,组织企业申报25个科技计划项目,其中列入国家各类项目计划8项,湖南省项目计划4项,湘潭市科技进步奖2项。湘大比德的五氯吡啶和阻燃剂等6个项目获得科技部中小企业创新基金立项,长沙矿冶院湘潭电源材料分部生产的球型氢氧化镍等3个项目列为国家863计划项目。

2005年,创业服务中心在孵企业32家,高新技术企业拥有科技人员1673人,其中专业人才、博士、研究人员20余人,企业自主创新能力显著增强。新认定的高新技术企业5家,高新技术产品6个。规模以上(规模以下没统计)工业总产值15.8亿元;高新技术总产值46.9亿元;固定资产投资9.6亿元;财政收入11735万元。

四、人力资源管理

1992年建区后,高新区不断探索园区开发和人力资源以及后勤服务管理模式创新。1995年,高新区公开向社会招聘管理干部多名。1998年,全面实施行政机关职能部门和事业单位负责人、专业技术人员聘用制、劳动用工合同制,工管委各职能部门和事业单位行政负责人和行政领域职务、专业技术人员、一般管理人员业务岗位均实行聘用制,工人实行劳动合同制。根据《湖南省国家公务员考核暂行规定》和《湖南省事业单位工作人员考核实施暂行办法》,结合实际制订《湘潭高新区行政事业单位工作人员和专业技术人员考核实施暂行办法》,形成一套从聘用(任)到管理考核的制度。至2000年的9年,累计引进人才1500人,其中博士生以上人才68人。

2002年,高新区进一步开展人力资源管理改革创新。在人事制度改革上,对干部实行保留档案,调出承认身份,但在内部一律按员工身份签订聘用合同,统一调配使用;在收入分配制度改革上,由过去公务员工资管理办法改为准公司制的结构工资形式，逐步加大绩效挂钩力度，严格考核，实行多种激励方式和奖励办法，最大限度地挖掘人力资源潜力。

2003年，创新园区开发建设管理模式，将市场机制引入园区开发建设，组建湘潭高新科技园区开发有限公司，负责工业园区的开发建设，为入园企业及招商项目提供土地平整、基础设施与配套建设和代建厂房等优质、高效服务。

2004年，高新区率先在全市机关中实行绩效考核制，以绩效管理为核心，推行岗位责任、全员聘用、任期目标、绩效考核、风险抵押、首问责任、责任追究等制度；对部门正副职实行公开竞争，择优聘用；对部门岗位公开实行社会招聘；实行一岗多能、一岗一薪、按需设岗、按岗定酬、岗变薪变的用人机制。

2005年，进一步深化机构改革和人力资源创新，除市里任命的干部和依据党章或组织原则产生的党、工、青、妇负责人外，其他无论体制内、体制外人员全部实行双向选择和竞聘上岗，一年一聘，建立科学的考评体系和分配制度，形成工作人员能出能进，职务能升能降的激励机制。至2005年的5年，累计引进人才860人，其中博士生以上人才92人。

1992~2005年湘潭高新区工委书记、管委会主任

表70-6

工委书记		管委会主任	
姓　名	任职时间	姓　名	任职时间
康庆浩	1993~1995.3	方大鹏	1992.8~1993.5
卢东南	1995.3~1997.8	康庆浩	1993.5~1997.8
粟汉云	1997.8~2002.10	粟汉云	1997.8~2002.10
刘硕科	2002.10~	刘硕科	2002.10~

人物

一、人物传

(以生年为序)

彭位仁

彭位仁,号诚一,生于清光绪二十一年(1895),湘乡市月山镇人。先后毕业于湖北陆军小学、陆军第二预备学校、保定陆军军官学校、中央军校高级班、陆军大学。民国8~15年(1919~1926),在西北军第4混成旅、湘军第6混成旅、湘军第1师、第4师等部任排长、连长、营长、团长。民国15年,北伐战争期间,任国民革命军第36军第3师副师长,率师于9月16日攻克武胜关,直下洛阳,击溃吴佩孚残部。民国16年6月1日率部克复郑州,迫使奉系军阀撤至黄河以北。民国17年,任国民革命军第17军第1师中将师长。民国18~19年,任第16师中将师长兼任该师48旅旅长。民国23年,任第4路军总指挥部中将高参。民国26~34年,先后任长岳补充兵训练处中将处长、陆军第77师中将师长、陆军第73军中将军长、第29集团军中将副总司令、第24集团军中将副总司令兼73军军长、全国知识青年军复员管理处中将副处长、国防部监察局中将局长、国民大会代表。在抗日战争中,彭位仁率部防守江西湖口武宁,日军陆、海、空同时进攻湖口,战斗异常激烈。所部团长陈其裕阵亡,彭位仁抚尸痛哭,士卒无不感动。日军以数倍的兵力,配合飞机、坦克、大炮疯狂进攻武宁。彭位仁在前线指挥,坚守阵地14天,使日军未能越雷池一步,完成防守武宁的任务。后率73军由赣入湘,参加了第一、二次长沙会战,后又转战湘鄂滨湖各县,担任江防。并抽调部分兵力在郝六渡过长江,进出于沙洋、荆门、当阳一带,攻击鸦雀岭各交通据点,以策应六战区的襄西攻势。民国30年冬,第三次长沙会战大爆发,彭位仁率部自湖北松滋日夜兼程赶到长沙,指挥军队在岳麓山强渡湘江,增援长沙军民抗战,迫使日军仓皇后撤。民国33年5月,日军第四次进犯长沙。73军担任益阳、宁乡、湘潭、湘乡、安化、衡山沿线约200千米长的正面防御,顺利完成阻击日军的任务。同年6月,日军侵犯湘乡,彭位仁令所辖第15师进驻谷水、潭市,阻敌西犯,相持到日军无条件投降。彭位仁在抗战中多次立功受奖。为表彰他在反轴心国自由战争中立下的功勋,美国总统杜鲁门于民国34年7月6日特电授其紫绶自由勋章。民国36年,任国民政府宪政实施促进委员会委员、青年军训练团监察部训练班主任。1949年到台湾后,任"国防部"中将参谋、"国防部"游击指挥部中将副指挥官。在台湾退休后,两袖清风,未置产业,一直住在公寓里。1990年4月14日,在台北市病逝。

(湘乡市史志办)

成舍我

成舍我,名勋,又名平,派名仿钦,笔名舍我,生于清光绪二十四年(1898),湘乡市虞唐镇人。幼年随父到安庆,辛亥革命爆发时,即报名参加同盟会新军。讨袁湖口之役失败后,出走东北谋生,在沈阳《健报》做校对。后到上海,在《民国日报》当校对和助理编辑。这时参加"南社",与王纯根发起组织"上海记者俱乐部",后得陈独秀帮助成为北京大学文科选读生。白天上课,晚上在《益世报》编报,常写社论,署名"舍我",成舍我在北大读书时,参加李大钊建立的"马克思主义研究小组"的第一次集会。有鉴于军阀混战,报纸成了军阀争权夺利的工具,便毅然辞去《益世报》职务,民国13年(1924)4月16日自创《世界晚报》,自主经营。

民国14年2月10日,他又创办《世界日报》。同年10月1日,将《世界日报》第五版画报版改为单张画报出版,即《世界画报》。至此,成舍我成为中国报业史上第一个独立创办经营3个报的报人。与此同时,还在北京创办世界新闻专科学校,设初、高级职业班。成舍我奉行"不畏强暴"的办报宗旨,险些招来杀身之祸,民国15年以"赤化通敌"的罪名,几乎被张宗昌枪毙。于民国16年8月被迫离开北京。民国17年3月,在南京创办《民生报》。"九一八"事变后,《世界日报》发表新闻和社论,不仅指责国民党当局的"攘外必先安内"的政策,而且坚决主张抗日。如成舍我以笔名"百忧"写了《国人对抗日应有的认识》的社论。指出:"关外数千里膏腴之地,势将为日军暂时割据,非复我有,稍有人心,安得不锥心泣血,誓死奋起?惟举国对外,事贵有济……,"又说:"国人于不抵抗方略下,应有一最后之防线,否则'不抵抗'三字,直可为民族崩溃之别解。"应"立止内争,协力御侮,实为今日最迫切之惟一要务,否则国亡无日,异日即起诸公之白骨而鞭之,亦何足赎罪于万一。"他多次呼吁国民党当局"结束党治,还政于民","建立国民联合政府","对中共采取较宽大政策","确立抗日联合战线"。因此遭当局扣留,日报也被迫停办3天。抗战全面爆发后,北平沦陷。身陷魔窟的成舍我不顾危险,不怕威胁,断然拒绝出任伪维持会委员,并将《世界日报》停办,自己去上海。以后三报均停办。民国24年9月20日和民国27年4月1日,在上海、香港创办《立报》。该报精选精编新闻,对重大事件追踪报道。民国31年,在桂林恢复世界新闻专科学校,收留流亡学生。抗战胜利后,重返上海和北平,恢复《立报》和《世界日报》《世界晚报》。民国36年,当选为国民政府立法院立法委员。新中国成立前夕,日、晚两报均停办。1949年,移居香港,与王云五等创办《自由人》半周刊,任社长兼总编辑。1952年,去台湾,先后在台湾政治大学、台湾大学、东海大学任教。1956年,创办新闻职业学校,出版《小世界》周刊。1960年,改制为世界新闻专科学校,任校长。1967年,当选为世界书局董事长。一生从事报业,所办的报纸和学校,曾延纳过不少进步人士和学者,担任主笔、总编和教员,如萨空了、张友鸾、赵家骅、茅盾、张恨水等。著有《献身报坛六十年》等,在中国报刊史上写下极其重要的一页。1991年,在台北病逝。

(湘乡市史志办)

易礼容

易礼容，字韵生，号润珊，曾用名史恒、文壮游。生于清光绪二十四年(1898)，湘乡市东郊乡人。出身贫苦，幼年由亲戚资助念私塾。光绪三十四年入县立东山高等小学堂；宣统三年(1911)秋，考入湘乡驻省中学堂。民国5年(1916)秋，转入湖南商业专门学校，任商校学生会会长，并任湖南学生联合会评议部主任，积极投入反袁(袁世凯)驱张(张敬尧)运动。民国8年6月，加入毛泽东、萧子升、蔡和森等人发起组织的新民学会。民国9年7月，与毛泽东、何叔衡创办湖南自修大学，任书社经理，在省内各地设立分社，与广东、上海、湖北、北京等地发展书报营业往来的单位达六七十家。书社当时售书达200余种、刊物40多种，销售最多的杂志如《劳动界》5000份、《新青年》2000份、《新生活》2400份。书社办了七年。民国10年8月，加入中国共产党，与毛泽东、何叔衡一起创立湖南第一个党小组(史称“三人小组”)。民国11年5月，任中共湘区执行委员会委员。从是年开始，一直管理着党中央给中共湘区委的经费，以及文化书社、船山学社、自修大学、长沙望麓织布厂、湘江中学等与中共湘区委有关单位的经费。同年5月代表湖南工人出席广州召开的第一次全国劳动代表大会；接着，又同陈子博一起代表湖南社会主义青年团出席在广州召开的中国第一次社会主义青年团代表大会。10月，参与长沙泥木工人大罢工，与毛泽东先后被推举为首席谈判代表，罢工取得胜利。年底，到安源煤矿从事工人运动，筹建了安源路矿工人消费合作社，任总经理。民国12年秋，受毛泽东派遣，去常宁水口山铅锌矿开展工人运动。民国14年，易礼容与夏曦去广州，与当时在国民党担任代理宣传部长的毛泽东会合。三人代表湖南省党部出席15年1月在广州召开的国民党第二次代表大会。3月，易礼容从广州回长沙，中共湘区委员会决定由易礼容负责全省农民运动工作。在他和柳直荀等人的组织领导下，湖南农民运动迅猛发展。12月，湖南省第一次农民代表大会召开，他当选为省农民协会委员长。民国16年3月，又当选为中共中央农民委员会委员。4月，出席中共第五次全国代表大会被选为中央委员。“马日事变”后，临危受命，负责湖南省委工作，着手恢复遭受严重破坏的党组织。6月下旬，任临时省委军委书记、代理省委书记。在国民党疯狂搜捕共产党人的白色恐怖下，他两三天换个地方，有时化装成工人、卖菜的农民、卖豆腐的小贩，偶尔也化装成阔绰绅士机警应变，得免于难。

秋收起义时，中共湖南省委设前敌委员会和行动委员会。毛泽东任前敌委员会书记，前往湘赣边境组织中国工农革命军第一师向长沙进击。易礼容任行动委员会书记，指导各县工农暴动，配合中国工农革命军第一师，夺取长沙。秋收起义受挫后，长沙暴动停止。11月，党中央决定调易礼容去江苏省委任农民部长。此时他已是国民党通缉的55名著名共产党人和左派人士中的第一名，加之去江苏路上时间长，险情屡屡发生，于是与中共党组织失去了联系。

民国17年3月，易礼容正式脱离中国共产党。民国18年9月，被迫流亡日本。民国20年“九一八”前夕，回到上海，参加了工人运动工作。抗日战争爆发后，回长沙任湖南省政府秘书。民国29年初到重庆，任三民主义研究会专员。国民党中央社会部工人科科长。民国30年初回湖南。先后任新宁乡村师范学校教务主任、武冈乡村师范学校国文教员兼训育主任。民国32年到重庆任国民党中央图书审查委员会审查员。不久，经朱学范推荐，任中国劳动协会书记长。从此，他坚持中国劳动协会与陕甘宁总工会团结抗战的立场。抗战胜利后,易礼容在重庆与中国劳协同志一道,发起组织全市性的失业工人请愿活动,有3万多失业工人参加了这场斗争。此后,他积极参与反内战、反独裁的民主运动。为庆祝政治协商会议胜利闭幕,易礼容带领劳协500多人参加庆祝大会。国党民特务对大会进行破坏,将李公朴、马寅初等民主人士打伤、制造了“较场口血案”,在重庆的劳协机构被查封,易礼容被通缉。民国35年8月,他随劳动协会迁港。1949年9月,易礼容参加新中国政协筹备会议和中国人民政治协商会议第一次全体会议。同年易礼容当选为中华全国总工会常委兼劳保部部长。10月,被任命为政务院政治法律委员会委员。1952年,调任政协全国委员会副秘书长,先后兼任全国政协地方工作委员会和联络委员会副主任委员,第一至四届全国人大代表,第一至八届全国政协委员,第五至七届全国政协常委,全国总工会第九、十届执行委员。“文化大革命”中,遭到“四人帮”的残酷迫害,身陷囹圄6年多,受尽非人的折磨。出狱后,撰写大量的历史回忆文章和证明材料,为许多人洗清了不白之冤,为党留下许多珍贵史料。1997年3月28日,在北京病逝。

(湘乡市史志办)

萧杰五

萧杰五,号特夫,学名拔。生于清光绪二十五年(1899),湘乡茶子坳(今属白田镇)人。民国8年(1919)到北平,积极参加“五四运动”,与毛泽东、李富春、李维汉关系甚密。民国9年,与邓小平等赴法勤工俭学,参与组织工学世界社。民国10年11月,北洋政府驻法公使勾结法国当局,以“参加布尔什维克活动”的名义,将其与另外百多名同学驱逐回国。民国13年,参加中国共产党,在北京国立艺术专科学校任法文教授。民国16年,第二次赴法,加入法国共产党,曾任里昂大学共产党支部书记,在中共驻法总部从事宣传工作,当年赴莫斯科中山大学学习。民国19年回国,在多所大学讲授经济学、哲学兼做党的宣传工作。抗日战争年代,曾在苏联红军援华抗日空军大队任翻译。后回湖南,先后在湘乡中学、东山学校教授英文。民国35年,任湖南南岳省立高等商学院(克强学院)工商管理科主任。民国36年,进入湖南大学,任系主任、教授、商学院院长,并为湖大地下党领导成员。新中国成立前夕,任湖大应变委员会主席、接收委员会委员。新中国成立后,历任湖大教务长、农学院院长、科学院院长、湖南省政法委员会委员、湖南省中苏友好协会总干事。1953年调武汉大学,历任武大党委委员、马列主义教研室主任、经济系主任、教授、工会主席、武大学报主编。精通法文、俄文、英文。一生主要著述有《中法大辞典》《列宁的帝国主义论一书的逻辑结构》及和刘颂铭共同编撰的《拉马球克传及其学说》。40年代后期至50年代中期,致力于土地经济研究,主编《地政月刊》,是该学科的开拓者、奠基人。1987年,因病逝世。

(湘乡市史志办)

李卓然

李卓然,原名李俊杰,生于清光绪二十五年(1899),湘乡市山枣镇人。曾就读于湘乡县立中学,民国8年(1919)参加“五四”爱国运动。民国9年,同周恩来、赵世炎等一道赴法国勤工俭学,逐步接受马克思主义。民国11年夏，加入旅欧中国少年共产党，民国12年冬转为中国共产党正式党员，入党后任旅欧支部训练干事。民国14年秋，离开法国经德国赴苏联，先后在莫斯科东方大学、中山大学、列宁格勒军政学院学习，曾任中山大学党支部组织委员、列宁格勒军政学院总支委员会委员。民国17年春，由中山大学支部介绍加入苏联共产党。民国18年秋，被党组织派回国内工作，在中共中央军委周恩来、聂荣臻等领导下从事兵运训练工作，主持翻译苏联红军的条令和条例。民国19年秋，被派往江西中央苏区，曾任中央红军司令部总直属队总支书记，中华苏维埃主席毛泽东同志办公室主任，中央局代秘书长，赣南特委委员兼赣县县委书记，中央红军总政治部宣传部长，红三军、红四军及红一军团政治部主任等职。参加了第二次至第五次反“围剿”斗争。在此期间，他坚决贯彻毛泽东主持制定的“三大纪律、八项注意”，积极开展红军的政治工作，为军队建设作出了贡献。民国23年2月，当选为中华苏维埃共和国中央执行委员。同年，参加了红军第一次政治工作会议，并在会上介绍红一方面军战时政治工作经验。同年夏，任红五军团政治委员，同董振堂、刘伯承等一道，率领广大指战员浴血奋战，掩护党中央和中央军委撤离江西革命根据地。长征途中，出席遵义会议，积极支持以毛泽东为代表的正确路线，拥护确立毛泽东的领导地位。民国24年9月，任红四方面军前敌政治部副主任。民国25年11月，任西路军军政委员会常委兼政治部主任，与西路军领导率部西进。面对国民党军队的重兵围堵，他与西路军将士一道，在极其困难的条件下，进行四个多月的殊死搏斗，谱写悲壮的篇章。民国26年3月，西路军余部成立西路军工作委员会，负责政治领导，与李先念等一道带领不足千名壮士，战胜艰难险阻抵达新疆，为中国革命保存了一批宝贵的骨干力量。民国26年底，奉命返回延安，在抗日战争和解放战争期间，先后担任八路军后方政治部宣传部长、陕甘宁边区党委宣传部长、边区中央区宣传部长、西北局宣传部长、西北文化工作委员会书记、陕甘宁晋绥联防军政治部主任、西北军区政治部主任等职务。他创办大众读物社和《边区群众报》，为边区党的思想政治工作及宣传、文化教育工作作出了贡献，对鼓励边区群众的抗日热情起着有益的积极作用。他亲自领导编写国民教育教材，带队到农村进行社会调查。民国30年，他主编的《固临调查》一书，以一名老共产党员高度的革命责任感和敏锐的眼光、超前的意识指出农民负担过重、扶助中农奔小康，提高村干部和农民科学文化水平，认为农村土改后并非万事大吉。民国33年10月，他组织召开边区文教大会，表彰奖励了一批优秀文艺作品和文教战线上的先进人物。毛泽东在这次会上作《文化工作的统一战线》的报告。

1949年4月至1954年冬，先后担任中共中央东北局党委兼宣传部长，东北行政委员会副主席、东北文化教育委员会主任等职。他坚持党的文艺政策、团结广大文艺工作者，充分发挥他们的积极性，为改变东北地区的科学、教育、卫生等方面的面貌做了许多工作。1954年11月，调任中共中央宣传部副部长兼马列学院院长。“文化大革命”中，遭到林彪、“四人帮”、康生的残酷迫害。粉碎“四人帮”后，恢复名誉和工作，于1979年1月任中共中央宣传部顾问。1982年9月，当选为中共中央顾问委员会委员。曾是中国共产党第七、第八、第十二次全国代表大会代表，第十三次全国代表大会特邀代表，中国人民政治协商会议第二、三、四届全国委员会委员，第五届政协常委。1989年11月9日，在北京病逝。

（湘乡市史志办）

萧子风

萧子风,幼名莼五,生于清光绪二十六年(1900),湘乡市梅桥镇人,萧三胞弟。民国12年(1923)9月,考入北京国立艺术专科学校音乐系,不久加入中国社会主义青年团。民国15年参加李大钊领导的“三一八”游行示威,险遭枪杀。同年7月,赴法国留学。曾代表中国参加在德国福兰克佛举行的“万国音乐会”。民国20年6月,以优异成绩获法国博士学位。同年秋,入法国最高国际法学院学习。经萧三鼓励,先后译出艾芜的《蜀道行》,发表在法共主编的文学杂志上,撰写《一九三六年法兰西政局的花花絮絮》《巴黎万国博览会游记》等文章,载于中华书局主办的《新中华》杂志。民国26年7月,离法回国。适逢抗战爆发,于湘乡县城创办“岱峰补习学校”,曾兼教湘乡中学。8月,入云南经济研究所工作。民国31年春,应贵州大学之聘,担任经济系教授。民国32年夏,应聘重庆国立社会教育学院。民国35年3月,和朱彤、刘苇等部分进步教师拒不参加陈立夫操纵的“反苏大游行”,并发表“反反苏大游行宣言”,学期末遭解聘。又由北大教务长周炳琳推荐任上海国立暨南大学教授,主讲西洋经济思想史等课程。与马寅初、郭沫若、沈尹默等交往。并参加了这些进步人士领衔举行的“反内战”签名、游行示威等活动,被“暨大”解聘,乃和其他4名被解聘教师举行记者招待会,对此进行抗议,《东南日报》全文刊登他们的抗议书,中共地下党派人到萧子风家进行慰问。民国36年8月,任国立云南大学经济系教授,主讲“西洋经济思想史”等课程。教学之余为《中央日报》《复兴晚报》《正义报》《新观察》《国民新报》等报刊撰稿,发表“星期论文”40多篇,针砭时弊。1953年,云南大学经济系停办,入重庆“西南区高等院校教师进修部”学习,3年后分配到四川外语学院,是该院法语专业创办人之一。1963~1966年,当选为重庆市第五、六届人大代表。后担任法语系主任。“文化大革命”中遭冲击。1975年9月,退休后在报刊上发表回忆文章。积极扶持法语学生和法语工作者,审订全套《理工科大学法语教材》。1981年,加入中国国民党革命委员会。1983年,任民革四川外语学院支部主任委员。1986年,在重庆病逝。

(湘乡市史志办)

王伯庚

王伯庚,又名祖东、扬烈,生于清光绪二十六年(1900),湘潭县烟山杉树塘人。黄埔军校步科毕业。参加东征。曾任排长、连长、黄埔军校军士教导队上尉中队长。民国16年(1927)7月加入中国共产党,参加湘赣边界秋收起义,任湖南工农革命军军人部副主任,长沙农民近郊军副军长。1928年脱离中共组织,任冯玉祥第八方面军总司令部中校参谋。抗战时期,历任参谋、副团长、副师长兼参谋处长,参加荆州等地对日作战,在曹八里战役、南漳垭战役中重创日军。后任远征军昆明防守司令部少将高参、代参谋长,第54军政治部主任,重庆军官总队总队长。抗战胜利后,任国防部、陆军总部部员。1949年离职回乡,参加湖南和平起义。1950年起任教湘潭市立第一中学。是湘潭市政协常务委员,湖南省黄埔同学会理事。1988年8月6日病逝。

(张　明)

汤季楠

汤季楠，号嗣龙，生于清光绪二十八(1902)，湘潭县杨嘉桥镇旷家村人。黄埔军校毕业。民国14年(1925)秋，任国民革命军第6军19师排长、参谋，参加北伐战争。后任第19师连长、营长、第24师143团团长。全面抗战爆发后，任第24师72旅少将旅长，军政部第27新兵补训处副处长。民国28年春，任军委会天水行营少将高参兼侍从主任。民国30年到民国34年4月，任胡宗南部第90军61师副师长，率部在陕西灵宝官道口歼灭日军1个团。抗日战争胜利后退役回乡。民国37年10月，应程潜之邀出任长沙绥靖公署总务处长。同年底任第63师少将师长。1949年5月，任第14军副军长，与中共湖南省工委取得联系，参加起义工作。8月4日，在邵阳随程潜、陈明仁起义。中华人民共和国成立后，任人民解放军第21兵团53军副军长。1950年任湖南省军政委员会参议。1953年任湖南省人民政府参事。是湖南省第一至四届政协常委，第五、第六届省人大常委。1992年病逝。

(张　明)

钱歌川

钱歌川，原名慕祖，日文名哥川美介，笔名歌川、味椒、秦戈歌，号苦瓜散人，生于清光绪二十九年(1903)，湖南湘潭市雨湖区人。民国9年(1920)赴日本留学，民国11年考入东京高师英文系。民国15年回国任教于长沙明德中学，并兼省立一中、二中及衡粹女校教员。民国18年放弃教师工作，赴上海进入中华书局任文艺编辑，并于民国22年参与主编《新中华》杂志。民国25年考入英国伦敦大学英美语言文学系，民国28年回国后任武汉、东吴等大学教授。曾与鲁迅、茅盾、田汉、邹韬奋、郭沫若、郁达夫等文化名人交往，参加新文化运动。次年任武汉大学以及沪江、东吴联合大学教授。抗战胜利后，任中国驻日本代表团主任秘书，台湾大学文学院院长、台湾师范学院院长。1950年，改任台南工学院教授。1957年，任陆军军官学校专任教授，兼左营海军军官学校教授。1960年，获台湾“国防部”景风甲种奖章。1964年，聘任新加坡义安学院中文系教授。1967年，改任新加坡大学中文系教授。1971年，转任南洋大学教授。1972年，退休后侨居美国，专事著述。中美建交后，多次率儿孙回国观光。1986年捐赠湖南大学8000美元作奖学基金，并应聘该校名誉教授。1990年在美国纽约病逝。平生著述，主要有《钱歌川文集》《湖山人兴楼诗》《祖国的召唤》及译作《月落乌啼霜满天》《安娜史》《地狱》《娱妻记》和《翻译漫谈》《翻译技巧》《英文疑难评解》等数十种，近600万字。

(李　萍)

王卫苍

王卫苍，湘乡市梅桥镇人。生于清光绪三十年(1904)。民国9年(1920)，初中毕业后转入湖南省警察学堂受训，后在湖南祁阳、浙江慈溪、湖南攸县警察所任巡长、巡官、督察员、代理所长等职。民国15年，辞职回乡，在横洲宗德小学教书，并参与领导农民运动。“马日事变”后，投奔武冈县湘军第2师王锡焘部任文书，年底回家在县内横塘小学教书，被劣绅以“暴徒”相控，遂逃往攸县湘军第8军1师王伟青部任中尉文书。民国19年升为少校，随部队进入广西，加入李宗仁的桂系部队，民国21年升中校科长，民国24年调任第八军二十师师部中校副官处长。民国25年，考入中央陆军军官学校第五期学习。“七七事变”后，编入国民革命军21集团军第7军171师任中校参谋处长，随部开往上海前线，先后在吴兴(今湖洲)、徐州、台儿庄等地与日军作战。民国27年，升任军部上校参谋处长。民国32年，调任171师511团上校团长，与日寇数次交锋，每战亲临前线，身先士卒。在肥东青龙厂一战，将装备精良的日军一个团赶走，收复青龙阵地。民国34年，日本投降，被委派全权负责办理蚌埠受降21条，有意与1915年签订的21条卖国条约针锋相对，受降工作办理得有条不紊。之后被授予少将军衔。

民国35年任第八绥靖区第三处少将处长，兼任第46军188师副师长；民国37年调任安徽省保安司令部少将参谋长。1949年2月，调任126军少将副军长。12月，决心率领身边的911团起义，途中巧遇少时同乡及同班同学陈赓，当即将人员和装备全数交给解放军二野四兵团，王被编入南宁十三兵团将校队。1952年4月，被人民政府以反革命罪被判处无期徒刑。1975年12月，被释放，分配到沈阳市政协任秘书处专员。1979年，落实起义人员政策，撤销1952年的错误判决。1982年，任沈阳市政协常委，1997年病逝。

（湘乡市史志办）

许君武

许君武，字筠庐，笔名阿筠，生于清光绪三十一年(1905)，湘乡城区北正街人。曾与易君左、沈曼若并称为湖南三大才子。18岁考入北京中国大学英文系，结业答辩名列全系榜首。弱冠之年，即以学贯中西融通古今而名闻遐迩。河北省主席商震激赏其才，重薪聘其为省府机要秘书，不久升上校科长、少将处长。民国19年(1930)春，通过县长考试，被任为福建惠安县长。因当时省防军干政扰民，乃挂冠北上，任天津《商报》总主笔。民国20年，赴英国伦敦大学政治经济系深造。民国22年，获硕士学位归国，任浙江省府秘书兼杭州《东南日报》总主笔。民国25年，赴南京，任《中国日报》《扶轮日报》总编辑、总主笔。其文笔犀利，针砭时弊，抨击权贵，引起朝野各界强烈反响。“七七事变”后，南京文化新闻各界组织联合抗敌后援会，被公推为常务委员会主席。自此，全身心投入抗日救亡文化宣传工作。民国28年，受任常德第二区指导员，动员民众支援抗日。民国31年，与陶希圣等在重庆共同主持《中央日报》笔政。民国35年，任复旦大学新闻专业教授。同年，为《南京人报》《华夏日报》撰写杂文、小品、随笔，读者慕名争相购阅。民国36年，自创“真理新闻社”，自任社长。以民间新闻社之独家新闻，与官方通讯社《中央社》一较高下。“真理新闻社”在一无资金、二无背景的情况下，以信息灵通、内容新颖、报道翔实取胜。当时，除南京、上海各大报争相刊载其内容外，“路透社”“美联社”“合众社”等亦纷纷转稿发向海外。国民党中央宣传部因“真理社”播发有利于中共之新闻，以“为匪张目”罪名，勒令其停办。38年5月，去台湾，先后任台湾清华大学、东吴大学、文化大学、淡江大学等校教授，门生弟子数千人遍布大陆、台湾、香港及美、英、法、日、加、菲等国家和地区。许君武自幼习诗文,涉猎楚辞、汉赋、唐诗、宋词,国学功底深厚,尤精于诗,先后组建“双青诗社”、“春人诗社”“四可吟社”等诗词社团,生平所作诗词逾千首,著作有《双青阁诗文集》《兑亨簃诗词选》。1988 年 1 月 20 日,病逝于台北。

(湘乡市史志办)

苏公望

苏公望,生于清光绪三十一年(1905),湘潭县人。民国 14 年(1925)毕业于建国湘军讲武堂。历任国民革命军东征军宣传队长,第 2 军政治部组织科长,第 4 师团政治指导员,总政治部驻上海办事处主任,第 19 军政治部主任,上海防空协会总干事,上海市防护团总干事,浙江省防空协会总干事,杭州防空司令部参谋长,河南防空协会总干事,防空总监部情报处副处长,湖南防空司令部参谋长、副司令、司令,华中区防空中将副司令。1949 年参加湖南和平起义。中华人民共和国成立后,任长沙警备司令部高参,湖南省军区参议,湖南省人民政府参事。1992 年病逝。

(张　明)

章　蕴

章蕴,原名杜韫章,女,祖籍湘潭县南谷龟头市九江庙杜家坝,清光绪三十一年(1905)出生于长沙望城县龚家湾。民国 14 年(1925)在武汉参加革命,同年加入中国共产党。民国 15 年 7 月,国共合作时期任国民党汉口特别市党部妇女部长,11 月,任中共硚口特区组织部长兼妇女部长,后又兼代理宣传部长。16 年 9 月被捕,经营救出狱后,先后在南京、长沙和武汉等地做临时工,因当时白色恐怖严重,无法找到党组织而失去联系。民国 25 年秋恢复党籍,在湖南省长沙长途电话局当接线生。

随着抗日战争的全面爆发和国共两党第二次合作的形成,迫切需要恢复党的组织。民国 26 年冬,她受中共湖南省工委派遣来到湘潭,恢复党的组织。她的公开职业是在位于十四总的省长途电话工程处湘潭办事处的接线员。这个办事处只有一个主任、三个接线员及一个勤杂工。每天从早上到晚上 12 点要有两个人轮流接线,白天还要有一个人负责营业。她在繁忙的工作中抽出时间进行党的活动和群众工作。与王南秋、肖卡、王汉新、张忠廉等人一道,先后在城区和农村联络、发展党员 30 余名,建立 6 个党支部,并于民国 27 年 3 月建立中共湘潭县工委,她任县工委书记。日军侵占上海、南京以后,电厂、被服厂、步兵学校等单位先后迁来湘潭。这些单位的党支部都由湘潭县工委领导。为了发动群众抗日,她经常去一些抗日救亡团体开会、作报告,调查了解情况。一些工人、农民、老师、军官也常来电话局找她。因为电话局的隔壁就是县警察局,她的活动引起了他们的注意,便找电话局了解。电话局的人回答:年轻人合得来,在一起议论读书、抗日。工人们设法保护章蕴,尽力帮助章蕴,经常为她代班,让她腾出更多的时间来做群众工作。办事处主任也照顾她,安排她在一间只有一个小窗口对外的小房子里卖票,让外来的人不便轻易见到她。

民国 27 年 5 月调入新四军工作,先后在军队和华东地区从事政治和妇女工作。

1952年,任中央妇委第三书记兼全国妇联秘书长。在中国妇女第二、三次全国代表大会上,当选为全国妇联副主席;在中国共产党第八次全国代表大会上,当选为候补中央委员。

1977年,任中共中央组织部顾问。在中国共产党十一届三中全会上,当选为中共中央纪律检查委员会副书记;在中国共产党第十二次全国代表大会上,当选为中共中央顾问委员会委员。1995年,在北京逝世。

(胡亿群)

黎锦明

黎锦明,生于清光绪三十一年(1905),湘潭县中路铺镇菱角村人,系湘潭“黎氏八骏”之六。民国13年(1924),考入国立北京艺术专科学校,次年转入北师大文科预科学习,一期后转入国文系,旋又转入英语系。民国15年,任教广东海丰中学,曾参与中共在海丰领导的革命活动。民国17年,任郑州《朝报》副刊编辑,翌年任北平中国大学讲师,一期后转任保定河北大学讲师,后升任教授。抗战爆发后,曾参加北平文化界宣传慰问团,数度赴前线慰问演出。北平沦陷后,返湘潭老家从事国防题材文学作品的创作,并先后执教于衡山乡村师范、湘潭石浦中学。日寇犯湘期间,曾参与湘潭、安化联合抗日区的合作抗战。民国35年,任教于湘潭私立化民中学,积极支持“反内战、反饥饿、反迫害、反独裁”的进步学生运动。民国37年,任湖南大学外语系“文学批评”教员。次年失业赋闲。1950年,被选为湘潭县各界人民代表会议代表,次年选为湖南省政协、省文联委员,并任福建师范学院中文系教员。1952年,调任湘西永顺中学生物教员,兼任吉首民族中学外语系教员。1958年,自动离职,任省参事室秘书。1999年病逝。平生主要著作有短编小说集《烈火》《雹》等12部;中篇小说有《尘影》《蹈海》等5部;理论专著有《新文艺批评谈话》《文艺批评概说》等3部;译作有《世界短篇小说选译》等。其中,中篇小说《尘影》受到鲁迅先生高度评价,在文坛影响甚巨。

(陈维昌)

谭 政

谭政,原名世铭,号举安,湘乡市湘西乡(今龙洞乡)楠竹山村人。清光绪三十二年(1906)生于书香门第。早年就读县立东山学堂,参加反帝爱国运动。后任小学教员。民国16年(1927)2月起,到武汉参加国民革命军,先后在第四方面军总指挥部特务营和第二方面军总指挥部警卫团当文书、书记,开始接受马列主义思想。准备参加南昌起义,因部队受阻,未能如愿。同年9月参加湘赣边界秋收起义和三湾改编,任工农革命军第一师一团团部书记,随军上井冈山。10月加入中国共产党。11月任第一团政治部宣传员、宣传队长。民国17年2月任红四军前敌委员会秘书(实际上是毛泽东的秘书)。4月起任工农革命军(后称中国工农红军)第四军三十一团党委秘书,红四军第三纵队队委秘书,红四军军委秘书长,红四军政治部训练部部长。参加创建井冈山革命根据地和赣南、闽西革命根据地的斗争。民国18年12月参加中央红四军第九次党代表大会(古田会议)。民国19年8月任工农红军第十二军政治部主任兼教导大队党代表。民国20年10月任福建军区兼红十二军政治部主任。民国21年8月任红二十二军政治部主任。民国22年1月起,先后任红一军团第一师政治部主任、政治委员和军团政治部组织部部长。参加两次攻打长沙的战斗及漳州、水口、乐安、宜黄等战役和中央革命根据地历次反"围剿"。在艰苦紧张的战争条件下,创造性地从事部队思想政治工作,重视总结战时政治工作经验,写出《新田夜间战斗政治工作》《高兴圩以北战斗政治工作》等文章。民国23年10月随红军长征。次年9月任红军陕甘支队第一纵队政治部组织部长。10月到达陕北后,恢复红一军团,任军团政治部组织部长,后任红一师政治部主任,参与指挥红一师参加的许多战役战斗。民国25年3月26日,他向中共中央、中央军委写了《关于红军中新的政治工作的意见》的报告,根据红军10年来的政治工作的经验和党的抗日民族统一战线政策的贯彻等已经变化的新情况,及时提出必须在红军政治工作中增添和充实新的内容,加强党在组织上、思想上对军队的绝对领导,保持红军政治工作的优良传统。同年6月入抗日军政大学学习。民国26年6月任军委后方政治部组织部长、后方政治部主任。

抗战爆发后,任八路军后方政治部主任,八路军政治部副主任。民国27年春至民国31年冬,任中共中央革命军事委员会总政治部副主任兼党务委员会副主任,参与全军政治工作领导,指导在敌后坚持抗战的八路军、新四军开展政治工作,加强部队建设。他写的《八路军抗战三年政治工作初步总结》《论革命军队的政治工作》等文章,在《八路军军政杂志》上发表,发挥重要的指导作用。同时参与领导留守兵团开展整风运动,使部队素质有了很大提高。民国32年任陕甘宁晋绥联防军副政治委员兼政治部主任。民国33年4月,受中共中央委托,在中共中央西北局高级干部会上作《关于军队政治工作问题的报告》,总结红军和八路军、新四军政治工作的经验,结合抗日战争时期形势和任务的变化,论述人民军队政治工作的性质、地位和基本方针、原则,提出改革政治工作组织形式和工作制度的意见。这个报告曾被列为全党全军各级领导干部的整风学习文件和固定教材。新中国成立后,中央军委和总政治部还几次将该报告重新印发部队(1983年3月,中央军委和解放军总政治部再次决定,将报告印发全军)。中共"七大"时当选为候补中央委员。

民国34年后,历任东北民主联军政治部主任,东北野战军政治部主任,第四野战军政治部主任、副政治委员兼政治部主任。参与领导创建和巩固东北革命根据地的斗争,协助罗荣桓领导部队的政治工作,深入前线进行政治工作动员,大力开展以诉苦和整顿思想、作风为主要内容的政治教育。在辽沈、平津等战役和进军华南时,他针对部队进行大兵团作战和执行开辟新解放区任务的特点,对加强部队团结、加强组织纪律性和对待城市政策等问题,及时提出新的要求,号召部队争创"打仗好、团结好、政策纪律好"的三好连队,并公布了进城"约法八章",提出争取"军政双胜""秋毫无犯、原封不动"的口号。攻占天津后,他向中央军委写了《关于攻津部队作战勇敢、纪律良好及战后情况》的报告,被中央军委转发各中央局、中央分局、各前委、军区推广。民国38年组织指导部队学习和贯彻中共第七届二中全会精神,要求广大指战员以将革命进行到底的坚强斗志,迎接新时期的新任务。参与指挥第四野战军进行的渡江战役、衡宝战役和广西战役等。

中华人民共和国成立后,历任中南军区暨第四野战军副政治委员、第三政治委员兼干部管理部部长,中共中央中南局第一副书记,华南分局第三书记、华南军区政治委员等职。在领导部队执行解放海南岛等沿海岛屿和剿匪作战任务,支援抗美援朝战争和土地改革运动的同时,针对战争基本结束出现的新情况,提出加强部队思想教育,整顿和加强党组织建设,组织干部战士学习文化知识等一系列措施，提高解放军军政素质。1954年10月，任人民解放军总政治部第一副主任。1955年被授予大将衔，荣获一级八一勋章，一级独立自由勋章，一级解放勋章。1956年12月任总政治部主任，国防部副部长，中共中央军事委员会常务委员。参与修订《中国人民解放军政治工作条例（草案）》，组织全军进行政治思想工作，学习马列主义毛泽东思想，制定文化教育和理论学习长远规划，保证部队大规模整编和各项正规化制度的建立。强调发扬人民军队光荣传统，贯彻群众路线，推动人民军队现代化和正规化建设等。先后撰有《建军新阶段中政治工作的若干问题》《关于在训练中执行群众路线的初步总结》《关于当前部队官兵矛盾和军民矛盾的考察报告》《部队整风问题的报告》等。同年被选为中共第八届中央委员、中共中央书记处书记。曾担任中共中央监察委员会副书记。是第一、第五届全国人大常委会委员，第一、二届国防委员会委员。1959年2月，回到离别32年的故乡，深入群众了解情况，有针对性地向各级干部提出"思想要务实，不搞虚假浮夸；工作要扎实，不搞形式主义；作风要民主，不搞强迫命令"等要求。

1960年10月，在中央军委扩大会议上，他受到林彪陷害，被加上"反对毛泽东思想"、"在总政结成反党宗派集团"等莫须有的罪名，遭到错误批判，受到撤职、降级处分。1965年调任福建省副省长。"文化大革命"中，又受林彪、江青反革命集团迫害，被关押8年之久。1975年8月起，恢复工作，出任中央军事委员会顾问。1978年任第五届全国人大常委会委员，法制委员会副主任。1979年起，由于健康原因不担任实际工作。1980年，中共中央对他受到的诬陷给予平反。1988年7月，被授予一级红星功勋荣誉章。1988年11月6日在北京病逝。逝世后，党和人民给予他高度评价，称他是"久经考验的忠诚的共产主义战士，党和军队的优秀领导人，杰出的无产阶级革命家、军事家，我军卓越的政治工作领导人"（见《二十世纪湖南人物》P991～992）。

（湘乡市史志办）

严北溟

严北溟，字渤侯，生于清光绪三十三年（1907），湘潭县人。幼时家贫无法上学，靠自学成才。早年投身革命，民国16年（1927）5月加入中国共产党，一周后因长沙"马日事变"与党组织失去联系。民国23年5月至民国26年10月，在浙江民众教育实验学校任教，讲授哲学、时事和中国近代史等课，宣传抗日和革命理论，在严北溟的影响和资助下，有30多名青年学生奔赴延安等地参加抗日。同时还担任《东南日报》评论和主笔，发表文章百余篇。民国27年春，创办《浙江潮》周刊，任主编，并兼任浙江省军官教导总队政治指导室主任，得到中共浙江省委的支持。是年底，到长兴任县长。并将带的10多名骨干（中共秘密党员）分任政府各科长、政工队长、自卫队长和区长，整顿抗日武装，建立妇救会，举办青训班，创办长兴历史上第一所中学——长兴战时补习中学和《天北日报》。长兴煤矿被国民党最高当局下令炸毁后，严北溟筹集一万元法币，派中共地下党特支书记和县委书记建立善后救济委员会，组织生产自救和发放救济款等措施，同时在他的掩护下，中共长兴县委得以秘密建立，使长兴的抗日工作有声有色。但也引起了国民党第三战区顽固派的注目，在长兴建立"中统浙室"，严查"异党"活动，暗杀严北溟的秘书，盗窃严的手枪、密码本，逼走严北溟。民国28年春，主持中共南方局工作的周恩来视察浙江时，召见严北溟，并作了指示。民国30年3月，担任《浙江日报》

发行人兼社长。民国35年加入民盟和农工民主党，兼任大夏大学、光华大学、上海法学院及中国新闻专科学校教授。民国38年4月，参加以张治中为首席代表的南京国民政府和谈代表团，和谈失败后留在北平。新中国成立后，任复旦大学教授，长期致力于中国哲学史、佛教哲学史的研究。参加《辞海》修订，任编委和中国哲学史分科主编，曾主编《中国近代哲学简史》。晚年专攻佛学教义，造诣良深，著《中国佛教哲学史》。并任中国无神论学会副理事长、中国宗教学会理事、国务院古籍规划整理小组成员、中国孔子基金会副会长等。主要著作有《论第二次世界大战》《中国古代哲学寓言故事选》《中国佛教哲学简史》等。1990年3月病逝。

（湘潭县史志办）

宋希濂

宋希濂，字荫国，生于光绪三十三年(1907)，湘乡市棋梓镇人。少年时就有着强烈的爱国主义思想，他在小学六年级的作文中说："国家兴亡，匹夫有责；为国捐躯，在所不辞；为民造福，死而后已。"民国10年(1921)，考入长沙长郡中学，受五四运动影响，多次参加湖南学生联合会组织的游行示威活动，与同年级同学曾三创办《雷声》墙报，撰写多篇猛烈抨击湖南军阀赵恒惕的文章。民国13年，考入黄埔军校第一期。6月加入国民党。民国14年春，参加讨伐叛军陈炯明的第一次东征，战后升任连长。不久参与平定滇系军阀杨希闵、桂系军阀刘震寰部的叛变。随后，经陈赓介绍加入中国共产党。"中山舰事件"发生后，便与中国共产党脱离关系。北伐战争时期任二十一师营长，转战浙赣，于铜庐战役中负伤。民国16年2月被蒋介石选派赴日本陆军步兵学校深造。留日期间，因响应国内反日运动多次被捕。民国19年5月，中原大战爆发，奉召回国，任国民政府警卫教导1师中校参谋，随后任副团长、团长、旅长。民国20年，警卫军第1师改编为第87师，任该师第261旅旅长。民国21年上海"一二八事变"发生后，他主动请缨，率部开赴淞沪前线。当日军全力进攻庙行时，他亲率四个营，强渡蕴藻浜攻敌侧背，予敌重创，粉碎了日军中央突破计划。中日签订《淞沪停战协定》后，升任第87师副师长。民国22年8月，被任命为第36师师长，参与镇压十九路军和"福建人民政府"，民国23年5月又参加第五次"围剿"，率部进攻中国工农红军，在作战中身负重伤，转到后方住院治疗。此时，中共重要领导人瞿秋白被福建省保安团捕获，转押到36师师部，宋奉蒋介石之命杀害了瞿秋白。

民国26年，抗战全面爆发，宋希濂率部参加上海保卫战。淞沪抗战打响后，宋率部猛攻天宝路一带，一举攻入江山码头，迫使日军败退回舰，战威轰动全国，升任第78军军长。上海沦陷后南京保卫战爆发，随唐生智守卫南京。南京失守，被免职回籍。民国27年初，起用为荣誉师师长。同年5年，宋接任71军军长、率军激战于河南兰封，围攻土肥原第十四师团。8月，与日军对抗于大别山脉。富金山、沙窝雨战役，率三个师重创日军，毙敌4506人，伤敌17380人。国民革命军最高统帅部通电全军赞扬，并获华胄荣誉奖章和奖状。民国29年，任第34集团军副总司令兼第71军军长。后因病辞去71军军长职务，民国30年11月，升任第11集团军总司令兼昆明防守司令。太平洋战争爆发后，所部编入远征军，在滇西缅北抗击日军。民国31年4月，日军由缅甸入滇西。宋率所部36师迎击日军于怒江惠通桥畔，尽歼渡江之敌。为策应远征军与驻印军反攻，率部冒蛮烟瘴雨进围龙陵，先后攻下滇缅边境被日军盘踞经营已久的平戛、龙陵、芒市各强固据点，歼敌逾万，俘获尤众。在云南征战三年，歼灭日军三个师团，完全打通了中印公路，取得滇西北反击战的彻底胜利，为世界反法西斯战争胜利作出贡献。民国35年，他因抗战所建功勋被国民政府授予青天白日勋章，被美国政府授予自由勋章，被称为"鹰犬将军"。

民国33年秋，他被军委会派去重庆陆军大学将官班受训，受训完毕被派往新疆，任中央军校第9分校主任。民国35年10月，任新疆省警备总司令，在军事上为蒋介石坐镇新疆。民国37年8月，任华中"剿总"副总司令兼第14兵团司令官。民国38年初，被任命为湘鄂边区绥靖公署主任。8月，被调任川湘鄂边区绥靖公署中将主任。11月，兵败大渡河，自杀未遂，被人民解放军俘虏。1959年12月，被特赦。

1961年，他被安排到全国政协文史资料委员会任文史专员。1980年，当选为全国政协常委，同年赴美国探亲，与子女团聚。1983年，再次当选为全国政协常委。任政协委员和政协常委时，拥护中国共产党的领导，拥护社会主义制度，热爱祖国，积极参加人民政协活动。1984年2月，与蔡文治等在美国成立黄埔同学及其家属联谊会。6月，回到北京，被推选为黄埔军校同学会副会长。不久，又到美国定居。其晚年一直为祖国和平统一奔走呼号。1993年2月13日，在纽约病逝。著有《鹰犬将军宋希濂的自述》一书。

（湘乡市史志办）

谷霁光

谷霁光，生于清光绪三十三年（1907），湘潭县乌石镇景泉村人。民国22年（1933），清华大学历史系毕业后留校任教。1949年7月入江西八一革命大学政治研究班学习。1950年2月入华北人民革命大学政治研究院学习。1951年4月毕业后，任南昌大学、江西师范学院历史系教授、系主任、教务长，同年加入中国民主同盟。1956年7月后，历任民盟江西省委副主委，民盟江西省委第一至三届主委，名誉主委，民盟第一、二届中央委员、参议委员，江西省教育厅副厅长，江西大学副校长、校长、名誉校长，江西省历史学会会长，全国政协委员，政协江西省第二至五届副主席，江西省人大常委会第五届副主任等职。长期从事中国古代兵制史、经济史的研究和教学工作，著有《补魏兵书志》《府兵制度考释》《史林漫拾》《谷霁光史学集》等，主编有《中国兵制史》。1993年3月23日在南昌病逝，终年86岁。

（湘潭县史志办）

黎锦光

黎锦光，原名锦颢，字履劬，笔名李七牛、金玉谷、金钢。生于清光绪三十三年（1907），湘潭县中路铺镇菱角村人，"黎氏八骏"之七。民国14年（1925），考入湖南高等工业学校土木班，次年考入黄埔军校第三期第三营十二连。民国16年，任国民革命军总政治部教育股少尉宣传组长，同年转入其兄黎锦晖创办的中华歌舞专门学校。民国17年，参加中华歌舞团赴南洋访问演出，任乐师兼演员。民国20年，任联华歌舞班艺术组长，期间创作成人剧《野玫瑰》。民国21年，其兄黎锦晖重建明月歌舞剧社，先后出任社务委员会委员、剧务主任，曾改编五幕新歌剧《桃花太子》。民国24年，接办明月歌舞剧社，易名大中华歌舞团，自任团长，率团员20余人赴南洋及印度演出。民国28年，受聘百代唱片公司灌音部音乐编辑、导演，创作《西厢记》插曲《拷红》《红楼梦》插曲《葬花》《莺飞人间》主题歌《香格里拉》等电影歌曲，以及《夜来香》《采槟榔》《白兰香》《少年之我》《五月的风》《卖杂货》《钟山春》《慈母心》《疯狂世界》等流行歌曲。其中，《夜来香》与《采槟榔》风靡海内外。1951年，参加上海红唱片厂，翌年转入中国唱片社上海分社任音响导演，1983年退休。三十余年间，导演戏曲、歌曲、轻音乐等多类文艺曲目2000余首，并写作、编配《接过雷锋的枪》《送我一朵玫瑰花》《青春圆舞》具有全国影响的优秀歌曲或乐曲；创作群众歌曲120首，其中《我们一同去溜冰》获上海"水仙杯"通俗歌曲创作大奖赛及全国第二届通俗歌曲创作演出比赛一等奖。《人人都说西湖好》收入《五四以来歌曲选集》。退休后应邀参与编辑二十世纪三十年代至四十年代流行歌曲代表作的录音工作，编有《金嗓子——周璇》一、二集和《著名影星李丽华歌曲集》等节目盒带。1993年，病逝于上海。

（陈维昌）

姜书阁

姜书阁，字文渊，笔名文渊，清光绪三十三年(1907)生于辽宁省凤城县一户满族农民家庭，满姓姜佳氏，正黄旗人。幼受家学，民国15年(1926)考入清华大学，民国19年毕业于国立清华大学政治学系。早年曾任哈尔滨法政大学政治学教授、《黑白半月刊》主编、《北平晨报》主笔、《政治建设》月刊主编。后历任国民政府行政院编审、财政部税务署署长、国税署署长、财政部政务次长、全国学术审议委员会委员。中华人民共和国成立后，受聘为西南军政委员会参事、担任西南税务学校、西南财政干部学校副校长。50年代后期弃政从教，执教于青海师范学院中文系。"文化大革命"中受到冲击。1979年调入湘潭大学任教授，历任湖南省政协委员，湖南省政协常委，湘潭市政协副主席。1982年加入中国共产党，是中国作家协会会员。曾任湖南省古典文学研究会理事长、中国屈原学会副会长、中国税务学会顾问、中国骈文学会会长、中国韵文学会顾问、中国诗词学会顾问等职。先后出版了《陈亮龙川词笺注》《诗学广论》《中国文学史四十讲》《先秦辞赋原论》《中国文学史纲要》《骈文史论》《汉赋通义》《说曲》等专著12部，发表论文400余篇。其中《中国文学史研究》获湖南省"六五"期间科研一等奖；《骈文史论》获湖南省首届社会科学优秀成果一等奖、全国高等学校社会科学成果二等奖。1992年他成为第一批享受国务院政府津贴的专家。1995年被授予湖南省先进工作者称号；1996年被湖南省委、省政府授予"荣誉社会科学家"称号。他是国内著名的古典文学研究家、教育家、诗人和金融学家。2000年病逝。

（湘潭大学）

黄显之

黄显之，湘潭市雨湖区人，生于清光绪三十三年(1907)。民国15年(1926)北伐时在武汉军委会第二局工作。民国18年入杭州国立艺专学习，民国20年赴法留学，考入巴黎高等美术学院学习油画。民国24年回国后，先后任桂林师范、国立重庆师范美术科主任，国立中央大学艺术系副教授、教授。南京解放后，历任南京大学艺术系主任、南京师范学院美术系教授兼主任、中国美术家协会常务理事、江苏省美术家协会常务理事，南京市美协主席、名誉主席。江苏省文联委员、南京市文联副主席。曾出席第一届全国文代会，曾当选为南京市第一至第八届人大代表。在高校从教50多年，毕生从事素描、油画的教学、创作和研究工作。其作品曾参加第一、二、三届全国美展及江苏省和南京市数届美展。油画作品《少女肖像》《卧女》入选法国春季沙龙，获艺术家证书；《武运长久》为美国华莱士副总统收藏；《樱桃》入选第一届全国美展，并为中国美术馆收藏；《今日东蓠分外明》为江苏省美术馆收藏。另有代表作《梯田》《晚年》《螃蟹》《芍药花》等。1964年在南京举办个人油画展。1991年病逝。

（李　萍）

刘荣辉

刘荣辉，原名刘智明，生于清光绪三十四年（1908），湘潭县茶恩寺镇熊市村人。民国14年(1925)在湖南农民运动中受到革命思想的影响，参加农民赤卫队，民国16年春加入武昌警卫团，同年参加毛泽东领导的秋收起义。三湾改编后到达江西井冈山，参加著名的黄洋界保卫战。民国18年加入中国共产党，参加江西的苏维埃运动及第一次苏维埃代表大会，参加中央苏区一至五次反“围剿”战争和二万五千里长征。在红军时期的战争岁月里，作战勇猛，五次受伤，身体伤残。历任工农革命军第一军第一师班长、红四军三十一团班长、排长，红军独立二团东固医院排长、连长、院长，红三军七师军医处医生、副处长，红一方面军一军团一师一团卫生长，红四师看护长、所长，红一方面军后方医院所长。抗日战争时期，历任晋察冀军区六团、四团卫生队长，第二军分区后方医院院长，第二军分区卫生处副处长、处长。解放战争时期，历任晋冀军区卫生部副部长，华北野战军第一纵队卫生部长，二十兵团六十六军后勤部副部长兼卫生部部长。新中国成立后，历任华北军政大学卫生部长，军委卫生部秘书室副主任，总后勤部卫生部办公室副主任，总后勤部军事医学科学院院务部副部长(行政九级，正军职。)等职。曾获八一勋章、独立自由勋章、解放勋章、红星功勋荣誉勋章和红军十周年(1927～1937年)纪念章。1999年8月22日，刘荣辉在北京病逝。遵其遗嘱，骨灰由亲属和身边工作人员护送，于1999年8月30日撒入大海。

（湘潭县史志办）

黄友葵

黄友葵，女，生于清光绪三十四年（1908），湘潭市雨湖区城正街人。民国9～15年（1920～1926），就读于长沙福湘女中，与杨开慧、李淑一为同窗好友，杨开慧昵称其“小妹”。民国22年，毕业于美国阿拉巴玛州女子大学（今亨廷顿大学），获学士学位，并入选为该校优秀学生组成的“特立西格玛荣誉学会”会员。随学校合唱队参加芝加哥世博会音乐会演出，任领唱，成为中国最早在美国演出且任领唱的女歌唱家。同年，任教于荷属爪哇岛布利达中华女中。抗战全面爆发后，毅然回国抗战，被苏州东吴大学聘任为声乐教授。后相继执教于昆明国立艺专、重庆国立音乐学院、南京中山大学、金陵女子大学，任教授及声乐系主任。期间，曾在昆明、重庆、成都、上海、宁波、苏州等地举行独唱音乐会，演唱进步歌曲，激励内地军民团结一致抗日，同时，在《创世纪》《四季》《茶花女》《蝴蝶夫人》《托兰多特》《柳娘》等中外名剧中担任主角或独唱，以音色优美、表演细腻、感情真挚、技巧娴熟获得音乐界及观众的高度评价。

新中国成立后，任南京师范学院声乐教授，旋调任南京戏剧学校声乐系主任兼工会主席。1956年加入中国共产党，同年调任南京艺术学院副院长，院党委委员。1961年，受文化部派遣以观察员身份赴保加利亚参加世界青年歌剧演员比赛大会。被国外音乐家誉为“中国第一女高音”、“一位非常优秀的声乐教师”。平生致力于声乐研究与教育，为中国现代声乐教育的开拓者之一，先后培养出一批音乐栋梁，其中有张权（女）、臧王谈、魏启贤、王萃年（女）、刘淑芳（女）、孙家馨（女）、王福增、黄凛、方应暄等著名教授、歌唱家。曾任中国文联委员、中国音协常务理事、江苏省音协主席、国际文化交流中心副理事长。从事声乐教学60余年，1990年病逝于南京。著有《论歌唱艺术》一书，撰有《论音乐教育中的洋为中用问题》《音乐发展史简介》等论文。

（陈维昌）

胡英杰

胡英杰，字庆轩，号仁初。生于清光绪三十四年（1908），湘乡市人。民国19年（1930），毕业于湖南法政专科学校，分配入国民革命军，历任排、连、营长。全面抗战爆发后，随部参加抗战。因功于民国31年入国民政府中央军校高教班第八期学习、深造。同年，任第30师第88团团长。民国32年入美国驻印度蓝伽战术学校将校班学习，结业后率部参加打通中印交通作战，多次重创日军，获国民政府奖章与美国银星勋章。民国38年，赴台湾任陆军第80军第340师少将师长，旋升任第87军少将副军长，并代理军长。20世纪60年代以来，任第2军副军长、“国防部”高参。70年代初退役，与台北湘乡籍人士倡建台北湘乡同乡会，任首届理事及《湘乡文献》杂志创办人。期间，著有《老兵独白》长篇回忆录在台湾出版发行。1990年，病逝于台北。

（陈维昌）

毛泽全

毛泽全，又名荣珠，化名王勋，生于清宣统元年(1909)，韶山市韶山冲人。民国26年赴延安参加革命，在边区国民经济部合作社当管理员。民国27年加入中国共产党。民国28年延安中共中央党校毕业后，分配到新四军工作。历任岩寺兵站指导员，总兵站站长，第1师2旅供给部副部长，第三纵队供给部部长等职。参加皖南繁昌、南陵，苏中裕华、李堡，河南豫东等地抗击日军的战斗。解放战争时期，任华中野战军第1师供给部长，第23军后勤部部长。参加孟良崮、淮海、渡江等战役。领导创办被服、鞋袜、毛巾等工厂，及时解决部队的军需供应。中华人民共和国成立后，任华东军区后勤部生产部部长，总后勤部军需生产管理处长，集宁办事处副主任，大同办事处参谋长、副主任，太原办事处副主任，山西省军区顾问等职。1981年4月正军职离职休养。1989年3月7日在太原病逝。

(张　明)

吕　骥

吕骥，原名吕展青，笔名穆华、霍士奇等，生于清宣统元年(1909)，湘潭市雨湖区沿江东路人。20世纪30年代初，毕业于上海音乐专科学校。民国22年(1933)，与聂耳在上海组建左翼剧联音乐小组。民国24年，加入中国共产党。聂耳赴日后，主持音乐小组活动，并参加电通公司的音乐工作，投身宣传发动、组织领导抗日救亡歌咏运动。民国27～29年，参与筹建鲁迅艺术学院，旋任院务委员兼音乐系主任，后任教务处长兼音乐系主任。期间，参与创建华北大学，任文艺部副主任兼音乐系主任；主持陕甘宁边区音乐界抗敌协会工作，当选为边区文协执行委员。民国31年，参加延安文艺座谈会，与安波等组建中国民间音乐研究会，任理事会主席。民国34～36年，当选为陕甘宁边区参议员；参与组建东北大学鲁迅文艺学院，并任院长；组建东北音乐工作团，任总团长；创办《人民音乐》刊物，任主编。新中国成立后，当选为全国文联委员；筹备与参加全国首届音乐工作者代表大会，当选为中华音乐工作者协会主席，该会更名为中国音乐家协会后，连续当选为二、三届主席、荣誉主席，为国际音乐家协会理事会荣誉会员。曾出席全国政协首届会议，参与《国歌》选定工作；参与筹建中央音乐学院，任党总支书记、副院长及全国艺术学科七五规划重点项目民间音乐五大集成主编。平生创作有《新编九一八小调》《保卫马德里》《抗日军政大学校歌》等数十首歌曲；撰写有《谈社会主义音乐问题》等百余篇论文，出版有《吕骥歌曲选集》《东北群众歌曲选》《陕甘宁边区民歌集》《山西民歌集》《河北民歌集》《新音乐论文集》《吕骥文选》(上、下集)等。简传载《中国音乐词典》《中国艺术家辞典》等，被称为国内著名作曲家、音乐评论家、音乐教育家、音乐活动家。2002年病逝。

(陈维昌)

黎明晖

黎明晖，女，生于清宣统元年(1909)，湘潭县中路铺镇菱角村人。自幼爱好音乐、舞蹈，少年时曾参加其父黎锦晖组织的国语宣传队。12岁就学于上海国语专修学校附属小学歌舞部，多次主演儿童舞剧，显示了不凡的艺术天赋与才华。后加入上海实验剧社，先后在《幽南女士》《月下》等话剧中饰演主角，引起社会广泛关注。民国16年(1927)，进入中华歌舞专门学校，与黎锦晖、杨九寰共同创作西洋式舞蹈数套，成为该校助教。翌年，出任中华民国出国访问的中华歌舞团副团长兼交际，于东南亚各国巡回演出，饰演《麻雀与小孩》《葡萄仙子》，独唱歌曲《人面桃花》等，产生轰动效用，名噪南洋。她潜心歌舞的同时，投身电影界，经十余年实践，演技精湛，成为我国第一代著名的影星。相继在《战功》《小厂主》《透明的上海》《柳暗花明》《美人计》《花好月圆》《女人》《清明时节》等影片任主演或配角，并为中华书局、百代唱片公司灌制《可怜的秋香》《寒衣曲》《毛毛雨》《落花流水》等歌曲唱片，均影响深远，风行全国。新中国成立后，曾在北京培新幼儿园作幼教。1951年，经周恩来总理亲自安排，调入中央文史研究馆工作。晚年，著有回忆录《我早年的艺术生涯》。2003年，病逝于北京。

（陈维昌）

罗华生

罗华生，又名罗大庆，清宣统二年(1910)生于湘潭县射埠镇合力村谷皮塘一个雇农家庭。幼年家贫无钱上学，11岁拜师学泥瓦匠，12岁进安源煤矿当童工。民国14年(1925)加入安源煤矿工会。民国18年参加安源煤矿工人的罢工和暴动。同年加入中国共产党。民国19年7月，任安源煤矿工人纠察队中队长。9月，朱德、毛泽东、彭德怀率红一方面军来到安源后，他和148名安源工人一道参加红军。因行走匆忙，未转党组织关系。民国20年1月，调红一方面军总司令部特务营3连任战士，驻黄陂后任班长。7月，重新加入中国共产党。民国21年2月后，先后任副排长、排长，负责朱德总司令的警卫工作。期间参加了中央革命根据地第一、二、三次反“围剿”作战。同年10月，到瑞金彭杨红军学校学习，民国22年1月毕业后留校任特科团总支书记。10月，调红军第一步兵学校任政治指导员。不久调测绘大队任政治指导员。民国23年8月，到瑞金中央军事政治学校学习，10月，调中央军委第4梯队上级干部队任青年委员。10月21日，随中央红军和后方机关从江西瑞金出发，向湘西进军，开始长征。先后任中央军委干部团排长、军团少共国际师44团和红2师4团党总支书记。民国24年进驻遵义附近，随后两渡赤水，回师遵义。5月，中央红军强渡金沙江后，他所在红4团作为左路军先锋团，接受抢夺泸定桥的任务。27日从安顺场出发，一昼夜行军240里。29日早晨6点多钟到达泸定桥西岸，经一天激战，全歼守敌，胜利夺桥，受到中央军委表彰。随后，红4团经山垭口战斗，即进大雪山、过草地。同年9月，到达甘肃白龙江边的莫牙寺，参加腊子口战斗。他亲自率部侦察敌情，组织敢死队冲向腊子口桥，与守敌短兵相接，夺得大桥。在友军支援下全歼敌军，取得腊子口战斗的胜利。11月，参加直罗镇战斗。后任红2师2团政委。民国25年1月任2师4团政委参加东征、西征。10月，任4团团长，率团参加山城堡战斗。民国26年9月，入抗大学习，后在抗大工作。先后担任过教员、队长等职。民国29～31年，先后任八路军115师教导旅和新四军独立旅政委，坚持敌后抗战。民国32年3月，旅改团后任山东滨海军区第4团团长。9月，任第2军分区司令员。民国34年6月，指挥滨海军区第2军分区、鲁南军分区等部8000余人参加的讨梁战斗，活捉军阀梁麻子，全歼敌军一个旅。民国34年8月，抗日战争胜利后，任山东解放军第2师师长。民国

35年2月,第2师改编为吉辽军区第22旅,任旅长。同年3月,第21旅改编为东北民主联军第1纵队第2师,仍任师长。民国36年2月,任东北民主联军松江军区第1军分区司令员。9月,调东北军政大学上级干部训练大队任副大队长。民国37年1月,任松花江军区独立第7师师长,率师参加了辽沈战役。11月,任东北野战军第39军第152师师长,率部参加平津战役。1949年6月,挥师南下,参加了湘赣、衡宝、武岗、广西等战役。年底,广西解放后,兼任南宁军分区司令员、政委和南宁地委书记,领导完成了该地区剿匪和巩固新政权的工作。新中国成立后,他积极投入社会主义革命和建设。1952年12月,调任中国人民解放军空军第四航空学校副校长。次年8月,任解放军铁道公安部队司令员。铁道公安部队撤销后,1955年7月,任海军旅顺基地司令员。9月,被授予海军少将军衔,并荣获二级八一勋章、一级独立自由勋章、一级解放勋章。1958年7月,进入解放军高等军事学院学习。1960年8月,调任解放军铁道兵副司令员,指挥完成了贵昆、成昆、京原、襄渝等铁路的修建任务,为国家铁路建设作出了突出贡献。1988年3月离休,8月1日中央军委授予他中国人民解放军一级红星勋章。曾当选为第四届全国人民代表大会代表、中国共产党第九次全国代表大会代表。1991年9月6日在北京病逝。

(湘潭县史志办)

邱延明

邱延明,曾用名曾开元,生于清宣统二年(1910),湖南省攸县人。邱延明出生在一个贫苦农民家庭,当过长工,打过短工。民国17年(1928)4月参加苏维埃赤卫队;民国19年随赤卫队编入红军独立团担任副班长;民国20年4月加入中国共产党,民国21年调红六军团一七师四十九团一营机关枪连当战士、班长、排长;民国23年从中央苏区江西出发,开始北上长征。民国24年调红六军团一八师五十三团历任班长、排长、机枪排长。在湘西大庸后坪山的一次战斗中子弹打穿腿部负重伤。龙家寨战斗中眼部负重伤,在长征时立战功并被嘉奖数次。民国26年8月到晋察冀四分区五团任机枪连长,参加抗战。民国28年在华北百团大战中,负伤四次,多次立功。民国29年底到抗大二分校学习,毕业后调三十六团特务连,先后任连长营长等职。民国31年参加延安整风运动。民国34年8月调张家口军区预备医院三分院任总务股长。民国38年初任第五后方医院总务股长,年底南下到湖南长沙。1950年9月调攸县民政科任副科长、科长。1955~1958年在省文化干校学习。1958年调湘潭专署工作。1959年调湘钢耐火厂任工会主席,厂党委委员等职务。他虽然多次调换岗位,但他从不以老红军自居,继续发扬党的优良传统,工作深入,关心群众,处处以人民利益为重,工作认真负责,兢兢业业,出色地完成各项任务,他对党忠诚老实,为人坦率,特别是在1960年国家经济困难时期,他与党同心同德,从不搞特殊,生活艰苦朴素。1978年6月离职休养。1994年7月病逝。

(梁凌平)

傅云飞

傅云飞,又名傅次喜,生于清宣统二年(1910),湖南省茶陵县秩堂乡皇图村人。民国17年

(1928)5月,参加宁岗游击队,并加入中国共产党。同年起,在井冈山、九龙山及茶陵、攸县等地从事游击活动。在参加游击队的当年6月中旬,第一次接受了一项特殊任务 -- 筹饷,通过苏维埃白区工作组的信息,在一户大官僚地主家,用2个月时间,陆续为部队筹备了秋冬两季的被服、鞋袜,还有部分武器弹药,一万五千多块大洋。民国19年1月至民国22年8月起在湘赣边区红八军三师二团任班长、排长、连长、营长、游击队队长等职。参加第一至第五次反"围剿",作战勇敢,多次负伤立功受奖和提拔。红军长征后,他被留下来打游击。民国25年9月,在敌人严密围攻下,湘赣边区所属湖南、江西两省的根据地,几乎丧失殆尽。省委隐藏在莲花丝瓜塘一隅之地,需要另开辟据点。谭余保主席要傅云飞挑选几个人去开辟九陇山据点。傅云飞挑选3人进入九陇山,将红五团被打散的战士60多人收编。根据当地群众的要求,镇压了欺压百姓的保长,组织群众打土豪,分粮食,又筹集一大批款项。九陇山中心地区成为省委和游击队的立足据点。民国26年10月,傅云飞所在部队接受陈毅的整编。民国27年1月整编为一支队一大队。后整编为新四军一支队二团一营,随陈毅往北参加抗战。民国35年傅云飞任华野残废病院副主任、政委职务。民国36年任胶东军区政委。参加孟良崮战役,接着参加淮海战役等重大战斗。民国38年任南下工作团第一大队长。在革命战争期间,他先后12处负伤,左右腿伤情严重,其中有两颗子弹一直留在臀部取不出来,一直到病故后才拿出来。右耳炸坏,特别是一次战斗中,领导不让他上前线,他坚决要求上前线,表现了一个共产党员高尚的革命情操。被评为二等甲级残废军人。1950年5月,带兵南下到湘南剿匪建立政权,任大队长,后留在湘南临武县任县长。1953年,调郴州地委常委任监委书记,地委合并后调湘南行署任检察长。1958年调湘钢工作,任湘钢监委副书记、书记职务。为搞好党的监察工作处处以身作则,言传身教。"文化大革命"期间,由于极左思想的影响,他深受迫害,多次被揪斗,肋骨被打断三根,后来组织要给他升残废一等二级,他本人坚决不同意,说不是战斗负伤,决不能再贪图党的荣誉。1971年退休。1979年改离休,享受副省级待遇。他拥护党的改革开放政策,坚持四项基本原则,反对资产阶级自由化,自觉与党中央保持高度一致。并发挥老干部余热,响应党的号召,写了两本回忆录,著有《陈毅进山》等书。1999年病逝。

傅云飞一家中,兄弟5人参加红军,大哥、二哥、五弟在土地革命战争中牺牲,三哥在长征中牺牲于湘江之战。妻子谭曼卿"七七事变"后参加抗日救亡工作。

(梁凌平)

赵仁山

赵仁山,生于清宣统三年(1911),安徽六安市人。民国19年(1930)参加红军,次年加入中国共产党。参加鄂豫皖革命根据地和川陕革命根据地的反"围剿"战斗、作战勇敢,获得多次奖励和提拔,很快由战士到班长、排长、连长、副营长、营长。随红四方面军一起长征。抗日战争时期任冀南军区新8旅参谋长、冀南军区第4军分区第41团副团长、第71团团长,坚持敌后游击战、参加了百团大战。解放战争时,任第二野战军军教导团团长,后调任第四野战军直属165师副师长,参加平汉战役和凌南下作战。

中华人民共和国成立后,任湖南省郴县军分区司令员,湖南军区军政干校副校长、校长。1955

年被授予大校军衔，获二级八一勋章、二级独立自由勋章、二级解放勋章。1957年12月起任湘潭军分区司令员，1967年4月起兼任湘潭警备区司令员。1968年7月正军职离职休养。1988年获二级红星功勋荣誉章。1989年8月病逝。

（张 明）

熊 飞

熊飞，原名熊桂生，生于清宣统三年（1911），湘潭市雨湖区人。早年在安源煤矿当工人，民国19年（1930）参加工人纠察队任队员、班长。同年参加中国工农红军。民国20年加入中国共产党。土地革命战争时期，任湘东独立师师部副官处副官，江西军区后方补充团连长、营长，红6军团政治部巡视团主任，第17师51团机枪连政治指导员，军团后方医院政治委员，军团政治部总务处处长，第161师直属队总支书记，第46团副政治委员。参加了第一至第五次反“围剿”，在战斗中，作战勇敢，多次立功。长征途中，率部担负军团直属机关的保卫任务，参加了抢渡赤水、金沙江、山城堡等战斗。民国25年入陕北红军大学学习。抗日战争时期，任八路军总兵站政治处主任，军委卫生学校政治教导员，鲁中军区第三军分区政治部主任兼警备第三旅政治委员，第十二团政治委员，参加并指挥了反“围剿”、反“扫荡”等战斗。解放战争时期，任鲁中军区第一军分区副政治委员兼政治部主任，胶东军区新六师政治委员，第三十二军九十四师政治委员，率部参加了莱芜、孟良崮、太蒙、南麻、临朐、昌潍及山东青岛、福建东山岛等战斗。中华人民共和国成立后，任渤海军区政治部主任，胶东军区副政治委员，山东军区后勤部政治委员，济南军区后勤部政治委员，济南军区工程兵政治委员。1955年被授予少将军衔，荣获二级八一勋章，二级独立自由勋章，一级解放勋章。1973年至1975年任山东省军区政治委员，1975年至1982年任广东省军区政治委员，是第五届全国人民代表大会代表。1988年7月被中央军委授予中国人民解放军一级红星功勋荣誉章，2000年9月26日因病在广州逝世。

（李 萍）

杨第甫

杨第甫，生于清宣统三年（1911），湘潭县河口镇中湾村人。民国22年（1933），考入上海大夏大学，因参加“一二九”学生爱国运动失学。民国26年10月，参加陕西吴安堡战时青年训练班学习，结业后回长沙。民国27年2月加入中国共产党，被安排任长沙市第七难民收容所所长、省委军委秘书。武汉沦陷后，到湘潭、宁乡、湘乡整顿党的组织。民国29年，与地下党员陈素结婚。8月，夫妇俩被派往鄂西特委，杨第甫担任咸来中心县委书记，陈素任妇女部长。民国30年10月到延安，分配在中央党校第一部参加整风学习。民国35年任吉林省安图县委委员、县长。从事党的地下工作，为解放东北做准备。民国36年调任敦化县县长。1949年任湘潭县委副书记兼县长。1950年2月接任县委书记。任县长、县委书记期间，一边积极组建人民政权，一边努力组织生产自救和筹粮支前活动。1951年6月，调任省委副秘书长兼省委“三反”办公室主任。1952年任省委秘书长。1954年任省工业厅副厅长。1959年庐山会议后，被列为湖南“右倾机会主义反党集团”成员，被撤销党内外职务，下放到西洞庭湖劳动。1961年平反，被安排当省农垦局局长。“文化大革命”期间惨遭迫害，妻子陈素被逼死。1975年，任省轻工局顾问，1978年任省科委副主任。1980年，杨第甫任省政协副主席，后任省政协党组书记。1986年离休后寄情书法诗词，曾任省书画协会名誉主席和中华诗词学会副会长。创立岳麓诗社，发行《岳麓诗词》，著有《心潮集》。2002年10月18日病逝于长沙，享年92岁。

（湘潭县史志办）

彭锷

彭锷，字健青，派名崇震。生于清宣统三年（1911），湘乡市月山镇洞口坝村樨叶冲人。九岁入湖南第一师范附小读书。民国15年（1926）考入黄埔军校第六期。毕业后参加北伐战争，后追随蒋介石的国民党军队参与镇压中国工农红军的战争。历任排长、连长、营长、团长。全面抗战爆发后，他积极参与抗战。民国26年“八一三”淞沪抗战时，他作为八十八师的一名下级军官，曾在苏州河畔与敌浴血奋战。后转战各地，在太行山与日军土原肥部英勇拼杀，两次中弹负伤，在阵地上刮骨取弹，神色自若，部属深受鼓舞。民国31年，彭锷率部参加远征军，在印缅边境与日军苦战，颇有战功。回国后，被提拔为八十八师副师长、师长。接着率部赴华东，在崇明岛、苏州、南通等地接受日寇投降。民国36年，彭锷奉命赴东北与解放军作战，骁勇凶顽。民国37年，四平一仗八十八师被解放军全歼，只有彭锷等少数人得以逃脱，后升少将任青年军二〇二师师长，继任陈明仁兵团七十一军中将军长。民国38年率七十一军驻湘乡、湘潭、宁乡一带，执行蒋“备战求和”方针，围剿湘中游击队。同年夏，参与程潜、陈明仁举行的长沙和平起义。但事后担心共产党与他算总账，又投奔白崇禧。而他与程潜、陈明仁举行长沙和平起义之事已外传，国民党的军队已不欢迎他，只得往香港定居。1962年去台湾，任淡江大学校长。1980年移居美国入美籍。任美国北加州旅美湖南同乡会总裁，美、台、港湖南同乡会永久名誉会长。他虽然入美国籍，但仍关心家乡的发展，1990年4月，应湖南省海外联谊会、省贸促会、省黄埔同学会及湖南海联公司等单位的邀请，以彭锷为团长的北加州旅美湖南同乡会恳亲团一行11人访问湖南，受到省政协主席刘正的热情接待。1992年在美国西雅图病逝。

（陈湘魁）

刘鹏

刘鹏，生于民国元年（1912），湘潭县杨林乡瓦子坪（今属韶山市）人。民国15年入国民革命军，参加北伐战争。民国19年9月参加中国工农红军。同年加入中国共产党。在红军中历任特务团副官主任，红4军军部参谋、副官长，红1军团司令部和援西军总部通信科长等职。参加中央革命根据地历次反“围剿”作战和长征。到达陕北后，参与吴起镇、直罗镇等重大战役。1936年12月入红军大学学习。抗日战争时期，任八路军总部通信科长兼通信营营长，总部军工部副部长、部长兼军工厂厂长，参加平型关战斗。解放战争时期，任华北军区司令部通信处副处长，京津卫戍区防空司令部办公室主任，第一野战军6师参谋长。中华人民共和国成立后，参加抗美援朝战争，任安东防空部队副参谋长，防空军第1军副军长。后任福州军区空军副司令员兼高炮指挥部司令员。1955年授少将军衔,获二级八一勋章、一级独立自由勋章、一级解放勋章。1986年6月20日在北京逝世。

（张 明）

陈绍闻

陈绍闻,生于民国元年(1912),湘潭县人。民国31年毕业于中央大学研究院,获硕士学位。同年,入国立编译馆,任编审。抗战胜利后,入西北大学执教,任经济系教授,后转任安徽大学教授。新中国成立后,执教于复旦大学,任经济史教研室主任、教授,享受政府特殊津贴。执教之余,致力古代及近代经济史研究，主编有《中国古代经济文选》(三册)、《中国近代经济文选》、《中国近代经济简史》。曾兼任《辞海》经济部类主编、《经济大辞典》编委兼《中国经济史》主编。1991年,病逝于上海。

（陈维昌）

田翠竹

田翠竹,号寿翁,又名寿庭,民国元年(1912)5月,出生在雨湖区境内云塘村草塘一户普通菜农家里。5岁入私塾,13岁考入长沙市广雅中学,16岁时因长沙发生“马日事变”而弃学回家,拜乡贤王伯良学习诗词。15岁,拜三湘著名经师、学者王闿运门下许笃斋为师,系统学习经史子集,先秦至明清文学。民国22年任长沙《现代日报》编辑,后任《国货导报》和长沙《衡报》编辑。民国28年,任国民党西南游击干部训练班政治部科员,民国29年4月加入国民党,同年夏游击干部训练班迁往江西修水后,任办公厅秘书兼《开平日报》编辑;翌年赴广西桂林中央军校(黄埔后期)第六分校政治部任少校科员、中校教官,后任军校政治部主任国军上将黄杰秘书。民国31年11月,任湖南省粮政局专员、湖南省田粮处专员。民国34年2月回乡任湘潭县立中学国文教师。在抗战期间,工作之余,撰写一部30多万字的长篇小说《夜》,描述了当时日寇侵华时人民的苦难和民族抗争,另在《中央日报》及《泱泱》报刊上发表一系列以抗战为主题的诗篇,讴歌抗日英雄,同情怜恤沦陷区人民疾苦,如叙事组诗《洞庭碧血》,悲凉慷慨,气壮山河,表达了强烈的爱国情怀,其诗篇获得柳亚子、郭沫若、钱钟书等诗界大家的赞许。田翠竹23岁便结识了“南社”社长柳亚子,由其介绍加入“南社”,成为社里最年轻诗人,并称翠竹诗词“调高格老”,郭沫若赞其诗“颇有渔洋风味”。钱钟书在信里引用了宋人诗句“平生差自知惭愧,逢着梅花不作诗”以作评价。民国35年11月任国防部军法局上校秘书及军统成员,民国37年,黄杰将军任国民党长沙绥靖公署副主任,调田翠竹任上校秘书。民国38年3月,由时任舆论导报社长周翊襄和时任民革中央财务委员许松圃的介绍加入民革地下组织,并受命到湘潭开展活动,发展组织成员。由于民革组织当时不能公开活动,田翠竹利用其国军军官身份,以秘密方式发展组织。4月,湖南省民革组织派唐升节来湘潭,将秦定甫、田翠竹两人各自发展的民革成员合并一起,建立统一的中国国民党革命委员会湘潭工作组,秦定甫、黎泽荃、田翠竹为领导人。时值解放大军渡江南下,湖南酝酿和平起义大举,田翠竹受民革湖南省之委命撰写了《中国国民党革命委员会南下工作委员会湘潭工作组敬告湘潭全县同胞书》。在中共湘潭地下城市工委的领导下,湘潭民革成立了“湘潭人民自救会”,田翠竹任宣传股股长,积极联络湘潭各界人士,促成“中教联”

“小教联”和“学联”的成立，壮大了进步力量，为宣传共产党的路线方针政策，粉碎敌特的谣言，安定人心，推动工人护厂、农民护粮、学生护校，以及武装策反等。

1949年8月9日，湘潭和平解放后，田翠竹在湘潭私立化民中学、湘潭市二中任语文教员。1952年12月，民革湘潭市筹委会组成，田翠竹被选为筹委，同时以民主党派人士身份出席湘潭市各界人民代表会议。1957年9月，因政治蒙冤，被划为“右派”，1980年9月得以平反昭雪，恢复名誉和工作，先后担任湘潭市政协委员、常委、湖南省政协委员、民革湘潭市委顾问。

1982年，田翠竹向湘潭市政府倡议建立湘潭齐白石纪念馆。为此曾三上北京，促成这项文化建设。1983年6月6日，中央文化部致函湖南省委统战部，转告中宣部批示，同意在湘潭修建齐白石纪念馆。

1983年，以田翠竹为首创建了“白石诗社”（现为白石诗词协会），并被推举为首任社长，一直任职到逝世。1984年12月，任湖南省人民政府参事。1986年当选为中华诗词学会顾问，并担任湖南诗词学会、湖南楹联学会顾问，美国纽约四海诗社名誉社长。

1987年，他的诗作结集为《翠竹诗篇》由湖南文艺出版社出版，由全国人大常委马璧作序，著名画家李可染题书名，全国人大常委会副委员长周谷城为诗集题诗。

1989年夏，应徐州市政府之约，为古彭城域内诸名胜古迹题联。遂驰思绪于全国名山秀水与古迹之间，积稿逾二百，名曰《晚晴楼主名胜古迹楹联集锦》，由天津人民出版社出版，该书由全国政协副主席马万祺题写书名。晚年，有感于政治清明，生活安定，他经常带领白石诗社同仁，去工厂、下农村、进军营，体验生活。在他的倡导下，白石诗社新辟蹊径，用传统诗词写现代工业诗，并结集为《中华工业诗词选》出版发行。田翠竹精通诗词楹联，其诗作收入《太平洋鼓吹集》《中国当代诗词选》《中日友好千家诗》《二十世纪诗词文献汇编》等书。美国纽约出版的《全球当代诗词选辑》选入了其诗作5首。1994年2月病逝。

（言　志）

刘涤源

刘涤源，生于民国元年（1912），湘乡市山枣镇人。民国28～31年，在武汉大学获硕士学位。其硕士学位论文《货币相对数量说》，把传统的“绝对货币数量说”改换为“货币相对数量说”。基于这一开拓性的创新见解，这部专著获当时国内最高学术奖——杨铨学术奖。民国31～33年，任重庆大学商学院银行保险系讲师，并被聘为国民经济研究所副研究员。民国33～35年，在美国哈佛大学留学，主攻西方经济理论与经济周期学说。民国36年12月，毅然辞去在美国的工作，返回武汉大学任教。民国37年3月，任武汉大学经济系教授，主讲《经济思想史》《现代货币理论》，并为中共武汉地下党外围组织“新民主主义教育协会”成员主讲《新民主主义经济》。1952～1954年，任经济系主任。1957年，被错划为“右派”，被强制离开讲台。1962～1966年，任武汉大学经济系资料室“编外资料员”。这期间，他利用节假日和八小时外的业余时间，争分夺秒，撰写经济学专著文章。1978年，摘“右派”帽后重返教坛，主攻方向改为当代西方经济学说。1984年，以72岁高龄加入中国共产党。1978～1996年，出版经济学著作7部共240万字，发表论文60多篇约60万字。发表于1989年的《凯恩斯就业一般理论评议》,是集数十年心血而成就的一部高水平专著。此书获得1995年国家教委优秀著作二等奖。国内十几家刊物发表书评,认为此书是迄今为止对凯恩斯“就业一般理论”最系统、最全面、最深入细致的研究。1992年,主编出版《反通货膨胀:通货膨胀的理论与实践》,获得中国图书评论学会“第七届中国图书奖”。曾应邀在全国10余所大学、科研院所讲学。1996年起,主编国家教委重点科研项目——《凯恩斯主义研究》12卷本巨型丛书。1997年,被英国剑桥国际传记中心列入《国际名人录(知识界)》。同年,被授予“国家级专家”称号。1997年病逝。

(湘乡市史志办)

肖大煊

肖大煊,生于民国元年(1912),安徽省金寨县人,出生于一个贫苦农民家庭。民国19年11月参加中国工农红军,民国20年11月加入中国共产党。土地革命战争时期,在红四方面军任战士、班长、排长、连指导员,方面军参谋处参谋,少年先锋营政委,方面军总医院政治部主任,方面军后方办事处组织科长。参与了鄂豫皖和川陕革命根据地的创建和保卫斗争,后随红四方面军长征,长征途中十个脚趾被完全冻死。抗日战争时期,任八路军野战医院政治部组织股长、政治处主任兼政委,太行军区后勤部模范医院政委、卫生学校政委。解放战争时期,任晋鲁豫军区后勤卫生部政治部主任,第十八兵团后勤部副政委兼政治部主任。参加了淮海战役、平津战役、晋洲战役、临汾战役。中华人民共和国成立后,任西南川西军区后勤部政委,东北军区后勤部卫生部医药管理局政委、第二办事处政委,沈阳军区后勤部政治部主任。1955年9月被中华人民共和国国防部授予大校军衔,二级“八一”勋章、二级独立勋章和二级解放勋章。1957年2月进入中国人民解放军政治学院学习,1958年12从部队转业到湘乡三零五厂,历任湘乡三零五厂副厂长、党委副书记、书记。1976年2月离职休养,享受副省级干部待遇。1980年,担任省关心下一代协会委员。1997年6月病逝。

(谭 艳)

刘英濬

刘英濬,生于民国元年(1912),岳塘区双马镇月华村人。民国27年毕业于武汉大学外文系,从事中学英文教员4年。民国30年参加国家高等考试进入国民政府外交部,先后担任翻译、随员、国民政府驻英大使馆秘书、参赞等职。民国38年去台湾,为台湾中华集邮协会发起人。1954年调任“国民政府”驻巴西大使馆参赞,继任临时代办、副大使。1959年因对国民党政治体制不满自告离任。离任后入巴西籍,定居巴西圣保罗市弃官从商。因无从商经验,一直没有发迹,后被当地华人拥为圣保罗市华侨文艺联合会会长,从事史籍编著,主要著作有1992年版《巴西史》。2002年病逝于巴西圣保罗市。

(岳塘区史志办)

李克孝

李克孝，女，又名舜华，生于民国2年(1913)，岳塘区东坪街道荫梓屋场人。幼时，在父亲李维峻创办的学校读书。民国19年接父亲教师职，在湘潭县南一区第十七初级小学(后来的东坪镇小学)任教员。民国28年8月至12月，在宜都国民党75　军干部训练班任收发员。民国29年，回到第十七初级小学任教员，期间受进步思想影响走上革命道路。民国34年10月加入中国共产党。民国35年2月，任中共地下党湘潭城区特别支部宣传委员，民国37年12月任地下党湘潭城区总支部副书记，积极开展革命活动，发展革命队伍。民国38年2月任地下党湘潭县城区工委书记、地下党湘潭县工委委员。同年4月，参加由中共湖南省工委委员罗振坤在湘潭逸园召开的地下党湘潭县工委扩大会议，当选为县工委书记，组织湘潭发电厂、湘潭电工厂的护厂斗争和筹粮支前，迎接湘潭解放。1949年8月，湘潭和平解放后，任中共湘潭县委组织部副部长、县妇联主任。1951年6月，调任湖南省妇女联合会宣传部副部长。1953年12月任省妇联农村部部长、省妇联办公室主任等职。1973年12月任省妇联副主任，1978年8月任省妇联顾问、党组成员，1980年退居二线。先后担任政协湖南省第二、三、四、五届委员会委员、常委。1986年离职休养。1993年12月逝世。

（岳塘区史志办）

丁秋生

丁秋生，生于民国2年(1913)，湘乡市山枣镇莲花村人。少时家贫，外出讨米，民国14年流落到江西安源煤矿当童工，接受进步思想，向往共产党，多次参加安源煤矿工人的罢工斗争。民国19年参加中国工农红军。民国20年10月加入中国共产主义青年团。次年10月转入中国共产党。曾任红军连指导员、团政委，中央军委干部团第一营政委，军委警卫连、通讯连政治指导员。参加中央革命根据地第一至第五次反“围剿”和长征。在反“围剿”战斗中，他英勇善战，不怕牺牲，多次负伤，在中央苏区的黄陂战役中，身先士卒，奋力杀敌，受到晋级奖励；广昌战役中，弹尽粮绝时，率部与敌白刃格斗，身负重伤，仍继续指挥战斗。长征路上，在四渡赤水、遵义、金沙江、腊子口和陕北直罗镇等战役、战斗中，冲锋陷阵，屡建战功。到陕北后，任红军15军团第73师218团政委。军团营教导员政委。参加东渡黄河的战斗。

抗日战争爆发后，入抗日军政大学学习。后任抗大政治部股长、队长兼指导员、科长。民国29年入马列学院学习。民国30年起任军委工程学校政委，民国31年8月任八路军一一五师第一旅政治部主任，民国32年任鲁中军区第四团政委兼政治部主任，民国33年任鲁南军区政治部主任，率部在山东沂蒙山区开展敌后游击战争，解放沂河区，开辟鲁南津浦路以西地区的抗日根据地，建立了鲁南二分区。参加山东抗日根据地的多次反“扫荡”作战，收复峰县、邹县、滕县和枣庄等地区和城市。

解放战争时期，任山东野战军第8师政治委员，华东野战军第3纵队政治委员，第22军政治委员，他率部南下苏皖奋战鲁南，出击鲁西，转战中原，挥戈淮海，横渡长江，挺进浙东。在内线歼敌阶段，参加了孟良崮等战役，每战皆捷，所部被陈毅誉之为华东地区的“头等兵团”。在外线出击阶段，他率部首战沙土集、金刚寺、许昌，克洛阳、再克开封、睢杞，取得大城市攻坚的经验，紧接着他又率部参加了济南、淮海、渡江等战役，特别是在解放舟山金塘岛的战斗中，他指挥的一个加强师消灭敌军守岛的一个加强师，首创了以木帆船渡海作战，战胜强敌的战例。他率部解放宁波后，出任宁波市军事管制委员会主任兼中共宁波地委书记，领导开展接管建政、建设新宁波的工作。

中华人民共和国成立后，任第7兵团兼浙江军区政治主任，浙江军区副政委，华东军区、南京军区干部部长。1955年授中将军衔，荣获二级八一勋章、一级独立自由勋章、一级解放勋章。1960年高等军事学院毕业后，任海军北海舰队政治委员。“文化大革命”中，受迫害。1978年后任南京高级步兵学校政治委员兼党委书记，为该校正规化建设，倾注了大量的心血。退出领导岗位后，他不顾年迈体弱，积极撰写革命史料，先后发表了《四过陇海》《什么条件打什么仗》《纵横驰骋，鏖战淮海》《渡江南征》《浙江大陆的解放》等回忆录二十多篇。他的代表作《源泉》以长篇小说的形式，集中反映了军队战争年代的政治工作经验，被总政治部作为优秀小说向全军推荐。为了部队的政治工作，他“无论是革命战争年代还是社会主义建设时期，都认真贯彻中共中央和中央军委的指示，充分发挥人民军队政治工作的威力，出色地完成各项战斗任务。”丁秋生是第四、六、七届政治协商会全国委员会委员、中共十二大全国代表大会代表。1988年被授予中国人民解放军一级红星功勋荣誉章。1995年1月4日在北京病逝。

（湘乡市史志办）

谭日强

谭日强，民国2年（1913）生，湘乡市红仑人，中共党员。17岁从湘乡名医学医，遍读《黄帝内经》《伤寒论》《金匮》《温病条辨》《医宗金鉴》等医学经典。民国23年，考取湖南国医专科学校。毕业后留校任教。从此跻身于湖南医界名流之列。其时，国内出现一股崇洋媚外之风，“中医无用”等论调甚嚣尘上。谭日强和医专校长吴汉仙代表湖南中医界赴南京，参加全国中医请愿团，向国民党三中全会递交请愿书。国民党迫于公愤，为了敷衍应付，通过了中医引入教育学制系统的决议案。不久，抗日战争全面爆发，长沙迭遭轰炸，谭日强被迫辗转于湘西、湘南等地，治疗好不少患者特别是流离失所的难民。抗战胜利后，在长沙北正街同和堂药号挂牌开诊。当时长沙市最具规模的大药号湖南商药局请他去坐堂应诊，每日应接不暇。1952年，任湖南省立中医院副院长，主管业务兼病房及院外会诊。后又任中医进修学校副校长、湖南省中医药研究所副所长。1960年，出任刚成立的湖南省中医学院副院长。1962年，研制出“疏肝理脾丸”以治疗慢性肝炎和早期肝硬化。与此同时将自己的研究成果整理成《传染性肝炎的辩证治疗》一书。“疏肝理脾丸”由中医学院附属一院制药厂生产，后由广东佛山制药厂生产，改名“肝达康”，销往全国各地及东南亚各国。凭自己几十年诊治心血管病的经验，研制出“冠心通络片”，总有效率为88.5%。1980年，任教授、学术顾问，主管湖南中医学院科研工作。曾任中华全国中医学会第一、二届理事，中国中医学会常务理事，湖南省中医学会副会长、会长，广州军区后勤部卫生部中医顾问，湖南省中华医学会副理事长、副会长，湖南省第五、六届人民代表大会常委。1995年病逝。

（湘乡市史志办）

石声淮

石声淮，字均如，笔名仲丁，生于民国2年(1913)，祖籍湘潭县姜畲镇仙女村。他从少年时代起，就勤奋好学，以书为枕，夜读不辍，一时传为美谈。民国23年1月肄业于湖南省第一中学高中师范科，后在这所中学附属小学任教。民国27年考入国立师范国文系，民国32年毕业，留校任教。这期间师从钱基博、马宗霍、钟泰诸先生治经学。他治学严谨，思路缜密，精通英、德两门外语。民国35年华中大学迁回武昌，遂就聘于华中大学，任国文系讲师。后华中师范学院成立，华中大学并入华师，1950年被聘为副教授，1980年被聘为教授。1981年加入中国共产党，1987年退休。从教以后，屡有著述，自先秦至唐宋，经史子集，无不涉猎，其中对《易经》《尚书》《楚辞》、唐代元结、宋代苏轼等研究尤深。先后发表《说损益》《说杂卦传》《说彖传》《说招魂》《巨笔屠龙手——论苏轼的政治主张》等长篇论文，与人合作出版《东坡乐府编年长笺注》等专著，主编《新四书》《苏轼文选》，另有大批遗稿尚待整理。他的论著以翔实精密见长，在古典文学研究界影响颇大。曾任中国屈原学会顾问、中国孔子学会理事、湖北省文学学会副会长、湖北省屈原学会副会长，是国内著名古典文学专家、教育家。1997年病逝。

（湘潭县史志办）

张定厚

张定厚，生于民国3年(1914)，湖北省宣恩县李家河岩角村人。家贫，少年时给地主放牛。民国20年逃到湖南龙山县四平上村亲戚家学习屠宰。民国23年4月，在湖南龙山县加入革命队伍，跟随贺龙领导的队伍在湘鄂西革命根据地开展对敌战争，后随中国工农红军第二方面军，参加了举世闻名的二万五千里长征，先后担任班长、副排长、连长，在过雪山草地时，冒着生命危险，英勇抗击敌人的围剿，孤身一人从敌人手里夺回了红二方面军当时唯一的一部电台。抗日战争爆发后，他积极投身抗击日本侵略军的战斗，民国26年，在山西的一次战斗中，他率领全连缴获日伪枪支500余支，受到团部的奖励。民国27年5月加入中国共产党。民国29年6月到民国34年8月，组织调他到八路军一二〇师教导团学习(30年改名七分校随后又改名抗大)，学习期间，他拾得元宝一枚上缴给部队，受到学校的通报嘉奖。四年多的学习使他由一名一字不识的文盲变为一个能看懂各类文件和通知的革命战士。民国34年，分配到东北松江军区九团任营长，参加辽沈、平津两大战役和湖南衡宝战役。在战场上，他出生入死，浴血奋战，先后八次英勇负伤，四次立功受奖。民国37年8月，组织为照顾他残疾的身体将他调到一四六师司令部第四科任管理科长，先后在第四高级步兵学校学习，中南军区公安后勤部被服科任副科长、广西文化补习学校学习、湖南零陵转业学校学习，1955年1月转业到湘潭专署粮食局任副局长。1956年11月，调湘潭行政专署商业局工作，任副局长。转业后，他仍然保持和发扬部队的优良传统，把长期在部队工作的经验带到地方，满腔热情地投入社会主义建设，他深入实际，深入基层，深入人民群众，忘我工作，艰苦创业，为创办湘潭地区文化用品公司，为发展湘潭商业，搞活经济，保障供给，倾注了全部心血。1971年12月退休。1979年改离休，享受副师级离休干部待遇。

离休后，他仍然严格要求自己，顾大局，识大体，积极参加机关离退休老同志的定期学习和各项社会活动。他关心青少年一代的成长，在临终前，还反复叮嘱前往探病护理的青年同志要努力学习马列主义、毛泽东思想，接好革命的班。1991年12月病逝。

（李向荣）

武　石

武石，原名冯子树，生于民国3年（1914），湘潭县中路铺镇永红村赤泯冲人。少年时受乡贤齐白石影响，酷爱美术，以白石之"石"字改为己名。民国16年，考入湘潭县立中学。"四一二"政变后，在中国共产党领导下，深入朱亭等地开展反蒋漫画宣传活动。民国18年，考入长沙华中美术学校，学习中国画。民国20年，考入上海美术专科学校中国画系，师承潘天寿、吴弗之。民国23年起，任上海中国女子中学美术教员。民国24年，参加共产党领导的上海救国会，以漫画宣传抗日。全面抗战爆发后，参加上海救亡演剧六队，从事抗日美术宣传。后任上海职业青年救亡服务团副团长，在浙赣路的宁波至南昌沿线乡镇画了数十幅抗日壁画。民国27年春，在江西参加革命，9月，加入中国共产党，任江西省抗敌后援会农民工作团团长，从此开始木刻创作。主编后援会《新中国》画报。民国30年，先后任衡阳《力报》、桂林《力报》美术编辑，发表大量木刻。其中，《苦难中》等作品在香港《星岛日报》发表。还有木刻与漫画作品被莫斯科刊物转载。民国32年，任鄂豫边区党委《七七报》美术编辑，创办《七七画报》，且为《农技报》《七七月刊》《挺进报》作画。其间发表作品甚多，内有10余幅在美国《新时代》画报刊出。民国35年6月参加中原突围，后在陕南游击战斗中被俘，作品全部损失。民国37年，从西安集中营逃出，回归革命。解放后，任湖北省文联委员及美术部部长、省美术工作室主任、省群众艺术馆副馆长、省美术家协会副主席等职。1957年，任武汉市美术家协会副主席。其间，以长江大桥为题材，作套色大幅木刻《最后一根钢梁》。1960年，参加主持人民大会堂湖北厅的布置工作，作大幅中国画《今日红安七里坪》。1973年，调湖北艺术学院任教授。1979年，出席全国第四次文代会，后任中国版画家协会理事。1983年，为纪念1927年"马日事变"湘潭县殉难女烈士李爱莲，作国画《荷花》且题画诗《莲花魂》曰："每念莲高洁，招唤莲花魂。魂兮归来花欲放，花欲放兮清气生。清气生兮遍神州，遍神州兮我心欣。"离休后，任全国版画家协会顾问，潇湘书院副院长。出版的画集、文集有《征途纪行》《武石画集》《武石诗草》等。1998年6月逝世。

（湘潭县史志办）

沈　醉

沈醉，字叔逸，民国3年（1914）出生于雨湖区境内建设北路沈家大屋。18岁加入复兴社特务处（由其姐夫余乐醒介绍），抗战前长期在上海从事特务活动，曾亲自参与军统暗杀全国人权保障同盟总干事杨铨（杨杏佛）与逮捕第三国际上海代表华尔敦（史称"怪西人"案）的行动，后复兴社改为军事委员会调查统计局。长期服务于国民党军统局，深得戴笠信任。历任军统上海少校行动组长，常德警备司令部稽查处上校处长,军统局总务处少将处长(28岁)等职,在军统局中以“年纪小、资格老”著称。后聘任国防部保密局云南站站长、国防部少将专员、云南专员公署主任、中将游击司令。1949年12月9日被卢汉(原云南省主席)扣押,参与卢汉起义,协助卢汉逮捕在昆明的大多数特务(如:当时在重庆执行完大破坏任务后逃至昆明等候飞去台湾的军统西南区正副区长徐远举、周养浩与军统经理处处长兼重庆办事处主任郭旭三人,皆由沈醉供出被捕)。1950年3月,人民解放军进驻昆明后,卢汉把沈醉当作要犯交给昆明军管会,是年12月被转移至重庆歌乐山小白公馆战犯管理所,1957年转去北京功德林战犯管理所。1960年11月28日被政府特赦后,任全国政协文史资料委员会专员。1980年,被中央有关部门审定核实由战犯改为起义将领,享受副部级待遇。曾任第五、六、七届全国政协委员。著作有《解放前夕军统在云南的活动》《抗战前军统特务在上海的罪恶活动》《我所知道的戴笠》《中美合作所内幕》《爱国将领卢汉》《我这三十年》《我的特务生涯》《人鬼之间》等。八十年代曾到香港探亲访友,不顾以前友人的劝阻,毅然在短暂留港后返回北京。1996年3月18日病逝于北京。

(李　萍)

刘　新

刘新,原名刘祥,生于民国5年(1916),江西省兴国县笑塘下村人,出身贫苦佃农家庭。民国20年,年少的刘新在家乡兴国工农夜校学文化,并加入了共产主义青年团。民国22年12月,怀着“永远跟着共产党走,跟着红军干”的决心,成为一名红军战士。

民国23年10月跟随着红一军团一师二团一营二连从中央苏区参加举世闻名的二万五千里长征,爬雪山,过草地,四渡赤水,抢夺泸定桥。民国25年4月在晋察冀军区供给部运输处任排长。民国26年7月,加入中国共产党。抗日战争全面爆发后,参加了震惊中外的平型关战斗。民国28年6月,在晋察冀军区抗大二分校和陕北瓦窑堡抗大总校三大队当学员。民国32年5月,任沈阳东北秘书处和东北民主联军后方司令部管理科股长。民国34年12月,任东北民主联军后勤供给部和四野后勤供给部科长。解放战争期间,参加了著名的辽沈战役和平津战役。刘新在国内革命战争、抗日战争、解放战争中曾4次负伤,被评定为二等甲级伤残军人。1949年10月任四野后勤供给部粮食处和军需部被装处副处长,1950年10月,在中南军区第一文化速成中学第二中队当学员。1952年6月,任广州军区后勤军需部军人服务处处长。1955年9月,被中华人民共和国国防部授予中校军衔。1956年1月,任广州军区总医院副院长。1959年11月退出现役转三机部四局副厂长。1960年6月晋升为上校军衔。1961年5月,任国营二八二厂副厂长,1982年12月,离休。2001年1月25日病逝。

(袁　辉)

林华国

林华国,生于民国6年(1917),湖南省武冈县人。民国28年9月,在国民党国防医学院学习期间集体加入中国国民党;民国32年毕业于上海国防医学院医疗系,同年3月起任国民党中央军校医院外科医师。民国34年10月任国民党第28后方医院军医,民国35年6月任国民党南京总医院军医,11月任国民党国防部医务室军医。民国36年11月任国民党武汉总医院眼科住院医师、总住院医师。民国37年夏,因七岁的女儿走失,一直为之痛苦,加之国民党政府命令武汉总医院迁往广西,林华国不愿随同而回湖南老家武冈,在家乡开设一个小诊所,为老百姓行医看病。1949年9月家乡解放,耳闻目睹解放军和政府工作干部的亲和友善,特别是对技术人员的重视和爱护,深感跟着共产党干才是坦途,于是关闭诊所赴长沙谋职。

1950年4月,被湖南省人民医院聘为五官科医生,同年10月受组织安排到醴陵县卫生科任科长兼人民医院院长。1951年7月,调湘潭专区人民医院任五官科医生,随后林华国受湖南省政府派遣担任湖南省抗美援朝医疗队队长,率领省医疗队随中国人民志愿军赴朝鲜参加战地救治,他既当医生又当队长,身先士卒,夜以继日地救治伤员,出色完成医疗救治任务。1952年8月,回湘潭地区人民医院任五官科医生,1954年4月,加入中国民主同盟,任中国民主同盟湘潭专区人民医院支部主委,1954年10月起在沈阳中国医科大学进修眼科半年。通过半年的进修学习,再次体会到党和政府对技术人员的重视,从1955年起他精神焕发,忠诚事业,倾心病人,特别是对农村病人情有独钟,他克服生活上、思想上和工作上的种种困难,先后15次深入湘阴、平江、湘潭、醴陵、茶陵等9县农村和边远山区,在省内率先开展防盲治盲工作,完成沙眼、盲目等眼科疾病的调查20余万人次,眼科门诊5万余人次,眼科大小手术3000余人。1958年在哈尔滨召开的全国沙眼防治工作现场会上受到卫生部表彰。1962年4月升任湘潭专区人民医院五官科主任。1964年晋升为主治医师。他改进的泪囊鼻腔吻合术,具有适应范围广、手术成功率高、手术用时短、病人痛苦小等优点,被人们称为"林氏法"。"文化大革命"期间,因家庭出身和曾集体加入过国民党而受到冲击,但他始终不改对中国共产党和对人民的热爱情怀。1983年9月,任市中心医院副主任医师。1984年4月,当选中国民主同盟湘潭市委副主委,同年9月加入中国农工民主党,1985年3月,当选中国农工民主党湘潭市委首届主委、湘潭市政协委员、常委。1987年10月任主任医师。1989年4月,当选湖南省政协委员、湘潭市政协副主席。1994年9月退休,退休前共发表眼科专业科研论文34篇,其中《中华眼科杂志》等全国性专业刊物18篇。2002年2月病逝。

(彭开发)

黄祖干

黄祖干,生于民国7年(1918),湖南省长沙县人。30年毕业于湖南大学电机系。同年在昆明电工器材厂四厂当技术员。民国37年调湘潭电工厂(湘潭电机厂前身)任研究所副所长、设计师。

1953年,黄祖干被派到东北参加全国电器统一设计培训班,认真学习苏联先进经验并积极推广,主持制定一套符合湘潭电工厂实际的设计制度,缩短工艺流程,节省人力,提高工效。他自行设计的新产品,采用半电抗法代替电阻,使100马力、500马力的自产启动器达到质量要求,解决3000安直流断路器不脱扣的问题。1954年,湘潭电机厂承接山西大同电厂工业锅炉房控制开关柜的修复任务,其中的技术难题一时无法解决,他奉命北上山西,日夜奋战在现场,带领同去的工人、技术员,克服重重困难,提前完成修复任务。恢复大同电厂的发电,受到山西省和一机部领导的表彰。当年,他还为新建棉纺织厂设计改造所需配电装置,如铜排改铝排、电木板改石棉水泥板、A 型磁铁补充装置等,为国家节约大量财富,1955 年被评为厂劳动模范,1956 年加入中国共产党,同年 5 月被国务院授予“全国先进生产者”称号(属全国劳动模范)。在各个岗位上做出独特贡献。1957 年主编出版《电机电器设备手册》,作为专业人员的工具书和培训教材,为企业培训出一批技术人才。1958 ~ 1961 年组织固体电子器件在新产品上的应用研究。此后主持设计开发北京地铁车辆电气设备和 100 吨、150 吨工程电机车和千万吨级露天矿山用 108 吨电动轮自卸车,获 1978 年国家科学大会奖、1988 年国家金奖、1989 年国家科技进步特等奖。被聘为国家科委铁道组、电工专业组发明评审委员会特邀审查员、煤炭部技术咨询委员会特邀委员、中国电工技术学会电动车辆研究会顾问。1990 年在副厂长兼总工程师岗位上退休。1993 年 11 月病逝。

(娄少林)

彭高育

彭高育,生于民国 8 年(1919),湘潭县人。少年时就读于衡山岳云中学,后毕业于国立师范学院。抗日战争胜利后,应台湾省立新竹高级中学聘任,入该校任教。20 世纪 50 年代后,调任台湾国立师范大学兼职教授,后任台湾交通大学兼职教授。因教学成果优异,多次获台湾省奖状、奖金,并被美国佐治亚州与前总统卡特家乡平原镇授予“荣誉公民”称号。教学之余,潜心高中教材的编写,曾出版自编高中教材 20 余种,并在台湾《教育与文化》等多种刊物发表论文 10 余篇。1998 年病逝于台北。

(陈维昌)

毛泽普

毛泽普,字新甲,号月珠,曾用名戈楷,生于民国 8 年(1919)12 月 6 日,韶山市韶山乡人。7 岁入读毛氏族校(毛震公祠),民国 22 年考入湘乡县东山高级小学,民国 26 年进入湘潭中学。民国 27 年秋,经堂哥毛泽东的批准和老乡胡觉民、孙子文等人奔赴延安,在抗大学习,同年 10 月加入中国共产党。民国 28 年转入延安马列学院学习。次年毕业后,经中央组织部分配到中央军委第一秘书处,任毛泽东警卫排的政治教员。民国 30 年参加曲子县分团的征粮工作。民国 31 年在中央办公厅任政教科副科长,人事科科长等职,曾主持张思德的追悼会。民国 33 年 11 月,经毛泽东同意参加王震将军的三五九旅南下。日军投降后,返回中原,安排在武汉开展军调工作。民国 35 年任中原局警卫队指导员,随李先念、郑位三等中原军区领导人冲出险境。中原突围后回陕南担任三五九旅支队十三旅三十七团政治处主任。民国 36 年随刘邓大军挺进大别山,转战伏牛山区,任第二野战军政治部巡视员。民国 37 年转地方工作先后任河南省南阳县委副书记、代理书记、南阳市委副书记。期间,配合解放军全力消灭国民党的王牌师,直至南阳全境解放。1949 年回到湖南。

中华人民共和国成立后,任邵阳地委宣传部长兼资江公学副校长。在赴中央党校学习途经长沙时，被省委留下开展工业改革工作，后担任观音滩煤矿党委书记兼矿长。1954年任湖南省煤矿总局副局长、代局长，1956年任省工业厅副厅长，1959年任省科委党组书记和副主任，1969年，任韶山特区区委书记和特区革命委员会主任。1973年当选为湖南省委委员，1974年9月参加中国友好访问团，随王震赴日访问，1977年返回省科委工作，1985年6月当选为省顾问委员会委员和顾问委员会科技组组长，同年作为团长率团赴美国进行访问。1991年离休，副省级待遇，1999年4月2日在长沙病逝。

（韶山市史志办）

周序炎

周序炎，生于民国9年（1920），湖南省醴陵县孙家湾乡人。1952年入醴陵县石成金煤矿当木工。他虽只有初小文化，参加工作后刻苦学习，钻研技术，大搞技术革新。1953年起，他自行设计制造木质抽风机、木质脚踏孔明车、磨盘式绞车、木质粉碎机、舂泥机、自动流煤溜筛、手摇水泵、双道绞车、双道转车、木质矿车、自动倒煤台、洗浆机等13种机具，年均节省劳动力73700个，年均节约燃料6160吨，年均节约生产投资20万元。1955年被全矿誉为"革新英雄"，同年加入中国共产党。1957～1959年，他先后三次出席醴陵县先进生产者代表大会，两次出席湘潭地区群英会，两次出席湖南省劳动模范（先进生产者）代表大会。1959年10月，出席全国工业、交通、基建、财贸社会主义建设先进生产者代表大会，被国务院授予"全国先进生产者"称号（属全国劳动模范）。1963年调湘潭地区农机研究所，先后研制改革畜力犁、点灰器、扬灰器、人力中耕器，从事东风—12型插秧机地区适应性试验、130型刈禾器试验推广、小苗带土移栽机、梳式人力插秧机、人力打稻机研制试验等。1979年6月退休，1986年12月14日病逝。

（娄少林）

谭青松

谭青松，生于民国9年（1920），湘乡市东山办事处新岸村人。家境贫苦。出生后，孤儿寡母相依为命，饥寒交迫度日。16岁时，母亲劳累过度身染重病，卧床7年，终因无钱医治而离世。后给地主做工。1949年湘乡解放后，投入征粮征草、支援前线、清匪反霸、斗地主的斗争中。后任村贫雇农协会主席。1950年划乡建政时，被选为东凤乡副乡长。1951年，参加中国人民志愿军，历任副班长、班长。在朝鲜战场上多次参加反击战，荣立3次战功，所领导的班2次被评为英雄班。1952年，回国参加国防建设，又立功2次。1954年，组织上分配他到北京中苏友好大厦农业馆工作，但他要求回乡参加农业生产。回乡后，把部队带回的400元医药费，全部投入发展集体生产。组织上给的200元安家费，借出140元给30户贫困农民。1955年，任东岸第二农业社监察主任。后任东山集体农庄监察副主任、联队党支部书记。1958年，任东山公社万猪场副场长。1961年，任东坪大队高茅屋子生产队队长，带领社员战胜自然灾害，获得丰收。1962年，全队粮食总产量比1961年增加2倍；社员口粮水平320千克（稻谷），比1961年增加2倍多；21户社员，户户增加收入。当年参加湘乡县群英会。1963

年，将省吃俭用的余粮1880千克按国家牌价6.30元/50千克卖给国家。1963年，被评为邵阳专区劳动模范。1964年1月，中共邵阳地委发出《关于开展学习谭青松模范事迹的决定》。当年，以农民代表身份参加湖南省访越代表团赴越访问。1968年，任湘乡县革命委员会委员、东山公社革命委员会常委、东山学校革命委员会主任（不脱产，任职期为1968年9月至1969年7月）。1969年10月，赴京参加国庆观礼，受到中央领导接见和周恩来总理宴请。1976年，被评为湘潭地区标兵。1982年，省政府授予其农业劳动模范称号。历任第三届、第五届省人民代表大会代表、第五届全国人民代表大会代表。1989年10月，病逝。

（湘乡市史志办）

刘振海

刘振海，生于民国9年（1920），陕西省镇安县人，自幼家境贫寒，生活清苦。15岁参加工农红军，历任红四方面军三十一军战士、营通讯员；民国27年10月，加入中国共产党，任八路军一二九师通讯员、太行军区连指导员、连长、副营长，在抗日战争时期两次被评为模范共产党员，立过战功。解放战争期间，由于作战勇敢，36年被评为战斗模范。新中国成立后先后任青岛沧口机场副站长、山东胶县基地场站参谋长、山东诸城县兵役局长等职。1960年11月调江麓机械厂，先后任保卫科科长、厂监察委员会副书记、党委常委、厂革命委员会副主任、副厂长等职。刘振海在厂工作期间，努力学习，积极工作，清廉正派。他生活俭朴，艰苦奋斗，关心群众，平易近人。他坚持党性原则，在加强党的纪律教育、端正党风、严肃党纪、发展工厂的副业生产、贯彻落实计划生育政策等方面，作了不少工作。1981年离休。1995年病逝。

（江麓机械厂）

毕务本

毕务本，生于民国9年（1920），山东省文登县人。民国27年7月参加八路军，1940年5月加入中国共产党。历任文书、文化教员、指导员、教导员、副政委、政治部主任、兵役局长、广西灵山县委书记、武装部部长、军分区副参谋长。参加过昆俞山讨逆战役、胶东讨顽战役、“五一”大会战、长沙铺、沙岭、营口战斗和鞍海战役、四保临江、老爷岭战斗等。荣立大功一次，小功二次，荣获“劳动英雄”称号。1955年授少校军衔，后晋升中校军衔。荣获三级独立自由勋章和三级解放勋章、独立功勋荣誉章。1970年1月任湘潭军分区副司令员、兼江麓机械厂党委书记等职。1979年1月正师职离休，定居湘潭韶山路干休所。1996年12月逝世。

（李　萍）

马鹤凌

马鹤凌，生于民国9年（1920），湘潭县白石镇马家堰寺门前（今潭口村）人。幼时家境富裕。8岁时丧父。为避土匪扰乱，保住家业和家人平安，其母结束了家族的生意，举家迁往衡东落户，至民国29年才搬回湘潭。少年时，在刘岳峙的资助下，在南岳衡山麓的岳云中学就读6年，毕业后考上中央政治学校法政系。民国33年与秦厚修结婚，当年加入“青年军”，信奉三民主义。后担任蒋介石的侍从官。抗战胜利后，他曾回老家，召集家中佃农，把积欠的账目全部烧毁。民国37年，时任国民党中央军204师政治部主任的马鹤凌，带着母亲和弟弟举家迁香港。1949年至台湾。后奉命回大陆公干。1951年举家再次赴台。曾任国民党阳明山党部书记，国民党台北市党部第2组、第3组组长，国民党公路党部设计委员，中央委员会秘书处秘书，国民党知识青年党部书记长，台湾当局“行政院青年辅导委员会”第四组主任等职位。1981年5月至1986年4月任国民党台北市党部副主任委员。1986年任国民党中央考核纪律委员会副主任。20世纪90年代初组织“中华四海同心会”，并担任主任委员。1992年退休。马鹤凌为人耿直、刚烈，思想开明，但这种性格也让他在台湾政坛一直不得志。因此，马鹤凌将毕生的政治理想、做人原则和抱负全寄托在儿子马英九身上。从小就对他进行爱国主义教育，同时教导儿子遵循“黄金非宝书为宝，万事皆空善不空”的家训和“有原则不乱，有计划不忙，有预算不穷”，“此生理想，近期计划，今日功课”的做人准则，为马英九日后当上台湾地区领导人打下良好的基础。2005年11月1日，在台北病逝。

（湘潭县史志办）

李海清

李海清，生于民国10年(1921)1月，湖南省长沙县人，初中文化。1951年2月进湘潭电机厂工具车间当工人，1953年担任钳工班班长。李海清工作认真细致，对技术精益求精。热情培养青年技术工人。1954年，厂部安排他培训一组朝鲜实习生。他对4个朝鲜实习生谆谆教诲，手把手地传帮带，毫无保留地将自己的技术和经验传授给国际友人，在9个月的时间内，使他们的技术都达到3级技工水平，被评为模范师傅和厂先进生产者。1955年加入中国共产党，是年，湘潭电机厂首次试制整形复冲模。这种模具公差配合非常精密，36个冲头和36个底槽必须均匀地分布在360毫米的上下圆圈上，同心度要求很高，冲头和底槽的间隙只有±0.03毫米，其他刀口要完全吻合，技术难度大，当时很多人担心本厂技术水平无法达到。他大胆承接了这项任务，自行设计，改良工艺，自制模具，克服孔不等分、热处理变形等一系列复杂的技术难题，经过多次实验，终于成功制造出整形复冲模，用该模具投入生产，工时由116分钟缩为57分钟，生产效率提高一倍多，产品质量也大大提高，处于全国同行业工艺先进水平。接着，他又对胶木牌压膜进行技术改造。胶木牌压膜有36个小模心，机床上难以加工，他经反复试验，将操作方法改为锻模，获得成功，不仅改进质量，还提高工效6倍。1956年先后出席湖南省先进生产者代表大会、全国机械行业先进生产者代表大会和全国先进生产者代表大会，荣获国务院授予的“全国先进生产者”称号(属全国劳动模范)。1971年担任车间副主任，1980年被评为钳工技师。1981年退休。1996年10月病逝。

（娄少林）

刘续明

刘续明，别名刘声继，生于民国10年（1921），湘潭县易俗河千江乡清光村人。刘续明自幼在县城（湘潭）读书，民国27年考入湖南私立华中高级艺术学校（抗战期间迁址湘潭县古塘桥）学木刻。民国30年开始，先后在县城及县区农村8所小学任教。1951~1957年，在湘潭县杨家桥湘江煤矿先后任俱乐部管理员，子弟学校教员。期间，《新湖南报》发表其处女作——素描组画《孩子们热爱运动》，从此开始对艺术的不断探索与追求。1958~1960年，任湘潭市文化馆美术干部。成为市文化馆美术干部后，进入版画创作高峰期。1966年"文化大革命"开始后，他被长期安排做些政治宣传类展览工作，很难进行版画创作，直至1979年才重新开始版画创作。尽管如此，他在20余年的美术工作期间，创作版画200余幅，其中100余幅由《红旗》杂志、《人民日报》《长江文艺》《湖北日报》《中国青年报》《中国青年》《作品》《版画》《湖南文艺》《湖南日报》等省级以上报刊发表。其中《韶山四月》《挖渠道》为有史以来湘潭本土唯一在中共中央机关刊物《红旗》杂志发表的作品（见《红旗》1962.6期、1963.2期）。同期，刘续明还有144件作品参加省以上的各种展览，其中，部分作品入选第一届全国青年美术作品展，第二届、第三届、第四届、第五届全国版画展。3幅作品、4次出国展，包括1960年苏联莫斯科国际美展等。获省级以上奖励的作品主要有《煤场》《打麻雀》（1956）、《放砖》（1957）、《白菜丰收》（1961）、《华灯初放》、《桥下》、《湘江河畔》、《余热暖征途》（1985）等。1996年5月，中国版画家协会为表彰刘续明为中国版画艺术事业所作的突出贡献，授予他终身成就奖——鲁迅版画奖。1998年病逝。生前为中国民主同盟会员，中国美术家协会会员，中国版画家协会会员，湖南省美术家协会理事，湘潭市第四、第五届政协委员。

（谭自然）

赵甄陶

赵甄陶，又名赵璧，字连城，号定安，生于国民10年（1921），湘潭县云湖桥镇人。少年时就读于长沙明德中学。民国35年，肄业于湖南大学中文系，后毕业于该校经济系。新中国成立后，相继执教于武冈、湘潭、邵阳等地中学及大专院校。1962年，调入湖南师范学院外语系任教。1979年，任湖南师范大学外语系教授、硕士研究生导师，享受政府特殊津贴。教学之余，潜心于英语翻译及古文研究，并从事于诗词、楹联的学习与创作，曾任湖南语言学会、湖南诗词协会副会长，岳麓诗社副社长，《岳麓诗词》副主编。系中国民主同盟成员，2001年病逝于长沙。平生代表作有英译本《毛泽东诗词》、《孟子》全书（合译）。公开发表论文有《谈谈毛泽东诗词英译本译文中的几个问题》《英语模糊现象的语调教学》等。另有一批诗词、楹联作品收入《万首当代绝句》《当代八百家诗词》等专集。

（陈维昌）

杨迪

杨迪，原名第中，生于国民10年(1921)，湘潭县河口镇中湾村人。湘潭县解放后首任县长杨第甫之弟。早年就读长沙广益中学，参加学生运动。民国27年赴延安入抗日军政大学第1分校学习，加入中国共产党。民国28年3月，任中央军委第1局参谋。后任八路军排长、连长、参谋、作战股长、副科长。解放战争时期，任东北民主联军团参谋长、团长，第43军司令部作战处处长。先后参加四平保卫战、三下江南、四保临江，和辽沈、平津、广西、广州、海南岛等战役。1950年参加抗美援朝，任中国人民志愿军司令部作战处副处长、办公室副主任，前线指挥所参谋长，志愿军司令部作战处处长。曾获朝鲜民主主义人民共和国二级独立自由勋章。回国后任东北军区司令部作战处副处长、处长，第40军参谋长、副军长兼参谋长，沈阳军区副参谋长、参谋长、司令部顾问等职。1955年被授予上校军衔，1960年晋升大校军衔。曾获三级独立自由勋章、二级解放勋章和独立功勋荣誉章。1983年离职休养。2005年5月4日在沈阳病逝。著有《在志愿军司令部的岁月里》。

（张　明）

羊春秋

羊春秋，民国11年(1922)5月出生于湖南省邵阳县(今邵东县)。民国38年毕业于长沙国立师范学院中文系，获教育学学士学位。毕业后参加中国人民解放军湘中游击支队，任第七大队秘书兼第一中队政治指导员，后任中南教育部秘书组长、湖南工农速成中学副教导主任。1957年考取华中师范学院元明清文学研究生班，1959年毕业后，长期在高等院校执教。1960年加入中国共产党，曾任湖南师范学院中文系讲师、古典文学教研室主任。"文化大革命"中被打成"反动学术权威"遭受迫害。1976年调入湘潭大学，1978年任中文系主任，历任副教授、教授、直到离休。

他是湖南省四、五、六届政协委员，省文联委员、省作协理事。曾任湘潭大学学术顾问、中国韵文学会会长、中国散曲研究会副理事长、中华诗词协会会长、省文史研究馆馆员、省文学学会副会长、《中国韵文学刊》主编。出版专著《唐诗百讲》《校点宋十大名家词》《元曲通论》《李群玉诗集辑注》《新译孔子家语》《元人散曲选》《元明清散曲三百首》《明诗三百首》《领略传统学术的魅力》《唐诗精华译评》《春秋文萃》《迎旭轩韵文辑存》等13部。代表作《散曲通论》获湖南省第二届社会科学优秀成果一等奖、全国高校首届人文社会科学优秀成果二等奖，《领略传统学术的魅力》荣获湖南省"五个一工程"特别奖。主编《历代论诗绝句选》《历代名人传记丛书》等书。1992年，成为第一批享受国务院政府特殊津贴的有特殊贡献的专家。1998年2月，被湖南省委、省政府授予首届湖南省荣誉社会科学专家称号。他是国内著名的文史专家、教育家和诗人。2000年12月13日，病逝。

（湘潭大学）

石维刚

石维刚，生于民国12年(1923)，山西省平定县南坳镇庙沟村人。出身农民，家贫。民国28年7月，高小毕业后，回家务农。民国36年山西省平定县获得解放。石维刚被当地党组织吸收进土改积极分子培训班学习，5月担任庙沟村村长。7月，加入中国共产党。1948年8月，任平定县第五区区公所文教助理员。

1949年3月，党中央为解放全中国动员地方干部随军南下，石维刚自愿主动向党组织报名，经过组织审查批准和集中培训，他随晋中区党委南下工作团，经过5个月的跋山涉水，12月到达湖南省浏阳县，被组织安排任浏阳县西区办事处秘书。1950年1~5月任浏阳县六区公所副区长，参加土改、建政等工作。1950年6月至1951年3月任浏阳县粮食局副局长，在任期内各项工作任务完成得较好，但犯生活作风错误，被免职。1951年4~10月，组织为了培养他，送他到北京合作干校学习。1951年11月至1952年12月，任浏阳县供销社副主任。1953年1月至1954年10月，任浏阳县供销社主任，他尽力加强供销社管理，努力组织生产资料供应农村、收购农副产品，保障群众日常生活供应，服务经济发展。1954年11月至1955年7月，任中共浏阳县委财经部部长。统购统销粮食、棉花、油料，组织商场建设、改造，服务建国初期浏阳县经济建设。1955年8月至1965年11月，任中共浏阳县委副书记。1965年11月至1968年12月任中共浏阳县委书记。任县委书记时，他对“文化大革命”纲领性文件《五一六通知》和《十六条》不作深入传达。党的八届十一中全会后，刘少奇、邓小平被打倒，他为他们鸣不平。1968年12月，石维刚调任醴陵县核心小组成员，1970年2月任醴陵县革命委员会副主任。在醴陵工作艰苦深入，善于发现典型，完成任务出色。1970年10月调湘乡县工作，被选为中共湘乡县委委员、常委，并任县委书记。1971年10月，任湖南大学革命委员会副主任，他在湖南大学任职时关心和尊重知识分子，受到知识分子和广大师生好评。1973年9月任中共湘潭地委副书记兼任鄗县县委书记、县革委会主任。

1978年3月~12月，任中共湘潭市委书记、市革委会主任。任内他认真贯彻党的政策，执行中央和省委指示，认真履行“一把手”职责。

1979年5月，石维刚任湘潭地区行署专员。任职期间，积极领导和推进农村改革，建立、完善农业生产责任制。

1983年10月20~24日，根据五届全国人大常委会《关于地区和市合并后市人民代表大会提前换届问题的决议》，湘潭市第八届人民代表大会第一次会议提前召开，大会选举石维刚为湘潭市第八届人大常委会主任。任内，组织代表听取和审议政府工作报告，就深化农村、城市经济体制改革，加强对外开放、提高工业经济效益，增强农业后劲，扶贫开发，治理工业“三废”(工业废水、废气、废渣)，清理整顿公司，集资办学，保护农村专业户和城镇个体户合法权益和妇女儿童权益等方面的工作，开展执法检查，工作监督，组织代表向市人民政府提出议案72件，建议、批评、意见1155件。

1986年3月，石维刚在湘潭市第八届人大第四次会议上辞去市人大常委会主任职务。1989年12月4日病逝。

(陈金培)

张啸虎

张啸虎，生于民国13年(1924)，湘乡白田镇人。幼孤，长期住在外祖父李元甫家，受其影响甚深，在李家即打下坚实的古文基础。在春元中学读高中时，就开始向《大公报》《中央日报》等报刊投稿，常有文章见诸报端。与同学龙良臣(笔名啸龙，为蒋牧良先生高足，东南亚颇有名气的出版家)齐名，同为"春元双俊"，号称"龙虎二将"。民国33年，考入重庆的复旦大学新闻系。民国37年初毕业，先后在《观察》杂志、《大公报》、香港《文汇报》、湖南《中央日报》任记者、编辑。1949年9月，被保送北京新闻学校深造1年，结业后分派到辽宁人民广播电台从事新闻与文艺评论，后提升为文艺部副主任。1957年，被打成"右派分子"，监禁达15年之久。"文化大革命"后期出狱，以拉板车和到码头"扛大个儿"谋生。在如此艰难的岁月里，仍勤学苦耕，通晓英、德、法三国文字。1978年，"右派"得以改正，出任湖北省社会科学院文学研究所所长、硕士生导师，每年发表文章20余万字，还翻译作品60万字，在学术领域是个学贯中西、融汇古今的多面手，研究涉及楚文化、政论文学、唐宋文学、民族文化结构、古代小说、马列文论、鲁迅研究、当代文学评论。兼任华中理工学院客座教授、屈原学会和《水浒》学会副会长，《唐宋诗词》研究会、中华散文学会理事等。1984年7月，加入中国共产党。1992年3月，病逝于湖北省社会科学院。

(湘乡市史志办)

张伯衡

张伯衡，别名张金宝，生于民国13年(1924)，江苏省江阴县人。家贫，4岁丧父，其母将张的两个姐姐及家里两间住房卖掉葬父，并将一哥哥送人。此后，随母靠乞讨和救济院救济生活。8岁，母亲病故，由姑父收养，并读私塾两年。10岁在洗澡堂当学徒。12岁赴上海寻姐未果而流浪街头。13岁在上海至扬州的船上遇卖唱艺人陈春林，陈视其能唱几句京剧，便收其学戏、卖唱。从此，走上京剧表演生涯。民国26年，全面抗战暴发，上海沦陷，张伯衡逃难至江西南昌，从师赵子璋学戏，但赵只管教戏，不管吃住，张只好吃住在难民营里。民国28年，参加国民革命军102师铁铮评剧(京剧)团，从师刘圣道学老生，并参师王春梅学挎刀。此后至抗战胜利的6年间，张伯衡随铁铮评剧团在岳阳、衡阳、长沙、郴州等地演出。民国35年3月，铁铮评剧团解散。此后至1953年，张伯衡先后在九江、安庆、南昌、益阳、辰溪等地10余个京剧班社搭班唱戏。其间与一起从艺的季云侠恋爱结婚(1949)。从学艺至1953年的京剧艺术生涯中，张伯衡从未成为剧团(班、社)的基本演员，社会地位卑下，尝尽流浪艺人的酸甜苦辣。

1954年3月，张伯衡与湘潭红星京剧团(民办)姜晓云等改组红星京剧团，并转为地方国营性质，张伯衡任副团长，1956年12月，该团更名为湘潭市京剧团。1960年，张伯衡加入中国共产党。同年，张伯衡夫妇专程赴长沙为毛泽东主席演出《徐策跑城》《锁麟囊》等剧。同年去"麒派窝子"武汉巡演，在民众乐园连演10余场，场场满座。其《群英会》《借东风》《华容道》一场掌声经久不息，谢幕达4次之多，受到周信芳大弟子高百岁及另一麒派名家陈鹤峰的连声赞许。1964年，在现代戏《八一风暴》中饰演方大来(周恩来),从九江沿江直下至南京,历时数月,受到各地观众的热情赞誉。最后在杭州演出,恰逢杭州市京剧团的小盖叫天(京剧大师盖叫天之子)亦领衔主演该剧,湘潭市京剧团演出数场后,杭州市团难以匹敌而提前收锣。此后,张伯衡麒派老生形象蜚声江南数省。1971年任湘潭地区文艺工作团副团长。1978年,被评为湘潭市劳动模范。1979年,任湘潭市京剧团团长。1980年加入中国戏剧家协会,成为湘潭第一位该会会员。1986年任湘潭市文化局艺术顾问。1990年退休。2002年病逝于湘潭。生前曾为湘潭市第三、第四、第五届人民代表;湘潭市第一至第六届政协委员,并于第六届担任常委。

张伯衡一生以演京剧麒派老生而著称。代表作有《徐策跑城》《追韩信》《寇准背靴》《清风亭》《宋士杰》《四进士》《宋江》等剧。同时,在不少剧目中揉进马派某些艺术特色,如饰演《群英会》的鲁肃、《借东风》的孔明,《华容道》的关羽等。其行腔苍劲浑厚、吐字清晰,沉郁顿挫而又如行云流水,直逼麒派创始人周信芳。

(谭自然)

高臣唐

高臣唐,民国13年(1924)2月出生于山西省辽县(31年改名左权县)羊角乡高家井村一个农民家庭。青少年时代在八路军的影响下开始接受抗日救国的进步思想,15岁高小毕业,就参加了本村的抗日救国运动组织,担任本村青年抗日救国会的秘书,并于民国29年初加入中国共产党。受党组织派遣先后在辽县盘垴村和新店村担任教员,宣传党的抗日主张,并在县第六区区委召开的党代会上当选为区委委员,不久调任辽县公安局公安队指导员。民国31年3月至民国32年3月,任左权县第六区区委组织委员,一年后重返公安系统,先后任左权县公安局侦察员、侦察股股长。民国35年6月调任山西省寿阳县公安局副局长。民国37年1月任寿阳县委办公室干事,参加解放太原战役,任寿阳县担架队政委,率担架队穿梭于枪林弹雨之中,为解放军输送物资,抢运伤员。

民国38年初,高臣唐服从组织安排,随军南下任晋中南下工作团一大队五中队(南下县委)秘书,被派往湖南省湘阴县(后属湘潭专区管辖)工作。1950年10月至1955年3月,先后担任中共湘阴县委委员兼县农协会主席、中共湘阴县委宣传部部长、县委第二书记、县长、县委书记等职。在新的环境和工作中,他不辱使命,领导完成了全县土改工作、筹粮支前、带领干部群众治理南洞庭湖水患。特别是1952年11月带领全县8000名干部群众投入整修南洞庭湖工程,修建一条24千米长的临河大堤。为了堵住一条宽150多米,水深5.4米的泄洪口,共调集帆船149只,轮船7艘,几千民工轮流上阵,冒着严寒夜以继日,从两岸同时进土,同时采用抛大竹笼块石和沉毛板船等办法防止坡脚崩塌。高臣唐不顾生命危险多次乘船在堵口合拢处亲自督战指挥,最终修复堤垸、实现生产自救,重建被洪水冲毁的家园。

1955年3月,调中共湘潭地委工作,先后担任中共湘潭地委常委、秘书长、副书记等职。在湘潭地委工作期间,他长期分管农村工作,抓农业,与农民打交道。足迹遍及湘潭地区原辖北至临湘南至酃县的十多个县市。他注重基层调查研究,并自己动手,写过许多关于农业和农民问题的调查报告。60年代初,他连续几年大部分时间在浏阳农村。国务院副总理谭震林来湘潭蹲点,他陪同去攸县农村调查,一陪就近半年,他提出的关于农业和农民问题的许多意见和建议被谭震林采纳。高臣唐非常重视农业科技人才培养,1958年5月,他建议在湘潭专区农业合作干部学校的基础上设立专区农业学校。为学校建立农科所、良种场、农场等实习基地。他大力推行农村水利建设。1959年,他担任湘潭专区兴修水利指挥部总指挥,在地委的集体领导下,他带领水利工作者,指导全区各县的水利建设,通过持续几年的奋斗,先后兴修官庄、酒埠江、黄材、花石、铁山等一大批大中型水库,为湘潭专区的农业稳产高产打下了牢固的基础。他大力倡导农业科技的普及推广。为推广农业科技,他亲力亲为,积极向科技工作者请教,带领科技人员深入基层,帮助农民解决技术难题,从水稻的高秆改矮秆,一季改两季到冬季绿肥与油菜、豆麦的种植,农业机械的研制,水稻的种植从播种、育秧、插秧到早期田间管理,都要求科技人员手把手教会农民。他非常重视办农业科技样板点,他在湘潭地区的许多农村办过点,还亲自兼任过韶山公社的党委书记,从点上做起,以点带面。1964年,他带领农技人员与地委机关干部去浏阳金刚公社的界口大队办点。这里与醴陵交界,地理条件差,干旱无水,亩产最高只有250多千克,老百姓人均年口粮只有150千克左右。他与刚从湖南农学院毕业的大学生及其他老农业科技工作者共同研究工作方案,组织群众兴修水利改善灌溉条件,改高杆为矮轩,改稀植为密植,并加施磷肥,使水稻亩产当年就达到400千克,第二年将近500千克,人均口粮达到300多千克。这在浏阳、醴陵乃至全湘潭地区影响很大。

"文化大革命"中,他遭受严重迫害,被错误批斗,下放"五七"干校劳动,但他始终坚持尊重实践,联系群众,努力工作,经受住严峻的考验。

1972年9月,高臣唐调中共零陵地委工作,先后担任中共零陵地委副书记,行署专员。他为零陵地区的农田水利建设绞尽脑汁。为克服该地区溶洞多,水库和水渠的建设难度大的难题,他带领水利工作者,攻破难关,在全区兴修一批水利灌溉工程,为全区农业的发展产生了长远效益。他还积极推广杂交水稻种植,大力发展烤烟生产。同时筹集资金建起零陵卷烟厂,带动印刷包装、运输、商业的发展,缓解财政困难,增加农民的收入。1980年3月,高臣唐在中共湖南省第四次代表大会上当选为中共湖南省委候补委员。1984年3月,他重回湘潭工作,担任中共湘潭市委顾问。1985年6月,在中共湖南省第五次代表大会上当选为省委顾问委员会委员。1993年离休,2001年8月24日病逝。他自参加工作,特别是加入中国共产党以来,始终牢记为人民服务的宗旨,为官清正廉洁,从不损公肥私,始终保持共产党员的崇高品质。

(蒋子君)

吴若虚

吴若虚,字丁凤,原名光逢,号任元,生于民国14年(1925),娄底涟源县石乡岛石村人。从小好学,同学称他为古今小说故事通。民国35年春,考入省国立师范学院。在校与刘欣森组织一年级同学抵制"三民主义"课,并发动同学罢课,学院被迫将"三民主义"课改为"教育概论"。民国36年,参与串联各年级同学以及附中、南华、岳云中学学生共300余人,举行"反饥饿、反内战、反迫害"的游行示威,震动全省。民国37年,发起组织"求真社",创刊《求真》,旋改名《前哨》,宣传新思想、新文化,揭露社会黑暗。民国38年4月15日,吴若虚、刘欣森等发起为南京"四一"惨案殉难的学生举行追悼大会，到会5000余人。同年，吴加入中国共产党，任中共国立师范学院党支部委员，旋任副书记。

1949年10月至1956年4月，先后任中共衡阳地委干校副指导员，教育科干事兼指导员，衡阳《岳南报》社助编、编辑，《湖南农民报》社（驻衡阳）总编辑，中共常宁县委会宣传部副部长、中共常宁县委副书记。1956年5月任中共常宁县委书记后，将县委办公室搬到自己的工作点——正峒乡正峒农业社办公。常年农民打扮，群众称呼为“泥腿子书记”。1959年9月被打成“右倾机会主义分子”，降职到酃县酃湖公社当管委会委员。“文化大革命”初，被打成“小邓拓”，天天打扫马路、厕所。1969年冬，被打成“现行反革命分子”，关入监狱。狱中，面对造反派的高压，不说违心话，始终坚持实事求是。1972年2月，以无罪释放，到集兵滩“五七”干校劳动。1973年8月至1983年6月，先后任衡阳师专副校长，衡阳地区社队企业局副局长，衡阳行政公署农村办、经委副主任，衡阳行政公署副专员。1983年7月，调任中共湘潭市委书记，时逢地市合一，吴大胆使用中青年干部，积极推行承包责任制，将全市财政由统收统支改为包干提成，为湘潭深化改革铺开了道路。1985年7月，调任湖南省地方志编纂委员会常务副主任、党组书记，并担任《湖南省志》常务副总纂。当时省地方志编委会刚从省社科院分离出来，独立办公之初，只有10多个人，办公条件十分简陋。吴若虚精心组织，调动社会各方积极因素，在省委、省政府的高度重视和大力支持下，依靠省志编委会和全省各级各部门各单位领导和修志人员的共同努力，迅速掀起了湖南省首轮编修社会主义新方志的高潮，在全国也产生了一定影响。他与修志人员一起讨论志书篇目、志稿，研究方志理论，解决实际问题。他逐一上门邀请社会贤达帮助审定志稿，直接到修志积极性不高的厅局做工作，推动修志。他主持制定湖南省志一系列规范文件，主持编纂了12部分志，其中主编的《当代中国湖南》一书，被《当代中国》丛书编辑部称之为“有湖南特色”的史书。1989年2月9日病逝。

（蒋子君）

杨　恺

杨恺，生于民国14年（1925），岳塘区东坪街道横街社区人，高中文化。民国37年参加革命工作，同年6月加入中国共产党，12月任地下党湘潭城区总支部委员。民国38年2月任地下党湘潭县城区工作委员会委员，同年6月任地下党湘潭城市工作委员会委员，分管组织、工运工作。中华人民共和国成立后，历任湘潭市城关区人民政府副区长，中共湘潭市委统战部副部长、部长，民盟湘潭市委组织部部长，湘潭市“五反”办公室主任，湘潭市人民政府副市长，中共湘潭市委委员等职。1954年8月，调任株洲市人民政府副市长兼市建设局局长。1958年6月，在反右斗争中受到错误处理，长时间下放劳动。1979年2月，平反复出工作，任株洲市经委副主任，中共株洲市委统战部部长。1980年12月，任株洲市政协副主席兼秘书长、党组书记。创办株洲市老龄大学并担任校长，被评为全国老年教育先进个人。1983年8月，任株洲市政协主席、党组书记。1986年12月离职休养。1997年3月逝世。

（岳塘区史志办）

罗西北

罗西北，生于民国15年(1926)，祖籍湘潭县易俗河镇，是中共早期重要领导人罗亦农之子。幼时成为孤儿，由外婆抚养长大。民国26年被党中央接到延安。民国27～30年在延安自然科学院学习，民国30年赴苏联学习，参加了苏联反法西斯卫国战争。民国34年，回国在东北参加抗日战争，后在哈尔滨工业大学学习。民国37年，加入中国共产党，后到苏联莫斯科动力学院学习。1954年起，先后任燃料工业部北京水电勘测设计院主任工程师、电力工业部成都水电勘测设计院总工程师、刘家峡水电工程局总工程师、水电四局设计院院长、水电部水电建设总局副局长、水电建设总公司副总经理、水利水电规划设计院院长、水利电力部水利水电规划设计院院长兼党组书记、中国国际工程咨询公司副董事长、专家委员会副主任，中国工程咨询协会副会长。参加龙溪河、大洪河等河流规划和水电站的初步设计；参加刘家峡、龙羊峡等大型水电枢纽工程的勘测、设计和施工；主持审查水口、李家峡、岩滩、漫湾等一批大中型水电工程的可行性研究和初步设计；组织领导黄河上游、乌江、澜沧江等大江大河的考察、建设规划工作。1981年，他参加的国家十二个重要领域技术政策研究以及1985年参加的全国水力资源普查，获得国家科技进步一等奖。2000年离休后，任中国长江三峡工程开发总公司高级顾问、小浪底水利枢纽建设管理局技术委员会顾问和中国工程咨询协会顾问兼技术委员。罗西北为中国动能经济和水能规划著名专家，是第七、八届全国政协委员。2005年11月17日在北京病逝。

（湘潭县史志办）

庞人述

庞人述，女，出生于民国16年(1927)9月9日，韶山市清溪镇人，中共党员。民国38年6月参加中共地下党领导的潭湘宁边区妇女联合会的工作，后来负责组织妇女参加“抗税、抗丁、抗粮”和支前迎解放工作。

1951年8月至1964年在地质部衡阳机械厂工作。在担任班长期间，狠抓班组管理，建立了独立的班组经济核算和质量、材料、考勤等八大员管理制度，促进班组管理，月月超额完成计划，被厂部命名为“巨浪青年班”。在开展技术革新为中心内容的劳动竞赛活动中，她革新的异型齿轮卡模具，在保证质量的情况下，使齿轮加工效率提高十倍，创造一年完成十年工作量的纪录。1959年被评为全省全国先进生产者，出席全国群英大会，被国务院授予“全国劳动模范”称号和全国“三八”红旗手称号。

1964年至1986年12月先后在衡阳市二轻工业局、化学工业局工作，历任组干科、保卫科、劳资科科长等职。1986年12月享受副县级待遇离职休养。1992年3月2日在衡阳病逝。

（韶山市史志办）

任清淮

任清淮，生于民国16年(1927)，河北省广平县人。出身农家。24年进蒋庄村小学读书。10岁那年，日军入侵广平，到处烧杀抢掠，他一家被迫逃难，从此埋下对日本帝国主义仇恨的种子。民国27年，共产党领导的八路军来到广平县，成立抗日政府，因被侵略而停课的学校也恢复上课，学生除了学文化外还要学习抗日知识，他先后在蒋庄村小学、广平县抗日高小，山东馆陶县抗日高小就读，学到了不少抗日救国的道理。民国32年，因馆陶县抗日小学被日军占领，他回到家乡，积极参加边区人民武装委员会(简称武委会)在蒋庄村开展的抗日活动。民国33年2月，他正式参加广平县抗日政府工作。同年3月，日本侵略军来扫荡，他和办公室同志为政府掩藏搬运重要设备和机密资料，在进地道时，被战备地雷炸得失去知觉，亲人们以为他被炸死，谁知不久他又醒过来了。9月加入中国共产党。10月30日，日本侵略军包围广平县政府，烧群众的房子，向地道灌毒气。他和战友连夜拼命挖地道得以突围。民国34年7月~民国38年1月，他在广平县委工作，先后任县委秘书、组织干事、宣传干事。

民国38年2月下旬，任清淮响应党的号召，报名南下，并被任命为干部南下大队冀南支队区委书记。南下行军途中，每天走五、六十里路，途经河北、山东、河南、江苏、安徽、江西、湖北、湖南八个省，行程四千多里，是年7、8、9月，冀南三大队一中队南下干部陆续到达湖南省石门县。刚刚解放的石门县，国民党残余武装和乡村土匪互相勾结，经常出没残害干部、群众，工作环境十分险恶。他在党组织的领导下，配合在石门县剿匪的中国人民解放军第四野战军，发动群众，开展剿匪反霸斗争，以及接管、建政工作。1949年7月，任中共湖南省石门县委办公室副主任。1950年2月，调任石门县六区任区委书记。1951年6月，任中共石门县委宣传部长。

1952年8月，任清淮调中南局组织部，先任党管处组织员，后任农村组织处副组长。1954年9月调中共湖南省委组织部工作，先后任党管处科长、副处长、组织处处长。在中共湖南省委组织部的领导下，指导协调全省党员教育，加强党员管理，促进党的组织与制度建设。

1966年2月，调任中共常德地委副书记兼中共澧县县委书记。1968年3月，任常德地区革委会副主任。常德地区出现血吸虫危害，他深入疫区，亲自参加查螺灭螺活动，指挥开展血吸虫病防治工作。因而他在疫区不幸染上血吸虫病，以致后来他的身体长期受到“血吸虫肝”病的困扰。

1971年6月，调任燃化部湘东化工机械厂工作，先后任厂党委副书记、党委书记。

1978年5月，调任中共湘潭地委副书记兼中共湘潭市委第一副书记，1980年4月兼任湘潭市人大常委会党组书记。1980年5月，他被选派到中央党校学习四个月。1980年10月27日至11月1日，湘潭市第七届人民代表大会第一次会议召开，这次会议决定设立湘潭市人大常委会，任清淮被选为市人大常委会首任主任。在他主持下，这次会议通过了撤销湘潭市革命委员会、成立湘潭市人民政府的决定。由于湘潭地区与湘潭市1983年实行合并，此届人大任职三年后，提前两年换届。他任人大常委会主任期间，组织人大代表，认真履行人大职能，对市政府各项工作进行监督。11月17日至21日，中国共产党湘潭市第五次代表大会召开。在五届一次会议上，任清淮被选为中共湘潭市委副书记。

1983年8月，任清准任中共湘潭市委顾问。1985年被聘担任晋冀鲁豫党史联络组湘潭组组长和湘潭市关心下一代协会负责人。1990年12月离职；1999年2月13日病逝。

（陈金培）

张 九

张九，原名张文卿，因在兄弟中排行第九，其师为其取名张九，号旭园。生于民国17年（1928），湘潭县人。民国37年，毕业于华中高级艺术职业学校。1952年，结业于中南文艺学院音乐系理论作曲专业，同年分配入湖北省武汉市楚剧院，任音乐辅导员。期间，刻苦钻研戏曲音乐，造诣渐高，于20世纪50年代后期调入湖南戏曲工作室，专门从事戏曲音乐、舞台艺术的研究、改进工作，曾任湖南省戏曲改进委员会音乐组长、省戏曲工作室舞台艺术组长。六十年代初，致力于戏曲音乐作曲、理论研究及戏曲史研究，其主要戏曲音乐作品有湘剧高腔《山花颂》《园丁之歌》，祁剧弹腔《送粮》等。1965年，参加布加勒斯特国际木偶节演出，获得好评。是年，被评为国家一级作曲。粉碎"四人帮"后，其作曲的戏剧作品《园丁之歌》重新流行于舞台，并被拍摄成戏曲片在全国上映，同时还被上海音乐学院选为教材；《山花颂》《送粮》精彩唱段被灌制成唱片，发行全国。系中国音乐家协会、中国戏剧家协会、中国传统音乐学会、湖南省诗词协会会员，曾任湖南省音乐家协会副主席、省戏剧音乐学会会长、省艺术系列高级专业技术职务评审委员。1988年退休，2004年病逝于长沙。其主要理论专著有《湘剧高腔音乐研究》（合作）、《关于西皮腔的起源与发展》、《亨腔曲体纵横谈》；编印校定典集20余种，240万字；为多种辞书、志书纂有一批条目，并任《湖南地方剧种志武陵戏志》主编及主要撰稿人。另外，其书法以行草见长，作品流行于海内外。湖南人民广播电台、《长沙晚报》曾对其人其艺作专题评介。

（陈维昌）

李庆明

李庆明，生于民国18年（1929）12月，长沙县人，初中文化。1950年在湘潭市粮食系统参加工作。他在担任粮仓保管员时，常常昼夜暗伏在粮食仓库，仔细观察老鼠的生活规律，练就一手过硬的捕鼠绝技，他自制捕鼠器30余种，创造出一夜捕鼠500余只的惊人成绩。1954年创全省第一个四无（无虫、无霉、无鼠、无事故）粮仓。根据省粮食厅的安排和各地邀请，他到省粮食学校和全省各地、市介绍他的捕鼠经验、作捕鼠示范。在保粮机械方面，他创造的"一人多车多溜法""脚踏风车带溜法""一人双车双溜法""机械除虫法"，能节省劳动力，降低劳动强度，提高工作效率，在全国同行业推广。1956年7月加入中国共产党，同年，出席湖南省第二次先进生产（工作）者代表大会和全国先进生产（工作）者代表大会，由国务院授予"全国先进工作者"称号（属全国劳动模范）。1962年担任仓库副主任，1978年担任湘潭市粮食局副主任科员，勤勤恳恳，工作一生。1988年因病去世。

（娄少林）

言仁海

言仁海,生于民国18年(1929),岳塘区双马镇云河村人。36年进湘潭电机厂当工人。1952年1月,参加荆江分洪工程建设,创双手双焊纪录,提前完成工作任务,被授予国家水利建设一等功臣,被评为全国劳动模范。1952年8月加入中国共产党。1953年被选派参加中国人民第三届赴朝慰问团。1955年被团中央授予“青年社会主义建设积极分子”称号。1956年被评为湖南省劳动模范。是第一、二、三、四届全国人民代表大会代表,政协湖南省第五届委员会委员。在湘潭电机厂工作期间,先后当工人,任班长、工段长、车间主任、党支部书记,总厂工会副主席、主席,分厂厂长、党总支书记,总厂副厂长、革委会副主任等职。1973年6月,调任中共湘潭市委常委、市总工会主席。1975年5月,任中共湘潭市委副书记。1979年11月,调任湖南省标准局副局长。1990年5月病逝。

(岳塘区史志办)

颜鼎章

颜鼎章,生于民国18年(1929)8月,娄底市涟源县人,小学文化。1951年9月在湘潭市税务局参加工作。他在担任市税务局业务员期间,虽然文化不高,但能虚心学习,刻苦钻研,不断提高自己的文化知识和业务能力。1953年全局举行业务测验,他取得88分的好成绩,为全局之冠。是年,局里安排他搞评价工作,他深入实际,根据不同实物,考察评估,纠正了园木按国营批价、园竹按销地收购价、红砖价包括税额等错误的计税方法,贯彻应征必征的政策,补税3800多元,发挥评价在税收中的重大作用。1954年担任股长后,他更加认真学习业务知识和国家关于税收的政策法令,关心股内同志的生活,虚心听取同志们的意见,团结全股同志不断改进税收工作。当有同志提出烟丝捆索重量不实时,他就召开股所管查员会议,核实捆索重量,使烟丝由50千克折43千克提高到折45千克,当商贩想出新花样减轻捆索时,再提高到折46千克。当年一年就增加烟丝1994千克,增加税款3190元。同样,神香也由查定征收改为原料控制征收,增加税款1370元。是年,他被评为湘潭市税务局的甲等税工模范,并光荣加入中国共产党。

1955年,颜鼎章工作更加深入扎实,经常下户,帮助管业干部具体解决实际问题,改进工作。一名干部对土产公司粮食货物税计划500元时,他由于熟悉实际情况,核定为900元,实际完成920多元。一名干部对烟叶税计划6000元,他核定为10000元,实际完成10600元。1955年12月,烟草专卖公司的烟叶因无车皮运不出去,他为运走烟叶使税款及时入库,不顾胃疼,不顾风雨,亲自跑到火车站交涉,请求车站调来车皮,运走烟叶,一次完成7200元税收任务,是年超额64%完成征税任务。他所在的货地税股原来是局里的“后进单位”。自从他担任股长后,便摘掉落后帽子,一跃成为局里的模范单位。年底,他被评为湖南省税务系统先进工作者。1956年被评为湖南省先进工作者,同年出席全国先进生产(工作)者代表大会,由国务院授予“全国先进工作者”称号(属全国劳模)。1959年他奉调湘潭市化机厂担任厂党支部书记。1960年调入湘潭市肉食水产公司,担任三角坪肉食水产站站长,1969年担任公司业务课课长。1981年1月退休,1995年病逝。

(娄少林)

李政玉

李政玉,生于民国18年(1929)1月,湖南省新宁县人,年轻时在新宁县解放街完小任教,1956年加入中国共产党,同年调入湘潭县教育局教学研究室任教研室主任。几十年来,他未脱产刻苦自学英、日、俄、世界语,由一个高中生自修达到副教授水平,被聘为北京大学出版社《中学生英语学习指导》特约编辑,出版《高中英语句型与结构》一、二、三册、《高中英语阅读能力自测》一、二、三册和《小学数学补充教材》等15册(本)著作和资料;在市以上各类刊物上发表论文20余篇,其中《开展青年教师优秀课评比活动,提高青年外语教师业务能力和教学水平》获市一等奖、《高中英语句型结构与词语辨析》获市特等奖;利用业余时间培训师资10期、450人次,为提高湘潭县中小学教师业务能力作出较大贡献。他积劳成疾,患有较严重的心脑血管疾病和腰腿痛病,长期带病坚持工作,克服许多常人难以想象的困难,几次在工作岗位上累倒。1957~1989年,他5次当选湘潭市、县党代会代表、人大代表,15次荣获县以上优秀党员、优秀教师称号。1989年被评为全国先进工作者(属全国劳模)。1991年1月退休,2004年6月24日病逝。

(娄少林)

林济中

林济中,生于民国19年(1930),湘潭县峡山口乡新湘村人。民国25年,寄居在外祖父家并入学读书。

1949年8月考入湘雅医学院医疗系学习医疗专业,后因健康原因休学1年半。1952年,继续就读湘雅医学院,1956年毕业,同年被分配到湘阴县血吸虫病防治站工作并任技术指导组组长,他深入疫区开展调查,掌握疫情发生规律,对血吸虫病开展防与治相结合的研究工作,表现突出。1958年10月加入中国共产党,1959年调湘阴县人民医院任副院长。

1960年, 成为湖南省选派赴西藏工作干部的一员,10月被派往西藏自治区那曲地区人民医院任内科主治医师和副院长,因高原气候、生活环境等与湖南有着明显的差异,不仅须克服生理、生活上的困难,还须克服语言等方面的困难,他以中共党员的标准自律,为那曲人民防病治病毫无怨言,17年的高原工作,为藏区人民的防病治病做出较大的贡献。

1977年4月,调湘潭地区人民医院工作。1978年5月调湘潭地区职业病防治医院任副院长。1979年,调湖南省总工会职工疗养院任副院长。1984年1月调湘潭市第一人民医院任院长、调研员等职,他为政清廉,一心为公、光明磊落。1986年检查出身患癌症,但绝症并未摧毁他为医院当好领头羊的信心,经常下到病房检查工作,指导医疗,由市人民政府授予记功奖励。1987年,晋升为内科主任医师。1989年3月13日病逝。

(彭开发)

潘连生

潘连生，民国19年(1930)11月生于湖南省湘潭县响水乡，高小文化。1954年5月，进湘潭锰矿当工人。1958年起他担任湘潭锰矿青山工区露天采矿场“五一”青年队队长，同年加入中国共产党。1959年5月是当年采矿任务最重最艰巨的一个月。当时连日阴雨，原有的垱头(锰矿采掘专用词，指一种专用固定设备)被水淹没，竟找不到一个能立即采矿的垱头。至5月20日，该队只完成全月生产计划的55%，他召集队骨干开会，研究垱头情况，实行三包(队、班、个人分别包干)三交(交代任务、安全、措施)的工作方法，发动职工提合理化建议，采用快速采矿方法，潘连生以身作则不怕困难不怕危险，忘我劳动，带领全队人员团结奋战，终于提前三天超额完成五月份的生产任务。这个队被全矿誉为能打硬仗的先进队，生产任务月月超额完成。他不仅在生产上处处带头，还善于做职工的思想政治工作，关心职工，体察职工的疾苦，对全队150多名人员的特点，心里都有底，因而能顺利地解决工人们思想上存在的问题，使全队人员能团结在一起，努力搞好生产。1959年8月，他被评为省劳动模范，同年9月，出席全国工业、交通、基建、财贸先进生产者代表大会，由国务院授予“全国劳动模范”称号。1960年担任工段长，1970年担任矿生产总调度室调度员，1980年因病提前退休。1995年病逝。

（娄少林）

马少凡

马少凡，生于民国19年(1930)，湘潭县白石铺乡深溪村人，农民出身，初小文化，1959年加入中国共产党。1965年当选深溪大队政治辅导员。他决心改变家乡穷山恶水的落后面貌，组织群众上山开荒造林兴办全乡第一个村林场，担任场长。他带领10多个场员，吃住荒山，艰苦创业，当年造林5.33公顷，接连奋战10个冬春，共造林153.33多公顷，其中120公顷杉木林、26.67公顷油茶、6.67公顷楠竹。十年杉木林成材。成为友谊林区的示范林场。

1975年8月，公社党委调马少凡创建马家堰安定林场，任公社林场场长。他上任后，白手起家，带头从家里背桌椅板凳、床铺上林场。生产缺资金，就把家里的肉猪卖掉买树苗。场员们也争着凑钱凑物勤俭办林场。同时，坚持科学造林。边干边学，开展育苗、间伐，施肥等多种对比试验。在多年实践中，摸索出一套林木速生丰产技术，主要有深挖、深栽、深抚、深施肥的“四深法”。公社林场造林135.33公顷，全部速生成林成材，其中杉木林60多公顷，每亩年均生长量达0.7立方米，创省内丘陵区领先水平。国外松60多公顷，成为全县产量最高的松脂试验基地。这些科学造林经验先后在县、市和省内推广。他被吸收为县、市林学会会员，省林学会理事，出席中国林学会在天津和南岳的座谈会，获科学造林实干家美称。1976年被评为湘潭县劳动模范，1977年和1978年分别被评为湘潭地区劳动模范和湖南省劳动模范。

随着农村改革的深入发展，1981年他主动大胆承包乡林场，场员由26人精减到15人，实行基本工资和效益与奖金挂钩的分配制度，调动场员的积极性。林场坚持以林养林，以短养长，自力更生的原则，申请取消乡政府对林场的生产补贴。当年培育国外松、杉苗0.8公顷，开展间伐材加工，年收入1.5万多元，以后逐年扩大，1985年收入3.2万元。场员年均工资由800元上升到1395元，高于当地村民水平。为集体培育立木蓄积量6000多立方米，价值150多万元，人均上10万元。同时，他在深溪村办两期育苗训练班，发展育苗户17家，亲手传帮带，三年育苗16.67公顷，苗木收入28万元，村民脱贫致富，有6户成为"万元户"，并为全县灭荒造林作出重大贡献。

1985年再次被评为省劳动模范。1986年全国绿化委员会授予他全国造林绿化劳模。1989年，国务院授予他全国劳模称号，并获全国绿化奖章。国庆40周年庆典，上天安门城楼观礼，受到党和国家领导人接见。1990年退休，1996年病逝。

（陆祝秋）

洪固权

洪固权，湖南宁乡人。民国20年(1931)出生于南京一军官家庭。其父洪行曾任中国远征军预备二师师长，为云南腾冲一带抗日名将，并在抗战中牺牲。民国34年，洪固权回宁乡读书。1953年考入长沙艺术师范学校。1957年，考入湖北艺术学院学声乐，入学不久便被划为"右派分子"(1960年平反)。1959年，任湖北省襄阳师范学校声乐教员。1961年调入湘潭市歌舞剧团任教员、演员。1969年，因其父亲曾为国民党部队高级军官和洪固权本人曾被划为"右派分子"而被遣送宁乡"劳动改造"3年。1972年，任宁乡县文工团教员。1973年，调回湘潭市歌舞剧团，1980年任该团副团长。1981年加入中国共产党。1983年，任湘潭市文化局副局长。1993年任湘潭市文化局党委书记、局长。1995年任正县级调研员。1997年退休，2004年病故。生前为中国音乐家协会会员。

洪固权从艺术师范到艺术学院攻读6年，打下深厚的美声基础。调入湘潭后，又从师当地老艺人学唱花鼓戏、山歌、民歌。在多年的艺术实践活动中，他将美声唱法揉进山歌、民歌，甚至花鼓戏腔的某些元素；加上其嗓音宽厚嘹亮、演唱风趣诙谐、生动活泼，创造出一种土洋结合，具有个性的声乐效果而颇为受众欢迎。20世纪70年代，他作词作曲并演唱的《老汉我爱看样板戏》《便民桥上唱支歌》《华主席与我同车水》《如今队里机器多》等歌曲，分两次入选湖南代表队进京参加全国独唱、独奏、重奏调演(1975)和全国民歌独唱、二重唱调演(1977)，"把湖南风味的民歌带到了北京"。其间，与全国著名歌唱家何纪光(湖南省歌舞剧团演员)合作二重唱，被选入独唱、二重调演优秀节目，在中南海怀仁堂演出，并在北京多家剧院公演。在湘潭工作的30余年中，洪固权共自创自唱具有浓烈湘潭地方风味的歌曲100余首。其中《满哥哥最爱送槟榔》等12首，集成《湘风》由湖南文化音像出版社制成光盘发行。

洪固权在坚持声乐创作的同时，歌剧表演方面也取得不俗的成绩。他饰演《白毛女》中的杨伯劳、《江姐》中的甫志高、《洪湖赤卫队》中的南霸天、《窦娥冤》中的杜天章、《中原女烈》中的资本家、《济公传》中的济公和尚等形象，栩栩如生，活灵活现。尤其是饰演南霸天、甫志高等反派人物，以及济公和尚等喜剧人物，从气质、造型到演技堪称湘潭一绝，在省内也颇具影响。中央歌舞剧院编导认为，洪固权的表演，达到或超过他们团某些主要角色的水平。

（谭自然）

成瑞湘

成瑞湘，生于民国22年(1933)9月13日，韶山如意镇人，大学文化，1950年参加土改工作，任湘潭县清凤乡、三联乡土改工作组副组长、组长。1951年4月至1955年8月，先后任湘潭县八区区公所文书、湘潭地委干事。1953年2月加入中国共产党。1955年9月调省委机关，先后任书记办公室秘书、政策研究室研究员等职。1969年2月至1977年2月，任省革命委员会生产指挥组农林水组综合组副组长，省农村斗批改办公室副主任。1977年3月至1980年4月，任省农村工作办公室副主任。1980年5月至1983年5月，任省农村经济委员会副主任、党组副书记。1983年6月至1993年3月任湖南省林业厅厅长。在任期间，他科学制定湖南林业发展战略，推行一系列改革措施，使湖南林业在经营体制、经营方式、结构模式、管理水平等方面发生了重大变化，他系统提出“以营林为基础，以封为主，封造结合，以林为主，多种经营，以短养长，长短结合，切实保护和合理利用森林资源”的观点，被省委、省政府采纳定为发展湖南林业生产的方针。他组织制定全省造林绿化规划，为省委省政府草拟“五年消灭宜林荒山、十年绿化湖南”的决定，以全国第三的速度于1993年消灭全省宜林荒山，并迅速扭转全省森林资源长期下降的局面，实现了森林蓄积量、有林地面积、森林覆盖率“三增长”。他先后获省“绿化三湘贡献奖”、国家“全国绿化奖章”。1993年1月当选为省八届人大常务委员会委员。1998年5月18日病逝。

(韶山市史志办)

彭蕴辉

彭蕴辉，笔名林曼、阿克、李盾等，生于民国23年(1934)，湘乡市龙洞乡人。民国37年5月，在《湘乡民报》刊出短文《黑夜》。此后在《民报》及《中央日报》《国民日报》《晚晚报》《小春秋》发表短诗文约90篇，受到地下党组织关注，参加进步文艺活动和学生运动。1949年9月，参加中国人民解放军，参加广西战役和广西剿匪。后参加抗美援朝战争。1955年，从湛江55军军直炮兵教导营转业至广东阳春县油脂公司。1956年，调入阳春县文化科。1955～1957年，在《解放军文艺》《长江文艺》《作品》《南方日报》《天津日报》等报刊发表作品约50万字，创作歌剧《大军来了》和独幕歌剧《乡下货郎》。1957年，被错划为右派，强制劳动。1961年，被遣返回乡“劳动改造”，以打工、拉板车为生。在此逆境中，仍痴心写作，写出了反映地下党斗争的电影文学剧本《风雨山城》、戏曲《狮灯会》和杂感集《灯下杂拾》。在“文化大革命”中，通读了马克思、恩格斯、列宁全集，学习运用辩证唯物主义和历史唯物主义认识世界。1977年，因帮生产队购买化肥时，被人骗走化肥款，被错判入狱5年。出狱后，靠创作谋生。1987年，应湘乡市地方志办公室之聘，主编《湘乡史志通讯》《史志之友》期刊。至1992年，刊出17期，约110余万字。一边办刊，一边勤奋笔耕，在《红楼梦学刊》《美学论丛》《文论报》《理论与创作》等报刊发表红学、美学、文学评论、杂文、随笔等80余万字，不少文章被摘登、多次转载，影响甚广。1990年，落实政策，离休。被湘乡市文学艺术界推选为市作协主席。在创作之余，花费大量时间和心血培养文学新人。六十年代因链霉素中毒而耳聋，与人交往全凭笔谈，但同事、文学同好都乐于与其交往。一生博闻强记,马恩全集、列宁全集均能背诵如流。其作品《苦耕集》(平生作品中的一小部分)于2003年7月出版。曾任湘乡市文协首届理事长、湘乡市文联委员。系湖南省作家协会会员、《红楼梦》学会会员。2003年11月,因病逝世。

(湘乡市史志办)

龚赴里

龚赴里,民国24年(1935)3月出生,湖南省岳阳市人。他出生于贫苦家庭,由于父亲过早去世,他只在小学读书三年,辍学流落街头。1950年9月参加工作,在岳阳县公安局任民警,从事法医检验工作,1952年10月开始从事政治侦察和技术侦察工作(痕迹检验和笔迹鉴定)。1955年加入中国共产党,后调湘潭地区公安处政保科、湘潭市公安局技侦科,历任侦察员、副科长、科长。技侦工作在"文化大革命"中遭到严重破坏,他本人被打成反革命嫌疑对象,被下放劳动改造,接受贫下中农的再教育。1973年,他从"五七"干校回到原工作岗位任科长。他和科里同志一件一件清理技侦档案资料,用了3个多月才清理出1000多件。他联想到人工检验笔迹,一是效率低,查对一个笔迹,最多时需翻阅上千份有关笔迹档案;二是准确性差,稍有不慎,将会导致破案中的差错。于是,他决心要找到一种先进的工具和科学的方法,来改变传统的落后状况。一次,他在图书馆翻阅资料时,偶然发现了关于电子计算机的介绍,立即被这种具有准确记忆能力、极高计算速度和逻辑判断功能的智能化计算工具所吸引,产生了用计算机检索笔迹的想法。从此,他利用业余时间长期坚持自学,还经常到湘潭大学、国防科大、武汉大学当旁听生或向教授登门求教。几年工夫他自学了计算机原理、计算机管理学、高等数学、语言文字学等10多门课程,写下了10多万字的读书笔记。在此基础上,他做了大量的调查、统计和实验,记载了数万字的资料,分析了上千字的使用频率,先后推出了3套实施方案。选择特征字是该系统的一大难关。特征字多了微机操作复杂,准确率低,少了将前功尽弃。他从30、40、50到最后选定了71个特征字,经过4次大变动。每增一字都要通过对数千份资料一份一份地翻看、统计和筛选,从中找出最具代表性、使用频率最高的常用字。为了将71个特征字输入微机,他根据人们不同的写字习惯,把每个字的偏旁、笔画都分了类,其中每笔每画都分为10多类。事后,将他手写的资料集中起来,整整装了6麻袋,。1991年,他的研究项目正式立项,上级虽批了两万元经费,却迟迟不能到位。为了弥补科研经费的不足,他把大儿子给他买取暖炉的1000元拿来用了,又把为高龄老母准备后事的3000元献了出来,还把准备为小儿子结婚的5000元全部垫上,使已过而立之年的小儿子推迟婚期两年。他生活俭朴,安于清贫。他因多年长期超负荷工作,积劳成疾,身患严重的胃病、脑动脉硬化,但他以顽强的毅力与病魔作斗争,在胃病越来越严重的情况下,他坚持不住院,用加大药物剂量和增加服药次数的办法减轻疼痛。在研究过程中,他1.73米的个子瘦得只有88斤。

1993年9月,全国公安技侦计算机应用评比会在海南省举行。在众多颇具实力的参评者中,湖南湘潭市公安局送评的"笔迹微机管理检索系统"一举夺得第一名。专家们一致认为:该系统编码分类科学易行,检索迅速准确,操作简单直观,极大地提高了工作效率,降低了劳动强度,代表了中国当时应用计算机管理与检索识别笔迹的最高水平。同年,该系统通过公安部组织的专家鉴定,准确率高达98%以上。为笔迹鉴定开辟了一条全新的途径,填补国内公安笔迹识别技术的空白,荣获湖南省科技进步一等奖、全国公安科技进步三等奖。海南会议后,他先后被公安部破格评为高级工程师,被公安大学聘为兼职副教授,被省公安厅记二等功,被市政府记大功并授予劳动模范称号。

龚赴里科研成果通过鉴定后,公安部极为重视,拨出专款要求尽快推广。但他却提出不同意见,他要进一步完善这项成果,做到检索笔迹、字、人甚至情况一步到位,将来推广后能促使公安技侦工作产生一次历史性的变革。于是,他又从头开始,重新归类编程序,他争速度,加快科研工作的进程。他只用几个月时间就编写了通常需要几年才能完成的《笔迹计算机检索系统》《特征字分类编码图谱》等10多本共几十万字的教材,并推出了具有图像等功能的新版本,还准备培养一批年轻骨干人才。可是无情的病魔打乱龚赴里的计划。1995年5月医院诊断他身患癌症,需立即动手术,但他全然不顾,仍争分夺秒坚持工作。组织上对龚赴里的病情十分关心,准备了钱,并决定派专人陪他去上海治疗,可他却丢不开手头的科研工作。经领导和同志们的一再催促,拖到5月底才到了上海。上海某医院要他住院观察,恰在这时,他得知北京即将举办全国公安科技成果展览会,他的科研成果是湖南省唯一参展项目。在医院没住几天他便要求出院,匆忙赶回湘潭,突击赴京参展的准备工作。进京前,湘潭市公安局领导又一再叮嘱,要他到北京后先看病后工作。可是,龚赴里一到北京就为参展忙开了,早把看病的事丢在脑后,根本没有去过医院。展览刚结束,他又匆忙赶回湘潭,投入推广笔迹检索系统的准备工作中。6月中旬,他已体力不支,咯血不止,再到医院一检查,上次查出左肺的核桃大阴影,已长成鸡蛋大包块,癌细胞扩散。回到家里,他还是放心不下科研项目,又悄悄地走进工作室,将自己几十万字的讲义教材全部校对一遍,直到7月28日,他才住进省肿瘤医院进行癌切除手术。手术后,龚赴里还是牵挂未了心事,在长沙只住了一个多月,又要求出院回到湘潭。他在生命的最后两个月里,不住局领导安排的条件好的医院,不吃贵重的高价药物,还嘱咐家里的人不向组织提出任何要求。对来看望他的人,他谈的都是工作。当得知项目接班人已确定,他要同志们把他抬到工作室,扶坐在电脑台前,给接班同志示范操作和讲解。1995年11月5日因患肺癌医治无效去世。他从警45年,从事公安技侦鉴定工作,鉴定2600多起案件,其中疑难案件412起,比对笔迹4万余件,准确率达99.5%。

1996年,公安部和湖南省委、省政府分别追授龚赴里全国公安战线一级英雄模范和湖南省优秀共产党员的光荣称号。湖南省委、省政府还作出决定,在全省广泛开展向龚赴里学习的活动。

(蒋子君)

向显德

向显德,生于民国25年(1936),湖南汉寿人。1963年毕业于太原机械学院后,先后在847厂、177厂从事电解加工技术工作,任技术员、工程师、室主任等。1978年开始,他先后有13项科技成果获国家和部、省级奖,其中《深孔高效整平的电解加工》和《异型深孔的电解加工》两项成果被选送到美国国际贸易展览会展出,为中国电解加工闯出一条“投资少,产出多,见效快,效益高”的新路子,被誉为中国的“电解加工大王”。1983年,在深孔电解加工中,他把传统的单向供液法改为双向供液法,成功地攻克军用、民用机械产品在科研、生产过程中异型深孔加工的一项关键课题,1987年1

月该成果被国家科委授予国家发明三等奖。1987年2月调入江麓机械厂，继续从事电解加工技术工作和研究。1988年3月任江麓机械厂技术处高级工程师。他又研制出《深孔高效整平电解加工的后定位、后密封阴极》新工艺，运用该工艺攻克某军品三种高精度液压缸缸体的加工关键技术。保证外贸任务顺利完成。1990年12月该成果获得国家发明四等奖。1991年12月，他博采众长发明的“多元杂交电化学应用新技术”，适应机械行业外，还广泛适应模具、塑料、电子、纺织、制革、工艺美术等行业，为长期应用范围狭小的电解加工工艺的普及推广开辟一条新的途径，获国家发明三等奖，并被国防科工委、机电部、湖南省列为“八五”期间重点新技术推广项目。他还十分注重技术理论研究和培养电加工人才。1978年以来，先后发表论文、专著29篇，其中《电解加工双向供液组合阴极》一书已由国防出版社出版发行，《试论电解加工的流场设计》1989年被评为全国电加工优秀论文。该论文和《双向多阴极在深孔电解加工中的应用》还被第九届国际电加工学术会采用，得到国际电加工会议主席马莫约卡伯特和日本电加工协会会长拉岗沙滕的首肯，并邀请他出访。此外，他主编《电解加工概论》和《电化学擦削技术》两套共40万字的培训教材，为全国26个省市的有关厂、所、院校提供技术咨询和培训1786人次。1992年，他被授予全国“五一劳动奖章”，获全国“讲理想比贡献”百名先进个人奉献奖章，被评为省劳动模范、享受国务院特殊贡献津贴的国家级专家、全国优秀科技工作者等。1993年被选为全国八届人大代表。1997年病逝。

（江麓机械厂）

舒俊杰

舒俊杰，生于民国26年(1937)，湖南湘阴县人。出生于长沙一手工业家庭。民国32年起，先后在长沙、湘潭读书，并随家迁入湘潭。1953年，在汉阳中南工艺技术学校读书，但因健康原因，仅3个月退学回湘潭。1955年考入衡山一中读高中。1956年加入中国共产主义青年团。1958考入北京大学图书馆系。1962年毕业被分配在北京同仁医院，先后任医学图书管理员，院党委办公室工作人员。1964年加入中国共产党。1972年调任湘潭市图书馆管理员。1982年任市图书馆副馆长。1984年任馆长。此后至1995年，他积极组织为“星火计划”服务活动，在全市农村建立300多个农业科技信息服务点，每年无偿为农民提供《潭农信息》3~4期，农科信息100条以上。这在全省、全国均有较大影响。期间，市图书馆先后4次(2~3年一次)被评为全省文明图书馆，一次被评为全国文明图书馆。一次获省委、省政府“文明建设先进单位”称号。1989年，市图书馆被评为全国文化工作先进单位。1991年，舒俊杰被文化部、人事部评为全国文化系统先进个人。1993年晋升为研究馆员，时为湖南图书馆系统地市级图书馆中首位正高级研究馆员。1995年兼任市图书馆党支部书记。2001年退休。2004年因家庭火灾被烧伤，抢救无效去世。生前曾为湘潭市政协委员。

舒俊杰长期从事图书馆管理与研究工作，熟练掌握外借、采编、辅导、咨询、古籍整理等各项业务，并有良好的俄语基础，曾分编俄文书籍8000余册(30余种)。在市图书馆工作期间，主持、主审、主编，或参与编辑作品多部。主要有《光绪 < 湘潭县志 > 人名录》《唐至清末湘潭人士著述目录》《齐白石研究资料简编》《湖南省中心图书馆业务工作规范》《馆藏科技工具书目录》《毛泽东研究文献综目》《品书录》《齐白石研究大全》。其参与编辑的《齐白石全集》获国家图书奖。其主审的《图书管理》

由湖南省教育出版社出版，获中国图书馆学会著作奖，并被列入中专教材。

（谭自然）

彭建明

彭建明，生于民国26年（1937），湘乡市月山镇人。湖南师院中文系毕业后，先后在黔阳地区干部文化学校、黔阳地区卫生学校、黔阳师专工作。1975年调入湘潭师专工作。1986年7月1日加入中国共产党。1987年1月，晋升为湘潭师范学院中文系副教授。1989年11月，为主完成的教改成果“写作课的改革与建设”，被国家教育委员会授予“国家级优秀奖”。1990年2月，被湖南省教育委员会授予“省级一等奖”。1991年建党七十周年时，荣获湘潭市“优秀共产党员”称号。1992年1月至1999年7月，兼任湘潭师范学院工会副主席。1992年，被国务院授予“特殊贡献专家”津贴证书。1993年7月，晋升为教授。1998年12月，经湖南省社会科学成果评审委员会通过，并报省委、省政府批准，被中共湖南省委办公厅、湖南省人民政府办公厅授予“湖南省荣誉社会科学专家”称号。1998年，湘潭师范学院文艺学硕士点申报成功，成为该校首批硕士研究生导师。是湖南省作家学会会员，中国文章学会理事，湖南省写作学会副会长，湘潭市美学学会副会长。主编和独著《毛泽东文艺思想》《全国高等学校中文专业写作学教学大纲》《写作概要》等著作25部，在《写作》等各类学术期刊上发表有关论文共百来篇，在学术研究之余从事散文、随笔、小说、诗歌、杂文、回忆录等创作，先后发表文学作品数百篇。1992年，主笔的《现代写作学教程》一书获湖南省社会科学成果三等奖。2005年12月28日病逝。

（湘乡市史志办）

伍克文

伍克文，生于民国28年（1939），湘潭县云湖桥镇高湖村人。1955年7月高小毕业，投身农业合作化运动。1956年担任先锋初级农业社会计，1957年担任高湖高级农业社会计。1958年10月任良湖畜牧场场长。1959年加入中国共产党。1960年元月至1961年4月任湘潭县楠竹山医院党支部书记。

1961年4月～1962年3月，任楠竹山公社团委书记。1962年5月～1965年12月任云湖桥公社党委副书记兼社长（即乡长）。1966年6月～1969年10月任云湖桥公社党委书记。1969年10月～1972年2月任泉塘子公社党委书记、革委会主任，率领全公社主要劳动力，将涟水与湘江交汇一带的沿河堤加高加固10多千米，还修建2条长达9千米的撇洪渠。

1970年12月，伍克文由云湖桥公社党委书记升任湘潭县革命委员会副主任，负责抓农业。1973年元月任中共湘潭县委常委，1977年11月任中共湘潭县委副书记。任职期间，他“头戴草帽、脚穿草鞋、腰系土布围裙”，深入全县66个乡镇调查研究，先后10次攀上海拔750米的歇马乡的顶峰村送粮、送救济物资，发动干部群众自力更生、艰苦奋斗，发展粮食生产和生猪养殖。是年青山桥区范围内发生特大山洪，许多农民房屋倒塌，成片庄稼被冲毁。他深入灾区，慰问受灾群众，发动干部带头抗洪救灾，带领5万民工新修一条长22.5千米、宽22米的青山河，并领导人民群众恢复建设51

栋新房。在湘潭县委任职期间,伍克文廉政勤政,不谋私利。他下乡调查,轻车简从,从不接受招待。他爱人杨玉英是农村户口,政府机关户口职能部门同事建议他将爱人户口由农村转到县城来,他多次婉言谢绝。他父亲找他批木材修房屋,他坚持原则不给。

1979年7月,他服从组织选调安排,到西藏任墨脱县委副书记。到任后,墨脱县委书记巩遵军回山东休假,伍克文就主持县委全面工作。墨脱县是全国唯一不通公路的县,交通极为不便,他“身背行李,自带干粮,腿系绑腿、手拄拐杖,爬山越岭”,走村串户,向藏民宣传(通过翻译)党的民族政策,组织藏民发展生产,与藏民同甘共苦,完成组织交给他的援藏任务。1981年3月结束援藏任职回湘潭县。

1981年2月,他担任湘潭县人民政府县长。他坚持依靠人民群众,实践第一,深入调查研究的工作作风。总是先充分了解基层实际情况,再集中县人民政府领导班子开会集体作决定。1983年12月伍克文任中共湘潭县委书记。担任县委书记后,他讲究领导艺术,善于协调党委、人大、政府、政协四大家关系,工作善于抓主要矛盾。

1988年1月15日,他当选为湘潭市人民政府副市长。同年3月任中共湘潭市委常委、市委政法委员会书记兼管全市农业工作。为了实现农业发展目标,他深入县、区、乡调查研究,充分听取农村干部和群众实现农业目标的意见。根据调查情况,组织召开全市春耕生产动员大会,千方百计为农村组织化肥、农药供应;组织100余名科技人员深入全市135乡镇“科技支乡”;采取市人民政府让利农民的办法,大力推广水稻良种;组织1000人的“工程师技术集团”下乡服务;组织1600多万元资金实施1万处农村水利工程建设。通过上述措施,当年全市农业获得丰收。1989年春夏之交发生在北京的政治风波波及湘潭。面对上街游行、集会罢课、静坐绝食、聚众闹事、打砸抢烧等严峻复杂局面,时任政法委书记的伍克文认真贯彻中共中央的指示和决策,准确掌握政策,严格区分两类不同性质的矛盾,及时采取维稳措施。组织工作人员对不明真相进入市人民政府静坐的学生送去5000只奶油面包,还安排各学校为学生送饭菜,抽调10多名医生和多台(次)救护车,为学生看病治病,发放各种救治药品1万多元,90多次派车接送学生回校复课。5月22日晚,一伙人冲击市公安局平政路派出所,伍克文闻讯赶到现场,暴徒们将砖头、石块、酒瓶雨点般向他身上砸来,他不顾个人安危,指挥公安干警依法维护稳定,与歹徒搏斗7个多小时,直至抓获全部主犯。及时有效地维护了湘潭市的稳定。

1990年9月,中共湘潭市委召开七届一次会议,伍克文当选为中共湘潭市第七届委员会委员和常委。

1992年1月,他组织和领导全市林业部门和农民群众造林5.73万公顷,在全省率先消灭宜林荒地,新修、整修和配套水利工程10万处。1993年元月,伍克文当选湖南省第八届人民代表大会代表。1月8日,伍克文被湘潭市第十届人民代表大会选为市人大常委会主任。会后,他认真履行人大常委会主任的职责,对市政府的各项工作认真监督。1994年4月6日病逝。

(陈金培)

李海山

李海山，民国29年（1940）10月出生于湖南省望城县。1958年10月参加工作，在湘潭地区工程公司（湖南省第三工程公司前身）岳阳分公司第八施工队担任架子工、架工班班长。1972年1月加入中国共产党。1977～1983年，组织上有2年安排他担任经济民警、4年担任专职保卫工作，他看到不少青工不愿当架子工，就主动申请回到架工班。每年假日加班40多个，从1983年起，年年劳动工效170%以上，等于一年多完成9个月的工作量。1984年被评为公司劳模和湖南省建筑总公司劳模。他多年患有脱肛、支气管炎等疾病，1985年二儿子患白血病病故，1987年小儿子投标枪误伤一同学性命。他虽然遭受这一连串的打击，但对工作一点也不放松。1987年12月，建设单位长岭炼油厂在一栋5层楼面上建一个卫星接收站，要向空中搭120平方米的挑架栏杆，分公司领导考虑到任务繁重，李海山身体不好，原本不打算安排他去。他得知后，主动请战，带领4名青工，日夜不停，提前完成施工任务。1988年1月，该厂分子筛工程要在一天内搭完4个互相独立的混凝土柱架子，他带2名青工从早干到晚，直到完成任务才回家。施工过程中，该厂两栋宿舍楼基础要强夯，因民工少，施工受到影响，他就把搭架的本职工作放在中午施工，主动配合强夯，8吨重的夯锤锤得泥浆飞溅到他身上，成了泥人，他全然不顾，天天干到晚上10点，累得手酸脚麻，连衣服都脱不下来。春节期间，班里有9人回家探亲，他带领3名青工，一人干两人的活，使5个工地施工没因搭架受影响。他不仅工作扎实肯干，且善动脑筋，积极进行小改小革。1988年在长岭炼油厂施工时，加氢压缩机房须吊装40多块遮阳板与20块天沟板，但周转材料不足，影响工程进度。他提出在木行架上绑扎外架的方案，并改原需40吨吊车为倒链吊装，节约成本4000多元。在循环水处理工程7米多高的混凝土柱吊装时，他又提出用活动销卸沟代替人工卸沟的新方法，提高工效一倍多，获得公司颁发的合理化建议奖，并在全公司推广。1989年4月被评为湖南省劳动模范，同年9月由国务院授予“全国劳动模范”称号。此后，他兼任施工队工会主席，一直以高度的主人翁精神对待工作，数年如一日。1997年8月病逝。

（娄少林）

涂扬幼

涂扬幼，曾用名幼老，生于民国29年（1940），湖北武汉人。少时家贫。民国37年，受一老先生关照，免费收其读私塾。新中国成立后，免费在公立小学读书。1955年，考入武汉师范附中。1958年考入湖北艺术学院之美术学院附中（中专）。1959年加入中国共产主义青年团。1961年中专毕业后，学院正式通知其继续升读本科，但因父亲身体不好，弟妹又小，被迫就业于湘潭市歌舞剧团任美工。1965年，任湘潭市歌舞剧团副团长。涂扬幼在市歌舞剧团工作期间，为30多个演出剧目设计舞台美术，主要作品有《郭亮带兵抓郭亮》《白毛女》《红岩》《李双双》《寻亲记》《红灯记》《红色娘子军》《平原作战》等。1968年10月至1970年2月，先后在湘潭市“革命委员会”宣传组、市委宣传部协助工作。由于他熟悉多个画种艺术，尤擅长版画，1970年2月，调任湘潭市文化馆美术干部，先后创作中国画、版画、水彩画、宣传画、连环画数十件。其中在省级以上报、刊公开发表，或入选省级以上美术展览的 30 余件。《学海》、《雪花飘飘》(水印木刻)、《钢铁交响乐》(浮雕，与人合作)，分别入选全国第七届、第八届版画展。其中《学海》由中国展览公司收藏，并选送加拿大参加国际美展。《蛙戏》入选第十一届全国版画展。《收割季节》(水印木刻)入选中国美协举办的第七届全国美展，并获优秀作品奖，同时入选中国当代版画新作展赴日本展出。《声与色》(版画)，赴西德展出。有三幅作品分别入选 1982、1984、1985 年《中国版画年鉴》。涂扬幼的版画作品，在继承传统的基础上，不因循守旧，推陈出新又不脱离大的审美习俗；既有深厚的传统内涵，又有较为新潮的形式与构图，雅俗共赏，耐人寻味。因而获得全国版画界终身成就奖——鲁迅版画奖。1979 年加入中国共产党。1988 年被评定为副研究馆员。1997 年退休。2003 年 9 月病逝于湘潭。生前系中国美术家协会会员，中国版画家协会会员，湖南省美协版画艺委会会员。曾任湘潭市美术家协会主席。

(谭自然)

郑培民

郑培民，祖籍河北武安，民国 32 年(1943)7 月 23 日出生于吉林省海龙县一个普通铁路工人家庭。1962 年考入吉林大学物理系，因“文化大革命”爆发，延迟至 1968 年毕业。1968 年 7 月至 1970 年 3 月，到辽宁省 3275 部队锻炼。1969 年加入中国共产党。1970 年 3 月，郑培民被分配到湘潭电机厂(以下简称湘机)工作，先后担任湘机子弟中学的教员，校团委书记，湘机子弟中学党支部书记，厂革委会组织干事，厂团委副书记，党委办主任，党委副书记兼纪委书记(其间，1981 年 2 月至 1982 年 8 月在清华大学经济管理工程系经济管理研究班学习)。任厂领导时，他以党的事业为重，心系企业，关心干部职工生活，为困难职工排忧解难，深受广大干部职工的尊敬和爱戴。

1983 年，时值机构改革，湘潭地、市合并，他被调任中共湘潭市委常委、市委副书记，分管组织人事工作。他深入调查研究，坚持任人唯贤，妥善处理好各方面的关系。1985 年，他出任市委书记，他把全部的心血倾注在湘潭各行各业的发展上。重视农业，要求各级领导干部不要忘了农业这个根本，一定要集中精力抓好农业。他特别重视科技兴农，鼓励技术专家发挥中坚作用，给市委、市政府当好参谋。他支持农村服务体系建设，建立健全四级农科网。1988 年，在郑培民领导下，市委市政府做出“两年基本消灭荒山，五年绿化湘潭”的决定，湘潭市建立和完善了各级领导干部绿化目标管理责任制，坚持年年检查验收，奖罚兑现。湘潭市因而率先在全省实现消灭宜林荒山，成为全省第一个全面绿化达标的地级市。关心广播电视事业，多方协调支持，在湘江之滨建立起了一座 167 米高的电视发射塔和 3000 多平方米的电视台综合楼，为湘潭市的电视事业奠定了良好的基础。他很注意倾听社情民意，认认真真，热情接待群众来信来访，并亲自建立了市委群众来访接待日制度，坚持市委常委定期亲自接待群众来访，并且要求一定要有来信来访处理结果。1989 年春夏之交北京发生政治风波，湘潭有的学生及一些借机闹事的刑事犯罪分子砸毁平政路派出所，围堵市政府，堵公路桥，他组织带领一班人，耐心细致地做思想教育工作，对违法犯罪分子依法依规法办，终于制止了事态的蔓延和发展。

郑培民在湘潭市委工作期间，除忘我地工作外，其官格人品令人尊敬。他为官正直坦荡，当面批评人，背后帮助人，从不背后使棒子，从不拉拉扯扯，拉帮结派，更反对搞人身依附，经常告诫属下“不是给某个人干事，而是给党干事，给人民干事”。他将人民群众的疾苦常记在心，经常深入贫困乡村和困难企业去排忧解难，访贫问苦，有时候为应急，连刚发的工资也作了济困之用。他对家人和身边的工作人员要求非常严格。任市委主要领导干部多年，他妻子一直在新华书店当营业员，没有为妻子谋一个好职位。儿子小学毕业念初中，总分离市一中的分数线差一点，有人劝他去开个口说个情，他不说。他坚持以党性原则严格要求自己，事事处处公私分明，一丝不苟。他也从不利用公车办私事，有一次，他一位亲戚从吉林老家过来看他。工作人员安排去了一趟韶山参观。郑培民知道后，立即交了50元钱到财务部门，并工工整整地写明：汽油费。他下乡从不进餐馆，只在农民家吃饭交餐费。

1990年5月，郑培民被调往湘西土家族苗族自治州出任州委书记。湘西解放了这么多年，但老百姓一直未解决缺粮问题，他来到湘西后，要求全州干部群众先解决粮食问题，在自治州开始推行“双两大”地膜玉米新技术。并且亲自带领机关干部下地，给农民演示。1992年春，在田里示范劳作了几天的郑培民，一脚踩空，仰面摔下了三米多高的田坎，摔成了脑震荡。书记的行动为干群作了最好示范，从这一年起，全州的粮食开始自给。湘西自治州二十世纪五六十年代发展起来的小水电，为自治州的发展起过一定作用。然而，小水电受季节的制约，也制约着湘西的进一步发展。郑培民果断决策：引进大电网，助推湘西经济发展。湘西一些山村不通公路，不仅影响老百姓出行而且影响经济的发展，他指挥群众修筑公路为湘西经济的发展打了更为扎实的基础。

1992年起，他先后任湖南省人民政府副省长、中共湖南省委副书记、省人大常委会副主任。长期分管文教和农业工作。郑培民坚决执行党的教育方针。认真落实《国家中长期教育规划纲要》，为湖南普及中小学九年级义务教育作出较大贡献。分管农业和农村工作时，围绕省委、省政府提出的战略目标，在发展优质高产高效农业、防汛救灾、水利建设、扶贫、减轻农民负担等方面，做出了显著成绩。特别是吨粮田开发方面，做了大量工作，株洲、湘潭双季稻成建制在1995、1996年亩产过吨粮。湖南是全国水患严重的地区之一，严重影响到全省的农业生产与农民生活。郑培民多次参与领导全省的水利建设及防汛救灾工作。1998年特大洪灾，7月份，常德安乡南部安造垸决口，50多万安乡人民的生命财产受到极大威胁。郑培民急忙赶到安乡，和当地干部群众解放军指战员一道，奋战80多个昼夜，终于保护了人民群众的生命财产安全。

2002年初郑培民被中共中央组织部抽调到北京工作，3月11日下午1点，在工作岗位上突发心肌梗塞，抢救无效逝世。郑培民逝世后，党和国家主要领导人胡锦涛、曾庆红亲自到八宝山送行；他的骨灰运回长沙的时候，上千名干部群众自发赶到机场迎接；他逝世的噩耗传到湘潭时，曾经的老同事、老部下痛哭流涕；不幸消息传到湘西的时候，群众自发地按照当地风俗为他举行传统的路祭。郑培民获中央电视台2002年度感动中国人物奖。

（蒋子君）

罗在平

罗在平，生于民国33年(1944)，湖南省湘潭县人。1970年8月中山医科大学医疗系毕业，同年，分配在湘潭地区防疫站工作。1979年考入湖南医科大学攻读传染病专业硕士研究生学位，1982年毕业并获医学硕士学位,分配到湘潭市中心医院内科工作。1985 年 12 月晋升为主治医师,任传染科副主任;1987 年,以优秀中青年技术骨干的身份被卫生部派遣到菲律宾首都马尼拉,参加 WHO 组织举办的《西太平洋地区急性腹痛病临床学习班》学习一年;在医疗技术上,勇于探索及创新,创建湘潭市唯一的传染病专科实验室,开展各类肝炎病毒抗原、抗体检测等血清素检测。1988 年破格晋升为副主任医师、湖南医科大学副教授,任传染科主任。1991 年获湘潭市政府记功奖励。在医疗工作中,心里时刻想到的都是病人的痛苦,把病人当亲人一样,全身心投入病人服务中,医德医风高尚;至 1993 年共七次评为湘潭市中心医院先进工作者,同年,当选为湘潭市第十届人大代表、人大常委会教科文委员会委员。1994 年,在湖南省内首先开展《ELISA 法检测抗 HFF-lgM 出血热检测抗体技术》,获湘潭市科技成果二等奖、湖南省科技成果四等奖,该技术向全省地市级医院推广,为全市乃至全省传染病诊断水平的提高做出较大的贡献;同年,晋升为主任医师,兼任湖南医科大学教授,为医院传染科培养出一批优秀人才;湖南省传染病学会委员、学会秘书。1999 年 12 月病逝。

(彭开发)

杨小凯

杨小凯,原名杨曦光,生于民国 37 年(1948),湘潭县河口镇中湾村人,杨第甫的次子。自幼聪慧好学,小学毕业后以优异的成绩考入长沙市一中。1966 年,17 岁的杨曦光升入长沙市一中高中部,适逢“文化大革命”爆发,他因写下大字报《中国向何处去?》而被捕入狱。1969 年 11 月,他被送往东洞庭湖的建新农场进行劳动改造。在狱中 10 年,他自学完英语、电机、经济和数学等大学课程。1978 年 4 月恢复自由。几经波折,被安排到邵阳湖南省新华印刷二厂任外文校对。1979 年,完成几篇经济学论文,并报考中国社会科学院研究生,虽为有关专家赏识,但因“政审”不合格,未能录取。后得到当时社会科学院副院长于光远的帮助被录取为实习研究员。期间,他出版《经济控制论初步》,并发表若干关于经济体制改革和其他经济问题的文章。1981 年,获中国社会科学院研究生硕士学位。1982 年,被武汉大学聘为助教,教授数理经济学课程。在武大任教期间,他出版《数学经济学基础》《经济控制理论》。他的一些计量经济模型虽未能在国内引起反响,但引起当时来武大访问的普林斯顿大学华裔教授邹志庄的注意。1985 年,在邹的帮助下,杨小凯被普林斯顿大学经济系录取为博士研究生, 并于 1988 年获得博士学位。毕业后杨小凯到澳大利亚莫纳什大学经济系任教,1992 年被聘为教授,当时莫纳什大学经济系评教授的标准是该教师必须是本研究领域内排名世界前五名。他同时担任美国与澳洲一流经济学期刊的审稿人。同年,出版专著《专业化于经济组织》一书。1993 年起,任澳大利亚国家科学院院士。1994 年,出任美国路易维尔大学经济系教授、哈佛大学国际发展中心客座研究员。1995 年,出任台湾大学客座教授。1996 年,任台湾“中央研究院”客座研究员。1997 年,任美国《发展经济学评论》编辑,在中国出版《当代经济学与中国经济》。1998 年迁居美国,任哈佛大学客座教授。同年出版《经济学原理》。经济学界认为此书是自马歇尔、萨谬尔森以来的第三代经济学教科书代表作。杨小凯有数种中英文著述见于世界多种权威经济杂志。诺贝尔经济学奖得主詹姆斯.M.布坎南评价“有一个中国学者,他可能是目前最好的经济学家之一”说的就是杨小凯。他的经济学贡献,广为人知的有:一是为以亚当·斯密为代表的古典经济学中关于劳动分工是经济发展和增长的原动力，提供了微观机制和数学框架；二是成功创立"新兴古典经济学"（又称"超边际经济学"）。他创立的新兴古典经济学在批判新古典经济学的同时，在企业理论、产权理论、国际贸易理论、货币理论、城市化理论、经济周期理论等几乎所有当代重要领域进行了原创、新颖解释。他试图通过自己的理论架构，来创立一个包容西方主流的新古典经济学的学派。杨小凯并非一个纯粹的经济学者，他始终深切关注中国的命运，关注着中国的政治经济变迁，并提出众多观点，如开放户籍制、破除行业产业垄断、允许土地自由流转等。多次应邀到北京大学、武汉大学讲学，在一些国际学术会议上发表有关中国建设的论文和讲话。2004 年 7 月 7 日在澳大利亚墨尔本病逝。

（湘潭县史志办）

刘星宜

刘星宜，生于民国 38 年（1949），湖北宜昌市人。自幼随父亲迁往长沙。1960 年考入湖南戏曲学校湘剧科学表演及戏剧文学创作。1966 年戏校毕业后，被分配在湖南省毛泽东思想宣传队工作。"文化大革命"开始不久，被下放湖南通道县农村劳动。1971 年，因点名抨击林彪"四人帮"，被通道县司法机关以"恶毒攻击无产阶级司令部、毁谤无产阶级专政"等罪名，判处有期徒刑 9 年就地服刑，并由省文化厅开除其公职。1980 年出狱后任益阳地区花鼓戏剧团演员（临时工）。1981 年重新招工至湘潭地区湘剧团任编剧。1988 年被评定为国家三级编剧。1993 年晋升为国家二级编剧。1994 年，怀化地区中级人民法院撤销原通道县的判决，宣告刘星宜无罪，并由省文化厅恢复其服刑期间及其以后的干籍和工龄。2004 年 3 月病故于湘潭。生前系湖南省戏剧家协会会员、湘潭市政协委员、湘潭市优秀专业技术工作者。

刘星宜潜心文学创作，一生共出版、发表长篇小说 7 部，中、短篇小说 30 多部（篇），报告文学 30 多篇；被排练上演的大型戏剧文学剧本 7 个，被搬上屏幕的长、中、短篇电视剧剧本 19 部（120 集）。共计500 余万字（含与人合作作品），成为湘潭，乃至湖南难以多得的多产作家。

刘星宜戏剧文学作品主要有与人合作的《摇大伢崽捡柴烧》（《筒车谣》），先后获湖南省"五个一工程奖"、湖南省优秀剧本奖、文化部文华新剧目奖。与人合作的《卫士之歌》演出 200 余场，获湖南省委、省政府（1989~1992）全省十大优秀文艺成果奖。与人合作的《龙头杖下》获湖南省优秀剧本奖、首届"洞庭之秋"艺术节剧目二等奖。与人合作的《程陈起义》获全省调演优秀剧本奖，另有《少年赵宁》《交警颂》《彭翼南》《许照约》（部分与人合作）等。

长篇小说主要有《程陈起义》《移花宫》《最后一件龙袍》《桥下有水桥上过》等。中篇小说主要有《木匠县长》《绑架蒋介石》《亲与仇》《鬼客》《烈士遗颅大截夺》《血泪奇婚案》《被通缉的人》《东南第一功》《罪在他们中间》《国际刑警追捕风暴》《奇异婚配》等。报告文学主要有《湘西不会忘记》获湖南省"五个一工程奖"（部分与人合作）等。

电视文学剧本主要有《共和国卫士》《杨柳镇》《月有阴晴圆缺》《装点人间》《密约奇耻》（部分与人合作）等。

（谭自然）

李晚文

李晚文,生于1950年,湖南省攸县网岭镇北联村人。出生农民家庭,家中兄弟姊妹多,父母早逝,年幼时家庭生活比较贫困,七岁开始念书。1968年初中毕业,同年7月考入高中,后转入湖南省军区"五·七"干校医学专业培训班学习。1970年在家乡北联村合作医疗站任副站长、"赤脚医生"。他一边参加农业生产劳动,一边刻苦钻研医学知识,全心全意为当地群众治病疗伤,赢得群众的好评。1972年2月,组织上推荐他到湖南医学院学习深造。学习期间,他虚心好学,勤学苦练,1975年以优异的成绩毕业。被分配在湘潭地区人民医院任外科医师工作,1976年,医院选送参加湖南省中医学院中西结合治疗骨、关节、软组织损伤学习班。1982年3月,医院派他参加全国临床神经外科进修班学习一年,回院后定为神经外科医生。

1988年4~5月,参加同济医科大学协和医院主办的颅内动脉瘤显微外科技术成果推广学习班。1989年3月,参加中国医学科学院协和科技交流中心神经外科新进展学习班,经过多次培训学习和实践提升,能熟练地处理神经外科常见病、多发病,乃至复杂疑难与危重病人的抢救。1992年,主持的科研课题《外伤性颅内血肿非手术疗法临床应用研究》获湘潭市科技进步二等奖。1994年6月,由于各方面成绩突出,光荣加入中国共产党;是年8月晋升为副主任医师、并任医院神经外科副主任。李晚文不断学习医学新知识,掌握国内外医学新动向,引进新技术,开展新项目。1996年开展的《浮动颅骨瓣在外伤性颅内血肿手术减压的应用研究》获湘潭市科技进步二等奖。李晚文在长期的医疗工作中,一直秉承"勤勤恳恳工作,老老实实做人"的人生格言,任劳任怨,热心为病人服务,是医院上下和患者公认的好医生,先后被评为医院最佳医生、先进工作者,获市政府嘉奖2次,其主要业绩被载入1999年中国人事出版社出版的《中国专家大辞典》中。2001年9月晋升为主任医师,2004年被中南大学湘雅医学院聘为兼职教授。2005年2月8日病逝。

(彭开发)

陈秋明

陈秋明,1960年出生,湘潭市岳塘区人。1981年参加工作,历任板塘区公安分局刑侦中队侦查员、副中队长、中队长、五里堆派出所所长、岳塘公安分局副局长、雨湖公安分局政委、党组书记、局长。任雨湖公安分局主要领导期间,在全区公安系统中亮出"亲民爱民"旗帜,倡导对群众要"态度再和蔼一点,调子再低一点,面部肌肉再松弛一点",为群众做过的好事、办过的实事难以计数。老百姓评价:"秋明是我们的好警察"。他从小就立志当除暴安良、扶危济世的好警察,进入公安战线后,勤奋好学,丰富自己的法学理论知识,练就一身侦查破案的过硬本领,直接或指挥侦破不少大案要案,成为全市公安战线一位能文能武的分局局长,至2001年12月,在他担任雨湖公安分局局长以来的一年时间里,全区刑事案件发案数比上年同期下降12%。2003年9月19日晚,他在指挥"追逃打窜"行动过程中,突然呕吐不止,战友们劝他回家休息,他在家里一边用电话指挥,一边仍然反复呕吐,并出现高烧,第二天到医院检查,发现他患有基底动脉瘤,在医院治疗5个多月后,仍坚守在第一线。在担任雨湖公安分局政委、局长期间，十分注重公安队伍建设，打造一支素质过硬、能征善战的干警队伍。在任分局主要领导的四年中，雨湖公安分局先后被省公安厅授予全省优秀公安分局，全省“三项教育”先进单位，全省公安事业执法考评先进单位，全省严打先进集体，全市行风评议先进单位等荣誉称号。他清正廉洁，妻子一直下岗在家，他从不利用自己的职权和影响，帮她“活动”找个工作。他弟弟是个残疾人，也从未沾过光。2004 年 7 月 18 日，因操劳过度，突发旧疾去世。是年，中共雨湖区委作出《关于开展向陈秋明同志学习活动的决定》，在全区广泛开展“向立警为公、执法为民的典范陈秋明同志学习的活动”。同年 11 月 18 日，中共湖南省委常委、省政法委书记、省公安厅长李江签署命令，为陈秋明追记一等功。同年 12 月被公安部追授一等功。

（李　萍）

章　伟

章伟，生于 1971 年，湘潭县排头乡船形村人。为家中独子，1978 年入学，先后在本地就读小学、中学、高中。1990 年 2 月，从小向往军营的章伟如愿入伍，在航空兵第四十五师通信营修理所服役，当过修理工、仓库保管员。在部队期间，他吃苦耐劳，勤于学习，苦练本领，因表现突出，两次受到嘉奖。他曾在日记中写道：人生的双脚每一步都要走得踏踏实实，每一步都应是生命的坐标，每一步都该是一条崭新的人生风景线。1992 年 9 月，章伟以优异的成绩考入第十六飞行学院地面领航系。每次休假期间，他都尽己所能做一些好人好事。1993 年暑假，章伟回家探亲。8 月 2 日下午，正在农田干活的章伟听到有人高呼“救人啊！伢子落水了！”他迅速跑到附近的池塘边，毫不犹豫地跳入 5 米深的池塘抢救落水的小孩。由于水性不太好，在奋力救起落水儿童后，章伟因疲劳过度壮烈牺牲。1994 年 3 月 3 日，他被兰州军区空军追记一等功，并被追认为革命烈士。

（湘潭县史志办）

彭国辉

彭国辉，生于 1982 年，湘乡市月山镇前进村人，高中学历。2001 年 12 月，彭国辉应征入伍，为衡阳市消防支队雁峰中队战士。

2002 年大年初一，彭国辉从新兵连分配到雁峰中队才 7 天时间，他就第一次参加灭火战斗。当天上午 9 点，衡阳市衡常路发生山火，中队出警灭火，彭国辉尽管是一个刚入伍的新兵，但他面对熊熊燃烧的山火，毫不畏惧，第一个冲上去用树枝扑打，大家奋战 3 小时，山火被扑灭。中午 12 点多，中队又接到火警，市内一居民楼起火，他们不顾疲劳，又投入新的战斗。彭国辉冒着危险，从起火住户的防盗门破拆进去，看到阳台上有一个被烤得发烫的液化气罐，如果发生爆炸，后果不堪设想。他来不及多想，连忙脱下外上衣包住罐子，从四楼扛下转移至安全地带。他肩上的皮肤被液化气罐烫得通红。

2003 年 3 月，他被抽调到总队教导大队学习汽车驾驶，结业后回中队担任大功率水罐车的副驾驶员。每次出警后，他总会主动承担消防车的清洁保养，爱车护车，从不马虎，多次受到领导的好评和中队嘉奖。

2003年10月，衡阳市硝厂家属楼二楼一住户家发生火灾，雁峰中队接警后迅速出动。彭国辉充分发挥所学技术，驾车仅用10分钟就到达距营区6千米的火灾现场，为及时扑灭大火争取了时间，受到战友称赞。

2003年11月3日凌晨5时许，衡阳市衡州大厦8层商住楼发生特大火灾。5时39分，雁峰中队接到支队指挥中心增援命令后，彭国辉和战友们在中队干部聂学敏的带领下迅速赶往火场。他们从三个方向展开灭火攻势。彭国辉虽然不是一线战斗员，但他主动请战，扛着水枪冲在最前面，迎着浓烟烈焰奋力灭火。7点左右，新的增援力量赶到，战友们要将他替换下来，但他看到当时火势并未减弱多少，只接过战友递来的湿毛巾抹了一把脸，便又毅然投入战斗。8点30分左右，着火大楼突然整体倒塌，因撤退不及，彭国辉壮烈牺牲。当战友们从废墟中找到他的遗体时，他双手还死死地抱着水枪，仍然保持着灭火的姿势。

根据彭国辉的表现，湖南省公安厅追认他为一级战斗英雄，通报全省进行表彰，湖南省人民政府批准他为革命烈士。

（符如堂）

郭铁牛

郭铁牛，生于1983年，湘潭县易俗河镇上马村人。6岁读书，2002年高中毕业。同年12月入伍，被分配至衡阳市消防支队特勤中队二班服役。在部队期间，郭铁牛认真学习政治理论和各种业务知识，成绩优秀。同时，他苦练消防技能，有一身过硬的本领。在入伍不到一年的时间里，他参加抢救大小火灾战斗60余次，次次冲锋在前。2003年11月3日，衡阳市一栋8层商住楼发生火灾，郭铁牛和战友们迅速赶到现场。大火从一楼仓库迅速向楼上蔓延，危及94户412名居民的生命财产安全。面对冲天火势，郭铁牛没有退缩，和战友一起迅速疏散和解救被困群众，扑灭大火。经过2个多小时的英勇奋战，火势得到有效控制。此时，三楼一住房内火势严重，4名战士迅速拿起水枪跳上拉梯，跃窗而入。郭铁牛负责扶住拉梯，协助战友攀援。在官兵们奋力扑火时，突然“轰隆”一声巨响，大楼坍塌，郭铁牛和多名战友被完全掩埋在废墟中。二十多个小时后，战友们才在废墟里找到他被压得变形的遗体。他被追认为革命烈士，并被追记一等功，其遗体安葬在衡阳烈士陵园。

（湘潭县史志办）

二、《湘潭市志（1840~1985）》人物传补遗

（以生年为序）

王诗正

王诗正，字纯农，号思诚，湘乡三坊（今山枣镇）人，生于清道光三十年（1850）。湘军虎将王鑫之

子,特恩荫袭直隶州知州。受父影响少习兵事,名闻乡里。左宗棠率部收复新疆时,令王诗正总理甘肃粮台营务,王督率乡勇向新疆前线运送粮草、军械,为收复新疆作出较大贡献,左宗棠将功上奏,授江苏即补道,加盐运使衔,晋二品顶戴。后因王诗正为忌者所劾,被清廷革职,返湘乡原籍闲居。

清光绪十年(1884)夏,法国侵略中国,中法战争爆发,左宗棠力主抗战。是年七月,清廷任命左宗棠为钦差大臣督办福建军务,主持抗法大业。左宗棠受命后即驰檄王诗正赴福州待命。十一月,王诗正在福州奉左宗棠命统领从两江防区内调来之恪靖军(左宗棠嫡系湘军)5营开赴泉州蚶江一带,随时准备赴台抗法。但此时海面已被法军封锁,即使是外国轮船赴台,法军也盘查甚严。十二月下旬,王诗正令所部分多次偷渡入台,自己带亲随化成客商乘外国轮船赴台。赴台时,王诗正所乘轮船在半途中触礁,船破,海水直灌舱内,很多乘客吓得直哭。王诗正遇事不惊,镇静异常,指挥亲随将洞口塞住,化险为夷。过了一天抵台湾,在卑南登岸。十二月底,王诗正各部均已抵台齐集彰化。但王部对地形路径不熟,又在当地招募土勇1000多人。一方面用作向导,一方面充实兵力。光绪十一年(1885)正月,王诗正及另一湘军将领曹志忠各率3000多人,在基隆月眉山一带与法军血战近10天,法军死伤400多人,湘军伤亡1000余人,湘军伤亡者大多为王诗正所部。在战斗中王诗正身先士卒,带头与敌拼杀。此战虽因敌过于强大及我对敌情侦察不够而失败,但此战仍是中方在台湾抗法战争中,规模最大,最为惨烈的血战。血战不久,中法和议成。中法战争后,清廷因左宗棠上奏请奖基隆战守人员名单中得知王诗正作战实况,赏给王诗正五品顶戴。不久,王诗正回到内地,在两江防区协防,积极练兵备战。然常深夜独饮,叹不能为国建功立业。清廷得知王诗正积极练兵备战的实情后,给予恢复原职。光绪十九年(1893),王诗正积劳病故,清廷追赠内阁学士衔。

(曹建英)

王代之

王代之,字佩秋,生于清光绪二十六年(1900),湘潭县分水乡旗山村萧家瓦屋人。幼年父母早逝,由祖父和继母抚养成人。聪颖好学,特好美术。七岁时入留田王氏祠读书,后入北京国民大学。第一次世界大战后,他决心自强救国,考入华法教育会留学预备班,赴法国就读巴黎高等美术专科学校。学成回国后,出任北京艺术专科学校图案系教授兼总务长,与教务长闻一多关系甚笃。杭州建立国家博物馆,他出任常委兼秘书长。继应北京艺专林枫眠之邀,筹办浙江艺术学院,任总务长。回北京后,任北京大学、华北大学教授主任兼秘书长。抗战时期,任国民政府农矿部国难委员会委员、世界教师联合会中国协会主任等职。抗战胜利后,任徽江中山大学教授、昆明中国银行总务、昆明电力造钢厂主任。新中国成立后,被选为昆明市人大代表,后调晋宁文史馆工作。1974年10月26日病逝。

(湘潭县史志办)

萧荣敷

萧荣敷,生于清光绪二十八年(1902),韶山市杨林乡良和村人。民国14年(1925)毕业于广州黄埔军官学校第四期步兵科,同年加入中国共产党,在毛泽东和贺尔康的指导下组建杨林党支部(十二支)，发展庞柱中、周政等十多名党员。民国16年先后参加南昌起义和广州起义，负伤后经组织安排到武昌农民运动讲习所边疗伤边讲课。民国17～18年赴上海寻找组织未果。民国19年返回韶山，在杨林肖家祠堂和思山学校任教，并利用夜校开展农民运动，后受湘潭工委派遣打入国民党内部。民国34年春节后，在湘宁边区工委委员周汉平的指示下，通过地下党员汤菊中向他的同学、特务头子何际源介绍，萧荣敷带一批人，包括地下党员毛义、张孔修等一批进步青年到宁乡黄材田坪里中美合作所受训。三个月后，仍旧回韶山驻防，被编入国民党别动军教导营第一中队，萧任中队长、毛义任第一分队长。

为了对付日军，打击敌伪反动势力，萧利用关系，把地下党员周立维、谭大均、钟耀夫等人安排在重要岗位上，使部队逐渐壮大并成为名副其实的"白皮红心"部队。萧带领部队在韶山开展机动灵活的游击战争，寻机歼灭日寇、捕杀汉奸恶霸、想方设法为韶山地下武装筹措枪支弹药，有效地维护了韶山的一方平安。

新中国成立之初，萧荣敷受聘在清溪完小任教，1955年转调梅湖小学。1957年在整风反右运动中被错误打成历史反革命，1964年5月病逝。1983年后获得平反昭雪。

(韶山市史志办)

李明志

李明志，字渔叔，湘潭市岳塘区东坪镇顺江村人。光绪三十一年(1905)生于福建厦门石梧村海滨渔家。幼年时随父定居任所。7岁回到湘潭开始由父授学，民国11年(1922)拜湘潭名儒赵启霖为师学诗。民国17年赴日本明治大学留学。民国21年学成归国，任湖南省政府参议。民国22年任陆军第十师司令部少校秘书。民国24年，任驻闽第二绥靖区司令部中校秘书。民国27年任陆军第三十三军团司令部上校秘书，在山西参与对日作战。民国28年，任湘鄂赣边区挺进军总部机要室上校主任。次年随军袭击占领鄂南之日军，深入敌占区，往来于湘鄂赣边区。民国31年任西南游击干部训练班办公厅少将主任。民国32年任第三十二集团军总部军法处少将处长，至民国34年日军投降止，均随军参与抗击日本侵略。民国37年任第十一绥靖区行政长官公署行政督察专员。民国38年7月去台湾，8月任台湾省政府秘书。次年任台湾"行政院"秘书。1954年，任"总统府"秘书。1957年兼任台"教育部国文教育委员会"委员。"总统府"秘书任至1965年退休。

1959年，李明志虽仍任"总统府"秘书，但从是年开始兼任台湾省立师范大学教授，1965年从行政岗位退休后，专任私立中国文化学院中国文化研究所、国立台湾师范大学国文系教授至1972年逝世。

李明志一生除从军、从政、从教外，终身酷爱作诗，即使是在战争年代，行军打仗之余，仍作诗不辍。诗歌内容主要是写战争经历和对祖国山川的赞美。晚年客居台湾，所写诗词思乡情浓。其诗作多结集为《花延年室诗》《三台诗传》两书出版。《花延年室诗》在台影响较大，有学者进行专门研究。

李明志对中国传统文化研究最深的莫过于诸子百家中的《墨子》。不仅在大学开课讲授《墨子》，还公开出版学术专著《墨子今注今译》《墨辩新注》《墨子选注》等书及《墨家兼爱的真诠》《墨子的辩学》《名墨两家异同》等论文，被誉为台湾"墨学"研究第一人。

另，李明志的散文著作《鱼千里斋随笔》《风簾客话》在台影响较广，拥有众多读者。同时，对中国画和书法也有较高造诣，其书画作品常见诸于北京、上海、广州、台湾、香港的拍卖行，广受藏家的喜爱。

（曹建英）

张宗善

张宗善，生于清光绪三十二年（1906），河南省新县古家店乡牛冲村人，出身于一个农民家庭，小学文化。16岁起跟哥哥种田，民国20年（1931）1月，参加中国工农红军，22年加入中国共产党。在二万五千里长征中，抵制和反对张国焘的逃跑主义，在四方面军坚持正确路线的领导带领下，两次过草地，直奔陕北，与一方面军胜利会师，革命意志坚定。

在抗日战争和解放战争期间，转战大江南北，参加鞍山海城战役、新开岭战役、保卫临江战役和保卫本溪战斗，作战英勇，五次负伤，多次受到上级表扬和嘉奖，为中国人民的解放事业作出重大贡献。历任连长、指导员、团部侦察通讯参谋、副营长、教导队长、团参谋长、副团长、团长等。新中国成立后，1949~1953年，任铁道运输司令部铁二团、公安十九师五十七团、七团任副团长。1954年调湖南零陵干部文化学校学习。1955年转地方工作，历任湘潭专署干部疗养所所长，专署森工局副局长，林业局副局长。1958年反对"大跃进""浮夸风"，受到不应有的批判。他提出"不怕撤职、不怕开除党籍、不怕坐牢、不怕杀头、不怕老婆离婚"，坚持真理，毫不屈服。在"文化大革命"中，明确反对林彪和"四人帮""揪军内一小撮"的阴谋活动，抵制"早请示，晚汇报"等各种形式主义。具有反潮流的大无畏精神。

他一贯保持和发扬老红军、老八路吃苦耐劳、艰苦奋斗的光荣传统。经常下基层，参加劳动。特别是1959～1960年过苦日子期间，林业局机关办营养食堂，请他也不去吃，分配的猪油指标不领。还带领机关干部到岳阳君山办农场，种黄豆与油菜，自己动手，改善机关生活，与年轻人同吃同住同劳动，大家深受鼓舞。1969年，他年过六旬，组织上安排他到五七干校学习，派小车送，他不坐。一个人背起背包，坐公交车去报到。在干校边学习，边劳动，重活脏活样样干，一直干到瘫痪的当天上午，忠实履行为革命奋斗终生的誓言。1973年12月30日病逝。

（陆祝秋）

张　纯

张纯，字绍寅，生于清光绪三十三年（1907），湘乡市城人。少年时多病，但特聪慧，8岁入私塾，因病时停时读至民国14年（1923），先后就读于国立北京法政大学、西北陆军干部学校、武汉民德大学，民国15年入黄埔军校第五期。在黄埔军校时，加入国民党。民国23年，任国民革命军第15师86团代理团长。率部到江西永新参加沣田"剿共"之役被击溃，降为少校。后入南京中央军校高等教训班和陆军大学学习。民国28年秋任第73军副参谋长。民国29年，随73军参加宜昌、沙市会战，但因对地情及日军势力了解不详,导致无功而返。民国30年任暂编第5师第1旅副旅长,陆军大学战术教官,第20集团军少将参谋处长,先后在湖南桃源及贵州贵定协助集团军总司令督训部队及整理参谋业务一年半。民国33年总司令部奉命进驻云南弥渡。按总司令部要求,着手计划反攻滇缅边区与驻印度之国军会师,张纯草拟《渡怒江反攻腾冲龙凌之作战计划》,5月,总部据此指挥53军、54军及独立36师渡过怒江、克复腾冲龙凌,10月在缅甸所属之芒市与驻印国军会师,打通中印公路。此战的胜利,无疑加速中国反法西斯战争的胜利和日本法西斯的溃败。后重庆军委会在总结此战经验时,对张纯所拟之作战计划高度肯定,并列为陆军大学的教学参考资料。张纯也因此战得到提拔,任54军副军长兼参谋长。民国34年7月随54军反攻广州日军,不久在广州接受日军无条件投降。民国35年夏赴山东参加反共内战,任第54军参谋长。民国36年任该军第198师师长。38年1月任第54军副军长兼参谋长,5月兼浦东兵团参谋长,与中国人民解放军渡江部队激战,溃败后去台湾,任第54军军长,台湾中部、东部防守司令,预备兵团中将副司令官等职。1983年7月18日在台北病逝。著有《七十自述》。

(言　志)

石　英

石英,原名冯先湜。清宣统元年(1909)出生于湘潭县石潭镇一个富裕农民家庭。民国15年(1926),在长沙湘江师范求学时,加入中国共产主义青年团。民国19年,与党组织失去联系。民国25年,他离家北上寻找组织。民国26年,经西安八路军办事处介绍,进入安吴青训班学习。民国27年初,石英以西安青年慰问团团长的身份到太行山根据地,先后担任邢台县政府组训科科长、冀西专署秘书、财粮经建科科长、实业科科长、太行六专署实业科科长兼贸易局局长、太北工商局局长等职,主要从事对敌经济斗争。期间,凭其出色的工作,改善了根据地的物资供应状况,打破了敌人对根据地的经济封锁。民国32年,石英调往山东根据地,仍从事对敌经济斗争。同年9月,石英任滨海区工商管理总局局长,担负起对敌经济斗争的领导工作。期间,创造了滨海区对敌经济斗争的成功经验,并在全省推广。民国34年9月,调任山东省政府实业厅副厅长兼省工商管理总局局长。民国37年,调任华东工商部部长。民国38年2月,石英随军南下,进驻丹阳培训,准备参加上海市的接管工作。5月,石英任上海市军管会工商处第一任处长。8月,石英进驻刚解放的福州市,开始新政权的建设工作。1950年10月,石英出任福建省人民政府秘书长兼省商业厅厅长和省财经委员会副主任。1953年,调任华东财经委员会副主任。1955年初调任上海市人民委员会轻工业办公室主任,负责轻纺工业和手工业的公私合营工作。1957年,任上海市轻工业局局长,同时还兼水产局局长。1961年,任上海市财贸办公室主任。次年被选为上海市副市长和中共上海市委委员,主持上海市的财贸工作。1966年下半年,"文化大革命"开始,时局混乱,时任市长委托石英主持上海市人委机关的日常工作。由于操劳过度,身体虚弱,12月13日,石英因病去世,终年57岁。

(湘潭县史志办)

沈谷南

沈谷南，女，原名凤音，化名张奋音，生于清宣统元年（1909），湘乡市人。民国14年（1925）加入中国共产主义青年团。随后，赴长沙入徐特立主办的稻田师范学校读书。

民国17年3月，她的父亲沈春农（中共党员）牺牲于湘乡县城。她于当年转为中共党员。旋被派赴上海中共中央机关任机要秘书和交通。民国19年，丈夫欧阳洛（中共中央特派员）在武汉被捕牺牲。民国23年上海党中央机关遭破坏，她被党组织送往苏联学习。

民国26年回国，在新疆省立女子中学任小学部主任，并被选为新疆省妇女协会副主席，参与领导新疆妇女的抗日宣传工作。民国31年9月，新疆国民党军阀盛世才投蒋反共，将她等一百多人（包括陈潭秋、毛泽民、林基路、张子意、马明方、方志纯等）拘捕。在监狱的长期严峻考验中，她同狱中党组织负责人张子意建立深厚的感情，于民国35年经党组织营救出狱后结为革命伴侣。

民国36年，任晋绥军区政治部秘书，兼任晋绥边区妇联的领导工作。1949年随军南下，任西南区妇联副主任。后兼任中共重庆市委委员、重庆市妇联主任。1954年，调任中央书记处第二办公室综合组组长，后任卫生部干部司司长、中共中央监委驻卫生部监察组组长等职。曾被选为第一、二、三届全国人民代表大会代表，中华全国妇女联合会执行委员会委员。1968年3月在北京病逝。

（言　志）

孙　仁

孙仁，字子仁，号克毅，生于民国6年（1917），湘乡市龙洞乡城前铺人。大革命时期，在其兄的影响下，参加了农民协会领导下的儿童团。“马日事变”发生，民国党反动派大肆搜捕共产党员和共青团员，孙仁的大哥和二哥因是共产党员和共青团员被迫出走，举家迁往湘潭县韶山乡铁皮村。他因而辍学在家，劳动之余发奋自学完初中课程。民国22年，报名参加了湘潭县塾师训练班，学习三个月后，回乡教小学。不久，受聘为花园小学校长。这时的孙仁经常与沈永淳、毛特夫、毛月秋等共产党员和进步人士在一起，阅读进步书刊，探讨社会与人生，思想进步很快，民国27年1月在韶山加入中国共产党。他曾写诗言志：“磨光宝剑莫踟蹰，自有通身血似珠；顺乎人间除黑暗，翻身世道扫崎岖；伤心不算英雄汉，为己何为大丈夫！冲冠一怒为天下，纵马冲锋正此时。”历任韶山特支书记、韶山区委书记、中共湘宁中心县委组织部长，领导抗日救亡斗争。民国28年冬，由于国民党反动派掀起“第一次反共高潮”，孙仁受党组织安排，离开家乡，于民国29年6月抵达西康、四川。民国30年在西康地区作社会调查。通过一年的调查，他撰写了《关于西康地区社会情况的调查报告》，深刻分析当地的经济状况和阶级矛盾，阐明该地区将会出现革命高潮的必然性，受到中共南方局负责人的肯定。民国31年，化名王璞（还曾化名王慕斋、汪慕斋、石夷、石果等），担任中共重庆市委书记。任职期间，他坚决贯彻中共中央“长期埋伏，积蓄力量，等待时机”的方针，严格执行秘密工作纪律，重庆市委等党组织虽然活动于国民党统治的心脏地区，却没有发生过大规模的破坏事件。此时中共重庆市委除负责党在重庆的工作外，还兼管川东地区党的工作。

抗战胜利后，为了配合毛泽东在重庆的谈判，成立“重庆地区工人运动领导小组”，他亲任组长，组织大规模罢工斗争，向国民党政府提出要和平、反内战、要就业等口号，为我党取得重庆谈判的胜利做出了积极贡献。

民国36年8月，孙仁起草《川东农村工作提纲》，提出尽早开辟武装游击根据地牵制和吸引敌人正面战场兵力，配合人民解放军的战略反攻的主张。受到上级党组织的肯定和支持。10月，经中央批准，成立中共川东临时工作委员会（下称临委），统一领导上川东（华蓥山地区）、下川东（万载、涪陵地区）、川南和重庆市的工作，孙仁任临委书记。从此，孙仁不畏劳苦，跋山涉水，活动在华蓥山周围10多个县市的地区，秘密发展党的组织，发动群众抗丁、抗粮、抗税，准备武装起义；同时积极发展党的外围组织——农民翻身会、姊妹会、学生会等，把广大人民群众团结在党的周围。

民国37年7月，在孙仁的精心组织下，成立“西南民主联军川东纵队”。他任纵队政委，在华蓥山周围的广安、武胜、岳池、合川、南充、渠县、达县、铜梁等10多个县领导农民举行武装起义，给敌人以沉重打击。四川省主席王陵基为此惊呼，“不要使那里（华蓥山）变成四川的盲肠”，同时抽调大批兵力，进攻华蓥山民主联军。9月3日，孙仁率领武装起义人员400多人驻岳池县三元寨，遭到2000多敌人的包围与大举进攻。孙仁率领起义人员与敌展开殊死搏斗，身先士卒，带领战士打退敌人10多次进攻，战斗持续到次日傍晚，孙仁率100多人突出重围。7日转移至岳池、武胜两县交界的木瓜寨。敌人尾随而至，向木瓜寨发动猛烈进攻，双方再次激战。黄昏时，孙仁在木瓜寨与同事研究作战计划，旁边一战士因手枪卡壳进行修理，不慎走火，击中孙仁下腹，无法得到有效救治而牺牲。次日，敌人发现孙仁遗体，残暴地将其头颅割下，挂在盘石场口示众。事后，当地农民就地掩埋了他的遗体。

1957年9月，中共重庆市委和武胜县委决定将孙仁遗骨移葬武胜县烈士陵园，并立碑纪念永志不忘。

（曹建英）

胡继宗

胡继宗，生于民国9年（1920），河北省肃宁县人。初中毕业。民国27年参加革命，同年加入中国共产党，历任县青救会主任、县武装部长等职。民国32年后，任中共冀东迁湾丰县委书记、武装部长、丰玉尊县委书记等职。民国35年任冀东十五地委组织部长，次年任地委书记。

1949年南下到湖南，10月任中共零陵地委副书记。1952年任湘潭地委书记。1954年任中共湖南省委秘书长。次年任中共湖南省委副书记，后兼任省政府秘书长。1960年任省委书记处书记、中共中央中南局委员。主管湖南省农业6年多，对恢复湖南农业生产起了积极作用。曾参与主持兴建屈原、君山等10大农场，黄材、双牌等十大水利水电工程。

1963年1月调任中共甘肃省委副书记兼常务副省长。1966年后，任代理省委第一书记、甘肃省革命委员会第一副主任、省革命委员会党的核心小组副组长、省委书记等职。是第三届全国人大代表、中共第八次全国代表大会代表。在中共第九次、第十次全国代表大会上当选为中央委员。1975年7月在兰州病逝。

（言 志）

赵冰岩

赵冰岩，生于民国10年（1921），山西省定襄县人。民国25年初中毕业，次年10月参加革命。民国27年加入中国共产党。抗日战争初期任中共定襄县委干事、文书、地委党校总支书记。民国33年以后，历任盂县县委组织部长、宣传部长、定襄县委副书记兼组织部长，晋中第一地委秘书长。

1949年到湖南后，任中共岳阳县委书记。后任中共中央中南局土地改革委员会办公室副主任、处长，中南局农村工作部处长。1954年调任中共中央农村工作部处长，负责编辑《农村工作通讯》等工作。1957年调回湖南，历任中共湘潭地委副书记兼长沙县委书记，省人民委员会秘书长，省委工业交通办公室副主任、主任，省经济委员会主任，省委工业部长、军事工业部长等职。1960年被选为省委委员。1964年被选为省委常委。次年任湖南省副省长。

他在参与主持湖南工业期间，曾率工作组深入湘南各大煤矿蹲点调查，为扭转煤炭生产的被动局面作出贡献。为贯彻中央关于调整的八字方针，他既坚决执行“关停并转”方针，又从实际出发起草整顿企业管理的文件，送省委批准下达，促进了工业生产的恢复和发展。他支持推广群众创造的“联产责任制”“质量计件责任制”等经验，调动广大职工积极性。他组织有关企业对口学习上海先进技术，推进“港站机械化”等典型，促进技术革新，提高产品质量。

1968年任湖南省革命委员会生产指挥组农业组组长。1972年任株洲市革委会副主任。1974年任中共湘潭地委副书记兼湘潭市委书记。1975年2月病逝。

（言　志）

左元和

左元和，生于民国15年（1926），湘潭县石鼓镇万家村声明坝人，著名吹打艺人。11岁起师从外祖父陈邵陶学习木偶艺术，后从艺人朱达湘、陈庆丰学吹唢呐。因秉性聪慧，得师傅们真传。出师后，司鼓、吹唢呐、拉三弦和京胡的技艺闻名湘潭、衡山、双峰、湘乡一带。1953年冬，任“同庆班”民间木偶剧团班主。后在衡山县木偶皮影艺术剧团任演奏员。1957年3月，与队友参加文化部在北京举行的全国第二届民间音乐舞蹈汇演，并在中南海怀仁堂向周恩来、朱德、陈云、董必武等国家领导人作汇报演出。1958年被正式招入湖南省木偶皮影艺术剧团任演奏员。次年，随团参加全国第一届木偶皮影艺术会演。后又随团赴罗马尼亚访问演出。“文化大革命”中被下放归家务农。1980年，受聘任湖南省艺术学校唢呐教师。1981年落实政策后，重返省木偶皮影艺术剧团任演奏员。1984年12月病逝。

（湘潭县史志办）

楚叔初

楚叔初，生于民国19年（1930），湘潭县中路铺镇金石村人。楚叔初从小聪颖好学，上小学时，读完一年级便跳到三年级。民国 32 年考取花石完小，两年后考入衡山县三中。他学习刻苦，门门功课在全班名列前茅，因当时时局不稳，民国 37 年初中毕业后便辍学在家。

1950 年 1 月，楚叔初参加中国人民解放军。在湘西剿匪斗争中，他与战友们不畏艰险，一次次出色完成任务，很快被提拔为班长，后又提升为文化教员。剿匪结束后，调入广州军区空军第 4 团（由高射炮、高射机枪组成的防空团），任无线电专业教官。

1965 年，楚叔初提升为 4 团作训股参谋。他刻苦钻研军事技术，指挥才能出色，单独指挥过多次小型演习。1966 年 12 月，他随部队奔赴援越抗美前线。战争中的越南，条件十分艰苦，他和战友们克服重重困难，多次击落美国飞机。1967 年 8 月 14 日傍晚，与他一道值班的团长连续两晚未曾合眼，他把团长劝回营地稍事休息，自己带着三个战士值班。晚 9 时许，一架鬼怪式轰炸机出现在视屏上，10 分钟左右，敌机逼近我炮火射程，楚叔初屏声敛气，等待敌机向地面目标俯冲时的最有效射程和时机。就在敌机向我前沿阵地俯冲投掷炸弹的刹那间，他果断地发出战斗指令。密集的地面炮火立即射向敌机，敌机被击中，拖着黑烟往下栽，但敌机丢下的一枚炸弹也命中楚叔初所在的指挥所，一名战士当场牺牲，两名战士负伤，楚叔初大腿大动脉被弹片击中引起大出血，他的生命危在旦夕。就在这一刻，他大声命令前来抢救他的战友："不要管我，先救别人"。被击中的敌机坠毁在一个山坡，跳伞的美国空军王牌飞行员也被我空 4 团俘虏。楚叔初终因流血过多，抢救无效，于中弹 4 小时后牺牲。他的遗体被安葬在越南友谊山。同年底，中国人民解放军总政治部为楚叔初追记一等功，并追认为革命烈士。

（符如堂）

唐汉仁

唐汉仁，又名唐汉云，民国 23 年（1934）4 月出生于湘潭县姜畬镇尚泉村一个贫苦农民家庭。幼年时全家人背井离乡至湖南安乡县谋生。唐汉仁 10 岁时给地主家放牛，遭到地主的虐待，动辄打骂，经常不给饭吃，受尽欺辱。新中国成立后，唐汉仁一家回到了家乡，积极参加斗地主、分田地的斗争，对党和新中国怀着深厚的感情。1950 年，朝鲜战争爆发后，为保卫国家安全，中国人民解放军组成志愿军赴朝作战。唐汉仁在征兵动员会上第一个报名。由于曾受过虐待，他的右腿有伤残，体检没过关。他再三请求，才被批准入伍。经过三个月艰苦的军事训练，他克服常人难有的困难，以优良的成绩成为一名革命军人。1951 年 9 月，他随部队到达朝鲜战场，被分配到 68 军 202 师 604 团 9 连。在前线，他发扬英勇顽强和视死如归的革命精神，敢打敢拼，战功卓著，先后荣立一等功一次、二等功一次。1952 年，唐汉仁在鱼隐山前沿阵地与美军激烈作战时，不幸中弹牺牲，时年 18 岁。

（湘潭县史志办）

刘加兵

刘加兵，1955 年出生于湘潭县易俗河镇上马村。父亲是一名普通工人，母亲是农民，有两个弟弟和一个妹妹。他 7 岁读书，成绩优秀。高中毕业后，在当地小学任民办教师。1976 年 3 月，应征入伍。在部队历任战士、副班长、班长。1977年加入中国共产党。在3年的服役期间,他8次获得嘉奖。1979年,离乡三年的刘加兵在去连部请探亲假时,得知越南频繁骚扰中国边境,部队可能要打仗的消息。当即打消探亲念头,继续留在部队。不久,部队开赴前线,作战前准备。2月17日,对越还击战打响,刘加兵和战友们英勇抗敌,取得一个又一个战斗胜利。2月27日,刘加兵所在连队担负夺占某高地任务,遭到敌人的疯狂攻击,连长、排长及多名战士相继中弹倒下。担任82无后坐力炮射手的刘加兵连射三发炮弹,打掉敌人的两挺机枪。战友们乘势向山顶冲击,歼灭全部敌人。紧接着,连队又向另一个高地进攻。刘加兵带领全班战士连续摧毁敌人6个火力点,在瞄准最后一个火力点时,他被子弹击中胸部。战友扑上来给他包扎伤口,被他一把推开,然后拼尽全力向火力点发射。火力点最终被他摧毁,战斗也取得胜利。但刘加兵却因流血过多,抢救无效而英勇牺牲。他的遗体被安葬在广西凭祥市友谊关。他被55军追记一等功,并被授予革命烈士称号。

(湘潭县史志办)

罗绍平

罗绍平,1955年出生于湘潭县杨嘉桥公社龙泉大队(今杨嘉桥镇铺子岭村)。他7岁入学,1976年高中毕业后,被村上培养成为专职电工。在担任电工的两年间,他工作兢兢业业,任劳任怨,从未出过安全事故。1978年冬,在南疆即将漫燃战火前夕,罗绍平应征入伍,被编入55军164师498团。1979年2月,对越自卫还击战打响,罗绍平随部队投入战斗。在战场上,他不畏生死,冲锋陷阵,与战友们一道顽强杀敌。自17日起的18个昼夜,他经历大小战斗30余次,亲自毙敌数十人,圆满完成了上级交给的每一个战斗任务。3月1日,罗绍平所在连队坚守在阵地,打退敌人数十次进攻。敌人企图冲破解放军阵地逃窜,集中强大火力,以数倍于解放军的兵力发动疯狂攻击。罗绍平身体数处负伤,但仍奋勇杀敌。激战中,敌人一颗炮弹在他身边爆炸,罗绍平英勇牺牲。他的遗体被安葬在广西凭祥市友谊关。他被追认为中共正式党员,追记一等功,并被授予革命烈士称号。

(湘潭县史志办)

熊义芳

熊义芳,1955年6月出生于湘潭县马家堰公社(今白石镇)金虎村。7岁入学,高中毕业后参加农业劳动。1975年底,应征入伍。1976年3月,被分配到解放军55军163师488团。服役期间,他7次获得嘉奖,成为中共预备党员,并被任命为副班长。1979年2月17日,对越自卫还击战打响,熊义芳所在3营机枪连负责打穿插,他奉命带领战士为连队运送弹药。战斗中,熊义芳沉着指挥,顶着猛烈的炮火,穿插在地形复杂的丛林中。在布满地雷的雷区,他走在队伍前面探路。踏出雷区,他负责断后,掩护战友。他与战友们一道并肩作战,最后胜利完成任务。2月18日清晨,部队在一高地与敌人展开激战,弹药消耗量很大,而敌方炮火对部队后援输送的封锁非常严密,前沿补给陷入困境。熊义芳带领战士牵着运送弹药的军马,机智灵活地跃进。敌人的机枪炮弹向他们狂扫,一梭子弹射中了熊义芳的手臂,血流如注。他推开前来抢救的战友,拒绝了要他离开前沿的好意,坚定地赶着军马继续前进。就在要登上阵地之时,又一颗子弹击中了熊义芳的心脏,他当场壮烈牺牲。后部队根据他生前的表现,追认他为中共党员和革命烈士,给他追记一等功。他的遗体被安葬在广西凭祥市友谊关卡房坡那红革命烈士公墓。

(湘潭县史志办)

冯新明

冯新明,1958年4月出生于上马公社(今易俗河镇凤形社区)一个农民家庭。因家境贫困,小学毕业就辍学务农,他吃得苦耐得劳,不到16岁即成为主劳力。1976年3月,冯新明参军入伍,在55军163师488团服役,历任战士、副班长、班长。1978年加入中国共产党。1979年2月,冯新明所在部队奉命参加对越自卫还击战。在恶劣的战场上,他带领全班战士机智灵活、沉着应战。从2月17日凌晨至2月27日10天内,参加大小战斗20多次,迂回穿插200多千米,杀伤大量敌人。2月28日凌晨,部队在攻占一高地时遭到敌人的猛烈阻挡,冲锋一次次受挫。在危急时刻,为不延误战机,冯新明主动请缨,担任迂回包抄任务。他带领全班战友,冒着生还渺茫的危险,迅速绕到敌人阵地后侧,近距离向敌人发起进攻,牵制敌人火力。与此同时,大部队也发起冲锋。在激战中,身边的战友们相继倒下,冯新明也不幸腹部中弹昏迷。等他苏醒过来时,发现敌人居高临下,密集的火力将解放军压制在山腰一线不能动弹,部队伤亡不断增加。见此情景,冯新明咬紧牙关,拼尽最后一点力气艰难地向敌暗堡爬去,在距敌火力点约10米处,将两枚手榴弹丢出去,当场炸死敌机枪手。冯新明也壮烈牺牲。战友们趁机发起冲锋,最后取得战争的胜利。为表彰他的功绩,55军给他追记一等功。同年,他被中国人民解放军总政治部追认为革命烈士。其遗体安葬在广西凭祥市友谊关卡房坡那红革命烈士公墓。

(湘潭县史志办)

赖跃辉

赖跃辉,1958年6月出生于湘潭县长岭铺公社(今谭家山镇)钢铁村。赖跃辉虽只读了几年小学就辍学回家务农,但因为父亲是一名老党员,所以从小就受到了良好的家庭教育。1976年初,不满18岁的赖跃辉应征入伍,在55军163师487团服役,成为一名优秀炮兵。在部队,因表现突出,他获得两次嘉奖和一次三等功,并被提拔为班长。1978年12月,正准备回乡探亲的赖跃辉在接到“进入一级战备”的命令后,取消回乡计划,随部队开赴广西中越边境,进入保疆卫国的战前准备。1979年2月17日,对越自卫还击战打响。战场上,赖跃辉指挥全班炮兵向敌人发起进攻,突破敌人的第一道防御,与部队一起,先后攻下数个高地,直逼敌人城市。敌方凭借坚固的工事防守,利用暗堡的火力阻挡解放军的进攻,许多解放军战士先后倒下。紧急时刻,赖跃辉奋然跃起,冒着敌人猛烈的炮火,找到最佳位置架起火炮,果断准确地向敌人最具威胁的火力点发炮。敌人的火力被摧毁,但赖跃辉同时也暴露了自己。他还来不及撤离时,被敌人一颗炮弹击中,当场牺牲。他的壮举为部队赢得进攻的时间,战斗取得胜利。他的遗体后来被安葬在广西凭祥市友谊关。同年,他被部队追认为中共党员和革命烈士,追记一等功。

(湘潭县史志办)

三、人物名录

(一)定居湘潭军队离职干部休养所已故老红军名录

姓 名	生卒年	籍 贯	职 务
镇文卿	1911—1991	湖北省咸宁县	副军职
朱宏调	1912—1997	湖南省攸县	副军职
林思和	1913—1993	四川省平昌县	副军职
孙咸波	1913—1995	湖北省监利县	副军职
荀兴才	1914—1997	四川省宜汉县	正师职
潘润波	1915—1994	湖北省大梧县	正师职
覃正登	1915—1998	湖南省石门县	正师职
熊少南	1916—1989	湖北省麻城县	副军职
高玉林	1916—2002	江苏省江阴市	副军职
金海贤	1916—2004	四川省阆中县	正师职
郭盛海	1916—2005	山西省高平县	正师职
刘 彬	1916—2003	江西省万安县	副军职
彭世峰	1918—1991	江西省宁都县	副军职
孟 瑾	1920—1987	河南省息县	副军职
杨 信	1920—2001	陕西省华县	正师职

(二)1986~2005年湘潭市革命烈士名录

(以牺牲时间为序)

姓名	性别	籍贯	民族	生卒年月	文化程度	政治面貌	工作单位	牺牲原因
刘建平	男	湘乡市	汉	1952.1—1980.2	高中	中共党员	89340部队1小队战士	执行公务
贺国其	男	湘潭县	汉	1958.5—1981.3	高中	共青团员	舰队航空兵雷达6团战士	执行公务
李佐春	男	湘潭县	汉	1946.2—1984.6	初中	群众	湘潭县梅林桥镇京广村村民	抢救落水青年
卢新其	男	雨湖区	汉	1962.1—1985.3	大专	中共党员	北京卫星地面接收站	执行公务
李灿辉	男	汨罗市	汉	1962.3—1985.10	高中	共青团员	韶山棉纺厂司机	出差途中救火牺牲
梁 波	男	岳塘区	汉	1951.1—1986.1	高中	中共党员	38488部队干部	执行公务
袁清明	男	湘潭县	汉	1947.3—1986.3	大专	中共党员	昆明市西南曙光机械厂正营职军代表	扑灭山林大火
武正安	男	湘潭县	汉	1962.2—1986.4	高中	中共党员	89001部队战士	因公(执行任务)
徐新文	男	湘潭县	汉	1966.11—1986.6	高中	共青团员	武警广西总队凭祥边防大队战士	与罪犯搏斗
龚德云	男	湘乡市	汉	1965.9—1987.11	初中	共青团员	湘乡市望春门办事处双枣村村民	与犯罪分子搏斗
罗 策	男	湘乡市	汉	1965.8—1988.5	初中	共青团员	湘乡市东山乡城东村村民	抢救落水妇女
杨春龙	男	雨湖区	汉	1966.9—1988.6	高中	共青团员	广西武警部队士兵	广西西江大桥抢险
杨福平	男	湘乡市	汉	1953.1—1988.11	初中	中共党员	湘乡铁合金厂职工	追捕盗窃分子搏斗
陈高明	男	湘潭县	汉	1953.4—1989.7	初中	群众	湘潭县姜畲镇石安村村民	抢救落水母子三人
毛建清	男	雨湖区	汉	1969.3—1989.8	初中	共青团员	江南集团公司	执行公务
匡礼祝	男	岳塘区	汉	1959.1—1990.1	大专	中共党员	86181部队修理厂技师	执行公务
游炳炎	男	汨罗市	汉	1948.6—1990.9	大专	中共党员	湘潭市检察院干警	抓捕逃犯牺牲
孙海文	男	湘乡市	汉	1962.10—1992.6	高中	中共党员	海南某部战士	执行公务
章 伟	男	湘潭县	汉	1971.9—1993.7	大学	中共党员	中国人民解放军第十六飞行学院学员	抢救落水儿童
蒋春华	女	韶山市	汉	1957.11—1994.8	小学	群众	韶山市杨林乡村民	抢救落水儿童
刘铁安	男	雨湖区	汉	1944.7—1994.11	初中	中共党员	韶山宾馆行政科副科长	宾馆救火
杨建国	男	岳塘区	汉	1973.1—1995.3	高中	共青团员	41军164师493团炮连战士	与犯罪分子搏斗
周 军	男	韶山市	汉	1976.11—1996.7	高中	共青团员	西藏武警总队阿里支队革吉中队战士	与犯罪分子搏斗
吴秋平	男	雨湖区	汉	1978.8—1996.7	中专	共青团员	湘潭电机职业中专电会6班学生	抢救落水儿童
戴跃龙	男	雨湖区	汉	1978.7—1996.9	中专	共青团员	湘潭市机电职业中专学校电会六班学生	抢救落水同学
朱修明	男	湘潭县	汉	1977.11—1997.5	初中	共青团员	83770部队81分队战士	抢救战友(因公)
杨 谦	男	雨湖区	汉	1979.12—1998.8	高中	共青团员	深圳武警6支队1排战士	执行公务
周述存	男	湘潭县	汉	1953.12—2004.5	初中	群众	湘潭县古塘桥村民	追捕抢劫犯

注:表中前面5人为《湘潭市志(1840~1985)》补遗人物;在部队立一等功及以上的革命烈士在人物传中记述

(三)1986~2005年湘潭市全国劳动模范名录[①]

姓　名	性别	出生年月	政治面貌	授予时间	工作单位及职务
王庆和	男	1947.1	党员	1986年	湘潭市化工研究所副总工程师
余　忠	男	1940.3	党员	1987年	江麓机械厂高级工程师
喻　军	男	1960.8	党员	1989年	湘潭市公安局刑侦支队副支队长
刘连坤	男	1936.1	党员	1989年	湘潭纺织印染厂厂长
艾爱国	男	1950.3	党员	1989年	湘潭钢铁公司焊工技师
李罗斌	男	1942.1	党员	1989年	湘潭县泉塘乡农技站站长
文定国	男	1946.4	党员	1995年	湘潭市外经委包装公司厂长
毛雨时	男	1945.1	党员	1995年	韶山市韶山乡韶山村党支部书记
龙碧玉	女	1949.2	党员	1995年	湘潭市莲城服装厂厂长
陈荣贵	女	1950.5	党员	1995年	湘潭纺织印染厂工人
黄光华	男	1943.6	党员	1995年	湘潭钢铁公司工程师
王玉林	男	1937.7	党员	1995年	湖南韶峰水泥厂厂长
赵修琪	男	1952.7	党员	1995年	湘潭市环卫处工人
张文辉	男	1964.8	党员	2000年	江麓机械厂研究所副所长
周仕钧	女	1944.12	党员	2000年	湘潭市第一人民医院内科主任
汤世明	男	1951.9	党员	2000年	湘潭煤机厂技师
杨垣尧	男	1947.1	党员	2000年	湘潭市地税局专管员
夏伯存	男	1947.1	群众	2001年	湘潭电机厂技师
龚罗平	男	1953.11	党员	2001年	湘乡市第一建筑公司总经理
周　民	男	1972.1	党员	2005年	江南机器厂铣工
董日中	男	1972.8	党员	2005年	湘潭电机厂车工
彭罗成	男	1954.11	党员	2005年	湘乡市人民医院院长
万祥庚	男	1952.7	党员	2005年	湘乡市棋梓镇广播电视站站长
杨少云	男	1945.8	党员	2005年	湘乡市东山街道张江村党支部书记

① 表(三)和表(四)中“政治面貌”一栏的“党员”均指中国共产党党员。

(四)1986~2005年湘潭市省(部)级劳动模范名录

姓 名	性别	出生年月	政治面貌	授予时间	工作单位及职务
陈善周	男	1937.6	党员	1986年	湘潭电机厂十七分厂技师
李初吉	男	1938.2	党员	1986年	湖南铁合金厂工人
伍国祥	男	1938.1	党员	1986年	江南机器厂技术员
杨亚清	男	1934.2	党员	1986年	湘潭钢铁公司工会主席
黄四清	男	1953.1	党员	1986年	湖南湘乡水泥厂工人
粟铁球	男	1948.3	党员	1987年	湘潭电缆厂工人
郭建平	男	1952	党员	1988年	韶山市银田镇石山村农民
彭仕升	男	1935.8	党员	1988年	湖南省建三公司工人
谭 淳	女	1964.7	党员	1988年	湘潭纺织印染厂工人
王光义	男	1951.9	党员	1988年	湘潭纺织印染厂工人
段雪生	男	1953.1	党员	1988年	湘潭锰矿机修分厂班长
李森林	男	1939.2	党员	1988年	湘潭县化工厂厂长
罗村民	男	1946.1	党员	1988年	湘潭市昭山农药厂厂长
罗泽纯	女	1946.4	党员	1989年	韶山区韶山学校教师
黄 斌	男	1935.1	党员	1989年	湘潭市邮电局工程师
潘梦京	女	1962.6	党员	1989年	中国工商银行湘潭湘江支行储蓄员
张曾蟾	男	1941.1	党员	1989年	湖南铁合金厂厂长
杨桂山	男	1952.8	党员	1989年	湘运湘潭分公司驾驶员
方克祥	男	1938.2	群众	1989年	王家山煤矿工人
叶绍湘	男	1938.3	党员	1989年	湘潭市化工局局长
眭宝华	女	1938.4	党员	1989年	湖南农药厂厂长
唐升旗	男	1954.9	党员	1989年	湘潭市压缩机厂工人
郭 燕	女	1962.1	党员	1989年	湘潭市毛纺厂工人
罗舜英	女	1956.6	党员	1989年	湘潭市色织染整厂工人
彭振勋	男	1934.2	党员	1989年	湘潭市饲料公司工人
范铁琪	男	1949.1	党员	1989年	湘潭市塑料四厂厂长
冯月娥	女	1939.1	党员	1989年	湘潭市岳塘百货大楼经理
宋泽春	男	1942.6	党员	1989年	湖南省建三公司队长
冯明高	男	1937.7	党员	1989年	湘潭市社会福利院工人
黄瑞英	女	1938.1	党员	1989年	湘潭市中心医院护士
唐炳如	男	1933.1	党员	1989年	湘潭钢铁公司总经理
赵秀芝	女	1940.1	党员	1989年	湘潭市国税稽查局副局长

续表

姓　名	性别	出生年月	政治面貌	授予时间	工作单位及职务
黄里河	男	1938.4	党员	1989 年	湘潭县姜畬区联校校长
罗明照	男	1944.12	群众	1989 年	岳塘五里堆街道个体户
肖克仕	男	1948.5	群众	1989 年	湘潭县青山桥镇教师
谢耀宗	男	1949.1	党员	1989 年	湘乡铝厂工人
何为政	男	1942.3	党员	1989 年	湘乡铝厂工人
彭应生	男	1937.3	党员	1989 年	湘乡市壶天区党委书记
陈恩齐	男	1935.1	党员	1989 年	湘乡水泥厂车间主任
周学荣	女	1954.1	党员	1989 年	湘潭市环卫处工人
谢静芬	女	1953.1	党员	1989 年	湘潭市公共汽车公司工人
李国安	男	1951.6	党员	1989 年	湘潭市食杂果品公司商场经理
王清华	男	1953.6	党员	1989 年	湘潭电厂班长
吴厚浓	男	1934.3	党员	1989 年	湘潭电厂厂长
戴步曦	男	1954.1	党员	1990 年	湘潭电机集团电炉厂工人
李清桥	男	1951.1	党员	1990 年	湘乡市公路局班长
黄香花	女	1957.4	党员	1990 年	湘潭市塑料四厂工人
胡传礼	男	1952.1	党员	1990 年	湖南省建三公司工人
胡凯庭	男	1927.3	党员	1990 年	湘潭市市直机关工委副书记
丁豫达	男	1926.6	党员	1990 年	湘潭电机厂副总会计师
李传荫	男	1931.8	党员	1990 年	湘乡市财政局股长
周玉英	女	1943.4	党员	1991 年	江麓机械厂教师
钱运保	男	1942.7	党员	1991 年	江麓机械厂工程机械公司工人
王桂云	女	1942.2	党员	1991 年	江南机器厂技术员
陈绍坤	男	1936.1	党员	1991 年	江南机器厂工人
韩平波	男	1950.1	党员	1991 年	湘潭县公路局党支部书记
周德涌	男	1939.8	九三学社	1991 年	湘钢职工大学副教授
齐湘雄	男	1964.3	党员	1991 年	湘潭县荷塘中学教师
肖家类	男	1939.9	党员	1991 年	湘潭县古城乡联校校长
胡立云	男	1945.3	党员	1991 年	湘潭县射埠区党委书记
汪丰伍	男	1931.1	党员	1991 年	湘乡铝厂处长
杨吉生	男	1948.1	党员	1991 年	湘乡水泥厂工人
刘菊生	男	1935.1	党员	1991 年	湘潭市岳塘区总工会主席
张杨钰	男	1933.4	党员	1992 年	湘潭一商集团经理
虞湘定	男	1955.8	群众	1992 年	湘潭锰矿工人

续表

姓　名	性别	出生年月	政治面貌	授予时间	工作单位及职务
张运华	男	1936.5	党员	1992 年	湘潭钢铁公司工人
刘嘉平	男	1968.4	党员	1992 年	湘乡铝厂班长
刘征良	男	1950.1	党员	1992 年	全国军地两用先进个人(湘乡)
陈松林	男	1944.8	党员	1993 年	湘潭市雨湖区护潭信用社副主任
刘永峰	男	1945.4	群众	1993 年	湘潭纺织印染厂工程师
胡敦莲	男	1940.1	群众	1993 年	湘乡铝厂技师
吴万球	男	1937.3	群众	1994 年	湘乡市育塅乡水管站站长
朱新华	男	1938.10	党员	1994 年	湖南省湘潭航运总公司
唐自强	男	1947.5	党员	1994 年	湖南铁合金厂工人
李会元	男	1953.1	党员	1994 年	湘潭市医化工业局局长
黄建宁	男	1965.2	党员	1994 年	湘潭锰矿电解分厂车间主任
王枚春	男	1950.3	党员	1994 年	湘潭电缆厂分厂党支部书记
陶学潜	男	1942.3	党员	1994 年	湘潭市开关厂总工程师
肖明辉	女	1957.2	党员	1994 年	湘潭市千里鞋业公司总经理
韩铁牛	男	1962.10	党员	1994 年	湘潭市公安局建设路派出所民警
伍尚魁	男	1943.1	无党派	1994 年	迅达集团总裁
徐辛占	男	1953.5	党员	1994 年	湘潭钢铁公司工人
杨梓林	男	1940.2	党员	1994 年	湘潭县工程公司经理
张迪纯	男	1953.6	党员	1994 年	湘潭县继述桥乡党委书记
王锡忠	男	1938.1	党员	1994 年	湘潭市自来水公司经理
周建华	男	1952.3	党员	1994 年	湘潭电厂工人
黄文锦	男	1946.9	群众	1994 年	湖南湘潭电厂副总工程师
李其英	女	1948.11	群众	1995 年	湘乡市东郊乡杨树村农民
赵小京	女	1964.10	群众	1995 年	湘潭县杨嘉桥镇九江村农民
康建军	男	1962.8	群众	1995 年	岳塘区宝塔乡云丰村村民
莫金华	男	1951.2	党员	1995 年	湘潭电机集团班长
郭新民	女	1950.4	党员	1995 年	韶山毛泽东同志故居商场副经理
于朝生	男	1941.3	党员	1995 年	湘潭电机厂工人
赵铁球	男	1953.1	党员	1995 年	湘潭市先锋集团总经理
张正华	男	1956.5	党员	1995 年	湖南铁合金厂工人
刘朋生	男	1937.4	党员	1995 年	湘潭大学教授
刘忠荣	男	1938.5	党员	1995 年	湖南五菱集团副总工程师
程文珍	男	1939.1	党员	1995 年	江南机器厂工程师

续表

姓　名	性别	出生年月	政治面貌	授予时间	工作单位及职务
贺先达	男	1963.1	党员	1995 年	韶山公路段班长
易纯辉	女	1943.4	党员	1995 年	湘潭县第一中学
朱　勇	男	1968.1	党员	1995 年	湘潭电缆厂裸线厂工段长
马定坤	男	1942.2	党员	1995 年	湘潭县古城农技站农技员
陈甫贤	男	1945.1	党员	1995 年	南天实业股份有限公司班长
张培基	男	1948.7	党员	1995 年	湘潭柴油机厂工人
郁定义	男	1942.2	党员	1995 年	湘潭汽车配件厂厂长
刘淑英	女	1957.1	党员	1995 年	湖南省建三公司工人
毛昭琪	男	1951.5	党员	1995 年	湘潭市六医院医师
谢金平	男	1959.8	党员	1995 年	湘潭纺织印染厂工人
王德云	男	1946.5	党员	1995 年	湘潭锰矿班长
谭财发	男	1946.6	党员	1995 年	湘潭钢铁公司调度员
谢松成	男	1937.6	党员	1995 年	湘潭市二中教师
张　全	男	1948.1	党员	1995 年	湘潭县七中校长
郑良平	男	1962.8	党员	1995 年	湘潭县青山桥红旗中学教师
李其伟	男	1957.8	党员	1995 年	江麓机械厂机动处技师
杨九高	男	1947.8	党员	1995 年	雨湖区先锋乡金塘村农民
王湘祁	男	1969.1	党员	1995 年	湘乡铝厂班长
唐德龙	男	1951.4	党员	1995 年	湘潭市钢粒厂厂长
黄绍瑜	男	1947.1	党员	1995 年	中国银行湘潭分行存款部经理
丁范秋	男	1944.1	党员	1995 年	湘潭电厂
孙菊四	男	1939.9	党员	1995 年	湘乡啤酒厂厂长
胡树金	男	1941.1	党员	1995 年	湘乡机械厂总工程师
言德君	男	1950.5	党员	1996 年	市政公司工人
王兴祥	男	1946.7	党员	1996 年	湘潭市邮电局局长
李　宁	男	1943.1	党员	1996 年	江南机器厂工人
李同庆	男	1938.8	党员	1996 年	湘潭市电化集团公司总工程师
欧阳回生	男	1929.1	党员	1996 年	湘潭市电影公司科长
彭能生	男	1937.7	党员	1996 年	湘潭市职工大学副校长
张炳和	男	1950.8	党员	1996 年	湘潭卫生学校校长
朱　菱	男	1940.9	党员	1996 年	湘潭电机厂工人
张　锴	男	1962.2	党员	1996 年	湘潭电机厂工程师
胡运清	男	1954.5	党员	1996 年	农行湘潭县花石营业所所长

续表

姓　名	性别	出生年月	政治面貌	授予时间	工作单位及职务
李韵珍	女	1950.1	党员	1996 年	湖南韶峰水泥集团有限公司总经理
王士凡	男	1946.3	党员	1996 年	湖南工业职工大学教师
陈立华	男	1963.7	党员	1997 年	江滨机器厂工人
王雪英	女	1965.4	党员	1997 年	湘潭纺织印染厂工人
彭甘林	男	1938.7	党员	1997 年	湘乡铝厂厂长
郭建平	男	1952.1	党员	1998 年	韶山市交通局局长
张巧明	女	1948.8	党员	1998 年	韶山市韶山学区教师
张禄盛	男	1954.1	党员	1998 年	湘潭市公路局养路工班班长
王美存	男	1947.9	党员	1998 年	湘潭钢铁公司工人
傅举连	女	1945.5	党员	1998 年	湘潭市教师进修学校教师
涂湘炎	男	1949.1	党员	1999 年	湘潭市一人民医院外科副主任
刘德棉	男	1950.6	党员	1999 年	湘潭电业局抄收员
龚新德	男	1962.8	党员	1999 年	韶峰水泥集团有限公司干法部部长
曹应满	男	1951.5	党员	2000 年	雨湖区长城乡新月村农民
李福坤	男	1946.3	群众	2000 年	湘乡翻江镇歧园机砖厂厂长
庞少清	男	1944.9	党员	2000 年	韶山市银田乡傲石村农民
冯汉秋	男	1947.10	群众	2000 年	湘潭县乌石镇寺冲村农民
赵小京	女	1966.6	党员	2000 年	湘潭县杨嘉桥镇九江村
罗勇杰	男	1974.8	党员	2000 年	谭家山煤矿班长
赵金和	男	1954.1	党员	2000 年	江麓机械厂六分厂班长
郭济先	男	1951.7	党员	2000 年	韶山市工程公司工人
费声驷	男	1940.6	党员	2000 年	湘潭电机集团高级工程师
杨文志	男	1965.4	党员	2000 年	湖南铁合金厂炉长
程兆林	男	1945.1	党员	2000 年	江南机器厂科技部主任
谭荣鸣	男	1957.6	党员	2000 年	湘潭市交通局总工程师
蒋亿萍	女	1964.5	党员	2000 年	湘潭市友华家电公司经理
刘德莲	女	1946.3	党员	2000 年	湘潭市妇联主席
王兰香	女	1962.1	党员	2000 年	湘潭锰矿电解一分厂队长
周海斌	男	1965.9	党员	2000 年	湘潭钢铁公司一高线经理
高进才	男	1951.1	党员	2000 年	湘潭钢铁公司测试班班长
陈建新	男	1953.7	党员	2000 年	湘潭县国税局征管员
廖志辉	男	1962.1	党员	2000 年	湘乡铝厂高级工程师
李建斌	男	1963.2	党员	2000 年	湘乡铝厂工人

续表

姓　名	性别	出生年月	政治面貌	授予时间	工作单位及职务
刘良泉	男	1953.7	党员	2000 年	湘乡市运输公司作业组组长
刘龙超	男	1970.4	党员	2000 年	中国移动湘潭分公司网络部主任
刘述芝	女	1973.6	党员	2000 年	湘潭纺织印染厂工人
倪明成	男	1945.2	党员	2000 年	江南机器厂高级工程师
王永华	女	1955.1	党员	2000 年	湘潭市公共汽车公司工人
何汉清	男	1948.1	党员	2000 年	江滨机器厂工人
谭石坚	男	1963.8	群众	2000 年	江槟机器厂工人
钟　山	男	1935.1	党员	2000 年	湘潭烟草学校教师
周宇刚	男	1964.3	党员	2001 年	湘潭电机集团班长
文合明	男	1943.8	群众	2001 年	湘潭县马家堰村农民
李水清	男	1931.9	党员	2001 年	湘潭电机厂职工医院医师
苏爱平	女	1952.8	党员	2001 年	韶山市计划生育委员会主任
丁轫云	男	1931.3	党员	2001 年	湘潭市人民政府副秘书长
须　伟	男	1956.1	党员	2001 年	江麓机械集团三分厂 301 车间班长
庞碧良	女	1952.2	党员	2001 年	韶山市韶山学校教师
唐　球	女	1965.2	党员	2001 年	江南机器厂工人
杨铁光	男	1955.7	党员	2001 年	湘潭县化工厂厂长
潘淑云	女	1956.6	党员	2001 年	湘乡市新泉中学教师
左习莲	女	1952.6	党员	2001 年	湘乡铝厂党委书记
彭延兵	男	1955.1	党员	2001 年	湘潭市公路局征稽处副处长
邓林祥	男	1957.4	党员	2001 年	湘潭汽车运输总公司驾驶员
王元章	男	1945.1	党员	2001 年	湘潭市科技局局长
冯德志	男	1976.4	党员	2002 年	市煤气公司蓝星燃气服务公司抢修工
颜国荣	男	1939.3	党员	2002 年	湘潭电机集团总工程师
余国新	男	1951.1	党员	2002 年	韶山市水利局局长
李振川	男	1942.1	党员	2002 年	湘潭钢铁集团有限公司党委书记
马格印	男	1953.5	党员	2002 年	湘潭县河口联校月形学校教师
邓新辉	女	1971.3	党员	2002 年	湘潭县花石中心小学教师
王郁之	男	1955.1	党员	2002 年	湘潭市电业局 110 班长
饶　良	男	1957.8	党员	2003 年	江麓机械集团工人
陈荣兵	男	1964.7	党员	2003 年	湘潭市先锋集团工人

续表

姓　名	性别	出生年月	政治面貌	授予时间	工作单位及职务
马连文	男	1953.4	党员	2003年	湘潭市建设局党委书记、局长
刘建邦	男	1967.2	党员	2003年	湘铝集团公司工程师
周玲慧	女	1962.6	九三学社	2004年	湘潭电机集团设计师
张　浩	男	1971.9	党员	2004年	湘潭市公安局岳塘交警支队教导员
刘刚毅	男	1956.5	党员	2004年	湘潭市公安局缉毒支队副支队长
冯　宇	男	1971.8	党员	2004年	湘钢集团有限公司炼钢厂炉长
庄志源	男	1945.3	党员	2004年	湘潭钢铁集团有限公司工会主席
彭南初	男	1953.4	党员	2004年	中国移动湘潭分公司人力资源部主任
陈重新	男	1964.2	群众	2005年	湘潭市平安电器有限公司董事长
李铁军	男	1955.1	党员	2005年	湘潭市市政维护处职工
贺良平	男	1963.11	群众	2005年	韶山市韶山乡竹鸡村农民
蔡海波	男	1965.8	党员	2005年	雨湖区长城乡新民村农民
李国清	男	1966.9	群众	2005年	岳塘区板塘乡摇泉村农民
杨宝玉	男	1957.1	党员	2005年	韶山市电力局外线班班长
徐惠余	男	1963.7	党员	2005年	江麓机械集团有限公司工程师
彭文魁	男	1963.6	党员	2005年	湘潭县谭家山镇荷叶坝村农民
贺益强	男	1955.1	党员	2005年	湘乡市公路局沥青路养护专业工段长
谭新乔	男	1971.1	党员	2005年	湘潭电化集团分厂厂长
熊翠芳	女	1956.1	党员	2005年	湘潭风动机械厂钳工
李雪梅	女	1972.6	党员	2005年	湘潭市宝玉洁具公司经理
黄　河	男	1963.3	党员	2005年	湘潭市中心医院医师
傅国炎	男	1953.5	党员	2005年	韶山氮肥厂造气车间主任
柳修检	男	1946.10	党员	2005年	湘铝集团公司工会主席
文罗生	男	1952.2	党员	2005年	湘乡市供销社主任
胡如松	男	1968.7	党员	2005年	湘乡市一中教师
贺承斌	男	1955.3	党员	2005年	湖南韶峰水泥集团机电公司技术主管
阳泽明	男	1952.5	党员	2005年	中国移动湘潭分公司总经理
谭加良	男	1960.1	群众	2005年	湘潭市岳塘装卸公司工人
周慧敏	女	1957.6	群众	2005年	湘潭市永兴汽配汽修经理部经理
程一兵	男	1962.4	党员	2005年	湘潭市专利局局长
刘　胜	男	1969.2	党员	2005年	湖南江滨机器集团铸造车间工人

（五）1986～2005年湘潭市省（部）级先进工作者名录

姓　名	性别	工作单位	职务	获奖时间	授奖单位	奖项名称
黄江水	男	湘钢	工程师	1978	国家科学技术委员会	1978年全国科学大会奖
杨友良	男	湘钢	干部	1979	广州军区	抗越战一等功
许霞光	男	荷塘乡指方村	团支部书记	1985	团中央	全国绿化突击手
蒋云全	男	岳塘区委组织部	干部	1986	省政府	全省优秀转业干部
李先萌	男	湘潭钢铁公司	工程师	1987	国家科学技术委员会	国家级科技进步二等奖
杨桂初	男	岳塘区统计局	局长	1988	国家经委	全国统计系统先进工作者
王璇宫	女	风车坪学校	教师	1989	人事部、教育部	全国优秀教师
严珏明	男	岳塘区昭山联校	校长	1989	人事部、教育部	全国优秀教师
唐嵩湛	男	湘潭电机集团子弟中学	教师	1989	人事部、教育部	全国优秀教师
刘竹清	男	江南中学	支部副书记	1989	人事部、教育部	全国优秀教师
葛燕毓	女	湘钢二中	教师	1989	人事部、教育部	全国优秀教师
黄伟民	男	湘钢一中	教师	1989	人事部、教育部	全国优秀教师
易映华	女	护潭乡人民学校	校长	1989	人事部、教育部	全国优秀教师
王诚恒	男	江南子校	教师	1989	人事部、教育部	全国优秀教师
张君满	男	岳塘区纪委	书记	1989	中纪委	全国优秀纪检干部
眭宝华	女	湖南农药厂	厂长	1989	全国妇联	全国三八红旗手
周冬梅	女	湘钢	工人	1989	全国妇联	全国三八红旗手
喻　军	男	市公安局	干警	1989	公安部	省劳模、公安部二级英模
潘学成	男	窑湾派出所	所长	1989	公安部	全国公安基层优秀所长
冷再阳	男	湘潭市毛纺厂	党委书记、厂长	1990	纺织工业部	全国思想政治工作30年荣誉证书
荣富龙	男	雨湖区检察院	检察官	1990	最高人民检察院	全国检察院一等功
杨伶俐	女	岳塘国税局	干部	1991	国家税务总局	全国税务系统三八红旗手
刘云生	男	韶山宾馆	特级厨师	1991	国家旅游总局	全国旅游行业劳动模范
杨丽华	女	江南中学	教师	1991	教育部	全国优秀教师
李维宏	男	岳塘区建设路学校	校长	1991	教育部	全国优秀教师
余国藩	男	岳塘区教师进修学校	教师	1991	教育部	全国优秀教师

续表

姓　名	性别	工作单位	职务	获奖时间	授奖单位	奖项名称
龚春梅	女	湘锰小学	校长	1991	教育部	全国优秀教师
冯爱群	女	岳塘区中洲路街道	副书记	1992	国家计划生育委员会	全国城市计划生育先进工作者
陈建楼	男	湘钢二校	教师	1992	人事部、教育部	全国优秀体育教师
韩颂芬	女	岳塘区板塘联校	教师	1993	人事部、教育部	全国优秀体育教师
庞昌述	女	韶山乡学区	教师	1993	人事部、教育部	全国优秀教师
黄力民	男	湘潭矿业学院	教师	1993	人事部、教育部	全国优秀教师
沧　南	男	湘潭大学	教授	1993	人事部、教育部	全国优秀教师
杨可以	男	江南兵器职工大学	教师	1993	人事部、教育部	全国优秀教师
周乐国	男	湖南省煤炭工业学校	教师	1993	人事部、教育部	全国优秀教师
刘　鹏	男	湖南省建筑学校	教师	1993	人事部、教育部	全国优秀教师
周　琦	男	湘潭市第二中学	教师	1993	人事部、教育部	全国优秀教师
马国强	男	湘潭县中路铺中学	教师	1993	人事部、教育部	全国优秀教师
陈资衡	女	雨湖区金庭学校	教师	1993	人事部、教育部	全国优秀教师
韩颂芳	女	岳塘区板塘农联学校	教师	1993	人事部、教育部	全国优秀教师
杨丽华	女	江南机器厂子弟学校	教师	1993	人事部、教育部	全国优秀教师
沈朝红	女	湘潭电机厂子弟学校	教师	1993	人事部、教育部	全国优秀教师
刘克敏	女	湘钢培训中心	教师	1993	人事部、教育部	全国优秀教师
易季纯	女	湘乡市大田乡学校	教师	1993	人事部、教育部	全国优秀教师
王庆生	男	湘潭市检察院	检察官	1993	最高人民检察院	全国优秀刑检干部
章彦明	男	韶山卫生监督局	干部	1993	卫生部	中国红十字总会先进个人
王耀根	男	湘潭县教育局	干部	1993	人事部、教育部	全国优秀教育工作者
杨克义	男	湘乡市壶天学区	教师	1993	人事部、教育部	全国优秀教育工作者
陈茨衡	女	雨湖区金庭学校	校长	1994	教育部	全国优秀教师
卢建英	男	岳塘区发改统计局	干部	1994	国家统计局	全国统计年报工作先进个人
罗佩群	男	岳塘区卫生局	副局长	1994	中国红十字会	全国红十字先进工作者
罗福泉	男	省建三公司机修厂	副厂长	1994	省政府	湖南省防汛抗洪先进个人

续表

姓　名	性别	工作单位	职务	获奖时间	授奖单位	奖项名称
韩铁牛	男	岳塘公安分局	干警	1994	公安部	全国特级优秀人民警察
刘德莲	女	湘潭市妇联	主席	1994	全国妇联	全国三八红旗手
周美红	女	雨湖区长城乡	国家举重运动员	1994	八届世界女子举重锦标赛组委会	破世界纪录女子挺举2项世界冠军
张建辉	女	市检察院	纪检组长	1995	最高人民检察院	全国模范检察干部
陆燕荣	女	雨湖公安分局	干警	1995	公安部	全国优秀人民警察
曾彩奕	女	雨湖区计生局	主任	1995	全国计划生育委员会	全国计划生育工作一等功
文玉莲	女	韶山市计生服务站	计生服务员	1995	全国计划生育委员会	全国计划生育科技工作先进个人
冯映姣	女	岳塘区荷塘乡	统计员	1995	农业部	全国乡镇企业系统优秀统计工作者
谭清华	女	建设路街道霞光社区	主任	1995	民政部	全国优秀居委会主任
刘新艳	女	岳塘区育才学校	校长	1995	人事部、教育部	全国优秀教师
王清辉	女	湘潭县云湖桥镇联校	教师	1995	人事部、教育部	全国优秀教师
冯　丹	男	湘潭县石潭镇列加桥农校	教师	1995	人事部、教育部	全国优秀教师
李仁发	男	湘潭矿业学院	教师	1995	人事部、教育部	全国优秀教师
李启凤	女	湘乡市第二中学	教师	1995	人事部、教育部	全国优秀教师
罗日才	男	湘乡市金籔学区	教师	1995	人事部、教育部	全国优秀教师
王志勇	男	韶山市韶山学校	教师	1995	人事部、教育部	全国优秀教师
杨桃英	女	雨湖风车坪小学	校长	1995	人事部、教育部	全国优秀教师
陈萌成	男	市和平小学	教师	1995	人事部、教育部	全国优秀教师
苏沙平	男	市教育科学研究所	教师	1995	人事部、教育部	全国优秀教师
王凤飞	男	湘潭师范学院	教师	1995	人事部、教育部	全国优秀教师
张文华	男	湖南工业职工大学	教师	1995	人事部、教育部	全国优秀教师
李家模	男	湘机	高级技师	1995	科技部	全国技术能手
周干成	男	岳塘公安分局	干警	1996	公安部	全国优秀人民警察
黄清芳	男	市公安局	干警	1996	公安部	全国优秀人民警察
许丽球	女	韶山市卫生局	干部	1996	卫生部	全国妇幼卫生先进工作者
伍尚魁	男	迅达集团	董事长	1996	科技部	全国首届优秀发明家 全国优秀民营企业家

续表

姓　名	性别	工作单位	职务	获奖时间	授奖单位	奖项名称
孙际辉	男	省三建公司	技师泥工	1996	科技部	全国技术能手
康自强	男	板塘乡五一村	支部书记	1996	省政府	省优秀农民企业家
李　星	男	市残疾人联合就业部	主任	1996	省政府	自强模范
张金玉	女	岳塘区妇幼保健中心	医师	1997	卫生部	全国妇幼工作先进个人
汤瑞仁	女	韶山毛家饭店	董事长	1997	全国总工会	全国职业道德先进个人
胡迈鸿	男	昭山开发区	总经理	1997	省委、省政府	湖南省第六届“十大杰出青年”企业经营者
朱广杰	男	岳塘公安分局	干警	1997	公安部	全国优秀人民警察
范银河	男	雨湖公安分局巡警大队	干警	1997	公安部	全国优秀人民警察
陈永庚	男	湘潭水文水资源勘测局	工程师	1997	水利部	全国水利系统技术能手
杨新胜	男	湘潭市恒兴机床有限公司	总经理	1997	国防科工委	国防科技进步二等奖
贺淑英	女	湘乡市梅桥镇喜鹊村	支部书记	1998	全国妇联	全国三八红旗手
张巧明	女	韶山市韶山乡毛家坳学校	教师	1998	国家教委	全国优秀教师
傅举连	女	湘乡市教师进修学校小学	教师	1998	国家教委	全国优秀教师
王泽其	男	雨湖区人民法院楠竹山法庭	庭长	1998	最高人民法院	全国优秀法官授一等功
吴购良	男	市公安局	政治处主任	1999	公安部	全国禁毒先进个人
许向东	男	岳塘公安分局	干警	1999	公安部	全国优秀人民警察
琚小燕	女	雨湖派出所	干警	1999	公安部	全国优秀人民警察
路　明	女	岳塘区检察院	检察员	1999	最高人民检察院	全国首届女检察官法庭辩论大赛第一名
张松泉	男	岳塘区检察院	检察长	2000	最高人民检察院	全国检察系统人民满意的检察官
刘卫平	男	市公安局巡特警支队	干警	2000	公安部	全国优秀人民警察
李卫清	女	霞城乡联合村	妇女主任	2000	国家计生委	全国村(居)优秀计划生育工作者
彭桂芝	女	岳塘区育才学校	教师	2001	人事部、教育部	全国优秀教师
邓新辉	女	湘潭县花石镇中心小学	教师	2001	人事部、教育部	全国优秀教师

续表

姓　名	性别	工作单位	职务	获奖时间	授奖单位	奖项名称
左全定	男	湘潭电机厂子弟中学	教师	2001	人事部、教育部	全国优秀教师
潘淑云	女	湘乡市新泉中学	教师	2001	人事部、教育部	全国模范教师
胡湘玲	女	市妇联	主席	2001	全国妇联	全国三八红旗手
王东晖	女	市检察院	干警	2001	全国妇联	全国三八红旗手
苏爱平	女	韶山市政府	干部	2001	中组部、中宣部文明办、人事部	全国满意公务员
苏桔全	男	韶山市国土局	干部	2001	国土资源部	全国国土资源执法监察先进个人
张伏兰	女	岳塘区乡镇企业局	干部	2001	农业部	全国乡镇企业系统优秀统计工作者
王元章	男	市科委	主任	2001	人事部、科技部	全国科技管理系统先进工作者
杨松林	男	雨湖公安分局	干警	2001	省政府	记一等功
邓　勇	男	雨湖公安分局	干警	2001	公安部	全国优秀人民警察
王清明	男	雨湖公安局交警大队	干警	2001	公安部	全国优秀人民警察
严庆泉	男	岳塘区双马镇司法所	所长	2001	司法部	全国人民满意司法员
余国新	男	韶山市政府	干部	2002	水利部	全国水利先进个人
刘刚毅	男	市公安局缉毒支队	干警	2002	公安部	全国严打整治先进工作者
卢卫国	男	云塘派出所	干警	2002	公安部	全国优秀人民警察
毛远明	男	韶山乡韶山村	村干部	2003	农业部	全国先进村组财会人员
张德意	女	东坪街道万福社区	主任	2003	全国计生协会	全国计划生育协会先进志愿者
				2005	省政府	湖南省社区建设先进个人
欧阳昊	男	岳塘区检察院	检察员	2003	最高检察院	全国检察机关“十佳”公诉人
卢卫国	女	云塘派出所	干警	2003	公安部	全国优秀人民警察
王小娟	女	建设路街道霞光社区	党总支书记	2003	中组部、民政部	全国优秀社区工作者
李健如	女	湘潭市妇联	主任	2004	全国妇联	全国三八红旗手
王西平	女	湘乡市怀其制革有限公司	总经理	2004	全国妇联	全国三八红旗手
罗大红	女	湘潭县易俗河镇百花小学	教师	2004	人事部、教育部	全国模范教师
王家勇	男	湖南工程学院	副教授	2004	人事部、教育部	全国模范教师
周利如	女	湘潭市和平小学	教师	2004	人事部、教育部	全国模范教师

续表

姓 名	性别	工作单位	职务	获奖时间	授奖单位	奖项名称
严 杏	女	雨湖区风车坪小学	教师	2004	人事部、教育部	全国模范教师
周建新	男	湘乡东山学校	教师	2004	人事部、教育部	全国优秀教师
熊子龙	男	湖南城建职业技术学院	教师	2004	人事部、教育部	全国优秀教师
张克昌	男	江南机器厂	技术员	2004	劳动保障部、科技部	国家级技术能手
黄清云	男	岳塘区畜牧水产局	干部	2004	省政府	湖南省防治高致病性禽流感先进个人
阳 耀	男	岳塘区人民武装部	现役军人	2004	省军区	省军区比武竞赛技能标兵二等功
贺卫平	男	雨湖区检察院	检察长	2005	最高检察院	全国检察机关一等功
毛 犊	男	韶山乡韶光村	乡村医生	2005	卫生部	全国优秀乡村医生
杨 炼	女	湘潭县	运动员	2005	世界级	世界女子举重锦标赛冠军
罗大红	男	湘潭市教科院	教师	2005	人事部、教育部	全国模范教师
李春兰	女	韶山市政府	干部	2005	中宣部	全国婚育新风进万家先进个人
张 浩	男	岳塘交警大队一中队	教导员	2005	公安部	全国优秀人民警察
陈 明	男	湘潭县公安局	副局长	2005	公安部	全国优秀人民警察
谢秋莲	女	市机构编制委员会办公室	主任	2005	全国妇联	全国三八红旗手
杨翠英	女	湘潭县能源生态局	干部	2005	全国妇联	全国三八红旗手
谭立志	男	岳塘区畜牧防疫站	站长	2005	省政府	湖南省防治高致病性禽流感先进个人
陈 斌	男	雨湖区环境卫生管理处	处长	2005	建设部	全国城市市容环卫先进工作者
许仲新	男	湘潭市林业局	副局长	2005	省政府	全省绿化先进工作者

（六）1986～2005年湘潭籍人士及湘潭外籍人士任党政军副市（厅、师）级（含）以上领导名录①

（中共湘潭市委、市政府、市人大、市政协领导名录随篇走）

姓　名	性别	籍　贯	民族	出生年月	学历	政治面貌	工作单位	职务、职称、荣誉等
孙仕连	男	—	汉	1911.4	大学	—	湘潭电机厂	副厂长
熊　飞	男	湘潭县	汉	1911.12	—	中共党员	广东省军区	政治委员、少将
张式琦	男	湘乡市龙洞乡	汉	1918.5	大学	国民党	台湾“国防部”	中将局长
谭肇之	男	湘潭市	汉	1918.11	—	中共党员	南京军区	副司令员
萧　卡	男	湘乡市横铺乡	汉	1919.11	大学	中共党员	中共上海市委	秘书长
李绍枚	男	湘潭市	汉	1920.6	大学	国民党员	国民党第9军	少将副军长
巫海青	男	安徽天为县	汉	1920.8	—	中共党员	湘潭军分区	副司令员
楚崧秋	男	湘潭县	汉	1920.8	博士研究生	国民党	台湾《中华日报》《中央日报》	社长、国民党第九至十三届中央委员
华国锋	男	山西交城县	汉	1921.2	—	中共党员	中共湘潭地委	中共湘潭地委第一书记
李　权	男	湘潭县易俗河镇	汉	1922.1	大学	中共党员	中国人民解放军第38军	参谋长
王昌汾	男	湘潭县	汉	1923.7	大学	中共党员	湖南涟源钢铁厂	副厂长
黄道奇	男	湘潭县响塘乡	汉	1924.3	大学	中共党员	湖南省人大常委会	副主任
王务新	男	湘潭县云湖桥镇	汉	1926.1	大学	中共党员	武汉市党史办	主任
李志强	男	湘乡市金石乡	汉	1926.11	大学	中共党员	中共湖南省委宣传部机关	党委书记
王之希	男	湘潭县排头乡	汉	1928.3	大学	中共党员	中国国际文化交流中心对外联络部	主任
罗毛麟	男	湘乡市中沙乡	汉	1929.1	中专	中共党员	广州军区企业办公室	正师职政治委员
陈纯达	男	岳阳市湘阴县	汉	1929.1	本科	中共党员	湖南工程学院（原湘潭机电专科学校）	党委书记、校长（兼）
杨汉秋	男	湘乡市城关镇	汉	1930.10	大学	中共党员	娄底市人大常委会	主任
伍卓群	男	湘潭县云湖桥镇	汉	1930.11	大学	中共党员	吉林大学	校长
罗光裳	女	湘乡市	汉	1931.1	大专	中共党员	湖南省妇女联合会	副主任

① 表（六）、（七）中“—”处缺相关资料。

续表

姓　名	性别	籍　贯	民族	出生年月	学历	政治面貌	工作单位	职务、职称、荣誉等
萧瑞梁	男	湘潭县石鼓镇	汉	1931.2	大学	中共党员	中共湖南省汽运局	党委书记
刘夫生	男	湘潭县	汉	1931.11	大专	中共党员	中共湖南省委	书记、人大主任、政协主席
刘子田	男	湘潭市	汉	1932.9	大学	国民党	国民党部队将领	副司令
梁　岐	男	甘肃定西县	汉	1933.8	大专	中共党员	湖南工程学院(原湖南省纺织高等专科学校)	校长
朱东阳	男	湘潭县茶恩寺镇	汉	1933.11	大专	中共党员	湖南省人大常委会	副主任
谭富吉	男	湘乡市龙洞乡	汉	1934.6	大学	中共党员	广州舰艇学院	政治委员、少将
冯瑞麟	男	湘潭县锦石乡	汉	1935.4	高中	中共党员	广西壮族自治区人大常委会	副秘书长
成思危	男	湘乡市苏坡乡	汉	1935.6	大学	民建	全国人大	副委员长
李醉吾	男	湘乡市壶天乡	汉	1935.8	大学	中共党员	深圳市委政策研究室	副主任(副厅)
宋国良	男	辽宁瓦房店县	汉	1935.8	大学	中共党员	江南机器厂	厂长
李序勇	男	江苏南通市	汉	1935.9	中专	中共党员	江南机器厂	厂长
江岩欣	男	江西省	汉	1935.12	大专	中共党员	湖南工程学院(原湖南省纺织专科学校)	党委书记
龚性清	男	湘乡市东郊乡	汉	1936.1	大学	中共党员	中共湖南省委办公厅保密局	局长
唐德华	男	湘乡市大坪乡	汉	1936.5	大学	中共党员	最人民法院	副院长
文裕武	男	湘乡市白田乡	汉	1936.8	—	中共党员	总参陆航局军务装备科研处	处长、大校
程应森	男	河南潢川县	汉	1936.10	中专	中共党员	湖南工程学院(原湖南纺织高等专科学校)	校长
彭发生	男	湘乡市	汉	1937.8	中专	中共党员	湖南省人民政府驻广州和深圳办事处	主任
刘伟能	男	湘潭市雨湖区	汉	1937.11	大学	中共党员	民政部管理干部学院	院长、党委书记(正厅)
陈敏求	男	湘乡市壶天乡	汉	1938.1	大学	中共党员	宁夏自治区人大常委会	副主任
许亮东	男	湘潭市	汉	1938.2	大学	中共党员	深圳市中级人民法院	院长(正厅级)
张恒德	男	湘乡市泉塘乡	汉	1938.2	大学	中共党员	中共湖南省委政策研究室	副主任
周金明	男	福建蒲田县	汉	1938.10	本科	中共党员	湖南工程学院(原湘潭机电专科学校)	校长、教授
彭　钢	女	湘潭县乌石镇	汉	1938.11	大学	中共党员	中国人民解放军	少将、全国妇联副主席
黄德位	男	怀化市溆浦县	汉	1938.11	本科	中共党员	湖南工程学院(原湖南省纺织专科学校)	党委书记

续表

姓　名	性别	籍　贯	民族	出生年月	学历	政治面貌	工作单位	职务、职称、荣誉等
张永丰	男	四川铜梁县	汉	1939.1	本科	中共党员	湖南工程学院(原湘潭机电专科学校)	校长、教授
刘望先	男	湘乡市仁厚乡	汉	1939.3	—	中共党员	广州军区某部	副师长
丁广茂	男	湘乡市东郊乡	汉	1939.4	—	中共党员	中国农工党办公厅	主任
宋文汉	男	湘乡市金石人	汉	1939.6	—	中共党员	广州军区	中将副司令员
唐炳如	男	浙江嘉兴市	汉	1939.11	大学	中共党员	湘潭钢铁集团有限公司	厂长、书记、总经理、高级工程师
张竹梧	男	湘潭县射埠镇	汉	1940.1	大学	中共党员	中共中央组织部党建读物出版社	总编 研究员
陈守勋	男	湖南长沙市	汉	1940.1	大学	中共党员	湘潭钢铁集团有限公司	总经
贺先觉	男	湘潭县乌石镇	汉	1940.2	大学	中共党员	中国人民解放军	少将、高级工程师
潘湘庭	男	湘潭市	汉	1940.3	大学	中共党员	国防大学	教授、少将
谢振良	男	湘潭县云湖桥镇	汉	1940.9	大学	中共党员	益阳军分区	司令员
宋春祥	男	天津	汉	1940.6	大学	中共党员	湘潭电机厂	厂长、党委书记
陈常光	男	湘潭县	汉	1940.11	大学	中共党员	株洲军分区	政治委员
黄祖示	男	韶山市永义乡	汉	1940.7	大学	中共党员	湖南省军区	少将、副政治委员
张喜云	男	湘潭县乌石镇	汉	1941.4	大学	中共党员	广州军区司令部政治部	党委书记、少将
颜学顺	男	湘潭县分水乡	汉	1941.5	大学	中共党员	湖南省计划委员会	副主任
梁裕厚	男	湘乡市大坪乡	汉	1941.6	大学	中共党员	能源部	行政司司长
胡传觉	男	湘潭县	汉	1941.7	大学	中共党员	飞行学院	少将、政治委员
毛远新	男	韶山市韶山乡	汉	1941.8	大学	中共党员	辽宁省革命委员会、沈阳军区	副主任、政委、政治部副主任
阳美岭	男	湘潭县石潭乡	汉	1941.9	—	中共党员	广州军区联勤部第19分部	政治委员、大校
宋楚瑜	男	湘潭县射埠镇	汉	1942.3	博士研究生	亲民党	台湾地区亲民党	主席
李振川	男	河北景县	汉	1942.5	大专	中共党员	湘潭钢铁集团有限公司	党委书记、教授级高级政工师
李胜庚	男	湘乡市金薮乡	汉	1942.6	大学	中共党员	广州军区房地产管理局	局长(大校)

续表

姓　名	性别	籍　贯	民族	出生年月	学历	政治面貌	工作单位	职务、职称、荣誉等
李洪义	男	湘潭市	汉	1942.7	大学	中共党员	广东省军区	副政治委员、少将
鲍培德	男	湘乡市梅桥镇	汉	1942.7	大学	中共党员	国家民航总局	副局长
高增伏	男	山东乳山县	汉	1942.8	本科	中共党员	湖南工程学院(原湘潭机电专科学校)	党委书记
胡学军	男	江西南昌市	汉	1942.9	大学	中共党员	江南机器厂	党委书记
罗尔康	男	常德市汉寿县	汉	1942.9	本科	中共党员	湖南工程学院(原湖南省纺织专科学校)	校长
章彦武	男	湘乡市白田乡	汉	1943.5	大学	中共党员	省委办公厅、省委政策研究室	副秘书长、主任
肖海鹏	男	湘潭县云湖桥镇	汉	1943.6	大学	中共党员	石家庄陆军指挥学院	正军级干部
潘季良	男	长沙市宁乡县	汉	1943.8	—	中共党员	湘潭军分区	司令员
刘林玉	男	湘乡市龙潭乡	汉	1943.9	大学	中共党员	湖南省审计厅	副厅长
刘建初	男	湘乡市山枣镇	汉	1943.9	大学	中共党员	株洲市人大常委会	副主任
陈湘云	男	湘潭县花石镇	汉	1943.9	大专	中共党员	湖南五菱水电开发有限责任公司	党委副书记(副厅)
谢辟庸	男	湘潭县花石镇	汉	1943.9	大学	中共党员	湖南省文物局	局长、教授
贺国强	男	湘乡市	汉	1943.10	大学	中共党员	中共中央纪律检查委员会	书记
钟子才	男	韶山市	汉	1944.1	大专	中共党员	湖南工程学院(原湖南纺织高等专科学校)	党委书记
戴海春	男	湘潭市岳塘区	汉	1944.3	大学	中共党员	省人大常委员会内务司法委员会	副主任
胡柏林	男	湘潭县锦石乡	汉	1944.5	大专	中共党员	湖南工程学院工会	主席
陈登高	男	湘潭县花石镇	汉	1944.9	大学	中共党员	株洲市人民政府	副市长、巡视员
朱佑胜	男	湖北武汉市	汉	1944.9	大学	中共党员	江南机器厂	党委书记
杨　军	男	湖北应山县	汉	1944.01	本科	中共党员	江南机器厂	党委书记
罗德文	男	湘潭县云湖桥镇	汉	1944.11	大学	中共党员	湖南省委政法委	副书记
刘光和	男	湘潭县石潭镇	汉	1944.12	大学	中共党员	民政部党组成员	纪检组长
黄应龙	男	湘潭县杨嘉桥镇	汉	1945.1	大学	中共党员	广东省韶关市政协	副主席
王凤飞	男	湘乡市	汉	1945.1	大学	中共党员	湖南省科学技术协会	党组书记、副主席
龙国健	男	湘乡市	汉	1945.2	大学	民建	政协湖南省委	副主席
陈庆云	男	湘潭县石潭镇	汉	1945.3	大学	中共党员	贵州省军区	司令员、少将

续表

姓　名	性别	籍　贯	民族	出生年月	学历	政治面貌	工作单位	职务、职称、荣誉等
王春秀	女	湘乡市	汉	1945.4	大学	中共党员	湖南省纪律检查委员会	常委兼机关党委书记
黄亦纯	女	湘潭县石鼓镇	汉	1945.4	大学	中共党员	政协甘肃省委、中共甘肃省委	副主席、常委、统战部长
彭俊钦	男	娄底市	汉	1945.7	大专	中共党员	江麓机械厂	党委书记
陈知建	男	湘乡市	汉	1945.8	大学	中共党员	重庆警备区	副司令员、少将
朱建桂	男	湘潭县青山桥镇	汉	1945.9	大专	中共党员	中共湖南省委党校（湖南行政学院）	副校长、巡视员
孔令志	男	吉林德惠县	汉	1945.10	大学	中共党员	湖南省质量监督技术局	局长
郭进修	男	湘潭县河口镇	汉	1946.1	大学	中共党员	中央气象台	副台长、教授
方大鹏	男	江苏靖江县	汉	1946.7	大学	中共党员	湖南省地方志编纂委员会	副主任
张邦祖	男	株洲市临澧县	汉	1946.8	大学	中共党员	湘潭军分区	政治委员
蒋昌忠	男	湘乡市	汉	1946.8	大学	中共党员	湖北省文化厅	厅长
王继云	男	湘乡市	汉	1946.9	大学	中共党员	桂林空军学院	政治委员、少将
华仁元	男	江苏无锡市	汉	1946.10	大学	中共党员	江南机器厂	厂长
胡中梅	男	湘潭县锦石乡	汉	1947.1	大学	中共党员	中共广东省委宣传部	副部长
黄建科	男	湘潭县	汉	1947.6	大专	中共党员	江麓机械集团有限公司	党委书记
陈润泉	男	湘潭县排头乡	汉	1947	大学	中共党员	广州军区工程科研设计所	副所长、享受国务院特殊津贴专家
冯长根	男	湘潭县石潭镇	汉	1947.7	大学	中共党员	娄底市人大常委会	主任
谢凤龄	男	湘潭县易俗河镇	汉	1947.11	大学	中共党员	娄底市政协	主席
马占一	男	湘潭县白石镇	汉	1948．8	硕士研究生	中共党员	中国联通广西分公司	总经理、党委书记
谭茂球	男	湘乡市金薮乡	汉	1948.12	大学	中共党员	47集团军装备部	副部长 、大校
周克武	男	湘乡市	汉	1949.4	大学	中共党员	湘潭职业技术学院	党委书记
周伯华	男	岳塘区	汉	1948.7	硕士研究生	中共党员	国家工商行政管理总局	局长
楚进军	男	湘潭县中路铺镇	汉	1948.10	大学	中共党员	资兴矿业集团公司	党委书记
寻立祥	男	长沙市	汉	1948.11	大学	中共党员	湖南工程学院	副校长、教授、
赵湘珍	女	湘乡市	汉	1949.1	大学	中共党员	株洲市委	副书记
谭长富	男	湘潭县青山桥镇	汉	1949.1	大学	中共党员	湖南科技大学	副校长、教授

续表

姓　名	性别	籍　贯	民族	出生年月	学历	政治面貌	工作单位	职务、职称、荣誉等
贺先明	男	湘乡市	汉	1949.5	大学	中共党员	江麓机械集团有限公司	董事长
陈元魁	男	湘潭县	汉	1949.8	大学	中共党员	湖南省教育厅	副厅长
王俊军	男	湘潭县排头乡	汉	1949.9	大专	中共党员	中国社会科学院办公厅	副主任、服务中心主任
肖建国	男	湘潭县云湖桥镇	汉	1949.10	大学	中共党员	中纪委	司长
陈英霞	女	湘潭县杨家桥镇	汉	1949.12	大学	中共党员	株洲市人大常委会	副主任
肖劲儒	男	湘潭县青山桥镇	汉	1950.1	大学	中共党员	湖南省高级人民法院	党组成员
刘力群	男	湘潭县射埠镇	汉	1950.2	大学	中共党员	岳阳市人民政府	副市长
刘文华	男	湘乡市棋梓镇	汉	1950.2	大学	中共党员	解放军出版社	党委书记、政委
郭应斌	男	湘潭县易俗河镇	汉	1950.3	大学	中共党员	湖北省军区	副司令员、少将
朱修均	男	湘潭县青山桥镇	汉	1950.7	大学	中共党员	武警湖南省消防总队	副总队长、大校
戴志强	男	湘潭市	汉	1950.7	大学	中共党员	湖南工程学院	党委副书记
马英九	男	湘潭县白石镇	汉	1950.7	博士研究生	国民党	台湾地区	领导人
彭福清	男	湘乡市	汉	1950.7	大学	中共党员	中共湖南省委党校	教授、副校长
江学恭	男	雨湖区	汉	1950.12	大学	中共党员	湖南省文联	党组书记
贺建立	男	湘潭县射埠镇	汉	1951.1	大学	中共党员	汕头警备区	政治委员
丁一平	男	湘乡市	汉	1951.2	大学	中共党员	解放军海军	副司令员、中将
刘迎春	男	湘潭市	汉	1951.3	本科	中共党员	湖南工程学院	副校长、教授
廖洪元	男	衡阳市耒阳市	汉	1951.	大专	中共党员	海军驻重庆军事局	少将
李锡金	男	湘乡市谷水镇	汉	1951.12	—	中共党员	北京市国防动员委员会综合办公室	主任、大校
成谦明	男	韶山市	汉	1952.3	大学	中共党员	武警总部办公厅	副主任、大校
谢自然	男	湘潭县河口镇	汉	1952.3	大学	中共党员	武警总部办公厅	副主任、大校
石意朝	男	湘潭县杨嘉桥镇	汉	1952.8	高中	中共党员	中国人民解放军总装备部审计事务所	主任 、大校
李荣华	男	湘潭县乌石镇	汉	1952	大专	中共党员	武警湖南省总队	副总队长 、大校
喻新庚	男	湘乡市棋梓镇	汉	1952.1	—	中共党员	湖南省信访局	纪检组长
李四保	男	岳阳市	汉	1952.8	大学	中共党员	湘潭军分区	司令员

续表

姓　名	性别	籍　贯	民族	出生年月	学历	政治面貌	工作单位	职务、职称、荣誉等
左宗国	男	湘潭县分水乡	汉	1952.7	大学	中共党员	中国人民武装警察部队甘肃总队	总队长、少将
周柏林	男	湘潭县易俗河镇	汉	1952.10	大学	中共党员	湖南省政府办公厅政策研究室	主任
王桂云	男	湘乡白田乡	汉	1953.1	大学	中共党员	湖南省人民政府农村工作办公室	副主任
陈建泽	男	湘乡市山枣镇	汉	1953.3	大学	中共党员	株洲市政协	副主席
赵振营	男	辽宁海城县	汉	1953.4	大学文化	中共党员	湘潭钢铁集团有限公司	党委书记、省劳动模范
朱培立	男	湘潭县	汉	1953.6	硕士研究生	中共党员	湖南工程学院	副校长
李适时	男	湘乡市	汉	1953.7	博士研究生	中共党员	国务院办公厅	副秘书长
刘建刚	男	湘乡市	汉	1953.8	大专	中共党员	湖南省检察院	纪检组长
肖爱国	男	湘潭县分水乡	汉	1953.8	大学	中共党员	湖南省食品总公司	党委书记
谢伯端	男	怀化市辰溪县	汉	1953.8	本科	中共党员	湖南工程学院	党委书记
黄力平	男	湘潭县	汉	1953.10	硕士研究生	中共党员	江麓机械集团有限公司	党委书记
陈知涯	男	湘乡市	汉	1954.1	大学	中共党员	解放军军事科学院	研究员、少将
周旦坤	男	湘乡市月山镇	汉	1954.1	—	中共党员	总装备部	局长(副军级)
刘选民	男	湘乡市	汉	1954.2	大学	中共党员	总参三部 61886 部队	副局长、大校
韩丽娟	女	辽宁沈阳市	汉	1954.4	大学	中共党员	湘潭市人民政府	副市长
陈知庶	男	湘乡市	汉	1954.6	大专	中共党员	甘肃省军区	司令员、少将
万伏秀	女	湘乡市潭市镇	汉	1954.6	大学	中共党员	湖南省人大办公厅	党组副书记兼机关党委书记
胡多明	男	湘潭县龙口乡	汉	1954.7	大学	中共党员	广州军区驻广州铁路(集团)公司	军事代表、政治委员、大校
罗和安	男	长沙市浏阳市	汉	1954.8	博士研究生	中共党员	湘潭大学	校长
李长荣	男	邵阳市邵东县	汉	1954.8	大学	中共党员	湖南工程学院	党委书记、教授
胡建雄	男	湘乡市壶天乡	汉	1954.10	大学	中共党员	总参谋部某单位	政治委员、大校
彭崇谷	男	湘乡市潭市镇	汉	1954.11	大学	中共党员	衡阳市人民政府	市长
马仲湘	男	湘潭县中路铺	汉	1954.12	大学	中共党员	湖南省有色地质勘查局	副局长

续表

姓　名	性别	籍　贯	民族	出生年月	学历	政治面貌	工作单位	职务、职称、荣誉等
赵延华	男	湘潭县青山桥镇	汉	1955.5	大学	中共党员	武警湖南省消防总队	政治部主任、大校
刘　静	女	雨湖区中山街道	汉	1955.8	大学	中共党员	湖南省委党校	副校长
齐振伟	男	辽宁辽阳县	汉	1955.8	博士研究生	中共党员	江南机器厂	厂长
成定明	男	湘乡市	汉	1955.9	大学	中共党员	湖南省纪委权法室	主任(副厅)
刘克邦	男	湘乡市	汉	1955.10	大学	中共党员	湖南省国库集中支付核算局	局长(副厅)
邓新民	男	湘潭县花石镇	汉	1955.12	—	中共党员	41 集团军装备部	教授级高级工程师
汤泽培	男	湘潭县	汉	1956.11	大学	民进	政协湖南省委会	常委、副秘书长
丁建荣	男	湘乡市东郊乡	汉	1956.7	大学	中共党员	国防科学技术大学信息系统与管理学院	政委、大校
许再华	男	湘潭县响塘乡	汉	1956.9	大学	中共党员	总政直属工作部基建部	副部长、少将
胡伏安	男	益阳市桃江县	汉	1956.9	大学	中共党员	湘潭军分区	政治委员
张社安	男	湘潭县石潭镇	汉	1957.2	博士研究生	中共党员	湖南省国家税务局	副局长
刘力量	男	湘乡市东山乡	汉	1957.7	大学	中共党员	株洲市人民政府	副市长
刘国荣	男	岳阳市华容县	汉	1957.7	博士研究生	中共党员	湖南工程学院	党委副书记、校长、教授
乐长虹	男	湘乡市	汉	1957.8	大学	中共党员	国家民委经济司	副司长
唐受印	男	怀化市泸溪县	汉	1958.2～2003.4	博士研究生	中共党员	湖南工程学院	党委委员、副校长、教　授
王学理	男	湘乡市	汉	1958.5	大学	中共党员	深圳市文锦渡海关	关长(副厅)
章　兢	男	韶山市	汉	1958	博士研究生	中共党员	湖南大学	副校长
刘国繁	男	湖北石首市	汉	1959.1	硕士研究生	中共党员	湖南工程学院	副校长、教授
黄红武	男	湘潭县花石镇	汉	1959.5	硕士研究生	中共党员	湖南大学党委	副书记 、博士生导师
皮　林	男	湘乡市白田乡	汉	1959.6	大学	中共党员	湖南日报报业集团	党组成员、副总编
贺锡强	男	湘乡市	汉	1959.9	大学	中共党员	上海电力总公司	党委书记
郭志平	男	益阳市	汉	1959.12	大专	中共党员	湖南铁合金集团有限公司	党委书记
刘伯龙	男	湘乡市城关镇	汉	1961.8	大学	中共党员	广东省审计厅	副厅长
李江南	男	湘潭县	汉	1962.6	大学	中共党员	娄底市委组织部	部长
林　武	男	福建闽侯县	汉	1962.8	大学文化	中共党员	湘潭钢铁集团有限公司	总经理

续表

姓　名	性别	籍　贯	民族	出生年月	学历	政治面貌	工作单位	职务、职称、荣誉等
杨春林	男	韶山市	汉	1963.2	大学	中共党员	湖南省人事厅	副厅长
欧阳煌	男	湘乡市	汉	1963.11	博士研究生	中共党员	湖南省财政厅	总经济师
杨光荣	男	湘潭县河口镇	汉	1963.11	硕士研究生	中共党员	湖南省旅游局	党组书记、局长
彭国甫	男	湘乡市	汉	1963.12	大学	中共党员	湘潭大学	党委书记
吴建新	男	湘潭县龙口乡	汉	1964.10	博士	民建	中山市政协	副主席
文富恒	男	湘乡市壶天乡	汉	1964.	大学	中共党员	省人大常委会预算工作委员会	副主任
周上游	男	湘乡市	汉	1964.4	博士	中共党员	湖南省科技投资公司	党委书记(副厅)
陈质颖	男	湘潭县石潭镇	汉	1965.12	博士	中共党员	宁夏回族自治区旅游局	副局长
曹慧泉	男	湖南益阳市	汉	1966.3	硕士研究生	中共党员	湘潭钢铁集团有限公司	总经理、全国劳动模范
刘　捷	男	江苏丹阳县	汉	1970.6	博士研究生	中共党员	湘潭钢铁集团有限公司	总经理
刘家红	男	湘潭县云湖桥镇	汉	1970.12	硕士研究生	中共党员	国家发改委经济研究所企业研究室	副主任、全国劳动模范
罗银华	男	湘潭县云湖桥镇	汉	1964.11	大学	中共党员	海军南海舰队	舰长
周升奇	男	湘潭县云湖桥镇	汉	1964.11	大学	中共党员	广州军区 76318 部队	政委
周望军	男	湘潭县排头乡	汉	1964.8	大学	中共党员	国家发改委价格司	副司长
胡长青	男	湘潭县分水乡	汉	1964.1	大学	中共党员	湖南省林业厅	副厅长
胡石其	男	湘潭县排头乡	汉	1961.11	博士研究生	中共党员	湖南科技大学	副校长、教授
赵　敏	男	湘乡市粟山乡	汉	1963.2	大学	中共党员	国家人事部办公厅	副主任
万东华	男	湘乡市东山乡	汉	1963.11	大学	中共党员	国家统计局国经济综合统计司	副司长
李吉湘	男	湘乡市	汉	1963.7	大学	中共党员	总参陆航局装备发展部办公室	主任、大校、
张龙慧	男	湘潭县	汉	1963.5	大学	中共党员	湘潭军分区后勤部	部长、全国防汛抗旱模范
柳秀导	男	邵阳市	汉	1964.7	博士研究生	中共党员	江麓机械集团有限公司	总经理
李刚利	男	安徽凤阳县	汉	1960.9	硕士研究生	中共党员	江麓机械集团有限公司	党委书记
戴庆祥	男	浙江宁波市	汉	—	大学	中共党员	江南机器厂	厂长
黄怀德	男	湖南隆回县	汉	1963.08	硕士研究生	中共党员	江南机器厂	党委书记
娄炳林	男	湘潭市	汉	1963.1	硕士研究生	中共党员	湖南工程学院	党委副书记、教授
刘　元	男	衡阳市衡南县	汉	1960.12	博士研究生	中共党员	湖南工程学院	副校长、教授
陈建武	男	福建莆田县	汉	1960.7	本科	中共党员	湖南铁合金集团有限公司	董事长、总经理

（七）1986～2005年湘潭市正高级专业技术人员名录

姓名	性别	籍贯	民族	出生年月	学历	政治面貌	工作单位	职务、职称、荣誉等
萧楠森	男	湘潭县分水乡	汉	1914.8	大学	中共党员	南京大学	教授
梁正栋	男	江西城固县	汉	1914.12	本科	群众	湘潭市中心医院	主任医师
黎锦扬	男	湘潭县中路铺镇	汉	1915.11	硕士研究生	群众	美国	旅美作家
黎秀芳	女	湘潭县	汉	1917.3	中专	中共党员	兰州军区总医院	护理教育家、南丁格尔奖章获得者
胡乃德	女	江苏吴县	汉	1920.7	本科	中共党员	湘潭市第一人民医院	主任医师
朱先立	男	湘潭县石鼓镇	汉	1921.12	大学	民盟	《中国农业科学》期刊编辑部	科普作家、享受国务院特殊津贴专家、教授
詹兴瑞	男	湖南省	汉	1922.1	大学	民盟	湘潭市中心医院	主任医师
尹世杰	男	怀化市洞口县	汉	1922.9	大学	群众	湘潭大学	教授
朱绍先	男	湘潭县石鼓镇	汉	1922.11	大学	中共党员	广东省农业科学院植物保护研究所	研究员、全国农业劳动模范、享受国务院特殊津贴专家
欧阳国芝	男	长沙市	汉	1924.1	本科	中共党员	湘潭市中心医院	主任医师
马云鹏	男	湖南临澧县	汉	1924.2	大学	中共党员	湘潭电机厂	总工程师（教授级）
许正甫	男	湘潭县云湖桥镇	汉	1925.3	大学	中共党员	长江水利委员会	教授级高级工程师
曾士迈	男	雨湖区	汉	1926.4	—	—	中国农业大学	中国工程院院士、教授、博士生导师
杨太立	男	长沙县	汉	1926.5	本科	群众	湘潭市第一人民医院	主任医师
陈星旦	男	湘乡市虞唐镇	汉	1927.5	—	—	中国科学院长春光学精密机械研究所	中国科学院院士、博士生导师
袁龙蔚	男	北京市	汉	1928.4	大学	九三学社	湘潭大学	教授
宋启林	男	湘潭县姜畲镇	汉	1928.7	大学	中共党员	中国城市规划设计院	教授、博士生导师、享受国务院特殊津贴专家
郭先健	男	湘潭县排头乡	汉	1928.11	大学	中共党员	第三军医大学	教授、博士生导师
陈知非	男	湘乡市	汉	1929.6	大学	中共党员	航天工业部	教授级高级工程师
朱先旦	男	湘潭县石鼓镇	汉	1929.7	高中	中共党员	南京陆军指挥学院	研究员
王加萱	女	湘潭县	汉	1929.8	大学	中共党员	湖南科技大学	教授
唐国斌	男	湘潭县云湖桥镇	汉	1929.9	大学	中共党员	广州军区司令部	研究员

续表

姓　名	性别	籍　贯	民族	出生年月	学历	政治面貌	工作单位	职务、职称、荣誉等
石　夫	男	湘潭县排头乡	汉	1929.9	大专	中共党员	排头乡排头村	作曲家、享受国务院特殊津贴专家
周心培	男	湘潭市	汉	1930	大学	中共党员	市文化局戏工室	著名诗人
周士一	男	长沙市宁乡县	汉	1930.9		群众	湘潭师范学院	副教授，全国人大代表
夏湘平	男	湘潭县石潭镇	汉	1930.11	大学	中共党员	民间	书法家、画家
赵德铮	男	湘潭县石鼓镇	汉	1930.11	大学	中共党员	株洲冶炼厂	教授级高级工程师
寻民赖	男	长沙市浏阳市	汉	1932.1	大专	中共党员	湘潭市第五人民医院	主任医师
郑罗勒	女	福建永春	汉	1932.1	本科	群众	湘潭市中心医院	主任医师
张里天	男	福建连江市	汉	1932.4	本科	中共党员	江南机器厂	研究员级高级工程师
张尚德	男	湘潭县梅林桥镇	汉	1932.5	大学	无党派	台湾地区国学和佛学、中华唯识学会	大师、教授、理事长
黎念之	男	湘潭县	汉	1932.8	—	—	阿理德—西格诺公司科学与技术研究所	所长、中国科学院院士、博士生导师
汤孝林	男	湘潭县石鼓镇	汉	1932.9	硕士研究生	中共党员	湖南农业大学	教授
成子纯	男	湘潭县云湖桥镇	汉	1932.10	大学	中共党员	中南林业科技大学	教授、享受国务院特殊津贴专家
董必钦	男	湘乡市	汉	1932.11	大学	中共党员	第一机械工业部	教授级高级工程师、国务院三峡办局级专员
杨向阳	男	湘潭县易俗河镇	汉	1932.11	小学	群众	湖南科技大学艺术学院、中国书协	书法家、教授、中国突出贡献专家
林清法	男	福建惠安	汉	1933.1	本科	致公党	湘潭市中心医院	主任医师
蒋明贵	男	长沙市	汉	1933.4	大专	中共党员	湘潭市中心医院	主任医师
刘奇华	男	株洲市醴陵	汉	1933.10	本科	中共党员	湘潭市第一人民医院	主任医师
段子玉	男	湘乡市山枣镇	汉	1933.12	大学	中共党员	中国建材地质中心湖南总队	高级工程师
唐秦明	男	湖南长沙市	汉	1934	大学	中共党员	市文化局戏工室	中国民间文艺家戏剧家
何继善	男	湘乡市	汉	1934.9	—	—	中南大学	中国工程院院士、教授、博士生导师
李惠民	男	湘潭县	汉	1934.11	大学	中共党员	湘潭市康复中心	主任医师
周炳秋	男	湖南湘潭县	汉	1934.12	本科	中共党员	江南机器厂	研究员级高级工程师

续表

姓　名	性别	籍　贯	民族	出生年月	学历	政治面貌	工作单位	职务、职称、荣誉等
赵先春	男	湘潭县排头乡	汉	1935.2	大学	民盟	新疆煤炭科学研究所	教授、总工程师
朱　奇	男	湘乡市虞唐镇	汉	1935.6	—	中共党员	青海省作家协会	名誉主席、一级作家
张振福	男	湘潭县河口镇	汉	1935.7	大学	中共党员	中国航天工业总公司政策经济研究中心	主任、研究员级高级工程师
唐印生	男	湘潭县云湖桥	汉	1935.9	大学	中共党员	北京日报社	编审
刘昆淮	男	湖南邵阳市	汉	1935.10	本科	中共党员	江南机器厂	研究员级高级工程师
吴学贵	男	四川省宜宾市	汉	1935.10	本科	中共党员	江南机器厂	研究员级高级工程师
张之凤	男	益阳市	汉	1935.11	本科	中共党员	湘潭市第一人民医院	主任医师
李俊芳	男	株洲市醴陵县	汉	1935.11	本科	中共党员	湘潭市韶山医院	主任医师
杨润桐	男	浏阳市	汉	1936.1	本科	中共党员	湘潭市中心医院	主任医师
欧阳春圃	男	湖南益阳市	汉	1936.4	本科	中共党员	江南机器厂	研究员级高级工程师
周荫清	男	湘潭县乌石镇	汉	1936.4	大学	中共党员	北京航空航天大学	教授
陈良金	男	广西北流市	汉	1936.7	本科	中共党员	湘潭市第三人民医院	主任医师
罗伟华	男	衡阳市衡山县	汉	1936.9	本科	中共党员	江南机器厂	研究员级高级工程师
陈孟伦	女	湘西桑植县	汉	1936.11	大专	中共党员	湘潭市中心医院	主任医师
郭先珍	女	湘潭县排头乡	汉	1936.12	大学	群众	中国人民大学	教授、语言文学专家
龚庆生	男	娄底市双峰县	汉	1937.1	本科	中共党员	湘潭市中心医院	主任医师
林敬庄	男	福建罗源	汉	1937.1	本科	中共党员	江南机器厂	研究员级高级工程师
吴素琴	女	安徽歙县	汉	1937.1	本科	中共党员	湘潭市中心医院	主任医师
黄存尧	男	郴州市资兴县	汉	1937.4	本科	中共党员	江南机器厂	研究员级高级工程师
丁衡湘	男	湖南湘潭	汉	1937.4	本科	中共党员	江南机器厂	研究员级高级工程师
郑国粱	男	湘潭县姜畲镇	汉	1937.11	大学	中共党员	国防科技大学	教授
王雪辉	女	长沙市	汉	1937.12	本科	群众	湘潭市第二人民医院	主任医师
王明寿	男	武汉市	汉	1937.12	本科	中共党员	湘潭市疾病预防控制中心	主任医师
何俊锡	男	益阳市桃江县	汉	1937.12	本科	中共党员	江南机器厂	研究员级高级工程师

续表

姓　名	性别	籍　贯	民族	出生年月	学历	政治面貌	工作单位	职务、职称、荣誉等
雷寅春	男	吉林梨树县	汉	1938.1	本科	中共党员	江南机器厂	研究员级高级工程师
曾国伦	男	江西于都县	汉	1938.2	本科	中共党员	江南机器厂	研究员级高级工程师
方克立	男	湘潭县青山桥镇	汉	1938.4	大学	中共党员	中国社会科学院研究院	院长、马克思主义哲学家、教育家
李　浩	男	邵阳市邵东县	汉	1938.4	大专	中共党员	湘潭市疾病预防控制中心	主任医师
罗作华	男	湘乡市	汉	1938.4	本科	群众	湘潭市韶山医院	主任医师
陈继志	男	湘乡市山枣镇	汉	1938.6	大学	中共党员	中国人民大学	教授级高级工程师
王素秋	女	湘潭市	汉	1938.8	本科	群众	湘潭市疾病预防控制中心	主任检验师
刘定根	男	陕西汉阳县	汉	1938.12	本科	中共党员	江南机器厂	研究员级高级工程师
刘宝和	男	江西于都县	汉	1939.1	本科	中共党员	湘潭市中心医院	主任医师
杨薛君	男	上海市	汉	1939.2	本科	群众	湘潭市第二人民医院	主任医师
孙　哲	男	河北保定市	汉	1939.3	本科	中共党员	湘潭市第一人民医院	主任医师
刘寓中	男	湘乡市	汉	1939.6	大学	中共党员	信息产业部电子十一所	教授
唐维光	男	邵阳市绥宁县	汉	1939.9	本科	群众	湘潭市妇幼保健院	主任医师
颜国荣	男	江苏常州市武进县	汉	1939.12	大学	中共党员	湘潭电机集团有限公司	教授级高级工程师、获国家科技进步一等奖
周世命	男	湖南湘潭县	汉	1939.12	本科	中共党员	江南机器厂	研究员级高级工程师
李后柄	男	岳阳市平江县	汉	1940.1	本科	中共党员	湘潭市中心医院	主任医师
汤光宋	男	湘潭县石鼓镇	汉	1940.3	大学	中共党员	武汉江汉大学	教授
余　忠	男	常德市澧县	汉	1940.3	大学	中共党员	江麓机械厂	研究员级高级工程师
王头元	男	株洲市茶陵县	汉	1940.4	本科	中共党员	湘潭市第三人民医院	主任医师
石厚根	男	邵阳市新邵县	汉	1940.5	本科	中共党员	湘潭市第一人民医院	主任医师
黄海锋	男	湘潭县排头乡	汉	1940.6	大学	中共党员	湖南省中医药大学	教授
朱　菱	男	娄底市涟源市	汉	1940.9	大学	中共党员	湘潭电机厂	教授高级工程师
刘　炜	男	娄底市新化县	汉	1940.12	大学	农工民主党	湘潭市中心医院	主任医师

续表

姓　名	性别	籍　贯	民族	出生年月	学历	政治面貌	工作单位	职务、职称、荣誉等
张　洁	女	湘潭县	汉	1940.8	本科	中共党员	湘潭市第二人民医院	主任医师
高文敏	女	湖南常德市	汉	1940.8	本科	中共党员	湘潭市第三人民医院	主任医师
钱秉义	男	湖北	汉	1940.12	本科	群众	湘潭市韶山医院	主任医师
刘　炜	男	娄底市新化县	汉	1940.12	本科	农工党	湘潭市第一人民医院	主任医师
赖咸年	男	株洲市醴陵	汉	1941.1	本科	中共党员	江南机器厂	研究员级高级工程师
涂楚国	女	江西半城县	汉	1941.1	大专	群众	湘潭市疾病预防控制中心	主任检验师
毛国良	男	韶山市	汉	1941.8	大学	中共党员	中国航天空气动力技术研究院、航天 701 研究所	所长
颜佑启	男	湘潭县排头乡	汉	1941.8	大学	民革	中南林业科技大学土木建筑与力学学院	教授
彭先觉	男	湘潭县	汉	1941.9	—	—	中国工程物理研究院	中国工程院院士、博士生导师
陈　君	男	湘潭县白石镇	汉	1942.3	大学	群众	外交部	专职画家、一级美术师
唐裕德	男	广西兴安县	汉	1942.8	本科	中共党员	江南机器厂	研究员级高级工程师
王贱武	男	湘潭县云湖桥镇	汉	1942.10	大学	中共党员	中南大学经济管理学院	副院长、教授
李佑耕	男	长沙市	汉	1942.5	本科	中共党员	湘潭市妇幼保健院	主任医师
宋毓培	男	湖南湘阴县	汉	1942.11	本科	中共党员	湘潭市地方志办公室	编审
唐树芝	男	湘潭县中路铺镇	汉	1942.11	大学	群众	长沙大学	教授
方彰林	男	湘潭县分水乡	汉	1942.11	大学	中共党员	国防科工委美容外科医院	院长、主任医生、国家有突出贡献专家
左玉辉	男	湘潭县分水乡	汉	1943.1	硕士研究生	中共党员	南京大学环境学院	教授、博士生导师
郭振楚	男	湘潭县梅林桥镇	汉	1943.1	大学	民革	湖南科技大学	教授
李　宁	男	广西桂林市	汉	1943.3	本科	中共党员	江南机器厂	研究员级高级工程师
刘水冰	男	湖南湘阴县	汉	1943.05	本科	中共党员	江南机器厂	研究员级高级工程师
蔡博容	男	益阳市	汉	1943.5	本科	中共党员	湘潭市第一人民医院	主任医师
刘继仁	男	衡阳市祁东县	汉	1943.6	本科	群众	湘潭市中心医院	主任医师
李志刚	男	湖南湘潭市	汉	1943.7	本科	中共党员	江南机器厂	研究员级高级工程师
曹顺基	男	四川阆中市	汉	1943.7	本科	中共党员	江南机器厂	研究员级高级工程师

续表

姓　名	性别	籍　贯	民族	出生年月	学历	政治面貌	工作单位	职务、职称、荣誉等
张庆如	男	福建永太县	汉	1943.11	本科	中共党员	江南机器厂	研究员级高级工程师
褚筱云	女	安徽怀远县	汉	1944.1	本科	群众	湘潭市中心医院	主任医师
潘　伟	女	湘乡市	汉	1944.1	本科	中共党员	湘潭市中心医院	主任医师
朱建亮	男	湘潭县石鼓镇	汉	1944.9	大学	中共党员	华南师范大学图书馆	馆长、教授
唐承先	男	湘乡市	汉	1944.10	本科	中共党员	湘潭市韶山医院	主任医师
童振泰	男	江苏泰县	汉	1944.11	—	群众	江南机器厂	研究员级高级工程师
程兆林	男	江苏泰县	汉	1944.12	大普	群众	江南机器厂	研究员级高级工程师
周仕钧	女	长沙市	汉	1944.12	本科	中共党员	湘潭市第一人民医院	主任医师
黎金莲	女	浏阳市	汉	1947.1	本科	中共党员	湘潭市中心医院	主任医师
杨燕生	男	湖北黄陂县	汉	1945.1	本科	中共党员	江南机器厂	研究员级高级工程师
陈大胜	男	江西南昌市	汉	1945.1	本科	中共党员	湘潭市中心医院	主任医师
肖诗禄	男	江西赣州市	汉	1945.2	本科	党员	江南机器厂	研究员级高级工程师
杨承亮	男	湘潭县云湖桥镇	汉	1945.2	大学	中共党员	中国航天科工集团0六一基地科学技术委员会	主任 、教授、全国劳动模范
肖学成	男	湘潭市	汉	1945.2	本科	中共党员	湘潭市疾病预防控制中心	主任检验师
王雨仓	男	湘乡虞唐镇	汉	1945.3	大学	中共党员	解放军第163医院	主任医师
龙述尧	男	湘潭县云湖桥镇	汉	1945.5	硕士研究生	九三学社	湖南大学	教授、博士生导师
倪明成	男	福建福州市	汉	1945.5	本科	群众	江南机器厂	研究员级高级工程师
徐安林	男	江苏苏州市	汉	1945.8	本科	中共党员	江南机器厂	研究员级高级工程师
欧阳平凯	男	湘乡市	汉	1945.8	—	—	江苏省科协，南京工业大学	中国工程院院士、博士生导师
唐永湘	男	湘潭雨湖区	汉	1945.8	本科	中共党员	湘潭市第二人民医院	主任医师
陈燕山	男	浙江东阳市	汉	1945.10	本科	中共党员	江南机器厂	研究员级高级工程师
周名南	男	湘潭县乌石镇	汉	1945.10	大学	中共党员	中国人民解放军空军	副军级副译审

续表

姓　名	性别	籍　贯	民族	出生年月	学历	政治面貌	工作单位	职务、职称、荣誉等
张光复	女	湘潭县	汉	1945.11	本科	群众	湘潭市第二人民医院	主任医师
袁雪飞	男	株洲市醴陵县	汉	1946.1	大专	民盟	市艺术创作研究所	一级编剧
郭进修	男	湘潭县河口镇	汉	1946.1	大学	中共党员	中国气象局决策气象服务中心	主任 研究员
颜梅魁	男	湖南湘潭市	汉	1946.1	初中	民盟	市艺术创作研究所	一级编剧
刘遂娥	女	湘潭县	汉	1946.1	本科	中共党员	湘潭市中心医院	主任医师
何克鉴	男	江苏如皋县	汉	1946.3	本科	中共党员	江南机器厂	研究员级高级工程师
彭芝英	女	湘乡市	汉	1946.8	本科	中共党员	湘潭市疾病预防控制中心	主任医师
马才镇	男	湘潭县白石镇	汉	1946.11	大学	中共党员	湖南省军区医院	门诊部主任、主任医生
彭　林	男	湖南涟源	汉	1946.12	大专	中共党员	市艺术剧院	一级导演
贺永超	男	湘潭县	汉	1947.1	本科	群众	湘潭市中心医院	主任医师
肖　辉	男	株洲市茶陵县	汉	1947.1	本科	中共党员	湘潭市中心医院	主任医师
杨寿峨	女	邵阳市邵东县	汉	1947.2	—	中共党员	湘潭市中医院	主任医师
丁应文	男	湘潭市	汉	1948.1	本科	中共党员	湘潭市中心医院	主任医师
黄继祥	男	湘潭县云湖桥镇	汉	1947.12	大学	中共党员	华中科技大学	教授
陈豪湘	男	湘乡市东山乡	汉	1948.4	大学	中共党员	中国航空动力研究所	研究员、总质量师
黄立勋	男	湘潭县南谷乡	汉	1948.5	高中	中共党员	村民	农民画家
李汉堂	男	湖南新化县	汉	1948.7	本科	中共党员	江南机器厂	研究员级高级工程师
张冬贵	男	湘潭县	汉	1948.11	大学	中共党员	湘潭市疾病预防控制中心	主任医师
唐驾时	男	湘乡市	汉	1948.9	大学	中共党员	湖南大学	教授、博士生导师
赵聚琪	男	湘潭雨湖区	汉	1949.1	本科	中共党员	湘潭市第一人民医院	主任医师
高明亮	男	长沙市浏阳市	汉	1949.1	本科	农工党员	湘潭市中心医院	主任医师
蒋自强	男	湘乡市	汉	1949.1	本科	中共党员	湘潭市中心医院	主任医师
张振斌	男	湖北武汉市	汉	1949.1	本科	群众	江南机器厂	研究员级高级工程师
刘汉卿	男	湖南双峰县	汉	1949.3	本科	中共党员	江南机器厂	研究员级高级工程师

续表

姓　名	性别	籍贯	民族	出生年月	学历	政治面貌	工作单位	职务、职称、荣誉等
周　律	男	上海宝山区	汉	1949.7	本科	中共党员	江南机器厂	研究员级高级工程师
杨尚真	男	湘潭县云湖桥镇	汉	1949.8	大学	中共党员	中南大学	教授
王新陆	男	湘潭县排头乡	汉	1949.10	博士研究生	中共农工党	山东中医学大学	校长、教授、中医内科专家
李建宗	男	湘潭县乌石镇	汉	1949.12	大学	中共党员	湖南师范大学生命科学院	教授
马定渭	男	湘潭县中路铺	汉	1959.9	博士研究生	中共党员	湖南农业大学东方科技学院	教授
马秋成	男	湘潭县	汉	1964.7	硕士研究生	中共党员	湘潭大学机械工程学院	教授
方向新	男	湘潭县排头乡	汉	1956.1	大学	中共党员	湖南省社会科学院	教授、享受国务院特殊津贴专家
王小春	男	湖南隆回	汉	1965.1	硕士研究生	中共党员	江南机器厂	研究员级高级工程师
王文杰	男	湘潭县	汉	1970.3	博士研究生	中共党员	中国环境科学院环境信息研究所	所长、教授
王兆丰	男	湘潭县排头乡	汉	1963.8	博士研究生	中共党员	河南理工大学	研究员、全国优秀科技工作者
王国平	男	湖南双峰	汉	1950.09	大学	中共党员	江南机器厂	研究员级高级工程师
王国梁	男	湘潭县石潭镇	汉	1961.9	博士研究生	非党派	湖南农业大学水稻基因组实验室	主任、教授、博士生导师
王学安	男	湖南宜章县	汉	1962.5	大学	群众	江南机器厂	研究员级高级工程师
王　云	女	湘潭市	汉	1957.12	本科	群众	湘潭市中心医院	主任医师
王君洁	女	兴城县	汉	1962.10	本科	中共党员	湘潭市妇幼保健院	主任医师
王恩湘	男	辽宁海城县	汉	1962.9	本科	中共党员	湘潭市第一人民医院	主任医师
王继杰	男	江西省	汉	1962.4	本科	中共党员	湘潭市疾病预防控制中心	主任医师
王松灵	男	湘乡东郊乡	汉	1962.	博士研究生	中共党员	首都医科大学	校长、教授、博士生导师
王绍良	男	湘乡新研乡	汉	1954.6	大学	中共党员	湖南化工职业技术学院	教授
王家勇	男	邵阳市	汉	1957.7	硕士研究生	中共党员	湖南工程学院	教授、全国模范教师
王海云	男	长沙浏阳市	汉	1964.7	硕士研究生	中共党员	江南机器厂	研究员级高级工程师
邓晋湘	男	山西柳林县	汉	1957.6	大学	中共党员	江南机器厂	研究员级高级工程师
邓球柏	男	衡阳市祁东县	汉	1953.2	大学	中共党员	湘潭大学	教授
文　利	女	株洲市醴陵县	汉	1962.4	本科	农工党	湘潭市第二人民医院	主任医师

续表

姓　名	性别	籍　贯	民族	出生年月	学历	政治面貌	工作单位	职务、职称、荣誉等
冯泽国	男	湘乡市梅桥镇	汉	1965.9	大学	中共党员	解放军总医院麻醉科	主任医师
尹光天	男	湘潭县白石镇	汉	1960.12	大学	中共党员	中国林科院热带林业研究所	研究员、享受国务院特殊津贴专家
尹新辉	男	湘潭县白石镇	汉	1957.7	中专	中共党员	株洲市公安局	全国优秀人民警察、全国劳动模范
车连夫	男	辽宁省北宁市	汉	1963.9	大学	中共党员	江滨机器厂	厂长、教授级工程师
石建军	男	湘潭县云湖桥镇	汉	1966.4	博士研究生	群众	南华大学建筑工程与资源环境学院	副院长、教授、注册结构工程师
左双文	男	湘潭县排头乡	汉	1961.5	博士研究生	群众	华南师范大学历史文化学院	副院长、教授
左翼伟	男	湘潭县分水乡	汉	1962.3	大学	—	上海民族乐团	副团长、民族管弦乐演奏家
盛巧辉	女	长沙市	汉	1950.1	本科	中共党员	湘潭市中心医院	主任医师
陈晓华	女	湘乡市	汉	1950.1	本科	中共党员	湘潭市中心医院	主任医师
肖层林	男	湘潭县青山桥镇	汉	1950.1	大学	中共党员	湖南金农生物资源股份有限公司湖南农业大学种业公司	教授、总经理
杨子亮	男	湖南益阳	汉	1950.2	本科	中共党员	江南机器厂	研究员级高级工程师
胡佳林	男	湘潭县	汉	1950.5	本科	中共党员	湘潭市中心医院	主任医师
李文斌	男	湖南长沙市	汉	1950.7	大学	中共党员	江南机器厂	研究员级高级工程师
李定国	男	湘乡市	汉	1950.8	本科	中共党员	湘潭市中心医院	主任医师
陈知进	女	湘乡市	汉	1950.11	硕士研究生	中共党员	解放军总医院	主任医生、大校
周泽泉	男	湘潭县	汉	1951.1	硕士研究生	中共党员	湘潭市中心医院	主任医师
黄雪梅	女	株洲市醴陵县	汉	1951.1	本科	中共党员	湘潭市中心医院	主任医师
黄耀明	男	湘潭市	汉	1951.1	本科	中共党员	湘潭市第二人民医院	主任医师
胡尧清	男	湘潭县	汉	1951.2	本科	农工党	湘潭市第一人民医院	主任医师
刘　惠	女	武汉汉阳区	汉	1951.5	高中	中共党员	湘潭市艺术剧院	一级演员
圣　辉	男	湘潭县杨嘉桥镇	汉	1951.11	大学	中共党员	湖南省佛教协会	全国人大代表、湖南省佛教协会副会长
陈青梅	女	湘潭县	汉	1951.12	大学	中共党员	湘潭市第一人民医院	主任医师
赵京涛	男	衡南县	汉	1952.1	本科	中共党员	湘潭市中心医院	主任医师

续表

姓　名	性别	籍　贯	民族	出生年月	学历	政治面貌	工作单位	职务、职称、荣誉等
姚春臣	男	湖北武汉市	汉	1952.1	硕士研究生	中共党员	江南机器厂	研究员级高级工程师
唐自强	男	湘潭岳塘区	汉	1952.3	本科	群众	湘潭市第一人民医院	主任医师
颜合洪	男	湘潭县乌石镇	汉	1952.5	大学	中共党员	湖南农业大学农学院	教授
程小奇	男	江西崇仁县	汉	1952.7	本科	中共党员	湘潭市第一人民医院	主任医师
陈立军	男	韶山市	汉	1953.3	大学	中共党员	湘潭市第一人民医院	主任医师
廖利珍	女	湘潭县射埠镇	汉	1953.4	大学	群众	湘潭市中心医院　湘雅医院	主任医师、兼职教授
谭孝其	男	湘潭县	汉	1953.5	本科	群众	湘潭市中心医院	主任医师
肖圣华	女	邵阳市新邵县	汉	1953.6	本科	中共党员	湘潭市第二人民医院	主任医师
成晓军	男	湘乡市虞唐镇	汉	1953.8	大学	中共党员	广东省惠州学院	教授
赵建文	男	邵阳市新宁县	汉	1954.1	本科	中共党员	湘潭市第二人民医院	主任医师
李家明	男	株洲市炎陵县	汉	1954.3	大学	中共党员	湘潭市疾病预防控制中心	主任医师
彭志方	男	湘潭县分水乡	汉	1954.6	博士研究生	群众	武汉大学	教授、博士生导师
符建湘	男	湘潭县分水乡	汉	1954.7	大学	中共党员	湖南大学	教授
徐风雷	男	湘潭县云湖桥镇	汉	1954.8	大学	中共党员	湖南省京剧团	团长、教授级政工师
程厚义	男	湘潭县花石镇	汉	1954.9	大学	中共党员	湖南大学	教授
张洪武	男	黑龙江省	汉	1954.11	本科	中共党员	湘潭市中心医院	主任医师
彭福扬	男	湘潭县分水乡	汉	1954.11	大学	中共党员	湖南大学科技经济与社会发展研究所	所长、博士生导师
廖东明	女	湘潭市	汉	1955.1	大学	中共党员	湘潭市卫监所	主任医师
李顺池	女	湘潭县	汉	1955.2	本科	中共党员	湘潭市中心医院	主任医师
赖宇庭	男	湘潭县中路铺镇	汉	1955.3	大学	中共党员	湘潭广播电视大学	教授
张咏平	女	岳阳市临湘县	汉	1955.5	本科	中共党员	湘潭市中心医院	主任医师
刘国胜	男	娄底市	汉	1955.10	本科	中共党员	湘潭市第一人民医院	主任医师
符应征	女	湘潭市	汉	1955.12	本科	中共党员	湘潭市第二人民医院	主任医师
刘　平	男	河北丰润县	汉	1956.1	硕士研究生	中共党员	湘潭市中心医院	主任医师

续表

姓　名	性别	籍　贯	民族	出生年月	学历	政治面貌	工作单位	职务、职称、荣誉等
郭开华	男	湘潭县排头乡	汉	1956.2	博士研究生	群众	中山大学	教授、博士生导师
罗治国	男	湘潭县茶恩寺	汉	1956.3	博士研究生	群众	湖南师范大学数学与计算机科学学院	副院长、教授、博士生导师
肖碧群	女	湘潭县	汉	1956.5	本科	中共党员	湘潭市中心医院	主任药师
曹玉平	女	湘乡市潭市镇	汉	1956.5	大学	—	广东东莞市常平镇人民医院	主任医师
陈东琪	男	湘潭县云湖桥镇	汉	1956.8	硕士研究生	中共党员	国家发展和改革委员会宏观院	副院长、经济学家、享受国务院特殊津贴专家
夏姿芳	女	益阳市桃江县	汉	1956.8	本科	中共党员	湘潭市中心医院	主任医师
刘　军	男	株洲市茶陵县	汉	1956.10	本科	中共党员	湘潭市第五人民医院	主任医师
易建辉	男	湖南醴陵县	汉	1956.10	大学	中共党员	湘潭广播电视大学	党委书记、教授
梁培雄	男	山东介休县	汉	1956.11	本科	中共党员	湘潭市中心医院	主任医师
谭利明	男	湘潭县花石镇	汉	1956.11	硕士研究生	群众	湖南湘雅二医院神经内科	主任、教授
张　赛	女	株洲市醴陵县	汉	1956.12	本科	群众	湘潭市中医院	主任医师
李启宇	男	湘西龙山县	汉	1957.1	本科	农工党	湘潭市中心医院	主任医师
郑　鸣	男	安徽黟县	汉	1957.6	本科	中共党员	湘潭市第一人民医院	主任医师
沈友志	男	湘潭县乌石镇	汉	1957.7	大专	中共党员	湘潭市档案局	研究馆员
梁智群	女	湘潭县	汉	1957.11	本科	群众	湘潭市第三人民医院	主任医师
曾才秀	女	新邵县	汉	1957.11	本科	群众	湘潭市妇幼保健院	主任医师
杨跃龙	男	岳阳市湘阴县	汉	1957.12	大学	中共党员	湖南工程学院电气信息学院	教授级高级工程师
彭正良	男	韶山市	汉	1957	大学	—	武汉大学	教授
王良鑫	女	湘潭县	汉	1958.4	本科	群众	湘潭市中心医院	主任医师
唐受印	男	湖南泸溪	汉	1958.3	大学	中共党员	湖南工程学院	教授
郭　健	女	长沙市	汉	1958.10	本科	群众	湘潭市第二人民医院	主任医师
谭跃湘	男	湘乡市	汉	1958.12	大学	中共党员	中共湖南省委讲师团	教授
胡敏中	男	湘乡市	汉	1959.3	大学	中共党员	北京师范大学	教授

续表

姓　名	性别	籍　贯	民族	出生年月	学历	政治面貌	工作单位	职务、职称、荣誉等
伯　华	男	安徽濉溪市	汉	1959.10	本科	群众	江南机器厂	研究员级高级工程师
黄俊伟	男	湘潭市雨湖区	汉	1959.11	大学	民盟	湖南工程学院	教授
谢丙炎	男	湘潭县排头乡	汉	1960.4	博士研究生	群众	中国农业科学院蔬菜花卉研究所植物保护研究室	主任、博士生导师
徐湘林	男	湘乡市	汉	1960.8	大学	中共党员	北京大学政府管理学院	教授、博士生导师
吴伊平	男	江苏无锡市	汉	1961.3	大学	中共党员	江南机器厂	研究员级高级工程师
李意德	男	湘潭县射埠镇	汉	1961.10	大学	中共党员	中国林科院	研究员、享受国务院特殊津贴专家
杜　君	男	湘乡市	汉	1961.10	本科	中共党员	湘潭市第一人民医院	主任医师
黄拔群	男	湘潭县姜畲镇	汉	1961.11	大学	中共党员	湘潭市中心医院放疗中心	主任、主任医师
朱崇高	男	娄底市双峰县	汉	1961.12	大学	中共党员	湘乡铝厂	教授级总工程师
张映萍	女	湘乡市	汉	1961.12	本科	中共党员	湘潭市中心医院	主任医师
谢耀坚	男	湘潭县乌石镇	汉	1961.12	硕士研究生	中共党员	国家林业局桉树研究开发中心、中国林科院	研究员、博士生导师
曾建平	男	湘潭市	汉	1961.12	博士研究生	农工党	湘潭市中心医院	主任医师
姜新文	男	雨湖区	汉	1962.1	博士研究生	中共党员	国防科技大学	教授
李志良	男	湘潭县云湖桥镇	汉	1962.2	博士研究生	中共党员	重庆大学	教授
徐惠余	男	浙江象山县	汉	1962.2	硕士研究生	中共党员	江麓机械集团有限公司	研究员级高级工程师
罗衡桂	男	湖南长沙市	汉	1962.6	硕士研究生	中共党员	湘潭市中心医院	主任医师
罗瑾琏	女	湘潭县响水乡	汉	1962.7	博士研究生	中共党员	同济大学人力资源开发与管理学院	教授
唐铁钢	男	湘潭县	汉	1962.7	本科	民盟	湘潭市中心医院	主任医师
章　坚	男	湘潭县石潭镇	汉	1962.8	博士研究生	群众	美国芝加哥大学实验室	主任、教授
周新伏	男	湘乡市	汉	1962.8	博士研究生	中共党员	湘潭市中心医院	主任医师
唐铁钢	男	湘潭县杨嘉桥镇	汉	1962.8	大学	民盟	湘潭市中心医院肿瘤内科	主任医师
颜丹平	男	湘潭县排头乡	汉	1962.9	博士研究生	九三学社	中国地质大学(北京)	教授
易建军	男	长沙市	汉	1962.12	本科	中共党员	湘潭市第一人民医院	主任医师

续表

姓　名	性别	籍　贯	民族	出生年月	学历	政治面貌	工作单位	职务、职称、荣誉等
黄海军	男	韶山市	汉	1962	博士研究生	—	青岛市海军研究院	研究员
黄智勇	男	韶山市	汉	1962	博士研究生	—	英国密执根州立大学	教授
李炳光	男	益阳	汉	1963.1	本科	中共党员	湘潭市第二人民医院	主任医师
朱启安	男	湘潭县石鼓镇	汉	1963.2	硕士研究生	群众	湘潭大学应用化学系	主任、教授
徐蔚鸿	男	湘潭县响塘乡	汉	1963.2	博士研究生	中共党员	长沙理工大学	教授、博士生导师
林金生	男	浏阳市	汉	1963.2	本科	群众	湘潭市中心医院	主任医师
欧阳爱平	女	湘乡市金薮乡	汉	1963.3	大学	中共党员	北京工商大学	教授
曾伟华	男	益阳市	汉	1963.3	本科	中共党员	湘潭市中心医院	主任医师
谭凯旋	男	湘潭县茶恩寺镇	汉	1963.3	博士研究生	中共党员	南华大学建筑工程与资源环境学院溶浸技术研究所	副院长、所长、教授、博士生导师
刘　琴	女	株洲市醴陵县	汉	1963.4	本科	群众	湘潭市中心医院	主任医师
何小健	男	湖南衡阳市	汉	1963.4	硕士研究生	中共党员	江南机器厂	研究员级高级工程师
谢宏赞	男	株洲市醴陵县	汉	1963.4	本科	中共党员	湘潭市中医院	主任医师
廖伟群	男	湘乡市月山镇	汉	1963.8	硕士研究生	中共党员	广东省韩山师范学院	副院长、教授
刘少克	男	湘潭县石潭镇	汉	1963.5	博士研究生	中共党员	国防科技大学	教授
张亚东	男	湘乡市城关镇	汉	1963.6	博士研究生	中共党员	湖南科技大学	教授
黄　河	男	湘潭市楠竹山镇	汉	1963.6	硕士研究生	群众	湘潭市中心医院	主任医师
曹建雄	男	湘乡市月山镇	汉	1963.6	博士研究生	中共党员	湖南中医药大学附一医院	主任医师、博士生导师
周利民	男	湘乡市	汉	1963.7	本科	中共党员	湘潭市第二人民医院	主任医师
刘辉煌	男	湘潭县石潭镇	汉	1963.8	博士研究生	中共党员	湖南大学经济与贸易学院	教授、首届湖南省优秀青年社会科学专家
齐铂金	男	湘潭县易俗河镇	汉	1963.10	博士研究生	民盟	北京航空航天大学机械学院	主任、教授、博士生导师
梁炽钧	男	广东南海县	汉	1963.11	本科	群众	湘潭市妇幼保健院	主任医师
胡洪波	男	湖南湘潭县	汉	1963.12	硕士研究生	中共党员	江南机器厂	研究员级高级工程师
肖怀志	男	浏阳市	汉	1964.2	本科	农工党	湘潭市第二人民医院	主任医师

续表

姓　名	性别	籍　贯	民族	出生年月	学历	政治面貌	工作单位	职务、职称、荣誉等
罗瑞林	女	益阳市	汉	1964.2	本科	中共党员	湘潭市第一人民医院	主任医师
周怀北	男	湘潭县花石镇	汉	1964.2	博士研究生	群众	武汉大学通讯与软件工程	教授
胡新民	男	湘潭县青山桥镇	汉	1964.2	博士研究生	群众	澳大利亚科学院、英国剑桥大学	院士、教授
周少武	男	湘潭县乌石镇	汉	1964.3	博士研究生	中共党员	湖南科技大学信息与电气工程学院	院长、教授
周湘蒲	男	湖南岳阳	汉	1964.5	硕士研究生	中共党员	江南机器厂	研究员级高级工程师
肖　鑫	男	益阳市南县	汉	1964.6	大学	中共党员	湖南工程学院化工系	教授
陈建军	男	湘乡市梅桥镇	汉	1964.8	博士研究生	中共党员	清华大学深圳分校	教授
张文辉	男	娄底市双峰县	汉	1964.8	大学	民建	江麓机械集团有限公司	研究员级高级工程师
彭海峰	女	湘潭市	汉	1964.8	本科	中共党员	湘潭市第一人民医院	主任医师
颜晓红	男	湖南衡阳市	汉	1964.8	博士研究生	中共党员	湘潭大学	教授、博士生导师
周育清	女	湘潭县易俗河镇	汉	1964.9	硕士研究生	中共党员	中国机械科学总院管理体系和产品认证中心	副主任、教授级高级工程师
许放华	女	长沙市宁乡县	汉	1964.10	本科	中共党员	湘潭市第一人民医院	主任医师
李淑春	女	湖南湘潭市	汉	1965.3	本科	中共党员	湘潭市第五人民医院	主任医师
郭立新	男	湘潭县梅林桥镇	汉	1965.4	大学	群众	解放军163医院	主任医师、大校
周绍斌	男	湘潭县河口镇	汉	1965.5	大学	中共党员	浙江师范大学	教授
朱建新	男	湘潭县石鼓镇	汉	1965.10	硕士研究生	中共党员	湖南山河智能机械股份有限公司监事会	监事长、中南大学教授
姜秋亮	男	湖南邵东	汉	1965.10	大学	中共党员	江南机器厂	研究员级高级工程师
杨雨明	男	湘潭县花石镇	汉	1967.5	大学	中共党员	76123部队	卫生所长、主任医师
杨柳青	男	湖南省湘潭市	汉	1965.12	大学	—	市林业局	教授级高级工程师
周正干	男	湘潭县乌石镇	汉	1967.5	博士研究生	群众	北京航空航天大学	教授
刘　波	男	湘潭县排头乡	汉	1970.10	博士研究生	中共党员	中国矿业大学力学与建筑工程学院土木工程系	主任、教授、博士生导师

(八)1986~2005年湘潭市中国特色社会主义建设者名录

(以姓氏笔画为序)

姓　名	性别	籍贯	民族	生生年月	文化程度	政治面貌	工作单位	职务
王　填	男	湘乡市	汉	1968.1	大学	党外人士	湖南步步高有限公司	董事长、全国人大代表
王云先	男	湘乡市	汉	1950.11	大学	群众	湘乡市建筑工程总公司新疆公司	经理
王庆河	男	湘潭县	汉	1947.2	大学	中共党员	湘潭华莹精细化工有限公司	董事长
王启华	男	湘乡市	汉	1964.8	大学	群众	磊鑫房地产开发公司	总经理
王检忠	男	湘乡市	汉	1953.9	大学	群众	湘潭恒盾集团科技实业有限公司	董事长
马光荣	男	湘潭县	汉	1951.8	高中	中共党员	湘潭泵业集团有限公司花石水泵厂	董事长、总经理
左异群	男	湘潭县	汉	1945.9	大专	中共党员	上海白猫集团有限公司	董事长
任玉奇	男	湘潭县	汉	1955.4	大学	致公党	金桥置业集团	董事长、全国人大代表
龙碧玉	女	双峰县	汉	1949.2	高中	群众	湘潭市神龙公司	董事长
伍尚魁	男	湘潭县	汉	1944.8	大学	群众	湖南迅达集团有限公司	董事长
汤瑞仁	女	宁乡县	汉	1930.3	高小	群众	韶山毛家饭店	董事长
刘　奇	男	湘乡市	汉	1959.8	大学	中共党员	湘乡市交建工程公司	董事长、总经理
刘建元	男	雨湖区	汉	1954.10	大学	中共党员	天元置业有限公司	董事长
刘孟龙	男	湘潭县	汉	1970.5	大学	民盟	湖南龙行天下酒业有限公司	董事长
刘寓中	男	湘乡市	汉	1939.6	大学	群众	北京宇创新科贸有限责任公司	总经理
朱飞锦	男	湘潭县	汉	1945.5	大学	中共党员	株洲千金药业股份有限公司	董事长、总经理
朱光葵	男	湘潭县	汉	1966.11	硕士研究生	中共党员	湖南时代阳光集团	董事长、总经理
李运良	男	湘乡市	汉	1963.7	大学	中共党员	湘乡市电力建设有限责任公司	总经理
张锴雍	男	湘潭市	汉	1961.5	硕士研究生	群众	中科智控股集团有限公司	董事长
陈重新	男	雨湖区	汉	1964.10	大学	中共党员	平安电器股份有限公司	董事长
肖小高	男	湘乡市	汉	1958.6	大学	中共党员	韶峰集团	董事长
贺正龙	男	湘潭县	汉	1956.9	大学	中共党员	湖南省湘维有限公司	总经理、全国人大代表
高　烨	男	广州市	汉	1963.8	大学	群众	湖南东信集团有限公司	总裁
黄腾其	男	湘乡市	汉	1951.6	大学	民盟	湖南心连心实业有限公司	董事长
彭学文	男	湘潭县	汉	1953.6	大学	群众	湖南福大工贸公司	董事长、总经理
龚罗平	男	湘乡市	汉	1952.11	大学	中共党员	湘乡市第一建筑工程公司	经理、书记
谭建辉	男	湘乡市	汉	1971.8	大学	群众	新疆塔城惠远建筑安装工程有限责任公司	董事长、总经理

附 录

一、重要文件辑存

湘潭市人民代表大会常务委员会关于湘潭市市树、市花的决定

（1986 年 9 月 19 日市八届人大常委会第二十二次会议通过）

1986 年 9 月 19 日湘潭市第八届人民代表大会常务委员会第二十二次会议决定：樟树为湘潭市市树；菊花为湘潭市市花。

湘潭市第九届人民代表大会第四次会议
关于依靠科技振兴湘潭的决议

（1991 年 3 月 16 日市第九届人民代表大会第四次会议通过）

为了充分发挥科学技术在经济建设中的重大作用，按照中共湘潭市委提出的我市十年规划和“八五”计划的“一二三五五”的思路和科技兴市的发展战略，实现振兴湘潭的目标，特作如下决议：

一、要增强全民科技意识，特别要增强各级领导的科技意识。全市人民特别是领导干部，都要牢固树立“科学技术是第一生产力”的观念，坚决贯彻执行“经济建设必须依靠科学技术，科学技术工作必须面向经济建设”的指导方针，从思想上重视科学技术，在全市进一步造成一个尊重知识、尊重人才、尊重科学技术的大气候，把经济建设转移到依靠科技进步的轨道上来。

二、要全面落实放活科技人员的政策。为了最大限度地调动科技人员的积极性和创造性，必须认真贯彻执行国务院和省人民政府关于放活科技人员的各项政策，把它用够用好。同时，市人民政府也应从本市的实际出发，制定优惠政策，鼓励科技单位、大中专院校、大中型企业以及其他单位科技人员，采取各种形式，面向农村，面向乡镇企业和区街企业，走向经济建设第一线。让他们在经济建设和各项事业中，充分发挥自己的聪明才智，为振兴湘潭做出贡献。

三、要发挥科研机构和科技群团的作用。各主管部门的有关单位，都要认真贯彻国务院国发〔1986〕47 号文件精神，对科研机构切实放权，并从政策、资金、物资、人才等方面，为科研机构建立可靠的支撑体系，以促进科研事业的发展。同时，要加强对科协等科技群团的领导，从各方面支持、

关心他们,充分发挥他们在人才、技术、情报信息等方面的优势,使他们在科技兴工、兴农、咨询、科普、提高全民科技素质和维护科技人员合法权益等方面,发挥积极的作用。

四、要建立和健全科技网络。各级政府要加强领导,充实科技力量,建立健全城乡基层科技管理和技术开发服务体系,将先进实用的科技成果推广到广大农村、企业和农户中去,为振兴农业和发展乡镇企业服好务。

五、要增加对科技的投入,保证科技事业的优先发展。省人民政府关于增加科技投入的有关规定要坚决兑现。随着经济建设的发展,科技三项费用的比例,每年都要适当增长。同时,全市要设立科技发展基金,用来发展科技事业。

关于建立湘潭高新技术产业开发区的请示

潭政〔1992〕23号

省人民政府:

为了促进高新技术产业的发展,根据省委关于"建设岳阳、长沙、株洲、湘潭、衡阳五市高新技术开发区,形成一条从岳阳到衡阳的高新技术产业走郎"的指示,我们借鉴长沙开发区等地的经验,结合我市实际,拟在河东建设南路、吉安路地段,划出3平方千米范围,建立"湘潭高新技术产业开发区"。现将《湘潭高新技术产业开发区暂行规定》和用地示意图呈上,请审批。

湘潭市人民政府

1992年5月29日

关于建立湘潭高新技术产业开发区的批复

湘政办函〔1992〕165号

湘潭市人民政府:

你市潭政〔1992〕23号《关于建立湘潭高新技术产业开发区的请示》收悉。经省人民政府研究,同意建立湘潭高新技术产业开发区。

建立湘潭高新技术产业开发区是落实省委、省政府"放开南北两口,拓宽三条通道,建设五区一廊,加速西线开发"的重要措施之一,对于发展湘潭高新技术产业,推动传统产业的改造,提高湘潭经济的科技含量,增强长、株、潭地区对全省经济的辐射力,实现科技兴湘具有重要作用。希望你们认真贯彻执行今年中央2号文件和邓小平同志南巡重要谈话精神,进一步解放思想,抓住有利时机,根据本地的实际情况,借鉴沿海地区的先进经验,大胆开拓,勇于创新,努力加快湘潭高新技术产业开发区的建设。湘潭高新技术产业开区的政策可参照长沙高新技术产业开发区的政策执行。

湖南省人民政府办公厅

1992年6月30日

关于撤销原中共湘潭市雨湖区、湘江区、岳塘区、板塘区、郊区委员会，成立新的中共湘潭市雨湖区、岳塘区委员会的通知

潭市干〔1992〕94 号

中共湘潭市雨湖区、岳塘区工作委员会：

根据国务院、民政部和省人民政府关于撤销湘潭市四区和郊区的行政建制，新建湘潭市雨湖区、岳塘区的决定，经市委研究，撤销原中共湘潭市雨湖区、湘江区、岳塘区、板塘区和郊区委员会，成立新的中共湘潭市雨湖区、岳塘区委员会。请按党章规定，民主选举产生新的一届委员会。

中共湘潭市委

1992 年 8 月 8 日

关于调整湘潭市市辖区和湘潭县人民政府驻地迁移的通知

湘政函〔1992〕67 号

各行政公署，自治州、市、县人民政府，省直机关各单位：

根据民政部民行批〔1992〕4 号和民行批〔1992〕65 号文件批复，经国务院批准，现就调整湘潭市市辖区和湘潭县人民政府驻地迁移作如下通知：

一、调整湘潭市市辖区。

1. 撤销湘潭市雨湖区、湘江区、岳塘区、板塘区和郊区的行政建制。

2. 以湘江为界，设立雨湖区、岳塘区。

雨湖区：辖原湘江区（窑湾办事处、羊牯塘办事处、广场办事处、楠竹山办事处、中山路办事处），原雨湖区（云塘办事处、鹤岭办事处、城正街办事处、雨湖路办事处、平政路办事处），原郊区的长城、昭潭、先锋、护潭 4 个乡和先锋农场。调整后，雨湖区共辖 10 个街道办事处、4 个乡、1 个农场。区人民政府驻原雨湖区人民政府驻地。

岳塘区：辖原板塘区（社建村办事处、建设路办事处、五里堆办事处、易家湾办事处、马家河办事处、滴水埠办事处），原岳塘区（书院路办事处、下摄司办事处、中洲路办事处、岳塘办事处、东坪办事处），原郊区的霞城、宝塔、板塘、荷塘、昭山 5 个乡和仰天湖、红旗 2 个农场。调整后，岳塘区共辖 11 个街道办事处、5 个乡、2 个农场。区人民政府驻原岳塘区人民政府驻地。

二、湘潭县人民政府驻地由湘潭市迁至易俗河镇。在驻地迁移过程中，其行政机构不变，不增加编制，迁移经费自行解决。

湖南省人民政府

1992 年 8 月 13 日

中共湘潭市委　湘潭市人民政府
关于大力发展第三产业的意见

潭市发〔1992〕12号

建国以来，我市第三产业得到较大发展，尤其是党的十一届三中全会后，发展速度加快。1991年全市第三产业产值93648万元，为1978年的5.38倍，年递增9.88%，快于第一、第二产业发展速度。目前，我市第三产业的门类齐全，全方位发展的基本格局已经形成，在为社会生产和人民生活服务中发挥越来越重要的作用。但是从总体上来说我市第三产业还是比较落后的，在国民生产总值中所占的比重仅为21.4%，低于全国和全省同期平均水平，更落后于西方发达国家的发展水平，与我市国民经济发展和社会进步很不相适应。为此，市委、市政府根据中共中央、国务院《关于加快发展第三产业的决定》精神，就大力发展我市第三产业提出如下意见。

一、指导思想

我市发展第三产业总的指导思想是：统一规划，总体布局，以社会化为方向，经营全面放开，政策进一步优惠，手续进一步从简，服务进一步到位，努力建立充满活力的第三产业自我发展机制，力争第三产业有一个超常增长。

二、主要目标

从现在起，到本世纪末，经过近十年的努力，使我市第三产业产值占国民生产总值的比重达到35%到40%，产业结构的比例顺序由第二产业大于第一产业、大于第三产业，逐步转变为第三产业大于第二产业、大于第一产业，建立起具有湘潭特色的统一市场体系、城乡社会化综合服务体系和社会保障体系。因此，要求第三产业增长速度快于第一、第二产业，争取年递增20%以上。

按照这个目标，在近期内着力抓好11件事：

1. 创办湘潭市科技馆，面积1.1万平方米，今年底动工兴建，明年建成，作为我市技术交易场所，推动技术开发、技术转让、技术咨询和技术服务。同时，动员科研机构和科技人员大办科技实体，为发展湘潭经济服务。

2. 积极支持教育部门勤工俭学，以提高教育自我发展能力。职业教育从今年起要面向第三产业，开设有关专业课程，如理发美容，旅游导游、公关服务，电器维修等。

3. 改革我市商业体制。对大中型国合商业要逐步推进股份制，中小型企业采取多种形式经营，凡过去经营状况不佳、亏损较大的实行公有私营。商业管理体制改局为集团公司，有关行政职能交市财委管理，进一步下放权力，增强商业企业的活力。

4. 对市内大中型企业全面放开，采取有关措施，促使其内部服务设施，如招待所、俱乐部、医院、幼儿园、澡堂、汽车队等面向社会，开展有偿服务，推动我市第三产业加快发展。

5. 把发展第三产业纳入农村产业结构的调整，以此带动农村一、二产业的发展。目前重点是搞活流通，市政府将拿出10万元作为奖励基金，用于鼓励兴建农村集贸市场，力争一、两年内乡乡有具备一定规模的市场，16个建制镇都有较大规模和吸引力的专业集贸市场，从根本上缓解农民“买难”、“卖难”问题，为农村生产和农民生活提供服务。

6. 加快市场建设的速度和力度。第一，在砂子岭兴建药材市场，规划60亩，计划投资2500万元，力争形成江南第一大药市。第二，在株易路口兴建一个占地3~5万平方米的大型综合贸易市场，尤其是建材市场，把长、株、潭三市购买力吸引过来，形成幅射力。第三，扩大现有建设北路布市。明年搬迁相邻有关单位，加强统一管理，使年成交额达2.5亿元至3亿元。第四，三年内通过新建、扩建、改造建立大中型商业网点15个，形成规模经营，其中年销售过亿元的3个(湘潭北货大楼、市五交化大楼、市百货文化批发站)，过5000万元的6个，过3000万元的6个。并发展其他专业市场，如成衣市场、农资市场、生资市场、粮食市场等，尽快形成一批专业超级市场。

7. 大胆开拓金融市场。通过发行债券、股票，建立内部银行和地方银行，广泛筹集资金。市里将市信托投资公司，改为股份信托投资公司，吸收法人、私人入股，筹集资金，为第三产业创造宽松的金融环境。

8. 尽快建立劳务市场，努力开发城市服务业，如搬家公司、介绍保姆和家教、钟点工等，同时，面向外地和国际市场组织劳务输出。

9. 进一步搞活城市公用事业和房地产业。第一，公用事业单位实行企业管理，逐步改变过去吃三项费用过日子的局面，增加服务和自我发展能力。第二，增加城市20台客运中巴车，放开农村客运市场，实行牌照拍卖，聚集资金增加城市建设和改造道路设施。第三，城市对内改造门面，今年改造临街门面2000米；城郊建立个体新街，由国土局成立地产公司把沿城、沿路建设为个体经营的商业门面，然后租赁、拍卖，地产收入交财政。

10. 发展交通运输、邮电通讯等具有全局性、先导性影响的基础行业。在“八五”期间，利用世界银行贷款和各种投资，修筑潭长高速公路和潭株高速公路，拓宽到韶山公路，改善湘乡到娄底、安化的交通状况，进一步发展湘江、涟水的航运。同时，投资1.59亿元，增扩自动程控电话12万门，争取我市每百人拥有电话机2.5台，以改善我市投资环境。

11. 将发展第三产业的投资、信贷、就业、用地等列入城乡整体发展规划，统筹安排。特别是用地优先安排。现已占驻繁华市区的机关、包括市人大、市政府3个大院都可规划为发展第三产业的用地，所在地机关搬家、将场地、房产卖给企业单位或出让使用权给外商及港、澳、台商经营第三产业。

三、具体措施

1. 解放思想。第三产业的加快发展是生产力提高和社会进步的必然结果。发展第三产业有利于促进市场的充分发育，提高服务的社会化、专业化水平，增强社会保障能力；有利于推动我市改革四个总体战的顺利实施，使改革开放在更广阔的领域向纵深发展；有利于调整产业比例关系，优化国民经济结构。我市一、二产业比较发达，但优势没有充分发挥出来，这与第三产业落后的制约有关。我市九十年代经济发展能否上一个新台阶，很大程度上取决于第三产业的发展。因此，全市各级各部门都要进一步解放思想，转变观念，树立第三产业是国民经济重要组成部分的观念，从事第三产业单位是重要产业部门的观点，第三产业能够创造经济效益和社会效益，推动经济发展和社会全面进步的观点，真正把发展第三产业摆在国民经济的重要位置上来，下一番苦功，力求抓出成效来。

2. 抓住重点。我市发展第三产业要立足市情，抓住重点，力求突破。当前和今后一段时间，我市发展第三产业的重点放在四个方面：以专业市场建设为龙头，发展商业、物资业、对外贸易业等；以房地产开发为突破口,发展为生产和生活服务的各业;以科技进步为主体,发展相关的咨询业、信息业和各类技术服务业等;以搞活流通和集市贸易市场为主要内容,发展农村第三产业。各地、各行业都要结合自己实际。依据国家的产业政策,确定发展的重点。

3. 加强领导。第三产业范围广,涉及各个方面,是一个系统的社会工程。各级各部门必须加强领导,切实做好服务工作。市政府由市长亲自抓,主管副市长重点抓。成立"湘潭市第三产业办公室",归口市财委管理,其职能是负责第三产业发展的规划、指导、协调、督促、服务等工作。各级政府及其部门主要负责人要亲自抓,各县(市、区)也应建立发展第三产业的相应机构。

各部门要密切配合,提供优质服务。计划部门要调整"八五"期间和到2000年第三产业发展计划,与各部门做好新计划的衔接工作。建设、规划、国土、房地产部门要协同有关部门作好第三产业设施建设的合理布局和征地、拆迁工作。金融部门对重点行业所需贷款,要列入信贷计划,同时为发展第三产业拓宽筹集资金渠道提供服务。工商、税务、财政等部门要保证各项优惠政策落实到位。各执法部门要为发展第三产业保驾护航。

四、优惠政策

1. 鼓励国营企事业单位、城乡集体经济组织、私营企业和个人兴办第三产业,坚持谁投资、谁所有、谁受益;凡新办的第三产业,允许其边开业,边办理营业证照。

2. 对新办的第三产业经营实体,放宽注册条件,除国家工商行政管理部门和卫生部门规定的必备条件外,任何部门和单位不得附加条件。

3. 除国家垄断性行业外,放开第三产业的经营范围,实行国营、集体、个体的平等竞争,共同发展。

4. 除垄断性、公用性、福利性和资源保护性的商品价格劳务收费外,其他商品的零售价格和劳务收费全部放开;扩大商品购销差率,由原10~15%扩大到15~20%;除国家定价的商品外,取消提价申报制度。

5. 在税收上扶持第三产业发展。对新办的第三产业,实行固定资产投资方向调节零税率;从开业之日起,两年内不纳税;两年后纳税确有困难者,经批准,还可在三年内减半征收。外地商户引带他人进入我市市场经营的,除享受上述免税优惠外,还可继续在两年内享受带一户减免税收50%,带二户全免的优惠待遇。

6. 对新办的第三产业市政府明文规定收取的各项管理费和工商管理费,在两年内,一律减半收取;部门规定收取的各种费用一律取消。

7. 对第三产业重点行业所需贷款,银行在信贷计划中切块加以安排。专业银行和城乡信用社应向效益好、有偿还能力的集体企业、私营企业和个体经营户发放小额固定资产和简易设备维修贷款。关、停和被兼并企业转为第三产业的,经银行批准,自开业之日起,原有贷款实行两年停息,三年减半收息。支持第三产业企业通过发行债券、集资入股等方式筹集资金。

8. 对外商投资兴办的第三产业,除适用已有的优惠政策外,在场地选择、土地征购、规划设计、建筑施工、配套费用等方面,予以优先或优惠。

9. 推动和鼓励有条件的机关和企事业单位在不影响保密和安全的前提下,将现有信息、咨询机构、内部服务设施和交通运输工具向社会开放,开展有偿服务,两年内不增加其税费负担,并积极创造条件使其与原单位脱钩。鼓励社会服务组织承揽机关和企事业的后勤服务,退休人员管理和其他服务性工作,两年内免征所得税。

10. 对交通、邮电、房地产业和各类市场建设,在土地征用、拆迁、补偿收取城市增容费等方面,实行保护政策。

11. 在分配上逐步向第三产业倾斜，在鼓励劳动力向第三产业流动，在确保劳动生产率、工资利税率高于工资增长率的前提下，允许企业自主分配，其人均收入水平可高于其他行业 5 ~ 10%，两年内免征奖金税。

12. 鼓励现有的大部分福利型、公益型、事业型第三产业单位逐步向自主经营、自负盈亏经营型转变，实行企业化管理。

中共湘潭市委
湘潭市人民政府
1992 年 9 月 4 日

湘潭市人民政府关于颁发《湘潭市“强工富市”发展战略实施方案》的决定

（1996 年 1 月 24 日湘潭市第十届人民政府第五次全体会议通过）

《湘潭市“强工富市”发展战略实施方案》，已经湘潭市第十届人民政府第五次全体会议讨论通过，并报经中共湘潭市委批准，现予颁发。

市政府全会认为，《湘潭市“强工富市”发展战略实施方案》，以党的十四届五中全会和江泽民同志关于国有企业改革的重要指示为指针，认真贯彻中共湘潭市第八次代表大会精神，广泛吸取各方面的意见和借鉴兄弟城市推进改革、发展工业的经验，指导思想明确，主要目标可靠，措施具体可行。市政府要求：各县市区、市直机关、各企事业单位，在市委的统一领导下，按照方案的要求，找准自己的位置，既各负其责，又通力协作，上下一心，共同努力，用五年左右时间，基本完成“两个转变”，实现既“强工”又“富市”的目标，推动全市国民经济持续快速健康发展和社会全面进步。

中共湘潭市委　湘潭市人民政府关于印发《湘潭市农村税费改革实施方案》的通知

潭市发〔2002〕21 号

各县市区委和人民政府，市直机关各有关单位：

《湘潭市农村税费改革实施方案》已经中共湘潭市委、市人民政府讨论通过，并报省农村税费改革领导小组批准同意，现予印发，请遵照执行。

中共湘潭市委
湘潭市人民政府
2002 年 7 月 12 日

中共湘潭市委　湘潭市人民政府
关于创建全国文明城市的意见

潭市发〔2005〕19号

全国文明城市是反映城市整体文明水平的综合性荣誉称号。开展创建全国文明城市活动是坚持科学发展观、推动经济社会协调发展、构建和谐社会的重要举措，是把物质文明、政治文明、精神文明建设有机结合起来并落实到城市建设和管理的有效途径。市委、市人民政府决定自2005年起在全市开展创建全国文明城市工作(以下简称创建工作)，现就创建工作提出以下意见。

一、指导思想

坚持以毛泽东思想、邓小平理论、“三个代表”重要思想和全面、协调、可持续发展观为指导，以“伟人故里，文明湘潭”为主题，以群众满意为出发点和立足点，以创建工作统揽经济社会发展全局，紧紧抓住发展第一要务，全市动员，全民参与，全面达标。通过扎实有效地开展创建工作，努力建设廉洁高效的政务环境、公正公平的法治环境、规范守信的市场环境、健康向上的人文环境、安居乐业的生活环境和可持续发展的生态环境，促进全市经济社会协调发展，加快全面建设小康湘潭步伐，努力构建社会主义和谐社会。

二、创建目标

通过三年努力，到2008年，全市基础设施配套完善，人居环境舒适优美，社会秩序安全稳定，文化生活丰富高雅，人际关系团结友善，城市形象文明开放，各项工作达到或超过《全国文明城市测评体系》确定的标准和要求，跨入全国创建文明城市工作的先进行列。

三、工作任务

根据《全国文明城市测评体系》要求和我市实际，要努力推进以下五个方面的工作：

(一)建设富裕湘潭，优化发展环境。

经济建设是整个社会发展的基础，也是城市文明进步、人民生活富裕的前提条件。在创建工作中要十分突出经济建设这个中心，更好更快地推进经济社会的协调发展，建设富裕湘潭，夯实发展基础。

经济建设的总体思路是市委、市政府制定的“三个三战略”思路，即：实施强工富市、开放带动、科技兴市“三大战略”，加快工业化、城镇化、农业产业化“三化”进程，建设湖南先进制造业中心、湘中南现代物流中心、长株潭生态休闲中心“三个中心”，尤其要以大企业、大园区为龙头和战略平台，拉长产业链，推进产业集群，引进战略投资者，优化产业结构和所有制结构，走出一条以城带乡、强工富农的经济发展之路，到2007年，实现人均GDP及其年增长率高于全国同类城市平均水平，逐年降低贫困率，人民群众的生活水平得到普遍提高。

(二)建设生态湘潭，改善人居环境。

正确处理加快经济发展与改善生态环境之间的关系，大力整治环境污染，加快园林绿化、市政设施建设和交通事业的发展，营造舒适良好的人居环境。

全社会都要高度重视环境保护，认真落实《湘潭市2005～2007年环境保护三年行动计划》，加强对水、空气、噪声和固体废弃物的综合治理，严格控制新污染的产生；切实加强环境保护的综合协调管理，各相关职能部门必须履行环境保护的职责；进一步开展绿色社区、绿色学校的创建工作。到2008年，城市环境质量全面稳定达到全国文明城市测评体系的标准。

努力建设节约型社会。要把加快建设节约型社会和发展循环经济作为国民经济和社会发展中长期总体规划和其他各类专项规划的重要内容；依靠科技和政策，全面推进资源节约和综合利用，积极支持资源节约和发展循环经济的重大项目建设；组织开展创建节约型城市、节约型政府、节约型企业、节约型社区的活动。

全面推进绿化建设。要进一步完善城市绿地系统规划；抓好城市道路、公园、广场、小游园的绿化提质改造，加快湘江风光带的绿化建设；积极开展园林式单位、小区创建活动，每年有计划地创建一批省、市园林式单位。合理选配植被，绿化应以乡土树木、花草为主，尤其要多栽树，通过科学确定绿化品种，有效改善环境质量。2006年建成区绿化覆盖率达到40%，绿地率达到36%，人均公共绿地面积达到8平方米，实现创建全国园林城市的目标。

进一步完善公共设施。要抓好主次干道和小街小巷基础设施建设，做到路平灯亮水畅；主要道路、公园、公厕等公共场所都必须建设无障碍设施，主干道上铺设盲道，且管理、维护良好；抓好标志设施建设，规范道路和建筑命名，合理设置警示标志、指路标志、门牌号码、店铺招牌、公共图形标志等；合理规划和兴建公厕、垃圾中转站，配置垃圾桶。

围绕建设综合交通体系，加快城市道路建设，完善交通网络；大力发展公共交通，增加公交线路，提高公共车辆档次，2006年6月底以前中巴车出城运营。合理分布公交车停靠站点，科学设置斑马线和隔离栅栏，方便乘客。巩固“禁摩”成果，规范出租车管理，适当增加出租车数量。

（三）建设文化湘潭，提升人文环境。

以提高市民素质为核心，加强精神文化、行为文化和文化设施建设，一手抓教育引导，一手抓管理规范，营造良好的人文环境。

实施科教兴市战略，加快教育强市的建设步伐。进一步重视发展高等教育，加大基础教育投入，提高入学率，到2007年，市区高中阶段教育毛入学率要达到90%以上；同时要加强学校管理，优化办学条件与校园内外环境，推行校务公开和收费公示制度，采取有效措施减轻学生课业负担，建立健全外来务工、经商人员子女入学的长效机制；加大科普投入，抓好科普宣传、科普设施和科普队伍建设；完善科技创新服务体系，鼓励企业成为科技开发的主体，加速科技成果转化为现实生产力，争创全国科技进步先进城市。

完善文体设施，开展群众文体活动。重点抓好市档案馆、博物馆、图书馆、科技馆、体育中心、青少年活动中心等重要文体设施的建设和改造；对现有资源进行综合开发利用，添置必要的休闲、娱乐、健身设施，新建广场均须设计舞台、观众席，配置多路电源，新建住宅小区均须配套建设综合性多功能的室内文化活动场所，为市民开展健康向上的文化娱乐活动创造条件；建立群众业余文体活动辅导员、指导员队伍，组建多种群众文体活动团体；经常开展全市性的大型广场文体活动，积极组织开展街道、社区群众性的文体活动。

规范文化市场，整合文化资源。培育和规范各类文化市场，加强“扫黄打非”力度，及时取缔非法出版活动及非法出版物，大力整顿电子游戏厅等“两室一厅”；落实文物工作“五纳入”规定，充实专业队伍，加大经费投入，完好保存文化遗产；进一步研究文化资源的开发利用，对具有历史价值的名胜古迹和老街老巷应进行保护性改造，系统展示和充分发挥湘潭历史文化名城的优势，做大做强红色旅游业，争创全国优秀旅游城市。

加强思想道德建设。贯彻《公民道德建设实施纲要》，加强对市民的民族精神和爱国主义、公民道德、形势政策和法制教育，提炼城市精神并广泛宣传，使之家喻户晓。全社会要高度重视未成年人思想道德教育，健全工作机制，营造教育氛围，创造教育条件，强化教育效果。搞好理论宣传与研究，设立社科规划课题基金，围绕地方经济社会发展系统组织理论研究，深入推进思想解放。

培育市民文明风尚。办好市民学校，在全市社区居民中进一步抓好《湘潭市市民文明公约》《湘潭市市民“十不”行为规范》的落实，规范市民行为。健全见义勇为激励机制，设立见义勇为基金，建立见义勇为先进个人和集体年度评选和表彰制度；建立多种慈善机构，严格管理慈善捐款，开展慈善救济活动；继续实施单位联系贫困企业、个人联系贫困职工的“双联”制度；开展“春蕾”助学行动，推进希望工程建设；建立多种志愿者组织，如无偿献血志愿者协会，公园、广场义务维护队等；健全公益活动参与机制，建立绿地领养制度、器官捐赠制度等。要继续开展好“争创文明城市、争做文明市民”的活动，组织好文明市民标兵评选表彰工作，培育和宣传好文明市民中的先进典型。

(四)建设诚信湘潭，完善市场环境。

围绕建立和完善信用体系，综合运用教育、行政、经济、法律等手段，进一步打造诚信湘潭，营造良好的市场环境。

积极开展诚信教育。以“诚信湘潭”为主题，每年定期开展集中性的宣传、教育和实践活动，提高全社会的诚信意识。

加强诚信政府的建设。建立政府部门就重大事项对社会公开承诺制，并形成社会对政府部门承诺的监督网络，促进政府公开、公平、公正地行使管理职能。维护企业合法权益，严肃查处“三乱”和地方保护主义等行为，严格惩处公务人员索、拿、卡、要等违纪现象。政府在民事活动中要遵守法规，严守契约。努力提高市民对政府诚信的满意度，增强政府的公信力。

着力培育诚信市场主体。2006年底之前对本市所有市场主体，包括企业和个人建立信用台账，内容为基本记录、优良纪录和不良纪录。着力打造诚信企业，树立文明生产经营、依法纳税、重合同、守信用的良好形象。在韶山路、建设路、车站路开展创建“百城万店无假货”示范街活动。严厉打击假冒伪劣、欺诈经营、偷逃骗税、走私贩私等失信、背信、无信和骗信行为。

规范“窗口”行业服务。各行各业特别是水、电、气、交通、通讯等窗口行业部门，以“服务人民、奉献社会”为主题，深入开展职业道德、职业素质、职业技能、职业纪律教育，推行优质规范服务，建立高效的投诉处理机制。

(五)建设和谐湘潭，改良社会环境。

切实加强和改进社会管理，正确处理转型时期的社会矛盾，提高政务服务水平，努力营造良好的社会环境。

认真抓好干部教育，提高干部素质。健全党委中心组学习制度和领导干部理论学习考核制度，将精神文明建设理论纳入学习计划，党委主要领导要带头学习和宣传。理想信念、从政道德、党风廉政教育要经常化、制度化。要定期对干部进行经济、法制、文化、科技等方面知识的综合素质培训。

切实规范政务行为。按照《行政许可法》的规定，深化和完善审批制度改革，实行办事公开制、服务承诺制、按期办结制，落实一门式办公、一条龙服务，加快电子政务建设，提高办事效率。行政执法部门要坚持文明执法、依法行政，力戒以罚代管、粗暴执法、徇私枉法、执法违法等现象。

加强社会治安综合治理。完善公共安全保障体系，提高110报警服务工作质量，合理配置并维护好公共消防基础设施，健全社区民警值班制度；提高居住小区技防、人防、消防水平；扫除黄赌毒，除黑打恶；防范和减少交通事故；维护老年人、妇女和未成年人的合法权益；加强法制宣传教育和依法办事示范窗口建设，增加法律援助与服务；进一步完善矛盾纠纷排查化解机制，建立和健全突发公共事件应急管理体系，提高人民群众的安全感。到2007年实现创建全国综合治理优秀城市。

坚持把社区作为加强社会管理的前沿阵地，加强社区的基础设施建设，推进社区的民主选举、民主决策和民主管理；开展面向所有对象、覆盖不同层次、满足各类需求的社区服务；着力提高社区居民的素质，融洽人际关系，形成良好的社会风尚。

完善社会保障体系。大力实施再就业工程和安居工程。每年兴建一批廉租房，为弱势群体解决住房困难。扩大社会保险覆盖面，确保社保基金征缴率达标，并严格管理。着力推进社会救助，正常发放最低生活保障费，实现应保尽保。最低生活保障线要高于本省同类城市水平，并随着经济发展逐步提高。

发展社会福利事业，满足社会成员的多种福利需求，兼顾残疾人、老年人、儿童和妇女的福利以及各类职业福利，更好地体现党和政府的人文关怀。

建立健全多层次医疗卫生服务网络，不断完善城镇职工医疗保险体系；加强公共卫生监督管理，实施食品安全工程，杜绝重大食物中毒事故；加强疾病预防控制，建立统一高效的突发公共卫生事件应急指挥和信息系统，完善疾病预防控制和应急救援体系；开展爱国卫生运动，创建国家级卫生城市。

四、主要措施

（一）广泛宣传发动，全民参与创建。

要深入宣传，广泛发动，强劲造势，使全市人民了解创建全国文明城市的必要性、重要性和紧迫性，认识到自己在创建活动中的作用和责任，明确创建意义、创建目标、创建标准、创建要求和文明行为规范，真正使创建活动家喻户晓，深入人心，成为市民的自觉行为。

建立健全相关机制，集中群众智慧，集合群众力量，动员和组织全市人民为创建工作献计献策。把群众需求作为创建工作的第一信号，把群众关注的热点变为创建工作的重点，充分调动群众的创建积极性。

各新闻媒体要发挥宣传主渠道作用，开设专栏、专版，及时报道创建工作进度，加强舆论监督，宣传先进典型和经验，发现和曝光存在问题，推动创建活动有效开展。

（二）严格城市规划，强化城市管理。

强化规划意识，发挥规划在城市建设、管理中的龙头作用。按照建设生态园林式现代化工业城市的总体要求，坚持高标准编制好城市总体规划。抓好城市分区规划、详细规划、专业规划的编制工作,加强对城市重点区域和城乡结合部的规划控制,避免出现新的“城中村庄”。加强对规划实施的监督,维护规划的权威性和连续性,将规划实施情况作为人大监督的一项重要内容。提高规划的透明度,城市规划要在市级主要媒体上公布,落实广大市民对城市规划的知情权、发言权和监督权。

把城市规划建设与发挥文化资源优势融合起来。开展城市建筑风格的调查研究,创造性地作出“湘潭市建筑风貌总体规划”,重点规划、建设和整治好江、湖、山、洲等自然风光的周边景观,以及主要公共场所、主要通道、主要出入口尤其是板塘铺、砂子岭的建筑景观。充分发挥规划的控制和引导作用,提高城市建筑品位,突出城市个性和文化特色。

正确处理城市建设、改造与管理的关系,加强相互衔接,调整投入比例,加大对城市改造、城市管理的投入。高度重视旧城和原有道路的改造,系统改造现有“城中村庄”。城市管理体制改革后,要进一步理顺关系,妥善处理新体制磨合期内的各种矛盾,避免管理脱节。要创新城管机制,修订、完善和落实门前“三包”、渣土管理、物业管理等一系列城管制度,强化日常城市管理,切实提高城管水平,有效治理城市“脏、乱、差”现象,创建优美整洁有序的城市环境。

(三)建好城市亮点,打造城市名片。

按照“一江两带三中心四公园五广场六道路”的总体构想,系统规划、精心构建城市景观,使之成为城市亮点。“一江”即湘江城区段;“两带”即湘江东岸的经济生态风光带,湘江西岸的历史文化风光带;“三中心”即行政中心、体育中心、齐白石文化艺术中心;“四公园”即雨湖公园、和平公园、菊花塘公园、白石公园;“五广场”即东方红广场、君子莲广场、丝绸广场、护潭广场、砂子岭广场;“六道路”即韶山路、建设路、芙蓉路、河东大道、丝绸路、吉安路。

在建设好城市亮点基础上,实施打造城市名片工程,举全市之力,力争在2007年底以前获得较多的国家级单项荣誉,争创全国优秀旅游城市、全国双拥模范城市、国家卫生城市、国家园林城市、全国科技进步先进城市、全国综合治理优秀城市等,努力创造一批城市品牌。

(四)健全创建机制,确保工作落实。

创建全国文明城市是全市工作的抓手,各级各部门各单位的主要负责人,必须认真担负起创建文明城市的领导责任。市创建办和各城区要把创建工作总任务层层分解,落实到各部门和责任人,明确工作标准,时间要求和具体措施,并组织专人定期进行督查督办,实行责任追究。把创建工作纳入我市各级领导班子和领导干部的绩效考核。要建立健全投入机制,多方筹资,确保投入。

建立和完善创建工作的综合协调机制。各县市区、部门、行业之间要相互协作配合,通过实施“文明示范工程”(即创建“文明县市区”、“文明单位”、“文明行业”、“文明社区”),推动创建工作深入开展;继续推行联点共建的办法,党政机关与社区联手创建文明示范点;建立城乡联动机制,在全市农村开展“文明村镇”、“文明农户”的创建与评选活动,以城市文明带动农村文明;要实行定期协调制,建立与在潭中央、省属单位创建工作联席会议制度,进行定期协调。通过综合协调,充分发挥党政机关和在潭单位的带头作用、窗口行业的示范作用、街道社区的基础作用、广大群众的主体作用。

分步扎实推进创建工作。市创建办和各县市区、部门和单位要根据创建任务,制定出年度实施计划,逐年落实。2005年为宣传发动、全面启动阶段,在总结创建省级文明城市工作和进行相关调研的基础上,制定创建全国文明城市工作的实施方案,全面部署和启动创建工作。2006年为全面铺开、基本达标阶段,整体推进各项创建工作,并力争基本达到全国文明城市的测评指标要求。2007年到2008年为完善提质、全面达标、迎接验收阶段,对照《全国文明城市测评体系》查漏补缺,巩固提高,做好全国文明城市的申报和迎检工作。

市创建办根据本意见制订创建工作的具体实施方案。

中共湘潭市委
湘潭市人民政府
2005年8月19日

二、《湘潭市志(1840~1985)》勘误

册	页	行	误	正
第一册	3	4	株洲市区(后)	加:东与株洲县
	45	首	(1970)	(1870)
	68	12	王哀钺	王襄钺
	78	倒5	9月14日 年代有误	①前加:7月28日红军追残敌入易家湾,8月1日击溃何键一个团,俘团、营长多人 ②此处误记,应调至1929年
	357	3	西南角	南
	357	4	涟源县	删去
	358	倒7	刘佑	刘祐
	434	2	60.57亿立方米	66.57亿立方米
	437	倒2	139739千瓦	159739千瓦
	499	倒1	(西葫芦)	删去
第二册	107	倒3	最高水位达40.18米	湘江最高水位达40.18米(吴淞高程,以下同)
	131	倒3	本为伍芷清墓区	本为伍舜卿住宅,西部为住宅,中部为对外开放的花园,东为伍舜卿墓区。
	340	倒2	园内	墓区内
	340	10	26年	22年
	340	11	中西合壁	中西合璧
	340	11	砖混结构	砖木结构
	340	倒1	(简称工业“三废)	(简称工业“三废”)

续表

册	页	行	误	正
第四册	8	2	417.7%	317.7%
	12	表第1行	5.9	6.9
	21	表下注	分别为66个乡的数字	分别为66个乡、4个乡的数字
	26	12	20883个	20833个
	30	9	派工作组到韶山将韶山	派工作组到韶山,将韶山
	63	13	25.57万户	27.57万户
	113	11、14	紫姜	子姜
	143	倒3	吉了虫	吉丁虫
	151	表第6行第6列	5.30	5.56
	268	倒1	0.12%	0.03%
	269	8	0.16%	10.16%
	269	12	3.73%	3.83%
	313	表头	水库备注名称	水库名称
	395	3	姜畲、公社各1台	易俗河、姜畲公社各1台
	464	7	10%	9.4%
第五册	857	7	含圆9%	含铅9%
第六册	目录2	4	机构、网络	统计服务
第七册	534	1	赖娜、杜津特	赖娜·杜律特
	534	1	杜津特之母	杜律特之母
	534	7	枚知理	梅知理
	534	12	民治路	宣化路
	535	倒3	罗才衍	罗才衎
	539	10	石原知足立	石原足立
	550	9	罗杰·布布德	罗杰·布德
	558	2	镀锌钢	镀锌钢丝
	575	表第7列第5行	泰山核电站	秦山核电站
	584	9	“草鞋将军”	“草鞋”(将军)

续表

册	页	行	误	正
第八册	31	5	萧春光	萧春先
	118	倒 8	遭日军飞机	遭桂军飞机
	141	倒 5	七大队	九大队
	141	倒 3	马龙飞	马飞龙
	142	5	张鹏飞	马扬德
	142	4	6 月中旬	农历七月初七
	142	6	拗柴	长岭铺
	255	倒 3	拖铳	施铳
第九册（下）	53	5	郑老馆	郑老倌
	53	6	睛蜓	蜻蜓
	73	倒 8	韶山竣工	韶山灌区竣工
	108	3	光绪三十一年	民国 8 年 5 月 20 日
	108	3	天主教	长老会
	108	4	天主教会	思永堂三育会
	108	5	次年	1920 年
	139	12	较场乡	石潭白珫
	139	13	1622 ~ 1644	1628 ~ 1633
	140	倒 3	草镇	镇篁镇
	157	倒 3	诗径	诗经
	290	倒 3	显徹镜	显微镜
第十册	32	倒 6	民尤是也　国尤是也	民犹是也　国犹是也
	33	倒 6	安东	东安
	36	5、6	协统	协台(或协镇)
	40	3	下海,为	下海,为海船救起,清海军
	51	7	参加华兴会后,转向民主革命	删去
	51	9—10	倡办南学会、时务学堂、保卫局等维新事业。其间建议南洋大臣、两江总督曾国荃经营南洋群岛。	光绪二十三、二十四年,先后倡办南学会、时务学堂、保卫局等维新事业。
	195	倒 1	供疱脯	供庖脯
	218	倒 6	为已任	为己任
	281	倒 2	民国 5 年(1916)	民国 15 年(1926)
	430	倒 4	行营	行辕

续表

册	页	行	误	正
第十册	492	6	光绪四年,进攻和田	光绪三年,罗长祜、谭拔萃率军入叶尔羌河中游,另部由董福祥率领进攻和田
	492	11	光绪十年	光绪十一年正月二十三日
第十一册	109	第1节 第1行	湘潭刘氏兄弟奉皇太后之命，随清廷使团出访罗马教廷和耶稣教总会	湘潭刘氏兄弟奉南明皇太后派遣,随南明使团求救于罗马教廷
	112	倒7	古塘冲	古塘桥、三旺冲
	120	4	四月十五日	三月十四日
	120	4~5	5月11日	4月12日
	196	表14	(字母有误)	uai
	342	倒10	顺治六年(1650)	(1649)
	419	倒7	花满衔	花满街
	461	倒6	帝道真知	帝道真如
	472	4	尚在仆射	尚书、右仆射
	473	4	朝菌暮	朝菌暮蕣

索　引

说明

1. 本索引将本志的篇、章、节标题和传记人物姓名按汉语拼音字母顺序排列；

2. 索引名称后的阿拉伯数字表示内容所在的页码。

一、标题索引

A

爱国卫生　2591
安全管理和监督　1160
安全培训　1741
安全生产管理　1114
安全生产监督管理　620
安全生产与劳动保护　620
安全事故　1740
安置　527
安置帮教　819
案件查处　204
案件抗诉　746
案件受理与审查　745

B

白酒　1133
白蚁防治　2367
百货文化用品购销　1217
搬运装卸　1457
办公用房　2346
办信　340
包裹颜料　1025
褒扬　522
保安服务　703
保管　1311
保护机构与收藏　2559
保险业务　1396
保育、教育　2414
报告文学、纪实文学　2533
报纸　2666
焙烤食品加工　1138
焙烤糖蜜饯等食品加工　1138
泵业　966
毕业生分配与就业　2452
变压器　920
标准化管理　2120
标准化信息服务　2123
标准紧固件　958
宾馆业　1359
槟榔加工业　1128
殡葬管理　533
兵役　640
兵员征集　640
病虫草鼠防治　1580
病虫防治　1589，1593
病虫灾害　151

玻璃工业 1057
部门计划 1817
部门志、专业志编修 348

C

财产保险 1396
财产行为税 1935
财务管理 1860
财政 1830
财政管理 1853
财政监督 1866
财政金融审计 2038
财政收入 1832
财政体制 1853
财政预算、决算管理 1855
财政支出 1840
采矿 894
采矿登记与矿产资源开发 2183
采用国际标准和国外先进标准 2121
采种育苗 1655
参加地方经济建设 651
参加地方精神文明建设 651
参加省级运动会 2642
参政议政 366，377，380，384，387，390，393，396
餐饮业 1351
残疾人就业保障金 1949
残联活动 469
残联组织 467
仓库 1308
测绘成果 2194
测绘管理 2193
测绘行业管理 2193
查处违法经营案件 2097
查禁赌博 676
查禁贩毒吸毒 673
查禁卖淫嫖娼 675
查阅服务 2712
茶叶 1596
茶叶加工业 1137
产（商）品质量监督抽查 2125
产品产量 1158
产品结构 853，1765
产品税 1873
产品质量 841
产品质量检验机构计量认证 2115
产权改革 833
产业结构 843，1538，1759
长期计划 1784
场馆建设 2658
车船使用税、车船使用牌照税 1937
车辆、驾驶员管理 699
车辆购置税 1881
车站 1441
成本调查与审核 2033
成人教育 2453
城区道路、桥梁建设 2249
城市道路网规划 2234
城市电气交通车辆 931
城市防洪堤维护 2299
城市防洪工程规划 2230
城市工程专业规划 2230
城市工业与商贸园区规划 2236
城市公共交通规划 2233
城市公共绿地规划 2237
城市供水管理 2312
城市孤寡老人和农村“五保”供养 509
城市管理 2291
城市规划 2221
城市规模 2224
城市加油站布点规划 2234

城市居民生活 2730
城市居民私人住宅建设管理 2243
城市居住区规划 2235
城市客运管理 2306
城市空间结构形态与城市总体布局 2225
城市空气环境 2381
城市绿化管理 2302
城市排水工程规划 2233
城市燃气管理 2317
城市铁路工程规划 2231
城市违章建筑查处 2244
城市维护建设税 1941
城市详细规划 2235
城市消防工程规划 2232
城市性质 2223
城市中心区规划 2236
城市总体规划 2223
城乡电网建设与改造 1104
城乡个体工商户所得税 1886
城乡建设 2246
城乡居民最低生活保障 517
城乡人口分布 156
城镇体系规划 2229
城镇土地使用税 1940
城镇职工待业（失业）保险 630
城镇职工生育保险 633
城镇职工医疗保险 631
抽样调查 1979
出口贸易 1278
出入境管理 689
出庭公诉 727
储备 1313
储藏 1308
处理合同纠纷 2102
畜病防治 1629
畜禽品种 1606
畜禽饲料 1610
畜禽饲养 1612
畜禽养殖 1606
传统经营网络 1324
传统墙体材料 1046
船舶制造及修理 934
床上用品 998
慈善事业 518
村级财务管理 1548
村民委员会 504

D

打击“法轮功”邪教组织 710
打击非法宗教活动 714
打击邪教组织和非法宗教活动 710
打击“一贯道”“主神”等邪教组织 713
大米、面粉、米粉粉丝、油脂加工 1141
大米加工 1141
大气污染治理 2394
大事记 20
大型企业有线电视站 2693
大众传媒 2663
代表大会 187
代表大会与市委全会 187
代表工作 283
代表活动 284
代表建议、批评和意见督办 285
代表培训 283
氮肥 1031
党风廉政宣传教育 199
党史研究 242
党外干部工作 229
党校工作 238
档案 2700
档案保管与保护 2709

档案编研 2715
档案管理执法 2718
档案库房设施 2709
档案利用效益 2717
档案抢救 2711
档案数量与结构 2706
档案展览 2716
档案资源积累 2702
档案资源建设 2702
档案资源开发利用 2712
导游管理 1529
道教 2766
道路建设 2249
道路交通安全管理 696
道路交通事故处理 697
道路交通秩序整治 696
道路维护 2294
的士车 2310
低产田改良 1570
涤纶长丝 995
地层 96
地方税务 1921
地方志工作 346
地籍管理 2160
地理 93
地理位置 93
地貌 110
地貌类型 114
地貌特征 110
地质 96
地质构造 103
地质矿产管理 2182
地质矿产勘查 2182
地质灾害 150
地质灾害预防 2189
典当 1412
电报传真 1489
电动机 905
电工器材 914
电焊条 919
电机制造业 905
电解铝 890
电解锰 899
电力工业 1079
电器元器件 923
电视 2688
电梯 942
电网调度 1105
电网负荷调度及调度范围 1106
电网建设 1087
电线电缆 914
电信 1486
电影 2556
电影发行 2556
电影放映 2557
电缘新材料 1016
电源建设 1081
电子商务 1491
电子信息科技 2494
电子政务 1490
电子制品 1070
调出调入 1314
调度安全 1107
调度机构 1105
调度通信 1107
调度自动化 1108
调运 1313
都市报 2671
豆类 1585
渎职侵权犯罪检察 736
渡口 1441
锻、铸件 956

对外开拓经营管理 1211
对外劳务输出 1281
对外贸易 1277
对外资本输出 1282

E

220千伏电网 1087
儿童保健 2599

F

发电机 909
发电企业安全生产 1114
发展规模 823
发展计划 1781
发展速度 1533
阀门 960
法律监督与工作监督 270
法律援助 816
反腐倡廉机制建设 200
反贪污贿赂检察 732
芳香族 1020
防洪保安资金 1946
防洪工程 1689
防火 716
防霉防虫、防火防盗 2710
防汛抗旱 1703
防汛抢险 1703
防疫管理 1635
房产交易管理 2360
房产权属管理 2364
房产税、城市房地产税 1936
房地产 2331
房地产企业 2339
房地产行业管理 2357
房屋拆迁管理 2365
房屋建设 2345
房屋建设管理 2358
纺纱 985
纺织服装工业 983
纺织工业设备 972
纺织科技 2490
纺织品购销 1220
非产权改革 830
非金属矿开采 1052
废旧金属回收利用 1343
费金 1945
分散染料 1027
分散染料及染料中间体 1027
粉丝加工 1144
风雹灾害 145
缝制设备 980
佛教 2762
扶持革命老区建设 527
扶贫帮困 655
服务技艺 1362，1365
服务性收费标准 2017
服务业、娱乐业和文化体育业营业税 1927
服装工业 1005
氟化盐 887
氟化盐、铝锭、锂盐 885
福利 591
福利生产 511
抚恤 524
辅导与培训 2549
妇联活动 424
妇联组织 423
妇女保健 2594
妇幼保健 2594
负债业务 1376
附录 2929

复员退伍军人安置 527
复制品 996

G

干部（公务员）教育培训与人事考试 579
干部队伍建设 208
干部结构 560
干部来源 555
干部来源与素质结构 555
钢材加工 876
钢铁 865
港澳台在湘潭房地产企业 2343
港口 1444
高低压电器制造 927
高新技术产业计划 1827
镉系颜料 1024
个人收入调节税 1888
个人所得税 1889，1930
个体工商户私营企业登记 2070
个体工商户私营企业监督管理 2077
个协活动 484
个协组织 482
各种所有制房产 2353
耕地 1569
耕地保护 2158
耕地利用 1571
耕地面积 1569
耕整机械 1723
耕作制度 1577
工程地质 106
工程机械制造 937
工会活动 405
工会经费 1948
工会组织 403
工商联活动 446
工商联组织 445
工商税收 1832
工商统一税 1873
工商行政管理 2063
工商行政执法监管 2103
工业计划 1819
工业建筑 1185
工业结构 842
工业经济综述 823
工业科技 2478
工业品价格 2000
工业企业标准化水平考核 2123
工业用房 2347
工艺技术 1040，1056
工艺质量 1059，1072
工资 589
工资福利 589
工作机构及下辖地方党委 186
工作名称、生活现象 2745
公安 670
公房出售 2334
公房提租 2334
公共厕所建设 2277
公共建筑 1182
公共汽车 2306
公共体育场馆建设 2658
公共图书馆服务 2554
公共卫生 2577
公共信息网络监察 681
公开发行刊物 2678
公路 1426
公路管理 1460
公路运输 1450
公务员制度实施 567
公园管理 2303
公园建设 2278

公园与广场建设 2278
公证事务 812
供气管网建设 2274
供水管网维护 2312
供水经营管理 2314
供水、排水设施建设 2266
供水设施建设 2266
供水水质管理 2313
供销合作 1321
供应 1170
宫观 2767
共产党机关报 2667
共青团活动 416
共青团湘潭市委 414
共青团组织 414
购（调）进 1169
孤儿、弃婴收养 508
固定电话 1486
固定资产投资方向调节税 1943
固定资产投资计划 1817
固定资产投资审计 2047
固体废弃物 2384
固体废弃物治理 2397
馆（室）与藏书 2552
馆、站建设 2548
管道燃气管理 2318
管理机构与队伍 1988
灌区工程 1699
灌区灌溉 1701
灌区效益 1702
广播 2683
广播、电视、电影文学 2532
广场游园建设 2280
广告管理 2089
广告业 1368
规范决策施政制度 297
规费征稽 1470
规划管理 2240
规模效益 823
锅炉、辅机和压力容器制造 952
锅炉及辅机 952
国防动员 658
国防动员与国防教育 658
国防教育 660
国家机关工作人员任免 282
国家能源交通重点建设基金 1897
国家审计 2038
国家审计管理 2060
国家税务 1870
国家预算调节基金 1898
国库管理 1859
国营房地产企业 2340
国营企业工资调节税 1895
国营企业奖金税 1894
国营企业所得税 1882
国有房产 2353
国有集体企业登记 2066
国有集体企业监督管理 2075
国有资产管理 1867

H

海外联谊 371
海外联谊和对台工作 231
旱粮 1584
旱灾 142
河流水文特征 128
河流水系 123
红黄丹 1024
红十字会活动 477
红十字会组织 476
后备力量建设 645

后记 2972
湖南陆军预备役步兵师第一团 638
互联网经营场所管理 2573
户口管理 682
户政与出入境管理 682
护理 2610
化肥 1031
化工科技 2490
化轻产品 1248
化学工业 1010
化学纤维 993
环保管理与执法 2400
环保机械 977
环保宣传 2401
环保政策与法规制定 2400
环境保护 2370
环境监测 2387
环境卫生管理 2322
环境污染治理 2391
环境质量 2373
环卫设施建设 2275
荒山造林 1657
婚姻登记管理 531
婚姻家庭纠纷案件 764
活动 2765，2768，2769，2770，2773
火力发电 1082

J

机床及工具、模具 969
机电产品 1247
机构编制及事业单位法人登记管理 545
机构队伍 715
机构管理 545
机构设置 182
机构与队伍 1600，2718
机关党建工作 244
机械变动 168
机械工业 901
机械科技 2479
基本养老保险费 1947
基层业余体校 2638
基层自治组织 504
基层组织建设 213
基础科学 2509
基础科学与软科学 2509
基础设施建设 858
基督教 2771
基金 1897
疾病防控 2577
集贸市场日常监管 2093
集体房产 2354
集体房地产企业 2341
集体企业奖金税 1895
集体企业所得税 1883
计划管理 574
计划生育 171
计划生育服务 178
计量标准与量值传递 2112
计量定级、升级与计量合格确认 2114
计量管理 2111
计量检定人员考核（试）发证 2120
计量器具监督管理 2116
纪检监察（行政监察） 199
纪念建筑 2565
技工教育 2442
技术创新 839
技术改造 837
技术进步 836
技术市场管理 2522
技术引进 839
加工工艺与品种质量 1129

家电电子、技术革新　2751
家庭承包经营　1544
家用电器　1068
家用电器及五金制品　1068
家用电器修理　1370
价格调节基金管理　2032
价格服务　2035
价格监督检查　2028
监测机构网络　2387
监测项目　2388
监所管理　704
监所检察　739
监外执行检察　743
监狱检察　741
减刑、假释案件　783
检察　722
碱　1013
建材工业　1034
建设用地　2166
建设用地规划管理　2240
建置·区位　93
建置沿革　93
建筑材料　1246
建筑材料科技　2492
建筑服务企业　1199
建筑工程规划管理　2241
建筑工业　1173
建筑管理　1201
建筑管理体制　1201
建筑机械　938
建筑技术　1190、2503
建筑勘察　1175
建筑劳保基金管理　1212
建筑企业　1193
建筑设计　1177
建筑施工技术　1191
建筑施工企业　1195
建筑市场管理　1202
建筑卫生陶瓷　1050
建筑卫生陶瓷及耐火材料　1050
建筑形式风格　1182
建筑业营业税　1925
交通　1423
交通工具　1447
交通管理　1459
交通建设质量监督和造价管理　1470
交通科技　2501
交通设施　1438
交通线路　1426
交通运价　2017
交通运输设备制造　929
交通运输业营业税　1924
教师　2459
教师待遇　2462
教师队伍　2459
教师培训　2464
教师聘用　2467
教堂　2772
教学文化卫生用房　2349
教学与科研　2448
教育　2408
教育督导　2474
教育费附加　1945
教育管理　2469
教育计划　1828
教育教学　2420，2431
教育经费管理　2470
接访　338
节制生育　173
金融　1372
金融保险业和邮电通信业营业税　1926
金融监管　1413

金融监管与稳定 1413
金融稳定 1419
金属材料 1245
金属铬 885
进口贸易 1280
经济合同管理 2101
经济建设支出 1844
经济纠纷案件 762
经济林利用 1677
经济统战工作 230
经济效益 826，1543，1773
经济责任审计 2042
经济作物 1594
经纬编 1000
经营服务网络 1323
经营管理 1007，1040，1073，1124，1127，1130
经营规模 1351，1359，1361，1364
经营机构 1168，1249
经营形式 1665
经营主体登记管理 2066
经营主体监督管理 2075
精神文明建设 225
景区管理 1527
景区开发 1511
警卫 700
警卫与内部保卫 700
纠风治乱 205
九三学社湘潭市地方组织 396
酒类购销与管理 1237
就业与再就业 600
居民身份证管理 686
居民生活 2723
居民委员会 506
居民住房保障 2337
拘留所管理 705
聚合物 1021
聚酯切片 993
卷烟经营 1252
军队离休、退休、退职人员安置 531
军事 635
军事组织 636

K

开采 1154
开发与建设 1509
刊物 2676
勘测、地震监测技术 2504
勘察设计 1175
勘察设计技术 1190
勘察设计企业 1194
勘察设计市场管理 1202
勘界与地名管理 536
看守所管理 704
看守所检察 739
抗旱救灾 1706
考核奖惩 576
科技成果管理 2521
科技队伍 2519
科技管理 2516
科技管理体制 2516
科技计划 2520
科技交流 2515
科技经费管理 2521
科技信息（情报） 2513
科技信息（情报）与科技交流 2513
科技支乡 1771
科协活动 432
科协组织 431
科学技术 2477
科研机构 2517

空调 971
控告检察 748
控告申诉检察 748
控制设备 926
会计管理 1864
会计师（审计师）事务所 1366
矿产资源 136
矿泉水、纯净水 1134
矿山救护 1165
矿山设备制造 946
矿山挖掘机械 948
矿山运输及电控设备 946
矿业管理 2185
矿用风机 949

L

垃圾处理设施建设 2275
劳动保护 623
劳动服务公司安置就业 601
劳动改造 799
劳动改造与劳动教养 798
劳动工资 607
劳动合同制 599
劳动和社会保障 594
劳动监察 618
劳动教养 803
劳动力市场介绍就业 603
劳动争议仲裁与劳动合同鉴证 617
劳动争议仲裁与劳动监察 617
劳教所检察 742
劳务与资本输出 1281
劳务中介服务 1367
老干部工作 245
老龄工作 539
雷电灾害 149
冷冻灾害 146
冷饮 1134
冷饮购销 1241
离心机 963
礼仪习俗 2741
理发收费 2027
理论教育 221
理赔和给付 1400
锂盐 891
立德粉 1023
炼钢 874
炼焦 871
炼铁 872
良种推广和选育 1573
粮食 1287，1295
粮食财务管理 1316
粮食财务管理与市场准入 1316
粮食市场准入制度 1318
粮油 1284
“两为”活动 373
林产品加工 1678
林地管理 1673
林业 1638
林业科技 2499
林业用地 1641
林业有害生物防治 1672
临床医疗与卫生防疫科技 2506
磷肥 1032
领导机构 182
流出人口 170
流动人口 169
流入人口 171
流通领域商品量计量监督 2119
流转税 1872
聋哑儿童康复培训机构 2427
陆运工具 1447

路灯管理 2300
路灯建设 2264
路面养护设备 942
旅社宾馆收费 2026
旅行社 旅游公司 1521
旅游定点管理 1530
旅游服务 1519
旅游管理 1526
旅游规划 1509
旅游纪念品 1524
旅游酒店宾馆 1523
旅游推介 1519
旅游业 1498
旅游资源 1500
律师事务 805
律师事务与公证事务 805

M

麦类 1586
毛纺织 1003
毛纺织与丝绸业 1003
毛巾 996
毛针织 1002
贸促会活动 463
贸促会组织 462
煤矿安全 1160
煤矿建设 1152
煤炭工业 1150
煤炭加工 1170
煤炭经营及加工 1168
煤炭生产 1152
美容美发 1361
美术 2539
锰业 892
米粉加工 1144
棉纺织印染及整理 984
棉、麻、烟、药材 1599
面粉加工 1142
面积、产量 1571，1587，1591
面条加工 1143
灭火 718
民兵 646
民商事案件执行 772
民商事审判 761
民事侵权纠纷案件 765
民事行政诉讼检察 745
民俗 2737
民营房地产企业 2342
民政 502
民主党派工作 227
民主党派湘潭地方组织 375
民主监督 363
民族事务管理 342
民族宗教事务管理 341
名牌战略实施 2130
母岩与母质 129
木材购销 1676

N

纳税申报 1905
纳税申报 1951
耐火材料 1051
内部监管 2103
内部刊物 2681
内部审计 2055
内部审计成果 2056
内部审计管理 2061
内部审计机构 2055
内部审计业务 2056
内燃机 964

内卫执勤和处置突发事件 652
能源科技 2493
年度计划 1809
年鉴编修 348
酿酒制造业 1131
农产品加工机械 1732
农产品价格 1996
农产品质量安全管理 1601
农村合作基金 1410
农村合作经济组织 1550
农村经济管理 1548
农村经济体制改革 1544
农村救灾扶贫互助储金 1409
农村居民生活 2723
农村社会养老保险 634
农村税费改革 1546
农地化肥、农药污染 2385
农副产品收购 1340
农机安全 1739
农机安全专项整治 1742
农机服务 1735
农机供应 1736
农机维修管理 1738
农机应用与管理 1721
农机装备 1723
农民教育 2455
农民体育 2630
农田作业服务组织 1735
农药 1028
农药、肥料管理 1602
农业标准化 2122
农业产业化 1561
农业产业化发展规模 1561
农业产业化基础建设 1563
农业产业化经营模式 1565
农业计划 1821
农业经济发展概况 1533
农业经济综述 1533
农业科技 2496
农业科技机构队伍 1553
农业科技培训 1555
农业科技培训与技术推广 1553
农业科技示范与技术推广 1557
农业生产资料 1331
农业四税 1833
农业支出 1846
农用机械 980
农用计划油供应及分配 1737
农用运输机械 1733

P

排灌机械 1727
排灌设施 1695
排水设施建设 2268
排水疏浚 2297
排污费征收管理 2404
皮革制品 1067
啤酒 1131
频率资源管理 1494
品种 1588
品种及工艺 1127
品种质量 1123
品种质量工艺及经营管理 1140
破产案件 768
普查 1975
普及法律常识 790
普及法律常识与依法治理 790
普通高等教育 2443
普通高中教育 2428
普通铁合金 882
普通中等专业教育 2439

Q

其他 815，2758
其他报 2676
其他党务工作 238
其他非金属矿 1053
其他副食品购销 1243
其他机械 1734
其他能源建设 1553
其他社会事务管理 531
其他市场日常监管 2095
其他收入 1836
其他无机化学品 1017
其他信息业务 1489
其他职能工作 370
企事业单位保卫 701
企业报 2674
企业产品标准制定与备案 2120
企业改革 829
企业工资改革 608
企业工资宏观调控 610
企业工资水平 607
企业管理 1360
企业规模 1747
企业结构 849
企业劳动用工管理 598
企业劳动用工计划与调配 598
企业内部集资 1408
企业人事制度改革 565
企业审计 2052
企业收入 1834
企业所得税 1885，1932
企业体育场馆建设 2661
企业网站 2699
起重机 940
气候 116
气候特征 116
气象、环保科技 2502
气象要素 117
气源建设 2273
汽车 929
汽车零配件 933
汽车修理 1369
牵引电机 911
强制戒毒所管理 707
墙体材料 1045
抢险救灾 655
侨联活动 439
侨联组织 439
侨务 497
侨务对象 497
侨务工作网络与权益维护 498
侨务经济管理 499
桥梁 1438
桥梁建设 2263
桥梁维护 2296
禽病防治 1631
轻工电子工业 1054
轻工科技 2493
区域人口分布 157
曲艺、小品 2547
全面定期统计 1966
全面质量管理 2129
群青 1026
群众体育 2628
群众团体 402
群众文化 2548

R

燃气设施建设 2273

燃气灶具 1063
染料中间体 1028
人才队伍建设 218
人才开发与交流 568
人才市场 571
人才引进 572
人才资源开发 568
人大 252
人大代表产生 255
人大规章制度建设 287
人大机构 286
人大机关建设 286
人防工程 664
人防经费保障 669
人防通信警报 668
人防执法 663
人防组织机构 662
人防组织指挥 666
人口 154
人口变动 166
人口分布 155
人口构成 158
人口密度 155
人民代表大会 255
人民代表大会常务委员会 266
人民代表大会会议 258
人民防空 662
人民来信来访 337
人民调解 795
人事 543
人事代理 573
人事管理 574
人事制度改革 565
人寿保险 1399
人文景观 1500
人物 2815
人物名录 2889
人物传 2815
人员编制管理 552
人员培训与职称评定 1991
日常监管 2101
日常检查 1916
日常税务检查 1957
日用工业品商业 1216
日用化工 1055
肉、蛋食品 1230
肉类加工业 1122
乳制品加工业 1136
入园产业 859
软科学 2513

S

35千伏电网 1099
散文、杂文 2531
扫盲教育 2454
森林保护 1670
森林采伐 1676
森林防火 1671
森林经营 1664
森林利用 1676
森林蓄积量 1643
森林资源 1641
砂石 1036
山林权属 1664
商标管理 2081
商标广告管理 2081
商品价格 1996
商品市场建设 1262
商品市场与商业网点 1262
商品条码管理 2125
商务计划 1824

商业贸易 1214
商业网点 1265
商业用房 2348
上市公司 1407
烧结 870
韶山灌区 1697
韶山市 2789
设施设备、图书管理 2473
社会保险 625
社会保障支出 1847
社会服务 378，382，385，389，392
395，398
社会福利事业 508
社会福利有奖募捐 512
社会公用事业科技 2501
社会构成 160
社会监督 2106
社会金融活动 1408
社会救济 515
社会科学成果 457
社会审计 2058
社会审计成果 2059
社会审计管理 2062
社会审计机构 2058
社会审计业务 2058
社会生活 2723
社会团体组织登记管理 538
社会效益 1778
社会宣传 223
社会治安综合治理 233
社科联活动 454
社科联组织 453
社区安置就业 604
社区体育 2631
涉税犯罪检察 737
涉外管理 489
涉外税收管理 1956
摄影 2542
申诉检察 750
申诉立案审查 780
审查批捕 724
审查起诉 725
审计 2037
审计管理 2060
审判 752
审判监督 731，779
生产规模 1005，1037，1055，1057
1070，1122，1125，1128，1139
生产习俗 2737
生产许可证管理 2127
生产用电 1110
生产资料商业 1244
生活习俗 2738
生活用电 1111
生活资料 1336
生态公益林 1667
生态能源建设 1551
生猪定点屠宰 1234
声环境 2383
诗歌、诗词、楹联 2530
施政方式 297
石膏矿 1053
石灰 1036
石油购销 1256
石油经营 1256
食品安全监督管理 2219
食品安全执法 2219
食品机械 973
食品药品监督管理 2196
食品医药工业 1121
食糖、糖果、槟榔购销 1239
食盐购销 1259

食盐专营 1259
食用菌 1598
食油 1305
市场管理 1261
市场监督管理 2093
市级网站 2695
市级运动会 2649
市内调运 1315
市容管理 2321
市容执法 2327
市树、市花 2304
市委全会 189
市县（市、区）志编修 346
市政设施维护 2293
事业单位法人登记管理 555
事业单位奖金税 1896
事业单位人事制度改革 566
收购 1287，1339
收获机械 1729
收容教育所管理 706
收审所管理 708
收益税 1881，1930
兽药 1147
兽药管理 1634
书报刊市场管理 2568
书法、篆刻、刻字 2541
输配电及控制设备制造 920
输送电企业安全生产 1116
蔬菜 1587
蔬菜购销 1233
蔬菜、肉食商业 1228
薯类 1584
树种资源 1644
数据业务 1488
水产品销售 1231
水产品养殖 1622
水产品种 1621
水产饲料 1621
水产养殖 1620
水稻 1571
水果 1594
水环境 2373
水剂 1030
水力发电 1085
水利 1681
水利工程与设施 1684
水利科技 2500
水利移民 1711
水路 1437
水路管理 1463
水路运输 1454
水泥 1037
水泥制品 1044
水土保持 1708
水土流失 1708
水土治理 1709
水文 123
水污染治理 2391
水运工具 1449
水灾 143
水政 1715
水政管理 1716
水政执法 1720
水资料 134
税收大检查 1918
税收分级体制 1901
税收监控 1907，1952
税务登记 1904，1950
税务稽查 1919，1960
税务检查 1916，1957
税务专项检查 1958
税源培植 1913

丝绸 1004
司法考试 815
司法行政 788
司法医学鉴定 818
私人房产 2355
私营企业所得税 1884
寺院 2763
饲料管理 1635
塑料制品、制革及皮革制品 1064
塑料制品 1064
酸 1012
岁时习俗 2743
所有制结构 1754
索引 2945

T

台站管理 1495
糖酒副食冷饮商业 1236
糖蜜饯及其他加工 1139
陶瓷机械 976
陶瓷、搪瓷瓷釉及色素 1025
特别目的税 1942
特别消费税与消费税 1878
特定目的税 1894
特殊教育 2426
特种设备安全监察 2147
特种设备监督检验与定期检验 2148
特种设备普查整顿与普查登记 2147
特种设备专项治理 2149
特种设备作业培训 2150
特种铁合金 884
特种行业管理 677
提升运输 1158
体育 2626
体育竞赛 2642
天主教 2769
调解活动 796
调解组织 795
调味品加工业 1139
铁合金 881
铁路 1436
铁路运输 1453
通风设备 971
通用基础件制造 956
通用设备制造 963
统计 1963
统计调查 1966
统计分析研究 1984
统计服务与监测 1982
统计管理与执法 1988
统计监测 1986
统计信息化建设 1991
统计执法 1992
统计资料整理与发送 1982
统一战线工作 227
投资规模 1749
图书 2552
屠宰税 1935
土地管理 2157
土地监察 2178
土地矿产管理 2154
土地利用规划 2157
土地市场 2173
土地增值税 1941
土地资源 133
土壤 129
土壤类型与分布 131
推行国家法定计量单位 2111
退耕还林 1661
退休干部管理 588

W

500千伏电网 1087
瓦 1035
瓦灰砂石 1035
外国企业所得税 1892
外汇管理 1391
外经外贸 1267
外来生物侵害 152
外来演出及场所管理 2572
外商投资企业登记 2069
外商投资企业和外国企业所得税 1893
外商投资企业监督管理 2076
外事 489
外事侨务 488
外资企业 1275
外资企业管理 1276
外资引进 1268
网络媒体 2694
危爆物品管理 678
危害国家安全案件 760
维护社会稳定 236
委员产生 352
委员结构 352
卫生 2574
卫生监测与监督 2587
卫生事业费管理 2623
卫生事业管理 2611
卫生事业机构 2611
文化 2526
文化市场管理 2568
文化事业建设费 1947
文化娱乐场所管理 2570
文化娱乐收费 2026
文教科卫事业费 1842
文联活动 450
文联组织 449
文史资料征编 370
文物 2559
文物保护 2561
文学创作 2528
文艺管理 224
文艺活动 2550
污染纠纷、事故调处 2405
污染源监管 2402
无机化工 1012
无线电管理 1493
五金、交电、家用化工商品购销 1223
五金制品 1069
武警湘潭市支队 639
物价 1994
物价管理 2028，2368
物资计划 1824

X

西医 2604
戏剧表演 2543
戏剧文学 2531
县（市）城区建设 2285
县（市）电视台 2692
县（市、区）概况 2774
县（市、区）广播电台 2686
县（市、区）人民武装部 638
县（市、区）网站 2697
线带 998
乡镇电视站 2694
乡镇广播站 2687
乡镇企业 1744
乡镇企业管理 1769
乡镇企业规模 1747

乡镇企业结构 1754
乡镇企业效益 1773
湘莲 1590
湘莲加工业 1125
《湘潭市志(1840~1985)》勘误 2941
《湘潭市志(1840~1985)》人物传补遗 2878
湘潭电视台 2689
湘潭军分区 636
湘潭人民广播电台 2684
湘潭市残疾人联合会 467
湘潭市承办国家级、省级大型赛事 2652
湘潭市妇女联合会 423
湘潭市个体劳动者私营企业协会 482
湘潭市工商业联合会 445
湘潭市归国华侨联合会 439
湘潭市红十字会 476
湘潭市科学技术协会 431
湘潭市贸促会 462
湘潭市社会科学界联合会 453
湘潭市特殊教育学校 2426
湘潭市体育中学 2636
湘潭市文学艺术界联合会 449
湘潭市总工会 402
湘潭县 2774
湘潭有线电视台 2691
湘乡市 2783
项目造林 1659
消防 715
消防设施 721
消费者权益保护 2099
消灭无标生产 2122
销售 1294，1331
小说、儿童文学 2529
小学、初中教育 2415
新词语方言读音 2745
新品种选育和推广 1591
新闻宣传 222
新兴服务网络 1327
新型墙体材料 1046
信托 1390
信息安全管理 1479
信息产业 1472
信息工程建设管理 1480
信息化建设 1474
信息技术服务业（IT 业） 1489
信息技术推广应用 1490
信息网络建设 1474
信息咨询服务业 1490
信息资源开发利用 1478
刑事技术 690
刑事破案 692
刑事审判 755
刑事诉讼检察 724
刑事侦查 690
行政非诉执行案件 778
行政管理支出 1840
行政监察 207
行政区划 94
行政任免与调配 575
行政审判 775
行政审批制度改革与政务公开 301
行政事业单位审计 2049
行政事业性收费管理 2031
行政诉讼案件 776
行政执法 1496
休闲娱乐业 1364
修理业 1369
蓄电池 919
蓄水工程 1684
宣传工作 221
宣传教育 172
选烧 896

学前教育 2411
学校管理 2469
学校教育、文体娱乐 2753
学校设置 2416，2429
学校体育 2634
学校体育场馆建设 2659
学杂费 2024
学制与专业 2446
寻呼业务 1487

Y

“110”报警服务 680
10 千伏配电网 1101
110 千伏电网 1091
压力容器 954
压路机 937
压缩机 968
烟草专卖 1252
严重经济犯罪案件 759
严重刑事犯罪案件 756
岩浆岩 101
盐 1014
颜料 1023
养殖水面 1620
养殖业 1604
养殖业管理执法 1634
养殖业科技 2498
药品稽查 2212
药品加工工业 1145
药品监督管理 2199
药品检验 2210
药品经营管理 2204
药品生产管理 2201
药品使用管理 2208
药品研制成果 2199
冶金工业 863
冶金科技 2488
冶金设备 974
冶炼 897
野生动植物保护 1674
野生动植物资源 140
业务管理 2719
业余体校 2634
液化气管理 2317
液压元件 962
伊斯兰教 2768
衣食住行、道路交通 2747
医疗 2602
医疗美容、婚姻家庭 2756
医疗器械监督管理 2214
医疗器械经营管理 2217
医疗器械使用管理 2218
医疗器械研制与生产管理 2214
医疗收费 2023
医疗卫生队伍 2615
医卫基础设施建设 2616
医卫科技 2505
医药 1145
医药购销 1250
医药科技 2508
医药商业 1249
医政管理 2618
依法行政 298
依法治理 793
依法治林 1670
移动电话 1486
移民安置 1712
移民拆迁 1711
移民扶持 1713
艺术创作 2538
议案督促办理 280

疫病防治 1629
音乐、舞蹈 2546
音像制品、软件市场管理 2569
银行业务 1376
引资方式与成果 1271
引资政策 1268
饮品加工 1134
饮食服务业 1350
印花税 1938
印染及整理 988
印刷 1060
印刷及燃气灶具 1060
营业税 1877，1924
拥军优属 521
拥政爱民 651
用电 1109
优待 519
优待抚恤 519
邮电资费 2021
邮政管理 1485
邮政网络 1484
邮政业 1481
邮政业务 1481
油库、加油站建设 1258
油料作物 1597
油脂（料） 1292
油脂加工 1145
友城交往 493
有机化工 1018
有机颜料 1026
鱼病防治 1632
渔政管理 1636
雨湖区 2797
玉米 1584
育秧设施及栽插机械 1727
预备役 643
预备役部队建设 645
预审 695
预算外资金管理 1858
园、班设置 2413
园林绿化管理 2302
园区规划 857
园区集聚规模 1752
园区建设 857
原、辅材料 868
原药 1029
院校报 2672
院校设置 2444
院校网站 2698
岳塘区 2803
运输 1450
运输市场管理 1466

Z

灾害及其防治 1162
栽培技术 1578，1589，1593
再审案件审判 781
噪声污染治理 2397
增值税 1874
沼气能源建设 1551
针织 999
针织内衣 1000
侦查监督 728
赈灾 513
赈灾救济 513
争创中国优秀旅游城市 1517
征管质量考核和责任追究 1955
征收管理 1899，1950
征收管理体制 1899
整流器 922
证券发行 1404

证券交易 1406
证券业务 1404
政策性价格补贴支出、专项支出和其他支出 1849
政策研究 241
政法队伍建设 237
政法工作 233
政府 290
政府采购管理 1868
政府机构设置 290
政府基层机构 296
政府直属机构 294
政府组成部门 290
政事纪要 302
政协 350
政协会议 355
政协委员 352
政协湘潭市委员会常务委员会会议 357
政协湘潭市委员会会议 355
政治法律、商业经济 2749
政治协商 360
织布 987
织袜业 1001
脂肪族类 1019
执法监督 2721
职工队伍 402
职工工伤保险 633
职工基本养老保险 625
职工集资建房 2335
职工教育 2456
职工体育 2628
职能履行 360
职务犯罪检察 732
职务犯罪预防 738
职业技能鉴定 616
职业技能培训 612
职业技能培训与鉴定 612
职业中学（中专）教育 2441
植保机械 1729
植树造林 1655
制粉 898
制革 1066
制造业信息化 1492
制作技艺 1353
治安管理 673
治安联防 702
质量安全管理 1209
质量管理 1769，2125
质量技术监督 2108
质量技术监督投诉与举报 2153
质量技术监督行政案件查处 2150
质量技术监督行政复议、行政诉讼及案件移送 2152
质量技术监督行政执法 2150
智力引进 496
中巴车 2309
中等职业技术教育 2438
中共湘潭地方组织 181
中国国民党革命委员会湘潭市地方组织 376
中国民主促进会湘潭市地方组织 386
中国民主建国会湘潭市地方组织 383
中国民主同盟湘潭市地方组织 380
中国农工民主党湘潭市地方组织 390
中国致公党湘潭市地方组织 393
中间业务 1388
中介服务与广告业 1366
中期计划 1790
中外合资经营企业所得税 1892
中小企业信用担保 1412
中小学教研管理 2475
中医 2603

种植业 1567
种植业管理执法 1600
种植业科技 2496
种畜禽管理 1634
种子管理 1600
重大决策 191
重大事项决定 266
重点城镇建设 2285
重点建制城镇建设 2288
重点人口管理 687
重要文件辑存 2929
轴承 961
竹元素 1138
住房分配货币化 2335
住房公积金 2336
住房制度改革 2333
住宅 2345
住宅建筑 1187
专记 韶山海关 1283
专利 2522
专利工作 2523
专利机构与队伍 2522
专卖执法 1255
专项计划 1815
专项检查 1917
专项清理 201
专项收入 1835
专项治理行动 234
专业技术人员管理 581
专业技术职称评定 1772
专用设备制造 972
转让无形资产和销售不动产营业税 1929
资产业务 1379
资源税 1942
自备水管理 2316
自然变动 166
自然构成 158
自然景观 1502
自然灾害 142
自然资源 133
自身建设和委员联络 371
宗教 2760
宗教事务管理 343
综合计划 1784
综合监督 2219
总述 1
组织 2762，2766，2768，2769，2771
组织工作 208
组织机构代码标识管理 2124
组织建设 376，380，383，386，390，393，396
组织劳务输出异地就业 602
祖国统一联谊 379

二、传记人物索引

B

毕务本 2849

C

陈秋明 2876
陈绍闻 2838
成瑞湘 2865
成舍我 2816
楚叔初 2885

D

丁秋生 2841

F

冯新明 2888
傅云飞 2834

G

高臣唐 2855
龚赴里 2866
谷霁光 2828
郭铁牛 2878

H

洪固权 2864
胡继宗 2884
胡英杰 2831
黄显之 2830
黄友葵 2831
黄祖干 2846

J

姜书阁 2829

L

赖跃辉 2888
黎锦光 2828
黎锦明 2824
黎明晖 2832
李海清 2850
李海山 2871
李克孝 2841
李明志 2880
李庆明 2860
李晚文 2876
李政玉 2862
李卓然 2818
林华国 2845
林济中 2862
刘　鹏 2837
刘　新 2845
刘涤源 2839
刘加兵 2886
刘荣辉 2830
刘星宜 2875
刘续明 2851
刘英濬 2840
刘振海 2849
吕　骥 2832
罗华生 2833
罗绍平 2887
岁西北 2858
罗在平 2873

M

马鹤凌 2849
马少凡 2863
毛泽普 2847
毛泽全 2832

P

潘连生 2863
庞人述 2858
彭　锷 2837
彭高育 2847
彭国辉 2877
彭建明 2869

彭位仁 2815
彭蕴辉 2865

Q

钱歌川 2821
邱延明 2834

R

任清淮 2859

S

沈 醉 2844
沈谷南 2883
石 英 2882
石声淮 2843
石维刚 2853
舒俊杰 2868
宋希濂 2827
苏公望 2823
孙 仁 2883

T

谭 政 2824
谭青松 2848
谭日强 2842
汤季楠 2821
唐汉仁 2886
田翠竹 2838
涂扬幼 2871

W

王伯庚 2820
王代之 2879
王诗正 2878
王卫苍 2821
吴若虚 2856
伍克文 2869
武 石 2844

X

向显德 2867
萧杰五 2818
萧荣敷 2879
萧子风 2820
肖大煊 2840
熊 飞 2836
熊义芳 2887
许君武 2822

Y

严北溟 2826
言仁海 2861
颜鼎章 2861
羊春秋 2852
杨 迪 2852
杨 恺 2857
杨第甫 2836
杨小凯 2874
易礼容 2817

Z

张　纯　2881
张　九　2860
张伯衡　2854
张定厚　2843
张啸虎　2854
张宗善　2881
章　伟　2877
章　蕴　2823
赵冰岩　2885
赵仁山　2835
赵甄陶　2851
郑培民　2872
周序炎　2848
左元和　2885

后记

根据国务院和省人民政府关于开展第二轮地方志编修工作的部署,2003年12月,中共湘潭市委、市人民政府先后召开市委常委会、市政府常务会议,作出续修湘潭市志的决定。2004年1月2日,市委、市政府办公室以潭办〔2004〕1号文件发出《关于续修市县两级志书的通知》,提出"党委领导,政府主持"的修志管理体制和"一纳入(把修志工作纳入各地经济社会发展计划和各级政府的任务之中)、五到位(领导、机构、经费、队伍、条件)"的修志工作方针。由时任市委常委、常务副市长朱明华主持修志工作。后因工作关系,先后由颜向阳、毛腾飞、蔡建和、周放良、刘键、谈文胜主持修志工作。

2004年3月17日,市委任命市委副秘书长陈少平兼任市地方志办公室主任。4月,为尽快启动《湘潭市志》编修工作,市志办确定副编审曹建英等专业技术人员进行内研外调,着手制定编纂方案。7月,湘潭市地方志办公室制定《湘潭市志(1986~2005)编纂方案》,并通过省地方志编委会批准;8月14日,市政府第29次常务会议审议并通过方案,9月8日,由市委、市政府办公室以潭办〔2004〕98号文件转发。9月14日,市政府召开全市第二轮修志工作动员大会,各承编单位的分管领导和主编或主笔200多人参加会议。会议由市委常委、市委秘书长曹炯芳主持,市委常委、常务副市长朱明华作动员报告,对第二轮修志工作作出部署和具体安排,要求各相关单位落实好编修任务,湘潭市第二轮修志工作正式启动。9月24日,省人民政府督查组由省地方志办公室巡视员方大鹏带队,对湘潭市第二轮修志工作进行检查,并对全市修志工作给予充分肯定。10月26~29日,市政府派出3个督查组,由市委巡视员郭果夫、原市人大副主任刘异群、市委助理巡视员陈经启带队,检查"一纳入五到位"的落实情况,推动第二轮修志工作的开展。11月23~26日,全市举办为期四天的志稿编撰第一期培训班。邀请湖南省地方志编纂委员会刘献华、姚洪波、李跃龙、黄俊军和湘潭市地方志办公室宋毓培、曹建英等领导和专家讲授《关于第二轮新方志编修中的几个问题》《新方志编纂的原则和体例》《方志的性质、功能、特征》等7个专题,全市共有160余名编修人员参加。年内,市地方志办公室开始制定《湘潭市志(1986~2005)》凡例(试行)、《湘潭市志(1986~2005)编写行文通则》(试行)、《湘潭市志·人物篇》入志人物标准(暂定)等规范性文件,并经市委、市政府领导批准实行。2005年,成立新的《湘潭市志》编纂委员会,《湘潭市志》编修进入资料搜集及试写阶段,市政府召开全市地方志工作会议、研究部署《湘潭市志》编撰工作,要求重点做好资料收集及篇目确定工作。9月17日,市党政领导班子和领导干部绩效考核领导小组办公室发出通知,把第二轮修志工作提到市委、市政府中心任务的高度与创建精神文明建设和新农村建设等工作一并纳入绩效考核范围。11月20日,省地方志编委会党组书记刘献华、副主任袁勇前率省地方志编委会市县志处处长尹克加等人前来湘潭市地方志办公室研修《湘潭市志》篇目。至年底,《湘潭市志》73个专业篇有38个确定篇目,170余家承编单位有150余家开展资料收集工作,对27个承编单位进行了督查。湘潭市地方志办公室编印25万字的《修志指南》,供承编单位编撰人员学习。

2006年5月,禹尚良同志任市地方志办公室主任。12月,《湘潭市志·农业经济综述篇》率先进入市级评审。2007年,市地方志办公室发出《关于进一步规范志稿评审工作的意见》,规范各承编单位志稿的评审。评审分三个层次进行。一是内部评审。初稿出来后,由主编单位组织单位在职领导、科室负责人、离退休领导进行内部评审,修志人员根据内部评审意见修改后,形成市级评审稿。二是市级评审。即由市志办主持,对每个专业篇进行集体评审。由市志办负责指导的专业人员、相关行业或部门各单位的分管领导、主编或主笔以及修志段限内承编单位历届主要领导的代表参加评审,每个参评人员写出评审意见。市地方志办公室参加评审的人员分头研读志稿,集体讨论形成综合意见。三是验收。各承编单位根据评审意见对志稿进行认真修改后,交市地方志办验收。为了做好验收工作,市地方志办公室组建验收班子,对每篇验收稿进行审读、讨论,认为合格的发给验收函,不合格的继续修改直到合格为止。2009年6月《湘潭市志·林业篇》志稿率先通过市级验收。11月16~18日,湖南省市州志编纂工作研讨会在湘潭市召开,全省60多名专家学者出席会议,湘潭市、县(市区)地方志办公室主任和市地方志办修志人员参加学习。至2009年底,市地方志审读志稿120篇次、2400余万字,形成书面意见50余万字,组织相关承编、协编单位召开志稿讨论、评审会议330场次;69个专业篇形成初稿,其中45个专业篇形成送审稿,41个专业篇通过评审,6个专业篇通过验收。

2009年12月,市委副秘书长龚远生兼任市地方志办公室主任。2010年开始,为确保志稿质量,同时加快修志工作进程,市地方志办公室采取“分类指导,突破重点”,“成熟一篇评审一篇、成熟一章评审一章”的工作方法,适当调整编修指导任务,妥善协商解决诸多修志难题。2011年11月19日,根据第二轮市志分纂总纂工作即将全面铺开的需要,市地方志办举办《湘潭市志》总纂培训班,邀请省地方志编纂委员会专家讲授《如何搞好志书总纂》《总纂对志稿语言文字和记述方法的把握》等专题,全市60余人参加学习。至2011年,共举办培训班40余场次,召开座谈会80余场次,走访承编单位200余次,召开各种协商会议150余场次,审读志稿80余篇次740余万字,形成审读书面意见20多万字,11个专业篇、8章通过评审,21篇、4章通过验收。

2011年12月26日,市委副秘书长易小兰兼任市地方志办公室主任。2012年起,修志工作强化督查,打好攻坚战;采取会议督促、专项督查、加强指导、落实责任制等措施,限期完成。并将市地方志办公室承编的地理篇、党史地方志工作章、人物传记、总述等落实到人。至2013年7月,《湘潭市志》除个别篇外,72个专业篇完成验收。市地方志办公室承编的总述、大事记、县(市区)概况、地理篇、人物传记等相继完成。8月14日,市人民政府第八次会议通过《〈湘潭市志(1986~2005)〉总纂方案》,《湘潭市志》分纂总纂工作开始启动。成立《湘潭市志(1986~2005)》总纂领导小组,市委常委、副市长刘键任总纂,市委副秘书长、市史志办主任易小兰任常务副总纂,副主任陈育松、黄小平任副总纂,副调研员、副编审曹建英任执行总纂。全书按部类分为四个分册,每个分册设分纂两人,按照总纂的统一要求,处理志稿中存在的各种问题。分纂完成后,由全书执行总纂一支笔统稿,负责解决各分纂稿中的体例、结构、文风还不完全统一及跨部类之间的交叉重复等问题。2013年底,市委常委、常务副市长谈文胜担任总纂。2014年11月,《湘潭市志》分纂完成,12月开始全书合拢总纂,着重处理跨部类的交叉重复。2015年9月16~18日,由省地方志编纂委员会主持,并组织全省各地州市的专家和领导对《湘潭市志》总纂稿进行了评审,志稿得到了与会专家和领导的充分肯定和高度评价。

会后，市志办全体总纂人员根据省评审会的意见进行了认真修改。

全志采用述、记、志、传、图、表、录等体裁，以志为主。全书按综合类、政治、经济、经济管理、社会事业和人物六类排列，共 73 个篇，500 万字左右。人物传记中入传人物 110 多位，人物名录表中记载省部级以上劳动模范、"三八"红旗手，正高职称以上的专业技术人员以及对湘潭经济社会发展作出重大贡献的企业家和知名人士共 1000 多人。志书较全面、科学、客观地反映了湘潭市（1986~2005）经济社会发展所取得的巨大成就和经验教训。同时，较突出地反映了湘潭市改革开放的时代特点和地方特点及行业特点。《湘潭市志》具有较好的存史、资治、教化作用，对湘潭市今后的发展将起到借鉴作用。

《湘潭市志》是集体智慧的结晶、凝结着许多领导同志和全体修志人员的心血。《湘潭市志》编修工作涉及全市 200 多个承编与协编单位，撰写志稿的人数近 500 人。他们本着对历史负责，对人民负责的态度，历经几载，笔耕不辍，为《湘潭市志》编写付出了辛勤的劳动。在《湘潭市志》编纂过程中，得到湖南省地方志办公室领导和专家的大力支持。省地方志编委会刘献华、王晓天、易介南、袁勇前、邓建平、李跃龙、方大鹏、杨盛让、尹克加、隆清华、蔡素云、杨帆、余勇辉、李章进、阳雍悦等领导和专家多次到湘潭市指导修志工作。县（市区）地方志办公室胡小林、吴小玲、杨去疾、万飞、彭送来等给予了大力支持。为《湘潭市志》作出过贡献的还有驻潭高等院校、大型企业的领导和撰稿人员，以及在湘潭市地方志办公室工作过的谢镜清、曹方成、颜曼云、周芳应、周孟杰、李枝常（以上为聘请人员）等同志。在全书的出版过程中，得到了方志出版社的支持和帮助。还要特别说明的是，本志中所有图片资料，均由各承编单位提供。在《湘潭市志》完成编纂、出版之际，一并致谢。

由于编者水平有限，《湘潭市志（1986 ~ 2005）》还存在某些不足，敬请批评指正。

湘潭市人民政府地方志办公室

2015 年 12 月